尼克松录音带
1971—1972（下）

[美]道格拉斯·布林克利
卢克·尼切尔————编注
张　静————校译
陈长伟————审校

THE NIXON TAPES
by Douglas Brinkley and Luke A.Nichter
Copyright © 2014 by Douglas Brinkley and Luke A.Nichter
Simplified Chinese Copyright © 2019
by SDX Joint Publishing Company Ltd.
Published by arrangement with ICM Partners
through Bardon-Chinese Media Agency
ALL RIGHTS RESERVED

本作品简体中文版权由生活·读书·新知三联书店所有。
未经许可，不得翻印。

图书在版编目（CIP）数据

尼克松录音带：1971—1972 /（美）道格拉斯·布林克利，（美）卢克·尼切尔编注；张静校译. —北京：生活·读书·新知三联书店，2019.10
（世界）
ISBN 978-7-108-06586-5

Ⅰ.①尼… Ⅱ.①道… ②卢… ③张… Ⅲ.①尼克松（Nixon, Richard Milhous 1913-1994）－录音资料 Ⅳ.① K837.127=5

中国版本图书馆 CIP 数据核字（2019）第 096436 号

责任编辑	叶　彤
装帧设计	薛　宇
责任校对	张国荣　张　睿　曹秋月
责任印制	徐　方
出版发行	生活·讀書·新知 三联书店 （北京市东城区美术馆东街22号 100010）
网　　址	www.sdxjpc.com
图　　字	01-2017-7560
经　　销	新华书店
印　　刷	三河市天润建兴印务有限公司
版　　次	2019年10月北京第1版 2019年10月北京第1次印刷
开　　本	635毫米×965毫米　1/16　印张64.25
字　　数	1040千字
印　　数	0,001-8,000册
定　　价	128.00元

（印装查询：01064002715；邮购查询：01084010542）

目 录

473 第三部分

筹备峰会与越战升级

（1972年1月—5月）

777 第四部分

连任之路与越战的结束

（1972年6月—1973年1月）

大事年表 ... 982

致谢 ... 991

主题索引 ... 995

人名索引 ... 1005

译后记 ... 1019

1972年1月—5月

第三部分

筹备峰会与越战升级

"我要好好修理一下这帮浑蛋……"

> 1972年1月3日，上午9：25
> 理查德·尼克松和亨利·基辛格
> 椭圆形办公室

已于前一年12月22日暂停的限制战略武器会谈，将于1月4日重新启动，但尼克松将其延后了一天。他认为，有必要在白宫紧急召见他的首席谈判代表杰拉德·史密斯，以向其下达最后的指令。尼克松对史密斯的敌意是显而易见的，特别是他怀疑史密斯正试图利用此次谈判的成功谋取个人私利。他们预计在5月底尼克松与勃列日涅夫举行峰会前召开最后一次会议，而在筹备最后一次会议期间，发布任何有关限制战略武器会谈的声明都是十分敏感的。

……

尼克松：顺便说一下，我们和比尔（·罗杰斯）之间有了点麻烦，因为我已经告诉他让他来这儿了——我已经让他来这里 [******]，这该死的讨论经济问题的会议 [******]。我——我想做的是先跟史密斯审定一下会议的内容；给他下达临行前的命令；同时我告诉比尔不用来了，因为他直到10点——直到10点半都没来，但当他突然进来的时候——

基辛格：他是拍照来了。

尼克松：现在，我——

基辛格：那并不能产生任何影响——

尼克松：——不会太在乎他试图从限制战略武器会谈中给自己博取一点名声的想法，因为事实上，正如——我们将会把会谈搞砸的。不会再有什么他妈的限制战略武器会谈了，如果——除非这些人变好一点。

基辛格：好吧，什么——您感觉史密斯想从您这里得到点什么——

尼克松：那是什么？

基辛格：他想得到您关于反导系统的最终立场。我是绝不会给他——

尼克松：[******]

基辛格：还有，我认为您不应该在反导问题上做出太大让步，因为我们已经做出了很多努力。

尼克松：是这样没错。但是，我认为应该让他过来并且——

基辛格：不论比尔在不在这儿，都不会有什么分别。

尼克松：[******] 不不不。我会——不不。首先，我想，我想在和他的谈话中表现得强硬一些，然后说——

基辛格：好吧——

尼克松：——"现在，听着，不会有任何关于反导系统的最终立场。"什么都没有，但是他——

基辛格：那只是——

尼克松：——他想确定我们所有事情的最终立场，这样他就能够通过谈判商定解决方案。不是吗？

基辛格：是这样。

尼克松：好吧。还有什么事是你想让我说的，亨利？ [******]

基辛格：总统先生，我甚至连"不会有任何最终立场"这种话都不会说的，因为他会把这个话也泄露出去。我会说，您正在很认真地研究这个问题，因为您——

尼克松：[******] 那我说，我们和国防部之间有很大分歧。这么说怎么样？

基辛格：哦，不。他已经和国防部讨论过了，因为国防部还有自己的烂摊子要处理。我很清楚穆勒的立场。我只会说，您正在研究这个问题；那是个很头疼的问题；而且您要让他知道——

尼克松：好吧。——为什么不——

[******]

尼克松：你为什么不说我们可以做出哪些让步呢？

基辛格：是的。好吧，我认为您可以告诉他，让他告诉他们说，应该达成一份协议——

尼克松：好的。

基辛格：——有关反导系统的协议，以及一份有关进攻性武器的行政协定——

尼克松：好的，好的，好的。没问题。

基辛格：潜射弹道导弹（Satellite-Launched Ballistic Missile，SLBMs）的重点问题应该是在发射管方面，而不是舰船方面。

尼克松：对。没错。

基辛格：这是两个主要的——

尼克松：没问题。但是，在其他事情上，我 [******]——

基辛格：在其他事情上，您想让他先继续按照自己目前的想法行事。

尼克松：直到我们给他新的命令的时候。

基辛格：然后——

尼克松：亨利，最好还是让他参与进来。在那种情况下，最好是让他，并且让比尔听一听，这样他就知道这个协议会导致这次行动，就告诉他是我做的这个决定。要让他接受——必须接受这件事。这个家伙是——史密斯这个家伙，他是怎么想的，亨利？

基辛格：嗯，他可是个老油条。

尼克松：[******]

基辛格：现在，我们——好吧，您知道的，我们都了解到比尔正在准备着手，而我——碰巧他又并不能理解这件事的复杂程度，所以我并不急于让他过多参与这件事的掌控。但是，至于他是不是参加一次会议，这并没有什么影响。

尼克松：这次会议不是一个大问题。

（暂停）

基辛格：这没什么大问题。

尼克松：史密斯之后要去那里。这才是我们的问题。

基辛格：是的。而且我不想来——

尼克松：他说他已经控制住莱尔德了吗？

基辛格：哼，莱尔德可是个狡猾的狐狸——

尼克松：哈！

基辛格：——一如既往。他在这儿有一系列令人眼花缭乱的备忘录。

尼克松：那就不要再告诉他任何事情了。不要——我 [******]——

基辛格：而且，这儿有如此多——其中一个是说他想设置三个反导基地。

还有一个是关于他想要建立对国家指挥当局（NCA）的防御，现在是指对华盛顿的防御。还有——

尼克松：我会告诉你我打算怎么做。我打算对史密斯采取强硬态度，而且我知道这消息可能会传到国务院，但是说实话，我一直很担心苏联军力的增长。我也一直在关注他们事实上已经拥有的设施——我要好好修理一下这帮浑蛋，亨利——苏联今年的试验次数比《禁止核试验协定》签署之后的任何一年都要多。在这种情况下，我更怀疑他们这样做的目的了，并且我只是——我们必须紧跟这两步，然后看看情况。我想让他们停止行动。这听起来怎么样？

基辛格：很好。我认为我可以——俄国人已经要求在 20 号休会了。现在史密斯觉得他可以说服俄国人不休会——

尼克松：简直胡扯。

基辛格：——我觉得您不用表达任何想休会的意思，因为我认为我可以让俄国人自己要求休会，这样就不用您来唱黑脸了。史密斯的态度是——参加每一次核查小组的会议，史密斯说："现在我只想确认，总统不会为了峰会而暂停核查小组会议。"当然，假如（爱德华·）肯尼迪是总统的话——

尼克松：天哪，他这是在说什么？

基辛格：他应该是在故意拖延。我一直说："不，你得到的命令是将会议进行得越快越好。"但事实上，如果肯尼迪是总统，那么整个该死的官僚系统肯定会因为峰会的原因而暂停小组会议的。

尼克松：其实也就是限制战略武器会谈这件事吧，亨利？

基辛格：当然。

尼克松：这该死的状况。那我们为什么不干脆把峰会延期呢？这样他会得到好处，是吗？

基辛格：他今年不会再寻求连任了，总统先生。而且他——

尼克松：嗯，当然，绝不能向他表露出任何有关我想把峰会延期的迹象。那不是——

基辛格：这才是我们面临的问题。

"我希望我们可以在越南做一些强硬的事情。"

1972年1月20日，下午6：08
理查德·尼克松和亨利·基辛格
椭圆形办公室

1971年印度次大陆陷入了一片战火之中，巴基斯坦和印度卷入了两场战争。自1947年独立以来，巴基斯坦就是由位于印度西部和东部两个分离的地区组成的，被西巴基斯坦政府所控制。一场强有力的独立运动最初在东巴基斯坦兴起，并逐步演化成一场内战。

印度，夹在交战双方之间的巨无霸，为了削弱其竞争对手而一直在支持新生国家孟加拉国，这也导致了1971年12月印巴战争的爆发。在这场战争中，中国大陆支持巴基斯坦，苏联却站在印度一边。而美国也在这时对身陷失利困境的巴基斯坦抛出了橄榄枝。尼克松的这次行动被视为中美关系蜜月期的延续。在战争持续了仅仅16天后，国际社会对人道主义灾难的担心为巴基斯坦提供了一个有尊严地寻求和平的机会。尼克松很乐于看到这种结果，因为他将这视为自己有能力主导国际事务的象征。但这也使他因为无法在越南做到同样的事情而感到更加沮丧。

……

基辛格：多勃雷宁给我打电话了。
尼克松：他联系你了？
基辛格：是的。通过黑格。他说他需要——他需要和我多谈一会儿。我拿印巴问题和他开起了玩笑。他却说："先别管那件事。我们需要一起为了未来积极合作。"还有，明天晚上我会和他一起吃晚餐。
尼克松：那么他在印巴问题上并没有表现得很消极？
基辛格：一点儿也没有。完全没有。我们面临的最沉重的问题还是越南。

我今天从艾布拉姆斯那里得到一个消息，俄国人正在把所有的后备部队送往前线，所有的。他们想榨光北越。

尼克松：北越军队也想这么干？

基辛格：对，他们正毫无遮掩地抢夺，而且——

尼克松：我们能做什么？

基辛格：嗯，他想轰炸北越的南部，那里有他们的后勤设施。所以我们必须等明天再看。我打算和多勃雷宁谈一谈，告诉他："听着，如果这次攻势"——当然，他们想把它算到我们头上。

尼克松：没错，我认为他们是想把这事算到我们头上。我的意思是，我们可能必须在中国人那里冒一下险，亨利。我——

基辛格：我也这么认为。总统先生——

尼克松：我觉得你不可能让他们从南边滚出去——我是说中国——因此，如果中国人——如果中国人不打算取消这次访问的话（尼克松即将于2月访问中国）。

基辛格：不会的。

尼克松：他们不会取消这次访问，因为——

基辛格：我认为我们的行动不应该过于向北，而是应该，我们应该像上次袭击中所做的那样，让他做些什么。我认为，如果——

尼克松：好吧，亨利，你——你记得我——

基辛格：就在您的和平演说之后（尼克松计划于1月25日针对越南和平谈判的现状进行一次全国性的电视演说）。我认为您不应该这么做——

尼克松：我不会现在就做。我是说，一直等到——我会等到和平演说之后。

基辛格：没错。

尼克松：我觉得你说得对。

基辛格：我会等到他们——

尼克松：你认为他们会以——继续增加军力来回应——我们的演说吗？

基辛格：会的。

尼克松：我也这么想。

基辛格：我也是这么理解的。

尼克松：我们可以只是简单地——艾布拉姆斯——艾布拉姆斯有计划吗？或者说——

基辛格：好吧，他有一些目标。并且，我认为他们可能打算全力进攻——然后他们会缓一缓。如果他们在战斗中不占优势，那么他们也会暂时驻守。不管怎样，他们总会暂缓一下，因为如果他们取得胜利，当然，他们会取得胜利，但如果他们没有成功，那么他们会——

尼克松：当你谈到胜利的时候，他们正在干什么？你是怎么设想的？

基辛格：好吧，他们最终要做的肯定是大举进攻第二集团军，并且穿越非军事区，还要穿越——还要不遗余力地进攻第一集团军。现在，我们应该利用大规模的空中力量控制局势。但是，如果他们穿越非军事区，当然，他们这么做将会彻底地违反协议——

尼克松：没错。

基辛格：而且，当然，可以预料到多勃雷宁明天会带给我们消息。但我并不怎么相信他，至少在越南问题上。他很——但是他的态度很温和，而且非常——带有一丝歉意。

尼克松：什么歉意？

基辛格：有关印巴问题。

尼克松：你是这么认为的？

基辛格：是的。我跟他说过："你知道的，阿纳托利，每次你离开的时候我知道你都会搞一些小动作，因为每次你一离开，事情就陷入了危机。"他说："哦，我可以告诉你一些有趣的事。"他说："让我们先别管这些事。但是作为朋友，我可以向你好好解释——"

尼克松：他很可能说库兹涅佐夫（Vasily Kuznetsov）试图——

基辛格：没错，我也这么想。但事实上，这是毫无疑问的。因为我们有苏联大使帕格夫（Nikolai Pegov）发给印度的电报，他在星期五的时候已经是第10次告诉印度要尽可能快地拿下克什米尔地区。而在星期六那天，库兹涅佐夫现身，一切事情就开始转变了。所以，在您和（苏联）农业部长（弗拉基米尔·马茨凯维奇，Vladimir Matskevich）的交谈（1971年12月9日）后，所有信号都很清楚地预示着事情在发生变化。

尼克松：[******]

基辛格：那是毫无疑问的。毫无疑问。

尼克松：我问你，有没有什么事——在该死的越南问题上，你对多勃雷宁无计可施，什么都做不了——

基辛格：好吧，我会，好吧，我明天会见他。

尼克松：你必须在明天晚上见他吗？

基辛格：明晚。晚餐的时候。我会联系您的。

尼克松：你现在还是这么想的吗，我们仍然在星期二晚上见他？那是我们想做的事情吗？

基辛格：我是这么想的。哦，那是毫无疑问的。

尼克松：[******]我的意思是，和多勃雷宁的谈话，会使事情发生改变吗？

基辛格：好吧，除非他有消息说他们准备好开始谈判——但那对我来说是无法想象的。他们是不会通过多勃雷宁传达这个消息的。

尼克松：你认为他们现在真正在做的是——艾布拉姆斯所说的是大规模增兵？

基辛格：4年中最大规模的增兵。他们拥有的每一个预备役师。确确实实，他们已经在投送兵力了。如果我们在北部登陆一个师的话，我们就可以向河内进发了。

尼克松：那他们都在哪里？他说——

基辛格：他们正在来——

尼克松：怎么那么快就到了？

基辛格：其中一些搭乘火车，还有一些当时就在非军事区北面。而且他们已经修建了一条穿过非军事区的公路，因此他们并不需要进行渗透——

尼克松：好吧，真该死。那我们为什么不袭击那条公路？

基辛格：总统先生，这一直是一个——

尼克松：以上帝的名义，我们到底对这条公路做了什么？

基辛格：好吧，是的，我们正在对它进行轰炸。但那是一件最耻辱的事情，因为堂堂的美国空军竟然连一条正在修建的公路都不放过。他们至今还没有完全建好这条公路，所以我认为他们还不会开始袭击非军事区。我们的判断是，或者说情报部门的判断是，他们将会于2月开始对越南的袭击，3月开始针对第二集团军所在地区和第一集团军所在地区的行动。而且我认为他们会在5月1日前停止行动。他们不会——我的判断是俄国人不想让你去莫斯科——他们想让你去北京。

尼克松：北京——

基辛格：带着耻辱去。但是，如果我们适时开始关于中东问题的谈判的话，俄国人会需要您亲自去做这件事的。而假如您是那个做这件事的人，您需要表现得很坚定。如果我们——那就是为什么在大选后，我们必须安排好，让您亲自解决贸易和中东问题的原因。

尼克松：我们回到眼下的这个问题，这件事我别无选择，只能按照艾布拉姆斯建议的那样做。这——

基辛格：在必须捍卫国家利益的时候，我们曾经给了俄国人狠狠一击，而现在我们也必须这么对待中国人。

尼克松：没错。

基辛格：但是我会在和平演说之后再那么做。

尼克松：是的。没错，你说得没错。那不会起到多大的作用，是吗？

基辛格：我认为，我们应该在你进行演说的时候给中国人写封信，也给俄国人写封信。而且——

尼克松：如果他们 [******] 升级的话，我们需要以牙还牙吗？

基辛格：是的。而且，我希望——

尼克松：那不是 [******] 针对他们。

基辛格：而且，我希望他们会利用这件事来帮助我们——帮助我们解决问题。

尼克松：你想通过谁做这件事？沃尔特斯在巴黎把话带到了吗？

基辛格：沃尔特斯在巴黎说过了，而且我星期四会交给多勃雷宁，就在您的演讲之前。

尼克松：我会提前准备好的。那是我应该做的。我必须这么做。

基辛格：好，明天我可以给多勃雷宁一些警告，但我认为按照要求这次演讲——我们不想——

尼克松：是的，是的，我知道。

基辛格：因为，不然的话——

尼克松：你明天会跟他说什么？

基辛格：嗯，我会告诉他——

尼克松：我们觉得，比如，我们的空袭能带来什么好处吗？会有好处的，不是吗？

基辛格：是的，我会告诉他——我会说："现在听着，你已经见识过总统的手腕了。他会一次又一次地做你根本无法预知的事情。你冒着巨大的风险，而且我要告诉你，如果这次越南的袭击仍然还是我们现在看到的规模的话，他会再次采取行动。"

尼克松：顺便说一句，南越准备怎么应对这次进攻？他们——

基辛格：嗯，他们已经更换了指挥官——第二集团军中两个师的指挥官。

尼克松：是吗？

基辛格：是的。

尼克松：他——更换了指挥官——他们现在肯定很出色，我说南越人。

基辛格：嗯，他们在第一集团军中是很出色，但是他们也可能遭遇大量的坦克部队。这可能会重演——

尼克松：我们在那儿也有坦克，记得吗？我们已经把坦克派遣到 [******]。

基辛格：不，不。那会是场残酷的战役，但是，您知道的，在整个国家会有大量的宣传。

尼克松：听着，只要不涉及美国公民，那就没关系。反正他们正打算对此进行宣传。

······

基辛格：我告诉过多勃雷宁——我说："我知道你支持了防御计划。"他说："不，你肯定一直在关注着 [******]。"

尼克松：他说什么了吗？

基辛格：我那么说是开玩笑的。我知道他没支持那个计划。但那会是个好故事。

尼克松：好吧，我们在哪儿设置了一个诱饵，这也是为了俄国人好。我们可以说："我们正在限制军备，我们要面向未来。"我们想裁减军备。多勃雷宁应该清楚这件事。

基辛格：哦，没错。

尼克松：他应该知道我们想谈谈裁减军备的事。

基辛格：总统先生——

尼克松：他不会反对这次和平演说的，是吗？

基辛格：哦，不会。

尼克松：[******]

基辛格：总统先生，我——自从我和（苏联的）文化部长（福尔采娃·叶卡特日娜，Yekaterina Furtseva）会谈后，我很清楚一件事。我们在印巴问题上的作为，我不在意国内的人是怎么想的，但我们确实得到了俄国人的尊重。她送给我一些礼物和一张便条 [******]。

尼克松：是吗？

基辛格：是的。

尼克松：很好。

基辛格：还有多勃雷宁。我可以看出他是多么兴奋。他说："我有很有意思的话要和你说，而且那非常非常重要。我们有一项很重要的议程。让我们马上开始工作吧。"而且，正如您所知道的，他想来这儿吃早餐。他说——但是他说他需要几乎一整个上午，所以我说，不行，我们为什么不在——

尼克松：至少——至少峰会还是要举行的。你知道的，你听说过这些人——我——

基辛格：我今天早上告诉你的工作人员，我认为我们会取得更多的成果——

尼克松：他们一直在说——他们一直在说："是的，多勃雷宁会因为印巴问题回到这里，然后告诉你：去死吧。"假如真的是这样，那么我们会清楚我们现在的处境。

基辛格：总统先生，绝对不可能——

尼克松：他们已经 [******]。

基辛格：他告诉我——我已经告诉他的部长，他的商务部长（尼古拉·帕托利切夫，Nikolai Patolichev）——我顺道在山姆餐厅和商务部长喝了几杯。我跟他说："你知道，总统正在准备做一些超乎所有人想象的事情。另一方面，如果你们不停止对我们的宣传攻势，我们就会断定你们——你们想——你们不想改善关系。既然如此，我们也不准备开展任何贸易活动。"所以我们必须让多勃雷宁回来。我们必须让他回来。他是唯一能搞定这件事的人。而且，多勃雷宁说他确实很想再多逗留一个星期，但是苏联那边要求他必须在会谈后返回，因为他们决定让这件事继续往下发展。所以——

尼克松：那你为什么不和他聊聊越南，并且给他们一些好处，现在你几乎可以给他们任何好处。当然，你也可以同意和他们进行贸易。

基辛格：哦，是的。

尼克松：但该死的是，他们并不想玩这个游戏。我不知道我们能做什么。我们现在没有任何牌可以打，亨利，没有任何牌，只有他妈的空军。我们必须利用空军。我们必须利用空军——

基辛格：总统先生，我觉得，这是虚弱无能的表现，用武力把他们赶出越南——

尼克松：什么？我没听清。

基辛格：我的意思是——

尼克松：那是什么的表现？

基辛格：是耗尽我们军事力量的表现。那代价太大了。

尼克松：哦，那我们什么也做不了。

基辛格：因为我认为他们会——在这次袭击之后——我认为他们会——

尼克松：他们必须达成和解。

基辛格：是的。是那样的。

尼克松：你不这么认为吗？

基辛格：他们必须在这个夏天达成和解。不管怎样，我认为，你在制订自己的计划的时候，完全可以这么假设，不管怎样，必须做到——

尼克松：[******] 我们得到第三个了？

基辛格：那会是——

尼克松：记得吗？我们总是谈论第二个和第三个问题。

基辛格：好吧，我们已经有两个了。我觉得我们会得到第三个。

尼克松：你知道的，当你听到演讲中涉及的那一点对外政策的部分，并把它们记下来，然后去思考的时候，那是很有趣的。那真是一个绝妙的政策，不是吗？

基辛格：非常强硬的政策。

尼克松：是的。

基辛格：而且非常深思熟虑。

尼克松：而且，你知道，我们说过我们的承诺是最低限度的。我们不会以军事手段介入，但我们或许会采取另外的方式。况且我们也已经进入——我们会使用武力——我们在那儿都已经部署好了。人们肯定知道我们会做什么，不会做什么。并且，那是很确定的。当然，正如你所知道的一样，利益才是最招人喜欢的。

基辛格：是的。

尼克松：哦。那是——那意味着每个人都明白这个道理。我能断定我们在玻利维亚的利益受到了威胁，对吗？

基辛格：那不是——

尼克松：看到了吗，利益才是他们——是那些反战分子——好吧，他们中的一些很聪明。但大部分反战分子都会说："啊，感谢上帝，我们终于不会干涉了。"这是胡说八道。我们会插手任何地方的事情——

基辛格：[******]——

尼克松：如果 [******]。

基辛格：好吧，就您作为总统来说，我——

尼克松：如果我做出一些愚蠢的事，他们就会被吓死了。

基辛格：愚蠢可不是您的做事风格，强硬才是。

尼克松：我希望我们可以在越南做些强硬的事。我不会——好吧，真该死，在南越增强空军力量，加上南越的军事实力，应该可以做些强硬的事了。我认为北越人并没有那么强大。我不相信——

基辛格：我们应该做的是——

尼克松：——在老挝、柬埔寨，他们可能很强。

基辛格：我们应该做的事是开展一至两天的一系列的袭击行动。我认为我们不能一次就进行持续5天的行动，但是我们可以——

尼克松：不，我——我们不能。正如之前我告诉过你的，我真的认为上次（在柬埔寨）行动中的最后两天——不是致命的，但帮不到我们。我认为我们不值得 [******] 继续下去。看起来好像我们没有彻底攻击他们一样，而是进行了连续几天的攻击之后，就停了下来。正如你注意到的，我们停止了轰炸。他们在三天之后就停止讨论这件事了——

基辛格：是的。是的。我们可以在一个星期里进行两天轰炸，然后等两星期之后，再进行一天。他们必须这么做，然后——

尼克松：你为什么认为事实上——我向你询问另一件事的原因，亨利，我觉得，事实上我们之前进行的持续5天的轰炸——

基辛格：哦，那次攻击过于猛烈。

尼克松：——给了他们一点喘息的时间。

基辛格：哦，是的。

尼克松：你不认为这会让他们有点担心吗？他们需要 [******]——

基辛格：是的，但我觉得我们必须在 2 月初袭击他们。我不认为那是——

尼克松：好吧，不过，那就是说可能是下个星期。

基辛格：不，在您提出建议之后的那个星期。

尼克松：哦，你想等那么久吗？

基辛格：哦，或许在这周末。我想多为您的提议争取一些时间。我认为他们打算——

尼克松：是的，我认为我们应该等这周末过去，如果可以的话。

基辛格：是的。

尼克松：怎么样？

基辛格：而且，之后如果他们袭击我们，那么我们就连续 5 天狠揍他们。您知道的，如果他们以全力进攻来回应您的提议的话。

尼克松：没错。但是，我们可以——按你说的，你可以进行打击。可我并不想那么说。我不想在我的演讲中威胁说——

基辛格：不——

尼克松：或者，你认为我应该这么说吗？

基辛格：不，您不该这么说。

尼克松：我认为我根本不应该在演讲中进行威胁。

基辛格：是的，是的，不应该。

"站在弱者一方对抗强者。这正是我们和中国人在做的事。"

> 1972 年 1 月 24 日，下午 1：51
> 理查德·尼克松和约翰·埃利希曼
> 行政办公楼

自尼克松总统向中国示以友好姿态以来，先是通过罗马尼亚和巴基斯坦这样的中间方，然后再开展中美之间的直接对话。在这个过程中，他的思想已经成熟。原本旨在打破美苏关系僵局或者在同北越人的谈判中获得更多好处的计划，现在具有了更重大的意义。尼克松的秘密录音揭示了他为了提高中国的国际地位所下的赌注——他在共和党中的地位、他的下一任期以及与盟友和敌人的关系。短期来看，这是一个谋取他国让步的计划，比如苏联；但是长期来看，尼克松与中国人结下的友谊有着更深远的影响。

……

尼克松：你看，在对外政策方面，你知道的，我可以牢记我的方向，但是我必须说，亨利，从一开始，一旦他有了目标，他就必然会做到完美。我们在玩的这场游戏，它用不着多么戏剧化，不管选举中发生什么 [******]，将会改变这个世界的面貌。而且，恰巧我们才是唯一拥有这种意愿的政府，此时此刻在这个世界上唯一的国家——

埃利希曼：嗯。

尼克松：现在，对中国的行动不是因为我担心中国，而恰恰是因为我不担心，至少在 15 年内是这样的。[******] 需要对俄国人采取一些行动，让另一个幽灵笼罩着他们。俄国人正在筹划一件即将在峰会上发生的事情的原因，而且它就要发生了——

埃利希曼：是的。

尼克松：多勃雷宁回来了，[******] 这是因为我们在印巴问题上的失利，以及所有这些，俄国人正在跟我们较量，却突然发现我们要去中国了。这些俄国人于是打算举行峰会，举行 [******]？休想。他们确实在朝着另一个方向发展。他们希望举行他们的峰会 [******] 中国人。中国人却因为俄国人而想要举行自己的峰会。现在看来，这对我们确实是件好事。

埃利希曼：是的。

尼克松：只要你能小心翼翼地搞平衡。所以，现在，这件事可以把我们置于一个非常强有力的位置。就像是 19 世纪英国在欧洲列强中所处的位置一样，他们总是站在弱者一方对抗强者。这正是我们和中国人在做的事。你明白吗？[******] 而且那会使强者信服我们。现在，我们——如果我们可以挺过这关，这件事也会有所起伏。天哪，你读了多少认为中国问题会搞砸我们同日本关系的专栏文章啊?

埃利希曼：是的。

尼克松：搞砸了我们和——

埃利希曼：是的。

尼克松：——俄国人?好吧。"那值得吗?"我们会听到越来越多这样的声音。写那些东西的人基本是亲苏派。这就是亲苏的专栏作家 [******] 的地方,俄国人已经弄明白这些事情了。现在,另一方面,如果我们没打中国牌的话,我们今天肯定会和俄国人一起成为该死的焦点——

埃利希曼：把我们看扁了。

尼克松：我们本来不会——

埃利希曼：是的。

尼克松：该死,他们不希望他们和我们打交道。他们怎么会希望呢?

埃利希曼：是的。

尼克松：我们能为他们做什么?但是,其实我们可以对他们做点儿什么。

埃利希曼：没错。

尼克松：他们知道,俄国人——他们明白美中关系缓和,把俄国人排除在外,这是非常危险的。美国的力量和中国的人力会让世界格局形成均势,对吗?现在,我知道他们把葛罗米柯派到了日本。这是很自然的。[******] 你想一想,日本政府会去放弃核保护伞而和俄国人做些愚蠢的交易吗?绝对不会。他们只是和俄国人做做生意,或者做些其他事情。

埃利希曼：特别是在他们不知道中国峰会结局如何之前。

尼克松：中国峰会不会伤害他们。他们也想抢先去中国。没关系。我们也不介意他们那么做,明白吗?我们打中国牌的理由和日本的是不一样的。

埃利希曼：是的。

尼克松：日本人是为了他们自己才和中国人打交道。我们是因为俄国人才和中国人打交道。是的,这是场大棋局。亨利完全理解。我也理解。罗杰斯也会去做这件事。我认为他——我没告诉他 [******] 关于中国的事,第二,只有上帝知道,因为不仅只有国务院会发现,你知道的,[******] 说:"哦,天哪,这会让俄国人发疯的。"

埃利希曼：是的。没错。

尼克松：所以,这就是我们关于那件事的态度。但是,让我们暂且假设,这两个问题都被我们解决了。我认为，那也不会在民意测验和剩下的事情上对我们有什么帮助。民众非常期待我们能很好地处理这件事，并在此基础上做好其他的事，但是归结到选举上来说，我只关心美国选民到底是怎么想的。假定你的经济不是完全[******]，怎么能——在他们冒着风险，或者我们应该说，冒着牺牲那些所谓和平的一代的风险之前，他们想的会非常多。

"拿越南来说……我们3年前就应该把它彻底冲进马桶，这归咎于约翰逊和肯尼迪。"

> 1972年2月1日，上午10：03
> 理查德·尼克松、葛培理和鲍勃·霍尔德曼
> 椭圆形办公室

全国祈祷早餐会始于1953年，通常在每年2月由国会议员举办。自德怀特·艾森豪威尔开始，之后的每任总统都会参加。与会人员包含了来自工业、政治、社会各界以及其他国家的至少三千名客人。在1972年的早餐会之后，尼克松和葛培理牧师返回椭圆形办公室，对早上的讨论进行了扼要的概述。尼克松阐述了已准备好的评论和看法，包括他对媒体、越南以及美国在世界上的地位的看法。

……

尼克松：那真是太有趣了。确实不能公开讨论那件事。你认识保罗·凯斯（Paul Keyes）吗？

葛培理：认识。

尼克松：他在他的电视节目上说，他说好莱坞的每个节目都是真实的。12个编剧中有11个都是犹太人。

葛培理：是这样的。

尼克松：现在，《生活》杂志完全被犹太人控制了。《新闻周刊》也完全归犹太人所有了，而且受他们和他们的社论掌控。《纽约时报》《华盛顿邮报》也完全是犹太人的了。

霍尔德曼：[******]

尼克松：现在《洛杉矶时报》的所有权也完全是犹太人的了。可悲的奥蒂斯·钱德勒（Otis Chandler），是所有人里掌控局势的人。不过还有一件事，就是所有三家新闻网除了有名誉负责人以外——他们还有霍华德·史密斯（Howard K. Smith），或（大卫·）布林克利（David Brinkley），或者克朗凯特（Cronkite）等这些人，可能这也说明不了什么——但是这些作者，95% 都是犹太人。现在，这意味着什么呢？这意味着所有犹太人都是坏人吗？不。那意味着大部分犹太人属于左翼，特别是那种年轻的犹太人。

霍尔德曼：[******]

尼克松：他们太前卫了。他们很激进。他们可以不惜任何代价来争取和平，除了在那些有以色列支持的地方。唯一的方式 [******]，所有与这件事有关的，真正的原因是：最好的犹太人，实际上，是以色列的犹太人。

葛培理：没错。

尼克松：因为以色列，（以色列总理）（果尔达·）梅厄（Golda Meir）女士支持我，她这么做是出于一个非常基本的考虑。他们知道民主党的候选人显然会迎合美国国内的犹太选民，但是她支持我。因为她知道，以色列最大的危险是苏联。她也知道，在（1970 年）涉及约旦的危机中，我为他们压制了俄国人。她知道我是唯一会那样做的人。她知道民主党会向共产党人让步，向俄国人让步。看见了吗，这才是重点。她很强硬。这点我们之前已经讨论过。拉宾也一样。

葛培理：哦，是的。

尼克松：拉宾，当然了，是个俄裔犹太人，而且他也了解他们。然而，现在在这个国家里，我们不能抱有任何幻想。你明白的，不是吗？你很清楚，事实上，在媒体上，我们面对着一大群人 [******]，而且，那和反犹太主义没有什么关系。不过，那只是媒体的事，是媒体的力量——

葛培理：他们做到了！

尼克松：他们做得很好，通过——

葛培理：他们也出版色情产品，出版任何东西。
尼克松：我不知道他们为什么这么干。

……

葛培理：但是这种压制必须被打破，否则这个国家就会每况愈下！
尼克松：您这么认为吗？
葛培理：是的，先生。
尼克松：天啊！尽管我绝不会这么说，但是我相信——
葛培理：但是如果您第二次当选，您或许能做些什么。

……

尼克松：我今天早上做的评论并不适合写进专栏，但如果有些老练的人在听的话，那么与专栏相比，这些评论的含义更多。而且，通常是在那种情况下。问题在于，我们现在正处于那种环境之下，而且这将会是美国最后一次有机会通过它的力量来创造一个可能会持续25年的和平环境。没人能够考虑以后的问题。这将是一个伟大的事业。

现在，重要的是，美国要利用这种力量，要有效地利用。现在，我说了一些很多人都不乐意听的话。大部分人都乐意认为："如果我们可以更好地了解对方，那么我们就不会有什么分歧。"但是，那些打架最厉害的人往往是结了婚的人！他们确实很了解对方！当然，我们和俄国人，以及我们和中国人的问题，正如我说的，我很确信你抓到了要害。并不是我们彼此不了解，而是我们彼此实在太了解！他们相信这件事，而我们相信那件事。他们相信这种世界观，而我们相信那种世界观。

但是，如果你明白了这一点，再去开始对话，那么就有机会发现那些彼此可以共处的领域。我们希望，每个人都出于正确的理由而盼望和平的时候，太平盛世会在某天到来。但是现在，我们可能因为某种迫切的理由而盼望和平。它们并不一定是错的，[******]但我们确实如此。我唯一能给对方的东西就是我所说的事实，也就是每个人，不论多么顽固，多么残暴，或者多么野蛮，都可能会关心年轻人、孩子们，我是说，俄国人肯定会关心他们的孩子，中国人也肯定会关心自己的孩子，并且希望他们的孩子们不会遭受灭顶之灾。而且他们知道，正如我们所知道的一样，在发生战争的时候，那必定是毁灭性的。所以，我们可以这么考虑。

然而，现在我的观点是，美国比任何时候都需要在这间办公室里有某个既了解共产党，又了解我们的力量的人。拿越南来说。从政治立场上看，他们比我更加清楚地知道，我们3年前就应该把它彻底冲进马桶，这归咎于约翰逊和肯尼迪。肯尼迪把我们拖了进去，而约翰逊仍让我们深陷其中。我本来可以把这事归咎于他们，而让自己成为民族英雄！就像艾森豪威尔结束朝鲜战争那样，并且那也不会变得有多糟糕。没错，北越人可能会屠杀两百万南越天主教徒，但是没人会关心那个。这些棕色的小家伙，离我们那么远，我们也不了解他们，你很自然就会这么说的。

但是另一方面，我们不能那么做。不是因为越南，而是因为日本，因为德国，因为中东。美国一度不再做一个超级强国，不再出于责任而去遏制侵略，也就是我们事实上在印巴问题上所做的那样。我们同印度没有问题。我可以保证。我知道和巴基斯坦人相比，那里的印度人更多，并且我更喜欢巴基斯坦政府。但是，我们不能允许印度在苏联的支持下吞食它的邻居。所以我们要阻止它，而且这么做是对的！

"我认为，
如果换作其他任何人坐在这个位置上，
绝不可能下令开展在柬埔寨和老挝的行动。"

1972年2月2日，上午10∶05
理查德·尼克松和国家安全委员会成员
内阁会议室

尼克松已经向美国人民承诺，在5月1日前把美国在越南的军队大幅削减到6.9万人。北越以及越共很清楚尼克松关于撤军的承诺，因此他们于1972年初逐渐扩大了进攻行动，这也致使尼克松与国家安全委员会针对他的政策选项进行了长时间的讨论。会议的核心议题是关于美国的战地指挥官克赖顿·艾布拉姆斯提出的一系列请求。最具争议的是，他想获得许可，增强空中力量来打击北越目标。然而，他的策略与削减军队的政策相抵触，那可能被解读成在尼克松撤军政策中的战争升级。尼克松原本有两个很好的理由，让这场战争在不付出更大代价的情况下结束：首先，是他1972年的竞选连任；第二，针对越南的前盟友——中国的主动缓和政策。然而，与之相反，在可能导致不同战争进程的选择前，尼克松给出了为什么要为了胜利而被迫回击的理由。

……

尼克松：我们开这个会是为了一件事，我和你们中的一些人已经单独讨论过了，但从来没有在正式的小组讨论中探讨过。我已经和比尔、梅尔、约翰，还有其他一些人探讨过多次。我还[******]我觉得现在是把我们聚在一起的时候了，看看在今后的3个月，3个或4个月，至少在这个旱季期间，出于回应敌人的行动的考虑，我们的立场应该是什么以及我们能做什么。情报部门有一个，应该这么说，不能说是一个分歧，但是一个关于这件事的不同意见，一直都是这样，和预期的一样。但是，他们都一致同意现阶段敌人想要[******]，所以，我认为我们应该从如何去[******]的情报分析开始入手，然后我们会让穆勒将军简要介绍越南共和国军的战力、我们的战力、敌人的战力，以及我们能从这些提供上来的情报观点中看出来什么。之后，我们就去做我们打算做的。

……

尼克松：我可以问一个问题吗？或许邦克大使[1]应该可以评论一下。我在几个月前指出阮文绍可能思考过某种可能性，而不是仅仅，你们知道的，不是仅仅对那些为了转移敌人的注意力而在柬埔寨地区采取的行动表达不满。你们清楚一些事实，也就是南越地面部队在数量上是北越军

1　埃尔斯沃斯·邦克（Ellsworth Bunker），美国驻南越大使。

队的三倍，且南越军队有空军和海军的支持，而北越却两者都没有，在这种情况下他们看上去可能会考虑一种可能性，就是靠他们自己的力量来挫败敌人的进攻。是不是——如我所理解的，由于南越人想以在原地按兵不动的方式抵御敌人的进攻，所以他们已经放弃了主动出击的想法。是不是——

[******]

尼克松：你认为事实是这样吗？

邦克：是的，我认为是这样的，但是正如您所知道的，他们那时正在柬埔寨。

尼克松：没错。

[******]

尼克松：当然，我现在所指的是，我们坐在这儿，而且知道那里有三个师，我们知道这个，那个，还有其他事情。不过，每个人都在担心北越人到底要干什么。没错，北越军队的数量只有南越的三分之一，还有很长的补给线，没有空军和海军；而南越军队却大不相同。我只是试图用这种方式——目前看来，这是正确的吗？

阿格纽：从那种情况来看，因为我也在考虑同样的问题，除了修订条款之外，有没有可行性或可能性，考虑让南越方面发起主动进攻，尤其是针对在越南北部的北越的预备役部队，而不是在柬埔寨的北越部队？主要看一看南越方面针对目前的情况发起主动进攻后的舆论影响，他们实际上深入到了北越的什么地方，大量的后备部队或物资在什么地方集结，或许增加另外的空降部队可以阻止他们，最终把他们全部赶出去。让报纸也有东西可以报道。

尼克松：他们考虑到这些行动了吗？突击队，类似这种的？

邦克：嗯，是的，他们已经考虑过了。我认为阮文绍考虑过他们能做的事情之一，就是小规模突袭。但不是像去年"蓝山行动"那样大范围的袭击。他们不愿意发动——他们的观点是，我认为，而且我认为我们同意他们的意见，也就是最好在他们自己的地盘上抵御这类进攻，而不是进入老挝，在那种地形上交战很困难。

莱尔德：好吧，他们的军事人员，然而——难道不对吗？公平地说，埃尔斯沃斯？——更倾向于现在就这么做。现在，总统（阮文绍），当我和他讨论这个问题的时候，他很坚定并且竭力表现得像我一样坦率。你记得——

邦克：是的，是的。

莱尔德：——关于这次行动，以及对北越的突袭，我都已经和他在一些细节上进行了深入交流。他有些不情愿。他之前在"蓝山行动"中就有些不情愿。但他没有搁置"蓝山行动"计划，[******]在那儿的话，会——将会更进一步，汤姆可能会乐于评价这件事，因为他确实觉得他的首要职责不是进入柬埔寨。如果对他有帮助的话，他一定会去帮助柬埔寨的。

邦克：好吧，我觉得是这样的，而且我认为他不想冒自己的军队被击溃的风险。那才是主要原因，而这就是——这就是为什么他没有在"蓝山行动"中采取进一步行动的原因。

尼克松：让我想起了拿破仑的传记——

[******]

尼克松：——拿破仑在早年的时候，避免自己的军队崩溃的方式，就是不要待在一个地方而让后方受敌。避免出现这种情况的方式，就是要与居于弱势的部队一起，彻底打败敌人。我们见过那种情况。事实上，我只是，没有参与那个策略，但是我——在我看来，远距离的通信，没有空军，没有海军，而且他们都这么说，坐在那里说："天啊，我们要进行攻击了。"好吧，我是这么猜的。我可以理解，但是我理解，你们不能做任何他不批准的事。我是说，他一直，他一直态度很好，而且他在这个政治问题以及其他诸如此类的事情上很睿智地坚持住了。并且，我不建议我们的人 [******]。我们没有参与他在地面上的活动，但是——我知道梅尔不会赞成这件事，因为我们在之前讨论过。

莱尔德：您告诉过我要那么做，而且我也照做了。

尼克松：我所担心的事情是——好吧，可能已经晚了。他们不会那么做。这难道不对吗？他们只会等待，甘受攻击，对吗？

穆勒：在这种特别的 [******]——

尼克松：至于敌人，敌人将会加入这场游戏，而他们只充当防御的一方。

……

穆勒：与此同时，我们已经开始采取一些预警行动。我会分别谈一下前三个行动。已经获得了增强空军力量的授权。我们已经根据一定数量的空中力量制订了计划。我们也已经仔细考察过我们的直升机数量。我们已经计划增加航母和海军火力支援，把我们拥有的军需品分配到所有的航母上。总统先生，一些小型的杀伤性武器在最近的行动中起到了很好的作用。我们已经投入了——我们确信在这个计划中我们可以使用所有的储备资源。我们也制订了针对北越地区陆地交通线的袭击计划。我之前提到过增加空运的计划。此外，艾布拉姆斯将军也谈到了有关我军安全的事宜。他已经组建了 28 个小组。他派他们去检查防御计划以及在南越的各个美军部队的警戒情况。他告诉我，从目前已收到的口述报告来看，情况还是不错的。他们——所有我们的人都清楚所面临的威胁，因此他们不会感到惊讶。除此之外，我们已经制订了增加 P-3 近海巡逻机的计划，以确保我们在这场危机中的海洋渗透能力。

现在，我想谈一谈这前三个方面：空军权限、部署探空感应器的计划以及 [******] 的能力。首先，空军权限，我已经在这儿用红点列了出来。这也是按照艾布拉姆斯将军的要求做的。紧挨着的，这个黑色的正方形显示的是至今他已经被授予的权限。现在，他请求的第一件事是为南越部队可能开展的穿越——实施的跨界行动给予空中支援。已经批准了他的这项请求。如果他们在老挝和越南的边界处开展行动，他是无法使用美国空中力量支持南越军队的。第二，他请求给予在非军事区边界以北地区投放感应器的权限。迄今为止，我们只在非军事区边界以南设置了感应器。在北部投放，可以为我们提供非军事区北部活动的信息，包括横向和纵向两个方向上的活动，并且我认为，那可以提供更多预警，使我们能够采取更好的反制行动。

接下来，他还请求给予对北越地区的地面控制拦截（Ground Control Intercept，GCI）雷达进行打击的权限，因为那些雷达对敌人的米格歼击机进行引导。他有发射反雷达导弹的权限，主要是以百舌鸟（the Shrike）和"标准"反辐射导弹（Standard ARM）来反制这些雷达装置，也就是当他们锁定目标的时候，或者是在米格战机行动以及地面控制拦截雷达工作的时候。另外，到目前为止，他还没有获得在锁定这些雷达的时候就发动攻击的授权，我们已命令太平洋司令部以此为目的来制定一些应急预案。所以，如果能从这里得到授权，他就可以直接那么做了。

尼克松：有多少？我们在这里谈论的这种袭击的次数有多少？

穆勒：不，有5个雷达，先生。当然，我们已经发现5个这么大的[******]类型的雷达。我在另一个表格上注明了——

尼克松：没关系。我不需要那个。我得向你们说明一些事：我想知道的是，他所请求授予的权限的等级。他想得到授权以深入敌后，打击5个雷达装置，并且——

穆勒：是的，先生。

尼克松：——从根本上来说，我们说过，只要是防御性反应，就可以进行打击。他所请求的是这样的吗？

穆勒：不，那不是我们刚才说的。有一些不同，总统先生。您已经注意到，无论他们什么时候利用——在特定的地区指挥米格战机升空，他都无法进行打击。

尼克松：听着，我明白。但是——但是这——

穆勒：他们已经部署在那儿了。

尼克松：是的。他想要的权限是去，去打击——？

穆勒：一旦他定位到一个，他就想去进行打击，只要天气状况允许，无论米格飞机是否行动。换句话说，他不想等到做出防御反应的情况才去采取行动。

尼克松：那种情况会有多少次？需要什么？多少次袭击？都是在哪儿？

穆勒：嗯，他想，他请求的权限是对那些20度线以南的——

尼克松：那些吗？

穆勒：5个，先生。我认为是5个雷达点。

尼克松：好的，我知道了。

莱尔德：不过，总统先生，我们之前要求他制订一个计划，关于完成这项任务需要进行多少次袭击的问题，但我们至今还没有收到回复。

尼克松：是的，那么[******]——

基辛格：此外，如我所理解的，刚才讨论的事情有三种不同的情况。一种是如果雷达锁定了一架飞机，那么他们就可以对其发动袭击——

尼克松：当然——

基辛格：第二种则是，一旦确定了雷达的定位，他们也可以使用其他的不是针对雷达的炸弹，那不取决于——取决于对雷达的定位。第三就是他所要求的在交战区域之外进行打击，但是尽管交火仍在继续，他现在也没有权力去使用任何除了归航信标之外的东西。

365 穆勒：没错。

基辛格：难道不对吗？

穆勒：对的。

基辛格：那么，接下来他可以——

尼克松：但他想要获得权限，他请求得到无视交战区域的限制进行打击的权限。

穆勒：在他发现目标的时候。[******]您必须理解，总统先生，一次袭击并不必然能够，虽然他可能破坏[******]，他们会把它——他们会在一个星期后继续投入使用，所以他真正请求的权限是去——

尼克松：持续打击？

穆勒：——任何时候只要他发现一个，就铲除一个——

尼克松：是的。好吧。我刚刚在想。

穆勒：现在，对萨姆导弹点，他也请求获得同样的权限。正如您所知道的，他已经拥有针对萨姆导弹点发射反雷达导弹的权限，而且随着萨姆导弹点的增加，我们也在一直不断地增加这种行动。他本来建议，一旦开始地面攻击，这个授权可以按照一事一议的方式进行考虑。然后我们就可以实施，并且针对萨姆导弹点制订一次性打击的应急方案。我应该指出，我们今天拥有袭击老挝境内4个设施点的权限，我们也已经部分打击了这4个点。他们所做的就是，他们——这些都是可移动的，并且他们一直都在到处移动它们。结果就是，你可能今天知道这个点在哪儿，但明天它可能就不在那里了。

尼克松：这是不是说，我们实际上告诉他们的是，必须在敌人发动大规模袭击之后，他才能根据一事一议的方式，请求获得权限去实施[******]？

穆勒：是的，先生，这正是我们所讨论的。

莱尔德：好吧，我们已经要求他——

尼克松：要改变这种状况。

莱尔德：——我们已经要求他，总统先生，要求他拿出一个计划并马上采取行动。那个计划将很快被提交上来。[******]

尼克松：好吧，我只是——我只是试图——我知道，关于应该做什么等问题，还有一些分歧。

莱尔德：我认为没什么分歧。

尼克松：好吧，[******] 我的意思是，我只想确定关于这两个不同的阶段，我们要有一个清晰的理解：我们现在该做什么，当袭击开始的时候我们又该做什么。现在，当然不会给指挥官在战场上发动核战争的权限，我的意见是，一旦他们开始大规模进攻，情况就会完全发生变化。我们不能只在这儿说些没用的废话，我们必须批准每件该死的事情。绝对不能那样做，我想要——

莱尔德：我认为这没有任何问题。

尼克松：不，有问题。这正是我们一直在谈论的关于这两个阶段的问题。如果他们开始发动进攻，我们不会说我们要等到敌人的萨姆导弹发射后才去打败他们这种废话。这不就是争议所在吗？

穆勒：是的，先生。

尼克松：好。

穆勒：好吧，我们会根据要求制订出攻击这些导弹发射点和雷达的授权计划。

尼克松：好的。

穆勒：还有，他也请求批准对那些我向您展示过的机场进行打击，那——

尼克松：然而，现在争论的还有这个问题——已经给予了哪些授权？授权是按照一事一议的方式做出的，对吗？

穆勒：我们已经让他增加了对机场的侦察，并且确保这些侦察机拥有轰炸机的全力支援，如果这些侦察机受到攻击，这种情况经常出现，那么他就可以对机场进行打击。总统先生，我们一直在开展这类行动。

尼克松：你所有的情报工作都已经准备好了，你知道怎么打击他们，等等，是不是？

穆勒：是的，先生。我们现在还没有袭击海防港机场，这个机场就在北纬20度线的边缘上。但是，我们已经打击了同海机场和全郎机场。[******] 并且，顺便说一句，这些袭击非常有效。通常情况下，他们会有一架侦察机、两架防御米格轰炸机的战斗机，以及 8 架攻击机。当侦察机飞越这些机场，防空炮塔开火的时候，他们会把武器瞄准——直接瞄准防空炮塔或者机场上的支援设施。但是，总统先生，在这里我必须重申一点，就是为了确保这些机场不会重新启用，这种行动必须持续不断地进行。

尼克松：继续说。

穆勒：好的，我们已经再次通知他，一旦战斗打响，可以这么说，正如莱尔德部长刚才所说的那样，北纬 18 度线以南的任何飞机都是极具威胁的，因此我们可以在任意时间利用 A-1 攻击机对它们进行打击。我应该补充一下，我们在平省附近已经部署了两艘巡洋舰，都带有极具威慑力的大型脉冲雷达，而且他们也已经获得了攻击具有敌意的米格战机的授权。并且，我们对"敌意"的解读是极为宽泛的。

莱尔德：我想我们已经进行过一次打击了。

穆勒：是有一次，至今只有一次。没错。

莱尔德：一次打击，但是他们仍在顽固抵抗。他们仍处于备战状态。

尼克松：没错。

康纳利：总统先生，我想请问，在后面的讨论中，是否会反对给予他所要求的这些权限呢？

尼克松：我们会逐个详细地分析，先看下一个。最后一个是针对——继续说——后勤方面。

穆勒：好的，先生。他请求授予袭击弹药库和转运站的权限，以及对沿着通信线路前往老挝的所有卡车进行空中侦察的权限，这些卡车大部分要通过班卡莱以及穆嘉关。我这里有一个表格。我们——

尼克松：这里的问题在于，这里争论的问题在于，是袭击这种位于北越的后勤供应点的权限吗？

穆勒：是的，先生。在北纬 18 度线以南。再和您说一下——梅尔，把第一个表格给他。好的，可以了。

尼克松：北纬 20 度线离河内有多远？

穆勒：嗯，这是——北纬 20 度线，先生，就在这儿，大约——大约——

尼克松：嗯？

穆勒：——60 英里，多出一度。

尼克松：18度是在——？

穆勒：75英里多一点，可以这么说。

尼克松：我不太明白。那是什么？[******]

穆勒：[******]

尼克松：现在汇报一下他们整个后勤的状况。

穆勒：是的，先生。[******] 这里，我们——我草拟了一个计划概要，并且已经分发到各个战区，充实一下报告里的各类数据，实际的——其中一些——他们会将其区分开来，并做一些其他工作，而且我们也有备用方案，先生，授权艾布拉姆斯将军将针对这些正在进行的、输送到老挝境内的后勤供给活动进行打击。

尼克松：这段时间的天气状况如何？会变得——？

穆勒：嗯，在2月期间，先生，当然，关于——在1月——2月，和我们去年得知的一样，是这个狭长地带一年中天气最坏的时候。实际上，2月中有6天的天气让人感觉相当于在10000英尺的海拔上待3个小时，而且有3天的天气让人感觉相当于要在10000英尺的高度待上6个小时。所以，这就是艾布拉姆斯将军请求在时机适合的时候开始行动的原因，这样的话——

尼克松：什么时候是合适的时机？

穆勒：那正是我们所谈论的问题，先生。

罗杰斯：汤姆，这些都是基于艾布拉姆斯将军所请求的。参谋长联席会议呢？有没有什么事是我们现在应该做，但是现在还没有提到的呢？因为在我看来，鉴于这次新的进攻行动的重要性，我们应该全力以赴。我认为我们已经输不起了。美国人民不理解这些事。[******] 唯一的问题似乎在于，我们唯一的问题在于，我们能采取什么有效的行动呢？

米歇尔：好吧，这就产生了一个问题，那就是存有7架米格战斗机的那个机场在北纬18度线以北，而另一个仅有1架米格战斗机的机场在18度线以南，他在那里有权限进行打击。

莱尔德：总统先生，我想谈谈我们能采取哪些行动的问题。因为我认为就进攻行动而言，这一问题非常重要。这些进攻行动，我认为，假如实施打击，这些行动会在B-3区域前线。（"B-3"指的是北越军队在高地标明的区域。B-3区域前线位于MR-2内，即美国标明的2号军事区内。）我认为所有的行动都表明，应该在那里发动袭击。现在，在我看来，我们必须关注于限制敌方的进攻行动，必须要用我们所有的空军力量全力以赴，因为与对方的任何火炮或者他们拥有的其他火力相比，空军力量会使南越军队拥有巨大的优势。北部的行动同 B-3 区域的行动没有什么关联，因为如果在接下来 3 周里将要开展的行动能够成功，所有后勤补给便能就绪。从现在起直到 3 月或者 4 月，所有支持这些行动的物资才能配备齐全。

所以，就 B-3 区域前线而言，我们所关心的与这次进攻行动有关的一切事情与人员都已到位。现在，只要进攻在 3 月或 4 月开始，我认为应当授权对后勤支援进行打击，而且我希望最终批准的应急方案会给艾布拉姆斯将军 3 至 4 次的自由选择权，也就是基于那时的天气状况选择一个特定日期采取行动。我认为，最好给他两到三次，每次 24 小时或者 48 小时的选择权，因为这是在 3 月至 4 月的时间段内限制敌军可能进行的袭击行动的最有效方式，同时也是因为那些补给可能会用在 3 月和 4 月的进攻中，而不是用在 2 月的进攻中。那样的话，就国内情况来说，我们还是可以忍受的。如果我们在短期内连续进行持续 5 天、6 天、7 天甚至 8 天的行动，那么这样长的时间会让人承受巨大的政治压力，我认为大家都明白这个道理。并且我很确信，如果艾布拉姆斯将军能得到授权，对北部地区后勤支援行动持续进行 24 小时或 48 小时的打击的话，他一定会有效地利用他的优势。现在，我不想误导在场的各位。这不会对 B-3 区域前线的攻击行动产生什么影响。

它会对以后 4、5 月可能开展的进攻产生影响，但是至少要等那么长时间。现在，那么做对 1 号军事区肯定没用，但是对 2 号军事区和高地区是很有效的。这些战斗所需都已经到位了。

穆勒：我想，梅尔，你已经——

莱尔德：什么——？

穆勒：——天气会对你的设想造成限制。[******]

莱尔德：是的，的确——那里一整个月的天气都会很糟，所以那里会有好天气的想法——那儿的天气肯定很糟糕。

尼克松：在 2 月吗？

莱尔德：是的，天气——12 月、1 月以及 2 月的天气都很糟糕，而且可能一直持续到3月。

穆勒：是的，先生。我的意思是，我们是不会遇到那种连续7天的好天气的。

莱尔德：不会的。

穆勒：所以，我们不必担心是否把它定为7天——

尼克松：现在的状况是——让我们回到非军事区的问题，回到他们全部穿过那儿到达避难所的可能性，那条线在哪里？还有权限——他现在有没有请求授权去袭击那条线上方的区域，以彻底摧毁这些道路呢？

[******]

穆勒：那会是打击后勤支援行动的计划的一部分。

尼克松：嗯——那很好。

穆勒：是的，先生——

尼克松：很好。他至今还没请求那个权限吗？

穆勒：是的，先生。他有权限去 [******]——

莱尔德：那里有一条路是穿过非军事区的上部的，他请求获得对那里进行攻击的权限。

穆勒：这条路正好和非军事区平行——

尼克松：有多少——那只是其中一条路。有多少条路正在修建呢？你说过有几条穿越非军事区的道路正在修建是吗？就是那些他们觉得，他们可能会通过的道路。

莱尔德：有两条路正在修建；一条主路，还有一条刚刚开始——

尼克松：我们现在轰炸了其中一部分，但是另一部分没有，对吗？

莱尔德：好吧，这条路现在没在使用，但是我们——那条路通向南越——而且我们现在正在对它进行轰炸。

穆勒：我们炸掉了那条路在非军事区南部的部分。

尼克松：我明白。

穆勒：是的。

莱尔德：但是，那条路并没有投入使用，而且那里也没有什么可以打击的。他们只是重新修建了这条路。

尼克松：他是想确认下自己获得的授权。嗯——

莱尔德：如果那儿有后勤支援活动的话，他想获得对目标区域进行打击的权限。如果没有的话，他不会去进行打击的——

尼克松：[******]

莱尔德：但是，如果那里有后勤支援活动的话，同时好天气提供了时间窗口，并且那里如果也有敌人的后勤补给活动的话，他希望能进行打击。

罗杰斯：总统先生，我可以问汤姆一个问题吗？在我看来，事实上在尼克松总统前往北京之前，我们只剩两个星期的时间了，而且我不——我认为美国人民已经感到，到目前为止，为了达成一个人们认可的公平的解决方案，总统已经做了那么多努力，[******]。在我看来，如果进攻发生在总统身在北京期间，而且即使从他们的观点看来进攻成功了，当我们事后再回顾这个计划的时候，那么我们就应该，总统先生就应该认真考虑给予我们的军队任何他们想要的权限，当然，必须是合理的权限，不是什么核打击的权限，而是其他一些权限。因为在我看来，缺少应有的权限才是关键问题。而且如果有这些权限的话，对南越而言，那必将会成为整场战斗的转折点。

因此，我——我所想的是，除了艾布拉姆斯将军所要求的以外，有没有其他什么事是军队认为总统应该考虑的，其他什么权限是为了抵御进攻或者成功挫败进攻所必需的呢？换句话说，我们能做的事情是不是都已经做到了呢？或者说，我们有没有其他什么事还需要考虑的呢？

阿格纽：如果可以的话，我想再说几句。听着，你们所说的很多也正是我想说的，那就是：在发动每次攻击之前，所有军事上的准备都已非常妥当，行动的限制范围也都非常详尽清晰——之前都有很好的研究和预判。而问题是——我所担心的问题是，在攻击之后，我们会怎么样呢？我不是在谈论那些具有重大军事意义的行动。我是在谈论战争对心理造成的影响，以及北越军队现在已经做出回应的事实，他们不仅对总统的和平倡议做出了回应，而且对他三番五次的警告即任何威胁到我军胜利的战争升级行为都会被立刻给予积极有力的回击做出了回应。

因此，现在，我认为，军事上的考虑应先放在一边，我们必须先考虑心理上的问题，也就是当北越人发动这些进攻的时候，美国会发生什么。人们会对"战争越南化"战略的失败而感到失望，对我们现在本应该脱离越战但却仍深陷泥潭而表示不满，以及对我们的一败涂地表示愤恨。然而，唯一能解决这些问题的办法，在我看来，只能是非常详尽地制订美国和南越军队在我们从未去过的地区开展行动的计划。然后，随便他们把那说成是扩大战争的行为，反正我们已经进入了预定区域，而且给了他们狠狠一击。也许——我不知道您是否考虑过对海防港或者其他地方采取什么行动呢？我的意思是，那或许是难以启齿的事情，不过问题在于，他们已经收到了3至4次不要那么做的警告。无论怎样，他们还是会那么做。他们打算那么做是出于政治原因，而不是军事原因，因为他们认为他们可以通过公共舆论的压力把我们赶走。

在我看来，是这么做的时候了，总统已经在4个不同场合发出了警告，这绝不是空话，而是要说到做到的，在他们从未遭受过攻击的地方给他们沉痛的一击。

康纳利：总统先生，我可以针对副总统所说的话再补充一点吗？我认为从选民的观点以及我们在那儿采取的行动来看，在很大程度上这两个问题的重要性都优先于您离开美国的行程。我们现在应该准备我们自己的宣传攻势了，而您前往中国不会对此有什么帮助，因为这正是我们国内的对手想要利用的，他们会说："如果您没去中国，那他们就不会发动进攻。"这——国内的宣传攻势必须从此时此刻就要开始，这其实就是另一次"春节攻势"。威斯特摩兰[1]是我了解的唯一特别强调这一点的人。

听着，我们应该从明天开始进行宣传，后天、大后天都要继续进行宣传，在人们意识到您会在2月的某天离开之前，尽早开始这么干。这样在您真正做出回应的时候，您就是在回应一次在他们看来和1968年"春节攻势"同等级别的进攻。那理应来自[******]，所以他们已经做好准备而且他们会采取行动。否则的话，我认为美国媒体，或者说这些媒体中和我们作对的人，坦白地讲，将会拿这件事堵在您的门口，然后说："好吧，如果您没去北京的话，这些就不会发生。"

莱尔德：总统先生，我能补充一下吗？我想强调一个在我看来被忽视的问题，就是我很确信南越人会取得成功，而且我也确信我们的计划是可

---

1 威廉·威斯特摩兰（William Westmoreland），美国军事援助越南司令部前司令。

行的。现在，他们或许会输掉一两场战役，但是他们现在正在做的和去年、前年相比，没有什么不同，连统计数字也基本一样。

他们现在正打算进入一个不同地区。他们打算进入B-3区域前线，并在那儿进行战斗，但是我们不要忘了我们3年以来一直在加强南越军队，增强他们的实力。而且我认为，我们绝不会陷入美国国内舆论所认为的那种处境，即南越军队被打得头破血流。

阿格纽：但是，不会，如果那看起来像是失败的话——

莱尔德：那不会有助于——

阿格纽：——无论怎么成功，它都不会有什么狗屁影响——

莱尔德：它非常重要，这件事，但是就B-3区域前线的作战来说，我们已经得到了所有此次战斗所需要的权限。我关心的是下一场战役，可能是在您回来后的两到三个月。对于B-3区域来说，我们已经做好了充分的准备。我去年11月回来的时候，已经向总统报告说，我预料到B-3区域前线会成为战场，而且那时候我参加了参谋长联席会议，并请求他们制订在B-3区域前线作战的计划。所以，我们从11月开始就一直在为此制订计划。现在，我们——我们在B-3区域前线的所有工作都已就绪。对于B-3区域前线的作战，我们没有什么可再去准备的了。我们有强大的B-52轰炸机；我们有强大的战术空袭力量；我们也有强大的海上支援能力。而且，如果总统——如果总统先生在中国的话，那里也是会被重点关注的地区。现在，有关下一次进攻，这又是一个不同的问题，而且那也是我认为只要给予艾布拉姆斯将军在敌方后勤支援地区行动的权限，肯定会把这些地区全部拿下的原因。但我会去限制他的权限，只能进行24或48小时的打击，我会给他3到4次机会让他那么做，因为那样您就可以选择什么时候开始打击、什么时候宣布结束行动。他应该选择在有敌方后勤支援活动出现的时候行动，那样我们也可以真正打击一些目标，同时那儿的天气也必须适合。我认为这些是必需的也是必要的。

即使您在中国，也不会对这件事有什么帮助，总统先生。我认为在座诸位都应该明白这一点。因为——这场战争势均力敌、胜负难料，而且如果战争的结果——

尼克松：好吧，那么给你一星期的时间。我们只在那待一星期，所以关键是——

莱尔德：但是，我不想因为那些特别的补给和军事人员，让人们在您去中国的那段时间里过于恐慌——我认为迪克一定会同意这种说法——他们在前线都已经准备就绪了——

康纳利：听着，梅尔，我并不能理解的是，如果敌方所有的补给都已到位，所有的人员都已到位，那么我们显然清楚，我们肯定知道他们到底在哪儿——

莱尔德：我们正在对他们进行打击——

康纳利：——我们正在进行打击吗？

莱尔德：没错。[******]那正是我们的B-52轰炸机和战术空军正在那里做的事。在B-3区域前线，我们已经用了全方位的情报系统，是这场战争开始以来最好的。而且，我认为那可以很好地向您解释，我们在那里开展了哪些攻击行动——您有一些——

穆勒：这里，给您——

罗杰斯：然而，他们正在把图表泄露出去，梅尔，你的说法——和约翰所说的并不一致——

康纳利：不，一点儿也不。

罗杰斯：我们可以做到，如果我们按照约翰建议的那样做，我认为我们应该能做到。如果没有成功的话，我们就可以说："好吧，真该死，我们已经对战斗进行过预判了，也对此进行了布防，这就是失败的原因。"

莱尔德：但是，我不想在座的诸位都认为，通过袭击这些地方——

[******]

莱尔德：——和事实有关，因为不会那样的。

罗杰斯：所有人[******]——

莱尔德：您面临的问题在于，您知道的，每次您出去四五天，就会有很多人感到恐慌。我是碰巧知道这些的。我坐下来，我、我、我也喜欢去承担这件事的压力；那根本不会影响我。总统先生，我总是到处公开地谈论，我会建议——绝不会向您承诺——但是我会建议，如果他们穿过非军事区的话，我们必须把他们干掉。

尼克松：哦，好吧，我们也说过那件事了。我所说的重点在于，当我们在这个月的28号左右从中国回来之后，有充足的时间为3、4月的行动做准备。你们觉得呢?

莱尔德:哦,是的,先生。

穆勒:先生,我可以说一点吗?他们总是很难搞定。袭击这些稍纵即逝的目标,关键问题还是天气状况。所以,问题不在于艾布拉姆斯将军是否能发现供给卡车或者类似的目标。接下来的3个月中,任何时候目标一旦出现,如果他能发现——如果轰炸机能发现目标的话,那么他们就可以袭击这些卡车,这些移动中的卡车,还有临时的储存设施,等等——只要天气条件允许,他们就能发现大量的目标。

康纳利:他们有进行打击的权限吗?

穆勒:有权限。是的,先生。如果他们有权限的话。

康纳利:我问的是,他们是不是有打击的权限?

尼克松:他们有。他们有在北越之外进行打击的权限。我们正在争论的权限,现在正在讨论的权限,是关于进入北越的权限——

莱尔德:这一权限——

穆勒:没错,先生——

莱尔德:我们正在讨论的授予他的权限,是在北纬18度线以南或者上至北纬20度线以内的可通过区域内,打击后勤设施的权限。我们之前也打击过。

尼克松:在那段时间,例如,上次在圣诞节后5天的时间里,圣诞节与新年之间(指深阿尔法行动,Operation Proud Deep Alpha,在此期间美国航母出动了1025架次飞机对非军事区以北、北纬20度线以南地区的目标进行了打击)。那次行动在最初是被授权进行两天。天气很糟糕,所以他们先进行了两天的行动,我们最后又延长了两天——嗯,实际上,最后成了4天,加起来,我们延长了两天。这个——我们现在真正讨论的,并不是——并不是像刚才说的那种进行一次持续4天打击行动的权限,那4天中的每一天都会有新的情况发生。我们所讨论的是首先要有打击的权限。

　　如果我们批准了这个权限,那可能被扩大使用,我想说,我所理解的是,只要天气状况允许他们想要开展一连30天,每天24小时打击的权限。换句话说,就是揍他们,揍他们,不停地揍他们。

莱尔德:那正是我想——

穆勒：那肯定会更加有效，先生——

尼克松：那是一个不同的——而不是——不是一个权宜之计，就是说："好吧，现在你可以进行一次持续5天的打击行动。"那么，那5天有可能出现最糟糕的天气状况，因此你们就不想行动了。而且困难还在于，再说一次，在于当打击持续一段时间后，一旦出现更严重的挑衅，你们知道的，问题就变得更加复杂了。另一方面，如果你们按照得到的情报开展行动的话，那么我们现在每天都要做出该死的防卫性反击，所以你们得不断地出击。还有，我能理解，我也只想确认，对这件事的解释是非常非常宽泛的。

莱尔德：我不知道他们是否会那么做，因为他们不能把它解释成——我已经出去和汤姆聊过了。我们没有给他们最宽泛的解释吗？

尼克松：你知道的，问题在于，他们，他们——《纽约时报》刊登了一个故事，大意是说，在圣诞节之后的时间里我们部署了这些进攻行动，但不是出于任何军事原因。这是完全错误的说法，因为你记得的，梅尔，你来过这儿，而且参谋长联席会议中的一些人说过："现在我们必须揍他们。"对吗？

莱尔德：没错。

尼克松：而且，也是因为你那时正在预测B-3区域军事集结的情况，对吗？

莱尔德：是的。

尼克松：是的。那才是我们试图打击的目标。第二问题是，那次打击已经超出了必要的时间，而且那样做也没有什么充分的理由。好吧，超出时间的理由是因为你说天气很糟糕，对吗？

穆勒：是的，先生。[******]

尼克松：这件事根本不是报纸上所说的那样的。

穆勒：那些打击确实很有效——

尼克松：这说明了你们的问题所在，是吗？

穆勒：那些打击很有效。我们——

尼克松：好吧，它们当然——

穆勒：我们毁掉了相当于750辆卡车的补给——

尼克松：那非常——

穆勒：——而且——

尼克松：那很有价值——

……

尼克松：当人们问："我们应该如何证明一次持续 5 天的打击计划的必要性呢？"对他们我们必须强硬，而且所有我们截获的情报都证实了这一点。他们已经计划进行袭击了。我们也应该再提出一些东西。你也要更加留意这件事——

穆勒：是的，先生。我想告诉您，先生，我们采取的猛攻不仅仅是针对向南运输的卡车，也针对以步行或者骑单车形式的渗透，等等，这些情况一直都在发生，我预计已经有几千起了。而且靠近安溪县的 B-52 轰炸机，本来是打算用在军事基地区域的，也将会用于针对高地的攻击，同时这些行动也一直依赖于我跟您提过的集束炸弹——我认为 B-52 的一次轰炸就相当于 130 个手雷——13 万个手雷同时爆炸。我相信，确实有迹象表明，针对向 B-3 区域前线移动的敌方力量，正在进行的一切打击行动都是有效的。所以，我们——我们一直，一直在按部就班地采取行动。我想，对于副总统所提出的问题，另一个答案就是，艾布拉姆斯将军所请求的是给予他自主权，可以在 18 度线以南的范围内做我们从未做过的事情。当然，他们的要求也包括在 20 度线以北地区开展一些行动。

尼克松：我们现在有多少——在这个区域有多少 B-52 轰炸机可供使用呢？

穆勒：47 架，先生。

尼克松：47 架？那我们在全世界一共有多少呢？

穆勒：450 架。

尼克松：距离有多远？

穆勒：并不是所有的都装备齐全。有一些还在维护，不能使用。

[******]

尼克松：好吧，是的，我知道那些不能使用 [******]。不过，情况如何，那些——剩下的那些都在哪儿？其中一些离我们多远？在欧洲有多少架？还有其他地区的情况呢？

穆勒：好的，先生，现有的类似的飞机都在老挝——在泰国。

尼克松：[******] 不，我是说，我们是否要增加军力。

莱尔德：在 [******]，我们现在有额外的。

穆勒：而且，除此之外，那些是轰炸和 [******]。

莱尔德：现在，我们没有让我们所有的 B-52 轰炸机都起飞。艾布拉姆斯将军现在有权限去增加战机的使用量。他之前已经决定在这个特殊时刻不再增加。但是他现在可以增加，而且他可以在 3 至 30 天内增加使用量。

尼克松：是的，没错。不过，是在某种程度上，梅尔，在一定程度上，我只想确定我明白了真正的危险是什么。是单一综合作战计划吗？或者不是现在？另一个危险是——

莱尔德：是您要去那儿——

尼克松：我们 40 个团在对抗 400 个团，我想了解一下这件事。我知道你正在研究这件事，但是 [******]。因为你谈论过那儿的饱和程度，你必须打击从那儿转移出来的任何东西。你可能，你可能会，你可能又会遇到另外四百或五百个人。归根结底来说的话，我认为我们必须搞清楚南越军队是不是有很大伤亡，但他们今年的伤亡人数和去年比确实有所下降。但是，归根结底，看看北越军队——我知道我们无法认同他们的说法，但他们至少——当你看北越军队伤亡人数的时候，他们的数字很可能被夸大了，但是大量的、大量的伤亡是由我们的军事——我们今年春天的空袭行动所造成的。

罗杰斯：汤姆，假使我们调动我们在泰国的 B-52 轰炸机怎么样？那对遏制对方的这次进攻有帮助吗？

穆勒：好的，那一定能够提升我们的能力，特别是当我们在龙镇[1]出现问题的情况下。问题在于，首先，需要把一些人力投送到泰国去。但是这样我们又必须要增加兵力 [******]。而且，除此之外，我们一直——

尼克松：投入到临时行动中吗？

[******]

穆勒：我们可以增加战机出动的次数。现在每个月我们可以出动 1200 架次，然后当每个月临近结束时，他——他可以回到之前的 [******]——

罗杰斯：我正在考虑的是向——向敌人释放一种信号，即我们正在准备，

---

1 位于老挝川圹省的一个军事基地。

如果你们敢做些什么，那么我们就会，我们真的就会采取大规模的行动。

莱尔德：我们可以行动，比尔——我看了一下这个——我们现在可以把关岛的 B-52 调遣到泰国来持续增加战力，而且他现在不是也无法增加战力了吗？不过我们还是需要再等一等。我们有能力抽调一部分飞机并且在关岛改装它们。你看，我们必须改装飞机，把它们从携带核武器转变为携带这种炸弹，这是可以做到的。但是，目前我们在关岛是拥有可以用在这个特殊时刻的飞机的。

尼克松：你们的航母呢，上将？有多少——我的意思是，你能不能从日本海调动一些去支援他们？我是说，有多少载有战术飞机的航母可以指挥？

穆勒：3 艘，先生。如果可以的话，请让我浏览一下。目前，图标中所显示的是，我们有更多可以指挥利用的——南越军队每月出动 5000 架次飞机。美国空军编制内有 6700 架次，海军有 3300 架次。加起来，我们总共有 15000 架次的战术飞机和 1000 架次的 B-52，也就是每天 33 架次。现在通过增加数量，即总数增加到 17540 架次，B-52 增加到 1200 架次，我们就有能力在其国内进行持续 60 至 90 天的行动。

目前，这 540 架次是我制订计划中得出的结论，也就是将位于菲律宾克拉克空军基地的军力转移到泰国。那将会给予我们额外的 18——

尼克松：是 A-1 攻击机吗？是吗？

穆勒：不，先生。是 F-4 战斗机。F-4 战斗机——

尼克松：哦，F-4 战斗机，那也行。好吧。好吧。你是说那种小型飞机？

穆勒：是的，先生。现在，在 30 天内一定要全力以赴，但在 30 天后肯定会明显地收力——

尼克松：是的。

穆勒：因为我们现在在那儿有 3 艘航母，所以我们有能力去应付很多事情。现在，我已经下令让那 3 艘航母不要北进香港。

尼克松：那些都在哪儿？你现在在那些区域有 3 艘航母（"星座"号航母、"珊瑚海"号航母和"汉考克"号航母）。其他的航母你还有多少？在夏威夷我们有几艘？其他地方呢 [******]？比方说，能不能再派 3 艘航母去那儿呢？我在考虑这个问题。

穆勒：是的，先生。嗯，我们下一艘正在待命的是"小鹰"号航母。而且它可以——而且我们可以给它10天时间准备出港。"小鹰"号可以部署到那儿——在这个月底，先生。

尼克松：我们这个月就要行动了。它在几月底能到？

穆勒：这个月底，先生。是的。

尼克松："小鹰"号吗？它现在在哪儿？

穆勒："小鹰"号现在正在西海岸。

尼克松：这样就有4艘了？

穆勒：我们有4艘了，而且那会——

尼克松：在朝鲜半岛附近的那艘呢？

穆勒：不，先生，我们让包括那艘在内的所有3艘都南下了。

莱尔德：所有3艘，是的——

穆勒：3艘都在——

尼克松：那么，如果你有——你可以——你不可以——我只是试图——

穆勒：是的，先生。我们还可以再派出一艘。我们可以再派出一艘航母，而且——

尼克松：而且还有这个，特别是"小鹰"号。我想看到，看到那艘能赶来应急。

莱尔德：是的，先生。

穆勒：是的，先生。然后，下一步当然是，如果我们需要更多的战术飞机，下一步就是从冲绳或者韩国调动F-4战斗机南下。这样的话，那些也可供我们选择。但是，我们现在就可以让菲律宾方面进行部署，我们有在30天内增加到2.15万架次的能力。在那时，我们可以把全部的3艘航母派到北部湾并且增加到5300架次。"小鹰"号会在此基础上再增加1600架次。

莱尔德：总统先生，我们可能从来没有出动过那么多架次，但是我们确实有能力那么做。我认为那是——

尼克松：你肯定需要一个好天气。

莱尔德：我们能加倍。

尼克松：或者——让我这么说吧，当我们从24小时袭击的角度来考虑的时候，那么50架次和5000架次的效果是一样的，如果是24小时袭击的话。但如果把它扩展到 5 天，那么区别会是非常巨大的。

换句话说，我想表明的是，我认为我们终究需要一个应急计划，因为我——我记得我们早些时候曾经讨论过这件事——我说："我们要准备好在机会来临的时候给他们狠狠一击。深入敌后，再全身而退，然后事情就摆平了。"我们讨论过的，记得吗？梅尔，你必须让那 3 艘航母准备好，给他们狠狠一击，而不仅仅是连续的打击，你知道的，也不能在天气状况很糟糕的时候敷衍了事，然后把战场扔给地面部队。这种情况是有可能出现的。

莱尔德：我们可以——

尼克松：那样的话，就需要制作更多的空军奖章了。

莱尔德：我们可以那样做，总统先生。[******] 而且我——我认为，即使天气良好，我们也无法在延长的攻势中发动足够多的袭击。但是，我们确实可以做到。当打击的时间增加到 30 天时，B-52 的使用就要受到限制。其他型号飞机的使用则能延长到 60 至 90 天。

穆勒：顺便说一句，[******]——

尼克松：B-52 可以出动多少架次，42 架次？

莱尔德：我们可以增加到每天 40 架次。

尼克松：现在 B-52 的数量有多少？

基辛格：除非你们增加那里的战斗机的数量，否则是无法满足总统提出的 24 小时至 48 小时的要求的。

莱尔德：我们在那儿可以有 3 艘航母。我们之前从来没在那儿部署过 3 艘航母——

基辛格：你们增加战力的方式是通过提高每天的平均数量，这样每月的总量就会增加。但是，如果你们想在一天或两天内投入所有的力量，那么你们需要更多的飞机，因为你们没有办法 [******]——

[******]

尼克松：进行为期一天的行动的可能性。如果我们考虑一下这场战争遇到的现实问题，也就是公共关系以及其他类似的事情，那么我想未来会有很多关于这些事情的书出版，我希望如果可能的话——可能的话，我希望这些事能有好的结果。但是，如果我们在观察这些问题，那么我们必须记住——我认为导致我们慢慢地耗尽了自身的实力的，不是那些来自关心所有决策过程的人的批评，而是一种逐步的损耗，是一天接着一天的，没能及时在我们最有利的时间利用我们最强大的力量。那没有什么明显的效果。只会像水滴石穿般，一点点耗尽了美国人民对这场该死的战争的支持。现在，考虑到美国人民的想法，如果我们不采取渐进的行动——对他们来说战争中的渐进主义就是错的，完全错误的。那就是类似于"以牙还牙"这种无意义的废话。唯一——如果一个人打了一下你的手腕，那么你唯一要做的就是踢他的裤裆。那是，那是一种理论。你知道，这是我们现在必须要做的——

阿格纽：总统先生，亨利，你们正在讨论的——你们刚刚讨论过战争的灵活性问题，但是你们反而正在限制你们的灵活性 [******]。但是，在这之前我试图指出的是，真正有价值的战争的灵活性是那种——

尼克松：有道理——

阿格纽：——[******] 新的东西会吓到那些人的。

尼克松：好吧，我们有一些地方 [******] 而且他们现在还不是很惊讶。但是，我确实知道你所说的意思。我们——我们想——

穆勒：顺带提一下，这是自从1968年11月停止对越南北方的轰炸之后，我们第一次到达北纬20度线附近区域。

……

尼克松：你应该理解的一点是，当然，每个人都该理解的一点是，在最坏的条件下，如果南越军队认为那些国内的反战分子不仅会使美国人撤军，而且会使我们的援助计划也泡汤的话，他们的士气会受到很大打击——

邦克：哦，是的。

尼克松：——军事和经济上的援助，在未来的，才是他们真正的目标。

邦克：是的。

罗杰斯：没错。

尼克松：现在，我们的和平倡议为我们在那方面争取了一点时间。国会，我是说那些准备在其他方面打击我们的蠢驴们，他们不仅在计划撤退日期，还准备削减援助，削减战机架次，削减一切。我认为。如果在那时公众的支持可以得到强有力的证明的话，也就是那种可以体现在

>国会中的支持，反映在拨款中，那么这种支持会比之前很长时间内的支持都更加坚定——

邦克：是的。没错。

尼克松：——所以，他们才会对继续得到军事和经济上的支援有信心，这样他们就能继续和敌人战斗了。这才是关键——

邦克：是的。是的。

尼克松：——如果他们有远见的话。

邦克：没错。

尼克松：那么，当然，你们也有短期的问题，就是没有远见的问题。这是你正在应付的 [******]。你刚才说，他们已经准备好了。

邦克：是的，先生。

尼克松：他们不惧怕死亡是吗？

邦克：是的。

尼克松：但我认为他们不会觉得已经准备就绪了。假如，正如我所说的，假如我有空军，有海军，并且通信便利，并以此来对抗没有空军、没有海军、通信也不便的敌人的话。上帝啊，如果这还不能提升他们的士气的话，那还能做什么呢？他们从来没有，他们无法独当一面，他们能吗？如果现在不能的话。你同意吗，上将？

穆勒：是的，先生。我认为这是对领导力的决定性的考验——

尼克松：好。这非常好，可以增加他们的胜算。

莱尔德：他们能够指挥的战机已经从 200——可能略少一点，大约 200 架攻击机，增加到了超过 1000 架，在 24 个月的时间里。

尼克松：谁？南越军队？

莱尔德：南越军队。

尼克松：靠他们自己？靠他们自己。没错——

莱尔德：不，我——我只是感觉，总统先生，我们已经成功地给予了他们这种实力，而且我不想让他们陷入恐惧的境地。我想做任何我们能做的事去保护他们，但是考虑到这个国家的情况，我又不想给他们一种印象，特别是考虑到——我已经在国会做证了。可能一切都很顺利，但是我想告诉你的是，想得到对越南进行经济援助的授权不是那么容易的。

尼克松：确实是这样。

莱尔德：现在这是一件特别困难的事情。我们现在需要3亿美元。可能其他人认为情况已经有所好转，所以我们会——很容易地得到这笔钱，但根据委员会那边遇到的该死的问题来看，其实情况并没有什么改善。看看参议院那边最新的进展，就在上个星期。那些人在那儿，而且有时我觉得我们的人在这件事上表现得不够强硬，但是看在上帝的份儿上，他们给我们留了机会。在——他们这星期确实在对越南进行经济援助的问题上给了我们一次机会。我们无论如何都必须要回那笔钱，但这并不容易。

尼克松：没错。

莱尔德：那会是一场艰苦、困难、野蛮的战争，而且他们正试图把我的全部预算都交给国际开发署，就是现在，就在国会山，富布赖特、曼斯菲尔德，还有其他一些人。我要告诉您，如果他们拿走了这笔国防预算，那么1973年和1974年的"战争越南化"的计划就会付诸东流了，因为唯一能让我们继续前进的就是这笔预算，而不是什么国际开发署的预算。只有它才能让事情继续向前推进。您能理解的，不是吗？

罗杰斯：是的，没错。是的，我们都同意。你说得没错。

……

尼克松：我们必须记住之前提到的一点，如果这次袭击是有关北越军队的，那么就和中国没关系，和苏联也没关系，只是和南越有关系。

穆勒：绝对是的。

尼克松：这次进攻是一定会发生的，不可避免，而且他们会尽可能地取得胜利。从这次进攻的目的来看，那将会——如果进攻失败了——那将会对他们产生巨大的影响。一定会对他们产生巨大的影响，因为他们不是在和美国的对抗中输掉了，虽然我们的空中支援很有力。但是，他们其实是在和南越的对抗中输掉了，也就是输给了他们一直很鄙视的人。在这种情况下，他们就必须亮出他们的王牌。而且，因此当我们观察这次进攻的时候，也就是即将在2月到来的这次，或者至少是我们期望的那样，以及紧接着的3月和4月的攻击进行的时候，我们必须意识到——我们必须知道，如果北越军队认为他们在我们撤出后可以采取进攻行动的话，那他们就会那样做。而且，一旦他们失败了，他们就必定会非常认真地审视他们还有什么选择。而如果他们成功了，[******]——需要指出的另外一点就是：我们不想做任何愚蠢的事。我们不想做任何没有必要而且会激怒美国公众的事，尤其是那些丑陋的年轻人。我们必须认识到作为对我们目前行动的支持——或者说，那些对我们行为的更加严厉的批评，这会使我们的敌人感到高兴。所以，我们不想让那样的事发生，要让它在我们可以控制的范围内。另外，我们也必须认识到，鉴于我们正处于一个可以有力回击敌人进攻行动的有利地位，这是很长时间以来我们所处的最佳位置。两个理由会让美国公众理解我们：第一，美国地面力量并未参与，所以我们的行动不会都出现在电视上；第二，和平提案已经实施，并且获得了很大的支持，而且体现在了军事上的进展中。所以，这些条件让我们现在可以顺利度过这段时间，可能是 60 天，也可能是 30 天。这段时间也将会是我们采取行动的时间，我们可以采取的行动，或者说行动的等级，就是空中打击。那正是我们一直在讨论的问题。

穆勒：是的，先生。

尼克松：那会比原来的状况好很多。现在，我们要看——你想明确地看一下这个应急计划吗？因为我们要很谨慎地考虑，因为某日某时某些敏感的事情发生时，我们可能会在外交场合讨论这件事。那可能会，比如，你不能忽视这件事的原因，[******]谁会知道呢？可能不是一个好机会，但也可能是。但是谁又知道在谈判的时候会不会有人吹毛求疵呢？如果——我只是举个例子——你必须知道在某个不确定的时间你是不是还想那么做。那正是我们必须考虑的；我们不能毫无准备。另一方面，当我们观察其他的应急计划的时候，我们不能只看到北越，而要看到我们已经拥有的南越，也就是我们训练过的军队，但是他们看上去对现代战争仍一无所知，他们要求的，艾布拉姆斯所要求的，也包括太平洋司令部司令、参谋长联席会议以及其他相关的人所要求的，都是关于我们能做但还没做的事。这也是为什么我想要"小鹰"号航母的原因，我们想要更多的 B-52 轰炸机，我们也想要 A-1 攻击机以及任何你能想到的东西。

[******]

尼克松：稍等一下。也许，也许，也许我们不用做这些事，但是也许我们必须要做这些事。而且，考虑到我们的目标，我们之前已经仔细讨论过了。我认为有两三个针对这个问题的计划。我觉得，我们已经获得了有关目标的很确切的范围，包括你提到过的那些。但是，我们也要注意其他的一些目标。因为[******]那些——如果敌人行动的等级就是如此，同时时机也正确，天气也干燥的话，我们能做的就很多了。

穆勒：是的，先生，而且最——

尼克松：我们非常倾向于这么做。我们必须了解的一个主要问题，就是北越军队最大的误算在于，他们觉得美国的国内政治状况会让我们付出高昂的代价。这就大错特错了。

因为我已经下定决心：我们绝不能输。我很久之前就下了决心。如果我们没有下定决心的话，我们就不会去柬埔寨；我们也不会去老挝。如果政治因素是促使我们前进的动力的话，那我肯定会在1969年1月上任时就立刻宣布整个该死的越战都是约翰逊和肯尼迪的错误，那是"民主党人的战争"，而且我们肯定会像艾森豪威尔结束朝鲜战争一样结束越南战争，我们会离开这该死的泥潭，然后把它冲进下水道。但我们没那么做。我们没那么做是因为在政治方面，不管怎样，那么做对这个国家、这个世界以及其他所有来说都是错误的，但是事情已经发展了这么久，到了这个节点，美国是不能输的。那也意味着我们会采取必要的行动。但是我们也不能按照那些优柔寡断的错误计划和选择来行事。因此，我们想知道你们拥有什么。[******]

阿格纽：不要只是把它写在记录里面。

尼克松：不会的，我知道我们要把所有这些事写下来。我们会要求所有的东西，你知道的，我们要杜绝《纽约时报》上的那种事情发生。[******]我认为，如果换其他任何人坐在这个位置上，绝不可能下令开展在柬埔寨和老挝的行动。如果我们没有开展在柬埔寨和老挝的行动的话，我们现在的伤亡会是每星期100人，而不是——

赫尔姆斯：至少100人。

尼克松：——而不是5个。所以，我的观点是，即使我们正面临着选举，即使我们还有很多外交主动行动，但我们，我们必须要赢。我们必须确定，我们不会因为担心影响到中国而输掉战争。或是影响苏联，影响中东，影响欧洲。那才是这一切的关键所在。现在，说了这么多，我们——我们不能反应迟钝；必须开始认真处理这件事，因为我们国内正处于一种微妙的公共舆论氛围中。而且——现在舆论有所降温，但是总会被重新煽动起来的。

罗杰斯：总统先生，我想，在那点上，我认为如果您能给阮文绍总统留下深刻印象的话——当然他很可能知道这件事，但是，正如汤姆所说，这是一个决定性的考验。看起来在事情结束后我们必须解救他，那么那将会给我们带来更大的麻烦，也就是给他提供额外的经济和军事援助。如果他没陷入这种境况而战争越南化也似乎有效的话，如果他胜利了，那么对我们未来的行动会有很大的帮助。

莱尔德：那确实会帮助很大。

罗杰斯：让他完全理解真的是太重要了——

邦克：他很理解。毫无疑问——

尼克松：他必须依靠自己取得胜利。

邦克：没错——

尼克松：是的。而且，除此之外，考虑到我们自己的行动，我们要做任何能做的事。但是，解雇所有国防部的公关人员。无须多言，直接行动。明白吗？让他们去那儿，但是不要说我们有这么多架次的飞机，还有这整件事。让南越军队——如果南越军队赢下了战争，那就让他们独自享受这份荣誉。他们得到这份荣誉是非常重要的，而不是我们的 B-52 轰炸机，也不是我们的 A-1 攻击机，或者说不要直接让我们来享受这份荣誉。开始行动吧，但是一定要确定南越军队能在这种情况下独自享受荣誉。如果他们输了，那么所有指责由我们来承担，但是我们要让他们得到胜利的荣誉。这对于让我们获得拨款是非常重要的 [******]。

莱尔德：是的。

穆勒：与此同时，我认为我们应该准备好，让齐格勒和其他人去——

尼克松：是的。

穆勒：——更正一下原来的记录，因为——

尼克松：哦，我知道——

穆勒：——我可以清楚地看到媒体正试图歪曲这件事，您知道的，把这说成是北越人的胜利，不论结果怎么样。

尼克松：我知道。

罗杰斯：是的。

尼克松：是的。每一寸、每一寸、每一寸的土地都丢失了，每一个村庄都被袭击了，每一个可能陷落的市镇都会——那只是其中一部分。没错。你们的处境，是非常讽刺的处境——想想"一战"和"二战"，甚至是朝鲜战争的时候——想一想仁川登陆——无论什么时候我们获得了胜利，上帝啊，那都是头版头条，每个人都在庆祝。真是太棒了。可现在，不论什么时候我们获得了胜利，竟然只能和内衣广告一起上报，而且无论什么时候——只要敌人获得了优势，采取了什么大的行动，大家就会说："哇哦，那真是太棒了。"[******]我们，我们正处在这种情况下，你们知道的。我们都清楚。关于这点，你们说得完全正确。但是，那没关系。让我说的话，然而长远来看，真正重要的，是胜利。重要的事情——我打算——舆论方面肯定暂时会对我们不利，但可以确定的是，一定会出现——会出现如梅尔所描述的盛况，但我们也不想对此盲目乐观，说："是的。这是一场该死的战斗。已经输掉了太多战斗了。"就把它放在合适的环境下，——你们都学过军事史，我之前在这儿提到过，想一想3月21日（第二次索姆河战役），在"一战"时期，是多么伟大[******]。让我们聊一聊这个。那本应是一场惨痛的失利。若福尔将军对此感到十分羞愧，选择了退休。但是，从历史的角度来看，当你们看看那一星期发生的事情，在战役进行的两星期内发生的事情，也就是他们损失了40万人，而且德国人也损失了40万人。那是他们第一次损失了这么多人。而德国人最后也是因为这场战役而丢掉了整场战争，原因就是德国人把所有的力量都投入了那场战役中。所以——所以现在最重要的是要记住，虽然报纸上的新闻标题可能很糟糕，但是实际战争中我们将会——坠入地狱。

　　我们丢掉柬埔寨多少次了？上帝啊，我是说，如果你看看过去几年的哥伦比亚广播公司的新闻报道——我一直在看——至少有30次广播说金边马上就要丢掉了，但一直没丢掉。虽然以后可能会丢，但问题是我们，我们必须面对这些舆论。但是，我们讨论的是要明确我们必须尽可能地确保南越军队渡过难关。

"简而言之,我们把保护性反应的定义扩展,表示预防性反应的意思……"

1972 年 2 月 2 日,上午 10:53
理查德·尼克松、埃尔斯沃斯·邦克和亨利·基辛格
椭圆形办公室

尼克松决心在越南开始新一轮猛烈的空袭,其中包括自 1967 年以来第一次在那里使用 B-52 轰炸机。作为美国的空中野兽,一架 B-52 轰炸机就能携带超过 100 枚炸弹。然而,令尼克松担忧的,是北越的萨姆导弹击落美军战机的能力。在美国的轰炸机登场之前,识别萨姆导弹装置并降低其数量是最为关键的。空军冒着巨大危险开始了这一行动,旨在赶在这些导弹装置被拆除并转移前将其摧毁。然而,这次行动以及整个空中袭击计划都超出了尼克松的"保护性反应"的适用范围,而这个政策原本承诺美军的空中打击只具有防御性。

……

尼克松:我突然想到了一件事,我想你们应该知道,这个——这个——不要告诉任何人——

邦克:不会的。

尼克松:——不要在会议之外讨论。

邦克:不会。

尼克松:我们已经命令更多的战机加入战斗了。

邦克:哦,很好。

尼克松:在我们的简报中,我们已经调动了更多的 B-52 轰炸机进入战场。

邦克:不,我想——

尼克松:我们已经命令出动 A-1 攻击机——很多的 A-1 攻击机,所有的。现在,顺便说一句,我只想——我认为你必须强硬。嗯,我今天要

见穆勒。如果需要的话，我会派双倍的 B-52 轰炸机，无论代价如何，所以一定会有一场震撼的表演。我们现在已经有 400 架了。我知道其中很多都需要维护，但无论我们必须做什么，都要把这些飞机派过去，现在就派。让我们大干一场，展示出我们的力量。现在，从现在一直到我们从中国回来，我们都不能打击北越。

邦克：不能——

尼克松：我也不会那么做的。另一方面，我们可以集中轰炸南越。

邦克：是的。

尼克松：而且，我认为——对我来说 [******] 当穆勒进来的时候，从军事的角度出发，如果他们发动了袭击，对我们的（MR-）3 号军事区，不管那儿到底叫什么，我认为这种饱和的轰炸肯定会造成很大伤亡。

基辛格：不过，总统先生，关于目标的很多争论都是错误的，因为当他们知道他们可出动的战机架次时，他们会让目标与战机架次相匹配。如果他们有更多的飞机，他们会发现——他们会浪费一些炸弹。如果他们——

尼克松：是吗？

基辛格：肯定会有一些明确的攻击目标。

邦克：是的。没错。

尼克松：你是说，换句话说，让他们——我想看到——

基辛格：如果您有更多的 B-52 轰炸机——

尼克松：我想看见穆勒和艾布拉姆斯专心于轰炸。[******] 如果他们想在特定区域发动袭击，并且他们也清楚北越军队到底在哪儿，那么就进行饱和轰炸。仅仅是饱和轰炸就可以了。记得那种针对作战人员的炸弹吗？你觉得呢？

基辛格：我同意。

尼克松：而不是只采取些乱七八糟的行动，比如这次袭击一下牛奶卡车，或者，哦，下次袭击一下水牛，又或者——你知道的，有些轰炸太愚蠢。非常愚蠢。

邦克：是的，总统先生。是的。而且——B-52 轰炸机的这种轰炸，您知道的，会极大地削弱敌军的士气。

尼克松：是的，我就是这么理解的。

邦克：是的，哦，没错。而且，总统先生，正如我昨天说的，他们在封锁行动上做得越来越好。

尼克松：嗯——嗯。

邦克：由卡车运输的物资，对于输入量——处理能力来说，只是输入量的很小的一部分。他们在封锁方面做得很好。这个——在使用更多的B-52轰炸机进行轰炸的问题上，对那些萨姆导弹设施进行轰炸变得十分重要。艾布拉姆斯将军和我都想说一件事——

尼克松：嗯？

邦克：[******]

尼克松：嗯？

邦克：——我们可以得到轰炸这些萨姆导弹设施的授权。现在，这个权限是为了——是在他们对我们的空军开火的时候进行轰炸的权限——

尼克松：我知道。

邦克：——是当雷达锁定的时候。但是，问题在于，在于那时候进行攻击就已经晚了。

尼克松：没错。

邦克：而且另一个问题是天气。必须得能看清这些设施才行。现在，在一天中只有一个小时能看清——

尼克松：好吧，我的意思是，亨利，我认为保护性反应应该包括——而且艾布拉姆斯不会做一些事，不会做一些非常愚蠢的事——应该包括打击萨姆导弹设施的权限。

邦克：这是毫无疑问的——

尼克松：没有什么——保护性反应应当包括预防性反应。

基辛格：我认为——

尼克松：[******]

基辛格：我认为解决办法应该是，总统先生——我至今一直没有机会和埃尔斯沃斯聊一聊——解决办法应该是给予他们全方位的授权。不过，那也有弊端——

尼克松：会泄露出去的。

邦克：肯定会。

基辛格：——会泄露，而且——

尼克松：是的。

基辛格：——还有——当我们去中国的时候可以那么做，做些事情。另外，现在他们只有在被雷达锁定时才能还击——

尼克松：是的。

基辛格：——而且那样会受到诸多限制，因为那意味着被锁定的战机也别无选择，必须开火。第三种办法是告诉艾布拉姆斯，他可以攻击任何被锁定的萨姆导弹装置，即使它在被攻击时不处在已锁定目标的状态。换句话说，如果一个——而且——

[******]

尼克松：那会使攻击扩大化吗？

基辛格：——而且也要用到杀伤弹。现在他们只能用百舌鸟空对地导弹。

邦克：这正是我们想要做的。

[******]

邦克：这是那些萨姆导弹设施的坐标。

尼克松：这些都会在某些时候攻击我们的战机吗？

邦克：不。现在，但是，他们已经——但是，我们已经定位到它们了。

尼克松：是吗？

邦克：那代表着它们的攻击范围。所以，B-52轰炸机必须躲开这些。

尼克松：好，我明白了。

邦克：还有，艾布拉姆斯将军想获得的授权是能够在距离边界线19海里以内的范围内轰炸这些萨姆导弹设施。

尼克松：嗯。

邦克：您看见了吗？[******]

尼克松：[******]

基辛格：在我们去中国的时候，他能先停止行动吗？而且，不要攻击[******]——

邦克：哦，是的。可以。

尼克松：但是，他现在可以采取行动吗？

邦克：他现在可以采取行动，也可以停止行动。

尼克松：我认为，当我们在中国的时候，他们不应该继续行动。

邦克：不，不。

尼克松：在中国访问期间，只能实施保护性反应。

基辛格：但是不能——？

尼克松：但是现在，在技术上，要停止反击。

基辛格：但是我们为什么不能行动，只要这个房间里的人同意，而且只要他们开火了，而不是——

尼克松：我想让他说——不。不。他 [******]——

基辛格：或者是他们——

尼克松：他是说，我们——他把这些都叫作"保护性反应"。

基辛格：是的。

邦克：没错。

尼克松：就把它称作"保护性反应"。

邦克：确实是这样的。

尼克松：把这件事告诉他，因为保护性反应——

邦克：[******]

尼克松：简而言之，我们把保护性反应的定义扩展，表示预防性反应的意思，这就把攻击萨姆导弹装置包括在内了。但我认为，我们最好确保我们在那儿的所作所为都被称为通常的保护性反应。是哪个该死的说他们没开火的？

基辛格：不，但是他们能不在每个该死的简报上都提这件事吗？

邦克：是的，绝对——

尼克松：是的。我们为什么要——？你告诉他，我不想再把这事传出去了。

邦克：好的。

尼克松：告诉他——我想让你在回去的时候告诉艾布拉姆斯，让他告诉军队，从现在到我们从北京回来之前，不要再公布关于我们的军事行动的简报了。果断行动，但是不要声张。

邦克：好的。

尼克松：因为，公共关系负责人会泄露这件事的，真该死。

[******]

邦克：是的，没错，而且您知道的，总统先生，有大约——敌人有大约168处萨姆导弹设施。他们现在在老挝南部也有一些，大约3处。而且，其中有28处是有人操控的，但是他们也能在6个小时内把这些设施从一个地方转移到另一个地方，他们也是这么做的。

尼克松：嗯。

邦克：[******]

尼克松：亨利，我们需要——

邦克：B-52轰炸机非常容易遭受攻击。

尼克松：如果我们损失一架B-52，我绝不会原谅自己此前没把这些设施毁掉。[******]

基辛格：我对此没意见。

尼克松：好吧。你的意见是，你不想在我们在中国期间干这件事，是不是？

基辛格：我不想在——

尼克松：[******]

基辛格：——从17号开始，从您离开的那天——

尼克松：好的。

邦克：是的，一直到您回来。

基辛格：——一直到您回来。

尼克松：好吧，从现在到17号——

基辛格：是的。

尼克松：——你同意授权的问题了。

基辛格：是的。

尼克松：他可以定期攻击那些萨姆导弹设施，行吗？

基辛格：好的。

尼克松：但他不能公然持续扩大袭击[******]。而且，如果那确实泄露出去了，考虑到泄露的程度，他得说那是保护性袭击。

邦克：是的。

尼克松：他会把那描述成保护性反应，而且他不用把袭击的事情讲得那么清楚。毕竟，那只是一个萨姆导弹设施，是针对这个设施做出的一次保护性反应。正如你知道的，当我们袭击（穆）嘉关的时候，我们就把那叫作保护性反应——

邦克：是的。

尼克松：——然后，把其他该死的东西也炸掉。

邦克：是的。

尼克松：可以吗？

邦克：没问题。

尼克松：所以，我们想要的是保护性反应，有道理吗？

基辛格：有道理。

尼克松：所以，他有大约两个星期的时间——大约10天，现在——

邦克：是的。

尼克松：——去 [******]。从17号一直到3月1号，他不能采取行动——

邦克：好的。

尼克松：——针对北越而言。但是，之后要告诉他，让那些该死的轰炸机开始轰炸南越，要炸足炸够，对吗？

邦克：是的，没错。在B-3区域前线，当然也还有老挝。

尼克松：是的。在B-3区域前线，还有老挝，而且别忘了柬埔寨，那里也需要敲打敲打——

邦克：是的。是的。

尼克松：要把他们打得屁滚尿流。

邦克：是的。没错。

尼克松：亨利，现在还有一件事，当我们和穆勒谈论非军事区的时候，我们要记住：在我们从中国回来之前，不要袭击非军事区。

基辛格：哦——

尼克松：[******]

基辛格：——不。

尼克松：那是很愚蠢的做法——

基辛格：不，我觉得——

尼克松：——我们轰炸道路 [******]——

基辛格：我对袭击非军事区北部没有异议。

尼克松：你会——

基辛格：我的意思是——

尼克松：是什么？

基辛格：——靠近边界的位置。

尼克松：我就是这个意思。我认为，我们应该覆盖整个非军事区。你能不能今天下午就和穆勒讨论一下这件事？

基辛格：当然。

尼克松：还有，至少让我们稍微放缓一下打击。你知道吗？他们说："好吧，我们能够轰炸道路，但是 [******]。"那非常——我知道他们很快就能把路修好，但频繁的打击会给他们造成困难。

基辛格：好吧，是的。那——那是——

尼克松：而且，如果敌人知道我们只会袭击分界线以南的话，他们就能在分界线以北找到完美的避难所了。所以，必须要全部攻击。

基辛格：我认为——我认为埃尔斯沃斯不会相信——不会相信他们会于3月中旬之前袭击第一集团军的。

邦克：我认为，我认为应该是这样，是的。可能是在3月1日。那时候天气状况还不错。

尼克松：好吧，我们回来是在——

邦克：3月的某天。不，我认为——哦，是的。是的。没错。好吧，我觉得那很好。非常好。

尼克松：我们会看到足够的授权。我可以向你们保证，将会得到充分的授权。我们会看到更多的飞机部署到那里，还有航母。真该死，他们应该请求更多的飞机和航母。亨利，我真搞不懂军方。

基辛格：总统先生，如果你没听昨天的简报的话，那事儿在某种程度上会让你得出相反的结论，不过——

尼克松：哦，我知道我们正在尽力而为。

邦克：现在，我认为那很好。我必须说，你那么做让我深受鼓舞。

尼克松：好吧，他们别无选择了。现在，我们——但是，我只是担心我们没有——好吧，那艘航母现在必须起程了，你们知道的。[******]

基辛格：月底之前它会到达的。

尼克松：好的。

邦克：嗯。

基辛格：这意味着它们正在用最快速度驶向目的地——

尼克松：全速前进。

基辛格：是的。

尼克松：他们到了那里，然后准备就绪，然后轮到我们的孩子们了。那些年轻的海军飞行员也比空军飞行员更擅长袭击，你知道的。他们确实懂怎么瞄准目标——

390

邦克：他们很出色，是的。

尼克松：他们太优秀了。

基辛格：他们会发现目标，只要您——只要他们有飞机。只是优先级的问题。

邦克：是的。

尼克松：再解释一下。

基辛格：现在，他们会不断地告诉您，他们打击了每一个发现的目标。但是，他们也知道，他们的行动受到一定的限制。

尼克松：哦，我明白了。

基辛格：所以——

尼克松：所以如果他们有更多的飞机，他们就能发现更多的目标？

基辛格：我想是的——

邦克：好吧。

基辛格：——你觉得呢？

邦克：是的，确实如此。

基辛格：而且，在接下来3个月里，消耗炸弹是更好的选择——

尼克松：是的。

基辛格：——相对于我们——

尼克松：好吧，我非常想在B-3区域前线采取行动——如果是这么叫的话——我很乐意现在就进行饱和轰炸。我是说，优先把这件事解决了，用几个晚上的时间，直接对他们占领的地区进行轰炸。那里应该有2到3个师。

邦克：是的。

尼克松：他们已经压制住了对方。我们应该能够把他们吓破胆——

"那也会对敌人的心理产生极大的影响。"

1972年2月9日，上午11：00
理查德·尼克松和亚历山大·黑格
白宫电话

自 2 月 9 日早上 6 时起，美国飞行员在 24 小时内进行了大规模的空袭，出动了 84 架次作战飞机，其中大部分攻击都是针对位于两军激烈争夺的南越中央高地上的敌军目标。这是过去 6 个月中美国空军最大规模的行动，但尼克松早就知道，这只是一场更大规模空袭的前奏，所以，他对此紧张不安。

……

尼克松：黑格，我想问问你，攻击 B-3 区域的事情怎么样了？开始了吗？有什么消息吗？

黑格：有的，先生。截至今天，一切都正按计划进行，而且天气对我们也很有利。天气是唯一可以——

尼克松：可以阻止我们的事。没错——

黑格：——会导致行动推迟。

尼克松：那么，今晚就可以开始了吧？或者——

黑格：是的，先生——

尼克松：或者今天？

黑格：华盛顿时间的 6 点钟。

尼克松：很好。很好。很好。你现在确信他们会去执行任务，而且——而且，至少，尽到他们的——

黑格：他们很乐意执行任务。

尼克松：——尽他们的全力进行集中打击，是吗？

黑格：是的。他们会这样做的，因为这是他们首次有机会彻底地火力全开。

尼克松：很好。

黑格：并且能提高他们的反应能力。

尼克松：他们会——？

黑格：他们非常同意这一点；他们认为那很好——

尼克松：他们——黑格，他们已经，你认为他们现在确实已经开始侦察，看看是否能在这该死的地方发现目标了吗？

黑格：是的，先生，他们是这么做的——

尼克松：我的意思是——

黑格：——他们准备了——

尼克松：——在那里肯定会——肯定会有很多的渗透活动。如果他们期待能发现什么的话，那里不是——那里一定会有军队，我的意思是。我意识到那些是次要目标，但该死的是，如果你们的打击足够多的话，那就不再是次要目标了。

黑格：不，先生。我认为他们已经有一些很好的目标了。——我昨晚和穆勒将军讨论过。他说他们非常高兴。他们在团级单位和师部之间保持着通信，他们将在 48 小时内倾巢而出。

尼克松：好的。持续 48 小时有什么好处吗？你知道，当袭击他们的时候，你的意思是他们会——他们不会，他们不会撤退吗？我只是——我只是想弄明白，弄明白这是怎么一回事。

黑格：好的，先生，他们希望做的是最大限度地集中全部火力。

尼克松：嗯——嗯。

黑格：他们可能会回收一些——

尼克松：好的——

黑格：——而且如果他们想从通信中读到——

尼克松：嗯——嗯。

黑格：——那也会给他们带来最新的消息 [******]——

尼克松：是的，情报。我明白了——

黑格：没错。之后他们可以再来一次。然后，您知道的，我认为艾布拉姆斯将军——

尼克松：怎么了？

黑格：——他想这么做。

尼克松：好。嗯，那很好——

黑格：我认为那将会是一个非常有效的心理——即使他们错失了目标，那也会对敌人的心理产生极大的影响。

尼克松：因为什么？因为——？

黑格：嗯，敌人还不清楚——他们一直被蒙在鼓里，因为当我们停止袭击的时候我们已经降低了出动战机的频率。

尼克松：嗯——嗯。

黑格：莱尔德出于经济原因才那么做的，但是——

尼克松：是的。

黑格：——艾布拉姆斯确实也赞同这种做法。

尼克松：嗯。

黑格：所以，我认为敌人可能会有一种印象，就是我们比实际上要更弱一些。

但他们遭到如此大规模的火力攻击时，他们就会明白——

尼克松：是的。

黑格：——一开始他们就要付出惨痛的代价。

尼克松：当袭击开始的时候。我明白了。

黑格：而且，在东京湾已经有第三艘航母了，而第四艘也正在路上。

尼克松：嗯。

黑格：现在，这是——这简直是地狱（笑声）——

尼克松：北越知道这些事吗？

黑格：是的，先生。我确定他们知道——

尼克松：很好。

黑格：媒体也知道了。

尼克松：是吗？太好了。

黑格：是的，先生。

尼克松：很好。非常好。这是一针强心剂。

黑格：没错——

393

"在北京的所作所为……"

> 1972年2月14日，下午1：04
> 理查德·尼克松和亨利·基辛格
> 椭圆形办公室

在尼克松起程去北京参加他期待已久的峰会前的一星期，他和基辛格讨论了一个新的议题，这是在巴黎和平谈判上由北越军队和越共的谈判代表突然提出来的。很明显，这项新的议题是越共首席谈判代表阮氏萍出于对中美可能达成某种协议的担心而提出来的。尼克松还认为，逐渐升级的对越空袭也对这位谈判代表的态度产生了影响。

……

基辛格：好吧，您记不记得，总统先生，在这之前——在这次行动之前，我说过，我认为他们会在北京峰会和莫斯科峰会之间采取行动，他们不想在北京峰会之前就把事情定下来，因为北京峰会可能会让她认为我们在北京的所作所为是针对她。

尼克松：是的。

基辛格：而且，他们可能不想在莫斯科处于这种境地——可以想见，在莫斯科峰会上，您和勃列日涅夫肯定会向他们施压。勃列日涅夫上星期在给您的信中就表现得格外温和。

尼克松：嗯。

基辛格：事实上，那不会给他们任何支持。信中只是引用了北越方面所说的话，但是并没有得到俄国人的背书。您记不记得，我在这之前也说过这个情况。因此，我的想法是：第一，他们会在两次峰会之间采取行动。第二，他们在大选之前能解决这件事的概率应该是 50%。事实上，我自己的想法是，假设您会赢得或至少有可能赢得大选，那么他们会在 11 月之前搞定。如果是对手赢得大选的话，他们肯定不会在 11 月之前就解决这件事。如果大选陷入僵局，那么我猜他们还是要在 11 月之前解决问题，因为您的顺利连任对他们而言风险太大。但是，您在上几个星期所做的事情，已经揭穿了那些为在国内事务上攻击您而进行的秘密会谈。在这方面，鲍勃（·霍尔德曼）的行为对河内帮助很大，因为那显示出我们国内的不合。我们不能坐在这里束手无策、任人宰割——

尼克松：[******]

基辛格：——这次大规模的空袭行动。

尼克松：是的，那对我们也很有帮助。我知道。

基辛格：我们已经调动了 35 架 B-52 轰炸机去关岛。我们已经——

尼克松：[******]

基辛格：是的。没错，另外的两艘航母正在待命。我们只派了一艘过去，但是总是有一艘在休整。我们已经取消了所有的休整。媒体就是这样大肆攻击那艘从香港回来的航母的。

尼克松：我们现在只有一艘航母在那儿？

基辛格：嗯，我们有——实际上，我们有一艘正在部署，一艘正在维修，一艘处于修整状态。

尼克松：[******]

基辛格：而且，在圣地亚哥会有另外一艘。现在，我们有4艘正在待命。

尼克松：嗯，也就是说现在还没有。

基辛格：到3月1号，我们会有的。但是，再有一个星期，我们会有3艘待命。所以，我认为把这整件事情联系起来——他们会害怕这种压力。这并不仅仅是他们第一次主动向我们提出举行会谈，更是两届政府内第一次。此前都是我们主动要求会谈的。此外，他们还邀请我共进午餐。我的意思是，我知道，总统先生——我不是说他们想和解。我是说，如果除了他们邀请我吃午饭之外什么都没有发生的话，那么可以确定，这意味着我们有一个月的时间不会遭受进攻。这意味着，他们——

尼克松：你会用一些该死的小花招来应对——

基辛格：总统先生，很可能的是，这不会是唯一的会谈。我们从来没有过只和他们见一次面就能解决问题的经历。

尼克松：但是，亨利，我想的是，他们可能是出于其他的原因才愿意——[******]

尼克松：——希望我们会停止先发制人的空袭。

基辛格：他们认为，您已经准备好去惩罚、敲打一下北越人。这毫无疑问。

尼克松：没错。但是，现在，我不确定我们是不是要停下来。

基辛格：哦，我不会——我们可以等到8号。

尼克松：好吧，我——你不能等得太久，因为那样就会在俄国人之前[******]——

基辛格：总统先生，您会在3月1日回来。大概会在2号或3号向全国发表演说。

尼克松：是吗？我不知道啊。

基辛格：我也不知道具体日期。但是，无论如何，您是不会想在那个星期里分散人们的注意力的。

尼克松：不会。

基辛格：所以，我们要讨论一下，是一星期还是两星期。

尼克松：好。

基辛格：那是——

尼克松：好吧。我明白了，我会试着弄明白，如果他们想搞砸我们的话，他们脑子里到底会想些什么。

基辛格：好吧，我觉得，总统先生——

尼克松：[******] 我在想的第二个问题是——他们必须，换句话说，必须假设他们的目的不是单单邀请你去谈一谈。他们的目的是阻止我们做其他一些事。其中一件，就是他们害怕我们袭击北越。很好，他们已经达到这个目的了。

基辛格：是的，但是不管怎样，我们不会超过24小时或者48小时。

尼克松：什么？我知道。但是，我的意思是，我的意思是如果袭击发生的话——现在就很有趣了。另外，如果你向他们提了袭击的事情——我不相信他们会因此告诉你硬币的另一面，这一点我或许猜错了，但是他们会在和你进行一次私人会面后，继续捅我们刀子。

基辛格：这几乎是难以想象的。

尼克松：他们怎么能这么做？因为，那正是 [******]。

基辛格：是的。

尼克松：因为，举个例子，让我们换个思路。如果你接受了会面的邀请，然后他们又继续跟我们作对，然后我们又取消了会面，我们就陷入了一个 [******]，如果你提前警告他们的话，对吗？

基辛格：没错。总统先生，您对他们已经十分强硬了。您知道，我们因为凡尔赛会谈的缘故取消了这周四的会面。我的意思是，我们只是——我们必须看穿他们的真实想法。他们一定认为，我们正在为能在北越消灭他们而寻找借口。

尼克松：你是这么想的吗？

基辛格：哦，是的。最近几次我们在取消会谈后，都对他们进行了为期5天的袭击。我认为，我们12月的打击所造成的实际伤害，比我们傻乎乎的空军所承认的要大得多。

尼克松：（笑声）

基辛格：因为如果不是这样，他们就会允许当地人看他们的防空洞。

尼克松：是的。他们没统计一下吗？

基辛格：没有统计。他们袭击了露天的地区。袭击了农民的房屋。他们想让法国人保护他们，但是法国人说想看看损伤有多大，而他们却拒绝给法国人看。我们也有另一个报告，报告里特别——他们对一些部队营房的袭击造成了大量的伤亡。现在，我不会把这篇报告放在这里，我不会把它放在这儿——

尼克松：好的。

基辛格：——因为您不想为这些事情烦扰。

尼克松：我知道。

基辛格：所以，他们担心，您可能会打算在北越全力以赴地打击他们。

尼克松：嗯。

基辛格：而且，他们想阻止您。另一方面，您和我都知道，您会全力以赴地对付北越。所以，他们现在想阻止的事，并不是我们想做的事。

尼克松：没错。

基辛格：第二，他们害怕的是，一旦所有事情都确定下来，那么中国和苏联是不会让他们把这种缓和的局面搞砸的。

尼克松：你觉得是这样吗？

基辛格：是的。毕竟——

尼克松：我必须说，如果你读过所有周恩来的论述以及其他 [******]，你就会知道他的立场十分坚定。

基辛格：好吧，是很坚定。但是，事实上——

尼克松：另外，他们表现得很容易会 [******]。他们一直认为，我们总是在承诺一些我们做不到的事，可是我们从没这么做过。可是，他们在印巴问题上表现得很懦弱。

基辛格：没错。

尼克松：他们说苏联在这个问题上很懦弱。他们确实很懦弱。周恩来 7 月的时候告诉过你，他们是不会袖手旁观的。之后，他继续 [******]。接着，后来又承认布托让你失望了。现在，他们清楚自己做的破事儿了。

基辛格：哦，确实如此。所以——但是，北越也，实际上关于北越，您也必须读一下整个记录。他们正在做的事是请求 [******]，无论如何我们都会做的事，比如撤军。

尼克松：是的。

基辛格：关于政治条件，他们从来没做过什么。

尼克松：是的，我注意到了。我注意到了。

基辛格：所以，中国人正在针对那些问题进行猛烈的宣传，这些宣传无可置疑，对北越也没有任何帮助。他们宣布了您将在7月——您将在7月15日开始访问，也因此毁掉了他们之前提出的7点要求，而这是北越人所不能原谅的。我想，中国确实也在努力使越南人回到谈判桌上，因为在您到那里大约6个星期之后——在您的7月15日的声明之后，北越的新闻报道丧失了理智。接着在11月，也就是在我第二次去北京的6个星期之后，北越媒体便开始对他们大喊大叫。

然后，范文同去了北京，他在公开演讲中根本没提到两国的共同利益。只是在过去的几个星期里，就在我们打算去那儿的时候，北京才发出了些声音。但是，即使如此，当我问到黎德寿是否在北京，而我想和他在那儿见个面的时候，北京给了一个很平淡的回复，说他们不打算插手越南战争，但我们可以从两方面解读这句话。我提出这个要求的原因是，如果俄国人也提出在莫斯科会见黎德寿的要求，我们在北京的时候就可说我们可是首先向你们提过了。另一方面，我相信，如果我们越是让俄国人出于自身原因而迫切要求我们和黎德寿在莫斯科进行会谈，河内方面就会越急于在巴黎举行会谈，因为在我看来，河内方面绝不可能接受在中、苏两国中的任何一个举行会谈的。

尼克松：我明白了。

基辛格：所以，这就是我要——我明天要见多勃雷宁，并向他再次提出我很希望在莫斯科会见他们的原因。而且，我打赌这就是一场牌局。这是一种方式——我已经知道，他们已经提出在巴黎举行会谈的事情。

尼克松：是的。

基辛格：他们绝不会接受在莫斯科会面的。他们在10月的时候已经拒绝过了，所以他们——

尼克松：有效果吗？

基辛格：但是，如果莫斯科方面提出要举行会面，对他们来说，那表明莫斯科急于解决问题。我确信，莫斯科正在下一盘很大的棋，他们不打算让越南在5月把事情搞砸。所以，他们面临一系列的最后期限。然后，他们看见您——如果您看看媒体报道的话，看看这星期的《时代周刊》和《纽约时报》，那只会在世界报道的版面中占很小一部分，所以整体上是乐观的。但是，最重要的是中国。他们在接下来的3个星期里会明白这个道理的。

美国在亚洲的角色

> 1972年2月14日，下午4:09
> 理查德·尼克松和亨利·基辛格
> 椭圆形办公室

在准备将于2月21日开始的中国行的时候，尼克松和基辛格讨论了外交的方方面面，从主要议题到战略细节再到基本共识的措辞。在这次产生深远影响的对话中，他们描述了有关亚洲各国的一系列的政策。尼克松刚结束了与安德烈·马尔罗的会谈。安德烈·马尔罗是一位法国作家，同时也曾在20世纪60年代担任法国的文化部长。他同时以善于辩论和虚伪扯谎著称，人们对他的评价褒贬不一。

......

尼克松：你知道的，当他（马尔罗）说"你会见到一位伟人，但是他（毛泽东）是一位时日无多的伟人"之后，他说："您知道您身上哪一点最会让他印象深刻吗？那就是您还很年轻！"（笑声）那真是了不起！全能的上帝啊，那是对当下领导着这个世界的领袖的评价啊。这他妈太老套了。但是——

基辛格：您会发现，总统先生，这些人——
尼克松：如果他见到肯尼迪，他会说些什么呢？
基辛格：他可能会认为肯尼迪是个无名小卒。
尼克松：你这么认为吗？

基辛格：毛泽东一定很鄙视肯尼迪。他对肯尼迪的感觉应该和戴高乐一样。戴高乐对肯尼迪不屑一顾。

尼克松：哦，我发现他还挺有意思。

基辛格：这些历史性的大人物是不会被吓到的，而且他们也不会相信花言巧语。这些中国人，我是说，他们现在唯一的安全感就是我们对国际形势的理解。战术上的细节相对不重要。您会发现，即使是周恩来，当然，我从没见过毛泽东，即使是周恩来，在聊天时也总是以一种全局性的讨论作为开场。

尼克松：你知道的，那是非常有力的演讲——

基辛格：并且，但不是——

尼克松：有一件非常重要的事需要注意，就是我感觉到马尔罗基本上，你知道的，一直在说越南，而其他事情提都没提，我对此很清楚。但同样地，每个人都会说美国应该滚出越南，大家也都说——但是我认为，我们在这一点上必须站稳立场，是不是想让美国成为一个孤岛，没有——

基辛格：外国人从来没有想让我们从任何地方滚出去。那是我们国内的——

尼克松：他不想让我们离开日本。他也不想让我们离开欧洲。他想继续让美国在世界上扮演重要的角色。他只是说，美国应扮演一种明智的角色。

基辛格：我们国内那些什么都不懂的批评家才想让我们滚出去——

尼克松：我不那么认为，因为那是事实。我觉得，我认为，好吧，在整个过程中，我注意到，中国人一直在说美国应该从所有国家撤军。他们并不真的相信美国会这么做。他们不会真的相信。

基辛格：好吧，您——周恩来告诉过我，他们（指中国）需要一个总的原则，但他们担心的是中国北部边境的百万大军。总统先生，当我们在中国的时候，我应该找机会向他们透露一些有关中国北部边境的苏联军队的部署情况。

尼克松：他们是很担心；我应该这么说。

基辛格：您不用那么做。但是，我会从赫尔姆斯那儿得到——

尼克松：然而，我认为我应该做的，我应该采取的方法，是去说——

基辛格：您下的命令。

尼克松：说我向军队下了命令，而且我想让基辛格博士把它给 [******] 或者是你们中意的人选。

基辛格：是的，但只能在私下会谈中才这么说。

尼克松：哦，是的，私下会谈，好的，我会这么说的。

基辛格：不，您应该等到私下会谈上再说，而不是在全体会议上。

尼克松：好吧，我希望那对你来说不会太痛苦。那是很艰难的，当一个男人——我的意思是，你同情可怜的人，他已经有了如此一个 [******] 一直为之战斗。

基辛格：我发现——

尼克松：我很尊敬能够克服身体上不便之处的人。你知道的，对他来说，说话都会很痛苦吧？

基辛格：我发现那很令人着迷；我并不觉得那全都是痛苦。首先，我完全赞同他对这些人的分析。现在，总统先生，如果我可以这么说的话，您倾向于把他们和苏联放在一起。他们是不同的情况——

尼克松：不同的，我知道。

基辛格：他们同样危险。事实上，经过一个历史时期，他们会更危险。但是，俄国人不觉得自己很讨人喜欢，而且俄国人没有内在的安全感。俄国人尚武，而且他们也乐意用武力来进行统治。对于他们无法统治的人，他们的确不知道该如何应对。中国人却对自己更加确信，因为他们在整个历史上一直都处于强国地位。而且，作为儒家，他们始终相信美德就是力量。

尼克松：[******]

基辛格：如今，他们的哲学与儒教不同，但基本的原则仍然是，如果你有正确的原则，那么你就可以统治世界。这始终根植于他们的文化中。

尼克松：我明白这点。我认为——

基辛格：不，就他个人而言，那是正确的，但我只是，我只是为了让您更好地和他们打交道而擅自这么说的。我认为，在一定的历史阶段中，他们比俄国人更加令人畏惧。而且，我认为 20 年后，您的继任者如果和您一样明智，就会最终依靠俄国人来对抗中国人。对于接下来的 15 年，我们应该依靠中国对抗俄国。我们必须完全理智地来进行这场均势的游戏。现在，我们需要中国人来矫正并限制俄国人。

尼克松：你知道的，看一看越南的状况，我觉得如果我们当初就知道这场战争会以这么一种方式进行的话，我们肯定会说卷入其中是一个错误。以这种方式——

基辛格：是的。哦，是的——

尼克松：以这种方式进行，对吗？

基辛格：没错。

尼克松：因为这种作战的方式与放弃战争相比，让我们付出了太多代价。然而，除了在我们发现这个问题的时候接手之外，我们没有别的选择。你知道的，你想想，在你读了马尔罗的书之后，当然，你还记得戴高乐说的，我们当时在凡尔赛宫——

基辛格：总统先生——

尼克松：——他说你们应该从战争中撤出；你们应该就此甩手离开，等等。

基辛格：我很确定那些历史学家——如果没有这些，您就不会发起对中国的主动行动。战争是力量的展示。中国人现在对我们感到很为难。举个例子，我们在印巴问题上如此强硬，是因为要向他们证明，我们和亚洲事务是休戚与共的。另外，他们想以此威胁我们退出亚洲。另一方面，他们又需要和我们保持足够亲近，这样他们才能知道我们是可以做一些事情的。他们不想让我们退回西海岸，因为如果我们退回西海岸的话，我们就只是一个友善、肥沃、富裕，但是和他们没有任何关系的国家。而且我很确信，如果我们今年不崩溃的话，如果所有事情不会分崩离析的话，那些历史书会以同样的口径记录下美国从越南撤军的故事，至少是和戴高乐在阿尔及利亚的表现一样。他花了5年时间才从那里撤出。毕竟，我认为游戏还没有结束。我认为他们现在总算是想起我们了，这是事实。这是一个很重要的事实——

尼克松：没错。好吧，不管你今天早上说了什么，你比我看得要远，而且鲍勃（·霍尔德曼）也是这么看的，不管结果是什么，那对我们国内的敌人来说是一把双刃剑。上帝啊，他们要求召开这次会议的原因是——

基辛格：那不会立刻结束的。他们不可能想让我参加会议，除非他们想告诉我什么。那不是他们的风格。所以，我们能避免这种情况的办法就是举行其他一系列会议。

尼克松：当然，你说其他一系列会议。我们必须记住，现在时间所剩无几。对此，我们做不了太多事情了，对吗？

基辛格：好吧，不过他们也必须知道。我的意思是，我们现在正在向着——

尼克松：是的。

基辛格：我们必须把情况变为，您可以直接接受或否定一些困难的[******]——

尼克松：是的，没错。我们确实要记住，就解决战俘问题来说，这些会议是非常重要的。而且，他们必须也得清楚这一点。

基辛格：嗯，我们，总统先生，您总能恰当地表示关切，但他们会不会欺骗我们呢？如果我们要在会议上达成一份相互妥协事项的清单的话，我认为我们在秘密会谈上能得到的东西，要比他们多得多。事实上，我并没有看出来他们从秘密会谈中得到了什么。他们没有阻止我们在柬埔寨的行动。他们也没阻止我们在老挝的行动。他们没阻止任何我们想做的事情。他们给我们机会，让我们在舆论上大获成功，成为今年战争中的一件重要武器。而且，他们已经接受了8点中的6点。我认为，我们之间的分歧并不大。如果他们愿意在南越暂时维持一个非共产主义政权的话，我认为我们就能找到一种结束战争的解决方案了。

尼克松：他（马尔罗）明显感觉，中国是一定会主宰东南亚的，你同意吗？

基辛格：我认为没错。

尼克松：你这么认为吗？或许他们就是要把东南亚吞掉吗？

基辛格：不，但我认为8亿人面对3000万人——

尼克松：不，但是我的意思是指怎么做到呢？通过颠覆活动？

基辛格：通过颠覆活动，比如通过文化渗透。

尼克松：所以，那里的人都会变成共产党？你也应该记得，那里也存在反方向的潮流。一种制度比另一种运行得更好。（大笑）

基辛格：是的，不过，那是一个——

尼克松：当然，那还存在很大争议。

基辛格：但是，我们会变得如此脆弱——

尼克松：日本不会改变制度的原因是，日本人太喜欢他们现在的生活了，所以是不会倒向共产主义的，你同意吗？

基辛格：我认为，日本人总会做一些令人惊讶的事情。但我觉得他们是不会那么做的。他们开始和中国竞争了。但是，我认为我们当前的问题在于，我们是可以在过渡期远离这件事的，但是我们又不能把我们的朋友丢给饿狼。

尼克松：我同意。

基辛格：有一种可能——我认为，中国人不会在今后5年里真正向东南亚施压，而且即使在那之后——

尼克松：你怎么看他的评论，就是说中国的对外政策都是表面文章？

基辛格：很多的确如此，但是——

尼克松：我提到过，你知道的，他所说的一点，让我觉得很不错。他说，中国让2000名舞蹈演员和30万人在街上迎接那位国王，索马里的总统。（在他们对话期间，尼克松和马尔罗讨论了马尔罗书中的一段索马里总理访问中国的记述。马尔罗观察到："除了演讲和欢迎，对小国领导人来说其他什么都没得到。"）

基辛格：总统先生，在我看来，关于中国，我们现在应该关注的，是利用中国来制衡苏联，而不是他们的地区政策。

尼克松：我同意。

基辛格：作为制衡力量，眼下要让它在东亚大陆发挥作用。但是，最重要的还是对苏联的制衡。而且，它没有全球政策的事实对我们来说是很有利的，它现在还没拥有全球性实力。而且也没有阻止苏联侵吞它的力量。如果苏联控制了中国，那意义将非比寻常。

尼克松：好吧，亨利，非常坦率地说，如果苏联或者中国控制了日本，那么将对我们产生极为重大的影响。

基辛格：没错。我认为，总统先生——

尼克松：那将关系到我们的利益；保证同日本的盟友关系对我们来说太重要了。

基辛格：但当我们问您，假如中国融入国际社会您会怎么做的时候，星期天早上您所做的决定实际上是说我们会支持的。那是未来的总统必须要做的决定，或者是在您的第二任期内应该做的决定。我认为，那会是一个很艰难的决定，但是我们不用做决定也应该能够做到。

尼克松：是的。当然，马尔罗已经见过世界上所有的最高领导人。我猜想，自1918年开始。他已经70岁了。他20岁的时候便开始写作，在19

岁 [******]。你知道,他因偷盗神圣的艺术品而在柬埔寨的监狱里待了3年,他当时22岁,试图将艺术品带出柬埔寨。但是,你知道,从某种程度上来说,那对这个老头儿来说也是好事。任何——我说"老头儿",但是这个人见多识广,走出书斋,被邀请到这里,来——

基辛格:我觉得您的问题非常机智。

尼克松:我只是想让他继续说下去,因为——

基辛格:好吧,您干得很漂亮——

尼克松:——我知道他当时不知道该说什么了。

基辛格:顺便说一句,这种方法其实也可以用在周恩来身上,因为这样不是很强势,而是很平和。

尼克松:我们应该试着更加温和一些。

基辛格:不,不,好吧,可能需要更——

尼克松:但是,不能对美国在世界上的地位做出让步。绝对不能。过去不能,现在也不能,未来也不能。我们在美国今后要做什么的问题上不要透露太多。换句话说,就是拍着胸脯,穿上粗布衬衣,然后说,我们会撤军的,我们会做这做那,或者做其他事情。因为,我认为我们必须说:"美国威胁到谁了?你想让谁来扮演这个角色呢?"我是说,有太多人都应该看看他们的底牌。在很多事情上,他们都应该考虑一下美国所扮演的角色——

……

基辛格:不。我认为他(康纳利)不能很好地同欧洲人打交道。我认为他是您内阁里最好的人,我个人很喜欢他,但是在外交上却并非如此,诚实地讲,我的判断是——

尼克松:他会慢慢学会的。

基辛格:他太好斗了。那,嗯,我们在这里的措辞应该是,美国会以和平解决的方式保证自己持久的利益。

尼克松:是的,很好。

基辛格:嗯——

尼克松:那么,告诉我——我能问你另外一件事吗?关于公报的事,你是怎么应付罗杰斯的?

基辛格：我只给他看了有关台湾问题的部分。

尼克松：他说他想到该怎么做了吗？他要重写吗？

基辛格：是的。

尼克松：他向你提供什么了吗？

基辛格：是的，但那完全，我的意思是，那太荒谬了。他们绝不会接受的。我们可以采用一部分。

尼克松：什么，我很遗憾你给他看了。我想，我本应该更早一点拿到的。我是不会让他看你给他看的那部分的。你给他看了黑格起草的那部分了吗？

基辛格：没有，没有，我没给他看。我只给他看了他们（中国）的第一份草稿。所以，如果他们接受了黑格的稿件，就是我们通过黑格（在1月访华时）发给他们的那份，那与他见到的相比会有很大的修改。而且他（罗杰斯）还没有见过这份。

尼克松：好吧，他想加入点儿什么，他说了吗？

基辛格：嗯，他想加入的是，要让中国做出不会使用武力解决台湾问题的承诺，但这几乎是不可想象的。我的意思是，他们并不是——

尼克松：另一方面，在结束之后，就是我们离开之后，我们一定可以达成某种一致，也就是如果他们使用武力的话，那么我们和台湾是有条约的。

基辛格：哦，是的。

尼克松：我的意思是，我们不会放弃我们的条约。

台湾地区驻美国代表沈剑虹的到访

> 1972年3月6日，下午4：00
> 理查德·尼克松、沈剑虹和亨利·基辛格
> 椭圆形办公室

沈剑虹于1936年在密苏里大学获得新闻学学位。他了解美国，也同样明白台湾地区在中美缓和新时代中的脆弱地位。自尼克松北京之行后，他第

一次拜访白宫时就寻求美国对协防台湾地区的保证。尼克松和基辛格很不安地做出了回答，因为他们很清楚，他们在此行的私下会谈中已经使周恩来相信，美国对台湾地区的承诺正在逐渐消失。就其本人而言，沈剑虹很有礼貌，但也不是傻瓜，他回忆录的副标题就是"美国是如何出卖盟友的"。

……

基辛格：在您见他（沈）之前，我不想惹您心烦，但是我应该告诉您，中国人已经通知我们他们有紧急消息要传达，而且只能通过他们的大使（中国驻联合国大使黄华）传达。所以，我必须派其他人去那儿（纽约）。而且，北越人也要求见我们，几乎是在同时。对这种公然将台湾（地区）问题与越南问题联系起来的做法，我很担心，我们之前向他们承诺过我们不会这么做，是国务院在星期四说的（3月2日）。

尼克松：什么？国务院说了吗？

基辛格：您知道的，国务院发言人说，驻扎（在中国台湾地区）的6000名士兵与此无关。您暗示过的。

尼克松：是的，我是暗示过，确实。我对此负有一定的责任。是的。

基辛格：但是，他们没有——他们没有注意到您的话。休·斯科特一直以一种伤感的方式重复您的意思。但是——好吧，但我们必须明白，我们不要再往伤口上撒盐了，这是目前很重要的事，以及——我认为，您应该只是对他（沈）说我反复对他说过的话。您知道我对他说了什么，您就重复那个保证。但是，我不敢确定他会不会引用我说过的别的话。

尼克松：嗯，这就是我在犹豫我们是否应该见他的原因。

基辛格：嗯，下午的情况——好吧，不管造成了什么伤害，木已成舟，而我们也会从信息中搞明白的。简单地讲，很可能就是他们会告诉我们，那只是一场滑稽的巧合而已。但是，他们（中国领导人）已经告诉我们，他们告诉过我，当我（在《联合公报》中）加上"缓和紧张局势"这些话的时候，不应该把它与越南问题挂钩，而且那可能是——我也给他们发去了一个信息，正如您所要求的，我们想宣布在巴黎（与北越——译者注）的接触；这或许只不过是一场滑稽的巧合，他们可能会这么回答。这是我非常主观的意见。

尼克松：好吧，让我说，你用不着对每次会议都很担心。

基辛格：不，不。是他们对传递信息的级别的要求让我很担心。

尼克松：是的。你什么时候能拿到？

基辛格：我们7点可以拿到。

尼克松：今晚？

基辛格：是的。其他的，我们会在他们当地时间8点半，把给他们的消息发出去，但我们的消息传到那儿的时候，他们说不是8点半而是10点半了。但是，北越的消息，我们会在随后一个半小时收到。现在，没必要对此担心。在我们得到信息之后，如果您还没见到这家伙的话，我就不通知您了。

尼克松：[******]

基辛格：我认为这样会太 [******]。我觉得这很重要。

尼克松：那为什么不在他来的时候，坐下来谈谈呢？

基辛格：是的，我也想坐下来谈10分钟。他告诉我他推迟了离开的日期。我只是向他表达您的问候，并且说我们——这在技术上会很完美。

尼克松：我希望如此。

基辛格：但是，如果那不——

尼克松：当然，你知道的，我们会以最高的水准，正如你知道的。

基辛格：哦，上帝，我的意思是——

尼克松：我们，当然，除了不走运的事情之外，我从没说过什么。但是，国务院那时是公开发布的，他们的发言是公开进行的。

基辛格：他们的发言确实是公开进行的。您的话则是斯科特以一种平淡的方式引述的。但是，我不想冤枉他们。或许并不是那样的。

尼克松：好吧，让我这么说：在这些事上，我们需要保持平衡，亨利。我们一起走过了这么长的路，而且我们也将继续和他们一起走下去——

基辛格：我不是那么担心。

尼克松：他们不会和我们断绝关系的。

基辛格：哦，不会的。那是肯定的。

尼克松：关于这一点，我的意思是，他们——

基辛格：不会的，但是他们可能做的是——越南问题的对话可能又要耽搁了。那是我更担心的问题。这样，那就不会——

尼克松：中国人不会那么做的。我的意思是，你从他们那儿听说的事，那是——该死的，我不关心我们从他妈的越南人那里听到什么。他们——总之，我从没觉得他们真的打算干些什么。但是，我的意思是，我们做最好的打算。但是，我的意思是，如果你不那么想，那我们就不用——

基辛格：不，我认为中国人可能会言辞激烈地抨击我们，大意就是他们一直都认为台湾问题和越南问题毫无关联，而且他们会正式发表声明，说我们对于一些事情的解释或者其他——

尼克松：好吧，那不会——

基辛格：嗯，那取决于他们会做到什么程度。

尼克松：是的。我们可以确认，我们——

基辛格：只要他们保证那是在秘密渠道进行的，我们就可以承受。

尼克松：我们可以确认，我们也是这样理解的，这份公开声明并不是没有得到授权。

基辛格：没错。

尼克松：那是某个参议员或者其他——的说法。

基辛格：是的。

尼克松：当然，斯科特也算上。

基辛格：好吧，我们可以搞定斯科特。重要的是——

尼克松：不，是他说的这些话，我是指这个。

基辛格：好吧，如果我们得到消息，那也会是一个理由，他们说，在明天下午5点前，我们随时可以得到消息。只要我们得到——只要我们收到消息，如果是抨击性的，我就告诉罗杰斯并且把消息发给他，这样他就知道该在记者会上说什么了。那样就不会造成什么麻烦。

……

（沈剑虹加入了对话）

沈：总统先生，我明天就要回台湾了——

尼克松：是吗。

沈：——我只想知道，您有没有什么消息需要给我们的领导人——他是您的一位非常要好的老朋友了。还有，您有没有什么只想告诉他的话。我会向他提及您的中国之行，还有任何有关台湾（地区）的事情，无论您是否同周恩来或者其他人谈论过这些事。

尼克松：好吧，我认为需要告诉他的首要的事就是，我知道当格林在那儿的时候——格林 [******] 在那儿的时候——他表示不想见他，他想见基辛格。我认为，你应该知道，当我们回来后，是我让基辛格博士去和你谈一谈。

沈：是的。

尼克松：并且，他已经和你谈过了。当然，我有你们对话的记录。在他同你谈之前，我已经知道他打算说什么。我想让你告诉你们的领导人，基辛格博士同你的谈话代表了我的观点。我的意思是，那是对我们所谈论的事情的准确的表述，而且这个——当然，这也包括我回来之后的公开声明。

沈：是的。

尼克松：也就是我之前做的那个公开声明。但是，我认为更重要的事是，我可以理解，他自然知道基辛格博士参加了所有的会谈，而且基辛格博士在我去中国之前先和他们进行了交流，都没有做出什么承诺。事实上，这次也没有，除了表明关于 [******] 的表述。你——现在他通过你，也通过我的助理基辛格，当然，这是因为他不能飞过来，所以需要通过你来向他转达一些事实。我想，事情就是这样的。你觉得呢，亨利，你同意吗？因为你知道，不让他觉得在一些对他来说很重要的事情上我们派（去？）见他是很重要的，因为他认为某些人不掌握这些信息。当然，我们告诉了格林一些基本的事实。但是，格林只参加国务卿出席的会谈，而不是我这边的会谈。而每分钟的会谈基辛格都参加了。当然，只要是和毛泽东或者周恩来的谈话，基辛格都在场。而我也授权基辛格，让他原原本本地告诉你整件事的情况。

所以，我认为我们可以，你可以向他转达，另外，当然，向他转达我个人的问候，也可以向他转达基辛格博士已经向你简介了的情况，事实就是这样的。现在，当然，所有这些，包括你所听到的各种有关秘密协议等的消息。你知道，在我回来的时候，我已经在我的评论中涵盖了这些内容。基辛格博士所告诉你的就是实际情况；就是这件事的事实。你应该相信那份声明。如果他要去台湾的话，基辛格博士也会告诉 [******] 他那些已经告诉过你的事情。是吗，亨利？

基辛格：没错。我告诉过沈先生，我们在公开谈话中所记录的事实[******]我们现在已经通过我们所有的政府部门发出了声明。

沈：总统先生，我们很感谢您的政府仍对和平解决台湾问题抱有兴趣。现在，关于计划放弃使用武力的步骤，周恩来有没有说过什么，或者提到他想要做什么，以及他会如何解决问题——有没有关于这些事情的任何表示呢？[******]

尼克松：[******]有关台湾问题，我认为公报中提及的，以及亨利在上海的记者招待会上所说的，已经非常全面了。我指的是，当我们谈到和平解决方案的时候，那是一件我们——好吧，比如，我认为可以这么说，尽管存在巨大的分歧，但蒋介石和周恩来都赞同的两件事，首先就是只有一个中国，那是他们共同赞成的第一件事。因此，第二件事就是他们两者解决这个问题[******]。但是，关于怎么去做等其他事情，我只能说并没有讨论这些问题；坦白地讲，他们认为那不是我们该管的事情。

基辛格：好吧，除此之外，我们在公报中提到了两件非常明确的事情。一件事就是重申了我们对和平解决台湾问题的关切——

尼克松：是的。

基辛格：——在这种情况下，这毕竟保全了我们对台湾的承诺。那么，第二件事，我们加入了"考虑到这一和平解决台湾问题的前景"的措辞。所以，如果这些措辞——如果你了解你的同胞的话，"前景"这个词并不是随意选择的。

尼克松：他们很在意措辞的。

沈：（大笑）

基辛格：恰恰相反，他们没有获得全权委托对台湾发动武力进攻。

沈：这件事有没有时间限定，我是说——

尼克松：没有规定，事实上。没有规定。没有讨论这个。那会是——换句话说——现在就做和明年再做，我的意思是这只是个——的问题，而且事实上，我们现在试图要做的是把能加进去的话都加入进去。我们知道，他们也知道，那是一个非常敏感的问题，而且也觉得应该提及。但是，并没有讨论我们是应该现在做、明年做，还是两年之后、三年之后，或者四年、五年，并没有什么时间限定。

沈：那么，总统先生，您很熟悉我们的历史，以及过去40年我们和共产党的关系。

尼克松：哦，是的。

沈：并且，您知道，现在那里的情况比世界上其他任何地方都要好。

尼克松：是的。没错。

沈：如果您是我的领导人的话，您会怎么做？您对我们的领导人处理这件事有什么建议？我是说，我希望那并不是一个太——

尼克松：是的，我知道。我来谈谈，我是根据以下的原则进行思考的。

沈：好。

尼克松：你会怎么做呢？首先，我会说，我会说，我不会提出是否拥有美国的承诺的问题。我会接受现状。因为，如果你提出这个问题，强行表决，这么做就是在给美国惹事，也使中国不能接受，这种必要性[******]。我们已经阐明了状况，基辛格在中国也表明，没有[******]。在现在这个时刻，如果你们提出这个问题，那么你们就会自作自受。我必须坦率地说。我理解你的担心，你知道的，但是如果你们提出这个问题，那只会让你们自作自受。

第二点就是，关于他、关于你们对大陆的所作所为，坦率地说，我并没有什么答案，或者对此有什么观点。事实上，亨利和我在回来的路上谈过，我告诉亨利，我的意思是我们正在问自己同样的问题，这件事要怎么处理？你有什么想法吗，亨利，在我们谈论这件事以后？

基辛格：首先——

尼克松：因为沈先生确实提出了我曾提过的问题。你明白的。我们处于一个微妙的境地，因为两岸都认为这是他们内部的问题。所以——而且我知道，有些人说过，好吧，美国应该介入而且建立一些[******]。有人那么说过。

基辛格：我告诉过沈先生，首先，我们很明确地告诉了北京方面，我们提醒他们注意《世情报告》中的措辞，我们不会敦促海峡两岸的任何一方去做些什么。

尼克松：没错。

基辛格：所以，那意味着，实际上他们不能依靠我们，他们不能期望我们施加压力来促成谈判。第二——

尼克松：或者找到一种方案。

基辛格：或者找到一种方案。第二，我认为，我们必须对前景持有更加务实的态度。首先，如果你问自己，如果中国人对我们做了北越人做的事情，那会怎么样？民主党中现在支持你们的人将会首先组织起所谓的和平会议，议题是关于我们被另一个 [******] 绑架的事情。我这只是在告诉你可能的前景。

尼克松：是的。

基辛格：而且，这也确实会削弱已有的承诺，他们会以现在在越南问题上的做法来对待我们。

尼克松：而且，根本没有最后期限。

基辛格：没有最后期限。可以预料，他们会和我们玩一个最后期限的游戏，用金门和马祖以及其他东西作为筹码。第三，在接下来的一段时间里，4到5年，正如我们见面时我告诉你的，很多事情都可能发生。你根本没有解决问题的压力。毛泽东在某天会撒手人寰。周恩来也会。或者两个人都会。所以，这在任何（眼前的？）时间段内，都不是一个会让我们觉得十分紧迫的问题。因此，如果这让你们感到恐慌或者行事草率的话，那你们就大错特错了。

尼克松：嗯，我不会那么好战的。第二，对美国对台承诺的声明，我是不会持异议的。我们已经做出了声明。在你持续提出这个问题的时候，你所做的一切只能使我们做出回答说："好吧，我们说过这件事了。"但是，如果你还是不断地提出，那么你只会造成最终的失败，这样做无益于任何人。

你看，这儿有，正如你所知道的，沈先生，在这个国家里，孤立主义运动正在迅猛发展。而且，我正在花费大量时间以妥善的方式结束越南战争。正如你知道的，以妥善的方式结束越战是非常重要的，因为如果我们不妥善地结束它，那么美国将撤出太平洋地区，在一段时间内。现在，在其他问题上也是如此。如果这个国家中的新孤立主义者得知我们会因为防卫承诺而卷入一场巨大的冲突的话——比如在日本、菲律宾，甚至是泰国、韩国、中国台湾——那么你就得，就得调动你我的军队，调动我们任何人都不想调动的军队了。出于这个原因，我认为你们的外部事务负责人做出的声明非常好，他说他接受了提议，还说美国会继续履行 [******] 应该被履行的承诺。如果是我——那我就会从那一步开始。

第二个问题，关于我们会如何解决这个问题。相信我，那会是——我不知道。我对这个问题没有答案。而且，他们也没问我们。对吧？

基辛格：是的。

尼克松：他们并没有问我们如何解决这个问题。他们肯定——你肯定思考过。你的想法可能正如我想说的一样，一定非常有趣。但是，我们并不打算干涉或者强迫任何一方。我想，这就是我们的提议。我觉得，这是一种非常清楚的评价。

基辛格：除了我们反对使用武力的这个声明。

尼克松：哦，没错，这是另一码事了。

基辛格：我们会抵制这种做法。

尼克松：不，但我的意思是，我们会推动以和平方式解决。

基辛格：没错。

尼克松：你看，那就是不同之处。这不像阿以冲突，在那儿我们试图以中间人的身份进行调解。你明白吗？在这个问题上，我们不会调解任何事情。这就是不同之处，我认为你应该记住。现在，从现在的状况开始，无论事情往哪个方向发展，我认为必须要经历一段时间。我不会惊慌失措。我也不会太急于达成一个协议。

基辛格：[******] 没有义务去做任何事。并且，没有任何义务——我的意思是，首先，我们所说的一切都是我们单方面的陈述，而不是对中国的承诺。

尼克松：我们之间没有任何协定。

基辛格：第二，公报写得非常谨慎，如果你认真读了的话。

沈：是的。

基辛格：第三，我们没有义务，无论——

尼克松：那也是他们单方面的事情，你知道吗？双方——有关台湾（地区）的部分，还有韩国的部分，以及日本的部分、南越的部分，都是单方面的表述；我们赞同这些分歧，你明白了吗？因为他们对台湾问题的立场，你知道的，是非常强硬的。

沈：我们都知道。（大笑）

尼克松：哦，也并不是像以前那样强硬，因为他们在公报中没有坚持使用武力的原则。这非常重要。

基辛格：他们不会抨击防御条约的。而且，这里还有一个细微的差别，他们说台湾是中国的一个省，但我们没有说。我们说是中国的一部分。

尼克松：那是我写的。我用了"部分"而不是"省份"。

[******]

尼克松：他们说他们同意这么写；他们没有反对。当然，那取决于你们是说"省份"还是"部分"，不是吗？

基辛格：那差别很小，我们只是想——

尼克松：对美国人而言，"省份"这个词所指的含义等级更低，它的含义和中国人所理解的不一样，因为你们认为整个国家是一个省、一个省、一个省的，你明白吗？但是，在我们国家，"省份"这个词，在大部分情况下，意味着更低的等级，你明白吗？不是平等的层级。

沈：还有什么需要转达给我的领导人的吗？

尼克松：无论如何，我真诚祝愿他和蒋夫人身体健康。当我从副总统以及其他去台湾的朋友那里得知他的思维还能像针一样锐利的时候，我真的很惊叹，而且我一直对此印象深刻。我祝愿他身体健康，而且我们知道，现在是很艰难的时刻，我们也知道这次行程对他来说很难理解。我们必须用长远的眼光来看这里运行的巨大力量是什么，也要意识到我们正着眼于长远——以和平方式解决这些问题。我们和中国人对话，应该会比不同他们对话更有效。

这真是一种哲学。以和平方式解决非常重要。假如我们在世界上任何地方使用武力，包括在亚洲的任何地方，鉴于越南的经验，那可能会，我们知道如果我在那儿的话我会做什么，但是我比一些人要更坚定，所以我会强烈怀疑其他总统可能会做什么。这才是真正的问题，你明白吗？所以，以和平方式解决在我们看来真的非常非常重要，而且这也是我此次行程的目的。但是——

基辛格：[******]

尼克松：很多次。但是对于双方，我都致以最美好的祝愿。

沈：友谊地久天长？

尼克松：哦，当然。我们个人的友谊，毫无疑问，以及[******]。我们有一份条约，但是我们也有私人的友谊。他们知道这一点，而且他们会继续明白这点的。你们面前还有很长的路要走。

"俄国人想要什么？我们必须以他们的方式来看这个世界。"

> 1972 年 3 月 9 日，上午 9 : 28
> 理查德·尼克松、亨利·基辛格和鲍勃·霍尔德曼
> 椭圆形办公室

尼克松的莫斯科峰会预计于 5 月举行，他希望能成功签署《限制战略武器协议》。然而，在两个月之前，限制战略武器会谈因为潜射导弹的问题而暂停了。苏联方面对于密集地讨论他们的潜艇项目并不感兴趣，但是史密斯和限制战略武器会谈的谈判代表一直试图针对此类导弹的数量达成一个可接受的协定。问题之一就是，这个协定是否囊括了现在或者未来的能力，包括发展新技术的能力。正如基辛格所阐述的，在这类话题上存在着巨大的灰色地带。

……

尼克松：但是，说实话：你——你告诉他（莱尔德）我们必须让参谋长联席会议着手进行这件事了吗？

基辛格：是的。

尼克松：他同意了，还是没有？不过，他必须同意。

基辛格：关于限制战略武器会谈吗？

尼克松：是的。

基辛格：我告诉他了。您可能——我没有——您可以拒绝我，但是我说过，如果穆勒不能把参谋长们召集起来的话，那么我们可能就不应该再任命他，因为他的任期已经到了，就在 [******] 底。而且，我认为那太早了——

尼克松：[******] 唯一的问题是——我不关心参谋长们信不信——反正他们不能把我们已经成功兜售给苏联人的内容泄露给巴克利（William F. Buckley）[1] 和托尔（John Tower）[2] 之流，还有其他人。

基辛格：听着，他们太疯狂了。他们说，如果我们在协议中排除了潜艇，那么苏联人就会有 70 艘潜艇，所有——全部，在我们建成 1 艘新潜艇之前。那没错。但是，如果我们不能达成一份协定，同样的情况仍然存在。所以，为了——所以——而且，除此之外，他们也会建造陆基导弹，那至少是我们要阻止的事情。

尼克松：问题在于，我们，至少——没有协定的话，他们就会建造潜艇的。

基辛格：没错。

尼克松：有一份协定的话，他们仍会建造潜艇的。

基辛格：没错。

尼克松：但是，如果有了一份协定——

基辛格：我们没有放弃任何东西。

尼克松：——也就是意味着，我们不会让他们建造陆基潜艇（导弹）。那么，他们想要什么 [******]？

基辛格：总统先生，没错。所以，我们不会让他们——

尼克松：好吧，我们会尝试这么做的。我们会努力把潜艇包括进来，是的。

基辛格：没错。

尼克松：但是，如果我们没能做到，达成关于陆基导弹的协定也总比什么协定都没有要好。

基辛格：我正是这么想的。确实如此——

尼克松：但是记住，我们需要时间把这个决定兜售给每一个人。

基辛格：好吧，我们必须要做的是——

尼克松：等一等怎么样？这是一场血腥的演出，我们得赶紧让罗杰斯站好队——

基辛格：哦，没问题。但是，我们应该需要制订一项紧急方案，加快建造一些潜艇。在过渡时期建造一批新的潜艇。

1　威廉·巴克利，美国《国家评论》杂志总编辑。
2　约翰·托尔，美国得克萨斯州共和党参议员。

尼克松：我们自己的？

基辛格：没错。如果他们不包括潜艇，就有一个新的——在水下远程导弹系统建成之前，会有——我们可以建造"6艘到40艘潜艇"。那会是——

尼克松：很好。

基辛格：——与目前的潜艇拥有同样的船体，但是却带有新型导弹。

尼克松：我们现在能下命令开始建造吗？

基辛格：我们可以现在就进行。虽然我们在1975年之前无法建成，但是无论如何，我们是可以这么做的——

尼克松：好吧。那么——现在就提出来，怎么样？在这期间。

基辛格：还有——

尼克松：对你来说有问题吗？

基辛格：好吧，我认为我们应该之后再这么做。我认为，如果我们开始另一个计划的话，俄国人可能会以此为借口。

尼克松：不愿达成协定吗？

基辛格：不愿达成协定。但是，如果我们不能达成协定的话，我们应该，在国会说："我们已经尽力去达成协定了，但是他们并没有答应我们。我们必须——"

尼克松：现在让我们开始建造潜艇吧，如果潜艇没有被纳入协议里，那么，我们就用三叉戟。但是，那——我的理解是：不要出现这种情况，就是我们和他们沟通了，但却对他们说："啊哈。"

基辛格：哦，不会的。

尼克松：我们会搞砸的。明白我的意思了吗？

基辛格：不——

尼克松：你知道的，亨利，在中国，我们知道我们是会被他们敲诈的，但是在苏联，他们认为——他们可能想说点儿什么。

基辛格：好吧，我们能做的是——我认为您不应该成为做最后决定的人。我认为，我们应该让杰瑞·史密斯来提建议，把它提交核查小组。我的意思是，交易中的一部分应该如此。

尼克松：是的。

……

尼克松：这是我想留给我自己的，那就是，基本上，就在这个屋子里：限制战略武器会谈——

基辛格：是的。

尼克松：——中东问题，还有关于欧洲安全会议的决定。

……

尼克松：但是，如果我们把限制战略武器会谈留给罗杰斯，首先，他会——会和参谋长联席会议公开对抗的。

基辛格：没错。

尼克松：[******]我们刚刚已经白白做出了太多的让步。

基辛格：没错。

尼克松：对吧？

基辛格：我认为他今天不能向你解释限制战略武器会谈的事情。

尼克松：限制战略武器会谈。天哪。（大笑）我必须说，关于那件事，你必须把它交给老莱尔德。他了解关于限制战略武器会谈的问题。

基辛格：他确实了解这些问题。

尼克松：你说得太对了。

基辛格：虽然他在这个问题上展示了高超的政治技巧，但是他确实了解这个问题。

尼克松：但是，但是，但是他确实了解——

基辛格：哦，不——

尼克松：他也清楚，这件事他妈的到底是怎么回事。比尔不知道。[******]我不是太了解他们，但是至少我知道上帝——现在，但比尔，比尔不会沉浸于骄奢淫逸当中——他认为那是在浪费时间——在哲学上[******]。换句话说，每当我提起这个问题："俄国人到底想从限制战略武器会谈中得到什么？"（罗杰斯回答：）"好吧，那是[******]。那并不重要。"他说："重要的是，我们能从中得到什么？"除非你知道另一个人想要什么，否则你只是——你不会知道该如何摆平他们。

基辛格：没错。

尼克松：那基本上是——记得每次我向他提起那件事，比尔都不会听吗？

基辛格：他不会听的。

尼克松：你记得吗？

基辛格：不，他也根本不想去研究这个问题。

尼克松：这是我们必须做的最重要的事情。俄国人想要什么？我们必须以他们的方式来看这个世界。

……

尼克松：亨利，你记得我们第一次谈论这个话题，是在什么时间吗？亨利，较早的一次关于限制战略武器条约的谈判？我提到这件事就像是——因为我认为他在这件事上撒谎了 [******]。我说："好吧，听着，在我们谈到所有这些事情，数量多少、发射重量等话题之前……"我说："好吧，听着，俄国人——俄国人的目的是什么？他们想要什么？"比尔——比尔不断重复说："哦。"他说："那种事情我们不能瞎猜。瞎猜那些事没什么用处。我们需要做的就是真正意义上的谈判。"以及诸如此类的话。[******]

基辛格：但是，他从来不知道该如何谈判。

尼克松：好吧，我的意思是：除非你已经有了大体的框架，而且知道另一个人想要什么、你想要什么，并且知道内心深处想要做什么，才能达成交易，否则这个交易就会泡汤。

"你之前听说过'台湾独立运动'没有？"

1972年3月13日，上午10∶15
理查德·尼克松、亨利·基辛格和鲍勃·霍尔德曼
椭圆形办公室

"台湾独立运动"是一场试图切断中国台湾地区与大陆的历史联系的运动。自从台湾的国民党当局成为一个"独立"的政治实体以后，这一运动的

精神在外人眼里变得极为微妙。但是，对于海峡两岸的中国人来说，这是极其重要的。尽管中国大陆和台湾地区所走的道路不同，但两方都认为中国在根本上必须统一，而且都认为自己是对方的正统的领导者。这场运动却试图把这些事情全都抹去。台湾当局没有支持这次运动，却对大陆反对这场运动感到愤怒。出于这个原因，美国对这一运动的态度成为美国对台忠诚度的晴雨表，备受关注。非同寻常的是，在访华之后，尼克松不得不让基辛格来解释这场运动。更不寻常的是，在他们的对话中，基辛格表示对这场运动毫不知情。然而，由基辛格准备的、尼克松自己在2月22日向周恩来阐述的五项议题中的第二项就是："我们没有而且也不会支持任何形式的'台湾独立运动'。"

……

尼克松：我注意到在《华盛顿每日新闻》的总结中，就是在社论中，他们对（《上海联合公报》中）没有提到"台湾独立运动"提出了批评。让我问一句，这个台湾——它的来源很有意思，因为那是一个比较保守的报纸。但是，"台湾独立运动"是强烈反对蒋介石的，中国人也强烈反对这场运动，同时这场运动也强烈反对日本人，不是吗？我说得对吗？或者日本人——

基辛格：不过，日本人并没有对此表态，但是它——

尼克松：那这个该死的"台湾独立运动"到底是关于什么的呢？

基辛格：它现在并不是一个有影响力的运动。海峡两岸都强烈反对。蒋介石已经逮捕了这场运动的领导人，他现在已经作为一名政治避难者到美国了。

尼克松：我知道。

基辛格：当我们让他进入美国的时候，我们就和蒋介石结下梁子了。

尼克松：没错。

基辛格：因此——

尼克松：还有和中华人民共和国的中国人。

基辛格：还有和中华人民共和国。但是，我觉得一定是有些人在背后作梗，因为《纽约时报》这种从没关心过台湾的报纸，上星期竟然也针对这一运动发表了社论。

尼克松：关于这场运动——

基辛格：是的。

尼克松：你认为是国务院的人干的吗？或者，有人在推动"台湾独立运动"？那真该死——你之前听说过"台湾独立运动"没有？

基辛格：没有。

霍尔德曼：没有。因为那并不重要。

基辛格：我没法判断。

尼克松：但是我们没有，还有，我从没有在国务院的文件上看到过有关我们应该支持"台湾独立运动"的内容。

基辛格：绝对没有。

尼克松：我们看到过吗？

基辛格：没有。

尼克松：只是略微提到过。罗杰斯提没提到这个问题？在他的——

基辛格：没有。好吧，他们提到过，是在——

尼克松：在最后？

基辛格：嗯，他们在最后提到过。在最后，他提到了。

尼克松：他在最后提到了？他说了什么——你做记录了吗？

基辛格：但是，他从未在他们给我们的准备文件中提到过。在最后，他确实提到了这个问题，包含在其他500个小问题中。

尼克松：500个什么？

基辛格：嗯，18，15。但是，在这个小问题目录上有"台湾独立运动"。然而，我们的陈述中没有说要干涉这个问题，那上面说这个问题要让中国人自己解决。台湾人当然也是中国人。

尼克松：是中国人。

基辛格：如果他们想独立的话，那是他们的事情。

尼克松：好吧——

基辛格：好吧，除了——

尼克松：我们自己的理解是——

基辛格：是我们不鼓励那样做。

尼克松：我们不鼓励，仅此而已。

基辛格：我们也没说我们反对。

尼克松：我们也没说我们不赞成。

基辛格：我们没说我们会反对。我们说我们不会给予任何支持。这一直是我们的态度。我们从未给予过任何支持。

416

熊 猫

> 1972年3月13日，上午11：16
> 理查德·尼克松和克罗斯比·诺伊斯（Crosby Noyes）
> 白宫电话

第一夫人帕蒂·尼克松在陪伴她的丈夫访问北京时，参观了动物园并且对她看到的大熊猫产生了浓厚的兴趣。野生熊猫只栖息在中国，而且在中国以外也很少能够看到人工饲养的。那天晚上与周恩来在国宴上谈话时，尼克松夫人表达了对这些熊猫的喜爱之情。一位内部人士当即决定把两只熊猫作为礼物赠送给美国。仅仅在两个月后，玲玲和兴兴就来到了美国，尼克松夫人称其为"熊猫传奇"。这对来到美国的熊猫象征着中美关系正常化，它们温文尔雅而又平易近人，令美国公众难以抗拒。

……

尼克松：你好。

诺伊斯：总统先生。

尼克松：嗨，你好吗？

诺伊斯：很好，谢谢您，先生。

尼克松：我不能给你的专栏提供什么惊天动地的大新闻，但是我想你肯定对一件事很感兴趣，你的大部分读者相对于我在国际问题上说的话或者你在专栏中讲的事情来说，恐怕还是对这件事更感兴趣，但是我注意到（华盛顿）《星报》有篇关于熊猫的社论——

诺伊斯：是的！

尼克松：——而且我认为你肯定想知道，其实我在早上的简报中就告诉了齐格勒这件事，这样下午《星报》就能报道我夫人和我要把熊猫送到国家动物园的决定。

诺伊斯：哦，那非常好——

尼克松：现在，我——

诺伊斯：——确实是个大新闻——

尼克松：——我觉得你也应该知道，我们已经——正如你能想象的，全国各地都要求——圣地亚哥也有一个非常棒的动物园，圣路易斯——

诺伊斯：是的

尼克松：——纽约、芝加哥，还有其他好多地方。但是，从根本上，从为它们着想的立场出发，这个地方是最好的，首先，因为那是一个国家级的——

诺伊斯：没错。

尼克松：——动物园，而不是地方性的动物园。第二，也是关键的一点，就是我们等待的理由在于：气候才是最重要的。熊猫，当然，我们要确保它们来这里之后不会死掉，而且我们发现华盛顿的气候比他们通常的栖息地更加温暖，不过也足够冷，对它们这种动物来说，所以——

诺伊斯：是的。

尼克松：——所以，不管怎样，你们就要得到熊猫了。

诺伊斯：我们两只都可以有吗？

尼克松：是的。哦，当然！事实上，我现在就告诉你一件很有趣的事情——你肯定知道，这话只能你自己知道，不能写在评论里。我刚才和鲍勃·霍尔德曼谈了谈，他之前和中国主人聊过，就是有关熊猫交配的事非常有趣。这两只——它们是一公一母。

诺伊斯：哦哦。

尼克松：问题是，嗯——然而，对于熊猫来说，问题是它们不知道如何交配。让他们学会交配的唯一办法就是观摩另外的熊猫交配，你明白了吗？

诺伊斯：（大笑）

尼克松：而且，所以，他们把熊猫暂时留在中国——这还是两只年轻的熊猫——

诺伊斯：我明白了。

尼克松：——你知道的，留在那儿继续学习如何交配。

诺伊斯：没错，熟悉一下门道——

尼克松：现在，如果它们不学的话，它们到我们这里后，就什么都不会发生，所以我只是在想，你应该让你的最好的记者到那里看看，这两只熊猫是不是——

诺伊斯：哦，我们肯定会的——

尼克松：——是不是已经学会了。所以，现在我告诉你熊猫的故事了，那么请回到你那更严肃的话题吧。（大笑）

诺伊斯：它们还有多久能到，总统先生？

尼克松：4月1号。

诺伊斯：嗯。

尼克松：但是，当我们，嗯——我们认为是在4月1号。我问了齐格勒，而且，你知道的，会一直笼罩着神秘的色彩，在这对——

诺伊斯：我明白。

尼克松：——熊猫来的时候。当然，正如你所知道的，国家动物园的负责人已经接收了麝香牛，我们现在正在处理，虽然我不知道他或者其他人会不会把它们带回去，但是它们已经在这儿了。但是，我可以想象，动物园会迎来史上最大的展览——

诺伊斯：肯定会的。

尼克松：所有人都想看看它们。

诺伊斯：这真是大手笔。

尼克松：是的，先生。好吧！

诺伊斯：谢谢您，总统先生——

尼克松：我只是想让你知道，我们对《星报》的社论很关注——

诺伊斯：（大笑）

尼克松：——时不时地。

诺伊斯：我很高兴听到您这么说。

尼克松：好的。

诺伊斯：谢谢，总统先生。

"不要给这些反战人士留下任何口实，亨利。那是我们一直在强调的。"

> 1972年3月14日，上午9∶03
> 理查德·尼克松和亨利·基辛格
> 椭圆形办公室

就在总统竞选开始步入正轨的时候，尼克松主要的推动力量，越南空战正在进一步升级。尽管他并不关心能否夺回这场战争的主动权，但他现在必须考虑继续留在越南的政治影响，更不必说扩大战争了。尼克松同基辛格讨论了平衡有关撤军进展的新闻和伤亡降低的新闻的方法。更加讽刺的是，他们探索出了将继续战争问题同民众所关心的战俘问题相挂钩的方法。

……

尼克松：从某种意义上来说，我们必须发布一份激动人心的声明——实际上就是说些类似于"好吧，我们必须让我们的人待在越南，直到我们的战俘被放回来"这样的话，或者说——

基辛格：我非常赞同——

尼克松：现在，事实上，坦率地讲，[******]在这一点上，我们已经像过去那样被阮文绍缠了很长时间了，如果他们做不到，那么就得不偿失了，而且我们不能待在地面战场上了。那会在全世界范围内影响到我们自己。你懂我的意思吗？我认为他们可以做到。那是我的观点，但是如果我们保留地面部队的话——我不是说现在就离开，但我是说，如果我们在今后5年继续待在那里，并且保留空中力量以及其他一切，这是行不通的。这是行不通的。这种运用美国实力的方式是行不通的。

基辛格：是的，我认为5年实在是太荒唐了。但是——

尼克松：那是[******]——

基辛格：——然而，我认为在这个阶段，我们必须平衡——好吧，首先，我的判断是，我认为4月的声明（下一份有关美国从南越撤军的声明）应该是一份不包含实质内容的声明。

尼克松：我同意。就是什么都不说。我们甚至有可能都不会发表这份声明。

基辛格：或者寥寥几千字，就这么做——

尼克松：好吧，很明显，我们只说撤军会继续进行，我们在5月还有另一份声明，如果每件事——

基辛格：没错。

尼克松：撤军的事情已经——

基辛格：或者在6月。

尼克松：——已经开始了。甚至连数字也别说。就说："撤军将会持续下去。我们会有另一份声明 [******]。"

基辛格：好的。

尼克松：我这次什么都不会说。

基辛格：因为我们——我认为那个声明应该什么都不要说。可以在6月中旬之前，在去莫斯科前，或者甚至6月之后，那取决于您何时需要。

尼克松：需不需要不是问题。问题是——声明是必须要有的，你明白吗？你知道政治会议是怎么运作的。在民主党的会议开始两星期前，他们就开始听证了。

基辛格：好吧——

尼克松：那时候他们会拿越南问题大做文章。现在，这个问题对他们并没有什么价值，但是他们能让这个问题在那个时候变得有价值。你明白我的意思吗？他们会说"越南的事情已经够糟糕了，而现在我们还有5万人在越南，而且我们还在轰炸"之类的话。他们会翻出旧账，然后说："都4年了，尼克松还让我们陷在越战中，还没结束这场战争。"我们不能给他们这么说的口实。我们必须让这个问题在政治上变得毫无价值。但是你能明白吗？那和带有 [******] 空洞的问题，就是和你那天提到的问题是完全不同的。明白吗？

基辛格：好吧——

尼克松：我想让你帮我思考一下，因为我猜不到他们想干什么。

基辛格：好的，但是我认为——我认为这个——我的观点是，好吧，首先我们全部是志愿军，我们可以果断地设定一个数字——3.5万人、3万人——也就是剩余部队的数字。我认为，我们应该在6月中旬宣布，而不是现在。

尼克松：好的。

基辛格：就说我们在7月中旬会达到这个目标，或者说些类似的话。或者在8月初，并且只留下志愿军。在那时，到底是4万还是3万就并不会有什么太大的影响了。

尼克松：我看到新闻上说了些什么，很明显，我们认为他们会因为这个攻击我们，上面说我们现在真正的问题在于：怎么保护剩余的美国人。现在，那都是胡扯。看看那儿的情况，你很清楚我们现在不能保护他们。好，如果他们以近10万人的军力发动进攻，我们没有任何军事手段来保护在那儿的美国人。

基辛格：所以——

尼克松：1万。

基辛格：所以，那——

尼克松：对吗？

基辛格：所以，那是可以做到的。而且，我们之后可以看到——我同意您的判断，几乎可以确定，谈判代表带不回来，带不回来任何东西。但是，还是有一丝机会——

尼克松：[******]如果这很快就发生的话，那么事情会变得更糟。

基辛格：是的。如果他们没法达成任何协议，那么我们必须用来对此进行平衡的一件事，就是不要在11月之前澄清这件事，因为那时候——

尼克松：让——那时候让南越来澄清。

基辛格：没错。然后——

尼克松：[******]

基辛格：到那时，我们就真的不堪一击了。我认为，那会使我们比一支小规模的、剩余的志愿军更脆弱。

尼克松：我同意。

基辛格：谁他妈的能——？

尼克松：你知道的，做出澄清的后果，就是什么事都干不成。另外，我们绝对不能——每次阮文绍打个喷嚏我们就会跟着感冒，鉴于此，我们绝不能鲁莽行事。并且，我们得态度强硬地对待这场谈判——

基辛格：好吧，但是阮文绍一直干得不错。

尼克松：我知道。但是，我们必须——他必须——

基辛格：但是，如果我们不能得到——

[******]

基辛格：总统先生，我认为那会——

尼克松：他期望的太多了。

基辛格：而且，那会——那会把注意力转移到越南的。我宁愿去一趟。

尼克松：最好的方式就是[******]——

基辛格：让黑格去。

尼克松：黑格？是的。

基辛格：我认为那更好。如果我去——

尼克松：[******]我知道。黑格可以去。

基辛格：那会使——

尼克松：你知道我是怎么理解的吗？阮文绍对于我们做的任何声明都必须立场坚定，记住这个事实：不要留给民主党任何口实。

基辛格：没错。

尼克松：不要给这些反战人士留下任何口实，亨利。那是我们一直在强调的。

基辛格：我非常赞同。但是如果我们可以的话，我认为您——

尼克松：我们可能——我们可能因此进行一次谈判——

基辛格：没错——

尼克松：[******]

基辛格：我们会出现在——如果事情进展顺利的话，我们会以一种非常强有力的姿态出现在莫斯科。那不只是——

尼克松：不只是莫斯科，你知道的。潜在的目标不是对莫斯科或者中国政策上的正确，虽然那对我们帮助很大，但是基于政治问题，亨利，那就像一个——好吧，[******]那就像ITT（International Telephone and Telegraph Corporation，国际电话电报公司）一样，和这个事根本没任何关系。ITT的股票下跌了12个点，而且始终没有因为我们与他们签订的信托协议而得以恢复，但是他们却在拿这件事做文章。现在，就是这样。看，在大选过程中很多问题都会被制造出来，都不是什么真正的问题。所以,我们不能只看到优势。我们必须看到它的政治影响。

"和苏联相比,美国处于劣势吗?"

> 1972年3月21日,下午5:10
> 理查德·尼克松、杰勒德·史密斯和亚历山大·黑格
> 椭圆形办公室

尼克松用了很长时间同史密斯进行了一次不同寻常的坦率对话,黑格也在场。因为基辛格没有参加,史密斯和尼克松的谈话似乎非常自在,他们试图寻求赶在5月莫斯科峰会之前与苏联就潜射导弹问题达成一份协定。他们都强烈反对把限制战略武器会谈和峰会捆绑在一起,即使那是必然的目标。史密斯想用这一策略来支持他自己即将到来的在3月28日于赫尔辛基进行的会谈,而总统却倾向于为了确保莫斯科峰会而不参加这场谈判。

……

尼克松:首先,我要说——说到努力工作,你们都在非常努力地工作,而我也知道,我们现在要做出极为艰难的决定。当我说到"决定"这个词时,我的意思是,我必须要放弃一些事情。有件事我认为我需要你们——我们都必须意识到——而且我也这么告诉了他们,我也同样会告诉你们——就是,如果我们达成了协定,那份协定会给我们带来巨大的危险,而不会是对那些想限制军备的人,因为他们可以接受任何协定。他们更希望协定可以更进一步。但是那些会说"谁得到什么?"的人,才会是潜在的巨大危险。

毋庸置疑,你回想一下,在我们中国之行之后,他们有一个公报,上面并没有什么实质内容,但是总体上——但是很多人说:"谁赢了?谁输了?"好吧,在某种程度上,这种做法对双方来说都是一件好事。但是,在这种情况下,这是一个非常具有实际意义的问题,你们知道

的。而且所有人都在盯着这件该死的事情。谁赢了？谁输了？和苏联相比，美国处于劣势吗？我们被，你们知道的，被这些人耍了吗？因此，杰瑞，我们必然会身处一种要听所有人意见的位置。

所以我给了国防部大量的时间去证明他们说的话，你们知道的，也就是他们在最后举行的某次会议上说的，那时候我也告诉了他们，我得考虑一下。我们不仅必须听他们的，而且我们必须要占据这样一种地位，就是如果我们和这些人达成了协定，那么我们不会，特别是在这个大选年，不会暴露在猛烈的攻击声中。而且——在这个大选年，永远不要低估来自任何方向的攻击。你们可能认为有些人，你们认为他们是不惜代价争取和平的那些人，如果他们认为他们能接受我们和俄国人达成的协议的话，他们会这么做的。

现在，以此为例，如果你们认为我高估了形势，那么有些事就会变得很有趣，有一些人，他们在刚得到消息的时候，并不知道真相如何，因此他们会因为台湾问题而批评、恳求，并且他们那鳄鱼的眼泪也会如雨而下；而也就是他们，就是那些 25 年前——20 年前想让台湾沉入大海消失得无影无踪的人。他们看到的是政治的 [******]。明白我的意思吗？

史密斯：明白。
尼克松：所以，我们必须做的就是去创建一份记录。首先，创建一份记录，表明我们考虑过这件事情。第二，需要有一份协定，这份协定是——换句话说——是一份从保卫国家安全的立场出发，我们能尽全力捍卫的协议。另外，对我们的攻击将会来自右翼势力，而不是左翼。如果来自左翼，那就让它见鬼去吧。我们只需要避开就可以了，因为那样总好过其他任何人的攻击。

但是，来自右翼的攻击可能——说到右翼，我不是仅仅指那些顽固的右翼势力。我觉得，不管怎么样，他们都会攻击我们。《世事》(*Human Events*)周刊《国家评论》(*National Review*)，还有其他一些杂志，都会猛烈地抨击我们，他们会说："你们为什么要和俄国人见面？你们为什么要和他们干杯？"以及其他类似的话。我们可以理解这种情况。但是，我们要注意的是那些负责任的右翼势力。我这么说的意思，就是指那些家伙，你知道的，例如莱尔德、穆勒、亨利·杰克逊，还有其他一些人。我的意思是,负责任的右翼势力会闹翻天——还有斯坦尼斯。我们必须——如果他们这么做的话,那么我们必须准备好,然后说:"好吧,现在,我们考虑了所有的意见,我们出于这些原因拒绝了他们。"或者说"我们接受了这些观点",然后就可以为之辩护了。

所以,如果你们,当你们回去和代表团讨论的时候,当你们到了最艰难的地步,也就是离达阵只有5码的位置,那正是我们期望的位置,也就是即将触地得分的位置,但是那也会是一个——可能,我们会继续坚持下去,并且赢得这场公众舆论的战争。另外,在我看来,还会有另一个巨大的危险。如果国内出现严重的抗议,其中大多是被政治因素所煽动,如果我们在莫斯科峰会前还未达成一致,那么这些抗议声就可能在召开民主党大会的3个星期前出现,或者在你们5月达成一致之前两个——或者一个月时出现。我的意思是,对于这种事情 [******] 民主党在7月的事情,一些共和党人也会加入到抗议中去。我不是指,我不是指所有的民主党人;这件事会把他们平均分裂为两派。但是,他们中的一些人会将其视为一次政治机遇,如果他们——不是因为他们真正反对,而是因为他们就是想说我们非常愚蠢。

但是,这可能会使我们全世界的朋友产生严重的怀疑,因为他们会说:"哦,天哪,如果美国人都在这个问题上分裂了,那么美国人可能真的没有达成一项符合美国利益的协议,而是符合苏联人利益的协议。"所以,我想说的是,让我们尝试着达成一份协议,当然,最重要的是,它是我们可以接受的、可靠的。但是,我们也要记住,这场战斗的一半——可能比一半多一些——都会以这种方式出现。将会以舆论战的方式出现。你们知道,我也知道,那将会以这种方式表现出来,因为如果不以这种方式出现的话,那可能,可能引发很多该死的问题,特别是在这样特殊的年头。

很不幸,这些会在今年发生。如果在去年或者明年的话都会好一些。但却就是在今年,我们没法选择。马上就来了,就在民主党大会之前,那会成为一个真真实实地呈现在眼前的事情。而且,根据我所了解的,我认为,我认为我们会达成一份协议,如果我们能达成一份一揽子的解决方案,我们就能得到这份协议。但是,有些顾虑是我们在这个时候必须谨记在心的,并且不是一些简单的顾虑——我的意思是,不是那些很明显能考虑到的问题:好吧,史密斯,你知道的,你觉得你不用考虑那些批评吗?因为那不会是一些通常情况下的批评。我希望那能让每个人都长舒一口气,并且说:"感谢上帝。这是件好事。这是很好的一步。这是迈向和平的一步。这是朝向限制军备竞赛的一步。"这才应该是国内的正常反应,而且是压倒性的。但是,我现在不能指望这种状况的出现。我们必须稳健、强势并且坚决,这样我们才能进行辩护,直面那些批评,彻底打败那些对我们进行错误批评的批评者。你们明白我的意思吗?所以,这就是——这就是我的一点思考和感受。你同意吗,黑格?

黑格:非常同意——

尼克松:你们,你们要和所有掺和进来的保守派人士都谈一谈,不过他们极具攻击性。该死,你们一直在——你们一直和他们谈——

黑格:是的,先生。

尼克松:——托尔(John Tower)[1]那群人,对吗?

黑格:[******]

史密斯:总统先生,我们能不能说两句——

尼克松:可以。

[******]

史密斯:——报告。

尼克松:没问题。

史密斯:我已经和国会委员会谈过了,我认为,35次——

尼克松:我明白。

史密斯:——自从我们回来。

尼克松:嗯。

史密斯:而且除了托尔,我并没有发现其他什么,可能还有伯德和斯库珀——

尼克松:好的。

史密斯:——任何——

尼克松:斯坦尼斯呢?

史密斯:斯坦尼斯说——这都是基于——我的意思是,我们试着把潜射导

---

1 约翰·托尔,美国得克萨斯州共和党参议员。

弹包括进来——他说："听着，我支持你。"

尼克松：他想把潜射导弹包括进来吗？

史密斯：但是，他不想守株待兔——

尼克松：你瞧，他今天联系过我，而且立场非常坚定。但是，我——我——坦率地说，我认为，我使他的态度改变了一些，因为我说："听着，现在你确实在归结到一点上来，也就是如果我们不能把潜射导弹包括进来的话，我们是不应该达成协定的。"他说："好吧，我就是这个观点，但是委员会中的其他人——"我说："嗯，他们认为代价太高了吗？"现在，你们必须了解的是：我认为——我认为，我们必须这么试试。而且，你们知道，国防部是想把潜射导弹包括进来的。他们也同意这么做。他们确实想把它囊括进来。国务院也想在协定中加入潜射导弹。至于其他人，我并不清楚。[******]

史密斯：但是，我很确定，国务院会改变他们的立场的。我现在是想把潜射导弹包括于其中的，但是现在我想非常清楚地向您表明的是，总统先生，我认为——

尼克松：你认为我们做不到，是吗？

史密斯：我认为那——我认为如果不包括这点的话，它可能会是一份好协议，是一份最好的协议。我认为，您需要的是——

尼克松：好吧，那真是——黑格，你是不是也这么认为的？那会是一份不错的协议，黑格？作为一名军人？

黑格：是的，先生。那是我的总的——

尼克松：[******]我理解的是，国防部根本无法弄清楚潜射导弹的事。让我——听着，让我坦率地跟你们讲。我从这次会议，也从另外一次会议中明白了这个道理。如果我们着眼于使美国能够比对方获得更多的防御力量，那么我们从潜艇下手会比从陆基导弹下手获得更好的机会。因为我们绝不可能再增加更多的陆基导弹设施了！绝不可能，对吗？

黑格：没错。

尼克松：该死，我们的反弹道导弹已经不行了，这个武器防御系统，已经关闭了。当然，但是这些年来这个国家——好吧，自从这个世纪以来——一直在谋求海军的发展，对吗？那是一种观点。另一方面，如果我们把潜射导弹包括进来了，你们就可以——而且看起来确实也很可能是这种情况。让我们记住一个事实——算了，我也不知道是什么。除非能够针对潜射导弹达成协定，否则我是不会同意的。[******] 但是你们的——但是，我打断一下。你们认为呢？你们是不是也有同样的感受？

史密斯：好吧。我认为 [******] 我应该试试，而且我们毕竟有机会把潜射导弹囊括进来。现在，既然这样——

尼克松：你觉得有机会吗？

史密斯：是的。比尔·罗杰斯询问了我这个问题，他让我提醒您。他打算给您一个备忘录，建议您写信给柯西金，告知他这个问题的重要性。现在，我感觉——

尼克松：如果我要给某个人写信的话，我是不会写给柯西金的；我会写给勃列日涅夫。但是，第二个问题是：我认为在这个问题上我不应该写信——好吧，这只是我的想法，我不知道你同不同意，但是我认为我不该写信——不该在这个问题上以这种方法对付那些家伙。你同意吗？你想让我写信吗？

史密斯：好吧，我认为苏联真的猜测 5 月 20 日的峰会——

尼克松：不包含潜射导弹——

史密斯：——认为在峰会上不会对他们的潜射导弹提出要求。

尼克松：嗯，嗯——

史密斯：而且，只要他们那么认为的话——

尼克松：是的。

史密斯：——我们的机会就——

尼克松：是的。是的。没错。

史密斯：——它们就——

尼克松：就不可能有机会了。

史密斯：现在，这是不是您进行权衡的最佳时期，或者是以后，我不知道。

尼克松：杰勒德，我不喜欢去权衡那些会被我拒绝的东西。

史密斯：我同意。

尼克松：我认为，在需要我做出权衡的时候，我们必须对达成协定有着相当稳健的把握，你懂我的意思吗？

史密斯：是的。

尼克松：而且，我们会拼尽一切。你可以说："现在，总统就是这样决定了。"这些人都很难对付，你知道的。而且，当然，另外一种方式也很有难度，但是——好吧，不管怎样，我知道了，我会好好考虑的。

史密斯：我的——

尼克松：[******]

史密斯：我的理解是，总统先生——

尼克松：凭直觉的话，不应该那么做。

史密斯：我们——我们正试图阻止——

尼克松：你为什么不告诉他们呢？

史密斯：我已经告诉他们很多次了。（大笑）我还是认为——

尼克松：好吧，你可以告诉他们，咱俩已经谈过了，而且你也在处理这个问题。嗯，我们会把它放在——我们会在说明中加入这个，可以吗，黑格？

黑格：是的，先生。我们会下令——

尼克松：好的。

史密斯：但是，去年11月我们在维也纳开始会谈之前，总统先生，我从您那里得到过一个私人信息——

尼克松：没错。

史密斯：——是给谢门诺夫的，关于增加数量的问题。我认为，至少我们可以做些类似于——

尼克松：是的。

史密斯：——或者其他类似的事情，他们会认为我们[******]——

尼克松：因为你可以做一些其他事情。你有没有办法说，那会是下个阶段的目标，把这作为一条退路，或者说一些能起到同样效果的话呢？这是另一种实现目标的方式，你明白吗？

史密斯：哦，他们会立刻同意的——

尼克松：他们已经同意了？

史密斯：他们会——他们说我们应该马上坐下来谈判[******]像峰会一样。

尼克松：此外，我猜测其他事情——嗯——

史密斯：但是，您有各种各样的我从没听过的论点。我可不想陷入一场混战——

尼克松：我知道。

史密斯：——在国家安全委员会内部。

尼克松：你对他们并不感冒，是吗？不，我 [******] 但是我听过他们所有人的话，这样就没有人能说我不听劝了，你明白吗？嗯。

史密斯：举个例子，我们不常听到的一件事就是法国人和英国人是有 9 张票的，比我们多出了 20%，而且苏联人很确定地跟我说："那些票肯定不会在我们这边，它们会在你们那边的。"这是我们一定能拥有的一点小小的保险。我们正努力停止苏联的 3 个项目，而我们只有一个。

尼克松：3 个？

史密斯：洲际弹道导弹、潜射导弹和反弹道导弹。现在，如果您只停止苏联两个项目，而我们要停止一个项目的话，那对我们来说仍然是可以接受的协议，因为我们的项目根本不会被停止——这仅仅是项目大小的问题。我们项目中的导弹很大，比我们想象中的要大得多。波塞冬型导弹和民兵型导弹都是非常巨大的。

尼克松：波塞冬和——

史密斯：和民兵 -3 型，也是多弹头式分导导弹——

尼克松：是的。

史密斯：——那可以作为陆基导弹。

尼克松：是的，没错。我知道。

史密斯：所以，那——

尼克松：这些不用停止吗？

史密斯：不用。现在，还有一个策略，我在犹豫要不要提出来——

尼克松：没关系。想说你就说。

史密斯：[******] 您提到过斯库珀·杰克逊。斯库珀是我的老朋友了，并且——

尼克松：他很不错。

史密斯：——我认为 [******]——

尼克松：如果民主党有点儿该死的脑子的话，他们就会提名斯库珀的，但他们不愿意。

史密斯：我想，我已经和他共事 25 年了。去年，在 5 月——3 月 29 日的时候，他针对临时冻结问题做了一个提案，但那并没有涉及潜射导弹系统。可以查看《国会议事录》（*Congressional Record*）。他也想停止美国的民兵 -3

号计划，苏联也会停止他们的洲际弹道导弹计划。而现在，除此之外，他还提议——

尼克松：嗯？

史密斯：——他提出了有关加固点防御（hard-site defense）的问题，但是他——

尼克松：他提到了加固点防御？

史密斯：但是，无论包不包括潜地导弹，逻辑上讲，都和这种您能 [******] 的防御类型无关，所以即使斯库珀开始——捣蛋——

尼克松：真该死，我知道 [******]——

史密斯：——那可能会有些慢——

尼克松：好吧，另一方面，让我这么说吧，我出于某些原因并不喜欢和他打交道，因为他是个过于正派和负责的家伙，你懂我的意思吗？并不是那样。我认为，他不是我们该担心的那种人。那种能让你大吃一惊的人。对我来说，台湾问题才他妈的真能让人大开眼界。上帝啊，当我，当我读到我认识的这些小丑的事情时，我是说，他们因为金门—马祖问题攻击艾森豪威尔；由于"中国帮"（指台湾院外游说集团）的缘故，他们还经常指责福斯特·杜勒斯。而现在，他们全都在为台湾掉眼泪。所以，我就想："究竟是怎么了？"然后，我意识到，这全都是政治把戏。（大笑）他们早知道这些根本不是问题，你明白吗？所以，那才是我认为我们必须要注意的事情。换句话说，一定要确定记录是一个——我们必须确定有关这件事的记录要是非常漂亮的，并且我们必须能把这份协议推销出去，并且把它作为对美国利益的维护，进行强有力的推销，这也是符合我们利益的；那会让我们成为第一强国。你知道的，就让我们把这个放入我们的计划中。那正是我的意愿所在。

史密斯：好吧，我完全被您说服了。如果我是苏联的计划制订者，而且我也是跟其他很多人这么说的，我会关注均势的变化趋势。因为——

尼克松：你会这么想吗？

史密斯：在您刚上任的时候，我们就已经有1710个独立制导弹头。现在，这一数量已经翻了一番。在今后两年半之内，我们会在现有基础上再翻一番。

尼克松：因为分导式多弹头导弹的缘故吗？

史密斯：而且我认为，最重要的事情是我们拥有的能够投送的弹头的数量，而不是他们有了更多的潜艇 [******]——

尼克松：你是指爆炸当量吗？

史密斯：正是这个。现在，这些弹头中的每一个，其爆炸当量都是在广岛爆炸的原子弹的 3 倍。

尼克松：[******]

史密斯：民兵型分导式多弹头导弹的爆炸当量，我不知道，应该是在广岛爆炸的原子弹的 10 倍左右。如果我们现在想要更多的船只来做这个工作，如果您达成一份不包括船只在内的协议，那我们就可以继续造船。我认为问题不于您需要更多的舰船，而在于您——您根本没有被束缚住手脚。

"我们的空军肯定是这个世界上最差劲的。"

> 1972 年 3 月 30 日，上午 9∶38
> 理查德·尼克松和亨利·基辛格
> 椭圆形办公室

3 月 30 日，北越军队对驻扎在分隔两方的非军事区附近的南越军事基地发动了猛烈的进攻。这次进攻被称为"复活节攻势"，是近 4 年中范围最大的一次攻击行动。尼克松和基辛格还并不清楚这场攻势会持续多久，但是基辛格表达了对于美国空军无法立即予以反击的失望和不满。而美国空军力量当时正在其他地区执行着打击萨姆导弹设施的任务，并且成功地摧毁了一处目标。

……

基辛格：看起来，他们在越南发起了进攻。

尼克松：战斗开始了？

基辛格：是的，就在非军事区。那些婊子养的又这么干，我让他们检查了天气情况——当然，那儿的天气太糟糕了，我们没法进行轰炸。

尼克松：嗯。

基辛格：我们的空军肯定是这个世界上最差劲的。

尼克松：情况怎么样？他们——这是不是——是全线进攻吗？

基辛格：看起来是这样的。那是——他们已经攻击了8处火力支援基地了，他们通常也都是把这作为进攻的序幕。而且——

尼克松：怎么——？

基辛格：而且，他们也正在北越萨姆导弹的射程内进行攻击——

尼克松：他们干得怎么样？

基辛格：据说很不错，但是，您知道的，进攻才开始6小时，您知道，谁能说得清呢？

尼克松：南越军队在干什么？他们也同样干得不错吗？

基辛格：是的。他们是这么说的。据说，他们有力地回击了敌人，但是——

尼克松：好。

基辛格：——但是，您真的不能相信他们。我认为如果这是一次真正的进攻，那么我们应该打击北越的萨姆导弹设施——

尼克松：好的。

基辛格：——那是保护——我们已经通知过他们，我们打算这么做了。

尼克松：很好。

基辛格：而且——

尼克松：好吧，我不明白我们为什么不立刻开始行动呢？是因为——因为天气问题吗？

基辛格：嗯，我们得等到今天晚些时候，看看他们这次到底是一次真正的大规模进攻，还是只是一次零星的骚扰。

……

尼克松：现在，我问一下——情况到底怎么样了？

基辛格：好的，我，总统先生，在我——

尼克松：我们现在可以进行轰炸了吗？我的意思是，[******]——

基辛格：我认为北越的这场进攻出现在这个时候，对我们来说是再好不过的了。因为，我之前的担心是——

尼克松：我明白。

基辛格：我的担心是——

尼克松：9月——

基辛格：——我之前担心他们会在9月和10月发动进攻。

尼克松：没错。

基辛格：如果——我们要么赢，要么输。我认为我们不会输，因为当我们观察他们在老挝的表现的时候，比方说，到现在他们还没拿下龙镇，可我真的看不出他们有什么理由不把它拿下。

尼克松：他们还没拿下龙镇吗？

基辛格：而且——也就是他们比之前要弱很多的缘故了。如果我们——他们这样下去将会耗尽他们的补给，我们也知道当这种情况结束的时候，在今年剩余的时间里，就不会有任何事情发生了。我认为这真的是再好不过了——

尼克松：我同意。哦，我并不担心这次进攻，但是我很担心我们的反击。上帝啊，我们在那儿是有空军的啊。现在，他们必须挪挪屁股起床，然后给我打击一切能动的东西——

基辛格：好的，我认为如果这次进攻持续24小时，那么我们就应该在星期天或星期一（4月2日或3日）之前打击他们——

尼克松：我想让你告诉穆勒我需要一个计划，他们要见面商讨——

基辛格：我觉得这次打击会持续48小时。

尼克松：48小时？太好了。

基辛格：而且——

尼克松：很好，但是，但是不要分散打击。就以——以最有效的方式进行攻击。

基辛格：没错。嗯，就在非军事区北部采取行动——

尼克松：是那里吗？

基辛格：是的。

尼克松：就像——类似于之前B-3区域的袭击吗？（尼克松在2月初的时候下令对B-3区域前线高地进行了一次空中打击。）你是这么想的吗？

基辛格：是的，先生。而且那会摆脱——我们可以干掉那儿的萨姆导弹，以及其他的补给设施。之后就能派武装直升机进入该区域来应付这次袭击了。

尼克松：是这样吗？

……

基辛格：勃列日涅夫在这星期写了一封信给您，他在信中的态度非常非常平和。

尼克松：首先，你要尽力把关于波兰的协议搞定。

基辛格：我认为我可以做到。

尼克松：但是，第二件事情——在那之后你可以说，你可以提出一点，就是他可以有，他不需要担心我在波兰说过的话。他可以完全放心。那不是什么问题。我们会非常地谨言慎行。但是，我觉得如果我们拒绝的话，我们会陷入一种非常糟糕的境地。第二点是，我认为你应该告诉多勃雷宁，我们对这次进攻非常震惊。我会跟他说 [******]，而且你可以说："听着，你不知道——总统先生已经说过，他想和勃列日涅夫尽力达成最有可行性的协议。我们——我们目标一致。但是，北越的进攻会让这变成不可能的事情。这会毁了我们之间的合作的。"

基辛格：好的——

尼克松：我要强硬地处理这件事。

基辛格：事实上，在信件的结尾部分，他有一个特别温和的表述，他说他希望我们不要轰炸北越。而我可以忽略这个话，然后说——

尼克松：当然。

基辛格：——说我们已经表现出了极大的克制。

尼克松：在这次进攻中表现出了极大的克制。现在，不过，我们需要做点什么了。这都是因为北越在发动进攻。你必须让他们滚回去，否则我们一定会进行轰炸。但我会告诉他："现在听着，大使先生，我不能担保他不做什么。我的意思是，不要认为和之前的行动相比，我们这次会有所限制。"然后，再次抛出那句话。"如果进攻仍然继续，那么我相信，我可以向你保证，你们不要设想——不要设想和之前类似的行动相比，我们这次会有所限制。"

苏联关于越南问题的一个非正式协议。

> 1972 年 3 月 30 日，下午 3：17
> 理查德·尼克松和亨利·基辛格
> 椭圆形办公室

根据基辛格的描述，多勃雷宁大使非常乐意针对波兰问题进行协商，并提出举行和平会谈。关于越南战争问题，他提出了一个简化的、简单明了而又自然轻松的解决方案。

……

基辛格：我和多勃雷宁进行了很长时间的对话。并且，我向他提出了有关波兰问题的建议。我说："你知道的，我们谈话的最基本的出发点是基于以下共识，即我们双方都是超级大国，并且我们都不想干涉彼此的重大关切。"我也——我给他看了我们从华沙收到的电报以及我们的回复。我说："这表明了我们想和你们达成协议的态度。我们不需要问你们是不是想让我们去那儿，而是我们想告诉你们，总统先生十分关心你们的反应。"所以，他几乎都要哭出来了。他说："这是我听过的最令人欣慰的事情了。你会——我不能告诉你，亨利，我无法向你表达，这会令勃列日涅夫先生多么感动。"

尼克松：我们这么说是因为他知道我们在罗马尼亚干了什么。

基辛格：是的。我说："我想让你知道，当我们去罗马尼亚的时候，我们知道那会让你们感到愤怒。我们打算去华沙是因为，如果那又给你们造成了困扰的话，我们会看 [******]。"然后，他几乎也是哭哭啼啼地说："私下里说，作为中央委员会委员，我很确信他们会同意的。但是，你们如果能够等到星期一的话"，他说——他很正式地表示——"这样的话，你们就得到我们正式的答复了，这对我们来说意义重大。但是，我现在可以告诉你，答案是肯定的。几乎可以确定是肯定的。"不过他仍然几乎是含着泪说的。

尼克松：你看，他们，我们必须意识到，我们已经有一些应对的筹码了。

基辛格：哦，是的。

尼克松：而且，他们，他们知道我们可以，那么，但是这已经表明我们是想竭力合作的。

基辛格：是这样的。

尼克松：你已经告诉他，我们不会让他们感到难堪，而且我——

基辛格：我说您是不会说一些会让他们感到难堪的话的，而且我说 [******] 对于我们对国内因素的支持。

尼克松：他能理解吗？

基辛格：哦，当然。而且，我说："我们这么做的原因，与在罗马尼亚所做的是不同的，我们在罗马尼亚的做法不是为了惹怒你们，而是甘心付出一些代价。"

尼克松：嗯。

基辛格："在这件事上，坦诚地讲，我们很想保持原样。"

尼克松：你告诉他——你有没有重申，这次峰会在我心中是极其重要的？

基辛格：哦，当然，我一开始就这么说了。

尼克松：他喜欢这个说法，不是吗？

基辛格：哦，天哪，是的。然后，有关越南问题，我说："你知道的，你已经提及了两到三次，说越南问题是可以讨论的。"我说："首先，我想让你知道，总统先生刚刚对我说了什么。"我接着说——

尼克松：那正是我给你打电话的原因。

基辛格：那正是——

尼克松：我不知道你在那里。我之前在这里给他打过电话谈了这件事。然后，在我找到你的时候，我想，真该死，我直接打电话就好了。那会让那个王八蛋大吃一惊的。他知道我们正在沟通。

基辛格：第二，他说："现在让我向你提一个我刚刚想到的建议。"他说："那不代表官方的立场；只是我自己的想法。但是，怎么说呢。"他又说："你们为什么不提出一个撤军的最后期限呢？"我说："好吧，如果我们那么做了，那么他们会说，你们也必须要停止军事援助，所以我们不能这么做。"他说："但是我们可以对此提供一些帮助。"他说："假设你们这么做了，那么提议就是这样：你们提出一个明确的撤军期限；你们提供一个明确的撤军期限来换取释放俘虏，并且你们和我们都同意不再提供任何军事援助——我们向北越提供的，你们向南越提供的。"这不会是一个太糟糕的协议。

尼克松：哈哈。说得好。

基辛格：所以我说："你知道。"我说："坦率地讲，总统先生认为他会在这场战争中赢得胜利。你知道我——"我表现得很强硬。我说："我们觉得，如果我们能持续到11月的话，而且我很确信我们可以，那么我们就有4年时间进行善后工作。所以，你们的那些举动，我们不会感到任何压力。你们发起了一次攻击，而我现在就要告诉你，我们不会进行任何秘密的或者其他形式的会晤了。"[******]

尼克松：好的。

……

基辛格：(我告诉多勃雷宁)"如果你想弄明白莫斯科方面会对这个提议如何回应的话，总统先生总是说，他对此是很开明的，随后我也会和总统先生一道研究这个提议的。"坦率地讲，我认为，如果我们达成这类协议的话，将——

尼克松：什么，你的意思是他们愿意停止援助，我们也停止援助，我们都能同意吗？

基辛格：只是军事援助。我们可以继续提供经济援助。

尼克松：为什么我们不能提供军事援助，如果北越——

基辛格：我认为如果北越得不到军事装备，那南越为什么就应该得到呢？

"让总统到访克里姆林宫。"

> 1972 年 3 月 30 日，下午 5：07
> 理查德·尼克松和亨利·基辛格
> 椭圆形办公室

随着与苏联的峰会的临近，尼克松开始担心，苏联是否会考虑取消这次峰会。尼克松的中国之行让苏联人大吃一惊，而且让他们颜面大失。那本应是与苏联人进行的峰会，但是相反，尼克松不仅同中国人寻求和解，而且是以一种将中国摆在比苏联更重要的位置上的方式进行的。在中国行之前，美国比苏联更需要这次峰会。在中国行之后，苏联成了被迫采取守势的一方。然而，基辛格再次向尼克松保证，苏联人不会取消这次峰会。在克里姆林宫接待一位美国总统可是非同小可的成就，他们并未打算放弃。

……

尼克松：我在进一步考虑你和多勃雷宁的谈话。我试着更加务实地看待这次对话，亨利，把我们从越南赶出去，对他们来说到底意味着什么？

基辛格：好吧——

尼克松：我只是在故意唱反调。我也不知道。

基辛格：好吧，我并不确定他们是否要那么干。但是——

尼克松：不，不。我只是——那就是我的意思。那就是为什么我们不知道这个问题是否值得去深究，除非你认为——

基辛格：对他们来说，那意味着只要越南问题继续存在，我们就有一个额外的动机去与中国打交道。第二，我们——

尼克松：而且，那也使他们无法获得最惠国待遇和其他一些小利。

基辛格：我们现在正在经济领域开展多项工作。他们确实也和我们一起大规模地行动，而我也下决心要让——而且，好吧，无论如何，都已经设计好了，我们能够控制这些承诺的兑现。而且——

尼克松：我明白。

基辛格：——而且，我认为我们不应该兑现承诺，除非他们做了一些事情。

尼克松：没错。

基辛格：他们也确实很渴望处理好中东问题。现在——

尼克松：是的。

基辛格：我——我还没——

尼克松：[******]关于中东——

基辛格：我还没太担心所有的细节，但是我就中东问题已经向他们提出了一些他们不会接受的建议，不过他们已经承诺会给我一个回应，这也是他们第一次在全面支持埃及的立场上有所松动。相反——我对以色列人，则要稍微要些把戏。我对他们说，他们简直就是骗子，如果这样的话，我会退出谈判的。我——

尼克松：你告诉多勃雷宁这件事了吗？

基辛格：我告诉拉宾了。

尼克松：哈哈。

基辛格：我告诉以色列人，这么说只是为了能够继续谈判，因为如果他们觉得我们是在谈判的话，我们就必须得——我想先看看事情会如何发展。

……

基辛格：您将在德黑兰有一个大型招待会，在华沙也会有一次。（基辛格指的是在尼克松前往莫斯科的途中，在这些逗留点可能为其设置的招待会。）我的直觉告诉我，沿线的俄国人会——

尼克松：会让民众远离会场吗？如果他们这么做，人们会做出反应的。俄国人是很情绪化的、很彪悍的民族。

基辛格：他告诉我一件事，你知道的，就是我们在克里姆林宫的空间会有一点小问题。他说："上帝啊，不要拒绝克里姆林宫。那是勃列日涅夫能给予你们的最大荣耀。"

尼克松：我不会拒绝的。什么空间？工作人员的空间吗？

基辛格：是的。他说："最重要的是，俄国人民，对俄国人民来说，那意味着我们两国的关系有着坚实的基础，而且对我们的人民来说，那也是一个巨大的信号——"

尼克松：嗯。

基辛格："——让总统到访克里姆林宫。"

尼克松：嗯。

基辛格：我觉得没错。

尼克松：[******]

基辛格：但是，我认为，如果我可以提个建议的话，我不会——我认为我们应该冷静地处理有关峰会的事情。我们应该给人这样一种印象，就是在峰会上不会发生太多的事情。

尼克松：是的。

基辛格：[******] 目前，没有人真的会对莫斯科峰会的成果有太大的期待，这很好。我们已经用——的方式，把这件事在各行政部门进行了分配。

尼克松：很好。我觉得，我们可以表现出我们有很多事情亟待去讨论，但是有些事我们的意见也相差甚远。

基辛格：没错。

尼克松：我们的意见相差甚远。

基辛格：是的。现在限制战略武器会谈的事情进展得很不错。

尼克松：是吗？

基辛格：是的。有进展。

尼克松：不要——但是史密斯现在不打算解决吗？

基辛格：哦，不。

尼克松：好吧，俄国人不会的，对吗？

基辛格：不会。我今天又告诉了多勃雷宁一次。

尼克松：是吗？

基辛格：有关中东问题，如果我们可以达成一份临时协议的话——

尼克松：那已经——

基辛格：——把最终的解决方案推迟到，比方说，9月。他们现在很期待我9月到那出访，因为——

尼克松：那已经安排好了。我们也必须去中国。

基辛格：我得在6月末去那儿。

尼克松：顺带说一句，去中国对我们来说是好事，去俄国也是好事，因为我们必须在这场战役中利用每一个可以利用的人，而且你也能从中国回来之后说些什么。然后，你知道的，你可以做一个电视演讲之类的事情，然后当你从俄国回来的时候，也可以做同样的事。你知道，我希望——我们必须使用最强有力的武器来应付这些事。

基辛格：[******]

尼克松：在那段时间，我们也需要将对外政策置于最优先、最核心的地位。

基辛格：出访中国，我们现在已经安排在6月末了，就在6月（7月）民主党大会之前。

"我是最高指挥官，不是国防部长。"

> 1972年4月3日，上午10:06
> 理查德·尼克松、托马斯·穆勒和亨利·基辛格
> 椭圆形办公室

尼克松一直认为针对北越复活节攻势的空袭反击仍然远远不够。当他紧急召见参谋长联席会议主席穆勒将军的时候，他根本无法控制自己的情绪。他回顾了美军的空中战役，那不仅是对北越入侵行动的回击，在他看来也是经过了精心计算，故意与针对北京和莫斯科而进行的外交努力发生冲突。这次会面的中心主题之一，就是尼克松表达了对莱尔德的失望。他并没有亲自会见莱尔德，相反，尼克松向穆勒传达了一系列个人的和军事方面的信息，并让他转达给莱尔德。

……

尼克松：可以的话，我就直接切入主题了，因为我想——穆勒将军之前已经饶有兴致地听了我说的话。不过我也想让你听一听，因为帕卡德，当然，他也非常熟悉情况了，因为他之前出席了华盛顿特别行动组等

会议，而你没有。首先，我想大家应该都有一个非常清醒的认识——也是我之前偶尔和将军谈起过的事情，也就是说，我是最高指挥官，不是国防部长。我说清楚了吗？你明白吗？

穆勒：我非常明白。

尼克松：现在，昨天，我要求在今天早上给我做一个关于越南问题的简要汇报，并且要求大约7点之前就到这儿。但一直到9点——8点半还没有人来。这简直就是直接违抗命令，所以我想让那些应该来但没来的人被降职或者得到应有的惩罚，把这件事记入他的档案中。明白吗？我下了命令，而且我得知他会在7点15分到这里，而且我也清楚地知道国防部长告诉我，他直到8点半也来不了。现在，我不想再说废话了。从现在开始，每天早上7点整，那个人都必须给我出现在这里。明白吗？

穆勒：明白，长官。他一定会来的。

尼克松：好了，不说废话了。第二个问题是，我下命令进行攻击，你知道的，在非军事区上方的空域。本应该有500架次的飞机飞过那里；但昨天只有100架次——125架次——

穆勒：138架次，长官。

尼克松：138架次。好吧。他们的借口是天气。我知道。

穆勒：不，长官。平心而论，您知道的，我们得到指示的时候，总统先生，都已经到中午了，而且他们，因为他们会告诉您，他们已经安排好了，他们的远程导航系统已经计划好了——

尼克松：没错。

穆勒：我昨晚问了艾布拉姆斯将军，而且我们立刻展开了行动。

尼克松：我明白。现在，让我们说说艾布拉姆斯。他为什么不想想，他在那儿的工作到底是什么？只是玩儿玩儿数字游戏，还是他的工作只是看看这种袭击是不是停止了？现在，我想让你明白，艾布拉姆斯的有些话会转达给陆军参谋长。我想让你明白，我不打算让他必须去陆军参谋长那里，因为他的行动是他自己的事情。他一点儿想象力都没有。他喝酒喝得太多了。我想让你给他下达一个命令，就是他必须在反击进攻的整场战斗中戒酒。我说清楚了吗？

穆勒：是的，长官。

尼克松：完全禁酒。另一件必须要做的事就是，他得开始想想该如何使用空中力量以及诸如此类的事情，就像我们在这里实施的作战计划一样，而不是仅仅是干坐着等着事情发生。现在，我在星期五、星期六已经读过了国防部关于这件事的报告，它们——就来自那里。它们没有——它们并不准确。这些报告并没有充分地解释所发生的事实。所以，现在的情况就是，国防部一如既往地在敷衍那些本该严肃对待的问题，而这些事情本应成为我们的优势。但是，只能在最大规模地利用我们已有资源的情况下，或者我们的空军力量在我们离开那里并且打倒敌人之前不会消耗殆尽的情况下，才能变成我们的优势。现在，从你离开这个办公室那一刻开始，我想让一些人从那里滚蛋，我也想让那个区域中一切能飞的东西都给我飞起来。上帝啊！在突出部战役[1]中，他们甚至都能在暴风雪里起飞。现在，在这个地方，空军竟然他妈的连攻击任务都执行不了？那么说，他们是打算往柬埔寨的甘蔗园里扔炸弹吗？当然，他们会得到另外一个紫心勋章——我的意思是为此得到一个空军奖章。但是，我想让这些空军，而且我——包括海军在内——你们只有，如我所理解的，尽管已经向4艘航母下达了命令，但只有两艘到达，对吗？

穆勒：不，先生。有3艘。第4艘将会很快到达，先生。

尼克松：多快？

穆勒：大约——我想大约需要50个小时。

尼克松：好吧。那太久了。太久了。我们本不应该丢掉这艘的。当4艘都到达的时候——现在，我们必须以一种最有效的方式调用空军力量。另外，立刻研究B-52轰炸机的使用——而且在8小时内我要得到一份建议，我不想通过——我也不会和国防部长就这个问题再说什么废话了——我需要出动B-52轰炸机，如果它们在这40英里范围内对我们有帮助的话——

穆勒：45英里。

---

[1] 也称阿登战役或亚尔丁之役，发生于1944年12月16日到1945年1月25日，是纳粹德国于"二战"末期在欧洲西线战场比利时瓦隆的阿登地区发动的攻势，是纳粹德国在第二次世界大战中发动的最后一次大规模战役。

尼克松：没错。如果有帮助的话。明白吗？如果我们没有其他可以使用的资源的话，我们就用 B-52 轰炸机。现在，如果说不能使用 B-52 的原因是它们易受攻击，那么我可以理解。如果，另一方面，如果在你们打掉萨姆导弹设施之后，使用 B-52 是有帮助的，那么我们最好这么做。因为我担心的是——好吧，首先，我讨厌在我要求获得一些信息的时候却得不到它们。我昨天一直都在电话旁边，但是却没从国防部那里得到哪怕一丁点儿该死的消息。我只得到了一份不伦不类的备忘录，这个东西根本没什么屁用，我真的不想，把它放进我的档案里简直就是耻辱。我把它放进我的文件里了，但是我会私下里保存这个文件，而且我希望以后我不用把它写进我的书里。但是从现在开始，我们必须掌握真相，而且那个家伙也必须出现在这里。顺带说一句，不仅仅是早上；他晚上 7 点也必须在这儿。让他在这儿加点班。我说明白了吗？

穆勒：是的，先生。

尼克松：把他叫过来。我想看到计划——我想知道他做了什么以及他想怎么执行这些命令。现在，就这件事而言，就这个——然后艾布拉姆斯和美国军事援助越南司令部，还有其他人，他们都要攻击所有这些区域。我说明白了吗？

穆勒：非常明白，先生。

尼克松：那里要寸草不留。而且从——从他们把这件事纳入行动计划之后，他们必须拥有我们想要从他们那里得到的。我们想从他们那里得到的就是他们的一些想法，关于他们打算怎么做的想法，而不是说我们又要玩数字游戏。你知道的，我们要打击这里、这里、这里、这里、这里、还有这里。我们可能会对这些事情感到惊讶，我们不会——我的意思是，我们觉得 B-3 区域的战斗可能就要打响。好吧，他们的坦克比我们想象中的要多，而且他们在那儿的武装力量也比我们想象中的要多，还有很多其他事情，等等。但我不接受这些理由。

穆勒：我们的理由——

尼克松：现在，该感到惊讶的不是我们。我的意思是——是南越军队感到惊讶。他们就是这么说的，美国军事援助越南司令部把南越军队当猴儿耍。我们才是应该拥有这个情报的人。南越军队根本没什么智力可言。

但是，我的观点是，我知道我们在那里没有多少地面力量。而且，我们以后也不会有。这根本不用说，但是就空中力量来说，我们已经拥有了客观的数量。不过，这些力量必须集中起来，集中在那些能提供震慑性打击的区域，就像我们在 B-3 区域所做的那样。记得吗？我们之前进行了一次为期两天的打击行动，效果还不错。现在，我们必须把力量集中于这些地区，并且给予强力的打击。顺带说一句，不能只是在 25 英里内，你必须把范围扩展到 30 英里来完成这项任务。

基辛格：我们在洞海（Dong Hoi）有空中力量。

尼克松：现在就把洞海拿下。现在，不要等到星期五才开始 48 小时的空袭；星期三就开始。明白吗？

穆勒：明白，先生。

尼克松：好。除非——等到星期五的原因是因为天气吗？

穆勒：嗯，不是——天气不是很糟糕——

尼克松：你无法准备好吗？

穆勒：不是的，先生。那将于——

尼克松：[******]

穆勒：没关系，如果天气允许，行动是没问题的——

尼克松：好，天气不允许就不要行动；这个天气状况——

穆勒：在星期五之前，开展行动都没有什么阻碍，先生。不过也没有得到星期五行动的命令——

尼克松：你刚说星期五有什么问题？

基辛格：莱尔德昨晚告诉我，星期五之前不会行动——

穆勒：好吧，他只是担心天气。

基辛格：哦。

尼克松：好吧——

穆勒：并没有，没有——

尼克松：天气是一个因素。但是让我说，决定已经做出了。我们需要在星期三就采取行动。我们需要在星期三行动是出于很多原因，不仅仅是军事原因。还有很多其他原因需要考虑，但是军事原因是最重要的。而且我们可能没有机会再去打击那些补给物资了，他们可能在 9 月或者 10 月向那里投送。所以，让我们赶快进行该死的空袭行动，我的意思是，如果天气允许的话。我不想在糟糕的天气中采取行动。

基辛格：如果他们无法很好地完成任务的话，那么他们不应该采取行动。

尼克松：不，不，不，不能。我不——

穆勒：我们会处理——

尼克松：根本什么都做不成。如果他们不能很好地完成任务的话，绝对没有理由在北越采取行动。对北越的行动必须是有效的。但是现在，目前在南越军队面临猛烈进攻的情况下，空军必须冒一些风险，就像"二战"时突出部战役中的空军所冒的风险一样，因为当时我们的情况也很危急。如果空军当时不冒些风险的话，我们可能就输掉那场战役了。现在，归根结底，必须要那么做——

穆勒：是的，先生。嗯，空军在任何情况下都会敢于冒险的，总统先生。问题是，非军事区北部——那里有导弹设施，他们会一直移动这些设施，而且我们需要一些能见度，才能——

尼克松：是的。

穆勒：——对它们进行定位。现在，说实在的，对于艾布拉姆斯将军，您应该知道，他和美国太平洋司令部司令麦凯恩将军已经反复申请权限去袭击这些北部的导弹设施了。我们一直没给他们这个权限，因为您昨天才在这儿同意给予我们这个权限。但是，我们知道他们正在非军事区北部增加坦克和移动火炮的数量，等等。而且——在今年这个时节的天气状况下，对这个区域中的人来说，唯一正确的行动方式就是——得到授权并进行打击。可能一天只有4个小时，或者突然有两个小时的天气是合适的。那只是——

尼克松：说得对。

穆勒：情况一直在变化。而且那很困难，从华盛顿直接控制那里的局势几乎是不可能的。就您所关心的报告来说，让我现在就告诉您，如果您直接指示我来给您做这些报告，那么您会在您需要的时候立刻就得到。但是我现在没有负责这些工作。而且，我也一直在给国防部长递交信息，这些是他们在负责的，但是——

尼克松：没错。我直接指示你——

穆勒：如果您想让我这么做的话，我可以这么做——

尼克松：你现在就这么命令你，如果国防部长提出什么问题的话，你只接受我领导。我必须直接掌握这些信息，而且这些信息不能被删除，而且命令必须是从我这里下达的。国防部长不是最高指挥官。国防部长并不能对这些事务做出决定——

穆勒：我明白，总统先生——

尼克松：他只是个军火采购专员。那就是他的职责，除此之外再无其他。从现在开始，这件事就这么办。所以，在这种情况下，我们可以采取行动了。现在，我们回到这件事上，我们刚才说到了何种借口来着，你说——

穆勒：我不是在找借口——

尼克松：不，不，不。艾布拉姆斯之前提出的。你——我想我早些时候问过你吧，亨利，关于进行这种打击的权限。你说他们在非军事区已经有这种权限了？

基辛格：嗯，您给了——嗯，他们——您在2月的时候批准了这个权限。然后又被终止了，就在——

尼克松：访问中国期间。

基辛格：访问中国期间。

尼克松：袭击北越的权限，没有吗？

穆勒：没有，先生——

基辛格：是这样的。在非军事区——他们曾经拥有在非军事区进行打击的权限，但是这个权限，也就是我们同意在这个19英里范围的区域内进行打击的权限，在您从中国回来之后就一直没有被动用过，这也是因为对方并没有发动进攻。然后，当他们再次申请这个权限的时候，我们给予了他们这个权限，而且实际上相对于他们之前要求的，这次您给予的权限范围更加宽泛了。

尼克松：什么时候的事？

基辛格：这星期。

尼克松：是的。

穆勒：但是，先生，我们在3月8日请求给予进入非军事区北部的权限，但是被拒绝了，而且——

基辛格：这个问题根本没有在这里认真讨论过——

穆勒：——然后我们又请求了一次，昨天我们最终得到了这个权限。但是，我们可能无法应付非军事区北部与日俱增的威胁，除非您确实在着手处理这件事——

尼克松：说得没错。

穆勒：——当天气适合的时候。

尼克松：好的。

穆勒：当天气状况允许的时候，打击就可以取得成效——

尼克松：好。我明白了——

穆勒：您必须看看这些目标——

尼克松：我知道了。然而，现在的情况是，就飞机架次而言，需要每天达到500架次。能不能至少达到这个数字？你可以——你们此时此地至少要做些事情吧，能做到吗？

穆勒：没问题，先生。

尼克松：很好。

穆勒：现在我们，总统先生，我们正在把所有的B-52轰炸机都部署到那里。

尼克松：很好。哪里？在哪儿？非军事区吗？

穆勒：在非军事区。是的，先生。

尼克松：他们可以——也可以超过那个范围，他们能不能 [******]？

穆勒：嗯，我打算进入非军事区的上方。现在，我们必须进入那里，并避开一些萨姆导弹发射点，以确保行动成功——

尼克松：这么做可能吗？

穆勒：——所以，为了使其可行，我们不会——

尼克松：是的。我知道，我们是不能损失这些B-52轰炸机的。

穆勒：是的，先生。现在，我们正在积极准备——

尼克松：现在让我告诉你我的想法。从现在开始，你把这些全都向我报告。第二件事是，我想让艾布拉姆斯给我打起精神。他的升迁取决于他自己的表现。现在——那时候你还没来这儿。他把老挝的事情搞砸了（"蓝山719行动"）。他这次绝对不能再搞砸了，明白吗？

穆勒：明白，先生。

尼克松：很好。

"对我们来说,仓皇逃离越南将会破坏我们的对外政策。"

1972年4月4日,上午9:24
理查德·尼克松和托马斯·穆勒
白宫电话

尼克松已经下决心:到了扩大战争并赢得胜利的时候了。北越军队以他们的"复活节攻势"开启了这场战争的新篇章,而尼克松总统已决心充分利用这次机会。尽管美国空军力量的增加已经达到了自20世纪60年代中期以来前所未有的程度,但他还想增加美国海军的力量。尼克松给穆勒打了个电话,态度比前一天积极得多。他鼓动对海防港,即北越最大的也是唯一的海军基地进行袭击准备。之后不久,他和基辛格碰面并商讨了武装对峙的事宜,以及在他们眼中已如探囊取物的胜机。他们认为,战争的胜利需要等到莫斯科峰会之后,能在大选之前更好,但也不一定非要赶在大选之前。

……

穆勒:早上好,总统先生。
尼克松:嗨,早上好。我注意到你们昨天只进行了126次行动,我知道那是因为天气原因。现在,我想问——
穆勒:不,实际上我们,进行了——
尼克松:哦,还多6次,是吗?132次,对不对?
穆勒:超过200次,先生。
尼克松:好。好吧,我问你一个问题。我不想让他们在糟糕的天气中起飞,但是,我应该在9点15分收到的报告在哪儿呢?那份关于你们到底能不能不让这些飞机待在甲板上,去打击敌人大量集结的B-3区域的报告呢?是什么情况?

穆勒：好的，先生，他们一直在进行打击，在 B-3 区域，而且——

尼克松：好吧，那么——那么我上次说的把一切能飞的东西都派过去狠狠地炸他们，这件事怎么样了？现在天气很糟糕，我们当然可以先暂时停一停。有没有——你看，这些飞机现在还处于在甲板上原地待命的状态。

穆勒：不，先生。这些飞机都在执行任务。我认为，我们过去 24 小时里已经出动了大约 500 架次的飞机了，先生。它们正沿着胡志明小道，在 B-3 区域前线，并且沿着——向下面直到第三军事区执行任务。我们实际上在第一军事区有超过 200 架次的飞机，而且刚刚飞越了非军事区。

尼克松：好的。

穆勒：正如您所知道的，其中一些飞机找到了突破口，并炸毁了边海河（Ben Hai River）上的大桥，之后又沿着公路飞行，并摧毁了 3 辆坦克。

尼克松：我看到了。嗯——

穆勒：这都是可见的，但是我认为——

尼克松：这很好。很好。

穆勒：我认为他已经——他们提交的报告，先生，上面说有 100 辆，并且——被迫中断了一段时间。

尼克松：是的。

穆勒：我已经给那边打电话了。

尼克松：好。

穆勒：我昨天已经转达了您的命令。

尼克松：是的。很好。很好。不错——

穆勒：您说您想要全力以赴。

尼克松：是的。要明白，我不想让任何人在糟糕的天气下飞到荒野扔炸弹。但是，我的意思是，如果你们不能轰炸但硬要去轰炸的话——你知道的，今早读报告，你说你们希望下一次打击在 B-3 区域进行，不是吗？

穆勒：没错。是的，先生。而且他们也在努力——

尼克松：我们尽最大努力了吗？

穆勒：是的，先生。

尼克松：没有什么其他可以做的了吗？

穆勒：是的，先生。我们的甲板上没有一架飞机了——

尼克松：嗯。好的——

穆勒：我可以向您保证。

尼克松：现在，第二件事。你们执行我昨晚下达的命令了吗？——就是12个小时前——就是利用海军火力打击位于北越非军事区北方的道路的命令。

穆勒：是的，先生。我立刻下达命令了——

尼克松：那么，有没有——海军火力能不能覆盖那条道路？

穆勒：可以，先生。

尼克松：可以吗？

穆勒：是的，先生。

尼克松：很好。你——还有——还有那是——这个任务可以完成吗？现在——

穆勒：是的，先生。

尼克松：现在，有没有更多可用的船只能够派到那里？我的意思是，有没有一些你能够——

穆勒：可以，先生——

尼克松：——从新加坡和其他地方派过去吗？

穆勒：是的，先生。我们，我们已经另外调动了4艘驱逐舰以及1艘巡洋舰——

尼克松：嗯。好吧，已经到了吗？从珍珠港到那里需要多久？他们是不是大多都在那里？

穆勒：我认为我们可以利用的是位于西太平洋的军舰，先生。事实上，他们已经就位了。我已经，我立刻开始了这个行动，当我——

尼克松：有多少？你能派过去多少，汤姆？多少？我的意思是，你能提供一个实质性的数字吗？因为我有一个更重要的任务会让基辛格口头转达给你。

穆勒：是的，先生。我们可以得到，肯定可以从第七舰队那里得到更多。那会花费，你知道的——

尼克松：很好。

穆勒：——大约8天时间才能到达——

尼克松：8天？

穆勒：——从珍珠港来的话。但是从第七舰队来的话，我们可以让他们到达这里，在——

尼克松：嗯。

穆勒：——4小时至——

尼克松：嗯。

穆勒：——4天之内。

尼克松：好的。好的。那包括什么？巡洋舰？驱逐舰？

穆勒：是的，先生。

尼克松：嗯，嗯，嗯——

穆勒：但是现在，有8艘——

尼克松：好的。

穆勒：——在途中，先生。

尼克松：嗯——

穆勒：我让他们在非军事区南部部署4艘，北部部署4艘。

尼克松：他们是这样做的，但是你不能——你不能再多调来一些吗？

穆勒：好的，先生。我们可以调动 [******] 一些——

尼克松：好吧，命令每艘、每艘——命令所有可供使用的舰只。还有，忘掉那个核战计划，还有所有无意义的事情——

穆勒：先生，我们已经——

尼克松：不管怎样，那都没有任何意义。把第七舰队在那个地区所有的巡洋舰和驱逐舰都调过来。我们还有另一个任务要交给他们。要尽快把它们调过来。在10点前，给我——给亨利一份报告，因为我有一个必须让它们调去那里的理由，好吗？亨利会告诉你的，可以吗？

穆勒：好的，先生。谢谢您。

"火力真是够猛的了。"

> 1972年4月4日，中午12：13
> 理查德·尼克松和亨利·基辛格
> 椭圆形办公室

尼克松和基辛格仍迫切要求军方加强在越南的力量。尼克松已经有了一个炫耀强大武力的计划，尽管他还没有做好展示它的准备。

……

尼克松：嗨，亨利。

基辛格：嗨。我们的华盛顿特别行动组会议进行得很顺利。您确实给了这些家伙很大的动力。

尼克松：我们碰到些好天气了吗？你是不是说过？

基辛格：嗯，我们是会碰到些好天气，但是我们的海军舰艇现在正面临着倾盆暴雨。

尼克松：他（穆勒）知道吗？

基辛格：哦。

尼克松：你告诉他关于——他准备好布雷演习了吗？

基辛格：他早上第一件事就是制订了一个计划。他说谢谢——让我转达给您——

尼克松：继续说。

基辛格："不是自从1964年"——不，我——我们现在甚至做得更好。我已经告诉他开始在菲律宾装载地雷了——

尼克松：很好。

基辛格：——装到船上。

尼克松：那么——？

基辛格：那样会把消息走漏出去的。

尼克松：告诉赫尔姆斯怎么样？你告诉他这件事了没有？

基辛格：是的，这个没什么问题。

尼克松：你是否介意告诉赫尔姆斯，我——

基辛格：赫尔姆斯，当然了，他就是个婊子，但是他非常激动。昨天拉什要求见我，要在会后和我见面。他说他看了所有记录。而且，他说不管您昨天说了什么，还都是些轻描淡写的；莱尔德一直在和我们要把戏。而且——

尼克松：而且是关于提交报告的事情——

基辛格：是的。

尼克松：——关于双方的情况。

基辛格：还有对授权的申请。您知道，我现在很警觉的原因之一就是，虽然他们想袭击后勤供给以及萨姆导弹设施，然而莱尔德并不支持这么做；他只想打击萨姆导弹。但我认为，那么做的代价太高了。

尼克松：嗯。

基辛格：好吧，我只是想让您了解这个情况。这件事——

尼克松：怎么回事？他们——他们已经开始装载了一些吗？

基辛格：哦，上帝啊。我们——他们正在这么做。我们遇到了一个问题，我不确定——

尼克松：怎么了？

基辛格：——我不知道该不该拿这件事情烦您。我认为，我们应该部署更多的战机。

尼克松：好吧，那该从哪里调动更多的战机呢？

基辛格：嗯，可以从日本调动36架海军陆战队的战机，或者从美国空军中抽调54架。海军陆战队必须——

尼克松：把这些调过来——

基辛格：——另外还需同时抽调出500名人员，因为没有针对这些战机的地勤保障——

尼克松：把他们都部署在——越南？

基辛格：——部署在岘港——

尼克松：部署在越南境内吗？如果我们可以这么做——

基辛格：——这是为了便于空军展开行动。

尼克松：好。在我们的补充条件中，空军的情况不会被认为是增加兵力，是吧？

基辛格：不会——不会的。可能只是100个人，但是那会——

尼克松：怎么样？

基辛格：——会被包括在撤军计划中。

尼克松：还是海军陆战队比较合适。海军陆战队会做得更好。那就让我们选择这个更好的方式吧。你觉得呢？

基辛格：好的。

尼克松：首先你要增加更多的空军战机。哦，空军也不是那么差。不要

[******]。我们不要责怪那些飞行员；他们很勇敢。婊子养的都是些战俘或者其他什么人。你明白吗？这些飞行员干得很好。只是该死的飞机不顶用。

基辛格：好吧，他们都是用的同一型号的飞机。让我联系下黑格，问问他认为谁能做得更好。

尼克松：但是，你能尽快给我答复吗？你能说——

基辛格：好吧——

尼克松：——首先，你觉得，穆勒的士气提振了吗？嗯？

基辛格：肯定的，而且是整个海军部。我说过，我重复了您早上说的话。我说："总统先生说他不想听到有关政治斗争或者其他什么的事情。他需要对这个国家的安全负责。他断定，对我们来说，因越南问题而筋疲力尽，将会破坏我们的对外政策。而且他有义务去做正确的事情。所以，你们所有人必须要告诉他什么才是正确的事。"而且——

尼克松：除非一直敦促他们。

基辛格：除非一直敦促他们。我说："除了地面战斗外，任何我们想做的事情都要告诉总统。"

尼克松：那他们怎么说？

基辛格："没有——您有责任告诉您所有的下属指挥官——"

尼克松：嗯。

基辛格："——告诉他们应该思考该做的事情。"他说："上帝啊，我一直没有听说。"——穆勒说："我从1963年之后就再没听到过这种事情了。"

尼克松：哦，没错。他从我这里听到过。

基辛格：好吧——

尼克松：他忘了。

基辛格：是的。而且——

尼克松：很好。

基辛格：嗯，现在在他们，他们——他们正在往那里调动20架B-52轰炸机。

尼克松：很好。

基辛格：他们已经调入了8架F-4战机了。

尼克松：好的。

基辛格：他们还正在——

尼克松：他们派遣另一艘航母了吗？

基辛格：好吧，他们认为调动另一艘航母花费时间太久。

尼克松：好的，可以。

基辛格：他们要调动那艘——

尼克松：或许，这4艘可能就够了。

基辛格：这4艘足够了——

尼克松：舰队的事情怎么样了？他们能获得更多的舰只吗？除了4艘驱逐舰？我们调入——

基辛格：不，不。他们已经——

尼克松：——投放100艘驱逐舰。

基辛格：他们已经拥有10艘了；而且他们也正在调动另外8艘驱逐舰，新添加3艘巡洋舰。而且——

尼克松：好吧，火力真是够猛的了。

基辛格：是的。您知道的，这些舰艇都装备了5英寸口径的火炮。而且我已经让他开始打击洞海的后勤设施以及那里的空军基地。（洞海市坐落在越南南部，拥有多处军营、一个机场，以及一座重要的桥梁，而且洞海也是一个主要的后勤保障中心，其南部是一条铁路的终点站。）

尼克松：很好。

基辛格：他说："你是认真的吗？"我说："当然。"

尼克松：好。

基辛格：而且——

尼克松：洞海是有一座机场吗？能不能覆盖到那里，这个——？

基辛格：是的。

尼克松：我们之前这么干过吗？

基辛格：从来没有。

尼克松：没有吗？为什么不这么干？

基辛格：因为对轰炸计划的理解不一致。

尼克松：哦，你是说，我们从来没这么干过。但是，我猜约翰逊这么干过，对吗？

基辛格：是的，但是也没有用过海军火力，因为——

尼克松：海军火力，对我来说比轰炸强多了。

基辛格：是的。哦，没错。我们确实应该利用海军力量。

尼克松：我的上帝啊。

基辛格：他们会像疯了一样地喊叫。但是，我认为——我的观点是，总统先生，这并不会打开战争的局面。

尼克松：我觉得你的观点也没错，我们应该推迟这一为期48小时的轰炸计划，因为天气一直很糟糕。

基辛格：我——

尼克松：天气状况有什么好转吗？你说他们已经进行200次袭击了，我希望穆勒不是把炸弹扔在荒郊野外了——

基辛格：不，当然不是——

尼克松：——因为袭击的次数。

基辛格：不，不——

尼克松：真该死，我不是那么告诉他的。

基辛格：顺便说一句，我已经和——我已经和穆勒谈过了。他认为如果我们给予他不受限制的权限去打击至北纬18度的区域的话——

尼克松：然后呢？

基辛格：——换句话说，就是扩展5英里——

尼克松：就那么干！

基辛格：——他更想对整个南越进行48小时的轰炸。

尼克松：好的，没问题。

基辛格：那会使我们处于更有利的位置，因为在那之后，我们可以说我们正在为临近的交战区域提供支援。

尼克松：没错。我们为临近的交战区域提供支援，仅此而已。

基辛格：而且我们也能，当我们——

尼克松：而且我们也能做得更多，在一个更小的——

基辛格：没错。

尼克松：——更小的区域。

基辛格：没错。而且——

尼克松：而且对他们来说，那也标志着我们之后可能会采取更多的行动。现在你知道，布雷行动将会真正成为——会真正成为惹毛他们的事情。我们必须——我认为我们必须采取这个行动——

基辛格：但是，我们应该至少再等一星期——

尼克松：——很快。那很快。我不确定我们是不是必须要等。我不确定[******]——

基辛格：但是，总统先生，行动在一至两个月内不会产生什么效果。

尼克松：我明白，但是你知道我们现在正处于一种——

基辛格：好吧——

尼克松：——一次勇敢的尝试将会扭转乾坤。

基辛格：但是我觉得，总统先生，他们已经给了我们一次机会。他们已经下了战书，如果现在我们攻击他们，如果南越军队能够保持好阵线，那么这就不仅是争论的问题了——

尼克松：你有没有告诉穆勒我对撤军问题的看法？

基辛格：是的。

尼克松：你知道，我昨晚上又读了一遍。我又特意逐字逐句地重读了一遍丘吉尔书中关于3月21日（"一战"中德国在1918年发起的春季攻势）那一章。而且，正如你所知道的，休伯特·高夫（Hubert de la Poer Gough）中将，这位伟大的英国军事指挥官，1916年的英雄，因为这件该死的事情被免职了。此后——丘吉尔最后说，那是一次——而且他后来指出，那为什么会成为德国人的失败以及英国——盟军的胜利。自从伊普尔战役以来，那是他第一次这么说，他说德国人和英国人的伤亡比是2∶1，指挥官是3∶2。但是，但是你看——但是你看那是什么样子，我的意思是从战斗的视角审视它。德国人俘虏了，亨利，在那场战役中的头4天他们就俘虏了6万英军。俘虏了6万啊！还缴获了超过1000挺重型机枪。每个人都说："伟大的德国人的胜利！"鲁登道夫却在抱怨。他说[******]那真是——而且，就像丘吉尔说的，那其实是一场失败。

基辛格：好吧——

尼克松：我们必须——

基辛格：总统先生，我同意——

尼克松：但是，如何——我告诉你，另外一点，我特别指出的另外一点是，丘吉尔提到了撤退。他说，他们一直在后撤，他们持续地后撤，而且他们放弃了地面战斗，但是他们赢了（大笑）战争。去他妈的地面战斗！

除非——除非是顺化，否则——你明白我的意思吗？

基辛格：顺化和岘港是绝不能丢的——

尼克松：你——你告诉——你告诉他这件事了吗？他——他们有没有在研究战略撤退的问题？

基辛格：是的，我告诉他了，当然那也是阮文绍的利益所在，他不想失去任何城市。

尼克松：好。

基辛格：但是——

尼克松：我们要努力赢得这场战争——

基辛格：我相信，总统先生，如果我们能保持住我们的阵线，也就是只要不失去顺化和岘港，如果我们能够做到，那么我们就能把他们从军力集中的开阔地赶出去；那里没有丛林。这样，我们就能一点点碾碎他们。如果他们那时候要撤退到非军事区北部，总统先生，我们就能将他们在老挝的行动之后对我们所做的，以其人之道还治其人之身了。

尼克松：他们入侵，然后撤退？

基辛格：是的。没人会关心有多少伤亡。

尼克松：北越军队——南越军队必须进行攻击——

基辛格：而且——

尼克松：——把北越赶出去。

基辛格：而且，如果我们完成这个计划，那么我们在那之后必须尽快提出一个公平的协商请求。这样，在年底之前，我们就很可能摆脱这场战争。

尼克松：那不重要。[******]亨利，从政治影响来说，年底之前脱离这场战争是于事无补的。如果我们没有在大选之前结束战争，那么我会[******]——

基辛格：我就是这个意思——

尼克松：——可以再持续4年时间[******]——

基辛格：不，不。我的意思是在大选之前——

尼克松：——我们可以做正确的事——

基辛格：我是说之前——

尼克松：我必须那么做。考虑到大选之前，我们必须那么做，唯一对我们有利的事情就是在 7 月采取行动，就在民主党大会之前。你知道那时候我们必须发布一个重大的通告。那就是我这么说的原因。那就是我们在这里一直讨论的事情。以致——那是——这场战争不是问题；大选才是关键。你明白我的意思吗？

基辛格：说得没错。

尼克松：而且，主要问题是打好现在 B-1 区域的战斗 [******]，我们要把这群浑蛋打得屁滚尿流。

基辛格：这样，他们就不会——

尼克松：要赢得一场胜利。

基辛格：这样，他们在今年年底前就不会卷土重来了。

尼克松：没错。

基辛格：但是，在选举之前——

尼克松：但是，我认为考虑到——但是我认为有关协商的问题，如果这场战役进行得非常迅速，如果有一丝机会可以将其进行下去，如果天气允许，我猜你就会很快进行协商活动。

基辛格：我就是这么想的。

尼克松：[******]

基辛格：我正是这么想的。那就是我的看法。

尼克松：华沙的事情什么时候宣布？（尼克松计划在与勃列日涅夫的峰会结束后，在波兰做短暂的停留。）

基辛格：嗯，我们需要一星期时间——5 天。我们今天已经通知他们了。我们也告诉国务院通知华沙方面了。当然，消息会通过华沙的渠道到达，而不是国务院的渠道。

尼克松：继续说。

基辛格：但是，主要问题不是去告诉莱尔德说他做得对。当然，也不是告诉他做错了。只是让他忘掉过去。主要问题是赢得这场战役。

尼克松：是的。

"我们不能用战地指挥官的最高权力玩儿这些游戏。"

> 1972年4月4日，下午3：45
> 理查德·尼克松和亨利·基辛格
> 椭圆形办公室

尼克松在下午的会上继续和基辛格谈论之前的主题。他们俩仍在执着地寻找着一种方式，以期能够加速他们计划好的炫耀武力的行动。在许多方面，他们俩就像那些在场边对比赛指手画脚的观众。但是，当他们俩谈到要撤销艾布拉姆斯越南战场指挥官头衔的时候，这场对话却以最富戏剧性的方式收场了。

……

尼克松：我有一种感觉，那儿的天气状况马上会好转。就从这里开始。（大笑）不是说这半个地球，而是在某些方面肯定会开始好转的，亨利。

基辛格：肯定会。

尼克松：嗯？

基辛格：肯定会好转——

尼克松：会的——

基辛格：——而且，不管怎样——

尼克松：——然后，所有事情都会开始好起来。

基辛格：如果我们能——我——我和黑格说过。真是难以置信，总统先生。每个主意都是出自这个办公室或者我的办公室；我的意思是出自白宫——

尼克松：我明白。

基辛格：没有任何主意是艾布拉姆斯出的，他没有一点点关于如何行动的想法。他只是按数据来行动，成了我们在那儿的一台电脑。

尼克松：谁？谁？谁？

基辛格：艾布拉姆斯。

尼克松：哦！是，是，是的。那正是我说的——

基辛格：黑格说得很对，如果他在那儿，他现在肯定会飞行在战场上空并且把所有扳手都扔下去，理论上说，总会击中一些人的。

尼克松：是的，我也是这么想的。我们为什么不投下人员杀伤型炸弹，并且弄明白 [******]？而且，我——好吧，回到我的——我想和你讨论的计划，就是要确定，我们明白，他们是——我们的计划——我们的要求是弄清楚应该在哪里设置阵线。

基辛格：是的。

尼克松：还要计划回击他们。现在，还有，我注意到新闻概要中说我们已经从他们所谓的 16 个基地撤退了（位于非军事区南部的南越军队前线支援基地）。很好。他们就应该这么做。他们应该从那 16 个基地离开，管它是什么基地。

基辛格：没错。

尼克松：现在，如果他们感觉广治市，或者管它叫什么，感觉很重要而且值得保有的话，那就继续占领，但是我支持要放弃 [******]——那是，那是——我宁愿他们放弃领土，赢得战争。这就是打仗的方式。

基辛格：没错。

尼克松：俄国人已经用这种方式赢了战争。德国人赢得战争——

基辛格：没错——

尼克松：英国人——法国人。上帝啊，拿破仑都并不是一直保持进攻。嗯？不会总是。

基辛格：他几乎总是进攻的一方。

尼克松：好吧，他秉承进攻的信念，因为他通常是弱势的一方。

基辛格：是的。

尼克松：但是，另一方面——

基辛格：好吧，他有时也在防守——

尼克松：他时不时地玩弄技巧。

基辛格：嗯，实际上，他最辉煌的战绩，尽管他输掉了这一战，但是他坚守了那么久倒的确是一个奇迹，这场战役是他以 6 万人对抗 40 万人，并且他撤退到了法国境内,他同他的 6 万人马进进出出也确实击退了敌人。不过问题在于,每次他打败了其中一支敌军,即使他只损失了 5000 人马,他的实力也会被削弱到他无法——

尼克松:最后,直到滑铁卢——

基辛格:——削弱到他无法再抵抗下去的强度。但这是在滑铁卢之前——

尼克松:还是"民族大会战"(the Battle of the Nations)[1]?

基辛格:不,他——在民族大会战中他们的力量仍然基本相当,但是他的骑兵部队所剩无几了,所以他输了。之后,在他输掉这场战役后,他撤退到了法国。奥地利人从南面打了过来,普鲁士人和英格兰人从北面进攻。他站在战场中心,首先打败了奥地利人,然后让整个军队全部抵御北面普鲁士人的进攻。他击溃了普鲁士人,接着他又回去进攻奥地利人。他用这些闪电般的进攻把战争拖延了 6 个多月。

尼克松:是的。

基辛格:但是,之后,奥地利人决定保持阵型并从地面推进。所以,拿破仑——他们没有分散自己的力量。

尼克松:没错。

基辛格:在滑铁卢,好吧,一切都搞砸了。他几乎——他本应赢得滑铁卢之战的——

尼克松:他本该赢得胜利的。好吧,不管怎样,现在的战争不同了,但是基本上还是像一场橄榄球赛。橄榄球赛的策略从不会变——你明白我的意思吗?你——你让出了球场中部,在底线前保持阵型,然后达阵得分。

基辛格:是的。

尼克松:就要这么做。

基辛格:是的。我认为,如果我们确实能对他们采取行动,总统先生——

尼克松:我认为,那会——

基辛格:——如果我们——

---

[1] 也称莱比锡战役。1813 年 10 月,在德国莱比锡附近,拿破仑以 18 万人与俄罗斯、普鲁士、奥地利及其他各国 30 万联军苦战。莱比锡战役是拿破仑战争中最激烈的战役,拿破仑的战败代表着拿破仑统治德意志的最后希望已经幻灭,反法联军于 1814 年 3 月 31 日进入巴黎,同年 4 月 11 日,拿破仑宣布无条件投降。

尼克松：问题在于，你知道的，亨利，这给了我们一次好机会，一次真正能击倒他们的机会，这一直是我们想做的事——

基辛格：没错。

尼克松：——而现在，上帝啊，他们正在朝那里步行前进。

基辛格：没错——

尼克松：他们一直在攻击 B-3 区域前线。我们不能那么做，但是我们可以在非军事区把他们彻底击溃——

基辛格：没错。

尼克松：——全力以赴。

基辛格：没错。并且，我认为我们可以把那片区域的等级调整为与北纬 18 度线相当。

尼克松：你有没有，有没有其他什么想法？现在，稍微思考一下。我们不想逼迫任何事情。还有没有其他问题？如果你——让我，让我提一件事，就是我在想你可能也知道。罗杰斯不会举办记者会——

基辛格：不会——

尼克松：——他会吗？

基辛格：不，不会。

尼克松：上帝啊。他应该举办的。他应该开始那该死的行动——

基辛格：好吧，除了他——

尼克松：什么？

基辛格：——让 [******]——

尼克松：没错。有件事我想让你去解决，也许可以通过国务院明早的吹风会，就是：在西贡，有多少人口是在我们控制之下的？你明白我的意思吗？现在你知道，当我们讨论我们的损失以及类似的事情时，我认为那也会让前景变得更明朗一些。你——你同意吗？

基辛格：确实如此。实际上——

尼克松：必须在 85% 至 90%。

基辛格：顺便说一句，纳尔逊（·洛克菲勒）觉得，民众是站在我们一边的。

尼克松：是吗？[******] 那并没有什么意义。即便只有 10% 在我们这边我也不担心，因为我不知道他们是否想那么做，而且我知道，目前我们是无法超过这一点的。你认为——我的意思是，我——就像我们早些时候说的，亨利，我们会变弱的。

　　当有一个像马斯基这样的比我们更懂对外政策的浑蛋出现——或者麦戈文，他并不太懂——他们出现的时候，你就不可能再有一种可行的外交政策了。但是，实际上，当马斯基说："不要做出回应。我希望我们不要做冲动的事情。"亨利，他是个可能会当上总统的人。你知道——

基辛格：总统先生——

尼克松：——如果我们输了，那美国就永远不会有对外政策了吗？我们不去任何地方打仗。

基辛格：总统先生，如果麦戈文——如果马斯基坐在这儿——而最坏的情况则是汉弗莱坐在这儿。我们挑一个表现更强硬的家伙。他什么都不会做的。他会找理由——

尼克松：那真是太糟糕了。

基辛格：——什么都不做，整件事都会土崩瓦解。所有能带给你的就是一种不干涉的态度，而且五角大楼那边实际上也将会重复他们在春节攻势的所作所为：只会萎靡待毙，而不是英勇回击。

尼克松：他们会这么做吗？萎靡待毙？

基辛格：肯定会。我们才是能够真正鼓舞士气的人。

尼克松：我认为他们不会回击或者思考些什么的。怎么——如果我们没叫他们进来，然后说滚出去，他们能干些什么？

基辛格：如果我们没叫他们进来，他们就会在15英里范围的地带里打击萨姆导弹设施（部署在非军事区北部15海里的区域内）——

尼克松：没错。

基辛格：——而不是45英里。他们不会打击后勤设施的。他们会把行动限制在3至4天。他们会限制飞机架次。他们不会——肯定不会调动任何额外的飞机。他们会公开说——

尼克松：他们不会调动额外的飞机的——

基辛格：——我们不会增加兵力的，撤军还要继续。而他们的所作所为最多只能使我们看起来很无能，干不成任何事。

尼克松：其中一件相关的事情，亨利，我们正在采取的行动让我们看起来——问题在于，正如我很确定你会离开那片饱受战火的土地一样，问题在于确保南越政府不会消失，对吗？但关键是——

基辛格：从这一点来看，现在还没有那么沉重的压力。

尼克松：没错。

基辛格：我的意思是，所有——[******]是在最北部的省份，最近的那一个——约瑟夫·艾尔索普说得很对，当一个政府把所有军队都部署在外国领土上，而且如果没能获得胜利的话，那么这绝对是一次绝望的行动。这不是——不再是政策行为。我很同意他的话——

尼克松：我也同意。没错。我认为这是其中一件事，就是如果那不是最后一搏的话，那他们就是超人。但他们不是超人。

基辛格：那就是最后一搏，总统先生。如果我们保持坚定，而且如果我们能震慑住俄国人的话，但这样我们必须表现得很残忍，那么我甚至会想，我们难道不该在海防港给他们一点颜色瞧瞧？

尼克松：很好，在哪里？

基辛格：嗯，直接轰炸那该死的城镇。

尼克松：好的。

基辛格：持续 24 小时——

尼克松：我们可以这么做。我们确实可以。我非常期待。

基辛格：让我仔细研究一下。

尼克松：好吧。如果你可以对海防港进行打击，那我的意思是，我们要攻击所有可以攻击的目标。

基辛格：直接对准那该死的码头。

尼克松：嗯，但问题在于，那取决于那里是不是有船只，亨利，还有平民或者其他。

基辛格：是的。

尼克松：是的。你要理解，我是支持这么做的。我——和布雷比起来，你更倾向于这个行动吗？

基辛格：不。布雷会更好，但那也会使我们——

尼克松：这会持续更长的时间——

基辛格：——这是一级危机。

（暂停）

尼克松：好吧，我想想。让我想想。这次行动会对海防港产生什么影响呢，亨利？思考一下这个问题。我肯定是全力支持的。但是，我觉得，我认为，然而那都得通过——

基辛格：好吧，总统先生——

尼克松：我们会去——我们——我准备采取封锁行动——

基辛格：我们必须——

尼克松：——我们已经准备进行布雷了。我准备把通向中国的铁道毁掉——

基辛格：我们必须——总统先生，如果我们要采取一些规模很大并且能吓到他们的行动的话，那么我们必须有明确的作战计划——

尼克松：是的。

基辛格：——而且是我们能够维持下去的行动。

尼克松：是的。

基辛格：如果我们日复一日地轰炸——我已经和军方确认过了。相对于采取一次大规模行动并且击溃对方来说，他们更想对北纬18度线南部进行持续的轰炸。我认为那很有道理，因为通过那种方式他们可以利用整个作战系统——

尼克松：没错。

基辛格：——而且能碾碎他们。我认为，我们——大体上，我倾向于能有组织地击溃他们，给他们点颜色瞧瞧，然后彻底解决他们。在这个月底之前——我想的是，在这个月结束之前，如果我们能把他们击退到北纬18度线以北的话，我们就可以在北面让他们知道我们的厉害，然后彻底解决整件事情，然后说："现在我们做到了。"如果军队——如果到那时候进攻已经停止。

（暂停）

尼克松：我认为现在还不应该进行突然袭击。要考虑一下。什么——那么做会产生什么效果？让我们想一想现在是不是该这么做。要做些什么才能给该死的俄国人施加压力？（暂停）你觉得呢？

基辛格：好吧，让我去弄清楚。我需要再进行一些调查。

尼克松：好的。有没有什么靠近的区域？我是说在海防港还有没有什么你可以打击的地方？有没有一些警告性的行动？你明白我的意思吗？我是这么想的。

基辛格：明白。

尼克松：让他们采取一次行动。然后，接下来采取更多行动。换句话说，他们遭受的轰炸会更多，既然他们已经违背了所谓谅解备忘录。

基辛格：没错。

尼克松：从整体来看。他们在之前已经多次这么做了，但是这次是来真的。他们穿过了非军事区，对吗？

基辛格：是的。

尼克松：有人说过我们并没有签署什么禁止入侵非军事区的谅解备忘录吗？没有人。这是一点。他们可能——他们会喋喋不休地抱怨其他的谅解备忘录，但这个确实是已经存在的，是吗？

基辛格：是的，先生。

尼克松：好。他们违反了这个备忘录。很好，因为他们违反了谅解备忘录，所以我们应该在北部采取一些前所未有的袭击行动。这是我关心的事情。那也是为什么，你知道的，为什么我想打击北纬19度线附近区域的原因。但是，让我们重新来一次。可能打击海防港会是更好的选择。只有一次袭击机会的话，你会怎么做？一次——

基辛格：我觉得您可以这么做——

尼克松：——只进行一轮攻击？

基辛格：——一次，进行一次。直接毁掉码头，因为这样做的象征意义比其他事情大得多。

尼克松：让我想想，打击码头，那么之后我们这里肯定会有人大喊："不要轰炸海防。"对吗？

基辛格：没错。而且，中国人的反应肯定很激烈。俄国人也是。

尼克松：嗯。当朋友受伤的时候，人们总会回应的。

基辛格：是的。但是，让我看看那里有哪些船只。

（暂停）

尼克松：好吧，就让国务院在明早的秘书会议上讨论一下。嗯？我猜比尔（·罗杰斯）不会，不会同意这该死的事情。你知道的，他妈的，然而，这太不公平了。实在不公平。你知道——我们已经走到这一步了，亨利。应该有人站出来，并且说："我能帮你们吗？"至少梅尔会这么干的。

……

基辛格：我们必须做一件事，总统先生，也是能够起到象征性的作用的，就是在非军事区北部部署 B-52 轰炸机。

尼克松：哦，我已经下命令了。有没有——有问题吗？

基辛格：因为那对他们来说是一个信号——

尼克松：嗯，我就是这个意思。我想说，那至少是一次简单明了的警告。

基辛格：是的。

尼克松：现在，你能不能把它们放入——

基辛格：可以。

尼克松：我们明天再行动不行吗？

基辛格：好的，我必须先对萨姆导弹进行压制。我们需要一天时间来对付萨姆导弹，然后我们就派出 B-52。

尼克松：很好。还能找出其他的目标吗？

基辛格：能。

尼克松：为什么不把荣市拿掉，比方说。可以这么做吗？

基辛格：[******] 远不止这样。

尼克松：好的，但是天哪，我的意思是，这听起来很动人。我在很长时间里一直在推动这件事。派出 B-52 吧，派往非军事区北部。

基辛格：好。

尼克松：那么做的话，他们自然会知道将要发生什么，不是吗？

基辛格：当然。

尼克松：那是一个警告："看，你们少来这一套，否则我们的行动还会继续。"

基辛格：没错。

尼克松：我们也处于一个非常有利的位置。据你所知，所有的轰炸都会被认定为仅仅出于军事目的吗？

基辛格：但是，妙就妙在这儿。这是他们犯错的地方。如果他们袭击了昆嵩，那我们能做的最多也就是轰炸两三天。现在，他们袭击的是非军事区，而我们在几星期时间内是不会放手不管的。而且，他们——对他们来说，这是绝望之举。现在，艾尔索普告诉我，约翰·凡（John Vann）认为，他和凡一直保持着联系，你知道他是谁——

尼克松：我知道约翰·凡，是的。

基辛格：——负责 B-3 区域的后方。他说我们的空袭极大地打击了北越军队的士气，导致他们始终未能发动一次协调一致的袭击。

......

尼克松：现在，那是一个问题。今晚可能会下雨，但是下雨可能会使形势更明朗，也可能让情况更糟糕。

基辛格：哦，我认为情况肯定会发生变化，总统先生，因为这时候正是[******]——

尼克松：真该死，肯定会发生变化。其实都一样。你知道的，发生变化之后，会发生什么。

基辛格：好吧，当情况开始变化的时候，您知道的，要把所有能飞的全部撤离——

尼克松：嗯？

基辛格：——然后，我们要稳固他们已经在战场上得到的战果，而且我们会打击非军事区北部，我们要把他们彻底打垮。

（暂停）

尼克松：听着，如果下雨，如果你得到任何——一旦你得到其他关于天气的报告，那么在几点我们可以继续打击他们？

基辛格：大约今晚8点。

......

基辛格：晚上8点。

尼克松：你得到有关天气的报告了吗？

基辛格：是的。

尼克松：谁交给你的？

基辛格：我查了查——穆勒联系了艾布拉姆斯。如果——如果在下星期早些时候，打击不能变得更为强势的话，那么您可能就会考虑解除艾布拉姆斯的职务了。我们不能用战地指挥官的最高权力玩儿这些游戏。我知道那很艰难而且很残酷，但是那家伙采取行动的时候总是太依赖数据了。

尼克松：确实。看，他很胖，喝酒喝太多，他无法胜任这份工作。我[******]。

基辛格：他不会成为那种会说他们已经提出了所有想法的人。有一个已经提出的想法——这星期已经实施了，但没有——

尼克松：今天你能不能告诉穆勒，就说我一直在等待那些他应该得到的建议？他有没有更多的建议呢？还有，你也问问赫尔姆斯，他有没有得到关于什么行动的信息。然后，我想让你告诉赫尔姆斯有关布雷演习的事。

基辛格：[******]

尼克松：好，记得及时向我汇报，然后研究一下海防港的事情 [******]——

基辛格：我会马上研究这件事的。

……

尼克松：我一直想搞清楚——我们这些天太忙了。试着把天气问题解决掉。真该死，如果你们有人——如果你们认识做祷告的人的话，一定要说说天气问题。要让那里的天气好起来。这些浑蛋还没尝过炸弹的滋味呢！（轻声笑）他们这次一定逃不了了。当然，我们必须先要有好的天气。

"如果一个共产主义国家……被允许去接管其邻国……而且不被阻止的话，那么这种手段将会在全世界运用。"

1972年4月10日，上午8：57
理查德·尼克松和亨利·基辛格
椭圆形办公室

北越军队的进攻行动实际上得到了苏联军方的大力支持，使得尼克松的军事反击处于一种潜在的危险境地。由于害怕在两个超级大国之间引发战争，所以在整个战争期间，双方都在极力避免出现两军对峙的情况。一时间，5月峰会和其他所有外交主动政策都陷于危险之中。不过，尼克松没有丝毫退让，也没有停止利用升级的激烈的军事反攻行动来向苏联方面暗示战斗的决心。尼克松总统和基辛格讨论了局势，承认自己的这一策略冒着造成全国性和全球性危机的风险。这天晚些时候，尼克松和多勃雷宁同时参加了在华盛顿举行的一场活动。他做了一次简短的演讲，对这位苏联大使提出了尖锐的警告：“每一个超级大国都要遵循最基本的原则，不要直接或间接地煽动任何一个国家使用武力侵犯其邻国。”据说，多勃雷宁在此期间一直铁青着脸。

……

尼克松：你知道我们要面对其他一些事情了。其结果会是我们遭受攻击。而且，你知道的，在中国这件事上有一件事帮助了我们，就是在我们去之前，我们有很好的民意基础。可现在我们会受到攻击。公众的意见不会让我们好受的。而且，这会有损我们对苏联的政策。

基辛格：不，不会的。

尼克松：我知道这只是件小事。另一方面，我们——那根本不会产生任何该死的影响，因为就我个人而言，在苏联峰会之前，我们会知道这次峰会将以什么样的方式召开。如果我们输了，那就去他妈的。如果我们赢了越战，那我根本不会在乎什么狗屁民意调查。

基辛格：总统先生。

尼克松：苏联峰会 [******]——

基辛格：我们正在面对——

尼克松：我只是在指出霍尔德曼向你提出的观点。

基辛格：我明白。但是，在苏联问题上，民意调查是不会对您有帮助的；只有地缘政治会有帮助。事实上，如果这个成功了，那么苏联军队将会打破印度次大陆已有的平衡，而且会把我们赶出东南亚；我不关心对您的民意调查的结果是什么。

……

尼克松：举个例子，如果一个共产主义国家得到了支持，或者任何得到苏联军队支持的国家被允许去接管其邻国，去占领自己的邻居，而且不被阻止的话，那么这种手段将会在全世界运用。它会被运用到中东，它会被运用到美洲，它甚至会被运用到欧洲。所以，我们正在谈论的就是这个关键时刻，你知道的，是阻止这种行为的最关键的时刻。现在，整盘大棋局的关键就在此。你看过萨菲尔和其他所有人写的东西了，都有这些，但都不能说到问题的实质；国务院的人也从来没看清过问题的实质。就像昨天黑格对我说的一样，我和他讨论了这个问题。他说："自这场战争开始以来，您是第一位能正确认识局势、认识苏联角色的总统，这就是困难所在。您知道的。"他说："他们都持有和哈里曼一样的立场，就是俄国人——"我记得洛奇。亨利，我曾在7个不同的时间去过越南，自从——事实上，比你去的次数还多。

基辛格：我知道。多很多。

尼克松：洛奇在这7次中有5次都在场，而且是5个不同的场合。还有一次，在另外一个场合，泰勒告诉过我；还有一次，波特也和我说过这种立场。他告诉我："现在，俄国人确实不想看见这种事情。他们确实渴望越南的和平。俄国人也不想让中国人介入越南问题。"可我认为，那都是放屁。我认为，俄国人——俄国人有没有想这么多并不是问题。俄国人只想赢得胜利。他们还在支持北越，而且他们会能支持多久就支持多久的。

　　困难的——而且那就是印度问题告诉我们的。我的意思是，罗杰斯和所有那些国务院的人在印度问题上所犯的错误，究其原因，亨利，就是他们没有看到，可能没有估算到俄国人想要做什么。俄国人想冒险去打垮巴基斯坦来支持印度，因为它[******]在全世界。俄国人在任何地方都是那么做的。在约旦也是这么干的。那就是俄国人干的，而不是叙利亚人干的。这个你是知道的；我也知道。这就是俄国人做的。现在，我真正想做的，我已经说了一大堆了。如果这一点能够做到，那你就是真的对了。那会让他们颤抖到牙尖的，而且那也会调动起美国的民意。

基辛格：总统先生。

尼克松：你明白我的意思了吗？

基辛格：我认为，现在，这么做的时机还不成熟。

尼克松：那你同意我的分析吗？

基辛格：我完全同意。

"我们总是要冒着把整件事都搞砸的风险。"

> 1972年4月13日，下午2：16
> 理查德·尼克松和亨利·基辛格
> 行政办公大楼

在北越上空重新开始的空战毫无疑问引起了勃列日涅夫和其他苏联领导人的关注。对尼克松和基辛格来说，问题在于，如何在不使局势恶化的情况下维持自身的利益。基辛格在谈话中说得最多的就是两种可能性，一种是试图利用苏联的利己主义来结束这场战争。这种调解协商的途径是由曾在约翰逊政府时期多次担任特使的埃夫里尔·哈里曼（Averell Harriman）在从1965年莫斯科会议返回的途中提出的。根据《纽约时报》的解释，哈里曼了解到的最重要的一点就是："俄国人认为，从长远来看，这场战争并不符合他们的最佳利益。"而尼克松也记得这一点。

……

基辛格：我还进行了一次谈话——
尼克松：嗯。
基辛格：——和多勃雷宁。
尼克松：你们又聊了？
基辛格：他进来说他收到了莫斯科的一个消息，上面说我去莫斯科是很重要的。
尼克松：好。
基辛格：他们想让我去。
尼克松：那你今天回复他说没问题了吗？
基辛格：我说您还没回来，但是我会给他最终的答复的。我只是认为，我们应该——

尼克松：好的。

基辛格：——我们应该等到——

尼克松：没错。我在等。没错。

基辛格：越南问题才是首要问题。因此，他们要求我比原定计划提前一天到达。他们也说，将和我进行会谈的越南代表将在星期天（4月23日）到达莫斯科。所以，他们想在星期天之前和我先进行有关越南问题的会谈。

……

基辛格：现在，多勃雷宁告诉我的一件事，就是自星期四晚上（4月11日）起，北越军队会一直行动到24号。而且——

尼克松：嗯。好吧——

基辛格：嗯，但是，他们提出了三个条件：我们13号抵达；20号进行全体大会；而且我们要停止轰炸北越。我们还没实现这三个条件中的任何一条。如果他们在此情况下来参加会谈，那这本身就表明了他们的软弱。

尼克松：说得对。

基辛格：第二，如果他们在我到达莫斯科之后抵达——而且他告诉我，莫斯科 [******] 我去那儿——这很好。他们不会泄露这件事的；他们不感兴趣。

尼克松：我们并不在乎泄露的问题。

基辛格：但是，在这次行程之后，多勃雷宁现在告诉我——您知道的，现在是完全不同的阶段。没有——

尼克松：我知道他态度比较冷漠。我知道。

基辛格：现在很冷漠——就像您的对话——

尼克松：[******]

基辛格：——当您不断增加 [******]。这些胡扯都没有涉及我们对自己做的事，这怎么——

尼克松：好吧，他走进来然后说："我的政府 [******]。"然后，他说的就好像直接从马嘴里吐出来的一样。

基辛格：他说："知道吗，我们碰到了点儿麻烦。现在越南发生的事情，不符合我们的国家利益。"他还——

尼克松：是的，他们一直这么说。那就是哈里曼的立场。

基辛格：好吧，是的，但是——没有，之前从来没有这样的答复。

尼克松：我知道，我知道。但是，你知道的，那是，那就是哈里曼的意思。继续说。

基辛格：不，但是——

尼克松：[******]

基辛格：不，他们的态度原来一直是，我们的做法是在破坏与他们的良好关系。

尼克松：哦，我明白了。继续说。但是，不管怎么样——

基辛格：他一直说他们的国家利益。另一方面，他说我们不该把他们逼到一个好像是出卖朋友的地步。

尼克松：没错。

基辛格：但是，他说："让我们现实一点。你们想要什么？"我说："我们想结束军事行动。那是最低的要求。我们不会只坐在这里聊天，然后在这好几个月的时间里什么都不管，任由我们被人宰割。我们现在已经集结了部队，而且我们也会使用这些部队。"他说："你们能不能……这是一个针对我们的无法改变的决定吗？"我说："我们会采取一切必要的行动，但是越南战争一定要结束。"他说："如果我们给你们，向你们保证军事行动将会停止一年时间，这能使你们满意吗？"总统先生，坦白地说——

尼克松：如果他需要这么做的话，是可以的。你告诉他了吗？

基辛格：如果这些家伙在这次袭击之后——

尼克松：嗯，问题在于，谈判的目的就是停战。那是我一直考虑的问题。继续说吧。

基辛格：好吧，但是我们可能会获得最后的和平，这就是为什么我不想——

尼克松：是的，但是不要放弃。哦，我明白。

基辛格：现在还不能放弃。但是，如果在我们的行动升级之后，他们停止进攻了——我说："现在首要的事情，你必须要记住，阿纳托利，就是我们不相信河内说的任何一句话。所以，河内方面可以提供给我们任何东西，但是你，在我们能够——在我把它拿给总统之前，你必须对这些做出公开保证。因为总统现在的感觉是，如果我去找他而且说河内承诺了一些东西，那么他会直接把我从屋子里扔出去。"

尼克松：很好。他怎么说呢？他相信你吗？

基辛格：哦，当然。

……

基辛格：所以，他说："你准备好这么干了吗？"他说："如果我们终止军事行动，你们会告诉北越，你们已经提议成立一个联合政府，我们提议举行选举吗？我们一直希望谈一谈，在这两种选择中能否进行一下折中呢？"也就是谈一谈我们能做的让步，总统先生。

尼克松：没问题。

基辛格：如果他们能停止1年的军事行动，那他们就完蛋了。

尼克松：[******]

基辛格：因为在越南那会被解读为河内的重大失败。

尼克松：没错。

基辛格：然后，他又说："好吧，如果我们双方都同意，那么有关限制军事援助的事情该怎么办？"我说："你们所有的盟国也必须同意。我们不能让你们通过捷克斯洛伐克运送物资。"

尼克松：还有你们的盟友，中国人，也得同意。

基辛格：好吧——

尼克松：（大笑）

基辛格：我想说的是，总统先生，是——您知道我们已经努力了多少年，但是他们甚至不愿把我们的消息传给——

尼克松：我知道。

基辛格：——河内方面。

尼克松：是的。

基辛格：他告诉我，他们还在积极地进行日常联系。他说，越南问题是我到莫斯科后的首要议题。他还说——

尼克松：当你到那儿的时候？

基辛格：当我到那儿的时候——

尼克松：哦，是的。是这么说的。

基辛格：但是，他们想让这该死的事情——他们没说："如果你们进行封锁的话，那么将会陷入和我们对抗的局面。"

尼克松：好吧，然而我希望他不会觉得，他不能从你这里得到有关联合政府的让步。

基辛格：一点机会也没有，总统先生。我认为，他想要的是某种能够保全面子的方案，可以使他们中止战争一段时间——

尼克松：是的。

基辛格：——也就是，我们承诺会说什么而他们承诺停火。我们会实现——如果他们停战的话，总统先生，那么到目前为止，这将是我们取得的比古巴导弹危机更大的胜利。俄国人会认为，如果河内胜利的话，对他们是有利的，因为那样就削弱了我们的力量；而如果河内方面输了，对他们也是有利的，因为那可以增加河内对莫斯科的依赖。所以，他们并不关心南部的战斗。真正让俄国人恐惧的是我们会采取的封锁行动，或者我们会炸烂北越，这样的话他们就得被迫向那些对他们来说毫无用处的地区进行援助了。所以，尽管风险如斯，但我们已经冒着巨大的风险，把他们拉进了我们身处的这场大棋局之中。

尼克松：中国人也在大吵大嚷。但我仍会那么做。

基辛格：好吧，他们都会对这个问题大发牢骚。我已经告诉多勃雷宁，我们一定会干些更猛烈的事。他说："好吧，你们一定要这么干吗？"我说："是的。"他说："好吧，只要 [******]，但是，那不会是一个好的 [******]。"

尼克松：[******]

基辛格：总统先生，问题在于，造成损失的范围。

尼克松：是的。

基辛格：我们不必这么干。但是，我认为向他们展示我们还在行动，而且让他们看到事情正在变得越来越糟糕，会很有帮助。

尼克松：[******] 在我看来——而且，当然我们总是要冒着把整件事都搞砸的风险。[******]

基辛格：总统先生，我不这么认为。我相信，唯一会把事情搞砸的就是我们现在有所松懈。

……

基辛格：我们必须让俄国人明白的，就是他们在越南的胡作非为正在危害这种合作关系。天哪，我们没有失去任何美国人。古巴导弹（危机）并没有把美国人卷进来；那只是把一大帮古巴人卷了进去。让我们以另一种方式看待这个问题。假设明天早上河内公开说："我们愿意在政治问题上做出让步，你们愿意在不提方案的情况下谈谈达成妥协的问题吗？"我们就必须说："是的，我们愿意谈谈。"

尼克松：从根本上说，我们有的就是暂停对他们一方的轰炸行动，而不是一份谅解。

基辛格：但是，皮球在他们脚下。

尼克松：是在双方脚下。

"然后，我就可以退出了。"

> 1972年4月15日，下午1:00
> 理查德·尼克松和亨利·基辛格
> 行政办公大楼

关于越南问题的秘密和平会谈计划于4月24日举行，这次会谈只有美国代表基辛格以及北越代表黎德寿参加。然而，在15日下午，北越退出了既定会谈。此后，双方甚至连谁该为会议的取消负责都无法达成一致，更别说实现和平了。军事与外交的斗争结合在了一起，使得尼克松在是否要派基辛格在峰会之前前往莫斯科的问题上摇摆不定。在思考这个问题的同时，尼克松已经开始考虑退出总统选举的可能性了。

……

尼克松：现在，让我们讨论一下封锁的问题，因为那很契合你刚才说的话。

基辛格：好的。

尼克松：那可能会提供另外一种方式去 [******]。我想告诉你一些关于封锁的事情。在我看来，如果我们要那么做，我们就得马上行动，否则我们会失去支持的。

基辛格：我同意。

尼克松：而且，那种支持会随着时间的流逝而慢慢耗尽的。事实上，我们可能这周就该行动，你知道的。我是说，我只是说，我是考虑到美国民众的支持才这么说的。

基辛格：没错。

尼克松：民众的支持会慢慢减少。如果封锁是发生在人们都认为南越灾难临头的时候，或者是在这里发生骚乱的时候，那么，封锁行动看上去就会是歇斯底里的反应。但是，如果我们在这些事情发生之前采取行动，那么我们可能就会获得民众大量的支持——暂时性的。你知道，这就是我想尽早采取封锁行动的原因。

基辛格：没错。我同意。

尼克松：第二点就是，虽然 24 日的会议取消了，不过这也能成为你苏联之行的一个理由。基本的想法是，你去 [******] 是在这个前提下，即讨论的首要议题是越南问题。除非能提出一些积极的、可以实现的建议，总统才会采取行动。而且，到那个时候，你可以告诉他们——

基辛格：我不会告诉他们行动已经计划好了 [******] ——

尼克松：（将会开展）强有力的行动。那不会直接针对你们。

基辛格：如果谈话是这样展开的，我就采取这种方式。

尼克松：好，我们就这么干。

基辛格：我是这么认为的——我心里一直在想着这件事。

尼克松：很好。

基辛格：那时候，我就会说："越南必须是首要议题。必须切实推进这一计划。"

尼克松：好的。

基辛格：如果越南问题没有实质性的进展，我就会拒绝继续峰会的其他议程。

尼克松：没错。没错。

基辛格：如果有实质性的进展，我就有资格——有权继续讨论峰会的其他议题。

尼克松：是的。没错。

基辛格：但是，进展不能是一份需要谈判的协议。

尼克松：是的。[******]

基辛格：并且，它必须是一个关于如何结束战争的具体的描述。

尼克松：如何结束战争。是的。没错。而不只是一份宣布他们会让北越参加会议的声明。那没什么用。

基辛格：没错，那没什么用。

尼克松：第二点。

基辛格：那会或多或少地影响我们今天下午发送给他们（苏联）的信息，总统先生。

尼克松：这正是我在考虑的问题。第二点是——

基辛格：对于我们国内的意见来说，那也是有利的。我们绝对已经更进一步了。

尼克松：确实如此。没错。好吧，那让我想到了第二个问题：你去苏联的理由。在此基础上，你可以前往苏联了。[******] 必须要知道，你一定看到困难所在，也就是说，除了一些平常的讨论以及类似的事情之外，如果我们没有在越南问题上取得任何进展的话，南越就会怀疑我们是不是真的仍然能够去参加峰会。我们必须，我们必须进行评估。或许，或许，我们或许仍然会去。换句话说，让我这么说吧。当我考虑参加峰会的事的时候，亨利，我们不能去——有两个极端——如果南越危如累卵的话，我们就不能去。

基辛格：这是不可能的。

尼克松：我们可以去，可以去，并且如果形势不断变化，并且双方认为我们将在峰会上讨论越南问题，而且这次峰会确实会取得一些进展的话，我会做出这种让步。但是，这是我们的问题。现在，我的意思是，你会——他们想要举行这次峰会。他们非常想。而你当然要让他们的脑袋——我不知道封锁的事会不会让他们头疼，但是德国问题一定会。并且，那一直是 [******] 的事情，但是毫无疑问，我会让它彻底完蛋。我们就告诉巴泽尔（Rainer Barzel）¹和俄国人，我们现在是持反对态度的。你觉得呢？

1　赖讷·巴泽尔，西德基督教民主联盟主席。

基辛格：没错。

尼克松：现在——

基辛格：但是，那意味着我们必须尽快把这件事解释清楚。

尼克松：没错。

基辛格：[******] 我告诉他们是 5 月 4 日。

尼克松：那是参会的另外一个原因。[******] 所以，从今早的形势来判断 [******]，考虑到这个问题，我更倾向于认为（我们）给他们的信息应该是：总统现在已经改变了他的态度。他的意见更改如下，即——

基辛格：我就应该这么说。[******]

尼克松：是的。

基辛格：[******] 他们现在已经拒绝了我们在 24 日举行会谈的提议。

尼克松：是的。

基辛格：这——

尼克松：你会和波特（William Porter）[1] 一起告诉他们这些冗长的废话吗？

基辛格：好吧，那么问题就是，他们已经拒绝了 4 月 24 日的会谈，也就是说他们肯定不会谈到这件事了——这也就对我莫斯科之行的效果产生了严重的影响。我应该表现得非常强硬。第二，总统一开始就已经拒绝参加在莫斯科为准备峰会而进行的一次简单的会议，原因他也已经向多勃雷宁解释过了。而（我）去莫斯科（的原因）是 [******] 去讨论越南问题，我也将全权参与关于峰会的讨论。我们现在已经向北越再次提议举行一次会议，[******] 为 24 日的会谈，并承诺 27 日到达。

尼克松：而且要发表一份声明。

基辛格：并且我们准备在 24 日前发表声明。第二，在我去莫斯科之前，我们必须形成一个明确的共识，即在尽快结束越战的问题上会取得一些实质性的进展。并且，在总统最后同意我去参加会谈之前，他很想听到苏联对这个（消息）的回应。

尼克松：没错。（并且，我们需要）一个立刻的回复（，因为你需要据此制订计划）。

基辛格：是的。

1　威廉·波特，美国巴黎和谈代表团团长。

……

在讨论完具体的细节之后，两人又继续讨论了美国在越南的军事行动所带来的全球性影响。

基辛格：还有一个问题，总统先生。俄国人不想这么做的原因有两个。第一就是，那会使，那会迫使他们陷入与我们对抗的局面。

尼克松：是的。

基辛格：第二个原因就是，那会迫使河内倒向北京一边。因为河内唯一可能获得的支持就是来自北京方面——

尼克松：是的，没错。当然，那让我想到了一点，就是其影响。影响就是，这会使北京更加深陷到战争中去，或者是摆脱那该死的封锁。

基辛格：没错。

尼克松：这种影响还会对我们的对华主动政策产生约束。这种影响——对吗？

基辛格：（那会）使我们的对华主动政策更为艰难。

尼克松：是的。对我们与俄国的缓和有什么影响？如果俄国人取消了峰会，我们采取了封锁，[******]你会，你将会——非常残酷地说，我们在做的事正在使我们自己在越南问题上成为苏联的人质。另一方面，另一种选择是，如果越南问题无法顺利解决，那么对苏主动和对华主动都取决于[******]，也就都没有什么价值了。所以——

基辛格：如果越南问题没有——

尼克松：我们没有其他选择了。

基辛格：如果越南问题无法解决，那么只能诉诸武力了。您知道，苏联是想通过这次峰会让我们彻底搞砸。现在，我知道，我们正在这么做，是因为长期的利益所需，仅此而已。

尼克松：我知道。

基辛格：但是，我们对以色列、越南[******]的所作所为，不是——特鲁多（Pierre Trudeau）[1]所描述的向这边或另外一边施加我们影响的政策。

---

1 皮埃尔·特鲁多，加拿大总理。

这个政策没用，因为我们根本没有什么影响去施加了。

尼克松：如果俄国人不提出任何积极的提议的话，我们除了进行封锁之外，没有其他任何选择了。我十分确信这一点。

基辛格：[******] 承认，总统先生，那 [******]。

尼克松：除非在南越的战斗比我们料想的要好得多。[******]

基辛格：没错。

尼克松：会的。

基辛格：可能会这样。

尼克松：[******] 可能错了，你明白我的意思吗？国内和国际上的反对力量在下星期就会成气候。如果反对力量很强大的话，那么我们进行封锁的时间就是错误的了。这次封锁本应该现在就进行。我们明天就可以采取行动。如果我们，你知道的，如果我们看到，你知道的，采取行动，我们总是说，停止 [******] 争论——暂时。那就是为什么我在想，我们现在是不是要选择不去封锁。

基辛格：好吧，总统先生，和那些人一起不只是——首先，我们必须稍微和苏联拖延一会儿。

尼克松：好的。

基辛格：我会向俄国人传达这个意思的。他们都是残忍的杂种。但是，河内在俄国人的摆布之下已经35年没打过仗了。所以，我们的问题是，必须让苏联对河内的施压开始起作用，而且我们必须让苏联人觉得您是真的非常严肃地看待这件事情。[******] 然后，我们一定要给他们一些时间，但不会是很长的时间。

尼克松：好吧，我的意思是，现在开展封锁行动的可能性会越来越小，亨利。

基辛格：两个星期。

尼克松：我怕——

基辛格：我们必须这么做，如果我们给他们时间了，在中期——

尼克松：我有些担心，是因为我，从根本上来讲，我害怕我们国内对封锁行动的支持会出问题，也就是——我根本不关心什么外国的支持——但是，国内的支持可能会在两星期内慢慢耗尽。

基辛格：还有，我非常支持——我不想留下错误的印象——任何要求 [******] 的组织，我都坚决支持。

尼克松：好吧，我们试一试吧。[******]

基辛格：您看，如果我去莫斯科的话，那简直是——那又会成为一次令人困惑的行动。

尼克松：我知道。

基辛格：[******] 当我在莫斯科的时候，那些共产党的组织会朝我大喊大叫的。

尼克松：我知道 [******] 将会知道你在莫斯科。

基辛格：好吧，如果这些共产党 [******]，那德国人是不会达成任何和平协定的。

尼克松：不过，如果你要去莫斯科的话，那么我们可能必须要透露一下这次行程。[******] 我会稍微透露一下，我会说："现在，基辛格博士在他们的建议下去了莫斯科，但是根本没有达成任何一致。在这种情况下，我会取消莫斯科峰会的行程，并且采取封锁行动。"我不会让他们先宣布取消峰会的。这是我的想法，你觉得怎么样？

基辛格：我完全同意。我会列出他们所有的罪状。

尼克松：好。他们一直在提供武器装备，他们一直在这么干，他们根本对缓解局势没有任何帮助。我们不会去什么峰会了。会有非常多的人支持取消峰会的。我们已经准备好说些狠话了。

基辛格：[******] 对他们采取了所有的主动行动。我认为他们不会让事情发展到这一步的。

尼克松：好吧，基于你的对话，过去的一星期——

基辛格：多勃雷宁不是 [******]。

尼克松：不是针对这件事。

基辛格：不针对任何事。我是说，他可能会说谎，但是他们绝不会说 [******]。

尼克松：你撒谎了吗，[******]？

基辛格：没有。

尼克松：我更倾向于认为，亨利，你应该去莫斯科。稍微透露一下你去的消息。

基辛格：好的。

尼克松：我正在改变对这件事的看法。

基辛格：如果您倾向于 [******] 我去莫斯科，那么我必须谨慎地透露这个消息，因为我不想把我们置于一个——我还是必须要说——

尼克松：就说你的莫斯科之行，是基于总统的一个清醒的认识——我说的"清醒的认识"是指越南问题是首要的问题，是头号议题，而且除非在这个问题上取得实质性的进展，否则是不会讨论其他问题的。我认为你应该这么说。

基辛格：没错。而且，我也会说 [******] 认识到这是最后一次努力。

尼克松：是的。你明白我的意思了吗？我很确信你是在此基础上才去莫斯科的。然后，他们知道他们必须在越南问题上设置一些诱饵来吸引你，否则你是不会讨论峰会的事情的。他们不会——他们很想让你去。

基辛格：哦，是的。我可以做到。但问题是，我要不要告诉他们，必须在星期一之前带回一份答复，告诉我们如何使事情取得进展呢？或者说 [******] 就足够了？

尼克松：他们没准备好。

基辛格：那正是我所担心的。

尼克松：他们还没准备好——我不会告诉他们的。我的意思是，我——听着——

基辛格：我会说，你同不同意这个谅解备忘录。我可以说这个。

尼克松：可以。一定要有一份谅解协议，而不仅仅是一次讨论，但是那时候他们肯定会有一份提议，我们可以——一份可靠的提议——可供讨论。那就是我们的谅解协议；这是基本要求。如果没有这样一份提议的话，那么你就可以立刻返回华盛顿了，不再讨论峰会的问题了。[******] 好吧，换句话说，你要让他们接受这样一个事实，就是星期一的时候他们不用告诉你什么，他们会在星期四再和你见面。你会在那儿。如果你没能得到这份协议，你就直接离开那儿。

基辛格：让我写下来。

尼克松：听起来，这对你来说还算划算吧？

基辛格：是的。这听起来不错。我应该——我认为我应该把这些记下来，因为这是很重要的信息，总统先生。

尼克松：哦，我明白。

基辛格：[******]——我自己，我的第一感觉是，我们要非常残酷而理智地对待这件事，我们从这次出访中得到的要比他们多。

尼克松：没错。我同意。说得对。

基辛格：我的意思是，最坏的结果也只是他们把我晾在一边。

尼克松：没错。

基辛格：并且，什么都不告诉我。但是，他们已经——

尼克松：到那时，我们也算努力过了。

基辛格：毕竟，我们已经去过莫斯科了。

尼克松：我们已经尽力了。

基辛格：而且，所有在这儿的白痴们——

尼克松：没错。

基辛格：——那些说"这个人不想谈判"的家伙们。

尼克松：是的。

基辛格：见鬼，是你们让我去了莫斯科。

尼克松：没错。

基辛格：然后，您把我去年9月和葛罗米柯的谈话曝光。曝光我们所有通过莫斯科提出的提案，因为我们对这些就根本不在乎了。

尼克松：没错。

基辛格：并且——

尼克松：曝光莫斯科的提案。

基辛格：并且——

尼克松：然后，在这个基础上——

基辛格：如果我们输了，我们——

尼克松：在这个基础上——那么，我们就有非常有力的理由采取封锁行动了。

基辛格：没错。如果我们不想采取封锁行动，那么就直接利用这次莫斯科之行来——

尼克松：来作为取消峰会的由头？

基辛格：嗯，为了——

尼克松：为了什么？

基辛格：我的意思是，假设您，假设——

尼克松：你看，问题是这样的。有没有一种方式使得我们可以——我们可以看一看我们所有的牌。我是说，你必须意识到，我们必须意识到，相对一次简单的莫斯科之行来说，还有很多危险的事情，我的意思是，越南战争等。因为我必须进行很多严肃的思考，关于我们如何在这次总统选举中挑选出一位候选人。[******]

470　基辛格：(您的意思是) 谁能成为候选人吗？

尼克松：[******] 得找其他人吧。

基辛格：为什么？

尼克松：因为，你必须意识到，你必须意识到我们的处境。如果我们输了，如果我们在所有的交锋中都落败了，你知道的，这次峰会就会取消，封锁行动也不会成功——你明白，我们已经是孤注一掷了。我是这么认为的。

基辛格：但是，还有另一种可能，总统先生。而且，也是另一个前往莫斯科的原因。如果我不去莫斯科，那么您的时间就会减少。如果我确定要去莫斯科，那么我们就可以有一个借口说，因为我要去莫斯科，所以我们不会立即采取更多的行动。

尼克松：采取什么行动？你是说轰炸吗？

基辛格：类似于封锁的行动。如果我们在这个周末之前不启动封锁的话——

尼克松：是的。

基辛格：——如果我不去莫斯科，那我们干吗不马上进行封锁呢？

尼克松：没错。换句话说——

基辛格：我现在是在通盘考虑所有的问题——

尼克松：是的，站在俄国人的立场上。

基辛格：这种立场——

尼克松：也就是说，我们一点也不凶恶。如果你去了莫斯科，那会赢得一些时间，这个我同意。但现在，要知道，那并不会对我们国内局势有什么帮助。国内的——

基辛格：不，不，但是我们回来 [******]。我们已经讨论过了取消行程以及采取封锁的可能性。

尼克松：是的。

基辛格：现在，这个问题还有其他的变化。在莫斯科期间，事情还可能有其他变化，如果南越彻底失败，那么我们可能仍然会决定在北边炸他们，并且去莫斯科。因为如果我们能打破——

尼克松：而且不进行封锁。

基辛格：不进行封锁。

尼克松：我的——我又重新考虑了一下，莫斯科之行还是要去。那样可以帮助传达一种信息，就是你同意前往，而且，他们很容易就能摆我们一道。但是，我们绝对不会被他们耍的。

……

尼克松：如果确实有一种方式，亨利，能够不让越南的事情搞砸苏联峰会——我正在考虑这个问题。如果我们能做到，我们也不该这么干，要记住一个事实，就是苏联——我们仍要面对它。而且，我们要看到这件事的另一方面。如果我们能找到一种体面的方式让阮文绍滚蛋的话，那么或许我们就可以鸣金收兵了——如果说我们在此之前是拼命战斗的话。我的意思是——你明白我的意思吗？但是，另一方面，如果没有这么一种体面的方式，那么峰会的事情就根本不用考虑了。这才是我们现在面临的问题。

基辛格：这是长期以来我国民众的一种立场。那是——

尼克松：这就是为什么我——好吧，你要知道，我之所以这么说，是因为对我来说这完全是一个修辞问题。在我看来，根本没有一个体面的方法能让他滚蛋。记得吗，你总是说让他滚蛋之类的。可天晓得到底怎么才能做到。

基辛格：没错。从来没有好办法。从来没有——

尼克松：从来不管用。也从来都不对。

基辛格：而且，都是些转瞬即逝的机会。

尼克松：是的。但是，现在，我认为我必须要做这样一件事。我认为我们必须要说，实际上我们将会，让一切回归正常。让他们取消这次峰会——我们必须认识到，如果俄国人取消了峰会，或者事实上是我们由于封锁行动而取消了峰会，那么从本质来讲，我们反而确保了民主党的胜利，除非我能找出一种方式——而且我也一直在思考这件事——除非我能在共和党中找出另一个候选人而且也只有——当你们真的进行选择的时候，可能会有洛克菲勒，但他不可能得到提名。里根还有可能。

基辛格：是的。

尼克松：他不可能——另一种可能，你可能从来没想到过，就是（沃伦·）伯格，有人推荐他。还有一种可能，这也是唯一能结束这些事情的最长远的赌注，这有助于得到整个南部选区，就是在所有这些开始之前，我可以和康纳利谈一谈。你知道的，我会说："听我说，你必须改变一下你的党了。"然后，我就可以退出了——

基辛格：不可能——

尼克松：——并且，我会支持康纳利。然后，康纳利——我的意思是，我必须通过——康纳利没有什么污点，他可以赢得选举。

基辛格：总统先生——

尼克松：你知道，这就是问题所在。但是，关键在于，我们必须明白，我们必须明白，如果在越战中失利而且没有举行峰会，那么赢得选举就没希望了。

基辛格：总统先生，他们——

尼克松：这就是问题所在。

基辛格：总统先生，我们绝不能让越战毁掉两位美国总统。我们绝不允许。其次，——

尼克松：我不知道你能如何避免这种悲剧的发生。可能，你知道的，封锁行动可能会起作用。这就是我的观点。

基辛格：其次，对您来说，没有什么现实的选择。第三，——

尼克松：除了康纳利。

基辛格：不。在对外政策方面——

尼克松：是的，我明白。

基辛格：这是主要问题。

尼克松：嗯，不一定，亨利。

基辛格：很谦虚地讲，总统先生——

尼克松：你知道，和这些人共事是非常棒的。

基辛格：我认为——

尼克松：唯一一个你无法好好合作的人就是里根。我觉得他是个无名之辈。

基辛格：总统先生——

尼克松：你能应付得了洛克菲勒。你也能应付得了伯格。

基辛格：总统先生——

尼克松：你能——

基辛格：如果一个像我这样曾和一位总统如此近距离共事过的人再和其继任者共同工作的话，这真的是很困难的事情。在任何情况下，我都不会这么干的。而且，之后——

尼克松：好吧，那么你很清楚，我们面对的是哪些人。我们面前有马斯基、汉弗莱，还有泰迪。事实就是这样冷酷。作为总统。而你知道，那就是为什么这件事有这么多门道的原因了。现在，你回过头去想一想这个提议——

基辛格：没错。

尼克松：——苏联人可能——好吧，听着，我的目的是，如果可以的话，我们必须采用这种方式来挽救这次同苏联人的峰会，并缓和越南局势。我想说的问题在于，我不是要去搞掉阮文绍。但是，我，如果你——你明白我的意思吗？

基辛格：您知道，我认为不再有什么办法能缓和越南局势，总统先生，因为我们不是输就是赢。我认为您最开始的分析是对的。

尼克松：是的。

基辛格：如果我们输了，我们是否温和地对待这件事就没什么意义了。

尼克松：是的。如果我们输了，我们就出局了。

基辛格：好吧，那么您就会面对国内的强烈抗议了。

尼克松：没错。

基辛格：而且，您在峰会上也会面对来自各方的令人窒息的压力。

尼克松：没错。

基辛格：如果您赢了，现在如果——我认为封锁应该是——

尼克松：你觉得封锁行动会有帮助吗？

基辛格：不。我认为，总统先生，我们，就其他任何人而言，您必须给他们一种几近疯狂的印象。

尼克松：哦，必须这样。我得让所有人都感到害怕，像发疯了一样，让他们担心。为什么不 [******]？

基辛格：恕我直言，您必须忘掉所有人的所有质疑——这话就在您和我二人之间说，我认为封锁行动必须经过非常非常谨慎的考虑。

尼克松：我同意。并且，在你 [******]——

基辛格：但是，要经过非常虔诚的考虑——我的意思是，我们不应该鲁莽行事。但是，我在苏联必须表现出您的态度似乎是毫不在意的样子。

尼克松：没错。我也觉得应该是这样。

基辛格：我想留下一种印象——

尼克松：是的。

基辛格：——在谈论到峰会的问题时留下这种印象；您会去，您对华莱士的投票印象很深刻。

尼克松：没错。

基辛格：您将会前往很难搞定的南部选区。您还会继续面对反共产主义的攻击，上帝啊，我觉得您已经受够了。我一直在跟勃雷宁这么说。

尼克松：是的。

基辛格：现在，我——回顾历史，俄国人总会退让，当我们 [******]。

尼克松：是的，但是我知道。俄国人会退让，但是没有——北越人可不会。

基辛格：好吧，这是真的。但是，如果我们可以让俄国人服软，那么问题就是，我们能不能 [******]。

尼克松：没错。

基辛格：即使为我自己考虑，我也不急于——我们都 [******] 以这种难以置信的方式。

尼克松：是的。

基辛格：而且，我们在对外政策上赢得的所有声誉都会——

尼克松：是的，都会付之东流，我们都清楚这一点。

基辛格：所以，我尽管没有那么多相关利益，但是也——

尼克松：我明白。

基辛格：——没有获得我一直为之努力的事业的 [******]——

尼克松：去俄国吧。我知道。我明白的。但是，我们必须把俄国这张牌打出去。我认为，这就是为什么你必须去的原因，亨利。所以，你发给俄国人的信息就这么写。

基辛格：我写完后，再拿来给您看。

尼克松：[******] 但是我认为，我还是想要——我一直想告诉你的意思是，我自始至终都准备好了要去。而且，我也准备接受所有后果。但是，而且那意味着,你在那儿就有一张实施封锁的牌可以打了。也许你在那里不会用上这张牌。但我的意思是,如果你知道这件事情会发生的话,那么相对于你知道不会发生来说,你的态度就可以强硬很多。

基辛格:没错。

尼克松:如果他们认为我们已经严阵以待,那么就不用再做其他什么事情了。

基辛格:您知道,我们可能不想采取封锁行动;我们可能只是轰炸海防港[******]。在这种情况下——

尼克松:我们为什么要那么做?

基辛格:为了封锁每一个码头。我们刚刚开始对每一个码头进行轰炸。这样就不能使用了。然后——

尼克松:为什么对港口进行轰炸会更好呢?

基辛格:因为这样的话,苏联船只就会介入。

尼克松:他们现在只是在外面躲着吗?

基辛格:而且,我们也没有直接挑衅俄国人。

尼克松:你是说,轰炸前面的船只和海港?你是这个意思吗?

基辛格:不,只是轰炸桥梁。他们已经把这些桥梁炸断了。[******]

尼克松:好的。

基辛格:嗯,而且行动的时间会更长。

"如果我们从越南落荒而逃,那么美国的对外政策就难以持续下去了。情况就是如此。"

1972年4月17日,上午8:58
理查德·尼克松和亨利·基辛格
椭圆形办公室

自约翰逊政府以来,在4月17日,美国首次大规模轰炸了河内以及海防港，尼克松战争升级行动所冒的风险在这天达到了最高点。与此同时，海军舰艇——包括5艘航空母舰——开始在位于东京湾地区的扬基基地集合，从这里正好可以对北越采取空中或者海上打击。对北越和苏联来说，尼克松强硬的武力展示构成了一个巨大的挑战。在美国对海防港的打击行动中，一艘苏联舰艇被摧毁，这给了莫斯科一个采取报复行动的理由。尽管苏联没有这么做，但尼克松却备感压力。他似乎感觉到自己在危险的道路上越走越远，所以再一次谈论起卸任总统的事情。

……

基辛格：早上好，总统先生。

尼克松：早上好。

基辛格：我们又接到了一份黑格的电报。电报上说："显然，您那边已经麻烦不断、危机四伏了。从现在开始，我们需要以最冷静的态度去考虑问题。我认为，最大限度地保持冷静和自信是非常重要的。虽然国内环境影响事态发展的可能性较小，但是您知道，过去那些严峻的局势都包含着同样的风险。目前，我们还能够控制军事局面的平衡。正如我昨天在报告时所说的，在短期内，敌人会遭受严重的挫折。"剩下的部分都是技术性的问题。他已经和艾布拉姆斯讨论过关于宣布撤军两万人的问题，这也会使得我们的人数在7月3日前减少到5（千）人，然后我们也可以说我们总共已经撤出了50万人的军队。他认为这是可以做到的，不过他明天会给我答复。如果您下星期举行记者会的话，我想让您在会上宣布这个消息。

尼克松：好的。[******]

基辛格：昨晚在您休息之后，多勃雷宁带来了一份俄方的消息——

尼克松：哦。

基辛格：——他说，因为他们不想公开说太多信息——这份消息的语气非常强硬；上面没说什么实质性的东西。但是，在例行公事地说了5页纸的狠话之后，他说他们会向河内转达我们的想法，而且也会给我们一个答复——这很令人惊叹，因为过去他们从来都不愿意这么做。现在，我建议，对这份消息，我们就说不会做出答复。他们知道我们的政策是什么，而且我们也会继续坚持这些政策。如果那是他们的态度的话，我觉得，我可以现在就告诉他们，这是讨论不出任何结果的。
尼克松：他似乎也明白了。多勃雷宁。必须让多勃雷宁相信我们会去的。
基辛格：我认为，我认为在国内这会把我们置于——您决定去的理由是：我不觉得他们会比我们的收获更多；对我们来说，我们才会获得更多，而他们什么都没有。
尼克松：嗯。
基辛格：而且，他们能得到什么呢？在我们轰炸河内和海防港之后，他们还会接待我 3 天。
尼克松：是的。无论如何，当多勃雷宁来的时候，你还在旅行途中吗？
基辛格：是的。哦，当然。他们没有取消。
尼克松：很好。
基辛格：他们什么都没做。只是——我想他们做的，总统先生，只是把第一部分送给了——
尼克松：——给河内。
基辛格：——给河内看了，因为在公开场合下，他们一直很温和。中情局已经——
尼克松：中国人也一直很温和。周恩来 [******]。
基辛格：非常温和。
尼克松：相对于我们一直认为的来说。
基辛格：现在，让我给您读一下中情局的分析——中情局总是会大惊小怪。"莫斯科已经给他们的人员唯一 [******] 美国对河内和海防港的空袭。苏联没有公开承认他们在海防港的船只遭到了破坏。"
尼克松：那里有多少？有 40 艘吗？
基辛格：是的。苏联——
尼克松：他们——
基辛格：太可怜了。
尼克松：那并不是很糟糕。
基辛格：那还不错。
尼克松：我觉得还不错。
基辛格：是的。抗议并没有提到对河内的袭击或者针对北越任何地方的袭击。其核心是对苏联船只的损毁，没有提到任何苏联人员的伤亡，并且这份抗议是由低级别的外交部副部长发表的，这表明苏联并不想过分渲染空袭行动对美苏关系造成的影响。有关向北越提供援助一事，莫斯科还在继续保持沉默，塔斯社也仅仅是提及苏联已经履行了其国际义务。它对于周恩来的表态分析道："周的言论顶多是对过去一年来中国有关越战的评述的一种概括。他没有提到中国的援助，没有提到尼克松总统，也没有提到苏联船只的损毁。"然后，河内发表了一份公开声明，声称他们在世界上的朋友都会及时谴责美国的行为。而且，中情局还说："[******]似乎是向苏联和中国寻求另一个更大的援助。在这一点上，北越军队一直在扮演苏联人的突击队的角色。"还有一些其他的内容。现在，我们面临一个问题，我希望罗杰斯在那里能够坚定而且强硬。（国务卿威廉·罗杰斯计划在这天早上到参议院外交关系委员会作证。）这是一个——

尼克松：哼。只有上帝知道他会干什么。

……

尼克松：当我说我要采取封锁行动时，你不会，你会觉得我只是随便说说。但是，我——

基辛格：总统先生——

尼克松：但是，我执意要进行封锁——

基辛格：总统先生，我没觉得您是随便一说的。

尼克松：——在这周末。

基辛格：您已经——好吧，我们必须等到我从莫斯科回来，但是——

尼克松：我就是这个意思。就是这周末你回来的时候。

基辛格：不，我会在星期天晚上回来。

尼克松：那不就是周末吗？哦，那是下星期的第一天了。

基辛格：下星期的第一天。

尼克松：我的意思是，当你从莫斯科回来之后，如果他们仍然是很强硬的、死板的态度，那就封锁他们。

基辛格：总统先生，我认为您一直都是言出必行的。而且，我有每一个——不，我认为您会那么做的——

尼克松：听着，亨利——

基辛格：——而且，我也认为那是您应该做的。

尼克松：听着，亨利，你知道的，如果你——当你真正做到极致的时候，亨利，你的分析，你那"不能让北越人毁掉两位总统"的分析其实是站不住脚的，因为约翰逊实际上是自己毁了自己，而我是绝对不会那么做的。坦率地说，我会为了国家的利益而果断行动的。但是，尽管如此——

基辛格：不，不，但那是为了国家的利益。所以我才那么说的，总统先生，以我所有的——

尼克松：所有的什么？

基辛格：——所有的忠诚，我认为我们不能让这些该死的浑蛋毁掉大家对于本届政府的信心。

尼克松：没错。好吧，不管怎样，我告诉过你，我确信这个国家——你知道的，对我来说，让我——肯尼迪，即使他领导下的国家在当时比任何潜在的敌人都要强大，但是他仍不能实行非常成功的对外政策，这是因为他缺少钢铁般的意志——

基辛格：没错。

尼克松：——还缺少优秀的建言献策者。

基辛格：是的。

尼克松：好。约翰逊由于种种原因也陷入了同样的境遇，因为他没有任何经验。现在，我很清楚一个事实，就是因为——现在正在发生的事情，我的意思是，这些事都有一种限度，一个非常好的机会——我是说，我没有，从我个人的角度来说，这一点儿也没有困扰我——坐在总统位置上的人很有可能将会是其他人。可能是马斯基，可能是汉弗莱，还可能是泰迪（指爱德华·肯尼迪）。是这三位民主党人中的一位。而在共和党这边，不会是阿格纽，也不会是里根，而是——洛克菲勒很可能得不到提名。我不知道会是谁，他们会提名谁，但是，但是有一点：我必须，我也很清楚，在我离开这间办公室的时候，我必须保持强大，因为任何一个继任者，都有可能因为缺乏经验，或者缺乏个性和勇气，导致处于弱势地位的美国输掉一切，你明白吗？

基辛格：完全明白。我知道——

尼克松：所以，这就是为什么，这就是为什么我必须采取行动的原因，不仅是为了确保如果还是我担任总统，我们就能采取一种成功的对外政策，我这么做——还有一个重要的原因——就是即便是某个可怜又无能的浑蛋坐在这里的话，也能尽最大努力来实行成功的对外政策。如果休伯特·汉弗莱坐在这个位子上，那对他来说确实够艰难的，推行一种能让南越击溃对手的对外政策真的是够难的。真会很难，因为他有时是一个语无伦次的蠢蛋，本意虽好，但说话却颠三倒四。马斯基已经证明他自己毫无个性。而泰迪是一个——好吧，难以置信，我的意思是。他总是时好时坏。现在，什么——我还能做什么呢？所以，我不能丢下不管——我不能丢下这些事情。在这种情况下，正如我经常说的，在这间办公室里，在一段时间中，可能我会是最后一位总统，我的意思是，最后一位顽强且经验丰富，而又能够推行强有力的且负责任的对外政策的总统，一直到下一个能沿着这条路走的人出现。所以，去他妈的，我们就这么干。而这意味着——意味着承担所有的风险，输掉所有的选举。我就是这么看待这件事的，就是这么残酷。现在，人们说："哦，好吧，如果你赢了，那么你就会走投无路了。"我不确定，但是关键在于，我们别无选择。你明白吗？

基辛格：我也是这么认为的——

尼克松：如果我们从越南落荒而逃，那么美国的对外政策就难以持续下去了。情况就是如此。

基辛格：总统先生，这和我的观点完全相同，和我自私的、短视的个人观点。

尼克松：我们不应该，不应该——

基辛格：您没有这么做的动机。

尼克松：我们不应该达成协议。

基辛格：而我的动机是——我没有那么大的相关利益，但是——

尼克松：我知道。你的目的就是不能让所有这些好的对外政策付诸东流。

基辛格：没错。

尼克松：这确实是现在面临的危险。

基辛格：而且是我们所关心的。公众舆论，人们会说——

尼克松：没错。

基辛格：——可能会说——

尼克松："和平的使者""和平的一代"，诸如此类的话。

基辛格：即使这样，总统先生，我还是要说一件事。如果顺化丢掉了，您这星期承受的压力就要大得多了。我们承受的最大的压力，是在第一个星期，这些小人们不停地说越南化的政策已经失败，压力逐渐增大。

……

尼克松：我认为你应该告诉拉宾，你听到总统这样说了。我想让你把拉宾叫来，然后说你听到总统这样说了。对各国领导人，他曾经说，他说了很多次，我总是从以色列问题开始，然后我才谈欧洲问题。但是，我说，如果美国输掉了越战，如果一种受苏联支持的侵略行为得逞，那么下一张倒下的多米诺骨牌就是中东，美国也无法置身事外。这才是真正危险的事情。他们应该知道。而且，我认为，应该让我们的一些以色列朋友来支持我们。

基辛格：没错。

尼克松：你觉得呢？

基辛格：我是这么认为的。

尼克松：你认为这不对吗？

基辛格：我会联系拉宾的。现在，我们谈一谈——

尼克松：很好。

基辛格：——一个紧急的技术性问题。

尼克松：好的。

基辛格：总统先生，我去见多勃雷宁，然后告诉他我们不会对苏联的这份消息做出任何答复，您同意这么做吗？

尼克松：可以。

基辛格：就说"总统已经决定了。你知道他做事的方式。再绕圈子也没什么意义了"。

尼克松：可以。

基辛格："而且，我们不会答复。我必须非正式地告诉你，如果这是你们准备在莫斯科说的话，那我此行就是浪费时间。"

尼克松：很好。

基辛格："因为我们是不会取得任何进展的——"

尼克松：问题在于，我们应该停止对河内的轰炸这些话，都是老一套。

基辛格：哦，是的。是的。那是——他们不得不这么说，总统先生，因为——

尼克松：就说，就说我们这么做了。你为什么不像我和周恩来说的一样："听着，总统读了这个消息，然后微笑了一下。"瞧，你就说："他微笑着说，他说：'他们不得不这么说。'总统说：'但是'，然后他脸色一变说：'不用回应什么。如果俄国人想讨论解决问题的方案，那很好。但是如果他们想这么干的话，那就不用开什么峰会了。'"

基辛格：好的。

尼克松：我应该很强硬。因为我很乐意见到（西德前财政部长）约翰（·弗朗斯·约瑟夫·）施特劳斯。我很喜欢这个傻老头。

基辛格：没错，没错。

尼克松：你明白吗？

基辛格：（笑声）

尼克松：你认为我们不该这么做吗？

基辛格：绝对应该。

尼克松：我认为，多勃雷宁肯定希望你能这么做，不是吗？

基辛格：哦，多勃雷宁。当他说："我会告诉你"，他继续说："我们必须通过幕后渠道探讨这件事，因为他们不会在公开场合说太多。"

尼克松：好吧，比尔（·罗杰斯）问我汉弗莱回应了没有。我们已经对俄国的消息做出了回复，是吗？

基辛格：没有。他已经发送了一个澄清我们这边状况的电报。我压了一夜，因为上面的内容比较焦虑，说您或许已经休息了，的确是这样。而且您可以今早再看。而您也同意了。

尼克松：嗯。

基辛格：我的意思是，您就是那么说的。您今天早上考虑了这件事，今天早上。

尼克松：我和你谈一下你的行程。我认为出于面子的考虑，不是他们得到的比我们多。在其他方面可能是这样的。但是，不管怎样。从根本上说，是因为他们想到了中国的事情，他们想让亨利·基辛格去莫斯科，是因为你已经去过了中国。

基辛格：哦，是的。

尼克松：你看到没有？这才是他们的想法。你必须明白。我们给这些浑蛋的东西绝不是白送的。现在，我还要说一点，亨利，就是，不过，我们这么做是有理由的。我们的理由是，你要去莫斯科，然后我们就进行封锁。

基辛格：当然。

尼克松：我会爆料的。该死，可能是你回来的那天；我可能会在记者会上宣布这件事。

……

尼克松：我认为，相对于俄国人来讲，我们与河内的博弈只有一个劣势。我们这星期一直没能采取行动。

基辛格：哦，不。好吧，首先，我们仍掌控着南越，总统先生。

尼克松：你认为我们还在掌控吗？

基辛格：哦，是的。而这对他们来说是最糟糕的。并且——

尼克松：但是，那只是暂时的，你知道的，这种掌控。

基辛格：我不知道。我认为那是，我认为并不是暂时的。

尼克松：[******]

基辛格：但是，第二，我们正在对北越的南部进行密集轰炸。

尼克松：能不能开展一些轰炸，改变这星期的行动模式，这样看起来就是不同模式的打击了？能不能做点儿什么呢？我们能不能再开展一次对B-3区域那样的打击行动呢？这样——

基辛格：在南越还是北越？

尼克松：南越。

基辛格：哦，南越的话就很简单了。

尼克松：是的。我想，我认为我的意思是，我想要的是一些能被描述成大规模的、不同类型的打击。你觉得在什么地方可以进行这种打击呢？

基辛格：我会马上发一个消息。

尼克松：就这么写。这个星期——你明白我的意思了吗？

基辛格：明白。

尼克松：我不想让你去那儿——好吧，坦率地说，人们不会知道你是去那儿了。我不想让这里的人有一种印象——你知道我们正面临着什么。

基辛格：但是，下星期他们就会明白您这么做的原因了。

尼克松：我知道。但是在这星期，他们会写因为俄国和中国的反对，所以美国不会再那么做了。你明白我的意思吗？我们不能陷入那种境地。现在，我猜我们能有一星期的时间来处理这件事。

基辛格：我们还有一星期的时间。如果他们同时指责您太强硬、太软弱——那么下星期，我认为如果我们能避免——我是说，我们对他们已经足够残酷了。那不是——我们从来没表现出软弱。而且，他们知道，我的意思是，他们现在很了解您，总统先生。他们知道，如果我回来的时候没能达成任何共识的话，那我们就把所有事都揭露出来，特别要证明我们已经尽了最大的努力。

尼克松：嗯。现在，在我们星期三采取行动之前，最后一件需要考虑的事情。你知道，你必须在内心做出最后的决定，就是你究竟是想以一种能够促成莫斯科峰会的方式去莫斯科进行会谈，还是让举行峰会的事彻底泡汤，让我们自己除了进行封锁之外别无选择？有一点非常重要。如果峰会要被取消，我想是由我来取消的。我不想让他们取消。

基辛格：好吧，我会——

尼克松：就像 U-2 飞机事件一样，明白吗？

基辛格：我想说，总统先生，我认为，在峰会中的部分谈话中，我们应该表现出一种温和且有所展望的态度，这样他们受到的冲击就会最大，在——

尼克松：我明白。

基辛格：——在峰会之后。

尼克松：我全都明白。都明白。

基辛格：另一方面，在越南问题上，我们应该像钉子一样强硬，因为如果我们拿出模棱两可的立场，我们并不能给这些家伙留下态度缓和的印象。即使约翰逊不断地循循善诱，他们也并没有向北越传达任何信息。

尼克松：嗯——

基辛格：所以，我认为我们应该双管齐下。在越南问题上，我们应该非常强硬。我现在面对的问题是——

尼克松：我们得到了——我们到底——我们——对不起。

基辛格：好吧，我觉得，如果我们——

尼克松：当我们在莫斯科的时候，我们必须要求停火。这是我的观点。

基辛格：哦，总统先生，我们可能取得的一个成果就是，我们能告诉俄国人，我们要回到3月29日提出的条件的立场上。就是说，北越要撤出部署在非军事区的3个师，在非军事区北部；他们将军事行动的规模减小到3月29日的水平；这是苏联保证过了的；作为回应，我们停止对北越的轰炸；而且我们愿意恢复巴黎和谈。

尼克松：这是很不错的协议。

基辛格：这是个非常不错的协议，总统先生。

尼克松：是的。

基辛格：如果他们停止进攻的话，这对北越来说就是一场大败。

尼克松：没错。

基辛格：而且，国内舆论对我们的评价会大大好转。

尼克松：撤军——

基辛格：如果我们这么说的话——

尼克松：撤出非军事区，撤出那些部署在非军事区的军队。毕竟我们不能让他们撤出所有部队。

基辛格：没错。

尼克松：作为回报，我们会停止轰炸北越。因为我们会——

基辛格：但是，他们必须降低军事行动的——

尼克松：不管怎样，到那个时候我们会彻底击败北越的。

基辛格：没错。

"我们要封锁这些浑蛋，让他们活活饿死。"

> 1972年4月17日，中午12：15
> 理查德·尼克松和亨利·基辛格
> 椭圆形办公室

尼克松对待苏联的方式，正是约翰·福斯特·杜勒斯所言的"必要的艺术"，即"到达战争的边缘却不卷入战争的能力"。在美国全国，观察家们都变得越来越紧张，因为尼克松的强硬态度的确正在突破引发战争的界限。"尼克松决心要和苏联硬碰硬"，《华盛顿邮报》警告说。在4月17日中午之前，尼克松已准备实施封锁行动，而这将不可避免地把美国置于与苏联船只直接对抗的境地。基辛格竭力把尼克松往回拉。

……

基辛格：我和多勃雷宁聊过了。比尔做得非常好，总统先生（指比尔上午在参议院外交委员会上所做的证词）。

尼克松：我看到报告了。我一直在想，我不——你的，你和多勃雷宁谈话的目的是什么？只是为了得到这个消息吗？

基辛格：是的。并且是为了保持——

尼克松：你已经做过了——

基辛格：我还没有完成，因为——

尼克松：好吧，我不希望让你汇报这个，或者甚至建议我们接着讨论这个临时的方案——

基辛格：哦，不是的。

尼克松：——一种换取——让我告诉你这样做的缺陷。我已经在这儿写出来了。根据黑格的报告，这个缺陷就是在政策方面只看到了近期利益，但是，在我看来，并没有看到长期的风险。短期内，那会是一种非常好的态势，只要我们能让他们把非军事区的第一集团军撤出，我们就可以狠狠地教训我们的那些批评者们。然后，我们就放弃轰炸北越，也会减少战斗的频率，而且我们也会回到谈判桌上。好吧，困难在于，敌人依然具备发动大规模进攻的能力。你知道的，你能得到多少时间并不重要。同时，困难还在于，就这次交锋来说，苏联受到的压力会被大大减弱。哦，当然，我们可以去莫斯科，可以在限制战略武器会谈上达成一致，还有其他一些事情。但是，我的意思是，我们已经承担了战争升级的风险，我认为我们必须做的是不停地升级。

基辛格：好吧，总统先生——

尼克松：除非，我的意思是，我认为你在莫斯科所持的立场不应该是想要做出让步。换句话说，是要让我们给他们，让我们——让他们来请求我们停止轰炸，这才是应该考虑的问题。

基辛格：是的。

尼克松：毕竟——稍等一下。他们进行侵犯活动；这是事实。我们轰炸他们；这也是事实。但是，最后当你考虑这个问题的时候，是我们停止了轰炸然后回到了谈判桌前；而给苏联施加压力也并不是很奏效。我的观点是，我真正想要的，你知道的，我想让你警告多勃雷宁；我们会，我们会采取更加强硬的行动，亨利。现在，你至少不能让时间白白流逝，亨利。我们必须实行封锁。我一点都不在乎什么选举。我们要封锁这些浑蛋，让他们活活饿死。这才是我们要做的。

基辛格：好吧——

尼克松：我宁愿这么做，而不是在今年夏天去搞什么谈判。那些谈判帮不了我们。

基辛格：好吧，您要做出这个判断，总统先生。如果——首先，我很赞同我们现在不用跟俄国人谈论什么临时的解决方案。那应该是陷入僵局后的结果。

尼克松：没错。

基辛格：而且，我现在不会向俄国提出任何主张。

尼克松：是的。我明白。但是，我只是并不认为——

基辛格：但是，如果要在某个场合说这件事的话，那也应该是在莫斯科提出来。但是，请允许我提一个建议，总统先生：如果我们让俄国人以为，我们会要求一些在这个世界上他们无法做到的事情，那么我们就有可能逼迫他们以野蛮的先发制人的行动在今年把您扳倒。这或许是他们唯一的希望。

尼克松：我知道。

基辛格：不，不，但是——

尼克松：同时，我们还会输掉战争。

基辛格：好吧，如果他们认为他们可以推翻您——我只是在向您分析对手的想法——那么他们所要做的，就是忍受6个月封锁。那么，他们很可能会这么做。

尼克松：嗯。

基辛格：所以，临时性的解决方案有这样的优势，总统先生。首先，这看起来会是他们的一次很明显的失败。

尼克松：你看，这不过是暂时性的。继续说。

基辛格：我知道是暂时的。第二，那会让我们顺利挺过苏联峰会的。毕竟，您现在能参加苏联峰会，正是由于有了中国的峰会。而且，那会让他们很难把您描绘成一个好战分子。那会让我们挺过峰会并取得一些引人瞩目的成功。我们能够在这次峰会上取得很多成果，比如中东问题的解决方案，也就是我们明年要宣布的协议，而他们明年肯定会极不情愿违反这个协议的。

尼克松：嗯。

基辛格：然后总统先生，在您的大选过后，我会全力以赴处理越南问题。

尼克松：好，但问题是，我们在整个夏天都要应付这场战争。就像黑格在他的备忘录里说的，那是最令人心烦的事情；这是你昨天读给我听的，而且我非常同意他的说法。他说，好吧，之后，现在我们会坚持；然后，我们必须准备好7月的另一次攻击。我们在7月不会采取任何进攻行动。

基辛格：不，不。不，不会的。

尼克松：[******]7月没有进攻行动。

基辛格：不，不。这个协议部分内容包括苏联援助，并且保证今年不会再发起任何进攻行动。今年一整年。我们讨论的不仅仅是目前的状况。

尼克松：如果我们能达成协议的话，非常好。

基辛格：我们正在探讨剩下的——

尼克松：[******] 我不介意有一些 [******] 在那儿 [******]——

基辛格：不，不会的。

尼克松：[******]

基辛格：哦，总统先生，如果我们只能让目前的进攻停止，而没有关于不在7月发动进攻的保证的话，那我们也不能接受——那我会更进一步的。我们也不能接受河内的意见；我们必须得到苏联公开的保证。那么，这也会改变谈判地位。因为到那时，我相信，总统先生，河内会认为通过其自己的行动——就可能会推翻您，但您是绝不可能被河内的行动推翻的。因此，很可能您会在11月后连任成功；尽管您现在如此激进，但是并没有迹象表明您会在11月做什么。而且——

尼克松：你知道的，他们打赌，他们能够让战争持续下去，而且他们会一直扣留战俘到11月。在这种情况下,我们能赢得大选的可能性就非常非常小了。你明白我的意思吗?

基辛格:我认为如果他们的这场进攻现在被叫停,他们,特别是如果他们备受轰炸的折磨,随着他们每天——我的意思是,无论如何,这个交易不会在5月5日到10日之前发生,在这种情况下,他们的大部分进攻都会在一定程度上让他们负担过重。所以,我认为对您来说——封锁行动能够奏效的关键,在于您是否能坚持下去。如果他们认为只需要等待6个月的话,他们就可能会坚持到11月。这是我对于封锁的担心,总统先生。而且,您记得吗,我在1969年的时候对这件事有过一些谈判。那时候,您在外交方面并没有准备采取这个行动。而且,当时我很坚定地支持您的做法。这就是为什么我认为临时性的解决方案——但是,无论如何,我们应该在战俘的问题上坚持立场。

……

基辛格:但是,坦率地讲,我相信,总统先生,您的高超的技巧就体现在您一直非常强硬上。如果——您直面所有艰难的问题,但与此同时仍然保持和平的姿态,那么这样他们就无法轻易地打败您。人们信任您,是因为他们知道您已经全力以赴。因此,从各个方面考虑,我认为不取消莫斯科峰会是符合我们的利益的,只要我们在参加峰会的同时,维护我们在越南的至关重要的信用。这是最主要的问题。

尼克松:是的。我同意。

基辛格:如果这次的莫斯科会议根本没有什么效果的话——

尼克松:或许,我们可能会在9月进行封锁,你觉得呢?

基辛格:不。我会认为,如果莫斯科会议没有效果的话,那么我认为我们——不,我的意思是,(如果)布雷不起作用的话,那么你可能会想要进行封锁了。

尼克松:我们可能必须要这么做,你知道的。

基辛格:没错。

尼克松:你不能拿着王牌不出。

基辛格:没错。我不——我们确实应该保持一种姿态,就是您会进行封锁的姿态。我认为,我们的确引起他们的重视了。

尼克松：肯定是的。

基辛格：但是，我——

尼克松：可能，那就是我想让你从多勃雷宁那里得到的东西。并且——

基辛格：我们一直在处理这件事情——

尼克松：我和波兰大使进行了非常愉快的谈话。（在当天早些时候，尼克松在椭圆形办公室会见了波兰大使，并且收到了在5月莫斯科峰会后访问华沙的正式邀请。）我很感谢他在那方面做出的努力，但是我们——

基辛格：总统先生。

尼克松：为了带这个该死的，这个小贱货来到这里，这个波兰大使，不是说他是个强悍的人，而是他今天的到来还是很不错的。现在，他们可能要搞砸这件事情，但是我不会让他们得逞的。

基辛格：他们不会的。

尼克松：是的。

基辛格：俄国人可能会取消峰会，但是只有俄国人这么做了，波兰人才会跟着这么做。我不认为俄国人会那么快采取行动。我认为，我们已经让俄国人担心了。

尼克松：是的。

基辛格：我可以告诉多勃雷宁——

尼克松：多勃雷宁说没说过要取消峰会？

基辛格：不，没有。

尼克松：最好没有。

基辛格：没有。

尼克松：因为如果他要在这个问题上动手脚的话，记住，我是那个先动手的人。

基辛格：是的，但是，总统先生，我应该在莫斯科待3天——

尼克松：我同意，但是——

基辛格：——在轰炸海防港之后，这真是令人难以置信。

尼克松：是的，好吧，当然，今天早上的一些报纸说，苏联领导人这星期会外出，所以他们没有对轰炸做出回应。所以，他们没有——

基辛格：胡扯。

尼克松：他们清楚。

基辛格：我们已经得到了勃列日涅夫的消息。他们真是一点儿也不看我们的报纸。
尼克松：感谢上帝。等会儿见。
基辛格：好的。

在莫斯科，越南是首要问题

> 1972年4月18日，上午11：00
> 理查德·尼克松和亨利·基辛格
> 椭圆形办公室

基辛格准备于4月19日带着秘密任务前往莫斯科，表面上是为尼克松总统5月末的峰会筹备日程。尼克松很久之前就意识到，峰会在欧洲方向上的议题——军备控制以及柏林问题——才是苏联方面最优先考虑的议题。然而，考虑到越南的复活节攻势，尼克松坚决要求，基辛格要让勃列日涅夫谈谈苏联如何对北越施加影响，以便早日结束这场战争。

……

尼克松：我关心的是你的计划中能谈论到的问题。我认为，当你和多勃雷宁进行会谈的时候，你只用向他保证我们不会打击河内-海防地区——
基辛格：没错。
尼克松：——当你在那儿的时候。好吧，感觉我们要相对放低我们的姿态——
基辛格：不，不——
尼克松：——放低。我需要告诉你，我们会面临极度困难的国内状况，如果出现任何表明——
基辛格：没错——
尼克松：——表明我们不想轰炸他们的迹象的话。

基辛格：不，不。

尼克松：那只会——你知道的，毁掉约翰逊的是"开始"和"结束"；他——你还记得他中止了多少次轰炸吧。

现在，即使你要去莫斯科，我们也不能陷入那种境地，因为你不知道你会——我们会在那里做什么。我——想看到的是，在下星期，我的意思是这星期你去那里的时候，我觉得在战场上，我觉得任何能飞的东西都应该派到前线进行轰炸，包括轰炸到北纬19度线附近。

基辛格：当然。

尼克松：要确保他们明白这一点。

基辛格：哦，不。当——

尼克松：但是，你知道，我不 [******]——

基辛格：问题是，总统先生，如果您说——

尼克松：你知道的，从西贡传出来的说法有两点意思：第一，我们不会袭击海防港–河内；而且我们会减少在南部的飞机架次。现在，后面这点我们不能做。

基辛格：我——我和穆勒谈过了，而且我今早也和拉什谈过了，都是关于这个话题的。我的担心是，总统先生，当您说到"最大的努力"的时候，他们会把这解读为他们应该减少在南部的行动，而把全部兵力投入北方。那么，我们就会听到这样的说法——

尼克松：是的——

基辛格：——就会说，您在撤出战斗。他们——他们已经起飞了——

尼克松：我不介意。我只想让他们进行打击。我必须拿下它，如果有需要就全部投放到第三集团军。全部不留。但是，我想——我希望要让在某处的行动看起来是我们在全力以赴。

基辛格：在整个越南。

尼克松：希望如此——

基辛格：是的。

尼克松：让我这么说吧：一次集中打击。所以，他们会谈论这次最大规模的打击，集中打击——这样，在南方我们就会有一两种这样的说法了。我不在乎。我——

基辛格：是的——

尼克松：——我只想让这次打击集中在北方进行。

基辛格：事实上，总统先生——他们——他们一直在北方进行行动，他们过去两天并没有那么做，但是他们今晚就会重新开始行动，他们之所以一直没有采取行动，是因为一些胡闹的行为，莱尔德一定也参与其中了。

尼克松：这是什么？

基辛格：他们在北越大约出动了150架飞机，总统先生。那比我们之前任何一次防御性——

尼克松：没错。

基辛格：——比起之前任何一次防御性打击时还要多——

尼克松：是的。

基辛格：——那些您下令开展的防御性打击行动。所以，这次行动规模很大。

尼克松：是的。

基辛格：这次行动——

尼克松：没错。

基辛格：这次行动是在北纬19度线以南的区域。在这个区域的最北方，他们在南越出动了大约600架次，而且分配情况是他们在大规模的——最大规模的攻势是在第三军事区。

尼克松：嗯。

基辛格：我由衷地相信他们——会——

尼克松：你是说 [******]——

基辛格：——全国的战况都很好，我们不用给他们提供轰炸目标。我觉得——

尼克松：不，我，我们——我认为我们绝不能那么做。

基辛格：我认为他们干得确实——我有每一次B-52轰炸机执行任务的详细简报——

尼克松：我告诉你一点，我向穆勒强调了一点，到目前为止我们在这场战争中从来没有这么做过，就是如果——当敌人开始溃散的时候，不要减少轰炸，而要继续加强轰炸。

基辛格：而且，当然——

尼克松：你知道，那时才是你真正能惩罚敌人的时候。敌人败退之际，方是歼敌之时。

……

尼克松：简单地说，我们的时机就是：时机不是我们选择的。这些浑蛋，他们进攻了。这就是在挑衅。

基辛格：总统先生，我必须告诉您，我知道肯定没有任何总统具有现在就采取这种行动的勇气。

尼克松：莱尔德就是这么想的。

基辛格：那么做——

尼克松：出于政治上的考量，他们认为那么做是错误的。他们本来不就是这样吗——？

基辛格：在您得到前往莫斯科访问的邀请时这么做，并且我也得到了秘密访问莫斯科的邀请，确实展现了很大的勇气。他们在星期四邀请了我们——我是说他们在星期四明确了这一邀请，而我们在星期天轰炸了海防港，这是在告诉他们："好的，你们这些浑蛋。"

尼克松：没错。

基辛格："这就是将要在莫斯科上演的好戏。"但是，这也会使我在莫斯科变得更强硬。这是必须承担的风险。

尼克松：你本来就去不了了。

基辛格：我可以去，但是会处于一种非常弱势的地位。

尼克松：是的，处于一种只能谈论峰会问题的境地。

基辛格：没错。

尼克松：而现在，我们的处境则可以谈论越南问题。哦，还有件事我想告诉你。对我来说，亨利，你和俄国人的谈判至少应该有一个结果，就是当我们回来的时候，总统能够宣布越南问题会是莫斯科峰会上的首要议题。你明白我的意思吗？那会让他们很难办。为什么不这样呢？只是——你要知道，我不是，我不是在下什么结论。我们明天讨论吧。但是，你知道，你的莫斯科之行总是要得到类似的成果——

基辛格：是的。

尼克松：——即使你只能得到这么一项成果，即使你无法达成一个解决方案，如果我们能说："越南会在我们讨论的日程上。"当然，这就使得我们必须在峰会上取得一些有关越南问题的成果。

基辛格：那会是——我唯一的疑虑在于，总统先生——

尼克松：什么？

基辛格：——就是我们，他们现在被吓坏了。他们肯定是的。

尼克松：是的。

基辛格：您在那儿有一支规模很大的舰队。我们必须确认，他们不只是在故意拖延。

尼克松：没错。所以，他们或许会同意那么做的。

基辛格：哦，不会的，他们就是在争取时间；这会为他们争取到5个星期的时间。

尼克松：是的，是的。哦，不，不。不过，我只是在想——

基辛格：不，不。我们——

尼克松：我认为，我在想当你回来的时候，如果你一无所获，那我们必须轰炸他们这些浑蛋。

基辛格：毫无疑问。

尼克松：或者封锁他们。

基辛格：是的。

尼克松：二者之一。

基辛格：没错。

尼克松：如果我们进行封锁，你认为还会举行峰会吗？

基辛格：不会的。

尼克松：好吧，那你认为我们该去冒这个风险吗？那是很危险的。

基辛格：总统先生——

尼克松：我们或许应该冒这个险。

基辛格：您和我对待每一个人——

尼克松：没错。

基辛格：——都应该像我们已经远离了危险一样。

尼克松：没错。

基辛格：这是使其奏效的唯一的方法。

"如果有必要,甚至是核武器也可以考虑。"

> 1972年4月19日,下午3:27
> 理查德·尼克松和亨利·基辛格
> 椭圆形办公室

  这次在椭圆形办公室谈话的持续时间远远超过了以往,尼克松和基辛格进行了超过一个半小时的谈话,为基辛格前往莫斯科的秘密之行做最后准备。他们两人的分歧十分明显。基辛格的意图在于挽救总统5月的莫斯科峰会;他很清楚,要达到这个目的,就必须将重启巴黎和平会谈——包括官方的和他进行的秘密的会谈——作为此次会谈的成果带回国。尼克松对于是否举行峰会内心仍然十分矛盾,但是他已经下决心让谈判向结束越战的方向发展。

……

尼克松:我们必须拿出一点成绩来。我们现在不能让人们失望——
基辛格:我无法——
尼克松:你看。这就是为什么如果你回来,我们说我们已经同意,要恢复我们的会谈并且停止轰炸——
基辛格:哦。不。不,不。
尼克松:那就是为什么我——
基辛格:不,不,不。但是,总统先生,问题在于,当轰炸还在继续的时候,谈判已经恢复了。哦,不,我们不会停止轰炸的。绝对不能。
尼克松:我们已经暗示过,我们可能会停止。
基辛格:哦——
尼克松:退一步讲,然而——
基辛格:不,不。如果他们撤出在南越的军队的话,我们会做出让步的。
尼克松:好吧——

基辛格：这就是提议——

尼克松：是的。

基辛格：首先，我有另一个——

尼克松：你要知道，我不是在批评。我只是想表明，当你回来的时候，我希望能够在记者会上说些什么，关于——哦，你告诉他发表声明的时间了吗？

基辛格：没有。我到那儿的时候会告诉他的，但是我已经告诉他，我们——因为我不想——

尼克松：好。

基辛格：——我不想让他们认为声明要等到——

尼克松：没错。

基辛格：——要等到我行程的最后一天才发布。

尼克松：好的。现在，听着，然而如今，亨利，我自己的计划是，你要在星期天晚上回来。

基辛格：是的。

尼克松：因为你会在星期五见那个浑蛋（勃列日涅夫）。

基辛格：然后，葛罗米柯想和我用星期六一整天的时间谈一谈。

尼克松：关于其他事情的细节吗？

基辛格：呃，我不知道，他——

尼克松：好吧，到时候再看吧。

基辛格：我必须承认，总统先生，我绝不会对来您办公室的任何人说这句话："不要告诉他任何意料之外的事情，因为他或许会无法处理。"而事实上他们是这么跟我说的。

尼克松：嗯。

基辛格：现在——

尼克松：哦，我明白了。你也是这个意思吧？

基辛格：这是——

尼克松：你认为你会单独会见勃列日涅夫吗？

基辛格：是的。

尼克松：还是你觉得葛罗米柯也会出席？

基辛格：他们说——

尼克松：还是他们想让谁参加就让谁参加？

基辛格：反正我肯定会在，其他人我不知道。

尼克松：问题是，如果，如果——我这么说。有一个，有另一种可能的方式。我会试着思考一下我们的需求的底线。让我，我会找出一个方法，然后我们会回到你的，回到你刚才所说的。正如我们今天早些时候说的一样，今天早上，我们绝不能假设，也就是我们一直在某种程度上假设的，一旦他们取消了峰会或者我们取消了峰会，那么我就会这么做，你知道，这也是我们一直准备做的。完全——

基辛格：不会出现这种情况的。

尼克松：他们不会那么做。我们都明白这一点。该死，他们不会让你参加的。如果他们——听着——

基辛格：我能不能——

尼克松：这些家伙想让你过去都想疯了——

基辛格：我能不能说两——

尼克松：嗯。

基辛格：——说另外两件事，因为您需要自己考虑一下——

尼克松：好。

基辛格：——在您 [******] 之前。其一，我又告诉了他一次，我说："阿纳托利，我想让你明白一点。当我在莫斯科的时候，我们会继续轰炸。我不想让勃列日涅夫先生觉得，当他会见我的时候，他的盟友还在被轰炸，而你却根本不知道这件事。"

尼克松：没错。

基辛格："不要为此感到惊讶。"他说："我理解。"他说："但是你已经向我承诺过，不会有扩大战争的行为了。"我说："不，我只是向你承诺不会袭击河内－海防港。"

尼克松：没错。

基辛格：他说："那就是没有升级。"

尼克松：没错。

基辛格：所以，现在，先生——您知道这并不是一种实力的展示。

尼克松：哈哈！

基辛格：第二，我想告诉您，总统先生，有一个港口（清化）在海防港以南约 60 英里——

尼克松：是的。

基辛格：——紧邻北纬 20 度线。

尼克松：是的。

基辛格：目前，我们这星期的轰炸区域是在北纬 19 度线附近。

尼克松：所以，你想在这星期把那里也拿下？

基辛格：但是，我的建议是，总统先生——

尼克松：嗯。

基辛格：——我们应该在明晚就试着拿下那个港口。

尼克松：好。

基辛格：因为这是一个给俄国人的很好的信号。

尼克松：是的。

基辛格：只要，正如我说的，不要轰炸海防港就可以了。第二，他们又给了我们一个来自河内的回复。每次他们给我们一个不利的回复，他们也都会从我们这儿得到一个不利的回复的。

尼克松：没错。

基辛格：而且——

尼克松：好，明晚就拿下它。

……

基辛格：而且，您知道，下星期会发生的事情就是，总统先生——

尼克松：什么？

基辛格：——是苏联方面和我讨论越南问题——

尼克松：嗯？

基辛格：——那星期正是我们轰炸河内和海防港的时候，而这些浑蛋肯定会谴责——

尼克松：现在他们会问："是谁提议举行这次会谈的？"我认为我们——我必须说明一点。我们必须说，是他们首先提议的。我不想看起来像是我们毕恭毕敬地去了莫斯科。

基辛格：不。好吧，总统先生，我——

尼克松：或者，我们就说这是双方的意愿。

基辛格：我会说，我会说这是双方的意愿。这些事一直都是双方的意愿。我们，重要的是——他们的行为其实是在给河内惹麻烦。

尼克松：没错。

基辛格：我的意思是，想象一下，如果他们轰炸伊朗的话——

尼克松：嗯？

基辛格：——在他们轰炸了我们盟友的同一星期中，您在白宫接见了葛罗米柯，那您的盟友伊朗国王会怎么想？不可能——

尼克松：是的，而且中国是否能忽视这个行为？我需要再回顾下现在的几个要点——

基辛格：[******]

尼克松：记下我说的话。第一，我们要同这些浑蛋达成的最低限度的成果，就是至少要在战俘问题上取得一些象征性的进展。我想说的是，我们能不能要回已经在他们手里长达5年的战俘，或者相关的人员，或者生病的战俘。换句话说，如果他们释放战俘的话，我们也会释放同样数量的战俘，以及根据这一原则在其他问题上达成协议。第二，我们必须——

基辛格：我在提案中肯定会写进这个问题。

尼克松：嗯？就在提案中写上这个问题。

基辛格：好的。

尼克松：嗯。我们需要在这个问题上取得一些成果。这是一个——这是一种人道主义的姿态，你明白吗？

基辛格：没错。

尼克松：你认为我们不该提到这个问题吗？

基辛格：必须提到。

尼克松：但是，我认为你得不到什么成果。

基辛格：不，我会——不，不。我认为我们必须坚持——

尼克松：是的。

基辛格：总统先生，我们已经在努力——

尼克松：好吧，我们会——我们会——我们会做这件事的。

基辛格：我必须——这件事有风险，需要请您允许——

尼克松：怎么了？

基辛格：——但是，因为那是您要承担的风险——

尼克松：什么？哦，是的。

基辛格：——如果我在那里失败了，可能就是因为我过于强硬了，而不是不够强硬。现在——

尼克松：不，不。如果你过于强硬——坦白地讲，在摧毁北越之后，把总统办公室交给其他人，对我而言没有比这个更能令我感到开心的了。现在，让我告诉你，我是真的这么感觉的，而且我会毫无愧疚地离开这里。但是，如果我，如果我没有运用任何实力就离开了这间办公室，那我就是最后一个总统——坦白讲，我就是唯一的总统，除了康纳利以外，相信我，唯一一个有勇气做现在这些事的人。你和我都很清楚这一点。唯一有机会能成为总统的人，而康纳利可能是唯一一个能够做我现在所做的事的人。里根如果当总统绝不会这样做，而且他也无法应付这些问题——

基辛格：但是，康纳利也不会有您这样的技巧。

尼克松：好吧，阿格纽，阿格纽会——

基辛格：阿格纽。好吧，阿格纽会 [******]——阿格纽的处境会比约翰逊的还要糟糕——

尼克松：是的，但是你懂我的意思。问题是，正如你知道的，考虑到被选上的可能性，我是唯一能做到这件事的人。现在，亨利，我们绝不能错失这次机会。我们要采取行动，而且相信我，我会摧毁那个该死的国家的。我是说必要的话，我会摧毁那个国家。

听我说，如果有必要，甚至是核武器也可以考虑。现在还不是必需的，但是你明白我的意思。我的意思是，这表明了我为此可以不惜一切的程度。使用——使用核武器，我的意思是我们要把北越炸个稀巴烂，而且如果有人想干预的话，我们也要进行核威胁。

……

基辛格：总统先生，我认为，为了解决这个问题，我会在回来后先飞往戴维营——

尼克松：嗯。

基辛格：——然后和您一起返回。

尼克松：好。星期天晚上。你什么时候能回来？

基辛格：嗯，我肯定会告诉您的。我到了那里才能知道行程。

尼克松：嗯，好的。但是，你会在星期天下午的某个时间回来，不是吗？

基辛格：基于现在的计划，应该是的。6点之前吧，我觉得。

尼克松：很好。

基辛格：如果我在两点前离开莫斯科的话，我6点就能到戴维营。而且，这样——我认为，我认为，如果我们现在能让北越停止进攻的话，那么他们在这个夏天就能达成协议了。这是主要问题。

尼克松：放弃进攻。我会狠狠地惩罚他们在[******]之前。但是，我们会得到很多[******]，不是吗？

基辛格：好吧，这件事不会结束的——您知道，如果是这次会议的话，那就进行军事演习。我们能从会议中得到的最好的结果就是您在星期一晚上宣布我刚刚去了莫斯科，对越南问题做出最强烈的暗示，同时宣布我们会在星期四恢复全体会议。那戏弄不了任何人。

尼克松：没错。

基辛格：然后，他们会谈论秘密会谈的事情，会说我们从来没有评论过秘密会谈。

尼克松：对，没错。

基辛格：但是，一旦我们——我们可以巧妙处理这件事，这样每个人都会——

尼克松：——知道秘密会谈的事情。没错。

基辛格：您可以说黎德寿会回来的，正如您所知道的。除此之外，您说得越少越好——

尼克松：或者，我可以说一点没什么意义的话。你知道我——

基辛格：没错。

尼克松：这个对我来说没有问题。

基辛格：所以，如果幸运的话，我们说的这些事在星期一就会上演。关于——然后，星期五和黎德寿进行私人会谈。如果一切顺利，这整个星期里，我们要把他们炸个稀巴烂。

尼克松：包括明天晚上的行动吗？

基辛格：是的。此后不久，我们就缩小战争规模。这样，就能再给我们两个星期的时间开展军事行动,那会,而且如果进展顺利的话,那么我会保证这个夏天就会达成一份协议,因为他们在理论上已经无路可走了。特别是——

尼克松:明晚的轰炸,你觉得,会帮助[******]理解我们如何开始实施这一外交战略吗?

基辛格:是的。总统先生,我打赌——

尼克松:我觉得是。但是你觉得呢?

基辛格:对。我想的是,我们面临着一些令人不安的时刻。那是一次赌博,是一件疯狂的事。在这个国家里,没有其他人会在确定受邀前往莫斯科的情况下,还要轰炸河内和海防港——或者是在其助手要前往的情况下。现在,当我在莫斯科的时候,我们正在轰炸港口。我们说的——

尼克松:但是我们,但是我们没有破坏和多勃雷宁的协定啊。

基辛格:没有,一直到——这个行动我已经告诉过他了。

尼克松:好的。反正不是轰炸河内-海防港地区。

基辛格:没错。而且我会告诉葛罗米柯,明天晚上,我会说,听着,这是——我们现在做得越多越好。我们表现得越鲁莽,因为毕竟,总统先生,我们试图让他们相信的是我们一直在准备着要去(莫斯科)。而我们能说服他们的唯一方式就是做出鲁莽的事情。比如,所有前往海防港的苏联船只都会被截停——我不知道我是不是有机会告诉您——不只是从符拉迪沃斯托克来的船,是从所有方向来的船。而且他们正在后退,或者至少他们想绕开。

尼克松:好吧,他们不想在我们布雷的时候前往港口。

基辛格:所以,我必须告诉您,他们可能会在星期五早上告诉我:"你个浑蛋。你在这里的时候,你们刚刚轰炸了洞海。这是底线。乘下班飞机滚回去吧。"这是我们要面临的风险。不过,我认为,多勃雷宁肯定不会以这种方式和我谈话。

尼克松:好吧,我们,我们只是——反正你今天已经告诉他,我们会继续轰炸的。

基辛格:我告诉他,我们不会轰炸的地方只有河内和海防港。我的直觉是——

尼克松:跟他们说这些就够了。

基辛格：我的直觉是，我们越——在我们拿下洞海之后，我们就会回到19度线并且守在那儿。我们仍然有140英里的范围可以轰炸。

尼克松：非常好。根据你的观点——

基辛格：对不起，我没听清楚。

尼克松：我认为，我应该这么说，在讨论我们之间关系的时候，你可以说你经常听总统讨论这个问题，而且他很清楚现在世界上有很多非常重要的国家，但是他说从力量水平来看，只有两个国家才是真正的大国——美国和苏联。其他国家，比如中国和日本，会在未来变得很重要。因此，我们必须依据现实情况来制订计划。但是今天，苏联以及其他所有国家都要看我们的脸色行事。

　　第二，这次峰会和其他峰会比起来，是在总统同意双方处于平等地位的情况下召开的。我会这么说的。当双方都不能强迫对方的时候。在双方都无法或者都不会允许对方在军事上占优势的时候，我也会这么说。换句话说，这也是他们为什么 [******] 和我们进行军备谈判的原因之一，而且那么说的最终目的就是为了告诉他们，我不会允许他们骑在我们头上的，明白吗？是他们在升级战争。所以，我们，这也是和1959年、1961年、1967年不同的地方。还有，考虑到面子上的事情，可以说总统作为一个从历史中汲取智慧的人，他知道很多精神的旋生旋灭。我们有"维也纳精神"，我们有"戴维营精神"，我们还有"葛拉斯堡罗精神"。他不想让这件事也成为这些精神之一。他认为，顺带说一句，我们应该考虑在莫斯科之外的某个地方进行会面，或者找出一个和"莫斯科"不同的名字来命名会议精神。换句话说，这就是为什么我认为我们会找出另一个地方开会，然后得出一个诸如"达恰精神"（the spirit of Dacha）或者"托尔斯泰庄园精神"（the spirit of Yasnaya Polyana）的说法。然而，这件事才是动真格的。因为勃列日涅夫已经谈论过"雅尔塔精神"了，你知道的，记得农业部长说过最好能回归"雅尔塔精神"。不过，我们是不会回到那该死的"雅尔塔精神"的。但是，他这么说也表明他有这样的想法。所以，这可以在会谈一开始成为你的推销术的一部分。

基辛格：没错。

尼克松：总统说，我们不要"戴维营精神"；那失败了。我们也不要"维也纳精神"；那也失败了。我们也不要"葛拉斯堡罗精神"；那同样也失败了。我的意思是，你当然在思考，你们承认这些东西，但那其实是非常愚蠢的事情。但是，这次必须是实实在在的会议。而在这儿我们不要那种精神，我们要的是实质性的东西。而且，正因为如此，到目前为止，这次峰会是本世纪最重要的会议，对吗？在那里就这么说，你明白的，就用这些话。总统先生认为与中国人的会晤很重要，这是因为要着眼于未来。但是，我们现在讨论的是在这里、在苏联的会议。而且他很清楚实力的问题。他很清楚，中国有潜力在未来成长为大国。他同样很清楚，苏联才是当今的超级大国。因此，我们之间有共同利益可以把我们聚在一起。所以——现在，我想让你在一件事情上保持最强硬的姿态，就是他们必须坚持统一的标准。我们不能让他们在非共产主义国家中支持解放运动的准则生效，"勃列日涅夫主义"只能在他们社会主义阵营内推行。

基辛格： 那真是一种有力的——

尼克松： 让我这么说吧。告诉他们，总统不知道"勃列日涅夫主义"的详情。现在，总统意识到，自1959年美国以"被侵占国家问题决议"搅扰整个俄国以来，这个世界就已经改变了。（在20世纪50年代，这份决议每年由国会通过，要求总统宣布，为东欧"被侵占国家"进行为期一周的祈祷活动。艾森豪威尔总统在副总统尼克松于1959年7月前往苏联之前，签署了这份声明。）总统对我们如何才能帮助东欧国家获得解放不抱有任何幻想。我倾向于这么表述——通过武力，用武力解决问题。但是，苏联不应该抱有幻想，认为可以直接或间接地使用武力，以解放非共产主义国家。我认为，你必须说，在这个问题上必须有一个统一的标准。现在，事实上我们在和他们讨论的是，听着，我们会划分这个世界，但是上帝啊，你必须要尊重我们这一方，否则我们也不会尊重你们。你认为这个问题不该提出来吗？

基辛格： 必须要说。我会——一个问题，总统先生。他们毫无疑问会录下我说的话。

尼克松： 是的。

基辛格： 我不应该说这是本世纪最重要的会议，因为如果他们告诉了中国人——

尼克松：我明白。

基辛格：但是，我——认为——

尼克松：为了取得实质性的成果，你可以说——

基辛格：哦，哦，哦。直接的影响或者一些类似的事情

尼克松：考虑到这次会议对实质性问题所产生的直接的影响，你可以说，是最重要的会议，这取决于我们能取得哪些实质性的成果。还有，这种影响具有能改变整个世界的重要性，因为，你知道——我们的意思其实就是，总统认为他的中国计划是至今为止所做的最重要的事情。我会这么说的。因为我们必须面向未来。

基辛格：没错。

尼克松：必须面向未来。但是，我们现在是在讨论当下的事情。而且，我们可以说，这和那时候柯西金先生和约翰逊先生在葛拉斯堡罗谈论自己的孙辈 [******] 是完全不同的。你就说，尼克松总统想和勃列日涅夫主席聊聊彼此和他们的孩子们。现在。不是孙辈们，是儿女。他们会喜欢这个的。俄国人喜欢利用这种事 [******]。还要指出一点，向他们表达一下，就说总统是非常尊重勃列日涅夫先生的——他是一个强硬的人，一个坚定的人。

基辛格：我应该以这个作为开场白。

尼克松：他不是，总统是一个，总统和勃列日涅夫一样，是有着虔诚信仰的理论家。他从来都看不起弱者。他认为，他认为勃列日涅夫是个强者。事实上，我会加一句，那也是总统尊敬周恩来先生和毛泽东先生的原因之一，因为他们都是强者。如果你想的话，你可以这么说。就在这个地方给他点刺激。他也很尊敬他们。他和他们的意见完全不一致，但是我们能互相尊重。而且，总统认为勃列日涅夫是个强者，他对他的制度的优越性深信不疑，而他不会做任何危害苏联安全的事情，他也不希望他这么做，但是总统也不会做任何危害到美国安全的事情。这样做是不会有任何赢家的。在这种竞争中是没有赢家的。我们必须达到双赢，否则峰会就难以成功。换句话说，除非协议包含了双方各自的利益，否则就不值得达成这个协议。而且他相信，这个，你也相信，双方会面之后，在了解了总统、研究了勃列日涅夫先生后，他们会，他们，尽管他们有着完全不同的背景，但他们可以共同推动巨大的进

步,因为他们都是直截了当的人,他们都是强者,而且他们也都是诚实的人。最好把这个加进来,你明白吗?听着,你最好也要拍拍马屁。你知道,俄国人很会拍马屁。他们非常喜欢这种方式。而且,他们也很容易受这个影响。

基辛格:好的。

尼克松:现在,另一方面,你并不只是阿谀奉承。你知道的,你已经有所有[******]。另外一点,你知道总统对他的职位有一种宿命论,你对这点要非常坚定。你知道他不同,告诉他们,你了解而且尊重约翰逊总统,你为他做过一些事,而肯尼迪总统,你也为他做过一些事。每个总统都有他们的强处,但是尼克松总统在重要的一点上和他们完全不同。他们三个都是政治家,否则他们是不会被选为总统的。但是,尼克松总统是那个在决定对河内-海防港采取行动时,据说对高级官员说过"政治都是扯淡"的人。你可以这么说,他的每个顾问都和你说过,总统先生、主席先生、国务卿、国防部长,他们每一个人,都不曾建议,罗杰斯——你可以说他们都不反对,但是都指出了政治上的风险。就这么说。就说,总统说政治都是扯淡,我们要做正确的事。而且,总统会把这条正确路线带入竞选中去。我不想让他们觉得我是个会被公众舆论影响的小角色,或者被民意调查影响,或者诸如此类的事情。你不觉得这是个好主意吗?

基辛格:我认为这非常重要。

尼克松:还有你经常对中国人提到的一点。总统正处于一个非常独特的处境中。他能够兑现对所谓自由派的承诺,因为他拥有国内右派的信任。而且,没有一个总统能在这时候前往莫斯科,因为莫斯科正在对一场让5万美国人付出生命代价的战争火上浇油。除了尼克松之外,没有任何总统能在这个时候去莫斯科并带回军备控制等协议,然后再说服美国人民接受它。他会使得国内的右翼势力上街游行暴动的。告诉他们:美国国内仍然有大量的麦卡锡主义分子,主席先生。你知道的,把这个告诉他们。你知道,那位华莱士先生。拿华莱士吓唬他们。你明白我的意思吗?但是,尼克松总统可以兑现承诺。他绝不会承诺他做不到的事情,而且他会履行承诺的。换句话说,我们面对的是两个锋芒毕露的强者,他们可以,可以达成协议。[******]但是,为了举办一次成功的峰会，那是不可或缺的，不仅是必需的，而且是不可或缺的，为了在越南问题上取得进展。就这些。

基辛格：一些重要的进展。

尼克松：哦，是的。很好。你明白我的意思。你要把这些告诉他们。我会指出贸易问题。我认为，他们不比其他人更关心贸易问题。

基辛格：哦，是的。哦，不，不，不，不。

尼克松：他们关心吗？但是，关于贸易问题，你可以说总统已经仔细研究过了。你可以说："主席先生，您是否意识到，基于现在的美苏关系，特别是基于苏联对北越的支持，我们的国会是绝不会批准最惠国待遇的。这恰恰需要国会的批准，却一点可能性都没有。而现在，总统能让国会通过，而且他会这么做的。但是，这就是为什么越南问题需要降温的原因。而且，如果我们那样做了，还会有更多的好处，最惠国待遇，贷款。"正如我告诉葛罗米柯的一样，一个新世界开启了。并且我会去做国会的工作，让国会接受，我能够做到。我认为，你需要在对话中提到一些这样的话题。你觉得呢？

基辛格：没错。

尼克松：如果目前这种政治上的紧张仍然继续，国会是不会批准贷款的，也不会批准最惠国待遇。

基辛格：关于限制战略武器会谈，总统先生。

尼克松：是的，让我们研究一下这个问题。

基辛格：您不用对这些选择做出决定，除非，您准备——

尼克松：我可能会说这些事。我不是认真的。

基辛格：——您准备放弃潜艇的事吗？

尼克松：我会吗？当然。我准备放弃了——我认为我们可以谈成这个问题，对吗？

基辛格：好吧，我想我会告诉那个浑蛋——我会告诉穆勒，总统刚刚说，你得去完成这件事。

尼克松：但是，关于这个问题，我们要放弃它，这是因为考虑到我们要有一个很强硬的态度，你知道的，那就是我们会立刻派我们的谈判代表讨论潜射导弹的问题，[******]。

基辛格：没错。

尼克松：但是，我不知道你能从中得到什么结果，但是我必须说，你知道的——我这么说吧——我们要得到所有能得到的，但我们不能达成一份看上去是我们被迫接受的武器控制协定。他们还会彻头彻尾地分析那个浑蛋。所以，尽你最大的努力吧。我只能说这么多了。而且，关于我们是否能获得华盛顿和马姆斯特拉姆（空军基地，被提议的安全基地之一），还有诸如此类，都是一样的，尽力争取吧。你知道的。尽力就好。

基辛格：好的。

尼克松：你是个勤奋的人。你尽全力去做吧。

基辛格：嗯。

尼克松：这样可以吗？

基辛格：可以。

尼克松：我已经看过了所有这些事情。但是，如果我要说做这个，别做那个，或者等等，那么这个问题就需要从长计议——

基辛格：坦白地讲，总统先生，我们是否能得到150架或者更多的拦截机并不重要。

尼克松：是的，听着，我认为那根本没什么意义。关于潜射导弹问题，实际上，我认为，如果他们不能解决这个问题，还要继续建造的话，我认为那对我们是有利的。也可能不利。或许，我们——你知道我们已经面临很多预算问题了。我们必须削减预算，我们必须将明年的国防预算削减50亿（美元）。所以，我不想 [******]，除非我们和苏联达成一些协议，关于——

基辛格：我必须和您聊一聊这个问题。

……

基辛格：总统先生，您处理这个问题的时候 [******]。

尼克松：好吧——

基辛格：对您来说，安全的做法是让——好吧，表面上看来安全的做法——[******]

尼克松：你的意思是，让南越垮台？

基辛格：是的。我们已经尽力了 [******]。

尼克松：是的，我们已经尽力了，你知道的，为了让美国摆脱战争，我们尽力了，而且阮文绍也必须要面对这个问题。对吗？

基辛格：没错。您所说的——

尼克松：[******]

基辛格：没错。

尼克松：我认为——我认为这非常正确，非常正确。好吧，我知道，但是问题在于，莱尔德是完全错误的。我认为，基于我——基于我们看到的情况，南越，也很可能会存活下来，谁知道呢？

基辛格：是的。

尼克松：但是，我就是觉得南越是不会存活下来的，如果我们撤出的话，它是不会存活下来的——

基辛格：根本没机会。您已经告诉艾尔了。我也和他聊过了。第三军事区的危险一触即发。

尼克松：一触即发，但是他觉得我们的力量可以扭转局势。

基辛格：是的。

尼克松：他这么想吗？

基辛格：是的，还有我们的增援部队，还有——

尼克松：而且，当然，现在投送到那里的军力一定把他们吓死了——你不认为，那肯定能让他们消停一会儿？

基辛格：是的。从这点来说，从这次演练来说，总统先生，这件事进展得非常顺利，因为我对中途岛战役的看法是错误的。只能在下星期一撤出来。所以，我们——现在，我们还没做出任何的撤退之举。

尼克松：嗯。

基辛格：所以，他们肯定认为您一定会进行封锁 [******]。

尼克松：嗯。

"回去？从哪里？"

> 1972 年 4 月 20 日，中午 12∶30
> 理查德·尼克松和亚历山大·黑格
> 椭圆形办公室

基辛格此时正在前往莫斯科的空军飞机上，可以想到的是，尼克松肯定会感到不安甚至有些急躁。他叫来了霍尔德曼和康纳利，分别与他们俩谈论了基辛格这次任务可能出现的情况。他为此也要求黑格来到办公室。他们谈话的主题转向了越南问题，在回答一个直接的问题时，黑格告诉总统，基辛格在莫斯科最主要的让步是美国会允许 10 万北越军队继续留在南越。值得注意的是，在尼克松和基辛格所有不计其数的对话后，需要由黑格来告诉总统，基辛格的打算是什么——以及美国公众的期望值自 4 年前和平谈判开始以来出现了最显著的下降这件事。

……

尼克松：我昨晚醒了，想了想基辛格的事情。我不想在他准备出发的时候打搅他。我认为，对他来说有一点是非常重要的，就是要了解，要相信——你了解亨利的。我们必须面对这个事实，就是他希望这次行程的目的纯粹是为商讨峰会的事，而且如果我们没有否定这种想法的话，他本来就会这么做了。这是行不通的。现在，亨利，当然，[******]，优先权，但是另一方面，他认为，如果他回来后说："不错，我们安排好了峰会议程并起草了公报。"那就大功告成了。不，不，不。这样是不行的。而且——你看过备忘录了吗？

黑格：我看过了。而且，它——

尼克松：你怎么认为的？

黑格：——那基本上是我昨晚见他的时候跟他说的。我说我最大的担心，而且可能也会是总统最大的担心，就是我们现在已经着手做的这件事——

尼克松：没错。

黑格：——而且那绝不能成为一个无法完成的交易。我说那也是阮文绍担心的问题。总之，我们必须确定，越南问题才是这次行程的目的，而且也必须被描绘成这样。

尼克松：他说什么？

黑格：他说他完全同意。而且，他说他希望我们要做的就是，如果他们同意在星期二宣布，宣布召开全体会议的话，那我们就能完全搞定这些浑蛋。

尼克松：好吧，如果，举个例子，在星期二的时候，你看到的是一个非常简单的声明的话，我还会继续认为我是无法同意的。

黑格：我也不会。

尼克松：[******] 所以，你认为他们能达成解决冲突的方案。那真是，真是个——他们应该那么说。

黑格：没错。真正令我担心的是，我们会在不涉及莫斯科的情况下宣布举行全体会议，这看起来似乎是我们做出了让步——

尼克松：全体会议？不，我以为我们今天已经拒绝了。

黑格：是的，先生。但是为了秘密会谈，您知道的，现在我们必须宣布日期为27号。

尼克松：是的。秘密会议是什么时候？哪天？你读过这个消息了没有？

黑格：5月2日。是5月2日。

尼克松：好吧，没关系。这是底线——

黑格：最理想的情况是，如果我们能让苏联——

尼克松：但是另一方面，另一方面，这是不是说，当我们宣布的时候，我们必须降低轰炸级别？

黑格：不，先生。他不会那么做的。当然，直到举行峰会，我们都可以从河内地区撤出，并且在这个地区仅维持低强度的军事行动，以表示我们的友好意图。但是我们今晚要继续轰炸。

……

尼克松：情况怎么样？我今早在报纸上读到一个关于城镇陷落的狗屁消息。
黑格：是的，总统先生。
尼克松：那里怎么了？那是一个 [******] 预料中，等等，等等。
黑格：这是——这是一个位于第一军区南部和第二军区北部的地方，平定省。
尼克松：和顺化类似吗？说的就是那里吗？
黑格：不，先生。那是越盟控制的地方——是越盟的大本营，就在平定省。那是我们知道的地方。那里一直是最不安静的地方。是最难应付的区域——

……

黑格：那里是最难应付的区域。好吧，那儿的前哨，那是 [******]——
尼克松：你们不能轰炸那里吗？
黑格：哦，是的，他们在那里很容易获得空中支援。他们现在正不断增加军力。
尼克松：我明白了。
黑格：而且这件事也不是不可控制的。直到今天早上他们还在战斗，但是他们在数量上远远超过我们。这，这会非常困难。但不会严重到——
尼克松：现在有多少北越军队还在南越？
黑格：大约 12 万吧，先生。我稍后会告诉您确切数字的。
尼克松：不能再让其他人知道这个了。哦，我们会的。最后我们必须投入所有军力。那实际上取决于他们的军力。看在上帝的份儿上，最好是只停留在 12 万这个数字上。
黑格：遵命，总统先生。您知道他们——我们还在那里交火。朝鲜人，他们正在试图打通在第 19 路线上的道路，他们在安溪（An Khe Pass）遭到了巨大的打击。
尼克松：那他们失败了？
黑格：他们增加了军力。他们到达了那里，而且他们进行了一场艰苦的战斗。情况不是很糟糕。我想看到朝鲜人——
尼克松：只是时间问题。自从战斗开始后，他们有任何伤亡吗？
黑格：哦，是的，他们在早些时候是有的。伤亡非常大。[******] 战斗。现在，他们陷入其中，而且必须加强军力。现在还有一个非常活跃的地区，也出现在第三军区中，这个危险的地区——

尼克松：安岘（An Loc）？

黑格：是的。这个地方又在进行战斗了。他们派出了一个营的越共海军陆战队，驻守在城南的一个空降营遭到了沉重的打击。而且他们已经退回到城镇当中。而正如我预料的一样，敌人也在袭击油汀县（Dau Tieng）。他们今早迅速潜入这里进行了袭击。目前战斗进行得非常激烈。我们——我们预期这次战斗会再持续几星期，先生。

尼克松：是的，但是我的意思是，我只想知道南越军队是不是还很能打？

黑格：是的，先生，他们还能打下去。而且第 21 师也打得不错。这位陆军将军杨文明是一个狠角色。

尼克松：我知道。

黑格：他还在发展——

尼克松：但是，从根本上来说，在安岘这些地方，他们——他们——你说他们——你说越共军队遭受了重创，是什么意思？他们——不再进行活动了吗？

黑格：不。不是的，先生。但是，它——确实是遭受了打击。他们伤亡很大，而且必须退回去。他们——

尼克松：他们有没有伤亡？

黑格：不好意思先生，请您再说一遍。

尼克松：他们有没有什么伤亡？

黑格：哦，是的。昨晚，仅在这一个区域我们就出动了 190 架次飞机。所以，他们一直在遭受轰炸。而且有 18 架 B-52 轰炸机在支援这次行动。所以，我们——我们狠狠地打击了他们。

尼克松：嗯。

黑格：但是他们撤退了，并且用了 4 天时间重新集结，现在他们正试图卷土重来。

尼克松：在第三军区？

黑格：是的。

尼克松：但是，你的观点是，每次——他们第二次的军力不会和上次一样强了，是吗，黑格？

黑格：是的，先生。

尼克松：首先，他们的士气下降了不少，不是吗？在你们对他们实施了这种打击之后。

黑格：他们的士气下降了。这个——

尼克松：他们没有那么多装备了，对吗？

黑格：装备也减少了。他们的坦克一直在损失。我认为他们昨晚就失去了13辆坦克。但是，这仍将是一场艰难的战斗，而且会一直持续下去。但是我认为，我们必须坚持下去。

尼克松：我们要把所有的空军力量都投入到那里——

黑格：没错。

尼克松：一定要炸烂这些浑蛋。

黑格：那是，投入到那里的飞机架次是难以置信的。18架次的B-52。天哪。

尼克松：在那上方——

黑格：190架战斗轰炸机——

尼克松：是的。

黑格：——而且有武装直升机一直在待命。

尼克松：好。是在第三军区吗？

黑格：是的，先生。

尼克松：南越军队正在派遣飞机——大约派了一半的战术飞机，是真的吗？

黑格：是的，先生。他们确实如此。

尼克松：他们飞得怎么样？

黑格：嗯，42%。还不到一半——

尼克松：他们的表现如何？

黑格：他们——

尼克松：这些飞机都很厉害吗？

黑格：他们确实飞得不错，而且他们得到的支援也比我们的要好，因为他们能一直保持低空飞行。

尼克松：但是，他们的飞机不如我们的好 [******]。

黑格：当然，正是这个原因，他们有几架飞机被打了下来。他们——

尼克松：但是，他们确实进入这个地区了，是吗？

黑格：是的，而且越共军队也很重视这些飞机，[******] 这些——和我聊过的指挥官，非常重视他们。现在，他们有点累了，而且我们——那就是为什么我们加强军力是个好主意，因为他们总是在战争中拼尽全力。在第一军区，除了我们之前已经很清楚的战斗会很激烈的南方省份。那——那里是游击队的大本营，而且一直是，所以那里的战斗会一直很艰难。

……

黑格：很难不这么做，但是这些是极其微小的事情。那些他们在最初几天汇报的被摧毁的重火力点，其实并不是什么重火力点。它们只是该死的观察哨，放在那儿观察渗透活动以及为了时刻保持警惕的观察哨，而且，上帝啊，他们本来就不打算一直保留这些观察哨。它们不是什么防御工事。

尼克松：还有，你说的那个陷落的城镇，可能不值得去挽救。

黑格：[******]

尼克松：[******] 事实上我相信针对安岘的策略。你认为他们应该继续控制安岘吗？我想，如果那不是——是不是可以撤出这个城镇，并把它炸成碎片。

黑格：在军事上的意义——

尼克松：没错。是心理上的——

黑格：——那没有什么意义——

尼克松：心理上的，就像凡尔登一样。

黑格：对阮文绍来说，他不会同意的。他只能——阮文绍是不会下这些命令的。对他来说控制这个城镇在心理上才是重要的。我们可以放弃第二军区的一些东西。该死，那个地方是——如果他们失去了昆嵩（Kontum）和达咖图（Dak To City），也不是什么大事。

尼克松：另一方面，我猜他想控制这些地区是有原因的。在某种意义上，如果他愿意忍受的话，我们肯定会惩罚敌人。

黑格：[******]

尼克松：唯一的问题就是——我正在想，黑格，我们的目的不是占领地盘，而是要打垮敌人。如果可以撤退并且让敌人暴露在更易受到轰炸的地方，那么我就会撤退，接着对那里狂轰滥炸，然后再重新占领。这样做不是更有效吗?

黑格：这就是——这就是书上说的方式，这也是我会采取的方式。

尼克松：好吧，你觉得他们不会那么干吗？

黑格：因为这件事造成的心理影响，他们不会那么干的。

尼克松：好吧——

黑格：另外，情况也并不是很糟糕，因为他们一直在把注意力集中在这些事上。

尼克松：而且，可能，太 [******] 从这里。他们的人会参与战斗，而且——

黑格：一支优良的、纪律严明的部队才能做到先撤退，后战斗。一旦开始回撤，那么我认为这就成了阮文绍必须面对的另一个问题——

尼克松：嗯。

黑格：——如果他们有好的、有利的位置，而且他们自己挖掘工事并坚守阵地的话，那么这些小家伙是很擅长防御的。而且他们——为了撤出——需要一支经验非常丰富的部队。

尼克松：嗯，嗯。

黑格：——而且很能打的部队。

尼克松：我明白。你知道的——当然，对阮文绍来说，这么做是有原因的，但是除去这些先不谈，德国人在对付苏联的时候，将这一战术运用得出神入化，你知道的，在"一战"期间。

黑格：他们特别专业。没错。

尼克松：但是，上帝啊，我的意思是他们会撤退的，你知道，而且接着要把他们打得屁滚尿流。苏联人可能会大步前进，然后被直接歼灭，直接歼灭。

黑格：好吧，他们——

尼克松：在"一战"期间，苏联的军队会同时进入北部战线和东部战线，而且甚至也会进入 [******]。他们取得了巨大的胜利，还缴获了很多东西，而德国人加强了军力，然后狠狠地回击。换句话说，要记住，战争的准则不是占有领土，而是击垮敌人。

黑格：确实是这样的。

尼克松：这是我们要在那儿做的事，对吗？

黑格：是的，在第一军区他们正在这么做——

尼克松：是吗？

黑格：是的。第一师的指挥官（南越军队少将范文富），他是个疯子。他说："该死，我不在乎这些重火力点。"他说："如果他们在一个地方聚集的话，只要我能杀了他们，我就会放手去干，但是如果情况过于不利，那么我会先撤出来，然后下次再来。"他现在还没有从任何地方撤退，而且他们在（重火力点）巴斯托尼（Bastogne）已经杀了大约2500人了。而且他们，顺带提一句，昨天开放了通向他们那里的道路，并且已经完全重新恢复了支援，加强了兵力。所以，现在的情况仍然很有利。

尼克松：这个在第三军区南面的城镇，这里——好吧，我们不要担心这个了。现在艾布拉姆斯肯定绘制出图标了，然后他们会以此进攻——

黑格：是的——

尼克松：——会有失败，也会有胜利。

黑格：[******]

尼克松：这个——你认为这个策略有什么好处吗？这个策略在心理上的作用比其他策略强得多，对吗？你认为是心理上的作用吗？还是其他的？

黑格：是的，但是我认为——

尼克松：心理上的作用还是很重要的，不是吗？

黑格：心理因素很重要，特别是现在亨利还在（莫斯科）。当亨利到那里的时候，新闻都会聚焦在他们身上，那非常好。另一个问题就是，这件事需要更多的后勤保障——

尼克松：是的。而且，每次我们能减少对他们的后勤支持——

黑格：会出现的情况是——而且我认为他们在那里已经严阵以待。那是他们的策略，不是吗？他们现在处于一个高点，而且之后会继续——

尼克松：我们能这么做吗？哦，当然。你是说去——继续待在南越吗？继续坚持下去吗？

黑格：这次要继续留在那儿，并且重建他们的基础设施，破坏那里平静的局面和战争越南化政策。这就是为什么他们的后勤支援会变得更加——

尼克松：在这个问题上，俄国人到底允诺了什么？真的，他们到底同意了什么？

黑格：好吧，总统先生，我所希望的是。

尼克松：什么？

黑格：如果我们能让他们同意 [******]，越南军队会回去的，我是说北越军队。

尼克松：回去？从哪里？你是说从第一军区吗？

黑格：不，回到袭击开始之前的状态，也就是第三军区和第一军区。第二军区，他们本来就在那儿，该死，总之那是片没有价值的农村，而且很快就会被雨水弄得泥泞不堪。那时候我们就要停止轰炸。并且——每个人都愿意去谈判；希望能带回一些俘虏——

尼克松：很好——

黑格：——作为一种象征性的交换。

尼克松：嗯，那很好 [******]——

黑格：并且维持这种状态一年的时间，要让苏联做出书面承诺。天哪，我认为您——他们将不得不经历这个过程，因为您会在这一切发生之前入主这间办公室。肯尼迪和那些鸽派人士会受到攻击。然后，他们必须在接下来的4年里面对一个他们特别了解的总统，而这个总统是不会再忍受第二轮进攻的。

尼克松：好吧，我们可能还要应对另一轮军事行动，如果我们能完成这个行动，通过这一点——

黑格：没错。没错——

尼克松：你知道，如果我能继续将其作为一种支援，对 [******]，但是在我看来，我们就要面对封锁所带来的问题。我自己的感受是，现在公众对于封锁的支持，可能会比晚一些时候要高。但是另一方面，采取封锁的最佳时间可能就是在大选前的3个星期。

黑格：我——

尼克松：你明白我的意思吗？ [******] 那么没人能搞明白了。基于此，我们现在要一直这么做，直到我们把俘虏都要回来，明白吗？那么，你要处理的事情是非常非常棘手的。在此之前，我们不能说我们要采取封锁而且会在要回俘虏之后解除封锁，而是说是你们摧毁了南越。但是，在这一点上，你可以——如果他们在俘虏问题上找事儿，我们就进行封锁，然后说："好吧，我们会一直这么干，直到要回我们的俘虏。"

黑格：这样做很正确，如果——我认为封锁行动不一定会在短期内解决这个问题。

尼克松：不会吗？

黑格：从军事意义上讲，或者从政治意义上讲。从军事意义上来说，我们现在已经进行了一些研究。大部分物资都能通过中国运进，甚至是——

尼克松：是的——

黑格：——甚至是苏联的物资。

尼克松：也可以通过空运。

黑格：也通过空中运输。所以，我们不应该拿这个问题糊弄我们自己。现在能引起苏联的注意是非常好的。他们必须——

尼克松：是的，但是我们已经引起他们的注意了。我认为我们已经吸引他们的注意力了，对吗？

黑格：是的。就是这样。

尼克松：我们会搞清楚的。

黑格：从长期来看，这件事肯定会让所有人失望，也会把那儿的所有人都消灭干净。直接消灭干净。

尼克松：消灭10万人太多了，艾尔。

黑格：是的。

尼克松：好吧，南越军队会这么干的，不是吗？

黑格：嗯，可如果他们输了——

尼克松：他们只是坐在那儿——连续炮击。

黑格：当您听到关于这些俘虏的消息的时候，在那些村落里除了受伤的士兵，什么都没有留下。这些士兵会告诉那些剩下的孩子，抓紧离开，找地方藏起来。

尼克松：他们会这么说吗？

黑格：是的。年轻的女孩儿找不到伴侣，所以他们要面临一个社会问题。这些年轻的女孩儿只能考虑那些已婚的老男人，然后生下私生子。整个社会都快被破坏了——

尼克松：你是说在越共统治区域吗？

黑格：在北越。

尼克松：哦。

黑格：是在北边。一个俘虏，他说，那真是令人难以置信。

尼克松：男人都走了？

黑格：不是，是没有年轻男性了。

尼克松：当然没有。（暂停）那使我觉得他们已经，至少是，那里至少损失了50万人。

黑格：没错。而且他们宣称，他们都知道进入战场后，等待他们的只有死亡。他们确实也有逃兵，而且训练中心也开始出现逃兵。他们的训练时间很短。他们还没准备好打仗。当他们进入战场后，其中一些人也只是在游荡而已；共和军和人民军就是这么把他们杀死的。他们根本不知道自己在干什么。

尼克松：轰炸河内以及海防港的情况怎么样了？那个提议实际上坚定了他们取胜的决心，你同意吗？

黑格：我认为在短期内那个提议是有效的。但是，这个国家之前已经经历过了。他们已经有过这个提议了。我认为，在这一点上，现在还不至于如此。他们对此也很厌恶。而且，在1968年轰炸间歇期时，我们停止轰炸时间太长了，这的确使他们得到了锻炼，他们的战斗变得更勇猛。但是，到1968年，当我们停止轰炸的时候，他们，他们都跪下求饶。这也表明了——

尼克松：好吧，事实上，我们想要进行的这种轰炸，也就是正在进行的轰炸，确实比1968年的更加有效，不是吗？

黑格：哦，是的——

尼克松：对吗？我理解的是[******]1968年的轰炸对目标是经过选择的。

黑格：完全不同。

尼克松：和类似的行动相比，这次轰炸是非常有效的，是吗？我说错了吗？

黑格：当然没错。首先，我们的技术装备比之前更好。第二，我们不像罗伯特·麦克纳马拉（Robert McNamara）一样，他只会坐在桌子前面选择目标，您已经允许前线指挥官们——

尼克松：指挥官们——

黑格：——允许指挥官们做这件事，而在没有降低袭击强度的情况下，他们做得更加有效。他们在1968年期间就只有这些东西。他们只是不断地转换目标，而且人们都不知道到底应该在这些地方干什么[******]有所克制。我认为，我们在这些袭击中干得非常棒，特别是当您把B-52

部署到那的时候。那简直是——

尼克松：没有部署完吗？

黑格：还没有。

尼克松：我认为它极具威胁力，不是吗？

黑格：是的，先生。

尼克松：并且甚至要打击那里。

黑格：那是——那是一种令人生畏的武器。当你在战场上的时候，那是一种令人恐惧的武器。我已经把它装备到我们的军队中了，而且我想告诉您——

尼克松：真的很厉害吗？

黑格：天哪，您知道，您也看到了那些冲击波。整个大地都在颤动，而且事前没有任何警告，因为当它们来的时候，它们的高度非常高，根本无法看见。只会突然听到一种口哨声，一种怪异的口哨声。

尼克松：大地都在颤动？

黑格：整片大地都在颤抖。那的确会吸引走人们的注意力。

"这些家伙粗野到令人难以置信。"

> 1972 年 4 月 25 日，上午 8：53
> 理查德·尼克松、罗丝·玛丽·伍兹（Rose Mary Woods）和亨利·基辛格
> 椭圆形办公室

基辛格从莫斯科返回之后，就立刻去椭圆形办公室向总统汇报情况。然而，基辛格并没有讨论有关即将到来的峰会的计划，而是描述了在苏联首都期间所受到的独特的盛情款待。

……

尼克松：当我在周末试图联系基辛格的时候，你觉得他到底在哪里？

伍兹：可能在外面和小孩子玩儿吧。

基辛格：说对了——

尼克松：好吧，我倒希望如此。希望真是这样。

伍兹：他还真是说不定。

基辛格：不是的 [******]。我想告诉您一件事，总统先生，我可没有受到冷遇。

尼克松：真的吗？

伍兹：哦，我的天。你不能谦虚点吗，亨利？

基辛格：不能。不，这和谦虚没什么关系。他们的国家安全委员会主席安东诺夫将军（Sergei Antonov）亲自在机场迎接了我，他还说他手上有一大群女孩儿，都是25岁甚至更年轻——

伍兹：你应该记得，他们是如何搞定约瑟夫·艾尔索普的。（伍兹指的是1957年在访问期间克格勃刺杀艾尔索普的事情。）

基辛格：并没有——

尼克松：和谁，和这些女孩儿们？

伍兹：不是女孩儿，而是 [******]。

基辛格：这些家伙粗野到令人难以置信。

尼克松：我知道。[******]

基辛格：当我说我想游泳的时候——而且那也是在国安委的陪同下——因此，他们又说——他们问道："你想要女按摩师吗？"您知道——

尼克松：护士吗？

基辛格：女按摩师。

尼克松：女按摩师？

基辛格：而且，他们说——

尼克松：女按摩师？他们是为了那个目的吗？

基辛格：是的。哦，上帝啊，他们说我想要什么发色的女孩儿都行。但是，他们的确——

尼克松：天哪！哦！

基辛格：真令人恶心。您知道——

尼克松：这真是大煞风景啊。

基辛格：您知道，那真是——那真是太令人恶心了，而且他们几乎每个场合都得提到这个。安东诺夫将军和我在车里的时候,还在玩弄他的猎枪。他 [******] 安全 [******]。(笑声)我们路过了莫斯科电影中心,然后我说我认识很多好莱坞的女明星。他说:"试试我的姑娘们吧,她们肯定更有经验。"

"当俄国人把我们赶出越南的时候,你是绝不会把胳膊搭在他们身上的。"

> 1972年5月1日,下午4:11
> 理查德·尼克松、威廉·罗杰斯和亨利·基辛格
> 椭圆形办公室

在莫斯科,基辛格发现勃列日涅夫对讨论美越关系并不感兴趣。基辛格对此也不感兴趣,最起码和总统的预期相比差很远。但是基辛格确实也提出了重启和平谈判的框架,苏联也将其传达给了河内方面。北越似乎在没和苏联协商的情况下,便做出了回复。因此,基辛格结束了在莫斯科的秘密会谈之后,立刻赶赴巴黎参加秘密会议,与北越外交官黎德寿开始了新一轮的对话。在会谈的前一天,基辛格和尼克松总统以及威廉·罗杰斯先进行了会面,罗杰斯正准备在当天动身前往访问伦敦以及西欧多国的首都。尼克松也正准备取消计划在月底举行的莫斯科峰会,以确保越南问题被置于首要地位。

……

尼克松:这件事也是一样,在越南问题上,我会利用一切机会敲打他们。我会非常强硬地处理越南问题,而且会说我们准备——强调一句,我说的都是认真的——在我看来,我们会说到做到,不择手段,而且他们的利益也深深地牵涉其中。如果他们说:"好吧,那会使峰会面临风险。"那我们就说:"我们已经准备好冒这个风险了。"我认为,不应该——我们最好的指望,特别是在你和勃兰特谈话的时候,将会立刻

回到他们那里。

罗杰斯：您的——关于下个星期的事情，您的主意确定了吗？您会不会——我在想——

尼克松：哦，在你离开的时候？

罗杰斯：是的。

尼克松：好吧，你知道的，亨利明天就要出发了，而我想——

基辛格：我会转告柏林方面的。

尼克松：他会带话给你的。我倾向于——我的——好吧，谁知道谁能得到什么呢。我的感觉是，我们会一无所获。除非得到非常具有实质性的，非常重要的成果，否则我们会做我们想做的，就是进行打击，就是在星期四和星期五全面攻击河内-海防港地区——48小时的打击——就在他们进攻的地区，这并不是因为这次的失败。所以，这就是我的立场。那么，那几天你到底会在哪里？你知道的，星期四或者星期五，还是星期六或者星期天，取决于天气——

罗杰斯：我会在——

尼克松：不过，那当然不会结束。打击不会超过48小时。但是规模会很大。是规模最大的一次行动。那会是——艾布拉姆斯已经有至少100架B-52轰炸机了，而且当然我们所有的海军火力也集中在那儿了。纽波特纽斯港口到那时候会装满8英寸口径机枪。而且，除此之外，当然还有400架战术飞机。所以，这会是迄今为止对河内-海防港地区最大规模的袭击。这次行动只针对军事目标，当然，是在我们可控的范围内。行动也会袭击一些新的目标，比如穆勒和艾布拉姆斯已经挑选了一个大型的军事训练区域；我们会尽力清除这个目标。这就是有关这次行动的事项。现在，整个政权最后会被颠覆——但是，这必须在这次行动能够取得一定成果的情况下才能实现。亨利准备直截了当地谈论这个问题了。是吗，亨利？

罗杰斯：你在那儿会停留超过一天吗，亨利？或者你——

尼克松：哦，不会。

基辛格：好吧，您知道的，假如说，如果他们提出了惊人的提议——

尼克松：哦，没错。

[******]

尼克松：我认为，你可以提出你之前的——我认为这次会议就会很快完蛋。而且我认为，这样的话，他回来之后，就可以宣布会议已经举行了。

罗杰斯：哦，当然。[******]没人会知道它的。

尼克松：好吧，[******]会知道的。我认为我们不应该提前宣布，因为那样的话，媒体的注意力都会被吸引到那里，而且大家都会希望双方对此做出评价。但是，你完全可以仅仅是会谈，而不是出去面对那些摄影机。但是，我认为，我们会在你回来之后立刻宣布，记住这件事。而且，我认为你需要给比尔发个电报，当然——

基辛格：明天晚上——

尼克松：明晚10点。哦，先等一等，他会在那儿的。他会和你同时在欧洲。

基辛格：是的，但他会去英国，而且——

罗杰斯：我会在英国。

基辛格：英国。所以，我会在明晚通过幕后渠道给他发电报。

尼克松：好吧。所以，我们会宣布这次会议的举行。而且——

罗杰斯：我认为，我必须面对的真正的问题，是这次峰会——

尼克松：是的，当然，他们会——他们想知道什么？

罗杰斯：好吧，他们想知道我们认为顺利召开这次峰会的可能性有多大。而且总统也说了，亨利，当你不在的时候，我就应该说峰会可能会取消，而且总统对此也有准备了。

尼克松：但是，我们并不这么认为。

罗杰斯：我们不这么认为吗？

尼克松：我会继续表现出峰会仍会按照计划召开的样子，而且我们至今也没有做一件不利于峰会召开的事情。真实情况就是这样。而且事实上，我们的行动对峰会的召开是有利的。但是另一方面，一旦北越军队继续发动进攻而我们进行回击的话，我们就不能期望苏联能对此有什么回应，因为我们会强有力地反击北越。而且，如果对北越的强力反击引发苏联做出回应的话，那么事情就会按照那种方式发展。我们的判断是，我想说，这是我的判断，你可以说——而且你可以直接说，我的判断是，峰会的事情仍会继续推进，因为我认为他们——他们不会喜欢这次峰会——但是我认为他们会同意召开峰会的。但是，我不想让那些欧洲人比美国人民还要强烈地感觉到，我们会为了和苏联人坐在谈判桌前而不惜任何代价。而且，我还想说，如果越南的情况严重恶化——在我们接近峰会之前没有任何进展的话，那就绝不会发生什么——我们绝不会去参加峰会了。当俄国人把我们赶出越南的时候，你是绝不会把胳膊搭在他们身上的。我认为这是不可能的，从所有——今天收到艾布拉姆斯的报告了吗？

基辛格：还没有，但是他，当然他可能——

罗杰斯：我觉得，总统先生，对我来说，最好我还是坚持我刚才告诉您的立场，而且您也认为峰会是有可能举办的——

尼克松：是的。

罗杰斯：——总有 [******]。您知道这也是一种可能，但是您很自信地认为峰会能够继续推进。

尼克松：好吧，我是这么认为的。你觉得呢，亨利？

基辛格：我认为，是的，当然——

尼克松：那取决于各种各样的人。肯定有英国人，和蓬皮杜——勃兰特也是关键人物，你不这么觉得吗？有什么区别吗？

基辛格：没有。我认为勃兰特会利用此事，而且他会立刻回到苏联人那里去。

尼克松：是的。那是我们乐见其成的。而且，我认为你可以说：我们相信，而且我们认为苏联人也相信，基于迄今为止所发生的事情，这次峰会肯定会重点关注越南问题，而且越南问题也不应该成为这次峰会的一个障碍。但是另一方面，在我们看来，我们必须采取必要的行动来捍卫我们在越南的利益，而且我们这么做也是考虑到苏联是赞同召开这次峰会的。如果他们不做出回应的话，我们也做好了应对准备。当然，对于勃兰特，你跟他谈话时不能像和希斯那样坦率。

……

罗杰斯：总统先生，关于我们之前的对话，我还想说一点。我认为如果您能写一封信，通过格里[1]把它转交给谢门诺夫，那么如果我们达成协议的话，我们就可以说这是基于您的书面意见。

尼克松：嗯。

1　指美国军控及裁军署署长杰勒德·史密斯（Gerard Smith）。

罗杰斯：我不喜欢勃列日涅夫的书信。我认为那会 [******]——

尼克松：让我考虑一下。

罗杰斯：换句话说——

尼克松：没错——

罗杰斯：——如果我们能——如果您能声明我们的立场，同时我们又有一封您的书面意见。

尼克松：嗯。

罗杰斯：那么，当我们被问到这个问题的时候，我们可以说——

尼克松：这就是我们的立场。

罗杰斯：——这就是我们的立场。我只是认为，如果我们能这么做的话，这对于我们将是巨大的帮助，因为有些事情会——

尼克松：好吧，他的指令，我认为，他的指令可能和这个一样，因为你可以让他转交给他们一封——

罗杰斯：是的，并且说这是——

尼克松：是的。我明白。

罗杰斯：然后——然后，他就能依据这个书面意见进行谈判——

尼克松：我打赌如果我们现在这么做——

罗杰斯：那也会很有帮助。

尼克松：是的。

……

尼克松：好吧，我会给他（史密斯）写封信，就像我们之前经常做的一样。怎么样？

基辛格：好的，我们可以给他写封信——

罗杰斯：我觉得这很好，是的——

尼克松：那么——现在准备这封信怎么样？他什么时候走？今晚吗？

基辛格：好吧，我们可以用电报把这封信传给他。

尼克松：我会准备一封信的，我之前也这么做过。

罗杰斯：太棒了——

尼克松：我会说，在我们会议之后，我们的考虑是——

基辛格：可以。

尼克松：——他应该先记住，以供记录在案——

基辛格：没错——

[******]

尼克松：——至于我们想要的——

罗杰斯：之后，我们可以说，我们的谈判是依据您的——

尼克松：是的。没错。这是我们能得到的最好结果，是的。这是个奇怪的——提议。我们——我们没有什么可谈判的 [******]。我们必须面对这样一个事实，在防御武器方面中，我们在能得到的优势上还不够有力——

罗杰斯：好吧，我认为我们——我认为——

尼克松：我们还不够有力。我们必须——我们必须记住，苏联人在发展潜艇和进攻性武器上就像疯了一样——

基辛格：而且，他们刚刚建造了一艘新舰船——

尼克松：——而且我们什么都还没做。所以，我们处于一个——而且，面对那些反战分子，我们时间很紧迫。所以，我认为——我不知道，我——那么做会迫使他们减慢速度，而且要让国内接受这个问题，我猜我们能谈的就只有分导式多弹头导弹了。

罗杰斯：我认为我们能让国内接受——

尼克松：分导式多弹头导弹，我认为，这对他们来说是很强大的武器。你同意吗？

基辛格：是的。事实是，我们并没有错，我们现在正在制造的每一枚导弹都是艾森豪威尔时期设计的——

尼克松：没错。[******]

基辛格：——在麦克纳马拉的任职时期，我们已经浪费了8年时间。

尼克松：我们还没完成，我们——我们处于劣势。问题就在于此。

基辛格：而且，当您明白这该死的事情时，他们实验的新型导弹——我不知道您是不是知道这件事——

尼克松：你觉得这是真的吗？

基辛格：是的。而且——

尼克松：我想起来，之前你说他们不确定这件事是不是真的——

基辛格：好吧，他们是发射了什么东西，也就是他们正在将潜射导弹的原理应用在陆基导弹上。那是，就是为了让这种导弹先离开地面，然后再为其增加一个额外的发射推力——

516　尼克松：是的，好吧——

基辛格：那样他们令 SS-9 型导弹增加两倍有效负载量，而且他们给它装备了多达——

尼克松：什么？

基辛格：——多达 12 枚的 500 万吨级的核弹头。这确实很可怕。

……

尼克松：我告诉罗纳德（·齐格勒），我可能确实对史密斯太严厉了，但是一旦他——

基辛格：总统先生——

尼克松：——他曾经就拿出一张这样的东西给我。上面说得太官方了。不同的是——

基辛格：好吧——

尼克松：——那是国务院的态度。什么 [******]——

基辛格：总统先生，问题是——

尼克松：我根本不知道他在说什么。

基辛格：勃列日涅夫——勃列日涅夫接受了您的提议。他接受了那张纸上的每一点。

尼克松：嗯。罗杰斯到底是什么意思？

基辛格：我们已经将其从 85 削减到 62 了，而且我们的让步没有任何回报。我们根本无法让他们再减少一艘潜艇——

尼克松：罗杰斯为什么在这个问题上这么强硬？

基辛格：这样的话，我能向您保证一件事：在这个星期五之前，如果您不这么做——

尼克松：怎么样？

基辛格：——那么您会从赫尔辛基听到一些消息——

尼克松：是的——

基辛格：——就是他们打破了僵局。

……

尼克松：我很少发脾气，但是当他把这个狗屎一样的东西交给你的时候，我只是在想："哦，真该死。"

[******]

基辛格：我不需要麻烦您。我把这个交给了多勃雷宁，这也是他起草的，上面说："尽管我们无法同意所有这些事项。"多勃雷宁说："但是我会传达的。"不过，他的反应几乎和您一样。

……

基辛格：他说："如果勃列日涅夫读了这个，他会认为我们在和他耍把戏。"所以，我说："好吧，那你为什么不给勃列日涅夫 [******] 另一份史密斯接受的提议呢？"

尼克松：好吧，问题在于，就像当我们不能——不能和律师们达成一致的时候，就把问题记录在案或者其他类似的做法一样。

基辛格：好吧，实际上，上面说——

尼克松："为你感到羞耻"，不是吗？

"在明天的会议上，你能发现的更多的是他们有多么强硬。"

1972年5月1日，下午6：01
理查德·尼克松、亨利·基辛格和鲍勃·霍尔德曼
椭圆形办公室

在基辛格动身前往巴黎之前，尼克松和他最后一次聚在一起。基辛格根本不知道苏联在了解到更多有关美国在越南增加军力的事情之后会如何反应，更不用说如果他们了解到尼克松增加军力的目的了。基辛格的任务就是要确保这次峰会能如期举行。

……

基辛格：我收到了勃列日涅夫的一封信。

尼克松：又收到一封吗？这次说了什么？他破口大骂了吗？

基辛格：哦，他感谢您能派我前去访问，而且作为这些会谈的结果——

尼克松：那可能是对我的信件的答复。

基辛格：是的。而且也考虑到了正在进行的所有谈判，可以肯定地说，其中相当一部分都是（为了）确保峰会的成功举行。

……

尼克松：他们说谁会发起这次军事行动？是我们吗？

基辛格：是的。

尼克松：好吧，他们会——他们会弄明白的。那就是我们要打击他们的原因。针对海防港的行动必须进行了。

基辛格：是的。

尼克松：这和谁发起进攻根本没有任何关系。

基辛格：在——而且，多勃雷宁告诉我，他们希望能在所有关于技术装备的问题上达成一致——

尼克松：不包括飞机问题吗？

基辛格：不包括。

[******]

基辛格：他们会在星期六让您前往列宁格勒的。他们会电视直播这一行程，尽管他们之前从没有这么做过。他们提到的唯一的事情就是，如果要电视直播演说的话，请提前一小时把文字稿给他们，这样他们的翻译就能比较顺利。

尼克松：哦，我们会做得更多。

霍尔德曼：我们已经告诉他们，会提前把文字稿件给他们的。

基辛格：好的。嗯，我只是在告诉您他们是怎么回复的。而且，每个其他的技术问题，我忘了具体是什么了，我告诉他去和查平[1]联系就行。

---

1 德怀特·查平（Dwight Chapin），总统副助理。

尼克松：他和你说教堂的事情了吗？

基辛格：教堂没问题。所以，勃列日涅夫——

尼克松：真的吗？

基辛格：是的。

尼克松：好吧，但是不要告诉任何人。我不想——现在，这件事我不想让斯卡利或者任何人知道。我想低调一点——这样会更好。我会在那天去教堂的，不会太高调，因为毕竟，我是一个——我的意思是，我星期天会去的，如果可以的话。

霍尔德曼：（大笑）

尼克松：但是，那就是我在莫斯科要做的事情。所以，我会去教堂。而且，他们肯定也是在演戏，对吗？

基辛格：没错。

尼克松：那会帮助我们，你知道的，帮助我们解决葛培理的问题。

基辛格：那会很有象征意义的。但是——所以，在这些问题上，他们都给了您很有利的回复。

尼克松：是的。

基辛格：但是，关于（在苏联领空使用美国）飞机的事，他们说——

尼克松：我明白——

基辛格：——对他们来说是耻辱，如果我们——

尼克松：是的。我已经告诉鲍勃我们会这么做的，那么我们就要这么做。我想问问你其他问题。

基辛格：那么，如果可以的话，今晚我打电话告诉他，告诉他乘坐（苏联的）飞机没问题。

尼克松：是的。没错。

基辛格：那么，明天他们会联系查平，并确认这件事。

霍尔德曼：这个飞机是飞往列宁格勒和基辅吗，或者只飞往列宁格勒？

尼克松：没错。

基辛格：列宁格勒和基辅。

霍尔德曼：你确定吗？因为他们说基辅会——

基辛格：不。他就是这么跟我说的。

尼克松：我一点也不关心。这样已经很完美了。继续说。那么，另一个问题已经解决了。我不想再争论飞机的问题，这是微不足道的小事。还有其他事情——我之前已经乘过很多次他们的飞机了。如果你们可以让——他们不想取消峰会吧，亨利？

基辛格：不想。

尼克松：我觉得，所以河内－海防港的事情一定要——

基辛格：但是，他们或许会别无选择。

尼克松：好吧。很好。所以，我们——

基辛格：但是，我们也没有什么选择。

尼克松：我宁愿由我们来取消。

基辛格：但是，无论如何，如果我们从越南仓皇而逃，您是去不了莫斯科的。

尼克松：是的。

基辛格：所以，这——

尼克松：好吧，要明白，如果我们被越南耗尽了精力，那么我们就会对北越进行封锁，带回我们的战俘。让我们直面这个问题吧。我们是不会抛弃任何东西的。那是以后的事了。该死，花了4个星期的时间才拿下广治。

……

尼克松：在明天的会议上，你能发现的更多的是他们有多么强硬。

基辛格：我明天会发现——

尼克松：[******]

基辛格：他们肯定不会提出可以让我们接受的提议的。

尼克松：哦，我知道。但是，你会发现——他们是否会认为越南已经唾手可得？你非常清楚，他们对南越的渗透极为深入。如果他们认为越南已经是唾手可得——那么他们也很可能会从那里的美国人手中得到一切——然后，他们会非常地强硬，并且让我们滚蛋。这就是为什么我们必须要轰炸河内和海防港。如果他们持这种态度，那么你必须指出问题的要害。就在 [******]。另一方面，如果他们持有这种态度的话，也就是我 [******] 试图去赢得时间，不管怎么样轰炸都行，因为我们是不会接受的。

基辛格：好吧，我认为只要我们对他们进行轰炸，我们就可以给他们时间。

尼克松：哦，给他们时间。我的意思是，他们不能靠承诺讨论一些事情来让我们停止轰炸。

基辛格：是的。

尼克松：现在，还有一件事，我认为，要轰炸就轰炸河内和海防港，这样才能真正让这些浑蛋知道我们的厉害。

基辛格：没错。

尼克松：你觉得是这样吗？

基辛格：唯一能够——

尼克松：你不这么认为吗？不管怎么样，他们觉得他们是不会赢得这场战争的。

基辛格：平心而论，我想提醒您一点，就是我可以想象得到的，在您下次轰炸河内和海防港之后，苏联人会取消这次峰会的。我仍然赞同这么做。而且，那时您会打破——我们现在的处境——我们现在在媒体中的处境还不是那么糟糕，是因为那些苏联支持者被这些迷惑了，被莫斯科的手段迷惑了，而在您轰炸之后，这种迷惑就不复存在了。但我一直是坚定地支持轰炸河内和海防港的，而且是真的在集中精力研究这件事。

尼克松：如果他们要取消峰会，我只希望我们能提前得到一点消息，这样我们就可以先动手。有什么办法可以做到吗？他们会如何取消？

基辛格：我可以说在这些情况下——

尼克松：他们会如何取消？我是说我们有没有办法（知道）？是的，我们可以搞清楚他们会如何取消。你一定要和多勃雷宁保持密切接触，这样你就能及时了解他们的意思，而且一旦他提到了有关取消峰会的事情，那么我们就立刻对外宣布总统已经取消了峰会。绝不能让这些浑蛋说是他们主动取消的。

基辛格：是的。

尼克松：明白我的意思吗？

基辛格：是的。

尼克松：如果我们能做到的话，我们绝不会让他们先取消的。

基辛格：好吧，如果他们——您知道的——他们可能会掀起一场舆论战，如果他们这么做，那我们就可以取消会议。这可以成为一个很好的先兆。而且——

尼克松：我们有一点问题 [******]。

基辛格：啊，我们会成功的，总统先生。我们之前已经经历了其他时期。我们在这间办公室已经有——

尼克松：好吧，这是 [******]，在某种意义上，因为所有的下注都有风险；他们没进入柬埔寨，也没进入老挝。

基辛格：而且我们正在走向胜利。

尼克松：现在，非赢即输。坦白讲，最好是这样。最好能让这该死的战争抓紧结束。

基辛格：在柬埔寨的时候，我们就要取得胜利了——

尼克松：[******]

基辛格：在柬埔寨，我们就要取得胜利了，而之后在老挝，我们也没输。

尼克松：好吧——

基辛格：这次，夏天之前是一定要结束的。

尼克松：这场战争吗？

基辛格：在7、8月之间。无论以什么样的方式，都会结束。我的意思是，很明显，南越不可能再坚持3个月了。

尼克松：那北越呢？

基辛格：好吧，这就是问题所在。我不知道。

尼克松：哦，我认为他们也无法坚持了。

"对他的离世我感到很遗憾。这对我们的国家来说是个巨大的损失。"

1972年5月2日，上午11：16
理查德·尼克松和林登·约翰逊
白宫电话

1972年5月2日早上，J. 埃德加·胡佛被家政服务员发现死于其卧室的地板上。至此，他执掌美国中央情报局长达48年的历史画上了句号。尽管面对诸多抨击,他还是会坚定地站在约翰逊总统和尼克松总统的身边。得知胡佛的死讯后,尼克松坚持要亲自宣布这一消息,为他举行国葬并赞颂了他的一生。

……

尼克松:喂,你好。

约翰逊:你好。

尼克松:我之前试着联系过您。我刚刚宣布了 J. 埃德加·胡佛的死讯。

约翰逊:是的,我刚刚听到了。

尼克松:好的。我知道您非常地欣赏他。我之前试着联系过您,但是您外出了。

约翰逊:很高兴与您对话。我非常感谢。对他的离世我感到很遗憾。这对我们的国家来说是个巨大的损失。

尼克松:好吧,还有一件事,您知道的。他们觊觎他的位子,而且很多人都想让我解雇他。而我今年早些时候告诉他,我说:"听着。"我说:"我们没有时间更换局长了,因为我们和参议院要打的仗太多了。"您知道的,那些政治斗争。但是,至少他比他的批评者们活得更久。我希望如此!(笑声)

约翰逊:我也希望如此。他是个好人。对他的离世,我真的感到非常遗憾。他在很长时间里都伴我左右。

尼克松:我知道的。是的。

约翰逊:非常感谢您的来电。

尼克松:好的。好的。没事。

"在和北越谈判的整个过程中,亨利从来没有做对过。"

1972 年 5 月 2 日,中午 12∶08
理查德·尼克松和鲍勃·霍尔德曼
椭圆形办公室

5月2日，基辛格到达巴黎，他对自己和黎德寿的对话充满了期待。两个人在一起待了3个小时，这已经超出了正常的对话时间。黎德寿对基辛格的各种提案并不感兴趣。"这次对话到底有什么重要意义？"黎德寿问道。"结束的时刻就在眼前。"基辛格别无选择，只能向尼克松汇报这次谈判暂时结束了。

……

尼克松：好吧，亨利这次没有从他们那里得到他之前预期能得到的东西。我早就料到这种情况了。我能理解，他失望极了。

霍尔德曼：我并不感到惊讶——

尼克松：为什么他——

霍尔德曼：——但是这可怜的老亨利，我认为他之前肯定认为他能得到一些东西。

尼克松：好吧，他之前发现——

[******]

尼克松：——得到这个还有那个。今天下午我会和艾尔聊一聊。他非常——

霍尔德曼：真的什么都没得到吗？

尼克松：他说这次会议是他经历过的最没成效的一次。我要求推翻阮文绍。

霍尔德曼：他们甚至连热茶都没端上来。

尼克松：没有。但是，问题在于，鲍勃，我们必须意识到在和北越谈判的整个过程中，亨利从来没有做对过。现在，我也是无能为力了，但是我必须说，只是得到一个直截了当的结果。

霍尔德曼：好吧，艾尔从不认为他能取得什么成果。

尼克松：好吧，我也是。

霍尔德曼：艾尔在亨利走之前告诉我，他说："那可能是一次很好的锻炼，但是我不认为他能——"

尼克松：而且，他这次自然也不会提出来了，他——因为那会给人们以一种事情还在继续的希望。我们不想燃起任何希望。你知道的，就应该这么办，正如我说的，公众的态度就是这样。感谢上帝，我和艾尔说了这个，但是我并未在达拉斯这么说过。我想说的是在圣安东尼奥。

霍尔德曼：是的。

尼克松：因为我们，我们现在必须强硬起来 [******]。我们只能做这么多。我们没有其他选择。而且，一旦你开始表露一些和停火有关的迹象，或者和联合政府有关的迹象，或者其他类似的消息的话，我们就无法按照计划进行了。万能的上帝啊，你知道你在谈判中的位置是什么，还有那些反战人士和其他人。他们会比任何人都难对付，但是我们仍然要无孔不入。

霍尔德曼：继续下您那盘很大的棋吗？

尼克松：是的。还能做什么？

霍尔德曼：您必须要这么做了。

尼克松：还能做什么呢？为了美国公众舆论，必须这么做。为了南越人，必须这么做，提振他们的士气。而且，这么做也是为了在和敌人的谈判中占据有利地位。同时，这件事 [******] 有很强烈的感受，我认为我们最好取消同苏联人的峰会。现在，这肯定会伤透亨利的心，因为——

霍尔德曼：我们把它延期怎么样？

尼克松：哦，那么他们就会取消峰会的。

霍尔德曼：您可以使其看起来像是您——如果您无限期延期，仅仅是宣布您在现在的情况下是不会去苏联参加峰会的。

尼克松：是的，没错。

霍尔德曼：不要说："我要取消峰会。"也不要说："我绝不会去。"您只要说："在现在的情况下，我是不会去的，因此我已经取消了5月27日的出行计划。"或者不管什么时候，5月20日也好，"这次峰会取决于其他地方的局势"。然后，他们会说："我们取消峰会。"但是，您已经占得了先机。

尼克松：哦，是的。你知道，这些都是很痛苦的，我知道的，对我们在这里的所有人来说。对亨利来说是极为痛苦的，因为他从总体上认为我们整个对外关系正处于极大的危险之中；我的意思是，我们所有的决策，这个还有那个。但是，另一方面，我们必须看一看我们还能做些什么。你还能做的一些事情，你知道的，就是继续打击他们，然后迫使俄国人取消峰会——这对双方来说是最坏的情况了。

霍尔德曼：如果您取消了峰会，您就能从他们那里获益。如果他们取消，那么您就会受到伤害。

尼克松：如果他们取消了峰会，看起来，我们——因为我们在越南的失利导致和平的前景蒙上了厚重的阴影，总统也非常地固执和小气。如果，另一方面，如果我说我不会去参加峰会，只要有任何——只要我们能够遭受一次由苏联支持的大规模进攻行动。

霍尔德曼：而且（伊朗）国王和其他那些人也会这样。

尼克松：好吧，那 [******]——

霍尔德曼：是的。

尼克松：好吧，亨利有个主意——而且艾尔也认为这个主意有些用处，他在这个问题上比我看得远——他可能是对的，也就是只要那些批评者认为我们可能会在谈判中占得上风，我们就能让他们在某种程度上失去平衡。

霍尔德曼：没错。

尼克松：他可能是对的。

霍尔德曼：好吧，我认为没错。但是，我不——那可以让批评者失去平衡，而且这一点非常重要。

尼克松：是的。

霍尔德曼：但是，那不能使您获得民众的支持啊。您通常的——

尼克松：我也这么觉得。

霍尔德曼：您通常的民众支持率非常——当然，民众想要和平。这是您在取消峰会的问题上必须面对的一个困难——

尼克松：是的。

霍尔德曼：——就是他们——

尼克松：就是他们希望举行苏联峰会。

霍尔德曼：因为他们认为那是一种和平——不仅是越南，也包括其他地方。

[******]

尼克松：他们想——他们很纠结，也很矛盾，他们另一方面也想要和平——

霍尔德曼：这就是为什么延期举行峰会相对于取消峰会能使您处于一个更有利的局面。如果他们取消了峰会，那就是他们破坏了这次争取和平的机会。但是您可以很有底气地说：“在现在这种局面下，我是不会坐下来和他们谈判的。”好吧，还有另一方面的影响也会出现在军事层面。

尼克松：好吧，我 [******]。和往常一样，那不是——那是有些麻烦，但不像媒体说得那么吓人。你会了解整件事情,在艾尔的——艾尔,他的事情 [******],他说就是要继续坚持,仅此而已。阮文绍会坚持住。看到了吗,军事上的问题就是这样。你还能做什么呢?撤退吗?抛弃阮文绍?天哪,我们不能那么做。

霍尔德曼:我们不能那么做。他可以。

尼克松:哦,是的,作为南方的一部分。但是,你知道如果他现在跑路,假设他离开并且说"我辞职",可能整件事情就完蛋了。对于留在那里的美国人来说,处境太危险了。不,我们要坚持,不要害怕,你懂我的意思吗?

霍尔德曼:明白。

尼克松:我们的人不该如此惊恐。战争就是这样。局势起伏不定。战争很困难,非常困难。而且,另一方面,你不能编造什么好消息,不管是什么。但是,我很确定我们需要一件事:就是袭击河内 - 海防港地区。我认为那肯定是个加分项。他们现在不进行谈判,上帝啊,那我们如何提高我们在谈判中的地位呢?我们如何得到——所以,我们必须这么干。

霍尔德曼:[******]

尼克松:好吧,那是我的工作。但是,听着,我们必须要面对。亨利的判断对此一直没有益处。他对其他事情的判断都非常准确。当他去苏联的时候,他认为他能从苏联人那里得到些什么,你知道的。

霍尔德曼:然而他什么都没得到。

尼克松:你还记得吧?我一直——那就是我发这些该死的电报的原因。我知道他肯定不会得到任何东西。我说:"看在上帝的份儿上,除非我们得到我们想要的,否则不要给他们那些他们想要的东西。"好吧,没关系。所以,第二点,他——今早我告诉艾尔了,我说:"艾尔,我没发表关于限制战略武器会谈的声明,难道你不为此感到高兴吗?"而且我确定我从来没想过——想过做这个声明。

霍尔德曼:亨利想让您做这个声明吗?是不是他——

尼克松:哦,是的。

霍尔德曼:——想让您继续——

尼克松:[******] 他最终还是在昨天早上同意了。

霍尔德曼：[******]

尼克松：是的。哦，我敲打了一下他，以——为理由。

霍尔德曼：这件事要瞒着杰拉德·史密斯吗？

尼克松：哦，是的。我认为他个人肯定参与了，因为他想确定白宫能获得功劳，等等。我的看法是，鲍勃，我认为根本就没有什么功劳。我认为人们根本不关心限制战略武器会谈的事情，你说呢？

霍尔德曼：好吧，那是个加分项，但那不是一个——

尼克松：那并没有得到任何最后的 [******]——

霍尔德曼：罗纳德称其为 [******]。没人会因此而改变他们的投票意向的。

尼克松：是的，不会得到太多好处的。特别是敌人没有在那儿发动地面袭击的时候。不，媒体是个大问题，他们还是像往常一样行事，把总统分成，你知道的，分成强硬的和软弱的。而且如果我们能在会谈上取得成果的话，那么这些媒体会把亨利塑造成一个和平缔造者的形象，你明白吗？[******] 不管怎样，这种情况是不会发生了。他们选择亨利去打败比尔的原因，就是他们放弃了罗杰斯。确实是这样。他们知道他们无法站到他那边。他们知道亨利是不可能做到的。他们知道那不过是亨利口头说说罢了。那就是为什么——

霍尔德曼：亨利太显眼了。

尼克松：亨利肯定会理解这件事，当他——他不理解的时候，我必须说，对他来说，不要向媒体透露一些事情是最好的，而他之前也没利用过媒体。但是吹捧基辛格也帮不了我们，只能毁了我们，对吗？

霍尔德曼：是的。

尼克松：我会让斯卡利继续坚持另一个立场——就是总统在掌控大局。

……

尼克松：我无法想象，我简直无法想象——把这个告诉亨利对我来说太难了——我简直无法想象，当越南还在经受猛烈攻击的时候，我自己却在莫斯科和那些浑蛋俄国人干杯，而且还在圣彼得大厅签署限制战略武器协定。你同不同意？

霍尔德曼：我认为我同意。我完全同意。

[******]

霍尔德曼：我只是想谈谈这件事的另一个方面。我不知您对另一方面有多大的争议。我不知道——

尼克松：好吧，你能把问题写出来吗，或者迅速写出一份500字的——500字的草稿——这样我们就能立即处理这个问题。你可以的，对吗？

霍尔德曼：是的。

尼克松：我想做的，就是说，"鉴于共产党对南越持续的侵略，这种侵略得到了苏联的大力支持，包括援助一些军事装备"，而且我不是在想如何措辞，或者你是否相信"总统应该"——不，"正如你们所知道的，总统已经计划前往莫斯科参加峰会"。所以，你明白了吗——但是"他是否应该推迟——他——和苏联领导人的会议，直到这次进攻结束——除非这次进攻不再继续"。换句话说，我会这么说："除非这次进攻不再继续，有些人说除非这次进攻不再继续，否则总统会拒绝——会取消"——不说推迟或者被推迟，不要给他们一些破绽，不要给他们留下很多提问的话柄，换句话说就是——"他前往苏联的行程"，或者"不该继续"或者"应该拒绝"——"推迟他去苏联的行程，直到峰会"——你应该想办法表述出这些意思——你能不能表达出这类意思呢？让我们体会一下，在这个问题上我们将面对什么样的公众意见，明白吗？我自己感觉，尽管他们对这次峰会的兴趣非常强烈，但是当我们还在面对苏联的火炮和坦克的大规模攻击的时候，人们仍是不愿意让他们的总统去苏联的。明白我的意思吗？

霍尔德曼：明白。

尼克松：现在，你简明扼要地写一下。你认为总统应该取消他的——推迟——他同苏联的峰会吗？取消峰会，直到——

霍尔德曼：没错。取消峰会，直到这次进攻——

尼克松：取消峰会，直到这次进攻不再继续。和苏联领导人的峰会——直到在越南的进攻被终止或者不再继续，或者出现类似的情况。或者说，你认为他应该继续推进和苏联领导人会谈的事情吗？即使在越南的进攻还在继续的情况下。我们将面临的局势，在我看来——这是第二个星期，我们得在22号才能到那儿——换句话说，我们有三个星期的时间；我们所面临的局势会是，进攻将按照原计划进行，但他们不会成功。我一直认为情况会是这样。我说不会成功，就是说在公众的眼中，他们在许多方面都已经成功了，包括第二集团军的部分。但是，任何一个了解这个国家的人都知道，在越南真正重要的是第三和第四集团军。越南民众其实都在这两个地方。总之，事情就是这样。我们的民调数据确实下降了，我们没有——而国会获得的支持上升了，等等，是吧？

霍尔德曼：是的，肯定是。背景很复杂。

尼克松：[******]

霍尔德曼：我并没看见。好吧，那正是我想要的。我们昨天就那么做了。[******] 是我做的。

尼克松：[******] 这么做的目的，的确是为了提振我们自己人的士气，你明白吗？我肯定希望得到一些民众的支持，但是我认为我们不一定能得到。但是，每个人——科尔森的团队知道这个的重要性。现在，我们应该处理这个问题了，你明白吗？这不是盲目乐观。

霍尔德曼：没错。这就是民意。那就是人们——

尼克松：没错。你知道的，公布民调结果，可不是盲目乐观的做法。而是我们是不是要干掉这些浑蛋。

霍尔德曼：没错。

尼克松：所以，这个办法很不错。

"从长期来看，我们必须看清楚的是，到底会发生什么。"

> 1972年5月3日，上午10:02
> 理查德·尼克松和鲍勃·霍尔德曼
> 椭圆形办公室

当基辛格正要返回华盛顿时，他收到了一封黑格发来的备忘录，上面包含了这样一个声明，即"总统要求我向你传达，在这个关键节点的政治问题使他越来越坚信我们现在就应该采取行动取消峰会"。当基辛格到达华盛顿后，他迅速登上总统的私人游艇，讨论在苏联取消峰会之前由我们先行取消峰会是否明智，因为这会陷入尴尬境地。第二天早上，当尼克松重新回顾他和霍尔德曼的对话时，他开始逐渐打消了取消峰会的念头。

……

尼克松：从长期来看，我们必须看清楚的是，到底会发生什么。现在，如果取消峰会，什么都还没确定，如果取消峰会能够大幅度地提高成功解决越南问题的可能性，那我会立刻这么做。如果，另一方面，如果取消峰会对实现圆满的结局没有明显的助益的话，那么——

霍尔德曼：那么，您就会失去很多长期的优势。

尼克松：什么？

霍尔德曼：那么，您就会失去很多长期的优势。

尼克松：好吧，也不会损失太多，除非你认为我们会面临长期的劣势。

霍尔德曼：嗯。

尼克松：这种长期的劣势就是——

霍尔德曼：尼克松对外政策的崩溃。

尼克松：是对外政策的崩溃，但是同样，当我们取消峰会的时候，这会提升一些 [******] 所有那些事情——苏联的宣传力量。我不是指跟亨利会谈的那些狗屁家伙，我指的是全世界，那些示威，等等——这会缓解极为紧张的局势。我们要让大使馆，你知我是什么意思，他们肯定会开始对我们恶言相加，因为他们会发现："什么？尼克松要开战了；我们对此并没有什么兴趣。"所以，我们会举行会谈。这一点，我认为我们必须铭记在心。

霍尔德曼：那么可能推迟峰会吗？

尼克松：推迟峰会，或者，如果你取消峰会，那实际上也就是一种推迟。你可以推迟协议的签署。

霍尔德曼：推迟到6月吗？

尼克松：你明白吗？不。你可以说，我会把峰会推迟到这次进攻结束之后。所以，俄国人会说什么——你现在不想来，去你妈的。你明白我的意思吗？你要么这么做，要么——你只能在一定程度上推迟峰会。

528 霍尔德曼：所以，他们说"去你妈的"。有可能不让他们这么说的。

尼克松：不。我认为，如果我们取消或者推迟峰会，不管你怎么叫，那只是一种托词，那会导致——

霍尔德曼：苏联的大规模宣传攻势。

尼克松：大规模的宣传攻势。这取决于我们的尼克松式的对外政策（Nixon foreign policy）成败与否。现在，整个对外政策都是坚持这场糟糕的越南战争的后果。现在——

霍尔德曼：是的，没错。

尼克松：在某种意义上，代价太高昂了，以至于难以负担。这样的代价太大了，我们承受不起，因为可以说在某种程度上我们被越南问题搅乱了。

……

尼克松：如果我们突然之间做出了这个声明，那么在国内就会面对大量强硬的声音。他们会说——

霍尔德曼：这不会持续——不会持续很长时间的。那只是一个暂时的问题。

尼克松：他们会说，尼克松的对外政策到底怎么了？

霍尔德曼：这样，您就会饱受非议。媒体只会，他们现在就想拿着您的事情打赌，您费尽心思把这些琐事牵连成一个整体，而现在却面临着分崩离析的危险。取消峰会将会成为这个整体分崩离析的最大的信号，而且他们，对他们来说，这会成为他们炒作的一个焦点。而且，他们非常——您知道的，他们会抓住一切事情喋喋不休，一切他们能插手的事情。

尼克松：是的。

霍尔德曼：那——所以，那会让您受到伤害——您会得到一个很明确的信号。我认为，一开始肯定会有所反弹——总统的一次强有力的行动——

尼克松：非常大胆。

霍尔德曼：不需要再过多考虑了。但是，您需要在5月初就采取行动。

尼克松：改变主意是非常困难的。

霍尔德曼：而且只增不减，并且民主党人在7月的大会上会说："现在，那位去过莫斯科并带回来一代人的和平的总统，却让我们深陷越南战争的泥潭而无法自拔。"

尼克松：你看，亨利他，如果我分析正确的话，他甚至不知道这件事，但是要设身处地地为他想一想。他认为，他也说了，我也试着向亨利解释，那也是美国的政策；我认为他，因为他行动的失败，我的意思是，因为他们所做的与亨利在莫斯科和越南问题上所设想的相左，他实际上想说："该死的，你们不能这么对我们。"明白我的意思了吗？所以，从根本上说，这是虚张声势。所以，我们说我们要取消峰会。

霍尔德曼：这在短期内是一个很不错的虚张声势的行动。

尼克松：现在，另一方面，我们要这么看这个问题。假设越南问题，假设如果我们不去峰会，那么我们必须非常坚定地打击河内－海防港地区，那么该死的莱尔德就会和往常一样开始玩弄手段了，他会说我们根本找不到目标，等等。他就是个卑鄙的浑蛋，真的。

"不要让峰会被越南问题绑架，也不要让越南问题被峰会绑架，对此我是最坚定的支持者。"

1972年5月3日，上午10 : 59
理查德·尼克松和亨利·基辛格
椭圆形办公室

威廉·波特，巴黎和平谈判的首席代表，在4月末重新开启的最新一轮的谈判上，他对北越代表的态度进行了嘲弄。他宣布，如果他们无意在任何问题上取得进展，那么会谈就没有继续进行的必要了。和平谈判继续进行，但是一个星期后，尼克松考虑再次发出另一个更强烈的信号以表明美方的不耐烦：取消峰会。对尼克松来说，这个决定几乎会影响到所有他认为重要的事情，因此他和基辛格要慎重商讨。

……

尼克松：现在，我们讨论另一个问题。这个问题的核心在于，影响峰会取消的那些因素对于这场战争本身的结果会产生什么影响。如果峰会的取消能够从实质上增加这场战争出现有利结果的可能性的话，那么这就是一个决定性的因素。如果，另一方面，峰会的取消在这方面起不到什么作用的话，当然这也（意味着）我们的轰炸起不到什么作用，那么我们必须用另一种方式来看待这个问题了，那么这种方式也要以这种思路去考量。如果我们看看现在的局面，也就是我们在三年时间里以高超的手法打造的全新的对外政策。中国问题、苏联问题，这是一盘大棋局。你和我都知道，这个过程是非常困难的。苏联人一直都是只会说谎的浑蛋和无赖。

我们也知道，现在我们在这个问题上已经获得了美国民众的一些支持。然而，如果我们合理地观察这件事，我认为我们必须意识到，如果我们看看这对将在7月份举行的民主党大会产生的影响，我们看看对即将在11月举行的大选的影响，我认为我们必须毫无情面地说：首先，这个问题的核心还是越南战争及其结果。如果越南问题很糟糕地结束了，那么无论如何，选举都会面临很严峻的风险。然而，如果越南问题真的出现了糟糕的结果，那么我们还是要取消峰会。换句话说，如果我们取消了峰会而且越南问题的最后结果仍然很糟糕，那么这次选举绝对就完蛋了，就像黑格还有你自己说的，这就是一场悲剧。因为那意味着，我们根本没机会再去争取什么了。

上帝才知道，我们需要，有太多需要做的事情了。你也听了这份军事简报，你也知道我们的军事行动让我们很失望——而且那只是一方面。现在你需要一个全新的对外政策，而且你需要一个全新的军事政策，等等，但任何继任者都不会做到这些，但是也仅仅如此。如果，另一方面，取消峰会才是唯一能够对解决越南问题起到决定性作用的因素 [******]，因为如果越南问题解决了，那么取消峰会看上去也就没什么了。我的意思是，[******] 即使我们在首次 [******]，那么对我们的攻击会再次被挑起。现在，有一个问题需要考虑。如果取消峰会，如果现在我们看到南越的局势是——如果我们冷静地分析这个问题，我们现在还不能那么做，我知道你用了"五五开"这个词，而这也是我的设想。我是说一半对一半，可能会比这个好一点，那么他们会继续存在下去，因为我认为他们会比我们设想的遇到更多困难，不过，我们还是等着看吧。如果南越存活下来了，那么——我是说没存活下来——那么举办峰会，在这种很艰难的情况下，我们如果说越南问题是首要议题的话，那么就只会雪上加霜了。

基辛格：不可能把越南问题当作首要议题。我的意思是，我们还有很多问题要解决。

尼克松：好吧。但是没有越南问题的峰会，只能是一个无关大局的会议，在长期看来，这不会成为一件非常重要的事情。这是我们要必须面对的——我现在说的是国内方面。所以，那会使我们回到另一种选择上去。另一种选择就是表现出我们最初的计划就是这样，再加上两天的空袭，然后看看苏联人是不是要更进一步，他们是不是要施压——他们可能会取消峰会，这是可能的。两天的空中打击肯定会先得到国内的一致支持。

再说一次，那会提升南越军队的士气，让俄国人消停一会儿，让河内消停一会儿。你昨晚的提议非常有力，意思是说，好吧，那看起来像是最后的挣扎，大概就是顺化面临着威胁，等等。嗯，可能是这样，可能第一次袭击看上去也会是这样的。但是，我们都知道现在这个时候，民众的情绪是会支持这次我们希望看到的袭击的。所以，我们必须权衡一下。

因此，归根结底，我们是否真的觉得取消峰会能够——能够成为——成为解决越南问题的决定性因素或实质性因素。在这一点上，我表示严重怀疑。而且，如果真是这样，那么情况就不会像我们昨晚考虑的那么严重。考虑到对北越的轰炸，我严重怀疑这能不能对越南的局势产生绝对性的影响。可能会有一些影响。但是，我们都知道，目前在这两件事情中只能有一个选择：或者我们对北越进行两天的打击，或者我们取消峰会。没有别的选择了。

[******]

基辛格：而且，对北越为期两天的 [******] 袭击可能会扼杀掉峰会。

尼克松：哦，我知道。

基辛格：他们会取消的。

尼克松：我知道，我知道。

基辛格：而且那样的话，您提到的那些问题，都可能会更加——

尼克松：没错。

基辛格：——会对您更加不利。我的意思是您取消峰会的每一个理由都不再有效了，因为这会使越南问题和峰会更加错综复杂地掺杂在一起，而您也无法实现您自己的意愿了。

尼克松：这是一个冒险，是有风险的。

基辛格：没错。而且，我认为让他们取消峰会的概率会小于50%，这也是为什么我倾向于认为我们现在应该推迟它的原因。没有人可以向您保证他们现在可以拯救南越的局势，所以我不能说他们可以。没人可以这么说。取消峰会可能不会，肯定不会有这个作用。但是，在这种情况下，我要考虑总统职位的问题，考虑您在历史上的地位，还有长期看来这个国家的地位。如果您的莫斯科之行没有任何成果，那简直就是一场灾难。我们可以让峰会看起来很不错，也可以装模作样，但是如果我们按部就班地做这些事情，俄国人就会鄙视我们。我们就彻底失去信赖了。

尼克松：不要做任何事。会 [******]——

基辛格：是的，我明白。我会继续走一步看一步。

尼克松：是的。很好。那么，这没问题了吧？

基辛格：我不知道我们到底能怎么做。在给他们读了您的急件之后，他们全都开始叽叽喳喳、没完没了。但是，即使不举行峰会——第二，对美国来说，我是说，俄国人自去年10月以来所做的一系列事情，只不过是把问题都推给我们。他们说，你们可以举行峰会，只不过，与此同时，我们也会让你们难堪。现在，我们有了和平共处的基本原则。我认为，这种不安的感觉，对于——我现在甚至不担心越南，而是担心苏联军队把我们赶出越南的事实，以及总统去莫斯科并且签署和平共处原则，让他们得利，允许他们对我们在中东的一个盟友耀武扬威。现在，您知道，我支持，该死，我们已经商定好了所有条约，贸易的事情也都完成了，而事实上我们也准备去做些关于中东问题的事情。但是，假设在印巴问题和东南亚问题之后，您又做了这三件事，但事实是这些浑蛋从来没为我们做些什么。

尼克松：他们的确没有。

基辛格：我必须客观地说，我们这样做是非常软弱的标志，这会使他们更得意。您在对外政策上的强大是因为您的强硬姿态。而且您在国外的崇高的地位也是由于您一直依自己的风格行事。现在，您可以说，您会去参加峰会，但不签署这些原则，不给他们好处，而且也不在中东问题上达成任何协议。好吧，那么，峰会就会非常糟糕。现在，为了在峰会中得到您想要的，您必须回到谈论和平这个问题上来。向和平迈出巨大的一步，换句话说，您要给苏联颁发一张表现优良的奖状。现在，如果我们在这么做的同时能约束南越，那就再好不过了。这对全世界来说都是最好的选择。

尼克松：但不幸的是，你无法及时得知这个情况。

基辛格：好吧，如果您拒莫斯科于千里之外，而且每件事情都要考虑到，那么就无法让事情看上去一切顺利的。

尼克松：没错。当然，我们的问题。我只想确定你考虑到了所有这些问题。

基辛格：我，总统先生，我——上帝啊，我们经历了很痛苦的过程才走到现在这个地步。所以，他们可能会给我们一个答复，使得我们能够做到我们想做的。

尼克松：你会得到这个答复吗？

基辛格：哦，是的，会有一个答复的。但是，他们也或许会给我们一个极具威胁的答复，因为他们对此也很担心。这封信是在暗示，即使我们去攻击北越，也不会对苏联峰会构成威胁。但是，他们可能发现了我们的意图，所以他们可能会先于我们取消峰会。

尼克松：好吧。如果我们取消了峰会，那么我们就要立刻开始对北越大规模的袭击。

基辛格：是的。

尼克松：我说得对吗？

基辛格：我也是这么想的。而且，我们必须要去这个国家，我们要对媒体直言不讳。

……

尼克松：那么，我们去苏联，我们究竟能同意哪些问题？这是关键。我们不能同意给他们太多好处；我们也不能同意——

基辛格：您看，整个想法，您看到了，整个达成一致的想法，由您签署健康协定、科技协定——苏联人想从峰会上得到什么呢？他们想表明，您和勃列日涅夫在统治着这个世界。现在，如果您以平等的身份就范，那就会冒很大风险，因为那会极大地伤害我们在欧洲的利益，伤害我们和中国的感情。但是，假设您能在下次竞选中——在下次竞选后，修复这些关系，那么这种风险是值得一冒的。

尼克松：力转乾坤。

基辛格：力转乾坤。我就是想这样论证这件事的重要性的。但是，从根本上来说，莎士比亚[1]对于这种缓和政策给我们盟友造成的影响的预计并没有错。现在，我还有一种强烈的感受，就是您可以向一些人诉说，告诉他们您是如何度过所有这些危机的。但是，这些人得是被苏联羞辱过的，或者至少是在南亚会被苏联挑衅的，以及那个最为重要的地区，在那里我们有5万人——所谓最为重要，是从国家间的敏感度来说的，而不是战略利益——而且，他仍然这么认为。

尼克松：没错。是这样的。

基辛格：总统先生，我认为很难从这些事情中恢复过来。

尼克松：没错。

基辛格：而且，之后还有谁会尊敬您呢？我是说，可能不该这么说，但我的意思是，还有谁呢？鹰派吗？

尼克松：不大可能。

基辛格：鸽派？

尼克松：不会的。

基辛格：一位强势的总统——是因为——

尼克松：这个问题真正的核心，这样开诚布公是很好的，这个问题真正的关键在于，我能得到的东西真的会和越南无关，因为如果有关的话，我们就必须意识到——

基辛格：关键就在于您最后所说的事情。关于总统的职位。

尼克松：没错。关键点就是取消峰会或者轰炸——都不会对越南问题的最终结果产生真正的影响。所以，不要管这两件事了。我们取消峰会的

---

1 弗兰克·莎士比亚（Frank Shakespeare），美国新闻署署长。

真正原因，如果我们确实取消了峰会，原因就是，我们不能在我们的军队在越南被苏联的坦克和枪炮打得屁滚尿流的时候去参加峰会。

基辛格：没错。

尼克松：我们无法和那些对我们这么干的人签署协定。我们不会同那些不法之徒会面。这就像洛克菲勒在阿提卡监狱里和那些浑蛋见面一样（纽约州长洛克菲勒在1969年介入了纽约州阿提卡监狱的暴乱和人质劫持事件。），对吗？

基辛格：那也是我的感觉，总统先生，那是极为勉强的，而且很清楚，在这种情况下我们如何才能有转圜的余地；我们或许会从勃列日涅夫那里得到一个我们可以接受的答复。但我也不确定。

尼克松：好吧，在我看来，我们的答复——我们关于演说的决定，等等，都应该做出了。

基辛格：在星期五或星期六之前，您不必急着做出决定。

尼克松：继续进行峰会的决定——让我们先准备好演说吧。

基辛格：我会把演说的事情安排好的。

尼克松：你把演讲稿准备好，我会做准备，然后再决定是否要在星期一发表演说，然后在星期一晚上或者星期二晚上。

基辛格：是的。没问题——

尼克松：要记住——然后我们就采取打击行动，在这种情况下我就不发表演讲了，我们可以在下个星期二，或者星期三，或者星期四发动袭击。

基辛格：好的。

尼克松：明白我的意思了吗？

基辛格：没有什么刺激因素。

尼克松：我认为，无论如何我们都要告诉艾布拉姆斯——确定这一点也和其他相配合，这样你就可以获得这些资源。

基辛格：不用担心艾布拉姆斯的废话。我和穆勒谈过了。我们可以等到明天早上。他已经收到了行政命令。

尼克松：好的。我的意思是，我认为我们不应该在这星期之内就做出决定。我们星期一再就是否取消峰会的问题做出最后决定。不过，我想要进行演讲。我会为这次演讲做准备，因为准备这次演讲能帮我整理自己的思路并且做出正确的选择。所以，我想发表演讲，这是一份——好吧，他们能不能——他们什么时候能准备好，亨利？

基辛格：很快，明天。

"只从一个角度——希望的角度来看，中国问题是重要的。"

> 1972年5月4日，上午9：06
> 理查德·尼克松、亨利·基辛格和鲍勃·霍尔德曼
> 椭圆形办公室

经过一天紧张的讨论之后，即将实施的行动计划在5月4日早上仍然没有确定下来。尼克松又一次陷入了无法从外交政策上各种错综复杂的需求中找到一条清晰的出路的境地。尼克松偶尔会清晰地思考，但在会谈的最后还是陷入了低落的情绪中，他称美国人为"笨蛋"。就在这个时候，基辛格巧妙地引导他远离情绪的低谷。最终，他们对峰会做出了决定。

……

基辛格：哦，是的，总统先生，我们经历的每一次危机都使我们更加强大，而且我认为这次也不例外。

尼克松：好吧，我们必须清楚一个事实，亨利，这次还是有区别的。在以往的危机中，在表面现象之下，大多数人总还是支持我们的。但这一次，如果他们取消了莫斯科峰会，那么我根本没办法赢得这么多人的支持了。我可以发表一个前无古人的总统演讲，而人们将会因此大大降低对我们的支持。所以，让我们面对现实吧。这对我来说是没关系的。我的意思是，我认为从长期来看，现实才是真正重要的事情。我认为，我们必须认识到，虽然取消峰会会让人们很失望，但是一些鹰派会 [******] 那会成为鹰派 [******]，那并不占大多数。同时，那会使我们在国会的敌人完全不受束缚，他们会——很可能会通过决议，以

此无情地鞭笞我们，然后削减我们的预算，等等。我们必须明白，这些是会发生的。我们必须明白——这就是我的意思，当我们弄清楚结果之后，当然，我们要清楚那些苏联人肯定会在世界范围内疯狂进行宣传战。他们会不遗余力地进行宣传。如果你认为约瑟夫·克拉夫特[1]会火上浇油的话，如果他得到了苏联大使的指示，让他抨击尼克松的话，他肯定会计划搞点儿事情，撒谎、窃取信息，无所不用其极。我记得在1960年就是这样，你记得吗？你可能不记得了。

基辛格：我记得。

尼克松：赫鲁晓夫非常慎重地帮助了肯尼迪。他是在最后两星期这么做的。而且他一直都在帮助肯尼迪。没什么大不了的。而苏联人也会这么对待我的。

基辛格：好吧，他们可能会也可能不会。这取决于——

尼克松：好吧，他们会这么做的，因为我们的公众舆论对我们非常不利。我们会遭受抨击，以及其他诸如此类的事情。而当他们看到民主党可能会胜利的时候，他们会说，不，我们要把这个浑蛋冲进下水道。我的意思是，我只是在考虑两大世界里最黑暗的一面。

基辛格：我的判断是，那只是其中一个原因。

尼克松：我们不要胡思乱想了。我——你知道的，你和我谈话——我们谈论这些事情——政府——今天胡佛的事情、爱国主义、忠诚、原则，等等，我们说，我们希望我们的国家可以充满这些品质。那么，为了避免一场大的灾难，这些肯定足够支持对北方的轰炸行动。这些是不是足够支持我们轰炸北方，然后放弃所有和平的希望？你看，这就是希望的问题。

基辛格：是的，但是我不确定——

尼克松：希望。只从一个角度——希望的角度来看，中国问题是重要的。美国人都是笨蛋。逐渐地了解你——都是屁话。那是对人民之间的关系讲的。

基辛格：是的，但是确实是在那种情况下因为那个原因才去了那里，来迎合那些人，这只是——

---

1 约瑟夫·克拉夫特（Joe Kraft），现场报业集团专栏作家。

尼克松：不是——不是那帮人——我不是说 [******]。灰色的、中间派的美国人——他们是笨蛋。

"我会在星期一晚上（5月8日）通过电视宣布这一消息。"

1972年5月4日，下午3：04
理查德·尼克松、约翰·康纳利、托马斯·穆勒和亨利·基辛格
行政办公大楼

尼克松终于决定发动其总统任期内一次更为强硬的军事行动。美国军舰和战机尽管在上个月已经收到了前往越南的指令，但它们尚未倾巢而出。不过在4天之内，他们将全力出击。尼克松向穆勒下达了准备发动攻击的命令，在海上封锁海防港，并在空中开展大规模轰炸。这次进攻被称作后卫行动，目的是保护南越共和国军，但也对萨姆导弹设施、铁路、桥梁、营地和其他的北越目标实施了打击。

……

尼克松：这次袭击在上星期就应该进行了，但是并没有。不过，必须开始了。现在，我想告诉你们我在想什么；必须采取行动。我不关心苏联人有什么回应，要采取行动。这次行动为期两天，然后停两天看看他们是否会和我们谈判。先持续两天，然后我们等一等，但是我们必须回到战场（顺化）。我是这样想的。然后，如果苏联人取消了峰会，那么我们就进行封锁。我们在封锁的同时继续轰炸。但是，我们现在马上就要赢得胜利了，而且这就是我的立场——如果需要以选举为代价，那么我也不会在乎。但是，我们必须赢得战争。

……

尼克松：我现在非常坦率；我也非常明确。南越可能会输，但美国绝不会输。也就是说，我已经下定决心，不论南越发生什么，我们都要把北越彻底打败。

……

尼克松：我们知道，即便我们失去峰会，也不至于失去这个国家。但是，如果我们失去了这场战争，那我们必然会失去这个国家。现在，我不是在考虑我自己，而是在考虑这个国家。所以，我再说一遍，我们不能输掉这场战争。我们都已经提出了这个主张，我们还要做什么呢？就这一次，我们必须使用这个国家最大规模的武力打击那个狗屁小国，然后赢得战争。但我们不能用"赢得"这个词，其他人可以，但我们是出于这个目的才使用这个词的。

……

尼克松：你知道现在的问题在于，我们的确是在冒着失去峰会的风险来进行封锁的。但是，另一方面，综合考虑，我认为如果我们进行封锁，那么我们就会实行这样一种方案，也就是我们都清楚，军事行动才能实现我们的目标，就是不能输掉这场该死的战争。

基辛格：总统先生，我甚至不是很确定——我手下的苏联问题专家认为，封锁行动比轰炸行动的风险稍微小一些，因为苏联人不一定会去挑战我们的封锁。但是那可能会使——有某种风险，我同意这些苏联专家的说法，也就是轰炸的问题在于北越实际上正需要我们的轰炸。

[******]

尼克松：轰炸带来的麻烦是第一位的，封锁是第二位的，因为如果我们封锁的话，你也会支持轰炸。

基辛格：哦，是的。

尼克松：轰炸带来的麻烦是第一位的，继续说。

基辛格：轰炸带来的麻烦是，北越其实正需要我们对其进行轰炸。目前，他们和苏联肯定在这个问题上串通一气了，即使之前没有。他们的整个宣传机器肯定已经蠢蠢欲动了。但是，如果先把这个放在一边，您的轰炸行动持续两天然后停止，或者轰炸三天然后停止，那么北越——

那么苏联人会说：好吧，我们已经得到命令，而且会和你们在峰会上谈一谈。然后，我们再次，如果他们不取消的话，那么我们就又回到最初的状态了。

尼克松：[******]

基辛格：如果他们发动新一轮的进攻，那么直到峰会结束，您都不能再轰炸了。这正是我之前在莫斯科时面临的情况。还有什么？他们什么都不说，然后您继续进行轰炸，他们会因为这次轰炸取消峰会，这才是这种做法最令人头疼的问题。最重要的是——

尼克松：知道吗，你会回想起来，就是轰炸使约翰逊下台的。

基辛格：所以，我认为如果您先封锁——我认为您应该做出的最基本的决定，也就是约翰·康纳利向我们提到过的那个，即您要不要赢得胜利？要不要采取一切必要手段确保不会输掉战争呢？一旦做出了决定，剩下的就是战术问题了，而战术问题作用会更大。我认为，封锁会给您一个说明情况的机会。苏联人心怀畏惧而退缩的机会也很小，如果他们想退缩的话。毕竟，他们在古巴面临封锁的时候，确实退缩了。然后，您就开始系统性地轰炸，以减少他们的补给支援；您不用非得狂轰滥炸，因为您可以像外科医生动手术一样。

我们派了一艘航母过去，这艘航母没有别的任务，只需要把石油运出来。如果我们在海港布雷，而且说，从现在开始的4天时间内进行布雷，这就会迫使那些船只离开港口，因为如果它们不离开的话，它们就会被严密地封锁在码头里了。然后，我们就在封锁码头之后采取行动。这样，我们就把海防港变成了一颗炮弹，而且我们可以按部就班地摧毁他们的战争工业能力。让约翰逊倒台的事情是，他们的补给能力超过了他摧毁他们的能力，而且他们在打的是游击战，所以他们不必源源不断地向南方提供大量的补给，而且因为西哈努克市[1]是开放的，所以他们不用——

尼克松：我们已经切断了很多补给。

基辛格：封锁西哈努克市之后，他们的所有东西都要通过铁路运输，或者公路运输，随着封锁海防港，并且随着他们的储备物资被有计划、有

---

1 柬埔寨的一座港口城市。

步骤地摧毁，他们肯定要通过其他途径获得补给。现在，这就是进行封锁的理由。而我认为，如果我们采取强硬手段，那我们必须给他们最大的打击，然后结束这一切。

尼克松：现在还有一个问题。中国人在干什么？

基辛格：好吧，封锁行动碰巧还有一个额外的优势，就是会迫使河内向中国人靠近。那么，会发生什么呢？中国人会大吵大嚷的。中国人甚至可能会开放他们的南部港口来替代海防港，并允许物品进入港口。然而，那也得耗费几个月的时间去运送[******]。但是，很有可能他们会——

尼克松：你没有看见中国人向那里进行兵力支援吧？我也不这么认为。

基辛格：没有，而且那也没有什么用。他们也不会有足够的人手派到那里。我认为他们没有派遣兵力。我的判断是，他们可能会开放一个南方的港口，来替代海防港。

……

尼克松：将军，我现在想和你说的是，我完全信任我与最高指挥官和参谋长联席会议主席之间的关系。这与国防部长没有关系，和越南也没有关系，明白吗？

穆勒：明白，先生。

尼克松：这是我想说的。

穆勒：明白，先生。

尼克松：我已经决定，我们必须进行一次封锁行动。必须——我会在星期一晚上（5月8日）通过电视宣布这个消息。我想让你成立一个工作小组。立刻召集你能找到的最优秀的人。我觉得你已经做了很多工作了。

穆勒：哦，没错。我们都准备——

尼克松：而且，如果我在星期一晚上宣布，如果我现在告诉你，我也正在这么做，那你能在星期二让一切都准备妥当吗？

穆勒：哦，当然，先生。

尼克松：好的。现在，除了封锁以外，我们必须记住的是，我想尽可能地使用我们从战场上调出来的空中力量。我不相信艾布拉姆斯的话，这是很清楚的，但是我——那是我们的空中资产，这样我们至少能拿下铁路系统——这是与外界联系的必需设施——然后是石油、发电厂，等等。在船只全部驶离之后，我们就拿下码头。现在，这个——这个 [******] 正如你能想象到的，极为重要的 [******]。我会在星期一进行。[******] 现在，你能告诉我，你能告诉我你可以做什么吗？你能不能秘密行事并且圆满完成任务呢？或者说，你会怎么做？我只是问问。我不想让你告诉艾布拉姆斯。不能让他知道这件事。不能告诉那里的任何人。你能够做些什么呢？

穆勒：好吧，先生，你知道的，我们已经对这个问题思考了很久。

尼克松：是的，先生。

穆勒：很简单，就是转移走一些船只，把对海防港的空中监测与这些船只的位置连接起来，然后做出必要的声明，同时对这些船只的行动规则进行规定，而且我觉得他们已经准备好这么做了。我会调用驱逐舰来完成任务。

基辛格：能不能有更多的船只去那里支援呢？

穆勒：好吧，我认为——哦，我想我们——

尼克松：你们在那儿确实有点儿实力——

穆勒：我们已经部署了很多舰艇了，而且我们还有一部分正在去往那里的路上。我认为我们已经有足够的船只展开行动了，先生。

基辛格：而且，如果你可以，明天之前就给我们一个行动计划的纲要，然后我们再见面商谈。

穆勒：好的。

尼克松：还有，我需要一份关于能够用于袭击的空中力量的简报。当然，你要知道我并不是在命令进行两天的打击。[******]

穆勒：好的，先生。[******]

尼克松：我们要让艾布拉姆斯使用这些力量，但是我想，正如我已经告诉过你的，我想仅此一次——仅此一次——我想要的是大规模的（袭击）。我想让 50 架 B-52 轰炸机在顺化空域内进行一整夜的行动，能做到吗？

穆勒：可以，先生。24 小时的袭击。

尼克松：很好。只进行这一次可以吗？

穆勒：可以，先生。

尼克松：所有的力量都会被派到顺化前线。你必须记住，顺化就像凡尔登德国人在那儿犯了错。法国人可能也错误地进行了防御,但是那——当时必须要进行防守,而德国人也认为由于其象征性意义,必须进行袭击。顺化现在也完全一样。你可以失去昆嵩,你可以失去其他很多东西,但是绝不能丢掉顺化。现在,我们必须,必须让那些B-52轰炸机到那儿,而且如果这些飞机够了的话,那么我们要狠狠地揍他们。

穆勒:好的,先生。嗯,他们已经,正如您知道的,正在努力地完成这项任务——

尼克松:是的。

穆勒:——阿肖谷,这是最重要的地方。其中一些 [******]。我又和沃格特将军进行了一次通话,他说在白天,也就是我们最后一次袭击他们的时候,我们的打击非常有效。我们可以让他们——

尼克松:[******]?

穆勒:是的,先生。

尼克松:我想让 B-52 在那个区域进行一次大规模的轰炸 [******]。

基辛格:总统先生,抱歉失陪一下。

尼克松:好的,去吧。

基辛格:好的,先生。

(基辛格离开。)

尼克松:那么,你准备好 [******]。但是,那不会起作用,你知道的。你当然知道,在一段时间内那不会起什么作用;没有大量的空中支援那不会起什么作用的。我的意思是,不拿下石油、铁路,还有其他运输线路的话,封锁也没有什么意义——

穆勒:好吧,一旦 [******],我们可以去那些码头,总统先生,在那个行动的结尾阶段。

尼克松:好的。那是走海路进去的。但是,我是说他们可以用其他方式进去。你为什么不继续运送这些物资。你不认为我们应该把它们卸在码头上吗?

穆勒:是的,先生。大部分都在码头上。我是说,我们可以摧毁这些码头——

尼克松:是的。

穆勒:——当这些船只彻底疏散之后——

尼克松：没错。是的。现在，我的问题是有关油料——油料，那里还有多少？你知道的，我的意思是，封锁的目的不是要封锁18个月。目的是要继续增强攻势，然后将那里的一切都尽可能地破坏掉。他们肯定储存了很多物资。

穆勒：哦，是的，先生。

尼克松：所以，我现在考虑的，我现在指示的，就是进行轰炸，对这个区域集中全部火力。事实上，如果我们没有卷入南越 [******]，我们在那里所有的资源 [******]。就轰炸而言，你要在这个时间段内去打击北越的海防港区域。你要瞄准那里的军事目标。你不用太担心是否会越界 [******]。最重要的是拿下这些军事目标。如果打击范围越界了，是挺糟糕的。但就要这样做，因为我们——我已经做出了决定，我们现在别无选择，只能如此：我们要避免在南越的失败。我认为我们可以。我们可以，但是我们清楚，这要付出非常大的努力。

穆勒：我们会这么干的。

尼克松：而且，就应该采取这种方式。你能做到吗？

穆勒：是的，先生。我认为，我们现在需要的是，对于南方来说，应该让其保护自己，为南越人夺回一些主动权。换句话说，就是用他们自己的飞机来袭击洞海，或者用他们的船打击另外的北越地区，或者用他们的飞机在航道上布雷，或者做些其他事情；对他们来说，就是采取一些报复性回击，也就是那些他们还没有采取过的行动。他们一直在做的只不过是坐拥这些强大的优势而已，他们还并没有真正主动地向敌人进攻。

尼克松：好吧，找出一种方法，能让他们在封锁行动中扮演一定的角色。他们能做到吗？

穆勒：哦，他们——

尼克松：你谈到了航道 [******]。他们不能做些什么吗？

穆勒：在某些程度上，他们可以，先生。

"我们必须有些大动作,这是毫无疑问的。"

> 1972年5月5日,上午8:55
> 理查德·尼克松和亨利·基辛格
> 椭圆形办公室

　　虽然尼克松还未正式宣布,但"后卫行动"已计划于5月8日星期一启动。在上个星期五,他和基辛格讨论了布雷封锁和其后的空中打击所涉及的外交层面的问题。基辛格谈论了两者的负面影响。战争计划会发生改变,但依靠成千上万枚水雷的封锁是根本不可能被停止或者解除的。轰炸的逐步升级,肯定会造成无辜平民的伤亡,这也会令美国人想起20世纪60年代末造成美国社会撕裂的失败策略。当基辛格还在继续质询正确的行动方式的时候,尼克松却依然坚定。

……

尼克松:我想要求你今天去做一些非常重要的事情。我想让你冷静下来,特别是在和多勃雷宁外出的时候。我想让你像他们对待我们一样对待他们,要非常非常友好,要表现得似乎一切都在按部就班地进行。但是,一定要非常非常友好。你要说我们是多么的亲切——尼克松夫人和多勃雷宁夫人相处得是多么愉快,等等。因为现在木已成舟,我们现在要以最恶毒的方式来对付这些浑蛋。

……

基辛格:现在,我感觉我必须告诉您我的感受了,总统先生。我们必须有些大动作,这是毫无疑问的。
尼克松:嗯。
基辛格:封锁的好处在于,它会让我们处于完全主动的地位,在那之后我们就进行袭击，没有回头路可走了。这是巨大的优势。而且对方肯定要做些什么。而不利之处是，那会让我们直接和苏联冲突。

尼克松：这就是我前几天说的问题。

基辛格：他们很难再有什么退路了。他们可能会有，但是我手下的苏联专家认为，相比于轰炸来说，他们面对封锁行动而退缩的可能性更大一些，但是——

尼克松：轰炸的劣势在于，正如你昨天有力地指出的，我们的轰炸行动正中他们下怀——

基辛格：但是——

尼克松：——而且他们认为，轰炸的程度肯定是打了折扣的。

基辛格：轰炸的劣势在于，它会惹恼国内所有的和平团体。

尼克松：进行轰炸的确会如此。

基辛格：而且——

尼克松：不管是轰炸还是封锁，都会惹恼他们的，亨利。就是这样——"重大升级"——他们一直在谈论这个事情。

基辛格：是的。

尼克松：无论是封锁还是轰炸，都会惹怒那些和平团体，这是毫无疑问的。

基辛格：但是，封锁行动一旦开始就很难取消了。

尼克松：没错。

基辛格：我的意思是，由您来中止——您可以随时停止轰炸，一天、两天或者一星期，或者——

尼克松：没错。

基辛格：——或者两星期，所以——

尼克松：所以，效果会很差。

基辛格：轰炸吗？

尼克松：我们不能——不能说停就停、说开始就开始。我们一直纠结——

基辛格：没错。

尼克松：——一直纠结在这件事情上。我明白封锁带来的问题。

基辛格：不，我只是想说明——

尼克松：不只是——不只是——那个问题。除了苏联——印度人、中国人——我们还面临很多问题。

基辛格：这些都不是问题。不过，中国人的确是个问题。

尼克松：是的。

基辛格：但是，在某种程度上，当然，这一直是一个程度问题。对河内和海防港的长时间轰炸——

尼克松：他们一定会做出回应。

基辛格：——这种轰炸也一样。那会把这个问题——

尼克松：另一个问题就是，此前这种轰炸已经进行过了。还是同样的老流程："他又来轰炸、轰炸、轰炸、轰炸，然后停止轰炸，停止轰炸。"所以，他们会说："解除封锁，解除封锁。"就这一点来说，那并不是多么有力的方法。封锁不是——就引发骚乱说，封锁并不像轰炸一样容易成为骚乱的目标。

基辛格：好吧，当然，您可以说肯定也会进行轰炸，在封锁的同时。

尼克松：哦，我理解，但是人们都会聚焦在封锁上。封锁会压倒一切的，考虑到其——

基辛格：而且您——

尼克松：——考虑到它对公共关系的影响。

基辛格：而且您——

尼克松：我能理解。听着，亨利，关键是我们应该指出这些问题，你必须指出来。没有什么好的选择了。

基辛格：没有。

尼克松：没有好的选择了。当然，可以选择进行两天的袭击，然后，然后停下来，希望上帝能让他们开始协商一些事情，但这是根本不会发生的，对吗？

基辛格：没错。

尼克松：你对现在的战争形势没有什么看法了，对吗？还有什么令人鼓舞的事情吗？

基辛格：没有了。

尼克松：今天早上怎么样？有什么新的消息吗？

基辛格：嗯，还是同样平静——

尼克松：好吧，他们会再次增强攻势的。这是——

基辛格：考虑到——

尼克松：——当一切平静的时候，总会发生这些事情——

基辛格：这是——哦，是的。这是——

尼克松：真是不祥的预兆。

基辛格：好吧，这证明了两件事。第一，他们比我们想象中的要更虚弱。我的意思是，拿下昆嵩。从大通到昆嵩，他们应该用不了两个星期。如果他们有很多武器，那么他们肯定会全部使用。但是，他们肯定会再次得寸进尺，然后造成更大的伤亡。另一方面，他们在有条不紊地进行活动，并且他们肯定会再次发动袭击。这真的是一个悲剧。当然，他们不会这么做。如果我们让美军一个师进入狭长地带的话，他们肯定会被干掉的。问题就是我们不能这么做——

尼克松：该死，如果我们让一个团的美军登陆，看在上帝的份儿上，那样的话肯定能结束这该死的事情。那能把他们吓得半死。

基辛格：是的。

尼克松：你知道吗？他们——他们会召回正在进攻的两个团，而南越部队可能会更向前推进一步。

基辛格：是的。

尼克松：哦，我知道，我知道，我知道。

基辛格：但是——

尼克松：我知道——我知道了，关于这件事——亨利，这个，我明白这个争论了。我的意思是，你可以——我们沿着这条路线已经进行了18轮轰炸了。但是，当你说，如果我们沿着之前的轰炸路线的话，最后的结果是一样的，当你说这个的时候，我是非常信服的。坦白讲，这是预料之中的，几乎可以肯定这是不会起作用的。封锁也可能不会起作用。

基辛格：好吧，封锁肯定会起作用。

尼克松：最终会起作用的——

基辛格：可能不会很快起作用。我的意思是，封锁不可能不起作用。它已经——甚至对海防港的轰炸，顺带说一句，现在他们在港口已经很拥挤了，有一艘波兰货船还必须在海南等一个月才能进入那个港口。事实上，我必须说，总统先生——您一直在说您的直觉——我认为您的直觉是对的。我们应该在第一次袭击开始后就立刻开始这次打击。而且，另一方面，我们必须明确我们现在必须做的事情。

尼克松：（大笑）肯定会的。

……

基辛格：不，我也强烈支持轰炸。

尼克松：是吗？不不不。你明白我的意思吗？你支持在封锁后进行轰炸吗？这就是另一种方式了。我是这个意思。

基辛格：封锁的另一个好处在于，您可以赢得美国人民的支持，反之您会失去美国人民的支持——

尼克松：如果进行轰炸的话。

基辛格：——如果轰炸的话——

尼克松：我已经——我已经在4月26日向美国人民说明了这件事。

基辛格：而且，您可以通过封锁重新团结美国人民，反之您就无法团结他们——

尼克松：没错。说得对。

基辛格：而且，那不是一种不值得考虑的——

尼克松：那肯定是相当重要的事情。

基辛格：——的因素。

尼克松：封锁的优点在于——首先，这是全力以赴；需要果断行事。我的意思是，最后，我们要面对——最后，我们必须要知道，亨利，我们可能会输掉大选，输掉一切，但是最终，我们会通过封锁赢得战争。

基辛格：是的。

尼克松：而且，天哪，那真是——

基辛格：好吧，如果您赢得了战争，您就不会输掉大选——

尼克松：是的。如果能尽快获得胜利——你知道的，问题就在这儿。通过封锁行动，我们都很清楚，我们会在8个月内让他们屈膝投降。

基辛格：哦，我认为，通过轰炸会让他们更快——通过轰炸，在他们能获得其他可替代路线之前。

尼克松：所以，我的观点是，封锁行动可以使人们团结起来；这就把压力扔给了俄国人。我是说，唯一的好处，就像我早些时候告诉你的，我之前和你说过，关于——康纳利提出的做法——就是再次进行轰炸，然后，如果苏联人仍然不放弃峰会，那么我们就去参加。你知道的，轰炸—封锁可能会有这个好处，也就是我昨天和你讨论过的：进行轰炸，在轰炸之后，那些俄国浑蛋，但是他们不会取消峰会的。然后，我们就继续轰炸他们。然后，我想我们就可以去参加峰会了。

基辛格：好吧，如果轰炸力度强，那么他们肯定会取消峰会，这是毫无疑问的。

尼克松：好的，那么，这个理由是很有说服力的，因为我们的轰炸必须足够凶狠。我们不能进行了轰炸，然后——但是不能在轰炸他们以后，还让他们在莫斯科粗暴而轻率地对待我们，你明白吗？你说的这一点是很有说服力的。当我还在莫斯科的时候，不能让北越军队在顺化或者昆嵩的街道上横冲直撞。

基辛格：没错。

尼克松：所以——（暂停）好吧，让我们再研判一下这个问题，然后尽力做出最好的决定。如果我们进行轰炸 [******]。他会 [******] 而不是在星期一。我们必须在星期日采取行动，与轰炸同时进行。 [******] 我们可以在星期六晚上。

基辛格：星期日——

尼克松：或者在星期日。[******]

基辛格：那会极为不同——

尼克松：好吧，主要问题在于要完成这个任务，让其继续——

基辛格：是的。

尼克松：——这样就能对战争还有其他方面造成影响。揍他们。

基辛格：对了，我们从艾布拉姆斯那里听说。我有一个——我写了一封电报——是写给邦克的。我给邦克发了过去，我说我认为您——我们已经开始对艾布拉姆斯失去信心了，每次我们想做些什么事情的时候，我们都只想确定没有给艾布拉姆斯下达含混不清的命令，因此我想让他知道，总统所说的每一个字眼都是原原本本地从我这里传达给邦克然后转达给艾布拉姆斯的。其余的信息都是不实的。如果有人告诉他——告诉他您想要什么，除非是我告诉邦克的，不然都不是真的。这不是说他们不应该执行军事命令，只有当他们试图揣测您的想法时才是这样。

尼克松：然后呢？

基辛格：现在，结果表明，他的确接受了相互干扰的指示。所以，莱尔德，这个浑蛋，他一直在给艾布拉姆斯下令。

尼克松：什么相互干扰的指示？关于轰炸的吗？

基辛格：不是，是您可能——我不会——我认为，而穆勒也同样觉得，穆勒告诉艾布拉姆斯说，您期待从艾布拉姆斯那里收到一个请求——而莱尔德告诉艾布拉姆斯说，您非常希望从艾布拉姆斯那里得到一个不去轰炸河内和海防港的解释。

尼克松：你认为莱尔德是这么做的？

基辛格：是的。穆勒是这么认为的，拉什也是这么认为的，而且邦克基本上也是这么想的。

尼克松：听着，莱尔德太狡猾了，他很可能会这么做。

基辛格：哦，是的。他肯定会这么做的。

尼克松：但是，为什么莱尔德要这么说呢？因为如果莱尔德——莱尔德为什么不想轰炸海防港呢？

基辛格：我认为莱尔德——为什么？因为莱尔德有政治野心，而且他把自己置于拥护和平的一方。

尼克松：他的政治未来现在已经很有可能——

基辛格：但是他不相信。

尼克松：——很有可能被扼杀。

基辛格：他并不这么认为。现在，我不想迫使您改变您做出的决定，因为我认为我们应该继续进行我们的计划。我只是想让您——

尼克松：考虑一下这个问题？

基辛格：——考虑一下——我们应该继续进行现在的计划，就好像我们在尽全力做这件事一样，而且我现在和您说的——我们没有和黑格说，也没有和穆勒或者康纳利，或者其他人说。我的意思是，我们还有一些需要收集的信息。我们还必须得到俄国人的回复。

尼克松：没错——

基辛格：那么，如果今天结束之前没有结果的话，那就太晚了。但是，我——我很确定今天会有回复的。

尼克松：是吗？

基辛格：您看，您面对的另一个问题是，您轰炸了河内和海防港，那么苏联人会像对待我一样对待您，他们会说："来吧，我们谈一谈。"然后，您又得停止轰炸。当然，您可以说："好吧，但是我现在不会停止轰炸，直到——"

尼克松：你不能——好吧，你不能把这个问题想得太乐观，我们轰炸河内和海防港，然后俄国人会说："看——看，您来这儿，而我们在开峰会的时候可以让轰炸暂停一下。"就像我们参加中国峰会时一样。而且，你记住，我说的只是一种可能。这是可能发生的事情。

基辛格：当然，我们不该回顾中国峰会。我想那时候我们没有轰炸北越，总统先生——

尼克松：我知道。我们假设——让我们回到这个问题，把那个先放在一边——

……

尼克松：因为我——我知道艾森豪威尔做过的事，但是我确实记不清楚细节了，好吧，但当苏联取消峰会的时候，那的确没有伤害到艾森豪威尔。并没有伤害到他。真该死，美国人不喜欢被轻率地对待。而他妈的日本人取消行程的时候，也对艾森豪威尔没有什么影响，记得吗？

基辛格：是的。

尼克松：好，现在，作为副总统，那并没有伤害到我。我绝不会忘记我在加拉加斯[1]被扔石块的事。那对我帮助很大。

基辛格：那确实帮助了您。

尼克松：人们认为那很伟大。

基辛格：是的。

尼克松：现在，那取决于你如何回应了。问题是这样。从长远来看，轰炸行动可能会扭转局势，会使得峰会召开的可能性变大。苏联人能够容忍得了轰炸，但他们可能接受不了封锁带来的影响。这就是封锁的好处。但是，亨利，我们在根本上不断地回到这个最基本的问题。而且

---

[1] 1958年尼克松作为美国副总统与夫人一同访问委内瑞拉，在委内瑞拉首都加拉加斯遭遇民众袭击，大石块打中汽车，几乎威胁到他们的生命。

康纳利，你知道的，他就像野兽一样坚决果断，我也一样，除了我——

基辛格：您更加敏锐——

尼克松：——这些年以来，我在这个问题上愈发敏锐了。但是不管怎样，康纳利很快就切入了问题要害，他说："听着，峰会是件好事；我希望您不要搞砸了。我认为您可以两者都做到，而且我希望您能做到。我认为您也将会做到。""但是"，他说，"即使您不那么做，如果您想先做最重要的事，那么您必须记住：您可以没有峰会，但是您无法承受越战的失利。您必须赢得这场在越南的战争。或者，换句话说，您绝不能输掉这场战争"。

547

他说得再清楚不过了。所以，一切都要以越战的成败来衡量，而且这就是轰炸的劣势所在。轰炸只是可能会改变越南的局势，而封锁则肯定会改变越南的局势。现在，封锁加上轰炸——你明白了吗？我的意思就是，那才是我认为真正能使我信服——

基辛格：而且封锁行动——

尼克松：——就像我说的：赢得战争。

基辛格：封锁会使您破釜沉舟。没有封锁，战争绝不会结束——

尼克松：好吧，那么每个人都知道我已经下了战书，而这么做就是体现。他们想接招吗？而且，你知道的，正如我所说的一样，我可以承受得起封锁带来的影响。嗯，那就是最后通牒。

基辛格：是的。

尼克松：而轰炸不是最后通牒。

基辛格：只有轰炸，他们不会那么做的。现在，关于封锁的争论之处在于：这肯定会增加和苏联发生正面冲突的可能性。

尼克松：没错。

基辛格：那也会让中国人大喊大叫起来。

尼克松：没错。

基辛格：而且，您会被指责破坏了您所有的对外政策——

尼克松：我知道——

基辛格：——另一方面，这其实也是一种坏处——

尼克松：现在，这点让我很难过。确实很难过。我们的对外政策是那么出色。

基辛格：您一直都没犯过错，总统先生——

尼克松：即使所有这些都付之东流，我们也要——我们会被人们记住，正如克莱尔·布思·露丝（Clare Booth Luce）说的，我们才是去过中国的人。而在未来，这是会被人们了解的。

基辛格：总统先生，您——那会——实际上，如果您连任成功，那会使您的对外政策同样获得成功。就和在老挝的行动一样。当时，每个人都说，您已经和中国人撕破脸了，而3个月之后我们还是去了中国。而且，一年后，您去了中国。所以，我认为那不会——

尼克松：亨利，如果你考虑一下最最基本的问题，我是说，就像昨天我在地图上向你指出那个小地方一样，我们看着那里，我们想到了整个伟大、浩渺、宽广的世界，一切都取决于这个地方。如果有一种方式，相信我，如果现在有办法解决越南问题，那就解决它，用任何可能的方式从中脱身，同时实行一种明智的对外政策，同苏联人，还有中国人——

基辛格：我们会这么做的。

尼克松：——我们应该这么做。我们应该这么做，因为——因为太多的事情危如累卵。目前，在这个国家中，除了康纳利，在未来4年中，没有人能够处理我们和苏联、中国的关系，以及欧洲的这盘棋，还有东南亚的这盘棋。你明白这一点，我也明白。

从现在起的未来5年，和日本这盘棋，谁会帮忙？其他人会帮忙吗？好吧，因此很危险。我的意思是，所以我——在这星期的前几天，我担心的唯一原因就是我必须面对这个事实：因为我看到了麦戈文当选的必然性，或者汉弗莱，如果他们选择他的话，剩下的一个可能性就是泰迪了，他可能是他们3人中最差的那一个。

基辛格：当然是最差的——

尼克松：但是，无论如何——

基辛格：嗯，麦戈文——

尼克松：——因为我看到了——麦戈文一定是最差的，如果他参选的话，但是泰迪反反复复的做法可能让我们遭遇更大的麻烦。无论如何，如果你想寻求和平的话，你可以立马投降，而不是在腥风血雨中牺牲一切。因此，亨利，我的意思是，我们必须在这件事上达到一种均衡局面。因此，我必须绞尽脑汁，想想我们到底如何才能——我们如何才能保住总统职位，实话说，就是指我们现在的位子。

而这意味着我们要挽救峰会。好吧，我已经进行了全面的考虑，我觉得没有办法挽救峰会。我觉得根本没有什么办法，同时还要在越南问题上妥协。我已经决定，我们要以越南问题为根本立场，而且我向罗杰斯和莱尔德保证，[******]让我们提出其他的要求，我们已经同意提出其他要求了吗？我不知道我们是否已经同意这样做。你知道的，他们对此不断地发牢骚、抱怨。但是，亨利，你知道，我也知道，这并不是事实。

基辛格：是的。总统先生，你跟我都知道，也许只有我们两个人知道，如果他们给我们一个体面的方式撤出——

尼克松：[******]

基辛格：——那我准备接受。

尼克松：好吧，我告诉你，在你离开之前——

基辛格：您告诉过我——因为您告诉过我这些。他们想要我们以一种羞辱的方式离开。他们想让我们把权力交给一个共产党政府。该死的，我们还是直面现实吧，如果他们去年就接受我们5月31号的提议，他们就会在一年或者两年内接管越南。

尼克松：(大笑)我想是的。谢天谢地。但是尽管如此，我倒希望他们那么做。

基辛格：当然。但是，并非我们对我们的提议寸步不让。根本不是。

尼克松：你明白，如果我们能挺过这次选举，亨利，[******]之后，让在越南的努力付之东流，这样真的没有什么区别。

基辛格：我同意您的看法。这一直是整个——

尼克松：到那时，我们根本没有办法赢得选举。

基辛格：好吧，我认为——

尼克松：你明白我的意思——在我们去之前，鉴于他们的——其他支持轰炸的理由。或许我们就可以轰炸，而不是封锁，并且仍然举行峰会——

基辛格：不，我认为他们会——

尼克松：——我们就可以赢得选举了。

基辛格：总统先生，我认为他们会杀了您。他们会把您置于约翰逊的位置上。这是支持封锁的另一个理由。

尼克松：没错。

基辛格：他们会把您称作"炸弹客"。这个家伙——当我看到北越的声明时，我明白他们希望您中断和平谈判，总统先生——

尼克松：没错。没错。

基辛格：这样您就成了没话可说的家伙。

尼克松：嗯，我希望他们知道，但是要明白，是他们中断了谈判——波特有没有[******]？

基辛格：哦，是的，他们已经明白了。但是，所有这些都是次要的——这些和平团体会一直支持——

尼克松：是的。新闻头条会写是我们中断了和谈。

基辛格：因此，今后6个月——今后3个月——

尼克松：没错。

基辛格：——他们忘了是因为一次入侵，因此——

尼克松：好吧，亨利，我这样说吧：我知道你跟我一样，整夜都在想这件事，但是我绝没有——我回到基本点上，不考虑总统竞选的事以及其他事。谁知道呢？可能会发生一些事。或许，民主党可能变得聪明，并且提名康纳利，因此我会被打败。

基辛格：这是不可能的；是难以想象的。

尼克松：不过，如果他们这样做了，那美国就得救了。

战争愈演愈烈

> 1972年5月5日，中午12：44
> 理查德·尼克松、亨利·基辛格和鲍勃·霍尔德曼
> 椭圆形办公室

在星期五跟尼克松的对话中，基辛格仍在探究并质疑这次军事行动。他不喜欢这种不可逆转的行动，而总统却准备开展一次本届政府任期内最大规模的这类行动。最终，尼克松坦率地告诉基辛格，权衡决定的时间已经结束，

至少在他身边的自己人中是这样的。对尼克松来说，5月8日将是他的诺曼底登陆日，他希望每一个牵涉其中的人都要在周末做好准备。在一个满是欺骗甚至是诡计的政府中，尼克松最担心的麻烦事就是这样一件简单的事情，即把这一决定告诉所有内阁成员。例如，国务卿威廉·罗杰斯会是最后一个被通知的人。尼克松还必须告诉美国民众；他、霍尔德曼还有基辛格，共同起草了这次的演讲稿，全面地阐述了战争的情况。

……

尼克松：这对海军来说确实是次锻炼，难道不是吗？仅仅想想这对海军那些家伙意味着什么，这些可怜的王八蛋——他们喜欢做些事情，你知道吗？他们会去执行封锁任务的。

霍尔德曼：他们用的新水雷非常有趣。他们可以进行设置，当他们需要的时候水雷就可以起作用，当他们不需要的时候就不起作用。我的意思是，他们有一个开关，他们可以设置为自动模式。

尼克松：但是，他们不可以远程操作吗？

霍尔德曼：不，不。一旦他们设置好了，就设定了，据我所知。但愿他们不会在上面设置任何"关闭"按钮，而是让它们处于"打开"状态。并且穆勒这个家伙——您知道的，他几乎都要哈哈大笑了。他是如此——他特别喜欢布设水雷这部分。

尼克松：是吗？

霍尔德曼：没错，因为这些水雷非常管用。我猜，这些水雷比我们所了解的那些"二战"中的武器要精妙得多。它们都是——它们能沉到底部。它们一直往下沉，待在水底，直到触到某物的时候，它就会奇迹般地发射，击中目标。

尼克松：嗯。我希望我们的船只不会被其中的一个击中。

霍尔德曼：这种可能性是存在的。

尼克松：这就是战争。

霍尔德曼：有人会碰到他们的。水雷是一种特别美妙的武器，真的，因为——你把水雷放下，然后告诉人们它们在那儿。如果有人碰到它们，你没必要自己动手，他们自己就把自己收拾了。

尼克松：嗯。我告诉你，在我们宣布封锁后的几天，局势会很艰难。如果我是参议员或者众议员的话,我会承担起这个——或者是个候选人也行,特别是当你涉及战俘问题的时候,还有我们在越南的 6 万美国同胞,在我们除了封锁之外对北越做了所有能做的事情之后,我们要阻止共产党政权的扩张行为,对吗?

霍尔德曼:是的。

尼克松:这会很难,特别是当封锁的目的不在于摧毁北越,而在于阻止运输那些用来杀害生活在南越的人们的杀伤性武器。

霍尔德曼:谁有可能——我的意思是,甚至——您知道的,麦戈文是如何看待的?任何头脑清醒的人都不会认为北越人有权得到那些武器。

国家安全理事会
讨论将战火引向北越的问题

> 1972 年 5 月 8 日,中午 12:13
> 理查德·尼克松、约翰·康纳利和亨利·基辛格
> 椭圆形办公室

在星期一早上,尼克松主持了一场持续了 3 小时且充满火药味的国家安全委员会会议,会议主要讨论战争扩大化的问题。会议一开始,尼克松就提醒与会者,不争论危及莫斯科峰会的可能的风险。在尼克松看来,那只是个次要问题。经过讨论,会议未能达成一致意见。这个军事计划遭到了罗杰斯、莱尔德和中情局局长理查德·赫尔姆斯的强烈反对。每一个人都提出了合理的理由,比如成本以及对南越的影响。据一位记者所说,康纳利并未纠结于这些细节。他"几乎从椅子上跳了起来,用手指着尼克松说,事实上,如果他不采取行动的话,他就不是个真正的总统"。康纳利这种直言不讳的性格受到了尼克松的青睐。尽管最后并没有投票,但是委员会基本同意在海防港投下水雷,但是不赞成对北越进行全面轰炸。大约在一个半小时之后,即在下述谈话结束之后,总统下令开始大规模的轰炸以及投放水雷。

……

基辛格：俄国人很明确地表示不希望您采取行动，或者说他们一定会竭力给您制造障碍。现在，我们今天很轻松地就搞定了安全理事会的事。推迟24小时开始的唯一的好处，就是能让那些反对我们计划的内阁成员闭嘴。您知道，您现在的处境就是罗杰斯所说的，如果计划成功他就支持，如果计划失败他就反对。

……

尼克松：我认为如果我们行动的话——我的意思是，我认为我的决定就是，要么今天就做，要么就不做了。嗯，或者至少这星期内不会做了。（轻声笑）那或许意味着我们根本不会去轰炸。但是，约翰，让我们听听你的意见。在听完整个事情（国家安全委员会的事）后，你表现得非常冷静和从容。告诉我你是怎么想的。

……

康纳利：基本上来说，最安全的事总是维持现状。无论最终的结果是什么，那就是最安全的事情。这就是官僚机构的作风，就是绝不会自找麻烦。这从梅尔和比尔的态度就能反映出来。其次，我认为您必须知道，比尔并不想看到峰会成功举行，就是这个莫斯科峰会。他想要峰会延期——
尼克松：（大笑）
康纳利：——无论以什么理由，但是他还是想看到峰会泡汤。第三，我认为——我认为必须给出一些理由，为梅尔的看法，您知道的，这让我们付出很大的代价，老天——
尼克松：[******]
康纳利：这并——这对我来说并没有什么意义。
尼克松：不，不。那个看法——
[******]
基辛格：那跟这次行动毫无关系，因为如果听从梅尔的看法的话，那就必须停止空中——

康纳利：当然。

基辛格：——因为我们——

康纳利：我们必须完全撤出。

……

康纳利：还有另一个好处。这样，如果俄国人想要帮忙，我真的认为他们想要帮忙，我觉得，这就给了他们一个理由，去跟河内说："现在，我们告诉你，我们很了解你们，我们觉得你们现在必须牢牢抓紧我们。"在我看来，这给了他们一个有力的理由，正好可以用在河内身上。

尼克松：这很有可能。现在，让我这样说。至于俄国人的帮助，我们知道，考虑到这个过程——现在他们是不会插手这些事的。

基辛格：他们当然不会。

尼克松：现在，我们的做法让他们更为难了。但是，对他们来说，已经骑虎难下了。如果至少有一点机会，他们也会尽力做些什么的，亨利，你同意吗？

基辛格：没错——什么——依我看来，他们会取消峰会的，尽管还没有完全排除这种可能。

尼克松：46%？37%？

基辛格：我估计会更高——我估计这个机会会八二开。但是，他们可能会说，他们已经尽力了，那是唯一一件他们要对我们做的事，他们会继续维持跟河内的双边关系。

尼克松：你——你应该准备下应急方案，当他们取消峰会的时候我们要怎么说。

基辛格：我已经准备好了一份声明。

尼克松：你应该准备一份声明，诸如此类的事情。

基辛格：已经准备好了。

尼克松：没必要由我来发表这份声明。

基辛格：是的。我确实可以简要阐述这些声明。

尼克松：你应该一个字不差地照着读。一字不差。因为我认为约翰感到事情非常不妙，还有比尔，他对莫斯科峰会的事不感兴趣。

基辛格：因为他知道我们已经商定了所有的事，他不想再次陷入像在北京时一样的境地。因为事实上，我们已经——

尼克松：我们已经完成了一次峰会。

基辛格：我们可以在每个晚上公布两个协议。

……

康纳利：梅尔说："现在，财政上已经出现了真正的问题。"我说："梅尔，我知道这件事。"但是我说："如果你坚持那个理由的话，你应该撤出所有的空军以及所有的军舰。省点儿钱。否则的话，你必须全力以赴，尽早了结。"然后，比尔说："好吧"，他说："事实上，我会支持彻底摧毁河内和海防。轰炸他们。"他说："我认为我们必须摧毁他们。"他说："我也主张把他们夷为平地。"并且梅尔接着说，他说："最要命的，就是确定这些该死的目标。如果我们还没有明确这些限制性的目标"，他说："那么我们就不得不多次出击，以锁定这些特定的目标。"

基辛格：那也是个谎言。

康纳利：并且，我说："好吧。"我说："我可能支持，强烈地支持把海防和河内夷为平地，摧毁它们。"我说："我可能会那样做。另一方面"，我说："我可能会支持总统的决定，就是立刻采取行动，并且同时撤出6.9万人的军队。但是"，我说，"我并不支持把我们的地位还有南越人的地位一降再降，把美国整个对外政策的灵活性都交到南越人的手中。"我说："我不会支持这样做的。"他说："好吧，我们会支持——"

[******]

康纳利：很抱歉。

尼克松：打扰一下。他们说了什么？

康纳利：他们说："无论做了什么决定，我们都会支持。"我说："那是大事，我们所有人都支持。"我说："我什么都不在乎。"我说："我有强烈的感觉，但是无论总统的决定是什么，我都会支持。"我们的关系就是这样破裂的。现在，我——

尼克松：你是如何平衡那些突出的 [******] 问题的？我也想知道亨利对这件事的判断。我的意思是，我们假设南越会——好吧，那么问题是：我们做完这件事之后，我们面临的局势会更好还是更差？

老实说，我认为如果南越被打败了，我们也就被打败了，美国，还有我们的对外政策在各种事情上已经遭受了严重打击。到那时，我们的对外政策是——我们的境遇会更好？如果我们试着——做完这些，或者会更差一些？罗杰斯说，如果我们开展完这次行动并且失败了，我们的境遇会更差。你认为或许会好一些，如果我们——

康纳利：是的。

尼克松：——这么做了但却失败了。

康纳利：没错。

尼克松：你有什么理由呢？

康纳利：我的理由是，至少我们已经向其他侵略国表明了一个信息，就是他们一定会遭受一些损失。这是我们秉持的美国立场的一大弱点，我们一直处于守势。我们轰炸了北越，但一直是针对那些精心挑选过的目标。没有造成什么破坏。在越南的人——在北越的人并不担心遭受报复。

尼克松：[******] 民众，没错。

康纳利：民众。而担心遭受报复是一种强大的驱动力。我们已经让他们安安稳稳地过了10年了。同时，这些穷王八蛋，南越人，每个人都说他们会待在那儿，他们必须待在那儿好几代，只是为了——

[******]

康纳利：——然后，他们可以突破，这是纯粹的——他们害怕自己被杀。我不会因为疏散平民就谴责他们。但是，你明白的，至少，你可以做很多事，通过昭告天下，告诉所有国家，他们不可能侵略他国而不受到任何惩罚。

尼克松：嗯，嗯。

康纳利：他们一定会遭受一些损失。

尼克松：同时，我认为——我想知道亨利对此的看法——但是在那个关键的问题上，你知道的，我们假设事情已经开始了。我们假设。如果我们这样做了，我们的情况会变好，还是变差？你的看法是什么，亨利？

基辛格：我觉得我们，我们会更好一些。

尼克松：为什么？

基辛格：因为，如果这样做——

尼克松：他提到了这个原因，还有其他原因吗？

基辛格：如果我们不做这件事，我们就等于把6万美国人交在了他们的手里，而我们则根本无牌可打。

尼克松：你的意思是，你真的认为他们会被俘虏？

基辛格：我认为，如果——当事情继续发展，如果它朝着——

尼克松：事情会变得很糟糕——

基辛格：——会彻底瓦解——

尼克松：[******]你认为——你同意阿格纽的说法，而不是莱尔德的说法？你——

基辛格：没错。

尼克松：你同意莱尔德对军事形势的分析吗？

基辛格：不。我——总统先生，还记得吗，当我从苏联回来的时候，在戴维营的时候，我告诉您在北越人看来，这整件事都是错的。我不相信他们要夺取省会城市。我认为他们的目标是让越南共和国军彻底瓦解，所以他们会一次消灭一个师，直到剩下的师士气低落，以至于彻底瓦解。

尼克松：嗯。

基辛格：或者是西贡发生动乱。

尼克松：然后呢？

基辛格：然后，形势变化莫测。您可能看到一些越南共和国军队的指挥官攻击美国人——

尼克松：没错。

基辛格：——为了向共产党证明，他们是真正的民族主义者。

尼克松：没错。是的。是的。

基辛格：您看到的事确实是不可预测的。您或许会看到一个家伙在西贡成立起一个联合政府，并且——

尼克松：哦，先不要提这个了，但是，回到这个问题上，我确实认为战俘问题在美国人民中是一件非常触动人心的情感问题。目前，我们还没有可利用的牌来要回战俘。这个问题——

基辛格：您——

尼克松：——是先要得到一张牌。

基辛格：您会——

尼克松：你觉得呢？

基辛格：如果南越彻底完蛋了，您面临的情况就是让美国人——您必须去，几乎跪着去这个浑蛋的小国家。而且，之后如果您进行封锁的话，看起来像是——

尼克松：是的。

基辛格：——您脾气不好似的，之后他们可能会忍受封锁，因为他们不用再消耗任何供给。

尼克松：没错。我们还是等着这件事吧。还是让我们再计划一下吧。如果我们开始进行轰炸，但越南共和国军队仍然瓦解了，那么我们该怎么办？这就是我在想的问题——

基辛格：好吧，总统先生，如果您进行封锁，越南共和国军队仍瓦解，然后您用封锁来换战俘。至少，合理的协商已经进行了一半。您还必须考虑的是，能在多大程度上减少越南共和国军队瓦解的风险，因为——

尼克松：哦，是的。我知道。

基辛格：——至少在短期内，封锁西贡的一个结果，就是阮文绍的对手会名誉扫地，因为，毕竟，阮文绍确实会释放美国人。我只是在冷静地分析。

尼克松：是的。我知道。

基辛格：并且——至少，大约一个月，他们会得到一针强心剂。现在，我也相信——我——如果说所有的措施都是没用的，那么也是非常荒谬的。这简直是疯狂的——

尼克松：真有趣。梅尔的看法是，他们什么也不会得到。

基辛格：他的说法并不合理。现在，他们是否会按照穆勒说的去做，是很可疑的。但是，如果您是河内的一位谨慎的领导者的话，您会得到4个月的油料供应，但必须从苏联经陆路运过来，那么您必须——或者中国——您必须同这两个国家达成协议。您就得想想这件事该怎么办了。您就得想想，您的铁路系统怎么应付正在进行的轰炸。您不能狂轰滥炸4个月，直到弹尽粮绝、一无所获吧。

尼克松：当然，你不能——

基辛格：那简直是神经病。

尼克松：当然，你不能——

基辛格：做这件事，您就得不合常理地去做。现在，他们所做的决定，他们是否会说我们要狂轰滥炸一个月，然后再和解——这是——这是可以想象到的策略，他们在这个月里肯定会仔细字斟句酌，然后和解。但是，这样产生的影响不小。

一定会有影响的。我手下的专家认为，他们在采取这次进攻行动之前，内部已经接近分裂。您现在也必须看到领导层存在的问题。他们在南部已经部署了15个师了。他们一定会继续为南部战线提供援助，这是他们自己的主要任务。现在，您封锁了港口，在今晚或者什么时候，这就意味着他们90%的补给都要改道而行，而他们的整个后勤系统也必须改变，必须建造新的仓库和新的储藏设施。甚至我们假设这些都能实现，那这也是个大工程啊。他们有这个人力吗？他们有这方面的指挥和控制设施吗？他们能完成这些事吗？他们还会继续计划在南部采取无限制的军事活动吗？很难相信他们会这么做。

……

尼克松：好吧，让我来谈谈，如果我可以这么做，在军事方面，我认为现在有——我——我不知道有多少——我认为，如果我们什么都不做的话，南越军队有40%到50%的可能性会一败涂地。从军事角度来看，我认为如果做些事情的话，会让我们在战俘问题上占据一个有利的谈判地位，也为在那里的美国人争取到了更好的谈判地位；而如果南越军队失败的话，这些就都不可能拥有了。此外，从军事层面——上一点是外交层面——但是在军事层面上，我认为这也有可能挫伤北越军队的士气，阻滞他们的军事行动。我说过，为了他们的利益，从现在开始的4至5个月里，我们在一至两个月内猛揍他们——

康纳利：没错。

尼克松：——如果他们开始思考，从军事角度思考的话，那么南越军队会立刻得到很大鼓舞——

基辛格：我——我会认为，如果这从根本上阻止了他们，那么会在两个月之内显效。他们不会坚持到石油供应枯竭的时候的。他们就会——

尼克松：好吧——

基辛格：他们就会疯狂地去干。

康纳利：不仅如此，如果我们的轰炸有效的话，能摧毁他们所有的基础设施，那么我们就可以在24小时之内对他们产生影响，因为当您——

尼克松：这些发电厂现在还在运行——

康纳利：当您摧毁他们的基础设施和通信系统，这必然对他们造成不利的影响。现在，我并不关心他们如何作战，您只需要对他们造成干扰。

莫斯科反应的重要性

> 1972年5月8日，下午5：57
> 理查德·尼克松、亨利·基辛格和鲍勃·霍尔德曼
> 椭圆形办公室

在下达实施"后卫行动"的命令后，尼克松一直在等待苏联的回应，而回应可能介于"无动于衷"和"宣布参战以支持北越"这两种可能性之间。折中的回应可能是苏联取消莫斯科峰会及其他相关活动。就在向美国人民进行演说前的3个小时，他密切关注着苏联方面。在命令下达后的短时段内，苏联关于"后卫行动"的反应非常重要。

……

基辛格：俄罗斯人很明显已经将他们的船只停泊在港口了。

尼克松：在河内？

基辛格：不，在海防港。

尼克松：你为什么认为他们已经这样做了？

霍尔德曼：所以我们现在不能轰炸码头了。

基辛格：我们确实不能轰炸码头。不过，我从没觉得我们应该炸掉这些码头，因为我们这么做，就相当于失去了可以利用的资产。只要这些港口已经布雷，他们就无论如何也进不去了。所以，这并没有造成多大影响。

尼克松：他们不会打算采取任何行动——这是最重要的。无论如何，他们

的船只还停泊在港口的时候，我是绝不会去轰炸码头的。

基辛格：嗯，我不会去理会这事儿。今晚我们争取拿下河内的铁路桥，以及——今晚我们要干掉河内附近的油料存储点、铁路桥和集装箱集散点。他们认为，在前几天的攻击中，他们已经摧毁了 1000 辆卡车。并且，现在还在继续袭击车辆。明天他们会拿下海防的油料存储点、铁路桥和集装箱集散点。

……

基辛格：在我看来，苏联的问题只有一个，那就是在面对这个挑战的时候，如何保持其共产主义的纯洁性。那是——他们想要逃避的挑战。他们不想在这个问题上同我们直接对抗。

"你没有提问，那我们也没有理由给出答案。"

> 1972 年 5 月 11 日，下午 3：51
> 理查德·尼克松、威廉·罗杰斯、亨利·基辛格和鲍勃·霍尔德曼
> 椭圆形办公室

在"后卫计划"实施 3 天后，苏联最终做出了回应。尽管对美国的行动大加指责，但他们并没有宣布要采取任何实际行动。公报的确号召国际社会同苏联一起反对美国采取的行动，特别是对海上封锁行动。公报宣称："没有人赋予美国限制其他国家在公海自由航行的权利。"并且将"美国威胁苏联及其他国家船只安全与航行自由的行动"描述为不可接受的。

……

基辛格：他（帕托利切夫）进来本是为了进行礼节性的访问，却实际上谈了 45 分钟。

尼克松：45 分钟涵盖了几乎大大小小的问题，你知道的，他谈到的，这个

人，与彼得森和斯坦斯。

……

尼克松：但是苏联的反应不是出自官方，我想他们是通过帕托利切夫来传达的。

基辛格：那这就是官方回应了。

罗杰斯：这是政府——

[******]

尼克松：你看，我认为我们应该说，他们用了3天来回复我们，那我们也需要3天时间来回复他们。

罗杰斯：在我看来，问题在于，我们是选择尽快给他们一个不明确的答复，这是我们能做到的，[******] 还是推迟答复。我觉得，推迟答复会让这个答复看起来是经过深思熟虑做出的。其实也没太多可说的，因为他们的声明相对来说已经很温和了。

尼克松：嗯，你不觉得是这样的吗？

罗杰斯：是的。

尼克松：在这里的其他人都是这样认为的——赫尔姆斯也觉得反应很温和——全部这帮家伙。

罗杰斯：好吧，总统先生，我认为我们应该做的是，我会让阿瑟顿（Alfred Atherton）送给您一份合适的答复，我认为我们应该做出决定。然后，罗纳德（·齐格勒）负责传达下去，然后再由麦克洛斯基或者再等一段时间再进一步传达下去。

尼克松：你觉得不应该——

基辛格：这是对的——

尼克松：亨利觉得你应该这样做，因为 [******]——

罗杰斯：我不——

尼克松：他们的高层领导并不这么做。[******]

罗杰斯：嗯，他们只是发表了一份声明——一份政府声明，再没其他的了，是通过塔斯社发出的。

尼克松：也许你和亨利可以演练一番，看该何时在何种层次做出回复。

基辛格：我认为，我们可以等到他们正式把它递交给我们的时候，然后低调回复。

罗杰斯：是的。我不明白为什么他们在递交给我们之前就公布出来了。这事真有意思。

基辛格：坦白说，他们并不期望能得到回复。我觉得他们并不想和我们在这个问题上争论太多。

罗杰斯：我不知道。

基辛格：这只是我的感觉。

尼克松：你觉得他们也许——

罗杰斯：我真的不确定。一方面，这反应真的很温和；另一方面，如果他们想采取其他行动，这是绝好的拖延战术。换句话说，两个都可能，所以——

基辛格：这是在稳住我们。

尼克松：他们不会这样的。我们很快就能知晓。他们有个——我猜他们考虑到自身利益，觉得要等到下个星期二或星期三取消峰会会有风险。我想他们会这么做的。我想他们会在明天或者星期六这样做。

罗杰斯：好吧，他们可能会挑起一些事端。比如部署扫雷艇，向我们发出挑战。我觉得我们也可以挑战他们。他们也可以取消这一切，但如果他们决意让扫雷艇前行，我们就假装让步。我想，有一点我们可以确定的是——正如我之前和亨利所说的那样——如果我们不进行回复，那我们就该让我们的人保持安静，因为他们会被诱惑着说"他们眨眼了，这才是赢家"，诸如此类的话。

尼克松：我们对此不做任何评论。

……

基辛格：总统先生，他们在下星期五取消峰会这件事并不是不可能的。但是，这会是一种卑鄙的、小气的行为。如此前后不一。多勃雷宁还说："当然，你们没有问我们这个问题，所以我们也觉得没必要回答。"所以，我说："好吧，阿纳托利，我们很乐意问这个问题。"他说："不，为什么要我们在答复中做出正式的决定？你们曾公开说你们将会继续为峰会做准备。我们的领导人知道你们说了这个，我们的领导人并没有取消峰会——何必挑起这个问题？"我觉得他说得有道理。

霍尔德曼：在行政层面，他们的人走在了前头，因为我们——我们在莫斯科有先遣人员。他们在那里已经一星期了。他们将考察每一个细节。他们正在讨论车辆行驶的范围、如何安排房间以及安保人员可以在哪里部署。我们已经找到完整的——我们现在就接通了从美国白宫会议室到莫斯科的热线——通话比接通到我的办公室还快。

基辛格：他们很有可能在星期一取消您的访问。我敢说，星期一过后，这可能性就会从70%，每天降大约5到10个百分点。

尼克松：不管怎么样，我们都不必担心这个。同时，在这周末，我们的策略要求每个人都尽可能安静下来。

霍尔德曼：好的。

尼克松：多说一句，你再研究一下这个——你必须和康纳利探讨一下。但是，除此之外——

霍尔德曼：好的。

尼克松：这样，你可以看看我的分析。同时，我希望你和亨利看好这里所有的人。我还建议包括国会那帮人，亨利明天会找斯滕尼斯（John Stennis）[1]聊一聊。

基辛格：我给斯滕尼斯打电话。我会和他谈谈。我会跟他碰个面。

尼克松：就告诉他说："参议员，请允许我通知您，现在这里正在发生很多事情，如果您能保持沉默不做评论，那将对我们有极大的帮助。"

"总统先生，您先别说他们寸步不让，因为我认为他们已经开始让步了。"

> 1972年5月18日，中午12：25
> 理查德·尼克松和亨利·基辛格
> 戴维营的电话

---

1 约翰·斯滕尼斯（John Stennis），美国密西西比州民主党参议员。

自"后卫行动"开始到莫斯科峰会召开的几星期时间里,美苏关系略有缓和。自计划开始,尼克松和基辛格还是第一次确信峰会不会被取消,于是便把精力集中在接下来的日程上。尼克松将于5月22日抵达莫斯科并停留8天。《华尔街日报》对此次峰会持谨慎的支持态度,预测"这将是美苏两国自'二战'时结盟之后,最富有成效的一次会议"。然而,相比今年早些时候尼克松参加的北京峰会,某些保守派人士则对尼克松此次莫斯科之行更为小心谨慎。俄亥俄州共和党众议员约翰·阿什克罗夫特(John Ashcroft)谴责了新缓和战略的标志——《限制战略武器条约》,认为这将"使苏联处于不可挑战的优势地位"。25年来,美国的对外政策一直被描述为对苏联保持怀疑和蔑视的态度。这种态度能否改变或者是否应该改变,仍是一个见仁见智的问题。站在改善美苏关系的立场上,尼克松和基辛格讨论了受到自由主义者们欢迎的新现象,以及拒绝两国关系缓和的右翼分子带来的严峻挑战。

……

基辛格:总统先生。

尼克松:你好,亨利。

基辛格:我只是想快点——

尼克松:好的 [******]。

基辛格:他们今天又送过来一本书。

尼克松:很好。我的书已经足够多了。

基辛格:是关于双边关系的——

尼克松:我已经有了。

基辛格:——另外,有关限制战略武器谈判和签署的核协议,我有一些要汇报的。我花了整个上午的时间仔细看了一遍谈判的内容,一共15页。当然,他们给我们出了一些难题。但是这与我们在中国的时候相比,情况好多了。我想,当我们在那里的时候,需要花一两天时间解决。我们能解决那些问题。除了那些原则以外,这将会是一份非常重要的公报。这已经是巨大的进步了。这也是第一次,人们将发现在这一份文件里,所有的问题都解决了。

尼克松:对。我刚在看——我的意思是,我刚刚在看你安排的行程,你建议我签署这份空间合作协议，很好。我注意到特雷恩[1]认为我还应该签署环境协议。我觉得没有理由——我认为——

基辛格：我认为空间协议、《限制战略武器条约》和那些原则——

尼克松：空间协议、《限制战略武器条约》、原则，不过——我有好多文件要签署。

基辛格：您想签署的任何文件，我们都能——

尼克松：我找不到任何该死的理由，为什么我不能在最前面或是中心。现在，他们会说在我们到莫斯科之前，环境协议就已经制定好了。不过，管他的呢。

基辛格：好的，总统先生，事实是——我是说，比如，有关科学的协议——我不会用这些事来打扰您，因为我知道您的想法。

尼克松：我——

基辛格：不，我只是想给您举一个例子。这些事情已经困扰我们很多年了。我碰到（爱德华·）大卫了，我说："我们一起回顾一下这事情吧，然后你要在3天之内把它处理好。"然后他就照做了。然后——然后——我们让国务院起草一下。但很快就陷入僵局，因为他们挑出了30处错误，所以我们昨天下午得去解决这些问题。有关这些事——

尼克松：国务院不知道我们已经解决这些问题了。

基辛格：他们不知道。比如，关于海上事件，您记得之前有关那份草案的议题吧，还有6种距离规定，等等。我知道这可能会惹恼军方。我们不希望军方对此大喊大叫，因为我们签署《限制战略武器条约》需要得到他们的支持。所以我去找多勃雷宁，我对他说——我向他建议了一套方案，他们今年接受了我们的条款，然后我们同意明年年底的时候去检查。我们双方都同意了这套方案——然后星期一上午，我跟莱尔德一起吃早餐，还有穆勒，我告诉他我们愿尽我们所能。之后，当天晚上9点，俄国人做出了让步，接受了我们的立场。莱尔德给我打电话，说他简直不敢相信。他说我们用18个小时解决了他们协商了4个多月的事。所以，由此可见您的影响力，无论您是否亲自去做了这些事，并且——

---

1 拉塞尔·特雷恩，美国环境质量委员会主席。

尼克松：对。

基辛格：可以说，要不是通过您同勃列日涅夫的个人渠道，这些协议一个都无法达成。

尼克松：现在，我们需要满足其中一些要求了。彼得森（Peter Peterson）[1]肯定试图宣称他——

基辛格：不，他不会对此有异议的。

尼克松：史密斯自然会说他促成了限制战略武器谈判，并且——

基辛格：总统先生，我认为我们回来的时候应该做的是——

尼克松：得有一个——

基辛格：我应该请一些著名记者帮忙，也可能参加电视节目。

尼克松：也许你要做的还不止这些。[******]应该不仅有三四项。懂我的意思吗？应该有些具有全国影响力的事情，他们从中能了解——

基辛格：好的，我并没有很想去做这些事，但是我采取的方式可能是——

尼克松：这次我们并不打算让国务院的小子们抢走任何功劳。

基辛格：因为我们处理这件事的方式，应该是不再继续争论谁做了什么，而是得有人在那场最大的论坛上向我提问，这您也觉得比较合适。

尼克松：这要怎么做？

基辛格：您可以说，总统已与勃列日涅夫交换了意见并达成一致。这就是他们给的回复。这也是我们处理的方式。这是我们——在那时，我们不用管这些，因为他们都做好了。我打算同时解决所有这些协议——

尼克松：现在签署协议有两种方法。可能对我们不是很有利，但对签署各种协议是有利的。或者退一步，参加限制战略武器谈判，遵循那些原则。

基辛格：哦，您应该签署了空间协议，因为这有很大的想象空间——并且我——

尼克松：我记得在我在1959年的一次讲话中说："让我们一起登上月球。"这是个好点子——

基辛格：他告诉我，那天晚上——您到达的第一个晚上——您需要发表一个积极的讲话，然后还会有敬酒词。他们说只是一个很短的演讲，所

---

1 彼得·彼得森，总统国际经济事务助理。

563　以——

尼克松：我跟霍尔德曼说过了，我的讲话必须要有200字。

基辛格：不是第一个晚上，总统先生。您需要做一个实质性的演讲——大约10到15分钟。

尼克松：10分钟的净时间还是包括翻译在内？

基辛格：10分钟的净时间，因为他们会给您留至少15分钟。

尼克松：15到30分钟？你知道我们在讨论的是翻译吧。

基辛格：在斯帕索宫，您可以坐飞机过去。

尼克松：我不打算飞任何东西。我要——

基辛格：不，不，我是说在斯帕索宫，您可以对着讲稿念——

尼克松：是，是。我的意思是，我想知道他们演讲的时长是多少

基辛格：我刚发现。

尼克松：——换句话说。如果是俄语里的15分钟，那就是半小时。

基辛格：他们说的是15分钟，说是一个很短的讲话。现在我问他们是什么意思，他们说在俄语里就是10到15分钟。最后会以向您敬酒作为结束，但是那——

尼克松：到底是谁负责的？

基辛格：我让安德鲁斯（John Andrews）[1]和萨菲尔（William Safire）[2]在负责，还有我的一个手下。

尼克松：是普赖斯（Raymond Price）[3]负责电视讲稿吗？

基辛格：普赖斯负责电视演讲稿。考虑到您的[******]，我们昨天花了一个半小时。上午花了一些时间，然后在您给我打电话之后，我又把他们召集到一起。然后——

尼克松：他们一会儿都会来。

基辛格：其实，我觉得我们还有很多时间准备电视演讲。

尼克松：对，但是第一个演讲——

基辛格：第一个演讲非常重要。

1　约翰·安德鲁斯，白宫演讲词撰稿人。
2　威廉·萨菲尔，白宫演讲词撰稿人。
3　雷蒙德·普赖斯，白宫演讲词撰稿人。

尼克松：我要在飞机上做该死的演讲准备了。

基辛格：这很重要。这得——这应该非常严肃。还应该——

尼克松：发人深思。

基辛格：发人深思。

尼克松：好。关于签署协议，你有什么看法？我们应该在哪儿签吗？这不会太费周折吗——我是指空间协议。环境协议我不是非得要签。我并不是很关心环境———你希望由罗杰斯签环境协议吗？

基辛格：那个该死的 [******] 什么都不知道。

尼克松：关键是他没有理由这样做。

基辛格：日程安排里有吗？

尼克松：有，在第二页。这儿，我指给你看。

基辛格：好，如果由您来签环境和空间协议的话，那就一天签一个，除了星期四或星期五。

尼克松：不如开始就给他们一份儿大礼。对苏联来说环境问题是件大事。不妨就这样做，环境和空间协议都签。然后你就会发现，这也是另一种解决所有事情的方法——环境协议、空间协议和《限制战略武器条约》。我注意到你在有关原则的声明中——好吧，我们可以稍后再讨论这个——有一些疑问，是关于我是否应该签署它，因为——

[******]

基辛格：我改变主意了，您应该签。

尼克松：到底什么意思？为什么？这可不是一个条约。

基辛格：没错，我改变主意了。

尼克松：如果这是一个条约，他们希望我们签的话，那就签好了。也是一笔大交易。

基辛格：我认为您应该签。而且应该是由您和勃列日涅夫一起签。这种联合真的是——

尼克松：是件不错的事。

基辛格：——一份严肃的公报，真的——

尼克松：一份公报，一份关于原则的声明，还有一些协议。肯尼迪，肯尼迪绝不会想到这个，关于外层空间问题，人们已经谈论了好多年了——

基辛格：可是，总统先生，我想建议的是，您在国会那帮人面前很低调。我不会说这将会成为最有意义的——

尼克松：不，不。

基辛格：我只想说，我们还要尽力去促成很多事情，或者说——

尼克松：不然你告诉我们一些话题，比如数据，他们谈话的内容。我不得不说，这些人都在忙着限制战略武器会谈。

基辛格：我认为这是——我觉得我们越是低调，越会让人印象深刻——我的意思是，他们都没什么想法。他们都觉得这——我的意思是，我看到的那些记者们都觉得这次会像北京峰会的情况一样——没什么收获。最后就只是一份公报。

尼克松：这些协议中的每一个——好吧，空间协议是重头戏，环境协议也是重头戏。而卫生、科技、海事、海上事件，这些不是。联合商业委员会和限制战略武器会谈也很重要。所以，你有——你有四项重要的任务。

基辛格：联合商业协议可能不错，但是，我们很有可能意外地获得一个机会签署一个长达3年且价值10亿美元的农业协议。我还没把它放进日程里面。[******]

尼克松：好，我想我们该找多勃雷宁——我——妥善处理了——

基辛格：哦，太棒了。

[******]

尼克松：——罗杰斯的事——

基辛格：越南问题您处理得很漂亮，然后是处理中东事务。还有是我跟他一起做的另外一件事，我重新看了一遍他关于中东事务的文件，我们——苏联第一次愿意开诚布公地谈。除了撤走他们的军队——因为您说有些事情您是不能命令以色列去做的。他说，现在没关系了。详细地写下来就好——我认为最合适的立场就是，您参加完这次会议而不签署任何一项关于中东事务的协议，因为肯定是有——有某个计划来推动它。

尼克松：那我们怎么说关于中东的事，就说我们已经讨论了？

基辛格：[******]雅林（Gunnar Jarring）[1]应该付出双倍的努力。可能——我们在签署协议的过程中，可能遇到的最大的难题在于，这可能引发更多本不该有的关于最终协议的问题。因为，我并不认为那份协议之后，我们就不需要其他的协议了。

尼克松：要不是在中东有巨大的利益关系的话，我一点都不关心这个——好吧，我们可以稍后再讨论这个。

基辛格：对，我们在11月前处理好就行。

尼克松：我们可能在9月的时候处理。

基辛格：好。

尼克松：不过现在，越南——但是，我认为现在我们可以提越南问题了。过早提出越南问题没有用，因为我们不打算做任何让步，他们也不会。

基辛格：不会的。

尼克松：这个想法，即我们打算——

基辛格：好吧，我不会告诉他们——有一件事我——窃以为，总统先生，您先别说他们寸步不让，因为我认为他们已经开始让步了。

尼克松：不，我的意思是，我把这些告诉你，但我不打算告诉他们。

……

基辛格：总统先生，您在下星期会让他们大吃一惊。没有人知道您会——

尼克松：亨利，我现在面临的主要问题是，正如你意识到的，不是左派而是右派。对左派来说，这是件大好事。但对右翼来说，就异常艰难了。尤其是《限制战略武器条约》和有关原则的声明——我们必须确定，在谈判上我们不会被吓到。他们有两（三）件事：其一，我们会让盟国失望；其二，我们将拥抱我们的敌人；其三，我们将把自己锁定在弱势地位上。这就是我们将要应对的——

基辛格：他们提不出最后一点。我打算让——明天上午马基高（Clark MacGregor）[2]会把他们召集起来——

1　贡纳尔·雅林，瑞典外交官，联合国中东特使。
2　克拉克·马基高，负责总统与国会关系的顾问。

尼克松：好，非常好。

基辛格：——然后我会简要地向他们说明情况，跟穆勒一起。

尼克松：穆勒？

基辛格：对，然后——

尼克松：这将让罗杰斯和他手下的人在对此表示不屑一顾之前，感到措手不及。不过，罗杰斯的人现在怎么能对这个不屑呢？我的意思是，史密斯应该会支持它的。

基辛格：当然了。他现在给我们制造的麻烦比俄国人还多。每天——又不得不说，没有您的个人渠道，就绝不会有这些事——每一步的突破都是由您完成的——5月20号，海上事件，每个解决办法都是通过您和勃列日涅夫的个人渠道想出来的。上星期的每个细节——我不是故意打断您，因为我不认为您会在意那是18个还是16个雷达，但是——

尼克松：我一直没时间关注它们。

基辛格：好吧——

尼克松：由专家们来决定吧。

基辛格：但是——

为保持全面空袭而努力

> 1972年5月19日，中午12:55
> 理查德·尼克松、亨利·基辛格和威廉·波特
> 椭圆形办公室

峰会前夜，尼克松会见了两位参加越南和平进程的谈判者：基辛格和波特。他们讨论了越加严峻的战况，最近的轰炸强度比总统希望的有所减缓。约翰·麦凯恩（John McCain Jr.）将军在解释飞机出动架次减少时暗示，是尼克松政府的指令阻碍了空袭，总统对此极其恼怒。自1968年以来，麦凯恩

一直担任美国太平洋司令部司令,他同名的儿子作为一名战俘被囚禁在河内。当他驻扎在火奴鲁鲁时,积极地参与了发动越南战争的决定。据参议员麦凯恩表示,他的父亲的确不同意尼克松的空袭策略,不过正如他所写到的,"军方全体高级将领也都不同意"。

……

尼克松:我觉得,你在巴黎已经有一段时间无事可做了。你或许要在这待三四个月。

波特:我将留在任何您想让我留的地方,先生,但是我们还有事情要做。这个地方很有意思,我至少能对这件事做出点儿贡献。我认为他们那边正在尝试进行一些快速行动,这就解释了为什么现在黎德寿还留在巴黎。对他们来说,这并非一件容易的事情,把一个大活人从河内转移出来——尤其还是中央政治局的成员——由河内转移到巴黎。协议规定黎德寿在北京停留两天,然后在莫斯科歇脚,也是为了解决些事情。而且,还要加上两三天行程时间。所以,我觉得他们已经做了决定,他要做出表态是早晚的事。虽然我认为他最终的表态也许将不会像他们所期望的那样。[******]

基辛格:比尔觉得现在他们的攻势是有问题的。

波特:哦,我有,其他什么,我自己的——

尼克松:他们会被杀了的。

波特:要杀——杀了他们,以及——

尼克松:等——等到下星期吧。

波特:好吧——

尼克松:当然,因为我刚决定[******],我的意思是,我——我们最大的错误就是没能轰炸他们,无论是在去中国前,在中国期间,还是离开中国以后。同样的错误不会再犯第二次了。这些狗娘养的将五雷轰顶了。

基辛格:哦,那时我们没有任何理由[******]——

波特:我——我——

尼克松:这事就这么定了,必须要轰炸他们——木已成舟。我们必须做这件事,不要担心有人会说:"好,那,也许我们不应该用这种或那种方式袭击他们。"我们要不择手段——除了核武器。

波特：我觉得他们迟早会停火，但不能只是在南越停火。我认为要让在北越的军事活动也停止。他们将通过停火来转移人们的视线，如果没有其他的目的的话。他们得不到他们的——无论如何，在南方他们不会达到目的的，那也不是他们主要的动机。但是，如果您老是这样，给予他们这种惩罚，那我们在北方该做的事将比在南方没有实现的那些事还要重要。

尼克松：但是，没有任何手段——

波特：我看——

尼克松：——没有任何手段能够实现停火，或是让他们释放我们的战俘，除非你们做那些能伤害他们的事情。

波特：的确如此。

尼克松：他们将遭受到更多的折磨。事实上，我们做得还不够，现在——

波特：嗯 [******]——

尼克松：——除了胆小鬼——

波特：是的。

尼克松：——活动，他们——

波特：是的，先生。

尼克松：我们在北越做得还不够 [******]。我们需要更多震慑，对你们的小——

波特：对。

尼克松：——国务院的那帮胆小鬼，像以往一样。但是，好吧，他们之前已经受到震慑了。

波特：好，我非常高兴能听到——

尼克松：你应该告知他们，驻外事务处需要多一点硬骨头。还有，顺带说一句——

波特：我看它是 [******]——

尼克松：——在驻外事务处——在驻外事务处，那不仅是——

波特：先生——

尼克松：不仅是驻外事务处，五角大楼也一样糟糕——

波特：嗯。

尼克松：——一群没骨气的家伙。[******]

基辛格：嗯，我刚和麦凯恩聊过了。

波特：是吗？

尼克松：嗯，什么鬼？他说了什么？什么——

基辛格：好，我说——

尼克松：——以上帝的名义？你是了解阿格纽（Spiro Agnew）[1]的。阿格纽是一个——你看，在这儿跟他和丘奇（Frank Church）[2]说话，阿格纽是一个很棒的家伙，一个超级鹰派，但很简单，因为他无法理解这些事情。所以，他离开那儿后，麦凯恩说："哇，哎呀。我们做得更好了，但是他们——我们的命令将会限制我们轰炸北方。"胡扯，完全是胡扯！是他们限制住了自己。他们不去轰炸。已经4天没有轰炸了，因为云层不够高，只有5000英尺。现在，看在上帝的面子上，怎样以上帝的名义——我的意思是，我们应该在这次出访（参加莫斯科峰会）之前就袭击北方。每一天都要轰炸！不是吗？

波特：是的，先生。

尼克松：[******]这些书。我向上帝祈祷——麦凯恩说什么啦？

基辛格：哦，他说他不得不检查一下。我说我从没看过总统那么生气。

尼克松：你说对了。

基辛格：我说——

尼克松：他会看到我更生气的样子，因为他本应该是我们的人。

基辛格：我说——

尼克松：他是，如果他想保住自己的饭碗——我倒是想要他留下来；我喜欢他，但是，他妈的，并不是以这种方式——他将开始从这里得到命令，或者其他的！现在，我将不再想要这个狗屁了。

基辛格：好，您知道的，我看了这些图片。我从不看轰炸的图片，但是直到明天早上，我们给他们的唯一限制就是不要进入中国边界附近的20英里的区域内。

尼克松：我们应该要哪个？我们不应该在中国附近轰炸，因为如果他们闯入中国境内将会引起不必要的扰乱。而且，当然，这是没必要的，他

1　斯皮罗·西奥多·阿格纽，美国副总统。
2　弗兰克·丘奇，美国爱达荷州民主党参议员。

们将不会再打击任何东西了——

基辛格：在那个区域只有三个目标。有两个目标是两座桥。其中一座桥在边境的附近，连接着中国——

尼克松：我们袭击了吗？

基辛格：——和越南。我们不能袭击这个目标。我们已袭击了另一座桥，第三个目标是铁路集装箱集散处，他们在那儿可以从一个轨道换到另一个轨道。以及我们有——当然，如果那张图片有一半是精确的——我们已经百分百摧毁了铁路集装箱集散处了，这在之前从未做过。我意思是，他们很幸运地击中了目标，似乎把它们夷为了平地。所以，我不知道那些家伙都在讨论些什么。

尼克松：是的。

基辛格：在河内和边界之间没有任何火车在行驶——

尼克松：我将去对付北方的——

波特：嗯。

尼克松：我们必须去北方。那儿没有限制，不再有任何限制了。

基辛格：以及——

尼克松：并且没有卡车。

基辛格：他们从来没用过卡车。他们还没有开始用——

尼克松：好，基本上，你将——我们可以——你可以拿出来。相信我，他们在穿过河流时会遇到很多问题——

基辛格：嗯——

尼克松：这些浮桥是很容易被击中的——

基辛格：不管怎么说，在卡车上堆放200——200万、20万吨的补给品这件事是不可行的。他们之前从来没有那么做过——

尼克松：嗯，认真地说，我知道你必须回巴黎，继续装腔作势以及其他诸如此类的事情，但是尽管行动吧。也许某一天这事情就会发生。等那天来临的时候，那时候，你——

波特：那天会到来的。

尼克松：——到时候你能赚一笔。

波特：那天会到来的——

基辛格：他认为，在我们还没有举行能够取得实际进展的私下会谈之前，不应该先召开全体会议。

尼克松：当然。

波特：哦，是的——

尼克松：否则，如果先要召开全体会议，你知道的——嗯，如果召开——如果召开全体会议，在这个国家的每个人将会说："好吧，在我们召开全体会议的时候，停止轰炸。"哦，不！我们——他们这样出卖过我们一次，还会出卖我们第二次。

波特：正如我和亨利今早讨论过的，我们的立场是，您已经提出了您的要求。不管您是通过哪种渠道，从您提出要求开始，您就使他们处于劣势了——

基辛格：正是这样。

波特：——这事就该这样做，这也是最后一次公众完全被说服，所以他们来了什么也不说。我们再试着召开全体会议，他们更没什么可说的了。

尼克松：就该这样。

波特：我们现在已经让他们陷于这种境地，就是他们——

尼克松：他们接下来不得不行动。该他们主动了。该他们主动——

波特：该他们了。的确如此——

基辛格：并且我们会说，我们通过俄国人，向他们提出在21号与他们会面。他们直到现在还没有给出答复。

尼克松：对。你认为他们会耍小聪明吗？当然，我只是假设绝望之中的他们现在可能会说："以释放战俘交换从越南撤军？我们永远不会接受这一条件的。"如果他们这么做，怎么办呢？

基辛格：不会的。

波特：我认为他们不会这么做。

尼克松：不会？

基辛格：因为——

波特：他们有太多其他的事要做。以释放战俘交换从越南撤军，与他们已经声称以及正在声称要做的事是相矛盾的——

尼克松：很好。

波特：——事态的反转是不太可能的——

基辛格：我不知道比尔怎么认为，但是他们的行动证明《纽约时报》和《华盛顿邮报》上关于他们在南方取得胜利的报道是不实的。如果他们认为自己在南方取得了胜利，他们将会提出和谈条件。因为那样他们会把我们赶走，并击败南越。但现在他们对我们提出的是，我们应该推翻阮文绍。

波特：因为他们不得不这么要求。他们还没实现他们的目标。

基辛格：如果他们已经实现了——

尼克松：他们无法推翻他，所以他们要求我们去推翻他——

波特：哦，对——

[******]

基辛格：比尔，难道你不认为，如果他们能做到的话，肯定就做了，然后把我们赶走。

波特：这有道理。如果他们能从我们的包围圈里突破出来，那么他们将和我们单独协商，考虑这只是一个打垮西贡的问题——

尼克松：《纽约时报》《华盛顿邮报》《时代周刊》《新闻周刊》和广播电视网所报道的和所谈论的都只是一厢情愿。

波特：我很赞同。

尼克松：那个——他们在南方取得胜利。见鬼去吧；他们根本没有取得任何胜利，将来也不会。让我说——不会再有任何胜利了。我们很欣赏你们在做的——

波特：总统先生，我也欣赏您做的事情 [******]——

尼克松：嗯，尽管我会时不时地挖苦，在驻外事务处还是有很多很多好，很多好事。要我说，这就是官僚主义。这就是问题所在。

波特：我了解。

尼克松：我想说这就是该死的苏联人的问题：他们的官僚主义者太多了，但从来没有成为真正的官僚。

波特：我也还没有，而且我到那儿已经很长一段时间了。现在，我觉得我该走了——

尼克松：好的，再见。好的。再见。再见——

波特：再见，先生。

"唯一的问题是，
我们该如何向国内兜售我们的方案？"

1972年5月19日，下午5:25
理查德·尼克松和亨利·基辛格
椭圆形办公室

对于尼克松政府而言，劝说苏联在限制战略武器的问题上达成协议是个很大的挑战，而劝说参议院支持此事也是个不小的挑战。在当时，最具影响力的参议员，尤其是在防务和航空方面，是华盛顿州民主党参议员亨利·"斯库珀"·杰克逊，他拒绝了提交参议院的《限制战略武器条约》中反弹道导弹部分。作为一个长期诋毁苏联的人，他之所以不同意条约的这部分，是因为它允许苏联可以保留多达300枚最大的导弹。他不认为这是一项审慎的裁军方案。鉴于尼克松有很大概率得到足够的票数通过该条约，杰克逊决定不去公开表示反对——至少没有当面立即反对。

……

基辛格：我必须对斯滕尼斯做一些传教士的工作，他没弄清问题的关键。那是他当时提到的 [******]。他们愿意把进攻性武器排除出协议。
尼克松：哦，我们不能那么做。
基辛格：想想看，这么做的第一个影响就是——斯库珀·杰克逊会勃然大怒，因为他说 [******]。他更关心的是反弹道导弹部分，并不在乎进攻性武器。您怎么看待我和这些人最初的那些私人对话呢？我让斯库珀到我的办公室里来。就在那儿，他暴跳如雷。他说："我和你们没什么可说的了。"我在办公室时，他说——
尼克松：他不想要反弹道导弹的部分？
基辛格：是的。他认为我们搞砸了。但是，我向他解释了这事是怎么发生的。

让他看了军方的意见。所以，他说："好，我不会——我不会反对你。"但是，在我再次提交提案前，我想和您谈谈。

尼克松：该死的，让穆勒过去。

基辛格：穆勒那时跟我在一起。

尼克松：好吧。

基辛格：然后，斯滕尼斯——我已经入伙了。但是，那需要一番游说。您是对的。您的直觉是对的；我们会和鹰派人士在这事上产生分歧。部分原因是因为他们愚蠢，他们大多数都很愚蠢，他们不明白我们正在做的事。

尼克松：该死的。如果史密斯和罗杰斯能明白的话。

基辛格：嗯，史密斯和罗杰斯不想明白。史密斯明白——不想要明白——

尼克松：[******] 他当然明白。罗杰斯 [******]。

基辛格：总统先生，现在谈谈新闻发布会的事。对于那些会被引述的话，我会慎重表达。我们，两个超级大国肩负特殊职责，因为——

尼克松：哦，是的。

基辛格：这会激怒中国人。

尼克松：这事我不会妥协的。

基辛格：我给他们的可不会像您给国会的那么多。您很善于处理国会那边的状况，但是我不会——

尼克松：我们必须给他们——

基辛格：哦，不，不。因为您能——

尼克松：如果我们不知道，国会那帮人会像魔鬼一样愤怒的。

基辛格：哦，不。

尼克松：你不想对记者透露哪个部分？

基辛格：我会小心处理关于太空问题和环境问题的那部分，以及其他一些地方。

尼克松：甚至不会提及吗？

基辛格：只是——我会提一两句。比如——

尼克松：哪个是最好的，太空还是环境？

基辛格：我觉得两者之一吧。但是——

尼克松：对。

基辛格：我可能会提及涉及太空问题的那部分，然后我会说您已经知道了贸易的事——

尼克松：嗯，我们都知道关于商贸的问题，他们都知道关于限制战略武器会谈的问题。那加上关于太空的问题，这三个呢？

基辛格：对，我会提到那三个。

尼克松：好。当然，我已经让他们认为将不会取得太多的成果。

基辛格：哦，我觉得会成功应对好这次会议的。

尼克松：他们知道这将会很棘手。

基辛格：但是我们有些麻烦了。我们已经做了一件事，就是让斯滕尼斯现在对让赫尔姆斯遭受打击一事大为恼火。

尼克松：我们需要他吗？嗯，从另一方面来说，你是否——嗯，现在你已经开完会了，这很好，不是吗？

基辛格：绝对的。

尼克松：对。在你离开前，你认为没有其他事要做了吗？

基辛格：没有了。我直到晚上都没空。我指的是这儿的会议。我得和普赖斯在演讲上费一番功夫。第一晚的祝酒词已经写好了，写得有模有样。

尼克松：谁负责的？

基辛格：萨菲尔。但是真的，我越来越觉得那些大作家不适合写这个。安德鲁斯适合，您知道的，我和萨菲尔在演讲稿上有太多的争论。萨菲尔有太多自己的想法。

尼克松：的确。

基辛格：您完全是对的。那真是——

尼克松：普赖斯是个能真正感觉你想要什么的人，并且他会写出来。

基辛格：是的。

尼克松：萨菲尔写进去了一些你完全想不到的东西。

基辛格：的确。他很投入，然后和你争论了15分钟后，他还是做了修改，但是那太耗时了。

尼克松：我们在演讲中不会这么做了。

基辛格：普赖斯做得相当好。

尼克松：普赖斯完成得非常——看，这演讲稿表达清晰，容易理解。

基辛格：写得是很到位。

尼克松：祝酒词，我不知道。你想要让安德鲁斯也起草祝酒词吗？

基辛格：嗯，我认为——

尼克松：[******]

基辛格：快写出来了——就快好了。但是，我认为除了有些地方太具体以外，整体上不错。

尼克松：你会说限制战略武器会谈。

基辛格：我会说，我们对限制战略武器会谈抱有很大期望，因为——

尼克松：我想说，还有太多的事有待解决。

基辛格：的确。

尼克松：有些——然后在商贸方面——

基辛格：实际上，现在的状况是，既然说到了这里，我想说一下，您在莫斯科时，必须在限制战略武器会谈的事情上打破一些僵局，这样情况就会好多了。

尼克松：对，我们当然会这么做——我们可不能回国以后，让鹰派人士成为敌人，从而毁了这个国家。

基辛格：嗯——

尼克松：也许我们并不想达成协议？

基辛格：不，总统先生，我的确认为，我们真正搞砸的是关于反弹道导弹的那部分，因为我们停滞了好些年，因为我们的让步太大。我跟斯库珀说，该死的——

尼克松：那我们怎么让它在参议院通过呢？

基辛格：那确实是个问题。我们在参议院每年都有一场更大的论战。这部分也是如此——我觉得反弹道导弹部分会令人更头疼。进攻性武器部分，一旦做出解释，约翰·托尔（John Tower）[1]现在站在我们这边。我和他谈过。斯滕尼斯站在我们这边，还有——

尼克松：当然，你强调我们仍保留了分导式多弹头导弹和水下远程导弹系统，他们将放弃旧的洲际弹道导弹——

基辛格：哦，是的。

尼克松：——你知道的，我们仍保留了航空器。那是需要做的事。

---

1 约翰·托尔，美国得克萨斯州共和党参议员。

基辛格：总统先生，依我看，我们要等几天，和我们在中国公报上做的事相似，然后我们把它公布出来，有一点儿反对声也无妨。这会帮助我们处理同俄国人的关系。

尼克松：嗯，我不知道。尽管我对越战态度强硬，但我不想全部放弃，像泼水一样全部放弃，仅仅是因为——

基辛格：唯一的问题是，我们该如何向国内兜售我们的方案？

尼克松：当你在那里的时候吗？

基辛格：当我在那里的时候。

尼克松：嗯，我来告诉你会发生什么。我觉得莱尔德和穆勒将会[******]。我是这么想的。我不知道，但是他们——

基辛格：是的。

尼克松：你不能回来并且[******]。

基辛格：当然，我将会忙于公报和五项原则的事——

尼克松：当然，在反弹道导弹一事上我不同意斯库珀的意见。该死的，他从来没有一件能让我们为他做的事。如果导弹发射的话，我们没法拥有更多的反弹道导弹发射设施。我们仍然保留了系统，对吧？

基辛格：对。不，总统先生，我认为这条约很好。您也将得到广泛的赞誉，所以那并不——不，这儿有像参议员皮特·多米尼克（Peter Dominick）[1]一样的傻子，他站起来像火箭一样，但是他太蠢了，几乎是一个——

尼克松：他对那部分大为恼火吗，就是反弹道导弹那部分？他不明白反弹道导弹那部分。

基辛格：是的，是的。他说如果您达成了《限制战略武器条约》，您将不会从国会那儿得到任何资金，因为他说当我们冻结武器之后，我们就会毁了自己。但是这和特定的条款有关。这只是其中的一条。他们的论点是——参议员詹姆斯·巴克利（James Buckley）[2]和多米尼克提出的——一旦您冻结了——他们都觉得如果我们推动潜射远程导弹系统，这是一个不错的协议。但是，他们——

---

1 皮特·多米尼克，科罗拉多州共和党参议员。
2 詹姆斯·巴克利，纽约州共和党参议员。

尼克松：我们会是这样吗？

基辛格：是，但是他们那时说，国会不会同意为水下远程导弹系统拨款。

尼克松：哦，我们会坚持的。

基辛格：嗯，是的。所以，我觉得在这事上还可以忍。当时的备选方案是不达成《限制战略武器条约》。当时没有其他选项了。如果当时不把潜艇包含进去，一个争论就是——如果他们继续一年造 9 艘——这是参谋长们当时指出的。那么，在解冻的时候，他们就会有 90 艘。这就是为什么参谋长们——参谋长们对此很高兴。他们将会重新为此辩论，穆勒当时在那儿坚定地支持我们。

尼克松：有趣的是，他们当时没有就越南问题给我们施加压力。

基辛格：富布莱特当时很积极。

尼克松：妈的。

基辛格：总统先生，我觉得这次峰会将会万分成功。

1972年6月—1973年1月

第四部分

连任之路与越战的结束

莫斯科峰会之后

> 1972年6月2日，上午9：45
> 理查德·尼克松、亨利·基辛格和鲍勃·霍尔德曼
> 椭圆形办公室

莫斯科峰会结束后回到华盛顿的第一天，尼克松和基辛格终于有机会回顾过去10天发生的一系列事件。在短短的3个月中，他们事实上同美国的两个最强劲对手——苏联和中国建立起了务实的双边关系。

……

尼克松：嗯，感觉怎么样，今天早上还好吗，亨利？
基辛格：嗯，又要开始忙碌了，我想在今晚我将——
霍尔德曼：嗯，又得多熬一个半小时的夜了，对吧？
基辛格：哦，不用的，我没事。（笑）您知道的，您肯定也感觉到了。
尼克松：是的，嗯——
基辛格：我才刚刚开始——
尼克松：在我们匆忙做完所有的事情之后，需要放松。你知道的，这——我知道每个人从那里回来后都很累。天哪，那些先遣人员和其他人仍在拼命工作。但是，你和我是受累于其他事情。
基辛格：是啊，神经高度紧张，为了——
尼克松：[******]该死的精神上的斗争一个接一个——第一天是关于罗杰斯的事，接着周三晚上就是关于限制战略武器会谈的事。该死的，你知道的，你——鲍勃，这已经很难了，一波未平一波又起，但这确实太令人讨厌了。
基辛格：好吧，接下来是星期三晚上的限制战略武器会谈，这可能是自打我进入白宫以来参加的最激动人心的会议了。

霍尔德曼：别墅会议？

基辛格：嗯，是啊。

尼克松：[******]

基辛格：你在任内遇到了三个强硬的谈判对手（苏联谈判代表）。

尼克松：这极具挑战性。但这挺好，挺有意思，它是——

基辛格：好吧，我想它是会谈的转折点。

尼克松：我想，可能我今天要尝试做的，亨利，就是说，看起来要很自信。实质性问题会被提出。我不想详谈，但是我想给你——我想把它放在一个大框架之中。我想告诉你关于那些人，我想告诉你——我会考虑到中国和苏联。

基辛格：对。

尼克松：中国方面的问题仅在于为什么中国人想和我们建立关系？因为他们是实用主义者。为什么苏联想和我们建立这种关系？

基辛格：对。我们要确定他们不会到处乱说。那 [******]——

尼克松：我不会那么说的。我不会说："苏联需要这种关系因为他们在和中国对抗。"

基辛格：是。

尼克松：或者不是这个原因，尽管，但是——但是由于其他的原因苏联需要这种关系。

基辛格：对，对，对。

尼克松：你想要发布什么内容？

基辛格：好吧，这完全取决于您，总统先生。

尼克松：好吧，你觉得所有这些事情该怎么发布？什么 [******]——？

基辛格：嗯，我可以发布那些关于这次会议的但是无法由您透露的内容。我的意思是，您不能像我那样很好地描述会谈是怎样进行的。

霍尔德曼：我也这样认为。

基辛格：并且——

霍尔德曼：我的意思是，这是一个——

尼克松：我还需要做什么？我应该和亨利一起开始吗？或者我应该——？

基辛格：不，我想应该由您开始。

霍尔德曼：不，您需要介绍你们会谈的范围和整体情况。但是接下来，亨利需要以这句话来开场:"让我给你们简单介绍一下举行会议的背景情况,以及你们的总统是如何代表你们的。"

尼克松:不用 [******]。

基辛格:并且,呃——

霍尔德曼:但这就是宣传,他们能理解它,记者们已经开始宣称它是不朽的、属于您的事情,是所有这些有趣的结果之一。它是——他们不是——

基辛格:记者第一次这样做,自从我们——

霍尔德曼:并且,他们更关注您个人的——重要性。

尼克松:哪些方面? 不——

霍尔德曼:您做出的承诺,您的行事风格,还有您做事的——

基辛格:您知道的——

霍尔德曼:——总比他们关注实质性问题要好。

基辛格:您知道的,我可以这样说:"为什么是这次峰会?" 我的意思是,为什么在这次峰会上起作用的东西不能在其他地方起作用?

尼克松:是的,好极了。现在,你将怎么说这些?

基辛格:用这种方式——

尼克松:好吧,给我讲讲——

基辛格:好吧——

尼克松:——我们要说的,我就不说了。[1]

基辛格:好,我将说两点:第一,紧张的峰会——

尼克松:嗯?

基辛格:——使总统可以亲自——

尼克松:好吧。

基辛格:——处理一些问题。我会给他们举海上事故的例子,这是——

尼克松:好的,我知道了。

基辛格:——关于协议的一个最平常的例子——

尼克松:另外,如果——如果你还能继续说明我们怎样打破僵局——关于[******]——

---

1 原文如此。应为:你要说的,我就不说了。

基辛格：然后，第二点——

尼克松：——关于限制战略武器会谈的事情。

基辛格：——关于您是怎样打破僵局的。这正是我想说的：您是怎样打破在限制战略武器会谈上的僵局的——

尼克松：你怎样想——然后，你可以说，比如，在我们没有达到我们目标的议题上——我想这对于租借法案不一定是坏事。我会说："我们——总统缩小了分歧。在这件事情上我们降低要求，但是在关于利率的事情上我们不会放弃——"

基辛格：没错。

尼克松："——我们会商讨这一问题。"我想他们乐意听到那些。

基辛格：所以说，这是第一点。接下来，第二点是还有一大堆的事情遗留了下来，差不多都是悬而未决的，期望值也最高的。再接下来，第三点，比如，关于原则问题的完整声明。

尼克松：对。

基辛格：您甚至不知道该从何处着手，只有从最高决策层开始。

尼克松：是这样的。因为你不能说："好吧，让我们双方的大使去解决它。"你能想象让比姆和葛罗米柯坐下来谈吗？

基辛格：难以想象。好吧，我已告知媒体，他们中的所有人，或者说所有的——马科斯·弗兰克尔（Max Frankel）[1] 采用了，我知道的，还有其他的许多人——我说："瞧，一个外交照会最多也就只相当于 20 分钟的总统谈话。而现在，总统总共花了 43 个小时在这些人身上，这意味着——"

尼克松：居然有 43 个小时？

基辛格：是啊。我的意思是总计这么多。这是罗纳德（·齐格勒）算出来的。

尼克松：哎呀。

基辛格：但是，无论怎么样，这相当于 60 到 100 个外交照会，而每一个照会都需要 2 到 3 个星期才能得到答复。这里面还无法体现个人的情绪。

霍尔德曼：那确实太简单了。你永远无法从照会中得到——

---

[1] 马科斯·弗兰克尔，《纽约时报》前执行编辑，曾作为记者报道 1972 年尼克松 – 基辛格北京之行。

基辛格:这是对的。

霍尔德曼:——得到你在当面交流中获得的信息。

基辛格:所以说,这就是我所说的您必须考虑的:这可是一件历时4年的事情。在此期间,会有太多的其他事情发生,以至于你无法完成它。我说的是——另一方面,我区分了那些没有妥善准备的峰会和经过精心准备的峰会。前者只是简单地让首脑们坐在一起,这会让会谈陷入僵局,让情况更糟;后者则会把分歧集中在一点,好让元首们能最高效地解决问题。

尼克松:嗯,嗯,嗯。

基辛格:这就是我要说的主旨。然后,我会介绍下协议中的亮点。但是,俄国人在国内已经开始大肆宣传,说这次峰会取得了异乎寻常的成就。

……

基辛格:勃列日涅夫向格列奇科(Andrei Grechko)[1]抱怨说:"该死的美国人,你记不记得那天下午的会议,总统和基辛格在他们担心的问题上冒犯了我。"你知道的——

尼克松:关于水下远程导弹系统?

基辛格:不,关于导弹直径?

尼克松:好吧,好吧。

基辛格:格列奇科和他进行了争论,就如同杰克逊和我们争论一样。格列奇科说:"我们怎么知道美国人不会在柴油动力潜艇上配备现代化的导弹?"勃列日涅夫说:"你这个白痴,如果他们想要这么做的话,那为什么他们还要在我们往柴油动力潜艇上配备现代化导弹的时候表示强烈不满?"接下来格列奇科说:"好吧,你知道的,勃列日涅夫,我们将弃用柴油动力潜艇。"这都是真的。

尼克松:顺便问一句,你想让我现在给他传达什么?你想让我对他说什么?因为我——

基辛格:关于限制战略武器会谈?

尼克松:关于所有的事情。好吧,限制战略武器会谈,我正准备要说的,

---

1 安德烈·格列奇科,苏联国防部长。

我准备说："看啊，当我离开办公室，嗒嗒嗒嗒嗒，我们拥有——美国在这方面有 10：1 的巨大优势。当我们加入会谈后，我们的优势就被抵消了。我们还没有做一件事——"

基辛格：而他们已做了 10 件——

尼克松："——并且如果我们什么都没做，我们将——不得不——我们将面临两个选择：实施一个关于建造潜艇的紧急方案，我想对于这个美国民众将会给以极大的关注，或者进行限制。"

基辛格：我连这些都不会给他们，我将会说："我们没有建造潜艇的紧急方案。"

尼克松：很好。

基辛格：您可以说："我们让参谋长联席会议也加入进来。我们说：'你们能做一个关于潜艇的紧急方案吗？'"我已经和他们开了3次会了，总统先生。

尼克松：哦，我知道，因为我也问了当时在场的穆勒。

基辛格：他们说："不，我们不能接受紧急方案——"

尼克松：好吧，你认为——你想让我集中在这件事情上或者 [******]——

基辛格：不过，在这件事上我能比您做得更好。

尼克松：太好了。

基辛格：如果您想这样的话。

尼克松：哦，好，好。

基辛格：一切取决于您。

尼克松：你开始处理所有这些，我——

基辛格：我的意思是您可以说："当我们接手的时候，情况已然如此。一年不如一年。我已经开始了一系列的措施：反弹道导弹系统、水下远程导弹系统、B-1战略轰炸机。它们中的每一个都遭到国会的强烈反对。各位先生们都知道，一个方案从开始到实施需要 10 年的时间。"

尼克松：你必须牢记，我们这里既有鸽派也有鹰派。[******]

基辛格：然而接下来我想说，那时我们有两个选择。我们只有一个选择。我们——我们所做的，就是破坏他们达成协议的势头。

霍尔德曼：但是，鸽派不会找您的麻烦。他们太——

基辛格：不，两周之后鹰派也不会找您的麻烦了。我向您保证，我能把他们搞定。

霍尔德曼：除了斯库珀（·杰克逊）。他作茧自缚。

基辛格：对，但是，我认为斯库珀一直都是这事的坚定支持者。

尼克松：他当然是的。

基辛格：我的意思是，斯库珀正在说的事情——为什么他两年前不说？或者一年前？这都是真的。他们对于协议无能为力。

尼克松：好吧，所有的秘密交易已经做了，当然——他说："这个问题过时了——"

基辛格：好吧，秘密交易，总统先生，可以这样应付：您可以说："如果他们同意了，我们会做出许多说明。"我会很乐意向他们解释："和苏联人的所有协议将会被提交至参议院。"只是提醒您一下，您已经给勃列日涅夫写了一封信——

尼克松：说我们不会建造3艘潜艇——就说这些？

基辛格：——在信中，您说："我想让你知道，我们没有计划——"

尼克松：没计划。

基辛格："——建造那3艘我们在冻结期额外获许建造的潜艇。"这只不过是文字游戏。我们确实没有这样的计划——

尼克松：我的意思是，我们仅仅给他一点提示。仅此而已。

基辛格：这不是一个协议。您随时可以更改您的计划。但是，事实却是，您没有这样的计划。海军不需要它们，在协议里没有什么迫使您去行使您的选择权。这只是一个选择。这不是您应该做的事情。但是，我必须说——顺便说一下，我和听到您演说的一些人聊过。显然，您在电视上的演说让人感觉极好。

霍尔德曼：是的。

基辛格：我不认为——老实说，我在现场觉得他说得有一点快。但是，从电视上看，人们告诉我，您的演说听起来好极了。

斯滕尼斯和军备控制

> 1972 年 6 月 12 日，上午 9∶52
> 理查德·尼克松、约翰·斯滕尼斯、鲍勃·霍尔德曼、亨利·基辛格和托马斯·科罗洛戈斯（Thomas Korologos）[1]
> 椭圆形办公室

约翰·斯滕尼斯是参议院军事委员会主席，是在参议院推动通过任何军备法案的关键人物。他与总统进行了一个多小时的会谈，对协议吹毛求疵。尼克松必须确保斯滕尼斯不仅要支持这些协议，而且不会让它们在委员会被拖延到被人遗忘。然而，最尖锐的评论是在此次会面之前，当时只有霍尔德曼在椭圆形办公室里，尼克松对基辛格的未来做了一个坦率的评估。

尼克松：鲍勃，我们必须意识到，我们不能让亨利的情况再持续 4 年。从根本上来说，我们不能再出现这样的情况，就是说他成为事实上的国务卿和国防部长，尤其是考虑到他的个性。你能明白我说的吗？我们现在就要改变，这至关重要。不然，我们就会失去中国、失去苏联、失去限制战略武器会谈。

……

（斯滕尼斯和基辛格加入了对话）

尼克松：好吧，把你们刚才说的付诸实施是非常重要的。你知道的，目标是让该死的国防部收紧它的程序，等等。主要问题在于，当你们讨论新的武器系统的时候——

斯滕尼斯：是的。

---

[1] 托马斯·科罗洛戈斯，负责总统与国会关系的副助理。

尼克松：——这其中包含水下远程导弹系统——

斯滕尼斯：对。

尼克松：——B-1战略轰炸机，等等。这是至关重要的，因为如果我们没有什么可以给他们，那他们也没有什么给我们。看上去就是如此。所以，你应该知道，你为争取足够的国防预算、足够的对外援助项目，以及争取反弹道导弹系统所承受的煎熬，显然，如果没有你做的这些，我们就不会有今天——或者我们不会，我的意思是，取得今天的成绩。所以，希望你能一如既往为我们争取。

斯滕尼斯：但是，如果您——

尼克松：我们的那些和平主义者——我们的反战人士，你知道的，正在——

斯滕尼斯：是的。

尼克松：——正在说——我的意思是，我认为具有讽刺意味的是，这些人说他们是为了和平，因为他们投票反对反弹道导弹系统，并投票——想投票削减100亿、150亿、200亿、300亿美元的国防预算，以此证明他们是为了和平。这会导致战争。你不这样认为吗？

斯滕尼斯：噢[******]——

尼克松：如果没有这些，那么我们不会达成任何协议。但是——但是，你在这里和那里确实都承受了很多压力。

……

斯滕尼斯：但是，现在，我想问你一个问题：我在这同样遇到一个问题——

尼克松：嗯？

斯滕尼斯：——结合这次的武器采购法案，那是——

尼克松：是的，先生——

斯滕尼斯：——十分之一的导弹和飞机。这是我们要失去的——

尼克松：对，对。

斯滕尼斯：您很熟悉这些。现在，我想知道，是否您——如我所想——

尼克松：嗯，嗯？

斯滕尼斯：——您已经把B-1战略轰炸机包含在内；您觉得它是必需的。

尼克松：是的。

斯滕尼斯：那是官方声明。

尼克松：对——

斯滕尼斯：这里的战地指挥所是怎么回事？

尼克松：它是一个讨价还价的筹码。

斯滕尼斯：是吗？

尼克松：是的。

斯滕尼斯：那这里的这个战地指挥所呢？您知道的——

基辛格：反弹道导弹系统？

尼克松：反弹道导弹系统？

斯滕尼斯：——反弹道导弹系统 [******]——

尼克松：不可或缺。

基辛格：不可或缺。

尼克松：它不可或缺。我知道许多人曾说："他是不会部署它的。"比如埃伦德（Allen Ellender）[1]，您知道的，前几天提到这一点，但是——

斯滕尼斯：是的，但是在这里这将是一个很好的讨价还价的筹码。我不反对它。[******]——

尼克松：我明白。

斯滕尼斯：——但是，如果类似的事情会成为一个很好的讨价还价的筹码，从立法的角度看这是明智的——

尼克松：嗯，嗯。

斯滕尼斯：但是，要是你说它是必不可少的，那么这还能接受。这只是 [******]——

尼克松：好吧，我想你遇到的这个特殊问题——约翰，如果我们理解的是对的话。如果——我说的是，苏联人就会建造允许他们建造的一切。

斯滕尼斯：嗯，嗯。

尼克松：如果我们决定，即使——在我们就两个地点或两个基地达成协议之后，我们只准备建设一个，而他们会建两个，你明白这对你所谓的均势来说意味着什么了吧？

斯滕尼斯：是的。

尼克松：这太敏感了，所以，我认为我们需要把它包含在内。对吧，亨利？

---

1 艾伦·埃伦德，美国路易斯安那州民主党参议员。

基辛格：完全正确。

尼克松：如果参议院说"不，我们甚至一个都不准备建设"，这一定会被莫斯科误解的。

斯滕尼斯：嗯，嗯。

尼克松：我们只建设已经通过的那个，我们不准备——废除一个，保留一个，我们不准备一个接一个地建设。

科罗洛戈斯：这将是一场硬仗。

斯滕尼斯：是啊，确实是——

基辛格：但是，是这周吗？

科罗洛戈斯：不，我是说采购——

斯滕尼斯：不，不。这是采购议案，军事采购议案。坦克和导弹，需要采购的都在这里了。现在，第三点——但是，顺便说一句——

尼克松：B-1战略轰炸机、水下远程导弹系统——都是必要的。都是必不可少的。

斯滕尼斯：对。我刚刚想说的，现在，水下远程导弹系统——您想要的，替代方案，高级采购——

尼克松：是的。

斯滕尼斯：——我发现这是一个紧急方案。

尼克松：是的。

斯滕尼斯：您完全不想让此事拖延。

尼克松：不想。

斯滕尼斯：您想把它推进到底。

尼克松：不，不。我们这样做是为了好讨价还价，约翰，是为了下一轮的限制战略武器会谈。瞧，下一轮会谈将——因为他们准备增加。他们准备——他们——他们已经获得——

斯滕尼斯：嗯，嗯。

尼克松：——很明显，他们已经拥有了优秀的工程师和科学家，还有所有其他的——

斯滕尼斯：哦，是的。

尼克松：——这是为了一件事——超过我们，取得领先优势。

基辛格：还有另外一件事，主席先生。很可能的是，他们正在把他们的新

586　　导弹部署到旧的发射井中。如你所知，在尺寸上没有增大，但是在威力上增强了。你看过简报了，不是吗？

斯滕尼斯：是，是，我看过了。

基辛格：他们刚得到一款发射装置。

斯滕尼斯：好吧，这件事需要讨论一下，现在，在我看来：我们将成立一个小组讨论它，您不必去做这些我们刚刚讨论过的已确定的事情。

尼克松：嗯，嗯。

斯滕尼斯：我们达成这个协议，现在。这个协议很快就会被批准。我们不需要全力以赴。他们将极力淡化它。现在，参议员杰克逊——带着人们对他的尊敬，还有他一连串的想法——他将告诉人们："好吧，我们放弃它了。我们要采取第二套方案吧。"诸如此类。

尼克松：嗯。

斯滕尼斯：现在，他将令人们感到极度困惑。

尼克松：嗯，嗯。

斯滕尼斯：您知道的，他们现在对此有点儿不安。我告诉他——我其实就站在那，全力支持您提到的——

尼克松：嗯，嗯？

斯滕尼斯：——您提到的事情，如我所见，您会得到这样的力量。就是使美国人民安心，[******] 关于苏联人。

尼克松：嗯。

斯滕尼斯：我想如果他们能搅局，从不同的方向让人们感到不安。

尼克松：嗯，嗯。

斯滕尼斯：我们的人民。

尼克松：嗯，嗯！

斯滕尼斯：所以，这就是对此的回答。我曾——在您达成延缓水下远程导弹系统协议回来之前，我一直支持限制战略武器会谈——

尼克松：哦，好。

斯滕尼斯：——在脆弱的基础上。实际上，帕卡德去年10月就建议过了，他们已经——

尼克松：嗯，嗯。

斯滕尼斯：——他们已经收到了他关于限制战略武器会谈的声明，你知道的——

尼克松：是的，我知道。

斯滕尼斯：[******]

尼克松：嗯。

斯滕尼斯：但是您回来了，然后我们在白宫见面，然后——

尼克松：嗯，嗯。

斯滕尼斯：——采取积极行动立刻弥补了此事。

尼克松：是的。

斯滕尼斯：现在 [******]，我的意思是，我本来愿意——

尼克松：好吧，你是对的，但是，从根本上说，如果你想延缓它或者任何事情的话，让我们通过谈判来延缓。

斯滕尼斯：嗯，嗯——

尼克松：让我们——不要泄露出去。这是我的观点。

斯滕尼斯：所以，现在，您应该取得一些让美国人民放心的成果。

尼克松：是啊。

……

尼克松：嗯。这个争论——我的方式——约翰一直关注的方式，我将概括之，因为你知道这些细节而我不知道，但你可以简单地说：通过对莫斯科的访问，总统展示了我国军备控制的意愿。总统私下里和我说了，我们要立场明确，这是成功进行军备控制的唯一方法，在这方面我们已经进行了一些谈判。毫无疑问，苏联将仍然坚持它的军备计划。他们可能——他们——这里——是在那一纸协定上唯一被限制的事情。其他事情则没有限制。在这种情况下，你确信，总统和苏联领导人都希望达成第二轮军备控制协定。但是，在我们达成协定之前，我们不能停止我们的任何方案。我们要继续我们的方案。让我们通过协定解决它们——通过双方的，而不是单方面的协定解决它们。归结起来就是这些。如果我不相信它——相信我，我不会再请求拨付经费，如你们所知，因为我们都面临着紧张的预算。

斯滕尼斯：好吧。我已经告诉您我的想法了。我将支持研发 B-1 轰炸机和水下远程导弹系统，现在，对于全额款项，如果能节约一部分研发费用，因为，您知道的，我们已经举办 [******] 对于这些研发经费的听证会，在面对议员的时候这将大大帮助我们。因此，我们不得不回过头来重新举办听证会。这个是否可以稍后再办？

基辛格：让我和莱尔德谈谈这些。我想这是很好操作的——

斯滕尼斯：但是，我不认为这主意是我出给您的，要求您——

尼克松：不用担心。不，不，不——

斯滕尼斯：——做这些，您知道的——

尼克松：好吧。

斯滕尼斯：——因为我昨天刚和他谈过。

尼克松：不，我们会保护你。

斯滕尼斯：好吧，我有一个 [******]——

尼克松：不，不，不。什么，我的意思是，我们不会——

斯滕尼斯：[******]

尼克松：——我们将以我们自己的名义和他谈。就说我们在这件事情上提出了一些问题，我们想知道情况如何。

基辛格：好吧，但是有没有什么事情我们可以暂停下来，以表明我们的意愿。因为，我们的问题，确实——当我们——当总统和苏联人谈判的时候，我们的收获会是什么，这是捉摸不定的事，我们那时快要没有筹码了。他们正在建造潜艇；他们正在制造导弹。

斯滕尼斯：是的，是的。

基辛格：我们现在也还没有一个项目。我们需要水下导弹发射系统——

斯滕尼斯：是的。

基辛格：——以便在第二轮会谈中获得一些讨价还价的筹码。如果没有"卫兵"反弹道导弹系统，我们早就完蛋了。

斯滕尼斯：完蛋？

基辛格：我们本来根本没有什么可以谈判的。

斯滕尼斯：我们本来不会获得这么长远的 [******]——

尼克松：他们——我们不得不做一些他们想让我们停止的事情——

斯滕尼斯：嗯。

尼克松：——以便我们也能让他们停止一些东西。

斯滕尼斯：是的。

尼克松：现在，这就是为什么我们需要水下导弹发射系统和 B-1 战略轰炸机。接下来，我们得停止——他们希望这些停下。紧接着，我们想让他们停止一些他们准备建造的项目。他们正在制造这些巨大的导弹，还有其他的东西。

斯滕尼斯：现在，您认为这些将铺平道路，尽管并不完美，但是这将为第二次峰会打开大门？

尼克松：好吧，让我这么说吧——

斯滕尼斯：您怎么——？

尼克松：你可以这样说，我——我全力以赴争取实现第二轮谈判的目标，就是同苏联进行的关于军备控制的谈判。如果开始这样的谈判，并且以不危害美国的安全的方式完成，那么美国提出开展一些自己的军备建设方案是必不可少的——不仅是铺平道路，因为苏联也将提出自己的方案。

斯滕尼斯：好的。

裁军与国防经费之间令人不快的联系

> 1972 年 6 月 14 日，上午 10 : 04
> 理查德·尼克松、威廉·罗杰斯和亨利·基辛格
> 椭圆形办公室

白宫努力确保军备协定获得批准，这不仅仅需要和苏联与参议院协商，也需要和尼克松自己的内阁成员协商。6 月 6 日，莱尔德参加了众议院军事委员会闭门会议的听证会，然后向媒体发表了随意的评论，坚称批准这个协议将危害国家安全，除非国会同时批准为三叉戟潜艇和 B-1 战略轰炸机拨款。穆勒代表参谋长联席会议发表了类似评论。这些表态都和之前白宫的表态并不完全一致。

3 天之后，莫斯科峰会为尼克松平添的光环尚未隐退，5 个闯入者在首都

华盛顿的水门大厦被逮捕,"当局称之为一起精心策划的窃听民主党全国委员会办公室的阴谋",《华盛顿邮报》在头条用大量篇幅进行了报道,史称"水门事件"。

……

罗杰斯:在关于《限制战略武器协定》的证词中(罗杰斯定于6月19日在参议院外交关系委员会作证)——我认为,在关于保留条款的问题上,我们愿意做我们能做的任何事情以阻止通过附加条款来有所保留?

尼克松:[******]

罗杰斯:在低级别官员当中,一直有所讨论,认为我们也许应该在保留条款的问题上更宽容一些——

尼克松:嗯,嗯。

罗杰斯:——但是,我的意见是我们应该坚决反对。我认为那会——

尼克松:嗯。

罗杰斯:——设定保留条款是十分危险的。

尼克松:是的,如果你那么做,你将不得不花大量时间和他们再重新谈判。

[******]

基辛格:我不清楚保留——但是,我想说,原则上,每一个——任何保留条款都需要重新谈判。其中一些是不能被谈判的;所有这一切都将是破坏性的。

尼克松:是的。

罗杰斯:因此,我想我们应该反对设定保留条款。好,我很高兴我提出这个问题。现在,关于处理它的时机,因为梅尔·莱尔德的作证——

尼克松:他会在哪天去作证?

罗杰斯:他在我之后。但是,我的意思是,他——我已经和他谈过了,在听证中他会把国防支出同——

尼克松:好。

罗杰斯:——同正式批准挂钩。

尼克松:是的。

罗杰斯:我昨天和富布莱特聊了,他说他会问这个问题。

尼克松:嗯。

罗杰斯:所以,我们确实需要认真思考怎样处理。梅尔把它们直接挂钩了。

他说除非他获得了他想要的对 B-1 战略轰炸机和三叉戟潜艇的拨款，不然他不会支持批准。我猜他还包括了——

尼克松：嗯。

罗杰斯：——位于华盛顿的反弹道导弹基地。

尼克松：我认为他——好吧，我随便说一下我的想法：我看穿了梅尔打算做什么，我也知道他向你提问的方式。我认为——我们的立场应该是支持对 B-1 轰炸机项目拨款；我们要支持它，我们支持——我想我们一定是疯了才会不支持两个发射基地，因为要保持均势，以及其他原因。但是，我不认为这是有意义的——亨利，他们可能问你这类问题。所以，你的观点是什么？我不认为如果你能把它们联系在一起，我不认为——如果你像梅尔那样把它们挂钩，你可能会遇到——你可能要和富布莱特这帮人开战了，我们并不希望这样。

罗杰斯：或者，您会听到杰克逊说："哦，该死，我们先别批准，看看关于国防预算再说。"

尼克松：哦，我们不能那样做。我们需要尽可能快地获得批准——

罗杰斯：[******]

基辛格：好吧，现在，杰克逊今早在现场。

尼克松：他在现场？

基辛格：我认为，他的立场有所软化。他有一个不错的提议，如果您获得连任——他说他希望如果麦戈文获得提名——

尼克松：他真的这么说吗？

基辛格：他确实是这么说的。他说麦戈文对美国来说会是一场彻头彻尾的灾难。

尼克松：很好。

基辛格：他说您——

尼克松：他确实如此。你知道今天早上这个狗东西说了什么吗？

……

尼克松：好吧，让我们同意这个公告，比尔有什么要说的吗？现在，比尔——你有什么要说的吗？

[******]

基辛格：我打算说的是，这取决于——

尼克松：嗯？

基辛格：——这里的讨论，不是为了直接挂钩，而是要说："我们认为，他们是从自身权利的角度出发，认为条约是有道理的。我们相信其他的事情也会获得同样的评判。我们——政府强烈支持这两点。但是——"

[******]

尼克松："每个人都应该站在自己的立场上。"

罗杰斯：是的。我认为就应该这么做。

尼克松：但是，我想说，比尔，对你来说保持冷静很重要。我的意思是，梅尔这种挂钩的方式，太具有挑衅性了，太具威胁性。但是，另一方面，他是在讨好他的选民。事情是这样的，如果你能——我想 [******] 这是一个——昨天我向共和党领袖们阐述了这个观点。我说："看，这份协议我们双方谈得都很艰难。"我说："没有一方——没有任何一方完全得到了它想要的。"我说："那就是——那就是，为什么双方都能而且应该接受这一交易。"我说："另一方面，我们必须意识到，这只是漫长过程的开始。这对防御性导弹做出了全面限制。对于进攻性导弹而言，它只是部分限制。并且，它——我们现在必须为下一阶段的发展打下基础。"

并且，我昨天不经意间对斯滕尼斯说，如果这件事进展顺利的话，我们将在10月开始下一轮会谈。但是，我说："为了给下一阶段的进展打好基础，我们应该通过这个——但是，以后——"哦，我对共和党人说："我们欢迎，我们欢迎你们对此进行彻底的质询、全面的检查，因为我们相信之后——这种检查将清楚地表明，这些协议符合美国的利益。"

罗杰斯：嗯，嗯。

尼克松：我想我们必须——我想我们必须避免——我的意思是，这在一定程度上会伤害我们，但这是正确的事情，并且——如果它不是正确的事情，那也是我们应尽的责任。我们确实不能说这份协议对我们比对他们更有利。

[******]

尼克松：不是这样的。不是这样。从他们的角度，他们也必须避免。这份协议对我们并不比对他们更有利。坦率地讲——如果你计较起来——杰克逊就是这样理解的，我认为你要把这一点告诉他，就像我把它告诉（委员会）的领袖——斯特罗姆（·瑟蒙德）[1]那样。我说:"看，如果你认真地关注它的话会发现在进攻性武器领域我们无牌可打。"我说道:"我们——因为，反正我们也不准备建造。参谋长联席会议断然反对建造新潜艇的紧急方案，因此我们无牌可打。我们必须用这590亿美元来建设水下导弹发射系统。我们没有陆基导弹项目。除了在艾森豪威尔总统时期开始的一些项目，我们没有研发新的武器系统。"我说:"因此，在这样的条件下，国会的反对不会让我们自我限制。"我说:"现在，你们了解到反弹道导弹项目仅仅获得了一张赞成票。"在作证的时候你不能这样说，但是，你可以对我们——其他的同僚这样说，那些现实主义者们。我说:"你也知道，涉及国防预算时，声称为了追上苏联而增加200亿美元的国防预算是完全不切实际的。"

罗杰斯:[******]

尼克松:因此，限制进攻性武器，我认为——会更困难——

罗杰斯:是啊。

尼克松:每个人都想让军费下降。他们说:"哦，这不是很伟大吗？"但是，进攻性武器，真的——看一下限制防御性武器协议吧，如果没有达成这次的协议，你知道的，不会有人祈祷通过另一个反弹道导弹项目的。因此，我们确实不能放过任何机会。这非常现实。俄国人对此可能有点儿担心。在防御性武器方面，你我都知道，不能指望通过一个紧急方案来增加国防预算——

罗杰斯:确实是。

尼克松:——压力都在另一个方向。因此，我们不会放弃任何项目。因此，放眼未来，是的，我们应争取水下远程导弹系统，我们应争取B-1战略轰炸机，我们应争取所有这些——

罗杰斯:那国家指挥当局（NCA）呢？

尼克松:——但是我不会和它挂钩的。

罗杰斯:国家指挥当局怎么处理？那是，那是一件——一件棘手的事情——

1　斯特罗姆·瑟蒙德（Strom Thurmond），美国南卡罗来纳州共和党参议员。

尼克松：你的意思是，是否我们将继续建设它？

基辛格：现在我回头看它，它是我们在这次该死的谈判中犯下的一个重大错误。

尼克松：是啊，它是[******]。

基辛格：并且，我们这样做是因为参谋长联席会议和莱尔德——莱尔德给我们写了一封信，说在限制战略武器会谈的背景下，作为国会的专家，他将保证它获得通过。

尼克松：是的。

罗杰斯：我不认为它可以通过。

基辛格：并且——

尼克松：完全坦诚地说，我不太担心——

基辛格：但是，如果我们不打算得到它，我们继续争取它就毫无意义了。

罗杰斯：是的，因为那会给他们一个——一个额外的——

基辛格：它给了他们——

罗杰斯：[******]

基辛格：接下来，我们的情况将好转。如果我们坚持，我们可以保留马尔姆斯特伦（空军基地，提议中的"卫兵"反弹道导弹系统之一）。他们将会恼怒、咆哮，但是在最后时刻，他们是会让步的。他们渴望得到这个协议。但是，您无权否决国防部长、参谋长联席会议主席以及您其他所有顾问的意见。国务院对此没有意见，它也不应该有。我的意思是，这不关国务院的事。

尼克松：不，但是我没有——如你所知，我从不认为我们接下来需要修建这些。你还记得那次会议吗？

罗杰斯：当然。

尼克松：你还记得我不同意吗？我说："为什么——哪个该死的想修建它？"

基辛格：但是，在代表团中有埃里森，有穆勒——

尼克松：是的。

基辛格：有一个公认的代表——

尼克松：尼采？

基辛格：有尼采。他们都迫切地推动——

罗杰斯：这对我没有任何意义，因为我不认为我们能通过它。好吧，在任何情况下，我们能 [******]。

尼克松：虽然我们还在讨论这个问题，但是我们得明白，在特定的时期内，我们得说："好吧，当然，我们应该建设它们。"

……

尼克松：好吧，比尔，所以你会知道，我对国会领袖们讲了。他们说："现在您想要这些？"我说："我们当然想要了。因为，"我说："我们对此进行谈判后却没有建造它，那就会向俄国人传递一个错误的信号。"因此，我认为我们需要采取这样的立场：我们需要它，我们应该拥有它，它会提供——对于维持战略平衡它是至关重要的。莱尔德应该这样说，该死的——

基辛格：莱尔德会这样说的。

罗杰斯：今年我们没有预算了，难道不是吗？

尼克松：不，我们有其他的（资金）。

基辛格：目前还没有。

罗杰斯：我得去核对——

基辛格：你知道的，我们可以实行它。是的——

罗杰斯：或者，开始——可能它——

基辛格：开始——

罗杰斯：——给某人的种子基金。

基辛格：在他们的——

罗杰斯：选址？

基辛格：我们有预算，我们做了前期——不管怎么形容——准备，但是并不真的建造。

罗杰斯：嗯，嗯。

尼克松：它包含在了最初的计划中。

基辛格：是啊，但是它后来被取消了，仅限于做些前期准备。现在它又被重新划入预算。在这个屋里私下说，这是个错误。我们应该告诉军队，让他们见鬼去吧。

罗杰斯：是。

基辛格：我们不准备那么做。

尼克松：是的。

罗杰斯：我认为，即使，甚至——尽管它浪费钱，它对于国家来说，至少可以让我们取得一点心理优势。

594 尼克松：让我告诉你一些事情：这并不是全部 [******]。我的意思是，让我们从俄国人的立场来看它。为什么他们保护莫斯科 [******]？因为那儿有许多重要居民。这——

基辛格：也和中国有关。

尼克松：是的，那没错，亨利；针对中国。但是，有一个非常重要的——让我们面对它——我们这边的人口分布情况更复杂。

罗杰斯：是啊。

尼克松：对吗，亨利？不仅仅是华盛顿。

基辛格：见鬼，我们要把 [******] 你要把北边远至费城的区域都包括在内，这将——它——防止第三国的袭击，这里有很多的公共设施，这会迫使对方采取更大规模的袭击。

罗杰斯：它同样给了我们一个发展自身科技的机会 [******]

基辛格：在我们的人口中——

罗杰斯：换句话说，如果你什么事情都没做，就别想在这个项目上获得任何利益。

尼克松：但是，它也是一个——可用于保护居民区的科技 [******]——

罗杰斯：当然，您知道的，我就是这个意思。

尼克松：——他们正在发展这些。

罗杰斯：当然。

尼克松：科技进步将会从此开始。

罗杰斯：我想这是最好的论据。它确实是——

尼克松：[******]

罗杰斯：——他们将发展他们的科技，如果我们退出，我们就会完全落后。该死的，我想军费开支的飙升会是令人吃惊的。目前的预计数额已经远超最初制订计划时的数额。

尼克松：在这个项目上？

罗杰斯：[******]，是的——

尼克松：哦，上帝。好吧，关于这个——我想，只是——

罗杰斯：我想我已经明白了。

尼克松：梅尔是在你后面做证吗？

罗杰斯：是的。

基辛格：我认为他是在星期三作证；比尔是在星期一作证，不是吗？

[******]

尼克松：我认为，我已经和共和党人一起讨论过这个问题了，我会在我的评论里提及它。[******]，我不会讲太长，仅仅——

罗杰斯：您知道的，总统先生，想想将在10月重新开启的会谈，我想，可能杰勒德将在不久后辞职，我们不得不想想由谁来——

尼克松：嗯，嗯。

罗杰斯：——我们将把谁安排在那个位置上。可能在您心里已经有人选了。但是，这将是一个长期的——

尼克松：[******]

罗杰斯：——冗长而乏味的工作。

尼克松：找一个愿意为之牺牲5年生命的人。

罗杰斯：没错。您——在前两天的晚餐中，您说了什么？您知道的，在杜克法学院您被叫作什么吗？您的导师在那里叫您什么呢？该死的，"厚脸皮"？

尼克松：一个厚脸皮。

罗杰斯：（笑声）

尼克松：只要脸皮厚，就能学法律。

"毫无疑问，这是双重标准"

> 1972年6月20日，上午11：26
> 理查德·尼克松和鲍勃·霍尔德曼
> 行政办公楼

在这份简短的摘录里,尼克松和霍尔德曼在录音中首次谈到了"水门事件"。就在 6 月 17 日黎明前的几个小时,5 位不速之客在民主党全国委员会办公室被逮捕,并很快被发现与尼克松的总统连任委员会有联系。在此之前,他们窃听民主党全国委员会已有一段时间。

　　在这次闯入发生的时候,尼克松正在比斯坎湾自己的家中,他直到 6 月 19 日晚上才回到白宫。这次对话前一部分曾包括了那"缺失的 18 分半"录音,这是尼克松的私人秘书罗斯·玛丽删去的片段。这一片段有助于说明但仍不能完全解释,为何这一段录音中有诸多被删除之处。试图恢复这段录音的诸多尝试皆未成功。尼克松在对话开始时暗示表明,被删除的部分可能包含着关于搭线窃听的讨论。

……

尼克松:联系到窃听事件,我想这是非常非常严重的。

霍尔德曼:是的。

尼克松:毫无疑问,这是双重标准。

霍尔德曼:不。

尼克松:关于 [******] 窃听——

霍尔德曼:是的。

尼克松:—— [******] 此前对这种做法的授权。他们都在这么干!这是通行的做法。上帝啊,否则我们为什么必须得雇人来彻底搜寻我们的房间?

霍尔德曼:我们知道他们——

尼克松:是的。

霍尔德曼:——在窃听。

尼克松:我们过去一直都在被窃听。

霍尔德曼:是的。

"真正的问题在于,是否……
我们解决此事要以摧毁南越为代价。"

1972年8月2日,上午10:32
理查德·尼克松和亨利·基辛格
椭圆形办公室

从越南和平会谈回来后,基辛格第一次颇受鼓舞地声称和平解决是完全有可能的。在和尼克松的早会中,他回顾了前一天在巴黎和黎德寿会谈中的亮点与难点。作为一名谈判代表,基辛格最看重的莫过于保留可操作的余地,他令在此之前拒绝任何提议的黎德寿最终接受了自己的提案。剩下的问题是,就一个政府和一系列保护南越政权的保证达成共识。基辛格自信地认为,这些问题甚至在大选前就能得到解决。尼克松已经机警地意识到,事实上可能无法做出任何有效的保证——永远不能。他并不在意这些,至少是在大选之前。

……

基辛格:首先,这是我们迄今碰到的最长的会议,也是情况最为复杂的。

尼克松:是的,我在你的报告里注意到了。

基辛格:并且——您想让我向您概述一遍吗?

尼克松:当然。当然。当然。都行。什么时间都可以。

基辛格:好吧,但是——

尼克松:我只看过黑格的报告——

基辛格:好的。不过,黑格的报告没有太多的——

尼克松:黑格的报告仅仅说了这是一个很长的会议,并且他们提出了一些具体的建议。

基辛格:是的。

尼克松:我猜想你提出了一些具体的建议。

基辛格:嗯,您知道的,我提出了那些您知道的提议。就是您和勃列日涅夫一起制定的那些。

尼克松：嗯。

……

基辛格：好吧，我们花了一个小时在那上面，谈判非常激烈。正如我所说的："总统已经证明他没有善意和诚意吗？"我说："黎德寿先生，为了告诉你这些，我已经等了两星期了。下次你再说任何关于总统的意图、动机或者其他方面的事情，我将拿起我的文件离开这个房间。我们在这里是为了谈判。我在这里本身就表达了我们的善意。我不会去讨论我们的动机。你们讨论我们的建议，我们讨论你们的建议。我坐在这不是来听你关于总统的看法的。如果你们不接受这个，我现在就走人。"我认为他们从来没有想过让我走人。

尼克松：这招很棒。你必须试探他。

基辛格：嗯，所以他急忙回到了主题。他说："我没有攻击你的意思。"我说："我没有说你攻击我。攻击我是你的特权。有我在这里，就不允许你攻击我的总统。我在这里代表着总统。"所以，他开始摇晃着从我身边走开了。不管怎么说，这之后45分钟，我事实上提出了您和勃列日涅夫曾讨论过的那些提议，就是上次我没有提出的那些，加了一点额外的修饰，我曾经和您提到过，比如——

尼克松：嗯，确实。

基辛格：——制宪会议，向公众做一个长篇演讲，以此我表明我们——

尼克松：很好。

基辛格：——我们——

尼克松：把这些记录在案很好。

基辛格：没错。我们认真考虑了他们提出的七点主张中的每一点，如此，他们就不能再说我们从未对七点主张做出回应——

尼克松：哦，是的。

基辛格：——还有——我们如何获得那些证据，等等。我——他问了一些问题并要求中途休会。中途休会了1小时15分钟，并且他们破天荒地给我们提供了热乎的饭菜以及威士忌、红酒和茶等。

尼克松：嗯。

基辛格：这在以前绝无可能。

尼克松：嗯。

基辛格：然后他回来，问了一些其他的问题，然后他用了15分钟痛斥我们的轰炸——

尼克松：是吗？

基辛格：——以及您对轰炸行动发表的言论，还有——

尼克松：那你和他们说了什么？

基辛格：我和他们说了什么？我横眉冷对。我说："我们已经提供给你们一个停火方案。你可以凭自己的实力停止轰炸。"我说："这完全取决于你。不取决于我们。你有能力停止轰炸。"然后，他又接着抨击。我说："特别顾问先生，在5月2日，当我见你的时候，你说：'进攻是长期战争的产物。'结束战争，我们就会在下一分钟立刻停止轰炸。"接下来，我提供给他一份停火协议——一份为期3个月的停火协议，双方共同使战争平息。我说："你为什么不在私下里告诉我们，你们将减弱进攻的强度。我向你保证，我们会降低轰炸的强度。"

尼克松：好，这很好——

基辛格：坦率地说，我是有点儿信不过他们。我这样做纯粹是为了把他的话记录在案。

尼克松：当然，我知道。这很好——

基辛格：接下来，他拿出一份很长的声明，是迄今为止他们拿出的最全面的一份提议。我想说，这是他们第一次拿出一份谈判协议。过去，他们仅仅给了我们简单的九点意见。这一次，这份协议长达八页，包含十点意见，还有四个程序上的要点。现在，我可以介绍这些要点，如果您想让我逐一说明的话——

尼克松：不，不，不。我认为——

基辛格：——或者我可以说主要的——

尼克松：——只说核心——问题的核心是什么？

基辛格：这件事的核心是，在过去，他们总是说我们必须制定一个最后期限，然后不管发生什么，我们都必须遵守。换句话说，就是12月1日或者其他时间。他们放弃了这些要求。现在，他们同意我们的方案，最后期限将是协议签署之后的某段特定时期。因此，在（最后期限这件事上，他们接受我们的方案。他们说 1 个月，我们说 4 个月，但是我确信我们能找到一个双方都满意的时限。他们说在签署协议后的 1 个月。这对他们来说是一个巨大的改变，因为在过去，他们总是说我们必须有一个确定的时间。只有在那个阶段之后，只有我们同意之后 [******]——

尼克松：哪一个在前面？

基辛格：现在，他们同意必须先签订协议——

尼克松：那就对了。那就对了。这也是我们的立场。

基辛格：确切地说——他们已经接受了我们的立场。我们现在唯一能有所让步的就是时限，但是，那是不可避免的。其次，他们提议成立一个全国统一政府（Government of National Concord），但是他们不知何故改变了想法。但是，他们曾经明确表示，他们的全国统一政府将由三部分组成：西贡政府中爱好和平的人士、中间派和他们自己。

尼克松：天哪——

基辛格：西贡政府中爱好和平的人士必须改变他们的政策，包括解散军队、取缔集中营等。所以，他们是偏执狂。而现在他们说，全国统一政府应该以下列方式组成：西贡政府，包括阮文绍；指定全国统一政府成员，任何他们想要的人。但是，他们不能让阮文绍在全国统一政府中任职。

但是，他们可以任命其他任何人。他们——临时革命政府，将任命部分第三方人员。西贡方面——这是难以接受的，但对他们来说这是巨大的改变——将在西贡人民和临时革命政府之间，选举剩余的第三方人员。所以，换言之，这是各占一半。这就是这一方案的实质。在过去，他们占三分之二，甚至有可能占全部，因为谁会是西贡政府中爱好和平的人呢？我再强调一次：这是难以接受的，但这已经是迄今为止他们的立场发生的最大改变。

尼克松：这仍是一个共产党的联合政府？

基辛格：它仍旧是一个联合的——五五分的——政府。第三，他们表示——如果我们同意这些原则中的一些——他们将在巴黎设立两个新论坛。第一个论坛，在临时革命政府和包括阮文绍在内的西贡政府之间直接对话，以往他们从来不愿意这么做。第二个论坛，用于在临时革命政府和阮文绍之间直接对话。第一个论坛将讨论如何落实政治解决方案。第二个论坛将讨论不涉及美国的军事问题。接下来——他们会有许多其他的要和我们敲定的条款。巨大的变化在于，他们愿意就任何话题同包括阮文绍在内的西贡当局展开对话。在过去，他们一直强调阮文绍必须先辞职，政府必须改变其政策。这是进行谈判的条件，而不是解决问题的条件。现在，他们说愿意和阮文绍讨论政治解决方案。他们仍坚持未来应该是一个联合的政府，这就是为什么我说这仍然是无法接受的。现在，我问他："在各个省里会发生什么？他们如何统治？"接下来，他们说了一些十分有趣的事情。他说："在各个省里，西贡统治的省仍归西贡统治，由临时革命政府统治的仍归临时革命政府统治。有争议的省份则归全国统一委员会。"目前，我没有给他太大的压力，因为我不想让他得到一个负面的答复。但是，如果他的意思是那样，那您实际上得到的，就是一份停火协定，而停火会使这些变为现实。哦，并且他们同意停火了。[******] 这是第四点。他们同意，在一个月内释放所有关押在监狱里的俘虏，而我们要答应在一个月内撤军。无论如何，他们同意把俘虏统统释放。

尼克松：同时撤军？

基辛格：对。现在，有两个问题——第一个问题是：如果他们的意思是两个政权都继续存在，同时建立某种超级机构，我们会——考虑接受。换句话说，如果我们改变了这个过程——如果我们说"首先，双方要停火"，停火会在事实上形成西贡控制区和临时革命政府控制区。这是可以预见的。接下来你可以声称，会由某个委员会管控局面。这是我们可以接受的。如果他们说："西贡政府必须解散，只能存在一个联合政府。"那样，我们就麻烦了。现在，他提出了另外一种解决方案。他说："你们不需要把这些写到协议之中。我们将用更中立的方式来起草协议，但我们需要你们在私下里对我们表示，在我们和阮文绍进行关于建立全国统一政府的谈判时，你们愿意对其施以影响。"现在，这给我们带来了许多——首先，它给我们带来了许多麻烦，因为一旦他们公布这些，那么相比他们的其他东西，这些会更难驳回。

尼克松：嗯。很难去说他们正在强行建立一个共产党政府。

基辛格：很难去说他们正在强行建立一个共产党政府。很难去说他们正在推进这一进程,因为他们需要西贡放弃它的军队、警察等,因为他们放弃了所有的这些要求。其次,你不得不说,对于他们而言,这是向前迈进了巨大的一步。这在过去是不可能的,我们过去常说,他们的决策完全是看心情。但这次——我们过去常说当他们愿意和阮文绍谈判的时候,我们早就打道回府了。

至少,我自己认为,我们已经踏上回家之旅了。第三,关起门来说,如果您让我出卖(南越),我也会把事办得看起来漂漂亮亮的。我的意思是——我并不是在请您——我并不是在向您建议,总统先生,但是我想说——

尼克松:嗯。

基辛格:——如果我们受挫——我有预感,一场麦戈文式的胜利要远比在越南出卖他们更糟糕。

尼克松:哦,天哪。当然,当然。我们当然知道这些——

基辛格:但是,我认为我们不应该那样做。

尼克松:为什么?

基辛格:我们不应该出卖他们(指南越),我的意思是,第四点——

尼克松:不这么做我们也能行。

基辛格:第四点,总统先生,我不相信——

尼克松:这取决于我们需要付多大的代价。

基辛格:第四点,这不是他们的底线。这不可能是他们的底线。我的意思是,他们——当他们开始谈判的时候,他们是不准备露底牌的。在我看来,他们的所作所为是这样的:他们已经决定——您明白的,容易做的事就是说他们将等到10月,然后,如果您在选举过程中遥遥领先,他们就会和您达成协议。我一直说他们不会那样做,因为如果他们——假设他们在10月的时候宣布这个计划,那我们就可以——他们就永远别想着结束了。

尼克松:没错。

基辛格:如果您在11月的领先优势巨大——不,是在10月,那我们会在原则上大体接受,这要等到11月7号了,届时他们仍旧没有达成协议。所以,如果他们希望能有机会在10月早些时候得以解决,他们现在就必须开始讨论它。如果他们现在开始讨论,那他们就是在帮您的忙,因为没有一个人——因为这些会议——我不知道它们会对舆论产生什么影响，但是我已经感觉到，当我和参议员讨论的时候——这些会议让他们感到困惑。这些会议也让麦戈文感到困惑——

尼克松：是的。

基辛格：——即使是这一提议，我们也可以说："该死，我们在很认真地谈判，但这个狗娘养的却让任何谈判都变得——"

尼克松：嗯，嗯。

基辛格：——不可能了。

尼克松：嗯，是。

基辛格：所以——

尼克松：很好。

基辛格：所以，我想——当然还有他们已经做的，现在他们给了我们一份文件，这让我们之间的谈判在短时间内不会破裂，因为我现在就可以把他们逼疯。

……

基辛格：现在，转回越南的事情。总统先生，我认为，现在是我们第一次有可能结束战争。同时我想——我不是说我们要按他们的计划行事。这太复杂、太具体了，同时他们也太急迫了。既然您已经拥有巨大的优势，那我觉得他们现在就有六七成的机会能在10月达成协议。

尼克松：我们应该这样做吗？

基辛格：嗯，这就是另外一个问题了，我仅仅是在告诉您我的想法。

尼克松：好，我的意思是——我想我问的是另一个问题。突然之间，我们优势巨大，同时我们——然后，我们就能在10月达成协议？真正的问题在于，是否，我们达成协议是否要以摧毁南越为代价。

基辛格：我们不能接受这个——

尼克松：是，我们不能 [******]——

基辛格：——目前的方案。

尼克松：我们必须拥有一些能够——

基辛格：嗯。

尼克松：我想——坦率地说，我想骗他们一下。直截了当地说，我想这么做：

我们先假装接受解决方案，然后在实施的时候让他们见鬼去。

基辛格：好吧，我们当然也可以这样做。您看，他们已经给我们——

尼克松：我们可以承诺一些事情，然后刚好是在大选结束后，我们就说是阮文绍不想那样做。要保持不停地施压。

基辛格：他们可以给我们许多——现在他们已经给我们提出了许多选项。我们能够——

尼克松：要明白，我们不能——我们有一个问题，你要记住，我们不能——在清除地雷并且停止轰炸后，再重新开始就很难了。大选后我们可以，但是——将——但是——是的。如果——你知道的，我们的优势就在这里。亨利，现在解决它的优势在于，既然你大幅领先了，你就确保可以在该死的大选中获得压倒性的胜利。然后，你可能赢得众议院，并且获得参议院更多的支持。

基辛格：您将——

尼克松：再获得一个任期。

基辛格：您才能摆脱那该死的噩梦，我的意思是——

尼克松：是的。

基辛格：这是——

尼克松：这是非常重要的。因为，你知道的，这就是个噩梦。这完全就是个噩梦，但是——因此，我认为我们的目标就该如此。我只是不知道我们能走多远——

基辛格：不，我从来没有——

尼克松：——和共产党人。我不知道我们能问心无愧地走多远，不仅仅是——不是因为南越，而是因为要考虑对世界上其他国家的影响。

基辛格：总统先生——

尼克松：——不要搞砸了 [******]——

基辛格：——我们不可能接受他们提出的方案。

尼克松：哦，我知道，但是——

基辛格：这很明确。接下来的问题是——

尼克松：阮文绍能提出些什么东西呢？他 [******]——

基辛格：好吧——

尼克松：他从来没有谈论过全国统一政府，不是吗？

基辛格：是的。我想我们应该——

尼克松：嗯？

基辛格：——只是解决一些程序上的问题。在14号，我应该接受，或者基本接受，他们方案中的每一点，除了政治上的那一点。

尼克松：好。

基辛格：因为——

尼克松：哦，我觉得没有问题。

基辛格：这没有问题，但是这代表了巨大的进步。

尼克松：嗯，嗯。

基辛格：接下来，我们应该让黑格去西贡，或者，或许，甚至我应该去西贡。

……

基辛格：接下来，我在下次会议的时候可以坦率地告诉他们："让我们今天取得尽可能多的进展，减少彼此在政治议题上的分歧。"我们不能接受他们的方案。接下来的问题是：我们如何才能提出替代方案，我是真的——

尼克松：的确。

基辛格：我今天一天都会思考这个问题，看看——

尼克松：当然。

基辛格：——我们可以做什么[******]——

尼克松：我们明天和后天还可以讨论。在这个问题上，你不要有太大压力[******]——

基辛格：但是，这是第一次——

尼克松：——你要为其他更重要的事情做好准备。

基辛格：但是，这是第一次，我们真正——我的意思是他们给了我们太多可操作的空间，比如，我们可以立即接受议程。总统先生，为了让他们和阮文绍政府坐下来谈判，我们已经努力3年了。

尼克松：嗯。让我这样说吧——有一件事——他们认为你没有必要讲清楚。他们没有幻想这个提议是不可变更的。他们不要抱任何幻想，即在11月7日，没有提议，相信我。完全没有。

基辛格：好吧——

603 尼克松：甚至停火也没有。

基辛格：好吧，我没有明确说，因为我害怕——

尼克松：不，因为你不想用这个作为前提——

基辛格：不，我不想——不，我不想威胁他们。我不想让这话被公开，但是——

尼克松：这就是我的意思。我知道，你不想在公众面前表现得具有威胁性。我知道，但是，你明白的，事情就是如此。11月7日，这些浑蛋想把我们和他们绑在一起，那么接下来我们只能继续加快步伐——

基辛格：他们没有把我们捆绑到一起——

尼克松：战争在今年年底就会结束 [******]——

基辛格：总统先生，我确信他们没有把我们绑在一起，原因是如果这个方案被公布，它将令我们非常难堪。它给我们带来了一个棘手的国内问题。

尼克松：是啊。

基辛格：但是，这对他们来说无疑更糟糕，因为他们承诺我们将和阮文绍对话，而在过去的8年里他们一直强调这是绝不可能的。这将严重影响到他们的游击队。我的意思是，我们所有的情报都确切地显示出，他们是不能同阮文绍进行对话的，所以他们会让自己变成浑蛋的——

尼克松：嗯。嗯。

基辛格：——他们——如果您落选了，他们会高兴死了。

尼克松：哦，当然。或者被枪杀。

基辛格：或者被枪杀，或者其他事。您会淡出人们的视线。他们仇恨您，并且也仇恨我。我的意思是，他们知道是谁在掌控这一切。

尼克松：当然。

基辛格：但是，现在的问题是：我们该如何操作，才能让它在大选之时看起来像是一个妥善的解决方案，同时又不把话说死？从而让我们有可能在大选之后，在必要的时候抛弃他们。我们就能——我想，如果你成功的话——让那帮狗娘养的诅咒您不会取得连任。我的意思是，这是可以确定的。他们将会说您撒谎，说您不会成功连任。

尼克松：没错。

基辛格：同时，我认为这个也能让麦戈文不再搞破坏。

尼克松：哦，是的。它可以的。

基辛格：它确实可以。

尼克松：这同样重要——

基辛格：我认为——

尼克松：——[******]这群该死的浑蛋——

基辛格：我认为，我们现在有两个问题。这不仅仅在于您要赢得选举，这当然是至关重要的。

尼克松：我们要大获全胜。我是说，你不能——

基辛格：您确实要大获全胜，但在意识形态上，如果他们看到——如果您自始至终都清楚自己在做什么——在苏联和中国问题上就不会再有人妨碍您了。

尼克松：是的。

基辛格：但是，您说您有一个计划。您说您将同苏联与中国一起合作。您将同苏联一起合作。

尼克松：是的，现在甚至可以和日本一起合作。

基辛格：好的，我们会付诸实施的。

尼克松：看，我想用这个——看，毫无疑问——我不知道。我确实不知道。我猜你在越南碰到的真正问题会是——越南问题会妨碍我们同苏联的关系，妨碍我们同中国人的关系。我们已经陷得太久、太深了，只有上帝才知道我们怎样才能全身而退。这都可以归结为一个问题，我们该以何种方式撤出，这对于其他国家来说——不仅对中国人或者俄国人，他们毫不关心问题是怎样解决的，仅仅关注我们是不是撤出了——但是对于其他国家来说，没有迹象显示，我们在4年后会仓皇撤退。这就是我们不得不做的——

[******]

尼克松：我不——我不确定南越能否在任何情况下都可以生存下去，你明白吗？我只是不认为我——

基辛格：南越——

尼克松：——北越人看起来似乎——更有活力。我不知道，他们到底是如何获得了他们想要的东西的。我永远不会知道。

基辛格：同时，鸽派们不应该说——

尼克松：反对我们。

基辛格：鸽派们不应该说——

尼克松：哦，那些鸽派们。我以为你说的是南越。

基辛格：不，我说的是在10月鸽派们不会对您的所作所为说三道四，如果他们要那么说的话，他们早在1969年2月就该那样说了，并且还能拯救——

尼克松：对。

基辛格：两万条生命。

尼克松：是的。

基辛格：所以，我们必须取得一些成果给他们看。我们要向他们证明，我们保住了尊严，也达成了协议。

尼克松：没错。

基辛格：因此，即使我们做了很多，这个方案也必须看起来好像我们并没有做很多。

尼克松：当然，你将达成的是一个秘密协定。我们必须直面这一现实。事实上，秘密协定是我们达成协议的唯一机会，实际上，我们说："好吧，我们同意停火，等等。我们也同意，我们会对我们同意签订的这类政治协议发挥强大的影响力 [******]。"对吧？

基辛格：好吧，您知道我已经——

尼克松：接下来，你不 [******]——

基辛格：我思考了很多我们应该做的事情。其中之一是，我们将寻求全面停火。我想，我们现在可以这样处理——他们之所以反对，是因为他们担心如果他们破坏停火，我们就会有理由卷土重来。现在，如果我们可以来一个双轨停火方案，让每一方都单独同其他各方达成停火协议，这样的话，即使他们违背了同南越政府的停火协议，只要他们不违背同我们的停火协议，我们就可以选择是否要重回越南。

尼克松：嗯，嗯。

基辛格：并且，在1月之后，如果我们狠狠地教训他们，总统先生，我不认为他们能胜过南方政权。

尼克松：我同意。不，我已经——你和这里所有人都知道的，从我了解的情况来看，他们也很恼怒。让我们面对现实吧，亨利，我们布雷可不是闹着玩的。布雷和轰炸都是用来教训这帮浑蛋的。

基辛格：没错。总统先生，关于轰炸我有种感觉，某些人——

尼克松：在搞破坏？

基辛格：——搞破坏。他们没有轰炸，如果我——

尼克松：好吧，我知道那里天气经常——

基辛格：但现在那里是旱季，总统先生。

尼克松：我知道这些。这是我的观点。我在想莱尔德——我只是怀疑 [******] 这些关于天气的鬼话。

基辛格：我怀疑——

尼克松：[******]

基辛格：——你愿意让我在几次华盛顿特别行动组会议之后，让穆勒也加入进来，并且告诉他，上帝啊，你想让他们在协议达成之前全力轰炸？

尼克松：现在，如果他愿意的话，我就——我就给他下命令了。你觉得谁合适？莱尔德吗？

基辛格：我觉得莱尔德可以——穆勒，其实就是个有点小聪明的浑蛋。在他的任期结束后，总统先生——

尼克松：没错。

基辛格：——就两年——您的新任期的前一年半——但4年对他来说太长了。他不会在意的。我的——我的建议是，远离（他们）。应该是黑格这样您自己的人——

尼克松：当然。

基辛格：——他能理解——

尼克松：[******]

基辛格：并且，事实上，您不必跟他内斗——

尼克松：穆勒——穆勒——

基辛格：穆勒是——您在任何时候只要给他一个命令，他都会老实1个月，接着莱尔德会再去找他，莱尔德实在是——

尼克松：官僚主义。

基辛格：莱尔德相当不满。您知道吧，现在，他昨天把债务上限的问题推到您身上——

尼克松：关于——

基辛格：支出限额。

尼克松：好吧，这方面他错了，让我——支出限额不涉及任何削减以及任何防务上的限制。

基辛格：是的。

尼克松：那只是对其他方面的限制。他知道这些。不过，不要紧。莱尔德干得还可以，把他们从各个基地上赶走。他有点——

基辛格：哦，是的——

尼克松：把人们吓尿了——

基辛格：哦，是的。

尼克松：这只是一份工作。他所擅长的就是这个。

基辛格：哦，是的。顺便说一句，在政治上，他认为麦戈文差点害死了他自己。这是他今天早上告诉我的。

尼克松：我认为让穆勒参与进来是个好主意。我会和他谈的，你的那些建议我也会详细写给他的。我将会说："我们现在必须这么做了。"我将告诉他，从有利于谈判的立场上来讲，我们需要这么做——

基辛格：现在，总统先生，我不排除——我现在的看法是无所顾忌的。我不排除，当我从莫斯科回来时，您可能会考虑——对北纬20度线以北的区域先停止轰炸6个星期——以便在巴黎谈判中取得重要进展。

尼克松：我同意。

基辛格：您知道，我们需要——

尼克松：哦，我同意。

基辛格：——需要在国内做一些事情，以彰显不断取得进展，并能够——

尼克松：如果事情是这样发生的，我们就停止轰炸，但是，他们也会降低他们战斗的强度。

基辛格：对，那些自然是会发生的，但是我的观点是，如果我们在9月停止轰炸——在9月15日和11月8日之间，那他们能做的就很有限了。

尼克松：不。

基辛格：11月7日之后，如果您获得——毫无疑问您将获得连任——

尼克松：如果我们胜利——

基辛格：我们——

尼克松：——在11月7日之后，学校就放假了。

基辛格：对呀——

尼克松：就没有傻瓜会在这里了，因为你说——

基辛格：我们不能再浪费两年时间——

尼克松：——[******] 我们将对河内的基础设施给予致命一击。

基辛格：对。

尼克松：我们将炸平整个该死的码头区域、船只以及其他任何东西。告诉他们："滚出那里。"我们要远离中国的海岸线。坦率地说，亨利，我们也许会炸毁河堤，这不是为了杀伤人员——

基辛格：总统先生——

尼克松：警告那些人，告诉他们滚出那里。

基辛格：现在是旱季。我甚至想把河堤炸毁。

尼克松：当然。

基辛格：现在，您已经 [******]——

尼克松：当然，但在旱季，我们炸毁河堤，他们就不得不转移到其他地方，就这么简单。难道不对吗？

基辛格：我会告诉他们："放了我们的俘虏。"我会再给他们一次机会，然后我就 [******]——

尼克松：[******]

基辛格：但是，当我们把这些话都说了，事都做了，总统先生，如果他们想采取——假设他们决定接受您在 5 月 8 日的提议——他们也不会做出比昨天更多的让步了。把这些年的谈判都算上，这都是最大的一次让步。不过，这不能证明任何事情，因为他们从来没有做出让步。

尼克松：我知道，我知道。

基辛格：但是，他们接受了我们提出的两点——我说——我们经常说有三点可以接受。最后期限是达成协议的条件。他们已经接受了。他们必须和阮文绍对话。他们已经同意。他们唯一还没有接受的事情是政府的架构问题。但是，这是在这份记录里他们做的另一件对我们有利的事情。上次我给他们读了一份很长的声明，确切说，都是废话，只包含一些基本的原则。这些原则源自您上次和周恩来说的那些关于我们是如何同共产党政权共处的事情。

尼克松：[******]

基辛格：我说："我只想让你们知道总统是怎样想的——"

尼克松：嗯。

基辛格：——他们说他们对此留下了很深的印象。这些——

尼克松：嗯。

基辛格：——一多半都是胡扯，但是事实是他们说了什么，我们就能发表什么呢——

尼克松：当然，那是当然。

基辛格：——并且，他们确实是认真的。他们说从现在开始，每次会议之后，让我们把同意的东西写下来，然后让我们把它转到其他的论坛。我不认为在下半场开始前他们会做出最终的决定——

尼克松：恢复邦克的职务，然后让他对阮文绍做些残忍的事情怎么样？

基辛格：哦——

尼克松：在这件事情上可以采取另一种做法——

基辛格：我们也可以——首先，我们必须知道我们希望您做什么？

尼克松：嗯，我知道。

基辛格：这个问题我们还没有决定。如果我们可以做两件事情，我们会这样，第一，让邦克来这里。我想在某个节点，不管是黑格还是我，必须去趟西贡。首先，这看起来会——如果在下次会议之后——

尼克松：[******] 如果你想去，因为如果你去，将会在那里产生巨大影响。我的意思是，这并不是在争取时间。你必须意识到，我们争取到的时间越多，对我们越有利。

基辛格：如果在14日的会议之后，我去西贡——我的意思是，在一定程度上，我把它看成公关行为。

尼克松：哦，我明白了。那么仅此而已。

基辛格：所有人都会认为："天哪，有些事情——"

尼克松：对啊。

基辛格："——就要发生了。"

尼克松：我的观点是，在14日的会议之后，你真的可能应该去趟西贡。

……

基辛格：既然他们提出了一个临时性的停火协定，我知道他们将发起一场大规模的进攻。我的意思是，他们要夺取每一寸土地——

尼克松：哦，是的 [******] 那样我们可能同意这个临时性的停火协定。

基辛格：不过，他们已经反对——

尼克松：但是，我必须说，我认为，我读过这些报告，而且这些天都读得很仔细，南越政府的越南共和国军可能在地面战斗中确实比他们以前做得好一点。他们——他们似乎会搞不少破坏活动。我说这些，不是因为他们宣称造成了对手多少伤亡，而是因为他们自己的伤亡数量。

基辛格：是的。

尼克松：换句话说，当我看到越南共和国军的伤亡降低了，我知道他们肯定躲在散兵坑里；但当我看到他们的伤亡增加了，那他们肯定是出来进攻了。

基辛格：他们差不多杀死了同样多的北越人。

尼克松：他们真的吗？

基辛格：嗯。

尼克松：他们是会如此的，因为他们在进攻。现在，亨利，这些破坏行动，重重打击了那些浑蛋。

基辛格：哦，接下来，他们——昨天，他们缴获了6门 [******] 迫击炮——

尼克松：我看到那些报告了。

基辛格：——在同一地点 [******]——

尼克松：我同样看到在另外一个省的一个地方，他们进入了一个训练基地，并发现了180具尸体。这些人都是在轰炸中丧生的。

基辛格：嗯。

尼克松：现在——肯定不止这一起。你知道的，该死的，太棒了，这些炸弹不会白扔的。

基辛格：好吧，我认为我们已经干掉了7万余人。这还不包括B-52轰战机炸死的人。现在，如果这是真的，意味着我们又干掉了7万余人。我已经和（罗伯特·）汤普森（Robert Thompson）交流过了，他将在世界范围为我们奔走，在东南亚为我们奔走，他认为——

尼克松：嗯？

基辛格：我们已经——我们——他认为到1975年才能彻底解决他们。

尼克松：好吧，那样的话，越南共和国军能够坚持下来。

基辛格：并且我认为，总统先生我们有一个——我会再修改一下条款。我的意思是，我们从来不会一字不改地接受其他人提出的原始方案。

尼克松：是的。

基辛格：但是，我会向您提出具体的建议，在结束[******]之前。

尼克松：当然，你知道的，你知道在阮文绍那里，你会遇到一个很难缠的搭档。他可能不愿意在这件事情上与你合作，他不想再参加竞选了。

基辛格：那不是——那不是——这不再是一个问题了。确切地说，他们的方案——

尼克松：你是说他不愿意？

基辛格：对他来说，他们的方案更容易处理——

尼克松：嗯，嗯。

基辛格：——因为这个方案需要直接和他进行谈判。很奇怪的是，他们的方案比我们的方案更好地迎合了越南民众的心理。他们的方案要求他能参加谈判。然后，他应该不会进入全国统一政府——

尼克松：好。很好——

基辛格：——但是，我仍然不太确定全国统一政府到底是什么。它是一种超政府的架构，还是——西贡政府会继续存在，您觉得呢？或者西贡政府会被解散？但是，他总是说，当真正的和平到来时，他不会参加竞选。因此，他为了面子——他会辞职。所以，在那种背景下，他会这样做。

尼克松：好吧，在新的选举举行之前，全国统一政府只能是一个临时的政府。那——

基辛格：哦，好吧，那是他们想要的。

尼克松：接下来，新政府将由选举决定？

基辛格：是的。

尼克松：你确定？

基辛格：当然。

……

不久，谈话转向了一个完全不同的话题：泰迪·肯尼迪。即使爱德华·肯尼迪已经确定不会作为民主党的候选人参加1972年的总统大选，他仍旧是白宫椭圆形办公室中谈论的对象。虽然描写尼克松和肯尼迪兄弟们之间竞争的著述颇丰，但尼克松到底是欣赏他们多一点还是反感他们多一点，仍不得而知。

尼克松：泰迪的事到底是什么情况？这不是一个问题，我的意思是，我不认为这是一桩性交易。我想他的问题，在于他缺少判断力，你不认为是酗酒的原因吗？他不能戒酒吗？

基辛格：嗯，这些不能——首先，他酗酒。

尼克松：不，不。但是，博比和泰迪——博比和杰克，谁都知道他们有自己的风格。但是，他们都谨慎多了！

基辛格：嗯——

尼克松：我——

基辛格：克里斯蒂娜·福特（Cristina Ford）已经告诉我了，比如，泰迪简直让人不可思议。他邀请她参加肯尼迪中心的开幕式，去他的家里。他有两张桌子，一张在楼上，一张在楼下。他把她带到楼上。整个就餐过程中，她不得不在一直反抗他，因为他的脚在桌子下面总是不老实，而且——

尼克松：哦，天哪！没有其他人出席吗？

基辛格：是的，在他自己的家里。他的妻子正在招待楼下的人。你知道克里斯蒂娜的过去，她也不算是清白的。

尼克松：我不这样认为。

基辛格：并且——

尼克松：她看起来不像是清白的。我不知道。

基辛格：接下来，她说，他跟着她去了纽约。他们（亨利·福特二世夫妇）在那里有一个公寓，在卡莱尔酒店里。他（肯尼迪）在他们楼下10层也租了一间。沿着楼梯走上去，敲她的门。

尼克松：啊噢。

基辛格：她说她有许多追求者，但是泰迪是不可能的！她最后告诉他："如果让报社知道了该怎么办？"他回答说："没有任何报纸会报道关于我的任何事情。我会封锁这些消息。"

尼克松：天哪！他太自负了。

"如果他被枪击,那就太糟糕了。"

1972年9月7日,上午10:32
理查德·尼克松、鲍勃·霍尔德曼和约翰·埃利希曼
椭圆形办公室

饱受争议的总统候选人乔治·华莱士(George Wallace)在1972年5月15日被枪击之后,重要的政界人士——无论他们是不是总统候选人——都得到了特勤局提供的临时性保护。尽管参议员爱德华·肯尼迪在1972年并不是总统候选人,他却收到了比其他任何候选人都多的威胁邮件。因此,尼克松考虑是否让爱德华·肯尼迪享受特勤局的永久性保护。一方面,尼克松不想给予爱德华·肯尼迪其他人没有的特权;另一方面,如果爱德华·肯尼迪遭遇不测,尼克松也不想因此受到谴责。

霍尔德曼:你要对一位美国参议员(肯尼迪)负起责任来,他在大选中的重要性排在第二档。在整个选举期间,你都要为他提供(特勤保护)——
埃利希曼:明白,我不喜欢给他这些,但是同时——
霍尔德曼:如果他被枪击,这都将归罪于我们。
埃利希曼:当然。
尼克松:你要理解这个问题的实质。如果这个浑蛋被枪击,他们将会指责我们没有提供特勤保护。所以,你要给他上好保险。大选一结束,他就什么也得不到了。如果他被枪击,那就太糟糕了。
埃利希曼:好的。
尼克松:不过,我们必须自己挑选特勤人员。而不是(特勤局负责人詹姆斯·)罗利那个浑蛋。你明白我的意思吗?你在特勤局有熟悉的人吗?
埃利希曼:是的。
尼克松:你有我们可以信得过的人吗?

埃利希曼：是的，我们有几个人。

尼克松：安插一个。安插两个在他身边。这会非常有用。

"我想我可以说，在从现在开始的 54 天内，不会有任何突发事件让我们大吃一惊。"

> 1972 年 9 月 15 日，下午 5 : 27
> 理查德·尼克松、约翰·迪安和鲍勃·霍尔德曼
> 椭圆形办公室

夏末时节，尼克松忙于总统选举，根据民调显示，他大幅领先民主党总统候选人、南达科他州参议员乔治·麦戈文。他也在努力平息日益增长的关于"水门事件"的争议。但在 9 月 15 日，这一努力受到打击。5 名水门大厦的闯入者在为刑事诉讼作证的时候，指出 G. 戈登·利迪（G.Gordon Liddy）[1] 和 E. 霍华德·亨特（E.Howard Hunt）[2] 两人既与闯入事件、也与尼克松政府有联系。总统的法律顾问约翰·迪安（John Dean）试图平息尼克松的担忧，许诺掩盖真相将确保尼克松连任。

......

尼克松：你今天够忙的了，是吗？

迪安：的确。

尼克松：你一直在关注水门事件，嗯？

迪安：大概 3 个月了。

霍尔德曼：怎么在不断发酵？

---

[1] G. 戈登·利迪，白宫"水管工"成员。
[2] E. 霍华德·亨特，前中央情报局官员；白宫"水管工"成员。

迪安：我认为，在目前这个节点上，我们可以说"还好"。媒体方面对它的处理正如我们所希望的。

霍尔德曼：掩饰？（参与调查水门事件的 FBI 人员没有期待中的那么严格，这被一些人所批评。）

迪安：不，还没有。这件事正在——

尼克松：这个故事很长。

迪安：是的。

尼克松：[******]

霍尔德曼：那 5 名被起诉的——

迪安：加上——

霍尔德曼：加上他们正在拼凑水门事件的事实———

迪安：再加上白宫的助手。

霍尔德曼：还要加上前白宫工作人员。这很好。这样掩饰就没那么明显了。

尼克松：是的。[******]

霍尔德曼：这就是米歇尔一直说的——

尼克松：对。

霍尔德曼：——对于美国民众来说，利迪和亨特可是大人物。

迪安：没错。

尼克松：嗯。他们是白宫的助手。

霍尔德曼：或许。

……

迪安：到目前为止，用于这次调查的资源真是难以想象。这次调查的规模比当年对肯尼迪总统遇刺事件进行的调查还要大。

尼克松：哦。

迪安：有充分的资料表明，克兰丁斯特（Richard Kleindienst）[1] 正要进行一个——

霍尔德曼：那不是荒谬吗？

迪安：什么？

---

1 理查德·克兰丁斯特，司法部副部长，后来成为司法部部长。

霍尔德曼：这是愚蠢的事情。

尼克松：是的。

霍尔德曼：用那么多资源来进行——

尼克松：是啊，看在上帝的分儿上。[******]

霍尔德曼：哪个蠢货会在乎呢？

尼克松：高华德（Barry Goldwater）[1]在文章里这样说："好吧，看在上帝的分儿上，所有人窃听所有人。我们都知道这些。"

迪安：这真是难得。

霍尔德曼：是的。我窃听了——

尼克松：嗯，这是真的！完全是真的！

迪安：[******]

尼克松：1968年我们在飞机上就被窃听过，在1962年被窃听过，甚至在1962年竞选州长时也被窃听了。这是你见过的最可恶的事。

迪安：好吧，令人可惜的是，1968年被窃听的证据没能保存下来。我明白，只有前局长掌握着这些信息。

霍尔德曼：不，这不是真的。

迪安：有关于它的直接证据吗？

尼克松：是的。

霍尔德曼：还有其他人有那些信息。

尼克松：其他人知道。

迪安：德洛克（Cartha DeLoach）[2]？

尼克松：对，德洛克。

霍尔德曼：在研究关于停止轰炸的问题时，我也得到了一些材料。因为仅此而已，那就是为什么，我得到的那些资料我们不能——

尼克松：当然，使用这些材料的困难之处在于，它们涉及约翰逊总统。

迪安：没错。

尼克松：是他下的命令。如果不是因为这个，我会使用它的。我们有什么方法既使用它，又不涉及约翰逊呢？现在，我们能说是民主党全国委

---

1 高华德，美国亚利桑那州共和党参议员；1964年总统候选人。
2 卡撒·德洛克，昵称"德凯"（"Deke"），前美国中央情报局助理局长。

员会干的吗？不，自始至终都是联邦调查局在操作窃听的事。

霍尔德曼：问题就在这了。

迪安：它将会涉及约翰逊或者汉弗莱？

霍尔德曼：约翰逊。汉弗莱没有参与。

迪安：汉弗莱没有参与？

尼克松：哦，绝对没有。

霍尔德曼：他也窃听了汉弗莱。（笑声）

迪安：（笑声）

尼克松：哦，该死的。

……

迪安：3个月前，我很难预测到我们今天的处境。我想我可以说，在从现在开始的54天内，不会有任何突发事件让我们大吃一惊。

尼克松：你说什么？

迪安：不会有任何突发事件让我们大吃一惊。

尼克松：好吧，你知道的，整件事情就是个马蜂窝。事件还在发酵。同时，为 [******] 工作的人令人尴尬。但是，你处理的方式，就我看来，一直是很巧妙的，因为出问题时，你都可以及时阻止。[******] 人们开始弄清楚 [******]。大陪审团现在被解散了吗？

迪安：没错。他们就快调查完了，并且他们会让他们解散，所以大陪审团不会再继续发起调查了。被法官所引用的美国政府总审计署的报告马上会被弃之不用，因为他们有几百处违规。他们抓到了麦戈文的违规，他们也抓到了汉弗莱的违规，他们还抓到了杰克逊的违规，以及几百处国会的违规。他们不想起诉更多的人。因此——

尼克松：他们最好别起诉我们，除非他们打算起诉其他的所有人。

迪安：我明白。

"我只想强调,他们正在逐步调整。"

1972年9月15日,夜间11:43
理查德·尼克松和亨利·基辛格
椭圆形办公室

那天晚上很晚的时候,基辛格走进椭圆形办公室和总统讨论越南的和平进程,有望取得巨大进展。种种迹象表明,北越人将在一两天内释放战俘,而在过去3年中他们从未如此做过。当时,他们宣称扣留了383个美国人。为了表示友好,他们与一个设在北越的关押军人家属联络委员会(the Committee of Liaison with Families of Servicement Detained in North Vietnam)合作,准备释放3名被击落飞机的飞行员。该委员会是一个人道主义团体,由一群热心的反战者运作。和尼克松会面的时候,基辛格刚刚从巴黎回来。在那里,黎德寿给出了许多建设性的意见,以至于基辛格差一点儿就接受了他提出的会议延期一天的邀请。然而,基辛格非常谨慎,如期回国了。

基辛格:"你(黎德寿)太不了解美国了,"我说,"如果你们把那3名战俘释放给我们,你们本来可以给我们施加更大压力以获得回报。把他们释放给一个仅在河内比在美国更有名气的和平组织,"我说,"对你们很不利。"

尼克松:嗯。

基辛格:我说:"在华盛顿,我要给的建议已经够多了。对河内,我不想再给出任何建议了。但是,我只是想告诉你,一旦你把这3名战俘交给那帮人,那么,你通过释放战俘获得的任何好处都会毁于一旦。"不过,[******],他说:"'和平团体?'我们不知道任何和平团体。这是一个社会福利组织。我第一次听说它是'和平团体'。"

尼克松:天哪!

基辛格：（笑声）还有，关于公报，他说：“你为什么认为我们会反对它？当然要做出公告。"——因此，这给会谈的气氛定了调。接着，我提出了我们的建议。

但是接下来，他说——接着，我告诉他我必须去见蓬皮杜。他说："好吧，如果我们没讨论完，也许我们可以明天再谈。"

尼克松：嗯。

基辛格：我说，首先，"好吧，我们将在明天会面"。我考虑过在巴黎过夜。那会让我们在媒体报道中出不少风头，但是，我又想了想，在没有对西贡做工作之前，如果我多待一晚——

尼克松：嗯。

基辛格：——加上和平计划，西贡方面会认为我们出卖了他们。

尼克松：当然。

基辛格：因此，接下来——

尼克松：的确是。

基辛格：接着，他拿出了大约30页文件——您试想一下，在过去，他们拿出的文件最多不超过1页——现在，他们新的和平计划我们仍然难以接受，我强调的不是这个。而是，他们删去了一些内容。真是令人惊讶，他们每次会议都会拿出一个新计划。原先，他们提出一个计划，然后会一直坚持一年——

尼克松：嗯，嗯。

基辛格：在我们刚开始谈判的时候，他们说阮文绍必须下台，必须建立一个过渡政府。后来，他们说阮文绍可以留下来，只要我们承诺建立一个过渡政府。现在他们说："甚至过渡政府建立之后，西贡当局也可以继续存在，来管理他们控制的地区。"这同样是难以接受的。我只想强调，他们正在逐步调整。但是，我现在不想讨论具体细节，但是我明天可以。

尼克松：好吧，当然。

基辛格：他说完后，我说："我考虑过了，特使先生，明天的会谈条件还不成熟，我们还有太多的事需要研究。"他说："那什么时候我们能再会面呢？"我说："我提议在29日。"我认识一个国务院的翻译，一个可靠的家伙，据他说——他从来没见过像这样的事情。他说黎德寿已经崩溃了。他说:"我必须从你这儿得到一个准信,你必须现在就告诉我:你确实想达成协议吗?"我说:"是的,我们确实想,但我必须说,简而言之,我们也不是必须在大选前达成协议。实际上,解决它对大选来说是一个负担。"然后我给他读了哈瑞斯的民意调查。

尼克松:嗯,嗯。

基辛格:同时我给他读了另一个。因此,我说:"坦率地说,如果你期望我们会因为大选而做出更多让步,那么基于政治上的考虑,我们宁可不要在大选前解决;但是,基于人道主义的考虑,解决它太重要了,所以我们才愿意在大选前同你们达成协议。但是,不要期待再有任何让步。"

尼克松:那就对了。

基辛格:他——他说:"如果你们想达成协议,你们一定要告诉我们。我们所有的计划会都是为了达成协议而制订的。如果你告诉我们你们不想达成协议,那简直太幼稚了。"我说:"是的,我们想达成协议。"他说:"给我一天时间。"我说:"好,10月15日。"他握着我的手说:"我们之间的第一个协定,我们将在10月15日签署。"接着,他说:"10月15日,在你们和我们之间,还是在所有各方之间?"我说:"我想可能仅在你们和我们之间。至于其他方面,我再考虑一下。"他说:"哦,不,不,不。无论如何,我们应该在10月底彻底解决,包括同西贡和其他方面。"所以,我接着说:"好的。"我说:"我必须跟总统商议一下。让我们——我们打算下周五或者下一星期的早些时候给你答复。"他说:"你能待两天吗?"我说:"我尽量。"我很爽快地答应了他,因为我算了算,如果我就待一天,他们将宣布我们在早上会见。然后,在晚上,我们宣布会面将再延长一天,当然这时候我应该已经让西贡当局对此有所准备,这样他们就不会紧张不安了——

尼克松:嗯,嗯。

基辛格:会见之后,我们国内的反对派就会闭上嘴巴了。我的意思是,会取得一些进展——

尼克松:好吧,嗯。

基辛格:——如果我们的会谈持续两天。

尼克松:嗯。

基辛格：河内也不得不闭嘴。现在，坦率地说，我不知道如何才能达成协议——

尼克松：不知道。

基辛格：——鉴于所有的问题都还没解决。但是，他说："让我们这样做吧。"他说："让我们在已取得共识的问题上达成协议，然后开始起草文本。"他说："让我们在国际管控委员会（International Control Commission）的问题上达成一致，然后让我们花上一整天的时间来讨论政治解决方案。"

坦率地讲，我不知道怎样才能解决它。但是——他绝对是——我再怎么强调他的坦诚都不过分。现在，您可以说他是在耍我们，但是如果他是在耍我们的话，那他本来可以推迟会议的。

尼克松：是的。

基辛格：他——他能从为期两天的会谈中得到什么？两天的会谈能让我们向外界表示 [******] 肯定有什么事情要发生。

尼克松：嗯，嗯。

基辛格：之后的3周我们都会为此事忙碌。到那个时候，大选就在眼前了，如果他们公开此事，那么我们只能说他们意在影响大选。

尼克松：当然。

基辛格：接着，我们甚至不必再公开此事了。

尼克松：[******]

基辛格：我认为他在策略上完败了。

尼克松：（清嗓子）你觉得他为何如此？

基辛格：我想他们是害怕您获得连任。

尼克松：嗯。

基辛格：只字不提——

尼克松：[******]

基辛格：对轰炸问题只字不提。

尼克松：嗯，嗯。

基辛格：对非人道行为只字不提。对他获胜的方式只字不提。对于他们不会停止的反抗只字不提。

尼克松：绝不会。

基辛格：我说："你知道的，我想让你记住一件事，特使先生。"我说："你们和你们的朋友把这场选举演变为一场关于越南问题的全民公投。在11月后，总统将获得多数人的支持，继续这场战争。"

尼克松：因为他们。

基辛格："因此，"我说，"你最好想想你们在11月的谈判处境将会如何？"

尼克松：很好，很好。

基辛格：他并没有说——如果一年前我就告诉他这些，我肯定会听到他进行一小时的长篇大论，告诉我越南人民会如何反抗所有侵略者。

尼克松：没错。

基辛格：但是，我不想误导您。如果他是周恩来，我当时就会说："我们会达成协议的。"

尼克松：没错。

基辛格：但是，无疑——

尼克松：他们或许没有能力这么做。

基辛格：他们惊慌失措。他们想解决。他们不知道怎么来解决。他们不停地出招。对他们来说，他们做了巨大的让步。

尼克松：嗯，嗯。

基辛格：我的意思是，考虑到他们最初的方案，这3个月里他们已经做出了——

尼克松：当然。

基辛格：——从解散南越的一切，到允许西贡政权控制其统治范围。这对他们来说是一个不可思议的转变，但是还不够，我对它们是否还会继续下去表示怀疑。为了帮助您弄清楚状况，他们还得做许多事情。

尼克松：嗯，嗯。没错。

基辛格：接下来——

尼克松：[******]

基辛格：这确实——我被这些惊呆了——

尼克松：嗯。

基辛格：——被、被、被他们的行为。通常，这是让人极不愉快的——

尼克松：[******]

基辛格：——和他们坐在一起。这是一个长达6小时的会议，但是——

尼克松：嗯。该死的——

基辛格：——但是他们确实——好吧，他们想要更长的会议。我，打断了会议，部分原因是我必须去见蓬皮杜，但是，如果会议持续两天，我确实吃不消。但是，我将提出足够的要求来虚张声势。我们现在不应该再有什么大动作。

尼克松：对，我们不应该——

基辛格：我们应该让他们做出表示。但是，如果我们做不到——这确实——我非常——

[******]

基辛格：如果我们没做到——首先，至少他们现在的提议将取代我们的提议，但是如果我们没有提出那个提议，在这件事情上的新提议，在我们的——

尼克松：嗯？

基辛格：这在实际上并没什么不同，同时我确信阮文绍，既然他看到全部的进展，看到我们——阮文绍真正担心的是停火。

尼克松：是吗？

基辛格：嗯。现在，有这个可能性，总统先生，有可能他们决定暗中破坏，他们不打算提早就进行破坏——直到最后一天的子夜，这是他们自己定的时间。

他们在内部说，他们的暗中破坏能够迅速地完成。我的意思是，他们可以在任何时候暗中搞破坏——无论是在最后一秒，还是提前两星期——

尼克松：嗯，嗯。

基辛格：——都不会让他们得到任何好处。勃列日涅夫说了俄国人会为他们做什么。黎德寿星期日的时候在莫斯科——星期日晚上和星期一早上。他会见了在苏联政治局里排第14位的委员马茹罗夫[1]。而我和勃列日涅夫的会面总共有25个小时。

尼克松：上帝——

基辛格：勃列日涅夫没有见黎德寿。

---

1 基里尔·马茹罗夫（Kirill Mazurov），苏联部长会议第一副主席。

尼克松：25小时？
基辛格：我跟他会面总共25个小时。

"我知道我们必须结束这场战争。我现在知道了。"

> 1972年9月29日，上午9：45
> 理查德·尼克松、亨利·基辛格和鲍勃·霍尔德曼
> 椭圆形办公室

基辛格9月再次同黎德寿在巴黎会面，并得知黎德寿仍在继续他颇有成效的新办法。北越的态度之所以发生改变，并开始愿意为和平而努力，有几种可能的原因。其中一个主要原因是美国态度的微妙转变。在莫斯科峰会上，基辛格解释说："我们不会在共产主义必然胜利的情况下离开。然而，我们可以接受在共产主义可能胜利的情况下离开……我不知道这样的区别对你们来说是否有重大意义。"这对北越意义重大——对南越总统阮文绍也是，这对他而言意味着依靠美国支持维持统治的计划泡汤了。随着秘密和平谈判步步推进，阮文绍，而不是黎德寿，越来越成为反对和解的人。基辛格在向尼克松报告和谈的最新进展时，与总统讨论了这一问题。

......

基辛格：总统先生，您看，我担心的事情并不是选举。我所担心的是——
尼克松：哦，我知道，知道。那正是我——正是——鲍勃也同意我的看法，我就是这么说的，我准备好了，已经准备好了。我很清楚我们必须结束这场战争。我现在明白，但是现在我们已经把越南毁成这个样子，有很多严峻的问题。但无论如何，真正的问题是，就像那句老套的讽刺：如果我们不在大选前结束这一切，我们就会有大麻烦。但是，如

果我们用错误的方式结束，后果也会很严重——不是对选举而言。正如我之前说过的，别管大选了。大选肯定能赢。我们能——鲍勃，我们可以这么干，在越南投降然后赢得大选，但是到底谁会从中获益呢？麦戈文也说要投降，不是吗？

霍尔德曼：没错——

尼克松：但是，我要说的是——

霍尔德曼：这不会影响大选；它会影响——

尼克松：这会影响我们未来的计划，会影响我们在世界上的地位。[******]而且，这也是为什么——为什么阮文绍会同意。因为他们现在遭着罪呢——

基辛格：让我——

尼克松：——如果获得压倒性的胜利。

基辛格：让我说几件事。您看，我认为这在技术上无法实现——就算这些蠢透了的北越人这样想——无法在大选前把所有需要签署的文件都签完。

尼克松：没错，是这样。

基辛格：我们在大选前，最好是发表一个原则性的声明。

尼克松：对。

基辛格：这样做绝不会对您不利，一定会对您有好处，因为这样——

尼克松：甭提了——

基辛格：——包含释放战俘——

尼克松：听上去还行。

基辛格：——停火——

尼克松：对——

基辛格：——同时撤退——

尼克松：哦，哦。这没问题，但即使——

基辛格：——而且不要联合政府，让南越政府继续存在下去。

尼克松：对。

基辛格：而且不能撤退——阮文绍不能下台。

尼克松：需要同时成立一个调解委员会，或者一个——

基辛格：一个民族和解委员会，或者——

尼克松：没错。

基辛格：——说到民族和解委员会，任何一个知情人——我的意思是，这最后会变得和限制战略武器会谈差不多，相信我。

尼克松：没错。我在这点上我同意你的看法。但是问题是，我们该要求阮文绍做什么？如果我们真的这么干了——如果他下台了，南越问题就能解决了吗，亨利？这才是关键。

基辛格：这是——

尼克松：他妈的，你知道吗？你不可以。

基辛格：总统先生，这件事我们不能这么办。

尼克松：这事让我心烦得很。

基辛格：我也是。

尼克松：确实。

基辛格：而且，是否——因为我们是否原本就希望这样做——

尼克松：是的。如果我们原来就这样打算，同样也——

基辛格：我们曾经——

尼克松：——亨利，要从影响来分析，有时候没办法了解事情到底有没有进行、是不是一直如此，但你看到的只是——你知道的，只有那些无足轻重的印度支那人和其他人。他们都在关键的时候撑不住。现在出现了多米诺骨牌效应。这才真是——

基辛格：嗯——

尼克松：——很令我担心——

基辛格：嗯，总统先生，这取决于——

尼克松：取决于阮文绍会怎么做。

基辛格：嗯，这取决于这事如何——这正是为什么他不能，为什么不能把阮文绍辞职写进协议中的原因。即使他必须辞职——

尼克松：是这样——

基辛格：——在恢复和平之后，就说他已经尽力了。

尼克松：对。

基辛格：但是——

尼克松：嗯？

基辛格：——如果这件事办得巧妙，他也许不用辞职。我不信这个协议——

我所相信的是，这份协议能够事实上实现我们正在做的事情——而且，有这么多的——我昨天可能对您产生了一点误导——现在有很多技术性问题——

尼克松：嗯，没错。这我也清楚——

基辛格：——那就是有可能协议根本不会达成。但是，假设协议真的签署了，我相信结果最多是双方停火、美国担保、双方交换战俘，还有些别的在越南的——

尼克松：然后，就结束了，然后坐等一切被搞砸了。

基辛格：如果阮文绍不下台，和平肯定维持不了多久。我是这么想的。

"他必须意识到这场战争必须停止。
我的意思是，
在这件事上没有商量的余地。"

1972年9月29日，下午5：15
理查德·尼克松、亨利·基辛格和亚历山大·黑格
椭圆形办公室

北越方面已经表示，同意建立一个三方选举委员会，以监督组建新政府的民主选举过程。委员会将由来自双方的官员及"中立方"组成。但是，阮文绍坚决反对北越方面的任何介入，并且向南越人民宣称，实现和平的唯一方式是对共产党人斩尽杀绝。尼克松与基辛格讨论了派黑格去说服阮文绍的计划，然后他们向黑格做了交代，并派他第二天起程前往西贡。

……

黑格：我想我们并不想和这个家伙（阮文绍）撕破脸，但是我认为他必须明白他现在[******]。

尼克松：嗯，我认为你能这么做，当然了，尽你所能让他明白，因为我

们毕竟是他的盟友，和我们撕破脸对他没有任何好处。并且，和我们闹得不愉快将会让他在他的国家里没有立足之地。天哪，他将会走投无路。

基辛格：嗯，没人会相信您会背叛这样一个人，这样一个您为了他曾不惜牺牲峰会、柬埔寨、老挝——

尼克松：这点我清楚——

基辛格：——轰炸、布雷。

尼克松：——而他——他必须弄清楚这点。他必须意识到这场战争必须停止。我的意思是，在这件事上没有商量的余地。[******] 我们不可能再在这种无聊的事情上浪费4年。已经拖得太久太久了。我确信，我确定。如果我觉得——相信我，如果我认为，要是我理性地认为，紧接[******]之后孤注一掷——我的意思是选举之后，这该死的战争将会结束，然后就是总统重返白宫，等等，到时候你就不担心现在做什么了。但我并不确定。[******]

基辛格：我们必须这么做。如果我们不能这样结束它，就必须在选举后孤注一掷。

尼克松：我明白。我知道。我的意思是，如果我知道这样做能成功，就肯定会让现在这些去见鬼。

基辛格：对。

尼克松：我会尽量努力。但是，我不确定这样是否会奏效，这正是我们要试试看的原因。

黑格：这事我们必须实实在在地做——

尼克松：没错。

黑格：在不使我们蒙受耻辱的前提下用尽办法，不过如果按照我们讨论过的安排做的话，不必大费周折。

基辛格：而且，您看，如果我们这样努力了，然后还是要孤注一掷——到目前为止您之所以有力量，是因为我们一直以来向美国人民展现了一个有力而克制的形象。我们一直都以强势的方法来争取一份可以接受的和平协议。您从未像约翰逊那样，他曾日复一日进行无目的的轰炸，甚至连个和平提案都没有。所以，如果这都没有用的话，我们还没有——这起码留给我们3个月、4个月或者6个月的安宁。我认为，比这稍微温柔一点儿的办法是都不会有效的。艾尔[1]，相关的资料你都看过了，你怎么看？

黑格：我怎么想并不重要。要拒绝他们在最后一次会议中提出的条件极其困难。[******]因为任何人都会[******]看来他们真的已经放弃了[******]的目标。

尼克松：这正是——这正是他必须明白的——

基辛格：而且，因此他们继续再说什么不想要一个共产主义政府，那就已经失去了意义——

尼克松：这也正是目前情况下我最担心的，我们没法说他们是在坚持建立一个共产主义政权。因为他们现在面对这样一种可能性，就是一个非共产主义政权可能继续存活下去，不是吗？

基辛格：没错，当然是这样。他们的想法是，要是能让阮文绍辞职，再加上这一系列变化，再加上保持军事上的实力，就能够制造足够的混乱让残余的非共产主义势力自己垮掉。因此，我们的计划会要求阮文绍，如果他同意这种制宪会议的办法，我们就让他们从越南撤出部分部队，还要从柬埔寨和老挝全面撤军。而如果他们做不到，我们就不会签署协议。我觉得这样行得通。我的意思是，他们不可能既要求废除宪法，又要保留全部军队。

尼克松：让他们来应付。你就负责摆出尽可能强硬的态度，艾尔。展现出最强的坚决态度[******]。首先，[******]让他明白这和选举没有关系。

黑格：对，先生。完全同意，先生——

尼克松：这正是我们现在这样做的原因，但是——要让他非常清楚，然而，在选举之后，我们必须面对这个问题，而且我们要找到一个解决办法。那就是——在我们介入之后，我们不能什么都不干，战俘这件事对于大规模增兵而言是个很好的兆头，这会发展到非常他妈的[******]。此外——我们必须有解决的办法，我们必须找到方法。而且没有别的解决办法了，你明白我的意思吗？这——因此，我相信这是我们所能做到最好的[******]。你现在想好怎么劝他了没有？

黑格：嗯，我打算这么跟他说。这也是我们讨论的结果。我们首先会回顾

1　指黑格。

过去的4年，我们是怎样一步步支持建立一个非共产主义的南越的，还有我们为此承担的种种风险。[******]然后，我会非常清楚地告诉他，现在的情况和1968年已经不同了，那时候约翰逊努力争取在谈判桌上得到一些成果，以帮助他赢得国内选举。

尼克松：没错。

黑格：而今年的情况恰恰相反，您并不需要这么做。

尼克松：嗯。

黑格：但是，您希望用您的力量，国内力量，来对河内施加压力，让他们做出让步——

尼克松：没错——

黑格：——而且他们正在改变。并且我们确实有[******]一些有意思的可能性，目前还无法实现。但是，这些就是我想和他聊的内容。之后，我想和他从战略大局谈谈现在的形势；如果没有达成协议，可能会出现什么情况，以及我们可能会面对的无法完成立法的情况。

尼克松：但是指明这一点，我们仍然希望——最近的一次参议院表决让我们很不放心，因为这样我们仍然只是以一票领先。

黑格：我们要给他——

尼克松：对，现实的——

黑格：等到您在民调中领先30个百分点的时候——

尼克松：是的。

黑格：——我们以两票的优势赢得了削减资金的投票。

尼克松：没错。

黑格：所以，现在情况就是——这样做损害不小。而且，我会提醒他回想去年10月和我的对话，那时候他说如果他的下台能换来真正的和平，他愿意这样做——

基辛格：而且他在5月8日又说了一次。

黑格：对，5月8日又提过。

尼克松：[******]

基辛格：或者是5月10日，甭管哪天，反正说过。

黑格：然后，我会和他详聊反击措施，这些措施未必能够帮助他获得他想要的结果。我们会非常详细地探讨这些问题，然后，当然，关于政治

624

安排的途径 [******] 是最困难的部分，我会讨论这些，但是，实际上，他们留给我们的是块遮羞布——一个毫无实权的顾问团体，南越政府仍将实际控制军队、警察以及他们现有的地盘——

尼克松：我的意思是，在这件事情上，我希望你能够做的是告诉这位总统，告诉他："现在，总统先生，[******] 在这里问我。他是个很高明的分析家——尤其是针对这类事。"你为什么不 [******]？"在我看来，这是您应该能够理解的方式。"换句话说，告诉他我已经把事情分析清楚了，而且我希望他也能认真考虑。明白了吗？

黑格：当然，而如果他没法选出合适的人选——嗯，我还是不谈这个比较好——

尼克松：是的。没错——

黑格：——直到我们谈完整个提议之后。

尼克松：对。

黑格：目前，他还面临一个问题，因为这需要重新组织制宪会议以制定新的宪法，而且——

基辛格：对，不过他实际上会在选举中大胜，因为选举法——只有在选举委员会编写选举法之后，才能举行选举——

尼克松：[******]

基辛格：——这需要全体同意。在这样的条件下，我觉得任何这样的法律都无法获得通过——

尼克松：[******] 提到他对于这一提议的兴趣。并且他——而且，因此，我认为他应该非常非常宽宏，至少在全体同意这个提议的情况下是如此。

现在，他会说 [******]。并且，同样，目前，这些事情在多大程度上需要被公开。[******] 但是，艾尔，我觉得关键在于我希望你向他传达清楚，他不能认为因为我赢得了大选，所以我们就会为他上刀山下火海。这场战争不能再继续进行下去了。他妈的，我们受够了。

我们不能再这样下去。我们不能继续让我们的——我们不会让，更不必说，我们的人丧命，还有我们的战俘。该结束了。我们也不会让他被杀。而且，我们正好也与苏联和中国建立了联系。这也很重要，反正不能再让这场战争阻止我们做我们应该做的事了。我们必须卸下战争的重担。就是这么回事。

黑格：也让他的人民卸下战争的重担。

尼克松：哦，我也是这么想的。告诉他，我知道伤亡数据，每星期有三百多人阵亡。我说过："这样的数据一点也不让我感到好受——我们的伤亡人数是一名，而他们的是三百。"我说过："对我而言，这让我揪心。"我想你现在知道了，我希望你尽可能告诉他，我希望他能够接受这个提议。我的观点就是这样。不过，我不会暗示说我不会就此对他施压。我要告诉他，我们可能只是 [******]。

黑格：嗯，我觉得——我想一旦——

尼克松：并且，顺便提一下，我希望你们安排一下，让艾尔有充足的时间和阮文绍会谈。我希望确定他已经——

基辛格：哦，好的。

尼克松：[******]

基辛格：目前，我们已经通过电报确认黑格能和他见两次面。星期一早上——

尼克松：嗯，对。

基辛格：——以及星期二下午——

尼克松：不错，不过，我希望你最好发个消息告诉他，我希望他花足够多的时间 [******]——

基辛格：嗯，我想一旦他听到谈话的内容，就会自己把时间留出来的。他对会谈的内容一定无比关心。我觉得没必要提前给他太多压力，搞得太紧张——

尼克松：好吧——

基辛格：——在艾尔到那儿之前。

黑格：[******] 但是，我同样不认为我们应该在第一次会议中就逼他给出一个答案，在第二次会上这样做也并不明智，因为这种事急不得，得给他时间想清楚。他应该明白我们是坚定支持他的。

尼克松：无论如何，他必须得好好想想。他也许不会在第二次会面时就做出决定，然后当你离开之后，他就可以和手下慢慢研究。

基辛格：那样没什么区别——

尼克松：[******] 嗯？

基辛格：在接下来的一星期时间内，我们无论如何都会对这一提议进行谈判，他同意不同意改变不了什么。

尼克松：我们可以这样假设——嗯，我们看看。你到时候打不打算告诉他，我们会就他手上的这份提议开始谈判的？

黑格：会告诉他我们将有所行动。

尼克松：具体怎么说？

黑格：我们想有所行动。当然了，如果这可能导致公开决裂——

基辛格：不行。这么做不可取，因为——

尼克松：不行，那样会很糟。公开破裂对我们很不利。会对大选产生负面影响。

基辛格：没错。到时，麦戈文会抓住这一点不放，说您要弄了阮文绍，当符合您的利益时——

尼克松：是的。

基辛格：——就在大选之前，您杀了两万多人。

尼克松：没错。

基辛格：因此，我们要避免——

尼克松：我们不能那样做——

基辛格：——公开破裂。

尼克松：你到时要说的是——你需要指出，总统是在没有任何人支持的情况下选择站在他这边的。众议院反对他，参议院也反对他，媒体上都是对他的负面报道，学生已经开始暴动，发生了各种混乱事件。

他做出了这些艰难的决定。而现在，他必须要求一些回报了。我们必须要有 [******]，一份协议，一份让他能够接受的提议。这才是你要努力实现的。

基辛格：总统先生，没有人相信他们会拿出一个提案，能让西贡政府在没有阮文绍的情况下继续存在，还拥有自己的军队和警察。之前的提案从没提出过这些。他们此前的所有提案都是要求西贡政府解散，代之以全国统一政府。因为那必然导致共产党的接管。当然，这也很容易否决。我们从来都没考虑过。您本可以在7月就做出决断，公布那些条件。我们从未被那些所动摇——

尼克松：[******]

基辛格：但目前我们有——我们面前的提案所要建立的是一个没有权力、

没有警察、没有军队,甚至连"政府"都谈不上的所谓全国统一政府。我们更愿意称之为"委员会"或者"全国调解委员会"。

"我们和南越的关系真是很尴尬。"

> 1972年10月6日,上午9:30
> 理查德·尼克松和亨利·基辛格
> 椭圆形办公室

美国与它的敌人——北越之间的立场越来越一致,但与盟友南越之间却出现了越来越明显的严重分歧。黑格的访问未能说服阮文绍。黑格不但没有能够使阮文绍相信,美国不会在没有他参与的情况下与北越达成和解,反而在私下里以此进行要挟。

……

基辛格:我们和南越的关系真是很尴尬。并不是,他们没有,我已经得到了谈话记录——
尼克松:(向进入办公室的助手做了一些与谈话不相关的指示,之后助手又离开了。)你已经拿到黑格的谈话记录了?
基辛格:是的,我拿到了他的谈话记录。那帮家伙被吓坏了,几乎绝望了。他们清楚将要发生什么。阮文绍说,当然希望提案能够继续支持他。他总有一天会因走投无路而自杀。

……

基辛格:我研究过了。他们[******]空军,他们再次向我们说了谎。他们把之前向我们承诺的更好的飞机换掉了,黑格发现根本不像他们说的那么好。别的不提,我们这个盟友现在的军事基础弱得很。他们在1月就会出现资金问题。但到那时,额外的军事行动为我们带来的困境就出现了。我们能极大改善南越的处境，但是没办法换回我们的战俘。而在他们败退之前，又会以战俘为筹码要求我们撤退。如果出现那样的情况，我认为现在就该接受。

尼克松：我们会的。我真希望今天就接受。他们未必会提出，但我会接受。

基辛格：这样的话，我不认为我们在大选前会这样做。

尼克松：他们不会提出的，我是这个意思。我所说的"今天"，可以是11月、12月、明年1月，或者其他任何时间。

基辛格：是的。

尼克松：这个协议，我们会接受的。

基辛格：没错。但是，那同样会使南越垮台，只是我们不必为整个协议负责。所以，展望未来，我认为有四分之一的机会——

尼克松：嗯，如果他们那么容易垮掉，如果他们认为支持不住了，这也是看待这件事的另一个角度。我们必须记住：不能让一个4岁大的孩子还没完没了地吸奶头。你明白我的意思吗？该给他断奶了。

基辛格：我们现在从协议中能够得到什么？我甚至不确定这能够在政治上对您有所帮助。但是您能更好地判断，您是否会像丘吉尔那样谢幕，仅仅——

尼克松：我不需要为了选举而签署它，但是接着说。

基辛格：好的，如果我们继续下去，您可能会别无选择，您或许会在大选前签署。

尼克松：嗯，我们要尽力不要这么做。我们最好能把它拖到大选之后，拖得越久越好。

基辛格：您不希望在大选之前完成？

尼克松：嗯，阮文绍就像个炸弹，我不希望在大选前签订。要是这样做了，对我们影响可能很严重。

基辛格：我们或许可以不让阮文绍失控。

"总统先生，
目前达成协议的条件比我们预期的好太多了。"

1972年10月12日，下午7：05
理查德·尼克松、亨利·基辛格、亚历山大·黑格和鲍勃·霍尔德曼
行政办公大楼

当基辛格10月8日到达巴黎准备与黎德寿展开新一轮会谈时，他首次得到了北越起草的和平协议。这是一份完整的文件，这让基辛格相信北越确实已经准备好签署和平协议了。在推敲协议初稿的3天会议里，基辛格几乎没有向尼克松上报什么消息。也许，他当时不希望和谈进程被一个为其他重要问题所困扰的总统阻挠或耽误。总统要考虑的事还有许多；10月10日，《华盛顿邮报》报道称，联邦调查局已发现证据，显示尼克松命令手下进行了蓄意的政治破坏行为，而且"在范围和程度上都是史无前例的"。当基辛格回到华盛顿时，他为尼克松带来了外交上的好消息。

......

尼克松：哎，这一天可真是漫长啊——

基辛格：[******] 总统先生——

尼克松：当然。

基辛格：嗯，您的三项外交行动（他们制定的召开一次中国峰会、一次苏联峰会以及达成越南和平协议的目标）都成功了，总统先生。进展良好。

尼克松：你拿到协议了？别逗我啊？

基辛格：绝对没开玩笑。

尼克松：你同意了吗？三个全部都成功了？

基辛格：虽然达成了，但我们还要——

尼克松：（笑声）

基辛格：我们逐字地——

尼克松：太好了。

基辛格：——我们拿到了文本。

尼克松：（幽默地）艾尔——我必须得问问艾尔，因为亨利你偏见太重了。你已经偏向了和解的阵营，没法相信你了。你怎么看，艾尔？

黑格：是的，先生。

基辛格：如果这已经达成——？

尼克松：阮文绍怎么办？

黑格：还没有做通工作。

基辛格：嗯，那是个问题，但这至少也是个承诺。

黑格：他希望达成这份协议。

尼克松：这不是高不可攀的。我们该如何处理？

基辛格：我必须得——必须去——这是我要做的：我得在星期二（10月17日）去巴黎，和黎德寿一字一句地讨论协议内容。

尼克松：到时候就能搞定？

基辛格：没问题。我认为我们已经有了一份双方都同意的文本。我留下了专人仔细研读。不过，但我已经——您知道的，为了防止出现最后关头的反悔。如果那样，我会去西贡帮助阮文绍离开越南。然后我得到河内，如果他们愿意 [******]——

尼克松：明白。

基辛格：这是我们必须付出的代价。

尼克松：嗯，如果能顺利让阮文绍逃出国去，那点儿代价不算什么。你怎么看，艾尔？你打算什么时候让他离开越南？

基辛格：这——

黑格：他已经在飞机上了——

基辛格：但是，总统先生，目前达成协议的条件比我们预期的好太多了。我的意思是，我们绝对是，完全是占尽上风。

尼克松：好极了。

基辛格：协议是 [******]——

尼克松：这难道不会让阮文绍彻底失败吗，亨利？

霍尔德曼：是的。

基辛格：哦，不会的。这比我们之前讨论过的任何情况都要好。他不会喜欢这个结果，因为他以为自己胜利在望，但事实是这样，我就拣主要的说，然后我再告诉您 [******]——

尼克松：之后再详聊。

基辛格：好，之后再说。停火协议将会生效——

尼克松：越——越，当然，现在出现的问题越来越多了，你知道吗，有人愚蠢地用萨姆导弹袭击了（位于河内的）法国领事馆，引发了各种破事儿。我也没想过这件事。反正大多数人更愿意把法国人都干掉，但是重点在于——

基辛格：[******] 昨天有一场两个小时的爱的大游行。

尼克松：我知道，我明白的。我想说的是，亨利，我在考虑美国人民。大多数美国人现在对这些事很不满。但是，问题在于我们不能再这样下去了，没完——没了——没完——没了，不能让这事再缠着我们。可以问问——另外一件事，他们害不害怕我们用核弹炸他们？还是想再折腾个10年？

基辛格：总统先生——

尼克松：你看，艾尔，这才是问题，不是吗？

基辛格：能做的我们都做了，但现在是个达成合约的好机会，总统先生，乔治·米尼也会同意的。这样就没有问题了。我的意思是，这是——如果——要是您在电视上宣布这将是美国的方案，那么《纽约时报》《华盛顿邮报》，甚至温和派都会迫不及待地吐沫四溅着咒骂说，这不能——您简直是——

尼克松：嗯。

基辛格：——强硬，凶恶，[******]。

尼克松：很好。嗯，我还留着后手呢。

基辛格：我的意思是，所以您——但是，首先，停火应该在30号或者31号后再生效。我们必须在那之前签订协议。[******] 在两个月内撤出我们的军队。

尼克松：在停火后两个月内？

基辛格：没错。

尼克松：好吧。

基辛格：还有一些关于对南越的军事援助的条款。肯定会遇到关于我们是

630　　否能继续进行军事援助这类的技术性问题。

尼克松：没错。

基辛格：协约说我们不能继续提供军事援助，除非是对他们现有的装备进行替换。

······

基辛格：我们即将获得的和平将是光荣的。

尼克松：亨利，我跟你说：必须是光荣的。但是，我们必须从中脱身。不能再让这场战争像癌症一样在国内外消耗我们了。这么说吧，如果这帮浑蛋跟我们对着干，我并不会过分 [******] 他们。我相信，那是我们所反对的。

基辛格：他们并不在乎我们是否——

尼克松：我绝不允许美利坚合众国被这件事摧毁。

基辛格：总统先生——

尼克松：这些小王八蛋，绝不能让他们得逞——

基辛格：总统先生，如果他们——如果我们装作小心翼翼——艾尔也——还有艾尔，就像您知道的那样，上星期跟您说过，他也觉得我们需要小心行事，但是——

尼克松：他是这么告诉你的？

黑格：他告诉我的，但是他告诉您，我会说服他（阮文绍）。

尼克松：好吧，这是唯一的事。

基辛格：我——我认为我告诉您的一切，艾尔都完全支持。我的意思是，我们会——带着光荣离开战场，我们保全了 [******]——

尼克松：你是这样措辞的，[******]"带着光荣"？

基辛格："带着光荣。"

尼克松：你们真这么用？告诉我，艾尔。"光荣"？

黑格：[******] 一点没错。就是这么说的。

尼克松：真的是"光荣"？

黑格：阮文绍有权处理余下的事情。

······

尼克松：那是啥？他会接受我们将继续给予军事援助的事实？

基辛格：对。不过，这一点他原则上早就接受了，我们只需要为他找到恰当的说法。尽管他们用现在的表述替换了此前的说法，但这都是可以更改的。

尼克松：哈！不用担心。别太操心了——

基辛格：我们可以这么说——

尼克松：就这么干。

基辛格：——我们获准进行定期军备更换 [******] 被更换的和新的在数量和性能上要看上去差不多。

尼克松：好。[******] 好极了。很好，棒极了——

……

基辛格：在政治方面——

尼克松：目前——目前，这是关键 [******]——

[******]

基辛格：总统先生，但是如果这样，阮文绍就能留下了。没有单方面的交易。

尼克松：他为什么能？怎么样做？有什么条件？

基辛格：没有条件。阮文绍可以留下。我们唯一达成的约定就是阮文绍要和北越方进行谈判——

尼克松：呃。

基辛格：——关于如何建立这个叫作民族和解与协调全国委员会（National Council for National Reconciliation and Concord）的机构。

尼克松：还要再谈判还是要同意？是我们已经同意了，还是他们已经同意了？

黑格：是他们同意——

基辛格："停火之后，南越的两党（两派）将会在民族和解与协调的基调下进行会谈，要互相尊重，不要互相排挤，共同建立民族和解与协调全国委员会作为行政机构。南越两党应该竭尽所能在停火生效后3个月内保证落实——"

[******]

尼克松：再说一次那件事。假设——释放我们的战俘的事情，与他们是否对此同意有关联吗？

基辛格：这些将会在战俘被释放后进行讨论。

尼克松：也就是，无论这一和谈结果如何，战俘都会交还给我们？

霍尔德曼：从 60 天到 90 天。

基辛格：对。第二，停火没有时间期限，我在协议拟定时有一个口头的保证，停火不会受其他因素影响。

尼克松：他们为什么做这么大让步？

基辛格：这样，他只要——

[******]

基辛格：——同意通过协商建立一个民族和解与协调全国委员会就行了。但是，如果您仔细考虑一下，总统先生，整个城市中没有一个新闻记者会相信会以其他形式结束——还有阮文绍政权，当然，不 [******]。

尼克松：很好。

基辛格：然后，阮文绍会遭到打击——

尼克松：他们会同意阮文绍加入。他们已经加入。他们还要谈判出一个全国委员会？阮文绍永远不会同意的，他们肯定反对，搞砸一切。我们支持姓阮的，而共产党们支持他们，他们会继续和我们战斗，就这样。不是吗，艾尔？你是这样认为的吗，艾尔？

基辛格：他们不会这样的——

尼克松：嗯？

黑格：我也是这样认为的。

......

尼克松：目前，关于赔款和其他的事情怎么样了？

基辛格：我正要汇报这些——

尼克松：我很——你知道的，如你所知，我不会——我会答应他们一切的要求，因为我看见了那些穷苦的——

基辛格：[******] 胜利赔款。

尼克松：——北越儿童被凝固汽油弹活活烧死，那火也烧疼了我的心。

基辛格：关于赔款——关于赔款，我们必须这么说。

尼克松：我不介意。

基辛格：好吧，我会为您读一遍那些条款——我们没法绕过这些，因为这也是我们的——这是我们为了让他们服从政府而能做出的最好保证。他们盼着经济援助呢。

尼克松：是吗？

基辛格：当然。

尼克松：他们想要？你看，中国不想要赔款，艾尔。中国不需要经济援助——

[******]

基辛格：美利坚合众国——

尼克松：亨利，你忽视了这里面最重要的一条。这是北越第一次表现出对此有兴趣。还记得吗？我5月8号演讲的时候说过。

基辛格：没错。

尼克松：我是说5月演讲——1969年5月演讲（在1969年5月14日尼克松的讲话中，他宣布应该同时为北越和南越提供支持重建的援助）。他们说："去死吧。"经济援助对共产党人来说——会令他们道德沦丧。这会令中国人道德沦丧。

基辛格：好吧——

尼克松：而且，他们——他们想要？这太好了！

基辛格：他们想要一个5年的援助计划。那意味着——

尼克松：很好。同意他们的要求——

基辛格：如果我们同意向他们提供5年的援助计划，那这就会成为协议的一部分。

尼克松：嗯，没错。

基辛格：不过，有了这个5年计划，这就成为他们不会卷土重来的最佳保证。如果我们能让他们致力于重建国家——

尼克松：没错。

基辛格：——在那段时间内，我将要——

尼克松：关注国内事务而不是国外。

基辛格：一点没错。有很多篇关于提高国际控制力的文章——说实话，这些都是狗屁，但是对那些没有主见的蠢货和心比豆腐还软的人来说，这很重要。有4页关于联合委员会的内容，关于建立一个四方委员会。如果 [******] 同意，全国委员会。这完全是胡扯的，因为它们肯定运转不起来，但这些内容得包含在里面。能够——能够实行的办法，其实是他们给我们展现的。这是关于赔款的内容："美利坚合众国希望这个协约能够开启——"

尼克松：开启什么？

基辛格：今后一年。

黑格：对河内来说没问题。

尼克松：开启什么？

基辛格："开启一个与越南民主共和国和所有印支半岛人民和解的新时代。为了落实美国的传统政策，抚平交战各方遭受的创伤——"

尼克松：当然要这样，毫无疑问。给他们——100亿美元，我也觉得该这样做。我确实相信这样是对的。如果我们对德国人如此，对日本人如此，为什么不能也帮帮这些可怜的杂种们呢？你同意吗，亨利？你说呢？他娘的，我竟为这些人难过。他们为了错误的动机投身战争，但见鬼去吧，我并不——我只是为那些倒下的人、流血的人、失去生命的人感到悲伤。

……

尼克松：下面我要说说难办的部分了，那就是阮文绍。正如刚才亨利向我报告的那样，阮文绍不能下台。如果他真下台了，我们就不得不放弃他，也就相当于放弃了南越。那现在我们该怎么办呢？

"但是结果的确证明，这对我们是一个极好的帮助，因为现在我们真的可以随时很方便地吓唬河内，我们想要什么都可以提。"

1972 年 10 月 22 日，中午 12：22
理查德·尼克松和亚历山大·黑格
戴维营电话

北越曾与基辛格达成约定，各方同意协议正式公开前要严格保密，但北越在 10 月 21 日违反了这一约定。北越总理很快向一名来自《新闻周刊》的记者透露，两天之内就会公布一份协议。当时基辛格还在西贡，他正在那里艰难地劝说阮文绍接受他们在巴黎达成的协议中的基础条款。对协议的报道没帮上基辛格一点忙，他甚至屈尊竭力劝说阮文绍。然而，在华盛顿，尼克松觉得这还有可利用之处，他对黑格说了他的想法。

……

黑格：喂？

尼克松：喂。

黑格：总统先生？

尼克松：嗯？现在河内已经完全违背了关于不能提前公开协议的约定，在这种情况下，我有个想法——

黑格：嗯，您说。

尼克松：——你难道不觉得亨利应该——我的意思是，坚持 [******] 说我们——他会跟他们在万象会面。你知道河内的阴谋——我觉得他们确实 [******] 太——我知道他有多想去那儿，但是，你知道吗，他们的做法实在令人不齿。

黑格：嗯，我告诉您我做了些什么吧，先生。多勃雷宁今天下午来了，带来了勃列日涅夫的明确表态。他 10 点的时候给我打了电话。

尼克松：真的？

黑格：我刚刚和他通了话，都跟他说了。我说："你最好告诉你在河内的小兄弟，他们破坏了我们之间的约定，而约定本应是神圣的。如果你想让这事儿平息下去，就告诉他们，绝对不允许这样的事情再次发生。而且他们最好学会变通，否则我们绝不会让 1968 年的事重演。可能还会有一些额外的要求，希望他们理解并配合，因为我们现在也遇到一些棘手的问题。"

尼克松：嗯。

黑格：现在，他们已经破坏——打破了——

尼克松：因为他们——因为他们违反了约定？而且他是否——

黑格：没错。

尼克松：他怎么说的?

黑格：这是他第一次这么被动。他完全被震惊了。他说："这绝对不可原谅。"然后，我告诉了他是谁干的——是总理——还有他们把消息透露给了谁，现在在媒体上到处都是关于这事儿的报道。然后，我说："这给我们造成了很大的麻烦，这些麻烦可能会让我们的协议泡汤，而且需要进行更多的谈判。"

尼克松：嗯，很好——

黑格：我这样说是为保险起见。

尼克松：很好。

黑格：而且，我觉得应该等到——等河内——

尼克松：对。嗯——

黑格：——的事情，直到我们得到亨利的——邦克的评估——

尼克松：他要从金边去河内对吗?

黑格：不，不是。他会回到西贡。

尼克松：哦。

黑格：然后，我们就可以，实际上——

尼克松：没错。

黑格：——明天全天。

尼克松：嗯，很好——

黑格：他会在西贡。

尼克松：和阮文绍再多理论理论?

黑格：没错。

尼克松：哦，好吧。

黑格：然后，他会在纽约时间星期一离开。

尼克松：嗯，他说他觉得他已经让他们停下了，但他还有一整天的工作要完成。

黑格：我也这么想。

尼克松：没错，对——

黑格：而且，我不会现在就把这个担子交给他，要等到他——

尼克松：我明白。

黑格：[******]

尼克松：对，对，没错。这很好。嗯，既然你这样认为，但是你看我们的思路是——？

黑格：嗯，绝对是这样。

尼克松：——我们不能被这事纠缠住，艾尔，在任何——然后因为什么事又谈崩了。

黑格：不，如果这是一份已经确定了的协议，阮文绍也同意了——

尼克松：嗯？

黑格：——我不认为河内这事对我们有什么坏处。我觉得这是个他妈的——

尼克松：不。

黑格：——好事。

尼克松：我不觉得。

黑格：是正面的。

尼克松：不是。

黑格：而且非常非常高调地结束。

尼克松：这我同意，是这样。

黑格：您看，我已经给比尔·罗杰斯打过电话了，告诉他这事儿没那么糟。

尼克松：（轻声笑）

黑格：也要让他都了解这一天事情的最新进展。

尼克松：但是，你告诉他——你是否告诉过他，我们向多勃雷宁施压的事？还是没说？

黑格：不，还没告诉他——

尼克松：嗯，没必要让他知道。但是，你就光告诉他事情好多了，没说别的，嗯？

黑格：没错。

尼克松：但是，最好告诉他不要宣扬？我的意思是——

黑格：当然。所以，我才——

尼克松：最好不要过分乐观，艾尔，我觉得这事仍然有很大风险。你明白？

黑格：哦，还有可能捅娄子。

尼克松：没错。

黑格：他——您看，我们已经让他们尽全力把装备送到战场，从韩国人那里调来飞机——

尼克松：嗯？

黑格：——和泰国人——

尼克松：对。

黑格：——还有中国国民党人——

尼克松：没错。

黑格：——以及伊朗人。他们在那儿十分辛苦地工作。

尼克松：在美国？［指的是"超大计划"（Operation Enhance Plus），在此行动中，原本计划输送给韩国、泰国以及中国台湾的武器装备被转运到了南越。］

黑格：是，长官。

尼克松：嗯，他们这下肯定满意了。哦，我知道我们必须告诉他们，但是我只想——我只想让他们，让他们知道我们不希望——

黑格：嗯，他并不清楚细节。

尼克松：我们不希望泄露任何信息给——《时代周刊》，或是——《华盛顿邮报》，或是别的媒体。之后，嗯——

黑格：哦，不。

尼克松：你知道整个和解只是——如果他们泄露了消息，是他们的事，但如果我们这样做了，将是不可原谅的。

黑格：嗯，我们自从这次——之后就一直非常强硬。

尼克松：你要明白，我之所以不希望这事泄露出去，不是因为他妈的敌人，而是因为泄露出去可能会对我们不利。

黑格：我非常明白。是这样。

尼克松：嗯，很好。

黑格：但是，关于河内这件事，明天会有很多报道。

尼克松：我知道——

黑格：他们都知道了。今天下午这事儿都传遍了。

尼克松：是，没错。

黑格：但是结果的确证明，这对我们是一个极好的帮助，因为现在我们真的可以随时很方便地吓唬河内，我们想要什么都可以提。

尼克松：对。但是，难道上面没提"联合政府"？

黑格：嗯，没怎么提。上面说——

尼克松：报道都关注在哪里？嗯？

黑格：他们，主要披露了政治和解的框架。重点关注了阮文绍不会下台，会有两个政府，他们还会就联合政府的最终组成进行谈判，这当然是真实情况。我们自己肯定不会这样说。

尼克松：没错。不过，目前亨利也明白了，艾尔，那个词不能用，我跟你以前也说过。

黑格：嗯，肯定不会用。

尼克松：其实，你知道的——

黑格：我们绝对不会用的——

尼克松：——或者出现。

黑格：——在我们的简报中或者——

尼克松：没错。

黑格：——或者对它进行的讨论。

尼克松：没错，对，就是这样。

黑格：没问题，先生。

"我们知道敌人受到了重创，否则他们也不会谈判。"

> 1972年10月22日，上午10:10
> 理查德·尼克松和亚历山大·黑格
> 戴维营电话

基辛格仍然在西贡进行谈判，黑格继续向尼克松报告最新进展。

……

尼克松：你有进一步的思考吗，对——？

黑格：是的。我想——

尼克松：你和多勃雷宁又谈过吗？还是——

黑格：我找他谈了一次。他当时出去了 [******]——

尼克松：嗯，另外一件事，我唯一考虑的事。如果你想要更上一个层次，我觉得我现在应该直接和他谈了，换句话说，继续保守秘密。

黑格：对。

尼克松：我会这样办的。我的意思是，我有个——我有个主意：我想我们应该这样跟他说："大使先生，我们——因为在河内发生的事情，由于——你们的人搞砸了，"然后把文件给他看——这是——"阮文绍的反应和我们估计的一样：消极反对。"我们都准备好了，因为，他被给予，你看，这样他也能参与其中。但是，他们本来准备搞一个庆祝胜利的活动，他们已经准备好了，他把整件事都抛下了，而现在他却陷入了绝望。

"但是，我们觉得这种状况并非无可改变。我们觉得我们能掌控局势，但主要问题是——有两个：第一，要按照我们说的方式来解决；第二，要给我们足够的时间，你们不能催我们；但是，但——此外，第三，你们不能过问选举的最后期限。"记得吗？因为他知道——

黑格：嗯。

尼克松：——这就是你可以转达的全部承诺。

黑格：嗯，我不是很确定我会——

尼克松：成功？

黑格：——做出一个和框架相一致的承诺，因为他很清楚如果没有阮文绍的同意，什么承诺都是空话。

尼克松：嗯——哦，我明白你的意思——

黑格：嗯，我想这是——

尼克松：我的意思是，那就抛弃了他。嗯，没错。告诉他，我们有一个——就说基本上，从整个军事方面还有其他的方面，这已经成了。而且，我们已经准备好——

黑格：对。这样他就不会担心我们会留在——

尼克松：对。我们会知道——我们会和你一起努力，看看我们能做成什么。

黑格：好。这很合理——

尼克松：我们必须——可能我们要单独行动。我们明白我们必须按自己的方式办，但是我们还没有放弃阮文绍。我们会继续尝试。

黑格：没错，就这样。

尼克松：我们还在努力，但是对此必须保密，不能透露。

黑格：没错。而且，我们需要他们——

尼克松：而且，我们也需要苏方——就说，我们两个大国之间的关系，不应该被这两个小人物影响，他们闹他们的。而且，我们不能慌，不能忙。你们管住北越，我们让南越老实，这是我们的责任。我真的这样觉得——如果我这样跟他说，会对他有不小的震动。

黑格：是的，先生。我也这么觉得。

尼克松：嗯，你再考虑考虑，我12：15到。

黑格：好的。

尼克松：如果我们想好了就召见他，然后就这样跟他说。但是，我们得先把要说的话预演一遍。

黑格：好的，先生。

尼克松：很好。嗯。从上次我们交谈之后，你没有什么别的想法？另外一件事是我——我吃午饭的时候还在琢磨，还在想这个事：我一想到这件事，我就坚定地认为，不应该让亨利去河内，因为，这看上去完全就像是投降。

黑格：对。

尼克松：你明白我的意思？会变成那个样子。而且会看上去像是拉姆齐·克拉克（Ramsey Clark）毕恭毕敬地去河内，达成协定（指的是他1972年去河内抗议美国轰炸）。当然，我们肯定要把战俘弄回来，但是，你知道吗，他们会说："我们到底为什么而战？就为了几个战俘？"

黑格：我同意。

尼克松：你也看到问题所在了？

黑格：嗯，完全明白。我明白。

尼克松：他现在去河内，看上去就是这样的。要这么做，我想，另一个——但是，另一个方案是，他可以承诺晚些时候再去河内。

黑格：晚些时候再去？

尼克松：对。像这样，就说："好吧，我们巴黎再见。"然后，他过段时间再去河内。

黑格：一点没错。

尼克松：然后，我们就能去了。这样就没问题了，但是这些必须都不能在大选之前。必须不能。第三点是：我有很强的感觉，如果可以的话，我们尽量不要在大选前那么做。不只是政治上的原因，还是因为，大多数的越南人——尤其是南越人——认为我们做这样的错事，完全是为了大选。

黑格：的确。

尼克松：我觉得我们应该说，你知道的，我们——我们就是没法这样做，但是我觉得要等待合适的时机，而这个时机还没有到。

黑格：没错。但是，这没错，从很多角度看，这件事帮助我们避免陷入更加难堪的境地 [******]——

尼克松：没错，是这样。谁知道呢？（轻声笑）

黑格：是的，先生。

尼克松：但是我们最后还是要解决它。主要原因在于，我们已经谈判很久了，你也清楚。这场战争必须结束，艾尔，而现在已经具备了结束这场战争的基本条件。我们知道敌人受到了重创，否则他们也不会谈判。苏联人——

黑格：没错。

尼克松：苏联人（在）帮忙。换句话说，他们并非胜券在握。而且，我们还在继续轰炸。事情就得这样。因此，我们得结束这一切。但是，我想，让人难过的是，我不知道南越该怎么——在阮文绍之外找不到另一个潜在的领导人。没有别人了，想想——你没有感觉吗——你不觉得吴庭艳事件要重演了吗？（1963年，南越总统吴庭艳在一次军事政变中遇刺身亡。）

黑格：不，不会的。他会非常非常坚强地挺过来的。

尼克松：阮文绍会吗？

黑格：对，没问题。

尼克松：嗯。我知道。但是，之后呢？如果我们停止对他的援助，他还怎么强硬呢？

黑格：嗯，我们要做的是以军事援助作为一个参照，以同样的标准——

尼克松：对。

黑格：——并且增加经济援助，以及——

尼克松：是的。

黑格：——以及——

尼克松：换句话说，继续——

黑格：——也许我们可以同河内达成另外一份协议。

尼克松：和河内，不包含政治方面吗？

黑格：不包含政治方面。

尼克松：嗯。的确可以。呃——

黑格：他们现在很难过——

尼克松：很可能。

黑格：——他们也许愿意付出这个代价。

尼克松：没错，好的。

黑格：嗯，先生。

……

后记：基辛格未能成功地争取到阮文绍对协议的支持，尼克松很不情愿地通知北越，谈判将继续进行。对此，河内将这一切视为美国人的政治诡计。在尼克松的支持下，基辛格成功地挽回了局面，在大选后和平谈判得以继续。

"如果……美利坚合众国…… 连越南都对付不了……那还能对付谁？"

1972年10月24日，上午11：15
理查德·尼克松、弗里茨·G.A. 克雷默和亨利·基辛格
椭圆形办公室

五角大楼分析师弗里茨·G.A. 克雷默（Fritz G.A.Kraemer）是一位获得过双博士学位的律师，正是他在"二战"期间发掘了当时还是个小小步兵的德

国移民海因里希·基辛格（Heinrich Kissinger）。基辛格把自己后来在白宫的升迁归功于他的导师克雷默。然而，在这次谈话后，由于对于越南问题存在不同看法，两人断绝了关系。克雷默认为美国在谈判中为了结束战争做出了太多的让步，只为了能在大选年有个好的开局。这导致美国的盟友和敌人对美国产生怀疑，质疑美国是否还是一个负责任的盟友和世界性强国。这一看法后来被称为"挑衅力不足理论"，成为新保守主义的主要理论。

……

基辛格：克雷默，我们现在的困难并不在于我们在大选前做出了让步。我们的困难在于考虑清楚那些会拖延到大选以后的要求，因为我们提出的每一个要求——

尼克松：他们都会接受。

基辛格：——他们在24小时内就会同意。所以，现在我们有点不知道应该再提出些什么要求了。

尼克松：没错。

克雷默：那就要求他们从南越撤军。

基辛格：我们已经提了。举个例子，我们还要求他们的战俘必须关押在南越监狱中。

尼克松：4万人。

基辛格：4万名政治犯仍将被关在南越的监狱中，我们认为这对他们来说是难以接受的。

克雷默：这很有意思。

基辛格：现在他们已经同意了，他们的干部要待在南越的监狱里。目前，要他们签署释放我们战俘的文件对他们而言并不容易，（他们）必须释放南越的战俘，但是所有的（北越）平民犯人却要继续待在监狱中。

克雷默：你是不是这样想的，由于心理层面的原因，停火对于他们实在太重要，所以他们现在更老实、更听话了？

尼克松：我觉得他们非常自信，但是还有另外一个因素，这一点我们也不能忽视。要记住，我们绝不能低估——他们承受住了非常重的打击。我的意思是轰炸非常厉害，地雷也不是闹着玩的，他们在南越的消耗。我的意思是，如果你停止考虑这些，不仅仅是我们在北边的所作所为，而且还有1952年那次，我们向那派出了6艘航母，所有这一切。我们把他们打得屁滚尿流了。因此，我想，他们已经到了一个境地，而且只是暂时的，我同意这一点，他们可能也读过毛泽东的著作。你明白吗，毛泽东总是主张敌进我退。

基辛格：我们事实上可能有些太顺利了，因为我们告诉了他们，举个例子，所有联系将会在11月7日切断。因为总统到时候需要回国改组政府。

……

尼克松：到目前为止，我们的仗打得不错，我们并没有屈服。因为我们都清楚，这是一场非常艰难的战争。无论现在是成功或是失败，不只是暂时的——因为一切都会在两三个月内有所好转——但我们说，有些事情或许会持续两三年。在这一点上我们绝不让步。

克雷默：让我准确地表达一下，用一句战略话语来——

尼克松：请。

克雷默：——来进行总结——

尼克松：好的。

克雷默：如果诸多方面都显示，我们，美利坚合众国，连越南都对付不了，它只有3100万人口，那么不论道德上如何，人们会开始质疑——无论朋友、敌人或是竞争者——那美国还能对付谁呢？因为这3100万人，虽然得到了来自苏联和中国的支持，但他们毕竟没有直接出兵支援——

尼克松：是的。

克雷默：——怎么说也不能算很大的人口规模，这样的话从里约热内卢到哥本哈根，从河内到莫斯科，大家都会得出这样的结论：很明显，外强中干的美国对付不了它。因此，作为一名律师，我要说 [******]，既然我们对付不了越南，我们还能对付谁？

"今晚意义重大，我必须给你打这个电话。"

> 1972年11月8日，凌晨1：31
> 理查德·尼克松和休伯特·汉弗莱
> 白宫电话

　　1968年，参议员汉弗莱打电话给前副总统尼克松，让他退出当年的总统大选。4年后，在1972年总统大选结束后的凌晨，两人再次接通了电话。虽然存在政治上的分歧，但他们是老朋友，两人的友谊最早可以追溯到二十多年前一起在参议院工作的时候。现在，他们早已不是直接的竞争对手了，汉弗莱给尼克松打电话祝贺他以压倒性优势击败参议员乔治·麦戈文。尼克松暗示，越南协议正在达成；此时，阮文绍尚未出逃。

……

尼克松：休伯特，你好吗？

汉弗莱：我好着呢，我给你打电话是要祝贺你获得这一历史性的胜利。

尼克松：哦，非常感谢。

汉弗莱：你真是大获全胜。

尼克松：你一直很有政治家的风度。以朋友身份告诉你，经常有人私下问我，让我把这次大选和1968年那次相比，我的回答是："区别在于，当我和汉弗莱参议员参加竞选并且共同面对越南问题时，我们都把国家放在首位。"我还说："而这次大选，我们遇见了一个这样的家伙，口无遮拦，想到什么说什么。"

汉弗莱：是的。

尼克松：悄悄告诉你，你要知道，早在3天前，我就已经胜券在握了。

汉弗莱：那肯定。

尼克松：（大笑）你可能也猜到了。

汉弗莱：没错。我几天前和亨利聊过一次。

尼克松：嗯。

汉弗莱：他们问我，这次是不是会达成一份像 1969 年那样的协议，我说不会。

尼克松：嗯，你说得很好。我曾让亨利给你打电话。我想你应该知情——

汉弗莱：谢谢。

尼克松：——10 天之内，你就会看到事情都会按部就班地进行。我们一星期前就知道了，但是不能说出来。我的意思是——

汉弗莱：嗯，我明白。

尼克松：但是，我理解那时候你要为你的人而战，我理解你这么做的原因，但是我也知道有些事不是你批准的。

汉弗莱：嗯，我以后还会和你交流。我知道的，你很清楚，我只是做了我不得不做的事。

尼克松：当然。

汉弗莱：否则的话，总统先生，我将为整个失败负责，而且——

尼克松：没错。（大笑）

汉弗莱：我明白。

尼克松：好吧，我们要团结一致，为了我们的国家更好。这才是最重要的。

汉弗莱：当然如此。今晚意义重大，我必须给你打这个电话。

尼克松：我非常高兴你能来电话。

"尽你所能，拿到最有利的协议。"

1972 年 11 月 18 日，中午 12∶02
理查德·尼克松和亨利·基辛格
白宫电话

大选结束 10 天后，越南和平协议就开始变得不牢靠了。这次，是美国的盟友南越动摇了。基辛格向总统尼克松报告，他接到了来自美国驻南越大使埃尔斯沃斯·邦克打来的电话。邦克说"情况不妙"。南越想要改变巴黎和谈中某次会议的条款。

……

基辛格：我想要跟您说的是，既然我们现在——我们接到了邦克打来的电话。我们还没有得到任何实质的消息，但是显然南越又开始想要推翻（之前的成果）。

尼克松：哦，老天。

基辛格：而且，我认为我们现在只需要继续，并且尽你所能，拿到最有利的协议——

尼克松：对。

基辛格：——然后再考虑南越的问题。

尼克松：他们是怎么捣乱的？

基辛格：嗯，他们显然向邦克提交了一份备忘录。他只说情况不妙。而且他们在我们这里的大使也向沙利文提出了一些问题。这是他们通常的做法。他们通常的做法是，先仔细研究我们给他们的文件，然后提出几个技术性问题，然后大做文章。

尼克松：嗯。

基辛格：但是——

尼克松：嗯，需要我再给他们寄一封信吗？

基辛格：不，我想我们现在需要耐心等待，总统先生，直到我们得到——直到我们弄清楚在巴黎将会发生什么。

尼克松：有道理。

基辛格：而且一旦我们得到了巴黎协议的文本，情况又会不同。

尼克松：所以，邦克说他们又想要推翻（之前的成果），这是在无理取闹。是吗？

基辛格：看来是这样的。但是，我们不能拖延谈判，也不能让河内发现我们遇到了麻烦。

尼克松：对，先生。

基辛格：他们会像拉手风琴一样和我们扯皮。

尼克松：没错。

基辛格：另外一件——

尼克松：但是，如果你认真考虑过，我实在想不出阮文绍还有什么别的选择。他妈的，我们已经告诉过他我们已经尽力了，结果会是——

基辛格：嗯——

尼克松：——但是另一方面，如果我们只是达成一个双边的协议，亨利，这——

基辛格：讨厌至极。

尼克松：确实讨厌，因为如果这样的话，我们之前做的一切就都白费了。你明白我的意思？大家都在说我们很多年前就该这么做了。

基辛格：嗯，如果我们能实现老挝和柬埔寨的停火；而且能够，当然，比方说让他们有能力保护自己的话。

尼克松：嗯。

基辛格：但这会是一次悲壮的尝试。

尼克松：嗯，也未必。谁也说不好——

基辛格：如果我们用双边的办法来处理——

尼克松：这可能会——

基辛格：但是我——我——

尼克松：他们知道你将要去巴黎，从他们的角度来说，这也是他们在讨价还价。

基辛格：基本上是这样，我是真不知道他们想怎么样。

尼克松：嗯。

基辛格：而且，他们还仍然在为停火做着各种准备。

尼克松：嗯，这点我也注意到了。

基辛格：但是，我还是想要跟您确认，您是否也认为我们应该继续谈判。我们没有时间调整了。

尼克松：嗯。好吧，还有别的选择吗？这意味着你——

基辛格：对，但是我们必须要——

尼克松：——不去了？

基辛格：没错。要求再推迟一次，不过我认为那几乎不可能。

尼克松：嗯，我们不能这么做。

基辛格：我的意思是不能晚于——

尼克松：不行——

基辛格：——我们宣布。

尼克松：——但是我会，嗯——我还是愿意你去。你的意思是他们——你难道不认为，他们会在你到达巴黎前争取更好的谈判地位？那难道不是——还是——

基辛格：哦，我觉得这只是可能性之一。他们仅仅是，嗯——

尼克松：嗯。

基辛格：——想要证明，如果他们要屈服，也会在那之后，而不是之前。

尼克松：嗯。

基辛格：而且，很可能他们觉得，他们得到的会比要求的少，所以最好要求的更多些。

尼克松：嗯，是的。嗯，我想你应该告诉邦克更强硬一些。他现在就很强硬了，是吗？

基辛格：嗯，是的。

……

基辛格：（流亡的前柬埔寨总理）西哈努克说过，他的利益都被北越人出卖了。他是这么对阿尔及利亚大使说的——

尼克松：嗯。

基辛格：——这是最令人震惊的例子之一，这也是一个美苏共同施压的例子，是苏联的压力让北越屈服的。

尼克松：没错，是这样，这次还那样办。尽你们所能。黑格对此没有异议，对吧？

基辛格：哦，当然没有，完全没有。他和我们想的一样。

尼克松：而且他也觉得，我们应该这样做，并且，嗯——

基辛格：黑格反对在谈判前和他们决裂，我也是这样看。

尼克松：哦，当然。没错。不行，现在要继续谈判。但是他们不能越过（约束条件）。他们——他们现在开始发布公开声明了？

基辛格：不，没有。这是私下里的交流。

尼克松：嗯，没错。好吧。去干吧。尽量努力——尽你所能，拿到最有利的协议。

基辛格：好。
尼克松：就这样，行吗？
基辛格：好的，总统先生。
尼克松：好的，亨利。好的。

"我们谈我们的和约，你玩儿你的泥巴。"

> 1972 年 11 月 18 日，中午 12：32
> 理查德·尼克松和鲍勃·霍尔德曼
> 白宫电话

"和平近在咫尺"，又飘然而去。由于阮文绍一直试图破坏他原本同意的和平协议，尼克松越来越倾向于单独与北越达成协议。他并不希望抛弃美国的盟友，但是为美国结束越战努力争取到最好的结果才是当务之急。

……

尼克松：嗯，亨利说他在阮文绍那里遇到了麻烦。他倒是想得美——
霍尔德曼：哦，真的吗？
尼克松：——从邦克和其他人那里传来的消息。他什么都想重新谈判。我告诉亨利"就直接去巴黎"，尽力争取有利的结果。然后，我们就只要，我觉得，告诉阮文绍："就这样了。如果你不同意，没问题。我们谈我们的和约，你玩儿你的泥巴。"这样确实强硬了些，但你不觉得现在就该这么办吗？
霍尔德曼：我觉得也没什么别的法子。
尼克松：没错。
霍尔德曼：因为，嗯——
尼克松：对，这主意不错；就该这样。唯一的问题是——主要问题是，万一到时候阮文绍真的不同意，当然，那会在一定程度上损害协议。但是，到那时就彻底越南化了，我们已经和其他各方达成协议了，我们正在撤出，而南越——

霍尔德曼：就靠他们自己了。

尼克松：——足够强，能够保卫自己，让南越他们自己来吧。

霍尔德曼：如果他垮台了，那我们就又回去了。

尼克松：我不觉得他们会垮台。

霍尔德曼：不论如何，他能撑过去。

尼克松：嗯，不过如果他继续占着茅坑不拉屎，就输定了，因为国会绝对不会再给他拨钱了。

霍尔德曼：没错，我们也已经告诉他了。

尼克松：对，我们还会再告诉他一次。

"他们坚持的都是些几乎无法解决的问题。"

> 1972年11月29日，下午7:35
> 理查德·尼克松和亚历山大·黑格
> 白宫电话

　　巴黎秘密谈判的问题在于，它并没有像正式谈判那样把四方都包括进来。虽然北越能够代表越南南方民族解放阵线，但是南越的缺席还是很大的损失。他们被告知，其国家命运是根据需要而确定的。这样的安排导致基辛格和阮文绍在10月底发生了争吵。南越人很清楚，大选后的第一轮秘密和平会谈于11月20日在巴黎举行。后续谈判安排在12月8日。其间，南越政府派出了特使阮富德（Nguyen Phu Duc）来到华盛顿。他和陈金芳（Tran Kim Phuong）大使试图分别同尼克松总统进行会谈，但均未成功。

……

尼克松：现在，就今天的事情，我的想法是——我也不知道对这群小丑还能怎么样，但是我们会——

黑格：对，我想从现在到他们离开这段时间，我们确实有几个难题要解决。他们在一些问题上还是非常强硬，我们正在做工作。

尼克松：嗯，他们是（轻声笑）——他们坚持的都是些几乎无法解决的问题。那——

黑格：没错，是这样的。

尼克松：但是，我们得立场坚定，你明白吗？我们——我的意思是，他们慢慢会意识到的，而且1月3日确实太晚了。（美国宪法规定国会要在1月3日前召集开会，除非此前提出了其他计划。国会直到1月18日才开会。）

黑格：没错。嗯，我想他们——

尼克松：你不同意？

黑格：——收到了那条信息——是的，先生，而且我觉得他们只是在奢望能有新的变化，其中有些根本不可能发生。

尼克松：但是，你难道不觉得我们应该更坚定吗？

黑格：我们必须这样。

尼克松：没错。好吧。这就是我们接下来要做的。

黑格：没错，先生。那么接下来——

尼克松：而且，嗯——

黑格：——这需要费一番功夫。

尼克松：你会和亨利一起去——？

黑格：去巴黎，没错，先生。

尼克松：很好。嗯，你只需要保证他按照既定方针，而且——

黑格：哦，他肯定会的。嗯。我并不担心这个——

尼克松：不，他当然会竭尽所能。

黑格：肯定是这样，先生。

尼克松：但是，与此同时，这些人——我们确实没有什么可以做的了，你明白吗？那些——他们必须明白所有这些——

黑格：一点儿没错，完全正确。

尼克松：你知道，那——

黑格：因此，他们[******]——马上要来了。这对他们来说是痛苦的。

尼克松：我知道。

黑格：他们只是 [******]。

尼克松：嗯，你知道，我今天向他们传达的信息已经是最强硬的了，我觉得是这样。

黑格：哦，不。天哪！这一点毫无疑问。他们——他们清楚。

尼克松：嗯。

黑格：他们清楚，而且我想明天我们应该把它整理成能够控制的两三个部分。

尼克松：没错。

黑格：就像给蛋糕撒上糖霜。

尼克松：嗯，好吧，艾尔，那就这样。

黑格：好的，先生。

"我们是在玩儿火。"

1972年11月30日，中午12：17
理查德·尼克松、鲍勃·霍尔德曼、亨利·基辛格和亚历山大·黑格
椭圆形办公室

两位来自南越的外交官还在华盛顿，他们正想方设法让南越也能参与和平谈判。尼克松在思考该如何应付他们——而更重要的是，该如何对待他们所代表的国家。

……

基辛格：这个小杂种（指阮富德）刚刚说的意思是让我们自己撤出去。光把我们的战俘撤走，让他们继续战斗。我想他们必须得弄清楚，如果真的那样，国会，无论您想干什么——北越会要求切断军事和经济援

助，作为——

尼克松：他们到底为什么呢？

霍尔德曼：他们到时候拿什么打仗？到时候连子弹都没得打。

基辛格：嗯，他们盘算的是，我们继续提供援助，他们自己作战。

尼克松：我猜他们也是想这么办。

基辛格：但是，必须告诉他们，国会是不会——

……

尼克松：不，抱歉，但是没关系，反正我已经签署了——指示国会切断一切军事及经济援助。就这样了。[******]

基辛格：但是，我敢肯定国会无论如何都不会同意的。

尼克松：嗯。我不会担心——

基辛格：所以您不会当恶人了。

尼克松：我也准备好做一个恶棍了。

基辛格：您与越南人取得联系了吗？

尼克松：亨利，你必须跟他说，由你向我汇报。我是不会听他废话的。

基辛格：好的，好的。

尼克松：我们要直截了当，尽快了结这事儿[******]。好吧，我们希望他们变得讲理了，看来是大错特错。

基辛格：[******]协议达成后，他们不会说他们[******]——

尼克松：没错。

基辛格：[******]

尼克松：好吧，是你告诉他我在中途岛进行会谈的事情呢，还是我亲自跟他说？

基辛格：好吧，这些家伙——主要的问题是，他们手上有这个朋克风的小鬼，这位30岁的原告（黄德雅），他——

尼克松：嗯嗯。

基辛格：——演了一出瓦格纳式的歌剧。我的意思是说，我必须得说，这话我也告诉过黑格，当我今天早上看协议内容的时候，当你听这些家伙说话的时候，你甚至会怀疑自己的神志是不是正常。

尼克松：是的，这是个好理由。

基辛格：[******] 但是——

尼克松：[******] 我们继续，而且，坦率地讲，你要继续和北越人进行协商，而我们会切断经济援助。但是，当然，这意味着我们前功尽弃了。

基辛格：嗯，我们完全可以把这事扔给国会。

尼克松：是的，我觉得黄德雅会理解的。

基辛格：除了黄德雅，南越驻美大使（陈金芳）也会理解的。

尼克松：这当然是我苦口婆心跟他解释的结果。天哪，他[******]——

基辛格：总统先生，您的口才真是一流。

尼克松：这有用吗？

基辛格：您本可以不——

尼克松：这难道没起任何作用吗？那——

基辛格：哦，当然不是，不是的。我——我已经和这些家伙接洽过了。他们——他们愿意耐心等候，直到凌晨时分的最后一刻。

尼克松：好吧——

基辛格：我的意思是说，这好多了，比起——

尼克松：然后，你会在星期六达成协议吗？

基辛格：没错。

尼克松：然后签字，接下来会发生什么呢？你再回到这里，然后干什么呢？

基辛格：然后，我们就向他们说明来龙去脉——

尼克松：我们会让他回来，然后——对他们说："你们想和总统先生见面吗？"

基辛格：没错，没错。

尼克松：这就是你要说的？为了达成协议，我们继续谈判，但切断经济援助吗？好吧。

基辛格：好吧，我会在星期一和北越人见面，他们现在也有一条给我们的信息。或许他们已近乎抓狂了。他们都是疯子。我是说，这就是跟越南人打交道的麻烦所在，他们——

尼克松：没错，但不要担心，坐下来。他们会来这儿的。一定会来的。

基辛格：他们正在为之奋斗——

尼克松：你觉得——你会不会觉得——哈，北越人这个时候会不会也结束谈判。不，他们不能——

基辛格：我们已经——为什么呢——他们可以这么做，但是，自打我们和这两拨发了疯的越南人进行该死的谈判以来，我们就是在玩儿火。

……

尼克松：对于这些人，我们现在别无选择。

黑格：说得没错，我们——

尼克松：该死的，我知道这个小家伙（阮富德）心知肚明，但是如果他们要自杀的话，我们也无计可施。他们打算这么做吗？

黑格：不。我不这么认为。这简直难以置信。这个男人才不会自杀呢。

尼克松：你这么想？

黑格：是的。

尼克松：为什么他今早发送那样一条信息？亨利来过这 [******]，大意是说阮文绍已经制订好计划了，我们该做的就是独自处理这件事，他也会亲自接手。他真的？

黑格：并不完全是这样的。好吧——这也是他极力想避免的事情。他那时候说："看在老天的分儿上，如果我不能谈妥这三条原则——"

尼克松：是吗？

黑格："——然后试图制定类似于5月8日提议那样的方案，其中提出，我们停止布雷和轰炸，对方要释放战俘和停战。然后，我们将继续在您的协助下对停火进行监控。如果他们违反协议，到时候我们希望您能进行干预。"

尼克松：如果协议得到遵守，我们不能干预介入——

黑格：协议会被履行的。好吧，我告诉过他，这会杀了我们，如果苏联人——

尼克松：[******] 我们应该继续向前，他说他收到了一条来自北越的信息。或许他们会取消协商谈判。艾尔，你觉得他们会这样做吗？

黑格：不，我不这么认为。

尼克松：为什么？

黑格：他们想达成协议，这点我是坚信的。但是他们已经 [******]——

尼克松：我对他说的关于国会的事情全是真的。[******] 援助他们。

黑格：那当然没错。

尼克松：我也是从高华德那里得到的消息。高华德，上帝啊。[******] 他说："这件事一旦公之于众，而你又没法接受的话，你就惨了。"

黑格：没错。

尼克松：他们必须理解这一点。我是说，援助会被切断，就像这样。（拍桌子）像这样。（拍桌子）他们不能这么做。我觉得，如果他愿意，在中途岛召开会议是个很棒的想法。但是，会议前提是我们要点头同意 [******]。否则，我是不会去那里进行协议谈判的。

黑格：这不可能。

尼克松：他会 [******]——

黑格：他们会抗争到底的——

尼克松：什么？

黑格：——他会坚持到最后一刻。

尼克松：你在说什么？

黑格：他们会抗争到底的。现在，不管你做什么，他们都不会停止抗争的，他们清楚这一点。

尼克松：你准备什么时候走？

黑格：我计划15号走，总统先生（黑格准备在12月15日启程前往西贡，与阮文绍会面）。

尼克松：好吧，看来你得好好休息一下了。

黑格：[******]

尼克松：亨利——他撑不了多久。你知道我在说什么吧？他——你知道我的意思吗？这——这对于他来说很困难。但是——一种情感模式——

黑格：情况更糟糕。好吧，以前——他有一段时间，大概是3星期左右的时间，我认为他变得不切实际了。这种感觉在巴黎的时候就开始了，在10月在巴黎进行的第一轮会谈中。他一意孤行，对所有劝告置若罔闻，我能给他的只有——

尼克松：好吧，我以前也试着告诉他，你知道的，我可不希望看到那种该死的场景。但是，你知道他为什么要那么做吗？他想赶在大选之前达成和平协议。大选之后，没有人会那样做了。

黑格：没错。

尼克松：上帝啊，千万别做那样的事情。然后发生了什么？

黑格：然后，在西贡，真的和他失去了联系，因为他向北越发送了两条信息，同意 [******]，并且知道阮文绍对此并不同意，所以一切都要小心。这也就是我们现在所面对的问题的源头。但是这一星期，他开始有所改变，我认为他在上星期真的做得很好。

尼克松：你会和他一起吗？

黑格：会的，总统先生。

尼克松：会谈时你也会在场吗？

黑格：是的，总统先生。事实上，我出席了两次私人会谈。（黑格指的是11月24日和25日举行的两次私人会谈，会谈的对象分别是黎德寿和春水。）而且我们做出了正确的决定，我们不得不延后。好吧，如果没有阮文绍，我们干不成这件事。

尼克松：阮文绍肯定从中也有所得吧。而且那次和参谋长联席会议的会谈也会帮上忙的。

黑格：会的，没错。而且，您知道的，我不认为他会那样做，我觉得他顶多过来走走过场，然后我们要在未来的24小时内完成协商谈判。

尼克松：是呀。在随后的24小时内，他会过来和我们会面吗？

黑格：我们得抓紧点儿。

尼克松：我觉得他会等的，你们不觉得他会等吗？

黑格：您明白我们得到了什么？好吧，他会以某种方式做出警告。但是他必须得清楚——

尼克松：重点是——重点是事情已经结束了。我跟他说过，亨利会负责此事，亨利会去处理这件该死的事情。在这周末，他们要么来，要么走。这是我的看法，如果他说去，而且是单独去，那么我们就被置于这样一种地位。我们会和北越人签订一份什么样的协议？仅仅是以撤退换回战俘，是吗？

黑格：并且——

尼克松：你和他们讲不通道理——

黑格：——停止布雷和轰炸——

尼克松：是吗？

黑格：是的，停止布雷和轰炸。

尼克松：为什么我们不能以停止布雷和轰炸换回战俘呢？[******] 这也算是

结束这场该死的战争的一种方式啊。

"他必须得拿出强硬态度，而且，如有必要，我们要中断和谈。"

1972年12月4日，下午7：51
理查德·尼克松和理查德·肯尼迪
白宫电话

12月4日，基辛格和黑格飞往巴黎与黎德寿举行会谈。他们极其希望越南和谈能够恢复正常，尤其是在10月末的变故之后。他们察觉到，黎德寿不紧不慢，一点也不着急，本来美国总统大选对于他而言是某种形式的最后期限。但他现在却是优哉游哉，极尽拖延之能事，再次露出了以前冥顽不化的嘴脸。理查德·肯尼迪是美国国家安全委员会的一名职员，他向尼克松报告了这一令人失望的情况。要想解决这一问题，让北越人重回谈判桌不是一件容易的事情，尤其考虑到当前的情形，美国在期待停火的情况下仍然对南越进行了全面而迅速的武装。尼克松在听肯尼迪的报告时，考虑到了美国民众。他认为，美国民众再也不想听到任何有关和平谈判进程的消息了，他们需要的只是行动和结果。

……

尼克松：你好？
肯尼迪：总统先生吗？
尼克松：是的。
肯尼迪：总统先生，我是肯尼迪上校。
尼克松：我知道。巴黎方面的情况怎么样了？
肯尼迪：哦，我们已经——这篇报告很长，总统先生。
尼克松：好吧。

肯尼迪：我原本打算送交给您，或者马上给您送过去。我们正在重新整理打印，让您读起来轻松。

尼克松：好的，我明白了。很好。

肯尼迪：他——他们很强硬。

尼克松：是，我早料到会这样。

肯尼迪：而且他感觉，我们很可能会中断和谈。

尼克松：嗯。

肯尼迪：他们的立场就是不想有任何松动。

尼克松：嗯。

肯尼迪：现在，他只是不[******]——可能的是，事实上，他们正在威胁我们，想吓倒我们。

尼克松：嗯。

肯尼迪：他们猜测我们可能会有麻烦，一方面是西贡这边的问题，另一方面来自国内——

尼克松：嗯。

肯尼迪：——这样的话，他们就能利用这一点，让谈判倒退回我们之前达成的谅解[******]——

尼克松：9月（10月）8日达成的谅解。是的。

肯尼迪：所以，亨利认为，我们要强硬起来，做出暗示——我们要坚持上星期的改动意见，并且将现存的两大问题归结到对行政架构做出正确的越南语翻译的问题上来——

尼克松：没错。

肯尼迪：——还有我们的一个构想是——我们提出了其中的三项，关于——建立准则，规定北越没有任何合法权力对南越进行不定期的干预。

尼克松：没错。

肯尼迪：然后，我们放弃其他请求，作为交换，他们要放弃对于有关平民囚犯和美国公民的决定的变动。

尼克松：说得对。

肯尼迪：现在，如果他们买账的话，我们就能有所收获——

尼克松：嗯。

肯尼迪：——尽管这仍然会给我们与西贡方面的关系留下一些问题，但至少，我们在面对他们时，可以处于一种完全正当有理的地位。

尼克松：是的。

肯尼迪：另外一方面，如果他们不同意，对此，他认为，我们在国内的处境也不会差到哪里去。不论事情有多难，我们总是可以说，我们是被翻译耍了，而且正如我们从一开始就声称的那样，我们始终坚持保留我们的意见——

尼克松：嗯。

肯尼迪：——而且，他们试图歪曲措辞的含义，将其描述成一个——将委员会描述成一个类政府的机构。

尼克松：是的。

肯尼迪：另外，在军事问题上，他们实际上在试图达成一项协议，为他们长期驻军找借口——尤其是在南越驻军。

尼克松：没错。

肯尼迪：所以，按我说，他 [******]——

尼克松：好吧，我觉得我们最好——我真的觉得我可以感觉到——不用看整个信息——我是说，不用逐词逐句细读——你最好给他传达一条消息，大意就说，我们一定要坚守自己的立场。我——我是说，就像你说的那样——

肯尼迪：没问题。

尼克松：——当然，你说的都是我们事先取得共识的——

肯尼迪：是的。

尼克松：——我们不能——我们不能出尔反尔。这是——第一点。

肯尼迪：好的。

尼克松：第二，他必须对他们表现出强硬的态度，如有必要——我们将要中断和谈。

肯尼迪：好的。

尼克松：我们真的别无选择，因为，基本上，我们不能两手空空地前往西贡。

肯尼迪：好吧，我觉得这也是他的观点。如果我们改变策略，我们就很有可能会前功尽弃，前几星期的努力都会白费，我们真的就会两手空空地前往西贡。

尼克松：没错。

肯尼迪：而且这——这可能会在国内引发一些问题，因为民众会认为我们一事无成。

尼克松：嗯。

肯尼迪：而且阮文绍，很有可能——在他看来——如果我们这样做，阮文绍会崩溃的。

尼克松：是啊。

肯尼迪：他难以挺过——

尼克松：是的。

肯尼迪：——不能熬过这一关。

尼克松：好吧，这也是亨利的观点，对吧？他——他的观点就是，我们目前达成的一致，是我们必须确保实现的最低目标。而且——

肯尼迪：是的，总统先生。没错——

尼克松：嗯。好吧，你就跟他说，我们坚持先前的立场，他们要么接受，要么滚蛋。

肯尼迪：好的。

尼克松：怎么选择是他们的事，我们自己也有其他的选择。

肯尼迪：现在——亨利说他要求我在今天早些时候给多勃雷宁打个电话——

尼克松：好的。

肯尼迪：——跟他说明大致情况。是——

尼克松：没错。

肯尼迪：——是对方的不妥协、不让步，导致了这个问题。而且，如果——

尼克松：好的。

肯尼迪：——产生任何后果，他们应对此负责。

尼克松：没错。

肯尼迪：我是这么说的。

尼克松：好的。

肯尼迪：他晚上还见到中国大使了——

尼克松：是吗？

肯尼迪：——并且他说了同样的话——

尼克松：嗯。

肯尼迪：——在巴黎。

尼克松：没错，好吧，我觉得主要是要在他早上会面之前，现在那里已经是午夜了——

肯尼迪：是的，总统先生。

尼克松：——你就跟他说，他的方向没错，让他继续前进。

肯尼迪：好的，总统先生。

尼克松：我们——我们会将此——记录在案，是他们的不妥协导致了和谈的中断——

肯尼迪：是，先生。

尼克松：——而不是我们执意要求变动。

656　肯尼迪：这才是关键——

尼克松：而且那是——

肯尼迪：——他的措施的要点。

尼克松：可不是嘛，实情也是如此——

肯尼迪：没错。

尼克松：——因为——

肯尼迪：他感觉到，如果和谈中断，很可能——您必须得抽身出来，像过去一样再次将公众团结起来——做出坚定而且清晰的号召。而且，他也列出了您所建议的一些要点。强调是他们的不妥协和他们破绽百出的诡计导致了谈判中断。

尼克松：嗯，好吧。这是——这有点儿牵强。我的意思是说，我明白亨利关于过去情况的想法，当时我们是可以这么做的。目前我们所面对的困难是——我们可能不得不这么做了。我们要认识到，我们本身已经被拳头逼入角落里了，原因在于，你知道的，期望过高。

肯尼迪：没错，总统先生。

尼克松：你明白了吗？

肯尼迪：明白了。

尼克松：所以，我认为你应该暗示——在消息中——就说，让我们直面民众的想法是非常——现在的情况十分微妙。我的意思是说，这是——我不认为它是——切实可行的。我认为我们，最好中断谈判，然后去做我们必须做的事情。

肯尼迪：好的。是，总统先生。

尼克松：我是说——我觉得亨利不能纯粹依赖他对现状的判断，"好吧，我们就像 11 月 3 日在柬埔寨那样，还有 5 月 8 号那次，等等，重新动员民众，然后事情就会重回正轨了"，但是情况自那以后已经发生了很大的变化，你明白，结果——

肯尼迪：是的。

尼克松：——结果就是目前这种状况。而且，所以——但是重点是他必须强硬起来，但别指望我们能发表一场电视演说，公开叫嚣进行轰炸——

肯尼迪：是的，他觉得我们必须——再次使轰炸升级，作为 [******]——

尼克松：哦，我明白。

肯尼迪：好的。

尼克松：我很清楚。

肯尼迪：当然。

尼克松：我们可能会那样做。

肯尼迪：好的。

尼克松：但是，我并不认为——

肯尼迪：但是，如果没有——

尼克松：但为了达到那样的目的而发表电视演讲——

肯尼迪：没错。

尼克松：——我并不认为这是切实可行的。我觉得我们有必要这样做，但我觉得他更应该做出暗示——另外一条出路就是使谈判继续进行下去，而且我觉得这点他也办不到，对吧？

肯尼迪：当然，这也是他一直以来所坚持的做法。

尼克松：是的。

肯尼迪：回到之前的立场。把我们的提议削减到这两点——

尼克松：是的。

肯尼迪：——并且坚称双方都应该坚持上星期达成的共识。

尼克松：没错。这就是我们要说的：我们会同意——我们会坚持上星期达成的共识，否则我们将别无选择，只能中断和谈。但是，一定要告诉亨利，他不能指望我们为达到这一目的而发表电视演说。我觉得我们这次——非得这样做不可。

肯尼迪：没错。

尼克松：因为电视演说——并不是那么切实可行的。他们什么时候会再会面？

肯尼迪：明天下午，巴黎时间 15 点。我们这边是 9 点。是的，没错，我们这边是 9 点。

尼克松：我们的时间是 9 点。

肯尼迪：是的，总统先生。

尼克松：嗯。嗯。现在——好吧，我真的觉得我们在今晚要把这些信息传达给他。

肯尼迪：好的，总统先生。我马上去办。

尼克松：我的意思是说——我们必须坚持，我们已经达成的共识是最起码的底线。如果他们不同意的话，我们只能认为他们违背了协议，欺骗了我们。那个时候，我们就必须得寻求其他出路了，我们真的会这么做的。但是，我不想让他有任何错觉——我们那时候会在国内发表电视讲话，我是说，国内状况远比我们想的复杂——

肯尼迪：是，总统先生。

尼克松：——现在有很多事情并不如愿。

肯尼迪：好吧——这——这些都是因为新闻媒体给了我们很大的压力——

尼克松：没错。

肯尼迪：——现在事情的发展已经接近高潮，而且——

尼克松：没错。

肯尼迪：——那里肯定会到处蔓延失望的情绪，但是——

尼克松：没错。

肯尼迪：——另外一方面，我觉得——

尼克松：另外——我们——理解，这么做我没有意见。

肯尼迪：是的。

尼克松：我只是在怀疑让事态发展升级的想法——我会说："好吧，和谈已经中止。"并且宣称："现在我们要重新开始狂轰滥炸了。"诸如此类的事情。

肯尼迪：是的，总统先生。

尼克松：我觉得正确的做法就是恢复轰炸。这——这就意味着我们将恢复到我们本来的状态，但是——我不认为我们得再发表一次电视演讲，公开谈论这件事。

肯尼迪：没错，总统先生。

尼克松：而且，既然是他提出来的，他得再仔细考虑一下。对吧？

肯尼迪：是的，总统先生。

尼克松：很好，没错。

肯尼迪：我马上去办 [******]——

尼克松：去办吧——

肯尼迪：——其他事情都刚刚做完，我会把它发出去的。

[******]

肯尼迪：我是指给他的消息。

尼克松：你就这么干吧。我不觉得这会带来多大改变。它其实（咯咯笑）极其详细，对吧？

肯尼迪：没错，总统先生。但是，它详细阐述了我们刚才讨论的要点。

尼克松：好吧，很好。

肯尼迪：好的，总统先生。

"他们都在说我们快要达成协议了。"

1972年12月12日，下午5：50
理查德·尼克松和亚历山大·黑格
椭圆形办公室

首要的挑战是要让南越同意和平协议。而且，现在北越也动摇了。随着美国大选的结束，除了理查德·尼克松，对其他各方而言，促使他们同意进行和谈的压力都消除了。

……

尼克松：好吧，早前 [******]。你收到亨利的信息了吗？

黑格：还没收到。我已经叫他发过了。那条信息很长很长。他在信息中列出了所有我们应该做的事情，包括现在我们该如何跟进；亨利对南越总统阮文绍的看法；亨利对本次军事行动的看法；亨利关于我们该如何公开处理此事的看法，以及我们应该怎么应对；如何与他们保持对话以避免谈判破裂。您也知道，许多新闻报道——也许听起来很振奋人心，但这是因为他们压根儿就没讲什么实质性的人和事，这些家伙都在胡扯。他们——

尼克松：他们都在说我们快要达成协议了。

黑格：（咯咯笑）是的。

尼克松：他们都错了。

黑格：他们都错了。

尼克松：但他们也有可能是对的。

黑格：对，有可能是对的。

尼克松：你懂我在说什么吧？大体上，他们可能没错，因为最终会达成一份协议。但他们错在对时机的判断；现在可不是必须达成协议的时候。当然，这是我的看法。你觉得呢？

黑格：总统先生，我也同意您的观点。10月6号之后的所有情报，包括一些原报道，我都有所了解。我只是觉得，河内能够振作起来并坚持下去，简直不可思议。他们这么做也是有原因的，他们已经命令党内的干部们，将在南方的军队重组为规模更小的单位，每个人都收到了指示。

尼克松：好吧，但是这意味着什么呢？

黑格：好吧，我认为他们将会——他们想要利用期待中的我们这方面的圣诞节前的焦虑，而且，我们 [******]——

尼克松：我的意思是说：我正在谈论亨利的那条长长的信息，艾尔。查验哪里出了差错，无异于一场痛苦的考验，但结果却一无所获。你懂我的意思是——

黑格：是的。

尼克松：——就把它忘掉吧。我对此没有一点儿兴趣。

黑格：是，总统先生。

尼克松：这样检查，什么也得不到：他们提出这个，我们提出那个，他们是狗娘养的，诸如此类。所以忘掉这一切吧，所有的一切——现在我们应该担心的是去往何方。重点是——我之前也跟你讲过——他明天必须去参加会谈。你就替我向他——向他传达一下我的意思，明白吗？

黑格：没问题，总统先生。我会把信息传递给他，然后叮嘱他要随机应变、见机行事——

尼克松：好的，当然前提是他觉得这样做是明智之举。除非身临其境，否则咱们无法判断是明智还是愚蠢。

黑格：没错。

尼克松：他直觉敏锐。他会做出判断的。

黑格：的确如此。他之前非常明确地表示会把事情妥善处理——

尼克松：是的。

黑格：——这会大大降低他们公开抨击的概率。尽管今天他们对阮文绍的反应已经相当激烈了。（黑格指的是北越对于南越总统阮文绍在12月12日演讲的反应。）

尼克松：他们怎么表态？

黑格：好吧，他们说这种要求简直是无理取闹，美国人应该负责。随后，萍夫人的态度也大体如此，除了——她暗示我们不应该允许他在我们之间当第三者。

尼克松：嗯。

黑格：但是河内有一点儿——

尼克松：什么？

黑格：——对阮文绍和我们的攻击太直接了，表示他就是我们的一个傀儡，是我们观点的延伸，并且声称我们并不想真正达成协议，而是在不断增加军事供给，甚至全民武装——他们说，有成千上万的士兵——我们并不希望看到真正的和平，我们只是想继续越南化的进程。

尼克松：嗯。

黑格：这与他们在谈判桌上的口径如出一辙。

尼克松：嗯——

黑格：他们在做同样的——

尼克松：艾尔，你怎么看——当你谈及最为关键的事情时，首先，亨利必须确保明天的会议顺利进行，并且尽己所能，找到解决方案。

黑格：没错。

尼克松：然后，他会回来。接着，他可能——可能会让在这儿的人失望。每个人都想着事情进展不错，但这不会给我造成困扰。我是说，我们完全可以接受失望的情绪。

黑格：嗯，没错。

尼克松：诸如此类。而且——你发现了没，他绝对不会认为会谈失败就是世界末日的——

黑格：那肯定了。

尼克松：——此时此刻吗？我的意思是说，我不认为——当亨利走时，他会受你影响保持那样的心态，或者他会——？他离开的时候，对于周六的会谈期许很高，甚至在他回来的时候也仍然如此。

黑格：是的，他对周六的会谈寄予厚望。

尼克松：因为你回来的时候，很显然 [******]——

黑格：而且我必须说，考虑到周六的会谈，我们面临的局面，要么是对方妥协，要么是失败，要么就是——

尼克松：说得没错。

黑格：——他们实际的所作所为，事情就是这样。

尼克松：然后，什么事都不会发生。

黑格：然后，什么事都不会发生。因为他们再次提出了我们在周五和周六苦心解决的问题。

尼克松：你觉得到底发生了什么？我完全猜不透。我不知道。

黑格：好吧，我——您也知道，客观来说，我们做了很多很多事情，都快把他们逼疯了。我是说，天哪，我们已经投入了价值10亿美元的装备。我们不得不——

尼克松：[******] 好吧——那么现在——我们周六那天很失望。很明显，亨利在周一的时候也是眉头紧锁。明白了吧，要想看清局势，比起读三四十页的报告，我看他的反应就够了——

黑格：当然了。

尼克松：——为什么——你知道我的意思吧。你也可以的，我们都清楚。目前，他失望的原因在于期望过高。他的理想破灭了，完全粉碎了。在我看来，他一开始就不应该抱有那么高的期许，本来他可以避免这种悲剧的。我认为关键在于对时局的把控和判断。我是对了还是错了？

如果我错了，我立马开始读这些资料。

黑格：您是对的，我认为——

尼克松：[******]

黑格：您说得太对了，总统先生。我觉得这件事，我们应该——所有的迹象表明，他们想达成协议，而且我认为他们最终一定会达成的。但他们是共产主义者，精明得很，一点亏也不会吃。不管是花费两个月、一个月还是一周，他们都不在乎。只要他们能得到最有利的协议就行。

尼克松：那么，明天 [******] 我们该怎么安排齐格勒的新闻发布会呢？亨利对此有什么建议吗？

黑格：这个，他说他已经有所安排。我觉得我们可以说——我觉得亨利也是这个意思——那就是他会回来与我们磋商。

尼克松：好吧，那我明天尽量早到。我一到就打你电话，然后你就进来，咱们再好好谈一谈这件事情。

黑格：遵命，总统先生。

尼克松：咱们两个负责明确齐格勒的立场。

黑格：好的——

尼克松："他回来就是为了磋商，但是我们还有很多棘手的问题有待解决。"坦白地讲，我觉得我们应该这样说——不，不，我们不能说我们取得了进步，以防他们矢口否认。不，我是说，我也不知道。的确取得了一些进展——

黑格：取得了进展，我们能——我认为我们可以说——

尼克松："我们取得了一些进展，但仍然有一些棘手的问题有待解决，我们正在努力解决。"

黑格：没错。

尼克松："他回来是为了商讨。""什么时候恢复会谈呢？""我们会尽快——当双方达成共识，共同探讨卓有成效的解决方案时。"这就是我打算说的，就像这样，然后走出房间。

黑格：没错。随后，当有一个 [******]——

尼克松：现在，让我来谈谈关键问题：你真的觉得我们不应该再次轰炸吗？你不认为吗？你也看见了，真正的问题是如果我们那么做了，那帮浑蛋就会以此为借口，拒绝谈判。而且，是的，他们可能 [******]。我不知道。

黑格：不，总统先生。我担心，取决于引起困扰的真正原因是什么，如果是整个事件的话，我认为我们应该开始采取行动，狠揍他们。而且，我们必须认识到这会很艰难，但是，他妈的，更艰难的事我们都挺过去了。

尼克松：[******]

黑格：情况也不会——况且情况也不会那么糟糕。

尼克松：不，不，不。好吧，大选结束了，现在是圣诞节期间，就让我们忘掉大选以及诸如此类的事情吧。[******] 我们就说，我们这样做是因为他们——我们希望谈判能继续进行。听着，我不知道。我们该说些什么？为什么我们要说加强轰炸呢？

黑格：好吧，我认为我们必须——

尼克松：我们可不要做行动的矮子，光说不练，我们要开始行动了。他们可能会说："黎德寿就在那里。"然后我们回应道："那又怎样，敌人正在那里集结。"

黑格：的确如此——

尼克松：我准备就这么说。

黑格：军队集结。和谈已经延期进行了，超乎我们的预想。我们可不能犯傻，浪费时间，拖拖拉拉。我们已经准备好，一旦我们达成协议，就停止行动。当然，行动一定会结束。

尼克松：但是，随后，在我们达成协议之前，绝不能停止轰炸北越。

黑格：直到我们得到想要的——

尼克松：这是关键。我们不能停止轰炸。现在，这就是关键，我们犯了错误，在我们能达成协议之前就停止了轰炸，艾尔。

黑格：并且，我们很有可能会——感受到来自多勃雷宁的压力。与此同时，我相信，亨利回来的时候，一定会有一大堆的理由来论证我们不应该这么做。我们必须认真考虑。他可能会知道些我们所不知道的事情。或者他可能得到了黎德寿做出的一些保证，而我们还不知道。

尼克松：没错。

黑格：但是，我的直觉告诉我，他们只知其一，不知其二。如果他们想在国会复会前一直都耍我们，那么恢复会谈的难度会比议员们返回华盛顿后更难。而且我们会面临天气的挑战，B-52战略轰炸机非常了不起，可以保证全天候运行，但是，总统先生，它们需要护航飞机，而这些护航飞机又对天气特别敏感。尽管从技术层面上讲，这些战机可能毫无破绽，但如果没有合适的天气条件，战机是不能在没有充分天气保障的情况下出动的。该死的，除此之外，当我坐下来模拟作战时，还有另一个复杂因素：阮文绍要求停火。按照惯例，双方会有季节性的停火，而我们要做的就是在这当中周旋，认真思考，如何处理这一问题。我认为，坦率地说，这一问题，河内方面是相当关注的。他们可不希望我们开始轰炸，现在他们意识到了，他们面临着一个困局——

尼克松：停火会在什么时候开始？又会在什么时候结束呢？

黑格：好吧，他提出——通常来说，会从圣诞节期间开始——

尼克松：一直到新年吗？

黑格：——从圣诞节前夜的午夜，一直到圣诞节后的第一个午夜。在新年他们还有另一轮停火。双方有时会延长停火时间。他们只会在特定时间段内停火。

尼克松：[******]

黑格：阮文绍说会从今天开始，但是这与——

尼克松：他指的是较长时间的停火吗？

黑格：但是这与战俘交换相关联。

尼克松：见鬼了，他居然这么干了。他们是一个战俘也不会给我们了。

黑格：现在，亨利的想法是——

尼克松：这件该死的事情。他比谁都清楚。

黑格：他确实很清楚。

尼克松：什么？

黑格：那些掩人耳目的话是用来减轻他自己的压力的，展现他的宽宏大量。现在，我们可能要派副总统出马，好好收拾这个家伙了。

尼克松：是的。关于什么的[******]？我是说，在达成协定之前吗？

黑格：这么说："听着——"

尼克松：他会跟他说些什么呢？

黑格："——上帝在上，我们想让你知道我们正在采取行动，你是不是要继续坚持呢？这会让你们走向毁灭。我们必须采取军事行动了。我们要尽己所能给河内施加压力。"好吧，我觉得我们真得好好想想。或许我应该这么做，我也不知道。但是，我想阮文绍现在真是脱缰了，得好好管教管教。

尼克松：我同意。可能你要走一趟了。或许让副总统为此亲自出马有点儿——

黑格：可能有点草率。

尼克松：但是对阮文绍，我们必须摆出最强硬的态度。他妈的，他到底有没有关注过这件事情？不可否认，这很难。我们以前就知道，这会很难。只是现在的情形比我们预想的更难。亨利在大选之前抱有太高的期望了。

黑格：是的，没错——

尼克松：我从来没想过——你知道的，我从来没那样过。你知道的，我从来不好高骛远，而且我相信你也和我一样——

黑格：您没有，也不会那样的，我也一样。

尼克松：是吧？你曾经——？

黑格：从来没有。

尼克松：真的吗？我从来没有过。我记得当亨利走进来时，他说："哈哈，我们三项外交行动都成功了。"（此处"三"指的是1972年美国在外交领域取得的三项胜利：中国、苏联和越南。）我等待着——第二天早上，他冷静了许多。他也意识到自己有点儿激动过头了。搞什么鬼？你去越南，一无所获，只得到阮文绍的一记耳光，对吧？但你应该清楚，是了结这件事的时候了。

黑格：没错，这绝对——

尼克松：这也是邦克那通电话的中心意思吧，是吧？

黑格：是的。

尼克松：据我了解，他说——

黑格：没错，我们一直支持这家伙。我们付出了所有，现在该是他挺身而出的时候了。

尼克松：是的，艾尔，你说得没错。艾布拉姆斯方面没有任何风吹草动，他什么话都没说。尽管如此，我还记得他在一个场合说过："好吧，我们要适当给他松松绑，然后看看他能干什么。现在时机已经成熟了。他依赖我们太长时间了。"

黑格：是的，我同意——

尼克松：难道不正是如此吗？

黑格：是的，总统先生。我完全同意他的话。我们必须要——要回头处理这件事情了。但我真的觉得我们的立场比他们坚定得多，总统先生。我真的这么认为。

尼克松：比北越吗？

黑格：我认为我们的处境更好，我们——

尼克松：为什么？

黑格：——必须一直保持自信——

尼克松：为什么我们的处境更好呢？

黑格：因为他们在南越损伤很大。他们——

尼克松：可恶，我们要是再次轰炸该多好。

黑格：是的。他们肯定受不了。

尼克松：这也是为什么他们一直——如果他们看起来是和平友善的话，原因就在于他们害怕轰炸。我实在想不出还有什么原因了。我希望你能替我向他传达信息。我——告诉亨利，我不希望他做出任何限制我的选项的事情，非常清晰的选项，即恢复对北越的密集轰炸。而且——你也知道，在某种程度上，保持这一选项的可能性要更好——比付出代价，让他们在他离开的时候说几句好听的话要更好。

"我不明白为什么河内本周不达成协议，非要在未来三周进行协商。"

1972年12月14日，上午10：08
理查德·尼克松、亨利·基辛格和亚历山大·黑格
椭圆形办公室

当基辛格返回华盛顿时，他向尼克松报告称，刚刚结束的和谈未能，甚

至没有接近达成和平协议。两人的会谈很快转向了军事解决以及迅速发动对北越的全力轰炸。基辛格本人也失去了自信，他不再对和谈结果抱有任何期许，除非发动另一波攻势。当代人和历史学家都对当时白宫的态度进行了分析，认为当时不进行轰炸或许也能达成和平协定，然而不可否认的是，河内在当时的态度极不稳定。许多坚持强硬路线的人都坚定地认为，战争可以而且也应该继续下去。轰炸或许安抚了他们。这次对话对于结束这场战争至关重要，基辛格和尼克松总统重新界定了短期内美国对阮文绍统治下的南越以及整个地区的义务。

……

基辛格：首先，我来给您评估一下协商到底进行得怎么样了。他们在11月返回谈判；——他们在11月20日到达，下定决心要达成协议。当黎德寿抵达机场时，他说："如果我们举行第二次会谈，将令人无法理解——如果有人要求召开第二次会议的话。"我们向他们提出了69处修改，其中大多数是废话，只是为了走走形式，支持一下西贡。而他们，非但没有发脾气，而是公事公办。他们接受了当中的12处内容；我们则是4处。

尼克松：等一下。你说的到底是哪一天？

基辛格：第一天，11月20日。

尼克松：哦，那就是大选之后。

基辛格：从11月20日到11月24日之间——

尼克松：就在这段时间，他们做出了12处让步。

基辛格：对，那个时候，他们做出了第一个妥协——12处妥协，实话说，我们仅用了一天的时间。我们说："4处更改之中有3处最为关键，如果我们能让他们在其中两项上做出让步——"

尼克松：嗯。

基辛格："——我们就达成协议了。"本来，如果我们能在3处之中的一处获得他们的让步，我们就会同意了。

尼克松：没错。

基辛格：那很简单。

尼克松：然后呢？

基辛格：第三天最后的时候，他收到一条消息，伏案细读，脸色大变，立即要求休会，自此，事态截然不同。紧接着，第二天，他提出了新的要求，以前他从没这么做过，从那以后，他就开始拖拖拉拉。现在——

尼克松：啊？消息内容是什么？你怎么看？

基辛格：我对于这条消息的分析是这样的，他们可能得知了您对黎德寿说的话，以及我对他们派驻当地大使说的话，也就是说——

尼克松：不会吧，那时候我还没见过黎德寿。

基辛格：不，您——哦，不——

尼克松：[******]

基辛格：——那就是我们对他说的话。不管怎么说，他们——

尼克松：好吧，我们说了那些话。我们说过，我们要对他们采取强硬手段——

基辛格：随后他们也听说了我对他们大使所说的话，这些话确实是我说的——

尼克松：很可能事情就是这样。在巴黎，他们可能被渗透了，这是我猜想的一种情况。

基辛格：没错。

尼克松：[******]

基辛格：这甚至会更——

尼克松：是的。

基辛格：——更有可能，比你刚才说的更有可能——

尼克松：是的。不，不是黎德寿，我认为他不会做出那样的事情，但是——

基辛格：当然，黎德寿不会亲自去做——

尼克松：但是，你瞧，他们确实走漏了风声。一切都缘起于巴黎，他们的房间——那帮浑蛋甚至不知道，可恶的共产党人已经在窃听他们的房间了，然后又把得到的情报传回国内。所以？

基辛格：无论什么原因，他们随后决定——

尼克松：这也是你亲眼所见的。这可以说是整个事件的转折点。

基辛格：是的，事情出现了转折。随后，他提出两个新的要求，他知道我们是不可能满足这两个要求的。第一，对政治犯予以释放。

尼克松：嗯。

基辛格：第二，撤走我们在技术部门任职的非军事人员，这样在实际中会影响空军的部署——

尼克松：是的，当然——

基辛格：——以及——以及雷达的部署，实际上，会摧毁越南共和国陆军。就在这个时候，我要求休会。

尼克松：嗯。

基辛格：因为我知道——

尼克松：回国吗？

基辛格：回国。这是第一次会议。这时我们仍然很乐观。我们事先认为，只要我们催得紧，我们在那一周就可以结束谈判，但我们不敢打包票，阮文绍会配合我们，所以我们想要您——

尼克松：黎德寿——

基辛格：——和黎德寿好好谈谈。

尼克松：那是当你 [******]——

基辛格：现在，除了他们对于我们与南越人谈话内容的断章取义，南越人的举动也给了他们很大刺激，因为协商时间拖得越长，对他们就越有利；而西贡和我们之间的关系越紧张——

尼克松：没错。

基辛格：——我们把阮文绍冲进下水道的可能性就越大。

尼克松：我明白了。

基辛格：否则——否则。而且，第三大因素，自从我第一次去那里，我在那里的每一天，西贡当地的广播都会播报协商的最新进展，广播的内容都是我透露给他们的，并且——所有的妥协与让步都被记录在案，所以河内方面一定会认为，他们向我们做出的每一个让步，在西贡都会被当作南越人的胜利。所以，综合这三点因素考虑——

尼克松：怎么？

基辛格：——他们让谈判胎死腹中。现在，当我们回来时，就像坐了一次过山车一样。大起大落，每一刻都不停歇。

尼克松：嗯。

基辛格：而且，因为我们一开始觉得要尽快达成协议，并且所有迹象都表明谈判结果将会很快问世，但要首先搞明白他们的意图，着实不易。比方说，在周一早晨，艾尔和我与他单独会面。他给了我们——

尼克松：是在第一天吗？

基辛格：是第一天。

尼克松：是的，但当我们做论断之前，我们也要考虑这样一个事实，那就是我的那两次——远远不止这些——两次会谈。当黎德寿在这里时，你和他共有3到4次会谈。

基辛格：没错，他们——

尼克松：很显然，他们得知了情况，因为我们提出要求，措辞是非常明确的，显然他们得知了这些。

基辛格：他们确实得知了这些，但这本来也可能从另一个方面起作用，总统先生，因为他们本来可以从中得出这样的结论："让我们尽快结束谈判吧，这样的话，美国人就会给他施压了。"

尼克松：是的。

基辛格：在第一次会谈——

尼克松：他们是否想要达成协议？

基辛格：第一次会谈的时候，他一直问我，我对达成协议的规划如何？您何时能上电视？我何时会去？——

尼克松：是的，我知道——

基辛格：——去河内。对北越的轰炸何时停止？但是，现在由于国防部的那些蠢货，对北越轰炸的力度减弱了很多，我们简直是在浪费资源。我们出动了28架次的战术飞机——在昨天。这并不是在说他们完全没有遭受损失——

尼克松：好吧，他们在巴黎是怎么说的？他们说火力的减弱都是因为天气？[******] 简直是胡说八道。

基辛格：所以，嗯——

尼克松：说下去。

基辛格：这就是当时的情况——第一次会议的时候——

尼克松：是在这一系列会议的开始时，不是吗？

基辛格：在这一系列的会谈开始的时候，他们想知道日程安排。我们什么时候去河内？什么时候做演讲？什么时候双方停火？他们之所以想了解这些情况，是因为他们要围绕这些信息，制定自己的军事策略。上周，周一早晨，他对我们做了一次极具安抚性的谈话。

尼克松：嗯。

基辛格：坦白地讲，我们在那时是多么天真、犯了多大错误，我们认为唯一的问题——当时只留下四个方面的问题。

尼克松：我知道。你也记得，你离开之前说过，你有两天的时间。

基辛格：是的。没错，我们认为，周一下午，一切都会见分晓。我们在周一下午到了那儿，而他则收回了他在前两周所做的每一个妥协，并且说我们只有两个选择：要么在10月达成的协议上签字，要么——

尼克松：为什么他要在秘密会谈上这么做，而不是公开？你是否认为——？

基辛格：好吧，顺便说一句——

尼克松：你不认为是因为他得到了新指示——

基辛格：不会。

尼克松：——而变得更加 [******]——？

基辛格：不不不，不是的。他之所以私下这么做，是因为他想摆出一个架势，那就是他渴望和平。所以随后，他在那天下午就那么做了——

尼克松：好吧。他摆出渴望和平的架势，究竟是为了什么？是为了不把我们逼疯吗？是这样吗？

基辛格：没错，您说得很对。他们面对两个问题。他们处于劣势，很明显，他们害怕我们即将采取的行动。

尼克松：是的。

基辛格：另一方面，他们还觉得可以耍我们。所以，他们的问题就是如何撑过这一周。

尼克松：嗯。

基辛格：现在，他们采取了极端的做法。就在那天下午，他们出尔反尔，收回了之前所做的所有让步。

尼克松：是的。

基辛格：他们还说，如果我们要想他们做出让步，那我们也必须做出相应的让步。所以，随后，我取消了周二的会议，就是为了能好好地做做中国人和苏联人的工作。而且因为我们无法重新回到10月的那份草案，总统先生，其中有很多原因。如果我们同意回到10月的方案，我们就等于要推翻阮文绍。我们必须做出修改。其次，目前，他们的不良意图已经是路人皆知了——

尼克松：什么？

基辛格：之前我们在10月能接受的很多事情——

尼克松：嗯？

基辛格：——我们现在难以接受了，反正都还没有成定案。第三，有很多事情，我们本来可以毫不犹豫地接受，不找任何借口，无论什么，接受一种缓慢推进的计划，比方说使国际机构运转起来。现在——周三我们见面时，他还是一如既往地和善，并且很快针对我们10处修改中的5处给出了反馈。周四这一天我们没什么进展。周五，他做出了一个真正的让步——当我谈论这些事情的时候，您要知道，我们每天的会议时间长达4个小时。

尼克松：嗯。

基辛格：周五，他给我们展示了行政架构。这可是他的一个大让步。

尼克松：是的。

基辛格：嗯——

尼克松：然后在周一他又撤回了？

基辛格：没有，行政架构还在，没被撤回，但是关于非军事人员的规定就没那么幸运了，他指出了两件据他所知的——

尼克松：好吧。

基辛格：——我们不会接受的事情。第一，要释放政治犯；第二，就是非军事人员的撤回。所以，每一天，他们不是这一套就是那一套。有一天，他近乎残忍地说——记得艾尔在周六什么时候离开的吗？

尼克松：嗯。

基辛格：他说："好吧，我们会把它们从协议中剔除的。"所以，周一的时候，他把这些内容作为一条解释重新加了进来，这对我们而言，一点好处也没有；我们仍然需要撤回这些内容。我们他妈的才不在乎它们是不是在协议里面呢；我们想要它们在那里。现在，它们永远不会在协议中出现了。对此，我们有过全方位的讨论。最终确定要使用10月的表述。就那个妥协本身而言，如果我们撤出我们的非军事人员——

尼克松：就会破坏 [******]。

基辛格：这个让步太大了，比所有他对我们做出的让步加起来都要大。所以，周六的时候，当艾尔离开时，我们把范围缩小到一个问题——非军事区——或者看上去是这样的。我们制定了另外一个计划表。我说："我会派黑格回来；随后他将和副总统一道去——"

尼克松：[******]

基辛格：所以，那个狗娘养的知道了副总统将会离开。所以，他假装昏厥，声称自己生病了，他只是——

尼克松：话说回来，你觉得晕厥是真是假？

基辛格：哦，是假的——

尼克松：装出来的？

基辛格：是的——十有八九是装的。他犯头痛了。他——他周日不能出席会议。如果他们想要达成协议，总统先生，而且如果我们一直持续到次日凌晨4点的话，本来在周六晚上就可以达成协议了。

尼克松：这也就是为什么你会如此执着，事实证明，你这么做也是正确的。你瞧——

基辛格：[******]

尼克松：——你——你可能会疑惑，你到底应不应该在第一天就中断谈判，但是我认为——我认为，我不知道艾尔会不会同意，我从来没问过他——但是我想持续的、不间断的施压总错不了。如果有一件事，在这里的所有人，出于各种各样的原因，特别想达成这个目标，有可能动机不纯，大错特错，也有可能完全正确。许多人觉得这件事已经尘埃落定了。但至少我们——我们要摆明我们的态度，以便记录在案。对不对啊，艾尔？

黑格：说得没错。

尼克松：而你也是这么做的——

基辛格：我们——我们不能在第一天就中断谈判。

尼克松：如果你们没那么做，我们——好吧，我的天啊，你知道的。你在那里停留了10天。

基辛格：我们必须证实他们到底想干什么，总统先生。我们必须这么做。

尼克松：并且，也要证明给你的同僚看，还有你的忠实拥护者，比方说沙利文先生，[******]还有其他的一些人。

基辛格：好吧——

尼克松：他们最终得到 [******]——？

基辛格：哦，沙利文说他不能理解我怎么承受得了，而且——

尼克松：是吗？

基辛格：但是您不知道，当我——

尼克松：你把他晾在那儿，对吗？

基辛格：好吧，只是起草修订案而已；我稍后会谈到这个问题。之后，在周六，我们将谈判的范围缩小至关键的一个问题。在这个问题上，我们想要的就是他们可以再次做出他们在3周之前就同意的让步。我们没有提出新的要求。这一问题——艾尔已经向您解释了非军事区的问题了吧。

尼克松：嗯，当然。

基辛格：按照他们说的，我们不仅仅要同意他们的军队留在那里，我们还要废弃北越和南越的分界线，这样的话，他们就不再受限，可以毫无顾忌地进行干涉。他们会成为越南唯一的合法政府，而南越依然会面临很多严格的限制。那——那么，很可能使阮文绍被推翻。我是说，我们必须得保住阮文绍——不是在主权意义上，赖斯顿（James Reston）[1] 的解读完全错了。（赖斯顿在12月13日专栏里说："现在的问题是，停火是否……以一些简单明了的措辞承认西贡政府对南越拥有主权、是否拥有占有南越所有领土的合法性。"）主权不是问题，因为他能在停火的同时保有主权。

尼克松：在我看来，赖斯顿的解读有错。当然也有错有对。阮文绍确实还有救。对于我们来说，这并——这并不会对我们构成烦恼。一点儿也不会，你继续。

基辛格：对于我们而言，总统先生，在我看来，签署一个协定，对他们留在南越的士兵数量不管不顾——姑且我们假设这一数字是15万，我们认为，再加上毫无限制的跨越边界行动的权力，而且这些权力不仅仅包括跨越边界的行动，还包括废弃边界——这些要求在我看来如同狮子大开口。这是他们以前从来没有提过的新要求。3周前，他们同意了另一个提议，所以这对于他们来说，并不是难以置信的事情。

所以，他们做了什么？在周日，我们举行了专家会谈，确定了文

---

1 詹姆斯·赖斯顿，昵称"斯科蒂"（"Scotty"），《纽约时报》副总裁。

本内容。这是纯粹的技术性问题；我们派的是第三等级的官员，他们派的也是第三等级的官员。在调整修辞的伪装下，他们提出了四个实质性的议题，以确保我们绝对不会同意。比方说，一周下来，我们都在争论这些问题。他们之前也同意了，文本内容里不会提及临时革命政府。

在周五，我们做出了让步，允许在序言当中提及临时革命政府，因为我们当时认为——西贡方面会删除序文，直接签订一份没有序文的协议。并且他们也同意这样做。所以，在周日，我们在审定语言的会议中，发现他们在三处提及临时革命政府，这里我就不一一赘述了，这些细节的东西，很容易令人生厌——

尼克松：你提到的这些非常重要——

基辛格：说这些呢，就是为了让您能感受——

尼克松：我感受到了，感受到了。我就想如此，因为这样的话，我就能知道他们到底在干什么了。

基辛格：他们——立即引入了新的内容，因为这样会确保双方在周一达不成协议。

尼克松：[******]

基辛格：在周一，他们跟我说，他们没有得到任何指示。

尼克松：没错。

基辛格：但是，他们——

尼克松：我能问一个问题吗？这一问题一直困扰着我。你也知道，肯尼迪按照你的指示，给多勃雷宁打了一通电话。

基辛格：是的——

尼克松：还记得吧？我们——我认为你做了一件好事。他直接挑明了，多勃雷宁也表示他会传递信息。我拿起电话，非常简短地说了同样的事情，我说——

基辛格：我觉得这件事真的很棒。艾尔也跟我说过。

尼克松：——现在有这么一件事，但是关键点是，不论这事干得漂亮与否，苏联人会不会也跳出来搅局了？

基辛格：不会。

尼克松：你不这么认为吗？

基辛格：不，因为艾尔给了我一份报告——

尼克松：好吧，但当我和他谈话时，你也在场，而且[******]——

基辛格：但是，艾尔给了我一份报告，报告详述了多勃雷宁对于目前谈判局势的分析，是河内方面告诉了他们，这——这里边有真有假，河内有可能在向他们撒谎，就像西贡向我们撒谎一样。

尼克松：你觉得多勃雷宁——不是多勃雷宁，是苏联，是不是正在尝试说服他们？

基辛格：是的，绝对是这样。

尼克松：你也是这么认为的吗，艾尔？

黑格：确实有这个可能，总统先生。

基辛格：因为他们了解您。勃列日涅夫想来这里。事实上，这和他们八竿子打不着。如果他们想搞垮您，他们会选在中东地区下手。在这里，苏联人没什么油水可捞——

尼克松：好吧，好吧，我明白了。我一直很疑惑，我们在那里所采取的一系列活动是不是——有意义，会不会对我们在其他方面更重要的利益造成损害，你知道的，我只是厌恶把宝贵的时间浪费在这些浑蛋身上。但是你已经尽力了。

基辛格：不，并没有——

尼克松：你也见到中国人了吧？

基辛格：是的。

尼克松：有效果吗？

基辛格：不——好吧，我也不知道。中国人从来不会告诉我们。

尼克松：好吧。接着说。接着[******]——

基辛格：所以，周一——

尼克松：[******]

基辛格：他们在周一只是为了不让我们达成协议，而且他们还带来了一份新的提议。所以，我想出了一种可以接受它的方法，暂时接受。第二天，他提出了非军事区的提议，但这完全就是他们在前一周提到过的——仅仅是把一句话向前移了——而撤销了他们前一天提出的即将签署的提议，他们把这些提议修改得让我们无法接受，并宣称他遭到了河内的反对。换句话说，他的消息真是够快的。

接着，我们再一次浏览文本的措辞，他们提出了四个另外的问题。然后——12月12日——在我告诉过他们，我们想确保修订案与协议一致的6周之后，在他们说他们愿意签署协议的5周之后，他们首次向国际委员会以及其他的一些组织提交了协议，仅仅留给我们一个晚上的时间研读协议。现在，当看到这些修订案的时候，您会觉得这是对我们智商的一种侮辱。

673 **尼克松**：没错，我知道。

基辛格：他们——他们在国际委员会中有250名成员。他们——共产党给每个小组都配备了联络办公室。他们所有的通信、交通，都是共产党给安排的。换句话说，共产党在其力所能及的领域内提供了所有的信息沟通和交通便利；他们无权从居住的房间里搬离，除非共产党同意他们这么做。我们根本没办法向其中派任何人。所以，这个国际委员会根本就是个天大的笑话，一切都很讽刺。他们已经同意了。一周下来，他们告诉我们他们做出了很大的让步，在非军事区中会建立一个小组。但问题是，他们把这个非军事区小组安排在什么地方？在越门河岸。你们知道吗？

黑格：（大笑）

基辛格：（大笑着）他们把非军事区小组部署在越门河岸，那可是在广治啊。随后，他们向两党委员会提交了提案，其中包括他们这一方的共产党员——没有共产党的允许，国际委员会成员甚至连厕所都去不了。两党委员会设在越南每个省的省会，委员会中的共产党员可以任意在全国各地进行各种调查。

换言之，这一政治性的——这个两党委员会仅仅是为了让他们可以把越共党员安插在全国各地。之后，他们会将民族和解与协调全国委员会划归国际委员会，将其作为国际委员会的一部分，从而将国际委员会作为政府。

……

基辛格：周二那天，成果更为惨淡。我们在那一天完成的唯一的事情就是过了一遍协议的措辞。我们把范围缩减到两个——

尼克松：嗯。

基辛格：只有两个问题还没有解决，其中一个问题又是由于他们十分拙劣的伎俩造成的。他们的用词是"全国委员会将指导（direct）其他团体"。我们拒绝使用"指导"一词，所以他们改口称"监管"（supervise）。我们仍然不接受"监管"的说法，经过一番争执后，双方最后确定的用词是"促进"（promote）。但是，他们仅仅接受"促进"的英文词语，越南语中，他们还是用"监管"一词。所以，可想而知，接下来我们都是在越南 [******] 兜圈子，争执不下。总统先生，我就是想告诉您这些——

尼克松：你当时还是愿意待在那里吗？

基辛格：最后一天，我在那里。我们只剩下两个有关文本的问题，和一个实质性的问题有待解决。我说："把专家都召集起来，让他们再比对一下文本，以确保文本中没有差错。"所以，他们又做了17处语言方面的修改，其中包括对柬埔寨和老挝的义务，并且修改了一个关于我们能够替换哪些武器的词语。我们之前使用了以下的一些词汇，"被摧毁的、磨损的、损坏的、用尽的"。他们把"被摧毁的"剔了出来。我说："听着，黎德寿先生，你为什么这么做？"他回答说："因为，如果一个东西是被损坏了的，你不可能不摧毁它就损坏它，所以这个词是多余的。"就这样，我们进行了一小时的辩论，探讨了一些哲学问题，关于是否——

尼克松：[******]

基辛格：嗯——

尼克松：有多少 [******]？

基辛格：但您非常清楚。目前，我们已经把这些情况都与西贡方面沟通了。如果坐在谈判桌对面的是俄国人多勃雷宁——如果是葛罗米柯在最后关头同我们在拟定限制战略武器的协议，我肯定二话不说就签署协议，而且肯定不会发牢骚，不会锱铢必较。但是，他们的策略，您也清楚。如果我们接受了他们关于非军事区的措辞，那我们就将面临彻底的失败，他们一定会签署它。如果我们接受了他们对措辞提出的修改，他们就会修改17处。如果我们接受了这17处修改，那他们在3周之前在柬埔寨和越南问题上对我们的承诺也会付诸东流，等于我们同意了修正案。人们在谈论所有这些事情，并且如果我们接受了修正案，那我们的结局和推翻阮文绍统治然后一走了之差不多——之后，他们就会达成谅解。另一方面，他确实是精心布局。他——首先，他们的教科书一定会写着："基辛格是个极度虚荣的人，就让我们好好拍他的马屁吧。"所以，他们一直对我说："你我二人是唯一了解这场战争之人，所以你回去找你的总统，我回去找我的政治局。"他和10个小人物坐在一起，不停地说："你知道吗，我一直在想方设法达成协议。我向你们做出了这么多的让步，我在河内受到他们的反对。"现在，如果一个政治局委员当着他的10个下属的面告诉你，他被否定了——

尼克松：这可真够疯狂的。

基辛格：——您要知道，这肯定不是真的。所以，他们的所作所为让人作呕。现在的局势是这样的，他们完全可以给我们打一个电话，在一小时之内解决问题。但他们却一直拖延不决，而且——

尼克松：亨利，告诉我——

基辛格：现在，莱尔德认为我们能做的只有妥协和屈服。我们绝对不能那么做。他们也不会让我们那么做——

尼克松：你今天早上和莱尔德谈过了吗？

基辛格：实际上，他给您发了一个备忘录。

尼克松：好吧，等一下。莱尔德知道多少？

黑格：他知道情况很糟糕，我们在重新思考其他可能的应对——

尼克松：他有什么建议吗？要让步？

黑格：是的。他打过电话，我昨天也跟您说过。他前天晚上给我打了电话说："我们不能——不能采取军事行动。我这就给总统先生发一份备忘录过去。"昨天早上，您就应该收到了，它的中心思想是我们必须达成协议。

尼克松：有什么新的想法吗？

基辛格：所有要求［******］。

尼克松：他有什么新的想法或建议吗？（笑声）他还说了什么？

基辛格：哦，没有，没有——

尼克松：11月3日，柬埔寨，5月8日。（尼克松有时用简略的表达指代过去他所做的演讲。"11月3日"指的是他在1969年所做的题为"沉默的大多数"的演讲，"柬埔寨"指的是1970年4月30日他关于袭击柬埔寨的宣言，而"5月8日"指的是他在1972年所做的对河内及海防港进行轰炸和布雷的决定。）

基辛格：总统先生，如果——

尼克松：不过，罗杰斯在这个问题上的立场很坚定，不是吗？

基辛格：据我所知，他没有表态。

尼克松：好吧，不，不，但他没有表示要采取任何行动。沙利文呢？

基辛格：不，沙利文完全——

尼克松：好吧，我知道了。我觉得他会的，前提是——罗杰斯那边还没消息？现在，你向他汇报过几次了，他的看法怎么样？他说了什么？我想知道。

黑格：他——

尼克松：这取决于我们是否开一次会——

黑格：[******]

尼克松：嗯？

黑格：他没有任何意见，对这件事以及——

基辛格：不——

黑格：——对我们能做什么。

基辛格：让我——让我公允地评价一下沙利文的观点。在讨论协议文本的时候，我是不会接受沙利文愿意做出的那些让步的。但是，现在，沙利文也接受了一个事实——

尼克松：那就是——

基辛格：——那就是无论我们对文本做出了多大程度的让步，他们也绝不会签订协议。现在，事情的发展有多种可能。其中——有10%的可能，黎德寿会讲出真相，即他将会返回河内——

尼克松：不。

基辛格：我不相信。我只是——

尼克松：是的——

基辛格：[******]

尼克松：——有10%的可能性。你继续说——

基辛格：公允一点讲，我不得不说，他们可能会再观察一段时间，看看西贡和华盛顿如何决裂。

尼克松：不错。第三点呢？

基辛格：最有可能的状况是，迫使他们签署协议的压力还不够大。现在，我想说——我负责制定11月7日前的计划表，11月7日可以说是给他们定的一个截止日期——到了日子，他们就不能再逃避了。

尼克松：好的。

基辛格：因此，他们不得不迅速行动。我——我们现在看到的只是他们的谈判常态。这些都是狗屎，让我说——他们简直是一群低俗、卑鄙、下流的人。和他们相比，苏联人都显得不错了。

尼克松：苏联人又让中国人看起来不错。我的意思是，我并不是向您倒苦水；只是他们所做的一切都是那么俗不可耐。现在好了，11月7日的截止日期会把他们吓得屁滚尿流。我记得我跟艾尔也谈过这件事，我对此负全责；他当时更倾向于放慢进程——

尼克松：他一直很赞同，对此没什么疑问——

基辛格：没有，在事情进展顺利的时候，我备受赞赏。事情进展不顺，我也得承受全部的指责——

尼克松：谁还记得（1971年的）印巴战争——？

基辛格：哦，不。那时候我是对的。我当时在印巴战争的问题上是对的。而现在就难说了。

尼克松：谁知道呢？谁知道！

基辛格：印巴冲突没有让我太担心。对于那场战争，我的分析和判断是正确的。这件事情让我们在中国得到了回报。印巴战争——

尼克松：我的意思是，那个时候——我们的时间到底够不够？新闻界的这些浑蛋一直说我们错了，可是现在，他们会说："我们非常确信，我们离和平已经非常非常近了，等等，等等。"他们错了，所以形势一有变化，他们就会说："不会有和平了，等等。"然后，他们会再次犯错。这他妈根本不会产生任何影响，关键在于，你必须记住，谁才是真正的敌人。敌人永远不会变，大选也改变不了这一点。亨利，我们的真朋友是那些受过中等以上教育的人，感谢上帝，他们约占全国人口的61%，他们时刻支持着我们。那些左翼人士，也就是你的大多数朋友，其中也有我的很多朋友——

基辛格：我的一些朋友——

尼克松：——反对我们。

基辛格：我在利用左翼，总统先生——

尼克松：是的，他们和我们到此为止——

基辛格：我——

尼克松：——我们也是。

基辛格：我已经——

尼克松：他们甚至对此毫不知情。我们相信，他们不知道他们会面对什么。

基辛格：我对那帮左翼人士不抱任何幻想。那帮婊子养的[******]——

尼克松：好吧，他们真是俗不可耐，对吧？现在，让我们来谈谈我们何去何从吧。

基辛格：所以——但是，区别是——

尼克松：我——明白，亨利——你知道的，我说过——艾尔也会跟你这么说——我昨晚跟你说过了。我说："这能带来多大改变吗？到此为止了。"你知道的，不管以前如何，我们应该在大选期间搞定这件事，诸如此类。

回顾过往，我们或许应该稍微等一下，正好赶上大选，或在大选之后，给予猛烈的一击！是不是？或者，如果我们不采取强硬措施的话，那我们就说："孩子们，你们有48个小时。要么妥协，要么等着挨一顿暴揍。"这或许是我们应该做的，但是我们当时没有这么做。

基辛格：很可能就是这样。

尼克松：那可能——我是说，从大选的角度看，我们本来应该做得更好一点。（大笑）[******]这没什么区别；我们做得很好了。但无论如何，不管怎样，就这样了。这很有意思，你知道的，对于大选的两种分析很有趣。卢·哈里斯（Lou Harris）的分析认为，我们受益于这种我们在追求和平与进步的观念，诸如此类。而迪克[******]的分析，我个人以为，更加贴近事实——另一方面[******]。他对所有这些事都有谈及。他说："哦，对。"他说："这有助于塑造总统的良好形象，等等。当——我们真的认真看这些问题，我们能赢的关键在于，实际上我们是在进行对比，是一个为达成和平不惜一切代价的激进者，一个令人厌恶的叛徒，还是一个有理性、有判断力的人。"他们说这才是事情的关键所在。所以，你瞧，不论是否达成协议，事情的结果不会有多大改变。重点是，谁会知道？现在，一切都结束了。我们到了展望未来的时候了。

基辛格：我们要平衡的是——

尼克松：该死，我们该怎么给他们再定最后期限？我们——那是我们的问题。

基辛格：我们真正要权衡的是两方面，到底是一个不容改变的最后期限带来的好处多，还是谈判无限延后带来的危险更大，毕竟我们还有资产在那里。

尼克松：没错。

基辛格：我们输了赌局。现在就是报应。阮文绍害我们输掉了八成的赌注。

尼克松：阮文绍，唉！没错。

基辛格：现在，但是全部——

尼克松：如果阮文绍——如果他一开始就能合作，那么我们就能迅速达成一个可以接受的协议。这才是问题的根本。就是这样。

基辛格：因为，如果——

尼克松：但是，我们并不知道——

基辛格：是的。

尼克松：——因为我们都清楚这一事实，那就是我们要保证阮文绍活下去。其实他的命不值钱，但我们知道，目前除了他，在越南那个鬼地方没有其他人能够替代——

基辛格：没错。

尼克松：——来让这个该死的地方保持统一。现在，我们真可谓进退两难。我们都知道这一点。但是，你瞧，所以，这就是我的看法，亨利。你们——我们都是基于阮文绍会接受谈判结果的假设——来做出评估和预判的。你还记得吧，你去西贡那次，他的回答让你难以相信，你说："阮文绍 [******]。并不存在什么联合政府。你有一票否决权。"然后，那个浑蛋居然说："不，除了彻底的胜利——我什么都不在乎。"

基辛格：是的。

尼克松：这就是，就是，问题所在。

基辛格：即便是在那里，那个浑蛋误导了我们。如果在第一天，他就告诉我们他不能接受这件事，我们本来仍然可以妥善处理与河内的关系，规避一些风险。但他耍了我们3天，声称他可能会接受，直到最后一天的下午才表明真实态度——但这已经过去了。我同意——

尼克松：现在，我们该怎么办？

基辛格：好吧，这是现在的状况：我们夹在河内和西贡中间，他们都处在主动地位，而我们完全被动，河内只是在哄我们玩，而西贡压根儿不搭理我们。河内——我不明白为什么河内不在本周达成协议，非要在从现在起的3周内进行协商。我看不到任何有助于形势发展的因素。我是在做非常理性的分析。

尼克松：是的。

基辛格：如果没有变化，我也看不出有任何其他因素——

尼克松：没错。

基辛格：——这会让河内在明年1月初更容易接受现实。

尼克松：[******]

基辛格：我看不到任何能让西贡更配合的有利因素。相反——它在蓄意破坏协议的同时，还会不断提出新的要求，不断削减我们所剩无几的招数。阮文绍提出的圣诞节停战糟糕极了，因为这会削弱我们所剩无几的对北越施加的军事压力。因此，我不得不向河内坦白这些了，这真是痛苦的决定。

但是，我们不能继续老一套了。现在必须这么办，从新形势出发——我们要做的就是这些，总统先生，如果——我的——我认真考虑过了，就现在。我认为，我明天很有必要对协商谈判进程做一个低调的汇报。

尼克松：你觉得有这个必要吗？

基辛格：好吧，艾尔认为齐格勒应该这么做，但我不认为还有谁会——我走出去，告诉大众，事情进展一切顺利。如果我现在藏起来，那么——

尼克松：你不是在躲。让我们想想。好吧，让我们好好想想。总得有一个人要低调地做一次发布会，所以就让我们开始 [******]——

基辛格：我觉得这事只能我来做。

尼克松：好吧，好吧，让我们谈谈 [******]——

基辛格：我是那个说了"和平即将到来——"的人。

尼克松：——我们待会儿再谈这件事。现在让我们谈谈——总得有一个人要低调地做一次发布会。但发布的内容是什么呢？

基辛格：应该包括，我们10月末时面临着怎样的局势？为什么我们认为和平即将到来？过渡期到底发生了什么？现在看来有怎样的前景？等等。我们可以解释，尽量说服他们，只要抱有美好的愿望，实现和平并不难。但是，每当我们翻开一块石头时，总会发现石头底下压着一条虫子。如果他们想要停火，他们必须接受建立一种国际机制。他们不愿意那么做。当他们和我们谈论停火时，我们的情报却显示他们接到命令，要采取大规模的行动——

尼克松：[******]

基辛格：——在停火那天——

尼克松：没错。

基辛格：——并且持续采取行动——

尼克松：他们准备违反停火协定？

基辛格：——直到3天以后。他们把文件翻译得极具误导性——

尼克松：尤其是在政府性质方面，到底是一个政府还是联合[******]——

基辛格：而且，在措辞方面也有误导，比如说，是"指导"（direct）还是"促进"（promote）。最简单的细节——

尼克松：我是说——让我说的话，如果说怎么办——艾尔，把这些翻译错误的内容都撤掉。我的意思是，让齐格勒来翻译或者[******]所有这些关乎提议大方向的内容。但是，重点是你应该表明我们是有证据的，首先，我们有大量的情报证明他们密谋违反停火协定和共识。

第二，他们坚持翻译工作由他们做，还要求对文件进行一处改动，这一改动将使政府性质变为联合政府，或者是一个共产党的——统治整个南越，由共产党领导的联合政府，而不是目标为[******]的民族和解与协调全国委员会，这一变化是我们绝不能接受的。换句话说，我们要确保违背协定、共产党政府以及诸如此类的事情都要留下铁证。你继续说。

基辛格：然后——

尼克松：想想我们能说什么。

基辛格：之后，尽管协议中有大量关于国际机制的内容，他们还是宣称——

尼克松：他们蓄意破坏国际机制，使之有名无实，毫无意义，这样的话，就对谁都没用了。

基辛格：但是，首先，在 12 月 12 日之前，他们是不会给我们看的。

尼克松：没错。考虑到——但即使他们完全接受这些国际机制——他们也不会同意以任何有意义的方式，由这种国际机制对其进行监管。

基辛格：然后，他们告诉我们，会依据协议中的遣散条款照管好他们的军队。我们每次都希望依据现状对这一条款进行准确定义，希望有明确的时间限制，希望表明——

尼克松：他们就是在利用这些协议来达到他们的目的，仅此而已——不是为了结束战争，而是让战争以另一种形式继续。

基辛格：所以，我们已经——

尼克松：他们不是为了带来和平，而是为了——继续在这个国家最艰苦的地区持续战争。南越是战争；北越是和平。好吧，那就是他们的提议：北越获得和平，而南越继续战争。

基辛格：所以，不得不得出这样的结论——您总结得非常好，总统先生——这不是一份和平协议。这个文件带来的是无休无止的战争，他们可以——

尼克松：南越持续不断的战争——

基辛格：没错。

尼克松：——北越却是一片和平。事情就是这样。

基辛格：没错——

尼克松："北越一片和平，南越战争不断，而美利坚合众国——与他们一起合作——"

基辛格：现在——

尼克松："——违背南越人民的意愿，给他们强加一个共产主义政府。"

基辛格：这也就是为什么我们本来能够就这些进行协商，本可以很快——

尼克松：说得没错，现在——

基辛格：——很快达成——

尼克松：——协议：另一方面，这些协商——我们在这段时间内达成了一些共识。我们在不同时间内达成了几乎涉及所有问题的协定，但是他们刚开始还同意，后来却反悔了。这本来可以在一天内就搞定——

基辛格：您说得很对。

尼克松：——如果他们有意求和，我们也愿意在一天内就解决。

基辛格：没错。

尼克松：没必要举行更多会议；只要双方交换意见就够了。

681 基辛格：或者——

尼克松：[******]

基辛格：或者我们还需要另外举行会议。但是——现在，我们不得不在某种程度上与西贡保持距离。不得不说——

尼克松：什么？

基辛格：——"这不是——我们和西贡哪里不同？西贡方面想要的是彻底的胜利。总统一直宣称会给他们一个存活下去的合理机会。我们和河内的区别在于，他们是不会给西贡存活下去的合理机会的。所以，西贡反对也没用。"我——

尼克松：此外，另一方面，我会做出一定的倾斜。我会说我们已经做好了强烈反对河内的准备，而只是稍稍反对一下西贡。我会说，北越——考虑到西贡的状况，他们——我们对协议表示担忧，对南越人民表示关切——但是，另一方面，西贡5月8日已经同意了停火条件：释放我方战俘，保证选举公开透明且受国际社会监督。但是现在，他们出尔反尔，坚持要求全面撤军，这毫无疑问不符合——

基辛格：但我们必须——

尼克松：[******]

基辛格：我们必须得退一步了，离西贡远一点，总统先生，如果西贡——

尼克松：好吧。

基辛格：——我同意，从西贡的角度，那时候，并不是西贡否决的，而是我们自己对于共产党的判断——他们在另一种伪装下强行实施统治。现在，我建议我们要对任何达成协议的可能都持开放态度，只有另外一方满足了我们的最低要求才有可能达成协议。然后，我会建议对他们进行不间断的48小时轰炸。我建议在这之后，在轰炸进行了两周之后，我们会提出撤军换战俘，在国会复会的时候——

尼克松：是的。

基辛格：——然后说："我们已经证实，协商谈判极其复杂，涉及越南各方争斗。让他们自己解决问题吧，南越有足够的能力自卫——"

尼克松："所以，我们会撤军的。"现在，我要问你一个重要的问题。在这份记录里，你有没有清楚的问答环节呢，只关于一件事，比如你是否说过："好吧，如果我们撤出所有军队，停止轰炸和布雷，你们会释放我们的战俘吗？"

基辛格：没有——

尼克松：你会说他们说过吗？你看，这就是问题，因为那——

基辛格：不，我跟您说，总统先生，我之所以没有那么做，是因为，我认为——

尼克松：好吧——

基辛格：——他们不会那么做——他们现在也不想那么做。他们想让我们[******]——

尼克松：哦，我知道他们不会那么做，但我们希望听听他们的表态，无论是当我们——

基辛格：但是，我会——

尼克松：——当我们撇开西贡单独讨论这件事的时候，亨利，我们在此时单独进行谈判的唯一基础就是，撤回我们的全部军队、停止轰炸和布雷、要回我们的战俘，然后持续支援南越——

基辛格：没错。

尼克松：那是唯一的基础。

基辛格：说得对。

尼克松：但是，他们永远不会同意的。

基辛格：好吧，总统先生，他们并不总是那么强硬。我认为如果您愿意坚持6个月，那么他们肯定熬不住。

尼克松：好吧，但是亨利——亨利，如果我愿意坚持6个月，那也是不现实的。对不对？在我看来，即使我乐意坚持6个月，我依然说服不了国会。我的意思是说，我必须承认，我得尊重其他人的判断和看法。我们当然——我们当然能够坚持到圣诞节，我的意思是，我们可以等到国会复会。

基辛格：我们最好——

尼克松：我们要记住凡事都有一个过程——如果你打算轰炸北越6个月，或许也不会产生理想的效果。

基辛格：那么，我们不能——那么，已经有效果了。

尼克松：好吧，我们必须三思而后行。

基辛格：因为——很有可能——

尼克松：对，但是我们得想清楚，轰炸到底是为了什么？我是说，我们要怎么说？

基辛格：战俘。

尼克松：我们可以那么说。

基辛格：当国会——

尼克松：但是，假如我们留下了记录，不过我们还没有做记录吧，我们做了吗？

基辛格：没有，但是补上记录很容易，总统先生，在轰炸后的两周后就可以了——我想在这一框架下，轰炸两周，因为如果他们遭到猛烈轰炸，那么他们可能会在新年到来前接受协议。如果到那个时候，他们还执迷不悟的话，我们就在巴黎第一次正式会议上提出以释放战俘交换从越南撤军。

尼克松：用释放战俘换取撤军？

基辛格：而且——

尼克松：[******]

基辛格：没错。

尼克松：[******]然后说："现在，越南"——我的意思是，我会这么说："越南化已经实现。"

基辛格：说得对。

尼克松："美国人的角色也确定了，如果我们的战俘得到自由，我们就会停止轰炸[******]。"是的，可以轰炸6个月，我同意——

基辛格：您看，我的观点——

尼克松：——前提要得到保证。但是，他们千万别抱有幻想，我们轰炸6个月，然后只带着一份所谓的协议回国——

基辛格：我觉得我们的目标很可能会实现——

尼克松：我说，换言之——你的提议——上周你就提出过。但我关心的就是这一点，只要想到这一点——

基辛格：这一点——

尼克松：——我就感觉这已经不太可能了。我的意思是说，我不想——

基辛格：不。

尼克松：——听起来有些悲观。我——艾尔一开始比你都要乐观。他认为他们还是诚心想要和解的。

基辛格：我也是那么想的，但是——

尼克松：你真的这么认为吗？

基辛格：总统先生，他们——

尼克松：你会不会以为他们将要——

黑格：是的，前提是先得好好教训他们一顿。

基辛格：他们怕得要死，怕您会恢复轰炸。他们在我面前不得不忍气吞声，您绝对想不到。这个黎德寿，这个国家的第三号人物，我当着他的手下的面对他说的话，您绝不会相信。

尼克松：比方说？

基辛格：比如，有关他蹩脚的表现，还有他拙劣的伎俩。然后，我取笑了他一番。他刚准备讲话，我就说："我们现在又得听每日例行演讲了。"

尼克松：[******] 那是其他事情。

基辛格：而且——

尼克松：[******]

基辛格：不，不。重点是，我夸大了您的威胁。我所强调的是，总统先生，他们之所以对我那么友好，是因为他们的策略就是让我们相信——为什么他们要让专家会面？为什么他每天一露面就要和我握手，这样我就不会攻击他？我是说，他就是这样，随和地走向安保人员，和他们亲切握手。

尼克松：我理解——

基辛格：他们为什么做这些事情？因为他们想给人一种印象——

尼克松：事情还有转机。

基辛格：——和平——

尼克松：当然，他们把这些都透露给了媒体。

基辛格：是的。

尼克松：直到今天，媒体仍然非常关注这些事，现在，因为你已经返回了，所以媒体在用另外一种方式大肆宣扬，而且——

基辛格：是的，但他明天就要走了，所以他们会在明天再次大做文章，换个花样。

尼克松：好吧，他回国干什么？进行商议？

基辛格：[******]他会说他此行回国是为了商量讨论——

尼克松：好吧，阿格纽要扮演什么角色呢？

基辛格：这个嘛——

尼克松：我个人对此的看法比较复杂。我——

基辛格：好吧——

尼克松：之前在我们有具体的谈判内容和计划可谈的时候，那时派阿格纽去我是完全同意的。但是，你——派阿格纽去，就像发射了一枚没有制导的导弹一样，甚至和黑格一起也不能改变什么，如果让他坐下来谈判，让比他更精明的阮文绍先开讲："好吧，我们必须满足这个、那个条件。"阿格纽甚至不会知道他到底会面对什么。这就是我的担心——

基辛格：我不再——如果我们按照我的建议行事，我不太赞成派阿格纽去。我更倾向于——

尼克松：派其他人？

基辛格：派其他人，是的，或许黑格——

尼克松：好的。

基辛格：——因为——

尼克松：我觉得总得有人要去。

基辛格：——我们得让这帮家伙闭嘴。

尼克松：没错。重点是，我不想让他们觉得我们又恢复了轰炸，觉得他们得逞了，亨利。这才是重点——

基辛格：您瞧，那是——现在我们要规划的一条路径，是让我们远离他们，但比之河内，又更加接近他们；为您的撤军计划打好基础；以便您能尽快以撤军换战俘——

尼克松：我就是要提出以撤军换取释放战俘。我能感觉到，如果我能顺利做成这件事，最好是在国会复会之前——

基辛格：您可以在12月的最后一周行动。

尼克松：我觉得这是我们必须做的。

基辛格：我想采用的办法是——

尼克松：只能这么办了。其他方法都不能使我们从这个烂摊子中全身而退——

685

基辛格：是的。

尼克松：——而且，同时，我们该做什么？让成建制的部队留在那里吗？

基辛格：在哪里？

尼克松：南越。2.9万人（美军在南越军事人员的大致数目）。

基辛格：好的，我不认为让他们撤回来和留在那里会有什么不同。

尼克松：好吧。

黑格：我和亨利的想法一样，我觉得撤军会释放错误的信号——

尼克松：我明白，我就是想确保我们清楚答案是什么——

基辛格：但是——我预想的做法是——

[******]

基辛格：我会这么建议您，总统先生——

尼克松：我深有同感。

基辛格：——首先，我们应该尽快让黑格回到国防部任职。（黑格按计划将于1973年1月任美军副参谋长一职。）

尼克松：（大笑）

基辛格：他——

尼克松：他能在那里做什么？

基辛格：在那里，他能做的事情是——我们应该让他全权负责越南事务专门工作组。目前的参谋长联席会议主席是一位总是为海军说话的说客，他一点儿都不关心越南战事，所以我们应该让黑格进驻五角大楼，负责此事。我们还得在西贡安排一个负责人，因为——

尼克松：谁？白宫的人？

基辛格：不是的，我说的是军方人士，我的人选是沃格特（John Vogt）[1]。

尼克松：好吧。

基辛格：然后，我们可以干点儿实事了——

尼克松：什么时候？

基辛格：——而不是放任北越被切割为六小块儿——[美军将北越划分成"路

1　约翰·沃格特，美国军事援助越南司令部副司令。

区"（Route Packages：1、2、3、4、5、6A 和 6B），从南到北，以此来分配轰炸任务。]

尼克松：什么时候？什么时候？到底什么时候？

基辛格：——然后——现在，我的做法是，假设我们在明天或周六有新闻发布会——周六我们有特别强调的内容，因为黎德寿离开了巴黎，尽管当我再到那儿的时候他已经不在巴黎了。

尼克松：我很担心他。

基辛格：好吧，我会就像——

尼克松：你是不是觉得他会没有说话的机会？

基辛格：他在莫斯科肯定没有什么话语权。

尼克松：你意思是，不轰炸，然后呢？

基辛格：不是的，我认为轰炸应该在这个星期之内——周末继续。就说——

尼克松：趁他还在巴黎的时候？你不想对他做什么事情？当他在巴黎时，你不想做什么事情？

基辛格：我不想——当他在巴黎时，我不想向他透漏您对于谈判的看法——

尼克松：这计划不错。

基辛格：让他启动他自己的宣传机器吧——

尼克松：没错，没错。

基辛格：我需要 12 小时来追踪他——

尼克松：好的。

基辛格：——尤其是当他在路上，但正要离开巴黎的时候。如果我们的新闻发布会在中午举行的话，他就会在当晚的 6 点离开巴黎。

尼克松：今天是星期四吗？

基辛格：是的。我们可以等到明天再行动——

尼克松：我不会参加你的新闻发布会，如果你召开的话，我不会参加——我也不知道。艾尔和我昨晚谈论过，我在想，或许，我们或许，可能，更应该让齐格勒去主持。[******]

基辛格：我觉得那就大错特错了。齐格勒可回答不了那些问题。这只会让人家觉得我在躲躲藏藏——

尼克松：不论别人是否认为你是在躲躲藏藏，你都还是别参与这件事了吧。[******] 我们想让你避开这事，为你——为了大家都好。你好，大家也好。

我的意思，艾尔，你觉得如何呢？我不知道。你是最佳人选，这是毫无疑问的——

基辛格：不，轰炸声明——

尼克松：——但是，我的观点是——我的观点在于——

基辛格：我不能发布轰炸声明。我觉得我们应该这么做——没有人比我更懂协商谈判，只有我能解释协商的进程。

尼克松：[******]

基辛格：——对于新闻发布会，我们通常的做法是，用一大堆技术术语把他们唬住——

尼克松：好吧。

基辛格：[******]

尼克松：好吧，那你到底想透露些什么？

基辛格：我想要——

尼克松：好好想想。在基辛格面对媒体做了3小时的简报后，到底希望媒体报道些什么？

基辛格：我们想要媒体报道的是，首先——

尼克松：换言之，你想让媒体报道哪些要点？

基辛格：和平近在咫尺，而背后捣鬼的是共产党——是他们在阻挠和平进程，而非西贡——

尼克松：换句话说，你希望他们——我正尝试着说出更基本的事实。换言之，媒体会报道称和谈已经无望。

基辛格：不，不，不。和谈的大门仍然敞开——

尼克松：没错。

基辛格：——美利坚合众国仍然愿意和平解决。美利坚合众国坚信，协议是可以达成的——

尼克松：嗯。

基辛格：——并且是在极短的时期内——

尼克松：但是，你也知道——之后，关键是——我尽力给你——你也发现了——好吧，其一，和平希望没有破灭；但是，他们现在已经陷进了死胡同。而这一僵局正是由北越一手造成的，他们坚持——嗯，那些我前面已经罗列的要求。第三点就是，我们准备好了随时恢复轰炸。

但是——之后——你要让大家明白,我们绝不仅是在对措辞和翻译吹毛求疵——

基辛格:说得对——

尼克松:——诸如此类。但是,整件事情其实就是——

基辛格:什么——

尼克松:这不仅仅关系到南越人民的命运——也关系到那片土地的和平。而且,我们还要理解一点,我们的战俘还在那里,他们仍然没有——他们拒绝了。我们本来一直希望在圣诞节前夕就可以解决这一问题。我们是真的想要回我们的战俘,而且我们——我这回想在他(黎德寿)回来之前加大轰炸的力度,力争使其释放战俘。你懂我的意思吗?

基辛格:没错。[******]

尼克松:只是,用扩大轰炸来迫使他们回到谈判桌上,这个想法实施起来,可没那么容易。

基辛格:但是,我们4年来一直声称我们不会出卖盟友。

尼克松:我知道——

基辛格:这些家伙一直想让我们这么做——如果他们愿意将10月底的协议付诸实践,整个事情就会变得很容易。

尼克松:嗯。

基辛格:但是,每当我们想具体谈谈那些可能会在未来限制他们军事行动的问题时——

尼克松:是的,是的。

基辛格:——他们就完全不接受。在——战俘这个问题上——

尼克松:我知道——

基辛格:——我们已经让他们制定一个流程,战俘如何被——

尼克松:我想让你,如果你愿意的话,坐下来,就在下午晚些时候或今晚——你有足够时间思考——在一张白纸上,写下5到6点你希望媒体报道的内容。这是我们必须做的。然后,所有事情再围绕这件事开展,而不是给媒体他们想要的内容。这个报道其实就是他们对我们所作所为的精彩分析,当然还应该包括我们对他们做了什么等这类事情。那真的会毁了我们,真的会。

另一方面,如果我们可以——让公众认为是这帮浑蛋搞砸了局面,他们想要共产党政府掌权，他们仍然扣押着我们的士兵，我们想要回这些俘虏，因此，总统想要保持强硬态势，结束战争。这场战争必须结束！必须快点结束！如果他们不想谈判，我们就不得不采取行动了。如果他们不归还我们的战俘，我们就立刻打击他们。我们会在必要的时候动用军事手段，让我们的士兵回国。这些就是你必须谈到的——

基辛格：总统先生，我还在想，我们不应该在明天宣布轰炸。我们应该直接开始行动——

尼克松：宣布计划吗？

基辛格：——在星期六。

尼克松：我们本来就不打算宣布轰炸命令。

基辛格：没错，然后——

尼克松：然后，我们——我们要让莱尔德参与进来？

基辛格：罗纳德（·齐格勒）能搞定那事。

尼克松：不，我们就要提醒他们。这些——不，我们一直在轰炸。我们只是——这很公平——

基辛格：[******]

尼克松：——天气一直很不好，我们要见机行事。机灵点儿。天气可是一直不好啊。

基辛格：好的——

尼克松：他们不知道更好。

基辛格：好吧——

尼克松：他们不知道更好——

基辛格：——他们知道我们停止了对北纬20度线以北的轰炸，我觉得——

尼克松：好吧，很好。好吧——

基辛格：我觉得我们完全可以利用这个优势，来展示我们的好意——和信念。

尼克松：好吧。

基辛格：但是，我认为——

尼克松：我们已经停止了对 [******] 北边的轰炸——

基辛格：但是，我认为我们应该恢复轰炸。

尼克松：我并没有恢复轰炸。为什么他不说："我们已经恢复了轰炸。我们加强了轰炸？"为什么要加强？为什么要那样升级？我们直接开始轰炸北纬 20 度线以北。

黑格：我的意思是说，这势必会引起轩然大波，总统先生。

尼克松：我们什么时候行动？

黑格：我们行动的时候——

尼克松：那么为什么要解释？

黑格：我——

基辛格：不，他要做的就是回答那些问题。

黑格：第二天 [******]——

尼克松：然后呢？他然后要说什么？

黑格：亨利应该说："是的，由于 [******]——"

尼克松：是的。

黑格："——目前——"

尼克松：不是的，是因为轰炸强度增加。这就是我准备说的：敌人增强军力，轰炸对 [******] 北边的轰炸也要增强。我会把这作为原则，因为他们开始在北纬 20 度线以北的地区增兵，看起来他们打算恢复——

基辛格：不。

尼克松：——行动。

基辛格：不，总统先生，在——

尼克松：你明白我的意思吗？或者说，类似的事情。我想说的是，不以此为基础——如果你以此为目的开始轰炸，只是为了让他们接受协议，这是行不通的。如果你在 1 月 1 日后重启谈判，这样做只是为了让我们被俘虏的士兵回家，这可能会奏效。但是现在，你可以开始轰炸，然后声称："因为那儿以北的军事力量在增强"——把话题引到军事层面，而不是政治层面。不要说我们开始轰炸是因为他们破坏了谈判。不要那样说。现在，这么说就是个错误的——

基辛格：不会的——

尼克松：——决定。

基辛格：——总统先生，我认为有五成的可能性——

尼克松：他们都知道我们为什么开始轰炸。

基辛格：我觉得有一半的可能性，如果我们狠狠地揍他们一顿，而且是空军特别不愿意干的那种打击，如果我能这么说的话——

尼克松：我和他们通过气了——

基辛格：——但是如果我们这么做了——

尼克松：这就是狗屁。

基辛格：如果我们在一天内摧毁他们所有的发电厂，他们的国内就会断电，陷入一片黑暗；如果我们拿掉海防的码头，如果港湾什么都没有了，他们在未来几个月里就无法再在那里卸货，到那时候，他们就会知道——

尼克松：我们在那边还有哪些船只？[******] 还有一些吧？

黑格：是——

基辛格：我们要动用智能炸弹。

尼克松：好吧，我们能在炸掉码头的同时，保证那些船只完好无损吗？[******]

黑格：没问题，只要把码头的一些设施炸毁就行了——

尼克松：[******]

基辛格：我可是下了豪赌，全靠那些船只了。您最宝贵的资产，总统先生——

尼克松：好吧。赌一把。好吧——

基辛格：——是您让人捉摸不定——

尼克松：听着，我准备这么干。现在，另外一件事情是没人——我是唯一人选，我和穆勒还有拉什都谈过这件事。顺便说一句，他说没意见。不要担心他。

基辛格：是的，拉什没问题。

尼克松：他会和我们并肩作战。他——他觉得我们应该继续，而且他认为，到最后，我们要达成一个协议，等等。拉什会那样做，他说："无论你怎样决定，我——"

基辛格：我们是要达成一个协议。

尼克松：[******] 但是——你知道我为什么会如此强调要他妈炸掉机场吗？天哪，因为以色列人以前这样做过，效果很好。咱们也这么办。

黑格：[******]

尼克松：空中的所有——

黑格：包括民用的——

尼克松：——包括大型民用的——

黑格：——他们军用的。

尼克松：为什么不把他们民用的也包括进来？你以为是哪种类型的飞机呢——？

黑格：好吧，我们可能会击中——

基辛格：中国人和俄国人的飞机。

黑格：中国人和苏联人的飞机。

尼克松：好吧。那你能只击落军用的吗？

黑格：他们告诉我可以做到——

尼克松：是吗？什么时候？

黑格：——使用智能炸弹。

尼克松：在他们完成任务之前，我们可以——我们可以延后4个星期吗？这些智能炸弹只有在天气晴朗的时候才能用，不是吗？它们不是靠目测瞄准的吗？

黑格：没错，总统先生。而现在的天气实在太糟糕了。

尼克松：哦，见鬼。

黑格：所以，我们得——

尼克松：亨利，我们是又一次面对这种状况。你如果还记得的话，我们去年就经历了类似的事情。

黑格：我觉得，唯一的办法就是——告诉他们，授予他们全权进行行动，因为最差的结果也只不过是第一次轰炸时半途而废——

尼克松：我知道。我知道。我知道，但是，艾尔，考虑到天气因素——让我们好好谈谈。如果天气一直到1月3日都很差，而那时候，国会也会复会，怎么办？我们该怎么办呢？

基辛格：这不可能。

黑格：1月3日过后，不会的。

尼克松：是吗？

黑格：那——可能性不大。

基辛格：我们必须——

尼克松：天气该不会糟糕那么长时间吧？

黑格：不会吧。

尼克松：那就好。现在，另一个问题是：B-52战略轰炸机怎么样？它们现在可以就位吗？

基辛格：可以。

尼克松：太好了，那就让它们就位。让它们就位会有什么问题吗？

基辛格：这个，我们已经——

尼克松：有被击落的可能吗？

基辛格：不，不会。总统先生，我们有一个问题，需要我们解决：参谋长联席会议主席是一个海军说客；他可不是什么军事统帅。参谋长——

尼克松：他[******]B-52战略轰炸机？

基辛格：参谋长们只在意预算。5月8日，您在忙里忙外，他们那帮浑蛋却把越南划分成了不同的司法管辖区。他们才不会在意国家利益呢。他们只在乎自身利益。

尼克松：我知道，你还记得吗，当康纳利[******]——

基辛格：您曾——

尼克松：——[******]指挥官——

基辛格：当时您是对的——

尼克松：——所以我们把那个浑蛋韦安德（Frederick Weyand）[1]安在那里，这家伙比艾布拉姆斯更差。艾布拉姆斯是个——是个笨蛋。但我觉得他是个不错的军区司令，并且每个人——

基辛格：我们干得很漂亮。

尼克松：——每个人都很喜欢他。

基辛格：您说得太对了。我们那时候都错了——

尼克松：[******]失误，谁对谁错。但是，关键是——

基辛格：[******]

尼克松：——现在完成了。我们在那里不再有什么负责人了。

基辛格：是的，沃格特能胜任。我们都——

尼克松：我需要——我需要一个[******]在那里[******]——

基辛格：好吧，但是他并没有获得授权啊，总统先生——

---

1 弗雷德里克·韦安德，美国军事援助越南司令部司令。

尼克松：我们可是让可怜的唐纳德·休斯（James Donald Hughes）[1]在那里负责战斗机啊。他啥都办不成——

基辛格：好吧，那是因为他们——

尼克松：你说过。

基辛格：——因为他们——因为对北越有四种不同的轰炸指令，总统先生——

尼克松：好吧，我们怎么才能改变这种局面呢？明天之前能完成吗？今天更好。

基辛格：只要您下令，当天就可以搞定。如果——

尼克松：这件事宜早不宜迟，越早越好。

基辛格：他们会——

尼克松：我们可不能到处放屁却不干实事。

基辛格：他们的大呼小叫会令人难以置信的。

尼克松：好吧，这就是关键。他们必须妥善处理，我们不能下达了军事行动的命令，承担了这么大责任，然后任由他们再把事情搞砸。

基辛格：但是，我们得在五角大楼里有这样一个自己人，他能从战略全局监督事情的进展，而不是仅仅盯着财政预算看。而且，我们在那里也要有一个拥有大局观的人。现在，据我观察，如果您行事果敢，然后在轰炸开始那天我们这么说："我们要立刻恢复轰炸了，但是我们想警告你们的是，如果到1月1日还不能达成协议的话，我们就永远达不成了，我们将重新制定另一种行动框架。"那样的话，他们会被吓坏。我们有一半的机会去达成协议。

尼克松：为什么不呢？

基辛格：我相信我们达成协议的概率会大于五成。

尼克松：以前我们经历过很多次这样的事情，机会都是对半开。

基辛格：是呀，但是——

尼克松：没关系。我不在乎，我不在乎。

基辛格：我必须告诉您——

尼克松：假设它的概率是一九开吗？

1　詹姆斯·唐纳德·休斯，美国空军副司令。

基辛格：不是的，比一九开要好。可能性应该在75%对25%。因为这些家伙也是走投无路了。他们对于我们正在谈论的内容，吓得要死，他们无法承受更大的压力。如果1月1日之前，他们不接受协议内容，那么在12月底，在巴黎最后一次全体会议上，我将会撤销提议，直接提出以撤军、停止轰炸，换取释放战俘的提议——

尼克松：我明白。

基辛格：——然后，在国会复会之前，您就泰然自若了。

尼克松：国会不能复会 [******]。

基辛格：但是，我还不会那么做，因为如果您现在采取行动——

尼克松：[******]

基辛格：——那么，我们就会错过达成协议的机会——

尼克松：[******] 上周的提议。上周的提议是说，我们会轰炸他们长达6个月，你知道的，立刻改变。

基辛格：没错。

尼克松：我们不能那么做。我们必须坚持下去。我们必须坚持到底。可能——情况可能不会更坏，我不知道。我害怕情况会更糟糕，我担心他们认为他们已经——

基辛格：不，总统先生——

尼克松：——暂时占了上风。

基辛格：不会的，如果他们认为占了上风的话，他们早就和我们决裂。

尼克松：不，不，不。我认为——他们不决裂的原因，我觉得比这点更根本。他们之所以还不决裂，是因为他们知道这一谈判的性质和类型——或者说让他们感到害怕的事情——现在就要发生了。如果他们跟我们决裂，他们很清楚，我们就会有现在这样的对话。他们认为，如果不同我们决裂，他们就可以耍我们。这是他们一直以来的老把戏，他们很清楚，他们和我们决裂之时，便是他们被炸之日。

好吧，他们肯定要挨炸，即便不和我们决裂，因为，尽管没有明着决裂，我们知道他们事实上已经这么做了。事情就是如此。我认为——我认为决裂的问题，你——他们想保持——他们想保持——他们感觉——他们要通过让我们国内的反战分子大书特书"好吧，和平离我们越来越近了。一切进展顺利"来保证谈判大门的开放，这其实是对我的压力。你明白吗？另一方面，如果他们屈服了，他们会这么说：
"天啊，我们可是冒了很大的风险，被轰炸的风险啊。"这就是他们不
和我们破裂的原因，亨利，我就是这么觉得的。

基辛格：这——

尼克松：你觉得事情另有原因吗？

基辛格：他们依然想——他们依然 [******]——

尼克松：你觉得他们想要和平吗？

基辛格：我觉得是这样的。

尼克松：真的吗？

基辛格：是的。

尼克松：为什么呢？

基辛格：你如果有读过他们对干部的指示，你就会明白了。他们告诉他们的干部："坚持，坚持，再坚持。"

尼克松：是吗？

基辛格："和平，和平就在眼前。"我不觉得他们承受得了持久战。让他们在10月签订协议的因素———旦明天布雷开始，或者星期六开始，他们——他们会——

尼克松：我插一句，我们会不会等得时间太长，而无法开始布雷？

基辛格：嗯，离星期六只不过还有一天半的时间。

尼克松：哦，我的天哪。我就是在思索——好吧——

基辛格：但是，这次行动会很迅速。如果您开始——如果您在星期日恢复轰炸，我就把黑格派去。我不会——我不会把副总统送去那里——

尼克松：不。

基辛格：——在这种情况下。

尼克松：不，不。副总统不会去的。副总统可应付不过来。我的意思是说，副总统在那里的话，阮文绍会把他玩弄于股掌之中的。我知道他会这么干的。如果你把副总统派过去，只带着一项目标，而且有艾尔像鹰一样盯着他，那样的话，他就可以办成事情。如果副总统去了，阮文绍一定会说——但是，他会给他展示那里的烂摊子，副总统一定会回国的。他会说："好吧。"他会告诉阮文绍正确的事情，但是他一定会无功而返的，随后他一定会跟总统——跟我——争论——

基辛格：因为——

尼克松：——私下里争论："好吧，我们不应该那么干，我们不应该那么做——"

基辛格：因为阮文绍——

尼克松：为了以后而积累资本。

基辛格：因为阮文绍的行为是完全不可原谅的，总统先生——

尼克松：很糟糕，他从来没有因为我们为他所做的事情说过哪怕一句感谢的话。我们有必要跟他说这一点吗？

基辛格：他——

尼克松：我受够他了，真的，受够了 [******]——

基辛格：作为一个战时领袖，他完全不称职——

尼克松：顺便说一句，而且他们一直在拖延，在撤军换战俘的问题上。这就是关键。他们会——你认为，他们会接受撤军换战俘吗？

基辛格：好吧，他在一封信中给您说过。

尼克松：我不是在说阮文绍。我不在乎他会接受什么。北越会同意吗？

基辛格：超不过3个月，他们就会同意。

尼克松：你同意吗？

黑格：我觉得他们只是需要狠狠敲打。

基辛格：我觉得，1月1日之前接受协议的可能性比较大——

尼克松：[******]

基辛格：——和接受撤军换战俘相比。但是，我已经为撤军换战俘奠定了基础，而且——

尼克松：我们知道我们不能兼顾。

基辛格：——而且，相信我，这吓到他们了。每次我在会议上说："现在 [******] 记住一件事，这是你们在现有框架下进行协商对话的最后一次机会。别忘记这一点。下次，我们只会用拳头说话。"而且，每次他都退缩了 [******]。

尼克松：是的。

基辛格：这就是我还不愿采取行动的原因。

尼克松：好吧，我们该怎么和多勃雷宁说这事呢？

基辛格：我会模糊处理。

尼克松：什么也不告诉他？

基辛格：我会说——

尼克松：你不准备见他吗？

基辛格：我会和他有个简短的会面。我会说我们已经失去耐心了。

尼克松：我有点儿小麻烦，你知道的。特里西娅准备去那里。[尼克松的女儿，特里西娅·尼克松·考克思（Tricia Nixon Cox），还有她的丈夫埃德，此时正在欧洲，而且预计会于北越遭受炮击的时间到苏联。]

基辛格：他们会好好招待她的。

尼克松：她应该取消行程吗？

基辛格：不用。

尼克松：[******]

基辛格：不，我们应该保持和俄国人的友好关系。我们应该给他们制造一种印象，那就是我们和他们同病相怜、感同身受，总统先生。多勃雷宁给黑格的报告，首先一点是他们不能——

尼克松：当轰炸开始时，我们要弄清楚一件最主要的事情，艾尔——记住这是 [******] 而且齐格勒会谈论这件事——关键是，这次我是真的很希望，亨利，就像我说的，我不想要冗长的演讲稿。我只想看一页纸，就像以前一样我召开——

基辛格：不，我会——

尼克松：——非常重要的新闻发布会一样。我们想要给这些愚蠢的记者传达什么要点？他们是我们在媒体界中的左翼敌人。连续给他们重击、重击，然后就不用理他们了。谈些别的事情，因为那样会让他们找不着北。但是切记，我们在那里还有我们的一批观众。和那些我的支持者们对话，就是那61%的人（尼克松在1972年12月7日大选中获得了61%的全民投票）。和他们对话——我知道，每个人都会认为他们就是一群笨蛋——他们很聪明，把票投给了我们。

基辛格：总统先生，他们拯救了我们。他们是很好的 [******]——

尼克松：[******] 但是，他们听到的信息应当是清晰、响亮且简短的。战俘问题，他们能明白。背叛行径，他们能理解。但篡改措辞，他们未必能懂。关于日期之类的，他们也弄不明白。但是，他们会理解背叛，也会理解共产党政府对南越人民的压迫。这些事，他们都能理解。阮文绍不愿意合作，如果我们以遗憾而非愤怒的语气表达，他们会理解的，就我们自身来说，要非常明确地表示，我们不是越南任何一方的人质。

基辛格：那——

尼克松：我们是希望看到越南和平的一方，对南北双方而言。让南越人民来决定这个贫穷和饱受苦难的国家的未来，而且不是在战场上决定。这就是我们的提议。我们号召南方，同时我们也号召北方，能够就此达成一致意见。号召双方来达成协议。你可以——

基辛格：我认为，他们——

尼克松：——简单向他们表明我们的立场。

基辛格：那是——

尼克松：另一方面，我觉得最好今天能够这么办。

基辛格：不，我觉得我们应该等到明天。给多勃雷宁一个机会，让他——这样，他的人不会被吓到。

尼克松：跟多勃雷宁有什么关系？

基辛格：我觉得，最好不要让俄国人大吃一惊。

尼克松：哦。为什么他们今天就会比明天更吃惊呢？

基辛格：因为，如果是今天，他们还没有做好准备。我可以今天就告诉多勃雷宁，您已经受够了，然后勃列日涅夫明天会知晓，接着，等我宣布的时候，事情就会——此外，我——

尼克松：现在还不是时候，我不应该这个时候告诉多勃雷宁。

基辛格：不，因为——我会告诉您原因的，总统先生——

尼克松：好吧。别利用他。

基辛格：我跟您说——

尼克松：我不想——

基辛格：不，让我跟您解释为什么不是今天。

尼克松：但是，你要理解，我已经准备好——我们要使出撒手锏了，我们会行动的——

基辛格：不，但是，总统先生——

尼克松：——我觉得那是唯一的机会，不会在——我不会在这些电视摄影机面前再次那样做，再做关于越南问题的该死的演说的。现在还不是时候。

基辛格：您是对的。您没错——

尼克松：我们不能那么干。

基辛格：是的，说得没错。

尼克松：不能在人们已经聚集起来后才去召集他们。

基辛格：您 [******]——

尼克松：只有当大家还没动起来时，才有召集这一说。

基辛格：——我错了。

尼克松：不，没有对错。这只是一个你知道什么的问题。

基辛格：但是——

尼克松：接着说。

基辛格：但是，您不应该——

尼克松：从来没有。

基辛格：——您不应该直接干预的原因在于，我们不应该让越南问题成为您与勃列日涅夫关系中的一个问题。

尼克松：是的。

基辛格：我们应该让苏联人处于这样一种位置，让他们说："河内这帮疯狂的、愚蠢的——"

尼克松：是的。

基辛格："——撒谎的浑蛋——"

尼克松：没错。

基辛格："——又一次坑害了我们。"

尼克松：好吧，现在的问题是：你准备怎么做——我们应该做什么——我昨天还问了艾尔——我们应该让罗杰斯、莱尔德、穆勒和霍尔姆斯参与进来吗？我们可能还不得不派可怜的副总统过去。我觉得他会听的。

基辛格：是的，我应该在周六早上行动。

尼克松：轰炸之前吗？

基辛格：是的。

尼克松：没错，但是莱尔德会——带着所有的命令 [******]——

基辛格：我不会逃避。

尼克松：啊？

基辛格：我不会逃避，我会说："我告诉你们，先生们，（我是）最高指挥官。"

让我给他们做一个简要的——简短的介绍。我不会问他们的意见——

尼克松：我可以问你——我能问你——

基辛格：或者您可以等到明天下午再做。

尼克松：是的。我能问你，顺便问一句，你准备在新闻发布会上做情况介绍，我们会在明天下午行动，但是，亨利，你能不能在今天划定框架，列一个名单？

基辛格：没问题。

尼克松：好吧。现在，你需要罗列的人物，对于我来说——

基辛格：是副总统吗？

尼克松：你应该告诉副总统："听着，这事到此为止了。"然后说："总统不想让您亲自为了一个失败者去越南，况且现在我们还没做好准备。以后我们可能会有需要请您出马，我们目前还没达成协议。"你明白吗？

基辛格：好的。

尼克松：现在，他会讨论实际情况，然后说："好吧，让我出去和他协商。"你可以这样说："不，副总统先生，你根本协商不了。"[******]

基辛格：我们不能和越南的任何一方进行谈判——

尼克松：你也知道，真正的原因是，我真的不想让他去谈判，即使是和危地马拉，我也不会用他，他不清楚我们知道的内情，明白吗。如果你能见到他——或者艾尔见到他，或者你们两人中任何一人见到他——就说，第二点——

基辛格：好的。

尼克松：——我觉得你应该和他会面——我觉得——还有罗杰斯的问题。

基辛格：我会去见他的。

尼克松：而且，我认为——我不知道你会怎么处理罗杰斯。自从上次戴维营会议之后，我就没见过他了，并且——但是我——但是，他对我们所做的一切没有丝毫怨言。所以，你怎么看？你觉得我们该怎么处理罗杰斯的事情呢？我只是不想在会议上再面对他了——

黑格：[******]

尼克松：我希望罗杰斯在周六早上能站在我们这边。

黑格：[******]

尼克松：向他介绍一下我们全部的对外政策——

基辛格：实际问题是，罗杰斯会尝试借此与我做对，但是他其实没有必要——

尼克松：是吗？

基辛格：到时候会有两件事发生。罗杰斯会在会议上支持您——

尼克松：还有呢？

基辛格：——然后，他会透露是我搞砸了这件事。现在，这是两件在所难免的——

尼克松：[******]

基辛格：——的结局。

尼克松：让我说，这些都无关紧要。这样的事情，他们以前对我们做了有多少次？

基辛格：没错。但是他会支持您——

尼克松：我搞砸过一次，你也搞砸过一次。最重要的是取得胜利，不是吗？

基辛格：没错。别太他妈在意——

尼克松：最主要的事情是——听着，最重要的是在未来4年，人们如何看我们，我们还要在这里执政4年。

基辛格：这也是为什么——

尼克松：让那帮浑蛋下地狱吧。听着，他们没意识到。我是说，你——我是说，我不会做任何傻事。这也解释了为什么我不上电视或者做其他类似的事情。我不会犯傻。但是——我不会疯言疯语——但是我会为所欲为，因为我根本不在乎发生了什么。我不关心。我真的不关心——

基辛格：总统先生，这让我很痛苦，但是如果您——如果您不这么干，这就会像EC-121事件一样（发生在1969年4月，当时北越战机在一次日本海侦察活动中击落了一架EC-121预警机，机上31名美军人员全部丧生）。俄国人——您在俄国人那边的声誉更好——

尼克松：没错。

基辛格：——而且——

尼克松：我知道。

基辛格：——他们会注意的。

尼克松：说得对。

基辛格：现在，我们将再次堕入残酷地狱，就在我们这个国家。我能想到那些卡通片和社论——

尼克松：是的。

基辛格：——还有新闻报道——

尼克松：当然。当然。我告诉你，圣诞节期间和其他时候，其实没什么区别，因为他们不会有美军阵亡士兵的图片，他们也不会——他们只会听说，有几架飞机在执行任务时消失了，但是，亨利，目前这场战争根本不算个事儿。艾尔，对吗？

黑格：对。对——

尼克松：当然，新闻标题都是关于和平的，但是总有一些浑蛋在捣鬼，比如赖斯顿之流。但是普通人根本不在乎。

基辛格：总统先生，每个人都会相信，因为这很令人信服，那就是我们付出了极大的努力。如果失败了——

尼克松：是的。

基辛格：[******]

尼克松：我们不会——如果这种和平是投降的和平，我们是不会同意的。就这么说吧。

基辛格：这曾是我们的立场——

尼克松：我们不会同意投降的和平。我们不会同意那种由共产党政府强行统治的和平的。我们——你就说，你已经提出了条件，但是现在，另一方面，我们准备好随时进行和平谈判。他们在3周之前还愿意进行谈判。现在，是看个究竟的时候了。但是，到此为止。在这种情况下，我们绝不能再畏畏缩缩，即使他们在不断增加军力。你看，进行轰炸的理由，艾尔，一定是北越的不断壮大。点明这一点。天哪，每个人都会以为这是真的。

黑格：这就是真的。

尼克松：确实是真的。他们在重建他妈的发电厂，还有其他的设施，所以我们要再次打击北越，因为他们正在北越重新扩军备战——

基辛格：[******]他们拥有最大规模——总统先生，这是另外一件事。他们正在进行目前为止最大规模的渗透，比去年的那次规模还大。

尼克松：现在不需要担心这个。我的意思是——那确实是真的，但是稍等，我的观点是，不要谈渗透和其他事，我们必须得说明："因为北越正在秘密地大规模增加军力，他们并不只是要虚张声势地吓唬我们，所以我们要对他们进行轰炸。"在圣诞节期间我们要打起精神，之后，在1月3日提出以释放战俘换取撤军的方案。

基辛格：您可以这样做的。我忘记1月1日是星期几了。我认为——

尼克松：1月1日是星期一。

基辛格：星期一吗？

尼克松：是的。

基辛格：之前的那个星期四，不管是几号吧，可能是12月28号，我们会坐在巴黎的谈判桌前。我们取消了这个计划，并且在巴黎进行谈判：直截了当地提出释放战俘、撤军、结束轰炸——我的意思是说，以撤军和停止轰炸换取释放战俘。

尼克松：没错。

基辛格：让他们——他们会马上拒绝的；我们则泰然自若。

尼克松：好。那么我们就继续轰炸他们。现在，莱尔德一定在闲言碎语地谈论这样做的代价。

黑格：没错。

尼克松：现在，怎么样？当然，这是个问题。代价有多大呢？

基辛格：代价相当高。

黑格：它——

尼克松：轰炸吗？

黑格：如果我们被迫要持续轰炸至——明年6月，代价将达到约30亿美元。如果轰炸提前结束，成本可能是15亿美元。

基辛格：我觉得，总统先生——

尼克松：你觉得应该选15亿吗？

基辛格：——这些家伙——

尼克松：不管怎样，国防部都得接受，因为我们不会继续拥有4个情报部门和4个战术空军部队了。当你到那里的时候，这就是我们要对这个鬼地方做出的变动。

基辛格：但是，他们愿意——另一方面，我们必须实际地看待这个问题。对方在10月的时候，几乎是在跪着求我们。他们之前从来没有得到过那份协议中给予他们的那些条件。那份协议并不差。如果协议得到认真遵守的话，那会是个好协议。如果协议被履行，对方就会被迫撤离。我们要做的就是使他们信服，我们可不是那种可以被耍得团团转的人。如果我们现在屈服，那么协议的效力将会大打折扣，而且我们将——

尼克松：没错。

基辛格：——我们会签订——

[******]

尼克松：好吧，就这么办。现在，让我们——你什么时候出发？你——昨晚，我们觉得应该让齐格勒召开新闻发布会。你同意让亨利现在就召开吗？这很难选择，不是吗？

黑格：很难决定，因为回答问题的过程中，门道极多——

尼克松：好吧，或许，出于另外一个原因，我觉得还是得让亨利去。你看，我们不能声称他在躲躲闪闪——

黑格：这会——

尼克松：——或者我在躲躲闪闪——

黑格：——看起来很不自然。

尼克松：嗯？

黑格：这会看起来很不自然。那——

尼克松：或者我——

黑格：没错。

尼克松：现在——

基辛格：罗纳德[1]既没有信念，也没有权威，总统先生——

尼克松：不过，他有信念。

基辛格：但是，他无法展现出来，因为他了解得不够多。

尼克松：不，不。我知道。不，罗纳德压根儿不在乎轰炸。他不在意。他肯定会完成这项任务。不要这么想 [******]——

基辛格：不，不。他相信——不，他是支持政策的——

尼克松：没错。

基辛格：——但是，他不能准确地反映出谈判的情况，以——

---

1 指齐格勒。

尼克松：没错。

基辛格：——信念。

尼克松：我明白。

基辛格：无论如何，我是不会表明要继续进行轰炸的。罗纳德应该去回答记者的问题。

黑格：那天早上，他——

尼克松：是的。

黑格：——他说他不确定。

尼克松：是的。

基辛格：明天，我们要做的——

尼克松：[******]

基辛格：——就是——

尼克松：我知道。

基辛格：——去解释我们的立场——

尼克松：我不像其他人那样么担心轰炸。我觉得你的名字一定会在杂志上出现的，同时还有塞瓦赖德（Eric Sevareid）[1]、拉瑟（Dan Rather）[2]以及其他浑蛋记者们。克朗凯特（Walter Cronkite）[3]一定会大哭一场，每个人都会说："为什么要在圣诞节轰炸呢？因为天气吗？"我们能不能给阮文绍传递一条信息，现在，请不要满嘴胡言再提什么圣诞节到新年期间休战了。就现在。立刻。

基辛格：马上。

尼克松：不——我们不是不愿意休战。或者我们应该——还是不应该这么做呢？

基辛格：绝对是这样。

尼克松：因为我们在圣诞节期间不能停火。

基辛格：绝不能。

黑格：我们能在圣诞节当天停火。我——我不知道该做什么。

---

1 埃里克·塞瓦赖德，《CBS 晚间新闻》记者。
2 丹·拉瑟，《CBS 新闻》驻白宫记者。
3 沃尔特·克朗凯特，《CBS 晚间新闻》电视节目主持人。

基辛格：我不会停下来。我们一旦开始，就进行到底。或许圣诞节当天——

尼克松：现在，或许，艾尔说得有道理。只是在圣诞节当天，仅此而已，不会到新年。除了圣诞节当天——其他时间不会停战。

基辛格：我们可以——

尼克松：就说："除了圣诞节当天，停战是不可能的。"我不希望在圣诞节那天血光四溅。人们不会明白这一点的。不管是"一战"还是"二战"，都会有休战。好吧，最主要的是你养精蓄锐，要做好万全准备，准备好应对最艰难的挑战。逆境中的我们是最强大的。并且切记，我们会比我们的敌人活得更久的。此外，别忘了，新闻媒体也是我们的敌人。

基辛格：对此，毫无疑问——

尼克松：媒体是我们的敌人。媒体是敌人。权势集团是敌人。教授是敌人。教授是敌人。把这些话在黑板上写一百遍，千万别忘了。

基辛格：我，关于教授——

尼克松：永远——

基辛格：——我很清楚。

尼克松：总是——

基辛格：对于新闻媒体，我完全同意您的观点——

尼克松：是敌人。所以，我们时不时也要利用他们。但切记，偶尔会有例外——我觉得（理查德·）威尔森（Richard Wilson），或许——可能有两个或三个——霍华德·史密斯（Howard Smith）[1]。是的，总有一小部分爱国分子，但是他们中大多数人——他们极其失望，因为在选举中我们战胜了他们。他们知道他们和祖国脱离了。这对那些浑蛋是致命的打击。他们是敌人，但我们一定要继续利用他们，永远别让他们察觉我们视他们为敌人。你明白了吗？但是，媒体是敌人。就是这样。

基辛格：总统先生，如果您不这么做——

尼克松：（大笑）

基辛格：——您将会——

1　霍华德·K. 史密斯，《ABC 夜间新闻》联合主播。

尼克松：我会这么做的。

基辛格：——那么您真的会束手无策，您会被夹在自由主义者和保守主义者中间。您不会赢得自由主义者的信任。而且——除此之外，我们在明年 2 月就会彻底完蛋了。他们只需要用切香肠的战术就能一点点击垮我们。

尼克松：还有一件事——我觉得你应该认真考虑——这件事很重要，我希望你——我想谈谈，我想让你——我想你和拉什进行一次私下会谈。拉什能说服莱尔德。而且拉什会回到国务院，最终。拉什会保持忠诚。

基辛格：拉什是——

尼克松：当我们上周收到这些消息时，拉什相信——当艾尔回来时——他认为我们所做的——你知道，正是我们应该做的，他对于这件事的分析也很精彩。他说问题就在这里。他说，西贡的利益和北越的利益与我们的利益简直完全没有交集，所以我们必须——

[******]

尼克松：他说得一点儿也没错。但问题是，我们不能仅仅为了一方的利益达成协议。但是，只能抛弃拉什了。现在，穆勒怎么样了？

黑格：穆勒是个婊子。

基辛格：他确实是。他就是个贱人。别人让他干什么，他就干什么。

尼克松：赫尔姆斯呢？

基辛格：我会说服他。

尼克松：赫尔姆斯会有一次非凡的——哦，顺便说一下，当他去伊朗的时候，我想让他去溜达溜达。就让他在那个该死的酋长国里随便逛逛。你知道的，让他看看东南部及其他地方。我的意思是，他——他是——

基辛格：赫尔姆斯非常忠诚。

尼克松：他会做很多好事。我的意思是说，他会成为一位出色的驻外大使。

（赫尔姆斯刚刚被任命为美国驻伊朗大使。）

基辛格：赫尔姆斯不会给我们惹麻烦。

"参议员先生,
我知道这对你来说是非常悲痛的一天。"

> 1972年12月19日,中午12:21
> 理查德·尼克松和约瑟夫·拜登(Joseph Biden)
> 白宫电话通话

尼克松总统在电话中安慰刚刚当选参议员的约瑟夫·拜登(民主党人,代表特拉华州),后者的妻子和一岁的女儿在前一天因遭遇惨烈的车祸而离世。拜登的两个儿子博和亨特幸免于难,正在医院接受治疗。

……

拜登:总统先生,您怎么样?
尼克松:参议员,我知道这对你来说是非常悲痛的一天,我想向你转达白宫所有人员对你的问候。我们都在为你祈祷,为你的两个儿子祈祷。
拜登:我非常感激。
尼克松:我知道你那时候正在国会大厦,尊夫人在独自驾车。
拜登:是的,没错。
尼克松:不论发生什么,我们都要向前看,年轻是你最大的财富。我记得我成为众议员时的年龄要比你大两岁。但重要的是,你赢得选举的时候尊夫人在你身旁,她见证了你的胜利。你们一同分享了胜利。现在,我坚信她会从这一刻起注视着你。愿你好运。
拜登:谢谢您,总统先生。
尼克松:不要客气。
拜登:谢谢您的来电。我感激万分。

"我们得继续轰炸，这样他们就知道我们还是会回来教训他们的。"

> 1972 年 12 月 20 日，上午 11：32
> 理查德·尼克松、亨利·基辛格和鲍勃·霍尔德曼
> 椭圆形办公室

12 月 18 日，尼克松下令开始"后卫 2 号"行动，这是自"二战"以来强度最大的一次空袭。在行动的第一天，超过 100 架 B-52 轰炸机飞越北越领空，轰炸范围超过"后卫 1 号"和先前所有的美军行动。作为此次空袭的核心目标，河内和海防将会遭到长达 3 天的轰炸。尼克松和幕僚们显然心情不错，他们接到前线的消息说，轰炸基本上正在按原计划进行。他们交换了对阮文绍的看法，但还是把关注的重点放在了南北越双方所面临的残局上。

……

尼克松：亨利，你准备好出发了吗？
基辛格：黑格也加入谈判了。
尼克松：什么问题？[******]？
基辛格：他被耍了——
尼克松：[******]
基辛格：南越人给了他当头一棒——
尼克松：怎么了？
基辛格：他等了 5 个小时。
尼克松：他见过他（阮文绍）了吗？见到阮文绍了吗？
基辛格：见到了。阮文绍给您写了一封信，他拒绝了所有条件。他要求北越方面撤军，一个都不留。
霍尔德曼：嗯。

基辛格：他会勉强接受我们提出的政治框架。他接受成立全国委员会。他不会再称之为"名义上的联合政府"，他想要的只是北越完全撤军和其他两项疯狂的条件。他——他一定是疯了。

尼克松：好吧，那我们现在面对的是什么情况？

基辛格：这就意味着，我们只能他妈的在1月3日跟北越单独签订协议。总统先生，在这些条件下，有两个——我们现在只有两个选择。

尼克松：嗯。

基辛格：其实，我觉得北越人陷入了一个很奇怪的模式中。他们参加了今天的技术性谈判。

尼克松：他们参加了？

基辛格：他们并没有取消会谈。他们对我们的轰炸谴责了足足20分钟，并拒绝谈其他任何事情。但是，接着他们又提议在星期六进行另一次技术性谈判。您瞧，这可不是有气势的表现。（笑声）还有，我们今早损失了3架B-52轰炸机，我们还击中了一艘苏联船只。

尼克松：我们又损失了3架B-52？加起来就是6架了——总共？

基辛格：是的。昨天我们没有损失。

尼克松：什么？

基辛格：昨天我们没有损失飞机。

尼克松：哦，真够激烈的。

基辛格：我们正在降低军事行动级别——

尼克松：我们接下来要怎么做？

基辛格：嗯，明天，我们无论如何也要把轰炸河内的战机数量减少到30架，剩下的去轰炸北越其他地方。

尼克松：嗯。

基辛格：还有——

尼克松：我想知道他们是怎么击落——那些轰炸河内时被击落的战机——

基辛格：是的。

尼克松：——这3架B-52轰炸机？

基辛格：那些"萨姆-2"导弹就是为对付B-52轰炸机而设计的，总统先生。

尼克松：这3架B-52轰炸机被击落，会引起多大恐慌啊？

基辛格：嗯，他们已经开始了。

尼克松：嗯？

基辛格：他们已经开始攻击了。肯尼迪昨天晚上发表了一通讲话。

尼克松：他说什么了？

基辛格：他说，国会说如果你输掉——

尼克松：嗯。

基辛格：——如果我输掉。他把我也带上了。他说这件事不能再让我们管了，国会要立法强迫我们退出战争。当然，那个狗崽子阮文绍对我们的所作所为简直就是犯罪。我们本可以用美国人的方案来结束这场战争——

尼克松：那个——穆勒对损失的 3 架 B-52 是什么看法？他表达关切了吗？莱尔德呢？你跟他谈了吗？

基辛格：是的，我跟莱尔德谈了，但是，他们说他们预计每 100 架战机中会有 3 架（被击落）。这倒是真的。

尼克松：每次行动？

霍尔德曼：每 100 架参战的战机中——

基辛格：是的。

霍尔德曼：——就会损失 3 架。

尼克松：好吧，这也正是我们所损失的数字。

基辛格：但是，问题在我们的空军上。用——举个例子吧，我们的空军每天都会在相同的时间点执行轰炸任务。

霍尔德曼：是的。

基辛格：我昨天告诉了他们这些。他们说："有太多的外部因素影响我们。"但是，这些北越人可不是傻子，他们知道每到 7 点 10 分，该死的 B-52 轰炸机就会飞来。我猜情况就是如此。

尼克松：嗯。

基辛格：这些家伙——

尼克松：我们还是回到损失的话题吧。他们预测每 100 架战机中会损失 3 架，这也是我们目前的损失水平，对吧？

基辛格：对。

尼克松：但其实我们没有损失这么多。你说我们第二天没有损失战机，对吧？

基辛格：没有损失。

尼克松：嗯，即使遭受损失，我们也不能停下来。

基辛格：确实。

尼克松：莱尔德也不建议停下来，是吧？

基辛格：嗯，他不会反对这种命令的，但我认为既然我们已经决定要破釜沉舟，总统先生，我们唯一能做的就是残酷到极致。但是，现在我们还能做一个战略抉择。我认为，北越有超过50%的可能会进行和谈，因为如果他们不想解决问题，先前就不会同我们进行技术性谈判。现在，我很清楚的是，或者说比较清楚的是，如果我们不像对吴庭艳那样对付阮文绍的话，几乎没有办法可以让他乖乖听话。

尼克松：[******]？

基辛格：不，我知道。我说的只是我们的问题所在。我们不得不切断对他的经济援助，我们不得不切断对他的军事援助。我们能做到这些。然后，他会被推翻，并且——我想我们需要做的，现在我头脑中唯一的问题是，就是我们是否应该达成双边[1]——

尼克松：黑格正在赶回来吗？

基辛格：他明晚或星期五一大早到达基比斯坎[2]。

尼克松：他不会再见阮文绍了？

基辛格：是的。没有什么好谈的了。他现在在曼谷，然后会去汉城，接着会在星期五上午8点之前回到基比斯坎。唯一——当然，阮文绍让他等了6个小时，搅乱了他的计划。这也是阮文绍让人无法容忍的一个表现。您也知道，有一次他让我等了15个小时。但是，我们——这是另一个问题了。我们现在有两个选择。一个选择是，我们可以抛弃所有的和平计划，直接和北越进行双边会谈，然后我们——如果他们拒绝的话，北越人可能会迫使我们接受。另一个选择是，我们可以和北越人签订协议，如果他们愿意的话，然后，如果阮文绍不买账，我们就达成双边协议。那个狗崽子——您也清楚，如果我们先前知道无论怎么做他都不会听从我们的话——

尼克松：是的。

1　指美国和北越双方。
2　美国佛罗里达州地名。

基辛格：——我们本来在11月20号那个星期就应达成协议。我那时就不会提出他那些该死的要求了。

尼克松：嗯，是的。但是，我们会——我们那时候本来可以达成什么样的协议呢？

基辛格：我们可以——我们就可以争取8处或10处的更改。

尼克松：不，不，不，不，不。我的意思是，我们如何做到在和他们解决问题的同时，还保留——

基辛格：是的，我们本来必须做的是利用达成协议的事实。我想，如果我们与河内达成协议而阮文绍拒绝接受的话，在国内来说，也是没什么问题的，然后进行双边的——

尼克松：我同意。

基辛格：接着，我们就和北越进行双边谈判。但现在让人头疼的是，我们既没和河内达成协议，也没和阮文绍达成协议。如果那个浑球没有耍我们的话——我的意思是，您给我的指示——我是说，不是您的命令，但我的意思是如果您——因为这是我们共同做的决定，当初我的设想是，我也跟您介绍过，尽我们所能代表阮文绍的立场，从北越那儿获得最大的让步，然后将协议带回西贡。如果我们早知道不论怎么努力都不起作用，而阮要求的是北越无条件投降的话，我们在11月21日或22日就能达成某种协议了。因为您和我都知道，其实那些更改大多数是些废话，只是一些微小的改进，真正能推动协议达成的还是您跟黎德寿说的那些话。

尼克松：现在，还是回到B-52轰炸机的话题吧。那个——现在我们不能往后退——

基辛格：不能。

尼克松：——即使那是——3架，即使他们的预期值是每100架损失3架——你要做好这方面的准备。但我不认为，不认为——他们每次都要去河内。我觉得——

基辛格：嗯，在——在北越还有很多其他目标，我们的空军不必每次都去轰炸河内。

尼克松：[******]

基辛格：当然，如果这帮狗娘养的[1]有可以飞得起来的飞机——

尼克松：我知道，我知道。但是他们没有，所以我们必须 [******]——

基辛格：不，如果他们派出战术飞机和我们的 B-52 战略轰炸机进行空战的话，就会干扰萨姆导弹。

霍尔德曼：既然你已经控制不了阮文绍了，为什么不现在就跟北越签署协议呢？

基辛格：嗯，因为现在他们还没有回复我们。

尼克松：是的。

基辛格：而且，我认为如果在他们给出答复之前就表明我们的意愿的话，会显得我们有些软弱。那个——之前我们给他们的方案，对他们来说达成协议是很容易的。

尼克松：你是说，他们上次真的同意举行技术性谈判——在他们得到你的信息 [******] 之后？

基辛格：他们只是在继续已有的计划。技术性谈判原本就计划在今天举行的。

尼克松：是的。

基辛格：他们走进会场，只宣读了一份谴责空袭的声明。这没关系，但他们宣读完毕后，又提议在星期六举行另一次会议。到目前为止，中国方面的态度很温和，苏联方面的态度也很温和。我们有可能在这次会议上达成协议；我们可能要赢下这场"河内游戏"了。

尼克松：那个——

基辛格：我完全误判了阮文绍。在 10 月末的时候，我以为，我们都以为我们之所以坚持谈判，是因为我们都相信，只要您的选举一结束，当阮文绍意识到这不仅仅是一个应付选举的策略后，他就会和我们立场一致。我们还以为当您在选举结束后的第二天派出黑格之后，阮文绍就会跟着我们的步调走。

尼克松：事实上，他说过 [******]？

基辛格：他根本没有理会您的信，他惯用的策略是——

尼克松：嗯。

基辛格：——并且再一次强调了他的要求。他再一次做出了愚蠢的妥协：

---

1 指北越军队。

他说他将接受全国委员会的提议——这对他来说是个很大的退让——如果我们能让北越军队撤出，如果我们能从北越那里得到承诺——如果我们不承认；如果在文件中，包括在序言部分，不会处处提及临时革命政府；还有一个条件，那就是——

尼克松：嗯，事实上，他说的这些，如果我们仔细体会一下的话，其实是他想让我们单独谈判。

基辛格：没错。

尼克松：现在，我们需要解决的，我们在最理想的条件下需要解决的问题是：我们如何在不使南越沦陷的情况下，单独与河内达成协议。

基辛格：没错。

尼克松：现在的问题是：如果到头来美国会不支持达成的协议，他们还会支持向南越提供援助吗？另外一个问题是：河内会同意以双边协议的形式解决问题吗？如果我们不同意停止对南越的援助的话，河内会怎么做？

基辛格：嗯——

尼克松：我知道另一个原因是6月8日。我们那时候答应会缩减对南越的援助，并且同意，如果另一方这么做，等等，等等。你站在他们的立场想想。他们正拖着战俘的事情；他们知道阮文绍不会合作；他们知道我们提不出政治解决方案。这到底是怎么回事儿？

基辛格：嗯，他们得到的是——

尼克松：他们的动机是什么呢？一方面，他们要我们停止轰炸。他们还要我们停止布雷——

基辛格：这也是您必须继续轰炸的原因。

尼克松：我知道——

基辛格：这是主要原因，这是您继续轰炸的主要原因。要停止轰炸。要停止布雷。要我们撤军。我们——他们不需要担心非军事区的问题。他们不需要担心其他的许多限制条件。他们甚至可以赌一把，即国会将切断（对南越的）援助。

尼克松：是的。

基辛格：我觉得，每年向南越提供8亿美元的援助是不可能的。

尼克松：我们还——你也意识到，你向北越提供援助的承诺也是岌岌可危的。我不认为国会宁愿援助北越而不帮助南越——

基辛格：不行，在这些条件下，我们不能让北越得到援助，尤其是他们还在和南越作战的情况下。

霍尔德曼：那不就是他们允许我们继续援助南越的条件吗？

基辛格：嗯，他们不会——我们不能在他们还在进攻南越的时候给他们援助。我认为这就是问题所在——

尼克松：绝对不能。只要还在发生战争，就不能给他们援助。换句话说，不停火就没援助。

基辛格：对。不停火就没援助。但是，我们可以设想北越——南越人可以自食其力。

尼克松：是的，没错。我理解。这虽不是一个好办法，却是我们能拿出的最好的应对方式。

基辛格：嗯，或许——我认为，现在，总统先生，如果阮文绍不是一个卑鄙自私的蠢货的话，这点真的很重要。这个浑蛋不知道如何在自由政治选举下取胜。如果他在10月下旬的时候赞成了协议，并向您靠拢的话，那就好说了，我们甚至可以称之为一场胜利。但是现在，他干出了这种事，我看不到——最终我们可能会达成协议，而6个月后，他就会在我们眼皮底下垮台，我不知道为什么他不愿意——不是因为协议本身，而是因为他要利用协议。

尼克松：我明白。

基辛格：现在，如果我们确实达成了协议的话，我还是不能排除这个骗人的浑蛋会不会——你可以想象，如果他把这一切都记录下来的话，他就可以说他被我们强暴了，当着他国内选民的面——

尼克松：他会那样做的，如果他赢了（选举）的话。

基辛格：——接着，他会在最后一秒服软，不情愿地吵闹，没完没了地发牢骚。但是——

尼克松：或许我们不应该这么做。

霍尔德曼：但是我——这就是我们必须问自己的问题。假设我们——你们达成了协议，但你们的盟友却说这是强加给他的，然后那个狗崽子在一年后倒台了。我们的情况在1月初的时候会不会变得更好——

尼克松：鲍勃，我不知道我们该不该担心科尔森[1]的观点。你可能想不起来是什么了。我认为这很好。第一种情况应该是不会发生了。他的观点是，一个双边协议是脆弱的。嗯，管他呢，这正是麦戈文提出的方式。

基辛格：不。那不是——

尼克松：还有曼斯菲尔德，以及其他一些人。

霍尔德曼：这——首先，它不是；其次，它所处的时机完全不同，所处的环境也完全不同——

基辛格：因为麦戈文提出的是单方面撤军，完全停止军事和经济援助——

尼克松：嗯，曼斯菲尔德也提出停止——

霍尔德曼：那些战俘——

尼克松：——军事和经济援助——

基辛格：嗯，不，然后我们会要回我们的战俘。

尼克松：不。不。他没有——

[******]

基辛格：不，不。他会说，当我们撤出之后，他确定他们会释放我们的战俘。

霍尔德曼：这并不包含在他的方案里。

基辛格：对，不是协议的一部分——

尼克松：我们知道。但问题是，我用不同的方式听过、争辩过、回应过这个观点。我认为，现在重要的是尽我们所能，尽量体面地结束这场战争。这是我们对他们使出的最后的撒手锏了，我们不得不这么做。

基辛格：我们应该继续轰炸，不然我们就永远要不回我们的战俘了。

尼克松：嗯，我理解。我的意思是，你应该继续保持对北越的轰炸，亨利，直到他们释放战俘为止。

基辛格：如果不这么做，我们永远要不回战俘。顺便提一下，在星期六的电视节目播出后，有一件事对我来说非常美妙。我只收到了一封反对信。现在我肯定已经收到200封信或电报了，都在说："我们为你的所做而骄傲。不要让那些共产主义分子摆布你。"

尼克松：所以，你看，这些因素也会对单独签署协议产生影响的。

基辛格：对这份商定的协议，我们已经无路可退了。这就是我们的不幸之处。

---

1 指查尔斯·科尔森，总统特别法律顾问。

尼克松：嗯，我只是在告诉你——问题是，它是一个——没有谈判——

基辛格：如果阮文绍听从我们，总统先生，我们——到昨晚的时候，我意识到，如果黑格可以说服阮文绍，您就可以更好地坚持这份协议了——

尼克松：我知道，我们谈过这个问题了。

基辛格：——也不用走双边谈判的路线了。但是，我不知道我们该怎么继续走谈判的路线，并最后达成——除非我们毫不顾忌——达成协议之后，让阮文绍拒绝它。这就是另一种选择了——

尼克松：什么意思？

基辛格：我们继续坚持这份协议，把他们炸得屁滚尿流，直到达成协议。然后让阮文绍拒绝这个协议，接着我们就和北越进行双边谈判。

尼克松：我不喜欢这样。

霍尔德曼：您不喜欢？

基辛格：因为，好吧——

霍尔德曼：这样容易被人们接受。

基辛格：嗯，如果阮文绍拒绝的话。

尼克松：不——

基辛格：我担心的是，阮文绍不会拒绝，并且说："我不得不接受，因为美国人背叛了我们。"

尼克松：我觉得，其实，我们应该，我认为我们最好不要力求签署这份议定的协议，在目前这种情况下，我们最好简单地与北越方面签署另一个协议，就说，我们——很明显他们不会同意这么做。我们不认为应该这么做，嗯，就是说，我们将停止轰炸，停止布雷，我们将撤出所有军队，以换取美国战俘回国，由你们决定南越的局势。我们会继续援助南越的。现在，我们不谈老挝，不谈柬埔寨。这个问题太难了。

基辛格：但是，我们可以以双边外交的形式援助他们。阮文绍对东南亚局势的所作所为——不幸的是，有一件事哈里曼说得很对，那就是阮文绍是一个彻头彻尾的、自私的、精神变态的浑蛋。我的意思是，他提出了一个我们在8月都不敢提的协议，当时就是担心麦戈文会利用这一点与我们作对。

尼克松：肯尼迪是在什么场合对我们进行攻击的？

基辛格：圣约之子会[1]上。

尼克松：他发表的那次演说？

基辛格：是圣约之子会[******]——

尼克松：哦，天哪！

基辛格：并没有全力抨击，他还是有所克制的。但是多尔（Robert Dole）[2]来华盛顿了。我今早在电视上看到了他。

尼克松：又一次？

霍尔德曼：真的吗？

基辛格：是的。

霍尔德曼：他今天说什么了？

基辛格：他说，现在还不是把越南事务从总统手上夺走的时候，但如果这种（糟糕）情况继续下去的话，我们就要考虑这么做了。我想说，这是对您的一种拙劣的支持。

……

基辛格：黑格发来电报了，他说："我很自豪能够参与谈判。"

尼克松：没有其他人——还好我们没让阿格纽去，不是吗？如果阿格纽去了会是什么样啊？会发生什么？

基辛格：哦，那我们就必须走双边谈判的路线了。您知道，卡弗（George Carver）[3]认为——那位中情局专家——卡弗认为，阮文绍曾想让我在10月的时候跟河内签订那份该死的协议。他当时在坐等我们签字，准备大声愤怒抗议，然后配合我们。他不想在协议签订前被征询意见。

尼克松：你觉得可能——你觉得我们可能应该——你真的觉得或许我们应该考虑签订一份协议，然后等着阮文绍拒绝吗？嗯，会不会出现这种情况，我们达成了协议，然后阮文绍说："如果他们不撤出（南越）的话，我是不会干的。"鲍勃，这就是接下来我们在政治上的处境，你明白吗？他——他——接着在美国国内就会兴起一场大辩论，有人就会说我们

---

1 于1843年在纽约成立的犹太国际服务组织。
2 指罗伯特·多尔，美国堪萨斯州共和党参议员。
3 指乔治·卡弗，负责越南事务的中央情报局局长特别助理。

签订的协议竟然允许共产党留在南越。

霍尔德曼：是的，但是您——您要签订的这个协议，比以往有望签署的那些协议都更有利。[******]

基辛格：而且没有什么区别，因为这就是我们一直以来提议的——

霍尔德曼：它意味着实现更大的目标。然后——

尼克松：然后，当然了——

霍尔德曼：——我们会走完最后一英里，并且——

尼克松：那样会是更好的——

霍尔德曼：——努力把阮文绍拉上。

尼克松：然后，我们可以说："在这种情况下——"但我想说的是，我们可以把它当作一种备选项。我的意思是，我不想沿着这条路走下去达成一份政治协议，然后——他们都——然后，你也知道的，协议里包含向北越提供援助的内容，以及其他的内容。接下来，假设阮文绍拒绝了它，你会怎么做？

基辛格：然后我们就得进行双边谈判。

尼克松：进行双边谈判。

基辛格：然后，您就要告知河内方面，说您会履行协议中的条款——

尼克松：这可以办到。但你觉得会起作用吗？你——你喜欢让阮文绍拒绝协议这个主意吗？

基辛格：当然，我们别无选择啊，总统先生。

霍尔德曼：这会迫使他铤而走险，而不是在这——如果您要进行双边谈判，就要承担这个风险。您等于把阮文绍除名了——

基辛格：悲剧之处在于，我必须告诉您，如果——如果我早在11月20日就能知道我们现在知道的事情，那我当时就会在会谈上达成协议。

尼克松：你的意思是，达成双边协议？

基辛格：嗯，是的。您也知道，反正不管怎样他都不接受，我本来可以做出一些更改，然后很快就和北越谈妥。这个狗娘养的，彻底扰乱了我们在国内的布局。

尼克松：嗯，那还谈不上。我们整个国内的布局在更糟糕的情况下都挺了过来。

基辛格：我知道，但是他这么做是为了——

尼克松：我知道。

基辛格：在——我说这些的意思是您——

尼克松：我明白——

基辛格：——您向我们展示了您的信念，我的意思是。我说"您"的时候，其实是指整个政府，因为我完全同意您——我们在这里共同做出的决策。事实上，绝大多数内容都是我建议的，或者说所有的。

尼克松：没错。

基辛格：我说这些是因为，现在他妈的那些媒体不断地挑拨我们之间的关系。

尼克松：嗯。我没有想到这 3 架 B-52 轰炸机（会被击落）。我昨天跟你说话的时候，你对此没有报告。这怎么——

基辛格：不，不。这是今天早上的事情，7 点 30 分执行例行任务时发生的。

尼克松：是第一波空袭吗？嗯，我们——换句话说，我们这一整天都没取得战果，对吧？

基辛格：是的。

尼克松：他们在一次行动中就损失了 3 架？

基辛格：总统先生，那些北越人不是傻瓜。当我们每天都在相同的时间点出现的时候，他们会说："他们很活跃啊。"但是他们能分辨出来那些就是 B-52 轰炸机——这是可耻的。

尼克松：好吧，我应该做些什么吗？我们应该让穆勒参与进来吗？告诉他吗？我的意思是，毕竟——

基辛格：我认为我们就是要不断地震慑他们。这是他（穆勒）在河内地区进行密集轰炸的最后一天。我们会，不论出现什么情况，今天过后——

尼克松：已经 3 天了，是的。

基辛格：——就转向其他目标，因为河内的目标都已经被摧毁殆尽了。

尼克松：你跟他提了吗，跟穆勒，告诉他我们关于改变轰炸时间的意见？

基辛格：我打电话了——我已经——是的，我昨天跟他说了。他们说："在那个区域还有很多其他类型的飞机在飞，他们（北越）不会知道（B-52 轰炸机）的。"这完全是胡说。他们（北越）能从其他飞机中分辨出 B-52 来。

尼克松：今天改动还来得及吗，改动命令？[******] 任何轰炸行动？嗯，我们期待最好的结果。或许今天不会再有损失了。又或许会有。但是如果有了，那就有吧。这就是战争，亨利——

基辛格：我们对此无能为力。

尼克松：是的。

基辛格：这是很残酷的事情。

尼克松：但是我们得承认，在阮文绍一事上，正像你说的，如果我们当初就知道这些事的话，我们早就可以达成协议了。

基辛格：总统先生，我们是不可能知道这些事的。如果——对美国来说，出卖一个盟友可不是一件随随便便的事。我们当时的决定是对的。如果我们那时非常自私的话，我们会在11月7日之后说："不论发生什么，如果不能在11月24日达成协议的话，就不回去。"这个——我当时没有建议这么做。我们不能这么做。我们想见黎德寿。事实上，这就是为什么我还是回来了。

尼克松：我知道。

基辛格：我们以为可以让黎德寿就范。这些狗娘养的，您和他的特使花了3个半小时的时间。他们让黑格去了3次。我去了两次。

尼克松：他是不会见邦克的。

基辛格：嗯，他会见邦克，但是邦克已经失去了他的作用，坦白地说。

尼克松：这不是他的错。

基辛格：是的。这家伙（黎德寿）是个疯子。总统先生，一个基本事实是：这些家伙只有一种保护他们自己的方式，那就是来自美利坚合众国的信心，以及美国人民对协议、国会和总统怀有的自豪感。他们现在已经耗尽了这些，还不慌不忙。关于那些北越在南越的驻军的屁话，他们也知道提出这个条件不会被满足。他们不会撤出在南越的军队的。他们不会——南越在第三战区有4个师。北越在用1万人对抗南越12万人的军队。他们不愿意把他们赶出第三战区。然后，他们（南越）慌慌张张地跟我们说："你们和他们谈判，让他们撤出去。"如果他们能把北越军队赶出去的话，这个问题早就不存在了。目前，离西贡只有30英里。

尼克松：我知道。

基辛格：即便您做出过去两年从未在公开场合提出过的让步，他们也不会同意。

尼克松：除了停火。

基辛格：在 1970 年 10 月 7 日，您提出了就地停火的倡议；在 1972 年 1 月 25 日，您提出了就地停火的倡议；在 1972 年 5 月 8 日，您又提出了就地停火的倡议。而您又得到了什么呢？

尼克松：我明白。

基辛格：我的意思是，没有右翼人士会说您做出了让步。

尼克松：我们不需担心右翼人士或者其他人怎么说。现在重要的是，就是要真正地——去结束这场战争以及 [******]——

基辛格：然后，那个他妈的浑蛋就会给您来信说——

尼克松：是的。

基辛格：——他要独自继续战斗。这不仅会使北越军队留在南方，还敞开了非军事区的大门，打开了老挝和柬埔寨的供应通道。因此，困扰他的并不是北越的驻军问题。

尼克松：黑格被拒绝的消息什么时候会传出来？

基辛格：哦，不会传出来，因为只有黑格和阮文绍知道，而且传出来对谁都没有好处。

尼克松：嗯。

基辛格：我想，如果传出来的话，对我们也没什么好处。

尼克松：是的，是的。我同意。

基辛格：因为我们还没达成协议。

尼克松：没错。这只会让北越更顽强。

基辛格：是的。不过，可我又不确定；这可能会让北越安稳下来。如果他们觉得真的已经把我们困在了那里的话。

尼克松：嗯，我们等着看吧。你应该——我们必须对北越继续轰炸。没有必要，你也知道，没有必要像开始那样进行高强度的轰炸，类似之前我们连炸 3 天那样。我们就继续轰炸，这样他们就知道我们还是会回来的。这才是他们需要的。

基辛格：是的，总统先生，必须炸得够狠，让他们真正尝到苦头。

尼克松：我是指对河内地区进行高强度轰炸，那——

基辛格：嗯，嗯，是的。但是，我们——我们应该减小轰炸的规模，您说得对。

尼克松：[******] 不能再冒着巨大损失进行下去了，亨利。不值。

基辛格：是啊。

尼克松：你也知道，我们这么做是为了实现政治目的，而军事效果并不是很重要。

基辛格：没错。

尼克松：而且，那里的军事并不是那么重要，你很清楚。

基辛格：他们还击中了一艘俄罗斯船和一艘波兰船。他们不——

尼克松：在海防吗？

基辛格：是的，在海防。他们那天不太走运。

霍尔德曼：击沉了？

基辛格：我们已经收到苏联的抗议了。

尼克松：嗯，我们之前也收到过。

基辛格：这个抗议还不太激烈，很低调。

尼克松：只要有船在那儿，那里就是战斗区域。该死，他们肯定期待着这种事情发生。

基辛格：嗯，其实，我觉得我们在河内的轰炸正在奏效。事情现在发展得有点儿像5月8日的时候，因为——

……

基辛格：但是，如果北越人主动找我会谈的话，我认为这将回到5月8日那样的状态。这将会是一个巨大的胜利。

尼克松：我同意。

基辛格：然后，我们就应该和他们达成协议。接着，阮文绍拒绝，然后我们就可以结束了。

尼克松：怎么结束？

基辛格：开始双边谈判。

尼克松：嗯，收到！是的，就这样办。

基辛格：我之前给黑格发出了各种各样的指示，告诉他怎么跟阮文绍达成一致，但是那个狗崽子从来不配合。我的意思是，他就是不同意。我不是在骂黑格，我是指阮文绍。

尼克松：嗯，阮收到了我的信，然后用这种方式回应，情况就是如此。据我所知，我们没有其他的办法了。

基辛格：没有了。

尼克松：亨利，这也是为什么我对这个观点，鲍勃，我必须说，与其——与其达成协议然后让他公开拒绝，还不如简单地说，坦率地讲，向外界公开我们写给他的信和他的回复。

基辛格：但是那样他就完蛋了。

尼克松：嗯？

基辛格：然后，我们就永远不能为他争取援助了。

尼克松：是的，也是。是啊。你说得对。我们不能这么做。

基辛格：与拒绝和平提案相比，那样会让他的境况更差，因为那样他就有理由拒绝谈判了。他唯一的弱点是 [******]。

尼克松：是的，因为我的信决定我们将单独行动了，是吧？

基辛格：嗯，是的。毫无疑问。

尼克松：也因此，我们不能公开。是的，我们不要公开，我们就简单地说他不想这么做。就这样说。然后，我们就走双边路线。我正在想我们该如何进行接下来的游戏。

基辛格：我们可以说——

尼克松：我个人的观点是，鉴于他对我的来信的反应，那——公开尝试拉上他一同谈判不是一个好办法。这样不好。

基辛格：嗯，除非河内可能会强迫我们这么做。

尼克松：哦。

基辛格：假设河内——

尼克松：假设河内说："我们不会跟你们达成协议的，除非——"

基辛格：不会的。但是，假设河内回复——如果河内拒绝我们星期一提出的建议，我们的情况也还好。

尼克松：嗯。

基辛格：或者，假设河内接受了提议，并且说："我们在1月3日进行会谈。"然后，我的看法是，我们应该参加，因为这会使局势降温。我们跟他们谈妥，然后把协议拿给阮文绍。

尼克松：没错，这也是我打算做的。交给阮文绍。接着，会发生什么呢？阮文绍说："不，我不会同意的——"

基辛格：不会的，他可能会说："我遭到逼迫、遭受强暴、受到威胁。我会签的。"这就是他会做的。

尼克松：这也是大多数人认为的，不是吗？包括穆勒和其他人。

基辛格：是的，但他们都错了。我也错了。每一个人都错了。

尼克松：我不知道 [******]——

基辛格：我的意思是——我曾经认为，包括其他了解这件事的人都认为，他在10月末的时候会接受这些条款，我们也可以在他的默许、热情和支持下达成协议。接着，当他在10月底拒绝了协议的时候，我们都认为这是1968年事件的重演，而且一旦您的总统大选稳操胜券，他知道——

尼克松：是的。

基辛格：——您言出必行，然后他就会屈服的。因此，我们派出了黑格。他后来和黑格玩起了那些通常的把戏。然后，我们想，好吧，我们就陪他演完这出戏，让他提出他的要求，让这些要求被拒绝，然后他总该配合我们了吧。然而，他——竟然没有。他变得越来越刻薄了。

尼克松：我们现在要做的就是对他全然不理。

基辛格：同意。

尼克松：全然不理。

基辛格：我手下有些人认为，您应该再给他一次机会。我觉得这是错误的。您给了他所有的——

尼克松：这是危险之一。让我如何再给他一次——？

基辛格：嗯，我们，或者您可以说："我会在1月5日提出以下建议。"但是，这是一种软弱的表现，因为如果他依然像以前那样反应的话——对于您提出的满足他需要的提议，他之前从没有回复过。

尼克松：是的。

基辛格：他从来没有回复过您，从来没有。他只是通过重申他一贯的立场来回应您每次的提议。当然，现在他已经造成了目前的这种状况，那就是或许南越－北越不会再达成协议了，因为他们在南方遭到了极大削弱。在10月末的时候，事情平衡得很好，他们手里也有足够的资产。现在，中情局在西贡的站长认为他们在南方非常虚弱，即使是停火了他们也无法存活。然后——

718 尼克松：虽然看起来不乐观，但或许会发生什么吧。

基辛格：您在星期一（12月18日）的行动夺回了主动权。我们现在可以——这件事已经——

尼克松：我们要停止某些事了。

基辛格：会停止的。

尼克松：嗯。

基辛格：如果他们没有变虚弱的话，就不会参加技术性谈判的。

尼克松：嗯，他们只参加了第一次——嗯，那——

基辛格：不，不，但是他们不需要这些技术性谈判——

尼克松：我知道，他们参加只是为了表示抗议。

基辛格：是的，他们在明天的公开会议上有一次机会。这是一个——这是秘密。没人知道他们发出过抗议。

尼克松：哦，那他们同意进行更多的技术性谈判？

基辛格：然后，他们——在那次会议结束的时候，他们提议在星期六再次会面。

尼克松：但是，我认为他们明天会中断会谈，对吗？

基辛格：我不这么认为。明天会唇枪舌剑的。不，我早就想过，在西贡方面，如果阮文绍屈服的话，我们就可以向他们（北越）发出一个消息，就说——预定一个日期，说我们现在已经得到了西贡的同意。

尼克松：我知道。

基辛格：还不至于那么悲观。我认为我们在一月就能从这个泥潭抽身。

尼克松：嗯，不论怎样，我们现在都不会理会他们的举动。那个——我——我还是要把现有的军事行动放到首位。我不想让军队做愚蠢的事情，你懂我的意思吧？虽然这些——战机的损失，我认为，是预料之中的事。如果我们派出100架战机去执行任务，在下面部署了萨姆导弹的情况下，我们总会损失几架的。

"……然后,我们就会在 36 小时内停止轰炸。"

> 1972 年 12 月 27 日,晚上 8:39
> 理查德·尼克松和亨利·基辛格
> 白宫电话

"后卫 2 号"行动按计划开展了 3 天后,其破坏力仍在持续。此次行动在圣诞节当天暂停,指挥官们借机重新评估了轰炸目标,然后在 12 月 26 日恢复了轰炸。第二天,北越方面便传来消息,称他们愿意回到谈判桌上。基辛格等不及向总统当面汇报这一消息,立即向他致电。

……

基辛格:我们今天从北越那里收到了另一条新消息。
尼克松:是吗?
基辛格:您可能从(理查德·)肯尼迪那里听说了——
尼克松:不。不。我还没跟他交谈。
基辛格:哦,消息说——
尼克松:我今天在参加杜鲁门的葬礼。(美国前总统哈里·杜鲁门于 12 月 26 日去世,他的葬礼在其家乡密苏里州的独立市举行。)
基辛格:哦,是这样啊。嗯,他们取消了今天的技术性谈判——
尼克松:嗯,嗯。
基辛格:但是,他们重申了在 1 月 8 日举行会谈的提议。
尼克松:好的。
基辛格:另外——
尼克松:这都要保密,不要公开。
基辛格:这个消息吗?
尼克松:跟此事有关的所有消息都要——保密,不要公开。因为如果公开了,我们也就暴露了。

基辛格：没有任何事情是公开的。

尼克松：好的。

基辛格：他们还重申，我们一旦停止轰炸，他们就会恢复技术性谈判。然后，我在咱们昨天的谈话之后告诉他们，如果他们能用具体日期把这些事项确定下来，我们就在 36 小时内停止轰炸。

尼克松：是的。

基辛格：这样的话，我们最早就可以在星期六发布公告。

尼克松：是的，很好。因为之前我告诉你，如果我们可以——这并不是很急迫，但是如果我们能在 1 号前达成协议的话，就太好了。

基辛格：嗯，我认为肯定会在星期日之前发布，有 50% 的概率可能在星期六发布。

尼克松：嗯，希望如此。如果不能——

基辛格：我认为如果星期六发布的话，我们就可以利用报刊媒体将此事宣传出去。

尼克松：（笑声）是啊。让他们见鬼去吧。但是，不管怎样，如果星期六不行的话，那也没关系。只要我们能在星期日之前做好就行，那样它就能在元旦那天搞出一条大新闻，这将会是很棒的。因为如果我们——我不想让新年的停止轰炸仅仅是轰炸的一次暂停，你明白我的意思吧？

基辛格：嗯，到星期六，我们几乎不可能得不到任何消息。我是说，他们所做的都是——如果我们在星期六上午之前得到消息，那么我们就——

尼克松：是吧？

基辛格：——我们就能在星期日早上宣布消息。

尼克松：是的。

基辛格：而且——但是，我觉得我们会在星期五得到消息，这样的话，如果您愿意，我们就可以在星期六公布。

尼克松：这也不错。

基辛格：让星期日——

尼克松：因为我们——我们给了他们好一顿轰炸，你知道吗？而且我很高兴，我们只损失了 2 架 B-52 轰炸机。这还是不错的。

基辛格：没错。是的。在昨天吗？

尼克松：对。

基辛格：哦。我听说，我们今天又损失了 2 架。

尼克松：嗯，我知道。这在我们意料之中，不是吗？

基辛格：没错。

尼克松：我们正在突破平均水平。

基辛格：差不多。是的。

尼克松：今天，60 架中损失了 2 架。

基辛格：60 架损失了 2 架，是的。

尼克松：嗯，那是——

基辛格：这低于 5% 的概率。

尼克松：是的。但是，但是，但是，他们——

基辛格：多了那么一点——比 3% 多了一点。大概——

尼克松：但是，我们——但是，从另一方面看，我们狠狠地教训了他们，不是吗？

基辛格：哦，毫无疑问，绝对是的。我们收到——今天法国外交部长给我们看了他们驻河内总领事的一份报告，说道："我刚刚经历了这辈子最恐怖的时刻，这里发生了一场令人难以置信的空袭。"所以——嗯，毫无疑问，毫无疑问，我们的空袭狠狠地教训了他们。

尼克松：嗯，我们要把他们都吓得魂飞魄散，而且如果我们能把损失降到每天 2 到 3 架，那就更让人满意了。

基辛格：我认为，我们会——到这周末，我们就挺过最艰难的阶段了。

尼克松：嗯，但愿如此。我认为，我们应该会在星期日之前收到他们的消息，对吧？

基辛格：没问题。我认为我们是可以的，除非有新情况发生。这些信息太——我们给他们发过去的信息，给了他们最大的动力，使他们能够迅速做出答复，因为轰炸停止后他们能控制住局面。我们不再说我们将在星期日停止轰炸，而是说在得到他们答复之后的 36 小时内停止轰炸。

尼克松：很好。

基辛格：所以，我们可以在星期六就停止（轰炸）。

尼克松：是的。

基辛格：而且，坦率地说，轰炸多持续一天不会有任何意义。

尼克松：哦，是的。如果我们星期六就停止的话，我们会得到——所有的——你想，如果我们在星期六就停止，那就赢得了优势。这是让消息见报时的另一个好处，而且我们已经给他们造成了足够多的损失了。我们——我们已经传达出了我们的信息，亨利，这才是重要的一点——

基辛格：我们传达出了我们的信息，总统先生。我们在形势混乱之前传达出了信息，我们再一次挫败了他们，您也展示出您是不可小视的。

尼克松：（笑声）嗯。我并不担心国内的民众，我是说，我并不担心他们喋喋不休地吵闹，以及那些新闻媒体。你也不要担心，亨利，那些都不重要。公众们并不是特别关心这些。

基辛格：嗯，总统先生——

尼克松：你怎么看？

基辛格：我确定您将青史留名，因为——

尼克松：忘掉历史吧。嗯，我的意思是，你在那里肯定没有遭到大量猛烈的抨击吧？人们担心轰炸，是吗？

基辛格：嗯，我在那里基本上没见太多民众。

尼克松：（笑声）我就知道。

基辛格：这趟行程，我不打算引起媒体太多关注。

尼克松：嗯，重点是不要让他们的言论激怒你。这是关键。

基辛格：嗯，我不会——

尼克松：现在，我们正在做的事是正确的，我们只管握紧我们手中的枪就行了，如果我们得到——如果我们能收到他们的答复的话，那很好；如果收不到，没关系，我们就进行第二个选项。我们都准备好了。

基辛格：没错。其实那没有什么用，因为媒体在星期五就休息了。我都忘了这档子事儿了。

尼克松：嗯，不论发生什么，我们都不会理睬他们。

基辛格：没错。

尼克松：因为如果——如果在他们休息之前发生一些他们不希望发生的事儿的话，他们就会非常尴尬。

基辛格：是的，是的。

尼克松：(笑声)就这样？
基辛格：(笑声)好的。
尼克松：嗯，希望你顺利。再见。
基辛格：谢谢您，再见。

北越的屈服

> 1972年12月28日，下午4：00
> 理查德·尼克松和亨利·基辛格
> 白宫电话

北越一直在犹疑不决，而现在只要求美国给出12个小时，让他们考虑基本条款并确定最后一轮和平谈判的日期。此时，美国方面只剩下阮文绍的问题了。此前的一个星期，在"后卫2号"行动期间，黑格与阮文绍在西贡会面。黑格确定无疑地告诉阮文绍，如果他拒不接受随后呈送给他的和平协定，美国就没有必要继续支持他和他的国家了。但这并没有说服阮文绍，他坚称美国正在背叛他。北越准备签订正式和平协议的消息传来后，尼克松和基辛格面临着派谁到西贡寻求阮文绍合作的问题。最终，总统决定写信。

……

基辛格：那个，(理查德·)肯尼迪告诉我——
尼克松：是的，他说——他只给了我一份短报，然后说你会给我打电话。
基辛格：是的，[******]正在按原计划进行。我的意思是，按照我们的提议。
尼克松：无条件的？
基辛格：不，不，不。他们——我们的都——
尼克松：没错。
基辛格：——被接受了。因此——
尼克松：现在的问题是——时间呢？它怎么——？我们怎么——？什么——

怎么办呢？

基辛格：我们会在星期六发布。

尼克松：今天是星期四吗？

基辛格：是的。

尼克松：他们也是这么认为的吗？

基辛格：我们会告诉他们的。

尼克松：嗯。

基辛格：我觉得我们不应再犹豫了。

尼克松：是的，我只是想——我想知道达成的共识是什么。

基辛格：嗯，他们的理解是，我们决定停止轰炸的时候，就通知他们。

尼克松：好。

基辛格：我们将在明天早上停止。

尼克松：明天早上，然后，你就会通知他们——通知什么呢？我是说，我要考虑从——何时公布这一消息，等等。

基辛格：[******]公开——24小时后。明天早上，我们会通知他们停止轰炸的事。

尼克松：明早是星期五，对吧？

基辛格：我们已经跟穆勒商量好了，将在7点停止轰炸。

尼克松：7点？什么时候？

基辛格：下午，明晚。

尼克松：嗯，明天晚上7点钟停止。好的，我明白了。我会——我——

基辛格：接着，我们就在星期六上午10点宣布消息。

尼克松：[******]星期六上午10点发布公开声明。

基辛格：但是，坦率地说，总统先生，我们不会询问他们（北越）的。我们只是知会他们（要发布声明了）。

尼克松：嗯，当然。我只想——

基辛格：提前两小时[******]他们，我们打算做什么。

尼克松：嗯，我明白。

基辛格：您不这么认为吗？嗯，不论怎样，我觉得——

尼克松：这——没有理由不这样做，没有理由。我想知道这里面的问题是什么？

基辛格：他们对此能做什么。

尼克松：嗯？

基辛格：对此，他们会怎么办？

尼克松：嗯，我不知道。我——我知道——

基辛格：我们还要再交换一组信息吗？

尼克松：不，不。我不用再交换信息了。不用。

基辛格：我想，我们就知会他们而已。

尼克松：嗯，毕竟，他们基本上已经接受了我们的提议，对吧？

基辛格：是的。

尼克松：我们的提议是——我们将在31日停止轰炸吗？

基辛格：不，我们的提议是收到他们回复的36小时之内停止轰炸。

尼克松：我明白了。那——我们会遵守这个许诺吗？这是目前我最想确定的事情。

基辛格：不，不，我们会在两——我们将在两个小时内做出回应。我们也就会在34小时内停止（轰炸）。

尼克松：嗯，好的。

基辛格：但是，您也知道，我们在12小时内就收到了他们的答复。

尼克松：是的。

基辛格：能看出来他们有多么多么焦急。

尼克松：嗯。你——你怎么看这件事的重要性？

基辛格：嗯，我认为他们——他们几乎是在向我们下跪了。

尼克松：嗯。

基辛格：因为，在他们的答复中，他们说："下次会议上，我们会制定出最终签订协议的日程表。"

尼克松：（笑声）他们总是想谈日程表的事，不是吗？

基辛格：是啊，但是这次——鉴于我们对他们所做的——

尼克松：是的。

基辛格：——他们愿意——

尼克松：我一定要说：这应该会对我们的媒体朋友们产生影响，对吧？

基辛格：您知道，如果他们拖延——如果他们再拖一两个星期的话，我们在国内就要有大麻烦了。所以——

尼克松：是的。

基辛格：——对他们来说，在 12 小时内接受（协议）是一种极其虚弱的表现。

724　尼克松：嗯。嗯。嗯。

基辛格：而且这也是一个非常具有安抚性的答复。他们声称他们以一种非常严肃的态度参会，也希望我们能这么做，这样很快就会达成协议了。

尼克松：嗯。

基辛格：技术性谈判将在星期二开始。

尼克松：嗯。好的，很不错。那就 10 点吧。在星期六上午 10 点发表公开声明。

基辛格：是的，而且我认为，我们要做的只是发布一个简短的——

尼克松：没错。

基辛格：——就说："我们将恢复私下会晤。"

尼克松：嗯。

基辛格：我们会给出一个日期。"恢复技术性谈判将会重启。"然后给出日期。

尼克松：可以。

基辛格：然后，在回答问题的时候，肯定会有人提到，我们就说："是的，在进行这些会谈的时候，我们将停止对北纬 20 度线以北地区的轰炸。"

尼克松：嗯。你——但是你要告诉他们——虽然他们早就知道了。

基辛格：他们会在明天早上知道的。

尼克松：好。

基辛格：他们在我们宣布的时候，他们就会知道，停止轰炸 36 个小时，以——

尼克松：那么，你会让齐格勒来宣布声明，是吧？

基辛格：嗯，得由沃伦来做。

尼克松：好吧，都一样。他可以的。我们公布的时机是在——

基辛格：在复会的时候。

尼克松：然后呢？

基辛格：您做正式声明——

尼克松：然后他们会说："轰炸怎么办？"直到——嗯，你来准备回答吧。

基辛格：好的。

尼克松：就说，那里——那里不会再——不会再进行轰炸，直到会议谈判结束，或者类似的表述？

基辛格：没错。当——当重要的谈判在进行的时候。

尼克松：好的。嗯。很好。

基辛格：这会是您的另一项功绩的，总统先生——

尼克松：嗯。但该死的是，我们不知道这是否——

基辛格：嗯，这需要巨大的勇气才能完成。

尼克松：是的，嗯，至少，这个痼疾解决掉了，不是吗？

基辛格：总统先生，长此以往，所有事情都会被它搞砸的。

尼克松：嗯。

基辛格：还有那些现在说"为什么我们要出动 B-52"的家伙们。

尼克松：（笑声）

基辛格：那些反对我们的人——

尼克松：还能用什么呢？

基辛格：如果您用 DC-3 运输机的话，他们就会很沮丧。

尼克松：重点是，据我们所知，如果我们不用 B-52 的话，就无法完成这些任务。该死的，在一年中的这个时候，别的飞机根本不能飞。

基辛格：总统先生，仅在 10 天之内，您就让他们重新回到了谈判桌前，其他的办法是根本做不到的。

尼克松：嗯，那是——继续吧——

基辛格：而且，我认为——通过这种方式，这会占满整个周末报纸版面的，人们的激情会减退——

尼克松：好家伙，这也会占满所有的新闻杂志的。

基辛格：是的。

尼克松：他们会大谈特谈这件事的，别担心。

基辛格：麦克·邦迪（McGeorge Bundy）[1] 昨晚给我打电话了。他说他要写一封信——给您的公开信——

尼克松：我已经知道了。是抗议吗？

基辛格：[******]

尼克松：嗯，好吧，当然。

基辛格：我问他："为什么？"他回答道："我怎么向我的后辈们交代呢？"

1　指麦克乔治·邦迪，美国前国家安全顾问。

我说："让我来告诉你怎么跟你的孩子交代——告诉他：'是我让我们陷入这场战争的，现在，我要继续——我要阻止我们从越南战争中抽身。'"然后我就把电话挂了。

尼克松：很好。

基辛格：但是，纽约的权势集团还没有——

尼克松：他们做了。他们已经做了。

基辛格：——还没有公布——

尼克松：嗯，亨利，现在重要的是我们必须成功，否则太可惜了。

基辛格：我认为，我们正要转向——我们早就承受了各种经济压力了——

尼克松：是的。

基辛格：——我们要在下星期就开始实施。

尼克松：针对什么？

基辛格：西贡。

尼克松：哦，是的，没错。西贡问题，据我看——而且我也跟肯尼迪谈了一些，他会告诉你的。我们在今天早上的时候谈了一些，是关于，你知道的，关于我们需要考虑的选项的。我们假设只跟北越谈，按我们的计划进行。我的看法是，我们谈判并签署协议。对吗？这样——？

基辛格：完全正确。

尼克松：然后——然后，我们怎么——我们什么时候通知西贡，我们要继续这么做或者已经这么做了？

基辛格：嗯，我觉得在您的就职典礼前开始比较好。总之，我——我还是会派阿格纽和黑格去那儿，好让他们[1]有一个体面的台阶下。[******]

尼克松：嗯，但是，（笑声）假设他不会。就是，我觉得，我们的问题——

基辛格：然后，我们就继续进行谈判，并签署文件。

尼克松：继续谈判并签署文件吗？但是，他们（南越）不会签的，如果河内不——如果西贡不签字的话。我就是做个假设，你明白吧？

基辛格：[******]嗯，不论西贡方面签不签字，他们最终，至少会履行协议。

尼克松：嗯。好吧，那么你必须跟河内达成谅解——他们不会再说："好吧。"——你看，我——我认为你是不想让这种情况在就职典礼前发生

---

1 指南越人。

的，让西贡——

基辛格：我刚刚说的就是我认为会发生的，总统先生。如果我们在就职典礼前送阿格纽去西贡，他就能在16日前回来。

尼克松：好的。

基辛格：然后，我来为这件事扫尾，您的就职典礼一结束我就去。

尼克松：嗯。

基辛格：这会稍稍拖延一段时间，然后您就可以在29日或者30日继续忙您的事情了。

尼克松：也就是说，我们在就职典礼前不会发表任何声明。

基辛格：没有声明，但会有大张旗鼓的行动。

尼克松：嗯。嗯，我不认为，我会派，派——我不认为我要在就职典礼前让阿格纽冒着失败的风险去谈判。我倾向于认为，我要——我要举行活动，如果——你看，我们现在的问题，也是我们不得不考虑的问题，就是——我们这里的问题是——我——如果——我们最好尽力把就职典礼办好，我觉得你最好——你可能要费一番力气去说服他了。我的意思是，如果我们不能，如果我们无法——如果我们不能在就职典礼前解决好这件事的话，我不想让他在就职典礼前去那儿然后被拒绝。我认为不值得冒这个风险。

基辛格：我认为我们会非——非常——我不认为他会被拒绝。

尼克松：我知道，问题是，如果他不被拒绝的话，那我们就成功了。我的意思是，没有——在就职典礼之前，派他去那儿，并且只是为了显示开展了很多活动的话，不会取得任何成果。

基辛格：是的，但是我们——

尼克松：那些活动——其实，你去巴黎这件事就足够了。我倾向于认为，过多的折腾是——坦白讲，唯一比你去巴黎更重要的活动就是刚才我说的[1]，你明白吧？

基辛格：是的。那么——

尼克松：你想想，我不能在演讲中谈——这真的是——你看，许多事都取决于——许多事都会影响就职演讲的效果，你明白吗？这才是问题

---

1 指总统就职典礼。

所在。

基辛格：嗯。

尼克松：还有，我——

基辛格：嗯，我讨厌让这整件事情——如果我们——

尼克松：这就是为什么我不想（笑声）——这就是为什么我不想让阿格纽在就职典礼前把事情搞砸。我不想——我不想——我不打算——在这些情况下，我不能说太多，我要小心谨慎。

基辛格：嗯，如果我们能够达成协议——我说过，如果我们一定要在就职典礼前达成最终协议的话，这会很危险，因为如果有任何事情出错，我们就会退回到10月末的那种状态。

尼克松：没错，就让阿格纽在就职典礼后去吧，也行。

基辛格：好的，我们可以这么做。

尼克松：我认为这样最好。就——你的意思是，接下来你会——你会试着定在8号，或者15号？是这个意思吗？

基辛格：嗯，我认为这次我们应该在11号之前结束。我只是觉得这太危险了。

尼克松：好吧，但是一旦你结束了谈判，消息就会被泄露出去，然后我猜西贡——你看，我的问题是——我——我认为一旦结束——嗯，我们可以随后再讨论这个，但你现在可以先想想，到时候我们也就有计划了——一旦谈判完成，我们也同意的话，这整件事就会被泄露出去，然后西贡方面可能会暴怒。

另一方面，我不想让阿格纽冒着导致不愉快事情发生的风险去那里。如果这样的话——我知道他不去也会有风险，但我认为会有——至少，我们在就职典礼前不会引发（与北越的）冲突。如果阿格纽在就职典礼之前去，亨利，我们就极有可能和北越发生矛盾，然后整件事情也就告吹了。所以，我们要做的是拿出一项计划，在这个计划下你去完成协议，然后我们就——

基辛格：嗯，我们可以把这件事雪藏10天，在就职典礼那天再开始。

尼克松：恐怕我们最好是这么做了。

基辛格：虽然把这些事情放在一旁不管会有很高的风险，但是，当然了，我们本来也不太可能在11号之前完成。

尼克松：嗯，是的。我明白。重要的是，你会有所行动，而我们也不会再轰炸。

基辛格：我们可以问一下邦克的判断。

尼克松：可以。嗯，但我不确定。肯尼迪似乎觉得阮文绍会——正变得越来越——可能会变得通情达理，比之前更通情达理。但是，我觉得这样想很天真，亨利。

基辛格：不，我认为那是对的。

尼克松：我们之前也有过这种感觉，不是吗？

基辛格：是的，但又不完全是吧。上次黑格去西贡的时候，我们并没有为他（阮文绍）提出什么具体的提案。

尼克松：（笑声）嗯，这次会具体到不能再具体了，他也还是会不喜欢，对吧？

基辛格：但是，他还有别的选择吗？

尼克松：是的。我知道。其实，我更希望这次能激怒他，亨利，就在就职典礼后，而不是之前。你明白我的问题了吧？

基辛格：当然。

尼克松：问题就是我不想让——我们就告诉北越说，听着，就职典礼快开始了，我们要——我们不能这样做，那么，但是典礼一结束你就要派阿格纽过去。

基辛格：没错——

尼克松：那——我觉得你可以——我认为，他们会很明白这点的，如果他们不会挨炸的话。你明白吧？

基辛格：是的。跟这些浑蛋共事，您就得总要——

尼克松：他们或许摆脱——他们可能已经摆脱困境了。

基辛格：当您对他们减轻压力的时候，他们就会再次——

尼克松：嗯。

基辛格：——自我感觉良好。

尼克松：但另一方面，我们应该让——嗯——

基辛格：但是，我们可以采取另一种方式，然后我们可以，或许，派阿格纽去西贡的同时派我去其他地方，对他们施压——

尼克松：是的。是的。是的。是的。

基辛格：我认为，让阿格纽回来之后再开始（谈判）会很有利。

尼克松：是的，但是阿格纽回来，我的意思是，带着阮文绍和所有这些问题回来的话，这在就职典礼前可不是件好事。我是说，我知道这是——

基辛格：嗯，我们——

尼克松：——从我们国内形势的角度看，这样做的风险太大了。

基辛格：是的。

尼克松：我知道其中的风险，但是我认为我们应该冒这个风险，让阿格纽推迟5天。

基辛格：我们可以这么做。

尼克松：嗯——

基辛格：可以做到。

尼克松：——我真觉得最好这样做。

基辛格：没问题的。

尼克松：好。

基辛格：但是，这会拖延到11日之后。

尼克松：是的。不过，我们希望不要，但如果不得不如此，那就只能这样了。我们仅仅需要再花一点时间。

基辛格：是的。

尼克松：至少，我们能把取得进展的好消息公布出去。好吧，就这样，亨利。

"我确定，现在，他会配合我们的。"

> 1973年1月21日，上午10∶33
> 理查德·尼克松和亨利·基辛格
> 白宫电话

1月7日，美国和北越恢复谈判；1月13日，双方成功成了结束越南战争的最终和平协定。作为结束战争的最后一步，尼克松和基辛格仍在继续寻求使阮文绍遵守协议的办法。基辛格向总统报告了他对此事的乐观看法，表示阮文绍会赞成协议的。北越的重要据点在"后卫2号"行动中遭到了毁灭性打击，阮文绍也得到了美国对他进行资金和物资援助的承诺，他比前一年"复活节攻势"后的那段时期还要自信。

尼克松：你好。
基辛格：总统先生吗？
尼克松：最新的报告如何？
基辛格：嗯，我们还没得到阮文绍的答复；我们只得到了他收到您的信件时的反应。
尼克松：第二封信吗？还是第三封？
基辛格：第二封——
尼克松：第三封吗？
基辛格：昨天我们讨论过的那封信。
尼克松：哦。
基辛格：他说，嗯，他理解如果形势不是极其危急的话，您是不会提出这些要求的。现在，实际上，他已经同意协议了。现在，他正在瞎扯条款的事情。
尼克松：嗯，肯定的，他整个星期中都在干这事儿。
基辛格：嗯，但是，他依然——他已经放弃了那些对协议的反对意见了。我确定，现在，他会配合我们的。
尼克松：嗯。
基辛格：还有，他刚才，把之前每一阶段做出的反抗都记录下来了。
尼克松：嗯。嗯。那么，我们今天有望得到他的答复吗？
基辛格：是的，我们期待今天得到他的某种答复。其实，我认为，这其中还是有一些问题的。他想说而且能说的是，也是他的外交部长在巴黎跟我说过的那个问题，出于对国内因素的考虑，他只会做出那么一点点糟糕的妥协。
尼克松：嗯。
基辛格：我已经派沙利文（William Sullivan）[1] 去见北越人了。
尼克松：嗯。

1　指威廉·沙利文，负责东亚暨太平洋事务的副助理国务卿。

基辛格：我们非常有可能拿到一份（协议）。

尼克松：嗯。

基辛格：今晚就会揭晓。

尼克松：嗯。嗯。

基辛格：但是，即使达不成这份协议，我相信他现在也会配合我们的。

尼克松：他别无选择。我的意思是，这一点我们都清楚。嗯，不论发生什么，那——你是说你今晚就要走吗？

基辛格：不，是明天早上。（基辛格将前往巴黎会见北越领导人黎德寿。）

尼克松：明天早上？嗯，那——

基辛格：黑格会在今天下午回来。

尼克松：好吧，明天早晨几点？

基辛格：我明天早晨9点出发。

尼克松：我是说，我们几点碰面？

基辛格：啊，几点都行，您说吧。

尼克松：嗯，什么时候——你知道，我的意思是什么时候 [******]——嗯，当所有事情都谈妥的时候。这是我想知道的。或许它会——或许我们最好再等等——

基辛格：嗯——

尼克松：——等到明天早上。

基辛格：明天早上，我们就会知道所有结果。

尼克松：是的，不必——

基辛格：我可以把出发时间推迟——

尼克松：嗯。

基辛格：——半个小时。

尼克松：在那之前见面没有用。假设我们计划在，比如——比如在明早8点半见？这就给我们时间去——让你能——你——我的意思是，你——你打算9点出发？

……

基辛格：总统先生，我认为，最坏的情况是，如果我——可以建议的话，如果他没有给我们最终的答复的话，那我就不管他了。我不会——他会在第二天，到时候他肯定会配合我们的。

尼克松：嗯。

基辛格：只要您做出了承诺，他就不敢公开和您决裂。

尼克松：嗯。我们告诉过他们——告诉过他，在那封信里，对吧，亨利？

基辛格：我们告诉过他，但是他没有跟您决裂，一旦他意识到——一旦他接受您提出的建议之后。

尼克松：是的。是的——

基辛格：每次交流后，他都会更靠近您的立场。

尼克松：嗯，嗯。

基辛格：他现在的表现不再像是一个搞破坏的了。

尼克松：是的。很好，然后，我们计划——那我们就在早上8点碰面吧。咱们现在就定下来。

基辛格：好的。

尼克松：接下来，就照这样做，我们就能把所有事情都搞定。

"只要我们双方政府携手共进，协议就会永远生效。"

> 1973年1月30日，上午9：30
> 理查德·尼克松、陈文蓝[1]和亨利·基辛格
> 椭圆形办公室

1月27日，旨在结束越南战争的和平条约在巴黎由代表团正式签订。任何条约，都要建立在缔约方对条约的承诺之上。陈文蓝，时任南越外交部长，代表南越在巴黎签署了条约。在签约仪式结束几天后，他来到白宫会见尼克松。陈文蓝和尼克松努力摒弃了过去的不快，共同展望未来。

1　陈文蓝，时任南越外交部长。

……

尼克松：作为和平时期的盟友，我们一定会拥有更亲密的关系。只要我们双方政府携手共进，协议就会永远有效。你们可以依靠我们持续的军事和物资援助以及经济援助，还有精神上的支持。在南越，我们只承认一个政府。越南共和国会将会得到承认和援助。美国对印度支那政策的重点，就是与南越保持持续的同盟和友好关系。我已经派副总统出访，以表示我们坚定地与我们的盟友站在一起。（阿格纽将在1月30日到2月9日之间访问东南亚各国。）你们也坚定地和我们站在了一起。为此，我们很尊重你们。不要因美国媒体而感到丧气，他们并不代表美国人民。你应该知道，你们在这间办公室里有我这个朋友。我们现在有责任使局势平静下来，而且，中国和苏联也会尽力约束他们的朋友。

陈文蓝：我们为您的举动而感到高兴。虽然有时候我们给基辛格博士添了一些麻烦，但是我们十分理解团结在一起的重要性。我们不得不为争取最大权益而做出一系列的举动，但最终还是我们之间的诚意起了决定性的作用。

尼克松：在他们（北越）那边没有任何诚意可言。我从来没有产生过类似幻觉。我们必须采取这样一种必要措施，那就是"胡萝卜加大棒"。

陈文蓝：我想代表阮总统以及我们的国家安全委员会，为我们曾经给你们造成的困难而道歉。你们视西贡政府为合法政权的声明对我们很有帮助。我还想说一点，关于这次国际会议的地点问题。在巴黎的时候，我们得到了保证说，那里不会出现示威活动，但在签约那天却出现了。我们已经告诉舒曼[1]，这有损法国的颜面。另一方没有坚持要求要在巴黎。我们希望去别的地方。我认为我们最好换个地点。

尼克松：法国必须给我们保证。除非那里没有任何示威活动，否则我们是不会去的。在这种历史性的场合出现示威活动，有悖此类场合所体现的精神。舒曼就是个骗子。

陈文蓝：联合国秘书长也会出席，因此这次活动应该在联合国的某个场所举行。

---

1 指莫里斯·舒曼，时任法国外交部部长。

尼克松：我想强调的是：你们拥有世界上第三大规模的军队。你们一定要有自信。我非常高兴，你们在签约当天举行了庆祝活动。我们会用"胡萝卜加大棒"来约束河内。毕竟在做出这些牺牲之后——现在，这点是很重要的。关键是我们的实力和我们的同盟。

陈文蓝：您会为我们的人民感到骄傲的。问题是如何把南方民族解放阵线的军队从北越军队中分离出来。我们应该认真遵守协议，我们应该时刻把另一方当作可能破坏协议的恶者。您能在开会的时候争取到法国的支持吗？

尼克松：蓬皮杜是个好人。在这次会议上，让我们谨慎行事吧。

陈文蓝：您可否考虑同阮总统举行一次会谈？

尼克松：我想邀请阮总统来西部白宫圣克莱门蒂访问。转告他，他可以在任何他方便的时候到来。在3月1日之后的任何时间都行。3月到6月之间的任何时间都可以。

后记：不到两年时间，尼克松就因"水门事件"而辞去总统职位。不到3年时间，陈文蓝也流亡澳大利亚堪培拉，后以经营咖啡店为生。他在1975年4月北越攻陷西贡时侥幸逃出南越。

大事年表

1969 年

- 1月20日：理查德·尼克松在美国首都华盛顿宣誓就任美国总统。
- 2月23日—3月2日：在首次出访中，尼克松拜访了许多欧洲盟友，包括北大西洋公约组织、法国、德国和英国。在就任总统满一个月时，他在对美国国会发表演说之前，先在欧洲议会发表了演说。出访途中，尼克松讨论了加强跨大西洋（尤其是同法国）的关系的必要性，以及一些有关越南战争、苏联和中国的话题。
- 3月14日：尼克松提请国会批准建造改进后的反弹道导弹系统。
- 3月17日：尼克松批准了代号为"早餐"的军事行动，下令秘密轰炸柬埔寨，以摧毁北越的补给线和大本营。在公众知晓这次轰炸后，尼克松受到了批评，因为这种扩大战争的做法与他所提出的结束越战的目标相悖。
- 5月：尼克松下令美国联邦调查局通过窃听手段查找柬埔寨秘密轰炸的泄密者。尼克松以前任总统们也使用过同样手段为由，为自己的窃听进行辩护。
- 5月21日：尼克松任命沃伦·伯格为美国最高法院首席大法官。伯格法庭将审判几个重要的案子，其中包括罗伊诉韦德案。
- 6月8日：尼克松在中途岛会见了越南共和国总统阮文绍，之后宣布从越南撤出2.5万名士兵。

- 6月9日：参议院以74票赞成、3票反对的票数，通过了对沃伦·伯格的任命，伯格正式出任最高法院首席大法官。
- 6月28日：纽约发生"石墙暴动"，标志着现代同性恋者权利运动在美国拉开序幕。
- 7月20日："阿波罗11号"登月成功。宇航员尼尔·阿姆斯特朗（Neil Armstrong）和埃德温·巴兹·奥尔德林（Edwin "Buzz" Aldrin）成为最早漫步月球的人类。在两位宇航员登月时，他们的搭档麦克·柯林斯（Michael Collins）则在"哥伦比亚号"指令舱中绕月球环行。
- 7月25日：在关岛，尼克松向成功返回的宇航员们表示祝贺。此外，他还提出了后来被称为"尼克松主义"的外交策略。其含义为，美国将为亚洲盟友提供武器和援助，但不直接出兵，各亚洲盟友应组织自身的武装力量抵御共产主义的扩张。从更广泛的角度来看，"尼克松主义"标志着美国在全球范围内开始减少承诺，尤其是军事承诺。
- 8月8日：尼克松宣布"家庭援助计划"，这是一项主张向低收入工薪家庭提供直接经济补贴的福利改革。这是尼克松政府支持的那些最激进的社会项目之一。由于被国会否决，"家庭援助计划"始终未能成为法律。
- 8月15日—18日：伍德斯托克音乐节在纽约白湖举办。这次音乐节被认为是流行音乐史上最重要的事件之一，有超过50万人参加。
- 10月29日：最高法院命令"立刻"取消学校中的种族隔离，依据"亚历山大诉霍尔姆斯县教育委员会案，396美利坚合众国1218（1969）"判决结果，勒令有抵触倾向的学校停止种族隔离行为。
- 11月3日：尼克松提出"战争越南化"政策，据此美国将向南越提供武器装备和经济援助，但将撤出美国军队。根据"尼克松主义"，美国将继续提供此类援助，但当地武装将承担更多的作战任务。在尼克松总统任期内这或许是最著名的一次演讲中，尼克松要求"沉默的大多数"给予他支持。
- 11月9日：一伙印第安人在理查德·奥克斯（Richard Oakes）带领下占领了位于旧金山的恶魔岛（Alcatraz Island），这里曾是一所监狱的所在地。这伙人占领该岛19个月。受他们鼓舞，新一波"印第安人骄傲"和要求美国政府改革的运动兴起。
- 11月24日：尼克松签署《不扩散核武器条约》。

1970 年

- 1 月 1 日：尼克松签署了 1969 年《国家环境政策法》。
- 4 月 1 日：尼克松签署《公共健康烟草吸烟法》，自 1971 年 1 月 1 日起禁止美国电视台播放烟草广告。
- 4 月 11 日："阿波罗 13 号"升空前往月球，任务成员为吉姆·洛威尔（Jim Lovell）、特弗莱德·海斯（Fred Haise）和杰克·斯威格（Jack Swigert）。4 月 13 日，太空船内氧气罐发生爆炸，任务被迫终止。3 人在 4 月 17 日安全返回地球。
- 4 月 22 日：庆祝首个"地球日"。
- 4 月 30 日：尼克松宣布，对敌人设在柬埔寨的庇护所发动军事打击。由于此举被有些人认为是扩大了美国在越南的参与度，尼克松为此受到批评。这次声明引发了学生和反战主义者的又一波大型抗议活动，政府只好派大巴车在白宫外环绕巡视，以防止抗议者闯入白宫。
- 5 月 4 日：在俄亥俄州肯特市，国民警卫队队员向正在肯特州立大学抗议美国入侵柬埔寨的示威者开枪，4 名学生死亡，9 人受伤。
- 5 月 9 日：10 万人在华盛顿特区游行反对越战。
- 7 月 9 日：尼克松进一步扩大环保政策规模，宣布计划建立美国环境保护署与美国国家海洋和大气局。
- 12 月 21 日：尼克松在椭圆形办公室会见"猫王"埃尔维斯·普雷斯利（Elvis Presley）。这次会面是秘密进行的，但一张尼克松和埃尔维斯的合影后来成为国家档案馆查看次数最多的文件。
- 12 月 31 日：尼克松签署 1970 年《清洁空气法》。

1971 年

- 2 月 8 日：纳斯达克股票市场在纽约开市。
- 2 月 16 日：尼克松开始秘密对在椭圆形办公室和内阁会议室的对话与会谈进行录音。这一系统稍后被扩大到多部白宫电话、行政办公大楼和戴维营。虽然从富兰克林·罗斯福以来历届总统都有对会议和电话进行秘密录音的传统，但尼克松是首位使用声音触发录音系统进行全面录音的总统，录音时长总共有 3700 多小时。尼克松最亲近的助手们大多对自己被录音一事毫不知情，直到 1973 年 7 月欧文委员会（Ervin Committee）把这一录音系统的存在公之于众。

- 4 月 20 日：最高法院判决，校车接送学生作为废除双轨学制的方式是合宪的 [斯旺诉教育委员会案，402 美利坚合众国 1（1971）]。尼克松政府对判决结果表示不支持。
- 4 月 24 日：在华盛顿特区和旧金山发生反越战大游行，分别有 50 万人和 12.5 万人参加。
- 6 月 10 日：尼克松悄然解除长达二十余年的中美贸易禁运，开始与这一世界人口最多的国家实现关系正常化。
- 6 月 12 日：尼克松的女儿帕特里夏·尼克松（Patricia Nixon，"特里夏"）与爱德华·雷德利·芬奇·考克斯（Edward Ridley Finch Cox）在白宫成婚。
- 6 月 13 日：《纽约时报》开始刊登五角大楼文件，这是依据肯尼迪和约翰逊政府时期国防部绝密记录完成的 40 卷关于越战的研究报告。虽未直接牵连其中，尼克松政府还是尝试请求强制令禁止其公布更多文件，但未能成功。
- 6 月 30 日：美利坚合众国宪法第 26 条修正案通过，授予年满 18 岁的公民以选举权。
- 7 月 9 日：尼克松派遣国家安全顾问亨利·基辛格前往中国北京与周恩来总理会谈。此次出访的目的是希望达成一致意见，为尼克松总统访问中国做准备。
- 7 月 15 日：尼克松发表声明，表示自己将成为首位访问中华人民共和国的美国总统，结束对中国长达二十余年的孤立与敌视。
- 8 月 15 日：依据 1970 年《经济稳定法案》（84 Stat. 799），尼克松宣布开启第一阶段经济稳定计划，这是一项新的针对工资物价控制的经济政策，也是一套新的致使金本位制最终结束的国际经济体制。这是"二战"后最重要的经济事件之一，给了固定汇率的布雷顿森林体系以致命一击。
- 9 月 3 日：美、苏、英、法四国在柏林签订《四方协定》。这一协定在西柏林和西德之间建立了贸易和人员往来关系，并且东柏林与西柏林之间也第一次有了沟通。这极大缓解了东西方之间的紧张气氛，也使得两大阵营之间有了更多合作的空间。
- 11月22日—12月16日：1971年爆发的印巴战争以印度胜利、孟加拉国独立告终。在这场战争中，美国"偏向"巴基斯坦，表面上看是因为巴基斯坦是中国的盟友。苏联则支持印度，虽然印度一直以不结盟国家老大自居。

1972年

- 1月7日：尼克松宣布竞选连任。
- 2月21日—28日：尼克松访问中华人民共和国，继续推动中美邦交关系正常化。
- 5月8日：尼克松宣布对北越港口河内和海防进行轰炸和布雷，这一举动使即将举行的美苏峰会受到威胁。
- 5月15日：总统候选人、亚拉巴马州州长乔治·华莱士在马里兰州劳雷尔的一所购物中心参加选举活动时，遭遇枪击中弹。他躲过一劫，但也许永远无法完全恢复，而这位刺杀者阿瑟·布雷默（Arthur Bremer）面临超过35年的牢狱生涯。
- 5月20日—6月1日：尼克松访问奥地利、苏联、伊朗和波兰。他签署了《第一阶段限制战略武器条约》，取得了其总统生涯的一项关键成就。
- 6月17日：在位于华盛顿特区的水门大厦的民主党全国委员会总部内，5名入室盗贼被逮捕。这些盗贼被证明与尼克松竞选连任委员会有关。
- 6月23日：尼克松与办公厅主任"鲍勃"·霍尔德曼讨论了联邦调查局对"水门事件"的调查进度，尤其是对于资助这些盗贼的资金来源进行的追查。他们计划通过中央情报局以国家安全为由向联邦调查局下令停止调查。这次对话后来被称为"冒烟的枪"[1]。
- 6月29日：最高法院判决死刑违宪。
- 8月1日：在一名水门嫌犯的银行账户中发现一张2.5万美元的支票，支票是尼克松竞选连任委员会开出的。然而，"水门事件"并不是1972年总统竞选中的一件大事。

---

1 指确凿的罪证。

- 8月23日：在佛罗里达州迈阿密海滩，尼克松接受了共和党全国代表大会的总统候选人提名。
- 9月5日：巴勒斯坦恐怖分子杀害11名以色列运动员给慕尼黑奥运会蒙上一层阴影。
- 11月7日：尼克松以美国政治史上的最大得票差，在大选中以压倒性优势获得连任。
- 12月18日—30日：在10月的和平谈判破裂后，尼克松下令对北越进行大规模轰炸。这次轰炸逼迫北越重新坐在了谈判桌前，这次轰炸后来被称作"圣诞节轰炸"。由于下令重新开展暂时性轰炸，尼克松在国内和国际上饱受批评。
- 12月30日：尼克松宣布停止对北越的轰炸。

1973年

- 1月20日：理查德·尼克松在美利坚合众国首都华盛顿特区宣誓就任美国总统，开始他的第二个任期。
- 1月22日：对"罗伊诉韦德案，410美利坚合众国113（1973）"，最高法院宣判，根据宪法中对隐私权的保护，"妇女有权决定是否终止妊娠"。
- 1月23日：尼克松宣布达成协议，终止美国在越作战，这也标志着美国征兵制终止，向全志愿兵役制转变。
- 1月27日：结束越南战争的和平协议在巴黎签署；协议要求归还所有被俘美国士兵。
- 1月30日："水门事件"嫌犯詹姆斯·麦克考尔德（James McCord）和G.戈登·利迪（G.Gordon Liddy）受到串谋罪、恶意侵入他人住宅罪和窃听罪3项指控。
- 2月7日：美国参议院通过参议院第60号决议案，成立参议院总统竞选活动决议委员会，该委员会通常以委员会主席、北卡罗来纳州民主党参议员山姆·欧文（Sam Ervin）的名字命名，称为"欧文委员会"。
- 2月12日：首批越战战俘返回美国。
- 3月21日：尼克松、霍尔德曼和总统法律顾问约翰·迪安三世（John W.Dean III）讨论"水门事件"及后续的掩盖问题。迪安告诉总统，对这一事件的掩盖行为将会成为"总统职位上的一个肿瘤",必须切除,否则总统职位不保。

- 4月30日:尼克松接受了他两位最亲近的白宫助理霍尔德曼和总统国内事务助理约翰·埃利希曼的辞职,一同辞职的还有司法部部长理查德·克兰丁斯特(Richard Kleindienst)和约翰·迪安。尼克松公开宣布对"水门事件"负责。
- 5月1日:美国参议院投票通过任命一名"水门事件"特别检察官的决议。
- 7月1日:美国缉毒局成立。
- 7月12日:秘密录音系统录下了最后一段总统谈话。白宫办公厅主任亚历山大·黑格下令中止所有的录音活动,不过此时的录音已长达3700小时。
- 7月13日:在一次与来自参议院总统竞选活动委员会(或称欧文委员会)的调查员进行非公开会面时,前总统助理、时任联邦航空管理局局长的亚历山大·巴特菲尔德在他公开作证前,披露了白宫秘密录音系统的存在。
- 7月16日:在参议院总统竞选活动委员会举行的公开听证会(或称欧文委员会)上作证时,巴特菲尔德披露了白宫秘密录音系统的存在,并具体解释了系统的工作原理。
- 7月31日:美国马萨诸塞州民主党众议员罗伯特·F. 德里南(Robert F. Drinan)向国会提交了对总统的弹劾决议。
- 9月22日:亨利·基辛格宣誓就职美国国务卿。
- 10月6日—24日:以埃及和叙利亚为首的阿拉伯国家联军对以色列发起进攻,第四次中东战争开始,史称"赎罪日战争"。
- 10月10日:副总统斯皮罗·西奥多·阿格纽因与"水门事件"无关的腐败指控辞职。这起指控所起诉的腐败活动最早可追溯到斯皮罗仍是马里兰州巴尔的摩县县长的时候。
- 10月12日:尼克松提名众议院少数党领袖杰拉尔德·福特接替斯皮罗·西奥多·阿格纽出任副总统。
- 10月20日:在面对总统的命令时,司法部长埃利奥特·理查森(Elliot Richardson)与司法部副部长威廉·拉克尔夏斯(William Ruckelshaus)选择了辞职,他们拒绝执行解雇"水门事件"特别检察官阿奇博尔德·考克斯(Archibald Cox)的命令。然而,代理司法部长罗伯特·伯克(Robert

Bork）却执行了解除考克斯职务的命令。这一系列事件后来被称作"星期六之夜大屠杀"。
- 10月24日：尼克松否决了《战争权力决议案》，但国会推翻了他的否决，仍然通过了该决议案。《战争权力决议案》旨在使总统在战争期间对国会负更大责任。
- 11月17日：尼克松在一次美联社总编集会上说出了那句名言："人民应该知道他们的总统是不是个骗子。我反正不是。"（People have got to know whether or not their president is a crook. Well, I'm not a crook.）
- 12月6日：杰拉尔德·福特成为副总统。

1974年

- 1月2日：尼克松签署《紧急高速公路能源保护法案》，在全国范围施行最高"每小时55英里"的限速标准。
- 2月6日：众议院投票决定开始进行总统弹劾调查。
- 4月29日：尼克松宣布自己将公开"水门事件"特别检察官和众议院司法委员会传令交出的46次谈话记录，希望以此避免国会再勒令交出更多的录音带。
- 5月7日：尼克松签署1974年《联邦能源署法案》，这也是美国历史上第一部能源法案。
- 7月24日：最高法院在"美利坚合众国公诉尼克松案"中，判决尼克松总统必须向美国联邦地区法院首席法官约翰·西瑞卡（John Sirica）提供所有传令交出的录音带。
- 7月27日—30日：众议院司法委员会采纳了3条对总统尼克松的弹劾理由。
- 8月8日：在一次电视广播中，尼克松向全国宣布，将于次日辞去总统职务。
- 8月9日：尼克松于上午10时在南草坪上最后一次乘坐"海军一号"离开白宫。飞机首先飞往位于马里兰州的安德鲁空军基地，随后离开空军基地飞往位于加州的托洛海军陆战队航空站，在那里登上"76精神"号飞机——这是他为了纪念即将到来的二百周年国庆给"空军一号"起的名字。

- 9月8日：杰拉尔德·福特总统赦免了"理查德·尼克松在1969年1月20日至1974年8月9日任总统期间，所有对美利坚合众国已经犯下的或者可能犯下的或者参与其中的罪行"。尽管尼克松从未承认有过任何不道德的行为，但公众中的许多人认为，接受特赦本身就说明他一定有罪在身。

致 谢

我们是站在前人的肩膀上策划本书的。十多年前，早期的前辈们就已经开始将尼克松录音带的部分内容向公众公开，这些机构包括农业部、有线卫星公众事务网络、乔治·华盛顿大学美国国家安全档案馆以及弗吉尼亚大学米勒公共事务中心的"总统档案"项目。蒂姆西·纳弗塔里（Tim Naftali）当时担任该项目主任，机缘巧合，美国国家档案馆 2006 年又将他任命为加利福尼亚约巴林达尼克松总统图书馆的第一任馆长。在那里，他得到了接触更多尼克松录音带的机会。美国对外关系史学会和俄亥俄州立大学的彼得·汉（Peter Hanh）教授也对录音带的收集提供了巨大的支持，他们在年会上对录音带内容进行了多次讨论，对尼克松制定外交政策过程提出了许多洞见。

如果没有来自国家安全档案馆的汤姆·布兰顿（Tom Blanton）和录音带专家理查德·莫斯（Richard Moss）二人的帮助，陆克·A. 尼克特（Luke A. Nichter）绝不可能建立尼克松录音带网站（nixontapes.org）。该网站希望为公众提供一份尼克松录音带完整易用的电子版本，使其成为一项公共服务。这项工作从未有人尝试过，他也仍在继续完善。每天都有来自全世界的访问者在网站听取录音，这也是唯一一处可以获取全部尼克松录音带的地方。从此，人们不再需要前往约巴林达尼克松总统图书馆或位于马里兰州大学公园市的国家档案馆就可以听取全部录音。

本书同样要感谢许许多多善意相助的档案管理员，他们人数众多恕不能一一致谢——那些在最初名为尼克松总统资料项目、自 2007 年成为联邦机构的尼克松总统图书馆工作的档案管理员们。要特别感谢视听档案管理员乔恩·弗莱彻（Jon Fletcher），他耐心帮我们找到了最好的照片。尼克松基金会的吉米·拜伦（Jimmy Byron）也用他的专业能力帮助我们从浩如烟海的白宫摄影集里找出需要的照片。在国家档案馆众多优秀人才中，大卫·派恩特（David Paynter）、杰伊·奥林（Jay Olin）、詹姆斯·马西斯（James Mathis）以及使用《信息自由法案》帮助我获得特别访问权限的工作人员，你们对我的帮助最大。这些年来，美国国务院历史学家办公室的专家们为本书的撰写提出了无数无法估量的宝贵意见。

只要人们仍在争论理查德·尼克松在美国历任总统的伟人祠中应该如何排位，对于尼克松的研究就会蓬勃发展，不断壮大。如今，越来越多的尼克松录音带被公开，许多学者参与并为这场讨论贡献了自己的研究，这里摘列部分学者：乔纳森·艾特肯（Jonathan Aitken）、皮埃尔·阿塞林（Pierre Asselin）、格雷·巴斯（Gary Bass）、卡尔·伯恩斯坦（Carl Bernstein）、康拉德·布莱克（Conarad Black）、奈杰尔·鲍尔斯（Nigel Bowles）、威廉·伯尔（William Burr）、伦恩·克劳德尼（Len Colodny）、罗伯特·达莱克（Robert Dallek）、约翰·迪安（John Dean）、杰克·法雷尔（Jack Farrell）、马克·费尔德斯坦（Mark Feldstein）、尼尔·弗格森（Niall Ferguson）、J. 布鲁克斯·弗利彭（J. Brooks Flippen）、杰弗里·弗兰克（Jeffrey Frank）、丹尼尔·弗里克（Daniel Frick）、唐·弗索姆（Don Fulsom）、欧文·格尔曼（Irwin Gellman）、大卫·格林伯格（David Greenberg）、尤西·汉希玛奇（Jussi Hanhimaki）、乔治·赫林（George Herring）、杰夫·汉米尔曼（Jeff Himmelman）、琼·霍夫（Joan Hoff）、麦克斯·霍兰德（Mac Holland）、奥利斯泰尔·霍恩（Alistair Horne）、肯·休斯（Ken Hughes）、瓦尔特·艾萨克森（Walter Isaacson）、马文·卡尔布（Marvin Kalb）、劳拉·卡尔曼（Laura Kalman）、杰弗里·金伯尔（Jeffrey Kimball）、亨利·基辛格（Henry Kissinger）、玛丽亚·克鲁斯顿（Maarja Krusten）、斯坦利·库特勒（Stanley Kutler）、马克·劳伦斯（Mark Lawrence）、费德里克·洛奇沃（Fredrik Logevall）、玛格丽特·麦克米兰（Margaret MacMillan）、托马斯·梅隆（Thomas Mallon）、艾伦·马图索（Allen Matusow）、凯文·麦克马洪（Kevin McMahon）、理查德·莫斯（Richard Moss）、阮连项（Lien-Hang Nguyen）、基斯·奥尔森（Keith Olson）、里克·珀尔斯坦（Rick Perlstein）、约翰·普拉多斯（John Prados）、安德鲁·普勒斯顿（Andrew Preston）、卢比娜·库雷希（Lubna Qureshi）、史蒂芬·兰道夫（Stephen Randolph）、布莱

恩·罗伯森（Brian Robertson）、詹姆斯·罗森（James Rosen）、托马斯·舒尔茨（Thomas Schwartz）、杰夫·谢泼德（Geoff Shepard）、麦尔文·斯莫尔（Melvin Small）、杰里米·苏里（Jeremi Suri）、伊万·托马斯（Evan Thomas）、阿南德·托普拉尼（Anand Toprani）、朱尔斯·威特科弗（Jules Witcover）和鲍勃·伍德沃德（Bob Woodward）。

还要感谢来自得克萨斯州中部得州农工大学的马克·尼格连佐（Marc Nigliazzo）、佩格·格雷-威克（Peg Gray-Vickrey）、罗司·波特（Russ Porter）、杰瑞·琼斯（Jerry Jones）和迈克尔·科滕（Michael Cotten），他们自项目开始一直为我们提供着帮助。感谢本书来自哈考特出版社（Houghton Mifflin Harcourt）的编辑布鲁斯·尼克尔斯（Bruce Nichols）（和团队）的出色工作。他克服困难，把海量的录音带原稿删减至合适篇幅，完成了这项大工程，是我们的英雄。我们的两位朋友和同事，朱莉·芬斯特（Julie Fenster）和弗吉尼亚·诺辛顿（Virginia Northington），为我们提供了无数不可或缺的帮助。来自国际创造管理公司（ICM）的超级经纪人丽莎·班科夫（Lisa Bankoff），从项目开始以来就一直起着重要的推动作用。感谢来自莱斯大学（Rice University）的罗拉·维尔登塔尔（Lora Wildenthal）和艾伦·马图索（Allen Matusow）。我们深表感激。

主题索引

（索引中的页码为书中边码，后同。）

"管道工"，170
"两个中国"政策：尼克松，58，110，137，139-142，144-145，186-187，308
"乒乓外交"：中华人民共和国，57-58，60-61，64，71，83-86，110
"台湾独立运动"：基辛格，415-416
　　尼克松，415-416
"为了孟加拉音乐会"（1971），209
"拥护公正和平的越战老兵"组织，157，182
"越战老兵反战"组织，157
《柏林协定》。参见《四强协定》（1972）
《达拉斯晨报》，235
《反弹道导弹条约》（ABM）。参见：限制战略武器条约
　　富布莱特，590
　　国防支出，591-593
　　国会，572-575，583，594
　　基辛格，22-23，39-42，126，217，271，278-279，348-349，572-575
　　杰克逊，572，574，575，582-583，587，591
　　杰勒德·史密斯，40-41，216，271
　　科罗洛戈斯，586
　　莱尔德，589-592
　　尼克松，38-42，67，120，155，194，216，218，271，347-348，425，572-575，584-588，593
　　斯滕尼斯，585-588
《国家评论》，423
《华盛顿明星报》，417
《华盛顿邮报》，71，163，359，483，571，590，629，630，637
《关于减少核战争爆发危险的措施的协定》（1971），274
《禁止核试验条约》（1963），349
《洛杉矶时报》，359
《纽约时报》，6，22，43，54，58，74，260，330，359，416，571，630
　　五角大楼文件，170-172
《生活》杂志，359
《时代周刊》，398，571，637
《世事》杂志，423
《四方协定》。参见《四强协定》（1972）
《四强协定》（1972），27，44，83，269
　　法国，225
　　基辛格，45-46，97-98，107-108，114-115，122，152-153，195，224-225，298
　　尼克松，18，21-22，45-46，114，151-

152，156-157，172，199

苏联，45-46，97-98

《新共和》周刊，155

《新闻周刊》，359，398，571，634

《越南和平协议》（1973），730-732

    陈文蓝，732-733

    基辛格，732-733

    尼克松，732-733

1972年选举：康纳利，472，549-550

    爱德华·肯尼迪，56-57，261-262，478，549，612

    埃利希曼，262

    霍尔德曼，56-57，226-227，

    基辛格，49-50，64，265，327，394，601，603-605，618，620

    麦戈文，261，265，453，549，551，591，601，607，626，643-644

    尼克松，56-57，149-150，196，226-227，261-262，274，325-327，357，435，470-473，479，484，509，536，549-550，601-602，605，620，623-624，628，643-644

    越南和平谈判，420-421，449-450，616，618，620，622-624，628，640，641，642，652，653，663-664，678，709

    政治破坏，629

B-1轰炸机：限制战略武器会谈，583，584-586，588-589，590，591，593

埃及：与以色列关系，269-270，302

    与苏联关系，135-136，168，214-215，292-295

巴尔的摩金莺队，307-308

巴基斯坦，204，209，215

    尼克松，209，211，330

    印巴战争（1971），312，328-330，331，

350，351，354，357，361，400，532，677

    与中华人民共和国关系，350

巴黎和平谈判。参见越南和平谈判。

北大西洋公约组织，219，273，290

    尼克松，63-64

北越，参见越南战争

北越关押军人家属联络委员会，615

比尔德伯格会议：基辛格，98，101

波兰，434，450，486-487

    越南和平谈判，430，431

勃列日涅夫主义，498

参谋长联席会议，575。参见美国国防部。

    国防开支，592

    基辛格，686，692

    尼克松，331，333-335，339-340，343-344，412，414

    国家安全委员会档案失窃，332-333，337，339-340，344

    核潜艇，592

查帕奎迪克事件，56

朝鲜，636-637，699

朝鲜战争，361，383

初稿：以及越南战争，90，274-275

搭线窃听：民主党全国委员会，590

    高华德，613

    尼克松，596，614

    约翰逊，614

大熊猫：尼克松，417-418

    诺伊斯，417-418

    周恩来作为礼物，417-418

地对空导弹（萨姆导弹）：在越南战争，366-367，385-391，429，437，445，453，456，708

第一次世界大战：尼克松，384，448，506，507

对外贸易：斯坦斯和谈判，280，315，

317-323
多弹头分导重返大气层运载工具（分导式多弹头导弹），23，43，218-221，279，427-428，516-517，575
法国：和《四强协定》，225
越南和平谈判，733
法律：尼克松，251-252
反战运动：国会，115-116
基辛格，91-95，122-123，542，605，615，677，726
克里，91，157-158，182-183
尼克松，73-74，79，91-95，116-117，122-123，182-183，421，523，542-543，677
菲律宾，191，377，378
福特基金会，52
干预：尼克松，355-356
工资-物价控制：康纳利，260
尼克松，232-233，235，238，241，243
舒尔茨，241，249
公民权利：埃利希曼，147-148
古巴，114，229
基辛格，5-8
苏联核潜艇，5-8，154
古巴导弹危机（1962），5，463，538
关税及贸易总协定，244，249，251，257
国防开支：《反弹道导弹条约》，591-593
参谋长联席会议，592
国会，590
尼克松，75-76，133，501，584-586，588，592-593
斯滕尼斯，584-586，588
国际管控委员会：越南和平谈判，617，633
国际理解商人理事会，190
国家安全委员会，61，552
档案失窃，331-344

国家动物园，417-418
核裁军：苏联 172
核武器，216-224
作为越南战争谈判策略，96-97，495
胡志明小道，28，86，442
华盛顿特别行动小组，11，328，436，444，606
货币政策，国际：康纳利 239，246-248，259
尼克松，233，239-240，259
舒尔茨，250
激进主义：基辛格，94-96
柬埔寨：及越南战争，12，26，48-49，50，83，94，110，128，161，165-167，181-182，193，201，205，212，266，356，362-363，364，383，384-385，521，623，645，657，676，712
金本位：伯恩斯，237-238，242
康纳利，232-238
尼克松，232-238
舒尔茨，232-238，245
沃尔克，238-239，242
进口配额：尼克松 247-248，251
酒精：尼克松饮酒，112-113
军备控制。参见《反弹道导弹条约》；核裁军；限制战略武器协定
肯特州立大学枪击案（1970），73
蓝山行动。参见老挝：越南战争
狼阱农夫公园（弗吉尼亚州），260
老挝：越南战争，12，14-15，26，28-36，48，50，70，76-77，87-88，110，126，128，161，163，165，176-177，181，193，201，205，212-213，266，363-364，366，368，376，383，388，430，441，449，521，548，623，645，712
联邦调查局：1972年大选政治破坏，629
水门闯入，613

联合国：台湾当局被逐出联合国，186-189，304-305，308-310

    里根，308-310

    中华人民共和国的成员国身份，58-59，110，137，140-145，186-189，191，308-310

六日战争（1967）：苏联，215

录音系统：巴特菲尔德，3-5

    霍尔德曼，5

    尼克松，3-5

    无法解释的录音空白，596

美国国防部。参见参谋长联席会议

    基辛格，668，693

    尼克松，89，348，437，440，568

    限制战略武器会谈，422，425

美国国会：《反弹道导弹条约》，572-575，583，594

    反战运动，115-116

    国防支出，590

    莱尔德，381

    尼克松，117-119，244-245，251，500

    越南和平谈判，624，647，649，652，709-711

美国国际开发署，190

美国国税局：尼克松政治利用，262

美国国务院，425，459，562，593

    尼克松，16，18-19，58，59-60，66，107，201，229，231，247，568

美国海军：在越南战争中，51，324-326，437，443-444，446-447，539-541

美国海军陆战队，445

美国军备控制与裁军署，8

美国空军，32，161，355-356，377，385，391

    基辛格，129，326，352，396，429，707

    尼克松，437，439，445-446

美国特勤局：保护爱德华·肯尼迪，612

美国驻外事务处：尼克松 569，571

美联储：尼克松 232

孟加拉国，350

民意调查，政治。参见民意测验

    尼克松，274，298，459，678

民主党，156，360，409，529

    尼克松，76，156，181，211-212，423

民主党全国委员会，614。参见水门闯入及掩盖

    搭线窃听，596

民族和解与协调全国委员会：越南和平谈判，621，627，632，674，680

莫斯科峰会（1972）：多勃雷宁，194-195，196，202-204，214，565

    葛罗米柯，287，581

    黑格，196-197

    霍尔德曼，225-226，272-273，518-519，523-525，526-529，560-561，564，579-582

    基辛格，97-99，146，153，155，184-185，194-195，202-204，272-274，352，394，397-398，433-435，464-466，485-487，518-521，530-536，553，560-567，573-574，576，579-584，620

    可能的取消，433，471-472，482，492，512，514，519-521，523-524，526-527，528-529，530-536，538，545，553，558，560-561

    罗杰斯，299，514，552-553

    尼克松，62-63，69-70，75，81，109，118，149-151，168，185-186，196-197，225-226，272-274，284-285，287，299，413，423，433-445，458-559，464-566，468-469，471-472，473，480，500，512，

514-515,518-521,523-525,526-529,579-584,588,590,629

南越,内政:霍尔德曼,265

杰克逊,263,265

尼克松,16,49-50,89,165,174-175,179,262-263,265

南越。参见越南战争

难民危机:印度,209,213,312,328

女性:尼克松,112-113

欧洲安全会议,278,292,302

欧洲经济共同体,189,

披头士:尼克松,209

匹兹堡海盗队,305-306

潜艇,核:参谋长联席会议,592

三叉戟,590

苏联,5-8,154

限制战略武器会谈,412-413,424-425,427,501,517,582

窃听。参见搭线窃听。

全国祈祷早餐会,359-360

日本,305,399,402,605

中华人民共和国,191,197,358,415

三叉戟潜艇:限制战略武器会谈,590,591

水门闯入和掩盖,170,590。参见民主党全国委员会

迪安,612-615

公诉,612-613

霍尔德曼,596,613-614

联邦调查局,613

米歇尔,613

尼克松,596,612-615

水下远程导弹系统,279,413,575,583,586-588,589,592-593

税:康纳利,245-246,256

尼克松,75,232,235,237,240,243-249,257

舒尔茨,245,248,250,257

苏联:《四强协定》45-46,97-98

部署在古巴的核潜艇,5-8,154

和中华人民共和国关系,48,51,58-62,64-65,67-68,72,74,81-83,114,155,191,214,230-231,399-400,433

核裁军,172

基辛格,65-67,74-75,82-83,137-139,185-186,434,473-474,483-487,511-512,559-561

基辛格访问,461,464-466,468-471,474,476,480,487-503,511-512,518,520-521,538,555

六日战争,215

罗杰斯,559-560

尼克松,63-67,74-75,82-83,137-139,172,193-194,357-358,422-424,484-487,497-500,503,559-561,605

斯坦斯访问,315,320-322

与埃及关系,135-136,168,214-215,292-295

与美国贸易,282-284,295,296,394,396-398,432-433,456,458-464,467-469,475,477,479,490,493-494,500,509,512,524,530-531,533-534,542,545,546-548,553,558,640,646,663,672-673,696-698,709,716,732

与印度关系,211,215,350,351

中东,213-215,270,279-280,283,292-294,296,300-304,434-435,479,532

台湾,57-58,108,110,137,146-147,636

被逐出联合国,186-189,304-305,

308-310

基辛格，404-406

经济发展，189-190

马康卫，186-191

尼克松，186-192，404-411，422-423

与中华人民共和国的协议，407-411，415-416

太空竞赛：尼克松，563，565

泰国，51，637

越南战争，376，377

同性恋：霍尔德曼，112-113

尼克松，111-113，336

卫兵系统（反弹道导弹系统），39，75，126，501，589

五角大楼文件：黑格，170-172

《纽约时报》，170-172

尼克松，170-172，192，340

限制战略武器条约。参见《反弹道导弹条约》

B-1 轰炸机，583，584-586，588-589，590，591，593

多勃雷宁，23，38-40，42，44，62，67，75，80，97，114-115，118，121，130，133-134，172，270

国防部，422，425

核潜艇，412-413，424-425，427，501，517，582

黑格，117-120，525

霍尔德曼，39，97，99，525-573

基辛格，8-9，17-18，24，38-39，42-45，62-64，67-69，75-76，79-81，83，97-99，107-108，115，121-122，126，129-135，138，146，155-156，216-218，223，270-271，298，347-349，516-517，526，562-563，572-575，579，581，582，586-591，593-595

杰勒德·史密斯，8-9，20，22，23，25，27，38-39，43，75，126-127，131-132，270，347-349，412，413，424-428，435，515-517，525，563，566-567，572-573，596

莱尔德，216-220，222，270，348-349，412，588，593-594

罗杰斯，24-25，27，131-132，347-348，413-415，425，516-517，526，572-573，590-596

穆勒，216，218，223，412，572，583，590

尼克松，8-9，19-22，22-24，27，38-39，42-45，62-64，75-76，79-81，83，97-100，109，125，130-135，138，146，155-156，193-194，199，216-224，269-271，281，298，347-349，411-414，422-428，500-501，515-517，525-526，565-566，572-575，579，581，582-583，586-596

帕卡德，220-223，587

三叉戟潜艇，590，591

斯滕尼斯，587，589，592

朱姆沃尔特，216-219，221-224

泄密：尼克松 21，62，66，171，261，338，412，444-445，667

伊朗，434，524

以色列，214，301

尼克松，359-360

萨达特谈判，135-136，168

与埃及关系，269-270，302

印度：基辛格，211-213，214，312-315，328-330

难民危机，209，213，312，328

尼克松，209-213，214，312-315，328-

330

印巴战争（1971），312，328-330，331，350，351，354，357，361，397，400，532，677

与苏联关系，211，215，350，351

与中华人民共和国关系，213，328，330

印度对华战争（麦克斯维尔），314

犹太人：葛培理，360

 基辛格，148-149

 尼克松，359-360

越南共和国军：在越南战争中，30，77，176，181-182，362，381，384-385，438-439，506，555-556，571，609-610

越南和平谈判，95-97，100，119，129，160，394，398，482，530

 1972年大选，420-421，449-450，616，618，620，622-624，628，641，642，652，653，663-664，678，709

 阿格纽，685，695，698-699，713，727-729

 邦克，635，644-646，647，665，715，728

 波兰，430，431

 波特，466，530，567-572

 法国，733

 国会，624，647，652，709-711

 国际管控委员会，617，633

 黑格，523，524，597，609，622-626，627，629-632，634-641，646，648-649，651-653，659-665，670，673，675-677，684-686，690，705，707-708，712-713，715-716，717-718，722，727，729，731

 霍尔德曼，522-523，647，709-713

基辛格，163-165，310-311，326-327，405-406，431-433，464，495-496，512-515，522-523，567-571，597-610，615-639，641-642，644-648，649-651，652-653，654，656-664，666-690，693-732

 经济援助，433，633-634，640，649，651，707，711

 军事援助，380，383，432，433，462，630-631，640，653-654，662，707，709，711

 克雷默，641-643

 莱尔德，675-676，689，704

 黎德寿，16，161-164，166，310-311，397，496，512，522，597-599，615-619，628，629，653，663，666，670-671，674-676，684，686，688，731

 理查德·肯尼迪，653-659，672，720，723，726，728

 罗杰斯，698-699

 民意，655，657-658，678，700，721-722

 尼克松，167-168，310-312，325-327，350-351，431-433，503，522-525，567-572，597-601，615-642，644-732

 尼克松就职（1973），726-729

 全国调解委员会，621，627，732，674，680

 阮文绍，599-601，603，610，616，619，620-627，645，647，652-653，656，660，661，663-665，678-679，685，695-697，702，705，707-710，712-713，715-719，722，728-729，730-732

 沙利文，192，644，671，676，731

 提出停火，50，78，90，96，103，

116, 123, 125, 265, 523, 568, 598, 600, 603, 605-606, 621-622, 630, 642, 645, 651, 654, 663-664, 671-672, 682

提议成立的联合政府, 599-603, 606, 610-611, 616, 621, 622-623, 624-625, 627, 632, 637, 655, 670-672, 673-674, 679-681

战俘, 485-486, 494, 509, 520, 556, 557, 567, 568, 571, 600, 608, 615, 620, 624-625, 628, 639, 642, 649, 951, 653, 682-685, 688-689, 695, 711-712

越南化, 28, 124, 182, 371, 381, 383, 508, 647, 684

越南临时革命政府, 599-600

越南战争：艾布拉姆斯, 30-32, 36, 77, 167, 176-177, 350, 352, 361-362, 364, 368-369, 371, 373-374, 376, 382, 386-388, 393, 451, 457-458, 513, 539-540, 546

    阿格纽, 363, 371-372, 379, 555, 569

    邦克, 173-182, 362-363, 385-391

    布雷行动, 441, 444, 454-455, 458, 551, 552, 558, 559, 606, 622, 653, 676, 694-695, 710, 712

    超大计划（1972）, 636-637

    撤军, 361, 380, 397, 400, 419-420, 475, 501, 621, 683, 695,

    初稿, 90, 274-275, 420

    反战活动, 73-74, 79

    封锁, 455, 463, 464, 467-468, 470-471, 472, 473, 474, 477, 483-486, 502, 509, 520, 536-539, 542-545, 547-548, 550, 551, 556

    复活节攻势（1972）, 429-431, 435, 441

葛培理, 54-55

和平谈判。参见越南和平谈判。

核武器作为谈判策略, 96-97, 495

赫尔姆斯, 31-32, 37, 48, 324, 445, 458, 552, 559, 698

黑格, 119-120, 171, 192, 324, 391-393, 475, 502-511, 627-628

后卫行动1号行动（1972）, 536-537, 541, 550, 558, 561, 705

后卫行动2号行动（1972）, 705, 719, 722, 730

胡志明小道, 28, 86, 442

霍尔德曼, 76-79, 129, 161, 266-268, 394, 551

基辛格, 9-16, 26, 46-51, 68-69, 76-79, 86-91, 100-105, 108-109, 159-161, 178-179, 181, 205, 263-269, 324-328, 350-353, 356, 365-366, 379, 385-391, 394-397, 501-502, 518, 519-521, 531-533, 537-539, 542-550, 683-684, 689-692, 700-702, 706-707

柬埔寨, 12, 26, 48-49, 50, 83, 94, 110, 128, 161, 165-167, 181-182, 193, 201, 205, 212, 266, 356, 362-363, 364, 383, 384-385, 521, 623, 645, 657, 676, 712

康纳利, 372-374, 538, 545, 546, 547, 554-555

科尔森, 157-158, 711

空军, 12, 28-30, 32-33, 48, 53, 73-74, 125, 128-129, 162, 167, 177-178, 263, 266, 269, 298, 300, 323-326, 328, 350, 352-353, 355-356, 364-370, 373-379, 382, 384, 385-393, 394-396, 419, 429-430,

435-443，445-447，453-456，475-476，481，482-484，488-490，492-493，503，505-506，508，510-511，513，536-544，547-550，555，558，569，598，606-607，609-610，622，640，653，659，663-664，665，668，683-684，689-693，696，705-708，714-716，720-721，723-726

莱尔德，11，28，30，34-35，129，167，177，266，363-364，366，367，369-370，372-379，380-381，450，456，530，546，552，554-556，606-607，698，706-707

老挝，12，14-15，26，28-36，48，50，70，76-77，87-88，110，126，128，161，163，165，176-177，188，193，201，205，212，266，363-364，366，368，376，383，388，430，441，449，521，548，623，645，712

罗杰斯，29，31-34，36，266，371，373，377，383，452-453，456，552，554

麦凯恩，567，569

美国海军，51，324-326，437，443-444，446-447，539-541

美军轰炸，参见越南战争：空军

穆勒，28-37，129，266，364-370，374-378，380-382，384，385-386，390，392，430，435-444，446-447，457-458，488-489，513，536，539-541，606-607，691，698，706，714，723

尼克松，9-16，26，28-37，46-51，53，68-69，73-74，76-79，86-91，100-105，114，116-117，119-121，123-125，128-130，139，159-161，171，173-183，206，263-269，298，323，324-328，350-353，356，361-393，394-398，399-401，419-421，433，435-465，467-468，481，483-484，487-489，491-495，501-511，513，518，519-521，529-533，536-541，542-551，552，554-558，567-570，683-684，689-692，700-702，706-707

萨姆导弹，366-367，385-391，429，437，445，453，456，708

伤亡，13，28，69，124，160-161，171，181，376，383，419，505，609-610

深阿尔法行动（1971），374

圣诞节停战，663-664，679，700，702-703

苏联，282-284，295，296，394，396-398，431-433，456，458-464，467-469，475-477，479，490，493-494，500，509，512，524，533-534，542，545，546-548，553，558，640，646，663，672-673，696-698，709，716，732

泰国，376，377

新年攻势，129，372

约翰·肯尼迪，54-55，171，183，341，361，383

约翰逊，14，55，87，92，149，171，183，265，341，361，383，447，488，550，623-624

越南共和国军，30，77，176，181-182，362，381，384-385，438-439，506，555-556，571，609-610

战俘，16，50，78，90，96，100-106，110，119，125，129，264，298，323，324-326，401，419，446

中华人民共和国，26-27，47-48，66，

70,78,118-119,147,193-194,204,211,324,362,372,394,397-398,456,459,463,476-477,494,538-539,656,673,709,732

战俘,参见越南战争:对战俘的民意测验。

参见民意调查、政治

霍尔德曼,79-80

尼克松,24-25,79-80,87-88,464,468,543

越南和平谈判,655,657-658,678,700,721-722

中东:基辛格168,269 270,352,565-566

尼克松,37-38,172-173,291-292,410

苏联,213-215,270,279-280,283,292-294,296,300-304,434-435,479,532

中国,中华人民共和国:黑格,200,404

"乒乓外交",57-58,60-61,64,71,83-86,110

基辛格,59-61,64,71-73,74-76,108-110,114,142-143,200-201,210,275,400-402,404-405

基辛格访问,169-170,184-185,192-194,196,200-201,203,299,398-400,403-404,406-407,481

联合国成员国地位,58-59,110,137,140-145,186-189,191,308-310

罗杰斯,140-144,147

洛克菲勒,106-110,114

尼克松,58-62,64,71-73,74-75,81,106-110,114,118,196-197,275-276,357-359,401-402,467,579-580,605

尼克松访问,110-111,114,127-128,136-137,145-146,201,204,214,227-231,273,276,304-305,350,372-374,385,387-391,398-400,403-404,406-407,415,417-418,422,433,440,497-498,568,629

日本,191,197,358,415

与"中华民国"的协议(settlement with ROC),407-411,415-416

与巴基斯坦关系,350

与美国的贸易,58-59,71,118

与美国外交关系,106-107

与苏联关系,48,51,58-62,64-65,67-68,72,74,81-83,114,155,191,214,230-231,399-400,433

与印度关系,213,328,330

越南战争,26-27,47-48,66,70,78,118-119,147,193-194,204,211,324,362,372,394,397-398,456,459,463,476-477,497,538-539,656,673,709,732

中国峰会。参见尼克松,理查德:访问中华人民共和国

中华人民共和国。参见中国

中央情报局,476,718

人名索引

E. 霍华德·亨特（Hunt, E. Howard）：控告，612-613

J. 埃德加·胡佛（Hoover, J. Edgar）：尼克松，521-522

阿德莱·史蒂文森（Stevenson, Adlai），179，181

阿尔弗雷德·阿瑟顿（Atherton, Alfred），559

阿尔杰·希斯（Hiss, Alger），16，336

阿迦·希拉利（Hilaly, Agha），127

阿列克谢·柯西金（Kosygin, Alexei），17，19-20，22-23，26-27，42，60，273，287，425，498

阿纳托利·多勃雷宁（Dobrynin, Anatoly），6，8，17，19-20，26，52-53，61，63，65-66，69，72，74，100，104，146，150，152，153，168，199，206，271-272，273，275，357，430，458，469，474，475-476，479-480，517，518，521，656，663，672-673，696-697

    黑格，635，636，638

    基辛格，201-204，350-354，398，431-435，460-463，483-484，486-487，492-493，496，542，563

    罗杰斯，301-304

莫斯科峰会，194-195，196，202-204，214，565

限制战略武器会谈，23，38-40，42，44，62，67，75，80，97，114-115，118，121，130，133-134，172，270

阿瑟·伯恩斯（Burns, Arthur），232-233，253

艾德·克拉克（Clark, Ed），252

埃德加·斯诺（Snow, Edgar），110

埃德蒙·马斯基（Muskie, Edmund），13，52

    尼克松，262，453，478

埃尔默·朱姆沃尔特（Zumwalt, Elmo）：限制战略武器谈判，216-219，221-224

埃尔斯沃斯·邦克（Bunker, Ellsworth），546，609

    越南和平谈判，635，644-646，665，715，728

    越南战争，173-182，362-363，385-391

埃贡·巴尔（Bahr, Egon），98，150

埃里克·塞瓦赖德（Sevareid, Eric），702

埃里希·鲁登道夫（Ludendorff, Erich），448

埃利奥特·理查森（Richardson, Elliot），106

爱德华·大卫（David, Edward），562
爱德华·考克斯（Cox, Edward），159，696
爱德华·肯尼迪（Kennedy, Edward），13，137，300，314，349，712
　　1972年大选，56-57，261-262，478，549，612
　　基辛格，611
　　尼克松，56-57，261-262，300，478，611
　　特勤局保护，612
爱德华·希斯（Heath, Edward），515
爱知揆一（Kiichi, Aichi），147
安德烈·格列奇科（Grechko, Andrei），582
安德烈·葛罗米柯（Gromyko, Andrei），133，152，186，210，230，271-274，358，492，494，675
　　勃列日涅夫，288-290
　　访问尼克松，277-298，301，500
　　基辛格，299-300，470，496
　　莫斯科峰会，287，581
安德烈·马尔罗（Malraux, Andre），398-399，400-403
安德鲁·古德帕斯特（Goodpaster, Andrew），343
安东尼·莱克（Lake, Antony），13
安瓦尔·萨达特（Sadat, Anwar）：与以色列谈判，135-136，168
　　罗杰斯，135-136
奥蒂斯·钱德勒（Chandler, Otis），359
保罗·凯斯（Keyes, Paul），359
保罗·麦克拉肯（McCracken, Paul），241-242，253
保罗·尼采（Nitze, Paul），593
保罗·沃尔克（Volcker, Paul），246，252，254
　　金本位制，238-239，242
彼得·彼得森（Peterson, Peter），132，225，242，247，252，280，559

彼特·多米尼克（Dominick, Peter），575
查尔斯·科尔森（Colson, Charles），105，274
　　越南战争 157-158，711
查理·雷德福（Radford, Charles）：国家安全委员会档案失窃，331-334，335-336，339-340，343-344
查尔斯·珀西（Percy, Charles），279
查默斯·罗伯茨（Roberts, Chalmers），116，159
陈金芳（Phuong, Tran Kim），648，650
陈文蓝（Lam, Tran Van）：越南和平协议，732-733
春水（Thuy, Xuan），96，159-160，164，166，310-311，324，653
戴卫·帕卡德（Pachard, David），436
　　限制战略武器会谈，220-223，587
大卫·扬（Young, David）：国家安全委员会失窃，338-339，341，342
戴维·K.E.布鲁斯（Bruce, David K.E.），104，106，109-110，126，127，164，185，200
丹·惠特利（Whitlay, Dan），253
丹·拉瑟（Rather, Dan），702
丹尼·默塔夫（Murtaugh, Danny），305-306
丹尼尔·埃尔斯伯格（Ellsberg, Daniel），336
丹尼尔·帕特里克·莫伊尼汉（Moynihan, Daniel Patrick），111
德怀特·艾森豪威尔（Eisenhower, Dwight），361，383，428，498，516，547
德怀特·查平（Chapin, Dwight），518-519
德鲁·皮尔逊（Pearson, Drew），338
迪安·艾奇逊（Acheson, Dean），16
迪安·腊斯克（Rusk, Dean），47
迪克·卡维特（Cavett, Dick），183
迪克·沃森（Watson, Dick），181

杜高智（Tri, Do Cao），29
厄尔·韦弗（Weaver, Earl），307-308
范文富（Phu, Pham Van），507-508
范文同（Dong, Pham Van），324-325，397
菲利普·法利（Farley, Philip），132
弗拉基米尔·马茨凯维奇（Matskevich, Vladimir），351
弗拉基米尔·谢门诺夫（Semenov, Vladimir），132，153，426，515
弗兰克·罗宾逊（Robinson, Frank），307-308
弗兰克·丘奇（Church, Frank），115，124-125
弗朗斯·约瑟夫·施特劳斯（Strauss, Franz Josef），480
弗雷德里克·韦安德（Weyand, Frederick），692
弗里茨·G.A. 克雷默（Kraemer, Fritz G. A.）：越南和平谈判，641-643
弗农·沃尔特斯（Walters, Vernon），324-353
福尔采娃·叶卡特日娜（Furtseva, Yekaterina），354
甘地夫人（Gandhi, Indira），329
　　访问尼克松，312-315
高华德（Goldwater, Barry），652
　　搭线窃听，613
戈登·利迪（Liddy, G. Gordon）：起诉，612-613
格奥尔基·阿尔巴托夫（Abratov, Georgi），121
格雷厄姆·斯廷霍文（Steenhoven, Graham）：
　　"乒乓外交"，83-86
　　周恩来，85-86
葛培理（Graham, Billy），519
　　尼克松，359-360
　　犹太人，360

越南战争，54-55
贡纳尔·雅林（Jarring, Gunnar），566
果尔达·梅厄（Meir, Golda），359-360
哈里·杜鲁门（Truman, Harry），720
赫伯特·克莱因（Klein, Herbert），255
赫伯特·斯坦（Stein, Herbert），253，254，255-256
亨利·哈伯德（Hubbard, Henry），72，163
亨利·基辛格（Kissinger, Henry）：《反弹道导弹公约》，22-23，39-42，126，217，271，278-279，348-349，572-575
　　《四强协定》，45-46，97-98，107-108，114-115，122，152-153，195，224-225，298
　　1972年大选，49-50，64，165，327，394，601，603-605，618，620
　　"台湾独立运动"，415-416
　　艾布拉姆斯，546
　　彼尔德伯格会议，98，101
　　勃列日涅夫，619
　　参谋长联席会议，686，692
　　多勃雷宁，201-204，350-354，398，431-435，460-463，483-484，486-487，492-493，496，542，563
　　反战运动，91-95，122-123，542，605，677，726
　　访问苏联，461，464-466，468-471，474，476，480，487-503，511-512，518，520-521，538，555
　　访问中华人民共和国，169-170，184-185，192-194，196，200-201，203，299，398-400，403-404，406-407，481
　　古巴，5-8
　　国防部，668，693
　　国内反对，53

爱德华·肯尼迪，611
葛罗米柯，299-300，470，496
葛罗米柯访问尼克松，277-286，296-298
国家安全委员会档案失窃，334，337，340-341，343
黑格，198-200，502-503，528
霍尔德曼，16-19，37-38
激进主义，94-96
罗杰斯，18-19，37-38，144，299，514，564，676
美国空军，129，326，352，396，429，707
莫斯科峰会，97-99，146，153，155，184-185，194-195，202-204，272-274，352，394，397-398，433-435，464-466，485-487，518-521，530-536，553，560-567，573-574，576，579-584，620
尼克松，16-19，37-38，116，198-200，231，338-339，341，343，357-358，502-503，523，525，584
苏联，65-67，74，82-83，137-139，185-186，434，473-474，483-487，511-512，559-561
限制战略武器谈判，8-9，17-18，24，38-39，42-45，62-64，67-69，75-76，79-81，83，97-99，107-108，115，121-122，126，129-135，138，146，155-156，216-218，223，270-271，298，347-349，516-517，526，562-563，572-575，579，581，582，586-591，593-595
印度，211-213，214，312-315，328-330
犹太人，148-149

约翰·肯尼迪，398-399
越南和平谈判，163-65，310-311，326-327，405-406，431-433，464，495-496，512-515，522-523，567-571，597-610，615-639，641-642，644-648，649-651，652-653，654，656-664，666-690，693-732
越南和平协议，732-733
越南战争，9-16，26，46-51，68-69，76-79，86-91，100-105，108-109，159-161，178-179，181，205-206，263-269，324-328，350-353，356，365-366，379，385-391，394-398，400，419-421，433，438-440，444-465，467-468，474-477，481，488-489，491-493，496-497，501-502，518，519-521，531-533，537-539，542-550，683-684，689-692，700-702，706-707
中东，168，269-270，352，565-566
中华人民共和国，59-61，64，71-73，74-76，108-110，114，142-143，210，275，400-402，404-405
周恩来，399，403
亨利·杰克逊（Jackson, Henry），39，42，423，424，428，615
《反弹道导弹条约》，572，574，575，582-583，587，591
南越内政，263，265
亨利·卡波特·洛奇（Lodge, Henry Cabot），100，103，459
黄德雅（Huong Duc Nha），650
黄华（Hua, Huang），404
惠特克·钱伯斯（Chambers, Whittaker），336

霍巴特·罗恩（Rowen, Hobart），235
霍尔德曼（Haldeman, H.R.），24，53，59，62，90，116-117，210，212-213，255，264，275，333，359，401，416，459，502
    1972年大选，56-57，226-227
    反战运动，79，91
    国家安全委员会档案失窃，339-341
    基辛格，16-19，37-38
    录音系统，5
    民意测验，79-80
    莫斯科峰会，225-226，272-273，518-519，523-525，526-529，560-661，564，579-582
    水门闯入和掩盖，596，613-614
    水门掩盖，613-614
    南越内政，265
    尼克松访问中华人民共和国，227-229，231，418
    同性恋，112-113
    限制战略武器会谈，39，97，99，525-526
    越南和平谈判，522-523，647，709-713
    越南战争，76-79，129，161，266-268，394，551
霍华德·K.史密斯（Smith, Howard K.），46
霍华德·贝克（Baker, Howard），87
霍华德·R.彭尼曼（Penniman, Howard R.），180
霍华德·斯坦（Stein, Howard），14
蒋介石（Chiang Kai-shek），57-59，140-143，187-188，191，305，406-407，411，415
杰克·R.米勒（Miller, Jack R.），102，104
杰克·安德森（Anderson, Jack）：出版从国家安全委员会偷出的文件，331-334，335-336，338，344
杰勒德·史密斯（Smith, Gerard）：《反弹道导弹条约》，40-41，216，271
    限制战略武器谈判，8-9，20，22，23，25，27，38-39，43，126-127，131-132，270，347-349，412，413，424-428，435，515-517，525，563，566-567，572-573，596
杰罗尔德·谢克特（Schecter, Jerrold），149，163
    金本位制，237-238，242
卡罗尔·诺思（North, Carol），105-106
卡撒·德洛克（DeLoach, Cartha），614
卡斯珀·温伯格（Weinberger, Caspar），240，242，253
科尔内留·波格丹（Bogdan, Corneliu），264，267
科尼利厄斯·加拉赫（Gallagher, Cornelius），314
克拉克·克利福德（Clifford, Clark），162-164，167，171
克拉克·马基高（MacGregor, Clark），180
克赖顿·艾布拉姆斯（Abrams, Creighton），13，88，535，665
    基辛格，546
    尼克松，436-438，440-441，457-458，692
    越南战争，30-32，36，77，167，176-177，350，352，361-362，364，368-369，371，373-374，376，382，386-388，393，451，457-458，513，539-540，546
克里斯蒂娜·福特（Ford, Cristina），611
克罗斯比·诺伊斯（Noyes, Crosby）：大熊猫，417-418

肯尼斯·拉什（Rush, Kenneth），21，26，44，62，122，151，153，199，269，445，488，546，691，704
拉姆齐·克拉克（Clark, Ramsey），639
赖讷·巴泽尔（Barzel, Rainer），466
劳埃德·本特森（Bentsen, Lloyd），67
劳顿·奇利斯（Chiles, Lawton），67
雷蒙德·普赖斯（Price, Raymond），564，573-574
黎德寿（Tho, Le Duc）：越南和平谈判，16，161-164，166，310-311，397，496，512，522，597-599，615-619，629，653，663，666，670-671，674-676，684，686，688，731
黎笋（Le Duan），123，130
理查德·赫尔姆斯（Helms, Richard），573，704
　　越南战争，31-32，37，48，324，445，458，552，559，698
理查德·肯尼迪（Kennedy, Richard）：越南和平谈判，653-659，672，719，723，726，728
理查德·尼克松（Nixon, Richard）：《反弹道导弹条约》，38-42，67，120，155，194，216，218，271，347-348，425，572-575，584-588，593
　　《四强协定》，18，21-22，45-46，114，151-152，156-157，172，199
　　1972年大选，56-57，149-150，196，226-227，261-262，274，325-327，357，435，470-473，479，484，509，536，549-450，601-602，605，620，623-624，628，643-644
　　"连环套"策略，106-107，276
　　"两个中国"政策，58，110，137，139-142，144-145，186-187，308

爱德华·肯尼迪，56-57，261-262，300，478，611
巴基斯坦，209，211，330
北大西洋公约组织，63-64
勃列日涅夫，498-499，518，563，598，698
参谋长联席会议，331，333-335，339-340，412，414
出于政治目的使用美国国税局，262
搭线窃听，596，614
大熊猫，417-418
第一次世界大战，384，448，506，507
法律，251-252
反战运动，73-74，79，91-95，116-117，122-123，182-183，421，523，542-543，677
访问中华人民共和国，110-111，114，127-128，136-137，145-146，201，204，214，227-231，273，276，304-305，350，372-374，385，387-390，398-400，403-404，406-407，415，417-418，422，433，440，497-498，568，629
干预，355-356
甘地访问，312-315
葛罗米柯访问，277-298，300，500
葛培理，359-360
工资-物价控制，232-233，235，238，241，243
国防部，89，348，437，440，568
国防支出，75-76，133，501，584-586，588，592-593
国会，117-119，244-245，251，500
国际货币政策，233，239-240，259
国家安全委员会档案失窃，331-344
国内反对，53

国务院，16，18-19，58，59-60，66，107，201，229，231，247，568

汉弗莱，262，453，478，643-644

胡佛，521-522

基辛格，16-19，37-38，116，198-200，231，338-339，341，343，357-358，502-503，523，525，584

金本位制，232-238

进口配额，247-248，251

酒精，112-113

莱尔德，436-437，440，502

录音系统，3-5

马斯基，262，453，478

美国空军，437，439，445-446

美国权力使用，360-361

美联储，232

民意调查，24-25，79-80，87-88，464，468，543，655

民意调查，274，298，459，678

民主党，76，156，181，211-212，423

莫斯科峰会，62-63，69-70，75，81，109，118，149-151，168，185-186，196-197，225-226，272-274，284-285，287，299，413，423，433-435，458-459，464-466，468-469，471-472，473，480，500，512，514-515，518-521，523-525，526-529，530-536，537，545，547，553，561-567，579-584，588，590，629

拿破仑，363，451-452

南越内政，16，49-50，89，165，174-175，179，262-263，265

女人，112-113

披头士乐队，209

丘吉尔，448-449

水门闯入和掩盖，596，612-615

税，75，232，235，237，240，243-249，257

苏联，63-67，74，82-83，137-139，172，193-194，357-358，422-424，484-487，497-500，503，520-521，559-561，605

苏联在古巴部署核潜艇，5-8，154

他的公众形象，70-71

台湾独立运动，415-416

太空竞赛，563，565

提出封锁越南，455，463，464，467-468，470-471，472，473，474，477，483-486，502，509，520，536-539，542-545，547-548，550，551，556

体育迷，305-308

同性恋，111-113，336

外交策略，106-107，276

五角大楼文件，170-172，192，340

限制战略武器会谈，8-9，19-20，22-24，27，38-39，42-45，62-64，67-69，75-76，79-81，83，97-100，109，125，130-135，138，146，155-156，193-194，199，216-224，269-271，281，298，347-349，411-414，422-428，500-501，515-517，525-526，565-566，572-575，579，581，582-583，586-596

泄露，21，62，66，171，261，338，412，444-445，667

宣誓就职（1973）和和平谈判，727-729

亚伯拉罕，436-438，440-441，457-458，692

以色列，359-360

印度，209-213，214，312-315，328-

330

赢得连任，643-644

犹太人，359-360

约翰·肯尼迪，70，183，341，361，478

约翰逊，183，341，361，478，488

越南和平谈判，167-168，310-312，325-327，350-351，431-433，503，522-525，567-572，597-610，615-642，644-732

越南和平协议，732-733

越南战争，9-16，26，28-37，46-51，53，68-69，73-74，76-79，86-91，100-105，114，116-117，119-121，123-125，128-130，139，159-161，171，173-183，205-206，263-269，298，323，324-328，350-353，356，385-393，394-398，399-401，419-421，433，435-465，467-468，481，483-484，487-489，491-495，501-511，513，518，519-521，529-533，536-541，542-551，552，554-558，567-570，683-684，689-692，700-702，706-707

中东，37-38，172-173，291-292，410

中华人民共和国，58-62，64，71-73，74-75，81，106-110，114，118，196-197，275-276，357-359，401-402，467，579-580，605

周恩来，85-86，325，407，415，480，499，608

驻外机关事务局，569，571

理查德·斯开蒙（Scammon, Richard），180-181

理查德·威尔森（Wilson, Richard），703

利昂·帕内塔（Panetta, Leon）：埃利希曼，147-148

列昂尼德·勃列日涅夫（Brezhnev, Leonid），24，51-52，63，65-66，81，82-83，133，146，231，270，284，287，292-293，296，297，394，425，430-431，434，450，487，492，497，515，517，519，533，565，567，582，635，673

 葛罗米柯，288-290

 基辛格，619

 尼克松，498-499，518，563，598，698

林彪（Lin Biao），276-277

林登·B.约翰森（Johnson, Lyndon B.），49，162-163，495，498-499，522

 搭线窃听，614

 尼克松，183，341，361，478，488

 越南战争，14，55，87，92，149，171，183，265，341，361，383，447，488，550，623-624

伦布兰特·罗宾逊（Robinson, Rembrandt）：国家安全委员会档案失窃，332-333，337，339

伦纳德·查普曼（Chapman, Leonard），221

罗伯特·威兰德（Welander, Robert）：国家安全委员会档案失窃，331-335，337，340，342

罗伯特·H.泰勒（Taylor, Robert H.），4

罗伯特·伯德（Byrd, Robert），424

罗伯特·多尔（Dole, Robert），712-713

罗伯特·芬奇（Finch, Robert），147

罗伯特·麦克洛斯基（McCloskey, Robert），559

罗伯特·麦克纳马拉（McNamara, Robert），47，171，342

罗伯特·墨菲（Murphy, Robert），58，127，140

罗伯特·汤普森（Thompson, Robert），610
罗伯特·克莱蒙（Clemente, Robert），306
罗纳德·里根（Reagan, Ronald），15，122，472，478，495
　　联合国，308-310
罗纳德·齐格勒（Ziegler, Ronald），4，56-57，72，74，225，255，384，417，517，526，559，581，662，679-680，687，689-690，696，701-702，725
罗丝·玛丽·伍兹（Woods, Rose Mary），511-512
　　录音带无法解释的空白，596
罗特尔·阿布拉希莫夫（Abrasimov, Pyotr），62
罗伊·恩格勒特（Englert, Roy），252
马康卫（McConaughy, Walter）：中华民国，186-191
马克·哈特菲尔德（Hatfield, Mark），115，171，175
马克思·费希尔（Fisher, Max），148-149
马克思·弗兰克尔（Frankel, Max），581
马洛·W. 库克（Cook, Marlow W.），102
马文·卡尔布（Kalb, Marvin），88
马歇尔·格林（Green, Marshall），107-108，144，406-407
玛丽·乔·科佩奇内（Kopechne, Mary Jo），56-57
麦克·库拉尔（Cuellar, Mike），307
迈克·曼斯菲尔德（Mansfield, Michael），110-111，264，711
迈克尔·戴维森（Davison, Michael），181
麦克乔治·邦迪（Bundy, McGeorge），51-52，726
毛泽东（Mao Zedong），58，146，231，275，305，398-399，407，409，499
梅尔文·莱尔德（Laird, Melvin），17，22-23，24，90，164，171，311，423，445，549，575
《反弹道导弹条约》，589-592
　　国会，381
　　尼克松，436-437，440，502
　　限制战略武器谈判，216-220，222，270，348-349，412，588，593-594
　　越南和平谈判，675-676，689，704
　　越南战争，11，28，30，34-35，129，167，177，266，363-364，366，367，369-370，372-379，380-381，450，456，530，546，552，554-556，606-607，698，706-707
米尔特·扬（Young, Milt），175
莫顿·霍尔珀林（Halperin, Morton），13-14
莫里斯·舒曼（Schumann, Maurice），733
莫里斯·斯坦斯（Stans, Maurice），137，248，280，559
　　对外贸易谈判，280，315，317-323
　　访问苏联，315，320-322
拿破仑·波拿巴（Napoleon Bonaparte）：尼克松，363，451-452
内维尔·麦克斯维尔（Maxwell, Neville）：印度对华战争，314
纳尔逊·洛克菲勒（Rockefeller, Nelson），453，472-473，478，534
　　中华人民共和国，106-110，114
尼古拉·波德戈尔内（Podgorny, Nikolai），282
尼古拉·帕格夫（Pegov, Nikolai），351
尼古拉·帕托利切夫（Patolichev, Nikolai），354，559
尼古拉·齐奥塞斯库（Ceausescu, Nicolae），297
尼基塔·赫鲁晓夫（Khrushchev, Nikita），498，536

诺罗敦·西哈努克（Sihanouk, Norodom），646
帕特里夏·尼克松（Nixon, Patricia），昵称"帕蒂"（"Pat"），56，417，542
皮埃尔·特鲁多（Trudeau, Pierre），467
乔治·H. W. 布什（Bush, George H. W.），106-107，308-309
乔治·华莱士（Wallace, George），15，474，500
 枪击，612
乔治·卡弗（Carver, George），712
乔治·麦戈文（McGovern, George），115，615，711，712
 1972年大选，261，265，453，549，551，591，601，604，607，626，643-644
乔治·米尼（Meany, George），630
乔治·蓬皮杜（Pompidou, Georges），515，616，619，733
乔治·舒尔茨（Shultz, George），62，299
 工资-物价控制，241，249
 国际货币政策，250
 金本位制，232-238，245
 税，245，248，250，257
琼·肯尼迪（Kennedy, Joan），56
阮富德（Duc, Nguyen Phu），648，649-651，666-667，708，715
阮高祺（Ky, Nguyen Cao），165，174-175
阮高祺（Nguyen Cao Ky），参见阮高祺（Ky, Nguyen Cao）
阮氏萍（萍夫人）（Binh, Nguyen Thi），394，661
阮文绍（Nguyen Van Thieu），参见阮文绍（Thieu, Nguyen Van）
阮文绍（Thieu, Nguyen Van），16，44-45，49-50，78，88-89，94，96，116，119-120，123，165，174-177，179，181-182，192，262，264-265，298，363，419，421，449，473，501，507，556，571，733
 越南和平谈判，599-601，603，610，616，619，620-627，628，629-632，634，635-636，637，638-641，645，647，652-653，656，660，661，663-665，667-668，669，671-672，675，678-679，685，695-697，702，705，707-710，712-713，715-719，722，728-729，730-732
萨姆·亨廷顿（Huntington, Sam），94
沈剑虹（Shen, James），404
史提芬·汉斯（Hess, Stephen），111
斯皮罗·阿格纽（Agnew, Spiro），15，111，221，308，478，495，732
 越南和平谈判，685，695，698-699，713，727-729
 越南战争，363，371-372，379，555，569
斯特罗姆·瑟蒙德（Thurmond, Strom），155，592
斯图尔特·艾尔索普（Alsop, Stewart），116
斯瓦兰·辛格（Singh, Swaran），210，313
汤米·汤普森（Thompson, Tommy），59-60
唐纳德·G. 赫兹伯格（Herzberg, Donald G.），180
特里夏·尼克松（Nixion, Tricia），159，161，696
托马斯·杜威（Dewey, Thomas），108
托马斯·科罗洛戈斯（Korologos, Thomas）：
 《反弹道导弹条约》，586
托马斯·穆勒（Moorer, Thomas），17，145，324，348，423，535，546，551，575
 国家安全委员会档案失窃，331，334，337，340，342-343

人名索引

限制战略武器谈判，216，218，223，
　　412，572，583，590
越南战争，28-37，129，266，364-370，
　　374-378，380-382，384，385-
　　386，390，392，430，435-444，
　　446-447，457-458，488-489，
　　513，536，539-541，606-607，
　　691，698，706，714，723
瓦西里·库兹涅佐夫（Kuznetsov, Vasily），
　　351
威廉·埃夫里尔·哈里曼（Harriman, W.
　　Averell），205，459，461，712
威廉·F. 巴克利（Buckley, Willaim F.），
　　76，89，412
威廉·波特（Porter, William）：越南和平谈
　　判，466，530，567-574
威廉·德普伊（DePuy, William），167
威廉·富布莱特（Fulbright, William），55，
　　576
《反弹道导弹条约》，590
威廉·卡利（Calley, William），88
威廉·罗杰斯（Rogers, William），8，16-
　　22，60-61，106，115，129，137，164，
　　169，192，202，229，231，247，272，
　　313-403，477，480，483，549，566，
　　636
　　多勃雷宁，301-304
　　葛罗米柯访问尼克松，277，284-285
　　基辛格，18-19，37-38，144，299，514，
　　　　564，676
　　莫斯科峰会，299，514，552-553
　　萨达特，135-136
　　苏联，559-560
　　限制战略武器谈判，24-25，27，131-
　　　　132，347-348，413-415，425，
　　　　516-517，526，572-573，590-596
　　巡访欧洲，512

越南和平谈判，698-699
越南战争，29，31-34，36，266，371，
　　373，377，383，452-453，552，
　　554
中华人民共和国，140-144，147
威廉·萨菲尔（Safire, William），17，255，
　　459，564，574
威廉·沙利文（Sullivan, William）：越南和
　　平谈判，192，644，671，676，731
威廉·威斯特摩兰（Westmoreland, William），
　　372
维利·勃兰特（亦作威利·布朗特）（Brandt,
　　Willy），44，83，153-154，157，275，
　　289，513，515
维托德·特朗辛斯基（Trampczynski, Witold），
　　486
温斯顿·丘吉尔（Churchill, Winston），628
　　尼克松，448-449
沃尔特·罗斯托（Rostow, Walt），47
沃利·希克（Hickel, Wally），338
沃伦·伯格（Burger, Warren），472-473
吴庭艳（Diem, Ngo Dinh），54-55，187，266，
　　640，707
西尔维娅·波特（Porter, Sylvia），235
夏尔·戴高乐（De Gaulle, Charles），398，
　　400-401
小亚瑟·施莱辛格（Schlesinger, Arthur, Jr.），
　　93
小约翰·麦凯恩（McCain, John, Jr.）：越
　　南战争，567，569
谢尔盖·安东诺夫（Antonov, Sergei），511-
　　512
休·斯科特（Scott, Hugh），111，280，404-
　　405，406
休伯特·汉弗莱（Humphrey, Hubert），15，
　　49，480，549，614-615
　　尼克松，262，453，478，643-644

休伯特·普尔·高夫（Gough, Hubert de la Poer），448
雅各布·比姆（Beam, Jacob），581
亚历山大·巴特菲尔德（Butterfield, Alexander）：录音系统，3-5
亚历山大·黑格（Haig, Alexander），17，24，107-108，110，116，121，137，145，169，184，299，350，424-426，446，451，483，530，546
 多勃雷宁，635，636，638
 国家安全委员会档案失窃，331-333，342
 基辛格，198-200，502-503，528
 莫斯科峰会，196-197
 五角大楼文件，170-172
 限制战略武器会谈，117-120，525
 越南和平谈判，523，524，597，609，622-626，627，629-632，634-641，646，675-677，684-686，690，705，707-708，712-713，715-716，717-718，722，727，729，731
 越南战争，119-120，171，192，324，391-393，475，502-511，627-628
 中华人民共和国，200，404
杨文明（Minh, Duong Van），165，174-175，182，504
叶海亚·汗（Yahya Khan），108，127，145-146，169-170，329
伊扎克·拉宾（Rabin, Yitzak），300，360，434，479
尤里·沃龙佐夫（Vorontsov, Yuli），65，69，72，74，130
裕仁（Hirohito），273
约翰·F. 奥斯本（Osborne, ohn F.），78
约翰·F. 肯尼迪（Kennedy, John F.），187，231-232，499，536

暗杀，613
基辛格，398-399
尼克松，70，183，341，361，478
越南战争，54-55，171，183，341，361，383
约翰·阿什克罗夫特（Ashcroft, John），561
约翰·埃利希曼（Ehrlichman, John），6，37-38，62，225，253，357-358
 1972年大选，262
 国家安全委员会档案失窃，331-339，340-344
 帕内塔，147-148
约翰·安德鲁斯（Andrews, John），564，574
约翰·奥尼尔（O'Neill, John），157-158，182-183
约翰·达顿（Dutton, John），14
约翰·迪安（Dean, John）：水门掩盖，612-615
约翰·凡（Vann, John），457
约翰·福斯特·杜勒斯（Dulles, John Foster），428
约翰·W. 加德纳（Gardner, John W.），13-14，162，166
约翰·康纳利（Connally, John），17，64，225，328，403，494-495，502，552-553，692
 1972年大选，472，549-550
 工资-货币控制，260
 国际货币政策，239，246-248，259
 金本位制，232-238
 税，245-246，256
 越南战争，372-374，538，545，546，547，554-555
约翰·克里（Kerry, John）：反战运动，91，157-158，182-183
约翰·钱塞勒（Chancellor, John），15，110

约翰·瑞安（Ryan, John），219，220
约翰·舍曼·库珀（Cooper, John Sherman），115，166
约翰·斯卡利（Scali, John），59-62，103，132，225，280，519，526
约翰·斯滕尼斯（Stennis, John），423-424，561，572-574
　《反弹道导弹公约》，585-588
　国防支出，584-586，588
　限制战略武器谈判，587，589，592
约翰·托尔（Tower, John），412，424，574
约翰·沃格特（Vogt, John），540，686，692-693
约瑟夫·艾尔索普（Alsop, Joseph），454，457，511
约瑟夫·拜登（Biden, Joseph），704-705
约瑟夫·法兰（Farland, Joseph），127
约瑟夫·克拉夫特（Kraft, Joseph），8-9，19，122，133，536

詹姆斯·巴克利（Buckley, James），575
詹姆斯·霍奇森（Hodgson, James），248
詹姆斯·赖斯顿（Reston, James），671-672
詹姆斯·唐纳德·休斯（Hughes, James Donald），337，693
周恩来（Zhou Enlai），47，64，106，109，127，169-170，196，206，211，275，276-277，305，323，397，404，406，409，476-477
　基辛格，399，403
　尼克松，85-86，325，407，415，480，499，608
　斯廷霍文，85-86
　赠送大熊猫，417-418
周书楷（Zhou Shukai），58-59
周以德（Judd, Walter），140-141，142
佐勒菲卡尔·阿里·布托（Bhutto, Zulfikar Ali），397

译后记

尼克松时期美国对外政策的历史资料可以说是美国历届总统中最为丰富和多层次的。一般来说，美国总统档案资料包括：国家安全委员会及其下属会议的备忘录、给总统的备忘录、总统谈话备忘录、国家安全委员会职员笔记、电报、情报备忘录等。但是，尼克松总统时期美国对外政策原始档案资料，除了上述官书档案资料之外，还包括大量的尼克松录音资料和基辛格电话录音资料。从1988年开始，美国国家档案与文件署在逐步允许学者利用多达4200万页的尼克松总统文件的同时，解密了大批尼克松时期国家安全委员会的档案。从1997年到2004年，约3700小时的尼克松总统录音资料被解密。

美国总统电话录音系统始自肯尼迪总统，不过尼克松的电话记录时长是肯尼迪总统的13倍、约翰逊总统的6倍多。这些录音资料的内容尽管并非全部事关对外政策，但在很大程度上反映了尼克松及其对外政策顾问们，特别是他的国家安全事务助理基辛格设计美国外交战略及策略的过程，并且也是了解尼克松个人心智、态度、信仰、希望、偏见和恐惧等个人心态的重要资料。自这些录音材料陆续公布以来，其中一些片段虽已为学者和媒体所公布和使用，但由于录音质量和浩繁的数量，非英语母语学者对这批资料的使用仍然有限。

2014年7月，在尼克松因"水门事件"辞职40周年之际，由美国知名历史学家道格拉斯·布林克利（Douglas Brinkley）与尼克松研究专家卢克·A.尼切尔（Luke A. Nichter）共同编撰的《尼克松录音带》正式出版发行。此书原文长达758页，按照时间顺序编辑并评注了1971年至1972年尼克松及其顾问们针对美国重大外交事件的讨论和思考过程，大量展现了目前尼克松政府官书档案资料中难得一见的细节。特别是关于中美苏大三角战略的建构，从尼克松与基辛格谈话的语气、话语的重复与省略，甚至是叹息中，读者亦可体会官书档案资料中难以展现的精彩。

在北京大学国际关系学院陈长伟教授的引荐下，我主持并参与了《尼克松录音带》中译本的翻译及校对工作。全书能顺利完成，是集体努力的成果。北京大学陈长伟教授、博士生刘晨曦，中央党校研究生李丹青、殷路路、周之新、兖芳芳，中央民族大学研究生李丹青、李杰、田嘉乐等参与了全书的翻译及校对工作。中山大学副教授肖瑜帮助解决了几位苏联历史人物的译名难题。校译期间，因我工作调整及身体状况，几次拖延交稿，幸有三联书店的理解支持，一并致谢！

文中错误及不妥之处，恳请读者批评指正。

张静
草于北京市海淀区智学苑
2017年3月24日

尼克松录音带

1971—1972 （上）

[美] 道格拉斯·布林克利
卢克·尼切尔 ———— 编注
张　静 ———— 校译
陈长伟 ———— 审校

THE NIXON TAPES
by Douglas Brinkley and Luke A.Nichter
Copyright © 2014 by Douglas Brinkley and Luke A.Nichter
Simplified Chinese Copyright © 2019
by SDX Joint Publishing Company Ltd.
Published by arrangement with ICM Partners
through Bardon-Chinese Media Agency
ALL RIGHTS RESERVED

本作品简体中文版权由生活·读书·新知三联书店所有。
未经许可，不得翻印。

图书在版编目（CIP）数据

尼克松录音带：1971—1972 /（美）道格拉斯·布林克利，（美）卢克·尼切尔编注；张静校译. —北京：生活·读书·新知三联书店，2019.10
（世界）
ISBN 978 – 7 – 108 – 06586 – 5

Ⅰ.①尼… Ⅱ.①道… ②卢… ③张… Ⅲ.①尼克松（Nixon, Richard Milhous 1913-1994）—录音资料 Ⅳ.① K837.127=5

中国版本图书馆 CIP 数据核字（2019）第 096436 号

777　第四部分
连任之路与越战的结束
（1972年6月—1973年1月）

大事年表 ... 982

致谢 ... 991

主题索引 ... 995

人名索引 ... 1005

译后记 ... 1019

目 录

前言 ... 001

人名 ... 009

缩写 ... 017

021　第一部分
　　 从录音开始到关于中国问题的声明
　　 （1971年2月—7月）

295　第二部分
　　 从金本位的崩溃到印巴战争
　　 （1971年8月—12月）

473　第三部分
　　 筹备峰会与越战升级
　　 （1972年1月—5月）

前言

40年后,我们几乎已经忘记,理查德·尼克松(Richard Nixon)总统在1972年末正处在他政治生涯的高峰。那一年,他作为总统历史性地使美国与"冷战"时期的敌手们建立了友好关系:首先是中国,然后是苏联。长久以来分裂着美国社会的越南战争也终于看到了尽头。在当年11月的连任竞选投票中,尼克松以520票对17票的绝对优势击败了民主党候选人乔治·麦戈文(George McGovern),在普选中也获得了61%的得票。在此之前,这样大的竞选优势只有富兰克林·罗斯福(Franklin D. Rossevelt)和林登·约翰逊(Lyndon B. Johnson)分别在1936年和1964年的大选中得到过。尽管关于"水门事件"的质疑仍然存在,但这一丑闻在1972年大选中并没有得到太多关注。如尼克松所愿,这次闯入事件当年基本上只是流传在华盛顿环路圈子里的一桩趣闻——直到1973年才出事。

12月14日,在椭圆形办公室休息时,尼克松根据当时的形势谈论过他将为后世留下些什么。他把自己的想法告诉了时任白宫办公厅主任的"鲍勃"·霍尔德曼(H.R. "Bob" Haldeman):

霍尔德曼:您的第一任期留下了不少好故事。

尼克松:应该写本书,就叫《1972》。

霍尔德曼:没错。

尼克松:这书肯定好得呱呱叫……里面有中国,有俄国,还有5月8日(即莫斯科峰会前夕,他出人意料地决定对河内、海防进行轰炸和布雷)以及大选。这一年真是精彩极了。我写书时就写这些内容，书名就叫《1972》，结束。

总的来说，这正是本书的主要内容：这位 37 岁的总统第一个任期内最辉煌一年里的国家政策。这"真是精彩极了"的一年内发生的各种事情将会原原本本按照它们在尼克松录音中的样子呈现，没有删改，没有筛选。

整理尼克松的遗产离不开他的录音带，而白宫录音的历史则早得多。1940 年，富兰克林·罗斯福就曾命令在椭圆形办公室厚厚的木地板上钻孔，安装录音设备，以记录他召开的记者招待会。哈里·杜鲁门（Harry Truman）后来继承了这套系统，而且又在桌子台灯的灯罩上安装了一个麦克风。德怀特·艾森豪威尔（Dwight Eisenhower）上任后安装了一套新系统，其中包括椭圆形办公室内的录音电话。约翰·肯尼迪（John Kennedy）和林登·约翰逊曾使用由美国陆军通信兵部门提供的录音设备，能连续录音数百个小时。

虽然其他总统也同样喜欢录音，但如今因对白宫进行录音而出名的只有尼克松。据我们所知，他之后的总统没有谁像他这样做过。他录音的时长比其他总统们加起来还要多，共约 3700 个小时。起初，他对录音毫无兴趣。1969 年 1 月 20 日宣誓就职后不久，他还要求拆除了林登·约翰逊留下的录音系统。当时笨手笨脚的他不想为电子设备伤脑筋。约翰逊的系统需要专人管理，而且必须每天开关。

两年后，他的主意变了。此时，他的第一个任期已经过半，尼克松发现他之前的总统们从未使用过声控录音技术来记录一切，他想成为第一人。尼克松盘算着，他的白宫录音带将会成为未来撰写回忆录时的宝贵素材。而且，他当时认为既然要留下一份他总统任期内的准确记录，就应该不加筛选地记录一切。肯尼迪所做的——只记录危机时刻，比如古巴导弹危机时的安全理事会会议——在尼克松看来只是装装门面而已。"我认为只记录挑选过的对话将使录音系统的意义完全失去，"尼克松说，"既然录音是为了对我的总统任期有个客观记录，就不该带有这种自私和偏见。我不希望在录音时算计什么时间、录了谁、内容是什么。"

他相信会议的录音能帮他梳理好他任上的记录，也能让他掌控历史。"全部的目的，基本上就是，"在被录下的第一段对话中，尼克松对霍尔德曼说，"也许有一天……我们希望能拿出一点正面的东西来，也许我们需要留下些什么,好能更正记录。"

在尼克松的指令下,美国特勤局技术服务部1971年2月在椭圆形办公室内的角角落落都安装了微型麦克风。5个被安装在总统的办公桌里,两个在壁炉附近。椭圆形办公室和林肯厅的电话线也被录音。还有两个麦克风安装在内阁会议室里。中央混音器被安置在白宫地下室内的一个旧衣帽间中,控制着所有录音设备,这是一台索尼TC-800B开盘式录音机。除了尼克松、霍尔德曼、亚历山大·巴特菲尔德(Alexander Butterfield,负责这套系统的操作)以及特勤局的人之外,没有其他人知道录音系统的存在。

系统运行不久,尼克松很喜欢这套东西,于是进一步扩大了录音范围。他所说过的一切之所以都能被录下来,要归功于他的自我陶醉。他认为自己是一位有着地缘政治视野和军事谋略的世界领导者,就像丘吉尔一样。事实上,正如这本书所部分体现的那样,他痴迷于外交政策,以致对国内事务的关注少到令人吃惊的程度。目前能得到的录音带中大约只有10%涉及国内政策。不幸的是,这些对话还多数发生在内阁会议室,那里的录音存在串话干扰,麦克风位置的不当选择也使得在那里的录音成了后来最难誊录的部分。

1971年4月,尼克松又在他行政办公大楼180房间的秘密办公室里安装了4个麦克风,在这里他可以避开椭圆形办公室的繁文缛节。一年后,戴维营的阿斯本小屋的内饰里和尼克松在那里时常用的电话上也安装了录音装置。

录音系统使得尼克松能有一份准确的会议及电话记录,而不必像以前一样每次都由专人进行笔录,这更简单了。尼克松随身戴着一个由特勤局提供的类似寻呼机的装置,只要进入这些录音地点就会自动开始录音,无须开关键。有些日子,他全天都被录音,因为他一直在这些录音地点开各种会,办各种事。但不是所有的录音都能听出内容,因为录音质量经常很差。与美国历史上其他总统留下的记录不同,尼克松录音带就像是给历史学家留下的宝藏。要完全誊录尼克松录音带,或许15万页纸都不够,这也许是个永远无法完成的任务。

被尼克松录音系统录了音的大多数人并不知晓自己正在被录音。直到1973年7月16日,在参议院总统竞选活动委员会公开听审前的一次听证会上,作为"水门事件"调查的一部分,录音系统的存在才被亚历山大·巴特菲尔德披露出来。"巴特菲尔德先生，总统有没有在椭圆形办公室内安装过任何窃听装置？"诉讼律师共和党人弗雷德·汤普森（Fred Thompson）问他。这个问题问得出乎意料。因为已经宣誓要如实作答，巴特菲尔德别无选择，只能诚实回答。"存在窃听装置。是的，先生。"他回答道。这场听证会改变了尼克松任期和美国历史的轨迹。正如参议员霍华德·贝克（Howard Baker）所说，参议院对发生在 1972 年 6 月 17 日的"水门闯入"以及后来白宫对此的掩盖的调查是为了查出"总统对此事是否知情，何时得知"。这些录音带为这些问题的准确回答提供了证据，但必须保证这些录音不能被改动。在 1972 年 6 月 20 日的录音带上，一段关键录音被抹去了。对此，尼克松的秘书罗丝·玛丽·伍兹（Rose Mary Woods）负有主要责任。

事实上，有许多人曾建议尼克松销毁这些录音带。许多人——其中比较有名的有亨利·基辛格（Henry Kissinger）、威廉·罗杰斯（William Rogers）、梅尔文·莱尔德（Melvin Laird），甚至是葛培理（Billy Graham）——在发现录音系统存在后都觉得遭到了背叛。对尼克松而言，系统的秘密性和录音的价值要高于被录音这些人的隐私。而其他人，包括雷蒙德·普赖斯（Raymond Price）、查尔斯·科尔森（Charles Colson）和约翰·埃利希曼（John Ehrlichman）在内，认为总统有权记录他的秘密会议。乔治·赫伯特·沃克·布什（George H.W.Bush）、帕特·布坎南（Pat Buchanan）、亚历山大·黑格（Alexander Haig）、唐纳德·拉姆斯菲尔德（Donald Rumsfeld）、保罗·沃尔克（Paul Volcker）和乔治·舒尔茨（George Shultz）选择继续他们的政治生涯。然而，尼克松录音带留下的阴影长久笼罩着他们，他们私下说过的话——以及总统对他们个人的评判——都使得他们无法完全摆脱尼克松的影子，独立开启自己的政治生涯。这些录音带原本是为了保证尼克松自己能留下完整的资料，但它们的存在同样影响了许多其他人的声誉。

《尼克松录音带》正是因为尼克松拒绝销毁这 3700 多小时的录音才得以问世。他考虑到保全自己的记录，所以做出了这样的决定。只要"水门事件"平息下去，他认为，作为美国外交史上的里程碑，他对中国的外交将会让他在人们书写历史时重新站起来。他一直很欣赏温斯顿·丘吉尔的《第二次世界大战》，这套书在 1948—1953 年共出版了 6 册。他意识到留下一份能被证实的记录有多么重要。

尼克松没有更早开始录音，这对历史而言是一种损失。目前找不到任何尼克松在"阿波罗 11 号"于 1969 年 7 月 20 日登月时与宇航员们通话的秘密录音；也没有关于 1969 年 11 月 15 日示威活动的任何录音，那次示威使得当局不得不用公共汽车把白宫围起来以防止抗议者突破围墙；没有录下尼克松打电话呼叫他的豪华汽车，稍后他自行前往林肯纪念堂，在 1970 年 5 月 9 日黎明前与示威者们见面；也没有录下 1970 年 12 月 21 日尼克松与埃尔维斯·普雷斯利在椭圆形办公室那次著名的会面。

在 1973 年尼克松录音带的存在被披露后，它很快成为全国热议的话题。起初，总统以行政特权和国家安全为理由，断然拒绝交出录音带。尼克松一直认为，录音带属于他个人。他大概从未想过要把录音带置于睽睽众目之下，而美国最高法院却不这样认为。1974 年 7 月 24 日，最高法院以 8 比 0 的判决结果向尼克松发出传票，要求他交出录音带。这一判决是对总统权的限制，其意义高于录音带或尼克松之上。没有人可以凌驾法律，就算是作为行政长官的总统也不行。这次判决对尼克松的总统任期是一次致命打击，直接导致他在 15 天后即 8 月 9 日辞职。录音带极大地损害了尼克松的声誉。在"水门事件"中，录音带成了许多对尼克松不利材料的直接来源，成为对他的声誉造成致命伤害的"冒烟的枪"。在这样的耻辱下，他逃离白宫，回到了他在圣克莱门特（San Clemente）和平宫（La Casa Pacifica）的家中。在那里，他继续为自己对录音带的所有权进行着努力。尽管比尔·克林顿总统在挽词中敬告道，"希望对尼克松总统的一生和全部事业之外的种种评判到此为止"，但直到 1994 年 4 月 22 日尼克松去世，也没能重获对录音带的所有权或重建自己的声誉。事实上，尼克松的去世扫除了公开录音带的最后障碍。

在整理录音带时，记者们和历史学家们都该感谢威斯康星大学的历史学家斯坦利·库特勒（Stanley Kutler）。1992 年，库特勒教授和辩护团体"公共市民"（Public Citizen）对美国国家档案与文件署（National Archives and Records Administration）提起诉讼，要求后者加速对尼克松录音带的审查和公开。他们称国家档案与文件署的工作效率太低，连追上自己提出的时间表都做不到。这次起诉在 1996 年宣判，约 200 个小时有关滥用政府权力的录音被公之于众。在那次激烈较量之后，自从 1997 年解密了首批内阁会议室录音，越来越多录音得到公开。作为《尼克松录音带》的合编者之一，我们是库特勒努力的直接受益者。

因为关键的"水门事件"录音带内容已经出版，我们决定在本书中关注 1971 年和 1972 年，那时候"水门事件"还没成为谈话的主要内容。这样做并不是要否认那桩毁掉了尼克松总统任期的丑闻的重要性——相反，我们正是要展现在他的总统任期内记录的所有事情。前两年的录音的主要内容是外交政策和选举政治，因为这些是那时尼克松最关注的。而国内政策，尼克松认为这些事大部分可以交给负责主持国内政策委员会的约翰·埃利希曼处理。对外政策，才是尼克松希望自己被大家记住的方面。尼克松相信，他的录音带会向人们证明，他才是美苏关系缓和、中美建交中的关键人物——而不是国家安全顾问亨利·基辛格或者国务卿威廉·罗杰斯（他们和媒体常常坚持这样的观点）。尼克松录音带给了学者一个绝无仅有的机会，可以听到尼克松任内与世界重要国家的领导人及他的政治密友的谈话。要想认真研究"冷战"和 1970 年代而不参考这些录音带，是绝不可能的。

尼克松曾明白地告诉霍尔德曼和巴特菲尔德，没有他的明确命令，不要对录音带进行誊录，希望这样能防止人们对自己被录音产生猜疑。至少在最初，总统曾希望使用录音带达到政治目的，想要控制对会谈的描述。尼克松在 1978 年撰写的回忆录中写道，他很快"把（录音）当成了环境的一部分"。我们的誊录也可以证实，大多数时候，尼克松并没有特别在意录音系统的存在，至少在系统运行几周后便是如此。到 1973 年，尼克松甚至记不清是亚历山大·巴特菲尔德负责了系统的安装（他自己这样说），他和霍尔德曼有时记不清到底哪里安装了录音设备。

录音系统的寿终正寝来得很快，在 1973 年 7 月。就在巴特菲尔德说出系统的存在后的几小时内，白宫办公厅主任亚历山大·黑格就下令停止系统运行并予以拆除，此时尼克松正因为病毒性肺炎住院。

除了尼克松，基辛格大概是录音带被公开后受影响最大的人了。他在《动乱年代》（1982）一书中质疑了这些录音带的好处：

不知情的人根本无法客观听取这些想法和对话，对话中既有轻率之语也有高尚的宣言，这些记录和当时发生的事情其实关系并不大，更多反映了年轻的尼克松所带有的种种偏见，一切都听由谈话房间内唯一对录音知情的人的安排？……每次交流的意义取决于当时的语境，许多只是对尼克松多变的情绪和任性的策略的迎合罢了。如果拿掉所有这些，就只剩下随意的思绪——也许它们令人着迷，很有意思，但大多与总统采取行动的根据无关。

　　基辛格说的恰恰相反，如果人们认为美国最重要决策者在做决定时的观察、判断以及具体的决策过程都不可信，那么什么样的历史材料才算是真实的呢？所有的史料都带有缺陷和偏见。我们很难相信基辛格偏激的观点，即尼克松编排了所有或者说大部分的对话，只是为了录下自己想要留下的内容。与此相反，在录音中尼克松有时显得健忘，会忘记几分钟前刚发生的事情。这并不是说尼克松不会在某些情况下故意操纵对话，以在录音中留下包含特定观点的言论。他确实在"水门事件"败露后刻意留下录音证明自己的清白，但他在讨论外交政策时没有这样做。

　　尼克松录音带的丰富程度是毋庸置疑的。我们等速听取了录音，艰难地对音频进行了誊录——录音的质量相差很大，有的清楚，有的严重失真，有的完全不知所云。在我们试着让对话誊录更准确的过程中，尼克松许多方面的个人特质和工作风格显露无遗。有些问题导致部分对话也许永远都无法听出——无论花费多少时间、多少精力，有多少技术天才可以调用。这些问题包括行政办公大楼办公室里那座永远在嘀嗒作响的钟表，尼克松工作时听古典音乐的癖好，他在办公室内的来回走动，无效的麦克风位置及劣质的录音材料。结巴、嘟囔、口误、低声谈话、口音、有时出现的外语以及地名，都使得誊录出可信而准确的文稿变得更加困难。

　　国家档案与文件署到目前为止已经公开了约 3000 小时的录音。要么是出于国家安全的考虑，要么是为了保护包括尼克松和他的后代以及仍然在世的被录音者的隐私，仍有 700 小时的录音处于保密状态。我们在这本书中已经尽了最大努力，来准确客观地呈现尼克松在第一任期内的所思所想。我们听到了录音带中许多令人难堪的、愚蠢的以及十分滑稽的对话场景，但是只展现了很少的一部分。说真的，我们完全可以写成一本"抓到你了"的册子，因为录音中尼克松和其他人的对话中有无数心胸狭窄的侮辱、奚落、咒骂以及低级下流的闲话。这些内容我们也留下了一部分——比如，尼克松对甘地夫人（Indira Gandhi）、泰德·肯尼迪（Ted Kennedy）、亨利·基辛格、犹太人、军官和同性恋者以及其他人说的坏话。但作为研究总统的历史学家，我们的目标是做到客观公正，没有干扎稻草人当靶子的事。在编写本书时，我们也没有想让尼克松显得"好"或"坏"的预设。我们希望让读者自己判断。实际上，我们的愿望是这本书能够提供准确的誊录文稿，今后供学者和大众参考。

我们的编辑工作过程很简单。一旦决定要收录哪些对话——这很难——就会对它进行整理。比如确定与苏联峰会的时间，只有一两段对话的篇幅却有超过 50 段相关的对话，要做出选择就很困难。在听过几千个小时的录音后，我们毫不怀疑尼克松是一位意志坚定的政治家，牢牢控制着白宫外交政策的议程。如果没有尼克松自负的坚持，提升中国国际地位的努力绝不可能这么早做出。但尼克松开启"秩序大重组"（The Grand Realignment）的努力，并非一帆风顺。在录音中，尼克松一直吹嘘自己是反战大潮中美国军事力量的捍卫者。他真的很担心，一旦自己在 1972 年大选中未获连任，一个像泰德·肯尼迪或乔治·麦戈文这样的和平主义软弱派上台后会大力削减国防预算，从而损害美国国家安全。然而在私下里，尼克松却又对军队权势集团流露出厌恶。尼克松不愿重用民主党人的偏见——除了得克萨斯州的约翰·康纳利（John Connally）等少数几个人外——也在录音中表现得非常明显。他对自由派媒体的鄙视也在偶尔的反犹言论中表露无遗。

《尼克松录音带》的出版适逢尼克松辞去总统之职四十周年纪念。希望本书至少能一次性地回答关于尼克松为什么开始录音以及他为什么没有销毁录音带的所有问题，能让读者了解尼克松在第一任期内都面对和处理着怎样的事务。像艾森豪威尔应对 U-2 击坠事件[1]或约翰逊干预多米尼加共和国[2]这样的危机处置，每天都会得到媒体的报道。而尼克松策划的"秩序大重组"计划则不同，这个大计划的规模一点不小于威尔逊的赶超列强计划，它需要时间慢慢成形，也需要时间才能被人们完全理解。这些录音带正是帮助理解的最好材料。

---

1 1960 年 5 月，一架美国洛克希德 U-2 侦察机在苏联上空被击落。美方最初否认，但当苏方向外界展示被俘的飞行员和 U-2 侦察机残骸时，美方终于承认该机进行了间谍活动。事件令美苏关系达到"冷战"以来的低点。——译者。本书脚注均为译者所加，后不再说明。例外情况，另有说明。
2 1916 年 5 月约翰逊总统派遣美国海军陆战队前往多米尼加，于两个月后完全占领多米尼加。

人名

（按原作顺序）

克赖顿·艾布拉姆斯（Abrams, Creighton）美国驻越军事援助司令部司令
阿布拉希莫夫·罗特尔（Abrasimov, Pyotr）苏联驻东德大使
斯皮罗·西奥多·阿格纽（Agnew, Spiro）美国副总统
乔治·艾肯（Aiken, George）美国佛蒙特州共和党参议员
罗亚尔·艾利森（Allison, Royal）限制战略武器会谈美国代表团成员
约瑟夫·艾尔索普（Alsop, Joseph）《华盛顿邮报》联合专栏作家
斯图尔特·艾尔索普（Alsop, Stewart）《新闻周刊》专栏作家
约翰·安德鲁斯（Andrews, John）白宫演讲词撰稿人
谢尔盖·安东诺夫（Antonov, Sergei）苏联国家安全委员会（克格勃）官员
阿尔弗雷德·阿瑟顿（罗伊）（Atherton, Alfred "Roy"）负责近东暨南亚事务的副助理国务卿
埃贡·巴尔（Bahr, Egon）西德总理办公室成员
霍华德·贝克（Baker, Howard）美国田纳西州共和党参议员
赖讷·巴泽尔（Barzel, Rainer）西德基督教民主联盟主席
雅各布·比姆（Beam, Jacob）美国驻苏联大使
劳埃德·本特森（Bentsen, Lloyd）美国得克萨斯州民主党参议员
佐勒菲卡尔·阿里·布托（Bhutto, Zulfikar Ali）巴基斯坦总统
约瑟夫·拜登（Biden, Joseph）美国特拉华州民主党当选参议员
萍夫人（Binh, Madame）参见（Nguyen ThiBinh）阮氏萍
维利·勃兰特（亦作威利·布朗特）（Brandt, Willy）西德总理
列昂尼德·勃列日涅夫（Brezhnev, Leonid）苏联共产党中央委员会总书记

戴维·K. E. 布鲁斯（Bruce, David K.E.）美国巴黎和谈代表

威廉·巴克利（Buckley, William F.）美国《国家评论》杂志总编辑

麦克乔治·邦迪（Bundy, McGeorge）福特基金会主席；前国家安全顾问

埃尔斯沃斯·邦克（Bunker, Ellsworth）美国驻南越大使

阿瑟·伯恩斯（Burns, Arthur）联邦储备委员会主席

乔治·赫伯特·沃克·布什（Bush, George H. W.）美国驻联合国大使

亚历山大·巴特菲尔德（Butterfield, Alexander）总统副助理

威廉·卡利（Calley, William）因"米莱大屠杀"案被判刑的前美国空军官员

乔治·卡弗（Carver, George）负责越南事务的中央情报局局长特别助理

尼古拉·齐奥塞斯库（Ceausescu, Nicolae）罗马尼亚总书记

约翰·钱塞勒（Chancellor, John）《NBC 夜间新闻》节目主持人

德怀特·查平（Chapin, Dwight）总统副助理

伦纳德·查普曼（Chapman, Leonard）美国海军陆战队司令

蒋介石（Chiang Kai-shek）台湾地区领导人

劳顿·奇利斯（Chiles, Lawton）美国佛罗里达州民主党参议员

弗兰克·丘奇（Church, Frank）美国爱达荷州民主党参议员

拉姆齐·克拉克（Clark, Ramsey）美国前司法部部长

克拉克·克利福德（Clifford, Clark）美国前国防部部长

查尔斯·科尔森（Colson, Charles）总统特别法律顾问

约翰·康纳利（Connally, John）美国财政部部长

约翰·谢尔曼·库珀（Cooper, John Sherman）美国肯塔基州共和党参议员

沃尔特·克朗凯特（Cronkite, Walter）《CBS 晚间新闻》电视节目主持人

小爱德华·大卫（David, Edward, Jr.）总统科技事务顾问

迈克尔·戴维森（Davison, Michael）美国陆军驻欧洲司令部司令

约翰·迪安（Dean, John）总统法律顾问

夏尔·戴高乐（De Gaulle, Charles）前法国总统

卡撒·德洛克（DeLoach, Cartha）昵称"德凯"（"Deke"）前美国中央情报局助理局长

威廉·德普伊（DePuy, William）美军助理副参谋长

托马斯·杜威（Dewey, Thomas）前纽约市市长

吴庭艳（Diem, Ngo Dinh）前南越总统（1963 年遇刺身亡）

阿纳托利·多勃雷宁（Dobrynin, Anatoly）苏联驻美国大使

罗伯特·多尔（Dole, Robert）美国堪萨斯州共和党参议员

约翰·福斯特·杜勒斯（Dulles, John Foster）前美国国务卿

杨文明，俗称"大明"（Duong Van Minh, aka "Big Minh"）前越南共和国将军、南越领导人

约翰·埃利希曼（Ehrlichman, John）总统国内事务助理

德怀特·艾森豪威尔（Eisenhower, Dwight）第34任美国总统（1953—1961）

艾伦·埃伦德（Ellender, Allen）美国路易斯安那州民主党参议员

丹尼尔·埃尔斯伯格（Ellsberg, Daniel）前兰德公司分析师，"五角大楼文件"的共同执笔者

约瑟夫·法兰（Farland, Joseph）美国驻巴基斯坦大使

菲利普·法利（Farley, Philip）军备控制与裁军署副署长

罗伯特·芬奇（Finch, Robert）美国卫生、教育和福利部部长

马科斯·费希尔（Fisher, Max）慈善家，犹太事业的支持者

杰拉尔德·福特（Ford, Gerald）美国密歇根州共和党议员、少数党领袖

马科斯·弗兰克尔（Frankel, Max）《纽约时报》驻华盛顿首席记者

威廉·富布莱特（Fulbright, William）美国阿肯色州民主党参议员，外交关系委员会主席

福尔采娃·叶卡特日娜（Furtseva, Yekaterina）苏联文化部长

约翰·加德纳（Gardner, John W.）前美国卫生、教育和福利部部长

武元甲（Giap, Vo Nguyen）北越人民军总司令

高华德（Goldwater, Barry）美国亚利桑那州共和党参议员；1964年总统候选人

安德鲁·古德帕斯特（Goodpaster, Andrew）北约欧洲司令部盟军最高指挥官

葛培理（Graham, Billy）葛培理福音布道团主席

安德烈·格列奇科（Grechko, Andrei）苏联国防部长

马歇尔·格林（Green, Marshall）美国国务院负责东亚暨太平洋事务的助理国务卿

安德烈·葛罗米柯（Gromyko, Andrei）苏联外交部长

亚历山大·黑格（Haig, Alexander）国家安全委员会副顾问

霍尔德曼（Haldeman, H.R.），昵称"鲍勃"（"Bob"）白宫办公厅主任

莫顿·霍尔珀林（Halperin, Morton）前国家安全委员会职员

威廉·埃夫里尔·哈里曼（Harriman, W. Averell）前美国巴黎和谈代表团团长

马克·哈特菲尔德（Hatfield, Mark）美国俄勒冈州共和党参议员

爱德华·希斯（Heath, Edward）英国首相

理查德·赫尔姆斯（Helms, Richard）中央情报局局长

阿迦·希拉利（Hilaly, Agha）巴基斯坦驻美国大使

裕仁（Hirohito）日本天皇

黄德雅（Hoang DucNha）南越阮文绍总统的特别助理，越南共和国将军

詹姆斯·霍奇森（Hodgson, James）劳工部部长

J. 埃德加·胡佛（Hoover, J. Edgar）联邦调查局局长

黄华（Hua, Huang）中国驻美国大使

亨利·哈伯德（Hubbard, Henry）《新闻周刊》驻白宫记者

詹姆斯·唐纳德·休斯（Hughes, James Donald）美国空军副司令

休伯特·汉弗莱（Humphrey, Hubert）前美国副总统

E. 霍华德·亨特（Hunt, E. Howard）前中央情报局官员；白宫"水管工"成员

亨利·杰克逊（Jackson, Henry），昵称"斯库珀"（"Scoop"），美国华盛顿州民主党参议员

贡纳尔·雅林（Jarring, Gunnar）瑞典外交官；联合国中东特使

林登·约翰逊（Johnson, Lyndon B.）第 36 任美国总统（1963—1969）

周以德（Judd, Walter）前美国明尼苏达州共和党众议员

马文·卡尔布（Kalb, Marvin）CBS 新闻记者

爱德华·肯尼迪（Kennedy, Edward）美国马萨诸塞州民主党参议员

约翰·肯尼迪（Kennedy, John）第 35 任美国总统（1961—1963）

理查德·肯尼迪（Kennedy, Richard）国家安全委员会职员

约翰·克里（Kerry, John）"越战退伍军人反战组织"发言人

陈善谦（Khiem, Tran Thien）南越总理

尼基塔·赫鲁晓夫（Khrushchev, Nikita）苏联前总书记

爱知揆一（Kiichi, Aichi）日本外务大臣

亨利·基辛格（Kissinger, Henry）总统国家安全事务顾问

理查德·克兰丁斯特（Kleindienst, Richard）司法部副部长，后来成为司法

部部长
托马斯·科罗洛戈斯（Korologos, Thomas）负责总统与国会关系的副助理
阿列克谢·柯西金（Kosygin, Alexei）苏联部长会议主席
弗里茨·G. A. 克雷默（Kraemer, Fritz G.A.）五角大楼分析师、基辛格导师
约瑟夫·克拉夫特（Kraft, Joseph）现场报业集团专栏作家
瓦西里·库兹涅佐夫（Kuznetsov, Vasily）苏联第一副外长
阮高祺（Ky, Nguyen Cao）前南越总理
梅尔文·莱尔德（Laird, Melvin）国防部长
安东尼·莱克（Lake, Antony）前国家安全委员会职员
黎笋（Le Duan）越南劳动党第一书记
黎德寿（Le DucTho）北越巴黎和谈代表团特别顾问
G. 戈登·利迪（Liddy, G. Gordon）白宫"水管工"成员
亨利·卡波特·洛奇（Lodge, Henry Cabot）美国巴黎和谈代表团主任
朗诺（Lon Nol）柬埔寨总理
克拉克·马基高（MacGregor, Clark）负责总统与国会关系的顾问
安德烈·马尔罗（Malraux, Andre）前法国文化部长
迈克·曼斯菲尔德（Mansfield, Michael）美国蒙大拿州民主党参议员，多数党领袖
毛泽东（Mao Zedong）中华人民共和国领导人
弗拉基米尔·马茨凯维奇（Matskevich, Vladimir）苏联农业部长
基里尔·马茹罗夫（Mazurov, Kirill）苏联部长会议第一副主席
约翰·麦凯恩（McCain, John）美国太平洋司令部司令
马康卫（McConaughy, Walter）美国驻台湾代表
保罗·麦克拉肯（McCracken, Paul）经济顾问委员会主席
乔治·麦戈文（McGovern, George）美国南达科他州民主党参议员；1972年获民主党总统候选人提名
罗伯特·麦克纳马拉（McNamara, Robert）美国前国防部长
乔治·米尼（Meany, George）美国劳工联合会——产业工会联合会主席
约翰·米歇尔（Mitchell, John）司法部长
托马斯·穆勒（Moorer, Thomas）参谋长联席会议主席
罗伯特·墨菲（Murphy, Robert）前美国外交官；亨利·基辛格的非正式顾问

埃德蒙·马斯基（Muskie, Edmund）美国缅因州民主党参议员；1972 年民主党总统候选人

阮富德（Nguyen Phu Doc）南越总统阮文绍的特别助理

阮氏萍（Nguyen ThiBinh）越南南方临时革命政府代表团团长

阮文绍（Nguyen Van Thieu）南越总统

保罗·尼采（Nitze, Paul）美国限制战略武器会谈代表团成员

帕特里夏·尼克松（Nixon, Patricia），昵称"帕蒂"（"Pat"）美国第一夫人

理查德·尼克松（Nixon, Richard）第 37 任美国总统（1969—1974）

克罗斯比·诺伊斯（Noyes, Crosby）《华盛顿明星报》记者、编辑

约翰·奥尼尔（O'Neill, John）"拥护正义和平的越战老兵"组织（Vietnam Veterans for a Just Peace）领导人

约翰·F. 奥斯本（Osborne, John F.）《新共和》杂志专栏作家

利昂·帕内塔（Panetta, Leon）美国卫生、教育和福利部部长罗伯特·芬奇的前助理

德鲁·皮尔逊（Pearson, Drew）前联合专栏作家

尼古拉·帕格夫（Pegov, Nikolai）苏联驻印度大使

查尔斯·珀西（Percy, Charles）美国伊利诺伊州共和党参议员

彼得·彼得森（Peterson, Peter）总统国际经济事务助理

范文同（Pham Van Dong）北越总理

尼古拉·波德戈尔内（Podgorny, Nikolai）苏联最高苏维埃主席团主席

乔治·蓬皮杜（Pompidou, Georges）法国总统

威廉·波特（Porter, William）美国巴黎和谈代表团团长

雷蒙德·普赖斯（Price, Raymond）白宫演讲词撰稿人

丹·拉瑟（Rather, Dan）《CBS 新闻》驻白宫记者

罗纳德·里根（Reagan, Ronald）加利福尼亚州州长（共和党人）

詹姆斯·赖斯顿（Reston, James），昵称"斯科蒂"（"Scotty"），《纽约时报》副总裁

埃利奥特·理查森（Richardson, Elliot）美国卫生、教育和福利部部长

查默斯·罗伯茨（Roberts, Chalmers）《华盛顿邮报》首席外交记者

纳尔逊·洛克菲勒（Rockefeller, Nelson）纽约市市长（共和党人）

威廉·罗杰斯（Rogers, William）国务卿

沃尔特·罗斯托（Rostow, Walt）前总统国家安全事务顾问

霍巴特·罗恩（Rowen, Hobart）《华盛顿邮报》财经记者

唐纳德·拉姆斯菲尔德（Rumsfeld, Donald）总统顾问

肯尼斯·拉什（Rush, Kenneth）美国驻西德大使

迪安·腊斯克（Rusk, Dean）美国前国务卿

约翰·瑞安（Ryan, John）美国空军参谋长

安瓦尔·萨达特（Sadat, Anwar）埃及总统

威廉·萨菲尔（Safire, William）白宫演讲词撰稿人

约翰·斯卡利（Scali, John）总统特别顾问

杰罗尔德·谢克特（Schecter, Jerrold）《时代》杂志驻莫斯科分部主任

莫里斯·舒曼（Schumann, Maurice）法国外交部前部长

休·斯科特（Scott, Hugh）美国宾夕法尼亚州共和党参议员

弗拉基米尔·谢门诺夫（Semenov, Vladimir）苏联外交部副部长

埃里克·塞瓦赖德（Sevareid, Eric）《CBS 晚间新闻》记者

弗兰克·莎士比亚（Shakespeare, Frank）美国新闻署署长

沈剑虹（Shen, James）台湾地区驻美国代表

乔治·舒尔茨（Shultz, George）美国行政管理和预算局局长

斯瓦兰·辛格（Singh, Swaran）印度外交部部长

约瑟夫·西斯科（Sisco, Joseph）负责近东暨南亚事务的助理国务卿

杰勒德·史密斯（Smith, Gerard）军控及裁军署署长

霍华德·K. 史密斯（Smith, Howard K.）《ABC 夜间新闻》联合主播

埃德加·斯诺（Snow, Edgar）美国记者

约瑟夫·斯大林（Stalin, Josef）前苏联共产党中央委员会总书记

莫里斯·斯坦斯（Stans, Maurice）美国商务部长

赫伯特·斯坦（Stein, Herbert）经济顾问委员会成员，后来担任主席

约翰·斯滕尼斯（Stennis, John）美国密西西比州民主党参议员

梅尔维尔·斯蒂芬斯（Stephens, Melville）美国空军越战退伍军人

阿德莱·史蒂文森（Stevenson, Adlai）美国伊利诺伊州民主党参议员

威廉·沙利文（Sullivan, William）负责东亚暨太平洋事务的副助理国务卿

斯图尔特·赛明顿（Symington, Stuart）美国密苏里州民主党参议员

卢埃林·汤普森（Thompson, Llewellyn）美国限制战略武器会谈代表团成员

罗伯特·汤普森（Thompson, Robert）英国军官、反叛乱专家

斯特罗姆·瑟蒙德（Thurmond, Strom）美国南卡罗来纳州共和党参议员

约瑟普·布罗兹·铁托（Tito, Josip Broz）南斯拉夫总统

约翰·托尔（Tower, John）美国得克萨斯州共和党参议员

拉塞尔·特雷恩（Train, Russell）美国环境质量委员会主席

陈金芳（Tran Kim Phuong）南越驻美国大使

陈文蓝（Tran Van Lam）南越外交部长

杜高智（Tri, Do Cao）越南共和国将军

皮埃尔·特鲁多（Trudeau, Pierre）加拿大总理

约翰·沃格特（Vogt, John）美国军事援助越南司令部副司令

保罗·沃尔克（Volcker, Paul）美国财政部负责货币事务的副部长

约翰·沃尔普（Volpe, John）美国交通部长

尤里·沃龙佐夫（Vorontsov, Yuli）苏联驻美国公使衔参赞

乔治·华莱士（Wallace, George）亚拉巴马州州长（民主党人）

弗农·沃尔特斯（Walters, Vernon）美国驻巴黎大使馆武官；中央情报局副局长

杰拉尔德·沃伦（Warren, Gerald）白宫新闻副秘书

理查德·沃森（Watson, Richard），昵称"迪克"（"Dick"），美国驻法国大使

卡斯珀·温伯格（Weinberger, Caspar）美国行政管理和预算局副局长

威廉·威斯特摩兰（Westmoreland, William）美国军事援助越南司令部前司令

弗雷德里克·韦安德（Weyand, Frederick）美国军事援助越南司令部司令

查尔斯·惠特豪斯（Whitehouse, Charles）美国驻南越代理大使

春水（Xuan Thuy）北越巴黎和谈代表团团长

叶海亚·汗（Yahya Khan）巴基斯坦总统

大卫·扬（Young, David）国家安全委员会职员

米尔特·扬（Young, Milt）美国北达科他州共和党参议员

周恩来（Zhou Enlai）中华人民共和国总理

周书楷（Zhou Shukai）台湾地区驻美国代表

罗纳德·齐格勒（Ziegler, Ronald）白宫新闻秘书

埃尔默·朱姆沃尔特（Zumwalt, Elmo）美国海军作战长

缩 写

AA, Antiaircraft 防空的、对空的；高射炮

ABA, American Bar Association 美国律师协会

ABM, Antiballistic missile 反弹道导弹

ACDA, Arms Control and Disarmament Agency 军备控制与裁军署

AID, Agency for International Development 国际开发署

AP, Associated Press 美国联合通讯社

ARVN, Army of the Republic of Vietnam（South Vietnam）越南共和国军（南越）

CBU, Cluster bomb unit 集束炸弹

Central Committee, Soviet high-ranking policy committee 苏共中央委员会

ChiCom, Chinese Communists（see PRC）中国共产党

China Lobby, Special-interest groups acting on behalf of the Republic of China（Taiwan）代表台湾地区的特殊利益集团

ChiNats, Chinese Nationalists 中国国民党人

CIA, Central Intelligence Agency 中央情报局

CINCPAC, Commander in Chief, U.S. Pacific Command 美国太平洋司令部司令

COMINT, Communications intelligence 通讯情报

CV, U.S. Navy hull designation for aircraft carriers 美国海军航空母舰编号

DIA, Defense Intelligence Agency 国防情报局

DMZ/DMZL, Demilitarized zone 非军事区

DRV, Democratic Republic of Vietnam（North Vietnam）越南民主共和国（北越）

FBI, Federal Bureau of Investigation 联邦调查局

GAO, U.S. Government Accountability Office 美国政府责任署（2004 年以前为美国政府总审计署）

GATT, General Agreement on Tariffs and Trade 关税及贸易总协定

GCI, Ground-controlled interception（of incoming aircraft）（对飞行器进行）地面控制拦截

Glassboro, Reference to a 1967 U.S.-Soviet summit in Glasssboro, New Jersey 指 1967 年在新泽西州的葛拉斯堡罗举行的美苏峰会

GVN, Government of Vietnam（South Vietnam）越南政府（南越）

HEW, Department of Health, Education, and Welfare 卫生、教育和福利部

ICBM（or IC），Intercontinental ballistic missile 洲际弹道导弹

JCS, Joint Chiefs of Staff 参谋长联席会议

LDP, Liberal Democratic Party（Japan）自由民主党（日本）

LOC, Line of communication 通信线路

LORAN, Long-range navigation systems 远程导航系统

MACV, Military Assistance Command, Vietnam 美国军事援助越南司令部

MBFR, Mutual and Balanced Force Reductions 相互均衡裁军

MFN, Most favored nation 最惠国待遇

MiG, Mikoyan and Gurevich, a Russian aircraft manufacturer 米格飞机，米高扬-格列维奇设计局设计，"米格"二字取自苏联两位著名飞机设计师——阿·伊·米高扬和米·约·格列维奇姓氏第一个字母。

Minuteman, American land-based intercontinental ballistic missile，民兵（导弹名），美陆基洲际导弹

MIRV, Multiple independently targetable reentry vehicle（ballistic missile）多弹头分导重返大气层运载工具（分导式多弹头导弹）

NATO, North Atlantic Treaty Organization 北大西洋公约组织

NCA, National Command Authorities（Washington and Moscow）国家指挥当局（华盛顿、莫斯科）

NSC, National Security Council 国家安全委员会

NVA, North Vietnamese Army 北越军队

OP, Observation post 观察哨

PF, North Vietnamese Popular Forces（irregulars）北越游击队（非正规军）

POL, Petroleum 石油

Polaris/Poseidon, American sea-based ballistic missile systems 美国海基弹道导弹系统

Politburo, Soviet executive committee composed of top Central Committee members 政治局，由中央委员会成员组成苏联执行委员会

POW, Prisoner of war 战俘

PRC, People's Republic of China 中华人民共和国

PRG, Provisional Revolutionary Government（Communist government in waiting）临时革命政府

PRO, Public relations officer 公共关系负责人

Quadriad, Nixon's economic kitchen cabinet（Connally, Shultz, McCracken, and Burns）四人组，尼克松的经济事务厨房内阁（包括康纳利、舒尔茨、麦克拉肯和伯恩斯）

RF, North Vietnamese Regional Forces（irregulars）北越地方性武装力量（非正规军）

Safeguard, American defense missile system 卫兵系统，美国导弹防御系统

SALT, Strategic Arms Limitation Treaty（SLAT I）限制战略武器会谈（指第一阶段限制战略武器会谈）

SAM, Surface-to-air missile 地对空导弹，一般称为 SAM 导弹

SDS, Students for a democratic Society 学生争取民主社会组织

Sihanoukville, Location in Cambodia of intense fighting during the Vietnam War 西哈努克市，越战激战城市

SIOP, Single Integrated Operational Plan（U.S. plan for nuclear war）单一综合作战计划（美国的总核战计划）

SLBM（或 **SL**），Submarine-launched ballistic missile 潜射弹道导弹

TASS, Russian state-run news syndicating agency 塔斯社，苏联国家通讯社

Trident, British sea-based ballistic missile system 三叉戟导弹，英国潜地弹道导弹

U-2, American reconnaissance aircraft 美国侦察机

UAR, United Arab Republic, which included the political union of Egypt and Syria 阿拉伯联合共和国（简称"阿联"），由埃及与叙利亚合组的泛阿拉伯

国家。

ULMS，Undersea long-range missile system 水下远程导弹系统

UN，United Nations 联合国

UP，United Press International 美国合众国际新闻社

VC，Viet Cong 越共

Vienna，Location of public SALY talks 公开举行限制战略武器会谈的地点

WSAG，Washington Special Actions Group（subcommitteeof NSC）华盛顿特别行动组会议（国家安全委员会的下属委员会）

1971年2月—7月

第一部分

从录音开始到
关于中国问题的声明

录音之始

> 1971 年 2 月 16 日，上午 7：56
> 理查德·尼克松和亚历山大·巴特菲尔德
> 椭圆形办公室

理查德·尼克松在 1969 年 1 月 20 日入主白宫时，曾拒绝林登·约翰逊的建议，即通过录音秘密记录会谈和电话内容。自 1940 年富兰克林·罗斯福在椭圆形办公室召开新闻会议起，对总统进行录音的做法已有三十余年。

两年之后，尼克松在 1971 年初改变了主意。他想要对自己的会谈进行准确的、秘密的记录，但他又不想要那种需要手动开关的装置，也不想要难于操作的那种。特勤局安装的这种系统是靠声音来启动的，所以只要尼克松在有效范围内活动，它就会对一切声音进行记录。

录音装置最初布置在椭圆形办公室，随后扩展到总统活动的方方面面：白宫的各种电话、尼克松在行政办公楼（西翼办公楼）的办公室、内阁室以及戴维营。录音系统是尼克松的总统班子最谨守的秘密之一。许多尼克松的最高级的助理们都不知道他们自己竟被录音了。直到 1973 年 7 月亚历山大·巴特菲尔德在国会"水门事件"委员会上做证时，长达 3700 小时的尼克松录音带才被公之于众。

1971 年 2 月 16 日在录音系统安装好之后，亚历山大·巴特菲尔德就向尼克松介绍了这个系统的操作方法。尼克松询问，是否可以把这个目前仅在椭圆形办公室安装的系统应用在其他地方。巴特菲尔德表示，可以把它应用到其他地方，并且他已经和白宫办公厅主任鲍勃·霍尔德曼商讨了把这些录音带用于记录的可能性。

……

尼克松：这个玩意儿该怎么用？

巴特菲尔德：嗯，特勤局正在试。当这个装置开始记录的时候，启动它的 [******][1] 定位器 [******]。您或许不会对 [******] 感到惊讶，定位器。它会告诉我们您在哪里，包括 [******] 办公室 [******]。它是自动记录的，所以它现在已经在记录了。

尼克松：这个系统是关着的，不是吗？它正在录着？

巴特菲尔德：您现在正戴着定位器，您现在在办公室 [******] 它是靠声音来启动的——

尼克松：是啊。

巴特菲尔德：——所以您不必把它关掉或打开。

尼克松：哦，这很好。有没有可能搞两套？你看，这个系统的目的就是要把所有事情都记录在案——

3 巴特菲尔德：好的，先生。[2]

尼克松：——这是为了工作。

巴特菲尔德：是的，不过如果内阁室的设备是通过声音来启动的，鉴于那儿总是有很多活动——

尼克松：是的。

巴特菲尔德：[******] 那就会很快用完所有 [******]，所以——

尼克松：哦，对。

巴特菲尔德：我的意思是，您可以进屋，但是 [******] 您把它关上的时候就不再记录了。我可以知道它什么时候被打开和关上了，但是只有在我的办公室里才行。除此之外，没有其他办法 [******]。当设备在录音的时候，您就只需要记得我们是有选择的 [******]。

尼克松：好吧。

巴特菲尔德：它可以用来做记录 [******]。我今天早晨和鲍勃讨论过这个 [******]。

尼克松：嗯。

巴特菲尔德：并且我们还会对它进行监控。[******] 他提醒我注意这个。

---

1 在录音带的誊录过程中，有很多地方听不清楚，原英文版的编注者在这些地方均标注为"[unclear]"，为便于中文读者阅读，本译本均以"[******]"标注。若标注符号出现在两行之间，则表明有若干句听不清楚。——中文版编者

2 边码，为本书英文原版相应页码，标注该页最后一行的位置。——中文版编者

尼克松：我并不想要人监控它，明白吗？

巴特菲尔德：[******]

尼克松：这些记录之后会被怎么处理——做成录音带？

巴特菲尔德：是的，总统先生，就被做成录音带了。

尼克松：那么，它就——

巴特菲尔德：除了霍尔德曼、齐格勒（Ronald Ziegler）、您和我，只有五个人知道这个录音系统的存在。只有我们局以及特勤局的五个人，全都不是泰勒（Robert H. Taylor）的人（罗伯特·泰勒，在约翰逊总统和尼克松总统任期内负责白宫分遣队的特勤局特工）。

尼克松：不能有，不能有。

巴特菲尔德：不能有泰勒的人。他们都是[******]。

尼克松：好的，那么他们是负责——

巴特菲尔德：他们只负责更换录音带。他们无法监控整个系统。

尼克松：好的。

"我可不想被转录。"

> 1971年2月16日，上午10:28
> 理查德·尼克松、鲍勃·霍尔德曼和亚历山大·巴特菲尔德
> 椭圆形办公室

在椭圆形办公室最初的一次录音中，尼克松表示，安装这个录音系统的目的是要让每一次谈话都"记录在案"。这个新的对会议和电话进行录音的系统，将替代以往由一名速记员旁听会议并制作备忘录以归入总统档案的做法。

……

巴特菲尔德：关于这个系统您还有什么需要问我的吗？关于声音，我已经向总统解释了，秘书无法——

尼克松：没有了。要保密。我可不想被转录。

巴特菲尔德：当然。

尼克松：总的来说，这完全是为了存档。存在我自己的档案里。我不希望出现在你的或者鲍勃的或其他什么人的档案里。只能是我自己的档案。

霍尔德曼：是的。

尼克松：并且今天我的 [******]。总的来说，总的目的是 [******]，所以，可能会有一天我们不得不这么做，目的是以备我们可能会希望出版一些正面的东西，我们可能会需要一些东西以确保我们可以更正记录。但是，我们要做的是 [******]，仅此而已。不过，此外，我要同人会面的时候，不必非要在这个会议室——

霍尔德曼：这倒是。

尼克松：——这样更好。只要我想，我就可以进行私人会谈，不需要人们在那儿，你知道的，这是我无论如何都愿意做的，除非我认为我需要他们在那儿做什么事儿或者充当和事佬。那么，当然，我就会让他们在那儿。所以，我觉得它可以运作得很好。这是个好系统。

霍尔德曼：只是不要告诉任何人您安装了这个系统，而且不要试图隐瞒任何 [******]——

尼克松：[******]

霍尔德曼：在任何时候，从录音记录中获得的任何信息，都是基于"您的记录"或者"总统的记录"——

尼克松：是的。

霍尔德曼：——或者"我的记录"或者——

尼克松：[******] 比如，今天的录音中你没有什么可用的东西，就全忘掉。把它存档。今天发生的一切都要存档。

霍尔德曼：是。

尼克松：没问题了吧？

巴特菲尔德：我相信它会是一个非常精密的系统。

一艘苏联核潜艇在古巴

> 1971年2月16日，上午10：48
> 理查德·尼克松和亨利·基辛格
> 椭圆形办公室

在 1970 年夏末，理查德·尼克松面临的局势，在他自己以及其他大多数观察家看来，可以与 1962 年古巴导弹危机的时候相比。情报机构的报告和 U-2 侦察机的照片表明，停留在不大的古巴西恩富戈斯（Cienfuegos）港的苏联海军不只是在维修核潜艇，还在那里扩建港口。根据美国的政策，任何此类设施都是不可接受的。作为回应，尼克松开展了一项被他自己描述为"强硬但低调的外交"，不过这一政策很快因泄密而受挫，使得对此事的报道一点也不低调。尼克松选择不对有关苏联活动的报道做公开评论，任由人们把它当作未经证实的谣言去传播。他随后利用媒体的报道来推动策略的实施，指示他的安全顾问亨利·基辛格在私下告知苏联大使阿纳托利·多勃雷宁（Anatoly Dobrynin）：在把局势变成一场极为不利的像古巴导弹危机一样的公开冲突之前，总统容许莫斯科取消西恩富戈斯港的计划。几个星期之后，港口的扩建停止了。

尼克松和基辛格庆祝自己巧妙地化解了危局，但是在 1971 年 2 月中旬，当苏联人再次访问西恩富戈斯港时，他们又不得不筹划着做出新的回应。

……

基辛格：俄国人现在又派来了一艘补给舰——
尼克松：是啊，我看到了。
基辛格：——在西恩富戈斯港，而且一艘核潜艇就在它旁边。
尼克松：是的。
基辛格：这真是在当面打你的脸——

尼克松：是啊。

基辛格：——电视节目上说的。当然，这都是由那些今年1月份风传的——泄密的新闻报道给弄的，不过，现在完全不是那么回事。

尼克松：苏联 [******]，那正是他们干的。

基辛格：是的。但是，我那时告诉过——

尼克松：不是已经达成谅解协定了吗？

基辛格：确实是达成谅解协定了。但是我早在1月份就告诉过埃利希曼。在《纽约时报》上有两篇报道，说国务院并不这么认为——国务院认为我们有点儿夸大其词，其实并没有什么大不了的。我告诉他——我说，他们[1]六个星期之后就又会回来，而现在他们果真来了。我觉得我应该告诉多勃雷宁，除非这艘该死的核潜艇离开，否则我不会再搭理他。

尼克松：对。不过，现在你考虑 [******]？你考虑过撕毁协定的可能性吗？

基辛格：我认为您应当说一些意有所指的话："苏联人知道这个谅解协定和违背协定的后果。"

尼克松：是的，我想到了。好吧，你可以那么说。但是，事实上，他们——

基辛格：这很接近——

尼克松：他们最好别——它正在给一艘核潜艇提供补给。

基辛格：嗯，据说当核潜艇靠近那艘补给舰的时候——

尼克松：嗯。

基辛格：还有——如果我们说这是一支维修部队——如果他们在那里大兴土木，那么——

尼克松：是的。好吧。

基辛格：总统先生，他们的确正在把它派到我们这儿。如果他们派一艘潜艇到哈瓦那，派一艘补给舰到西恩富戈斯港，这种做法当然是粗暴鲁莽的，但是我们可以视而不见。不过我认为这次，我讨厌在这些事上冒任何风险，但是我们和他们打交道的经验是，每当我们动真格的——如果他们想要召开峰会，想要维持那份协定，特别是目前我们在柏林问题上给了他们好处——

1　指苏联人。

尼克松：哦，这个我们必须做，因为我们说过了，亨利。

基辛格：所以——

尼克松：难道你不明白？

基辛格：总统先生，什么是——

尼克松：什么是[******]？

基辛格：那正是他们——差不多，是的。他们可能会在访问港口和停泊维护之间做出区分。但是——如果他们仅仅是访问港口而没有补给舰跟着并且补给舰不靠近——

尼克松：好，那么我们什么时候能弄清楚？如果那是真的，你得搞清楚。这不是一个——这是一艘什么类型的潜艇？

基辛格：是一艘核动力潜艇。

尼克松：这个我知道。带有导弹吗？

基辛格：我不知道它是不是一艘攻击型核潜艇。

尼克松：知道了。但是我们考虑说——哦，我知道我们说过的："不能有核潜艇。"

基辛格：是的。

尼克松：你没有说过关于其他的任何事情吧。记住，我是不得不提出这个问题的。

基辛格：是的。

尼克松：你回想一下，其他人都表示了"不可以"，是吧？

基辛格：嗯，因为英国人、海军，每个人都认为这种区分——

尼克松：是毫无意义的？

基辛格：——事实上没有意义的。不是，那是他们的游戏之一。他们简直就是一群恶棍。

尼克松：他们就是。那么——其他的呢？嗯，也要跟苏联强硬。

基辛格：并且——

尼克松：[******]是的，我看到了，我说："好吧，我们再来一遍。"真是浑蛋。

基辛格：我会告诉他，除非潜艇离开西恩富戈斯港，否则我不会和他继续会谈。我认为它会离开的。

尼克松：要告诉他，这件事儿是他先挑起来的。

基辛格：好的。我想这是他唯一看重的事情。我已经把整个事儿搞定了，

> 但是我觉得如果我们让他们在那挑事儿，同时还继续若无其事地同他们会谈——
>
> 尼克松：我知道的 [******]
>
> 基辛格：你已经公开说过："在古巴港口维护或从古巴港口驶出。"

最终，苏联舰艇在西恩富戈斯港的这次访问，并没有发展为其他进一步的行动。

在限制战略武器会谈中缺乏信任

> 1971 年 2 月 18 日，上午 9：56
> 理查德·尼克松和亨利·基辛格
> 椭圆形办公室

1971 年初，美国与苏联开展的关于《限制战略武器条约》的会谈毫无进展，尼克松总统对此越来越没有耐心。

在 1968 年总统大选期间，尼克松曾经承诺要把限制战略武器会谈作为首要任务。从就职后的第一年开始，他就把这个会谈视为证明自己国际视野和能力的基础，给予了很多关注，但却因其缓慢、冗繁的过程感到恼火。谈判先后在赫尔辛基和维也纳举行，其形式很快固定为双方各自派最多 12 名外交人员每周进行两次会谈。每方参加过会谈的人员数量总计约为 100 人。美方代表团由律师杰勒德·史密斯（Gerard Smith）率领，他在当时也是一个名为"军备控制与裁军署"（Arms Controland Disarmament Agency，ACDA）的联邦政府机构的署长。史密斯后来写道：在限制战略武器会谈期间，"白宫对军控及裁军署官员的监控是显而易见的"。但是，尼克松和基辛格在不告知限制战略武器会谈代表团成员任何信息的情况下，便开始与莫斯科通过秘密备忘录的形式谈判军控问题，这样军控及裁军署官员反而对白宫更加怀疑。

……

基辛格：那么，这些家伙想要什么，他们害怕我们——这个条款是要让他们站在你的立场上，而他们却想自行其是，达成一个仅限于反弹道导弹的协定。

尼克松：谁？"他们"是谁？

基辛格：军控及裁军署的人。还有，今天他们已经——他们向克拉夫特（Joseph Kraft）的专栏透露了消息，我担心会爆出有关我和多勃雷宁谈判的事儿，因为他们说——他们把所有的争论都放在了军备控制条款上，而我认为这完全是媒体的编辑们写的。我并没有把它当回事儿。而他们说，原因是我希望他们坚持那个他们希望改变的选项。事实上，他们说是罗杰斯（William Rogers）——事实上并不是——和史密斯，但是我们得好好琢磨琢磨。我不认为罗杰斯是站在我们的立场上考虑这个问题的，但是罗杰斯和史密斯想要达成一个仅限于反弹道导弹的协定。现在，俄国人已经接受了您的提议。可是，他们又搞出这么一个专栏报道。我打赌他们现在要让步了，要看看他们还能不能得到更多。

尼克松：[******] 俄国人对其他都很乐观，但除了 [******]。

基辛格：但是，这是我遇到过的最不负责任的事情——

尼克松：[******] 和参议院讨论。

基辛格：现在，我对这个条款毫不关心，但是他们现在把这事儿弄得节外生枝。关于谈判的立场，我甚至都没有意识到，克拉夫特在三段的专栏里比我们在十页纸上写得都详细。尽管如此，我还是得努力，因为我不想在这个报道上大动干戈。但是，这——

尼克松：这是在泄愤。

基辛格：坦白地说，总统先生，我认为这纯属虚荣心在作祟。因为他们想要邀功，他们根本不想让你得到荣誉。

尼克松：是啊。但是，你想想 [******]。

基辛格：是的。[******] 让我感到背叛的是去年 8 月份，当我们可以达成一个仅限于反弹道导弹的协定时，并且这能够在大选中帮助你的，但他们反对，说那是为了选举而做的噱头。

8

尼克松：嗯。是的。那我做了什么？

基辛格：去年8月，我们本来可以达成一个仅限于反弹道导弹的协定。俄国人提出来的，我和史密斯沟通过。他说："不行，那就成了为了选举而做的噱头。"

尼克松：嗯。他是站在哪一边的？

基辛格：我也开始怀疑了。我拿到了通信——

尼克松：如果我们可以，我会把史密斯弄走。我想过几天我们应该派他到维也纳。但是，我想剔除他。还有，他——

基辛格：不时地，他想要的是完全自行其是，所以无论取得什么成果都是他的功劳。通过秘密备忘录，我们已经得到了苏联的同意，并且——（有职员进来打断了会谈。）

尼克松：好的。

基辛格：但现在我得走了。

"我们可以输掉一场选举，但我们不能输掉这场战争。"

> 1971年2月18日，下午6：16
> 理查德·尼克松和亨利·基辛格
> 椭圆形办公室

截至1971年2月中旬，美国在东南亚的驻军，已从1968年底尼克松当选时的53.61万人的高峰，减少到33.29万人。这些美国人参战，是为了保卫南越，阻止北越将两个国家统一为一个共产主义国家。北越在不同程度上受到了苏联和中华人民共和国的援助，但这场战争不仅仅是一场超级大国之间的代理人战争。

正如尼克松和基辛格认识到的，是北越的决心及其在南越的坚定的忠实者，才使得胜利变得遥遥无期。但是一些学者认为，尼克松和基辛格在越南的战略只不过是要在美国撤军和共产党接管之间实现一种"体面的折中",而其他一些学者则和尼克松、基辛格一样,对这种观点不以为然。

当查阅尼克松和基辛格关于越南的大量对话时会发现,他们在某一天的情绪显然直接受到了当天战况的影响。他们关于战争的感受是不断变化的,正如战争本身的演变一样。例如,某一天傍晚,在得知关于这场令人沮丧的战争的消息之后发生的这场对话中,总统明确地表达了他对战争结局的看法。

......

基辛格:因为他们没办法让大量军队再往南,他们不是——北越不是被部队、被人力所限。他们被限制,是因为难以前进。

尼克松:对。

基辛格:还有他们,派中国人到那里,这个问题就解决了。如果我们向北,如果我们在海防(Haiphong)登陆,或者如果我们在荣市(Vinh)或者其他类似的地方登陆,那么这是可能的。但是,我不认为在目前的情况下,他们不能这么做。

尼克松:但是,战斗正在变得 [******]?

基辛格:是的。

尼克松:那么,他们正在调动部队?

基辛格:哦,是的。但是,他们实际上把全部的战略储备力量都放在了——

尼克松:这个情报怎么说的?他们还搞不清楚吗?他们 [******] 吗?

基辛格:现在,他们非常——

尼克松:当你在那儿的时候,那些拦截的情报 [******]。

基辛格:没有。嗯,现在,他们非常确定那是什么,只要他们可以,他们就会推进。

尼克松:我们现在在声东击西的战术并没有怎么蒙蔽他们吗?

基辛格:嗯,还是起了一定作用的。他们驻扎了一部分军队,但是他们并没有把所有部队都从海岸调走。[******] 但是,仍然,他们——

尼克松:南越人想用鱼雷来攻击船只?[2月17日早晨,岘港外的两艘南越鱼雷艇在北越南部的广平(Quang Binh)省对面的中国南海进行封锁巡逻时,与北越的炮舰和油轮交火并将其摧毁。]

基辛格:他们试了一次,并且今晚还要再试一次。他们做了一次,今晚会再来一次。

尼克松：对。

基辛格：现在，一些人叫嚷着，这么做是违反了协定。

尼克松：南越人吗？

基辛格：是的，因为严格来讲，那是其中一部分——但是，我觉得你应该声明，他——他们违反了与我们达成的协定。

10 尼克松：哦，我明白了。关键是那是协定的一部分？

基辛格：是的，但是所有对北越的进攻都应当停止。

尼克松：当你 [******] 时，他们会怎么做？

基辛格：我们认为，这个——

尼克松：嗯？

基辛格：——他们实际上声称上一次他们击沉了 8 艘船。我不知道这是不是真的。嗯，他们还计划再来至少一次。很可能今天已经结束了，这就是已经下的全部命令 [******]。

尼克松：那么，你觉得你的人会怎么想？华盛顿特别行动组和其他人？他们都会理性地保持 [******] 吗？

基辛格：他们感觉还可以。

尼克松：他们没有紧张不安？你觉得莱尔德（Melvin Laird）会不会有一点儿？

基辛格：嗯，莱尔德有一点儿紧张，但是我今天早晨和他共进了早餐。

尼克松：他告诉过我他要见你。

基辛格：是的，我和他吃了早餐，而且他还可以。

尼克松：他平静一点儿了吧？

基辛格：是的。莱尔德是个有趣的家伙；他行事像个疯子，但当筹码真的都输完了，他的表现会令人吃惊，还有他总是忠诚于您——

尼克松：从这事儿可以看出。

基辛格：所以，我——

尼克松：是的，他的确如此。他是一个——

基辛格：我非常喜欢梅尔文。

尼克松：他是一个恶棍，但是天哪，他是我们的恶棍——

基辛格：没错。

尼克松：——并且那种恶棍 [******]。我也觉得，在这件事上，现在，谢天谢地，我们不会失败。到此为止了。

基辛格：在老挝——

尼克松：我们绝不能。我们绝不能输。

基辛格：不，总统先生——

尼克松：我们——但是，我不能。我更在乎越南。对我们来说，一切的目标都是从那儿撤离，并且[******]就不能完成。我们不能输。我们可以输掉一场选举，但我们不能输掉这场战争，亨利。这就是我的看法。你同意吗？

基辛格：我同意，总统先生——

尼克松：我对老挝也有一种感觉。

基辛格：是的。

尼克松：不是输掉它的问题，但我们确实可能输掉。我的意思是，仅此而已。这会使局势变得大不同。你说空中打击真能狠狠揍他们吗？

基辛格：我觉得天气一直时好时坏，但是在未来三天，应该会不错。现在就非常好，我们的人正在猛揍他们。他们把那里所有的B-52轰炸机都用上了。他们[******]。我们的人正在夜以继日地猛揍他们。

尼克松：就地面战斗来说，有没有什么可以起到决定性作用的做法？

基辛格：他们在地面部署了特殊的雷达，可以轰炸距前线部队150码的范围，我认为。并且——

尼克松：[******]——

基辛格：——[******]南越人。

尼克松：因为他们正在集结B-52轰炸机？

基辛格：那么，对他们来说进行打击实在是太困难了。他们——他们三天前在溪生（Khe Sanh）进行了一次直接打击。

尼克松：是吗？而结果对我们来说还可以。

基辛格：结果还不错。我们吃掉了他们很多部队。我有这样一个想法，如果形势不断发展，我毫不怀疑媒体会使劲儿抨击我们。现在，整个攻势应该快结束了。如果他们想切断道路，咱们的人应当避开。他们已经决定发动"许普（Chup）行动"（南越的一次军事行动，配合在老挝开展的"蓝山719行动"，拔掉敌人在柬埔寨许普种植园的司令部和根据地），并且进行得非常顺利。

尼克松：在我看来，每个人都同意了。这就是我的理解。

基辛格：嗯，还有老挝——我们估计老挝会更艰难一些。如果他们可以滚蛋并且在距离边界10英里的地方装死，那么他们就可以彻底完蛋了。另一方面，他们在那里将失去所有部队 [******] 不能准备好明年或今年年底的进攻。

尼克松：我主要感兴趣的事只是确保南越能打得漂亮——

基辛格：是的。

尼克松：——因为他们在未来几年里会继续在那里战斗。我想如果他们打得漂亮，北越就永远不能战胜南越。永远不能。并且因为我们的南越有更多的人马，更多的——

基辛格：还有更多的装备。

尼克松：发生了什么？

基辛格：北越的补给快见底儿了。地形也对他们不利。并且同时，比如在柬埔寨，他们在许普种植园地区所做的，就是让柬埔寨军队跟在越南军队屁股后面，所以他们已经开始占领一些地盘。还有——

尼克松：柬埔寨人对朗诺（越来越过分的极权统治）没有变得歇斯底里吗？

基辛格：没有，没有。没有。进行得非常顺利。并且，还很有趣，当然，现在，他们不再报道了——没有任何道路被切断——自从许普种植园行动开始以来。

尼克松：是我们把他们撤离了吗？

基辛格：哦，是的。我们全部占领了他们的区域。他们现在不能在这个国家行动了。

尼克松：他们在那里战斗吗？但是，在那里保留了30万军队——艾布拉姆斯（Creighton Abrams）认为这足够了，无论北越——

基辛格：是的。我理解，他还保留了另一个师。我们现在得保持冷静，推进任何需要推进的后备部队。这可能会很艰难，在接下来的几个星期里我们都需要有坚定的意志；会出现令人恐慌的时刻。但是我认为，进展已经很迅速了，我们应该在那里坚持度过雨季——直到雨季开始，并把他们干掉。

尼克松：我们得想出一个立场，使得只要形势需要我们留在那里，我们就能够留下。

基辛格：还有穆勒给了我一份关于直升机损失的统计数据，实际上，他们，他们上周损失的直升机数量,只比整个东南亚的一周的常规军事行动中损失的多 6 架,也比去年同一时期损失的数量少。就是说,即便算上在老挝的军事行动,即便有这么多恐怖的事件发生,他们上周损失的直升机数量仍比此前同期的要少。

尼克松:我在想,如果——那很好。我在想,如果有像加德纳(John W. Gardner)和肯尼迪那帮该死的同事们,情况会怎么样。肯尼迪开始——你知道,他们一按按钮,那些自由主义者就聚起来跟着跑。但是,这一次,他们不会再聚在一起了 [******]。

基辛格:我现在开始思考的是——

尼克松:[******]

基辛格:——就是那些,那些受到共产党影响的,都会变成疯子。

尼克松:绝对的。

基辛格:还有——

尼克松:我觉得加德纳就受到了共产党的影响——

基辛格:是的,恐怕是的。并且他手下还有曾经跟着我干过 3 个月的浑蛋霍尔珀林(Morton Halperin)。他——他变得——

尼克松:现在他手下有霍尔珀林了?

基辛格:是的,现在是首席助理,显然——

尼克松:加德纳的?

基辛格:是的。但是,找个机会,我就拿出一些霍尔珀林曾经为讨好我而写给我的备忘录。

尼克松:天哪!我们还有霍尔珀林 [******]。狗娘养的。他到底怎么了?

基辛格:嗯,我在 1969 年 7 月炒了霍尔珀林的鱿鱼——

尼克松:马斯基(Edmund Muskie)是和莱克(Antony Lake)一起的那个人?

基辛格:他是——

尼克松:我注意到马斯基正在调整他的团队,因为莱克仍然 [******]。

基辛格:我还没有见到他。嗯,他在政策研究方面当然不那么在行,像他自己说的那样——他觉得他会成为专家。还有,我不认为莱克——

尼克松:他不是那么有天分。

基辛格:首先,他并没有那么重要。其次,他的知识已经非常过时了。尽管如此,霍尔珀林根本没有意识到这一点,因为他是站在对立的立场上给我写心得体会的；他甚至都不看任何文件。实际上，就像我说的，我在 1969 年 7 月把他炒了。但是，霍尔珀林应该在这份受共产党影响的名单上。

尼克松：是的，我知道。我听说过他是这样的。

基辛格：还有，我认为这些家伙是——

尼克松：[******] 太过自负。[******]

基辛格：就是这些家伙在跟着跑。

尼克松：像加德纳一样？谁会想要变得那样蠢呢？

基辛格：是啊，真是悲哀。曾经，我觉得加德纳具有当总统的才华。

尼克松：你听说过约翰逊的战略吗？加德纳参与其中——我猜想是约翰逊让他和加德纳参与进来的——他说他简直无法应对自己内心的情感，你知道的，是对越南的情感，然后约翰逊说："那么，好吧。你可以退出了。"他把他踢出去了。想一下吧。他本不应该那么做的。我的意思是，这些家伙 [******]。如果不，你就把他们踢出去。我们不能将就。其中一个家伙——

基辛格：是啊。但是，你知道，要是说你的政策是一种引发更多战争的政策——有什么可以替代呢？如果他们有勇气说"滚出去"，但是他们并没有这种勇气。我可能得找个时间邀请约翰·达顿（基辛格的一个熟人）吃午饭，因为他曾经是一个老朋友，就问他，作为一个朋友，"现在，如果是你身处其中，你到底会怎么做呢？"看到如此有才华的人毁了，真是觉得可惜。

尼克松：亨利，[******] 不要难过。你会看到是谁在资助 [******]。很可能是。我已经注意到很可能是达孚公司（Dreyfus Corporation）的同事，（霍华德·）斯坦（Howard Stein）在资助它。斯坦是左派，你知道的。

基辛格：是的。霍华德·斯坦——

尼克松：我想可能他仅仅是一个反战主义者。他不像其他那些资助者那样左，但也可能是左派。

基辛格：是的——

尼克松：嗯，斯坦是的。这难道不令人吃惊吗？这个斯坦，全国最富有的人之一，竟然是该死的自由主义者。

基辛格：嗯，但是您应该看到——总统先生，您已经改变了政治形势。我——

尼克松：我对此很有信心。

基辛格：我完全相信您 [******] 越南，您现在已有八成把握了，不论发生什么——

尼克松：[******] 如果我们被赶出了老挝，他们就在那里取胜了——

基辛格：是的，但是我们不会撤出老挝。[******]——

尼克松：[******] 南越人将要开始战斗。他们要站起来并且斗争。难道不是吗？

基辛格：哦，是的。到目前为止，他们已经开始了。他们马上就要谨慎地重新联系起来，这样做他们就能用炮火相互掩护了。那很好。只要他们能切断道路，我们都不在乎。还有，——但是我觉得我们能在1972年取胜。那些家伙是不能在野外坚持4年的。此外，您不用太大代价就能干掉他们。

尼克松：[******]

基辛格：我知道，但是我——

尼克松：我会建立起新的权威。

基辛格：您会建立您新的权威的。

……

基辛格：阿格纽（Spiro Agnew）想要再去趟亚洲拜访我们的朋友。

尼克松：是的。这是一个关于荣誉的问题，不是吗？

基辛格：我认为不是。我认为我们现在不需要更多的纸上协定了。

尼克松：我认为还不是时候。我认为如果我们想在老挝有所收获，我们就应当这么做。

基辛格：我就是这样想的。它只会——

尼克松：[******]

基辛格：嗯，我只是想——

尼克松：我们一直有点儿犹豫不决，亨利，考虑到 [******]——

基辛格：[******]

尼克松：你知道那是什么——你明白我的意思吗？那是——

基辛格：嗯，那部分是出于本性。他喜欢出席那些自己会受到隆重招待的场合。

尼克松：是的，当然，亨利。他是 [******] 非常敏感 [******] 他得到了热情款待。但是，我必须说，你知道，在今天和休伯特（Hubert Humphrey）会见后，我感受到他的优秀品质，你真的能想象休伯特——

基辛格：根本不可能——

尼克松：——就在，就在这里吗？

基辛格：总统先生，我，我告诉过大法官。我说："我爱休伯特。"并且，我说："但是，您是真的认为，即使一个民主党人在这儿，这个国家也不会被弄得支离破碎？"他问我，你的看法是什么——我说："有件事情您从未归功于自己，那就是您使这个国家的右派能与政府相处融洽，而在通常的情况下，如果其他人不得不来应对这些困难时，那么——所以，结果，您却成了那些针对您而发动骚乱的学生的最佳保护者，尽管他们永远不会因此而感谢您，因为在1968年您的替代者不是一个自由民主党人，而是一个来自华莱士家族或者里根家族的人。还有，我认为如果这个国家变得更激进，不会是从左派发展起来的。左派会发起运动，但右派会很快接手。"

尼克松：是的，可能。但是，现在，重要的事情是摸透这件痛苦的事儿。他们 [******] 北越人 [******] 解决这个问题。事实上，就在这儿。并且，我猜想机会不大，很可能只是中国政府说说而已。

基辛格：不，那会违背他们的国家——

[******]

基辛格：我的意思是，黎德寿称他们是他们的"世仇"。我想我们能做的是，我想要建议的是，总统先生，在我们的计划中，如果我们能挺过 [******]9月份的轰炸，在临近大选的时候，我提出和黎德寿举行一次会谈。那么就定在10月15号，并且告诉他："看，我们愿意给你们一个在明年全部撤军、释放所有战犯和停火的最后期限。"接着，我们可以告诉南越人的是："你们有一年的时间，在这一年中战争不会升级。"还有，我认为，到那个时候，我们就解决问题了。我们可能有五成的把握实现它。

尼克松：我们应当能实现它。他们的选择到底是哪些呢？ [******]

基辛格：我觉得他们会接受的。但是现在时机还不成熟，因为这会使南越人感到恐慌。但是，在阮文绍的大选之后，我认为我们或许可以这么做了。

尼克松：好吧。

"在他们之间有着不可调和的矛盾。"

> 1971年2月23日，上午10：05
> 理查德·尼克松、鲍勃·霍尔德曼和亨利·基辛格
> 椭圆形办公室

理查德·尼克松对国务院的不信任，至少可以追溯至早在1948年至1951年，那时他作为众议院非美国活动委员会（House UnAmerican Activities Committee）的成员对雇员进行了积极的调查。他带头证实阿尔杰·希斯（Alger Hiss）的不忠，并且与当时的国务卿迪安·艾奇逊（Dean Acheson）发生多次冲突，尼克松称后者为"被赤匪控制的懦夫学院"的院长。在他第一届总统任期内，尼克松邀请他的一位老朋友、其早期的支持者威廉·罗杰斯出任国务卿。与尼克松一样，他出身卑微，但后来凭借申请奖学金进入了东部最好的大学接受教育。罗杰斯曾经是一名律师，并不是职业外交家，但是他能言善辩，思维开阔。他本应成为尼克松身边的一名得力干将，但是到了1971年，尼克松对国务院开始变得比以往更为猜疑，而亨利·基辛格在白宫的任职使得事情复杂化了。

既腼腆又强势，基辛格的复杂个性让尼克松难以掌控。在同白宫办公厅主任鲍勃·霍尔德曼一起等待基辛格来开会的时候，总统在与霍尔德曼的简短的交谈中，就基辛格的问题吐露了心声。

……

尼克松：亨利个性的问题，鲍勃，对我们来说简直是个要命的大麻烦。我的意思是，所以，让我先花一分钟谈谈这个问题。如果我们——你知道的，我已经，我一次又一次地指着他的脑袋，让他——你看，他非

要再掺和中东的事情。我说："别这么做。"我的意思是，我不鼓励他，因为我不知道会不会有结果。他天天盼着他们在哪儿能打起仗来，因为，你知道的——并且我也知道。[******] 我又仔细看了那个演讲稿。这就是为什么我派萨菲尔去见罗杰斯。不过我只是拿这件事情来举例。

我们也有这个问题，在其他问题上，即便只是让黑格打打下手，他都会太他妈的嫉妒了。你知道，我已经——我已经给黑格打了几次电话了。在昨天晚上，我给穆勒打电话，你知道，我自己得注意这事儿。对这些事儿我得留心。我必须得这样。不过我谈这个只是把它当作一个问题。他是一个——可能他错了，你知道，对于那些谈判，你知道的，还有去巴黎和其他地方访问。

霍尔德曼：当然。

尼克松：也并非总是如此。那并不能证明任何事。我的意思是，我们中的许多人都犯过错。

霍尔德曼：嗯，嗯。

尼克松：他总是在尝试。他错了；他再尝试。但是他的错误在于，他总是这么说："嗯，他们要开始坐立不安了，"或者"他们——我认为他们要抽搐了"，或者"我们只能期待"。你知道的，全是这类的话。他总是那样认为。昨天晚上，他对我的一番说教是：他要和多勃雷宁谈，而多勃雷宁今天提出了这一点——昨天他们（指北越人）愿意再和他谈一次。

霍尔德曼：嗯，嗯。

尼克松：现在，我什么都不会信了。我会认为，亨利又在推销这个观点了。亨利说："是时候了。"我说："不，还没有。"确实还没有。我得告诉他不要浪费时间。你看，问题在于，让我说白了吧：亨利不是一个很好的谈判者。他真的不是。他不知道——他妈的，他不知道如何——你绝不能让他插手这些事情，因为他——他参加谈判就好像他在参加你的员工会议一样。

霍尔德曼：这是态度问题。

尼克松：他是一个极好的职员，他是一个杰出的作家，他对这个国家、对我们绝对忠诚，等等，等等。但是在深层次上来说，应对这些我必须打交道的人真的是一件非常非常棘手的事儿。我们真的不能撕破脸皮，你明白的。

　　我的意思是，我不能因为那个问题和罗杰斯发生激烈的争吵——或者和莱尔德。还有，康纳利一过来，他就和他激烈争吵。我不知道。或许这个问题只是——当然，那个时候，我们只是随便聊聊给柯西金（Alexei Kosygin）写信的可能性。

霍尔德曼：那么，我们已经陷入了窘境，因为在飞往佛罗里达的路上，罗杰斯说他想和你谈谈这事儿。

尼克松：关于峰会吗？

霍尔德曼：他说，"你知道的"——你看，他没有——

尼克松：他认为我们应该在明年举行。

霍尔德曼：昨天他提出了一个方案——他说："我们不会达成一份关于《限制战略武器条约》的协定。"当然，亨利认为我们已经达成了一份。

尼克松：是的。

霍尔德曼：还有，因此，我们——那么，我们可能也忘记了并且我们应该在明年举行峰会。这是他提出的。我昨天去那里吃午饭，和他讨论了人事问题。他又提起了这整件事儿，就是穆勒说的；所以，他认为俄国人会同意，因为他们像我们一样需要这个。他们已经得到了他们自己的——

尼克松：理由？

霍尔德曼：嗯。并且，我——哦，我不能——你知道的，不要对他说任何事儿——

尼克松：在任何通信中。

霍尔德曼：——无论他谈论什么。并且变得——

尼克松：亨利唯一的理由，鲍勃——

霍尔德曼：这样说吧——我不知道。这个问题是——

尼克松：这是一个非常棘手的问题，因为我不能独自去参加谈判，你知道的，没有——亨利在场独自参加谈判——他妈的，鲍勃，他为了排挤罗杰斯都快疯了。真的该认真对待这件事儿了。他想要达成一份限制战略武器的协定和一份关于柏林的协定。我揪着他说，让他不要管中东的事情。但是他却毫不顾忌地要去管，所以——我不认为我对这个问题是过虑了。我认为这是非常严重的。

17

霍尔德曼：哦，的确是。

尼克松：他简直太他妈的固执了。我的意思是，我不能——你不同意吗？

霍尔德曼：并且，我们一直，你知道，用创可贴来修修补补，喷空气清新剂，但是——我们就是这么做的。或许现在我们该继续这么做。但是，我不确定。总是一会儿爆发，一会儿平息——但是，这个问题真的是，至少我认为，至少我发现的时候——如果你面对这两个人之间的不可调和的矛盾，至少对我来说，很明显亨利比罗杰斯更脆弱。

尼克松：的确。

霍尔德曼：并且比起罗杰斯，他更不可替代。

尼克松：是的。是的。因为我不信任国务院。

霍尔德曼：但是，如果亨利赢了这场对罗杰斯的斗争——

尼克松：是的。

霍尔德曼：——而结果是罗杰斯走人，那么我不太确定，之后亨利是否好相处，我们是否还能忍受他。

尼克松：他就成了独裁者了。

霍尔德曼：并且——

尼克松：你也必须记住，随着时间的过去，对亨利的需要会慢慢减少。你真的意识到这点了吗？他使我们不和。而且你知道——

霍尔德曼：但是，这得花——你看，他在很多事情上都是对的。

尼克松：我知道。

霍尔德曼：——例如程序上的，就没有引起您的兴趣并且——

尼克松：是的。

霍尔德曼：——那些我们懒得去做也不该去做的事儿。

尼克松：的确。

……

尼克松：你得记住，在我们身边亨利是个非常难缠的人，你知道，就我们的，我们的整个士气来说。我的意思是，他简直是，鲍勃。太他妈的讨厌了。但是他让自己变得太，而我认为这是因为他的，他对比尔的疯狂的仇恨。天哪，这到底关他什么事儿？到底是怎么回事儿？我的意思是，他——几乎没有人相信——是罗杰斯主动招惹他？是这样吗？他不停地说："我不想——我不能插手。"那么，他就不要跟我说啊。他说："我现在不能插手，但是——"哦，天哪！那么他就别告诉我嘛。我现在不应该担心那些他不会插手的事儿。他就说——

霍尔德曼：他向您提起那事儿了吗？

尼克松：每天都说。不是这事儿就是那事儿。嗯，你知道的，国务院的人排斥他，排斥我们，不让我们知道他们做的事，他们正在做的那些可怕的事情。

霍尔德曼：是的。

尼克松：然后我就只能在约瑟夫·克拉夫特（Joseph Kraft）的专栏中看到（克拉夫特在2月18日的专栏中写道，基辛格"因美国在军控谈判中下一步如何进展的问题，身陷激烈的内部斗争之中"）现在，这又有什么区别呢？

霍尔德曼：嗯，他们泄露了大事，他们想要在今天攻击你。

尼克松：当然。

霍尔德曼：我不知道你今天有没有看那个报道，说国务院已经打败了国家安全委员会，把限制战略武器谈判的内容从《世界局势咨文》中删除了，限制战略武器会谈的基础是[******]。其他的报道不是很多。

尼克松：克拉夫特？

霍尔德曼：不是，他的专栏文章里一点儿也没提到。

尼克松：就说——我想让你给罗杰斯发一个备忘录，就说"总统对于这件事，他认为这是徒劳无益的。他说这会使这件事情变得更加复杂。真的希望你——"嗯，你为什么不给他打个电话呢？就说："看，就是这样。这真的是一件难办的事。"你知道的："在什么人该做什么事的问题上，我们的规矩实在太多了。"你看，罗杰斯也没管好他手下那些该死的家伙。他不愿意严惩他们。限制战略武器会谈的事儿该不该出现在《世界局势咨文》中，他妈的一点儿也不重要。你知道的——没有人在乎，除了亨利。

……

（基辛格加入了会谈）

尼克松：我想问：现在每件事儿都进展得如何了？我能理解——我们，关于给多勃雷宁写信——给柯西金写信，我给柯西金写信了吗？

19　基辛格：没有，但是——

尼克松：那不是一封信。

基辛格：不是，我所做的是——

尼克松：那是建议——

基辛格：不是的。我给了一封草拟的信件——

尼克松：哦。

基辛格：——给多勃雷宁——

尼克松：好的。

基辛格：——柯西金会同意的。

尼克松：好的。那么——

基辛格：或者不同意。

尼克松：然后他会想办法让它通过官僚程序？是这个目标吗？

基辛格：那么，如果他批准了，那么我们也就知道他的回答是什么了。

尼克松：好的。

基辛格：他会给我一份他的答复的复印件，我会再做修改。

尼克松：嗯，嗯。

基辛格：多勃雷宁就像一枚大头针一样尖锐。他修改您信件的方式——

尼克松：很好。

基辛格：——实际上是强化了它。

尼克松：是的。现在，关键是，那么做之后，当我们回来，我们就把人们叫过来，然后说："看，这就是。"——我该做什么？

基辛格：如果他们接受了我们的提议，您将会同史密斯有更多的矛盾。史密斯会告诉您，他们不接受。

尼克松：那好吧，因为我会只说我——我已经决定采取主动行动了，并且我将付诸实行。就这些。我不会再在限制战略武器会谈的问题上招惹史密斯了。

基辛格：还有，当然，今天他们又爆料说他们在限制战略武器会谈的问题上迫使我让步了。

尼克松：我看到了。

基辛格：还有——

尼克松：我看到了。让我先——

基辛格：而这又会让我在与多勃雷宁见面时再次受到伤害。

尼克松：是吗？真糟糕。那——那不会产生什么区别吧，关于这件事儿的一个长篇专栏报道——但是很有趣。关于限制战略武器会谈，我们有了一个条款。

基辛格：是的，但是我妥协了，并且我——

尼克松：你放弃了？

基辛格：为了和罗杰斯和平相处，我在这个问题上妥协了。

尼克松：是吗？

基辛格：那是毫无意义的。嗯，因为我不想到您这儿来——

尼克松：不，但是你放弃了多少——？你保留了一些吧，但是你没有接受整个《限制战略武器条约》？

基辛格：哦，没有？但是我接受了大部分。还有这简直是胡闹。他们每天给我打十次电话。然后他们就要求见您。我不想把您置于那样的境地，既管不了我也管不了罗杰斯。

尼克松：是的。

基辛格：因为我觉得那不是您应该处于的境地。

……

尼克松：回到其他的事上。

基辛格：但是，我——

尼克松：关于柏林。我们该怎么处理——？现在别担心这个事儿了。但是，关于柏林——

基辛格：好吧，关于柏林，我们——

尼克松：那——那份协议，都在联络当中——

基辛格：是的。

尼克松：——所以，我们不必担心。

基辛格：关于柏林的协议，唯一的遗憾是功劳不能归您了。

尼克松：是的。不过，我们还是尽力吧。

基辛格：嗯——

尼克松：我们放出风声。

基辛格：但是，我们可以把它透露出去。我会告诉您，当我们——在协定签署之后。

尼克松：不。不，我不想在之前——我想在协定签署之前知道。

基辛格：好吧，在协定签署之前——

尼克松：我会放出风声，说我们正在着手。让他们见鬼去吧。

基辛格：好的。当然——

尼克松：我们得放出风声，说我们——嗯，那么，为什么不现在就做呢？

基辛格：嗯，因为现在太早了。在签字之前还有很多时间。我们还有很多机会。

尼克松：你觉得柏林的事情什么时候能成功？

基辛格：得看我们多久才能说服德国人，在两个月内吧。

尼克松：好。给拉什（Kenneth Rush，美国驻西德大使）写封信，就说他应当暗示总统本人在这些谈判中发挥了重要作用。

基辛格：好的。向谁暗示？

尼克松：媒体。当他和他们见面时，你知道的，在这种情况下。

基辛格：好的。

尼克松：就说总统一直在亲自过问谈判的进展。把这个加进去。

基辛格：我认为，如果——嗯，总统先生，如果我们可以等一个星期——

尼克松：好吧。

基辛格：——直到我们能得到一些答复之后——

尼克松：行，好吧。你一得到答复就——

基辛格：否则，如果（谈判）失败了——

尼克松：只要你一得到答复，还有你觉得这正在运作中，就让他发布这个消息，说总统亲自——让他来发布，是合适的吧。比从我们这儿透露出去更好。

基辛格：因为在这个问题上——

尼克松：那么，你看，那么我们就能——那么人们，政府里的其他人，他们就不能说这是他们做的了。我想要让他们知道，是我们做的。

基辛格：因为在这个问题上，总统先生，我们没有——这不像限制战略武器谈判。在限制战略武器谈判中，你发挥了重大作用。

尼克松：当然。

基辛格：并且，他们会接受或不接受。

尼克松：然后，让国务院使劲儿——

基辛格：我想他们会——

尼克松：现在，关于这个——限制战略武器谈判——我的看法是，如果他们回到谈判中来，并且接受了——你觉得他们现在可能会吧。

基辛格：哦，是的。我认为。

尼克松：如果他们回来并且接受了，那么我的看法是，我就叫来——嗯，我就让那个狗娘养的——我就也让史密斯加入，我难道不应该吗？我该怎么做？我们会召开一次国家安全委员会会议或者其他什么会？或者就让他——

基辛格：嗯，我会叫来罗杰斯和史密斯，并且我会说："这件事我已经考虑过了。"

尼克松：是的，是的。

基辛格：实际上，昨天《纽约时报》有一篇社论，建议您给柯西金写一封信。

尼克松：对，对。

基辛格：所以，您就说，在他们去参加谈判之前，您想打破僵局。而这就是您想要写的信。现在，关于这事儿，史密斯的心脏病都快要犯了。

尼克松：史密斯吗？我会给罗杰斯打电话，让他告诉他。

基辛格：然后告诉罗杰斯。

尼克松：然后他就会告诉史密斯。就这样定了。我会把处理这事儿的方法告诉他。

基辛格：好的。

尼克松：这样更好。我想如果和罗杰斯单独在一起的话，我就说我对此有种强烈的感觉。

基辛格：还有，我可以让莱尔德也加进来。

尼克松：不管怎么样，我都非常讨厌史密斯那家伙。我不喜欢他。我不信任他。

基辛格：那么，我想我们可以让莱尔德加进来。唯一会引起麻烦的事情是——有两件事会引起麻烦。一件是，不能向外界透露他们参与其中。这就是为什么他们不同意很长的限制战略武器的条款，因为他们不想让你——这个条款很长但是不如之前的具体。但是，那不重要。他们不想让你因为这个得到功劳,但是他们又不能那么说。第二件他们不希望看到的事是我们改变在反弹道导弹问题上的立场,因为他们会说俄国人不会接受。

尼克松:你能让莱尔德同意这个吗?

基辛格:但是莱尔德会支持的。我已经和莱尔德谈过了,因为如果没有莱尔德,我们根本做不成。

尼克松:[******]好吧,就这么办吧,把它做好。

基辛格:但是想向您汇报关于多勃雷宁的一些事儿:当我把给柯西金的信给他的时候——

尼克松:嗯,怎么?

基辛格:——他没有说:"我得向莫斯科汇报。"他也那么说了,但是他很快就开始做修改,说要看看哪些才能让他们更容易同意,哪些不能。并且我加了一个关于分导式多弹头导弹的条款。他说:"既然这让你们感到为难,那么我们双方为什么不放弃这条呢?"他说得有道理。我就在信里写道:"允许发展分导式多弹头导弹。"他说:"这些肯定会被通过。"

"该死的国防部为了公关全都疯了。"

1971年2月26日,下午5∶15
理查德·尼克松和威廉·罗杰斯
椭圆形办公室

苏联施加压力,要求将"战略"武器的范畴分为独立的类别:防御性的,主要包括新型反弹道导弹系统;进攻性的,包括一系列的弹头。尼克松倾向于做这样的区分。在所有问题都得到解决之前,美国的谈判代表不想做任何妥协。尼克松把此事当作一件涉及公共关系的问题并同罗杰斯进行了讨论。

……

尼克松：我还没有准备好告诉你，但是我已经在考虑关于限制战略武器谈判的事情，并且我——我想要，在3月15号他们回去（谈判）之前，我可能想要说点什么，或者是写一封信，[******] 以便出点儿成果 [******]。让我这么说吧：我认为这——在这件事情上，我不像那些有所企图的人一样不看好这件事。我倾向于认为，现在他们想要做成点儿事儿。现在，关于这个，让我这么说吧，供你参考，我 [******]。我想谈谈，我想考虑一下。现在，我就是想把这件事情告诉你。应该会在3月15号之前，如果我在这里说的任何事情——但是，就这个而言，我想要那么做，如果我那么做了，你通知 [******] 告诉史密斯，绝对的——我不相信他，自然地，我对他没有任何信任感，根本上来说，作为一名——还有特别是他的团队（军控及裁军署）。还有，现在，明白了吗，鉴于那里的人们，我认为他已经尽力了。但是，我，我感觉他看待这件事情 [******]，但是，像任何参与这种长期谈判的人一样，是很个人化的，有的时候可以用微不足道来形容。此外还有，有的时候他就是太多这种倾向，不愿意和他自己的人作对。

罗杰斯：嗯。

尼克松：现在，这是件大事儿，你知道的，当你深入进去的时候，如果需要和俄国人达成什么协定的话，那就是这个了，《反弹道导弹条约》或者类似的事情。但是，如果我们决定这么做，我认为我们必须得在这儿赢得荣誉。我不认为应该在维也纳。你明白我的意思吗？

罗杰斯：当然。

尼克松：所以，考虑一下吧，但是我感觉他——我也不知道该怎么办，但是我想特别建议，我们自己应该牢牢掌控这事儿，你知道的。

罗杰斯：那天我问了鲍勃·霍尔德曼，你的意思是什么——我觉得，基本上来说，我自己的感觉是，如果我们能够达成一份在今年年底生效的协议。用"生效"一词，我的意思是"签署"。它会在今年或明年年初某个时候生效，并且只要它不会给我们带来——任何、任何损失，只要我们拥有——

尼克松：是的。

23

罗杰斯：只要我们拥有，我们拥有机会发展任何我们想要发展的——

尼克松：嗯。

罗杰斯：——并且可以停止那些我们愿意停止发展的——

尼克松：是的，和我的想法一样。我对此考虑了很多。我已经把我和你愿意考虑的步骤告诉了黑格和基辛格 [******]，现在我们的确已经研究过这个问题了，但是我认为应该会产生什么结果。我认为它会产生一些影响，因为我觉得他们或许也会利用什么东西。该死的，到底是什么呢？

罗杰斯：这就是个省钱的问题。仅此而已 [******]。

尼克松：那么我们就这么做吧。

罗杰斯：好的，我也一直这样想。事实上，我——

尼克松：但是，此外，它也可能成为一件非常好的事，如果我们可以说些什么或做些什么事，或者至少在今年春天搞出一些能表明取得进展的迹象，这也可以给舆论降降温 [******]。

罗杰斯：嗯，我认为——我真的——我不认为勃列日涅夫（Leonid Brezhnev）先生 [******] 把这些人排除出去。我认为我们应该——

[******]

尼克松：[******] 该死的电视报道，还有，碰巧，他们完全对了。[******] 我从来不看，但是我读了以后我就知道那有多恐怖了。比尔，麻烦就在于，我认为你不能埋怨梅尔文（·莱尔德）。你不能。该死的国防部为了公关全都疯了。

罗杰斯：嗯。

尼克松：并且我私下里认为，他感觉，我本应该对这个结果更严厉。让他们尖叫吧。让他们尖叫吧。看看橄榄球赛后伍迪·海耶斯[1]的表现吧。

罗杰斯：是的。

尼克松：文斯·隆巴迪[2]——当他输掉比赛的时候，30 分钟之内他不会让任何人进去。泰德·威廉斯[3]呢？

1　伍迪·海耶斯（Woody Hayes），美国大学橄榄球教练。
2　文斯·隆巴迪（Vince Lombardi），美国橄榄球历史上著名的教练。
3　泰德·威廉斯（Ted Williams），美国职业棒球运动员和经理。

罗杰斯：当然也是这样做的。

尼克松：你知道的，在棒球运动员们输掉比赛后的半个小时内，他从来不让媒体进更衣室。哦，天哪，这可是战争。

罗杰斯：嗯——

尼克松：还有，所以，媒体就对泰德·威廉斯大吼大叫。而大多数人们都说，他这么做是对的。你觉得呢？

罗杰斯：当然是对的。

尼克松：我告诉你，天哪，我就是觉得我们简直疯了，害得我们自己被打得遍体鳞伤。之后我和穆勒谈过，在你和他谈了之后，我说，现在[******]。他还好。他说："现在，我会竭尽全力的。"他会的。天哪！你完全是对的。在一场战争中，你绝不应该让一个刚刚从战场上回来的人和媒体对话，应该吗？

罗杰斯：不应该。

尼克松：当他患有战争综合征的时候？

罗杰斯：我们过去通常的做法是，之后，我们带他们——

[******]

罗杰斯：[******]当我在——

尼克松：海军情报局？

罗杰斯：是的。我们通常的做法是，当我们准备好的时候，我们才让他们去和媒体对话。您看，我们并不是根据命令行事，我们那么做是根据——

尼克松：是的。

罗杰斯：这是有道理的。我的意思是，那是我们不得不做出的选择。所以，直到我们准备好了，否则我们不会就那么走出去和媒体谈的。

尼克松：看啊，关于限制战略武器会谈的事情，就让我们根据我们自己的策略来进行吧。让史密斯继续在谈判桌上谈。我们必须得加把劲儿，因为一定得按既定计划完成。好吧，我会再见你的。

罗杰斯：好的，总统先生。

"限制战略武器会谈的麻烦事儿。"

> 1971 年 2 月 26 日，下午 5 : 47
> 理查德·尼克松和亨利·基辛格
> 椭圆形办公室

  罗杰斯离开椭圆形办公室后两分钟，基辛格就进来了。就谈话的层次和做出的决策来看，尼克松与两人的会谈截然不同。

……

尼克松：你好。
基辛格：好。
尼克松：我以为你要见他。
基辛格：我还要和多勃雷宁在——
尼克松：对了。
基辛格：——6 点见面。还有，我有一个拉什关于柏林问题的回复。我要把这个给他。
尼克松：你会在哪里见他？这里吗？
基辛格：在地图室。
尼克松：好的。因为——
基辛格：我有两三件事情，还有另外一件事儿。

……

尼克松：就我关心的事来说，我不是太——
基辛格：并且还有——
尼克松：我刚刚考虑了从心理上来说——我没有那么做，因为我们丢掉了那个高地（指 31 高地，这是老挝的一个关键的防御点，在 2 月 25 日被北越军队占领）。我只是认为，从心理上来说这是个大好事儿，在那里继续狠狠揍他们。

基辛格：此外，我必须得说，在塔斯社发表声明之后第二天，就开始打他们——

尼克松：是的。

基辛格：我就是想看看，我们是否能拿到柯西金对您的信件的回复。

尼克松：你对塔斯社的声明怎么看？我猜你昨晚写了一整夜吧？

基辛格：我的评价是，那是——

尼克松：他们为什么推迟了两个星期？他们为什么会这么做？因为他们——？

基辛格：我认为这是他们能够做的最低限度的事情了。他们本应该给出一大堆的解释——

尼克松：你的意思是，在他们做出这个决定之前，他们有一大堆的争辩？

基辛格：嗯，我认为他们一定被河内大骂了。为什么——

尼克松：哦。

基辛格：——这就是为什么他们没有发表任何声明表示支持。

尼克松：我明白了。

基辛格：而中国一定已经抨击过了。我认为这是他们能够做的最低限度的事情了。但是或许这表明他们的立场正在转向强硬。我只是——

尼克松：我表示怀疑。

基辛格：您不能得出这样的结论——在柬埔寨行动之后（入侵柬埔寨，南越军队在1970年4月29日、美军在第二天开始，联合入侵柬埔寨，战斗于6月30日结束），它们很快发表了声明。他们举行了一个新闻发布会。他们高度戒备。这次，他们没有正式地说什么——

尼克松：我怀疑他们是不是正在那么做，因为他们认为或许他们可以得到公众的支持——在这个国家进行煽动，抬升支持率。

基辛格：我想这是其中一个因素。

尼克松：这就是我在考虑的，可能是这样的。

基辛格：还有我认为公众支持是——

尼克松：他们总是会响应这种事情，亨利。

基辛格：是的。

尼克松：但事实上，很有趣的是，他们告诉我，鸽派们去见鬼只是时间问题了——没有赛明顿（Stuart Symington）、艾肯（George Aiken）等其他一些人，他们就四分五裂了，就要变得默默无闻了。

……

尼克松：嗯，你感觉怎么样，对你的——今天你打算和他谈什么？

基辛格：柏林。

尼克松：哦。

基辛格：我就是想——他可能，可能得到了答复，嗯，在那封信上，但是我们得等着瞧。

尼克松：可能不是。我已经准备好，万一，他谈峰会的事儿。不仅是峰会，还有限制战略武器会谈的事儿。我告诉罗杰斯，我对史密斯没有任何信任感。我不想让他俩有任何交谈，除非我让他加入。但是我说："限制战略武器会谈的麻烦事儿，我已经考虑了很多。我可能想要发表一份声明，或者我可能要写一封信或其他类似的东西。"我说："如果我决定这么做了，瞧，我会告诉你，然后你就去告诉史密斯，但是我是不会让他加入的。"

基辛格：不会的。好极了。

尼克松：现在，你看，我已经弄明白了，我们真的不需要他。如果他不掺和进来，就算了。我的看法是，我们得到了，然后我拿到信，我就会写出来，因为我已经决定这么做了。就这样。我要独自一人做这件事儿。

基辛格：不，总统先生，我认为如果他不加入，您应该公开地发表一份声明。

尼克松：亨利，这就是我在琢磨的事儿。

基辛格：我的意思是，如果柯西金——

尼克松：哦，我知道。

基辛格：如果我们拿不到答复，那么我就会给出一个非常直接的提议。

尼克松：在那之前，所以人们——所以我们能够——我告诉了比尔，我说："我们必须——我必须得到这份功劳。"我告诉他："在武器控制问题上达成的任何事情（的功劳）。"而且我说："绝对不能让史密斯之流得到这份功劳。"我说："他就是一个小角色，我不信任他。"我直接和他说了。我说："所以，我会发布一个声明或者"——我并没有说明给谁写信——但是"我已经决定，在这些事情开始之前可能写一封信并且发表一个声明。然后，我们就回来。我不会——我不会和史密斯讨论这事儿"。所以，在这件事情上我们就这么定了。

基辛格：好的。

尼克松：现在，"现在皮球已经踢给你了，怎么处理就看你的本事了"。我希望那是一封信。

基辛格：哦，那样的话就好极了。

尼克松：那就太棒了。

基辛格：而且那样的话就能让那些鸽派闭嘴了。

老挝攻势

> 1971年2月27日，上午9∶18
> 理查德·尼克松、威廉·罗杰斯、梅尔文·莱尔德、理查德·赫尔姆斯（Richard Helms）、托马斯·穆勒（Thomas Moorer）和亨利·基辛格

尼克松尽管在削减美国在越南的驻军，但同时又在1970年发动了一场对柬埔寨的战略轰炸，扩大了战争的范围。1971年初，他又面临着要对老挝做出类似的决定，南越已准备好在那里发动一次名为"蓝山719行动"的军事进攻。这次进攻的最终目标是通过摧毁位于邻国的一些重要根据地，切断北越的战略运输线——"胡志明小道"。按照法律，美国士兵不能在越南国界以外的任何国家战斗，但是尼克松做出了一个大胆的决定，向南越军队提供大量的非战斗军事援助，这一重大战略转变被称为使越南战争"越南化"。

2月27日，在战斗开始两个星期之后，尼克松与他的高级顾问们讨论这场战斗及其在国内造成的影响。国防部长梅尔文·莱尔德是越南化战略的拥护者，他认为越南化是一个安全撤离美国军人的方法。参谋长联席会议主席

托马斯·穆勒海军上将本身并不比莱尔德对越南问题更感兴趣，但是他仍然认为，如果美国参战，就应该全力以赴获得胜利。

……

尼克松：好吧，主要的问题就是：昨天我们丢失的所有高地现在怎么样了，什么情况？不管怎么样，我们准备好撤退了吗？等等，或者还没有？我想我知道答案了，但是快速地告诉我们晚上发生了什么，从——在过去24小时里？是前进、后退，还是撤到一旁？

穆勒：好的，先生。首先，我们这周的军事行动（1月的"东山行动"）是在柬埔寨的南部开展的，正如您所知道的，战斗非常激烈 [******]，消灭敌军二百多名——

尼克松：很好。

穆勒：——南越方面的伤亡较少。行动正在按计划进行。先生，如您所知，这次军事行动会持续到7月1日，然后——

尼克松：是的。

穆勒：——谨慎地，彻底地——

尼克松：是的。汤姆（指穆勒），对于这次行动来说，是否可以有把握地说，目前杜高智（Do Cao Tri）军队的损失，在一定程度上，并没有削弱这次军事行动（"蓝山719行动"）的效果——气势？

穆勒：哦，那没错。非常正确。

尼克松：换句话说，他们能够更换指挥官了？

穆勒：我们有一份报告——

尼克松：这可并非不重要——

穆勒：——那个——

尼克松：他们认为是杜高智，只是它没有——

穆勒：是的，先生。我们，我们有一份报告表示——当然——实际上一些高级指挥官是——

尼克松：是吗？

穆勒：——对此很不满——

尼克松：[******]

穆勒：——这些军事行动。另一方面，他们想要保持联系，他们说，然后

他们 [******] 就回到——

尼克松：是的。

穆勒：——最上面 [******]。

尼克松：你已经回答了这个问题。那——

穆勒：先生，我想我对这个问题的回答是否定的——

尼克松：[******] 同意对这个问题的回答。你知道，我们的认识都是来自，来自历史经验。每个人，每个人——我会问它——几乎每个人都同意 [******] 如果有石墙·杰克逊[1] 驻守葛底斯堡，赢得内战的就很有可能是南方。所以，指挥官很重要。

罗杰斯：是的。

莱尔德：的确会产生影响——

穆勒：总统先生——

尼克松：嗯？

莱尔德：本来确实会有完全不同的结局。

尼克松：因为石墙·杰克逊就不会让那些可怜的杂种过 [******]。（大笑）他会迂回到后方把他们干掉。你接着说。

穆勒：是的，嗯，我想，现在我想向您汇报昨晚发生的一些非常重要的事情。第一件事情是，就像我之前向您汇报这个计划时说的，我想我们遗漏了一个方案——让第一师第一团首先到达 914 高地，然后让第三团到这儿。现在，他们将大批部队集结在——所以他们就可以拥有一个完整的指挥——这些异动的旗帜代表着他们正在把第一团和第三团调动到这个位置。您知道，他们正向那里转移，他们已经——不过，记者也在沿着这条路走，沿着这条路开展行动，这一大片地区连一个无弹区也没有。我们在那里没有进行轰炸，因为南越军队在那条路上巡逻。接下来，往上，很多关于 31A 火力支援阵地的通信情报。那是一个叫作 31 高地的地方。在这个区域展开了非常激烈的战斗。

尼克松：那么，昨天晚上的数据：他们有 450 名南越人阵亡？

莱尔德：不，先生，这不正确。

穆勒：不正确。我们没有拿到报告。战斗还在继续，而他们是这样报告的：

1　石墙·杰克逊（Stonewall Jackson），指美国内战期间著名的南军将领托马斯·杰克逊。

南越人从上次位置又向前挖了 200 米，而北越人已经攻占了一部分高地；他们还在战斗。[******] 据报道，事实上 250 名南越军人阵亡，100 人仍留在阵地上，我认为是在这些阵地的中心，另外 150 人左右在附近区域。向东 2000 米，他们报告说还打死了另外 200 人。我觉得今天早晨的电台广播关于北越的伤亡数字有点儿夸张了。这是我第一次听到关于——那个方向的事情。但是，还有一系列的进攻——坦克战。他们已经——

尼克松：莱尔德的 [******] 怎么样了？

穆勒：他们报告说击毁了 10 辆坦克：一辆被大炮击毁，9 辆是被战术空袭击毁的。然后，还有一场坦克战——是南越坦克和北越坦克沿着 92 号公路开展的，就在黄昏的时候——就差不多是华盛顿时间今天早晨的时候——3 辆北越坦克和 1 辆南越坦克被击毁。所以，那里仍然处于僵持状态，但是我认为重要的是南越守住了那里并且继续战斗。您知道，他们调动了装甲部队来这里增援，并且他们还合并了一个连，但是敌人已经到了离北越集团两三千米的地方，南越军队已经在这个地区附近挖掘了工事。并且他们还在战斗，我认为，他们仍然在那里战斗并且在激烈的炮火下仍然坚守阵地的事实，本身就说明他们肯定打得很好。北越方面的伤亡损失很大。我——我确信南越军队会遭受伤亡，但是——换句话说，我觉得最鼓舞人心的是他们没有溃败并四处逃散——

尼克松：31 高地的那些士兵，他们是从我们丢失的那些高地上撤下来的幸存者，加入到他们的队伍里来了。是吗？

穆勒：不是的，先生。不是，先生。那些是——这些和那些是彼此独立的。那次军事行动在那边。这是另外的一次军事行动。

尼克松：哦，哦。

穆勒：他们所做的，您说得非常正确，第 39 营，在给您汇报的第一部分中，的确与第 21——

尼克松：是吗？

穆勒：——但是他们和这里的军事行动没有关系。

尼克松：现在，对于艾布拉姆斯将军的以海军陆战队代替空军的计划来说——将会用一个星期的时间，或者——？

穆勒：是的，先生。我认为是这样的。不过，我已经问过他什么时候能完成。如果您看看这儿，您就可以看到现在海军陆战队在哪里了。您看，这个绿色的——

尼克松：是吗？

穆勒：——表示南越军队的位置。这里有一些海军陆战队。他们中有一些留在后方是作为预备队；他们将会被调往前线——

尼克松：嗯。

穆勒：——但是，他将要，在未来几天，他将要把他们调到这里，我非常肯定。

尼克松：好吧。

穆勒：那么在 [******]。还有，他想提出那座桥的事情，要把它移到那里来代替这座。我觉得可能会碰到这个。[******]

尼克松：他在南越的预备队保存得怎么样？他还——在他把这些调过去之后——他在南越的预备队还有吗 [******]？但是昨天我们会面后梅尔文提到的那一点是——也可能是在 [******] 会谈的时候——北越人一定会竭力把他们切断，在我们的后方——在 9 号公路沿线的南越部队，把他们切断。这个行动是——，在这方面我们有没有什么情报？

穆勒：嗯，有一份情报大概是说两个团正在直接南下。

尼克松：好的。

穆勒：沿着——差不多沿着这条线。

尼克松：是的。

穆勒：如您所知，这个——

尼克松：我们在干什么？仅仅是用空袭惩罚他们吗，还是——？

穆勒：是的，先生。我们做的远不止这些。我们正在派出巡逻队，并且，当然，当他们到达南越这边的时候，他们就会遇到抵抗 [******] 部队。但是，我们在这儿有一个非常大的火力支援阵地，我们有火炮，我们有 24 小时的不间断炮火作为掩护。所有这些，所有这些情报艾布拉姆斯司令都有。此外，当然可能有一些敌方的火力，但是我认为——赫尔姆斯先生也会支持我的观点——这是长期以来第一次，北越人愿意，很明显愿意承认，（损失）大约有一个营的部队，他们很长、很长时间都没有这么做过了。

尼克松：那么，看起来，北越人很明显地正在做的是努力——

穆勒：我认为——

[******]

尼克松：现在他们正努力保存有生力量。不是以武元甲的方式，而是集中全力重点突破。是这样吗？

罗杰斯：是这样的。我们有没有截获任何 [******]？我们有没有截获什么通话？

穆勒：是的，先生。

罗杰斯：您明白我的意思？

赫尔姆斯：嗯，我们的确获取了一些通话。这些通话说："坚持战斗。"我的意思是，只是给这些部队的一些明确的指令。哦，这是这么多年来我们第一次遇到这种情况。

穆勒：不仅如此，他们还正在建立指挥部——

[******]

尼克松：你说什么？

穆勒：先生，他们正在这里建立指挥部，他们称之为 70B 的地方，来指挥整个军事行动。此前，他们一直把军事行动的指挥权授予不同地区的前线指挥部，而现在，他们把指挥部——

尼克松：是的。我猜想我们的空军，像往常一样，并没有能力获知该如何打击这样的指挥部，是吗？

穆勒：嗯，先生，如果他们让最高将领在那些司令部指挥的话，当然，他们会派 B-52 轰炸机来打击这些目标的。[******] 必须得确定这些高级将领的动向——

尼克松：是这样的吗——？

穆勒：——每天。他们从一个地方转移到另一个地方，等到你知道他们是在——

尼克松：是的。

穆勒：[******] 据说要下到蓝山——或者更确切地说许普行动中，我们就能识别出那些司令部，派出 B-52 轰炸机进行打击，并且几天前消灭了在这里的第 20 司令部。

尼克松：迪克，有一点让我担忧，我在电视和其他地方以及新闻综述里看到，我们的情报人员说我们的情报来源不足、不当、不良，并且这就是我们遇到的抵抗远超过我们预计的原因——

赫尔姆斯：总统先生，遇到的抵抗不出我们所料。就在那儿，在计划开始事实之前我们就已经分析清楚了——

尼克松：他们都援引"一位高级官员说——"

赫尔姆斯：如果那个高级官员根本不了解情况呢？在开始这次军事行动很久之前，我们在这儿向您汇报的时候，我们就在这幅地图上指出了附近所有的部队，并且 [******]。

穆勒：我们当时认为 [******]。

尼克松：我并没有认为 [******] 查出说这话的高级官员是谁——

赫尔姆斯：[******]。

尼克松：好吧。继续。

穆勒：那么，先生，这就是——关于这个问题就这些了。当然，就像我在这里说的，现在那里是晚上了。他们会再次开始战斗，早晨的第一件事。艾布拉姆斯将军报告说，陈文蓝将军非常坚决，并且——

尼克松：是的。

穆勒：还有，现在，这个问题非常有意思的一个方面是，探测设备表明，在过去24小时里表明，这正好证实了我们昨天讨论的，我认为，如果您看看在这些火力支援阵地正在发生的事情。您看，在通过611阵地的922号路线上——

尼克松：嗯，嗯。

穆勒：发现9辆卡车在沿着路走。当然，在9G号线路上，这就是他们已经再次尝试的一条路线，——嗯，昨天他们一无所获，而今天向北的有2辆，向南的有5辆。这本来是，我们的确知道有什么事儿要给予打击。我们的确知道那条路上有敌人的军队，所以，我猜测这5辆卡车可能载有一些东西。让我再回到99号线路上来，这条路一直通向南边，三四天之前，我们在这里发现有86、88辆，昨天，我们发现14辆卡车，其中一些在空袭中被干掉了。

尼克松：非常重要。

穆勒：但是只有30辆。然后，您看914B号线路，这条线路是我们一直以来都非常感兴趣的。他们——一直延伸到这儿的这条。

莱尔德：是的。

穆勒：它是一条——

[******]

穆勒：——（2月）23号——

莱尔德：向上找那条"基辛格小道"。

（大笑）

穆勒：23号发现100辆，24号有84辆，昨天有28辆，今天有17辆。所以，我认为，总的来说，毫无疑问，事实上他们已经减慢了速度，这很明显。现在，我只是简要汇报了一下通过这些途径输入物资的情况。

尼克松：是的，并且这只是一个方面：只有很少的数据还有效，但是 [******]。媒体会把它泄露出去，等等，等等。换句话说，在这事开始之前还有很多的陷阱，而且现在很多 [******]。这些事情人们能理解，是吗？

穆勒：嗯，我们手上的还不够。我本来可以给您提供一些更好的图表来展示并且说明要点，但不是，现在，我们的情报表明，还有——这些已经是5天前的了，因为需要花很长时间去汇总信息。无论如何吧，已统计的过往的输送量一直很高。所以，按目前的统计来看，我们正开展军事行动的这一地区的北部仍有大量的物资。

罗杰斯：汤姆，但那正是我说过的造成困惑的原因。你已经读了那些报纸，有人说——

尼克松：[******]——

罗杰斯：——这运输量更大——

[******]

罗杰斯：现在，情况是：只有运进，没有运出。我们在努力做的事情是要彻底切断它。我的意思是，在车邦以南的运输量已经大幅地减少了。

穆勒：这是对的。

罗杰斯：但是，就像你读到的——有时候读报纸——

尼克松：关于这个问题先这样吧。

……

尼克松：有一个关于非军事区的问题：当然，我们有意地模糊了声明的主要目的，这是考虑到了北越人——南越人，他们在北越的作为。当然，目的不是因为他们要向北进军。我们都知道这一点。没有我们的帮助，他们无法这样做。但是，对于这一点我并不是这么看的，我认为主要目的是牵制那些军队。我说的这些难道不对吗？

穆勒：绝对正确。

尼克松：他们现在获得了一次射空门的机会。他们仅仅是把我们的人赶出去，然后再占为己有。

穆勒：正如您所看到的，他们并没有减少军队的总数，但至少是回到了那里，就在非军事区，他们——

尼克松：有多少美国人——在非军事区对面，大约有多少穿过了那个区域的美国人？

穆勒：嗯，在这个大致的区域，我们大约有9000人。

尼克松：我明白了。嗯？只有9000人吗？

穆勒：是的，先生——

莱尔德：美军作战部队。

穆勒：美军作战部队在这里，先生。

尼克松：是的。

穆勒：我们正在谈论的是关于直升机的作战，以及支援人员，再加上那些在溪生的人。

尼克松：好吧，在溪生的。你的意思是所有在溪生的人，还有非军事区下半部的所有人，加起来只有9000名美国士兵？

穆勒：大约有9——

尼克松：我知道作战部队的数量。我想知道所有的美国人。在那个地区有多少人？

穆勒：[******]

尼克松：哦，我的意思是他妈的全部。是多少？

[******]

尼克松：5万？

莱尔德：[******]到岘港并通过那里——

穆勒：正确。要看您指的地方有多大，向南——

尼克松：好吧。

[******]

穆勒：但是他们，传统上来说，在上面这儿有8000人，而我们在这个封锁区有大约9000人。

尼克松：现在，我要说的重点和多少场作战、军事或其他的部队没有关系。和这个有关：一旦人们到了那里，如果双方遭遇，北越人认为他们获得了一次射空门的机会，那么有多少美国人会身处险境？在目前，是9000人的作战部队？还是2.5万，还是5万——

穆勒：[******]

尼克松：——美国人？不算作战部队——

穆勒：是的，先生。我认为大约是，嗯，根据我的了解，我认为这个数字是2.9万人——

尼克松：我需要再核实一下这个数字。把这个数字——

穆勒：总统先生，我们是否该沿着这条路继续走下去——它取决于在哪里停止。

[******]

穆勒：如果您把所有在第1军事区的都包括在内的话。

尼克松：好吧，第1军事区。就这样好了。给我把那个放到 [******] 非军事区下面。那，这的确就是所有的了。[******] 现在，第二个问题是，关于整个 [******] 等等。正如我们在这个屋子里的所有人都知道的，其目的是 [******] 就像你小跑，用船把5000名海军陆战队员送到战场上，让北越人在那里担惊受怕，从而牵制他们一些人，让他们不能到这里捣乱。是这样吗？

穆勒：是的，先生。

莱尔德：现在，我们正在和 [******] 开会的时候，说这个星期他需要更多的——

尼克松：很好。

莱尔德：——和——

尼克松：都可以。

莱尔德：——我们一直在关注着一直到那儿的这些交通走廊（pass area），并且尽一切可能获得最好的情报。中央情报局和国防情报局一直在紧密地合作着。

尼克松：嗯——

莱尔德：在上面这里还有很大一批，但是我认为这或许是值得的，但是我不认为它会——

尼克松：[******]

莱尔德：——这个星期。

尼克松：我们还有一个星期。

莱尔德：因为——

尼克松：对不起，但是我们会展示。我正要谈这个。但是，必须明白：军事手段才能把那些人牵制住。仅此而已。

穆勒：已经这么做了，先生。我们已经截获了——

尼克松：我知道，我知道，但是我得继续打击这些交通走廊。

……

尼克松：不要告诉他们消息。例如，我告诉过齐格勒，当他们问到："如果他们向北进军的话，那么美国在支持北越——南越人上的立场是什么？"他就说："先生，在这方面我没有什么新的消息可言。总统在新闻发布会上完整地谈了这个问题。下一个问题？"

罗杰斯：嗯。

尼克松：因为我确实谈了这个问题。我说过："显然我并不知道南越人将要做什么 [******]。至于我们的政策，将完全取决于我们在南部的武装是否会受到威胁。"并且我们所有人都知道那是事实。确实，实际上会说我们不会的。而且，如果有人真的问了这个问题。他说："嗯，如果真有这样的行动并要求共同努力，等等，怎么办？你会怎么做？"我说："当然，为什么我们没有做任何类似事情的计划。"但是，你看，关键是，梅尔文，它有新闻价值——

莱尔德：是的。

尼克松：——无论何时一位新闻发言人都要把工作做好，但是无论何时一位新闻发言人在发布会上回答问题时，都要尽力直接给出答案，而不是告诉那些狗崽子："先生，我建议你参考国务卿对此的评论。下一个问题？"你看，但那不是新闻，因为并没有什么新的东西可言。难道你不同意吗，比尔？

罗杰斯：对他们而言，能做到那样很难，但他们应该那么做——

35

尼克松：我总是这样做。

……

尼克松：你知道，另外一件事是，可以确定的是艾布拉姆斯正在向谁射击，是老挝，南越人可以至少赢一次，但仅仅是无价值的一次，无价值的一次。是的。拿下一小片臭烘烘的山丘，当回事儿似的带回一两个俘虏，或其他东西。我确信这是他们能提到的所有事情。

穆勒：[******] 我的意思是，抓获了一些人，抓了一些俘虏，并杀了250名幸存者——

尼克松：不，他们不相信这些数据。

罗杰斯：汤姆，没有任何迹象——

尼克松：俘虏。

罗杰斯：——士气低落——南越军队情况恶化？

穆勒：不——

[******]

尼克松：这正是我所担心的。

罗杰斯：我认为，我们必须、您必须确信那儿的每一个人都非常的 [******]。即使是一个信号，因为我们能够马上着手——

尼克松：是的。

罗杰斯：——因此并不 [******]。

尼克松：我们不能什么也没有。南越人士气低落这件事非常重要。

穆勒：是的，先生。我们意识到了——

尼克松：至于北越人，我认为，当我们进攻他们的时候，他们就会意识到这点的——

[******]

尼克松：你是怎么想的，迪克？

赫尔姆斯：你说得很对。我认为——北越人现在正处在非常困难的时期。这次，只要北越人坚持到底，当梅尔文旅行回来之后，这次行动就该结束了 [******]。但是北越人会坚持反抗，我们会给他们重重一击，等等。他们不仅会在人员方面，而且在供应上也会遭受损失。

"他的人民被钉死在那儿……
足有五百万人葬身火炉!"

> 1971年3月9日,下午5:36
> 理查德·尼克松、鲍勃·霍尔德曼和约翰·埃利希曼(John Ehrlichman)
> 椭圆形办公室

  在尼克松第一届任期内,总统国家安全事务顾问亨利·基辛格是每一项重大外交政策中的关键人物。总统制定政策,基辛格去实施。有时,当权力之战爆发的时候,尼克松不得不协调基辛格和国务卿威廉·罗杰斯之间的关系,这种事时有发生。尼克松感到,如果世界上有一个地方不该由基辛格去引导美国的政策的话,那就是中东。尼克松担心,基辛格众所周知的犹太血统会让人们觉得美国在中东的偏袒立场。

……

尼克松:至于亨利,你知道的,他正在谈论他的问题。你明白,这事儿我只和你说。他正在——我不知道他为什么读了所有的这些材料。显然这个星期的《新闻周刊》(*Newsweek*)有篇文章谈论了他的——

霍尔德曼:在一场新闻发布会上——

尼克松:——宗教背景,或者什么事情,或者是他 [******]——

霍尔德曼:这正是我要说的,犹太人。

埃利希曼:犹太人。

尼克松:是的,他正在谈论这事儿。萨菲尔(William Safire)给了他这些材料。他极度不安。他觉得现在真的应该辞职了。你知道,他来的时候很少提到 [******],诸如此类。他的立场 [******]。这种立场正是我持有的,这非常,我说:"好吧,瞧,我现在不想谈论它了。我们手头有几件大事还没解决。老挝、与苏联达成协议的可能性，以及限制战略武器谈判。"[******] 并且我跟他说："我们不能放任情况恶化而让他为之困扰。"此外，我还说——但是亨利这件事儿上的问题很简单。我必须说，比起罗杰斯，亨利更为诚实，因为他知道自己有自大的毛病。所以他会说，"当罗杰斯在场的时候"，"我就变得很自负"。罗杰斯的问题和他不一样。罗杰斯是虚荣心的问题。亨利不是虚荣心的问题。亨利的自大是有原因的，[******] 虚荣心。

　　政府正在起草一份关于中东问题的文件，显然他必须被排除在外。我的上帝啊，要是亨利能够——即使只在这一个问题上——不事必躬亲该多好啊！我在这后面的 [******] 是真实的。任何犹太人都无法处理好这件事。我知道，即使亨利会尽可能地做到公正无私，他都无法避免受其犹太血统的影响。你知道，把你自己放到他的位置上想一想。仁慈的上帝啊！你知道，他的同胞正在那里被屠杀。我的天啊！足足有五百万人葬身于火炉！鬼知道他对此会作何感想？！

霍尔德曼：好吧，他应该意识到，即使他在这件事上没有任何过失，对于这个国家来说，由一个犹太人来制定美国对中东的政策，这件事本身就是错误的。

尼克松：是的。

霍尔德曼：他应该意识到这点。因为，如果出现了任何差错——

尼克松：对。

霍尔德曼：——那么他们会说这是由一个该死的犹太人造成的，而不会骂美国人。

埃利希曼：我们之前在卫生问题上就遇到过这种事。

霍尔德曼：是的。作为一个信仰基督教的科学家，你也不应该制定关于卫生问题的政策。

埃利希曼：是啊，这正是我汇报这件事的原因。

"就限制战略武器问题同苏联反复磋商"

> 1971年3月11日，下午4:00
> 理查德·尼克松，鲍勃·霍尔德曼和亨利·基辛格
> 椭圆形办公室

在3月初的时候，多勃雷宁大使尝试着巧妙地利用同尼克松和基辛格的秘密会谈，来讨论限制战略武器谈判中关于反弹道导弹的问题。他和主要的谈判对手史密斯联系，并利用他与总统进行周旋。多勃雷宁希望签署一个仅涉及反弹道导弹的协议，并就此事向史密斯施压，这一协议可能会在1971年进行协商，而关于进攻性武器或防御性武器的协议却无可能。史密斯告诉多勃雷宁他必须听从总统的指示，而这些指示强调了控制进攻性武器和控制防御性武器之间的关系。

……

基辛格：顺便提一句，我认为俄国人觉察到了这件事。我现在正在读史密斯记录的和多勃雷宁的谈话。那个狗崽子已经拿走了您的信，还没有告诉史密斯他已经得到了，他这是在算计着史密斯是否会透露更多。

尼克松：确实。

基辛格：史密斯对此大跌眼镜，因为多勃雷宁总是说俄国人绝不会接受和华盛顿系统对反弹道导弹战略做交易。昨天多勃雷宁什么也没有向他提出。而这确实帮了我们的忙，因为如果他们现在带着那封信回来，这看上去就不像是您随意做出的决定了。我们已经和莱尔德在国家安全委员会会议上确定了对此事的立场——

霍尔德曼：现在很容易报道——

基辛格：多勃雷宁已经来了，并且你——这对我们更有利。今天下午斯库普·杰克逊（Scoop Jackson）打电话过来，他说倘若我们想在华盛顿防

务上占他的便宜的话,别忘了他曾经为我们做过辩护——

尼克松:我们不会那样做的。

基辛格:——在防卫措施方面,他绝不会原谅我们的。

尼克松:好吧,你告诉他我们不会了吗?

基辛格:我已经告诉他我们不会的,他应该来了。这个星期六我将会跟他见面,我将——

尼克松:好的。

基辛格:——我会告诉他的。

尼克松:因为毕竟,他是个明白人。

基辛格:我认为他是个明白人。

尼克松:嗯,是的。

"反弹道导弹协议。它很好,只要你能做到;但那将会成为一场灾难。"

> 1971年3月12日,上午8:50
> 理查德·尼克松和亨利·基辛格
> 椭圆形办公室

起初,在关于进攻性系统的谈判仍在继续的时候,尼克松打算同意苏联的建议,签订反弹道导弹防御系统协议(ABM)。3月9日,国防部长莱尔德严肃地警告尼克松:"即使有了非正式的进攻性武器协议,我们也不应该只接受正式的防御性武器协议。"3月12日,尼克松通过多勃雷宁了解到,苏联的领导人——勃列日涅夫坚持除了预期的反弹道导弹协议之外不会签署其他协议。尼克松并不打算同意,因此他不得不就由谁给谁写多长的一封信,以及什么时候写等问题做出决定。

……

基辛格：我见到我们的朋友了（多勃雷宁）。

尼克松：哦，是吗？

基辛格：他给了我一个答复，是一封草稿信，他们将会交给您。现在我们正在进行一些磋商。我不知道您是否想先听听细节。他们想要您写一封简短的信。

尼克松：嗯。

基辛格：事实上，有许多细节——

尼克松：哦。

基辛格：——在我的。

尼克松：哦。

基辛格：并且多勃雷宁说——

尼克松：好吧，至少，这毕竟是一个答复。

基辛格：他们想要再次确认一下峰会的事情。

尼克松：好的。好的。

基辛格：并且他们说——

尼克松：他们想要现在就宣布吗？

基辛格：不是。

尼克松：难道他们不想宣布？

基辛格：不是现在。总统先生，（这）太快了。

尼克松：好吧。瞧，我只是想探探他们的底。

基辛格：但是——

尼克松：好吧。但是关于这个，他们想要现在就互换信件吗？

基辛格：嗯，是的。哦，是的。

尼克松：你觉得我们可以吗？不如你来给我简要总结一下怎么回事？

基辛格：好吧，互换信件是我跟他提出来的，在您的信件的草稿里，是一份关于冻结武器数量的非常详细的协议。

尼克松：好吧。

基辛格：他们不想这样做。多勃雷宁非常坦率地说他们不想要这样，因为他们都不能聚在一起筹备党代表大会——

尼克松：是的，是的。好吧。那又能怎么样？

基辛格：因此他们给了我们一个很短的答复，并建议我们给他们一封更短的信件，这封信只需谈论原则问题而无须讲技术细节。

尼克松：但是，它提到了进攻性和防御性武器了吗？

基辛格：是的。我们现在坚持一点——

尼克松：是的。

基辛格：——就是我们必须跟他们达成协议。

尼克松：是的。

基辛格：当然，他们像以往一样讨价还价。他们说："首先让我们详细地谈谈防御性武器，然后我们再讨论一下冻结数量的问题。"我告诉他，我们还不知道你的想法——

尼克松：嗯。

基辛格：——但是这太模棱两可了。总统先生，我认为，我们必须要求的是让他们同意冻结部署武器的原则。然后，我们就会授权史密斯谈论限制反弹道导弹的问题。之后，在所有的事情结束之前，我们将会同意冻结的细节。我并不认为苏联部署了新的导弹，我们就能容许签署一个仅仅涉及反弹道导弹的协议——

尼克松：不能容许。

基辛格：——这并不具体。

尼克松：是的。

……

尼克松：我的观点是，首先得到你能得到的，然后无论如何一起签署个协议。对他们来说这非常好——我的意思并不是——你明白我的意思了吗？特别是反弹道导弹协议。它很好，只要你能做到；但那将会是一场灾难。

基辛格：灾难。好的，要是用某种话来说，他们是——

尼克松：那将会是个错误。好吧，我不知道你能得到什么。

基辛格：用这种语言也是。他们更喜欢用"莫斯科和华盛顿"而不是——

尼克松：不是什么？

基辛格：而不是"两个地点"。这些是——

尼克松：好吧，他们无法对这些进行实质性的比较，亨利。

基辛格：确实如此，总统先生。我认为问题的实质是他们已经走到这一步了。这是他们此次试探中最初的立场。显然他们会努力达成最好的协议。

尼克松：是的。

基辛格：我认为他并没有期望我们会接受这份草稿信，正如我之前说的那样。

尼克松：是的。由你们俩继续做这件事——他同意吗？

基辛格：是的。

……

基辛格：史密斯不会造成任何问题，因为他有4个星期没有什么动静了——

尼克松：很好。

基辛格：我们会在两星期内把这个处理完，只留下两个话题讨论。

尼克松：好的。

基辛格：依我看，10天内就可以完成。

尼克松：你的意思是在10天内我们就可以互换信件？

基辛格：在两星期之内。除非出现全盘僵局，当然我认为后一种情况并不可能出现。

……

尼克松：听着，我们不得不坚持自己的计划，但是，我认为现在做这件事会产生很大的影响。我们现在需要这样的东西。

基辛格：好的，我们会有的——

尼克松：去达成那该死的协议吧。你知道它并没有什么不同。无论如何我们都会同意处理这件事。去完成你能达成的最困难的协议。

基辛格：这封信需要加紧完成。我认为，总统先生——

尼克松：你去处理协议，我来写这封信。

基辛格：哦，好的。之后我们能做的可能是——我们可能不得不接受"莫斯科和华盛顿"。

尼克松：但是斯库普·杰克逊怎么办呢？

基辛格：没事儿，他仅仅是一名参议员。

尼克松：不要把这事儿告诉他。

"他们说我们把进攻性武器和防御性武器联系在一块儿实在是固执。"

> 1971年3月16日,上午9:30
> 理查德·尼克松和亨利·基辛格
> 椭圆形办公室

3月15日,关于《限制战略武器条约》的正式谈判在维也纳重启——这是第55轮会谈。同时,华盛顿和莫斯科一方面公开讨论计划召开的峰会,另一方面在私下里就峰会的议题讨价还价。

……

基辛格:总统先生,我是否能问问您那封信的事,以便——
尼克松:当然。
基辛格:——我今天就能交给多勃雷宁。
尼克松:好的。
基辛格:他们在星期四会举行政治局会议,因此他必须在今天下午4点之前拿到这封信。
尼克松:可以。
基辛格:(给尼克松看了几份草稿)这是我们现在的立场。

……

基辛格:这就是他们想要说的,所以您看,内容更多一些。这与他之前的草稿的建议相反。(停顿)请您注意,这封信对冻结的事只字不提。
尼克松:(阅读)"就限制进攻性战略武器进行协商并达成协议。"
基辛格:我认为他们会接受这个的,因为——
(尼克松读了他致柯西金的信的几份草稿)

基辛格：[******]

尼克松：嗯。行吧。

基辛格：如果我们不能达成协议的话，那么到星期五我们就会知道。

尼克松：无论怎么看，你认为我们会达成协议吗？

基辛格：我认为我们有五成以上的把握。

尼克松：我想知道，如果我们把自己置于[******]，就说我们应该在我们确定之前达成协议。

基辛格：之后我们可以冻结。哦，您的意思是在反弹道导弹方面？

尼克松：两方面都是，亨利。你明白，冻结可能——它仅仅是一份文件。[******]涉及分导式多弹头。我的意思是，它是——

基辛格：我们甚至在正式提议里都没有要求涉及分导式多弹头。

尼克松：我知道，但是，我现在需要确认我们的处境是否会比现在更糟糕。

基辛格：我认为应该努力用一个新的方案来打破僵局。如果他们在技术问题上僵持——我记得他们想要达成协议。

尼克松：我们正在做的是——我们在维也纳谈判的协议会产生反作用。但仍值得一做。在反弹道导弹问题上我们仍谈不拢。之后我们会在进攻性武器方面僵持不下，然后才会同意进一步的协商。

基辛格：那么，总统先生，现在该怎么应对这种僵局——例如，今天《纽约时报》又有一篇长篇社论，尽管这并不重要，但是他们说我们把进攻性武器和防御性武器联系在一块儿实在是固执。这是你们打破僵局的方式。不管我们在信里写点什么，仍然——不可能面面俱到，因为——

尼克松：《纽约时报》仍希望《限制战略武器条约》中包含限制反弹道导弹的内容。

基辛格：没错。

尼克松：他们这么想，因为这是每个反对反弹道导弹的人的动力，不过是走回头路并敲定它。对吗？

基辛格：对的。但是如果是那样的话，我们现在做的要比《纽约时报》建议的更好。他们之所以接受，是因为我们也接受冻结进攻性武器。你将得到一个限制反弹道导弹的好机会，这个机会不同于他们想要的，即"华盛顿"——

尼克松：嗯。你看到什么 [******] 了吗——？

基辛格：我的意思是，我们仅仅——

尼克松：他们想让我们停下吗？

基辛格：是的。我们将会告诉史密斯坚持——

尼克松：3 个（导弹基地）。

基辛格：——我们现在的计划。但是，他们现在得到的指示是 4 个，我们可以让他缩减到 3 个。当然，我们真正需要的是雷达，对于雷达来说 3 个还是 4 个都一样。只要我们得到——3 个，我们就会得到更少的发射装置。

尼克松：好吧。那么，让我们继续吧。我们还是那样做。

基辛格：好的，总统先生。

尼克松：很好。

……

基辛格：我觉得每当我们尝试会见并安抚这些自由主义者时，他们就变得更令人讨厌——

尼克松：情况更糟糕。

基辛格：在我看来，每当我们坦率地同他们会面时，他们就会开始哀号。

尼克松：该死的。我觉得我们现在没必要担心他们。

基辛格：我觉得不是——

尼克松：——我认为现在的问题是：我并不确定《限制战略武器条约》的事情是否那么重要。我认为现在最基本要做的就是安慰那些批评者。或许这才是最明智的。

基辛格：好吧，我觉得——我昨天约见了一帮商界精英。

尼克松：是的。

基辛格：我认为这可以看成是很有希望的事。这将是峰会的前奏。我想，如果我们那样做，这次峰会——拉什发给我一份电报，表明多勃雷宁跟我谈论的一些事情正在开始反映出他的立场。

尼克松：哦。

基辛格：我想——在柏林，所有我们能做的事情就是减少损失。但事实上，勃兰特（Willy Brandt）已经实际上放弃了对那里局势的掌控。所以——

尼克松：当然。我们没有什么可以失去的。

基辛格：是的。

尼克松：没有什么可以失去，因为他已经没有可以失去的东西了。

……

尼克松：处理老挝的问题是正确的。处理柬埔寨的事情也是正确的。但是，我的意思是，我们做所有的这些是为了达到另一个目的。现在我们已经达到了另一个目的。

基辛格：您说得对。

尼克松：一旦我们达到——现在，我们做每一个决定时不仅要考虑它会对西贡产生什么影响，还要考虑它会对我们产生什么影响。

基辛格：我完全同意。

尼克松：现在——

基辛格：另一件事情——

尼克松：我们必须记住我们向苏联人做出的让步——都与这息息相关。并且现在关于阮文绍，我们必须记住我们对苏联人的看法，也都与这息息相关，并且我们——

基辛格：如果我们能——这次会议的好处在于，即使达成不完整的《限制战略武器条约》，无论这个条约如何，它都比《禁止核试验条约》要好得多。

尼克松：当然。当然。当然。

基辛格：并且——

尼克松：我同意你的说法。它将会平息——

基辛格：——它将会平息人们的不满。他们绝不会在他们的总统正为峰会做准备的时候抨击他。

尼克松：是的。

基辛格：而那会让我们得到好几个月的安稳日子。我们要考虑的是夏季和阮文绍的会见。他要求我们停止介入战争。那将会是——

尼克松：我们必须解决所有的这些事情。战争的事情，征不到兵的事情————

基辛格：您说得对。

尼克松：——为了使这些问题降温的一系列公告。
基辛格：是的。

后记：尼克松要求基辛格去协商一份协议，即两类武器系统都将会包含在《限制战略武器条约》里。

"宣告这整个该死的事情，就这样了。战争作为一个问题就结束了。"

1971年3月18日，下午6：25
理查德·尼克松、鲍勃·霍尔德曼和亨利·基辛格
椭圆形办公室

更新关于柏林问题的协议，是1971年中诸多有待解决的问题之一。自第二次世界大战结束以来，柏林被分割占领，最初的四个区域被划分成东柏林（受苏联保护）和西柏林（受美国保护）。整个柏林城区位于苏联的卫星国——东柏林的领土上，这使得西柏林成为西方文化和统治的孤岛。它本身就是美国支持铁幕内非共产主义者的一个刺眼的象征。但是，为西柏林提供食物和其他生活必需品非常棘手，因为苏联想要封锁这座孤城。与此同时，尼克松和基辛格处理着大量关于越战战争进程的情报。

......

基辛格：多勃雷宁发来一个消息。
尼克松：好的。
基辛格：他们提出一份关于柏林问题的协议草案，初读起来，还是可以接受的。我通过秘密渠道把信发给了拉什，让他分析评论。但是我跟他讨论了两个问题，一是联邦德国的存在，二是做一些重大的让步。
尼克松：嗯。

基辛格：他10分钟前打电话跟我说，希望在星期一之前收到我们的初步回复，他们非常渴望取得一些进展。

尼克松：嗯。

基辛格：我说："好的，正如你知道的，这封信里有很多内容是完全不能接受的。"他也意识到了。

尼克松：关于柏林？

基辛格：是的，关于柏林。

尼克松：好的。

基辛格：但是他说："但是，正如你所知道的，这些不能接受的部分对你来说没有一个会令情况变得更糟，许多部分还会令情况更好。"——这倒是真的，我认为我们应该利用柏林让他一直谈——

尼克松：当然。

基辛格：——并且去做——

尼克松：但是他也期望你——他仍觉得他将会在星期一收到关于另一个提议的答复吗？

基辛格：是的。但是我不会给他答复，直到——

尼克松：当然不能。

基辛格：——他给了我关于另一个提议的答复。

……

基辛格：关于这些问题，我们还有另外一个两小时的会议。

尼克松：是的。

基辛格：——后勤，这完全是一个复杂到令人绝望的议题。这个星期内我会给您写一份备忘录，没有数字，仅供——

尼克松：我不想读任何备忘录，因为我下个星期将准备史密斯（霍华德·K.）的事情——

基辛格：不，不，但是我觉得您在史密斯的事情上可以用到它——

尼克松：哦。哦，我明白了。

基辛格：不会用数字，但是要展示出那些让我们对取得成功充满自信的因素。现在，我真的是非常自信，现在我们已经解决了这些事情。

......

基辛格：因此，他们在那儿部署了5万人军队，去年他们在那儿有7000人。如果您为5万人的军队增加大米的消耗量——

尼克松：嗯。

基辛格：——您创造了一个全新的消耗模式，之前没有一个人这样做过。

......

基辛格：因为当您增加一些物资的时候，在老挝南部需要补给的人数由去年的8000人增加到今年的5万人，并且——

尼克松：[******] 亨利，我告诉你我有种感觉。有其他的原因。我仅知道，我们要进入那里，那些老挝人吓得魂飞魄散 [******]。

基辛格：把他们吓坏了。

尼克松：是把他们吓坏了。其中的一部分——这使跨国公司非常慌乱，而这些人是非常自豪的。另外一件事情——我想你的意思是——这些家伙现在不得不考虑他们的王牌。我们会弄清的。如果他们想要协商，他们不得不在接下来的三四个月里进行协商。

基辛格：是的。嗯，沃尔特·罗斯托（Walt Rostow）今天来过。

尼克松：哦，是的。

基辛格：当然，他经常出错，但是他——

尼克松：不，我——他不是那么——

基辛格：确实，他的判断一直——

霍尔德曼：完全正确。

尼克松：不。该死，不！我同意罗斯托的看法。他的演讲非常好，一切都好。

基辛格：沃尔特——

尼克松：他本应该来问个好的。

基辛格：嗯，沃尔特·罗斯托说——

尼克松：他知道我们正在做正确的事情，难道他不知道吗？嗯？

基辛格：完全知道。他，他——

尼克松：嗯？

基辛格：——今天他说了一些话——他说——对他来说那真的需要付出很多——他说："如果我们能把你们的总统和我们的内阁组成一队的话，那么我们真的会做成一些事情。"

尼克松：（哈哈大笑）[******]

基辛格：嗯。

霍尔德曼：那真有意思。

尼克松：好吧——

基辛格：这是个有趣的——

尼克松：好吧，他有腊斯克（指美国前国务卿迪安·腊斯克，Dean Rusk），当然，腊斯克可是中流砥柱。

基辛格：是的。还有麦克纳马拉（指美国前国防部长罗伯特·麦克纳马拉，Robert McNamara），以他自己的方式——

尼克松：他一向奉命行事。

基辛格：什么？

[******]

基辛格：麦克纳马拉绝不会泄密。

尼克松：从来没有。

[******]

尼克松：但是沃尔特说了什么？

基辛格：沃尔特说直觉告诉他，他们准备谈判了，并且，周恩来对河内的访问——

尼克松：是吗？

基辛格：——（周恩来访问河内）是政治进程的开始而不是结束。

霍尔德曼：嗯。

基辛格：并且，今天俄国人在广播中抨击中国，指责中国在越南问题上的背叛。

尼克松：（笑）背叛？

基辛格：是的。

尼克松：我认为，问题就出在这儿。我认为双方的问题是——苏联在那里不能帮助我们的原因在于他们不能露怯，他们无法承担出卖越南人的指责。而中国人能帮我们的原因在于——他们不会因此受到谴责，因此河内的强硬派——

基辛格：当然，河内的麻烦在于——

尼克松：嗯？

基辛格：——过去十年他们都在反抗我们。他们至少失去了70万人。

尼克松：是的。

基辛格：在北越，已经有整整一代年轻人不能从事生产，甚至因此不能生育。

尼克松：是的。

基辛格：我敢打赌他们的出生率——我是严肃的——

尼克松：[******]

基辛格：——他们的出生率一定在下降。

尼克松：为什么——我的天啊，竟然没有人了！

基辛格：那儿根本没有人。

尼克松：是啊！

基辛格：总之——如果现在就停战的话，他们几乎一无所获。事实上我们现在能干两件大事——目前在越南境外有5个半师的北越和南越军队，他们一直无法开始游击行动。而这——

尼克松：在柬埔寨他们也没有开始。顺便问一下，老挝北部发生什么了？

基辛格：没什么。

尼克松：但那儿的麻烦到底是什么？

基辛格：几个星期前我们部署了一些B-52轰炸机。

尼克松：难道我们不是——但是，你知道的——

基辛格：他们都告诉过——

尼克松：——赫尔姆斯5个星期前告诉我们，我们又要输了。

基辛格：没错。

尼克松：或许我们会在下个月输掉？

基辛格：我们可能输掉，但是每个月、每个星期我们都更接近雨季。

尼克松：那里的雨季是什么时候？那里的很早，难道不是吗？

基辛格：6月中旬开始。

尼克松：6月中旬？

基辛格：是的。

尼克松：5月呢？因为那儿雨季波动很大，难道不是吗？

基辛格：是的。在柬埔寨，挨着的，却没有什么事情。

尼克松：是的。

基辛格：第四国道开放了。你看，当第四国道封闭的时候，媒体每天报道。现在没有保护的运送队每天都从西哈努克城到金边。而在报纸上却看不到任何报道——

尼克松：是的。

基辛格：——没有任何事故。

尼克松：——好消息从来都不会被报道。

基辛格：所以——

尼克松：好吧。当我们成功的时候，报道最终会有的。

基辛格：但是，我必须说，我发现这次分析非常鼓舞人心，因为我没有抱有那种期望。我不知道——

尼克松：但是，他们也得到了这一分析，亨利。并且他们不得不考虑他们的王牌。他们到底能做什么？

基辛格：他们现在仅仅有两个希望。一个希望是——

尼克松：把阮文绍弄出来——

基辛格：——随着10月份选举的到来，阮文绍将会垮台。所以，他那么严密地策划或许没有什么错。

尼克松：是的。

基辛格：另一个希望是我们的选举。但是我们的大选，在我看来，对他来说是一把双刃剑——

尼克松：是的。

基辛格：——因为如果你获得连任——因为在他们看来，你是最高深莫测的——而且现在，没必要再次选举——

尼克松：是的。

基辛格：没有报道是关于你将会做什么的。

尼克松：是的。的确如此。

基辛格：这是一个问题。第二个问题是：如果我们之前不给他们一个日期，如果你以非常好的形象卸任，就算你应当被击败，一个民主党总统敢于妥协并承受人们的责难吗？因此——

尼克松：是的。

基辛格：因此，我不确定对他们来说，是否1972年的选举和1968年的选举一样是个明确的信号。在1968年选举的时候，他们认为如果他们摆脱了约翰逊，他们就成功了。

尼克松：嗯。他们以为他们会等到汉弗莱（Hubert Humphrey）上台。

基辛格：他们以为他们会等到汉弗莱上台。但是，在1972年的选举中，局势对他们而言并不明朗。如果我们在私下里跟他们进行协商的话，这是一种观点——

尼克松：是的。

基辛格：——应该向他们说清楚。

尼克松：是的，是的，是的，是的。

基辛格：我认为这个夏天，如果国内形势保持良好的话，并且我们在最后期限上不妥协的话，那么最后期限就是我们谈判的筹码——

尼克松：它一定是的。好的，或许小小的备忘录能够帮忙。

基辛格：如果我们在11月份或者12月份或者10月份妥协了的话——如果我们到11月份还没有进行协商的话——

尼克松：我们会这样做的。

基辛格：——那么就没有任何不同了。

尼克松：是的。没错。

基辛格：我们会这样做的——

尼克松：是的。

基辛格：我们应该这样做。

尼克松：我们应该做的——到时候我们必须这么做。——我们不得不妥协。在阮文绍选举之后，我们将开一个小型会议——如果他被选上的话——

基辛格：是的。

尼克松：——并且宣告这整个该死的事情，就这样了。战争作为一个问题就结束了。

基辛格：没问题。

尼克松：（打个响指）就那样。开始吧！是时候行动了。

基辛格：但是，如果你现在做，你就会陷入[******]

尼克松：好吧，如果你现在就做，主要的问题是现在，如果你这样做的话，更重要的是——你仍有机会协商问题。哦，天哪，对于各方来说这才是最好的——

基辛格：[******]

尼克松：——去把它完成吧。而且我还有机会。你知道的，我绝不认为这是非常好的，但是现在有一定好处。之前是一点也没有。所以，这到底是怎么回事？

基辛格：现在——我们不会向他们提出政治提议。现在，我们只商讨军事部署。

尼克松：军事部署。共同撤军。

基辛格：是的。

尼克松：柬埔寨和老挝那边怎么处理？

基辛格：他们也不得不待在那儿。

尼克松：是的。好吧，嗯，如果有些事情——

[******]

尼克松：——或者至少是停火。

基辛格：是的，我们必须以两种方式中的一种来做成这件事。或者我们没必要共同撤军，只是仅仅为了我们的撤军和俘虏而协商停火，这样所有人就得再等一年时间，让他们在免受共产党的攻击的情况下做好准备。

尼克松：是的。

基辛格：并且，因为无论如何我们都将在一年半内撤出，所以是否同意在一年内撤出对我们来说没有任何影响。

尼克松：确实。

基辛格：一旦我们部队的数量低于10万人，我们就没有战斗力了——

尼克松：确实没有。

基辛格：——而且——

尼克松：嗯，空军。

基辛格：空军。是的，但是如果他们违反协议的话，我们可以依托泰国和航母做许多事情。

尼克松：嗯，我明白你的意思了。是的。好的。

"中国人确实在猛烈地抨击俄国人。"

> 1971年3月19日,上午11:45
> 理查德·尼克松和亨利·基辛格
> 椭圆形办公室

在巴黎公社成立一百周年的纪念日,中国报纸猛烈地抨击了苏联,认为它不配成为革命的接班人,是个极度穷兵黩武和奉行扩张主义的帝国。通过暗示勃列日涅夫是"无产阶级的叛徒",社论作者抨击苏联用警察来镇压苏联人民,并用军队控制世界上其他国家的人民。苏联则反唇相讥,指责中国只会努力讨好美国。

……

基辛格: 中国人确实在猛烈抨击俄国人。

尼克松: 中国人这样做了?

基辛格: 是的。并且——

尼克松: 关于什么事?

基辛格: 哦,关于资产阶级——在他们党代会召开之前,这可是真正的全力出击。所以——

尼克松: 这是场真正的战争。

基辛格: 是的。

"让这个国家毁于一旦。"

1971年4月6日，下午1：00
理查德·尼克松和亨利·基辛格
行政办公楼

当尼克松和基辛格考虑以什么样的方式与苏联对话时，他们仍继续关注着政治局势的风吹草动。

……

基辛格：今早发生了一件有趣的事情。那个贪得无厌的家伙——麦克乔治·邦迪（McGeorge Bundy）打来了电话。

尼克松：是吗？

基辛格：对他们来说，他是个极好的风向标。

尼克松：是吗？

基辛格：是的。

尼克松：你知道，他们过去总是给马斯基（Edmund Muskie）钱。你知道福特基金会资助了马斯基非洲之行的所有费用吗？现在，这基金是你的了。现在马斯基是位总统候选人。过去八年，我的出访都是用我自己的钱。我都自掏腰包。亨利，我通过为《读者文摘》（Readers Digest）撰稿来赚钱。我在律师事务所挣了25万美元，我的书也赚了25万美元，我为这整个该死的事情出钱。我从福特基金会那儿听到一个字了吗？多少基金会暗示说"瞧，尼克松，美国前副总统，将去国外了。此行没有党派的支持。我们将会提供帮助"了吗？没有。他们资助了马斯基这个狗崽子。唉，并且他有他的 [******]。

基辛格：好的，他（邦迪）又是吞吞吐吐的。并且——

尼克松：他对什么事儿这么讳莫如深的？

基辛格：嗯，他说："嗯，这事儿挺难的。"还有——

尼克松：是的，是的。

基辛格：——他获得的支持比你想到的更多。但他绝不会说这些。但是他确实说当他回来的时候——

尼克松：获得的支持比你想到的更多。我认为比我们想到的还要多。我并不——

基辛格：嗯，他提到过一件事：有一个联合国的家伙——苏联驻联合国代表团的——当邦迪是总统助理时和他一起工作。邦迪说，他昨天还是周末的时候给那人打电话，那个人说："我们想让您知道勃列日涅夫非常认真地想要改善同美国的关系。"他想知道我们是否想给这个家伙一个答复。不过，我——

尼克松：（大笑）

基辛格：我没有给他一个答复，因为——

尼克松：什么？

基辛格：我发表过声明，我们也是很认真的。并且——

尼克松：好的，勃列日涅夫八面玲珑。并且他很可能并不相信多勃雷宁的话。

基辛格：这非常有趣。这也是典型的俄国人的方式，努力地通过其他渠道处理事情。

尼克松：是的。是的。是的。是的。

基辛格：但是，我并不认为——直觉告诉我他们坚持到春天的原因在于，这次党代会是在勃列日涅夫的英明领导下召开的。并且我——

尼克松：他们什么时候会知道？他们什么时候会知道？这个周末？

基辛格：关于所发生的事？

尼克松：这次代表大会。什么时候结束？

基辛格：会议结束可能会在——

尼克松：或者已经结束了？

基辛格：没有，没有。从今天起一个星期内会结束。

尼克松：好吧。

基辛格：然后他（多勃雷宁）到时候会在一个星期内回来。

尼克松：好的，事情最好开始发生或者——你知道的，我——可能你不相信我，但是我能完美地扭转，我有能力——甚至我自己，甚至霍尔德曼都不会知道——我能够完美地扭转糟糕的局面。在我的生活中我还从来没有机会尝试过。但是如果我发现没有其他办法——换句话说，该死的，如果你认为柬埔寨让嬉皮士打仗的话，我们将会炸平该死的北部，就像它从没有被轰炸过一样。亨利，这就是为什么我会准备这些飞机的原因。他们还没有准备好，只是为了让这些人到那里。

基辛格：好的，我会——

尼克松：我们将要开始做了，并且我们将要炸死那些浑蛋，并且让这些美国人——让这个国家毁于一旦。

"有时候除了谈判没什么其他可做的。"

> 1971年4月7日，下午3：15
> 理查德·尼克松和亨利·基辛格
> 行政办公楼

1971年对尼克松和基辛格来说仍将是非常艰难的一年。战争并没有按照他们希望的方式进行，苏联人也没有按照他们希望的样子积极响应。此时秘密谈判已经进行了将近两年，他们迫切需要在某个议题上取得突破。

……

尼克松：看，亨利，我们面临的困难是：你必须清楚，有时候除了谈判没什么其他可做的。在明年的1月份，你到底要谈判什么鬼东西？

……

尼克松：你认为如果美国输了，这个国家将会何去何从？我不明白知识分子们为什么会，他们确实——

基辛格：他们不介意输掉。他们不喜欢美国，这就是区别。

尼克松：他们不喜欢，嗯？非常好。难道不好吗？我向上帝祈祷，让他们生在别处。我真希望他们能那样。

基辛格：他们没有爱国精神。

"你甚至让丹·拉瑟（Dan Rather）都站不稳了。"

53 | 1971年4月7日，晚上9：52
理查德·尼克松和葛培理（Billy Graham）
白宫电话

在每次重要演讲之后，尼克松总会在深夜收到来自朋友和政府主要人物的庆祝电话和即时分析。他在1971年4月7日晚上进行的关于越南问题的演讲也不例外，打电话的人当中包括受人尊敬的葛培理。葛培理不仅经常在宗教问题上给尼克松提供建议，此外还涉及政策和政治问题。葛培理的国际部同上百万人打交道，他的见解极具价值。这段对话的主题是葛培理关于美国是如何卷入越南战争的看法。

……

葛培理：我想告诉您，这是目前为止在越南问题上的最佳举措。我被您感动哭了。我真的觉得——

尼克松：您知道吗？我自己也哭了。每当我想起小凯文，想起他敬礼的时候，我就会心碎。

葛培理：我认为你甚至让丹·拉瑟都站不稳了。（大笑）

尼克松：是的。

葛培理：我认为这是绝妙的，并且我只是想要告诉您——

尼克松：您是在诺克斯维尔吗？

葛培理：不，我仍在维罗海滩，佛罗里达。

尼克松：哦，是的。

葛培理：我到这儿大概已经有 5 个星期了。

尼克松：您准备什么时候开始在肯塔基州进行改革？

葛培理：是的，大约两个星期内。

尼克松：哦，我明白了。

葛培理：但是我得先去加利福尼亚做几个演讲。

尼克松：好的。但是您觉得这是对的——当然我们正在打一场硬仗。您知道，每个人都想撤军，但是我必须逆潮流而动。我必须得做正确的事情。

葛培理：不过，我认为您今晚平息了很多不满。今晚之后，我看不出在这个世界上他们还能说什么。我觉得您给了像我这样的人一些可以坚持的东西，说真的，我会在星期五的《纽约时报》上发一篇社论，是我今早写的——

尼克松：为您高兴。

葛培理：——我今早写的。他们原本要求我昨天写的。

尼克松：很好。

葛培理：我把这整件事情的责任都推给了肯尼迪。

尼克松：这是正确之举！是他开始了这整件该死的事情！

葛培理：好的，我——

尼克松：是他杀死了吴庭艳！

葛培理：对的。

尼克松：是他把第一批 1.6 万名战士葬送在那儿！

葛培理：我说的是，我第一次听到这个事情是在他就职前四天，和他一起打高尔夫的时候。他说，我引用他的话："我们不能允许老挝和南越落入共产党人之手。"并且我——

尼克松：（大笑）

葛培理：我说当约翰逊总统接手的时候，我们在那儿有一支 1.6 万人的军队。

尼克松：对的！

葛培理：并且我说了美国的政治气候——

尼克松：而且吴庭艳被杀害了。您明白，比利，这儿的关键事情是肯尼迪，还有我必须说我们的朋友洛奇，同意杀死吴庭艳。正是吴庭艳的死，引发了这整件事情。

葛培理：整件事情。我还说了这句话，我说："现在参议院中的许多鸽派在当年可并没有那么'鸽派'。甚至是参议员富布莱特（William Fulbright），都在推动现在著名的《东京湾决议》。"我在社论上写上了所有的这些。他们已经采用了。他们将会在星期五上午把它刊印出来。

尼克松：做得好。无论如何，我都感激——

葛培理：但是我想它是——

尼克松：是的。

葛培理：您的真诚和叙事方式都非常棒。

尼克松：是的。

葛培理：这简直太精彩了。我——

尼克松：顺便说一下，我最后扔掉讲稿并谈起了在场的小男孩。那个小凯文，当他向我敬礼的时候，我几乎失控了。

葛培理：我相信您确实会的。

尼克松：您知道那是什么感受。

葛培理：我当然。

尼克松：这很艰难，难道不是吗？

葛培理：好的，愿上帝保佑。有很多人为您祈祷并为您拉票。

尼克松：相信我，比利，这对我而言意义非凡。您有坚定的信念，是吧？

葛培理：哦，那还用说。

尼克松：坚持自己的信念。

葛培理：好的，先生。再见。

尼克松：我们一定会赢。

"应该有某种方法让他（肯尼迪）被报道的。"

1971年4月9日，上午11：40

理查德·尼克松、鲍勃·霍尔德曼和罗恩·齐格勒（Ron Ziegler）

椭圆形办公室

在民主党提名1972年总统大选候选人之前的很长时间里，尼克松一直担心他和肯尼迪之间的再次较量是不可避免的。他败给约翰·肯尼迪（John F. Kennedy）已经将近12年了，而这次他的注意力集中在爱德华·肯尼迪（Edward Kennedy）身上。尽管肯尼迪明显是受认可度最高的潜在竞争对手，但这名来自马萨诸塞州的参议员仍未完全摆脱查帕奎迪克事件（Chappaquiddick）的阴影。那次车祸事件发生在1969年7月，肯尼迪驾驶的车突然从查帕奎迪克岛的一座桥上坠入海中，车里的一名乘客——玛丽·乔·科佩奇内（Mary Jo Kopechne）死亡。尼克松一直渴望着能够及时了解肯尼迪的政治意图，并愿意为此使用不正当的手段。

……

尼克松：该死的，应该有某种方法让他（肯尼迪）被报道的。我是不会给麦戈文（George McGovern）找麻烦的。当然，我想到的是泰迪，我想报道他的原因完全是从个人观点出发的。你可以从那件事（查帕奎迪克事件）上发现一些东西。

霍尔德曼：在那件事上他已经被报道了。

尼克松：你确定吗？

霍尔德曼：完全确定。

尼克松：你瞧着。我预测还会有更多的事情发生。

霍尔德曼：他们正密切关注着那件事和[******]。

尼克松：我的意思是，这是个判断问题。我的意思是，他简直要——

霍尔德曼：你看到他的妻子（琼）再次来白宫了吗？竭力打扮，着装很疯狂。

尼克松：什么？帕特（·尼克松）有没有[******]？

霍尔德曼：是的，参加一场参议员夫人们的午宴。

尼克松：她（琼）穿了什么？

霍尔德曼：一些——

齐格勒：连身丝袜。

霍尔德曼：——马裤，皮质的马裤——

齐格勒：外面套着皮质的马裤。

霍尔德曼：——类似于露脐装，或其他什么。

齐格勒：不，她们穿了丝袜，是肉色的。

霍尔德曼：哦，是吗？

齐格勒：并且她们裹着皮衣，你知道的，外面是皮马裤。因此你从远处看时，你会想，"天哪——"

霍尔德曼：你认为她是裸着的。

齐格勒：（大笑）"——她的确是。"但她穿着连身丝袜。

尼克松：太不可思议了。

霍尔德曼：她想要穿热裤，但是泰迪告诉她不可以。

齐格勒：她们真是奇怪的人。她们确实是。我认为，甚至——

尼克松：很粗鲁。她们他妈的到底是怎么回事？她想努力证明什么？

霍尔德曼：无论是什么，她是不会得到太多选票的，因为他们已经得到了，无论如何，这超时髦的适合阔佬们的装扮是给他们看的而不是给您看的。

齐格勒：我不知道，这个超时髦的适合阔佬们的装扮和那类事情没有任何关系。这只是一小撮人。

霍尔德曼：对的。

尼克松：嗯。

霍尔德曼：美国的中间阶层，他们并不认为他们喜欢，对大部分美国人来说，这是对白宫的侮辱 [******]。

齐格勒：哦，是的。

霍尔德曼：她每次来都会这么做。这就是她为什么会这样做的原因。

尼克松：我知道。

齐格勒：她自己也一定会有个人的烦恼。她知道泰迪跟那个开车掉进水里的女孩（玛丽·乔·科佩奇内）在外面做了什么，你知道，他一向如此。

霍尔德曼：但是他们家已经习惯了。

尼克松：他们总是这样。

霍尔德曼：这就是加入这个圈子时必须要付出的代价。他们都清楚。埃塞尔、杰基，还有他们中的其他所有人。

尼克松：他们一定早有预料。

霍尔德曼：那就是他们要玩儿的游戏。如果人们要想融入他们的圈子，就必须遵守他们的规则。

"在联合国代表权问题上……有的人说，'让我们想出更聪明的方法'，但是失败是没有什么聪明的方法的。"

1971 年 4 月 12 日，上午 11：28
理查德·尼克松、周书楷和亨利·基辛格
椭圆形办公室

在第二次世界大战期间，中国人和美国人一起对日并肩作战。但是，在 1948 年之后，当中国大陆建立起共产党政权——中华人民共和国——时，这两个国家几乎毫不相干。他们偶尔进行有限的谈判，但是没有互访，没有贸易，几乎没有交流，也没有外交关系。在这几十年中，美国支持着定居在台湾岛上的中国前领导人蒋介石及他的夫人。许多美国人，尤其是那些保守派，在"两个中国"的问题上高度情绪化，完全支持资本主义的台湾。

就职之后，尼克松表明他对改善同中国大陆的关系持开放态度。中国方面的回应很微妙，但是在 1971 年春双方关系有了飞跃性的发展，这两个敌对国家的两名乒乓球运动员在日本成了朋友。这引起了中华人民共和国领导人毛泽东的极大兴趣，他允许美国乒乓球队到他的国家比赛。这件小事轰动了外交圈和整个美国。

尼克松需要对中国的联合国代表权问题做出冷静决策。台湾地区在联合国有代表权，而中华人民共和国自成立以来一直被排除在外。"两个中国"的政策被广泛讨论，但是实施的希望却很渺茫，这成为尼克松在 1971 年面临的主要问题。

……

尼克松：有一件很有趣的事情，我们和他告别那天，听着，你知道的，乒乓球队登上了《纽约时报》的头版。

基辛格：不过他们非常巧妙，这些中国人。

尼克松：你认为这意味着什么吗？

基辛格：绝对的。

……

基辛格：总统先生，我还有一件事想要提一下，就是关于台湾驻华盛顿代表的事情。他将成为台湾对外机构的负责人，而我们将要宣布放宽（对中华人民共和国）贸易管制。他将直接回到台北。我想的是，你是否要向他提一下这件事儿，以便他回去之后，不至于因为虽然见了你却没有被告知这件事情而颜面扫地。现在是第一批，贸易关系会分三批放宽。第一批较小，包括中国人入境、货币控制、燃料以及一些运输控制。

……

（周加入了谈话）

尼克松：我希望你能替我向蒋介石先生及其夫人表达最诚挚的问候。我们将会履行我们对台湾的条约承诺；我们会遵守这些承诺。正如我在《世界形势报告》中提到的那样。我们在贸易和旅游领域方面不会做任何有损于同蒋介石先生和其夫人友谊的事情。另一方面，在接下来的几天里，我们将会采取一些措施，这些将会被视为我们对国际事务看法的一部分，特别是关于苏联。

在联合国代表权问题上，我们的一些朋友已经抛弃了我们。我们准备好为你们战斗了，但是希望以一种更有效的方式。我有关于不同方案的许多提议，例如双重代表权。这个决定将由我做出，而不是国务院。有些人说我们的基本立场没有改变，但是我们的策略可能会有一些调整。

不过，在我们做决定之前，我想先和你谈谈。我正要派墨菲先生去台湾；反正他因公事都是要去的，蒋介石先生可以就像和我谈话一样直接跟他谈。台湾与联合国的问题对我们来说是个不争的事实，我们绝不会放弃的，但是我们必须明智而且我们想听听你们的意见。

周：我们感激您的特别关照；最重要的是，不要给人留下我们满盘皆输的印象。

……

尼克松：我想让你知道我们正在筹备的放松对华贸易管制主要是象征性的；

重要的问题是联合国。我们将会充分考虑蒋介石先生的想法。只要我还在这儿，你在白宫就会有个朋友并且你不应该让他难堪。中国应该看看这些微妙之处。你们帮了我们，我们也将会帮你们。我让墨菲亲自把他的个人报告带给我。我们会尽最大努力站稳立场，但我们身后必须有一支军队。

"政府中、国家安全委员会中的每一个人，都没有被告知一切。"

1971年4月13日，上午11∶19
理查德·尼克松、鲍勃·霍尔德曼、亨利·基辛格和约翰·斯卡利（John Scali）
椭圆形办公室

得益于"乒乓外交"，尼克松突然发现自己好像坐在了一辆飞速行驶的小汽车的驾驶座上。他和他的顾问们讨论如何处理这么多的可能性，尤其是苏联的反应。会议上有曾经当过记者、担任总统特别顾问的约翰·斯卡利，他成了中美关系的常设顾问。

……

尼克松：现在，有一个特别的地区也将会是特别重要的。我的意思是，我注意到了，我渴望听到你对中国事情的评论。并且，亨利，我认为你应该和约翰讨论一下所有的这些事是如何开始的，这非常重要——
基辛格：我们会碰头的。我们今天下午就会碰头——
尼克松：——这一切都是怎么开始的。事情不只看上去那么简单。例如，你可能会有如下印象——大多数媒体也是如此——对华主动政策源自国务院。
斯卡利：是的。
尼克松：你可能会大吃一惊，我在20个月前就提出了关于对华主动的建议。

13 个月前做的第一份公告直接被驻外事务处给否定了。你知道为什么吗？他们不支持它。你知道为什么吗？因为那些苏联问题专家们。（前美国驻苏联大使）查尔斯·波伦（Chip Bohlen）写在了备忘录里。

霍尔德曼：卢埃林·汤普森（Llewellyn Thompson）。

基辛格：汤米·汤普森（Tommy Thompson）。

尼克松：汤米·汤普森确实是。国务院驻外事务处的人——不是比尔。我指的不是比尔。

斯卡利：比尔·罗杰斯？

尼克松：比尔·罗杰斯的处理方式和我们预想的一样。换句话说，以 [******]。他们之所以反对它是因为他们说这会让俄国人疯掉。确实，这已经让俄国人疯掉了。但我们并不是为了这个目的才这样做的，尽管我们可能从中获益。谁知道呢？看情况而定。如果它确实使俄国人疯掉，这反而帮助了我们。但是，关键是国务院一开始就表示反对。或许，他们仅仅在过去的两三个月里才开始转而接受它。现在，原因是他们认为我们需要和俄国人缓和一下紧张关系，我们不应该做任何激怒俄国人的事情。每当柯西金来国务院或者白宫见谁的时候，他总会气冲冲地质问我们正在和中国干什么。而且他把他们吓坏了——但不包括我。我跟中国打交道是为了长远的打算——非常、非常重要的原因。

现在，我们回到目前的事情上：乒乓球。现在这件事非常重要——明天我们将会发表另一个公告，你应该详细地告诉约翰——现在非常重要的是，尽管我们想要得到可能在这方面得到的所有利益，但是我们也不能表现出在利用这件事。原因在于，现在，我们越想公开宣扬，那么我们押上的赌注也就越多。我们和俄国人赌得更大了——乒乓球队这件事快把他们逼疯了。并且我们也应该跟中国人下更大的赌注。我们应该继续采取措施，表现出我们才是开启中国大门的人，如此等等。但是我们的目标是开启。无论何时，只要宣传上的积极行动可能影响我们的目标，我们就不能那样做。

斯卡利：确实。

尼克松：现在，此时此刻，哪些是我们能从中得到什么样的最大化的利益的理由，正是微妙之所在。明天发表声明的时候，每个人都会更仔细地拼命研读。顺便说一下，明天将要发表声明的事儿，我们已经准备了好几个月了，正好在乒乓球队之后尘埃落定。瞧，我们并不知道乒乓球队会产生这样的结果。

基辛格：我们有预感，有什么事儿将会发生。他们——

尼克松：哦，是的。他们总是在全世界的大使馆里散布小小的提示，对于解冻，我们已经期待好几个月了。我们并没有预料到——但是我认为我们本来更期待关系解冻的事实发生在华沙。但是，中国人，他们一如既往地谨慎地解冻了敌对关系——我们称之为"解冻"是因为没有更好的表述；无论如何，发布会也会这样写的——解冻在其他地方发生了。对吧？

基辛格：没错。

尼克松：你永远不可能预测到中国人会怎么样。他们比俄国人更难预测。俄国人是可预测的，而中国人是不可预测的。

基辛格：但他们是巧妙的。

尼克松：因为他们是中国人，而不是因为他们是共产党人。俄国人之所以更好预测，是因为他们是教条主义的，他妈的你能判断出俄国人对中国乒乓球的事情是如何反应的。我几乎能告诉你当多勃雷宁回来时他将会说什么——尤其是对这份声明。

基辛格：好吧，如果多勃雷宁在这儿，他早已经站在这里了。

尼克松：因此——但是我的意思是，约翰也可以通过这件事把话放出去，我们——现在，让我说：我们不想在这件事情上和国务院发生冲突——事实上，是不想和那帮职业官僚发生冲突。我们并没有尝试这样做，尽管他们可能不断地试着阻碍我们，但是——在白宫。并且我们并不想为难谁——特别是考虑到罗杰斯，你知道的，因为坚持这一点是非常重要的。

斯卡利：没错。

尼克松：但是另一方面，我们不能允许神话存在，变得 [******]，这整个事情，是我独自的——

基辛格：是的。

尼克松：亨利，你回想一下，这是我提出的。也不是国家安全委员会提出来的。早在 20 个月前，当开始环球访问时，我就把这该死的事情完整地提出来了。

基辛格：是的。

尼克松：他会引经据典地告诉你。这是个引人入胜的故事，将来的某天会被人写出来。但是无论如何——或许现在，或许现在就会被人写出来一点儿了。它在公布之前，现在就被人写出来一点儿了，只是看看如果我们不能——

基辛格：我觉得我们应该再往前一步。危险在于这整个行动将会再一次被中断。我们已经开始一次了，但被中断了。

尼克松：被中断了。没错。

基辛格：我们不应该高兴得太早。

尼克松：我们不想吹嘘。我们不想吹嘘。我仅仅想说，我们正在高度关注这整个事件。亨利，问题在于我认为让约翰了解情况是非常重要的。

基辛格：今天下午我会给他描绘一下的——

尼克松：约翰，你现在必须了解的主要情况是，首先，周围的每个人，政府中、国家安全委员会中的每一个人，都没有被告知一切。他们没有。但是我告诉亨利，我想让你知道这些核心领域的所有事情。但是你必须记住，当我们告诉你这些事情时，我相信你很清楚，通常来说，我们有非常合理的理由不去告诉其他人。

斯卡利：我明白。

尼克松：所以，你知道我是什么意思，并且原因是——我用中国的事情作为例子，我不知道更好的例子了。这是非常微妙的局面。或许三个星期后我们愿意更多地谈谈这个故事。或许不是这个星期。或许这个星期公开一点点。正如我今早跟你说的一样，我可能不得不提醒你——

基辛格：我们可以公开一点。不过——

斯卡利：我想要知道这件事，这样我也许能向你提建议。

尼克松：没错。

霍尔德曼：那是——

尼克松：确实。

……

（霍尔德曼和斯卡利离开了谈话）

尼克松：我认为你不会有任何——我知道他（斯卡利）不会出现泄露消息

的问题。绝不会。

基辛格：但是，我不会告诉他关于峰会安排的事情。

尼克松：哦，天啊，不。我不想要任何人知道峰会安排的事情——

基辛格：好的。

尼克松：——还没对别人说过。唯一知道的人是霍尔德曼。

基辛格：是的。

尼克松：舒尔茨不知道。

基辛格：是的。

尼克松：埃利希曼也不知道。

基辛格：是的。

尼克松：我的天啊！如果这被泄露出去，那就完蛋了。

基辛格：是啊。

尼克松：峰会的事必须确保只有你知我知。

基辛格：没错。

尼克松：直到多勃雷宁回来。还有限制战略武器会谈的计划。

基辛格：没错。

尼克松：不要告诉他关于限制战略武器会谈的事——限制战略武器会谈的计划，峰会的计划。但是中国问题就是另外一回事了。他应该知道相关背景。告诉他我们为什么不想要中间人。

基辛格：顺便说一下，今天下午我会和顶替多勃雷宁的人有一个5分钟的会面，因为拉什和阿布拉希莫夫（Pyotr Abrasimov）将开一次会——仅仅是关于技术性的问题，那是星期五我为柏林问题筹划的。我将会和多勃雷宁重新商讨会议的安排。这事儿虽然会花5分钟时间，但可以向他们表明这个渠道对他们来说还是有一些用处的。除了关于会议的技术性问题外，我不会说其他任何事情。

尼克松：是的，好的。你怎么办都行。

……

基辛格：但是现在，如果一些好的事情发生，人们就会说："他（尼克松）早就知道他所做的事情意味着什么。"

尼克松：是的——

基辛格：当然，如果我们圆满地完成并且——

尼克松：我知道。

基辛格：——今年解决——

尼克松：哦，我们还是别乱想了。

基辛格：好吧。

尼克松：我唯一乐见其成的事情是——

基辛格：这是有可能的，总统先生。

尼克松：好吧，是有可能。

基辛格：我认为这真的可能——

尼克松：是有可能。但是我乐见其成的……我的意思是，我期待并不高。但至少，我希望峰会的事情能成。

基辛格：是的。我想那将——

尼克松：即便是没有达成限制战略武器协定。仅仅是这个峰会。

基辛格：我并没有发现任何他们不能参加峰会的理由。

尼克松：是的。

基辛格：我的意思是——

尼克松：如果我们举行峰会——

基辛格：——从他们冷酷的观点可以看出他们可能——毕竟，你不喜欢勃列日涅夫，去他妈的勃列日涅夫。但是你为什么要在跟你无关的人身上投资呢？他们可能不喜欢你。如果这是1972年的大选，他们可能会坚持不懈。但是事实上，勃列日涅夫已经被推到了最高位置，你将会是第一个访问莫斯科的美国总统——俄国人民是亲美的。如果《限制战略武器条约》能在莫斯科签署的话，对他们来说有极大的象征意义，因此——

尼克松：俄国人民是亲美的。

基辛格：是的。这是属于莫斯科的条约。他能以此在整个共产主义世界内树立威信。

尼克松：顺便说一下，你能记一下吗？我知道这是很愚蠢的想法，但是为什么我们不考虑一下，由你向多勃雷宁提出签署一项互不侵犯条约的可能性呢？为什么不呢？

基辛格：不。那太危险了，因为那意味着北约的终结。

尼克松：不，我的意思是和北约一起。

基辛格：好的，那正是他们一直提出的。

尼克松：不，不，不，不。我的意思是全部——整个全部。

基辛格：是的，但是这种危险——

尼克松：不会牵扯到美国，不会把美国和苏联牵扯到一起——

基辛格：是的，但是这种危险——

尼克松：现在，瞧，我知道——

基辛格：危险之处在于，他们会说你不需要北约了。但是我们能做的是在明年举行一次欧洲安全会议。

尼克松：好的，我们同意在明年举行。

基辛格：不，我们要在明年的峰会上同意此事，这样你能获得——

尼克松：但是必须有个理由。

基辛格：——明年的一场大型会议。

尼克松：下一年举行会议，但是它会取得哪些该死的成果呢？希望？

基辛格：除了会议本身，不会有其他成果。

尼克松：好吧，我们可以有很多关于旅行的小而有益的老生常谈。

基辛格：嗯，仅仅是为了确保事情顺利进行。我的意思是，在这场博弈的目前阶段，如果我们进行一场冷酷的比赛，在这场比赛中我们不放弃任何东西，我们就可以让这些为我所用，因为我真的认为您的重新当选对这个国家来说是至关重要的。舍汝其谁？

尼克松：除了康纳利。

"勃列日涅夫有两条路可选
……他不得不摆脱这种状况，
不是选这条路就是选那条路，和我们一样。"

1971 年 4 月 14 日，上午 9：10
理查德·尼克松和亨利·基辛格
椭圆形办公室

尽管尼克松和基辛格希望他们发出的友好信号能够从中国方面得到尽可能多的回报，但周恩来对正在北京访问的美国乒乓球队的史无前例的个人评论，仍令他们感到意外。这可能成为尼克松和基辛格一直在寻找的突破口。

……

基辛格：周恩来接见了乒乓球队——他真是机敏——

尼克松：当然。

基辛格：——在见面会上他说这开启了中美关系的新时代。

尼克松：真的吗？！

基辛格：当然是真的。

尼克松：（大笑）对乒乓球队员说的？！

基辛格：（大笑）

尼克松：你知道，这帮家伙真是——

基辛格：没错——

尼克松：——他们真是在力求激怒俄国人。

基辛格：没错。

尼克松：两个问题：我不太确定，但是我们现在在这件事上有必要激怒俄国人吗？

基辛格：总统先生，我稍微地想了一下。首先，我打电话给多勃雷宁是个很不错的做法。

尼克松：你认为那太着急了吗？

基辛格：哦，不是。

尼克松：不，我想的是，就这个问题，是否你——

基辛格：不，我打给他仅仅是恭喜他当选中央委员会委员，并且——

尼克松：是的，但我的意思是，你给他打电话，然后今天我们又——嘭！

基辛格：我认为我们能做的是让沃龙佐夫（Yuli Vorontsov）这家伙再来这儿一趟，并告诉他："看，我们会优先考虑同你们的关系。"

尼克松：没错。而这正是在过去六个月里一直酝酿的事。

基辛格：现在，我们不能错过这个机会。

尼克松：当然。

……

基辛格：他（沃龙佐夫）说他已经注意到我对勃列日涅夫的演讲表示出的善意，他对此非常高兴。他说话时溅了我一脸口水。他说大使会在星期日带着新的指示回来。并且他们希望——

尼克松：他说我们应该注意勃列日涅夫的演讲？

基辛格：是的。他还说："现在你们注意到我们正在建设性地关注此事。"因为我在空军一号上说过——

尼克松：哦，是的。

基辛格：——这是安抚性的讲话，当我从加利福尼亚回来的时候。

尼克松：他有说过我们应该知道吗？

基辛格：是的。之后，我用开玩笑的口吻说："你知道的，你们的大使给了我他在莫斯科的电话号，但我把它弄丢了，并且今天也太晚了，不方便给他打电话了，"——有八小时的时差——"不然，我会恭喜他当选中央委员。为什么不请你替我恭喜他呢？"

尼克松：很好。

基辛格：半小时之后，他们打过来电话说，"时差并不要紧。为什么你不给他打电话？这会让他非常高兴的"，并给了我他在莫斯科的电话号码——

尼克松：哦，电话号码。很好。

基辛格：——你知道的，他们从不透露在莫斯科的电话号码。

尼克松：是的，是的。

基辛格：我给在莫斯科的他打了电话。我说："我是来恭喜你的。"然后我说："我仅仅想告诉你，我跟你在这儿的人谈论了一些程序上的事。"他说："是关于互换信件的事情吗？因为关于那个我有话想说。"我说："哦，不是的。仅仅是技术上的事。"他说："好的，星期天我会带着新的指示回来。"他是非常——黑格听到了——在意的。并且他说——

尼克松：当然，这些指示——好吧，我们之前有过经验了，亨利。

基辛格：好吧，看起来——

尼克松：这些指示也可能转向另一边。

基辛格：我表示怀疑。他们有可能，但我还是怀疑。我从勃列日涅夫的角度来看，现在，勃列日涅夫有两条路可选。他目前这条路是走不通了。他不得不摆脱这种状况，不是选这条路就是选那条路，和我们一样。

尼克松：嗯。

基辛格：所以，他要么变得非常强硬，我认为这对他来说是很草率的；要么走我们希望他走的那条路。当然并不是为了帮助我们。您看，我在开始考虑我们能在今年之前就让大使去北京，在另一个年度结束之前。

……

尼克松：这件事你务必要搞定。他们(国务院)在泄密问题上狠狠地耍了我们。在这件事上我们现在也要耍他们一次。就这件事来说，这还是轻的。

基辛格：是的。我认为中国的事情把我们的对手完全迷惑住了。那是个巨大的突破——

尼克松：你真是这么想的？

基辛格：当然是的。他们完全不知道还有什么事情会发生。当然，他们是对的。

尼克松：将要发生的什么——

基辛格：总统先生，我认为这将对河内造成巨大的冲击。

尼克松：正是这一点我认为你——我没有想过，但是你是对的。他们不得不担心我们对中国的看法。难道不是吗？

基辛格：他们——越南人不会相信任何一个外国人，所以他们必定认为他们可能变成个微不足道的玩物。

尼克松：嗯。

基辛格：并且他们一定会想到，正如他们做的那样，除非非常担心俄国佬的中国人——看，我认为如果勃列日涅夫会骂谁的话，那一定是中国人，而不是我们。

尼克松：他不会骂我们的——

基辛格：如果——

尼克松：——当我们再次当选时。

基辛格：是的。如果他不会骂我们，他就不得不同我们一起走另一条路。其他事情将毫无进展。并且他需要一些大的领导策略。在我看来，我们的需求是一致的。

尼克松：并且他的目的——

基辛格：我们需要一个领导策略，而他也需要。

尼克松：是的。是的。是的。

……

尼克松：关于反弹道导弹会谈，我必须说，私下里把所有我们知道的都告诉他们。但是那意味着在那个狗崽子（多勃雷宁）回来后，我们跟他谈话时，你不得不——如果仅有——你必须得记住，没有太多的事情可以用来做交易。在我看来，对我们来说，在这两个世界中最坏的情况就是什么也得不到。

基辛格：没错。

尼克松：什么也得不到。在这件事上，我们在众议院和参议院都将失败。你知道，我们是能够忘掉所有事情的。限制战略武器条约已经完蛋了。彻底地完蛋了。我觉得你应该明白——尽管你仍然必须跟他们谈判——在你和他的会谈中，我们将会继续讨论反弹道导弹会谈的事情。你得承认，他们是想立即达成协议的。

基辛格：哦，我意识到了，总统先生。

尼克松：现在，让我说，我们不得不承认它，不是因为它是对的，而是因为否则的话我们就不能达成协议。就这么一回事。就这些。我们总算弄明白了。

基辛格：是的。我觉得他们将再给我们一年时间——他们仅仅——你看，如果——

尼克松：亨利，如果你能收到任何一封信或者任何一个，甚至是初步的声明，你就能再得到一年的时间。那很好。

基辛格：好的，在6月1号之前我们能得到一个初步的声明。

尼克松：那你怎么做呢？我们可以说——

基辛格：我想——

尼克松：我们可以说——

基辛格：我不知道为什么我这么自信，因为如果他们意识到无论如何我们都会输掉，那么他们为什么要达成一份协议呢？

尼克松：是的，嗯，或许他们并不太确定。之前，他们——我们让他们很吃惊。我想或许这是部分原因。但是我认为你应该知道这是非常困难的。因为这些该死的分歧,反弹道导弹条约非常棘手。如果我们能仅仅考虑在我们国家发生的事情,那就好了。但是我们失去的这两个南方人——

基辛格:是的。

尼克松:该死的。

基辛格:劳顿·奇利斯(Lawton Chiles)。

尼克松:还有劳埃德·本特森(Lloyd Bentsen)。那个时候他们可能会更好,比他们到目前为止看起来要好。

基辛格:他可能在那个问题上投我们的票。

尼克松:他们会吗?他们当时非常生气。

基辛格:我觉得在这件事上他会投我们的票。

尼克松:威逼利诱,但是——本特森可能会。我认为你应该——我认为当他(多勃雷宁)回来时,他可能会说些事情。但是我可不想让该死的中国行动过于激怒他们——

基辛格:不会的,那么——

尼克松:——他们会认为必须让我们等上一个月。

基辛格:他们可是难伺候的人,总统先生。他们不会如此处理事情的。

尼克松:没错。

基辛格:我觉得从跟他们打交道的经验来看,无论我们跟他们提出什么——当他回来,我都要告诉他如果我们在两个星期内解决不了,我将把他送回国务院。不妨孤注一掷。

尼克松:没错。

基辛格:我不会再和他打交道了。如果我们不能通过这个渠道解决类似于关于限制战略武器谈判的换文这样简单的事情,其他也就没有什么事情值得去做了。

尼克松:没错。没错。

基辛格:现在,如果失败了,失败了。

尼克松:那就是个障碍了。

基辛格:如果我们运气好,他们将会——但是我并不认为会失败。真的,我认为俄国人如此强硬,以至于如果我们——

尼克松：嗯？

基辛格：如果他们对我们这边有任何不安全感——他们将会对中国的事情印象深刻——

尼克松：嗯。

基辛格：——如果我们给他们一条出路。

尼克松：嗯。

基辛格：我们将会告诉他们我们会优先考虑和苏联的关系，并且这将取决于他们——

尼克松：我认为你可以把这些告诉沃龙佐夫。

基辛格：是的，我会的——因为他们明天见面。

尼克松：他会如实地报告这件事。

基辛格：是的。星期四是他们的政治局会议。

尼克松：没错。政治局会议。

基辛格：是的。

尼克松：另一件事情：他们昨天确实发动突袭了吗，或者他们打算今天，或者——？

基辛格：是的，他们已经开始行动了。

尼克松：嗯。

基辛格：第一阶段是在南越内部——

尼克松：嗯。

基辛格：——沿着阿肖谷（A Shau Valley）。

尼克松：有一件事你是对的。亨利，我们对这一点并不感兴趣——特别是这一点——任何时候他们都必须冒着我们伤亡的风险。

基辛格：是的。

尼克松：现在只是不值得这样。

基辛格：是的。

尼克松：我们有太多的事情要做。

基辛格：是的，是的。我们得——您知道的——

尼克松：是的，但是即使是在那儿，我们本来能——

基辛格：——我在越南问题上总是采取强硬的政策——

尼克松：我也是。已经——

基辛格：——但是我们现在不得不在那儿缓和一下。

尼克松：我们总是——确实，亨利，我们现在已经给了他们一切。

基辛格：我知道。

尼克松：我的意思是，他们把一切都搞糟了。我们不得不做一点不同的事情。

基辛格：是的。我告诉过他这件事。我们不能损失太多直升机，因为现在我们，如果我们——中国方面的重要性正在下降。利用这个间歇，我们应该在两个星期内解决限制战略武器会谈的事情。

尼克松：限制战略武器会谈的事情？呃？你认为对中国的政策——限制战略武器会谈的事情将会造成极大的冲击。

基辛格：那需要至少两个星期，并且之后，如果限制战略武器会谈的事情办成了，我们将在5月中旬之前举行峰会，之后我们整个夏天就会清闲了。

尼克松：整件事情将会产生你无法想象的巨大冲击。

基辛格：好的，那非常好。关于限制战略武器会谈的事情，国务院不可能透露任何该死的东西，因为他们不会知道——

尼克松：确实。

基辛格：——直到你已经准备好。

尼克松：关于峰会，他们也不会透露一点，因为——

基辛格：没错。

尼克松：——他们也不会知道。你知道，我认为我们应该——关于这次峰会，只要达成任何一种形式的谅解，我们就应该把消息公布出去。你明白吗？

基辛格：是的——哦，没问题。

……

尼克松：主要问题在于：无论走到哪种地步，现在都不重要了。那件事会让他们议论不断。我的意思是，记者们将会写一些惊心动魄的故事，等等，挤破脑袋地想要刊登出来，你知道的，试着决定谁能去，以及谁要来报道这件事——一个美国总统到苏联访问。如果真的是这样，你意识到将会发生什么吗？这他妈的会是你在这世上见过的最牛的表演。

基辛格：有一件事情——或许另一件事情我应该告诉沃龙佐夫，但我还没有告诉多勃雷宁，仅仅为了这件事能顺利进行，即8月份不可能举行一次峰会了。我们不得不在9月的上半月举行。

尼克松：劳动节[1]以后。

基辛格：好的。

尼克松：我们能脱身——我有一个非常重要的——我在劳动节的时候正好有安排，但是我能在劳动节的后一天脱身。你知道的，就让我们这样安排吧。

基辛格：因此我们不浪费任何的交换——

尼克松：是的。我不关心那个，不过这是个好主意[******]。

基辛格：只是——我们愿意与那些狗娘养的打交道的原因之一是，您知道您不能伤害他们的感情。

尼克松：是的。是的。

基辛格：并且您能——您能使他们发疯。这也就是为什么我今天见这个家伙可能是非常有用的原因。

尼克松：那真的是很有意思。

基辛格：我们所有的专家又都错了。他们所有人都说它会损害我们与苏联人的关系——将会损害老挝人与中国人、苏联人和其他人的关系。然而并不是这样。就算真有什么影响，那也是有助于同中国的关系的。

"肯尼迪是非常冷酷无情的，他对待他的人像对狗一样。"

> 1971年4月15日，上午8：59
> 理查德·尼克松、鲍勃·霍尔德曼和亨利·基辛格

肯尼迪家族是理查德·尼克松最喜欢谈论的话题之一。用"痴迷"这个词可能有点夸张，但是尼克松经常拿他们的成就和他自己的政治生涯做比较。

1　9月的第一个星期一。——中文版编者

他抨击卡米洛时代的神话（myth of Camelot）[1]，并把他们的公共形象和他认为的私人现实生活相比较。在"亦敌亦友"（frenemy）这一名词进入我们的词典之前，尼克松提到肯尼迪时的态度，真是又赞美又厌恶。

……

尼克松：肯尼迪是非常冷酷无情的，他对待他的人像对狗一样，尤其是他的秘书和其他人。他并不是一个充满激情的人，他不阅读，所有这些其他的事情。他的人（为他）打造了热情、体贴、待人友善、博览群书、充满哲学智慧的诸如此类的形象。可那纯粹是在造神。我们绝不虚构事实。鲍勃，有一件事还没有完全弄清楚，现在让我们回到这件事上。亨利现在已经开始了解这件事了。看在上帝的份儿上，难道我们不能多一点勇气吗？勇气、胆量、胆识？该死的！就是这个问题。

……

尼克松：在前两年，应该具备的最重要的品质是什么？勇气！绝对的。勇气！亨利，难道你不同意吗？

基辛格：完全同意。

尼克松：智慧。或许吧，但是人们期待总统是聪明多智的。

基辛格：是的，复杂和勇气。

尼克松：好的，复杂。但是人们总是期待总统是聪明多智的，所以还是忽略那一点吧。我的意思是，我可能比大多数人要好一点，但是还是不如一些人。但是在另一方面，如果谈到胆识的话，那我还是比较突出的。要在困境中处变不惊。现在，该死的，难道我们不能总结出一点什么吗，鲍勃？就这样吧。你怎么想的，亨利，或者你同意吗？

基辛格：是的，我想应当言简意赅。

……

基辛格：我今天在想，《华盛顿邮报》的编辑，他一定会想方设法猛烈抨击我们的。

1　肯尼迪总统执政这一段时期被称为卡米洛时代。

尼克松：所以？

基辛格：所以他们说，他们并不理解您为什么会说要放宽对华贸易、取消对华经济制裁，为什么您不得不说这已经计划了很长时间。如果您说这只是在回应乒乓外交的话，也许会更好一些。

尼克松：哦，妈的！真的吗？哦，天哪！

霍尔德曼：实际上他们没有那样明说，但是他们却在暗地里抨击。他们说如果能做到的话当然是个好事，但是他们并不明白为什么您特别提到这件事儿早在乒乓外交之前就已经决定了。

基辛格：因为您没有重点说明您的政策——

尼克松：因为乒乓球队。

基辛格：——因为乒乓球队。这让您看起来很草率。因为您不想让俄国人吓得六神无主。

尼克松：我们并不关心他们说了什么。

基辛格：如果肯尼迪的对华政策能有现在的十分之一，他们早就向我抛来橄榄枝了[******]。

霍尔德曼：主要的问题是，尼克松将要获得这个功绩了，这才是让他们心烦意乱的。

基辛格：没错。没错。

"你知道，当你停下来想想那八亿人以及他们将来的处境。天啊，这真是一次大行动。"

1971年4月15日，下午7:33
理查德·尼克松和亨利·基辛格
白宫电话

虽然同中国关系潜在的突破性进展即将实现，但尼克松和基辛格还是回到了现实。结果尚未揭晓，对越南战争的影响和对美苏关系的影响也仍未可知。

……

尼克松：亨利，你知道的，我们并没有意识到——我认为是中国，而不是莫斯科，才是令这些人头疼的事情。我不知道你是怎么想的。

基辛格：因为从未有过先例。

尼克松：是的。

基辛格：并且，当然——

尼克松：当然，让我们坦然面对它吧，从长远来看，这多么有历史意义。你知道，当你停下来想想那八亿人以及他们将来的处境。天啊，这真是一次大行动。

基辛格：当然，我不想让我们的期望太高，但是有一件事已经发生在我身上了，我并不想对这个家伙 [《新闻周刊》的亨利·哈伯德（Henry Hubbard）] 讲——

尼克松：嗯？

基辛格：——那很有可能——确实，那非常可能——他们知道河内将会做出一项和平举动，他们不想漏掉这个消息。

尼克松：嗯。是的。这事儿总能解决。回到苏联的事情上，我正在担心塔斯社的事情。（在4月15日，塔斯社的报道说，美国和中华人民共和国之间的"互惠关系"已经产生。）我不知道——你对这件事——有多关心？让我们——或者我们——你能再次打给沃龙佐夫吗——或者这会不会太过了？

基辛格：是的，总统先生，我觉得那会显得我们太着急了。

尼克松：好吧，但我不想让他们认为——你知道我什么意思吗？或许你应该打给沃龙佐夫。

基辛格：不，总统先生——

尼克松：嗯？

基辛格：我已经给多勃雷宁打过一次了。

尼克松：好吧。

基辛格：我已经让沃龙佐夫来了。

尼克松：好的。

基辛格：今早我已经给沃龙佐夫打过电话了。

尼克松：嗯。

基辛格：并且我已经让齐格勒发表了一份声明。

尼克松：好的，那足够了。可以。

基辛格：并且我认为其他多余之举都会让我们显得过于急切——

尼克松：是的。现在，在这点上，他们基本上，塔斯社仅仅——但是塔斯社，这表明他们对这件该死的事情的反应一定是歇斯底里的。

基辛格：没错。

尼克松：嗯？

基辛格：没错。

尼克松：(大笑)因为他们说："这摘下了中美两国之间的面具。"——(大笑)妈的，我们和中国人没有任何关系。

基辛格：不过，他们还——

尼克松：他们一定认为我们正在干些什么。

基辛格：嗯，他们也以此反对中国。

尼克松：哦，这话怎么讲？

基辛格：嗯，因为中国做了逼他们发疯的一件事，中国说自己才是真正的革命者而苏联是机会主义分子——

尼克松：哦，我明白了。

基辛格：所以说，这是他们内部矛盾的一部分。

尼克松：我明白了。因此，他们才说我们正在——他们正在，中国人正在同资本家勾结。

基辛格：没错。我认为这主要是针对他们的。

尼克松：你知道的，我应该说：专栏作者那帮人，他们应该有了足够他们写至少两个星期的素材了。我不敢说够一个月——

基辛格：哦，是的——

尼克松：——但是至少够两个星期了——

基辛格：——但是，当然，在两个星期以后，我们可能会有其他一些东西告诉他们。

尼克松：是的。

"因为美国人民是如此爱好和平，他们认为协议可以解决一切事情。"

> 1971年4月17日，下午2:36
> 理查德·尼克松、鲍勃·霍尔德曼和亨利·基辛格
> 椭圆形办公室

尼克松常常提到想要把越南战争从他的议程中删掉。在平心静气和心情烦躁时，他提到为了能彻底结束越南战争、赢得最后胜利，要全面地轰炸北越。在1970年5月4日肯特州立大学4名学生被俄亥俄州国民警卫队射杀的枪击事件发生后，大学校园里的反战争游行示威达到了高潮。在肯特州事件之后，人们举行了愤怒的抗议，这自约翰逊政府以来还从未出现过。在1970年的一小段时间里，在尼克松的白宫门前，公交车一辆接一辆地排成长龙，以阻止示威者冲进白宫。

在就职后的第一年，尼克松有条不紊地撤出了一批部队，目的就是为了平息反战运动。然而，在临近1971年"五一"国际劳动节的时候，更大规模的反战运动正在筹划着，而尼克松也已获知。新一轮愤怒的抗议狂潮预计会在4月23日至24日开始，届时在华盛顿会有大规模的游行示威，学生们计划在5月5日这一天在华盛顿举行"五一国际劳动节"游行。

......

尼克松：对的，但是他们说："老天为证，我们将要——"它——嗯，重点在于：这明确无误地告诉了敌军，老天为证，我们将要——我们将会待在那儿，并且还有，我们已经在那儿抛出了一些东西，正如你注意到的那样：我们将要轰炸他们，这他妈的正是我们乐意做的。如果我们撤退了，而他们无所回报的话，我们就炸平该死的北越。明白我的意思了吗？炸得寸草不生，所有人都会支持的。好吧，我并不知道那件事。

……

（基辛格加入了谈话）

尼克松：在中国事情上我们进展得并不算快。我们进展得太他妈的慢了。

基辛格：没错。

尼克松：我们仍会缓慢地进展，亨利。

基辛格：我觉得现在我们没必要着急。

尼克松：如果我们推动——

基辛格：首先，现在我们必须听听俄国人的想法。我们必须听听他们会说什么。

尼克松：没错，如果他们要说什么的话。还有听听蒋的说法。

基辛格：不，俄国人，在他们第一次抱怨之后，我觉得我们发表的声明已经安抚了他们。瞧，齐格勒的声明——

尼克松：——是非常好的。

基辛格：是登在《纽约时报》的头版并且他们在莫斯科也报道了。

尼克松：嗯。当然，你给他打电话——

基辛格：我给多勃雷宁打电话。

尼克松：好。

基辛格：我也会给沃龙佐夫打电话。

尼克松：好的。

基辛格：尽管我确定他们像疯了一样地团团转——

尼克松：嗯。

基辛格：我们已经让他们对我们疑神疑鬼了。不管我们如何反对，他们都不会相信的。

尼克松：他们尤其不会相信我。

基辛格：是的。但是，另一方面——

尼克松：你看，他们真的认为我是个狡猾的浑蛋。而他们是对的。

基辛格：您是和他们打过交道的最强硬的总统。

尼克松：你看，其他人——

基辛格：如果您拥有核优势的话——

尼克松：你瞧，感情——如果他们认为我是感情用事的话，你知道的，如果他们认为我像我昨晚所说的那样的话（在肖汉姆酒店举行的美国报纸编辑协会的年会期间的"小组访谈"），你知道，关于想要访问中国以及这整个的笑话，你知道的，那些扯淡，（大笑）然后并没什么——但是他们知道——

基辛格：不，他们了解您。

尼克松：他们知道那只是表面上的。

74

⋯⋯

基辛格：并且——

尼克松：[******]

基辛格：——同中国人、同俄国人，这是很大的一方面。在这一方面——从这点来看，您4月7日的演讲——

尼克松：有帮助吗？

基辛格：——是决定性的帮助。

⋯⋯

基辛格：如果您分析——我非常确信，总统先生，我们不能接受苏联的提议。他们的提议是莫斯科对抗华盛顿，并且不对进攻性武器进行限制——

尼克松：你没告诉他所有的事吗？多勃雷宁还不知道你不会接受它吗？

基辛格：不，我已经告诉他我们想要保留卫兵反弹道导弹系统（Safeguard）。他知道我们想要保留卫兵反弹道导弹系统。

尼克松：哦，是的。是的。

基辛格：但是史密斯正在推动的提议是：我们不得不毁掉我们唯一正在建造且有权利建造、但国会绝不会同意拨款的事儿，即华盛顿防卫系统。而他们却能继续保住他们已有的。

尼克松：它能为他们保住部分导弹，对吗？

基辛格：能为他们保住五百枚导弹。加上——加上，允许他们继续提高其攻击能力。一旦美国人民明白了，我认为——

霍尔德曼：我们在这方面能从他们身上得到什么？

尼克松：狡猾的王八蛋，他们不是吗？

基辛格：我认为这真是个很荒谬的提议。但是，当然——

尼克松：对我们而言，它是荒谬的？哦——

基辛格：是的。我告诉多勃雷宁，史密斯所不知道的是：我们是不会接受它的。我们想要的是卫兵反弹道导弹系统。那至少能够确保我们保住我们已经拥有的，而且它还能保住我们的一些导弹。下周，如果他们接受我们的——

尼克松：如果下周我们弄清了这件事，我们将会奋力争取更多的国防预算。那也就是说，当然，我们不得不征更多的税。这真是难办。

……

尼克松：但是，重点在于，你们在谈论的——和我们在这儿谈论的，不是一回事儿。我知道这种协议一文不值。

基辛格：没错。

尼克松：和苏联的任何协议——

基辛格：我同意。

尼克松：我们签署它只是出于政治考虑。

基辛格：没错。

尼克松：因为美国人民是如此爱好和平，他们认为协议可以解决一切事情。如果我们能因为政治原因达成协议——这正是我不同意巴克利（William F. Buckley）的地方，他并不明白。如果我们能做成的话，并在和平问题上取得一些进展，那我们——那些民主党人——

基辛格：不，不。巴克利并不反对《限制战略武器条约》。

尼克松：民主党人——我知道。但是在这种事情上我比他更强硬。一旦我们能达成，那么，我们应该就能在选举中获胜——

基辛格：然后，再分别——

尼克松：——上天为证，我们必须把事实摆在苏联和美国人民面前，然后全力以赴——

基辛格：我同意。

尼克松：——全力以赴地加强国防。那才是真正的——

基辛格：总统先生，那是我对它的看法。

尼克松：正如你知道的，这个事情的意义就在于——

霍尔德曼：对于国防有很多的争论，因为对于立场强硬的精明人来说，那是他们唯一的希望。因为——

尼克松：是的，鲍勃。

霍尔德曼：——如果尼克松失败了，您一定非常清楚——

尼克松：嗯，问题是，现在我们不能加强国防的原因，是因为该死的国会不同意。

霍尔德曼：它不愿意给我们钱。

尼克松：没错。我们正在困难时期，他们却要削减国防预算——

基辛格：但是，总统先生，这或许表明，我们宁愿让民主党人削减我们的预算，也不要在一些国防问题上跟他们提前妥协。

尼克松：哦，该死。我不会妥协的。

基辛格：那仅仅是一种策略。

尼克松：没错。投票反对削减。

基辛格：投票反对削减，然后接受它们。

尼克松：我只会说削减国防预算会将我们的国家安全置于危险之地。把他们晾在国家安全的对立面——

……

基辛格：我认为中国的事情把越南问题变成次要的了。

尼克松：为什么这么说？

霍尔德曼：尽管进入老挝——我们必须同时也得关注这个。我认为一直有个观点——

基辛格：谁要进入老挝？

霍尔德曼：南越人。

基辛格：哦，但不过是进进出出而已。

尼克松：我的意思是，这些小——他们已经那么做了。

基辛格：嗯——

尼克松：那些突袭？你是指这个吗？

基辛格：是的，是的。

尼克松：突袭？

霍尔德曼：是的。

尼克松：我们已经进行了两次，但都不足挂齿。

霍尔德曼：现在，他们正在讨论在阿肖谷增加兵力，并且所有的物资——

基辛格：是的，但是阿肖谷是在——在越南那边。

尼克松：但是——

霍尔德曼：它仍通往老挝，难道不是吗？

尼克松：我知道。

基辛格：是的，但是他们每年扫荡一次，为了阻止对顺化（Hue）的袭击。他们不会深入那儿。他们将会——不会深入。

霍尔德曼：你知道的，那是唯一一个我们在越南的行动产生了影响的区域。

基辛格：我知道，但是那儿没有太多的——

尼克松：我认为那不会有很大的规模。我——我的想法是我认为那儿不会有大规模的行动。会有吗，亨利？

基辛格：不会的。并且，他们不——南越人目前不会去任何他们会遭受伤亡的地方。他们这么做是为了他们自己 [******]。

霍尔德曼：他们在6号火力阵地做得很好。他们终于——甚至媒体终于（大笑）把它带给了我们。

基辛格：那是一场大胜。

霍尔德曼：确实。但是他们需要很长时间才会承认。他们不会那样称它的。他们——

基辛格：是的，他们现在——

霍尔德曼：[******]

基辛格：——干掉了1500个敌人，足足有3个营——

尼克松：被南越军队干掉的。

基辛格：被南越军队干掉的。

尼克松：还有一些空军。阿肖谷，我认为它和老挝不是一回事儿，鲍勃，因为它并没有包括一大片暴露的侧翼范围。我的意思是，他们不过是要——

霍尔德曼：这是一回事儿，尽管——

尼克松：顺便说一下——

霍尔德曼：[******] 媒体 [******] 我认为你会——他们得到的任何机会，比如他们正在研究阿布拉姆斯的声明，即他并不否认再次侵入老挝的可能性。

尼克松：是的。

霍尔德曼：这是——他们，他们在寻找任何微小的——

尼克松：是的。

霍尔德曼：——来尝试重构。我认为他们是不会成功的。我认为您是对的。

尼克松：是的。不过——

基辛格：而且，我告诉过奥斯本（John F. Osborne），您知道的——

尼克松：没错。

基辛格：您现在记得，6个星期前，每个人都告诉我们，我们正在把中国引入东南亚。

霍尔德曼：是的。把事情丢给他们很有意思。

尼克松：没错。他说什么了吗？

基辛格：我说："现在，瞧——"

尼克松：因为他也这么写了——

基辛格：是的。我只字未提，在乒乓球队的整个旅行中，他们对记者一次也没有提到过越南。河内方面今天在巴黎发表了一项声明，说中国坚定地站在他们身后支持他们。我认为那是软弱的表现。他们不得不发表一项声明——

尼克松：是的。

霍尔德曼：是他们发表的，不是中国？

基辛格：不是，不是。河内的人在巴黎发表的。

尼克松：我们就会知道，那意味着他们是在防御——

基辛格：他们是在防御，他们在河内大肆宣扬北越和中国签订了一个铁路协议——这种事情他们每6个月就会做一次。

尼克松：嗯。

……

基辛格：您看，我们处理河内问题的方式，我们的立场是要么我们得到一个协议，要么和阮文绍一起宣布，不是停火的最终日期，而是其他一些事情——还有交换战俘，我们将会给出最终日期。

尼克松：好的。

基辛格：因此，要么我们让河内同意，要么我们在峰会上宣告——

尼克松：记着，与此同时，我们将在那个时候宣布美国的作战任务结束。

基辛格：在同时——

尼克松：至少。

基辛格：是的。

尼克松：我认为我们在那件事上应该做的是，如果事实证明恰恰是那样的话，不要在一份声明中讲完。我安排了一个为期两天的会议。我们今天宣布一些，明天再宣布一些。这样我们就能最大化地利用此事。

基辛格：没错。

尼克松：搞定任何值得做的事情。

……

基辛格：但是我们在周三才能知道，我会考虑——俄国的事儿会如何发展。我的意思是，如果我们知道下下周我们会宣布关于限制战略武器会谈的事——

尼克松：好吧——

基辛格：——那将会是件非同小可的事情——

尼克松：哦，该死，那将——那会让中国暂时老实一会儿吗？并且——（笑声）

基辛格：如果我们得到这个的话——

尼克松：如果我们能——老实跟你讲，亨利，或许我们该在（五一国际劳动节）游行示威之后再做。

基辛格：我认为那样更好。

霍尔德曼：我会的。

基辛格：哦，我们不能。

尼克松：为什么会更好？为什么让游行示威在后面发生？

霍尔德曼：让他们做吧。让他们示威到5月5日吧。无论如何我们那时候还搞不定。您能吗？

尼克松：是的——

基辛格：不。我认为您能搞定关于限制战略武器谈判的公告，但不是下周；我认为您能在下下周，大约30号搞定。

尼克松：你的意思是在游行示威之前？

基辛格：不是——

霍尔德曼：不是。不是，已经有一场示威了——24号的那场大的示威活动。之后，您——

尼克松：那是什么时候？

霍尔德曼：这个——从今天起大约一个星期吧。

尼克松：好吧。

基辛格：那是——

尼克松：好吧，这是我的看法，我已经决定——我告诉过你的，亨利——我决定，亨利，不去——我在下周会举行一个办公室新闻发布会。我决定不——

基辛格：我认为——

尼克松：我觉得这可顶得上两个新闻发布会了。[******]

基辛格：没错。

尼克松：难道你不同意吗？

基辛格：完全同意。

尼克松：从现在起两周，我会举行一个发布会。

基辛格：是的。

尼克松：我不会卡在那儿，但是我——早该，我希望（这次发布会）能有高收视率。

霍尔德曼：您不会的——我们已经基本上达成了一致意见，您得上一次电视。

尼克松：电视？没错。你回到了电视领导权的问题。现在——

霍尔德曼：那会在您——3周之后。

尼克松：没错。

霍尔德曼：——您发表关于军队的声明。

尼克松：在发表关于军队的声明的3周之后，大概就是这样。看，我们正在努力地每3周上一次电视。

基辛格：不，那是——

尼克松：现在，如果——到那时候我们可能达成《限制战略武器条约》了。

基辛格：是的。或者至少我们将会知道是否能达成了——

尼克松：我们会知道的。如果我们不能达成协定，我们也会知道的。

霍尔德曼：如果我们确实达成了——

尼克松：是的。

霍尔德曼：——我确定不会在发布会上宣布。

尼克松：哦，绝对不会的！想一想，你知道我会做什么吗？（大笑）好吧，这完全取决于我们想怎么玩儿。与其举办一个新闻发布会，我们不如简单地在——

霍尔德曼：电视。

尼克松：在晚间电视上用5分钟时间来宣布它。

霍尔德曼：当然。

尼克松：明白了吗，亨利？

基辛格：是的。

尼克松：在晚间黄金时段，用5分钟宣布它——

霍尔德曼：都从这里。

基辛格：另一种可能性——但是我觉得鲍勃是对的。这更可能发生在5月7号左右。这些事可能会有反复，他们（苏联政治局）每周四都开会。

尼克松：好吧。好的。

基辛格：但是当多勃雷宁回来后，我们就都知道了。

……

尼克松：我想，你能告诉我当他（多勃雷宁）回来的时候，他是否会骗你。

基辛格：我是不会让他骗我的。总统先生，您是否同意，我的判断是我们现在应该同那个家伙孤注一掷。之后——

尼克松：哦，当然是的。

基辛格：我会告诉他——我将要打破协议，我不想再见他了，因为如果我们连一个简单的换文都处理不好的话，还是让他和国务院打交道吧。

尼克松：没错。

基辛格：我的意思是，那是个大胆的策略，但是他们想要这个协约。

……

基辛格：他（勃列日涅夫）需要一些胜利。总统先生，他有他的方式，他现在所处的国内形势和您的一样错综复杂，甚至还要更棘手。他必须做一些事情。并且他在政治局有很多的反对者,他不得不做出同样的决定。我觉得——他会明白,他对您去莫斯科的需要,和您去那里的需要是一样的。中国人为我们做的最好的事情不是引起了国内民众的热议,虽然这已经足够好了,而是为我们同俄国人周旋创造了余地。对于俄国人,让我很担心的一件事情是他们可能认为您现在不堪一击——

尼克松:是的。

基辛格:——他们是正在帮你个人的忙,而本来他们是不会这样做的。

尼克松:所以,他们不帮我又会怎样。但是,现在他们可能不得不为他们自己而做这件事儿了。

基辛格:没错。

尼克松:换句话说,他们认为中国人——争夺北京的比赛已经开始。因此我们能阻止北京方面打压我们。否则,我们就不能控制局势。他们很可能。您认为他们可能吗?

基辛格:不,但是我们应该——如果我们能尽可能更有纪律的话。政府的运作一直很好。

尼克松:是的,但是——

基辛格:您昨天说的是——

尼克松:嗯,不过,这狗屎一样的发布会以及其他的那些该怎么办呢?我们应该——?

基辛格:但是我们无能为力。

尼克松:没错。他们要发狂了。

基辛格:在他们第一次高潮之后,我想他们必须得平静一下了。况且他们不能一直发电报。

尼克松:让我们想想。他们可能想着 [******] 再次利用中国的政策。因为,正如我昨晚说的、表达的那样,试图利用它恐怕行不通。

霍尔德曼:鉴于我们已经取得全部成果,您真的不需要利用它了。

尼克松:我认为我们所做的——

霍尔德曼:它只对它自身有利。

基辛格:那将会——

尼克松:我们应该把它放一放。并且,还有另外一个风险:你可能利用了它,但是之后——

基辛格：我能做一个 [******]——
尼克松：——它会让你很失望。
基辛格：是的。
尼克松：他们可能会主动提起它。
基辛格：那个——
尼克松：哦，这个我们已经做好准备了。我们准备好了。
基辛格：好吧，您，在公开场合——表现得远没有那些一直赞美它的人热情。
尼克松：没错。

"在选举前一年，如果我们同中国的关系没有升温，那我们也不会有机会打'俄国牌'。"

1971年4月20日，下午1：12
理查德·尼克松和亨利·基辛格
椭圆形办公室

在等着勃列日涅夫对一周发生在中美之间的事件做出反应时，尼克松希望这些事件可以迫使对手在限制战略武器谈判、柏林和其他问题上做出让步。但是，如果苏联人态度强硬，尼克松也准备采取一种更加激进的立场。

……

尼克松：你说多勃雷宁明天晚上会回来？
基辛格：明天傍晚。我已经——我们已经——我已经拿到了联邦调查局检查的乘客的名单了。
尼克松：你应该会在周四的时候收到他带回来的消息，是吧？
基辛格：最晚不迟于周五。他可能需要翻译一下他带回来的东西。
尼克松：翻译。好吧。
基辛格：哦，他会带回来一些东西的。

尼克松：现在，稳住，不要急。他会带回来一些东西。他说过有一个消息。

基辛格：好的，如果没有，我会给他打电话。

尼克松：如果没有，你说："该死的消息是什么？"

基辛格：是的。我会告诉他——

尼克松：我的意思是，不要——

基辛格：——要么现在就告诉我们，要么我们就中断这条联络渠道。我认为我们——

尼克松：该死的。不能再浪费时间了。但是我认为应该，应该明白——我的意思是，为了你那讨价还价的目的——如果他不打算合作，那我们将会用尽各种手段最大限度地利用"中国牌"。

基辛格：是的——

尼克松：另一件事情，亨利，如果他不合作，尽管可能会有一点——但是，它也会让我们以失去未来的大选为代价——上天为证，我们得让这个国家在这一危险到来前警醒。而我会这么做的。我会告诉这个国家，事情正变得——我们不得不重新武装起来。

基辛格：我不确定我们是否会付出代价。

尼克松：我不确定。可能会——可能，可能。

基辛格：那会把另一方推下地狱。

尼克松：你知道，这个国家是多么热切地渴望和平。

基辛格：但是我认为——

尼克松：我们的问题——

基辛格：但是我认为他们会合作的，总统先生。我不能想象——

尼克松：不。

基辛格：我认为对俄国——对中国行为最好的解释是他们——他们不得不在勃列日涅夫之前介入。

尼克松：[******]

基辛格：因为，如果不是这样的话，他们本可能再等上一两个月。

尼克松：亨利，让我这样和你说吧。如果他们合作的话，老天知道——我们所有人也知道——但是如果他们答应合作，那也是因为你和我策划了这整件该死的事情。听着，在选举前一年，如果我们同中国的关系没有升温，那我们也不会有机会打"俄国牌"。不会有机会的。你知道的。对吗？

基辛格：如果一直以来我们没能冷静地应付俄国人的话，和俄国人也就没机会了。

尼克松：是的。

基辛格：该死的，第一年的时候他们就打算放弃限制战略武器会谈。

尼克松：没错。哦，是的。限制战略武器会谈。是的，他们要把中东拱手相让——不是中东而是柏林。

基辛格：柏林。

尼克松：他们想把柏林拱手相让。他们会为维利·勃兰特（Willy Brandt）做任何事情。

基辛格：绝对会的。

尼克松：是的。让他们见鬼去吧。不要给他们任何东西。

基辛格：如果我们没有——如果您没有搞定柬埔寨——

尼克松：哈！

基辛格：基本上来看，采取这些强硬措施，我们和俄国人都有所得。他们虽然大声叫嚷，但这些事情他们都能理解。

尼克松：是的。

基辛格：到周五我们就会知道他带回什么了。

"周恩来是个什么样的人？给我讲讲他。"

> 1971年4月21日，上午11：35
> 理查德·尼克松、格雷厄姆·斯廷霍文（Graham Steenhoven）、罗纳德·齐格勒（Ron Ziegler）、约翰·斯卡利和亨利·基辛格
> 椭圆形办公室

在过去的20年里，很少有美国人见过周恩来，更没有几个保守反共的共和党人见过他或者访问过中华人民共和国了。格雷厄姆·斯廷霍文是唯一

的例外。来自底特律的共和党人斯廷霍文,是一周前出访中国的乒乓球队的教练,他得到了周恩来总理的接见。

……

斯廷霍文:我是13岁半的时候从英格兰来到这儿。

尼克松:你出生在英格兰?

斯廷霍文:是的,出生在英格兰。所以我才说,我们的球队,就是被邀请的这支球队,是最能代表美国的了。

尼克松:给我简单讲讲,好吗?

斯廷霍文:好的,就是介绍了一下队员的背景,我们队里有一个17岁的姑娘,她出生在匈牙利——

尼克松:队员是你挑选的吗?

斯廷霍文:不是,选拔的标准是实力,去日本参赛的实力。我们所有人都是自费——

尼克松:当然。

斯廷霍文:——您知道的,就是诸如此类的事情。我们是完全独立的。

基辛格:你们是自掏腰包?

斯廷霍文:我们所有人都是自掏腰包。不是为了去中国。

基辛格:不是,当然不是。

斯廷霍文:而是为了去日本参赛。

尼克松:好吧,那才是主要目的。

斯廷霍文:所以我们才不得不去。

尼克松:你是不是说,什么,一个15岁的——

斯廷霍文:不是,那个15岁的女孩(朱迪·波亨斯基,Judy Bochenski)来自俄勒冈州的尤金。我们有一个17岁的小女孩(奥尔加·索尔特斯,Olga Soltesz)出生在匈牙利,现在住在佛罗里达州的奥兰多。我们有一个23岁的家庭主妇(科尼·斯威里斯,Connie Sweeris),她的孩子几天前刚满两岁,就是在我们回国的前一天。对她来说那一天很糟,她想回家陪她的孩子。她是我们的全国冠军,来自大急流城(Grand Rapids)的了不起的女孩。

尼克松:嗯。

斯廷霍文：我自己出生在英格兰，拉福德·哈里森（Rufford Harrison）也出生在英格兰。我们有一个名词叫"黑人"（black），不再是"有色人种"（colored），但是这位黑人（乔治·布雷斯韦特，George Braithwaite）是一位真正的绅士，你可能在《今夜秀》上见过他。

基辛格：我见过他。

尼克松：嗯。

斯廷霍文：他穿着衬衫、打着领带，而其他人看起来则像是流浪汉，是吧？他来自英国的圭亚那。

尼克松：天啊，这是一支国际化的球队！

斯廷霍文：我们队有一个人来自多米尼加共和国。

尼克松：是吗？

斯廷霍文：是的，埃罗尔·雷塞克（Errol Resek）来自多米尼加共和国。

尼克松：了不起。

斯廷霍文：所以，您是无法想象的，我们还有一个家伙的头发都到这儿了。

尼克松：是吗？他是谁？

斯廷霍文：来自加利福尼亚的弗兰基·艾伦（Frankie Allen）。

尼克松：加利福尼亚，那是我的老家！

（大笑）

……

尼克松：让我问你一个问题，可能你已经回答过了，但是我想听听你的评价。周恩来是个什么样的人？他外貌如何？我知道他是非常聪明的，因为我们有共同的朋友，尽管我们是在世界的这边[******]。但是叶公超——那位令人尊敬的"大使"——认识周恩来。他是个什么样的人？给我讲讲他。

斯廷霍文：首先，让我解释一下。我们走进那个大厅，那里有5个国家的代表队，不单单是我们。因此有5个国家的代表队在中国，但是在我们见到周恩来之前，他们把我们彼此分开了。

尼克松：嗯。

斯廷霍文：我们走进一个巨大的房间。是什么样的呢，您知道的，相当于中国的白宫？

尼克松：是的。

斯廷霍文：他们让我们按字母排队，当然美国排到了最后。因为当他们举起牌子的时候，我们是"美国"（America），但是当我们坐下的时候，我们成了"美利坚共和国"（USA）。

尼克松：是的，是的。跟联合国一样。

斯廷霍文：但是无论如何，他跟加拿大的玛吉·鲍德温（Marge Baldwin）聊了起来。现在，我们非常了解加拿大人，并且我认识玛吉·鲍德温，他跟她聊了起来，并且当然——

基辛格：用英语吗？

尼克松：他确实懂英语吗？

斯廷霍文：我敢肯定他的英语比那位翻译要好。

尼克松：哦！

基辛格：哦，不，他讲英语。

尼克松：他没跟你讲英语？

斯廷霍文：不，跟我们没有。他讲的是汉语。

尼克松：嗯。

斯廷霍文：但是，那位翻译用英语跟我们说话的时候，她犯了个错误，他立即纠正了她。

85　尼克松：嗯。

斯廷霍文：他很快就挑出了错误。他确实是非常聪明的。无论如何，他一直在侃侃而谈，并且他知道每一支球队的所有事情。他对情况的了解是如此透彻，并且有很强的记忆力。而且他一直在请我们批评指正。"请多批评指正我们。我们想要做得更好。让我们知道你们的意见。"你知道的。

尼克松：你的意思是对这个国家？

斯廷霍文：任何事情都可以，他不在乎。并且，没有人批评——

尼克松：他向你们问了这种问题？

斯廷霍文：作为一个团队，他向我们所有人提问。他说——

尼克松：更重要的是，他问了你们什么？因为你们是美国人。

斯廷霍文：他随处走动然后和我坐在了一起。然后他评论了我们所做的许多事情，以及他很高兴见到我们，诸如此类的话。他再次问了我们同样的问题。我说："好的，我一直在想那个问题，因为您一直在问我们。

没有人批评你们，但是我有个批评意见。""是什么？"我说："你给我们吃得太多了。"他这样回答的，他说："好吧，那不是你们的错，那是东道主的错。他应该给你们提供一份菜单的。"您知道的，我不得不转移话题，因此我说："或许那不是他的错。因为你们上了冷盘肉，我们以为就只有这一道菜。我们觉得午餐就吃这个了。我们在美国就吃冷盘肉。我们不亦乐乎地用冷盘肉把我们的肚子填饱了，我们却没有看到在我们的旁边就有一份菜单，竟列出了10道菜！不过，我们想要您知道，我们把它们都吃光了。"（大笑）他就咧着嘴在那儿笑。

尼克松：吃得好吗？

斯廷霍文：非常棒。

尼克松：中国人是伟大的厨师。

斯廷霍文：哦，他们一定——

尼克松：他们也在那儿。

斯廷霍文：如果有人是美食家的话，那他们将会 [******]，因为我们吃完了每一道菜，每一道菜！

尼克松：你们曾经去过中国的哪个城市吗？——

斯廷霍文：从来没有。从来没有去过中国。

尼克松：——或者，去过远东地区吗？

斯廷霍文：先生，从来没有。从来没有。我们对所有这些都充满了新鲜感。

"不管怎样，我已经厌倦了战争。他们把所有事情都耽误了。"

1971年4月21日，中午12：50
理查德·尼克松和亨利·基辛格
白宫电话

在老挝的"蓝山719行动"对南越人来说只是一个暂时性的胜利，但是就在 4 月初这场战役结束时，北越在胡志明小道部署了空前的兵力。留给尼克松的只是一场毫无持久影响的局部胜利，而这将引起美国人民的怀疑，即尼克松并不是在结束战争，而是在扩大战争。

……

尼克松：这场战争造成了一个非常严重的问题。你明白，这场战争在某种程度上严重吞噬了美国人民的信心。人民对它已经非常厌恶，因此我们必须结束战争。在没有支持的情况下，我们要尽可能地妥善处理——至于最近老挝的这件事，军事方面的执行力太差了。没有任何人的支持和没有执行力的军队。另一方面，我们也已经意识到了，仅仅以正确的方式结束战争是不可能挽救这个国家的。在这一点上，如果事情变得很糟糕的话——这么说吧：我们假设战争结束了；我们假设明年人们才知道；之后，战争结束了，然后，我们在政治上失势——这个国家。没门。你明白吗？

基辛格：哦，是的。

尼克松：现在，关乎我们存亡的事情必须要妥善处理好。必须妥善处理是因为——不是为了这场战争，不是为了亚洲，而是为了保卫国家安全。该死的，没有人是为了国家安全。到底有没有人是为了国家安全呢？这就是我在那儿提出的问题。谁愿意坐在那个位置上？

基辛格：当然，这完全要看人们如何理解"结束"这场战争。我认为您的优势在于，您是位强有力的总统。

尼克松：那没错，我同意。我只是说——

基辛格：是的。

尼克松：——我们意识到，尽管——

基辛格：即使，我觉得，如果您在 4 月 7 号宣布陷落的话，我认为民意测验——

尼克松：事情会朝另一个方向发展。

基辛格：——在两个月内，您本已经——

尼克松：约翰逊。

基辛格：——像约翰逊在葛拉斯堡罗会谈之后的那样。你本来会迅速崛起，之后急剧地——但是，我不是那方面的专家。

尼克松：让我这么说吧：正如你知道的，我并没有打算宣布陷落。我没打算这样。事实上，我们之所以冒老挝的这个风险，仅仅是因为——

基辛格：绝对的。

尼克松：——我们有更多风险要冒。冒老挝这个险让我们付出了惨重的代价，因为我们可能——我这样说吧：如果没有这么做的话——我觉得我们能从这里面得到的好处就是——如果没有这么做的话，在整个夏天我们本来会看到共产党人进行大规模的进攻。好吧，在另一方面，这么做——正如贝克完美地诠释的那样。他认为战争的问题去年秋天就结束了。很多人都认为结束了，每个人都很放松。而且这正是为什么我们的支持率会大增的原因。在老挝的行动使我们的支持率下降了10个百分点。你知道吗？

基辛格：当然知道。

尼克松：仅仅是这一次行动。之后，对这次行动的报道会继续拉低我们的支持率。我们的发布会仅仅挽回了一点儿。之后，可以肯定，晚间的电视报道会继续拉低我们的支持率。紧接着就是失败的周末，让我们难以摆脱。之后又来了卡尔布（Marvin Kalb），撼动一切。之后，我们的支持率第一次有所回升——这完全是由于我们做了一些人们在卡利所希望的事情。但是，即便是在这次演讲之后，我们也不得不承认，我们又回到了原来的地方。并不是我们进入老挝之前的，而是——我们进入老挝之后的地方。

基辛格：是的。

尼克松：明白我的意思了吗？现在，我得到的启示是，从现在起，我们必须坚决地争取我们能争取到的最好的新闻报道。

基辛格：没问题。

尼克松：亨利，这就是为什么我对艾布拉姆斯支持阮文绍的声明会如此焦虑不安的原因。

基辛格：哦，它太可恶了。

尼克松：你看，这就是我们不得不认识到的：亨利，从现在起，人们必须再次得到保证。

基辛格：我——

尼克松：我必须有好消息——

基辛格：对此，我完全同意，我们能——好吧，看，许多将取决于——如果河内不同意这个提议的话。之后，当然我们会解决这场战争——

尼克松：[******]

基辛格：——我们将会在今年解决这场战争，之后我们就没什么麻烦事儿了。但是，假设河内拒绝这个提议的话——

尼克松：是的。这就是我们要做的。

基辛格：但是，之后——

尼克松：但是，[******] 我想我们应该重新审查一下——我们假设他们会拒绝。我们不得不审视一下今年我们最可能完成的事情。这就是我的意思——

基辛格：好吧，那是——

尼克松：或者，因为我们可能会被严重地削弱，以至于下一年将无关紧要。

基辛格：不，但那正是我要问的——

尼克松：不要假设——你明白的，亨利，你一直在精打细算，我们一直在精打细算："我们会在明年 4 月或 5 月发布一份最终声明。"

基辛格：不，不，不，我——

尼克松：这份最终声明必须在今年夏末完成。它必须在那个时间完成。

基辛格：好吧，这——

尼克松：人们必须得知道。人们必须得知道。我的意思是，你没必要说出准确的日期。人们必须得知道战争结束了。他们必须知道——

基辛格：好吧，在越南大选之后公布可能会更适合。但是我们——

尼克松：好吧，我们能，我们能拖那么久。

基辛格：但我们能等。我们能——

尼克松：[******] 我是说，你必须检查一下。我们应该记得，如果我们打算公布最终声明的话，那就去做吧。我的意思是，不要太担心该死的越南大选。你最好还是担心一下我们自己的。

基辛格：好吧，我认为今年应该能完成最终声明，并且它应该是下一份声明的一部分——您的——

尼克松：你的意思是，11 月 15 号？

基辛格：嗯，或者是 11 月 1 号。是 11 月 15 号、1 号，还是 10 月 20 号，并没有——

尼克松：是的。

基辛格：——什么区别，只要越南大选在这之后——

尼克松：[******]

基辛格：其次，我们，能在夏季间——

尼克松：我们会关注越南选举的。我们会看看结果如何，谁表现良好，谁进入了，还有其他的。让我们等着看吧。

基辛格：好吧，我们能——

尼克松：这个夏天，我们能——

基辛格：这个夏天，我们能宣布美国在地面的战斗结束了，我们也可能宣布——我正要推动这件事——宣布停止向前线派兵。

尼克松：我认为你必须得去推动这件事。

基辛格：并且——

尼克松：我会说，我认为事情本该如此。瞧，当一个像比尔·巴克利（Bill Buckley）一样强硬的家伙——

基辛格：没问题。

尼克松：——攻击它的时候，该死的——

基辛格：好吧——

尼克松：——让我们开始干吧。现在——

基辛格：[******]

尼克松：现在我必须告诉你，不管怎样，我已经厌倦了战争。他们把所有事情都耽误了，并且他们——这些杂种什么都想要，他们是自私的。他们[******]。

基辛格：好吧，您看，比如，如果您在中途岛和阮文绍举行会谈——

尼克松：嗯？

基辛格：——在会上，您要宣布美国地面军事行动的结束，再加上停止向前线派遣部队——

尼克松：那两件事情。

基辛格：——那会成为一件非常大的——

尼克松：那会是一件好事儿——

基辛格：——大好事。那会让——那会让一切困难都迎刃而解。如果您能在7月1号之后宣布，就不会再有额外的士兵被送到越南了，嗯——

尼克松：你能促成这件事儿吗？

基辛格：我正在为这件事儿进行疯狂的努力。莱尔德反对它，也许是因为他想自己透露这件事儿。

尼克松：难道你不想找一天招呼他在这儿吃早饭吗？

基辛格：好的，明天或者周五。

尼克松：现在需要我敲定这件事吗？或者——

基辛格：是的，能敲定的话非常好。早上我忘了和霍尔德曼提一下了。

……

基辛格：总统先生，我们能为这个夏天做的另外一件事儿是：如果——假设河内让我们失望的话。

尼克松：是的。

基辛格：那么，我认为，由于中途岛的事，我们应该设定一个最后期限。我们知道无论如何他们都会让我们失望的。

尼克松：好吧，我们设定一个最后期限，但是——绝不把它公开，好吧？

基辛格：到那个时候，我们将会私下提出最后期限。他们会拒绝——

尼克松：是的。

基辛格：——之后，我们将会公开提出。到那时候，就会让那些——

尼克松：嗯。

基辛格：——那帮鸽派在整个夏天都不再来烦我们了。之后，您就能单方面行动了。到那时，您将会提出释放囚犯——

尼克松：嗯。

基辛格：——停火，还有最后期限。然后，他们会拒绝。

尼克松：不错。

基辛格：我的意思是，我们将会知道——

尼克松：这关乎我们能走多远。我的意思是，亨利，我是在问，我们能走多远，如果没有——

基辛格：现在，另一方面，如果他们——

尼克松：——撤军。

基辛格：——如果他们接受了我们的提议，那我们就不——

尼克松：哦，如果他们接受了，那就是另外一回事儿了。

基辛格：我们不会在中途岛就宣布它，我们将在夏天宣布。并且，如果他们接受了我们的提议，那么我们的对手越生气，您的形势就会越好。

尼克松：没错。

基辛格：因为您知道，您会彻底破坏他们的计划——

尼克松：没错。没错。没错——

基辛格：所以无论哪种方式，一旦我们向他们提出了建议，并且他们拒绝的话，我们就会有一个非常成功的中途岛会谈——

尼克松：是的，我们拭目以待吧。

"我认为，您会发现，克里正在竞选官职……为他自己铺路。"

1971年4月23日，上午9:15
理查德·尼克松和鲍勃·霍尔德曼
椭圆形办公室

4月23日，星期五，当尼克松、霍尔德曼和基辛格在白宫谈话的时候，成千上万的老兵聚集在国会大厦。他们对越南战争表达抗议时，竟然扔掉了勋章。正如一名将荣誉证书砸向立柱的前空军中士说的那样："我认为我正在为国效力。""越战退伍军人反战组织"及其发言人约翰·克里（John Kerry）整个星期都聚集在华盛顿。

……

尼克松：克里他妈的太激动了。[******]一群那样的人，你一定会发现[******]"二战"。

霍尔德曼：我认为，您会发现，克里正在竞选官职。我的意思是——

尼克松：是的。

霍尔德曼：——为他自己铺路。

尼克松：他来自曼彻斯特。
霍尔德曼：哦！
尼克松：嗯。

"不管我们如何掩饰，瞧，亨利，他们都他妈的清楚我们的政策是什么，那就是赢得战争。"

> 1971年4月23日，上午11：56
> 理查德·尼克松和亨利·基辛格
> 椭圆形办公室

反战示威者一到达华盛顿，就成了唯一重要的消息。尼克松和基辛格除了观望之外，无计可施，他们寄希望于这场抗议不会导致约翰逊政府时期的那种大规模游行示威的重演，也不会像发生在1970年的那样。

……

尼克松：如果不是电视的话，事情也就完了。你看，关键是你必须意识到在公共事务中什么才是最重要的。毕竟，目前，电视报道把焦点都放在了这些人身上。它将会集中注意周六的游行示威（一场由反战群众和工会在华盛顿发起的集会，估计会吸引20万到50万的示威者）。之后，他们会在接下来的两个星期里使劲儿报道。他们正在延长示威的时间，而且部分电视媒体的报道太肆无忌惮了。

基辛格：哦，太可恶了。

尼克松：非常肆无忌惮。他们就是——

基辛格：嗯，他们想要让你声名扫地，并且他们想让我们在越南输掉。

尼克松：我认为后者更可能。如果他们想要诋毁我，我认为那是——如果他们动动脑子，就会知道他们也好不到哪里去。

基辛格：没错。

尼克松：但是事实上，你基本上应该意识到，这些对战争的批评是十分粗暴的，当他们想着他们已经占了上风的时候，当他们把约翰逊赶出白宫的时候，他们认为："好的，现在，在战争的问题上是我们赢了。"现在，我们来了，并且看起来似乎我们就要——他们很清楚事实是什么。

基辛格：是的。

尼克松：他们确实，因为不管我们如何掩饰，瞧，亨利，他们都他妈的清楚我们的政策是什么，那就是赢得战争。

基辛格：是的。

尼克松：而赢得战争则意味着——

基辛格：但是，它——

尼克松：——保住南越政权。这就是全部。

基辛格：光荣地撤退——

尼克松：这就会赢得战争。

基辛格：没错。

……

尼克松：我们总是那样说。现在，你看，我们——我认为现在迫使他们让步是非常好的，这样他们终于会说，他们想要——他们说："我们必须在南越人的权利问题上让步。"我知道，甚至在《基督教科学箴言报》上都有一篇社论是这个意思。如果我们那样做了，那么到时候就没有人——我们在国内不会受到任何指责，因为没有人真正关心南越发生了什么。他们简直气疯了。

基辛格：他们确实气疯了。

尼克松：他们气疯了是因为，之后——

基辛格：这正是激进分子清楚的：他们想要分裂政府。他们想要摧毁对政府的信心。他们根本不在乎越南，因为只要越南一完蛋，我保证这些激进分子就会全部涌到我们这里——或者为了另一些事到政府那里。这些对抗的战术不会使战争结束。此外，我们巨大的国家隐患——现在，越南是当权派最好的借口。

尼克松：[******]

基辛格：不管什么捅了娄子，他们都会归咎于越南问题。

尼克松：没错。那时候，我告诉过你，大学的校长——你记得吗？他们真的是如释重负，真的。正如他们说的那样，他们的校园完全政治化了。你记得——

基辛格：哦，是的。

尼克松：——由于柬埔寨问题而引发的汹涌澎湃的挫败感吗？但是，他们却如释重负，因为那减轻了他们的压力。

基辛格：好的，他们告诉您："如果你继续——"

尼克松：[******]

基辛格："——上国家电视台的话，不要谈论大学问题，而要谈论国际事务。"当您问"我们应该谈论点儿什么"的时候，他们说："不要谈论大学问题，而要谈论国际事务——"

尼克松：总有一天，当战争结束的时候，他们不得不对着镜子照照自己。他们并不想那样做，是吗？

基辛格：没错。

尼克松：这才是关键。

基辛格：并且直面真正的问题。我记得三四年前，当亚瑟（可能是小亚瑟·施莱辛格）出名的时候。我告诉自由主义分子，从现在开始的两年内，你们做出的所有让步都会使情况恶化。你满足的每一点要求，都会使情况进一步恶化。去年当激进主义分子砸碎哈佛广场的每一扇窗户时，其中一位教授非常诚实，他打电话跟我说："是的，现在我明白了。"

尼克松：他真的这么做？

基辛格：是的。但是——现在哈佛出现了大规模的骚乱。他们没有报道，或者大肆宣扬——

尼克松：骚乱现在还在继续吗？

基辛格：嗯，他们现在对他们认为是右翼分子的教授进行大规模的批斗，并打出标语"战犯没有言论自由"。换句话说，这场运动在开始时只是伯克利的一场自由演讲运动，现在发展为"战犯没有言论自由"运动。并且他们是打击——

尼克松：哦，天哪！

基辛格：——我的一些同事——

基辛格：这难道不是一件耻辱的事情吗？

基辛格：萨姆·亨廷顿（Sam Huntington），他本是——

尼克松：是的，我知道——自由主义者。

基辛格：自由主义者——不过，他是诚实的。

尼克松：我知道他，我知道他。我知道他是谁。

基辛格：他们想要强迫他辞职。

尼克松：我不希望他离开。

基辛格：但是，我——公管学院的院长——肯尼迪政府管理学院——昨天给我打电话说："我们正在召开一个会议，我们正在说服我们的教员为他投票。"我说："为什么你们非得开个会去证明你们反对'没有言论自由'运动呢，并且为什么你非得说服别人呢？那本应是理所当然的——"

尼克松："他们"是谁，他们什么时候说"战犯没有自由言论"的？

基辛格：那是"学生争取民主社会"组织（Students for a Democratic Society）的纲领。

尼克松：但是，我的天啊，它代表着整个学校吗？[******]

基辛格：不是全部，但是它占了参与活动人数的十分之一，其他人没那么大胆。但是，总统先生，我认为这反映了我们社会的整体情况。作为一个历史学家，我认为这个国家的大麻烦在战争结束后就会发生。他们知道战争结束了——

尼克松：尽管我们妥善地结束了战争？

基辛格：不。不——

尼克松：[******]

基辛格：——但那正是激进分子为什么——激进分子清楚他们正在做什么。你无法取胜的原因有两个：一个是因为您自身；您不太受欢迎——

尼克松：是的。

基辛格：第二个是——

尼克松：他们绝对——他们知道他们绝不可能影响到我。

基辛格：所以，您不必惊慌。您不是约翰逊。第二，因为他们认为战争是一个打击这个国家自信的绝佳机会。

尼克松：还有攻击这套体制，的确——

基辛格：还有攻击体制。所以，这两点他们都会利用。但是，当来年战争结束后，他们又会出现，他们会发现其他的问题。这些会议——如果战争明年结束，或者无论它什么时候——

尼克松：嗯？

基辛格：——或者从现在起的两年内，当战争确实彻底结束时——在很长时间内，他们会在越南问题上有足够多的发现，因为——

尼克松：我们将会以军事援助支持阮文绍 - 阮高祺政权——

基辛格：他们已经开始这样做了。

尼克松：——经济上——哦，亨利，我知道他们会的。就像他们在柬埔寨做的一样。

基辛格：事实上，总统先生，我在想，如果现在不能做成的话 [******] 不应该再继续进攻他们了。无论是否有人——

尼克松：是的，我知道，我知道。

基辛格：——守错了球门，把他们扔出的球又踢了回来？是不是不应该谴责他们把这些事情移交给了共产党？我并不觉得这是个软弱的国家。

尼克松：我认为我一直在尽全力出击。

基辛格：您一直是——

尼克松：是的。

基辛格：您——

尼克松：你知道，我在我的演讲中、在和编辑的每一次会议中说的每一件事情都是很强硬的——

基辛格：您不可能——

尼克松：他妈的，我还能做什么更多的——我不能 [******]——

基辛格：您已经尽力了，您做的足够多了。

尼克松：你觉得呢？或者我应该做更多吗？我认为——

基辛格：现在不用。

尼克松：——我能更狠地教训他们。

基辛格：现在不用——

……

基辛格：嗯，我很想看看北越人到底会怎么做。我——我认为如果我们——

只要您保持现在的姿态，我认为我们就有机会在今年取得突破。

尼克松：我们拭目以待。

基辛格：或者[******]。或者让他们拒绝它，如果他们那样做的话，我们能——我们将会公开那件事，因为那时候他们对我们就没有价值了。

尼克松：我要告诉你的是，我觉得你去巴黎的时候，你必须得以某种方式表达——听着，我想以一种能让所有人——的方式完成，从而——假设我们想要能够告诉罗杰斯和其他所有人，你已经去过巴黎了。

基辛格：是的。哦，我会公开出访的。

尼克松：公开地，这正是我的意思。那么你——但是当你——你跟他们见面的时候，就当作你已经知道——

基辛格：不。

尼克松：之后，你开你的会，如果有什么关于这次会谈的消息走漏出来，我们都不予置评。但是，如果消息没有走漏的话，那我们就谈谈它，就说："我当时就在场，我们早就知道这件事。"记住这点，就是我们会根据我们的需要来曝光这件事。

基辛格：没错。

尼克松：换句话说，提出要求。提出要求，现在——

基辛格：总统先生——

尼克松：我——换句话说，努力地想着——如果你遇到你想和他们认真谈而他们却躲躲闪闪并提出奇怪的要求时——你知道的，对这件事来说并不奇怪——他们真的应该接受它。换句话说，改动一下日期，之后，就说："这就是我们的条件。"你觉得我会得到什么？

基辛格：是的。

尼克松：并且他们不会。如果——他们要么是不打算达成协议，要么是已经决定要沉默到底了。如果他们不愿达成协议，那么，需要做的事情就是提出那个会使他们看上去顽固、不愿妥协的要求。明白吗？

基辛格：好的。

尼克松：然后，我们的目的不是让他们接受这个提议——上帝保佑他们不会接受；我们知道他们不会——但是我们的目的是提出提议——

基辛格：我想的是，在第一次会谈的时候，我不会给他们任何日期，所以在这一点上就不可能失败了。我会说："我们会给你一个日期的，如果你们愿意——停火和遣返战俘的话。"所以，到时候他们就不会说我们给了他们一个糟糕的日期了。

尼克松：嗯。

基辛格：如果他们基本上接受的话，那么，我们就能继续。如果他们基本上不接受的话——如果他们说："你们也必须推翻阮文绍、阮高祺和阮秉谦。"——

尼克松：它超出 [******]。

基辛格：——那么我们就随意给他们一个日期。

尼克松：是的。然后，我仅仅会说："好吧，这就是我们的最后期限。就是这个了。我们提出来了。"我会把这事儿处理得非常漂亮。我会——

基辛格：总统先生，但有一件事情我们需要考虑——这周我才想到——一旦我们以这种方式处理的话——

尼克松：是的。

基辛格：——是否它——取决于——如果他们不接受的话，或者如果他们把它搁置的话——如果，在会谈的最后，我就不会告诉春水（Xuan Thuy），让他带着翻译跟我单独谈 5 分钟了。

尼克松：很好。

基辛格：如果我告诉他："现在，看啊，这位总统的态度非常强硬。你每次都错了。如果你觉得你能战胜它，如果你不接受这个的话，他将会不惜一切代价。"

尼克松：没错。

基辛格：并且暗示一下，你可能会——

尼克松：没错。

基辛格：使用核武器——

尼克松：之后，你可以说——

基辛格：用杜勒斯的策略——

尼克松：你可以这样说。你可以说："我劝不住他。"就这样说。

基辛格：好的。暗示你可能使用核武器。

尼克松：是的，先生。"他会的。我只是想让你知道，他是绝不会认输的。"

基辛格：那么，如果他们因此而指责我们的话，我会否认的。

尼克松：哦，当然。

"没有中国的话,他们是
不会接受《限制战略武器条约》的。"

> 1971年4月23日,下午2:52
> 理查德·尼克松、鲍勃·霍尔德曼和亨利·基辛格
> 椭圆形办公室

午后不久,基辛格和多勃雷宁举行了一次关键性的会谈,这次会谈出奇地顺利,正如基辛格向尼克松报告的那样。苏联开始放弃了后来被基辛格称为"基本无意义的前提条件",这已经延误了预计在莫斯科举行的峰会。这次会谈的意义是苏联基本接受了《限制战略武器条约》。在尼克松看来,当务之急在于:如何做到既同意基础条款,又不露出如释重负或异常渴望之相。

……

基辛格:您好,总统先生。

霍尔德曼:谁赢了?

基辛格:平局。总统先生,总体来说,基于现实考量,他们在限制战略武器的事情上让步了。他们带回来一封柯西金的信,并且他们愿意公布换文。到目前为止,他们想要这件事保密。仍有一点,我马上会提到。关于峰会的问题,他们重新确认了邀请,并且他们想要在9月举行。我的意思是,他们同意我们应该在9月举行的意见。他们不想现在就发表声明宣布。他们说,必须在柏林问题上取得进展(四大国从1970年3月开始讨论柏林地位问题,并在1971年9月签署了最终协定,也就是著名的《四强协定》);他们绝不会向政治局解释这件事。当他说到那件事的时候,我大发雷霆。我的意思是,我是故意的。我说:"现在,你正在犯一个严重的错误。"我说:"总统先生从不冒险,他会认为如果我们有一个目标,那它必须符合既有框架。如果你试着用柏林这件事来威胁他,以此

作为举办峰会的手段的话，我只能说你并不了解他。在这种情况下，我甚至不确定他是否会让我继续跟你讨论柏林的话题。"我认为——

尼克松：当然。

基辛格：——这是做这件事的唯一可行的方式，因为我们真的不能保证兑现在柏林问题上的承诺。

97　尼克松：是的。

基辛格：我的意思是，德国人把事情搞得一团糟，在这种状态下他们不会做出任何让步的。在这周末，我会见巴尔（Egon Bahr）。他在那里。我在伍德斯托克会议上会有一个更好的估计。（基辛格计划到佛蒙特州的伍德斯托克，去参加为期一周的比尔德伯格会议，这是一年一度的由世界上最富有的人和最有影响力的人参加的私人会议。）我的估计是——哦，他是真的——他开始解释："哦，他们非常热情。难道你没有意识到，第一位访问苏联的美国总统，这对我们来说是多么大的一件事吗？我们在政治局有四个新的成员？我试着"，他说："你只需要说服一个人。而我却要说服 15 个人。"

尼克松：嗯。

基辛格：他说："说服他们几乎是不可能的。"我甚至相信——

尼克松：确实。

基辛格：——因为在这个问题上，他们已经让步了百分之九十八。他们几乎接受了我们在限制战略武器上的立场。他们给我们的远超——

尼克松：还有什么？让我们看看我们是从哪儿开始的。《限制战略武器条约》的立场？什么——？

基辛格：好吧，他们 [******]——

尼克松：什么时候？

基辛格：嗯，我们能在下个星期处理。我们能在一个星期内公布换文。

……

基辛格：嗯，现在，总统先生，唯一的一点是：他们想要什么，唯一有争论的是——也有另一些挑毛病的事儿，我一会儿向您解释——但争论是关于莫斯科对抗华盛顿的限制，这会让斯库普·约翰逊恼火的——

尼克松：该死，确实如此。

基辛格：——在另一方面，多勃雷宁说几乎无法向军方解释：我们能保护好我们的导弹，而他们不得不保护他们的人口。我告诉他："他们有500颗导弹由部署在莫斯科的防御系统保护着。"

尼克松：是的。

基辛格：他对此予以否认。因此，我能在周一向他们提出的就是，他们必须拿出一句话来对此进行限制，我们把这件事扔给谈判者去处理，都明白的是，如果他们不能解决的话，我们就得做出让步。如果那是您想要的。我认为如果他们冻结了他们的进攻性武器，可是一件大事。如果他们冻结他们的进攻性武器，他们已经同意了这样做，那我们可以——

尼克松：是吗？

基辛格：——我们可以同意。我们可以同意。如果他们不冻结他们的进攻性武器，那就太危险了。

……

尼克松：瞧，让我这样说吧：正如你知道的，这真是狗屁不如。根本一文不值。但是关键是从我们公共关系的角度来说，我们现在能利用这样的事情。我——

基辛格：对的——

尼克松：——我不想有任何差错，出于公共关系的原因，但是我不想兜圈子，不想推迟3周又他妈的没有任何差别。

基辛格：没错。

……

基辛格：是的，我觉得，他们是很冷酷的一群人。总统先生，我觉得，他们很渴望您能去莫斯科，我认为我们在柏林协议的问题上答应他们是非常错误的做法。事实上，我很愿意说，当我看到他的时候，我会说："你的反应我早已料到了。"在他们准备好召开峰会之前，您不要做出任何承诺。我说："如果你觉得你在峰会的问题上帮了总统的话，那你就大错特错了——"

尼克松：没错——

基辛格："——我们是不会为这次峰会付出任何代价的。我们会在共同利益或者一点利益也没有的基础上签署协议。"但是他们想让你去那儿。这一点毫无疑问。因为我一强硬——

尼克松：是的。

霍尔德曼：越早——

基辛格：因为我一强硬起来，他就开始反悔了。他说："不，不，不，你误会了。你必须告诉你们的总统先生，我们正在重新发出邀请。9月是个绝好的时间。时间好，天气也好"——

尼克松：是的，但是他们想要什么时候宣布呢？

基辛格：嗯，那么我说："看，我们想要提前4个月宣布。对于国事访问，我们都是这么处理的。"他说："好吧，如果提前两个月的话会更好一些。"让他们的政府 [******]，我猜他们会遇到很大的困难。

尼克松：那就提前3个月公布。

基辛格：我觉得他们真的想要举行这次峰会。他们也可能需要在柏林问题上有所进展。但是，我认为——我这周见巴尔，我觉得他们知道在柏林问题上会有进展，并且他们用这个去——

尼克松：嗯。[******] 所以这回被证明是很理想的，对吗？难道不是吗？

基辛格：好吧，总统先生，我认为《限制战略武器条约》——

尼克松：如果没有中国的话，他们不会 [******]——

基辛格：达成《限制战略武器条约》，将会推动柏林问题的解决。

尼克松：让我来告诉你一些事：没有中国的话，他们是不会接受《限制战略武器条约》的。

"如果那些战俘的妻子开始东奔西跑……我们真的就麻烦大了。"

1971年4月26日，上午11：46
理查德·尼克松、鲍勃·霍尔德曼和亨利·基辛格
椭圆形办公室

到1971年，人们很容易就忘了巴黎和谈。这是一场公开进行的会谈，北越、南越、越共和美国的谈判代表齐聚一堂，寻求结束战争的方案。会谈持续了3年，但收效甚微。很难想象，单单是确定会场用什么形状的桌子就耗费了几个月的时间。当巴黎和谈和限制战略武器会谈一起举行的时候，尼克松把巴黎和谈放在了次要位置，而他自己却通过秘密渠道，与基辛格共同设计了一个更广泛的议程。

4月，一个由100名被北越关押的战俘的妻子组成的团体，让和谈成为各大新闻的头条。在和谈期间，这些妇女什么也不说、什么也不做，她们只是不分昼夜地站在举行和谈的大楼外的路上等着。根据记录，共有339名美国公民成为战俘，尽管可能有上千人在逮捕行动中失踪。北越的立场是，除非尼克松给出一个确切日期撤出这个地区所有的美国军队，否则不会讨论释放这些美国人的问题。

……

基辛格：刚才，在来的路上洛奇拦住我，他说他在战俘问题上有种非常强烈的感觉，他想要跟您谈一谈。

尼克松：不，我不会[******]。

基辛格：用他的说法，他想要退出，但是我告诉他，他得换个时间；您太忙了。

尼克松：不，不，不[******]。

基辛格：我中午去见多勃雷宁，我想在见他之前跟您商量一下。

尼克松：好的。

基辛格：总统先生，我相信您在周六的直觉是对的，就是说我应该——

尼克松：哦，是的——

基辛格：——对他强硬一些。

尼克松：像魔鬼一般的强硬。所以——你不能做些什么？

基辛格：不，我——

尼克松：在你去那儿之前让我说几点。在我看来——这就是我想说的，鲍勃[******]。我将会跟你谈谈发布会的事情，在我完成所有的这些以后——

霍尔德曼：（大笑）

尼克松：——杂七杂八的事情。首先，我认为，鉴于昨天炮击 [******]，我们应该打掉那些据点，正常来说，现在我们不能轰炸。

基辛格：我认为，我们应该非常仔细地考虑考虑。

尼克松：我认为你没必要考虑，为什么考虑？我的看法是，你得在这些游行示威之后跟他们说明一下，我们不会受他们影响的。我知道很多 [******]——

基辛格：我同意。

尼克松：太多的这类事情——

基辛格：我——

尼克松：太多的这类事情表明我们会受影响。

基辛格：我同意。

尼克松：现在，唯一需要做的事情就是轰炸他们。

基辛格：我赞同。

尼克松：所以，你告诉他们放手去做吧——还有保护性反应。称它为"保护性反应"。

基辛格：好的。

尼克松：但是，那就给他们吧。

基辛格：好的。

尼克松：明白了吗？

基辛格：完全明白。

尼克松：是去做的时候了。

基辛格：绝对的。

尼克松：所以，他们在阵地上随意炮轰，炸死了 7 个美国人？对吗？

基辛格：那——那是他们会明白的唯一一件事。

尼克松：是的。并且，你知道，我主要是想让他们知道我们 [******] 示威。

基辛格：总统先生，我——

尼克松：是的。

基辛格：——对这件事感到很兴奋。

尼克松：轰击他们 [******]——

基辛格：总统先生，我这周末看到的（在比尔德伯格会议上）——

尼克松：在纽约？[******]

基辛格：这个国家需要——

尼克松：我是——

基辛格：在伍德斯托克。我的意思是这个。

尼克松：[******]

基辛格：如果我们不——

尼克松：[******]

基辛格：如果我们不这样做的话，就没有一个人会这样做了。

尼克松：[******] 毫无疑问，毫无疑问他们会这样做。重点是——我们这周将会击垮他们——保护性反应——但是，我的意思是，现在要把这三个点全部炸掉。

基辛格：是的。

尼克松：我的意思是——或者两个或者三个。我不知道。这取决于军事上的可行性。

基辛格：让我们炸掉他们所有的——

尼克松：你知道，我告诉过莱尔德："只要你准备好了，就去做。"现在，对这个阻塞点大概已经准备好了。那就去轰炸他们。

基辛格：好的。

尼克松：我们正在掩护美军的撤退。第二个重点是：我们确实需要一些东西——我需要布鲁斯在周四的时候能说些关于战俘的事情。现在，我们必须让他说些什么。

基辛格：绝对的。

尼克松：我不知道他能说什么，但是我的意思是当你有两个——愚蠢的（肯塔基州共和党参议员马洛·W.）库克，你知道，那个来自艾奥瓦州的傻瓜（共和党参议员杰克·R.）米勒——都加入了这个，"我们预计，我们将会在处理完战俘的事情之后的9个月结束战争"。当然，他们正在接近我们可以接受的范围。他们——无论如何，但关键是——

基辛格：不过，他们比我们更强硬。

尼克松：什么？这些国会议员是 [******]？

基辛格：但是，他们想要——先释放战俘。

尼克松：是的。但是，我想说的是：我认为，我们应该让布鲁斯在战俘问题上提出好听一点的要求，那些让我们能够先公布的。我们说过我们将会这么做。你明白我什么意思了吧？提出要求。这一点儿也不会影响我们的谈判。

基辛格：好吧，你想要求什么？

尼克松：什么都可以。

基辛格：好吧。

尼克松：仅仅是为了——一个，一个我们知道他们一定会拒绝的提议。你明白我什么意思了吗？因此，你可以说——好吧，我在想——你能考虑一下像这样的一些事情："只要你们愿意谈战俘的问题，我们就——我们就准备提出最终期限的问题。我们准备着。"

基辛格：那会泄露 [******]

尼克松：哦，我不确定。

基辛格：如果得有人这样做的话，那么您应该在电视上宣布。

尼克松：到时候，"我们准备——"

基辛格：如果您愿意那样做的话。

尼克松：那么，到时候，把它插到我们说过的话中。"我们准备——"

基辛格：我的意思是，我们能征用任意人数的 [******]。

尼克松：到时候，提一下那件事。之后，把它区分开。之后，战俘——停火——

基辛格：这是我们能做的。

尼克松：——周四做吧。

基辛格：这是我们能做的。

尼克松：他说："好吧——我们将会把那些事情区分开。"当然，即使之后在我宣布的时候，你还是要在私下去做。

基辛格：您将宣布停火——

尼克松：因为你将给他们一个具体日期，而他不会。

基辛格：不，无论如何，如果他说："我们准备提出一个时间——最后期限。"那正是我打算告诉他们的事情。

尼克松：好吧——

基辛格：之后，如果您想要的话，您可以按这条路线走，但是那看起来确实像是在向游行示威屈服。到时候您应该宣布这件事。为什么让他做？

尼克松：哦，不。我不会给出一个日期的。我们——我们会谈论它——

基辛格：但是那个，他们会接受的。

尼克松：嗯？

基辛格：他们会接受的。

尼克松：不，我认为他们不会。

基辛格：当然会。

尼克松：停火？

基辛格：好吧，总统先生，我认为那是一大步。最好在常规会议上提出，在示威进行的时候——

尼克松：我们到底能提供给他们什么？

基辛格：我们能说——

尼克松：弄清一些事情。

基辛格：是的。我会——

尼克松：要抓紧办——

基辛格：——我会竭力为您梳理——

尼克松：一些他们会拒绝的事，但是有些事——得宣扬起来。把它交给斯卡利，就说："现在，把这件事儿宣扬起来吧。"那是我想做这件事的方式，亨利。

基辛格：对的。为了释放战俘，我们可以进行一些单方面的后撤。

尼克松：是的。

基辛格：我们可以——

尼克松：别让——顺便说一下，我真的厌烦了洛奇。该死的，我把他送到那儿，他在那儿跟教皇鬼混，为了这件事情他来到这儿，现在他想要到越南旅行。该死的，别烦我！

基辛格：是的。

尼克松：他绝对不会过来并表现出任何——他不会——

基辛格：是的。

尼克松：他上次在这儿的时候，他对我一直在做的事情不置一词。他都去哪儿了？他为什么不提供一丁点儿支持？我将会召开这个该死的会议；我将离开那儿。难道你不那样觉得吗？

基辛格：完全是。

尼克松：亨利，我的意思是 [******]。你跟他谈一谈。他能告诉你。

基辛格：好的。

尼克松：他能吗？

基辛格：哦，是的。他已经告诉我了。

尼克松：现在，说说多勃雷宁，我知道现在他非常强硬。让我告诉你，为什么你必须处理战俘的事情：这纯粹是一个拖延战术。亨利，[******]我们必须意识到，我们必须阻止他们逃脱责任。战俘的妻子们可能赞成这件该死的事儿。你明白吗？

基辛格：没错。

尼克松：对她们来说这太让人着急了。布鲁斯——我们必须表明，在战俘的事情上，我们至少做了一些事情。

基辛格：实际上，总统先生，从那个角度来讲，这个（提议结束越南战争的参议员）米勒的事情是——除非他已经改变了它——并不是很坏的事情——。他们——

尼克松：它提到一旦他们被释放？

基辛格：首先，他们必须释放他们，并且一年之后，我们撤出我们的军队。

尼克松：一年之后？

基辛格：之前的提法是一年。

尼克松：或者，9个月？

基辛格：好吧，或许现在他已经改为9个月了。

尼克松：是的。

基辛格：但是那意味着，他们必须先释放所有的战俘。

尼克松：嗯。好吧，我们本来差不多接受 [******]——

基辛格：哦，还没。

尼克松：我的意思是——

基辛格：你看，总统先生，一旦我们向他们提出要求，我们就知道他们到底愿不愿意了，之后我们就能以我们的方式处理战俘的事了。

尼克松：我知道。我知道。但是现在——

基辛格：在有结果之前，战俘的事不会是个大事——

尼克松：——现在，我想说，我们得在战俘问题上放一个塞子。这是目前唯一让我担心的事情。

基辛格：没错。

尼克松：唯一的事情。

基辛格：我会——

尼克松：我觉得并不是这里的每一个人都意识到了这个问题。你看——

基辛格：好吧，我有一个建议——

尼克松：——因为这是我们致命的弱点。如果那些战俘的妻子们开始东奔西跑，搅和美国大选，还有那些老兵，那我们真的就麻烦大了——你必须告诉他们所有人——

基辛格：好吧，我来跟这些妻子们的头儿谈一谈。我知道她 [可能指的是卡罗尔·诺思（Carol North），全国家庭联盟的董事会主席]。前几天她上了全国性电视节目。她很不错。她非常欣赏我。

尼克松：我知道。

基辛格：我认为——我安抚了一下她们的情绪——

尼克松：我知道，我知道。但是，她们仍然非常担心——

基辛格：哦，她们——

尼克松：[******] 你知道的，就算你每天都安抚她们，她们都是忧心如焚的一帮人。对吧？

……

尼克松：现在，在我们离开之前，你建议过——只是考虑一下——理解：我正在想一个招儿。

基辛格：我知道。

尼克松：我他妈的什么也不给。亨利，我不想接受这个，但是当你跟她们谈话的时候不要认为——科尔森（Charles Colson）跟她们的关系很近。科尔森能动用的团体有 [******] 很多。你要确保跟他们也谈谈，看看哪一些团体准备离开了。明白吗？

基辛格：好的。

尼克松：去看看他们是不是还很强硬。亨利，明白吗？

基辛格：好。

尼克松：我们并不天真地认为，你跟一个人谈了就能摆平她们所有人，因为有大约 18 个不同的——就像退伍军人的情况。90% 的退伍军人——95% 的退伍军人是支持我们的，但是剩下那 5% 会到处恶心你。明白吗？

基辛格：没错。没错。

尼克松：我想我们能稳住她们，但是我们必须为她们摆平战俘的事情，如果我们能提出一些要求，或者甚至告诉她们我们将要提出要求，就好了。亨利，她们必须得到一些保证。她们必须得到一些保证——

基辛格：我会跟这些妻子们谈——

尼克松：——关于她们想要知道的东西。

基辛格：我应该做的是——

尼克松：不要认为她只是一个人。她是许多人中的一个。

基辛格：不会的——但是我想要谈一谈并听听她的建议，因为我信赖她。到时候，我将会——她足够强硬了。我不想给人留下她很好打发的印象，但是她一直是——

尼克松：没错。

105 基辛格：首先，我来跟她谈谈。前几天，她刚上了全国电视——

尼克松：是的。

基辛格：——并且她很坚定。

尼克松：好的，星期四，在战俘问题上我们必须有一些新东西。必须听起来很新。就这些。要让——让布鲁斯说一些官话套话。你明白的，随他选。

"当我们谈论'挂钩策略'的时候，所有人都在嘲笑。"

> 1971年4月27日，下午8:16
> 理查德·尼克松和亨利·基辛格
> 白宫电话

中华人民共和国总理周恩来给尼克松写信提出在北京举行会谈的时候，是中美关系史上的一个重要转折点，基辛格称之为"自第二次世界大战结束以来，美国总统收到的最重要的信件"。在信件中，周恩来邀请一位使者出访。基辛格和尼克松关于这封信的部分讨论，集中在谁将代表美国第一次出访中国。他们坦率地讨论着可能的人选，尽管不会真正对使者的身份产生怀疑。中美之间对话的可能性从实质上改变了美国对外政策在其他方面的压力——尼克松将这一系列错综复杂的挑战称为"挂钩策略"（linkage）。

……

尼克松：关于这个问题我有很多想法。一是有关布鲁斯（David K.E. Bruce）的事情（布鲁斯被考虑作为尼克松特使的人选），我似乎给他们提出了一个很大的难题，因为他直接参与了越南和谈。第二，让我想想是否还有别的人选——纳尔逊（·洛克菲勒，Nelson Rockefeller）怎么样？

基辛格：不行。

尼克松：难道不行吗，嗯？

基辛格：总统先生，他不太听话，尽管他是个可能的人选。

尼克松：你看，这会使他卷入一个大事件，而他却不是政府官员。

基辛格：让我想想。我或许能管住他。

尼克松：这很复杂，难道你不这样认为吗？

基辛格：这是很复杂。

尼克松：布什如何？

基辛格：绝对不可以，他太软了，而且不够精明。

尼克松：我想到了我自己。

基辛格：我想到了理查森（Elliot Richardson），但是选他不是个好主意。

尼克松：他和我们走的还是太近了，并且我认为这会让罗杰斯不好受。纳尔逊——中国人会认为他是很重要的人物，并且从国内形势的角度考虑，他能为我们做很多事儿。不，纳尔逊是只到处乱跑的野兔子。

基辛格：我认为，如果只是一次出访的话，我能管得了他。对他们来说，洛克菲勒可是个大人物。

尼克松：当然。好吧，他先当备选吧。

基辛格：布什太弱了。

尼克松：我也这样认为，但是我正在努力地找一个名头响亮的人。

基辛格：纳尔逊还是有可能性的。

尼克松：可能人选之一，是的。当然，那会使国务院发疯的。

基辛格：他会从国务院带个人跟他一起，但是他对他们不屑一顾，他会遵照我们的指示，并且我会选一个我们的人跟着一起去。

尼克松：派黑格去。的确，他很强硬。

基辛格：而且他认识黑格。

……

尼克松：总之，当然，你能从这整个事情上得到安慰，你知道的，当你谈论这是如何发生的时候，你知道，如果你没有坚持到底的话就不会发生。我们——

基辛格：是的，总统先生，是您让这件事成为可能的。

尼克松：我们下了一盘大棋，现在有了一些突破。我们一直在期待着取得一个突破，我认为我们现在有一个了。如果我们——

基辛格：好吧——

尼克松：——巧妙地下这盘棋。并且，我们会等上几个星期，之后——

基辛格：但是，我们建造起了这个——

尼克松：是的。

基辛格：——这整个复杂的网络——

尼克松：是的。

基辛格：当我们谈论"挂钩策略"的时候，所有人都在嘲笑。

尼克松：是的，我知道。

基辛格：但是我们现在已经做到了。

尼克松：没错。

基辛格：我们已经把所有都挂上钩了。

尼克松：并且——

基辛格：我的意思是，我们把柏林问题与限制战略武器谈判挂上钩了。

……

尼克松：亨利，如果你没有坚持到底的话，就不会发生这样的事了。我们下了一盘棋，并且我们取得了一些突破。事情完成得很巧妙，现在我们会等上几个星期。

基辛格：现在，我们把事情做完了，我们已经把它们都勾连在一起了；柏林问题和《限制战略武器条约》联系在了一起。纳尔逊或许能做这件事，尤其是如果我派黑格和他一起去的话。

尼克松：哦，我们必须让黑格去，以及一个国务院的人，但不是格林那家伙。

基辛格：哦，格林可以去。在外交政策上，纳尔逊会采纳我的建议的。

尼克松：在某种意义上，他将是一位特殊的使者。

基辛格：确实是，总统先生，这是一个非常独到的见解，并且他非常强硬。

尼克松：特别是如果你恰好把他放在山顶，并且说："看，伙计，这可能成就你，也可能毁掉你。"

基辛格：哦，他会那样做的，关于这一点我也会告诉他的。如果是长期行动，他很难被驾驭，但就这一次来说，他的表现会非常好。

尼克松：如果杜威活着的话，他能做这件事。

基辛格：纳尔逊会更好一些。

尼克松：但是杜威已经死了。

基辛格：如果您能稍等一会，我想让您——我有一份巴基斯坦人给我的口信。在这儿——通过巴基斯坦给叶海亚（·汗）的口信，叶海亚转交给了中国人。

……

基辛格：好吧，总统先生——

尼克松：嗯？

基辛格：——他们（中国人）和苏联人的差别在于，如果你掉了一些零钱并想把它捡回来，俄国人会踩着你的手指，为了那些零钱跟你干一仗。中国人不会那样做。我重新看了和他们的所有通信。所有的通信都一直是高水平的。我的意思是，如果您看看首脑互访的话，他们没有像俄国人那样胡闹。

尼克松：是的，他们没有那样。

基辛格：并且在这盘棋局上比起来，俄国人每一步血腥的举动都要榨干我们——

尼克松：是的，是的。

基辛格：——这简直是愚蠢。

尼克松：是的。

基辛格：并且，因此我觉得，他们可能意识到他们不能在台湾问题上和我们耍花招，但是他们必须得到一种根本性的谅解。

尼克松：是的。好吧，把纳尔逊作为我们可能的一个人选。

基辛格：好的。

尼克松：顺便说一下，黑格是如何看待这件事的？

基辛格：哦，他认为这是一次重大的外交突破。

尼克松：他真的这么想吗？是吗？

基辛格：哦，是的。并且他认为，如果我们冷静地、强硬地，并且像我们到目前为止那样巧妙地下这盘棋的话——

尼克松：是的——

基辛格：——我们现在就能处理好每一件事。

尼克松：他觉得我们——他能做到这个程度吗 [******] ？

基辛格：哦，是的。我绝对——我此前从未这样说过。我最多透露过不到三分之一。我认为如果我们把这件事做成的话，我们今年就能结束越南战争。这些交往的唯一的实质是——

尼克松：当然，另一件重要的事情是（大笑），你知道，考虑到在这一阶段想要宣布一些事情，我们在时间上确实有点问题，并且——

基辛格：是的，但是无论如何，我们得在6月第一个星期结束的时候宣布这件事。

尼克松：好吧，如果你6月份去那儿的话，我们必须这样了。

基辛格：并且，如果我们谈成《限制战略武器条约》的话——

尼克松：如果我们能早点谈成它。现在的问题是，《限制战略武器条约》会让他们失去兴趣吗？不。不会吗？

基辛格：不会的。

尼克松：不，特别是——是的，但是，我必须说，我们得在峰会的事情上和俄国人周旋一下。他们——

基辛格：就目前来说，在那件事上暂时什么也不会发生。

尼克松：不，不。他们——已经把球踢给他们了——

基辛格：是的。

尼克松：——他们坐在那儿无所事事。好吧，他们可以无所事事。并且——
基辛格：他们不会很快行动的。
尼克松：不会？
基辛格：而且，他们将会被我们国内的示威迷惑住。关于这份报告，周恩来做了更详细的分析。
尼克松：他的分析实际上使我们正在做的事情变为现实。
基辛格：一个关于国际形势非常详细的分析。
尼克松：好吧，无论如何，我们有另一个人选可以考虑。布鲁斯也是另一个人选。把布鲁斯从巴黎召回来，再把他派到北京去，这也会非常有戏剧性。
基辛格：正因为这个原因，他们可能不会接受他。
尼克松：就布鲁斯而言，他是我们的高级大使，并且我们觉得他是最符合条件的人。
基辛格：他们会欣然接受洛克菲勒的，一个非常引人注目的家伙。
尼克松：引人注目，极为引人注目。难道你不明白这会对咱们国内的自由派产生什么影响吗？哦，天啊。洛克菲勒去那儿，天哪。
基辛格：那有很大可能。
尼克松：这就是洛克菲勒——他总是与我们看齐；他总是在外交政策上和我们看齐。无论如何，这是一件可以考虑的事。
基辛格：这是个幸福的烦恼。
尼克松：这也是个奢侈的烦恼。
基辛格：一旦这件事变得——每一件事就会变得合拍了。
尼克松：我希望如此。
基辛格：这周四，您在越南问题上一定要坚持住。
尼克松：我会尽可能强硬的。战俘的事情怎么样了？
基辛格：我写下了三个提议——他们将要释放1000人，他们开放了他们的营地，并号召北越也这样做，并且提议所有的战俘必须交给一个中立国。布鲁斯应该会在今早宣布这个——
尼克松：很好。
基辛格：晚上您可以评论一下这件事。
尼克松：如果我们稍微高调一点儿的话，他们可能会抨击这种做法。他们所有人都会认为是关于撤军的事情，但却是关于战俘的。

基辛格：我们开始掌控主动了。

尼克松：这倒是真的，但是我们会掌控局势的。示威者可能做得太过火了。

基辛格：约翰·钱塞勒（John Chancellor），今天我和他一起吃午饭了，他认为风向已经转变了。

尼克松：怎么转变的？

基辛格：他认为这周发生的事情已经毁灭了他们。

尼克松：约翰·钱塞勒——

基辛格：是的。他确实不知道您有什么高招，但是——

尼克松：关于中国，我并没有说什么东西，除了说我们的提议还处在一个非常敏感的状态，并且我并不打算评论还没发生的事情。先生们，下一个问题。

基辛格：很好。

尼克松：我并不想陷入关于"两个中国"政策的提议、联合国成员国身份、台湾问题等话题中。我会说进展是重大的，我认为做出进一步的评论并不符合国家利益，通过这些说法来巧妙地应对好所有的问题。

基辛格：总统先生，我认为这是最好的立场。

尼克松：黑格非常高兴。

基辛格：如果在两个月之前有人能预想到今天的情况，我们会觉得那是在异想天开。

尼克松：是的，是的。在老挝行动之后——

基辛格：在柬埔寨之后，同样的事情——

尼克松：是的。但是在老挝行动之后，认为老挝行动失败的人比持不同看法的人多一倍，不过很快有了对中国的行动，乒乓球队，还有一些更重要的事使它黯然失色。它会产生重大的影响。好吧，看看，纳尔逊向斯诺做出的那份口头声明。我们如何解决曼斯菲尔德（Michael Mansfield）的问题？我不知道我们该怎么处理这件事，但是我们处理这事儿的一个方式，就是邀请他一起。

基辛格：不。为什么给他这个？

尼克松：他能和我一起去。

基辛格：当你去的时候，他可以跟你一起去。

尼克松：我们可以邀请曼斯菲尔德和斯科特（Hugh Scott）。

基辛格：如果你想要和民主党人分享功绩的话。

尼克松：分享？中国会好好地招待他们，但他们会知道大权在谁的手中。

基辛格：但是，他们事实上还没有邀请任何人。

尼克松：你能给他捎个信儿吗？

基辛格：我能带给他口头消息。

尼克松：还有两个星期的时间，我在想，在那之前，他们会不会在曼斯菲尔德（访华）的事情上有所行动。

基辛格：不会，但是他们也有可能。

尼克松：作为一个临时性的行动，你能不能说总统会在加利福尼亚，并且——

基辛格：我已经告诉他们了，我们很快就能收到一个建设性的回复。

尼克松：你能再补充一点吗？就说直到收到我们的回复之前，其他的访问都应该暂时被搁置。

基辛格：我会把话说到的。

尼克松：会有很多要求，我们觉得那些政治要求——

基辛格：没问题。

尼克松：好主意。好的，亨利。

基辛格：好的，总统先生。

"那种生活方式我可不想去碰。"

> 1971年4月28日，上午9：28
> 理查德·尼克松、鲍勃·霍尔德曼和亨利·基辛格
> 行政办公楼

在长达七十多年的时间里，白宫一直资助一年一度的儿童与青年会议。最后一次会议是在1971年举办的，在尼克松第一届任期的中段。在尼克松看来，停止举办这一会议的理由很充分。

会议是由负责城市事务的总统顾问帕特·莫伊尼汉（Pat Moynihan）的前团队成员（在他离开政府回到哈佛大学之后）组织的，特别是史提芬·汉斯（Stephen Hess）。会议在科罗拉多州的埃斯特斯公园（Estes Park）举办。会议提出了一系列的建议，包括要求总统尼克松、副总统阿格纽（Spiro Agnew）及其团队的其他成员立即辞职，并建议政府降低结婚的法定年龄，以及更为正式地承认同性恋关系。这些建议引发了椭圆形办公室中对同性恋与社会问题的讨论。

……

尼克松：在讨论同性恋的事情之前，我想先说几句。我不想让人们误解我的观点。我认为，我是这个办公室中对这个问题容忍度最高的人。他们有问题。他们一出生就那样。你知道的。仅此而已。我认为他们是这样的。无论如何，我的意思是，尽管我说他们天生如此，但确实已经形成一股潮流了。我的看法是，是这些童子军领袖、基督教青年会（Young Men's Christian Association，YMCA）的领导人还有其他人，把他们带到这条路上了，还有老师们。当然，如果你回顾一下社会发展的历史，你就会发现一些极具才华的人——[******]，奥斯卡·王尔德（Oscar Wilde）、亚里士多德，等等——都是同性恋。当然，还有尼禄，他在罗马公开和一个小男孩在一起。

霍尔德曼：还有一大堆罗马皇帝。

尼克松：[******]但是，关键是，一旦一个社会朝着那个方向发展，那么这个社会的活力就消失殆尽了。亨利，难道现在不就是这样吗？

基辛格：嗯——

尼克松：你看到另一些变化了吗，它不合时宜的地方？

基辛格：那确实是在古代才有的情况。罗马人是臭名昭著的——

霍尔德曼：是希腊人。

基辛格：——同性恋。

尼克松：希腊人。

基辛格：希腊人。

尼克松：希腊人。他们中很多都是同性恋[******]。上天为证，我无论如何都不会通过这样的法律，表示"好吧，孩子们，现在就去做同性恋吧"。

他们能做得出来。随他们便吧。那种生活方式我可不想去碰。"

基辛格：好吧，这件事——

霍尔德曼：恐怕那正是他们现在正在做的事。

尼克松：随他们便吧。

基辛格：你知道的，就像我们了解的一些人，他们偷偷摸摸地做那件事是一回事儿，而让它成为国家政策就是另外一回事儿了。

……

基辛格：但是对大多数人来说，有些事令人非常不快，就是把它张扬成一种全国政策。在我看来，这就是这件事涉及的问题。

霍尔德曼：这就像其他事情一样。你把它变成公共政策，你就又减少了一个可以阻止一些孩子的障碍——

尼克松：归根结底，这才是症结所在。亨利，关键是，现在规定满18岁才能喝酒。因为75%的孩子可能在18岁就开始喝酒，大多数孩子，在18岁就开始喝酒的孩子中，25%会耍酒疯。这可不是个好主意。我的意思是，在某种意义上你必须对此加以阻止。为什么女孩子不大骂人？因为一个男人，他大骂的时候，人们不能忍受一个女孩子——

霍尔德曼：女孩儿确实会骂人。

尼克松：呃？

霍尔德曼：她们现在确实这样。

尼克松：哦，她们现在这样吗？但是，不过，这让她们身上少了点东西，她们甚至没有意识到这些。男人喝酒，男人大骂，人们会容忍，然后说那是男子气概的体现或是其他类似的话。我们所有人都会这样做。我们所有人都会骂人。但是如果你告诉我某个女孩会骂人，那我会觉得那女孩是个非常糟糕的、毫无魅力的人。你知道的，真的是这样。

霍尔德曼：是的。

尼克松：我的意思是，毫无女人味。顺便说一下，聪明的女孩是不会骂人的。这就是为什么你应该讲一个关于女孩的荤段子。原因主要在于，一旦你开始 [******] 像男人那样粗鲁。相信我，人们称之为伦理理论。见鬼去吧。这个国家正是由此缔造的。天哪，亨利，这回到了犹太教上。你知道的，大部分都在那儿。你读读《旧约全书》，这是《旧约》中的

112

东西，而不是《新约》中的东西。

霍尔德曼：你忘记了男女有别，这是一个主要的——

尼克松：没错。[******] 但是饮酒的事情已是既成事实，这没错。让我们谈谈另一件事情。坦诚地讲，你可以让妓院合法化。好吧，坦率地说，问题在于，好吧，他们是更卫生的，法国已经让它们合法化了，以及其他诸如此类的事情。无论如何人们都会去做那些事，妓院到处都是。你在这件事上有所行动，你就会又打破另一重限制。你说，好吧，所有的妓女就在那儿，所有的好女孩也在那儿。关键在于，所有的女孩，几乎是所有的女孩，都会很乐意以这种或那种方式同某个男人发生某种关系，她们会这样做的。该死的！你不能把它清除出去！你只是让它变得太寻常、太粗俗了。真的，这就是问题的所在。我认为它是，我必须说，我这么说并不是假装正经或是故作圣洁。我不能认同大量的——但是我确实认为，当一个社会开始告诉这个国家所有正直、虔诚的人民，他们的国家存在着大量的同性恋、16岁就喝酒的孩子、妓院，那么这个社会早晚会走向堕落。你会看到一个堕落的社会。现在，来让我们看看社会主义社会，无论他们的价值如何。让我们看看他们。所有的革命性的社会，无论他们的价值如何，他们是纯洁的。

基辛格：哦，是的。

尼克松：他们的公共伦理是纯洁的，在任何问题上都是如此。他们的私人生活也很纯洁。他们不会无底线地容忍任何事情。

"在我到那儿之前，必须妥善处理好这场战争。"

1971年4月28日，下午4：51
理查德·尼克松、鲍勃·霍尔德曼和亨利·基辛格
行政办公楼

中美关系顺利而过快的发展，产生了一系列的后遗症，以越南战争和台

湾问题为代表的一系列问题悬而未决。预期同苏联举行的峰会恰恰提出了相反的挑战,关于峰会的每一点都摇摆不定,甚至是此前已经反复讨论过的要点。在这些动议上,基辛格都试图将自己包装为尼克松麾下的核心人物。

……

基辛格:事实上我并不想自吹自擂,但我恰好是唯一了解所有谈判的人。

……

尼克松:我的意思是,他(洛克菲勒)没有一点儿左右逢源的巧妙。你知道的,他想要的是又快又狠的大胆一击,具有戏剧性的。该死的,现在我们要大胆行事,但是我们又不想把事情搞砸。你可以做到的。最好的方法,最好的方法就是,进行一次秘密谈判。但在电报的开头,我会说,总统已经考虑过了,他希望安排一次对北京的访问。他认为,他愿意来北京。然而,他认为,筹备这件事的最好方式就是让他的——必须以最高规格来筹备,包括日程表、接待形式等,一切事情都必须让基辛格博士亲自安排。

……

尼克松:现在,当前我们工作的重点就是与中国的峰会,这是我的计划。这可是盘大棋局。现在,这盘棋只下了一半;而另一半则是要对这场战争有所行动。这就是另一半棋局的内容。

基辛格:我觉得有鉴于此,当年那些参与1954年大选的家伙需要和平,于是他们就解决了越南问题。现在,他们仍需要和平,那必定会对河内产生一定的影响。这就是公开派一名特使的一个优势。

……

尼克松:让我说,在我到那儿之前,必须妥善处理好这场战争。我的意思是,只有做到心中有数,我们才能去那儿。美国人民必须知道战争已经结束的事实。我是不会在此之前去中国的。

……

基辛格：他们（中国人）很害怕俄国人，因此他们更希望您在明年 4 月或者 5 月出访中国，这样的话他们就不至于惹怒俄国人，俄国人也不会拿美国总统出访这件事儿攻击他们。我认为他们想要这样做。我认为他们并不想让您现在就去。对他们来说，这个转变来得太快了。

……

尼克松：我们必须处理好同俄国人的关系。俄国人会给我们引起太他妈多的麻烦。我觉得，从现在起到 1972 年，假设这世界上有一块地方他们可以威胁我们的话，那就是古巴。他们能威胁我们——在柏林我们能威胁他们。我们在那儿占主动。我们——

基辛格：哦，我们能破坏柏林——

尼克松：我的意思是，至于限制战略武器会谈，它已经完蛋了。我的意思是，俄国人，我们假设他们会回来，你知道的——和苏联的峰会还是有可能的。多勃雷宁今天提到峰会了吗？或者，是你没有提峰会的问题？

基辛格：嗯，我说了："阿纳托利，你记得——"

尼克松：你只是跟他提了一下。

基辛格：我对他说："现在，瞧"，"你知道的，这件大事，在柏林问题上有任何进展都是因为我。"我接着说："总统——"一分钟之后，我说："当然，阿纳托利，总统相信（我应该终止）这次接触，如果在限制战略武器会谈的问题上没有取得什么进展的话。"而不是——

尼克松：他的立场是——

基辛格：而不是罗杰斯——

尼克松：不要说——

基辛格：嗯，我必须给他们一个名字。我告诉他了。

尼克松：我补充一下别的事儿：你已经决定（反对）这次峰会了。就说，我了解比尔，这里有官僚政治的问题，你——你不在国务院的问题，和俄国人的问题——你认为俄国人的事已经结束。你知道，对他们来说那仅仅是照章办事，对吗？我不知道他们是否会不安。但是，这是我的方法。很高兴能把这些话讲出来。

……

基辛格：总统先生，必须记住这一点，他们不会帮我们脱离困境。

尼克松：是的。

基辛格：但是，俄国人没有使外交关系——

尼克松：当然，你想要——没错，没错。你想要——如果你认为我们会和俄国人举行一次峰会的话，那你错了。

基辛格：我没错。我们会举行一次峰会的，总统先生。

尼克松：好吧，我确定在峰会之后我们的情况不会很糟糕，相信我。

基辛格：我不太确定我们希望它是这样的。

尼克松：没错。是的。

基辛格：直觉告诉我，我们会解决限制战略武器会谈和峰会的事儿的。看看他们的选择：他们还有其他出路吗？

"参议院正在进行的辩论才是关键所在。"

1971年5月6日，上午11：00
理查德·尼克松、鲍勃·霍尔德曼和亚历山大·黑格
椭圆形办公室

"五一国际劳动节"的示威比之前预想的10万人多出了整整40万。受此影响，参议院就延长兵役的两个反战修正法案展开了激烈的辩论。正在辩论中的第一个修正案是由南达科他州民主党参议员乔治·麦戈文和俄勒冈州共和党参议员马克·哈特菲尔德（Mark Hatfield）起草的，他们呼吁要在今年年底之前从越南撤军。第二个法案是由爱达荷州民主党参议员弗兰克·丘奇（Frank Church）和肯塔基州共和党参议员谢尔曼·库珀（Sherman Cooper）大力倡导的，该法案要求总统把划拨在越南问题上的国防经费仅用于撤军。参议院的氛围已经转变，自开战以来首次有通过这样的修正案的可能。

......

尼克松：艾尔，我认为我们必须——准备18号的旅行。你知道的，就是阮文绍的旅行。

黑格：是的，先生。

......

尼克松：我们整个夏天都可以讨价还价。我的意思是，你们已经有了中国牌，并且我们有了苏联牌，我们还有其他的牌，等等。因为我知道目前国内的时局。现在，由于国内因素，我们必须果断地行动 [******]。不会——我们在撤军或者其他类似的事情上不会有什么变化，但是我们必须在和阮文绍的会议上有所进展，如果我们需要的话。

如果这会成为我们这个夏天发布的重大公告的话，那就赶紧把这件事做好，因为这是唯一可以让你消停下来的方式。瞧，亨利并不关心，当然，他并不理解参议院的形势。现在，投票会在8、9和10号左右进行。下周，在众议院，我们会有一个关于拨款法案最终日期的投票。我很担心参议院的投票。我必须说点儿其他东西，不能只是说："好吧，好吧，我们向南越——或者北越提出了最终期限，我们提出了期限。"你明白我的意思。并不是要以这种方式停火，但是这太复杂了。我的意思是，我们的提议很好。我同意，斯图尔特·艾尔索普（Stewart Alsop）会理解的，还有查默斯·罗伯茨（Chalmers Roberts）和其他人，但是在那儿的那些家伙——是绝不会理解的。因此，另一方面，声明——在结束和阮文绍的会议之后，必须宣布美国会在某个具体时间结束对战争的参与；那会有一些效果的。对吗？

霍尔德曼：没错。

尼克松：[******] 我的观点。

霍尔德曼：那只是已经被拒绝的提议。

尼克松：现在，瞧。关键在于——

霍尔德曼：除了——

尼克松：我们已经给出了所有东西。我已经提到——我们所有人都知道技术上的区别。我们不是——我们正在把政治解决区分开，我们正在把中国和平会议的要素区分开，我们说："如果你在某一日期宣布停火和释放我们的战俘的话，我们就会撤军。"这是新的表态，我们都知道这是新的。这也是非常重要的。我们都知道这是非常重要的。但是，艾尔，在我们国家的普通人看来，那只是 [******] 另一套官话，就像我们之前做的那样。明白吗？

黑格：嗯，那说明不了什么，说明不了。

尼克松：明白吗？你明白我的意思。

黑格：那——

尼克松：艾尔，你明白，现在，他们真的需要获得些实质性的东西。我们必须做些对国内人民来说有意义的事情。这是——这是为什么如果我们没有另一场投票的话，阮文绍的投票就必须被推翻——在 8 号被毙掉。依我看来，在巴黎的谈判是不会产生另一场投票的。我不知道。

……

黑格：我认为限制战略武器会谈将会是一个具有实质性的行动——

尼克松：嗯，但是，如果我们能达成《限制战略武器条约》的话，我们就会很快实现。那个——我同意，我同意。如果我们解决了那件事，并且宣布出来，如果我们——那将会是 [******]——

霍尔德曼：那会让他们感到迷惑的。那不会——那不会抵消您在越南做的事——

尼克松：但是——关键是，那会迷惑住他们，就像中国——

霍尔德曼：中国的事情对他们的影响一样。

尼克松：——但是那不会产生我们需要的那种影响。美国人民——我们调查了所有类似的事情。那太复杂了。就算是聪明人，大多数人也会被迷惑住的。我们——但是我们没必要认为那些家伙就是这样想的，否则我们自己都糊涂了。

……

尼克松：这些人——亨利看到的这些人——

霍尔德曼：——知道这是该死的 [******]——

尼克松：——痴迷于限制战略武器会谈以及其他相关的事务。我——我们都知道，你和我知道，那是最重要的事情。它比我们是否会对越南进行永久性的援助，或者派出作战部队，或者其他东西都要重要。但是你明白，艾尔，在跟我们打交道的那群国会小丑看来，他们连坐下来的时间也没有。那会有所帮助。那会有所帮助。但是，在那一问题上，我们可以对它进行评估。如果我的判断失误的话，我们也可以坦然接受。我他妈的能向你保证，根据——我们会有机会评估它的，因为如果我们下周宣布的话，它必定——顺便说一下，如果我们要做这件事，正如我今天在便条里对你说的那样，我们就会做这件事。在下星期三之前这件事一定要完成，或者再推迟两周。

现在，这样做的理由是：众议院在星期三有一场关键性的投票。否则的话，我们应该会再搁置两星期的。管它呢。我的意思是，没有理由——没有理由那么快就公布。我们也可以在整个过程中都故意拖延，通知所有的大使、告诉所有的专栏作家、听听一些人的胡说八道。到星期五——但是，要不就在星期三公布。星期四太晚了——星期四或者星期五。因此，我们在那儿会需要它。你明白的，为了能让它在国会对我们有所帮助，我宁愿在两周之后公布，那还可以影响一下参议院的投票。但是，你看到所有的事情已经被一笔勾销了。人们突然之间就把这些事全都给忘掉了。因此，要么我们在星期三完成，要么就只是磨磨洋工，我们可能会做，也可能什么也不做，让它在维也纳搞砸。你知道它会是那样的。它可能会的。现在，当然，如果他（多勃雷宁）带着某种形式的答复回来的话，我们下周就可以准备处理限制战略武器会谈的事了。

黑格：如果他带着答复回来的话。

尼克松：如果他带回来答复。如果他没有带回答复——两周时间来做准备也来不及，所以它可能会成为一个悬而未决的问题。现在，什么才有可能发生，什么才有可能起作用？我认为公布和俄国人的峰会才是真正会起作用的事。那会对整件事情产生作用。但是，他们不准备做其他的——

黑格：他们不——

尼克松：——而我们不会强迫他们发表任何声明的。他们——我们已经告诉过他们了："当你准备好的时候，就告诉我们。"现在，他们会告诉我们的。如果他们进来，出乎意料地说："看，我们想要向前推进，发表声明等等。"——因为我们不会问；不再会问，不再会问；我们不能表现出很焦虑——那可能会产生很严重的影响。不过，看，就是那种声明。就是我们要和中国人做的声明——一个会议声明，你懂吗？不同于——总统会在乒乓球队回国的时候接见他们，我们将会公布更多的与中国开展贸易的物品。明白吗？这些是早晚都会发生的事儿。

……

尼克松：明白我的意思吗？我不想采取一些措施，看起来好像是我们在响应他们对我们的胁迫或者响应国会。这就是为什么阮文绍的事情必须在8号解决，因为国会很可能会采取行动——现在很难弄清这些事情，因为，我们搞不清楚他们对最近的游行示威和其他事情的态度。他们中的有些人态度可能会强硬一些，而且下周众议院的情况可能会比我们想象的要好一些，但是，我担心的还是参议院。但是，我确实知道，我确实知道：现在，那是个很坦率的提议。

……

黑格：当然，我认为中国的事情有很大的影响。

尼克松：有影响。但是，他们会需要 [******]。但是中国的事情，中国的事情——一次中国——和一位总统特使的首次会议，或者一次总统访问。你知道的，我们整件中国事情的困难在于，牵扯到了我们的俄国牌。我们不能宣布："总统将访问中国。"首先，只要他们还支持南越——北越，总统就不可能访问中国。因此，这就是游戏的规则。这就是关于这件事的非常明确的规则。其次，无论如何，在我们以某种方式解决俄国方面的问题之前，我们不想丢掉中国的事情。因为，一旦你那样做了，那么跟俄国人的峰会就泡汤了。俄国峰会才是更重要的。或许我们并不需要它，但我的意思是你必须这么办，你必须把这两件事都处理好。

霍尔德曼：实际上，俄国峰会的事更重要一些。我认为，从我们国家民意的角度来说，它也是很重要的。

尼克松：可能是。

霍尔德曼：我们能从中国方面得到的更多 [******]。

黑格：我认为，从东南亚战争的角度来看，中国更有意义——

尼克松：对战后秩序来说？

黑格：是的。

……

尼克松：当然，我想起了另一件事，就是他们拒绝了我们关于战俘的提议，你知道我是什么意思吗？正常的反应是——现在是袭击北越那3个据点的绝佳时机。但是，从另一方面讲，因为他提出了会在那儿坚持下去——艾尔，为此我想早点了结这件事。

黑格：好的，先生。

尼克松：你明白，亨利来来回回地处理巴黎方面的事情，还有那些该死的出访，我的意思是，他们在玩弄我们，因为，他们知道只要那件事没有得到解决，我们就不会采取行动。我们会狠揍他们。我的意思是，他们不可能拒绝那样的要求，他们要为发布那些愚蠢的声明而付出代价，那是我们遗留下的唯一的事情。我们已经准备好再次袭击他们了，所以我——所以他们——看，那是另一个你必须向阮文绍施压的原因，当你和亨利谈话的时候。我的意思是我们——看，我们不能再浪费时间了。这就是我想要说的。

黑格：确实如此。

尼克松：我们不能再浪费时间了。哦，我的意思是我们不能做这件事、做那件事或者其他事情，因为这样可能打断我们和中国人的对话；也可能打断我们和俄国人的对话；或者可能打断我们和北越人的对话。让我说：参议院正在进行的辩论才是关键所在。

黑格：没错。

……

黑格：先生，您知道的，我认为您在参议院的麻烦主要在于您那些充满智慧的人民。

尼克松：是的。

黑格：而限制战略武器会谈对他们来说确实意义非凡。各界——各界精英对此都印象深刻。

尼克松：没错。[******]

黑格：我认为现在的热点问题和去年的一样，都是辩证的。争议现在还比较大，但是会减小的。所以说，我们必须把握住参议院中那些真正有责任心的鸽派们。我认为对那些人来说，限制战略武器会谈非常重要。我真的这样认为。

……

黑格：先生，我认为事实上你已经把每件事都解决得很好了，除了在参议院——

尼克松：嗯？

黑格：——参议院的问题，确实是容易让人动怒。但是，其他事情还是比较理想的。

尼克松：当出现问题的时候，你必须有所行动。

黑格：他们想要举行峰会。我认为他们不想我们同中国的关系发展太快。我们不能——这是我们同中国的关系不能进展太快的另一个原因——

尼克松：哦，现在，这——你懂得，我并不是说我们的行动要偏向中国或者俄国。关于反弹道导弹，如果有必要的话，我可以让这该死的事情拖延一下，直到冻结结束。但是我确实说了我们得——

黑格：我们必须得把它——

尼克松：——在越南的事情上有些实际的行动。因为我们没有——如果我们考虑到征兵的事而不采取行动的话，那么我们必须在8号之前推进一下阮文绍的事情。这会起作用的，这件事已经很好了。这是我们能做到的最好的事。这一定会有所帮助的。

黑格：阮文绍的这趟出访有多方面的考虑。他们——他们——

尼克松：[******]

黑格：这些鸽派同样会说你支持他竞选。

尼克松：没错。

黑格：那是我们会受到的批评之一。

尼克松：我猜他们会的。所以，我们也会。但是他想要到这儿来。要我说，如果在选举之后，他宣布他将在某个时间承担起这场战争的所有责任，那他妈的会该有多好啊，难道不是吗？

黑格：我想那会非常好。我认为这对我们会很有帮助。

霍尔德曼：[******] 您不会因为支持阮文绍政府而被谴责的，因为您。

尼克松：艾尔，那非常准确——

黑格：[******]

尼克松：——并且每个人都认为我们在支持阮文绍政府，而我并不这么认为——我认为，我们只是做了这件事并且把它做好了。这是关键。我的天哪，你一定认为我们是在支持 [******]。

黑格：在会上，您也可以讨论日后越南的和平发展。[******]

尼克松：不过，最重要的事是公告的事。如果我们能解决——如果我们能解决反弹道导弹的事，那么知识分子对阮文绍的这次访问和其他事的态度就会温和一些。我同意这些。但是，不要让，不要让这个小点心出访巴黎。我的意思是，这件事是我 [******]。

黑格：我并没有看出什么。

尼克松：看，艾尔——

黑格：我绝没有。

尼克松：是的。亨利他太顽固了 [******] 他认为——正如你知道的，正如他说的那样，因为中国的事情和俄国的事情——特别是中国的事情——他认为他们能够对话的概率只剩下 50% 了。他们不愿进行对话了。他们到底究竟为什么？

黑格：不是的。

尼克松：无论如何我们会解决的。你明白我的意思吗？

黑格：他们会研究，他们也会研究我们这儿面对的问题——

尼克松：是的。哦，确实。他讨论过这些。

"他们认为我们在向这些学生认输吗?"

> 1971年5月10日,中午12:57
> 理查德·尼克松和亨利·基辛格
> 椭圆形办公室

在一次内容宽泛的对话中,基辛格给尼克松打气,向他保证他会得到除首都地区之外其他美国人民的支持。基辛格甚至汇报了罗纳德·里根(Ronald Reagan)的评论。里根是加利福尼亚州州长,尼克松一直把他看作右派的代言人。

……

尼克松:嗨,亨利。
基辛格:总统先生。
尼克松:你怎么样?
基辛格:我很好。
尼克松:你看起来不错。
基辛格:是的,我刚过了一个完美的假期。
尼克松:你刚回来就要开会吗?
基辛格:是的,我要见莫斯科的世界政治研究所的领导[格奥尔基·阿尔巴托夫(Georgi Arbatov),苏联科学院美国研究所所长]——
尼克松:哦,我知道了。
基辛格:——而他跟政治局关系密切。但是——在限制战略武器会谈的事情上,他们真的是在跟我们粗野地较量,并且——
尼克松:哦,我预料到他们会是这样的。
基辛格:因为他们现在做的是,他们在维也纳提出的提议是我们已经拒绝了的。他们曾给我们提出过一个正式的提议。

尼克松：嗯。

基辛格：我在上个星期让黑格打电话痛斥了多勃雷宁一顿，他可能已经和您说过了。

尼克松：是的。

基辛格：而多勃雷宁说："哦，那完全是个误会。"但是，当然，他们——他们可能做的事情是，他们或许最终会接受我们的提议。

121 尼克松：嗯。

基辛格：但是，如果他在维也纳提出这个提议，就抢了您的功劳。

尼克松：嗯？

基辛格：我的意思是，他们不会抢——这实在是廉价的小把戏。

尼克松：他们会尝试的，如果在维也纳有什么事发生的话，他们会把所有功劳都归功于自己。

……

尼克松：回到俄国人的事情上来。我认为——我认为当他（多勃雷宁）回来的时候，就注意到了国内的游行示威以及其他相关的事情。你应该留意到了约瑟夫·克拉夫特（Joseph Kraft）在四处宣扬，大概意思就是俄国人不需要尼克松等等。我认为俄国人可能在玩弄政治把戏。

基辛格：没错。

尼克松：如果他们真的这样的话，不能让他们跟我们搞这套。

基辛格：总统先生，这正是我的意思。我认为我们不应该陷入鸽派和鹰派的纠纷中。

尼克松：不会的。

基辛格：俄国人想在这件事上打击我们。

尼克松：所以说，该如何避免？

基辛格：嗯，我是这样想的，如果他们——我的建议是：如果他们在下个星期一之前还没有做出答复的话——

尼克松：没错。一个星期。

基辛格：一个星期。我们会告诉拉什，让他停止同俄国人在柏林问题上的对话，除非通过正式渠道。在柏林的事情上，不再和俄国人有任何的秘密会谈——

尼克松：好的。你觉得这么做对他们有杀伤力吗？

基辛格：哦，当然。

尼克松：好吧，很好。

……

基辛格：黑格告诉我，在星期五的时候他代表我跟农业从业者谈了谈。在越南这件事上只有一个问题。我——我大概在西海岸听到了一百次这样的话："为什么总统不起来反击这些人呢？为什么他要甘心忍受这些人呢？"我们可以结束——

尼克松：他们认为我们在向这些学生认输吗？

基辛格：是的。

尼克松：哪方面？

基辛格：在——

尼克松：你的意思是示威？

基辛格：不是在示威的问题上。我的意思是，我跟里根在星期六的时候谈了很长时间，他是[******]——

尼克松：那么他认为我们向谁认输了？这才是关键。

基辛格：不，里根提出——他提出事情并没有那么坏。他说他听了你4月7日的电视讲演，演讲结尾很精彩。

尼克松：嗯。

基辛格：他说他认为演讲主体太过于作辩护了。我只是向您转达一下他的看法。

尼克松：嗯。这也是右派的看法，是吗？

基辛格：嗯，许多人还不像他那么右——

尼克松：我的意思是，我们当时觉得演讲的主体部分已经非常强硬了，你知道吗？

基辛格：没错。是的——

尼克松：嗯，这里的大多数人都写信说它很强硬。他们，他们——

基辛格：哦，是的，是的。

尼克松：所以，你看，不过这件事表明，在这个国家有许多人想让你有所作为。

基辛格：我不是——

尼克松：是吗？

基辛格：这不是我的观点——

尼克松：但是，你知道的，这很重要。

基辛格：但是，我在那儿真的进行了反击，通过——

尼克松：在那里真的很好，难道不是吗？

基辛格：是的。首先，你们已经得到多少人的支持了——

尼克松：[******]人。

基辛格：你们已经得到了多少支持？

尼克松：我们已经得到一些。

……

尼克松：回到俄国的事情上来，我们必须打的另一场牌就是越南问题。瞧，就是这盘棋。目前，我们先暂时放下俄国的以及其他的事情。这盘棋就在这儿。但是，现在最关键的事情就是越南。要我来说，我们必须处理好战争角色的问题，你觉得尽早地提出要求怎么样？

基辛格：我认为这样会把阮文绍拉下马的。我觉得做这件事的方式就是[******]。

尼克松：好吧，这是我们不能这样做的一个原因。换句话说，你觉得我们不能把这件事告诉阮文绍吗？

基辛格：我认为您可以告诉阮文绍，但是不能告诉其他人。

尼克松：我必须告诉他我们将会提出停火，并且——但是我们在这儿不会这样做。

基辛格：不，您应该尽快这么做——在回来的一周内。

尼克松：在他回去之后，我们同时提出停火？

基辛格：是的。总统先生，随着黎笋到莫斯科访问，可能会发生一些事。三个星期——

尼克松：嗯。

基辛格：——三个星期后他们可能准备好处理这件事。我仍——北越的领导人在俄国进行长达三周的访问——

尼克松：或许他病了？

基辛格：没有。事情太不寻常了。事实上，自从党代表大会结束后，他已经待在那儿四个星期了。他从未离开过，并且——

尼克松：他是个大人物吗？

基辛格：是的。

尼克松：你认为他是吗？

基辛格：当然是，他是党的——他是头号人物。

尼克松：我觉得那是一种方式，但是，我们必须明白：起码我们要做的一件事就是到那儿去一趟。我的意思是，我们计划去——我们计划在8号去中途岛。

基辛格：我觉得这是个好主意——

尼克松：我——看啊，我们现在必须开始计划了。

基辛格：我上周就已经想过了。

尼克松：我们会在8号过去，让我们先把它定下来。之后——

基辛格：事实上，需要说很多事情——

尼克松：而这太早了，在选举之前。

基辛格：在选举之前完成。在选举之前做这件事挺好的；在中国答复之前做也挺好的。

尼克松：我知道。在宣布"战争越南化"政策两年之后，并且宣布美国的战争角色将要结束，在——什么时间？他接下来要怎么说？是12月1号？还是1月1号？

基辛格：是的。等撤军后，就是12月1号。

尼克松：好的。我们很快就要看到希望了。

基辛格：哦，是的。之后，如果一个星期之后，您提出——

尼克松：这周的死亡人数是多少？

基辛格：32人。

尼克松：我认为会下降的。

基辛格：减少了一半——

尼克松：我的意思是，我认为比这个数字还少。

基辛格：32个是很低了。一旦人数少于——

尼克松：50？

基辛格：50，这真的是——

尼克松：40？[******]

基辛格：那已经少了一半了——

尼克松：也可能会有一些遗漏——

基辛格：没错。

尼克松：——飞行员，这些可怜的家伙。那总算是一个好消息，难道不是吗？

基辛格：是的。

尼克松：好吧。之后，在另一方面——那就是越南了。与此同时，亨利，我们必须保持我们在国会的战斗力。例如，不知道你读没读周末的新闻摘要，你是否注意到这些人正在到处嚷嚷他们要做什么，这个啦那个啦。或者像丘奇说的，和众议院共同承担责任——和国会，你知道的。责任？你知道他们担心什么吗？

基辛格：担心您会成功。

尼克松：我们会结束该死的战争，并且谴责——并且说："我们结束了战争，他们发动了战争。"

基辛格：是的。

尼克松：我们确实会这样做。

基辛格：没错。

尼克松：我认为，我们能利用那个话题打击他们。我认为——但是，假设我们领先一步。现在，不幸的是，我希望我们已经完成了限制战略武器条约这类事情。假设我们完不成，假设我们没有做成峰会的事儿。那意味着我们仅仅——我认为，至少我们必须想想我们已经得到了什么，我们在6月8号会有一份声明，之后我们在回来的时候会有另一份声明，宣布新的谈判要求和我们最终的协商要求。对吗？

基辛格：没错——

尼克松：我们公开宣布吗？

基辛格：是的。

尼克松：你把日期定在什么时候？

基辛格：我想定在1972年9月1号。我并不认为这有什么——

尼克松：我不认为这会有什么区别。他们是不会接受的。

基辛格：没错。

尼克松：停火，还有其他事情。我想定在7月1号。如果在9月1号宣布的话，看起来就像你是在选举之前故意这样做的，是为了选举才这样做的。明白我的意思吗？

基辛格：是的。

尼克松：我认为你必须有所作为 [******]。你没必要做太多的协商。我们必须说服阮文绍接受这件事。就说"让我们在7月1号宣布"，之后看看会发生什么。

基辛格：好的。

尼克松：他知道我们不会同意的。你知道的，关于战俘的事，他们的态度很冷漠。在战俘的事上，他们什么也不肯做的。你知道为什么吗？他们知道他已经掌控了局势。

基辛格：但是——不会的，他们会利用战俘的事情。只要我们给出最终日期，他们会坚持要求我们停止军事行动——

尼克松：你不想要——你不认为现在我们应该考虑加强轰炸的力度吗？

基辛格：我认为我们应该慎重地考虑一下。

尼克松：现在吗？

基辛格：等我们先收到他们的回复吧。

……

尼克松：你还没有收到什么消息吧。我觉得他们不会给我们消息了。甚至他们可能不会回复我们了。

基辛格：不，但是，那时候我们的情况会不错。

尼克松：好吧，[******]。换句话说，我们提出了要求，并且他们拒绝了。

基辛格：是的。

尼克松：布鲁斯，他提出了要求，但是他们在各种私下会谈中还有其他的会谈上都拒绝了。他们在老挝还有其他一些事情上受到了伤害，尽管他们告诉他的每件事——

基辛格：哦，是这样。或者——当然，他们认为我们现在正被各种示威所拖累，他们想错了。

……

基辛格：总统先生，那么，我认为，如果我们知道和俄国人打交道会有那么多麻烦的话，您可能就会考虑——

尼克松：中国的事情？

基辛格：嗯，也有中国的事情——在电视上曝光军事情况，并告诉我们的对手。

尼克松：嗯。

基辛格：强硬地处理限制战略武器会谈的事。我们绝不能在限制战略武器这件事上让步——

尼克松：绝不会的。

基辛格：——除了我们通过我的渠道已经告诉过他们的那点，因为那么做只会鼓励他们来对付我们。

尼克松：他们提出什么了吗？他们提到过——他们在限制战略武器会谈这件事上提出——他们在维也纳提到过国家指挥中心吗？

基辛格：没有，他们在维也纳做了两件事。他们提过国家指挥中心的事情。

尼克松：嗯。

基辛格：并且他们提出，在《反弹道导弹条约》之后要停止建造，尽管我们——我们坚持——

尼克松：同时？

基辛格：——同时，在"卫兵"导弹系统上也一直坚持。现在，我们可以令人信服地面对"卫兵"系统的问题了，但是我们不能做这件事——

尼克松：之后？

基辛格：——之后，因为我们没有什么议题可以谈判的了——

尼克松：没错。是的。

基辛格：如果他们在签订《反弹道导弹条约》之前拒绝同意冻结建造的话，那么他们在签署《反弹道导弹条约》之后也不会答应的。

尼克松：他们已经答应之后会讨论这一问题。是吗？

基辛格：他们确实提出之后会进行讨论。他们在尝试河内的那一套策略。

尼克松：是的。

基辛格：总统先生，我真的认为那对国家安全来说会是一场灾难——

尼克松：你不会这样做的。

基辛格：还有，我们已经告诉——

尼克松：你告诉过史密斯在这件事上不要采取任何行动，对吗？难道我们还没有告诉他吗？他知道吗？

基辛格：我们已经告诉他了。他将会回来跟我们商议一下——

尼克松：很好。

基辛格：什么都不会发生的。

尼克松：嗯，他会明白的。

……

尼克松：我们先考虑一会儿。今天下午，你把这件事告诉巴基斯坦大使了吗？［在和尼克松的会议之前，基辛格在中午12点10分的时候接见了阿迦·希拉利（Agha Hilaly），回复了周恩来最近发来的消息。］

基辛格：我已经把这件事的要点告诉了法兰，他已经告诉了叶海亚。是的。这次是装了信封的。

尼克松：你已经给了他了。很好。

基辛格：但是我们可以，如果这件事成功的话——

尼克松：没错。

基辛格：——我们可以进行一次公开的——所以我才提出要派特使的想法。

尼克松：是的，我知道。我看到了。那会在这次秘密会谈之后。你看，我知道俄国人将会跟我们玩那种把戏，所以我们得进行公开的——如果我们可以派一个人去那儿的话。该死的。明天我会试试的。半小时不会有什么影响，难道不是吗？

基辛格：是的。

尼克松：不会有什么影响。

基辛格：我认为这是得到结果的最好的方式，因为——

尼克松：直说无妨。

基辛格：那我直说了，我们可以在8月1日宣布这件事，如果它能起作用的话，之后我们派出特使，再之后你可以去。

尼克松：如果是这样的话，我不会派特使去的。

基辛格：不。你可以的，但是——

尼克松：如果我们打算宣布我要去的话，为什么要让其他人抢风头呢？！

基辛格：如果我们派一个不显眼的——如果我们派一个像布鲁斯这样的家伙的话，他不会抢任何风头的。

尼克松：嗯。也许吧。

基辛格：或者甚至是墨菲。以防中国人想公开宣扬。

尼克松：我明白。我们还有其他的方案。让我们静候其变。我不是——我认为——我倾向于同意，去说些什么。我们已经经受住了示威浪潮的打击，做得非常好。

基辛格：没错。

尼克松：这让那些批评我们政策的知识分子们感到惊慌失措。他们对这件事非常担心，我们并不会让步——上天为证，我只是不知道。亨利，是否——现在你怎么才能更强硬一些。现在——我的意思是，我不知道我们现在能做什么。但我确实准备做一些事。

基辛格：嗯，我们能——

尼克松：但我们必须刺激一下该死的俄国人。

基辛格：我们确实得刺激一下俄国人。

尼克松：对俄国，毫无疑问，这就是为什么要公开宣布访问中国，显然，这让他们很担心。

基辛格：是的。

尼克松：不过，我不会浪费这次机会的。我觉得——

基辛格：我仅仅觉得，一旦——对中国人来说，我们的方案值得信赖，他们和我们都会照办的。如果我们能——一旦我们安排好这次出访——

尼克松：[******]

基辛格：——我们或许仍能——这次秘密会谈还有其他的好处。当然，您认为我们不会谈成《限制战略武器条约》——

尼克松：没错。

基辛格：其实我还不太确定。

尼克松：是的。是的。

基辛格：我们必须做这件事——

尼克松：嗯，无论如何，我们会看到的。（大笑）一会儿见。

基辛格：是的。

尼克松：过得愉快。

"一个用来轰炸北越的小包裹"

> 1971年3月13日，上午9∶28
> 理查德·尼克松、鲍勃·霍尔德曼和亨利·基辛格
> 椭圆形办公室

或许是受到了人们对"蓝山719行动"反应的打击，尼克松强硬地宣称要轰炸北越。

……

尼克松：柬埔寨（1970年美国入侵柬埔寨）是正确的选择。

基辛格：哦——

尼克松：并且——嗯，公众舆论并不明智。老挝（"蓝山719"行动）也是正确的。

基辛格：总统先生——

尼克松：关于老挝的最好的事情，鲍勃，你应该记住这点，你知道的，尽管所有的人都抱怨，但他们还是投票了。我们绝不会得到任何的赞扬。但是，如果对手看到 [******] 在老挝的伤亡人数和军事行动的水平，就不会发动春季攻势了。他们在那个时候发动了进攻。

基辛格：没错。

尼克松：现在，某些事就要发生。发生了什么？南越人进入，并把那么多的北越人赶了出来——

基辛格：并没有春季攻势，尽管无论何时都供应了最大量的作战物资，包括新年攻势。

尼克松：没错。现在另一件事，让 [******]——让莱尔德那个家伙——不对，是穆勒。告诉他，我想要一个，一个用来轰炸北越的小包裹。

基辛格：好的。

尼克松：而且我希望他妈的快点儿。现在，我认为我们不应该——我认为你没必要等着比尔（·罗杰斯）。我觉得这个周末是个不错的机会。我并不认为 [******]——

基辛格：好的，除非——

尼克松：——想想吧，为什么这和俄国人有关系？你认为这和俄国人有什么关系吗？

基辛格：嗯，我认为，我们不应该把这件事告诉俄国人 [******]。

尼克松：好吧，那么，你什么时候可以？但我们总是——没有好的机会。[******]

基辛格：不，在我们发布这份声明之后。不，不，还是在 20 号之后。同时我们会解决（限制战略武器会谈）声明的事。我们不要——

尼克松：瞧，你的问题就是，峰会声明的问题：一旦发布了这个声明，我们的手脚就被束缚住了。你明白了吗？当你必须做某件事的时候，你就去做；我们想要做的就是轰炸他们。瞧，亨利，无论如何，我们都必须轰炸他们。我们不能让他们——

基辛格：[******]

尼克松：——拒绝我们关于战俘的要求，你知道的，也不能让他们在巴黎耍我们。我们必须有所行动。

基辛格：我完全同意，我认为——但是，我只是认为，总统先生——为了结束这一切，我们可以再等五天。在 20 号之后，一个星期之后——

尼克松：我们已经等了五个月了。

基辛格：哦，没有，我们在 3 月份的时候教训过他们。

尼克松：还不够。

基辛格：哦，不，那是沉重的一击。但是我们并没有持续轰炸他们。该死的空军——

霍尔德曼：我们上周末的时候轰炸过他们。有一件事是关于新闻中 [******]——

基辛格：是的，但是只有三架飞机。

霍尔德曼：防空 [******]。

尼克松：嗯，只是，只是不要抱任何幻想。在得到北越的消息之前，我们是不会去的，并且我们会停止轰炸他们。记住这点，让我们结束这一

连串的 [******]——

基辛格：他们——不过，还是有一些有趣的事的。黎笋，他在莫斯科待了四个星期，现在在北京。

尼克松：哦。

基辛格：发生了什么事。有些事正在发酵——

尼克松：你认为他们正准备大规模的反攻？

基辛格：不是。不是，他们——对他们来说，有一些——限制战略武器会谈对他们来说是重重的一击，因为无论俄国人告诉他们什么，他们都不能确定哪一方的协议会被签署。

"总统先生，这是一个极度官僚化的政府。"

1971年5月18日，上午9：41
理查德·尼克松和亨利·基辛格
椭圆形办公室

5月12日，苏联提交了一份关于限制战略武器会谈的提纲以及关于举办峰会的计划。对于尼克松来说，这不是第一份协议，但是却是可以最终接受的协议。面对两国之间漫长而艰难的冷战，尼克松准备把协议作为打破僵局的突破口。提纲号召继续进行限制战略武器会谈，以便能够在峰会之前达成一个同时涵盖反弹道导弹系统和进攻性武器的条约，但这件事暂时还没有提上日程。人们一直想要达成这样的协议，但尼克松花费了大半年的时间才取得如此成果。截至5月18日，多勃雷宁一直在要求更多的时间以便在莫斯科传播推销这一计划。

……

基辛格：总统先生，我给多勃雷宁打电话了，是沃龙佐夫接的电话。

尼克松：哦。

......

基辛格：他认为，没有——他一再坚持，在得到命令之前，他无法做出肯定的回答。但他认为不会有什么问题的。总统先生，我只是不想猜测，因为——

尼克松：好吧——

基辛格：——有一百个原因来解释为什么在他们的官僚机构——

尼克松：是的。我认为——在我看来——我看不出为什么——我看不出他们有任何理由不这样做。但是，你明白的，关键是——

基辛格：我也看不出来。

尼克松：——你必须——我看不出。正如你说的那样，千分之一的理由。我不知道。除了——

基辛格：总统先生，如果他们想要阻止，那么最容易的方式就是在上个星期告诉我们，不能接受我们的提议。

尼克松：是的。

基辛格：达成协议，之后，在最后一刻——我们有很多事压在他们头上：中国的事，柏林的事——

尼克松：难道他就不能做点什么，弄清事实到底是怎样吗？

基辛格：不能。他说他昨晚发了一份电报。他说——对他来说在今天收到电报还挺快的。

尼克松：是吗？挺快的？妈的。

基辛格：嗯，有两小时的传送时间，因为——

尼克松：问题是我们需要——我们需要知道，嗯——

基辛格：嗯，我想——我已经取消了——

尼克松：——我们能否在星期四的时候去。那才是关键。

基辛格：目前，我已经取消了史密斯的。

尼克松：好吧。

基辛格：并且您或许该考虑取消——

尼克松：我取消了罗杰斯的。

基辛格：——取消罗杰斯。

尼克松：我已经取消了。

基辛格：但是——

尼克松：当然，我不会告诉他，我们是这么对待他的。

基辛格：在具体的——

尼克松：如果这个狗崽子（罗杰斯）敢背叛我们，那将会是——我们就是不能——

基辛格：不，你的——

尼克松：——必须让他知道。亨利，你明白我的意思吗？

基辛格：您的一个——

尼克松：从来没过这样的机会。

基辛格：你的一千——如果甚至——

尼克松：没错。

基辛格：——万分之一的机会——

尼克松：确实。

基辛格：——为什么我们要让自己看起来那么糟糕？

尼克松：没错。没错。嗯，因为到时候，他们会认为我们是——我们丢掉了比赛，却什么也没有得到。

基辛格：是的。

尼克松：因此——

基辛格：嗯，我们已经在下午3点为您和史密斯安排了会晤。

尼克松：嗯。

基辛格：如果我们还没有收到，我们就说，您被困在国会的争斗中了。

尼克松：好的。

基辛格：实话实说，我想让他出趟城。

尼克松：但是，你觉得你能让他去吗？

基辛格：当然，我们可以把他支出去，也不告诉他任何事情。

尼克松：我想我会把他支到城外去，不告诉他任何事儿，等他回来再告诉他。你甚至可以——

基辛格：或者我们把法利（Philip Farley）叫过来，然后告诉他。

尼克松：为什么不这样做呢？

基辛格：好吧。

尼克松：我认为，把史密斯支出城去会更好。

基辛格：好的。那我就——

尼克松：反应得太迟了。

基辛格：那么，我只是得确保谢门诺夫（Vladimir Semenov）不会告诉他任何事情。我能处理好这件事儿。

……

基辛格：我认为，在关于限制战略武器谈判的声明之后——

尼克松：如果——

基辛格：——毕竟，我们在一个星期内将会——

尼克松：如果我们能做到。如果我们能做到。

基辛格：哦，总统先生，我不能——如果他们协商了四个月，做出了那么多让步，而且已经有了一个议定好的文本，但却把它踢翻，那就实在过分了。他们为此付出了这么大的代价。他们也——他们正在跟我们协商卡车制造厂的事，我准备让彼得森（Peter Peterson）去见他们那边的人。并且我——我们正在坚持。

尼克松：[******]

基辛格：这件事不能失败。总统先生，这是一个极度官僚化的政府。

尼克松：我知道。我认为，它就要达成了，但我的意思是——

基辛格：不是——

尼克松：——我在处理这件事的时候会加倍小心，在处理——

基辛格：您这么做是绝对正确的。

尼克松：对史密斯、罗杰斯，除非我们能控制住他们，否则我们是不会去的。

基辛格：您说得太对了。

尼克松：我们稳住了他们，之后我们再动身，对吗？

基辛格：您说得太对了。

……

基辛格：正如斯卡利昨天跟我说的那样，如果您把这个提议交给官僚机构，他们所有人都会谴责您，认为您蓄意破坏限制战略武器谈判。这件事也会尽人皆知。因为对谈判我们确实尽力了。我们放弃了我们自己关于反弹道导弹武器的提议，并且关联了进攻性武器。嗯，这——

尼克松：这是件棘手的事儿。我读了你的备忘录。这是件棘手的事儿。

基辛格：总统先生，如果会谈失败的话——

尼克松：我知道我们在这件事上花费了多少时间。

基辛格：哦，天啊，但是——

尼克松：如果失败了的话，我们——

基辛格：不会失败的。

尼克松：八年 [******]——

基辛格：不会失败的。

尼克松：听着，如果失败了，我们会引火上身。如果失败了，我们就没有其他事可以做了，我们只有在所有的事情上都进行反抗。我的意思是，我们将必须去——如果俄国人拒绝这个，我们会出去说："去他妈的选举和其他事情。让我们加强美国军事力量。"

基辛格：不可能失败的。

尼克松："这必须有更多的税收——"

基辛格：总统先生，他们不会那么愚蠢的。如果他们想要会谈破产的话，他们就不会做出六点让步了，如果他们要让会谈破产，那就太疯狂了。它——

尼克松：是他们做出了让步？还是多勃雷宁做出了让步？

基辛格：哦，不是。是他们——多勃雷宁总会给出提示的。所以我才会如此自信，因为多勃雷宁，如果他对日期有一点儿疑问的话——

尼克松：嗯。

基辛格：——那么他会告诉我，这有一点儿问题。所有他所告诉我的——他所说的就是，葛罗米柯——他说勃列日涅夫出城了，葛罗米柯一个人不能决定日期，他现在到处找政府高级官员商量，因为他们不想召开一个新的政府会议。那太耗费时间了。

……

尼克松：上天为证，如果我们能解决限制战略武器谈判这件事，那真的会让这些狗杂种看起来像是一群廉价的政客和跳梁小丑——

基辛格：哦，总统先生，所以这件事才这么重要，因为——

尼克松：所以，我们必须解决——我希望 [******]——我知道我想换一个词，但是——

基辛格：我认为事情并不是这样。

尼克松：——那是拒绝或者——

基辛格：我认为多勃雷宁——我并不认为葛罗米柯有——

尼克松：但是，他们也许，可能他们，他们可能是——我们现在唯一的危险就是：他们可能在看——他们有人。瞧，他们是共产党。他们专门设立了一个研究美国的部门来分析美国人的观点。他们在这儿也有美国人充当特工。你有一个约瑟夫·克拉夫特这样的家伙，他真他妈的是个贱人，一直说："尼克松和俄国人是处不来的。"现在，或许他们决定他们可以——这些历史性的事实是能够感动他们的。

基辛格：是的，但是如果他们这样做的话，他们也会知道他们是不会得到（柏林）协议的。

尼克松：如果他们知道的话。那——

基辛格：如果（大笑）——我会给您写一份备忘录总结我们在柏林问题上的努力，因为如果您认为这是——

尼克松：他们认为——多勃雷宁知道我们也可以把协议冲进马桶吗？

基辛格：哦，是的。

尼克松：听着，不要担心。关于"冲进马桶"不会有任何的疑问。我不会——

基辛格：多勃雷宁——多勃雷宁上个星期对我说，我是他到这儿工作以来打过交道的人里面最强硬的一个，并且他说他的政府现在处于困境之中，因为他们将要——因为我为每一个措辞而据理力争。现在，基本上，您知道的，他们肯定对我很恼火。从另一方面讲，这正是让他们敬畏的。

尼克松：他们才是那样做的。他们会为每个措辞据理力争。

基辛格：我没有——总统先生，就是这个措辞。或许我们应该放手。但是，我认为对他们来说，宣布——我害怕的不是这个措辞。基本上，他们自己草拟的这份声明，本身就是一个错误——

尼克松：[******]

基辛格：——从他们的角度来看。这个措辞没什么。但是他们在声明上犯了错误。而我担心已经发生的事是，当谢门诺夫从维也纳回到莫斯科，看到声明的时候会说："你们这些笨蛋，你们让步太多了。"那才是我真正担心的，因为这份声明给了我们的比我们要求的还要多。甚至我都不太敢说——使用"同意","同意"这个词。

尼克松:嗯。

基辛格:那是——

尼克松:哦,我认为——我认为他们不可能——

基辛格:但是我没有出来——

尼克松:我怀疑他们可能在声明上动手脚。

基辛格:但是我并没有看出来他们能对一份声明捣什么鬼,他们给我们的文本一字不差。除了把它翻译成英语之外,我并没有在声明上改一个词。但我是跟他自己的人一起把这个声明制定出来的,和——我的意思是,和多勃雷宁。我们会做到的。它太偏离轨道了。

……

基辛格:在明天这个时间以前,我们就会收到消息了。不会出问题的。他们一定会这样做的。

尼克松:不过,我们会收到什么消息?还说不准呢。

基辛格:我们会收到——

尼克松:你将会收到?

基辛格:——他们想在周四或者周五的时候公布。

尼克松:我认为你可能是对的。

基辛格:我——

尼克松:如果他们拒绝的话,我们就知道我们面对的是什么了。我们面对的是该死的——

基辛格:总统先生,如果他们拒绝的话,那么我们就知道,我们正在和一个非常愚蠢的政府打交道。

尼克松:没错。

萨达特和罗杰斯的洽谈

> 1971 年 5 月 19 日，上午 9 : 05
> 理查德·尼克松和威廉·罗杰斯
> 椭圆形办公室

　　埃及总统加麦尔·纳赛尔（Gamal Nasser）于 1970 年底逝世，紧接着一位军官接替了他的位置，在表面看来，这个国家并不会发生什么实质性的变化。但仅仅几个月，这种想法就被证明是错误的，此时新总统安瓦尔·萨达特（Anwar Sadat）正积极主动地向美国官方提议，要同以色列协商和平问题。美国方面派出了国务卿罗杰斯同萨达特讨论和平的可能性，罗杰斯一回国就向尼克松报告了讨论的细节。不过，尼克松已经向萨达特和他的代表开放了第二条渠道，由基辛格来负责秘密会谈，但与罗杰斯相比，基辛格对协议的有效性并不抱太大希望。

……

罗杰斯：现在，萨达特是一个强有力的总统。他有很多的优点。他是纯粹的民族主义者。他或许并不值得信赖，所以我并不想让您觉得我很信任他。
尼克松：确实。
罗杰斯：但是他已经决定——我确信——改变他的立场。因为一些政治和经济原因，他决定向西方靠拢。他在国内的形势并不乐观。他在军事上投入大量的资金；他深知他的人民根本不会使用武器，不会驾驶飞机。他陷入了俄国人的包围之中；他并不喜欢这样的形势。现在，我要告诉您的是，跟他私下告诉我的以及他告诉乔（Joseph Sisco）的一样——他没有明确地说出来；但是他已经尽可能地直接了。我还没有说过，我还没有告诉国务院以及其他部门的任何人，因为那会是一场灾难，如果我们——

尼克松：（如果这件事）成功。

罗杰斯：他说："我必须同苏联达成协议。"

尼克松：确实。

罗杰斯："对我来说达成新的协议非常重要。您是唯一一位可以帮助我们达成协议的人——你，美国。"

尼克松：嗯。

罗杰斯："我并不喜欢俄国人的存在。我是一个民族主义者，但是我并没有方法保卫我的国家——我们没有方法保卫我们的国家——除了得到俄国人的帮助。你们不会给我们帮助；其他人也不会。这耗费了我们大量的财力。我正在为俄国人付工资。我正在为我得到的武器装备付钱。"

　　然后，他接着说："我可以向您保证：如果我们能得到暂时的解决方法——开放运河大概需要6个月的时间——我向您保证，我以个人名义向您保证，所有的俄国军队将会在6月底撤出我国。我会继续让俄国飞行员训练我们的飞行员，因为这是让我们的飞行员学会飞行的唯一方法。但是，就这群俄国人而言，大概有1万人或者1.2万人，如果我们能达成协议的话，他们在6个月内将会全部撤出埃及。"

尼克松：从苏伊士运河？

罗杰斯：从"临时停火线"（Interim）——也就是苏伊士运河。

尼克松："临时停火线"，换句话说就是苏伊士运河。

罗杰斯：苏伊士运河。

尼克松：我明白了。

罗杰斯：最终的和平协议是——

尼克松：[******]

罗杰斯：[******] 这个临时停火线是——我们在谈论苏伊士运河。目前——我说："总统先生，您知道的，据此，我们或许能达成协议。"我说："使局势复杂化的因素就是俄国人——俄国军队的存在。如果您可以向我们确保，他们会在6个月内撤出的话，那我们的问题就容易多了。"我说："您告诉我们，我们不应该那么倾向于以色列。我们必须支持以色列，是因为大量的俄国军队驻扎在你们那里。"我说："我们和你们一样希望友好相处，但只要这么多的俄国军队还在你们那儿，我们就不能答应。您可能也意识到这点了。"我说:"只要你们国家有大量的俄国军队,我们就必须给以色列提供武器装备。另一方面,一旦情况发生变化,一旦他们撤出,或者大部分撤出,那事情就完全不同了。"

"我这儿有一堆事。"

> 1971 年 5 月 21 日,上午 11∶29
> 理查德·尼克松和威廉·罗杰斯
> 椭圆形办公室

尼克松整个职业生涯都被视为一名狂热的反共分子,而现在又有了新的说法,即"只有尼克松才能去中国"。但是有另一个原因来解释为什么"只有尼克松才能去中国":他生来就能理解"毛主义的战略"。在下面的对话和摘要中也可以看出来,在经过整整一代人的相互憎恶之后,尼克松清楚地意识到,必须使中美关系转圜。

136

......

尼克松:现在,这是我们应当继续努力的事,也是我已经做了并且你们都应该知道的事,莫里斯·斯坦斯(Maurice Stans)想要派出一个商业代表团,而爱德华·肯尼迪建议在他出访途中可以顺路到那儿(中华人民共和国)一趟,还有其他类似的建议。我说,你们这些人中没有一个人可以处理好这件事,甚至连点儿建议也没有,我们不会 [******]。所有的访问都应该是最高级别的。必须是你或者是我,或者我们两个一起。我们可以这样做,我们可以这样做。我这儿有一堆事,总感觉那里会发生什么事。我认为,与其他事相比,俄国人的事与中国关系更大。他们被他们吓坏了。

罗杰斯:没错。毫无疑问。我认为我们必须小心行事,所以我才想着今天在我的演讲中提一下,就是不要表现出我们已经拒绝了他们。我认为我们必须以温和的态度示人,轻描淡写地提一下,不要表现得太急切。

"双方都不能在联合国获得合法席位。"

> 1971 年 5 月 21 日,下午 5 : 26
> 理查德·尼克松和亚历山大·黑格
> 椭圆形办公室

尼克松尽管继续公开声明要保留台湾在联合国的席位,但私下里他也意识到,这不可能实现。对台湾而言,关键是要得体地退出——对台湾来说要得体,同时对美国和中华人民共和国来说也是如此。

……

尼克松:要解决这件事只有一个办法,非此即彼。在我看来,不是大陆就是台湾。双方在联合国不能同时获得合法席位。我认为这样是不行的。
黑格:这样行不通。
尼克松:行不通。现在,从现有条件看来,在将来会是共产党中国,这是无法避免的,一定会是这样。但是要让他们来做这件事,而不是我们。这件事我就是这样想的。

"除了在越南。"

> 1971 年 5 月 25 日,下午 8 : 28
> 理查德·尼克松和亨利·基辛格
> 白宫电话

随着限制战略武器谈判、柏林的"四强协定"以及同苏联的关系等一系列事件在细节上取得进展，尼克松想要得到公众对这些进展的认可和赞赏。但正如他向基辛格说的那样，他知道这是不可能的，并且他也知道为什么。

……

137　基辛格：到这个月底——到 6 月 25 号，您会更清楚地看明白您手中的牌。
　　尼克松：是的。
　　基辛格：总统先生，我明天想向您提个建议——我们应该在两个星期后向俄国人发出最后通牒。如果他们现在不这样做的话，我们将会被拖到明年春天举行峰会的时候。
　　尼克松：现在是 6 月——你是说我们要在两个星期后这么做？
　　基辛格：是的。我们已经宣布要举行一次峰会，或者知道我们将会举行一次峰会。
　　尼克松：我不知道在这件事情上，你能从他们那里得到什么。
　　基辛格：我们刚刚给了他们格里森公司（齿轮合同），这可是他们想要的一份经济大礼包——
　　尼克松：我今天跟那儿的编辑谈了谈——我谈论了整件事情。我说这件事能够成为其他一系列事件的开端，但是更多的谈判还在前面。
　　基辛格：他们想要在柏林问题上耍花招。如果我们从他们那儿得到保证，[******] 限制战略武器谈判上的压力。
　　尼克松：仅仅得到一个保证是不够的。
　　基辛格：我的意思是一份声明。他们想要在任何事情上都满载而归，而让我们以失败告终。
　　尼克松：你们今天没有讨论限制战略武器谈判的事吗？
　　基辛格：没有，没有；在星期一的时候谈论过。他说如果这些事情都被解决了的话，更大的事情就会接踵而来。
　　尼克松：还有什么更大的事会接踵而来？
　　基辛格：我们可以加快柏林问题谈判的进度。如果没有峰会的话——现在根本没有理由去拒绝峰会。
　　尼克松：我们已经解决了限制战略武器谈判——我的意思是 [******]。

基辛格：我们已经给了他们一个经济大礼包。总统先生，如果您同意的话，很快——在6月1号之后，大概4号或者5号——我会说我们已经糊弄了一年了，我们很高兴能去莫斯科，但是时间上可能会拖延一下。关于限制战略武器谈判，我给了他们48小时的时间——而他在24小时的时候就回来了。

尼克松：我们会说，我们将会无限期地拖延时间。

基辛格：那么，我们先不要管这件事了。

尼克松：至少是在今年。

基辛格：这正是我的意思。我们手中掌握了所有的牌。我们会从他们那儿知道，答复是肯定还是否定。我们会得到中国的答复，并且见到阮文绍，他们绝不会那么大呼小叫的。

尼克松：是的。这对我不会有任何的干扰，在那件事上我会继续敦促他们的。唯一让我担心的事，就是弄得好像我们在乞求着峰会似的。我认为他们也需要峰会。

基辛格：他们确实需要。他们正在玩一个聪明的游戏。我认为如果我们一直为他们提供经济援助的话——

尼克松：格里森就是我们所有能给他们的东西了。

基辛格：还有计算机。当希斯在那儿的时候，您已经批准他们的提议了。

尼克松：计算机，是的。

基辛格：我们有机会给他们更多经济上的东西——

尼克松：我会在一个星期后做这件事的。

基辛格：在6月的2号或者3号。

尼克松：正好在纪念日之后，下个星期二或者星期三。

基辛格：正是如此。

尼克松：好的。

……

尼克松：还有别的新情况——你觉得，限制战略武器谈判的事最后会被其他人理解吗？

基辛格：现在已经被人们理解了。

尼克松：是那些已经了解这件事的人吧。

基辛格：是那些并非完全了解的人。他们认为您已经取得了一些成就，虽然他们不太明白。整个媒体，反应非常积极。而且亨利·布兰登（Henry Brandon）在伦敦《星期日泰晤士报》上发表了一篇很好的文章，尽管我不知道这儿的发行怎么样——反应非常好。

尼克松：跟中国的事情很像，反应都很积极。

基辛格：在外交政策上，每个人都感觉知道你在做什么。

尼克松：除了在越南。实际上这个问题——我们的敌人和媒体，像（斯坦利·）里索（Stanley Resor，即将卸任的陆军部长，不久前在越南对媒体表达了个人对战争的怀疑）这样的人一直在胡乱批评。我们挑着很重的担子，那么我们不得不赔本赚吆喝。

基辛格：人们会买账的。

尼克松：除了在越南。民意调查非常糟糕，对那些读到这些调查的蠢蛋有很大的影响。我们当然希望有最好的结果。让我们继续处理阮文绍的事情吧，把它解决掉。我并不介意把它推迟。

基辛格：好的，总统先生。

"你提出了'两个中国'政策，……这种政策似乎相当合理。"

> 1971年5月27日，下午2：42
> 理查德·尼克松、威廉·罗杰斯和亨利·基辛格
> 椭圆形办公室

在1971年上半年，关注外交的人注意到，北京正在精心策划一系列活动，要为进入联合国铺平道路。事实上，这给人们留下的印象便是，北京更想要获得联合国的合法席位而并不是中美关系正常化。世界各国都明白，中国希望在秋季举行投票。问题就在于，美国总统如何考虑被广泛讨论的"两个中国"的政策，即北京和台北同时获得联合国的合法席位。

……

尼克松：坦白地讲，如果我们想重新开始，我们就必须把共产党中国放进联合国，对吗？

罗杰斯：嗯。

尼克松：你知道的，我们并不想要共产党中国取代一千五百万的台湾人，正如我们不想让北朝鲜吞并南朝鲜一样。这是另外一点。

罗杰斯：这是另外一点。

尼克松："共同防御条约"以及其他的事情。

罗杰斯：这些事对我们和台湾的关系一点影响也没有，现在的问题是联合国的代表权问题。

尼克松：我能向你提一条建议吗？ [******] 首先——我们现在一直讨论的是在5月27号，你会在那儿待多长时间，直到你回来？你会在欧洲待两个星期吗？

罗杰斯：不，10天。

尼克松：10天。当然，这次，顺便说一下，我认为你应该以私人亲密关系为基础，处理好这件事，表明我们已经达成了一个立场。你可以说我们已经讨论过了，你明白我的意思吧？坦率地说，我们正在考虑我们的立场。此时此刻，我们确实在考虑我们的立场，你正在试着做出决定——现在我想知道你是否能那样做。我仅仅，或者也许 [******] 在英国，在他们说你"所有的事都以那个为基础"之前。

罗杰斯：是的，我不能那样做。

尼克松：——

[******]

尼克松：我的意思是，你能不能这么说呢？我知道你必须对他们说点儿什么。你能不能对他们说："瞧这儿。"因为你明白，自从你回来后，我们也让墨菲回来了。墨菲说，蒋表示，假设我们给他们安全理事会的席位，他们就会接受"两个中国"的政策。我们不能那样做，那没什么用。没有人能确保安理会的席位的事儿。

罗杰斯：[******]

尼克松：嗯，他并不明白。无论如何，事情已经这样了。我的意思是，我们已经知道了蒋的立场，他的立场非常清楚。他说："要么开战，要么采取'两个中国'的政策，但前提是你必须给我一个安理会的席位。"我们不会那样做。但是从另一方面讲，我们已经知道了症结所在，你能给我们些时间 [******]，因为我认为时间是非常重要的，在考虑到——我必须，如果我们在"两个中国"的事情上要采取行动，我必须亲自做右派的工作。

140　　我必须把周以德（Walter Judd）叫过来，谈一下这个问题。我或许可以跟他一起做点儿事。但是，我想要做这件事，我现在就想要采取行动。我认为如果你能够，如果我们能确定 [******]，跟不同的人讨论——我认为你能在这段时间里谈论这个问题，然后再参与进来，我也意识到也许你已经做过这些事了。但是，这件事还在进一步发展，让我们束手无策。我认为这样的话，我就有机会来想想具体该如何做这件事。例如，在你出访途中，我不想，我不想让整件事都被抖搂出来。

美国已经改变了立场，现在正努力地支持这件事。我认为现在那样做的时机还不成熟。当我们改变立场的时候，我认为我们应该努力地——我想要写一封信。我并不关心—— [******]。我们会承担起国际责任。你可以来处理这件事。但是我必须应付国内的人——这些众议院和参议院里的强硬派、一些专栏作家，老实说，还有院外援华集团的家伙们，他们仍是很强大的游说集团。我认为，如果能在接下来的几个星期里得到裁决，如果结果表明美国已经改变了立场并且正在向盟友寻求获得对新立场的支持，那么做也是非常困难的。从另一方面讲，如果你能够以这种方式谈论这件事，就是说你正在寻找他们愿意接受的一种立场，或者换句话说："选项就这些了，你会选择哪一种？"记住这一事实，在最后的分析中，我们必须采取一种立场，不是这种就是那种。你可以做这件事吗？你能以这种方式处理这件事吗？

罗杰斯：我并不认为那 [******]。
尼克松：你明白的，我最担心的就是事情外传。我最担心的就是大家都知道了 [******] 因为我不想他们像一群豺狼似的攻击我，然后我必须说，我必须对他们撒谎，[******] 必须在发布会上撒谎："哦，没有，我们没有考虑，我们还没做出任何决定。"等等诸如类似的话。明白我的意思了吗？

罗杰斯：这对我来说不是什么问题。我认为就我们的政策而言，是有一些问题，因为如果继续拖延下去的话，没有任何一种政策能够成功。换句话说，其他国家正在，他们一直在等着我们告诉他们。

尼克松：是的。现在稍等一会儿。我来问你，当我们讨论拖延时间的时候，我的意思不是拖延两个月。我是说要拖延 [******]。

罗杰斯：[******] 你跟他说这件事了吗？我知，你知，[******]。现行各方都同意的方针是一场灾难，即使是对蒋介石来说也是。所以。我们现在讨论的问题，在他们看来完全是自杀。我的意思是，这注定要失败。他们知道，每个谈论这个话题的人也知道。我们问他们的话都是："你想让我们就这样失败，还是想让我们试试其他的方法。"

尼克松：嗯，你的建议是，你想要做的是，或者你推荐的是你仔细检查并且——

罗杰斯：我想要做的是——

尼克松：看，如果你那样做，那将除去——

[******]

罗杰斯：当我们到那儿的时候，我认为没必要，但是我，我认为我们应该做的是现在决定一下我们想要做什么。我认为所有的人，无论我们想要告诉谁，周以德也好还是其他人也好，都应该明确地讲出来，并且说："看，你准备好了吗？你想要我们就这样失败吗？我们认为这对蒋介石和我们来说都不是什么好事。"现在他们也一定得出了同样的结论。

尼克松：我认为我们处理这件事的方式是，处理这件事的最好方式是，这可能是最好的方式，记住你必须 [******]。你没有感觉到——现在，等一会儿，暂时先不要考虑周以德和其他人。我在想的是，从现在到未来的几个星期里，将会发生什么事？将要发生的事情是，即使宣布"两个中国"的政策，也是一个非常重大的决定。这是非常重大的决定，也是一条新闻。

罗杰斯：哦，当然。

尼克松：现在，如果公布美国正在私下或者秘密地讨论着，正在努力支持"两个中国"政策，对我来说那，我宁愿，我认为在以后或许可以通过演讲提一提这个政策，正如你建议的那样，这样更直接 [******] 也比通过协商的方式提出更好。

141

明白我的意思吗？你明白我担心什么吗？你告诉英国人，你告诉法国人或者其他所有人，现在可以通过这个方式做这件事。我认为当这件事得到解决的时候，应该是以一种有序的——

[******]

尼克松：我自己有种感觉，我不知道，只是这件事，我觉得比尔愿意做这件事，这种事应该由他处理。

基辛格：嗯，他可以，我不明白，由他进行协商，并在7月份做一次演讲。

尼克松：没错。

基辛格：我的意思是，他不会——

罗杰斯：总统给[******]。我不是——看，所有人都知道我们正在讨论[******]全世界。

尼克松：确实如此。

……

尼克松：我说："就是这个提议。我们审视了一下形势。看起来，如果我们考虑实行现行方针的话，我们注定会失败。所以，我们正在认真地考虑这个提议。"你们觉得怎么样？

罗杰斯：我跟您想的一样。

尼克松：亨利，这听起来怎么样？

罗杰斯：我也是这么想的。

尼克松：难道你不认为这个表述很好吗？

基辛格：很好。

尼克松："我们正在认真地考虑这个提议。"

基辛格：没错。

尼克松：你觉得[******]怎么样？当你失败的时候，然后，你可以——

罗杰斯：现在，换句话说，[******]我们可以计算一下投票的票数。但与此同时，我认为我们应该开始告诉[******]。

尼克松：是的，我知道。我知道。对于他们，我愿意直接重创他们，到时候，在它被解决之前。然后说："好吧。[******]。"但是，问题是，我认为如果你，你明白的，你整段时间都在攻击他们。我知道这会重创他们。他们会怎么做？他们会回国，然后他们[******]，他们会谈论这件事以及其他相关的事，之后他们会开设很多专栏、写公告信件以及其他类似的东西。我倾向于认为，一旦我们决定，我喜欢这个关于决定性行动的主意，决定性的行动。我们把它们一网打尽，我们攻击他们，然后说："让我们开始吧。"亨利，你知道那儿的这些人吗？[******]

基辛格：故意唱反调并表达[******]，在这一点上我反复推敲。[******]

尼克松：[******]

基辛格：投票结果真的非常接近。如果我们再推迟6个星期投票的话，我们会失去什么？

罗杰斯：我们会失去很多票。我们将得到很多人的[******]。我们这么做会得到什么？难道我们仅仅——

基辛格：好吧——

罗杰斯：[******]

尼克松：那确实是——

基辛格：并不是。[******]我们在这6个星期里不进行公开的讨论。

罗杰斯：哦，不。我们需要公开讨论。公开讨论是[******]。这会让我们得到全国人民的支持。

基辛格：不过，现在——

尼克松：他指的是在那件事上公开讨论。

基辛格：事实也是[******]这个新立场。

罗杰斯：[******]你认为我们应该这样看待这件事？如果你坚持做你正做的事，你会死吗？你认为我们应该说明我们的立场吗？他们如何[******]？甚至连蒋介石都意识到了。[******]每个人都知道我们现在正在做的事，我们现行的方针是注定要失败的。所以，如果你说："好吧，我们要试试其他的方针吗？"大家怎么会不开心呢？

基辛格：为什么你要在6个星期之后尝试其他的方针呢？我的意思是，他对谁[******]？

尼克松：在某种意义上，我们讨论的东西基本上是个伪命题，但是[******]归根结底就是这个。我认为最好，[******]我们应该，在你完成所有的程序之后[******]。但是，亨利，我认为这个做美国律师协会在做的事的想法——

基辛格：但是这个演讲提供了——

尼克松：我认为他的想法——

罗杰斯：到那时，我们就会知道投票也 [******]。

[******]

尼克松：我认为如果他想在那儿发表声明，他可以这样做。但是那也 [******]，换句话说就是门上的一条缝。我是从这个角度来考虑的。之后，我们可以评估所有的事情，等等。

罗杰斯：我希望它——

尼克松：但是你认为 [******]——

罗杰斯：不过，我认为这会伤害您。我真的认为这会伤害您。我认为——

尼克松：你的意思是会被牵扯进去？

罗杰斯：我是认为您会被牵扯进去。我认为，您那些保守派的朋友会认为这是一次可怕的失败，而您采取了一种注定要失败的政策。

……

（罗杰斯离开了对话）

基辛格：我并没有看出来比尔感受到了这件事的紧迫性，因为我们遭受的纯粹是由于没有立场而导致的策略上的尴尬。但是，这是我们解决这件事的最好的方式。

尼克松：[******]

基辛格：这是我自己的事，您知道的，因为这件事就向国务卿施加压力并不值得。我认为，在策略上最好的方式就是再隐瞒两个月。

尼克松：他并不认为他能那么做。

基辛格：不过，我觉得他相信——

……

基辛格：我猜测他们会背离这件事的本质。

尼克松：你说什么？

基辛格：我猜测他们会背离这件事的本质。

尼克松：哦，确实。

基辛格：我在国务院发现的有趣的事是，那些人并没有战略意识。他们担心的所有事都仅关于个人颜面，并没有什么立场。所以，现在他们能

[******]——

尼克松：这才是症结所在，他担心的是我已经告诉他们我没有任何立场。我的天啊，我们没有任何立场，就这么出去，然后就这么说。该死的，我每天在发布会上都要说。但是，或者每周。

基辛格：他听从的是格林的建议。他并没有，但是这是真的——我们能处理好。

尼克松：随便他吧。事实上我们能处理好。毕竟，亨利，关于"两个中国"的政策有很多的讨论。也许这是我们最终的政策。[******] 我倾向于坚持原则，继续推进，帮助他们摆脱困难。我只关心一件事：我们必须自私一点儿。但是——

基辛格：但是，总统先生，继续推进的另一种方式就是尽可能地拖延公布我们的立场。之后，在相当晚的时候，公布"两个中国"的政策立场，然后在这个立场上输掉。到那时，我们就解决掉所有事情了。

尼克松：好吧——

基辛格：但是，那是——

尼克松：但那是另一件事。主要的事情——

基辛格：这并不足够重要。

尼克松：你提出了"两个中国"政策，在许多人看来，这种政策似乎相当合理。

基辛格：哦，是的。

尼克松：非常合理。

基辛格：实际上，现在，他对这个政策的表述方式更好。

尼克松：是的。

基辛格：如果他丢掉了可以驱动任何人、可以推动德国形势好转的通用方式。他只是说："中国大陆以多数票获得联合国的合法席位；台湾（地区）以 2/3 的得票被逐出联合国。"

尼克松：[******]

基辛格：我们不要指定一个通用原则。我们能，我认为——

尼克松：我喜欢这个规则，获得 2/3 的投票才能被逐出联合国。那 [******]，但是我会尽力推动这个的。在我们宣布政策之前，我想知道咱们在国内面临的政治问题到底是什么。我也必须决定，是由我亲自宣布，还是让他宣布。我认为，让他宣布的话会需要解释得更多。

基辛格：是的。

尼克松：这是个技术上的问题。会有很多人说，我们在想尽办法把功劳归于自己。

......

尼克松：现在，在中国这件事上，我们回来的时机正好，正是在他需要的时候。

基辛格：没错。因为——

尼克松：现在，如果中国（事情）的消息不回来的话，他们应该回来——

基辛格：他们会在 10 天到两个星期内回来。

尼克松：你认为是这样吗？叶海亚给你发消息了吗？

基辛格：他在 5 月 19 号的时候给我发过消息。但是需要 5 天的时间才能收到。我现在发现了一个好的联络渠道，但是我告诉他的大使把信装进保密袋给我，我不想通过巴基斯坦的电报传送消息。我已经为我们的大使建立了一条到卡拉奇的电报专线，传送的时候只经过穆勒。其他人都不知道这条线。这条专线有一个专门的密码，只有黑格才知道密码，所以即便是穆勒也无法看到消息。所以说，我们现在可以在 24 小时内收到消息。到那儿需要 5 天的时间，之后需要，叶海亚现在在拉哈尔，所以他直到 19 号才能发送消息。因此他们收到消息需要 7 天的时间。我估计他们会在 6 月的第一个星期回复我们。

尼克松：你认为他们的回复会是积极的，还是消极的？

基辛格：几乎可以确定是积极的。

尼克松：一次总统访问意味着很多事情。

基辛格：我们提供给他们一次总统访问。我们已经告诉他们，我被授权准备这次特使公开访问，如果你们认为可以的话；可能有点儿含糊其词。并且——

尼克松：除了总统访问吗？

基辛格：是的，除了总统访问。总统先生，对于他们来说，毕竟，他们都是革命者。但是，您想想，这位农民，曾经的农民毛泽东，长征，然后再想想美国总统要在他的晚年去北京。这——

尼克松：嗯，这就是为什么这位曾经的 [******] 勃列日涅夫不得不决定，他到底是来还是不来。并且——

基辛格：多勃雷宁今早再次提到了贸易协议的事，就是那个5亿美元的贸易协议。

尼克松：嗯。

基辛格：我们现在还没有足够的信息来签署协议。

尼克松：不过，但是他没有提峰会的事。他绝不会提的，他提了吗？

基辛格：没有提。

尼克松：好吧，你知道的，这一定是有原因的。

基辛格：并没有。他们太狡猾了。他们估计到您非常渴望这次峰会，因此他们想要先让您在柏林问题上做出让步。然后，让您在贸易协议上让步，在这之后，再向您提峰会的事。

尼克松：我们在峰会上谈论什么事？

基辛格：但是，我认为，我们有太多的理由需要这次峰会。它会在限制战略武器谈判期间对他们起到约束作用。

尼克松：没错。我们必须，为了达成《限制战略武器条约》，我们需要这次峰会。

基辛格：我也是这个意思。

尼克松：因此我们必须击败他们。

……

尼克松：我们最终是会和俄国人举行一次峰会的吧？既然你和中国人达成了协议，我们会早点儿去中国。为什么不呢？

基辛格：这件事的另一个优势在于，之后我们就知道该站在哪边了。

尼克松：你注意到中国在台湾问题上的强硬立场了吧。这也是预料之中的，对吧？

基辛格：是啊。

尼克松：类似于第十九省（中华人民共和国用来指称台湾）这样的废话？

基辛格：是的。

尼克松：[******]

基辛格：哦，我知道。不是，到目前为止，他们要求我们的是——

尼克松：基本上就是撤走第六舰队。

基辛格：——撤走我们在台湾的军事力量。如果他们帮助我们在越南谈和的话——

尼克松：我们会那么做的。

基辛格：——我们能在您新的任期内这样做。

尼克松：就这样说："是的，我们会这样做。我们做出一个私下 [******] 做这件事。"

基辛格：但是台湾，除了感情上的原因，对美国的 [******] 而言微不足道。

尼克松：恐怕是这样的。我感到抱歉。

基辛格：这确实是让人心碎的事儿。他们是很可爱的人。

尼克松：我讨厌这样做，我讨厌这样做，我讨厌这样做，我知道。况且他们是我的朋友。[******] 我仍觉得，比尔说的并不对，他说韩国人不关心台湾，爱知揆一（Aichi Kiichi）和其他人也不关心台湾。

基辛格：全错了。

尼克松：有人给他兜售了一摊狗屎。

基辛格：全错了。全错了。您的直觉绝对是正确的。

利昂·帕内塔（Leon Panetta），和另一些国家的人权。

> 1971 年 5 月 27 日，下午 4 : 28
> 理查德·尼克松、鲍勃·霍尔德曼、约翰·埃利希曼和亨利·基辛格
> 椭圆形办公室

尼克松对国务院一直没有好感，这种情况并没有因为国务院在 5 月的时候发布宣布支持苏联籍犹太人的声明而得到改善。在发展和苏联的关系时，他讨厌任何人的干涉，所以他对声明中的立场的有效性颇有微词。

首先是帕内塔的问题。在 20 世纪 70 年代初，帕内塔作为一名共和党人，在卫生、教育和福利部部长罗伯特·芬奇（Robert Finch）手下做职员。到

1971年3月,他在民权的问题上的观点与政府相左。他主动辞职,并写信严厉批评了政府的政策,后来又加入了民主党。

……

埃利希曼:该死的帕内塔写的书(《让我们一起:尼克松团队与民权的式微》)全面披露了芬奇的行政班子的内情。

尼克松:真的吗?

埃利希曼:当然是真的。显然,这个家伙偷偷做了记录。

147

尼克松:怎么评价的芬奇?

埃利希曼:非常差劲。

尼克松:是吗?

埃利希曼:非常懦弱,非常[******]。是的,在书里,他被描写得非常懦弱,而我则有点顽固——当然,整本书的主题是关于民权的。他在五个不同的地方都撒了谎,尤其是关于他的辞职。

尼克松:嗯。

埃利希曼:他辞职了,就在3月24号的民权声明之前(尼克松就公立学校废除种族歧视的政策做了公开的声明)。这本书并没有赞扬您在民权方面的成绩。这完全是在诽谤。但是,我已经让我所有的职员都去读一读,因为我想让他们都明白部门内部发生了什么事,以及这个部门是如何讨好我们,如何利用我们,又如何耍了我们的。就这一点来说,这真是一本太好的教科书了。

……

基辛格:国务院正在猛烈抨击犹太人在——的遭遇——

尼克松:没错。

基辛格:——在苏联。

尼克松:哦,为什么——我们不能阻止吗?该死的,我认为我们正好——

基辛格:我一直在想——我重新确认了一下——我可能得要求您签署——

尼克松:好的。我会签署一封信。

基辛格:——他们——下两个月里,关于苏联的所有声明都必须在这儿经过审批,无论有多么烦琐。

尼克松：我想你今天就得把备忘录给我。我的意思是——

基辛格：是的。

尼克松：——今早的第一件事，亨利。它太重要了。

基辛格：因为它是——

尼克松：没错。

基辛格：——它让我们没什么——

尼克松：嗯。但是我不想——的确，为了表示高度重视，关于苏联的任何类型的声明，包括公开声明，都不能不经我的批准就发布。[******]

霍尔德曼：除非有人——

基辛格：所有的——您知道，我自己就是犹太人，但是我们该向谁抱怨——

尼克松：（大笑）

基辛格：——关于苏联犹太人的遭遇？它并不关我们的事。如果他们抱怨——如果他们公开抗议我们对待黑人的方式，我们将——

埃利希曼：是的。

尼克松：我知道。

基辛格：您知道的，他们如何对待他们的人民跟我们毫无关系。

尼克松：那当然。我们——所以说我认为你的——所以说，我不能见马科斯·费希尔（Max Fisher）和另一个家伙，谢克特（Jerrold Schecter）。天啊，我不能见这些人，就对待——我们——他们知道我们的感受，看在老天的份儿上。

"就世界和平而言。"

> 1971 年 5 月 28 日，上午 9∶50
> 理查德·尼克松、鲍勃·霍尔德曼和亨利·基辛格
> 椭圆形办公室

在 5 月末的时候，多勃雷宁带回了消息，莫斯科峰会的举办时间可能会

拖延。尼克松很快意识到，日程设置正逐渐变为可以利用的武器。

……

基辛格：您必须决定，对您来说什么才是更有价值的：公布出国访问，然后就一直期待着；或者考虑您今年是否确实需要这次可能会发生戏剧性转变的访问。

尼克松：只要我能去访问就行。再次重申：非此即彼。

基辛格：没错。

尼克松：我这样说吧：不要再等了。明年是一个政治年。每件事都会染上政治色彩。我们做的每件事都会。

基辛格：没错。

尼克松：这样不太好，因此——同时，如果把事情推到下一年，在7月1号以后任何事都不能发生，就是在民主党提名候选人之后。因为在那之后，所有的报道都会坚持要求民主党候选人必须一起去。你明白吗？

基辛格：当然。

尼克松：这是另一个难题。

基辛格：这是——

尼克松：或者他的顾问想要一起去。现在，约翰逊并没有那样做。这个狗崽子还没有告诉我暂停轰炸的事，除了在电话上说了说。不过，这是他们要说的事。所以，我们所有的外交行动必须在7月1号之前全部完成。不能有一点遗留。

基辛格：那当然。

尼克松：你明白我的意思了吧？

基辛格：明白了。

尼克松：因此这就是我们的——就这么定了。所以说，亨利，我们必须这样想：我宁愿今年跟俄国人举行峰会，明年和中国人举行。但必须是在春天。

基辛格：哦，是的。当然在春季。

尼克松：不要在7月。你明白的，开始——

基辛格：哦，不会的。大约在4月——或者5月，或者什么时候都可以，随便您。

尼克松：好的。也许在3月份。

基辛格：或者3月份。

149 尼克松：我的意思是，离选举尽可能远一点——

基辛格：可以。

尼克松：你知道这些狗崽子对这些事会是什么反应。即使是现在，他们还在说这完全是政治上的把戏。现在，这些并没有让我感到烦心，除了那件事，正如你说的，就是他们已经选择了一个候选人，或者显然他们将会选择一个，这样压力就太大了。

……

基辛格：是的，可是如果真的宣布举行峰会的话，我认为，在发布声明之后到您去那儿的这段时间里，他们不会想要惹怒您的。不过，我们还是看看多勃雷宁能带回来什么吧。我会立刻给他下最后通牒，告诉他如果不现在举行峰会的话，那今年我们就不能举办了。只有这样他们才会相信。我不能——如果我仅仅是向他要一个答复的话——

尼克松：嗯。

基辛格：——那么做的话，看起来像我们在求着他们似的——看起来我们像在祈求并且很紧张似的。如果我告诉他，要么现在，要么就不要举行了——到目前为止，无情才是唯一的——勇气和胆量一直是——

尼克松：就说——你就在这样的前提上说，我们的——"你知道，总统已经得到多个选区的支持了。"

基辛格：我说过我们不会一直处于——

尼克松："他不能一直这样待着。他会排满日程为了平衡今年——国事访问等类似的事情。"并且——

基辛格："我们不会让你们这样处理事情的。你现在知道的跟以后从我们这里知道的一样多。如果你不能下定决心的话，那么就让我们等到你们下定决心的时候，那么，今年就不可能了。"——那样的措辞，他会懂的。

尼克松：然后——

基辛格：这样做有很多好处，因为如果——

尼克松：或许现在你应该双管齐下——也许——实际上，两全其美的做法就是在这件事之前你已经拿到了中国这张牌——

基辛格：所以我才希望——那会是——

尼克松：但是这周你不会得到消息。你不会得到消息吗？

基辛格：不会，中国人要等上两个星期。总统先生，那是他们的规矩。他们绝不会——

霍尔德曼：已经有一个星期了吧？

基辛格：19号，26号，可能是下个星期。可能在下周末。很快就到下周了。

……

尼克松：我们必须把每一项成就的宣传价值都榨干。每一件事都必须说成是总统的倡议。现在，就柏林的事情而言，是我们做的。并且我们将要——

基辛格：我们必须放出风声去，因为，这确实是——

尼克松：好吧——

基辛格：——听起来好像——

尼克松：什么时候公布？

基辛格：正在筹划。现在，我们可以——我放缓了一点儿速度——

尼克松：好的。

基辛格：——为了能举办峰会。

尼克松：没错。没错。

基辛格：7月，我想。

尼克松：好的。那也得是一个总统的倡议。我来宣布结果。

基辛格：总统先生，那完全是您的功劳。我在飞机上，完全根据您的指示，才制订了那个计划。我邀请了巴尔（Egon Bahr）参加1月份的"登月"发射观摩——

尼克松：嗯。

基辛格：——因此我才有借口去见他。

尼克松：没错。

基辛格：我跟他坐同一架飞机去纽约，我们一起合作设计了整个计划。我们有这么厚的一摞文件——

尼克松：是的。

基辛格：——通过非官方渠道交给巴尔和拉什的。

尼克松：是的。没错。

基辛格：还有俄国人——

尼克松：我知道，这件事很难办。

基辛格：确实如此。那是一件更为巧妙的事，因为主要涉及另一个党派——

尼克松：我知道。

基辛格：——跟限制战略武器谈判比起来。并且——

尼克松：妈的，这是什么破事。

基辛格：现在，如果发生在7月，我们可以说他们遭遇了柏林危机，而我们解决了它。

尼克松：[******]

霍尔德曼：他们的战争逐步升级，而我们将其缓和了。他们有一个导弹——

尼克松：柏林的事情——确实——

基辛格：从世界和平的角度考虑，比起中东或者——还是柏林的事情更重要一些。我的意思是，按重要顺序排列，最不重要的是越南。它绝不，绝不，绝不会引发世界大战。

霍尔德曼：没错。

尼克松：你知道的。该死的，我们都知道的。我的意思是，我在这方面的演讲已经有20——10年了。你知道这是事实。中国人会干预吗？俄国人会干预吗？他们中的任何人都不会干预。第二不重要的就是中东。一些大国可能会卷入其中，因为这个地区还是比较重要的。但是如果按照重要程度排序，中东和柏林相比，天啊，完全是千差万别。柏林才是最重要的。妈的，如果柏林有事发生的话，你得去解决，对吗？

基辛格：对的。

尼克松：所以说柏林才那么重要，并且——

基辛格：并且——

尼克松：——对俄国人来说它也是更重要的。

基辛格：并且，我们——

尼克松：俄国人会让——俄国人会让埃及完蛋。他们绝不会让柏林去送死的。

基辛格：并且他们对我们做出的让步已经很多了。例如，他们总是坚持我们应该称——这些都是小事情——我们在文件中描述——

尼克松：嗯。

基辛格：——把柏林称作"柏林（西）"。我们坚持他们应该说"柏林西部地区"，因此这表明了——

尼克松：没错。

基辛格：——四国的责任。他们现在已经接受了。

尼克松：是的。

基辛格：其次，更重要的是：他们一直在坚持东德拥有控制进入权的法律依据。

尼克松：是啊。

基辛格：他们已经接受了规定他们有控制进出的责任的法律条款，而即使是在40年代的时候他们也绝不会这么做的。我们比杜鲁门和罗斯福从他们那里得到的还要多。

尼克松：没错。

基辛格：在这些条件下，柏林协议——我一直告诉你，我们必须降低损失——基于此一定会有一点儿净收益。我想打电话给多勃雷宁，打击他的信心，通过——他今天会去国务院——提议在柏林召开一次外长会议。

尼克松：外长？

基辛格：因为——

尼克松：现在，比尔不会在跟——的发疯的会议上提出这一点的。

基辛格：是的。

尼克松：他——他能——

基辛格：他不能提出。那太复杂了——

尼克松：这是我听过的最愚蠢的事。葛罗米柯呢？

基辛格：总统先生，我认为如果在今年或者明年召开高级别会议的话，应该由您参加。

"我们已经胡闹够了。"

1971 年 5 月 29 日,上午 9：08
理查德·尼克松、鲍勃·霍尔德曼和亨利·基辛格
椭圆形办公室

苏联将要在没有达成《限制战略武器条约》的情况下举办峰会的迹象,迫使尼克松和基辛格准备了一份最后通牒。随着对话的深入,基辛格提出了一个尼克松必须赢得 1972 年选举的更有力的理由。

……

基辛格:现在,我有一份电报来自——
尼克松:拉什。
基辛格:——拉什的电报。并且(大笑)总统先生,我们的处境很荒谬,——
尼克松:嗯。他想要什么?
基辛格:——柏林会谈进行得很顺利,我们不可能让它放慢速度。我认为如果没有什么问题的话,我们到 7 月中旬就可以达成柏林协议,这样的话我有必要跟多勃雷宁谈一谈并且告诉他——
尼克松:是的。
基辛格:——"现在,情况就是这样。"实际上俄国人已经做出了三分之二的让步。
尼克松:嗯。

……

基辛格:总统先生,如果我们可以让谢门诺夫来这儿签署热线协议——这件事情也不是太糟糕。它只是——
尼克松:它会有所帮助。

基辛格：它会有所帮助。如果——柏林的事情能够取得突破的话——

尼克松：是的。

基辛格：——在接下来的两个或三个星期里。

尼克松：我认为我们至少要考虑，最终，我们两个都要得到。但是，从另一方面讲，柏林——如果他们不同意举办峰会的话，我们能阻止柏林的事情取得突破吗？

基辛格：星期一之后过一个星期，我会在峰会上给他（多勃雷宁）一份最后通牒。下一次——

尼克松：可能会起作用，但我只是问一下，就是为了能去，我们是否能把事情搞乱。

基辛格：是的。我们能阻止它——

尼克松：你明白吗？

基辛格：——我们能阻止柏林的事情取得突破。

尼克松：好的。

基辛格：我们必须做一次浑蛋，但是我们只是——

尼克松：没错。我们要做一次浑蛋。没错。就说总统——好吧，当他谈到的时候就说：“我们不会同意柏林这件事的。这取决于你们。”

基辛格：下次他们会在6月4号见面。那基本上是技术问题。

尼克松：嗯。

基辛格：勃兰特和拉什一会儿来这儿。

尼克松：那么我们能见到勃兰特？

基辛格：是的。在勃兰特到这里之前，我会告诉多勃雷宁："就现在。我们已经胡闹够了。"

尼克松：没错。

基辛格："我们必须自己做出根本性的决定。"唯一的问题是，我们能够使它受欢迎的唯一的方式就是说："如果你现在就拒绝它，那今年也就只能这样了。"这是一件事情——

尼克松：在古巴的潜水艇不是核动力的，对吗？

基辛格：它是核动力的。

尼克松：嗯？

基辛格：它是核动力潜水艇，但是并没有装载导弹。它的杀伤力并不高。

在最初，我认为它并不是核动力的。

霍尔德曼：你知道它不是吗？

基辛格：不，那是另一个对话。它是核动力的。

尼克松：嗯。可靠吗？

基辛格：我昨天才发现的。

尼克松：我读到了一些不准确的东西。

基辛格：不，没有错误。他告诉我不是。

尼克松：我告诉他，尽管潜水艇不是核动力的——

基辛格：是的。我们的信息有误。

尼克松：——在曼塔萨斯的基地有一艘潜水艇。

基辛格：我纠正了。我把他叫回来并且说——

尼克松：[******]好吧。

基辛格：——我们已经得到新的照片，确定它是核动力的。

尼克松：是的。因此？

基辛格：嗯，他说他们已经宣布了。它游弋在协议规定区域的边缘。它就在边缘上。并且他们并没有在西恩富戈斯。这完全是流氓行径。我认为，如果它会在发布会上被提出来，这完全是有可能的，因为消息会泄露出去，我不会纠结于它是否违反了协议的问题。到那时我会非常强硬——

尼克松：我会说："既然有一份协议，我们就希望它被遵守。苏联对此非常明白。"就这样应对过去。

基辛格：没错。

尼克松：并且，我——

基辛格：我不会评论每一次出访——

尼克松：“我不会对此进行评论。苏联非常明白。”

基辛格：没错。

尼克松：那很神秘吗？

基辛格：好一些。

……

尼克松：但是，对于俄国人和中国人的问题，确实帮了我们忙的，是他们彼此之间存在着一种巨大的分歧。他们想干掉我们，而我们却在这儿——

基辛格：我认为，他们之前绝没有碰到过如此强劲的对手，正如您已经证明的那样。

尼克松：嗯。你马上要给瑟蒙德（Strom Thurmond）打电话，是吗？我的意思是，俄国人提出的那个原则，即我们同意在达成限制进攻性武器之前先退出——放弃反弹道导弹。但是，公报的措辞是相当尴尬的。

基辛格：它说"与此一并"。

尼克松："与此一并"。天啊，如果——不过，那些人不是太愚蠢了吗？我们说："我们今年应该集中谈判——"

基辛格：但是，当然——

尼克松："——一份反弹道导弹协定。"然后，接着，在下一句——

基辛格："与此一并，我们会同意。"

尼克松——"与此一并，我们表示赞同。"你明白吗？这都是我们必须做的，就说："看，参议员，您大错特错了。"

基辛格：他们是——但是，正在发生的事是，总统先生，我真的认为共产党正在开始主导我们的一些媒体。6个星期之前，他们——

尼克松：哦，关于这件事，我跟你的看法一样——

基辛格：因为，现在——

尼克松：这件事我已经说了好几年了。

基辛格：我在《新共和》上看到一篇文章，在文章里他们因为限制战略武器会谈的事谴责您，因为您一再强调限制进攻性武器和限制防御性武器之间的关系。俄国人已经表示同意，但他们仍在猛烈抨击。这也是俄国人想要看到的。如果他们再唠叨的话，当然俄国人下一次在赫尔辛基也会重新提起的。所以我们应该尽快把峰会的日期定下来。

尼克松：没错。

基辛格：因为之后他们也会不情愿——

尼克松：不过，亨利，但是，在任何情况下，都不举行峰会，除非我们最终确实达成了一份临时性的限制战略武器协议。亨利，我们必须这么做。如果我们没有得到这些成果就去那儿的话，那完全是在浪费我们的时间。

基辛格：现在他们已经同意了，因为我们还不确定。但是——

尼克松：或许吧。

基辛格：——我认为，我们必须赌一把。我们毕竟可以随时签署关于突发性冲突的协议。我们可以宣布限制战略武器会谈取得的一些进展。如果在维也纳陷入僵局的话，我们可以在莫斯科打破它——

155 尼克松：那为什么要举办峰会呢？渔场问题？

基辛格：老实说，因为——部分是因为国内原因，部分是——总统先生，在这点上，我坦率地说，是为了明年不让民主党上台——

尼克松：这是最主要的事情。

基辛格：——具有全国性的重要意义。

尼克松：没错。如果他们当权的话，事情就糟了。

基辛格：并且——

尼克松：糟透了。你知道的，的的确确，他们的表现非常不负责任，它——

基辛格：(民主党)不适合执掌对外政策。这些人都是激进分子。

尼克松：嗯，他们不过是东部权势集团。

基辛格：没错。

尼克松：该死的激进分子都在那儿。

基辛格：是的。

尼克松：基本上。

基辛格：关于峰会的另一个争论就是有了峰会，我们达成《限制战略武器条约》的机会就更大了——

尼克松：我同意。我同意。他们和我们一样都是有原因的，要在峰会上取得一些成果。所以，在这一点上我们是可以确定的。但还有硬币的另一面。那就是我们不会举行峰会，也没有达成《反弹道导弹条约》。

基辛格：毫无疑问。我们不会这么做的。

尼克松：[******]绝不，绝不，绝不。

基辛格：这是我们不能做的。

尼克松：我认为并不是那么困难。他们可以——我们可以达成《反弹道导弹条约》，并且对进攻性武器做出限制——

基辛格：这是对进攻性武器的限制，因此不应该那么困难——

尼克松：这是我们一直在要求的。

基辛格：总统先生，对我们来说，把柏林的事情、限制战略武器会谈、中国的事情、峰会都放进一个时间表，并且让这些国家中的任何一个都——

基辛格：让欧洲感到愉快。

尼克松：——让欧洲感到愉快，让越南避免瓦解——

基辛格：没错。[******]

尼克松：——这非常微妙和复杂。

基辛格：所有这些，每一件事之间都关系密切。但是基本上，世界上每一件有价值的事都密切相关。没有什么事是容易的。在目前这一时期，没什么事是容易的。

尼克松：为了解决柏林这件事，我现在考虑，几乎可以确定。我们在3月举行战略武器会谈的时候，我们已经——

尼克松：我应该开始行动了，难道你不这样认为吗？

基辛格：什么？

尼克松：我也许应该开始行动了。

基辛格：柏林？

尼克松：是的。

基辛格：仍然——

尼克松：获得一些功绩。

基辛格：当勃兰特来这儿的时候，你们能够在这件事上做些什么——

尼克松：好吧，我们看情况。

"奥尼尔这个年轻人，他是，天啊，你应该为他感到自豪。"

1971年6月4日，下午2∶34
理查德·尼克松和查尔斯·科尔森（Charles Colson）
白宫电话

越来越多的越战老兵陆续回国。尽管许多老兵远离政治，但是仍有一些老兵表达了对战争、对他们的经历，以及对征兵的看法。作为约翰·克里以及越南老兵反战组织（Vietnam Veterans Against the War）的反对者，约翰·奥尼尔建立了亲政府的"拥护正义和平的越战老兵"组织（Vietnam Veterans for a Just Peace）。尼克松政府不能给奥尼尔提供任何官方支持，但是尼克松明白亲政府的老兵组织存在的重要性。因此，奥尼尔被鼓励积极参加公共活动并声援政府的战争政策，以及在公共场所跟约翰·克里进行辩论。

……

科尔森：总统先生，我经历了一次令人耳目一新的体验，这周我花了很长时间跟支持我们的越南老兵待在一块儿。

尼克松：他们做得非常好。

科尔森：哦！不过，在他们——之后，他们来看我。

尼克松：嗯。

科尔森：——在他们的发布会结束之后。值得一提的是，发布会得到了新闻媒体的广泛报道。

尼克松：是的！我跟霍尔德曼都看到了。

科尔森：奥尼尔这个年轻人，他是，天啊，你应该为他感到自豪。他们有十个人。他们中的一个人，一年前因为撕毁越共旗帜而遭到逮捕。

（笑声）

尼克松：很好！

科尔森：他们是了不起的年轻人！他们百分之百地支持你。他们在越南的时候讨论过吸毒的问题。他们说那是个大问题，但比不上高中那么严重。

尼克松：我也是这么想的。

科尔森：他们要到各地去，事实上，这个组织里的来自海军陆战队的那些家伙，说在越南很少有人吸毒。他说这是新闻发布会上另一个被夸大其词的问题。这些小伙子将要到全国各地声援我们。

尼克松：是的。

科尔森：他们这周受邀参加《面向全国》（*Face the Nation*）的节目，跟克里进行辩论，但是克里拒绝了他们，拒绝辩论，拒绝跟奥尼尔进行辩论。

尼克松：啊哈！

科尔森：这是我们将在发布会上告诉大家的一个关键信息。

尼克松：当然。当然。

科尔森：他们是一个很大的群体。有很多像这样的事情，我们可以——

尼克松：是的。

科尔森：——让人们从不同的角度考虑。

尼克松：可以。可以。当然，当他们四处奔走的时候，他们可以获得同等的时间。那很好。克里在时间上可能会有点劣势。

科尔森：嗯，你知道，关于他有一些有趣的故事。有一件事就是他自己的组织想要摆脱他。并且我们可以将他拒绝跟奥尼尔辩论这一事大肆宣传给通讯社。

尼克松：嗯。

科尔森：我认为他已经开始失去光环。我认为他的光辉形象正在失去光环。

尼克松：嗯。

科尔森：这些年轻的小伙子，我们很幸运能够安排好他们。

尼克松：是吗？

科尔森：是的，先生。

尼克松：很好。

科尔森：他们将会继续，我们会看到他们更多的表现。

尼克松：哦，天哪，非常好。他们真的，他们没有放弃吧，这些小伙子？

科尔森：他们会继续把您抬到最高的位置。我不能推荐他们来看您，因为——

尼克松：我明白。那会让他们看起来是被操纵似的。但是有时我很想谢谢他们。

科尔森：我说过在夏天的时候，在他们做完更多的事后，他们应该来这儿。我考虑了他们的想法，也考虑了您的想法。

尼克松：确实！

科尔森：他们是忠实的信徒。

尼克松：他们认为我们做的是正确的事。

科尔森：我们正在做正确的事，并且会继续做正确的事。他们声称他们所有的朋友，他们说，奥尼尔对我说过："我不知道你们这些家伙是如何在华盛顿活下来的。"他说："当你走出这个国家，你会发现人们跟我们想的一样。"他接着说："当你来到这儿，每天晚上你都得看那些你不得不看的东西，你听到人们不断地唠叨，不断地争吵。"他还说："但是让我告诉你，这并不是这个国家的出路。"

158 尼克松：嗯！了不起吧？很好！

"夏天结束的时候，我们就能知道我们是否已经解决了越南的事情。"

> 1971年6月4日，下午4:47
> 理查德·尼克松和亨利·基辛格
> 椭圆形办公室

　　尼克松和基辛格非常期待1971年夏天的到来。到那时候，他们跟苏联或中国，或者同时跟双方的关系有望取得重大突破。但一方是如何影响另一方的，或者与北越的对话会受到什么影响，这些问题都还不清楚。

……

基辛格：夏天结束的时候，我们就能知道我们是否已经解决了越南的事情。
尼克松：或者是限制战略武器会谈的事情。
基辛格：或者是限制战略武器会谈的事情。
尼克松：或者是中国的事情。
基辛格：或者是中国的事情。
尼克松：一旦我们确定我们将要怎么做，我们就知道哪个是哪个了。
基辛格：如果我们能把这些事情一起解决的话，那就太好了。
尼克松：还有峰会的事。
基辛格：但是中国，我们必须，并且我们能——
尼克松：是的，如果我们能多解决一件事，我的意思是——
基辛格：没错。

尼克松：——那么，我们就能解决三分之二的事情。那太完美了。

……

基辛格：考虑到成就——这听起来有点自私——但是，谁能有一个像这样的三年任期？如果您在1月20号说在两年内可以从越南撤出40万军队，开辟通往——到北京访问、到莫斯科访问的道路，签署《限制战略武器条约》，您会在您上任的第三年年终全部解决这些事情——

尼克松：这非常了不起，难道不是吗？

基辛格：——他们会说："简直是疯了！"

死亡人数下降的价值

> 1971年6月11日，上午9:37
> 理查德·尼克松、鲍勃·霍尔德曼和亨利·基辛格
> 椭圆形办公室

尼克松的女儿特里西娅（Tricia Nixon）跟律师爱德华·考克斯（Edward Cox）将于6月12日在白宫举行婚礼，尼克松对此非常期待。预计有400名宾客出席在玫瑰花园举办的这第一场婚礼。在设法弄到了由记者查默斯·罗伯茨（Chalmers Roberts）记录的同北越官员春水（Xuan Thuy）在6月8日谈话的抄写本后，基辛格于6月11日早上会见了总统。尽管阮春水的回答比较清晰，但是他的意图仍跟以前一样深不可测。根据谈话的内容，尼克松和基辛格判断出北越的战争活动是趋于崩溃，还是在酝酿更大规模的进攻。他们至少可以确定的是，已经有明确的数据表明美国战争伤亡人数正在大幅减少，他们在盘算着如何更公开地利用这一事实。

……

基辛格：你知道的，与越南人的一个问题是，他们是否会在巴黎向我们提

出什么，即使是再次陷入僵局，如果我们能有所行动——

尼克松：嗯？

基辛格：——这看起来是一次严肃的谈判——

尼克松：嗯？

基辛格：——对公众舆论来说那是巨大的打击。

尼克松：（轻声笑）是的，你的意思是说如果他们公开这样做的话。

基辛格：因此，那就是他们将在6月26号面临的棘手的问题（基辛格将同北越进行的下一次秘密会议）。

尼克松：[******] 他们知道。他们一定知道——

基辛格：现在，他们是——我做了一个分析，我等会儿把它发给你——

尼克松：嗯。

基辛格：——把阮文绍的对话跟我对他们说的对比了一下——

尼克松：嗯？

基辛格：——显然他们同我们说话的方式很委婉——

尼克松：[******]

基辛格：我的意思是，例如，把军事问题跟政治问题分开的想法——在这儿的每一个人都不会理解，因为——

尼克松：没错。

基辛格：——他们并不知道我们跟他们说了什么，但是所有的都是通过这次采访。现在我已经得到了整个文本的内容。虽然方式很难接受，但他们谈论这件事的事实很有趣。但是这或许不是——这对他们来说不过是吞一颗黄连；他们或许没准备好会这样做。他们正努力地开展渗透工作，即使在雨季的时候——

尼克松：[******]

基辛格：但是，那可能意味着两件事。那可能表示他们也处于绝望的境地。

尼克松：之后，我们可以打击他们。[******]

基辛格：在这周中间的时候，不好说，但是——可以确定的是不高于30（过去一个星期的阵亡人数）——

尼克松：嗯。

基辛格：——很可能是20多一点。

尼克松：之前我们是多少？

基辛格：是——

尼克松：[******]

基辛格：跟上个星期并没有很大的区别。但是人们永远无法确定是否有一架直升机被击落，或者是否有人死在医院——

尼克松：是的，没错。

霍尔德曼：因为我们已经把阵亡人数降到那么低了 [******]。

尼克松：是的。是的。是的。[******] 我的天啊，在这之前，如果一架直升机被击落，牺牲 19 个士兵，根本不算什么事。

霍尔德曼：好吧——

尼克松：19 个相对于 120 个来说，确实不算什么。

基辛格：但是——

尼克松：19 个相对于 19 个就是增加了一倍。

霍尔德曼：增加了一倍。

基辛格：但是，如果您看，例如这个月，如果没有这 33 个——

尼克松：嗯？

基辛格：——我们每个星期的死亡人数都会低于 25 个。

尼克松：是的。我确实想要他们——我确实想要解决一些事。我的意思是，让——斯卡利离开——利用好死亡人数。并且，那正是我们之前说过的，的确实现了。我们说过在柬埔寨之后一定会下降。确实如此。我们说过在老挝之后也会下降。确实也发生了。现在，继续保持。换句话说——

基辛格：没错。

尼克松：——这是可以很好利用的一点。

"至少他在他的政府内部并没有什么人。"

1971 年 6 月 12 日，上午 10 : 32
理查德·尼克松和亨利·基辛格
椭圆形办公室

在星期六下雨的早上，当尼克松的家人正在为是否能继续在室外举行婚礼而烦恼的时候，尼克松和基辛格却在盘点着他们到底要同时办多少事。因为累积了太多的秘密，他跟基辛格想出来的办法是：只能对彼此吐露。

快到中午的时候，特里西娅问她的父亲是否要把婚礼挪到室内。尼克松询问了空军部气象专家的意见，并告诉她在下午4点的时候乌云会散去。随后，婚礼在晴朗的天空下顺利举行。

……

基辛格：总统先生，黎德寿正在一路向西，会在北京和莫斯科停留。

尼克松：嗯。

基辛格：据说他将要参加东德的党代表大会。可以确定的是，他会在——

尼克松：[******]

基辛格：他并没有参加会议。他会在北京和巴黎——还有莫斯科停留。

……

基辛格：这非常接近——黎德寿绝不会出现。总统先生，他们可能会拒绝。

尼克松：你认为他会出现在你的会谈上吗？

基辛格：当然，几乎可以确定，80%的可能性。如果没有，他会出现在那儿给他们一些指示。

尼克松：嗯，他会去北京，这非常好。

基辛格：但是他会经过北京和莫斯科。[******] 按等级划分的话，黎德寿是第三号人物，他是在谈判中唯一一个可以独立做出决定的人。只有在有重要事情的时候，他才会出马。他到那儿是为了停止轰炸的事，同时为了——

尼克松：他到那儿是为了停止轰炸的事？

基辛格：嗯。他之前到那儿是为了初步讨论——直到西哈努克倒台之后，之后他离开了。你记得我们——春天参加的那些会议。

尼克松：哦，记得。

基辛格：在1970年春天。（1970年2月21日、3月16日、4月4日，基辛格跟黎德寿在巴黎举行过会谈。）

尼克松：哦，没错。是的，他当时在那儿。

基辛格：他很难对付。

尼克松：嗯。我正在读一则新闻摘要，想起了支持我们的那些民众。你说得对，约翰逊跟我们的比起来什么也不是。多亏了仁慈的上帝，至少他在他的政府内部并没有什么人。

基辛格：是的。

尼克松：你知道我什么意思吗？当加德纳（John W. Gardner）离开的时候，他什么话也没说。他就是个无名小卒。他是卫生、教育和福利部的部长（约翰·加德纳在1968年1月的时候因为反对战争而辞职）。我的天啊，我们必须，正如你知道的那样——但是这些人因克利福德（Clark Clifford）的事情而团团转的方式简直令人难以置信。

基辛格：是的。但是，我确实认为克利福德——

尼克松：难道你不认为他正在度过困难时期吗？

基辛格：总统先生，我并不认为。我确实认为——

尼克松：他做了什么？他努力地——努力地挽回局势？不是吗？

基辛格：没错。但是，总统先生，北越人正在和黎德寿同步行动，他们正努力地——

尼克松：嗯？

基辛格：——让我们遭受损失，他们正在看能否让我们——

尼克松：是吗？

基辛格：——在他到那儿之前做出让步。

尼克松：绝不会让步的。

基辛格：他不会提出什么的。我敢打赌他没有任何重要的消息。他可能只是让一个低级别的家伙做出一些含糊的暗示。

尼克松：嗯。

基辛格：他们不会那样做事情的。

尼克松：很可能他们正试着做一些事——他们想要通过别人做这件事。换句话说，不让我们做。亨利，这种可能性总是存在的。

基辛格：总统先生，这种很小的可能性是存在的。但是，即使真的到了那一步，我们的处境也不是很坏，因为我们可以说在5月31号就已经提出了提议。我们已经占上风了。如果他们要我们的话——

尼克松：嗯？

基辛格：——您可以那样说。无论何时，当您决定您可以——无论何时，当您决定事情并没有变得——

尼克松：嗯？

基辛格：——您可以在 5 月 31 号的时候做出决定，在最高层，我们提出了这个提议。尽管在河内的时候就已经考虑过了，我们被迫——克利福德来的时候，他对它进行了修改。并且，您可以把它或是克利福德作为进行单独谈判的一个例子，或是作为河内背叛的一个例子。

尼克松：嗯。

基辛格：我认为我们已经占据上风，但是我的印象是，发布会——我昨天见到了亨利·哈伯德（Henry Hubbard）和谢克特（Jerrold Schecter），我摆出了一种强硬的姿态。我说——我提醒他们在 3 月 25 号的时候，在老挝行动之后，当他们在我位于圣克莱门特的办公室的露台上嘲笑我们的时候，我表达过您的跟我的信念——今年可能会举行谈判。

并且，在那段时间，每个人都说谈判没有任何意义；要做的只能是撤军。我跟他们说："你们这帮人真的认为我们输掉一次打赌？你们真的认为我们没有研究所有这些事？如果你们——"我说过："我承认。我们不会给你们提供任何事实。我们不能确认或者否认任何事情。如果你们认为我们正在失去它们，那对我们现在做的事真的很有帮助。所以，你们可以继续写。我们不会公开跟他们——跟他们谈判。"他们真的被震住了。他们不知道该怎么做。因为，在一方面，他们——我的意思是，这并不值得赞扬，我们——据我了解，没有人比您或者我在记者招待会上谈论谈判的事更多的了。这并不是一种约翰逊现象。

尼克松：没错。

基辛格：我认为他们不会——他们没有在发布会上猛烈地抨击我们。事实上，他们一点都没有抨击我们。甚至昨天的《华盛顿邮报》的社论都模棱两可，这对他们来说确实已经很温和了。他们说双方都错了，克利福德和我们都错了。不过，这对他们来说已经很好了。

尼克松：为什么他们说克利福德错了？

基辛格：因为他暗示在不举行谈判的情况下也可以有解决方法，我们的错误是拒绝承认可能会有运动发生。该死的，如果有运动的话，也是我们引发的。我们能够表明，春水对阮文绍的突破是一个自然的结果——

您记得吗？我在他们看到结果之前就已经指出了，并且告诉您这是对我们在5月31号跟他们谈话的回复。我真的认为我们有一个难得的机会，可以在今年夏季进行一次严肃的谈判。除非他们真的想要过问，否则黎德寿不会到那儿去的。他可能会说不，正如他在3月份做的那样——

尼克松：假设谈判真的开始，你会怎么做？你会用布鲁斯的渠道吗？

基辛格：总统先生，我们必须决定该如何做。是否——我确实相信——

尼克松：你不能再不停地往那儿跑了。

基辛格：不，不。我不会那样做的。那是——

尼克松：为什么？我们不能那样做，在没有——谁会那样做，如果我们——

基辛格：我已经想出办法——

尼克松：——解决它？但是，我们必须有什么筹码。你——我们不能继续这样做了，你明白吗？

基辛格：不，不。不，我们必须做的选择是——顺便说一下，现在我已经想出一个方法，那样我们就可以安全地到达那儿。英国有一架飞机停在英国皇家空军基地，无论何时我想去，他们都会带我过去，因此我们没必要用美国飞机。

尼克松：嗯。

基辛格：而且他们绝对安全。[******]我可能必须再去一次——或者最多两次——为了解决这件事。我们必须决定的问题是，我们是否应该让布鲁斯提出，还是请您写一封信？总统先生，直觉告诉我，如果他们——

尼克松：最好由我出面。

基辛格：——由您出面。我也是这么想的。那是我们必须做的决定——

尼克松：[******]我们可以让布鲁斯来说。[******]莱尔德和罗杰斯都会说："嘿，很好。"

基辛格：总统先生，所以我想着，一旦我们知道谈判开始了，您必须抢在前面打破僵局。或者做点什么来打破僵局。这很容易安排。

尼克松：我们可以安排一下。

基辛格：我认为这要比让这个消息在巴黎风传要好。

尼克松：继续努力，这些基本原则多久才能[******]——

基辛格：总统先生，我认为如果能够达成协议的话——

尼克松：会很快达成的。

基辛格：这个夏季就会达成。这是很有趣的事。

尼克松：这是你一直坚持的理论。它是——？

基辛格：没错，我一直在坚持这个理论，但是我认为越南的选举也帮了我们的忙。

尼克松：我今早在报纸上看到了（南越反阮文绍的反对党领袖）杨文明－阮高祺协议，你对此的看法是什么？

基辛格：他们真的达成协议了吗？

尼克松：据说他们已经达成协议。我不知道，先看看是不是真的。

基辛格：我的看法——

尼克松：其实也没什么，先放到一边吧。但是我想要他们教训一下那些狗崽子，让他们知道他们什么也不会得到。

基辛格：我的看法是杨文明－阮高祺协议将阮文绍的反对者团结起来了——

尼克松：嗯。

基辛格：——但是几乎可以确定的是，阮文绍会赢。

尼克松：假设他们赢？也不会有很大区别，不是吗？

基辛格：总统先生——

尼克松：他们，无论如何，都是以我们的苦难为生。他们得——

基辛格：如果——祺确实是我们的一个朋友。他表现得神态自若——

尼克松：没错。

基辛格：——当我看见他取消他的出访的时候，是的——

尼克松：没错。

基辛格：嗯——

尼克松：杨文明太愚蠢了。

基辛格：杨文明只是个名义负责人。

尼克松：是的。

基辛格：并且——所以，我认为——我认为如果我们的方案成功，如果阮文绍在选举中失败，就有可能。那才是重要的事情。但是，我认为那并不会发生。如果确实发生了——

尼克松：嗯？你的 [******] 是什么？你对柬埔寨的行动有何看法？我注意到现在他们正在大肆宣扬，起码目前是这样。

基辛格：嗯——

尼克松：这有多重要？

基辛格：在某种意义上来说这是非常重要的——

尼克松：并不如媒体所报道的那样重要？

基辛格：是的，但是在这个该死的——意义上来说也是非常重要的——杜高智的死亡显然阻止了我们对那个地区的打击。并且，那可能会成为最严重的损失，因为我们在"蓝山719行动"中确实收获了——

尼克松：是的。

基辛格：——我们想要的60%到80%，但是在杜高智去世之后——正如我之后告诉您的——在柬埔寨的行动已经逐步停止。我觉得他们不会颠覆那里的现状。我们现在努力要做的是创造——这次要修复位于北部补给线的避护所。

尼克松：嗯。那足够了。

基辛格：那——我认为，他们现在在行动中。但是，当然，另一个问题是——另一个——这样做的一个原因就是为了选举，阮文绍正在保存实力。

尼克松：不要有太多的死亡人数？

基辛格：是的。

……

尼克松：回到克利福德、加德纳等事情上来。我注意到加德纳正在——

基辛格：是的，我看到了。

尼克松：——反对我们的伙伴[******]。但是，无论如何，[******]卑鄙的浑蛋，不是吗？

基辛格：加德纳——

尼克松：是吗？

基辛格：——他无足轻重——

尼克松：[******]他并不是个值得钦佩的人。

基辛格：他一副娘娘腔——我的意思是，毕竟，他对越南的事情一无所知。

尼克松：或者对其他的事情也是如此。

基辛格：嗯——

尼克松：我的意思是，对对外政策的其他问题一无所知。

基辛格：至少在教育上他有一些想法，但是——

尼克松：是的。

基辛格：——他说——您从现在起的十年内仍可能去那儿，那也太——我昨天告诉发布会上的这些家伙——

尼克松：天啊。

基辛格：——我说："我们已经稳步撤军两年了。我们从来没有降低过我们撤军的速度。我们从来没有停止过撤军。你们到底是怎么想的？"

尼克松：我跟库珀（John Sherman Cooper）也是这么说的。我说："现在，约翰，你知道下一年的形势会如何，不是吗？"我说："你是——你他妈的——现在，你成了我们的对手。或许你想要入伙？并且你——"亨利，就是这样。他们知道我们在哪儿。

基辛格：但是总统先生，我现在明白了，为什么——

尼克松：嗯？

基辛格：——黎德寿——为什么他们不参加这次会议：因为有东——在20号，或者13号，或者20号——因为在14号到21号之间举行东德党代表大会。毫无疑问春水将会在那儿跟黎德寿会谈。并且——

尼克松：是吗？

基辛格：——因此，他们最早能在26号到那里。

尼克松：从对柬埔寨这件事的反应看——我们做得足够吗？莱尔德的部分问题就是——

基辛格：嗯——

尼克松：——在空袭的问题上退缩？

基辛格：——不是——不是，真正的问题是美国军事援助越南司令部（Military Assistance Command Vietnam，MACV）是首要的事儿。或者因为莱尔德和艾布拉姆斯达成了私下协议，或者因为艾布拉姆斯已经放弃，他们并没有做出更多特别的努力，总统先生，这是成功与失败的区别所在。我认为这是——这是一个主要问题。

尼克松：就像法国人袖手旁观一样。

基辛格：并且——

尼克松：[******]该死的，我们需要一位将军。我完全同意你的看法：我们会让小德普伊（William DePuy）——他是一个自大的小杂种——让他去那儿改造他们。

基辛格：我觉得这是一个大问题：我们不是——

尼克松：我们会——在发表下一个公告之后把艾布拉姆斯带回来是很容易的事。

基辛格：没错。

尼克松：我的意思是，就说："我们已经完成了。"把我们剩下的事交给德普伊。没有协议，告诉他不用担心。他——他会寻找机会粉碎他们。

基辛格：我有种直觉，我们——我不知道他们是否会做到，但是这跟我们之前差不多。它——还远着呢。总统先生，最多是三分之一。我不想——

尼克松：我知道。我知道。

基辛格：——误导您，但是——

尼克松：不用担心，我不会的。我没有满怀希望，但是，这是个机会。

基辛格：是个机会。

尼克松：但是之前却没有。所以，让我们走着瞧吧。该死的，这些人——你可以确定，每一个像克利福德一样臭名昭著的家伙一定会设法得到这次机会的。你意识到这在政治上会对他们产生什么影响了吗？

基辛格：他们会死的。

尼克松：如果我们赢得谈判，他们绝对会死的。

基辛格：如果我们够狠。

尼克松：[******]。

基辛格：如果我们不让他们再次脱身的话。

尼克松：[******] 脱身——我绝不会的。在这件事上，我们不会让他们掺和进来的，我们不会 [******]。

基辛格：因为那是我们在 10 月 7 号之后犯的错误（尼克松在 1970 年的一次演讲，其间他提出了五点和平建议）。

167

尼克松：没错。

基辛格：现在，我回顾了一下，我也犯了错误——

尼克松：我觉得我们不应该做那次演讲。

基辛格：我们不该进行那次演讲，但是也不该沉溺于他们的赞许中——

尼克松：是的。

基辛格：——我们应该提醒这个国家，这帮家伙正在制造骚乱同我们作对。

尼克松：没错。

基辛格：这帮家伙在鼓励他们，反对我们提出的观点。

……

基辛格：在未来的两个月里我们要做的事情就是安静，因为我们不希望俄国人跟埃及人联合起来，不想让每个人都试图引爆中东危机。我觉得我们应该在未来的两个月或者三个月里稍微放慢一下进度，不能在那么多方面都走得太远。坦率地说，我们可以有两种方式来做这件事：或者是按我建议的方式，再次跟以色列人合作，或者是和苏联人一道。

尼克松：确实如此。

基辛格：没有目的的斡旋和不停提出各种计划，让我们陷入乱局之中——现在的问题是要在8月底之前阻止中东危机的爆发。如果我们能继续推进其他事情，那它们会反过来影响中东问题的进展。

尼克松：是的，那当然。显然，考虑到努力去——至于苏联，没有什么问题。他们不会——

基辛格：是的，他们很疯狂——

尼克松：他们可能改变主意。不，我的意思是，如果他们改变主意——我说的是峰会——

基辛格：哦，峰会。

尼克松：如果他们改变想法，我很高兴让他（多勃雷宁）来这儿跟我说说峰会的事儿。

基辛格：峰会？

尼克松：是的。

基辛格：哦，峰会的事儿很容易。

尼克松：这是最容易的事儿，因为，我的意思是，他只需要过来并且说："我按照我国政府的指示来邀请您。"我会告诉每一个人。我会这样做的。

基辛格：这是应该的。

尼克松：没错。之后——

基辛格：一点都不会牵涉到我。

尼克松：没必要——我的意思是，如果你建议我们那样做，你知道我的意思，过去向国务院和其他部门建议——

基辛格：不会的。

尼克松：很麻烦的就是，如果他们告诉了国务院，我就不能完全控制这件该死的事情了。峰会的事就会被媒体公布出来，事情就会搞得一团糟。因此，我会让他来这儿。没问题。

基辛格：确实如此。

尼克松：给比尔打电话——

基辛格：之后，我们将在这儿宣布这件事。

尼克松：——给比尔打电话并且告诉他。就这么办。中国的事情——这是很难办的事。这不是简单的事。你明白，我们在玩儿火，正在玩儿火。(关于)多勃雷宁，我猜我们可以——我认为——你的想法是当你到那儿的时候，我应该发条信息，安排一下你跟黑格的会议。我的谈话跟——你明白吗？我们该如何到那儿？我们该如何通知比尔？

基辛格：我觉得等我一上路，您就可以告诉比尔，叶海亚准备安排我跟中国人会谈，当我到那儿的时候。

尼克松：确实如此。不用说：内容、方式、时间、人物？

基辛格：没错。

尼克松：很好。

基辛格：之后就是谴责，您知道的——

尼克松：是的。

基辛格：然后说，我在那里会随机应变的。

尼克松：没错。

基辛格：我的意思是，他的担心——我对比尔的印象就是只要我没有取得什么成绩，他就会对我不屑一顾。至于我们还能考虑什么，这完全取决于跟俄国下的那盘棋的进展。如果俄国人不答应峰会的事，我们就可以宣布举行一次和中国的峰会——

尼克松：好的。

基辛格：——我们不会解释这是如何安排的。

尼克松：好的。

基辛格：我们只会说："这是高层联络的结果——"

尼克松：可以。

基辛格:"——周恩来总理已经——"

尼克松:不,我认为在那种情况下,我们可以告诉比尔。我们就说——

基辛格:哦,我们可以告诉比尔,但是——

尼克松:不,比尔,我觉得你可以说当你到那儿的时候,你见到了中国人。你没必要告诉他你见到了周恩来以及其他的事。不过,或者,我猜测你必须告诉他,难道不是吗?

169 基辛格:我认为比尔不会在意的,只要我们不泄露出去。

尼克松:嗯。

基辛格:我们现在已经证明限制战略武器会谈——

尼克松:是的。

基辛格:——我的名字在哪儿——

尼克松:但是你可以仅仅说当你到那儿的时候,叶海亚说周恩来想要见你一面,然后你去见了他。

基辛格:没错。

尼克松:在你离开后,我猜要做的事就是说,现在你将去巴基斯坦,我会说,尽管你在那儿,但是,叶海亚想让你跟中国大使谈谈。之后的事情发展超出——

基辛格:很对。

尼克松:——而我说不要——

基辛格:没错。

尼克松:——超过贸易的事情的风头,所以你可以继续照常进行。自然而然你就去了。对吗?

基辛格:如果我——

尼克松:你知道的,有太多该死的事了。这是问题所在。

"我从未见过如此大规模的灾难性的安全漏洞。"

1971年6月13日,中午12:18
理查德·尼克松和亚历山大·黑格
白宫电话

当亚历山大·黑格首次告知理查德·尼克松五角大楼的文件被泄露给了《纽约时报》,并且报社决定发表关于越南战争的高度机密的文件的时候,尼克松并没有充分认识到局势的严重性。五角大楼的文件遭到如此大规模的泄露是前所未有的。47卷研究报告,总计7000页的文件最终在2011年被全部解密,其内容主要涉及尼克松前任民主党总统们的行动,包括肯尼迪总统和约翰逊总统。

这次事件,本可成为赢得一场政治胜利的大好机会。然而,尼克松政府的司法部发起了一次强有力的但最终却并不成功的行动,旨在阻止政府机密和对战争考量的秘密记录被送到最高法院。这次事件直接导致白宫"管道工"[1]小组的组建,该小组的任务就是防止保密文件被泄露给新闻媒体,它在随后的"水门事件"中名声大噪。

……

尼克松:喂?
接线员:总统先生,是黑格将军。他准备好了。
尼克松:喂?
黑格:总统先生。
尼克松:嗨,艾尔。上周的死亡人数如何?你得到统计数据了吗?
黑格:还没,但是我认为应该会很低。

---

[1] 调查和防止政府人员泄密的人员。

尼克松：嗯。

黑格：应该跟上周一样或者更好一些。

尼克松：好的。我认为，应该会少于20个。是的。

黑格：应该是非常的——

尼克松：什么时候能拿到数据？你知道吗？

黑格：我们要到星期一下午才能拿到官方数据。

尼克松：嗯。

黑格：但是我们可以读一下。

尼克松：没错。星期一下午，官方的？那我们等着吧。好的。国际上还有其他有趣的事吗？

黑格：有，先生。非常重要。该死的《纽约时报》曝光了越南战争的高度机密文件。

尼克松：哦，妈的！我知道了。我没有看报道。你是说五角大楼的文件被泄密了？

黑格：先生，整个报道围绕着麦克纳马拉展开，并报道了克利福德替代麦克纳马拉后跟反战分子在那儿的事情。我从未见过如此大规模的灾难性的安全漏洞。

尼克松：针对这件事我们采取了什么行动？我的意思是，我没有——我们此前知道文件要被泄露的事吗？

黑格：不，我们不知道，先生。

尼克松：嗯。

黑格：我们有整个多卷报告的几个副本。

尼克松：嗯，不过，我想问问你：莱尔德怎么样了？他想如何处理这件事？——

黑格：我——

尼克松：现在，我会从高层开始，解雇一些人。我的意思是，无论哪个部门泄密，我都会解雇身居高位的这些家伙。

黑格：是的，先生。我确信是国防部泄的密，我也确信文件应该是在政府交接的时候被偷的。

尼克松：哦，那应该有两年时间了。

黑格：我确定是的。他们手里一直握着文件以待有利可图的时机。我认为他们可能利用文件影响过《哈特菲尔德－麦戈文修正案》，这只是我个人的猜测。不过这也是喜忧参半。对肯尼迪来说这是个严重的打击。文件表明，战争的种子早在1961年就种下了。

尼克松：是的。是的。是克利福德！是的，我明白了。

黑格：这对约翰逊总统来说是非常残酷的。最后，他们一定会在这件事情上大肆抨击民主党。

尼克松：他们会吗？

黑格：有一些——

尼克松：同时也大规模地反对战争？

黑格：反对战争。

"真正的问题是两大国之间的关系。"

> 1971年6月15日，下午2:39
> 理查德·尼克松、阿纳托利·多勃雷宁和亨利·基辛格
> 椭圆形办公室

苏联大使多勃雷宁以个人名义致信尼克松总统，罕见地希望同尼克松就未来两国之间的关系进行一次对话。会后，尼克松和基辛格对记录进行了比较。

……

多勃雷宁：显然，苏联正要求核大国开会讨论普遍性问题以及彻底的核裁军的问题。开会的地点可以设在便利的地方，议程也是开放性的。召开预备会议也是可接受的。苏联政府希望能得到您积极的回复。当然，美苏双边会谈将作为限制战略武器会谈的一部分，在这个会议外继续进行。这个倡议将于今日送往巴黎、伦敦、北京和华盛顿。

……

尼克松：我们还是现实点儿。这种事情的关键是这两个主要的核大国会如何做。这是高层领导能力的问题——我说的不是政府高层，而是这五大国的高层。

多勃雷宁：总统先生，您有什么想法吗？

尼克松：我们会严肃地考虑你的提议。我们两国政府能够取得最大进展的途径，就是你跟基辛格之间正在进行的对话。这完全是机密的，没有人会泄露消息。你的政府对你完全信任；基辛格跟我的关系也很特殊。除了装饰门面的五强对话之外，真正的问题是两大国之间的关系。

多勃雷宁：那我们应该怎么做？

尼克松：我们会做出一份正式的答复。之后，你可以跟亨利·基辛格谈一谈。

多勃雷宁：您认为美苏关系大体上如何？

尼克松：我们首先可以在限制战略武器会谈和柏林问题上取得突破，之后我们两国在战后的整体关系会建立在一个新的基础之上。的确，战后的整体关系确实会有一个新的基础。媒体在上个星期谈论了柏林问题的失败。你对此更了解。是应该签署一些协议的时候了。如果我们能签署一个，一定会产生很大的影响。

多勃雷宁：还需要就其他地区的问题进行讨论吗？

基辛格：总统先生，他想把您引到中东问题上。

多勃雷宁：（大笑）

尼克松：至于中东，当然，恐怕要美苏两国共同治理了。当然，美苏的利益是不同的。我们都有无法控制的选民，这使得形势具有潜在的危险性。中东当然在我们的思考范围内，从某一点上来说，我们之间开展对话是非常有可能的。

"有事情要发生。"

> 1971 年 6 月 15 日，下午 3∶19
> 理查德·尼克松和亨利·基辛格
> 椭圆形办公室

苏联和中国谁会首先同意举办峰会？无论是哪种结果，美国都要跟另一个国家耍花招。

……

基辛格：有事情要发生。
尼克松：不过，亨利，如果他们不同意举行峰会的话，你会耐心地等着看他们的嘴脸吗？
基辛格：您宣布（中国峰会）？（大笑）总统先生，无论我们做什么——他们做什么，我们都是如此的，就这一次，我们走在了他们的前面。

"事情发展得很好，很好。"

> 1971 年 6 月 16 日，上午 10∶39
> 理查德·尼克松、埃尔斯沃斯·邦克（Ellsworth Bunker）和亨利·基辛格
> 椭圆形办公室

1967 年，林登·约翰逊任命埃尔斯沃斯·邦克为美国驻南越大使，这个

职位实际上相当于总统战争问题的私人特使。从 6 月 16 日在椭圆形办公室的谈话可以看出，邦克对战争的看法同总统尼克松一样；或者是他认为说尼克松想要听到的观点是自己工作的一部分。邦克对战争相当乐观的看法，与这个国家许多人所持的观点格格不入。

……

尼克松：我们的目标很清楚：现在我们的目标是，正如我们谈到——在这条长路的尽头取得成功。我们会成功的。你同意吗？

邦克：没错。

尼克松：现在，我们可以。

邦克：当然。

尼克松：我们可以，但是，从另一方面讲，我们没必要给我们的敌人——我不是指我们在北越的敌人，而是在这个国家的敌人——我们不能给他们武器来杀我们自己。现在——

邦克：是的。

尼克松：——我认为，例如，我跟阮文绍的任何会议，此时此刻——所以我试着——

邦克：是的。

尼克松：——在 6 月 8 号解决，即早点儿——

邦克：没错。

尼克松：——不过我们已经解决了这件事。但是，任何会议，在此时，都会——一定会被炒作成我们公然试图单方面巩固他的政治地位——

邦克：我同意。我同意。

尼克松：这么做的话，在这儿会伤害到他。

邦克：没错。

尼克松：在那里这也会伤害到他。

邦克：在那里这也会伤害到他。

尼克松：现在，我认为他必须非常——他必须被告知，为了取代那个，他会得到我们的——他已经有了那么多的支持，老天知道，没有人能像我们一样给他那么多的支持。

邦克：当然没有。

尼克松：其次，亨利会宣布此事并且留意观察舆论的反应。现在——

邦克：嗯。

尼克松：——你能把这件事告诉他吗？

邦克：我觉得可以。好的，先生。我会告诉他的。他——我认为，我认为他会——

尼克松：你可以告诉他你已经——

邦克：他说 [******]——

尼克松：——注意观察美国的公共舆论——

邦克：好的。

尼克松：——你已经观察了参议院。

邦克：是的。

尼克松：现在，最好的事情就是能让它在参议院快速通过。

邦克：我认为——

基辛格：因为这件事已经成为头条新闻了。

邦克：您知道的，我认为，为了那里的选举利益，如果真的发生了这回事，杨文明可能会以此为借口退出竞选，您知道吧？正如我跟阮文绍说的那样："你不能一个人参加竞选。（轻声笑）你不能一个人竞选。你必须有一些竞争者，类似杨文明这样的人。"我害怕他最后会退出竞选。

尼克松：阮高祺现在正跟杨文明一起竞选吗，还是没有？

邦克：没有。阮高祺现在自己单独竞选。

尼克松：是的。

邦克：并且，我——

尼克松：因此，阮高祺确定参选了吗？阮高祺会得到足够的代表的支持来参选吗？

邦克：哦，我认为他会得到地方的（支持）——我认为他和杨文明已经达成了协议，杨文明负责做议会的工作，阮高祺负责做顾问们的工作。杨文明将会得到——

基辛格：哦，哦，因此他们不会从彼此身上分走——

邦克：他们不会从彼此身上分走什么。我有一份——

尼克松：——

邦克：我有一份有趣的文件想要给您和基辛格看一看。

174

......

尼克松：先把它保存起来——

邦克：好的。

尼克松：——我们期待最好的结果。

邦克：会的。

尼克松：好吧，现在，他保持领先。一定建议他先不要公布出来。

邦克：一定的。

尼克松：况且，我不知道还有什么可以让他保持领先。回到我们昨天讨论的吸毒这件事上来，正如你能看到的，这是——这是非常具有影响力的问题（指的是一份有关在越美国军人日渐严重的吸食海洛因问题的国会报告）。

邦克：哦，准确地——

尼克松：是——扬——米尔特·扬（Milt Young），他在越南问题上绝不会投票反对我们，他会在《哈特菲尔德－麦戈文修正》上投票反对我们，仅仅因为吸毒问题。仅仅因为吸毒问题。

邦克：是的。

尼克松：他回到了南（北）达科他州的俾斯麦（Bismarck），发现那儿的人在边和（Bien Hoa）机场或者新山一（Tan Son Nhut）或者其他什么鬼地方，花两美元就可以注射一针，所以他会投票反对 [******]。并且，当然，还有人说，牵涉了总理的兄弟；他们不知道总理的兄弟不是阮文绍，而是其他人。他们认为"这就是阮文绍"，之后——诸如此类的事。这使得似乎任何事都是错误的。到底是怎么回事？我们所有人都知道。土耳其人也有同样的问题：他们的亲戚都从事商业活动——剩下的。但是——但是我不能太过于强调——

邦克：嗯？

尼克松：——那个——我不知道。或许就是我们自己的人去了使吸毒的地方数量激增了。我不知道为什么，但是我们必须——这损害了我们。这件事必须得到解决，或者我们必须亲自进行大规模的调查。

邦克：是的。你知道那回事，我会——

尼克松：没错。我知道你跟他谈过。在你的简报中，你把这个交给他了。

并且我不想太多讨论这个问题。你已经强烈地意识到了这个问题。

邦克：哦，当然。

尼克松：把它定为首要议程——

邦克：好的。

尼克松：——不要，不要——

邦克：阮文绍也意识到了。他 [******]——

尼克松：不要给媒体机会 [******]。（大笑）

邦克：没错。没错。这是个大问题。您看，正如我在周一说的那样，他们不是吸食者。我的意思是——

尼克松：不是的。

邦克：——我们把它带到那儿，并且提供市场。而现在，他们却担心毒品会流入他们自己的军队 [******]，担心当我们撤出的时候，如果毒品扩散到他们自己的军队，当我们撤离的时候，他们就会真的遇到麻烦了。所以，让我们等着看吧。今早，报道提到他会安排上校进来。他告诉我，他为南越的海关安排了一位新局长，这是大的改组。所以，我们会——对此进行督促，继续施压。

尼克松：好吧——考虑其他的一些问题，目前你是如何看的？有没有什么事情是你想要——

邦克：嗯——

尼克松：——对阮文绍强调的？

邦克：阮文绍总统要求我向您转达他的问候，我也已经报告了他所说的话，现在他只关心三件事情，他已经向我提出了一件，就是要求我们立即向他们提供经济援助，长期的经济援助。

尼克松：好的，这件事我们答应他。还有，当基辛格到那儿的时候，会再次向他保证。

邦克：好的。现在，第二件事——

尼克松：为什么你不在基辛格的——基础上提出，那是关键之一，就是基辛格准备——

邦克：是的。好的——

尼克松：——就这个问题同他进行实质性的讨论。

邦克：没错，并且 [******]——

尼克松：谈——他的谈话有我的全权授权。

邦克：很好。总统先生，第二件事是越南共和国军改进及现代化方案的事。他们要求获得一些先进武器。结果，阮文绍表示，他们在"蓝山行动"中知道，敌人有这些：他们有远程大炮，他们有更大型的坦克，并且他们——这些是他们想要的东西。我认为，或许他们也想要更多的直升机。——

尼克松：嗯。

邦克：——艾布拉姆斯和我一周前跟他谈话，并跟他研究了这些事情。艾布拉姆斯告诉他，他说："就算你有了大型的坦克也不会有什么大的区别，因为这是指挥的问题 [******] 而不是装备的问题。结果还是一样的。"这是真的。但是，正如我说的——

尼克松：嗯。

邦克：——他们必须解决指挥问题，但是当——如果他们确实解决了，他们仍能得到——

尼克松：如果他们得到坦克会怎样？

邦克：——更小型的坦克。（大笑）

尼克松：听着，没有什么理由拒绝这件事，并且亨利对此也会很积极。顺便说一下，我并不在乎那儿发生了什么。别管它。这件事就是挑选很多物资并把它们拉回去，这并没有什么关系，只是记账罢了。我并不知道他们把它拉到了亚利桑那州，并任它在那儿腐烂、锈蚀。把它留在越南。让他们卖掉它，把它放到黑市，他们想怎么做都行。如果有帮助的话，就把它留在越南。

邦克：那么，总统先生，第三件事是确保继续获得空中支援。您看，在这个基础上——阮文绍觉得，我认为，我们认为，他也是对的——今年多亏了"蓝山行动"和我们更好的空中支援。当秋天旱季到来的时候，也就是在11月，他们会开始努力加强补给——

尼克松：嗯。

邦克：——在3月到5月这段时间加强一下——

尼克松：嗯。

邦克：——在8月到9月这段时间再来一次。

尼克松：没错。

邦克：大约在我们选举的时候。明年在这里举行选举之前，任何事情都不能出差错。

尼克松：是的。

邦克：因此，他们非常需要空中支援，因为他们没办法。我们给他们的飞机是真的不利于开展火力封锁。他们有的只是轻型喷气式飞机，不能携带炸弹。他们抱怨的事情之一就是飞机不能携带足够多的炸弹；他们必须一遍遍地回来重新装上炸弹，这样就失去了很多时间。但是我们飞机的火力封锁今年得到了很大的改善。去年——

尼克松：嗯。

邦克：——处理能力大概是输入量的37%。到今年为止，因为"蓝山行动"和火力封锁，大约是15.7%。已经有了非常大的改善，这有很大的区别。明年这也会是很重要的因素。所以艾布拉姆斯跟我都认为阮文绍提出这个要求是非常正确的；因为他确实需要空中支援。当莱尔德部长[******]他告诉我们减少空军预算的提议，明年大概是两亿美元，后年大概是5亿美元。不过，这对我们有什么影响？我不知道，但我确实认为这是一件重要的事情。

尼克松：嗯。嗯。

邦克：我认为这就是那三件事。这些是——他说这些是他担心的三件关键的事——

尼克松：嗯，现在，关于空中支援的事，今年确定没有什么问题。

邦克：没有。

尼克松：我的意思是[******]在10月——在11月和12月，等等，我的意思是，丢掉那儿的每一件事。我们真正要推动的问题，经费问题，我猜，应该是到明年的8、9月我们剩下来的问题。还有，不知道形势如何。

邦克：嗯，他说似乎是优先顺序的问题。我的意思是，他们从其他事转移到这件事上来。

尼克松：嗯。亨利，你对此怎么看？

基辛格：我的——

尼克松：你的——

基辛格：我的看法是，首先，我们应该迫使国防部安排出明年全年的空中支援计划，因为如果我们不这样做，他们就会从那儿撤走了。

尼克松：嗯。

基辛格：即使我们现在用不着这种计划。

尼克松：嗯。

基辛格：其次，只要我们能保持轰炸封锁，他们就很难发动大规模的进攻。如果我们开始——我认为在明年的9月之后，或者事实上更早一些，他们会在春季为8月到9月的补给做准备。

邦克：是的。

基辛格：因此我们整个春天都要在老挝南部持续进行轰炸封锁——

尼克松：嗯。

基辛格：——北部更少——

尼克松：它 [******]。

基辛格：因为天气的原因。

邦克：是的。并且我认为 [******]。我认为在明年选举之前的每件事都不能出错。

尼克松：没错。亨利是对的。至于空中支援，真正重要的是，他们9月，或者8、9月的进攻，将是——你必须在春天的时候打败他们 [******]。

邦克：是的，没错。好的。

尼克松：我们会那样做的。我们可以做出承诺。

邦克：并且他们——

尼克松：他们必须这样做。

邦克：没错。火力封锁是——是今年一件难办的事儿。他们已经得到一些改良过的装备，新的C-130炮艇机——

尼克松：是的。

邦克：——现在就做得很好——

尼克松：你的意思是他们做得更好了吗？

邦克：哦，是的。总统先生，这是主要的。我认为现在的经济形势比我预想的还要好，您知道，还有这些——

尼克松：嗯。

邦克：——我们推动的改革。现在，自从12月末以来，物价仅上涨了2.8%。

尼克松：嗯。

邦克：在过去12个月里，只有8.2%，跟我们曾经以为的30%比起来已经很好了。所以，已经做得很好了。他们的经济部长现在在这儿——

尼克松：是的。

邦克：——他是第一流的，是他们内阁中最杰出的——

尼克松：嗯。

邦克：——并且阮文绍给予了极大的支持。但是，这些才是最主要的事情。正如您知道的，阮文绍建议——他说热烈欢迎观察组的到来——

尼克松：嗯？

邦克：——我认为——

尼克松：之后[******]，开始进攻。

基辛格：但是我们有一个观察组。我们有一个——

尼克松：[******] 开始进攻 [******]。

基辛格：哦，没错，我们正在组织一个。

邦克：你们正在组织吗？

基辛格：是的。

尼克松：双方？民主党和共和党？

基辛格：[******]

邦克：很快。

尼克松：我们必须那样做，以便——因为你知道，一些人要求成立一个专门委员会。我们——好吧，组织一个，但是要组织一个有代表性的。让他们出去看看。

邦克：事实上，阿德莱·史蒂文森（Adlai Stevenson）今天下午要来见我。

尼克松：他想提出一个解决方案——

邦克：是的。

尼克松：——在那个方面。

基辛格：当然，他确实想要的是，意味着他确实——

邦克：他想要——他想要监控我。

尼克松：没错。

邦克：是的。

尼克松：确实如此。

邦克：[******]

尼克松：他是想看看美国人在这件事上起不起作用。你就说我们不承担任何角色就行了。

邦克：这正是我要给他的——这正是要向代表团表明的。

尼克松：为什么，当然。我们不能让代表团知道这点，这很敏感 [******]。之后，他会回顾历史，他在这儿的情况很不利。

邦克：没错。

尼克松：就说："非常欢迎你来到这儿；我们没什么好隐瞒的。"

邦克：确实。

尼克松：但是，让他们——邀请他以个人名义来这儿。但是把他加入那个委员会里，亨利。[******] 把他加进来。换句话说——这个委员会都有谁？他们正试着——有名字吗？

基辛格：我有，但是我手头没有名单。

尼克松：但是马基高（Clark MacGregor）有名单，不是吗？

基辛格：是的。

尼克松：要明白：这不应该是一份内部协议。应该是一份——

基辛格：不，不。这是两党协议。

尼克松：一个两党联合小组。出去看看选举。我们尽快解决。我想尽快发出关于这个问题的公告。

邦克：上次我们有两个非常——这方面有三位非常好的专家。我们有迪克·斯开蒙（Dick Scammon，政治科学家和选举分析家，他是南越1967年总统选举的官方观察员）。

基辛格：非常好。

邦克：并且我们有来自罗格斯大学的赫兹伯格（Donald G.Herzberg）教授，还有来自乔治城大学的彭尼曼（Howard R.Penniman）。他们都是——他们都是非常厉害的人物（南越1967年总统选举的美国观察员）。

尼克松：嗯，很好。把他们放在——

邦克：斯开蒙帮助我回答了简报的问题。

尼克松：斯开蒙？

邦克：嗯？

尼克松：算上他。

邦克：好的。

尼克松：但是，当然，斯开蒙是资深的民主党人，这也有助于——

邦克：没错。

尼克松：——如果在这件事情上亨利算上他的话。看，那些选举就比大多数美国城市的绝大多数选举都更公平了。现在，我们来面对它吧。

邦克：好的。

[******]

基辛格：也比东南亚的任何选举要公平。

尼克松：好吧，没有——在东南亚根本就没有什么公平的选举，在拉美也没有公平的选举。你知道的。

巴克尔：没错。

尼克松：或许在墨西哥也没有。

巴克尔：不过，斯开蒙——

[******]

尼克松：嗯，他们不会——我们的民主党批评家们不会质疑斯开蒙，因为他是他们政治上的"圣经"。

基辛格：没错。

尼克松：我们得采取攻势。我们要马上撤出。那——那史蒂文森的事就完蛋了。我们应该见见史蒂文森，并且——但是要指出我们非常欢迎他。我会让他安心。就说："没什么要隐瞒的。"

巴克尔：是的。是的。是的。没错。

尼克松：有趣的是——显然，从我听说的来看，大多数去越南的人都回来了 [******]。迪克·沃森（Richard Watson，昵称"Dick"）就是一个恰当的例子。他说："你知道的，我去那儿的时候，还很怀疑。"他对我说："我已经——无论如何，我回来的时候，已经完全相信。"

巴克尔：哦，是的。他在那儿快崩溃了。他是——

尼克松：没错。但是，关键是他在法国人面前已经暴露了。

巴克尔：是的。

尼克松：他去到那儿，看到了究竟发生了什么事。他说："我回来后，说他们都错了。"此时，我们真正的成就就是，没有人能料想到事情能够进行得这样顺利。这么说吧——没错，你可以随心所欲地谈论对"蓝山行动"的想法，但是，该如何把死亡人数控制在平均 20 人？除非我们开展了"蓝山行动"，对吗？

180

巴克尔：不错。

尼克松：上个星期是 19 人，这个星期是 23 人，对吗？

基辛格：这个星期是 25 人。

尼克松：本来会是 75 人，我的意思是——

巴克尔：哦，绝对的。我——你知道的，"蓝山行动"，抛开媒体的报道，是一次很好的行动，并且一些越南部队打得很漂亮：第一师，海军陆战队，空降兵。他们都干得漂亮。

基辛格：确实如此，令我很讨厌的越南部队并不是在"蓝山行动"的那一些。我认为他们很会打仗。那些是在柬埔寨作战的。

巴克尔：嗯，有一个师——

尼克松：我认为那是杜高智的。

基辛格：是的。在斯努（Snuol）作战的那个师。

巴克尔：嗯，那是第五师。现在——并且这个——艾布拉姆斯和我花了一年时间想要替换那名指挥官，并且阮文绍一再同意。最后，在斯努作战之前的 6 个星期，亚伯（Abe）离开了——他到泰国度假一个星期，而迈克尔·戴维森（Michael Davison）递交了一份备忘录 [******]，并且说他们必须把这个家伙踢出去。我找到阮文绍，说："就是这样。我们已经讨论了 9 个、10 个月了。你必须这样做。"他说："是的，我一定要优先处理这件事，选择一个适当的人。"结果，斯努一战把这件事儿了结了。现在，他任命了一位——他说是 21 师最好的团级指挥官，在三角洲地区，这个师是杨文明的老部队，在他成为 [******] 之前。但是杨文明是个好人。他是——他总是对的。

尼克松：你的——当然，当你回到那个国家的时候——你一定会失望的，当你看到——

巴克尔：哦，一定会的。

尼克松：但是，到战场的时候，你感觉如何？

巴克尔：哦，离开那儿，我感觉挺好。我的意思是，离开那儿的时候，除了吸毒的事之外，我认为事情进展得都很顺利。但是，我觉得随着战争越南化的继续，事情正在向越来越好的方向发展。现在，形势非常稳定，并且我认为事情持续进展。我认为，战斗将会非常激烈——

尼克松：确实。

巴克尔：——并且——但是，我认为，这非常好。我认为 [******] 如果阮高祺和杨文明的确参加竞选的话，因为我认为阮文绍会赢，并且我认为他们有机会进行一场更大规模、更开放的竞争。

尼克松：嗯。嗯。

巴克尔：当然，人们对任命条款还是有批评的，但是这么做的原因是为了完全的公平，因为我们上次有 11 名候选人。

"确保回来的这些人，像克里还有其他人，不要代表所有人讲话。"

> 1971 年 6 月 16 日，下午 4 : 30
> 理查德·尼克松、约翰·奥尼尔（John O'Neill）、梅尔维尔·斯蒂芬斯（Melville Stephens）、查尔斯·科尔森（Charles Colson）和亨利·基辛格
> 椭圆形办公室

毫无意外，理查德·尼克松终于向约翰·奥尼尔以及他的"拥护正义和平的越战老兵"组织做出的努力表达了感谢。在 6 月 30 日的时候，奥尼尔和约翰·克里在 ABC 电视台播出的"迪克·卡维特秀"（Dick Cavett Show）上进行了辩论。尼克松想要以个人名义鼓励奥尼尔斗争到底，尽管当时媒体对他这种做法的报道对他并不有利。

……

尼克松：现在有一些家伙愿意站起来，像你一样大胆发言，这确实让人振奋，尤其根据这样的一个事实，就是你去看民意调查，他们说，如果你问一个人："你支持在 1971 年的时候让全部美国人都撤出越南吗？"我很惊讶他们的回答并不是百分之百的支持！我很清楚。

......

尼克松：所以，所有的事再加上这件事，更说明了绝大多数美国人民已经厌倦了战争，现在大多数人认为继续战争是个错误，大多数美国人想要尽可能迅速地撤军，并且许多人主张要不计后果地马上撤军。所以，民意就是如此。还有，媒体塑造的其他观点是意识形态上的：大多数在海外服役的美国军人都是粗鲁的、野蛮的。其次，在海外工作的其他许多人也都是瘾君子。第三，无论怎样，大多数人都认为约翰逊撒谎了，在他之前的肯尼迪也撒谎了，因此人们会顺理成章地认为，既然我们对卷入战争的事撒谎了，那么现在我们说撤军也可能是在撒谎。

......

尼克松：说了这么多，我知道真正发生了什么，当你们这些家伙走到观众面前的时候，如果你在例如现场直播的时候继续辩论的话，正如在"卡维特秀"上那样，等等。毫无疑问，首先，制片人会跟你作对。其次，你给人们留下了全国人民在反对你的印象。这样的话，就太令人失望、沮丧了。所以，你为什么要这样做呢？我给你的答案就是。答案就是，这并不是一定的，除非你从长远考虑。答案就是，你站在了正确的一边。

奥尼尔：是的，总统先生。

尼克松：对人民这么说是很难的，就是说："你相信我们做了正确的事吗？你相信我们会非常体面地撤出吗？"否则的话，那不仅对一千七百万南越人民而言是灾难，而且对美国在太平洋地区以及全球的政策来说也是灾难。答案就是，美国在越南留下的记录充斥着英雄主义和自我牺牲精神，等等。在任何情况下，当美国人回顾他们历史上的这段困难时期时，他们一定会非常自豪地去回顾的。这需要一些时间，需要一些时间。这也需要一些运气。南越在我们离开后必须活下来，等等。

但是你们知道，我昨天刚刚给一些人授予了国会荣誉勋章。[******]。你们知道的，他们中的大多数人 [******] 军官，[******] 士兵，大多数人来自中产阶级、工人家庭，他们来自美国各地。他们没有受过好的教育以及其他的培训。但是，他们是伟大的人。

奥尼尔：是的，先生。

尼克松：我真的觉得，这种事情，换句话说，你们现在正在做的事，你们会 [******]。当你们继续参加一些像"卡维特秀"这样的电视节目的时候，你们一定会被批判，然后你们就会觉得非常泄气，觉得整个国家都在反对你们。但是，我认为你们必须记住，我们必须记住，现在我会为你们还在越南（服役的同伴）服务，一旦你们离开，你们肩上就有了重担，你们必须回来并确保回来的这些人，像克里还有其他人，不要代表所有人讲话。

"7月15号，总统先生。这是盘大棋。"

> 1971年6月29日，下午4:21
> 理查德·尼克松和亨利·基辛格
> 椭圆形办公室

时间飞逝，基辛格开始了秘密访华，而苏联方面还没有回复。苏联在当时是否意识到，如果他们在基辛格出发之前回复的话，他们可能就会抢在中国之前同美国举行峰会。但是，由于基辛格在出发之前还没有收到苏联的回复，尼克松和基辛格必须把中国的事情向前推进一步。

……

尼克松：这盘棋——我的意思是，我们正在下的这盘棋——我一点都不担心，如果我们——如果你只是正常出访的话，我一点都不担心。但是，天哪，关于这件事，我太想下这盘大棋了。
基辛格：7月15号，总统先生。这是盘大棋。
尼克松：是的。如果我们能跟新中国做成什么事情的话。
基辛格：是的。
尼克松：我现在的想法仍然是，如果我们没有从多勃雷宁那儿收到回复——你会告诉他我们最晚必须在什么时候收到回复吗？

基辛格：我的想法是，我们必须在7月4号之前解决。

尼克松：并且他得告诉黑格。

基辛格：是的。你什么时候离开这儿去西海岸。

尼克松：6号。我会到那儿。

基辛格：我会把最后时间定在7月5号晚上。

尼克松：好的。

基辛格：那样的话，黑格就可以告诉我。

尼克松：所以我才把他留在这儿。我可以说我们必须在7月5号晚上左右收到答复吗？很好。这很公平。

基辛格：并且——

尼克松：之后，与此同时，如果他没有什么行动的话，我们就行动。

基辛格：那么我们今年就去。总统先生，大体上，我必须——我直接的判断就是立刻宣布举行峰会对亚洲的影响，就影响而言，我们付出的代价不会小。如果我们能够做成这件事的话，它会对您有所帮助，在1972年选举的时候，它会最大程度地给您帮助，如果我们——大家看到您行动稳健而果断。我们在那么长时间里一直在谈论和苏联的峰会，以至于我们忘了这件事有多么重要，就算是我们不得不派一位特使去北京。但是，如果我们没能和苏联举行峰会的话，我们可能——

尼克松：亨利，我们或许必须去。

基辛格：如果您觉得您需要，那就没有什么会比这件事更重要的了——

尼克松：我明白。我知道，对亚洲的影响不太好——我不想把这件事弄复杂——但是我们必须有所行动来表明我尼克松还是主角。

基辛格：我同意，总统先生。

尼克松：就这样吧。

基辛格：并且我正在——

尼克松：我知道影响会很大。

基辛格：最理想的就是：如果能举办美苏峰会，如果我们可以把中国的事情拖到4月——

尼克松：嗯。

基辛格：——在那之前布鲁斯会到那儿访问——布鲁斯会低调处理这件事，确保他不会抢走风头。

尼克松：不过，在这期间，你会看到其他人会抢咱们的风头。他们不会等太长时间。

基辛格：但是他们——

尼克松：我的意思是，我在想我们必须想的事，什么是可能的。

基辛格：是的。但是，您也看到了，我想如果我们宣布我们将同——进行高级别对话的话。

尼克松：我应该是第一个人；我应该是在你这次出访后第一个去访问的人。其他的情况——除非是布鲁斯。对吗？

基辛格：嗯，您会成为第一位开启中国大门的人。

尼克松：是的，我知道——

基辛格：您会是第一个——

尼克松：——但这不是一回事，不是一回事。这是第一次有一位美国的政治家去那里，就是这样。其他的人只能是跟风。

"他们不能以这种方式对待美国总统。"

> 1971年6月29日，下午6：30
> 理查德·尼克松、亨利·基辛格和亚历山大·黑格
> 椭圆形办公室

两小时之后，一天的工作即将结束，尼克松对苏联的犹豫不决更为厌烦。他想象着当宣布举办中美峰会的时候莫斯科的反应，聊以自慰。

……

尼克松：我们应该——你认为我们应该，我们真的应该去参加这次峰会？

基辛格：总统先生，我觉得，就凭他们粗鲁、廉价、下三流的方式，他们真的是一群卑鄙的狗杂种。我的意思是，如果您看看——

尼克松：坏透了。

基辛格：——中国人跟我们打交道的方式，他们做事的方式。他们不能以这种方式对待美国总统。葛罗米柯坐在这儿，邀请您去莫斯科，现在他们一直在吊胃口，耍计谋，来回摇摆。基本上当我们让他们最害怕的时候，他们也就会变得立场坚定。

尼克松：嗯。这是真的。[******] 是事实。

基辛格：绝对是。

尼克松：天哪，如果他们知道要发生什么事，他们会在这儿渴望着敲定峰会的事，不是吗？嗯？

基辛格：没错。

"一千四百万对七亿五千万。"

> 1971年6月30日，中午12：18
> 理查德·尼克松和马康卫
> 椭圆形办公室

到了6月底的时候，尼克松准备讨论实行"两个中国"政策的事，至少是与政府里特定的几个人。其中一人是马康卫（Walter McConaughy），美国驻台湾地区的代表。尼克松跟他讨论了人们对美国支持中国大陆加入联合国的反应。

……

马康卫：总统先生，您是要我继续告诉他们，我们并没打算缓解与中国共产党的紧张关系吗？——

尼克松：我们的意图——

马康卫：获得一些相关背景。我的意思是，我们并不打算损害台湾的重大利益。12个月前，你曾经让我这样说。

尼克松：我认为那是相当合理的。就说我们，我们的——至于台湾，我们已经——我们知道我们的朋友是谁。我们会继续维持我们与他们亲密、友好的关系。至于他们的"重大利益",你说的"重大利益"是什么,你的意思是什么,我们要把他们交给中共吗?

马康卫:嗯——

尼克松:他们担心的是这个吗?

马康卫:我认为他们,他们会发现——当然他们知道我们不会这样做。我相信如果我们全力支持他们在联合国的席位,他们会这样想的——在国际上全力支持他们。

尼克松:我们会——我们在联合国当然会这样做。我们不会支持任何推翻他们的提议。

马康卫:是的。确实是。

尼克松:现在,我们是否可以按照他们想要的那样做,就是支持他们留在安理会中的提议,那真的——我认为我们能支持他们,但是那不一定会起作用。

马康卫:是的。

尼克松:我的意思是,如果他们当选的话——如果他们应该——当他们——所以"两个中国"的政策确实很荒谬,即使我们最后必须提出这个政策。但是,我们的立场基本上是我们支持台湾,尤其是在联合国的事上。我们也会继续支持他们。我们不会支持任何决议——我们的中国政策不会支持任何要把台湾踢出联合国的提议。

马康卫:是的。

尼克松:在这点上我们会非常强硬而坚定,这是一点。现在当你涉足其他问题的时候,毕竟我们有条约义务。我们不想违背条约的规定。我们也会在经济上跟他们合作。

马康卫:并且他们——

尼克松:但是我们必须记住,他们必须准备好接受这个事实,我们同中国大陆的关系会逐步正常化。因为我们的利益要求我们这样做。不是因为我们喜欢他们,而是因为他们是一个事实。

马康卫:是的。确实这样。

尼克松:并且,因为国际局势已经发生了重大改变。这不只是台湾的损失。

马康卫:的确。

尼克松:并且,之所以这样做,正像我说的那样,是基于对其他问题的考虑。

马康卫：是的。是的。

尼克松：这是个很难办的事情。

马康卫：是的，这是一个——

尼克松：我知道这非常困难。

马康卫：是的。确实很难。

尼克松：他们会非黑即白地看待这件事的。并且他们——我们的私人友谊可以追溯到许多年前。

马康卫：确实如此。

尼克松：他们给我女儿的婚礼 [******] 送来了最漂亮的礼物，还有其他类似的事。我们只是——这就是我们处理这件事的方式。我的个人考虑是——我们要这样说，我们不会像肯尼迪政府对待吴庭艳那样对待他们。因为他们可能会这样想。不管是现实中还是理论上，我们都不会对我们的朋友那样做的。

马康卫：是的，确实。

尼克松：你还记得吗？

马康卫：是的。当然，他们——

尼克松：不幸的是，肯尼迪政府的手上沾满了吴庭艳的鲜血。那简直太糟糕了。

马康卫：是的。蒋介石一再说，您作为总统，还有您的政府，跟之前的任何一位美国总统和政府比起来，要更了解中国问题，更同情他的"政府"，并且更理解它的理想和志向以及在世界上的角色。他对此坚信不疑。

尼克松：没错。没错。所以说，这引起了我极大的兴趣，我们必须朝另一个方向行动。当我说我们必须行动的时候，我们就必须行动，因为否则我们就会——损害我们在其他方面的利益。

马康卫：是的。没错。

尼克松：例如，假设我们要求在越南合作。假设我们可以影响其他的关系——看，关于这点有许多不同的猜测——所有的这些事都在那儿。

马康卫：嗯。联合国问题的关键就是安理会的席位。

尼克松：这当然了。

马康卫：我相信，如果没有提出把安理会的席位给中国共产党的话，我们就可以稳住他们。如果有的话——现在看起来，他们会退出。

尼克松：是的。

马康卫：那就意味着，他们正在放弃这件事。他们一直确信，就算不是联合国成员，他们也可以有所成就。

尼克松：哦，是的。实话跟你说——

马康卫：而那会——

尼克松：实话跟你说，如果我身处他们的位置的话，联合国，正像我说的，如果联合国那样做的话，我会跟联合国说，去你妈的。它到底算什么呢？一个争论不断的地方。它都干了什么好事儿？

马康卫：是啊。

尼克松：很少。[******] 他们讨论劫机、毒品、现代社会的挑战，而其他人根本不把联合国放在眼里。这就是他们所做的。

马康卫：是的。

尼克松：不，我对联合国的看法，我必须说，尽管在公开场合我不得不做些表面文章，赞美联合国，但它的确有这个问题。

马康卫：是的。

尼克松：每一个见多识广的人都知道。

马康卫：嗯。

尼克松：我的意思是，把什么事都提交给联合国并不能服务于我们的利益。正如你知道的，我们的任何核心利益都没有提交到联合国过，并且只要我在任，就绝不会那么做。

马康卫：是的。

尼克松：至于他们，我认为他们不会泄露一丁点儿在联合国发生的事。我认为这不会损害他们的利益，但是得由他们来决定。

马康卫：我想，他们可能认为这在心理上有一定的重要性。他们不想被孤立——

尼克松：他们不想被孤立。他们不想被排除在国际社会之外。

马康卫：为国际社会所遗弃。并且，他们——他们担心，其他国家可能会利用他们被联合国驱逐作为对他们采取歧视行动的借口，甚至是在贸易领域。而且可能还会有一些危险。比如，欧洲经济共同体更愿意把台湾（地区）从"优惠对象"名单中划出去，"优惠对象"就是一些欠发达国家（和地区）在进口税方面可以享受优惠待遇。并且他们担心如果他们不是联合国的成员的话,欧洲经济共同体会用其他的国家替代他们。他们可能会说:"好吧,他们算什么?他们甚至在联合国都没有一席之地。那么为什么他们可以享受某种优惠待遇呢?"

尼克松:嗯。哦,我明白。

马康卫:这类事情。他们只是担心,他们维持出口的努力可能会受到影响。

尼克松:不会的,我——

马康卫:当然,他们为了生计必须维持出口。

尼克松:哦,是的。

马康卫:正如您知道的,他们已经非常成功了,而且显著的增长率仍在继续。他们的对外——去年他们全年的对外贸易总量比整个英格兰和中国大陆还要多。

尼克松:是的。没错。

马康卫:超过了30亿美元,比中共的整个进出口总量还要多一点。

尼克松:真了不起。

马康卫:一千四百万(台湾人口)对七亿五千万(大陆人口)——他们的对外贸易总量反而略胜一筹。

尼克松:我们停下来想一想,如果某个有能力建立起良好政治秩序的人控制了大陆,那会发生什么。老天爷啊。

马康卫:是啊。

尼克松:在世界上没有力量甚至可以——我的意思是,让八亿中国人在一个良好的秩序下工作——

马康卫:是的。

尼克松:——他们会成为世界的领导者。印度人——换作两千亿(two hundred billion,疑为two hundred million之误——编者)印度人去工作,他们也会一事无成。

马康卫:是的。

尼克松:你知道,基本上他们是不同的民族。

马康卫:没错。是的。

尼克松:但是中国人,他们遍布亚洲各地。我知道的。他们的付出都有回报。

马康卫:是的,采用选举制度。有一件事——

尼克松:[******]

马康卫：总统先生，我刚从纽约回来，参加了为国际理解商人理事会（Businessmen's Council for International Understanding）举办的商务会议。我向他们担保，我们有意继续在那里加大投资。您知道——

尼克松：绝对是。

马康卫：——非常可靠的美国投资。我已经鼓励他们继续。我已经把我所知道的告诉了他们，我说如果他们可以做出独立的商业判断的话，可以看出目前良好的政治气氛会保持下去，这种判断他们自己必须做出。这是良性的商业风险。就我们所知的，目前的政治氛围非常有利于他们继续投资。我们预料那里不会发生任何变动。我们预计良好的政治氛围仍会继续。我们会继续保证我们对那儿的出口，这跟进出口银行计划在那儿做的一些事是一致的——出色的工作。还有，国际开发署对投资申请的担保——和其他国家的一样。所以，我鼓励他们继续保持投资兴趣。

尼克松：他们应该会的。

马康卫：他们的回答非常积极。

尼克松：我考虑了[******]一个稳定的国家，除了那个之外，我绝不会批评任何路线。

马康卫：是的。

尼克松：但是，那是一个非常微妙的路线。

马康卫：确实是。

尼克松：你必须——你知道的，我们将依靠你，在困难的环境下有效地阻止他们终止投资。当然，他们不会为我们做任何事。不会那么多。但关键是，如果伤害到我们的朋友的话，我们会感到很不舒服。

马康卫：是的。

尼克松：一点儿都不舒服。

马康卫：没错。

尼克松：但是，这个世界是——这是一个非常微妙的问题。

马康卫：当然，总统先生，现在没必要讨论这个问题，但是我以为，台湾现在应该逐渐走出自己的道路，与大陆区别开来。

尼克松：那就是——

马康卫：我认为这也是为了我们的国家利益。我们现在没必要谈论正式的"独立"或者"主权"问题。我认为我们对这个问题持开放态度才是明智的。

尼克松：没错。

马康卫：在公开场合。

尼克松：没错。他们应该继续。我认为那是他们整个的——他们整个的思维方式应该沿着这条线发展。

马康卫：当然，现在蒋介石不会接受。但是，我认为会有一天他们愿意接受独立于中国大陆的分裂状态，在不同的发展轨道上和分裂的状态下。但是，台湾是维持远东地区均势的重要一环，我认为，如果中国共产党接手的话，除了人道主义的考虑之外，台湾还会发生严重的动乱。对它来说，这是场灾难。

尼克松：如果中国共产党接管它的话 [******]。

马康卫：没错。但是，我认为，从地缘政治的角度考虑，它会改变这个地区脆弱的平衡状态。并且我知道日本也会被严重扰乱。

尼克松：是的。

马康卫：菲律宾也会。随着冲绳岛的归还，日本现在对那里发生的任何变化都非常敏感。我认为我们跟日本已经结成了真正的同盟。[******]，他们基本上会跟我们站在一起。

尼克松：他们会吗？

马康卫：自由民主党已经是会的了。我不知道日本社会党的态度，如果他们当权的话。他们绝不会的。但是自由民主党会跟我们一起。

尼克松：好的。好的。好的。好的。社会党人 [******]。嗯，你没有——不会再有任何棘手的任务了，或者我必须说，随着事情的展开，任何一件事都比你的那些事要难办。并且，我祝你好运。正如我说的，就是这一件事情。我环顾了整个世界，你有时必须跟一群该死的土匪打交道。我们确实这样做了。并且，我们正在跟土匪、恶棍，还有国际上的亡命之徒等这些人打交道。但是，有时你还不得不这样做，因为这与我们的利益密切相关。对于苏联——他们真的是一个卑鄙的 [******]，但是你还必须跟他们往来。

马康卫：没错。

尼克松：你必须跟他们交涉。

马康卫：是的。我们之间有着复杂的相互影响——同苏联和中国共产党人。

显然，他们对于中共即将进入联合国内心里一定五味杂陈。他们真的不想结果变成这样，但是他们口头上还必须承认。

尼克松：确实。

马康卫：我猜他们会为决议投赞成票——

尼克松：哦，当然。

马康卫：——虽然他们不想这样做。

尼克松：好家伙，他们真是喜欢跟他们坐在一起。那是最糟糕的事 [******]。

马康卫：总统先生，您知道的，我会利用我权力内的所有资源，让他们保持信心和安心。

[******]

马康卫：您已经交给我很多工作了。

尼克松：好吧，我不能说要更多地——就说你尽可能少地吧。让他们安心。但是，从另一方面讲，他们拥有美国这个朋友，但是我们必须出于其他原因继续处理一些其他的事，这跟我们和台湾的友情毫无关系。

"你安排好了，现在我们可以去访问中国。"

> 1971年7月1日，上午9：54
> 理查德·尼克松、亨利·基辛格和亚历山大·黑格
> 椭圆形办公室

苏联仍没有对是否举办峰会明确表态，在基辛格起程访华之前，尼克松和基辛格最后一次聚在一起商讨。除非苏联的回复及时送达华盛顿，否则按照指示，基辛格将调整优先顺序，首先同中国人举行峰会。

……

基辛格：是罗杰斯，他想要讨论下这件事。他将前往——做证。

尼克松：嗯。

基辛格：——他只是想要知道如何——什么 [******]——

尼克松：是关于文件的事吗？你认为在这些文件的事情上，他必须去做证吗？那是——五角大楼文件？

基辛格：不是，是关于——

尼克松：是这件事？

基辛格：——关于越南提议。但是沙利文（William Sullivan）也认为他会——只要他们已经把他的政治条件包括在内，我们的形势就会很好。

尼克松：确实，但是要求是一样的。我的意思是，我们不会推翻——

基辛格：是的。

尼克松：——推翻我们的——不能把"推翻"这个词用在"阮文绍－阮高祺政府"身上。艾尔，你明白吗？

黑格：明白，先生。

尼克松：我们不会在违反民意的情况下，把这个国家——一千七百万人——交给共产党。把这点记下，让那些王八蛋这样去说吧。我批准了吗？

黑格：是的，先生。

尼克松：我们不会——他们说的是不顾一千七百万南越人民的意愿而把他们交给共产党。

基辛格：是的。

尼克松：没错。还有——并且——违反民意，接着一定会发生大屠杀。把这些话加上！现在，我想要他们到外面去并且这么说。你去到那里并且告诉他们让他们马上这么说！

……

尼克松：现在，让我说，当我读到这些内容（基辛格关于秘密访华的简报）的时候的一些琐碎的想法。正如我所说的，这是非常光荣的使命。你要告诉你的人，把他们聚到一起，告诉他们我对此印象很深；我已经读了所有的内容。现在，你必须添加一些现实的担忧，比你在简报里面写的还要多。现在，我想说："总统是非常慷慨的。"这种慷慨是通过我的宽容表现出来，并且——应该谈一下我是一个多么明理的人；我并不想这样做；我努力寻找到一种定位，使得我们能够——

基辛格：是的。

尼克松：——较少张扬但关系却能够更加持久。你写的那些都很不错。但是我想让你加点这样的话：就是这个人，解决了柬埔寨问题。就是这个人，解决了老挝问题。就是这个人，没有半点政治上的私心，维护着我们的利益。

……

尼克松：现在，我认为这个手册没有明显的——我的意思是，没有说很多这样的话，但是你应该加上我们接近苏联的必要性。换句话说："关于苏联，我们必须意识到"——我的意思是："他们（中国人必须意识到）——我们正在跟苏联寻求缓和。这并不是针对你们。但是我们——我们在欧洲有利益冲突。我们在中东也有利益冲突。我们在加勒比地区还有利益冲突。我们决意保护我们的利益。但是我们会寻求缓和。当然，我们之间存在利益冲突，正如我们进行军备竞赛一样。"

……

尼克松：并且，同样，我们必须——加上我们对苏联的担忧。（在简报的批注里，尼克松表达了以下观点："加上这样的担忧：尼克松将会在越南问题上采取强硬立场。强调一下我们可能会对苏联采取的行动。""多强调对日本的担忧。"）

基辛格：没问题。

尼克松：我们担心——我们不知道他们会做什么。例如，我们知道——你没有提到一件事：我们的情报表明，苏联在中国方向部署了比在欧洲方向更多的部队。

基辛格：总统先生，一个原因，我——

尼克松：你不能加上这个吗？[******]，但是为什么？

基辛格：他们一定会把我说的话进行录音，我不想他们把这些话传给苏联大使。

尼克松：没错。

基辛格：但是，我已经加上了一些——

尼克松：好吧——

基辛格：——关于交换军事情报的内容。

尼克松：不过，我还是愿意把这个加进去，就说是媒体报道的。就这样说。不是我们会告诉你们想要的情报。媒体报道表明苏联已经——它这样的做法。我们已经注意到了。以这种低调的方式表达。并且，我们也意识到了这个事实：在限制战略武器会谈中，苏联反对完全禁止反弹道导弹的方案，因为他们担心中国。加上这个。我想加强他们对蒋介石的担忧。我想加强他们对日本的担忧。我还想加强他们对越南将来情况的担忧。这些话比那些官话更能对他们产生影响——

基辛格：哦，没问题。

尼克松：——你知道的，那些关于我们非常文明的官话——这是非常重要的。

基辛格：嗯，这——

尼克松：但是，亨利，这非常棒。

基辛格：没错。

尼克松：从历史记录上来看这非常棒，可能还会有一些影响，我不知道。但是，我要告诉你——我倾向于认为你必须快刀斩乱麻。而且，但是——换句话说，这些我都喜欢，但是我想这些应当精简，从而让你可以尽快把握最关键的内容。

……

基辛格：总统先生，我认为，俄国人已经对我们表态了。我还没——我还没有机会告诉您。

尼克松：你把多勃雷宁找来了。你告诉他了吗？

基辛格：是的。是通过多勃雷宁得到的。我告诉了他。他说——他是这样说的：他认为，他猜测回复是肯定的。但是，他说，勃列日涅夫现在正在巴黎，他要到20号才能回来。现在他恐怕，他们计划今天召开的政治局会议可能因为宇航员的事要取消。（在"礼炮1号"太空站度过24天后，"联盟11号"太空船在6月29号返回地球大气层时发生事故，导致3名宇航员死亡。）因此他——

尼克松：好吧，你应该告诉他："听着，我们必须得到一个回复——"

基辛格：我说了："我必须得到一个回复。"

尼克松：否则，如果他们不回复我们的话，我们要做的事会让他们感到非常尴尬。

基辛格：我说："最晚到6号下班的时候我们必须得到一个回复。并且，如果稍微晚一点的话，我必须让你知道，总统已经宽限了。他可能——他还有其他打算。"因此，现在——

尼克松：嗯。

基辛格：——如果他们不能——如果他们——对我们来说摆脱困境的最好方式就是说："阿纳托尔，我已经一再告诉过你了。我在6月10号的时候告诉你我们必须在6月30号的时候得到回复——"

尼克松：没错。没错。没错。我知道，你说过那些话。不过，就俄国人来说，你安排好了，现在我们可以去访问中国。

基辛格：如果俄国人不同意举行峰会的话，我们可以在12月的时候去，或者——

尼克松：是的。

基辛格：——11月末，去中国举行峰会——

尼克松：是的。是的。是的。是的。是的。

基辛格：艾尔，难道你不这样想吗？

黑格：是的，先生，我也是这样想的。

基辛格：并且，我们可以告诉俄国人，让阿纳托尔回去说："你们这些疯狂的王八蛋，都是你们把事情搞砸了。"

尼克松：是的。没错。

基辛格：并且——实际上，从技术上讲，如果我们到7号还没得到回复的话，那么他们做什么决定都无所谓了。

尼克松：是啊。

基辛格：艾尔不可能那么及时地向我传递消息的。

尼克松：是的。当然，另一个很关键的事是：如果我们到7号还没得到回复的话——

基辛格：另一方面——

尼克松：——你必须担心——你必须弄清楚俄国人，如果我们去了中国，他们有可能会毁掉柏林的事——不，他们不会毁掉柏林的事——

基辛格：柏林的事他们不会毁掉，但是——

尼克松：——我们会毁掉那个——他们会毁掉限制战略武器会谈。还有他们也会威胁到这次峰会。

基辛格：俄国人——我们与俄国人打交道的风险——

尼克松：另一方面——另一方面，这给他们带来了可怕的问题。

基辛格：如果他们搞砸限制战略武器会谈——他们可能会搞砸限制战略武器会谈。他们可能——

尼克松：是的。

基辛格：他们可能会挑起中东问题。并且，他们可能开始——

尼克松：肯定的。

基辛格：——在加勒比地区挑事。

尼克松：说得很对。

基辛格：当然，我们也不是吃素的。

尼克松：他们不会搞砸柏林的事，因为他们还想跟德国和平相处。

基辛格：是的。没错。事实上，现在在柏林的主要问题是我们提出——我知道我们绝不会因此而受到赞扬——但是关于这个问题我们真的提出了一个极好的协议——

尼克松：是的。我想要——

基辛格：——这确实是很大的改善——

尼克松：我们还能对此进行挖掘吗？

基辛格：是的，但是，你也知道的，俄国人已经做了很多让步，以至于很难——

尼克松：没错。很好。

基辛格：我已经让拉什在 7 月 20 号前保持待命状态。

尼克松：好的。

"除了美国，还有谁？"

> 1971 年 7 月 3 日，上午 10∶01
> 理查德·尼克松和亚历山大·黑格
> 椭圆形办公室

尼克松正跟黑格一起商讨外交事务，因为基辛格已经开始了他那准备已久的对北越的访问。之后，他将要飞往巴基斯坦，正如尼克松在回忆录写的那样："在7月9号至11号安排一次胃疼。"基辛格本该因病卧床，但是实际上他那时已身在北京，跟包括周恩来在内的中国官员会面。两人谈论了中国需要美国的原因，如果它正在寻求重返国际社会的话。

……

黑格：亨利的消息回来了。他说——他问我您的指示是什么。如果我们得到苏联关于峰会的确切回复，如果中国坚持在12月的时候较早地举办一次峰会，我们就有两个峰会了，他想知道您是否批准他——
尼克松：哦，当然。哦，绝对的。
黑格：好的。
尼克松：不要藏着掖着。我会视苏联的情况而定，明年回访。我们必须在7月之前解决所有的事情。在那之后，对于这次峰会，就没有什么事可做了，明白吗？你看，任何事都与外交政策有关，因为在这该死的家伙后面——
黑格：确实是。
尼克松：——另一个家伙会被提名，这里的左派会说他们将坚持下去。他们绝不会说当我被提名的时候，我必须说。他们没有说总统应该参与其中等类似的话。

……

尼克松：我在想亨利要解决的所有的事，他是不是不应该跟他们说——我只是一点儿也不知道中国人会怎么阐述他们想做的事。当然，我认为，他必须告诉他们，我们——考虑到我们就要访问苏联的事实，他必须非常健谈。
黑格：没错。
尼克松：我的意思是，你不能侮辱他们，否则他们会说："见鬼去吧。"他们会变得非常强硬。
黑格：没错。
尼克松：你必须得——但是跟苏联的这件事，多勃雷宁那个王八蛋来了，我不会——亨利认为他会。而我不会。好吧，我不知道。我的意思是，我不会妄加猜测的。

黑格：我认为他会。您的——

196 尼克松：你真的认为他会来访吗？我想知道。

黑格：是的，总统先生。他们前6个月做的每一件事都是朝着这个方向——

尼克松：是的，我知道。但是他们是否想要举办一次峰会，他们可能认为很快就可以打败我了。我认为他们非常害怕我在这个位置上再待四年。

黑格：哦，嚙！这毫无疑问。

尼克松：但是，另一方面，如果他们现在跟我相处不好的话，他们可能认为将来会更糟。

黑格：有可能。峰会的事我们已经有了两个后备方案，或许两个峰会我们都能得到，这是非常理想的。但是，任何一个能举行的话，都会是很大的成就。非常大的成就。

尼克松：难道中国人——现在，从我们可能取得的成就的角度来看，在短期内，苏联的事是更重要的。换句话说，我们可以说，我们解决了限制战略武器会谈的事，我们解决了柏林的事，我们解决了中东的事。

黑格：没错。

尼克松：从另一方面考虑，我们在中国的事情上得到的是最多的——

黑格：更具有想象力，比那些事更富有想象力。

尼克松：不过，[******] 人们会怀疑，并指出——

黑格：没错，先生。

尼克松：——一切皆有可能。

黑格：对的。但是，就我们所处的地位所面临的现实危险而言，苏联——

尼克松：中国人还有很长的路要走。

黑格：很长的路。

尼克松：不过，有趣的是，他们应该是我们的天然盟友，难道不是吗？

黑格：他们应该是。

尼克松：对抗苏联，他们需要我们。并且，他们也需要我们对抗日本。

黑格：确实是。

尼克松：你知道的，我们不害怕，但是他们却非常害怕日本人，因为日本人之前已经伤害过他们一次。日本人就在那儿，它需要喘息之机。谁能管住日本人？除了美国，还有谁？

黑格：谁有这个经济实力——

尼克松：嗯。

黑格：这很糟糕。

尼克松：天啊，他们需要我们。如果你想得直接些，他们非常需要我们。

黑格：是的，对那里传统的实力格局也有帮助，美国必须给他们一些希望，在日本的侧翼造成一些威胁，同样也在苏联的侧翼造成一些威胁。好吧，我认为这是天然的同盟关系，但是在意识形态问题上自欺欺人是没有任何意义的。那些浑蛋很难办。

尼克松：哦，是的。

"亨利，都办成了什么。"

1971年7月6日，上午11：26
理查德·尼克松和亚历山大·黑格
椭圆形办公室

尼克松仍和黑格一起，他害怕在中国发布公报之后，基辛格自身可能变成问题之一。这是对他下属基辛格的巨大背叛。尼克松在对外关系上表现如此强硬的原因之一就是，他不信任任何人。最终，这种不信任包括了他的搭档，体现在规划对外政策的每一步中。

……

尼克松：经再三考虑，我认为关于苏联的整个事情是，他——我更接近你对这件事的看法。首先，这是我所期望的，因为我只是，正如我告诉亨利的，我说："亨利，你到底在想什么？这到底能给他们带来什么？"他说："好吧，我们解决了柏林的事。"他说"我会告诉他们我会切断这个渠道，"以及所有的这些事。但是，无论如何，他可以处理好。

黑格：是的。

尼克松：没有一个苏联 [******]——你知道这像什么。所以，我才支持取消这次巴黎会议。

黑格：确实如此。

尼克松：到底能给他们带来什么，无论如何他们取消了。

黑格：确实如此。

尼克松：你觉得他会取消巴黎会议吗？

黑格：不会的，先生。我不认为。

尼克松：真的吗？

黑格：不。

尼克松：嗯？

黑格：我还没有。并且我也不会。

尼克松：是的。我认为他会得到一个直观的看法。但是，这件事我们要对亨利做的就是对他强硬点。

黑格：确实如此。

尼克松："亨利，都办成了什么"——你知道我的意思吗？他不能继续这么来来回回地闲逛了，因为，基本上，他对表面文章的印象太深刻了。我的意思是，他实际上做的，跟他——他作为一个现实主义者一样，你知道，这确实给他留下了很深的印象。做表面文章的事通常都会让他印象深刻。现在，他会——

黑格：他的背景是个问题。他是从该死的左翼分子中挑出来的——

尼克松：没错。

黑格：——并且他，尽管他是个非常强硬的家伙，他是为 [******] 阶级服务的。

尼克松：你看，比如，当我给宇航员写信的时候，他并没有意识到我并不是为了该死的俄国人才这样做的。去他妈的俄国人。我做这件事是因为，此时这样做看起来很得体。你明白我的意思吗？

黑格：当然。

尼克松：人们都喜欢这样做。但是亨利，他必须让他自己有一点儿，让他自己更——你知道的，他总是跟多勃雷宁开一些漫长的、他妈的很折磨人的会议，他觉得这似乎很有趣，很激动人心，诸如此类的事情。

艾尔，他们一直在要我们。

黑格：没错。

尼克松：我认为你必须——现在，或许他们的利益需要达成《限制战略武器条约》，你是这样想的吗？他们需要一个《限制战略武器条约》吗？

黑格：我认为他们想要改善关系，因为他们认为可以拆散北大西洋公约组织的联盟——

尼克松：是的。

黑格：——并且分裂德国。

尼克松：嗯。

黑格：这是他们一直在追求的。

尼克松：他们想要达成一份《柏林协议》，对吗？

黑格：是的，先生。

尼克松：哦，我们必须阻止他们。现在，我的意思是，拉什对此一清二楚。是吗？而这极其复杂——

黑格：是的，先生。

尼克松：是的。确实。

黑格：——我们要做成那个，仍要走很长的路。并且，这份公报，当它发布的时候，会一拳击中他们的眉心。他们就会知道，这不是在愚弄坐以待毙的人。

尼克松：好吧，我只希望亨利能到那儿。

黑格：嗯，我认为——那正是我担心的。我认为会很顺利。我——

尼克松：你还没有收到巴基斯坦方面的消息？

黑格：没有。没有。

尼克松：他说他认为这儿会有另一条消息。

黑格：不过，我觉得他说他已经留意到他的第二——

尼克松：是的。

黑格：——就是为了传递额外的消息，因为他感觉会有更多的消息。

尼克松：嗯。

黑格：因为他们做的所有的事就是表达了他们的关心。

尼克松：嗯。现在，让我说：如果他们——如果被推翻的话，如果因为这样它就失败的话，那么以这个开始的话那就太脆弱了。

黑格：没错。先生。

尼克松：你明白我的意思吗？如果——我们最好立刻弄清楚，如果它因为小人物的事而泡汤的话，他们一定会因太脆弱而自毁长城。你明白吗？

黑格：不，先生，我认为他们需要它。他们的确已经做出了坚定的承诺。

尼克松：他总是想，亨利总是觉得，俄国人需要它。你也是这样想的，难道不是吗？

黑格：我确实这样想。并且我也认为他们需要，但是他们想把我们榨干。

尼克松：我猜他们认为，他们认为可以从我们身上得到更多。他们会付出更大的代价，这是我们必须要考虑的。

黑格：不，他们的反应是努力地榨干我们，而不是彻底拒绝它。

尼克松：是的，没错——

黑格：他们一直没把话说死。

尼克松："我们希望改善我们的关系。我们已经提出一些积极的建议。你还想做什么，伙计们？"

黑格：确实是。

尼克松：我们要做的就是一拳打在他们的脸上。

黑格：是的。

尼克松：但是发给亨利的消息是，不要——我想让他——这绝对是直接的——没有中间人的访问。没有布鲁斯的出访。

黑格：我今早已经发给他了，先生。

尼克松：难道你不同意吗？

黑格：不，我同意，先生。

尼克松：艾尔，你可以明白为什么布鲁斯的出访现在不重要了。我的意思是，为什么要两次？正如我已经说过的，我们会公布我准备去的消息。对他们来说，这更坦诚一些，并且他们——

黑格：好吧，那是一件事。您正在跟一个更直接的对手打交道。他们更强硬。但我认为中国人更直接、更诚实。他们说什么，就是什么。他们已经做了决定。哦，我认为他们一定会照做的。如果他们没有这个意思的话，他们就不会给您发消息了。现在，他们现在的要价，您可能——可能不愿意满足。

尼克松：天啊，是的。

黑格：这就是中国人的复杂之处。但是苏联人做事优柔寡断。他们——
尼克松：是的。

"多勃雷宁说……'你们到底能跟中国人搞定什么？'"

> 1971年7月19日，下午5：10
> 理查德·尼克松和亨利·基辛格
> 行政办公楼

　　基辛格秘密访华的消息在7月15日公布后，引起了很大的轰动。在美国，无论是鹰派还是鸽派，民主党还是共和党，30岁以下还是30岁以上的人，都对2.5亿美国人在一个世代内首次接触中国人惊叹不已。根据公报的内容，尼克松将在1972年5月之前访华。

　　只有极少数人提前知道基辛格访华的事，即使是尼克松团队的核心成员也很少有人知道。包括国务卿在内的很多人都有待被告知事情的最新进展，但是对尼克松和基辛格来说，最重要的还是多勃雷宁。尼克松一直在等待这个时刻的到来。7月19日，基辛格向尼克松介绍了他跟苏联大使第一次讨论中国问题的情况。

……

尼克松：好吧，亨利，告诉我你跟多勃雷宁先生谈话的情况。
基辛格：哦，天啊，他 [******]——
尼克松：谁不是呢？你的手下反应如何？我打赌他们一定是欣喜若狂的。
基辛格：哦，没错，总统先生。他们士气高涨。

……

尼克松：好吧，亨利——

基辛格：他们已经——

尼克松：但是，我认为这太晚了。

基辛格：每一个见多识广的——

尼克松：嗯，见多识广的？我需要这些人。

基辛格：好吧，这些人——

尼克松：我从不在乎，但是这个故事现在开始了。

基辛格：是的。

尼克松：国务院不能——

基辛格：他们办不到。

尼克松：我不会让他们做的。

基辛格：国务院办不到。

尼克松：关于这件事，我们确实做了些不错的事情。他们不会来抢占风头的。

基辛格：好吧，他们确实——

尼克松：你已经给了罗杰斯比他祈求的还多的东西了。

基辛格：他们保证不会说自己参与了做出对柬埔寨行动的决定，尽管他们在那儿做得够多的了。

尼克松：或者老挝。

基辛格：或者老挝。或者其他很难办的事。我告诉多勃雷宁，我都开始怀疑上帝的存在了，因为我确实对他撒谎了。我肯定，如果真有上帝的话，我一定会受到惩罚。但是——

尼克松：（大笑）

基辛格：但是我开始谈了之后，他——首先，在今天之前我从没见过他如此直截了当。

尼克松：很好。真的吗？

基辛格：嗯——哦，是的。即使是国务院，某天也会——

尼克松：大使们。

基辛格：——知道——

尼克松：罗杰斯。

基辛格：但是，最好不要讨论这个问题。我有许多细节可以告诉您。

尼克松：好的。

基辛格：让我——

尼克松：嗯。

基辛格：（我说：）"让我告诉你总统是怎么想的。那并不是要安抚你。他只是——他想要我告诉你，从国际领导力来看，他认为只有美国跟苏联才能领导世界。但是，在6月之后，我们会利用好每一次出访。"

尼克松：很准确。

基辛格："我想告诉你，在一个不重要的条件下——我也听说过。"我说："记住，我给你的最后期限是7月1号。我可以以极机密的方式告诉你，在我们离开华盛顿之前，总统对我的指示是——我会在6月的时候去中国。总统给我的指示——"

尼克松：哪一个？你的角色？

基辛格：不是那种关系。

尼克松：是的。

基辛格：但是——他们身上的负担。

尼克松：是他身上的。

基辛格：之后我说："我们没有选择。总统说过，如果我们正在进行的事情中有什么会把我们都毁灭的话，那就是军备竞赛。"我觉得我们可以把我们现在做的事告诉罗杰斯。

尼克松：很好。告诉他吧。

基辛格：我再次告诉他，他说我告诉过他——我说："此外"，我跟他说："我6个月前就告诉过你，我们不可能在11月或者12月的时候参加峰会。因此当你说你想定在11月或者12月的时候，总统会认为这只是你们在以体面的方式拒绝。"他说："不，不，不。我们想要举行峰会。我们非常想要它。我以极为机密的方式，在私下里跟你讲。"好吧，我们彼此都向对方施压了。

尼克松：是的。我知道。

基辛格：您知道的，"以极为机密的方式"，"私下里"。

尼克松：我明白。

基辛格：他们已经做决定了。他们要准备挑选日期。他说——"但是现在，"他说："我们现在可以选择日期吗？我该如何报告？"然后我说："嗯，在原则上是的，但是，当然，现在我们面对着新的形势。"他说："你们愿意在去北京之前来一趟吗？"我说："安纳托尔，要有风度。"我说："我们现在必须按发表公报的顺序出访。"他说："你们愿意在你去北京之前宣布这件事吗？"我说："我不确定总统的——"但是我说："我们可以考虑一下。我会告诉总统的。由总统来做决定。"

尼克松：很好。我已经批准了任何——

基辛格：他说："最好今晚动身；他们将于周四就此事开会。"所以，我认为——

尼克松：好。

基辛格：然后，他说："如果你去"——（笑声）真是今非昔比了——他说，但他又接着说："如果你来之前先去北京，北京会不会把你拖延到5月？"

尼克松：他们不会。

基辛格：我感觉这有点儿像是在下国际象棋。我说："抱歉，我不知道中国想要做什么，但如果他们想要提条件——"他们有什么原因要这么对待您，美国总统——

尼克松：原因只有一个。

基辛格：——对于这样的条件？"我想不出他们要这么做的原因——"他有点儿歇斯底里地抱怨。如此看来，我之前预想的即将发生，除非他们公然让决定变得极为强硬——这种可能性有30%——我想他们终会平静下来。我觉得，我们可以在您去中国之前宣布莫斯科峰会。而且那将会有助于——

尼克松：的确。

基辛格：——同中国人的会谈——

尼克松：是的。

基辛格：——这样我们再去莫斯科就会更有成效。

尼克松：在那之前。

基辛格：然后，接下来就是我在9月末去中国，把这件事给敲定。

尼克松：然后对外宣布。

基辛格：然后宣布北京峰会。

尼克松：嗯。

基辛格：那么，我在北京期间就告诉他们，您会宣布举行莫斯科峰会。在10月底宣布明年3月底举行莫斯科峰会。

尼克松：嗯，4月太早了。

基辛格：4月太早吗？

尼克松：但我们也可以安排在4月。解决好你的——你不需要担心我们安排的这个顺序。

基辛格：嗯，那就4月。

尼克松：4月，嗯。我希望他们能接受俄罗斯人在那个时间和地点做这件事情。

基辛格：但是，我觉得我们能把事情做得一件比一件好。

尼克松：是的。

基辛格：另外一次北京之行；宣布——

尼克松：你问什么不告诉他——？

基辛格：我今晚会给他打电话。

尼克松：我会让他知道，确实有几个——姑且这么说：我会把时间放在5月初。

基辛格：我不会这么明确地给出时间的。

尼克松：好。明年春天。

基辛格：不，我想我会说——我们告诉他们就在9月——正如我之前告诉他们的那样，我会从中国回来之后再做这件事。他们似乎——

尼克松：嗯。

基辛格：——随身带着一个具体的关于何时宣布等问题的方案。

尼克松：我们可以要求他们——

基辛格：我们先搞清楚我们的行程。

尼克松：对。我们正在其他方面寻找和解，诸如此类。但他显然不太高兴。

基辛格：所以，他问我，他说："这会很有帮助，"他说："如果你能给我国人民一个简要的介绍——"

尼克松：[大笑]

基辛格："——关于在北京发生的事情。"我给了他一份《航空周刊》（*Aviation Week*）的简报。

尼克松：好。

基辛格：他说："你们有没有讨论苏联的防空设施或者军事基地？"我说："我们首先就回避了这个问题。"他说："不过，他们就不担心我们袭击他们吗？"我说："比起担心日本，你们看起来更担心中国。"

……

基辛格：我想他们（北越人）现在必须得和解了，因为如果我们——

尼克松：是的。

基辛格：总统先生，如果我们得到一次苏联峰会——我想，噢，多勃雷宁还说了一件事——哎，谁会知道这些事情？——"你们到底能跟中国人搞定什么？"他说："我原本以为我们才是你们在东南亚的合作伙伴。我们都在试图阻止中国在东南亚扩张。"

尼克松：闭嘴，滚出去！

[笑声]

基辛格：他接着又谈了谈印度和巴基斯坦。他问我关于这些地方的想法：虽然那些地方暂时没有爆发战争，但会不会成为国际热点问题。

尼克松：我同意。

基辛格：确实如此。联合国被束缚住了。他（多勃雷宁）在和我说话的时候表现出的尊重是前所未有的。

尼克松：你看到哈里曼（W. Averell Harriman）了吗？他受到的影响更大吗？

基辛格：哦，我见到了他和印度大使。

尼克松：他震惊吗？

基辛格：他很震惊。

尼克松：哦，你知道的，这体现了你的所作所为。亨利，你知道，另外一件事也令他震惊呢。在另外一种意义上来说，他们担心：信息，这个核心问题。他们害怕我。这让他们浑身颤抖，因为人们说、他们说："就是这个狗杂种去了柬埔寨；这个狗杂种去了老挝；这个狗杂种就是一场灾难；这个狗杂种难以预测。我们不知道他还会再干什么勾当。"

基辛格：是的，不过我——

尼克松：你明白吗？这是一件好事。

基辛格："但他在下一盘很大的棋。"我的意思是，您当时的确如此，所有理性的预测都显示，您当时命悬一线。

尼克松：当然。

基辛格：如果您，那时候，但是，所有理性的预测都显示，只顾自保——

尼克松：谁没有过梦想——？

基辛格：哦，当然啦。但是，您也曾经有两个月神经紧绷。

尼克松：那是——

基辛格：您惨败。

尼克松：这些你可以用来对付今晚的那帮人，明白吗？

基辛格：现在，谁，以上帝的名义——

尼克松：是的。

基辛格：——其他美国政治人物会厚颜无耻地忍受那些暴乱，长达两个月时间国会议案——

尼克松：而不会说"天哪，同胞们"。

……

尼克松：亨利，该死的，但是我们得从越南问题上挣脱出来。

基辛格：我想我会用我的方式来处理，对他们尽量温柔。

尼克松：正是。

基辛格：因为他们——为了一件事情，我会真心相待。

尼克松：嗯。

基辛格：他们知道我现在不是一个容易对付的人。

尼克松：我想我们——你知道的，总的来说这么说很痛心："这就是我们的不同"——那种精神，亨利。"你能提供什么"，等等；"好，我们拭目以待。"然后说："去你的。"

基辛格：但永远不要——不要沾沾自喜。

尼克松：不要沾沾自喜。是的。是的，我同意。我同意。我觉得我们知道目前我们在做什么已经是一种冷静而坚强的姿态了，我们握有底牌，我们不会欣喜若狂。你能提供什么？另一种解决方案。

基辛格：我——

尼克松：（北越人）他们现在到底要干什么？他们在为什么而战？他们现在有什么选择——除了坚持到底？我猜测。

基辛格：但是，总统先生，我想——我今天跟多勃雷宁说了这样一点："你知道的，他（尼克松）是有胆量的。说实话，从来没人比他更强硬。"

尼克松：你也跟他说这个了？

基辛格：是的。我想——苏联无法控制柏林的问题。但他们可以煽动北越人。越南要决定，他们是否要再经历一系列屠杀。俄国人要决定，是否要开展一局大博弈，他们可能仍然要介入其他地区。我是说，我可以告诉多勃雷宁我想要的，但我不担心苏联。这只是为了记录在案。我们没必要讨论它。但唯一的现实是，这与在边界驻扎军队的中国人有关——

尼克松：那好。你知道的，他们能够导致僵局，很严重的僵局，一旦中国为了保护其核设施而攻打苏联——这可能会在限制战略武器会谈之后，你知道的。

基辛格：当你考虑到库兹涅佐夫已经——

尼克松：是的。

基辛格：——他们的外交部副部长，已经在中国待了快两年了，但还没有见过周恩来。

尼克松：但是，我的意思是，根据目前中国人在这件事上害怕俄国人的情况，他们可能会跟我们拉近关系。

基辛格：是的。

尼克松：现在，现在这——这真是一场彻底的剧变。

1971年8月—12月

第二部分

从金本位的崩溃到印巴战争

"我们陷入了这些荒唐可笑的理由之中。"

> 1971年8月2日，上午9:20
> 理查德·尼克松和亨利·基辛格
> 椭圆形办公室

由于印度与巴基斯坦边界地区的人道主义灾难愈演愈烈，外国援助纷纷涌入这些地区。一场著名的帮助印度难民筹集善款的活动——"为了孟加拉音乐会"于8月1日在纽约麦迪逊广场花园举行。这场音乐会是由前披头士乐队的成员乔治·哈里森（George Harrison）和拉维·香卡（Ravi Shankar）筹办的，主要演员还有鲍勃·迪伦（Bob Dylan）、埃里克·克莱普顿（Eric Clapton）、前披头士乐队鼓手林戈·斯塔尔（Ringo Starr）以及前披头士乐队合作者比利·普雷斯顿（Billy Preston）。从基辛格的评论中我们可以看出，尼克松很少顾及那些同情印度的人。

……

基辛格：明年，我们真的会创造一项纪录。除了中东问题，我们会解决就任以来遇到的每一个问题。而中东问题也将得到改善。
尼克松：现在，告诉我一些巴基斯坦的情况。据我所知披头士乐队正在外演出为他们筹款。你知道的，就我们在这个该死的国家处理事情的方式而言，这是一件很可笑的事情。我们陷入了这些荒唐可笑的理由之中。
基辛格：我们有1亿美元，这取决于，这些披头士是在为谁筹钱，是为印度的难民吗？
尼克松：难民，是的。
基辛格：是在印度的难民还是在巴基斯坦的难民？
尼克松：给那该死的在印度的。

基辛格：不过，印度方面的经济状况良好。我们已经给了他们 7000 万美元。

尼克松：嗯。

基辛格：更多的资金将会到位，但他们没有一个人知道该怎样利用这些该死的资金，因为——

尼克松：你把这笔资金交给了政府？

基辛格：是的。

尼克松：不过，这是一个糟糕的错误。

基辛格：是的，好吧，他们没有让一个人进去。他们没有允许外国人进入——

尼克松：印度人也没有吗？

基辛格：——难民区域，一个外国人也没有。他们的所作所为是令人发指的。

尼克松：那么，巴基斯坦是什么情况？

基辛格：嗯，在巴基斯坦这边，我们已经输送了价值 1 亿美元的粮食，这些粮食现在存放在港口。我们已经派了一个工作组在那里负责此事，这个工作组现在或者是在港口或者是在去往港口的途中。现在面临的最大的问题是怎么分配这些食物，联合国已经派去了 38 位专家。他们正准备再派去 150 位专家。

······

"中国人做所有事情都很大气"

> 1971 年 8 月 9 日，上午 8 : 55
> 理查德·尼克松、鲍勃·霍尔德曼和亨利·基辛格
> 椭圆形办公室

美国与苏联的地位发生的改变，远远小于尼克松因与北京关系的进展而做出的预期。在公开会晤和通过秘密渠道会谈时，他和基辛格甚至都懒得询问峰会日程，而是把重点放在了限制战略武器谈判上面，包括希望会谈重新回到轨道上来。同时，他们也讨论了中美关系的新形势对其他亚洲国家的影

响，他们也希望在中国人的眼中共和党人和民主党人是有区别的，因为在他们的假设中，中国政府并不懂美国政治。

……

基辛格：好吧，他们（中国人）是一丝不苟的。我们是一直小心翼翼的。例如，我保证——每次我们给俄国人发消息，他们担心——

尼克松：我知道这回事。非常棒。

基辛格：——我发送给他们一个关于这件事情的消息。下周一，当我去巴黎的时候，我将要邀请他们进行一次会晤，我打算告诉他们我们的印度政策。

尼克松：当然。

基辛格：就像苏联正在做交易一样，我认为如果我花5分钟告诉他们您在印度问题上的做法——

尼克松：哦，我今天早上已经发了一个类似的消息，我看到葛罗米柯在那里在和该死的印度外交部长（斯瓦兰·辛格，SwaranSingh）谈话。这个狗杂种真令人恶心。

基辛格：嗯，他们现在已经签署了——

尼克松：嗯，他们宣布了一项协议[******]。

基辛格：他们签订了《友好合作条约》（在8月9日）。

霍尔德曼：就在今天早上宣布的。

尼克松：哦，但是我还没有看到。

基辛格：是的。

尼克松：我没有看到。

基辛格：——协议规定，他们将要协商——

霍尔德曼：不是在那儿，不是在那儿，它只是在广播中播放了。

基辛格：是的，确实是这样。

尼克松：[******]

基辛格：他们将相互协商——在任何一方受到第三方侵略的时候。然而，还不清楚——

尼克松：协商？

基辛格：不过，还不清楚他们是否承诺——

尼克松：我并不认为它有多重要。

基辛格：是的，它不意味着有多重要，总统先生。

……

基辛格：今天我打算好好收拾一下那位印度大使。

尼克松：你想让我把他请过来吗？

基辛格：好吧，让我看下这个文本——稍等一下。

尼克松：我知道。但是这件事情是，尽管，他们过去——好吧，他们能理解，如果他们选择跟俄国人站在一起，那么就是选择不跟我们站在一起。现在，该死的，他们必须明白这一点。

基辛格：是的。

尼克松：该死的，是谁每年提供给他们10亿美元的？

基辛格：但是——

尼克松：该死的，俄国人是不会给他们每年10亿美元的，亨利。

基辛格：是的。俄国人——确实，不得不说，当你拿周恩来对待我们的态度与之相比较时——现在，从意识形态上来说，他们是敌对的。并且，我们已经弄明白，他们跟北越做了一些事情，但是他们总是——

尼克松：嗯。

基辛格：——不使矛盾激化。

……

尼克松：所有这些该死的民主党人都认为俄国人是善良的家伙。

基辛格：还有印度人也是——相对于民主党自身而言，民主党人是亲印度和亲俄国的，这有利于我们同中国人打交道。

霍尔德曼：是的。

基辛格：我们是亲巴基斯坦和——

尼克松：事实上，我能提出一个建议吗？在你（和中国人）的交谈中，有没有什么方法能让他们明白——有没有什么方法你能表示一下，民主党是什么样的，民主党的支持者是什么样的，类似这种的问题。或者，你认为他们显然都能看明白？

基辛格：我不这么认为，这就是为什么我下个星期想去见他们的原因。我想去告诉他们——

尼克松：是的。

基辛格：——民主党控制的国会正在对巴基斯坦施加压力。

尼克松：现在，关于巴基斯坦——但是我也是想让他们知道——

基辛格：关于俄国。

尼克松：——民主党候选人正在把我们推向苏联一方。我想把这个问题说清楚：我们——

基辛格：我会提到这一点。

尼克松：以及这样一点，我抗住了要求先访问苏联的压力。

基辛格：好的。

尼克松：我想我们可以——我们可以从中得到一些好处。你知道我们已经讨论过了这一点。我们不妨也从中得到些好处，对吗？

基辛格：当然。

尼克松：难道你不这样认为吗？

基辛格：绝对的。

尼克松：我们的确——总统承受了压力。民主党人——就说他的民主党的对手们正在火上浇油。确实如此。

　　　　　　　　　　……

基辛格：然而与俄国人相比，中国人现在更加担心日本人。

尼克松：他们是会这样想的。

基辛格：并且——

尼克松：你知道的，最有意思的是：我们到底能做些什么？你将要告诉巴基斯坦大使什么呢？到底你能告诉那个王八蛋什么？不好意思，我是指印度大使。

基辛格：我会告诉他："我只是想让你明白一件事情。如果你——如果在次大陆发生战争，不管怎样，我们都会采取行动反对你。"

尼克松：是的。

基辛格："然而你的发展计划就白费了。如果你想——如果你认为你能顶住国内压力投入苏联军队的怀抱，那你就去做吧。"

尼克松：没错。"你正在做一个明智的选择。"这么说——我想说这点："总统想让你知道。"——告诉他这点，这么来说——"总统想让你知道他不想看到这种事情的发生。总统是印度的朋友，他希望印度成功。他这样说过，并且他的确是这样想的。但是据他了解，然而，总统希望，认为那是他的——那是你的义务。"——告诉他，总统想让他知道在这个事件中，他们如果决定要在次大陆进行战争，并且要站在苏联一方，他们就已经做出选择了。所以，我们——这是他们的选择。但是，我们还是应该从另一个角度看待问题。

基辛格：我们已经——

尼克松：然而我们应该换个角度来看。并且，在这种环境下，尽管我会后悔，我们应该改变一下立场——和意图。而他们会大吃一惊。"总统"——"现在，大使先生"——你说你能处理好这个——你说："现在，大使先生，你知道我个人的想法是什么了。"给他一些关于你是多么爱印度人的废话。然后说："现在——"

霍尔德曼：（笑声）

尼克松："——但是，我只是想让你知道——"

基辛格：如果真有上帝的话，我一定会遭到惩罚的。

尼克松：好吧，然后，你继续说："我只是想让你知道，总统——你务必不要低估。你知道的，我必须——"告诉他，要把我束缚在柬埔寨问题上是多么困难。"你知道的，我试图把他的精力束缚在老挝和中国问题上，但是他不打算这样——他——我都无法向你形容他在这件事情上的反应是多么强烈。"告诉他："我不可能告诉你，大使先生，他对战争的反应是多强烈。在援助的问题上，在运用我们的影响力去争取达成一份政治解决方案的问题上，在难民问题上，或者在给印度提供帮助的问题上，他都是慷慨大方的。但是一谈到战争，他则是完全相反的态度。"我真想把这根该死的木头扔给他。

……

基辛格：并且，我们如此细致地给了他们（中国人）很多激励。

尼克松：事实上——好吧，通过如此细致的方式，并且通过让他们知道我们——你现在正在做的最好的事，就是让他们知道苏联告诉过你的所有的事情。我的意思是指——

基辛格：没错。

尼克松：——我们打算和他们合作来对抗苏联，这是非常好的。

基辛格：没错。那么，现在印度人在做些什么呢？

尼克松：是的。他们真的恨印度人吗？他们一定真的——

霍尔德曼：他们恨印度人？

基辛格：不，他们瞧不起印度人。

尼克松：嗯？

基辛格：他们瞧不起印度人。

尼克松：他们是这样吗？

基辛格：哦，天哪。

尼克松：我们能做些什么呢——关于苏联？我们下一步做些什么呢？

基辛格：在接下来的十天里，他们将带着一些问题来找我们，事实上，现在我们对这件事并不十分着急。

尼克松：是的。但是我的观点是：你是否认为这会有一些，是否认为他们有可能会想要进行某种形式的会面吗？

基辛格：我认为现在有80%的概率。

尼克松：甚至是在中国的会议之后？

基辛格：是的。我告诉他们——

尼克松：是该在这个时候出现，这是当然的。

基辛格：我已经告诉他们，已经没有什么好考虑的了。

尼克松：那么他们为什么要这样做呢，亨利？他们与中国人不同。在关于谁应该赢得大选的问题上，中国人有着复杂的情感。但是，该死的他们却想把我们揍得屁滚尿流，亨利。

基辛格：除了在中东问题上。

尼克松：是的，那是他们狂妄自大。

基辛格：所以——

尼克松：他们意识到在中东问题上——？

基辛格：但是也——

尼克松：除了公众情绪——

基辛格：不，我会告诉您为什么我认为——

尼克松：——他们能够在任何一天拿下以色列，如果他们想先来点开胃菜的话。

基辛格：是的，但是他们害怕我们会保护以色列。

尼克松：很好。他们知道如果民主党人上台，他们可能会这么做，而我不会。是这样吗？

基辛格：是的。

尼克松：好的。

基辛格：不过——但是，如果他们仍然对您抱有敌意的话，那最主要的原因是他们担心您在北京的所作所为。所以，他们希望对北京的访问——他们希望——您搁置这次访问。

尼克松：我明白。

基辛格：——以便您不会，以便把您的关注限制在北京峰会的问题上。我们，反过来，想要事情这样发展，因为它有助于使莫斯科对北京的事情耿耿于怀。它可以确保——

尼克松：对的。

基辛格：——对于北京的访问。毕竟，当我把您的信交给多勃雷宁的时候，我甚至没有提到峰会的事。他说："这里没有提到峰会，这意味着总统已经对此失去兴趣了吗？"他说："因为我能告诉你，以非正式的方式，莫斯科的最高层正在考虑它，很快会给出一个答复。"然后他接着说："理由，我不是"——说到他自己——"他们没有让我去度假，是因为他们想让我传达这个答复，这项对你们的提议。"

尼克松：嗯。好吧，无论如何，我们等着瞧。

基辛格：但是——不，我认为这个答复是会做出的。并且，对于我们来说——我们的状态会很好。因为如果峰会于5月中旬在莫斯科召开，那我们就知道在此之前中东地区不会有什么大事，因为他们将管教好埃及。

尼克松：是的。

基辛格：这件事和印度问题是两个大问题。

尼克松：是的。

基辛格：那就意味着，我们明年会度过较好的一段时间，而且他们也不会在峰会之后立刻就挑事。

尼克松：嗯。

基辛格：我们可以让这两件事情相互制衡。

尼克松：没错。

……

尼克松：回到俄国人的事情上来——我的意思是，印度人的问题，是的，他们真的想要教训巴基斯坦，但是他们也确实不希望在那里发生一场战争。

基辛格：不，但是他们就是一堆臭屎，请您原谅，我想说——中国人做所有事情都很大气。他们和你达成协议后，会努力让你很体面。让我们看一看他们（苏联人）是怎样处理这场限制战略武器会谈的事吧。

尼克松：是的，这些俄国人。

基辛格：吝啬、卑鄙、小气。

尼克松：我知道。

基辛格：并且他们正在筹划——他们正在印度做的就像是先点燃足够多的汽油，把每个人都赶走，然后再祈祷这场火不会引发一场大爆炸。

尼克松：这和他们在中东所做的一模一样。

基辛格：和他们在中东做的一模一样。

尼克松：嗯，我——六月战争是俄国人引发的。

基辛格：被俄国人的愚蠢引发。

尼克松：俄国人带来了那场战争。确实是他们干的。

基辛格：绝对没错。

尼克松：他们之前也这样帮助过埃及人——在战争之前，直到战争爆发前的最后一刻。而在开始之后，他们说："让我们来一起解决它吧。"不过，只有当他们知道印度人被打败之后，他们才这么说。现在，他们在这场战争中扮演了一个很悲惨的角色。

基辛格：你说得对。绝对是这样。绝对是这样。现在他们所做的，他们现在反过来以这样的方式来对待巴基斯坦。

尼克松：你真的认为这些是他们真正在乎的吗？

基辛格：哦，是的。当然，还有中国人。

尼克松：好的。

基辛格：他们现在正在给自己赚点小便宜。我敢打赌，当我们看到那个条约后——我们暂时还没有拿到全文——一定会发现那里面没有任何具有实际意义的正式的法律义务。

尼克松：嗯。

基辛格：但是，它足够给人以心理支持。

尼克松：我们必须要同——殊死战斗，好吧，谢天谢地，国会的问题已经不存在了。因此我们至少能有三到四个星期可以不用担心印巴方面的问题。

"我永远都不希望看到苏联到处都占据优势地位。"

1971年8月10日，上午10：05

理查德·尼克松、斯皮罗·阿格纽（Spiro Agnew）、梅尔文·莱尔德、戴维·帕卡德（David Packard）、参谋长联席会议成员[托马斯·穆勒（Thomas Moorer）、埃尔默·朱姆沃尔特（Elmo Zumwalt）、约翰·瑞安（John Ryan）、威廉·威斯特摩兰（William Westmoreland）、伦纳德·查普曼（Leonard Chapman）]、亨利·基辛格和亚历山大·黑格。

内阁会议室

同参谋长联席会议一样，梅尔文·莱尔德在限制战略武器会谈的问题上态度极为强硬。他的主要顾虑在于，不希望拿美国在反弹道导弹系统上的优势做交易，除非以此来换取苏联在进攻性武器问题上做出让步。莱尔德感到，苏联在进攻性武器方面极为强大，如果美国掉以轻心，那么它可以轻易地摆脱《限制战略武器条约》的限制而变成比美国更为强大的国家。

在今年的早些时候，莱尔德沮丧地看到基辛格愚蠢地先是将潜射反弹道导弹的议题移除出限制战略武器谈判；而后又浪费了许多时间，做出了许多让步，将这一议题重新纳入谈判之中。作为内阁成员中的一员，莱尔德十分清楚基辛格正在主导的秘密谈判的意义，他断定基辛格和尼克松都充分认识到了"战略武器"所包含的范围，而在这场两个超级大国的对峙之中，双方面临的问题都是独一无二的。

……

朱姆沃尔特：在第五张图表中，我将向您展示为什么我认为我们有能力向您提供帮助。我很乐意谈谈这个话题。正如穆勒上将所言，我们希望目前的核僵持在未来能够延续下去，如果能成功地通过《限制战略武器条约》达到这一点那是最好的，否则我们就通过继续在战略武器上增加投入来实现。但是这种僵局意味着核武器不是一件可以使用的工具；它仅仅是一把必不可少的保护伞。如果这种平衡延续下去，那么就只能利用适当的常规军事力量解决问题。我的——

尼克松：在我们继续这个话题之前，请允许我打断一下。梅尔，我注意到史密斯放弃了全面禁止反弹道导弹的提议。现在，据我所知，所有的参谋长联席会议的成员都持反对意见。

莱尔德：总统先生，参谋长联席会议——

尼克松：禁止反弹道导弹系统，就我——一个全面禁止反弹道导弹系统的协议，在当前阶段。亨利，我说得对吗？这是我们现在正在讨论的协议吗？

基辛格：嗯，史密斯想要用全面禁止反弹道导弹协议换取——

尼克松：换取什么？

基辛格：换取5月20日协议中的反弹道导弹部分。

尼克松：是的。

基辛格：没有改变任何已经达成的关于进攻性武器的谅解。这就是参谋长联席会议所反对的 [******]——

莱尔德：我们反对。参谋长联席会议和国防部也反对。总统先生。如果你支持禁止反弹道导弹，那么你就必须更改进攻性——

尼克松：是的。

莱尔德：——我们已经提出的。

尼克松：花一秒时间讨论一下这个问题。我的意思是，当我说"一秒"，我是想说你用多长时间都可以。我没有打断你的意思。我只是——当我们开始讨论的时候，我们假设我们已经达成了一份限制战略武器的条约。让我们一起来看看你正在谈论的到底是什么。为什么——我们争论的问题到底是什么？为什么禁止反弹道导弹系统比[******]国家指挥中心加上两套民兵导弹系统（Minutemen）更糟糕？你们对此怎么看？

216 莱尔德：总统先生——

尼克松：我想我知道的，但是我只是想听听你们的意见。

莱尔德：从军事的观点来说，很难为两个地点部署反弹道弹道的方案做辩护[1]。

尼克松：是的。

莱尔德：支持两个地点的方案是基于，这一方案可以扩展为12个地点的方案。

尼克松：是的。

莱尔德：在限制战略武器会谈中我们已经搁置了一份提案，这份提案从长期看，确实将使苏联在进攻性武器方面获得优势。如果我们放弃我们已经拥有的按照目前的路线继续发展防御系统的能力，采取全面禁止反弹道导弹系统的方案，不提出我们在限制战略武器会谈中提出来的关于进攻性武器的建议的话，我相信它有可能——威胁到我们的安全计划。所以，参谋长联席会议和我所持的立场是：不，不要在这个时候搁置禁止反弹道导弹协议，除非你愿意同时对进攻性武器进行最大程度的削减。

基辛格：那么，如果你这样做的话，那么5月20日的协议将付诸东流。

尼克松：没错。

基辛格：那么，我们就回到了去年1月开始综合谈判时的状态了。

莱尔德：亨利，这取决于，这个取决于你把哪个日期与5月20日的行动相关联。

基辛格：好吧——

朱姆沃尔特：在进攻性武器方面，你是否有权自由设置一个自动生效的、却恰好会带来麻烦的日期。

尼克松：对。但是——

---

1 1972年5月26日，苏联领导人勃列日涅夫同来访的美国总统尼克松在莫斯科签署《限制反弹道导弹系统条约》。条约只允许双方按规定在各自的首都周围和一个洲际弹道导弹地下发射井周围部署反弹道导弹系统。

基辛格：但是，如果这也算一条出路的话，那么这会把我们引向达成一份包括进攻性武器和防御性武器在内的全面协定。我们试图在5月20日达成一份限制反弹道导弹的条约和一份临时性的限制进攻性武器的条约，它们可以成为达成全面条约的桥梁。所以，梅尔文的建议将会融入谈判的第二个阶段。也就是说，我们能够在第二阶段谈判中继续保有全面禁止反弹道导弹的条款，并将这些条款同削减进攻性武器挂钩。我同意参谋长联席会议和梅尔文的意见。但我认为，如果我们想要尽快达成一份协议，那我们就必须坚持5月20日协议的框架。

尼克松：你们同意我们应该保持5月20日的——？

莱尔德：是的。但是，我有一些问题关于——

[******]尼克松：这没事。你慢慢说。

莱尔德：总统先生，我对这个方案第17条和第20条——中的日期有些疑问，因为它确实给了苏联，如果这个就是我们能达成的唯一的协议的话——我们假设我们无法再达成其他协议，并在这一前提下思考——它让苏联能够有机会到1974年或1975年拥有更强的军事力量。我永远都不希望看到苏联到处都占据优势地位。我可以接受平起平坐，但我认为如果我们不达成后续协议的话，那这份协议就会使苏联有机会取得优势地位。我认为这也是参谋长联席会议的意见。

穆勒：是的。如果这份临时性协议成为最终协议的话，那未来的情况确实会是如此。我不知道，先生——

基辛格：但是临时条约中保留了一项条款，即如果随后没有达成永久性协定，那这份临时性协议将在一年后失效。

莱尔德：但是，亨利，我担心的是：取消这一条约对于美国来说更困难。我认为对苏联来说，撤销这个条约相对更容易点，因为我们整个政治体系实在是太——相对于苏联，我们撤销这一条约要困难得多。

尼克松：好吧，在全面禁止反弹道导弹问题上的困难——它只是一个简单的问题。禁止反弹道导弹，还有冻结武器数量，基本上——那是在他们的进攻性武器方面——意味着就我们自身而言，在两方面都处于劣势。

朱姆沃尔特：非常正确——

尼克松：正确。对吧？这就是为什么——

朱姆沃尔特：在这两方面都正确。

尼克松：是的。所以，亨利，这也是为什么无论如何也不能让史密斯在这一问题上继续下去。

基辛格：我同意。

尼克松：把这个给他说清楚——

基辛格：我会给他发信息。

尼克松：他必须如此。看看他的所作所为。这绝不是一份谅解协议。我们不会冻结我们自己。我们永远都可以说："好吧，没错，我们不会拥有任何反弹道导弹。"但是看看这些图表吧，我们除了武器数量外，已经全面落后了，这主要是由于分导式多弹头导弹——大体上，如果有人把它们也禁止的话，那我们在这一方面已经落后了4到5年。所以，我们不想现在就冻结。对吧？是这样吧？

莱尔德：总统先生——

[******] 基辛格：我们不想全面禁止反弹道导弹系统。

尼克松：[******] 确切地说。如果我们禁止反弹道导弹系统，按照5月20日的协议，我们将把自己冻结在老二的位置上，一个劣势位置上。不是吗？

莱尔德：是的。

穆勒：我再加上一点，先生，我们正在增加那些我们在技术上领先的武器的数量。

尼克松：的确。您说，司令。

朱姆沃尔特：好的，先生。所以，我用"重要军事力量"（relevant power）代指特定的常规武器。在图表六中，我向您展示了一些我认为有代表性的例子——已经装备部队并成功用于实战的武器，或者是重要军事力量。左边的一栏，就是这些——这些都是成功的。海上力量包括海军陆战队，当然，还包括他们下属的3个师的海军航空兵。我们明显要把它加到左边这列里。右边这列较短，因为决策者通常要估算预期结果，因此他们会发现其他的途径，或者选择放弃，这3个把您导向这里。当然，任何一位总统的选择都取决于他是否拥有重要军事力量。

现在，在图表七中，我会展示重要军事力量是怎样变换的。例如，在第一行中的这个词"威胁核攻击"，和在"战略核武器"一栏下面的这个"X"，意味着在五六十年代只有这些武器才被视为重要军事力量。正如之前讨论过的那样，核均势使得这种威胁变得不太可能了，尽管在第二次世界大战的末期，杜鲁门总统对斯大林的威胁迫使斯大林退出了以色列。它们曾经确实是重要的军事力量。

第二行至第四行展示了欧洲的情况。北约核心区域在五六十年代所面临的威胁的变化——参考第二行。北约南北两端的情况——参考第三、第四行。核心区域更为稳定是由于：人们将核武器与常规军事力量、不大稳定的华沙条约组织、苏联对中共部署在中苏边界的军事力量的担心挂起钩来。北约侧翼的不稳定则是由于苏联在侧翼的活动以及苏联海军实力的增强。我刚刚结束了对中、北欧7国的访问。我发现不仅仅是这些国家的海军将领们，而且所有这些国家的防务官员们都有这样的看法。在很多情况下，这些国家的国防部长也有这样的想法。从本质上看，他们发现芬兰正在拉脱维亚化，瑞典正在芬兰化，而挪威在接下来的五年中，将逐渐瑞典典化。

……

朱姆沃尔特：现在的军事情况如何呢？在图表十中，我将比较美国与苏联的军事力量，讨论一下我们该如何部署他们。对于图表十一，穆勒将军也讨论了这些问题，而我将指出，在右边的幻灯片中，右侧的图片中，分导式多弹头导弹的增长很大程度上是由于北极星式潜射导弹（the Polaris）和海神式潜射导弹（the Poseidon）的部署。这些武器装备在本质上代表了先发制人的打击能力。现在，在图表十二中，我向您展示全部的——

尼克松：等一下，我能问一个问题吗？那些大力神导弹效果好吗？

瑞安：是的，长官。首批的3枚已经部署——

尼克松：是吗？

瑞安：他们是相当可靠的。测试结果看上去极为喜人。

尼克松：事实上，唯一——穆勒将军向我们展示的这些图标中唯一积极的事是——坦率地说，我很惊讶——就是关于弹头的条款。但不包括分导式多弹头导弹吧？好吧，顺便提一下，那些蠢货正在企图让我们停止部署分导式多弹头导弹，这会比停止部署反弹道导弹更糟糕。对吗，梅尔？

219 莱尔德：是的。

[******]

尼克松：这非常有趣，亨利，为什么——为什么苏联对停止部署分导式多弹头导弹不感兴趣呢？

某人：因为他们想要 [******]——

某人：好吧，因为投送重量——

某人：他们拥有巨型的SS-9型导弹。

（笑声）

某人：由于SS-9的投送重量巨大。他们能够装配许多个分导式多弹头导弹在上面——

基辛格：因为他们落后于我们。

[******] 尼克松：并且，看起来，他们也想发展这种能力。他们发现我们已经——

某人：他们已经开始了相关的研发项目。

穆勒：这是毫无疑问的，先生，他们将会——

尼克松：你认为他们可能已经拥有了分导式多弹头导弹？

穆勒：不是的，先生。

尼克松：我们不能——我们不能确定吗？

莱尔德：好吧，我们认为他们可能已经拥有了分导重返大气层运载工具——

尼克松：是的。

莱尔德：——在少量SS-9型导弹上面。但是我不想陷入关于这些弹头是否拥有独立瞄准能力的争论中。但是他们最迟会在1972年至1973年间拥有这一能力，总统先生。

尼克松：让我问戴维（·帕卡德）一个问题。戴维，你知道的，你从一个科学家的视角或者其他的视角来看看吧。我的意思是，你知道的，我们一直在讨论反弹道导弹以及分导式多弹头导弹等问题。但是，你真的——非常有趣的是，似乎总是这些问题成为人们关注的热点。很难意识到这一点。大约一年以前，18个月以前，分导式多弹头成为热点；所有的人都对分导式多弹头导弹大加指责，你知道的，他们说：“我们必须停止装备分导式多弹头导弹。"你怎么看分导式多弹头导弹？鉴于它拥有如此大的投送能力，你会说，它是不可或缺的吗？我们拥有的优势，不论我们拥有什么优势，都必须通过发展分导式多弹头导弹系统来维持吗？

帕卡德：哦，总统先生，我认为确实是这样的，除非——

尼克松：就像我所理解的那样，它是有意义的，对吗？好吧，让我们——

帕卡德：总统先生，我建议，在减少运载工具总数的问题上达成一致，以便它们在数量上大体相等。

尼克松：是的。

帕卡德：分导式多弹头导弹是我们拥有的一个巨大优势。让我谈谈——

瑞安：民兵式导弹——

帕卡德：——瑞安将军——

[******] 帕卡德：——民兵-3型导弹。我刚刚看了这个项目。这个设计分导式多弹头导弹的项目——

尼克松：好的。

帕卡德：——这个项目属于空军。这一型号与其早期型号相比，发射准备时间更短。民兵-3型导弹配备了3枚分导式弹头，精度都有所提高，现在一枚分弹头就极有可能摧毁之前用一整枚民兵-1型导弹才能摧毁的目标。

尼克松：嗯。

帕卡德：所以，这个项目让我们的核打击能力得到了很大提升，这一优势使得我们可以抵消数量上的劣势，而我则将分导式多弹头导弹项目视为我们唯一可以用来平衡对方的砝码。这一项目最初被用来对抗反弹道导弹系统，但我认为现在必须从抵消对方不断增长的核打击能力的视角来看待这一项目，并且这一项目让我们更为灵活地打击中国境内的目标——中国的核实力正在迅速提高。所以，我会把它视为一个非常重要的项目，无论在任何情况下我们都不应该放弃。

阿格纽：总统先生，我能问一个问题吗？

尼克松：问吧。当然可以。

阿格纽：我之前问过这个问题。我不确定我对答案的理解是否正确。如果您通过限制投送载具来限制进攻性武器，那么基于对方已经拥有的百万吨级TNT当量的投送能力，那难道他们不会在符合条约规定的情况下，凭借技术改进和研制分导式多弹头导弹来获得远超我们的核打击能力吗？

朱姆沃尔特：这取决于他们能够将多少枚分弹头装备在SS-9型导弹上。例如，我们能将10枚分弹头装备在北极星型导弹上——

尼克松：你们可以在北极星型导弹上装备10枚分弹头？

朱姆沃尔特：是的，总统先生。我们最多能够装备14枚；但是我们仅仅装备了10枚——

尼克松：唷——（表示松了一口气。——译者注）

朱姆沃尔特：所以就是10到15枚[******]，情报评估部门认为SS-9型导弹可以装备3枚。我认为如果他们得到我们的技术的话，那他们就可以装备20枚在上面。

阿格纽：伦纳德（·查普曼），对于这项技术我们要目光长远，尽管我们对于这个技术已经很精通，我们仍然存在投送重量方面的问题。最终，随着导弹发射井越来越坚固，投送重量也会有全新的意义。相比于诸如投送载具，难道我们不应该更多地考虑限制投送重量的问题吗？

查普曼：不，这就是为什么——

尼克松：他们不会同意的。

查普曼：这就是为什么——

莱尔德：但是，这就是我们关注这一问题的一个原因。但是，我也认为我们应该时刻谨记，我们的实验和研发项目，它们是如此重要，我认为我们仍然能相对于他们保持领先。我们仍能利用民兵型导弹做更多的事情，如果它的精确度能够提高的话——

某人：以很小的代价——

莱尔德：——我们能够以很小的代价来做这件事，因为我们拥有远远超过苏联的科技能力。对于保持我们的领先地位来说，这是很重要的。

尼克松：让我来谈谈，我认为，当然，这很重要[******]，预算很高的项目不会上马。我再强调一下，你们对这个领域很精通——我认为我们必须依靠提高科技水平来发展军事力量。在5月20日协议中，这是允许的，对吗，亨利？

基辛格：对的。

尼克松：双方。现在，这是我们必须做得更好的地方。我的意思是，在涉及更高的标准，在涉及计算机以及其他相关类似事情时，我们必须要做得更好。这是苏联人担心的一个原因。在这个方面我们做得更好，不是吗？

帕卡德：您说得很对，总统先生。

尼克松：而且我感觉在研究和发展，"研发"——不仅仅是在研发领域，还有在应用等领域，技术突破可能才是决定性的。

某人：以提高精确度——

[******]

某人：提高精确度是——

[******]

尼克松：的确。有一件事情——我们讨论这些大规模武器，并且——但是其中一点——我的意思是，毕竟，10枚分弹头中任何一枚爆炸——北极星型导弹上的10枚分弹头中的任何一枚的爆炸都是毁灭性的，是吗？

朱姆沃尔特：没错。

尼克松：如果它是精准——

帕卡德：尽可能地使其精准——

朱姆沃尔特：它是——它很容易在——

尼克松：它就像——它就像用霰弹枪或者步枪打击——

帕卡德：没错。

尼克松：霰弹枪能让一个人遍体鳞伤，但是只有步枪才能够射穿他的心脏。

帕卡德：但是当你碰到那些人——

尼克松：对吗？

帕卡德：——他们会说："看，你们正在提高精确度。这使得你们拥有了第一次打击能力。"并且，如果这种发展了——

[******]

帕卡德：——我们已经——在这个问题上发生很多争论。

尼克松：我知道。我知道。但是你们看，有一点我已经——我想我们必须，我们必须——有一场真正的战斗，需要去确定——在这个问题上，这一次，我们不是仅仅讨论《限制战略武器协定》的任何种类，等等，我们不会把过多的经历用在限制精确度方面，因为这是无法限制的。对吗，亨利？

基辛格：是的。当我们讨论针对中国的战略规划时，我们面临的一个问题是不能用民兵导弹对付中国，因为民兵导弹会从苏联国土上空飞过。因此，如果我们想要去用它——去对付中国，我们必须要在10年或15年内拥有足够的先发制人的能力。因此，有鉴于此，我们必须使用飞机或者北极星式导弹。但是海神式导弹——因此——精确度绝对是关键的。

尼克松：你认为，针对中国而言，我们需要多长时间才可以拥有先发制人的能力？

基辛格：我们已经说过了，大约10到15年的时间。

穆勒：[******]25枚导弹。

基辛格：是的。是的。这是我们应该——

尼克松：先发制人的能力取决于北极星式导弹和飞机——

帕卡德：还有航空器。您看，没法在不经过苏联国土上空的情况下打击中国——

尼克松：是的。

[******]

尼克松：[******]在这方面，我们的飞机变得更为重要。

朱姆沃尔特：空中的灵活性。

尼克松：但是，真的，比它们在对付苏联时更加重要[******]——

基辛格：还有，我不相信——好吧，大多数人不相信——无论精确度多高，北极星式导弹都不会非常有效地摧毁非常坚固的苏联导弹发射井。但它们却足以摧毁中国任何的——

尼克松：是的。

基辛格：——在可以预见的将来。

朱姆沃尔特：好吧，如果我们得到卫星－惯性制导技术，那我们就可以低于300米的高度，并且拥有更高的准确度。所以，导航将——

尼克松：好吧，司令官，你继续讲。我们打断你了。

朱姆沃尔特：我想说的最后一件事和战略武器有关，总统先生，在图表十二中。这个表展示了用地面部队[******]1971年2月。在右边，花费——1973年至1977年间战略武器预算的22%将用于这3个型号的弹道导弹。能够运输43%的百万当量级和73%的独立目标武器，这得益于海神式导弹非常高的作战能力。

现在，在图表十三中，我向您展示了去年我所展示的 10 个表格中的 5 个，它们展现出了常规力量方面的持续变化。在左上方，"237%"这个数字向您表示出，在大多数舰艇类型上，他们要以每年建造 2.5 艘的速度才能在未来 5 年中超过我们的建造数量。在右上方，他们的导弹运载平台的数量在 10 年之内已经增长了 4 倍。在左下方，他们的商船在数量上已经超过了我们，不久在载重吨位上也要超过我们。而右下方显示，他们的船是新的，而我们的船是旧的。

尼克松：这全都是美国自己的情况，没有——没有将英国和其他国家计算在内，是吗？

朱姆沃尔特：没错，长官——

尼克松：仅仅是美国与苏联之间的比较。

朱姆沃尔特：然而，我将向您展示——

尼克松：好。

朱姆沃尔特：——下一页的结论。最让人担心的事情是，他们的潜艇部队持续增长。这向您展示出，他们的攻击型舰艇的数量，不包括导弹艇在内，要比我们多 3 倍。他们比我们拥有更多核潜艇，而到 1973 年的时候，他们拥有的核潜艇将比我们的柴油动力潜艇和攻击型潜艇加起来还要多。更坦率地说，下面的表格向您展示的是，他们控制噪声水平的技术正在迅速赶上我们。

尼克松：尽管我们在这方面正在做得更好？

朱姆沃尔特：是的，先生。据我们估算，我们的潜艇在 60 年代同苏联潜艇的战损比是 1∶5。现在这一数据降到 1∶2。如果他们每年建造 12 艘，而我们每年建造 5 艘，那他们很快就能赶上我们。

……

朱姆沃尔特：苏联渴望达成更为有利的《限制战略武器条约》的野心，以及您面临的在限制战略武器会谈方面、在相互均衡裁军（Mutual and Balanced Force Reductions，MBFR）方面、在中东方面达成一个更为不利的条约的压力，都在逐步增大。在共同解决东南亚军事冲突的问题上或是在您的中国之行后接受您的提议的问题上，莫斯科方面与北京方面愿意同我们一起合作的意愿都在减少,此外我们1973年的预算也在缩减。

"我们给了俄国人当头一击
——而他们则邀请我们访问。"

> 1971年8月11日,上午9∶15
> 理查德·尼克松、鲍勃·霍尔德曼和亨利·基辛格
> 椭圆形办公室

在回顾1971年外交方面的进展时,尼克松和霍尔德曼讨论了基辛格所做出的贡献。之后,3人一同讨论了他们目睹的新变化。尼克松十分坦率地谈了他所认为的他的大胆风格的成功之处。他还严厉批评了政府中的许多高级官员。

……

基辛格:他们正在开一个为期3天的关于柏林问题的会。(英、美、法、苏4国自8月10日至8月23日在西柏林的盟国管制理事会大楼协商关于解决柏林问题的《四强协定》的最终条款。)

尼克松:谁?国务院那帮人吗?

基辛格:不,不。是4个战时同盟国。而且问题是如何让法国人(大笑)——

尼克松:嗯?

基辛格:——闭足够长时间嘴,好让俄国人有机会做出已经商量好的让步。
我们准备了一份材料,上面的内容大家都同意。但是我们还是要走——

尼克松:是的。

霍尔德曼:要走个形式,好让法国人保持安静。

尼克松:没错。

基辛格:我们要走个形式。按照商量好的方案,俄国人会先提出很极端的要求,然后再做出让步。

……

尼克松：亨利，关于另外一件事，你和鲍勃谈了多少？只是跟他提了提？

基辛格：我只是暗示了——顺带提了提。我还没有——

尼克松：嗯，你和他谈过会议的事情了吗？

基辛格：路上谈过——昨晚一起上船的时候。（尼克松和基辛格前一天晚在总统的"红杉"号游艇上共进晚餐。）您说的是俄国那件事？

尼克松：对。

基辛格：我没告诉过他任何细节。

尼克松：你的意思是没有告诉过他细节，但是一直向他暗示可能会开会，对吗？

基辛格：没错。

尼克松：一次峰会或者类似的会议？

基辛格：对。

尼克松：嗯，嗯。鲍勃，我之所以想让你参与进来，是因为我想强调，这事必须保密，对这件事保密的重要性可能比对关于中国那件事保密还要重要十倍。因此，也要对埃利希曼保密。当然，对彼得森、斯卡利和齐格勒也不能说。尤其是埃利希曼，因为，怎么说呢——我不希望你把这话传出去——他是唯一一个我确定会主动从你那里套话的人，因为他非常——

霍尔德曼：我不会对任何人透露任何信息的。

尼克松：当然，我知道你不会。不过我想说的是——再提几个名字。对约翰·米歇尔（John Mitchell）也要保密。

霍尔德曼：好的。

尼克松：还有约翰·康纳利。

霍尔德曼：对。

尼克松：要是我们对他俩中任何一个透露了这事却没告诉阿格纽的话，他肯定会大发雷霆。好了，这件事情的要点就是，苏联方面回复了——很积极，也很简短。亨利马上会与多勃雷宁会面——具体什么时候？

基辛格：下周二，我从巴黎回来之后。

尼克松：会面的目的是为会议定下时间。我们计划把会议定在5月——5月

20 号与 6 月 1 号之间。

霍尔德曼：5 月底。

尼克松：这样同苏方的会议就定下了。他们也提议在 5 月或 6 月开会，不是吗？

基辛格：是的。

尼克松：因此我们——这样的话安排就一点不会冲突了，我不介意多开一个会——我觉得最好在 5 月底。

基辛格：我同意。

尼克松：至于具体日期，5 月 25 号或者 5 月 27 号都行——差不多就在那一段时间。只是——

基辛格：我的 [******]——

尼克松：5 月 28 号也可以，开到 6 月 3 号左右结束，这都没关系。你明白我的意思？

基辛格：明白。

尼克松：因为那样的话——能赶上好时节。天气会更舒服一点。现在这事就交给你了，不过如果他们想要早一点开会也可以。现在——

霍尔德曼：不担心和初选计划发生冲突吗？换句话说，要不要先看看初选的安排再定？

尼克松：我觉得——那些安排一直都不太重要。

霍尔德曼：嗯——

基辛格：我想加利福尼亚——

霍尔德曼：——不论具体如何操作。加利福尼亚州的初选毕竟是第一场初选。时间在 6 月的第一个星期二。

尼克松：是这样，不过——具体是几号？

霍尔德曼：不清楚，我现在查一下。

尼克松：嗯。对了，你们觉得我们要参加竞选吗？

霍尔德曼：哦，这是问题的关键。这要看您的打算——我们至少应该考虑是要竞选连任还是——

尼克松：还是不参选。在 3 月，这件事比中国问题更重要，亨利。它们是在 3 月初。

基辛格：是的。第一场在——

霍尔德曼：6月6日（加利福尼亚州初选）。

尼克松：可以，时间没问题。

基辛格：我认为——

尼克松：不，不行，那太晚了。

基辛格：我觉得这样是不对的，总统先生。当我们告诉中国人访问计划时，我们——中国人，毕竟首先问了我们——

尼克松：必须在5月。好吧。我们必须5月做这件事。想想办法，就在5月。至于另一件事，你安排在3月——

基辛格：我觉得3月前十天中任何一天都可以。

霍尔德曼：之后还有其他州的初选——佛罗里达州和威斯康星州的两场重要初选都在明年，分别是（在）3月和4月。

尼克松：嗯，你说过我们4月就要去那儿了。

霍尔德曼：在那之后。

尼克松：好的。

基辛格：嗯，如果您从——

尼克松：3月？

基辛格：如果您在3月的第1周去北京的话，就会和新罕布什尔州的竞选活动冲突。

尼克松：嗯，新罕布什尔州的竞选活动其实主要被安排在整个2月和3月的部分时间。但是我们不能说我们在4月之前哪儿都不去。

基辛格：不，不。这没关系。我的意思是，它能全面影响这次——如果这次出访——

霍尔德曼：没错，但是一方面，不去影响民主党的竞选还是有一些好处的。

尼克松：嗯——

霍尔德曼：还有个问题，是否会有人借此诋毁您，说这次出访是为了影响选举。

基辛格：不，我们不会在初选时出访——不，我特意安排了，两次出访都会和初选错开。

霍尔德曼：好。

……

基辛格：那么，我应该怎样同中国人商定日期？这很重要，因为——

尼克松：（佛罗里达州）初选是几号？14号？

基辛格：噢，对不起。

霍尔德曼：这是另一件 [******]——

基辛格：因为现在我们得做点改变。原来打算的是，在我访问北京前不给中方明确的日期——让这件事悬着。但是既然现在我们要在9月和俄国人一起发布联合公告——

霍尔德曼：您在9月要和俄国人发布联合公告？

基辛格：没错，我的担心是：如果我们告诉俄国人虽然我们现在就能同意，但是公告要按原计划在12月才能发布——

尼克松：不，不——

基辛格：——然后我会在——之前去北京。

尼克松：嗯，是。

基辛格：——这岂不是摆明了打人耳光。

霍尔德曼：嗯。

基辛格：我们正在——

尼克松：但是有条件就该用。

霍尔德曼：在电视上，中国人——

尼克松：有了条件就要用。

基辛格：那么对付中国人的办法就是这样——如果您同意，总统先生。我想星期一就这么和中国人说：我们愿意定一个日子，具体哪天以我们商量的结果为准——

尼克松：对。

基辛格：——然后把这个日子告诉他们。但是我们希望这件事在我访问北京后再对外宣布。

尼克松：你觉得我们是不是应该给一个时间范围让他们选？

基辛格：好的，我会给他们一个时间范围。

尼克松：好。

基辛格：然后，我会说："你还记得我告诉过总理——"

尼克松："我告诉过你这件事要按顺序来——这可是第一位访华的美国总统。"

基辛格：对。我告诉过他，而且我会告诉他们我已经——

尼克松：大概四天？

基辛格：对。

尼克松：我们光会谈就要在中国待一周。

基辛格：我认为您要在北京待四天。之后——

尼克松：会谈。

基辛格：没错。

尼克松：嗯，我觉得需要一周。我们要———周左右——

基辛格：并且我认为如果他们，比方说——

尼克松：还有翻译的问题。访问苏联和中国需要两倍的时间——首先，有很多事要谈。第二，因为存在大量的翻译问题，所以会花费双倍时间。

基辛格：您一定不想和我有一样的经历。

尼克松：没错。

基辛格：当时的情况没办法，但是要一位总统那样就太危险了——

霍尔德曼：彻夜会谈。

基辛格：——每天10个小时。我的意思是，因为要是您不小心说错话——

霍尔德曼：除非这就是他们进行会谈的方式。

尼克松：嗯，但是——

基辛格：嗯，可是——

霍尔德曼：嗯，关键是中国人——

尼克松：好，到时候就知道了。

基辛格：不过我们可以不用全部谈完。

尼克松：但我们不会——如果能不这样更好。

基辛格：无论如何，总统先生，我打算这样告诉他们——告诉他们日期。我们会确定我访问北京的时间。不过我会提醒他们，我已经告诉过周恩来，您也在媒体会上说过，只要谈判到了一定阶段——具体程度在我去之前我们先商量好——在这样的情况下，我们就出发去莫斯科。

尼克松：好。

基辛格：现在看来柏林问题到了一个关键点。感谢上帝。

尼克松：是。

228

基辛格：而我还不能告诉他们（中国人）会还是不会[1]。不过，如果他们发出邀请的话，我们不能立刻拒绝，而要在我们访问结束的两三个月之后。而且我们还会提前一星期知会他们——

尼克松：但我们会——我们会宣布的，但我们——的访问会比他们的访问晚三个月。

基辛格：好。但我不会告诉他们这已经确定了。我还告诉他们，如果我们确定要宣布，那我们会提前五天或一星期知会他们。我不认为我想给他们一整个星期的时间。

尼克松：不给。

基辛格：此外，我还要告诉他们您还会去拜访日本天皇，这事儿他们可不喜欢。

尼克松：嗯。只是礼节性的拜访。他们会理解的。

……

尼克松：你和他们换位思考一下。比尔（·罗杰斯）和他手下的人都是骄傲的人，觉得自己很聪明。他们总是以为自己左右着外交政策，而事实上却根本不是，他们终于开始明白这点了。因为每到关键决策时，他们要么反对，要么压根儿不知情。限制战略武器会谈不是他们促成的，缅甸和老挝那边他们也没发挥什么作用。并且他们还为自己没参与这些事而沾沾自喜。他们对于大局毫无影响——相反，他们还每次都嘲笑我们的计划，给我们泼冷水。拿约旦那次来说，天啊，那次他们除了把事情搞砸外什么也没干。

基辛格：还有在西恩富戈斯那次，那次的功劳都被他们抢走了。

尼克松：事实上——其实——西恩富戈斯？天哪，那是他们的功劳吗？绝对不是。

基辛格：他们那会儿确实很拼命。

尼克松：我们当时也很强硬，而且更有谋略。这件事早晚会真相大白的。我并不介意时不时让比尔占点儿小便宜。但是，鲍勃，我们这次绝不能让国务院说出类似是他们催促我去做的这类话。这会很不利——

1　与俄方开会。

霍尔德曼：对。

尼克松：——如果这些话出现在媒体上的话。你同意吗，亨利？

基辛格：嗯，同意，否则就正中了自由党的下怀。他们正需要一个能迫使您做这些事的人。

尼克松：没错。

基辛格：在中国那件事上我们避免了这种状况。没有人——对那件事进行报道。

尼克松：嗯，正在讲这件事。这会——

基辛格：对，但是它还没有发生。我认为您应该把这事儿列为您主动发起的——

尼克松：好。

基辛格：——源自——

尼克松：好的，亨利，我明白——

基辛格：我可以在记者招待会上做些情况介绍。

尼克松：但是让我先说完——你可以继续做你的情况介绍，这是你的职责。不过，虽然现在看来有些尴尬，但是出于好奇，在上次谈到我们和葛罗米柯讨论过这事之前，我做了一些情况介绍。

基辛格：嗯。

尼克松：他们知道得真他妈清楚——

基辛格：不过我觉得我们可以把它和——相联系。

尼克松：你还记得吗？——我们早该想到——我们穿过马路那天，当时我们聊到了这事还有些别的，那天我们谈了很久，那时候我们就决定原则上应该有一个。

基辛格：没错。所以我们必须好好把握这次公告。发布之后，我们可以用上次介绍中国那件事的方式来介绍这事。

尼克松：对。

基辛格：把它和您两年来的各种决策联系起来。

尼克松：没错。

基辛格：这样我们就又能得到一个类似的故事了。不会那么戏剧化，因为——不过仍然会有足够多的媒体去报道这件事。

尼克松：嗯，不过我觉得如果我们减少了戏剧性，可能是因为我们考虑的格局不够大。我知道中国那事会很受关注，因为中国是一片神秘的大陆。而这次的事所以引人注目，因为头脑简单的人不会想到访问（苏联）。然后，这事儿的戏剧性在于，无数的聪明人都在说："访问中国会惹恼俄国人。"

基辛格：当然——

尼克松："如今惹毛了俄国人，我们的外交要有大麻烦了。"这次我们给了俄国人当头一击——而他们则邀请我们访问。这样看来，解决这个麻烦大有希望。现在，我不觉得我们同俄国人的关系会严重恶化。

基辛格：好吧，您正改变着我们对外政策的整体方向，因为所有那些聪明的家伙们，他们对您说："反弹道导弹会导致限制战略武器会谈失败"——这一预测已经被证明是错误的。"访问北京，会让俄国人被气疯。"事实证明这也是错误的。"如果在约旦问题上过于强势，可能会引发战争。"结果恰恰相反，这样做结束了战争。

尼克松：没错，他们是——

基辛格：不，我认为明年的外交记录将会是——

尼克松：嗯，稍等。还有一件事。我们三件事已经解决两件了。

基辛格：我——

尼克松：我们一直说有三件事。如今其中两件进展不错。

基辛格：嗯，总统先生，如果我现在身在河内，这对他们来说处境不妙。他们有自己的——我不认为勃列日涅夫或毛泽东会希望他们把事情搞砸。

霍尔德曼：你觉得在你这周去那之前，他们会给你消息吗？

基辛格：不会。

霍尔德曼：俄国人有没有可能释放一些信号——不是关于访问，而是关于他们的立场会怎样？

基辛格：不，他们可能会等到11月。不过，在我看来，他们早晚会接受，不论现在或是——明年春天，我想我们会——我们需要在这些出访前先见见面。

……

（基辛格离开）

尼克松：他们（国务院的领导们）眼界太窄。我的意思是，亨利也许有点太过了。我知道,有时候在国家安全委员会的会议上,我也是这样。在最初的几次会上,亨利和我都在——我们都在谈长期战略和指导思想,等等。比尔对这些很不耐烦。他总说,坦诚地讲,你们到底想怎么做。所有行动必须有思想体系作指导,他不明白这一点。必须有指导思想;就像是拼一幅马赛克,你得一块块填完整。

而国务院现在没有这种拼马赛克思维。共产党人是这样思考的。中国人是,俄国人也是。我们也必须是。英国人过去是这样思考问题的,现在不了,因为他们已经不再是强国了。现在英国人只考虑能得到什么,以及他们吃草莓的时候有没有配鲜奶油、抹得多了还是少了,诸如此类的事。关注着各种琐碎的乱七八糟的烂事,这些事根本不配在议会上讨论。但是他们现在天天就忙着讨论这些。可是我们不一样,我们的眼界要更宽广。但我们能应付好比尔这帮人。

"只要关闭黄金兑换窗口就行了。这样就能挽救危机,对吗?"

> 1971 年 8 月 12 日,下午 5 : 30
> 理查德·尼克松、约翰·康纳利和乔治·舒尔茨
> 行政办公楼

当时任副总统尼克松在 1960 年总统大选中以微弱劣势惜败于参议员约翰·肯尼迪时,有人建议他申请复查结果。他虽然没有这么做,但当时仍有很多人对他的这场失败说三道四。有人指控伊利诺伊州的库克县在大选中涉嫌腐败,许多有过违规投票记录的南得克萨斯州下属县也遭到质疑。有些人认为,败选是支持尼克松的艾森豪威尔出力不够所致。还有些人批评尼克松本人,尤其是他在电视辩论中的糟糕表现,他看上去憔悴而疲惫,而肯尼迪则英俊而干练。

尼克松认为一部分责任应该由艾森豪威尔亲自任命的联邦储备局承担,

他们没能有效阻止国家经济的轻度衰退，而这次衰退正值 1960 年大选前夕。经济衰退给了肯尼迪阵营一个很好的攻击点：肯尼迪批评尼克松和他身后的共和党不再是能够带领国家走向繁荣的政党。这件事导致了尼克松对美联储的不满，而这种情绪在他当选总统后依然存在。尼克松在无数场合公开和联邦储备委员会主席阿瑟·伯恩斯（Arthur Burns）唱反调，拖延对委员会空缺委员的任命，甚至对美联储长期拥有的独立地位做出威胁。

1971 年夏，尼克松面临着是否要结束金本位制的艰难抉择。这在当时已不可避免。那时美国发行流通的纸币和债务加在一起共为 300 亿美元，却只有相当于不到 100 亿美元的黄金储备能够用来支付债务。黄金和美元直接挂钩的兑换关系至少在十年前就已经不存在了，理论上美元可以兑换等价的黄金，但美国并没有足够多的黄金储备来偿还债务。这一体系并不稳定，却仍然维持了很长时间。经济学家预测，如果这一体系崩溃，将导致世界范围的大萧条。

取消作为世界货币的美元与作为一般等价物的黄金之间的挂钩关系，是对人们对于资本主义和自由市场制度信心的一次考验。货币发行脱离黄金储备的限制，这就意味着经济的增长和衰退都没有了限制。在经济顾问没有达成一致意见之前，尼克松不敢做出决定，尤其是在距离 1972 年的大选只剩一年多一点的特殊时期。如果做出错误的决定，就可能意味着再次因为经济政策而丢掉选举。因此，尼克松最终决定采取两手政策，一方面解决金本位制的问题，但——如果万一形势失控——还保留了贸易保护主义的手段，给政府通过直接干预来稳定经济留下余地。

1971 年 8 月 15 日，尼克松宣布切断美元和黄金之间的兑换关系，并首次提出实验性的"浮动制"汇率政策。这一政策在 1973 年后逐渐成为世界主要货币的标准做法。他同时宣布对进口商品征收 10% 的关税以安抚工会，在一年后的大选中，工会全力支持了尼克松。在商业方面，尼克松减免了营业税以鼓励公司扩大规模及投资。针对保守派，由于有些保守派人士不喜欢尼克松对中国的积极态度，因此他提出了工资和物价管制。尽管如今这一政策饱受诟病，但当时这一管制深受农业区和铁锈地带[1]的"心脏地区"[2]的选民的支持。

---

1 铁锈地带，也被称为制造带，是一个位于美国东北部等地区的地带。铁锈地带是由明尼苏达的钢铁产业而得名。1970 年后，此地的很多工厂开始停工，工厂只剩下锈迹斑斑的大门。
2 指美国中西部。

此外，周日晚间的电视公告震动了世界，也让尼克松占尽先机。这在很大程度上是一个单方面决定，由尼克松和他的两名顶级经济顾问约翰·康纳利和乔治·舒尔茨共同做出，并在电视公告后马上召开会议正式宣布。有些人认为尼克松切断美元和黄金之间的联系是全球金融体系建立的开始。自大萧条以来，这是最重要的经济事件之一。长远来看，这使得美国在20世纪70年代后期的经济困境更严重了，但从短期看，这一决定广受欢迎，直接帮助尼克松在1972年的大选中取得压倒性胜利。

……

尼克松：考虑到我们现在的需求，为了挽救危机，如果从国际货币角度想办法的话，只要关闭黄金兑换窗口就行了。这样就能挽救危机，对吗？

康纳利：在我看来，这将挽救这场会导致我们资产损失的危机，但事实上会给国际货币市场带来危机。依我的判断，在新规则建立之前，这将使国际货币市场变得混乱。

尼克松：你当然要这么说，不过我的设想是这样的，这事应该这么办，你要在公告里说，让人们相信是因为投机者对美元失去信任，所以美国政府才要采取行动保护美元。公告要达到这种效果。而我们只是暂时关闭黄金兑换窗口，并且我们已经准备好同世界各国，各大国，讨论建立一个新的、更好的、更稳定的体系，不管我们怎么称呼它，我们已经做好准备了。是这样吗，乔治？你会这么说的，对吗？

然后，这些都做好之后，你和阿瑟（·伯恩斯）就可以和不论是五个、一个，还是十个、五十个国家开会了，或者一个都没有。你明白我的意思吗？坦率地说，至少你可以说你这么做是为了保护美元免受投机者的攻击。而且，顺带说一句，我会，如果我们只做这一件事，我不会让你来做这件事——应该由你来做，而不是我，而且电视公告不应该放在晚上的黄金时段。对于大多数人——没必要用他们不明白的事情去搅扰他们。你应该直接一点，简明扼要地发表声明，再回答几个问题，就行了。这就是我对这事儿的打算。

对了，还有，你还要对伯恩斯说，我认为你可以开诚布公了，但不幸的是我们不能停止工资物价的冻结。不过你可以说，我们会采取措施，我们今年就会采取措施，总统届时会向国会提出，我们可以从预算着手，把它们推迟一点。因为你看，如果宣布将会采取工资－物价冻结的措施，你知道的，这一秘密会泄露出来，他们都会提价，这样一来我们就完了。因此，不能让他们知道我们要采取措施以及其他相关的事情。之后，大约从现在起三周后，将会再有一次——这也是一个办法。

另外一种办法则恰好相反。那就是，现在仅仅宣布，光宣布，只有工资－物价冻结，没别的。这也是一种办法。然后，考虑到我们会稳定，那将会使形势稳定下来。之后，稍后推出我们在税收方面的一系列法律措施，包括关税等。然后，如果必要的话，在协商的基础上解决国际问题，而不是单方面关闭黄金兑换窗口。这就是你处理这破事儿的另外一种方法。

而第三种方式，坦率地说，就是不管有没有准备好，都要现在就采取措施。而在准备好之前就采取行动的难点在于，我认为和我们之前讨论过的一样，你估计也琢磨了一下，就是，首先，我们不会干得那么好，最多也就是还行，我们所做的事情都是这样，无论是在预算方面，还是我们——嗯，我想我们可以推迟那件事。我们真的可以推迟预算和税收计划的实施。无论如何，我们可以推迟到7号，因为那件事对此并不十分关键。我们，要解决眼前的危机，对我们最重要的就是工资和物价的事情，如果还有的话，那就是关闭黄金兑换窗口的事情。我们必须同时做这两件事，我的意思是，我们要确保以最有效的方式应对这两件事，我们必须同时做这两件事。

现在，从另一方面来看，这就失去了你的计划原本拥有的优势，就是能够用一次够大、够狠的行动，把整个事情一次全他妈解决掉。

康纳利：对。

尼克松：现在问题在于，如果我们想要一次性完成的话，那我们可以现在就行动吗，比如今晚？我不这么认为，不行，我想你也会同意。而且，我并不认为，我们甚至能够——嗯，我想我们可以开始做准备，而且在明天晚上之前，开始行动。我的意思是，但我看不到这样做有什么好处。在我看来，如果我们今天晚上不采取行动的话，约翰，如果我们想要一次性完成的话，我想我们应该做的是，把整个工作组召集在一起，明天我们一起出发去戴维营，在那里度过星期五、星期六和星期日，然后在星期一对外宣布整个计划。

康纳利：很好。

尼克松：这是我们现在就可以做的事情，那就是在周日一起把所有事都计划好，然后，在周一宣布。这就像所有这些 [******]，因为有这件事，我们知道，我们非常清楚公众对于其他所有事的反应会是什么样的，但是没有人知道，对于关闭黄金窗口，公众会有怎样的反应，我的意思是，因为，坦率地说，上帝呀，就连专家们都不知道会发生什么！他们——

康纳利：我会做个预测——

舒尔茨：[******]

康纳利：我不认为——

尼克松：接着说。

舒尔茨：我刚才正想说，我认为市场已经开始考虑关闭黄金兑换窗口以及其影响了，而这不会产生任何 [******]。我的 [******] 将会发生非常严重的货币贬值 [******]，股市会发生剧烈震荡。

尼克松：好吧，约翰，该你说了。

康纳利：那和我的判断也差不多。这个星期发生的事情太多了，记录了太多的——

尼克松：我们会这么做的。

康纳利：这一天总会到来的，问题不是会不会来，而是什么时候来。我刚刚在《达拉斯晨报》（*Dallas Morning News*）的社论版看到三篇报道，上面关于黄金贬值有三篇不同的文章，其中有一篇是问答形式的股东建议，涉及的内容包括"这意味着什么""对我有没有影响"，诸如此类，您知道的，有些撰写股市评论文章的女性——

尼克松：噢。

康纳利：——她所说的，基本上不会对您有太大影响——

尼克松：西尔维娅·波特（Sylvia Porter）？

康纳利：不，不是西尔维娅·波特，是别人，这不会对您产生太大影响。这些文章都不是负面的，而且都——他们实际上都只是——

尼克松：嗯，我甚至接到了霍巴特·罗恩（Hobart Rowen）的电话。

（大笑）

康纳利：嗯，他们都只是前瞻性的，所有的专家们都认为黄金马上就要贬值了。

尼克松：这可能是人们都如此紧张不安的原因之一。

康纳利：对，肯定就是这么回事儿。

尼克松：专业人士们都十分紧张不安。

康纳利：这肯定就是他们紧张不安的原因，这也是他们还会继续紧张不安的原因。我不认为我们应该对此感到担心。我们最应该担心的是您怎么能更好地让美国人民相信，第一，您已经意识到了美国的经济问题；第二，您已经深刻考虑过这些问题，这些措施并不是临时的权宜之计，而是深入分析后的决策。而且，对于这些问题您已经做了很多实质性工作，所有的问题都是，我认为，这些才是主要的。如果我是您，我是不会太担心国会的。

尼克松：不会的。

康纳利：至于您对国会的影响，我不认为关闭黄金兑换窗口会产生影响，那不会搞出什么大新闻。会成为大新闻的将会是您做的其他事情，比如工资和物价，正如您之前提到的——

尼克松：那才是真正的大新闻。

康纳利：工资和物价，没错，这才是大新闻。

尼克松：没错，人们关心的就是这些。

康纳利：对，他们关心的就是这个。噢，他们不会操心——

尼克松：他们不会分析税收政策的影响。

康纳利：哦，什么商业会耗光税收，什么减免投资税。大多数的人会说我们的政策只是权宜之计，这才是令我担心的——

尼克松：嗯。

康纳利：人们都会说，这些权宜之计只是第一步，什么——他必须要做些其他的，接下来该是什么了？

尼克松：对。

康纳利：不仅如此，人们会开始投机。所有人都想抢先行动，会有人泄露消息，还有很多众议员，他们都会想着搞一些事情来证明自己有多么聪明。这些人已经提出了很多这类提案。这就是，我觉得到时候属于您的影响力很多会被这帮该死的家伙抢走，这就是我所担心的。我完全同意您的想法，等到 9 月 7 日再动手，不用质疑这是不是明智的做法，毫无疑问，我认为一次完成要比零敲碎打效果更好。

尼克松：好。关键在于——

康纳利：从国际货币市场的情况看，我觉得您等不了那么长时间。我们从 8 月就在亏损，在 8 月的 12 天内，外国政府从中赚了超过 30 亿美元。

尼克松：嗯。

康纳利：想想看，仅仅在最近的 12 天内，已经亏了 36.94 亿美元。今天又亏了 10 亿，明天可能 30 亿。我们也许能扛过去，但是如果考虑一下我们的债务和——

尼克松：嗯，让我问你个问题，约翰，好确定一下如果要一次解决的话我们现在有哪些方案可以选择，以及你的建议。看看我有没有真正理解你的想法。先关闭黄金兑换窗口的时间，其他的措施应该等到 9 月 7 号，你对这么做有疑虑？你觉得这不是好选择？

康纳利：我不认为这是最好的方案。

尼克松：因为你认为你等不到那时候就会被一点点耗死了。

康纳利：对，我认为那样的结果就是：第一，会给外界造成一个印象，就是您是迫于过去两周欧洲形势的压力而不得不这样做的；第二，会让大众觉得您不知所措，您用了从今天、从明天到 9 月 7 号这么长的时间才想出对策，而这样的对策也只是对外界的被动反应。这些就是我担心的。

尼克松：你还有另外一个选项，能避免这样的情况，那就是当众议院复会后，我将提出一些措施。你可以这么做。

康纳利：嗯，您可以这么做，这会立刻，马上使各种猜测四处流传——

尼克松：没错。

康纳利：他会提出什么政策？这一政策有哪些内容？然后所有人，每个人都开始骚扰您，试图找出真相。所有人都在猜，这个时候我觉得您不应该停止这种状况，这也许不是坏事，但是——

尼克松：我不会停止的。

康纳利：但是这确实不好，我觉得这样不好，坦率地说，您现在的处境并不好。民意调查显示您在经济方面正受到批评，因此我认为我们不应该从解决危机的角度来考虑。我们已经有 60 亿美元的债务了。最后分

236　析的时候，债务是 60 亿还是 100 亿，又有他妈什么区别。我一点不担心这个，这是最不值得操心的，所以我一直在想我们 [******] 偿还，我一点不关心。我们欠了 300 亿，那又怎样，他们非要我们还，就说偿还不了 [******]。这不是重点。

　　在我看来，关键是已经有足够多的舆论造势来启动您这一方的全面行动。这才是关键。而您想要从中得到的重点也在于此，我知道我说得有点啰唆了，我想说的是这对您都不是什么新鲜事，您知道正在发生的是怎么回事。您选一个时间，然后您就只需要说："我也希望能再等等，但形势使我感到有必要向全国乃至全世界宣布我的计划，我原本希望等到 9 月 8 号国会复会后再宣布，但是如今的形势使我担心如果再等下去，国际货币的稳定性和国内经济都会受到损害。我现在就宣布我的计划和我将对国会提出的要求。"

　　我只是认为这样会使您显得更明智。这能让您重新抓住主动权，将让您在现在和将来免受许多批评和指责，虽然面对这些批评您总能很好地抽身其外，但是让民调结果不断地显示越来越多的民众认为民主党才是能带来繁荣的政党，并且人们对您处理好经济问题也越来越没有信心，我不认为这样会有什么益处。此外，我们放任这种形势发展太久了，您 [******]，您还能撑多久，我不是说您撑不到 9 月，但是我还是要说，今晚不行，我们还没准备好，明天也不行，明晚也太早了。我们还没有准备好文案，还没准备好怎么做这次演说。

舒尔茨：[******] 我想我们会有个好 [******] 戴维营。

康纳利：这我倒是同意。

尼克松：那我们为什么不，在我看来，乔治，按你所说，让我们重新考虑下阿瑟的想法。他的意思就是我们应该一次性解决。

舒尔茨：嗯，如果他能选择的话，不过按照他的计划，要处理这类国内事务，包括关税，看看能不能解决黄金危机。不要关闭黄金兑换窗口，让这些本质上关于调整黄金价格的讨论继续下去。

尼克松：约翰，换句话说，我在电话里跟你提的方案，就是把国内这边的事一起解决，并让黄金——你对此并不同意？

舒尔茨：然后，就是说——

康纳利：嗯，我同意，不过我不知道这样做意义何在。天哪，要是您想把国内这边一下子解决了，就关闭黄金兑换窗口吧，这样剩下的这些家伙就不会一直一点点地给我们找麻烦了。因为要是他们一直这样找我们的麻烦，而国内的措施在宣布后效果不佳，那您下周还得关闭黄金兑换窗口，我觉得那——

尼克松：说得有道理。

康纳利：我觉得您没有必要冒这个险。

尼克松：其实，乔治，正如你分析的，我们确实，黄金，我们确实必须关闭黄金兑换窗口了，不是吗？

舒尔茨：是的，我想从长期来看——

尼克松：没错。

舒尔茨：——我们得关闭兑换窗口并且不再打开。

康纳利：[******]

尼克松：我就是这个意思。所以我——

舒尔茨：阿瑟不这么看。

康纳利：不，不过您别忘了，总统先生，阿瑟是从央行行长的角度出发的。他不希望关闭黄金窗口。他不——

尼克松：不过，他说过会支持我们的最终决定。

舒尔茨：他当然会的。

尼克松：哦，我想他会的。

舒尔茨：我告诉过他我只是想过来正式地看看，而且我知道在您做出任何决定前一定想和他当面谈谈。他说 [******] 他希望参与讨论——

尼克松：嗯，当然，肯定需要他参加。

舒尔茨：对于实施 [******] 他很关键。他会支持您的任何决定。

尼克松：还有，当然了，阿瑟会得到他最想要的，对工资和物价进行冻结。他对此满意吗？

舒尔茨：嗯，他确实想要这些，不过他——

尼克松：提交给了工资物价委员会。

舒尔茨：他——没有，他认为冻结政策和委员会的想法——

尼克松：随着——

舒尔茨：——是从中得出的，好吧，他会同意的。他也许意见和我们不一样，但是他会同意的。

康纳利：保罗·沃尔克（Paul Volcker）什么反应？您和他谈过吗？

尼克松：他想要所有一起来。

舒尔茨：嗯，我想保罗觉得这和诺曼底登陆差不多，他说的，他说像诺曼底登陆。其次，我 [******] 他所说的，不过我认为他感觉国内问题 [******]。

尼克松：换句话说，他觉得两件事必须同时进行，我们也这么觉得，但问题是这两件事到底能不能分开，一件是一件。我觉得不行。

康纳利：他关于今天下午市场上的情况是怎么说的？我上次和他交谈的时候，他说市场表现得很恐慌。只是，[******]，市场看上去很恐慌，而在国际基金 [******]。他说了吗？

舒尔茨：没有，不过推测的话，[******]。

康纳利：嗯，我们已经有了数据，不过我对（它将产生的）心理层面的（影响）得到了一个大概的估计。很难确定。

舒尔茨：嗯，另一方面，股市回升了。

康纳利：股市走高了，没错。

尼克松：这当然也会有另一个——有另一方面的影响，甚至是对事情的这一方面。你只是从来不知道，不是吗？

康纳利：不，总统先生，国际货币的事，毕竟，从某种角度上说，就像个谜，从别的角度上看，又不是。现在全美国了解国际货币信息最多的人就在这里。有时候，您应该，我觉得您应该亲自和保罗·沃尔克谈谈，亲自接触一下这个人。[******] 这里关于美联储，他会 [******] 管理这个国家。就整个机制而言，我不得不说他的判断 [******]，不过，在最终的分析方面——

尼克松：哦，你看，我今晚不会和他谈的。他的观点我们都很清楚了，我们只需要，如果到时一定要咬紧牙关，那我们咬紧就是了。

康纳利：我不知道这事这么严重。我觉得到最后，您要做的，真正重要的事情，就是对美国人民的影响，以及他们对您和您所采取的措施的反应。这才是重要的。国际方面的话，见鬼，肯定一片混乱，要么正在开始陷入动荡，要么是已陷入动荡或半动荡状态。以前也出现过这种情况。法郎曾经疯长，也曾经跌倒谷底，英镑、德国马克、意大利里拉都是这样过来的，美元也会涨涨跌跌。我就是觉得您没必要过于担心。

尼克松：嗯。沃尔克之前提到过一个观点我不赞同。和大多数人一样，他被所谓国际问题拴住了，总是觉得保住美元的国际地位最重要，国内做如何牺牲都值得。我觉得这个观点不对。

康纳利：呃，我不敢说这是他的观点，不过——

尼克松：嗯，他更侧重于——约翰，我的想法是，就像你刚才所说的，我们必须同时把国内问题作为主要问题考虑。无论我们如何行动，国际问题总是摆在那里。

康纳利：嗯，为了更好地看清这个问题，我们讨论了收支平衡，总统先生——

尼克松：没错。

康纳利：——收支平衡，目前全国的出口额只占国民生产总值的4%。我们不能让尾巴摇狗，本末倒置。

尼克松：完全同意。

康纳利：目前，坦率地说，国际市场的表现实际上是对国内形势的反映。您无能为力。我从一开始就是这么跟您说的。要解决问题需要神奇的货币政策，神奇的国际货币政策来完成。咱们的问题，考虑到我们所面临的问题的程度，是在国内。解决了国内的问题，您的国际问题就解决了，您的国际贸易的问题也会迎刃而解，因为这些问题只是国内问题的反映。这仅仅映射了国家自身的经济实力，就是这么回事。

尼克松：嗯，很好。约翰，我的意思是，我们在和四人组讨论政治问题时，必须记住一点：我们的主要目标是国内经济的持续强劲增长。绝不能为了稳定国际局势牺牲国内经济增长。明白我的意思吗？

康纳利：您所言极是。

尼克松：换句话说，让我们付出血、汗与泪，绝对不行。（大笑）我的意思是，我们可以缩减预算，这没问题，不过扩张性的经济政策不能变，必须坚持——我们采取一揽子计划也正是为此。那就是要扩张。

康纳利：嗯，换种方式陈述，让我试试换一种方式来说说，一揽子计划如此吸引我的原因。在国内问题是，如果因为您对中国的友好政策让保守派不满，缩减预算政策足以补偿他们，对他们来说，减少预算简直是梦寐以求。

尼克松：所以温伯格同意了。

舒尔茨：是的，先生，就是他 [******]。

康纳利：财政责任对他们而言就像打开天堂的大门，那些批评您对华政策的社会保守派肯定会欢迎。而美国的商人们，他们现在还在无所事事地旁观，实际他们很想加入共和党，但是他们会支持所有他们认为——

尼克松：情况会好起来的？是的。

康纳利：——对他们更有利的。当您开始提出为投资减税，还有其他一些税务方面的政策时，他们会欢呼雀跃、高呼万岁的，不论是在波西米亚俱乐部，还是 [******] 俱乐部，不论在哪里。而对于普通的国人而言，工资和物价冻结政策，对他们而言，意味着您要整顿商业。您将遏制通货膨胀，将控制住经济。如果您，当您采取了所有这些政策行动，您就已经把所有对您重要的人都囊括在内了，您不会丢下任何人从而让他们成为您的攻击者。再一次，您将把批评者和反对者挡在足够远的距离外，他们没法再纠缠您。

尼克松：约翰，我们必须意识到，对管理的批评正在增加，对冻结工资与物价进行管理简直困难极了，狗娘养的。

康纳利：的确。

尼克松：我们必须抛开幻想。

康纳利：当然。

尼克松：但另一方面，我们都清楚很多美国人目前希望继续保持现状，所以必须得敲打敲打他们。所以我让他那样做了。明白我的意思吗？

康纳利：一旦管理上的问题真的发展到无法应付的地步，就不管他妈的这事了，出台点新的措施。没有谁，我们中没有人——

尼克松：因此我们必须有所准备，因此我觉得需要让大家准备好，比方说，找出未来会支持乔治那个方案的主要行业，[******] 还有委员会，那样我们也能做得很好。幸运的是，明年没有多少劳工谈判。

舒尔茨：关于工资物价，在我看来，冻结期不应该超过 120 天，也许更短。我倾向于更短 [******]。

尼克松：好。嗯，时间越短，事情就越简单。时间越长就越要考虑公平的问题。但是如果太短了，也他妈不行，谁都能撑过 60 天、90 天，或许 120 天。

（大笑）

舒尔茨：那么我觉得应该建立一定的机构处理约翰刚刚提到的这种问题，最终才能应对这些一般性问题并解决好相关问题。如果让矿工来解决煤矿中的问题，等问题解决了矿工就走了。但是，如果你们没有一种长期的机制来处理——

尼克松：如果你不确定延续你的 [******] 小组委员会——

舒尔茨：要是继续 [******] 小组委员会，并且有意设置一个能长期运作的机制而他们没有维持好，结果无法建立更大的机制，并且 [******]。

尼克松：没错。

舒尔茨：在"二战"期间，美国政府有 6.3 万名全职联邦公务员和 2 万 [******] 人员。他们有大约 30 万人为他们工作。

（大笑）

尼克松：我认为我们应该这样做。我认为，尤其是在听过这么多可能的选择，包括把它分裂出来、按兵不动，诸如此类，乔治，对于你所提出的，对于你已经完成的工作量最好有所准备，你已经做了很多了，大家都做了不少工作，乔治，我的意思是，你确实已经做了——

康纳利：是的，先生。

尼克松：瞧，约翰，麦克拉肯那帮人，我们让他们一直在干活，却压根儿不知道自己在忙些什么，所以我们还是做了点儿事。我想我们应该在星期一把所有事情都完成。现在，我认为，乔治，考虑到下列原因，这才有道理，首先——我不觉得这是，[******] 我可能会这样做，我可能会建议，这是我们能稳妥地处理这事的一个办法，那就是周末去戴维营开会，其间谁都不准离开。你觉得这听上去如何？

康纳利：很好，先生。

尼克松：你完全同意吗？

舒尔茨：是的。

尼克松：好，那我们就明天下午出发。我们能不能走成，我现在有几件事要办，明天要先处理麦克拉肯那边的事，应该会在明天国家安全委员会上说，我会想办法在会上提出来，嗯，[******]——不管怎样，这更重要。我只是不想 [******]，在现在这个时候处理那个。关于国防预算，其实，我甚至想把他们召集到加利福尼亚来处理 [******]。

好了，关于我的建议，现在你们两个还有什么疑问吗？还有任何别的想说的吗？我现在想要做的就是把这些事情都安排妥当。有个人肯定要参与，而且一定要给他配备一些人手，你们的人应该是——

康纳利：沃尔克。

尼克松：嗯，你们还想让谁参与。我觉得阿瑟肯定得来，而且，我不，就参加会议的人选而言，目前应该参会的只有我们三个加上阿瑟，还有麦克拉肯和彼得森。我觉得彼得森也必须得去，因为这事他全程参与其中，你们说呢？

舒尔茨：同意。

尼克松：他的想法也都不错。所以就是这些人了，基本上还是五人小组那些人。开会的就我们五个。其他的人员，我觉得不要多，够用就行。不过你们可以带上——以你为例，可以带上温伯格，对吧？嗯，还有——

舒尔茨：让他处理预算那一块？

尼克松：对。

舒尔茨：其实没必要。

尼克松：没必要？

舒尔茨：是的，没必要。

尼克松：坦率地说，你可以，在他来之前从他那得到 [******]。就是，而且我们也没必要讨论诸如具体细节这样的事情。我们只要决定要缩减预算的额度，包括哪些项，这个这个那个那个！然后预算就出来了。不过，要是阿瑟在的话，他也许想带个人。我觉得——带来的人越少越好。

舒尔茨：阿瑟能把这事办妥。

尼克松：你——嗯，你肯定用得上沃尔克。你需要他帮忙，对吗？

康纳利：没错。

舒尔茨：要我说，沃尔克肯定不同意。虽然他和您意见不同，但他确实懂货币体系。他对体系的运转很了解。

尼克松：谁？沃尔克？

康纳利：没错。

尼克松：哦，肯定的。这正是我们需要他的原因。他是——

康纳利：在政府中找不到这方面比他更好的人选了。

尼克松：我想我们三个，我们应该去那儿，我就是想，我们必须咬牙撑过去。乔治，我们一起面对现实，这个难题是我挑起来的，我不希望我们看上去惊慌失措，而且，要从容不迫地处理这件事。我们就这个问题也商讨了很长时间了，就周末去戴维营，把这事安排好。顺便说一句，约翰，我不觉得宣布它的原因……我不觉得我应该说我本希望我能把它推迟。

康纳利：好的。

尼克松：我想我不会以被动的姿态出现。我觉得应该直接一点，告诉大家，我们出台这些措施因为我们认为美国到了要这样做的时候了，这个，那个，别的，等等等等！直截了当。简单明了，不要解释太多。我跟你说，工资物价冻结会很——你看，首先，只要涉及税收的问题，不用多解释，商人们会明白你想说什么的。只要涉及削减预算，也没什么可解释的，人们会他妈的明白，他在削减预算了。

康纳利：是这样。

尼克松：只要涉及工资物价冻结，他们肯定会说谢天谢地，工资和物价冻结了。我觉得不应该，我越想越觉得是这样，不应该有长篇大论的演讲，嗯，长达半个小时的关于经济问题的演说，诸如此类。我不认为这是什么好事。我觉得这种事行动远比语言有力，说的简洁些更好，就像上次宣布访问中国一样。这是我的看法，你们同意吗？

康纳利：哦，我对这点没有什么意见。

尼克松：明白我的意思了吗？我们要做的事影响很大，所以——

舒尔茨：把它和一些非常——

尼克松：记者招待会。

舒尔茨：——为记者招待会准备一些非常积极的、有力的材料。

尼克松：好吧，记者招待会的事情——

舒尔茨：我们某次开会的时候，约翰向我提到过关于制订一份图表的想法——

康纳利：对。

舒尔茨：——用这个图表来表示债务的积累和金价的下跌——

尼克松：是的。很对。

舒尔茨：——而且表示出了这些返回到——

尼克松：这是个法子，另一方面，我也许不应该这样——

康纳利：对。

尼克松：——因为太复杂，不过约翰可以这样做。我的意思是，这就是你们出场的时候了，多给专家们一些信息，好让他们写分析和评论。

康纳利：您之所以需要开一次记者招待会，按照这些原则给出详细的信息，是因为要让大家看到25年来情况一直在恶化——

尼克松：没错。

康纳利：——而您是第一位有如此胆识的总统——

尼克松：对。

康纳利：——采取这样全面的——

尼克松：没错。

康纳利：——行动，因为这整件事的结果——

尼克松：对。

康纳利：——我们希望最终能有人说您不仅在国际上采取了行动——

尼克松：对。

康纳利：——也在国内采取了措施——

尼克松：我打算在我的讲话里就这么说。我会说，在过去的25年里，我国的处境越来越糟，直到今天的状况，我们发生了这些货币危机，等等，是停止的时候了。我们要采取以下行动：首先，我们要关闭黄金兑换窗口，创造更稳定的环境，我们为此已经做好了准备；第二，我们要征收进口税，等等；第三，我们要做这件事。

说到这要停一下。有件事要说说。进口税有一个问题，乔治，就是你提到的法律问题。约翰，乔治有两种办法绕过国会征收进口税。我极其讨厌国会介入此事，因为他们会弄出一堆例外，把事情搅黄。所以，他想你能不能，他也不清楚，利用国家安全 [******]，或者利用《关税及贸易总协定》中的条款，不过这只能包括写入《关税及贸易总协定》的那些部分，而且只能提高我们的关税，比如对汽车的税会提高到6%。

康纳利：没错。

尼克松：这主意也不赖。

康纳利：嗯，我们在这个问题上产生了分歧，关于——

尼克松：对。

康纳利：——在财政部。在财政部，有两种法律意见，一种认为您可以这样做，另一种反对。一种方法是援引 1917 年的《对敌贸易法》，由此您就可以这样做了。另一种方法是使用您被赋予的权力，因为您是——我看看您具体的头衔是什么——

尼克松：应急准备——

康纳利：贸易协定，还有关税——

尼克松：对。

康纳利：就是这个——

尼克松：对，那是乔治弄的。我不是很了解。

舒尔茨：约翰，约翰·米歇尔正在处理这事。他也许知道他现在是不是可以给出建议了。

尼克松：对。可以讨论一下这个事。我们——约翰，假设星期一宣布，那我就说我会向国会递交提高进口税的立法案？

舒尔茨：好吧，我能不能——

尼克松：也许，如果，让我说，如果我们必须通过国会，那我也不认为我该在三个星期前就宣布此事。明白我的意思了吗？

康纳利：明白了。

尼克松：我对这有点儿担心。冻结政策不需要通过国会。其他的立法提案当然没问题，你们给国会送过去就好了。不过这个——直接实施。

舒尔茨：我想到两点，是关于进口税的。一是这一问题和冻结工资－物价有牵连，因为如果人们认为这是强制的，他们就会在政策实施前尽量多进口——

尼克松：是的。

舒尔茨：——而这将在一段时间内让收支平衡进一步恶化。

尼克松：我知道。

舒尔茨：这样就有同样的——

尼克松：因此——

舒尔茨：第二点就是，要是回到您关于货币贬值与税收的关系的看法上，从某种意义上，提高税收也是一种货币贬值，并且——

尼克松：（在电话中给出了一些不相关的指令。）

舒尔茨：货币贬值的问题和税收联系非常紧密，正如您所说的，加税也是一种贬值。

尼克松：没错，是的。

舒尔茨：所以现在有黄金这档子事，有浮动汇率制，这些会导致怎样的后果，我们不知道。时间会给出答案，到时候就知道该怎么办了。所以到时候您就会更清楚您想在这个问题上做什么了。第二，就是有了谱子该怎么弹的问题了。我觉得无论您决定是要单方面这样做还是先在国会通过，都会存在争论，至少会要求先不要动关税或者晚一点再调整关税。

尼克松：我这么说吧，这样讲，如果我们觉得从法律上单方面这样做太出格了，那我们就不能宣布。你一定也同意在星期一宣布，约翰，你说呢？

康纳利：对，我同意。

尼克松：我的确认为这倒是很有可能的，就是他们会大量进口从而影响到国际收支平衡，不过我们可以留一手，稍后再给他们个突然袭击。但是，约翰，那会对我们造成多大负面影响？

康纳利：嗯，挺大的。如果是我，我就说我会要求国会批准从今日起征收关税。国会总是倒填日期。他们在税收法案上这么干，在别的所有事上都这样。您得假设他们对此会积极对待。他们肯定会这样，只要说我会，我会要求——

尼克松：预算怎么样？

舒尔茨：那能解决投机的问题，不过我觉得还是会留下如何处理这些关系的问题，以及能不能从贬值中得到您想要的，因为总的来说，那是更可取的办法——

康纳利：乔治说得有道理。

舒尔茨：——[******]市场之外。

尼克松：什么？

康纳利：乔治说得对，这两件事其实最后的目标是一致的。保罗也是这个态度，而且乔治确实，如果能采取浮动汇率制的话，问题都会迎刃而解。

尼克松：对。

康纳利：不需要关税。你们的目标是一样的。但是我希望贬值。我只是觉得如果我们没有点儿什么，只是需要国会，要是国会讨价还价，我们就可以搬出日本、德国等其他国家的做法说事，如果我们能最终获准实行一个比较合适的汇率，和现在的不同，那么我们可以撤回关税的案子。不过，只要我们还在处理这件事，就必须强硬一点。

我现在知道了，这两件事不能共存，不能都要，除非我们和世界上所有的国家同时打交道，他妈的，他们不会让我们轻松得到我们想要的。他们会同意给我们5%或者7%，汇率会有点差别而又不会产生大麻烦，但这并不能解决我们的问题。我想要15%的关税，然后提出我们10%的汇率差额，或者贬值10%，具体的措辞您爱怎么说都可以。

尼克松：换句话说，你的意见是增加关税，不过在那之后你会要求国会批准？

康纳利：当然，我会要求他们这样做。您有权废除它，等国际汇率在经贸关系中对美国公平的时候，这由您来判断。我甚至会要求他们通过。而另一种方式，我想这办法部分来自乔治（的主意），部分来自保罗（的想法），那就是如果要采用浮动制，就会使货币找到合适的汇率，您也就不需要关税了。但是现在为了用关税吓吓他们，毕竟现在还需要，如果我们没有得到我们满意的汇率，如果不能对日元重新估值，提高20%而不是5%，我们还是得要求国会批准增加关税。因此这只是，只是哪个先哪个后的问题，就像是鸡生蛋还是蛋生鸡。可以先征税，等达到目的后再取消，或者用征税作威胁来达到目的。因为我认为您必须有些筹码来和这些国家打交道，而不是仅仅提出浮动制。我只是——

尼克松：对了，乔治和罗杰斯谈过了，罗杰斯说他不会反对用关税作威胁。

舒尔茨：他也和我通了电话，也是这个意思。

尼克松：谁和他谈的，彼得森？

舒尔茨：我不清楚是谁和他聊的，我的意思是[******]在国会山。

康纳利：他们谈得怎么样？

舒尔茨：比尔·罗杰斯经常来。他给我打电话告诉我那些，还特别让我向您转达。

尼克松：可以，挺有意思。

康纳利：是挺有意思的。

尼克松：这肯定不代表国务院的那帮官僚的意见！

（大笑）

舒尔茨：嗯，这代表他们害怕我们得到一份很大的限额，而他们则 [******]。

康纳利：没错。我也是这么说的。

尼克松：我们同时还在商量一些别的事，乔治。考虑考虑关税。这对我有一定吸引力。它能解决问题，虽然可能解决不了纺织品的问题。但它确实有帮助。

康纳利：它能解决不少这类问题。天哪，要是让国会来投票，我相信他们会通过的。然后，在谈判期间，人们就会立刻囤积纺织品，还有日本产汽车、日本钢铁，其他所有东西。总统先生，我们可以进行协商。乔治不会急着停止美元浮动汇率。而且很多人也不反对。我们从此可能会一直使用浮动汇率。汇率会时高时低，而您一定记得，美元是自由化程度最高的货币，美国同世界上其他工业化国家相比也是自由化程度最高的经济体。这样的声明还不够漂亮吗？

尼克松：我会这样说的。

康纳利：我们肯定比日本更自由，也比德国、法国、意大利或英国，还是随便哪国都更自由。所以他们肯定会 [******]。

舒尔茨：正因为此，我们的经济形势更好。

康纳利：一点儿没错，但是他们在和我们谈判时有优势，因为我们没有和他们讨价还价的筹码。这是问题所在。理论上说，我和乔治意见没什么分歧。一点儿都没有。但这是很实际的事情，可以他妈的肯定地说，要是我们给他们加个 15% 的税，让他们不为纺织品交税就没法继续向我们出口汽车，他们就知道变通了，我们到时候再提出来，跟他们说，哎，伙计，要是能让我们把汇率调整得合理一些我们就取消关税，他们准同意。

舒尔茨：嗯，我觉得我们就得这么办——

尼克松：对。

舒尔茨：——周末之后，先把这事办到位。只要条件允许，只要法律上没问题——

尼克松：嗯。

舒尔茨：——把它研究透，我们肯定能做到。

尼克松：嗯。

康纳利：嗯，我觉得如果没有坚实的基础我们不能贸然行动。

尼克松：我觉得约翰的意思是对于 [******]，这主意不错——

康纳利：又一次——

尼克松：得到一个 [******]——

舒尔茨：[******] 要是我们现在就加税，我觉得，对于 [******]，应该提高税 [******]。

康纳利：乔治，我得跟你说明一点，如果你没有，明年大选马上就开始了，如果我们没有实质性地缓解危机，如果我们没有让情况大为改善，很有可能今年内收支平衡都无法实现，等着收支平衡点自己到来那太他妈的遥遥无期了，这你也是知道的。也许——

舒尔茨：我敢打赌——

康纳利：好吧。

舒尔茨：——一美元，到了第三季度情况会比第二季度要好。

康纳利：好吧，也许是这样。我也希望如此。

尼克松：还是一样坏？

舒尔茨：更好。

康纳利：更好一些。不过，反正我也是这么估计的。不过，我想说我们的行动在未来几个月内不会导致什么巨大的改变。在这期间，国会那帮人肯定一直叫着要求采取更多保护性措施，在大选年这种呼声估计每个季度都会有，不过如果你选择增加关税，那你就可以不受国会的影响了，我所认识的人中，没有谁会在关税和限额中选择后者。

尼克松：没错，乔治，我必须承认，这番话说服了我。限额只是为了试探一下，是无奈之举。这完全错误，约翰，我反对纺织品那事。我一直在反对，而且 [******]。不过，我就是无法，我也反对以国家安全为理由行使特别权力。米歇尔支持这个，斯坦斯也是，还有霍奇森（James Hodgson），事实上几乎所有政治人物都支持。我跟你说，要是我们这么做了，就是打开了潘多拉的灾难之盒，后面还有钢铁，没完没了。我想就算是林肯，嗯，到时候也得辞职。我的意思是，真的不行，不能打人一拳然后说，你瞧，纺织品，你现在懂我的意思了吧？我就是不喜欢，我觉得那太过了，不应该开这个坏头。

不过，纺织品这事倒是能提供一个绝佳的——你看纺织品的问题，乔治，它是 [******]，该死的，看看这份文件，你能同意？（猛拍文件）不过不管怎样，这让你在对付日本人的时候有条件可讲了。

康纳利：那倒是。

尼克松：就算是在纺织品问题上，依我看。

舒尔茨：不，我觉得我们应该——

尼克松：甚至限额，我是说，关税。

舒尔茨：不论如何，假如我们从约翰那儿得到的关于《关税及贸易总协定》的意见是有利的——

尼克松：对。没错。

舒尔茨：——那将会 [******]。大家都知道您有这个，所以您在谈判的时候就能把它作为筹码了。之后，可以处理关税或者在此条件下选择对他们关闭口岸。关闭口岸会更具体，这包括 [******]，也许除了贬值之外，您还能在纺织品的问题上给予狠狠的一击，然后一走了之。

尼克松：你的意思是？你会怎么操作？

舒尔茨：要是——

尼克松：以《关税及贸易总协定》为条件，该怎么做？

舒尔茨：也许您能——您不用通过委员会。您可以只针对具体事情，以贬值为理由，把纺织品单独拎出来，针对它做点儿文章 [******]，针对纺织做一个特别提案，这是您可以做到的。

尼克松：嗯。换句话说，不需要使用国家安全特权，在《关税及贸易总协定》的条件下，你可以这么做？

康纳利：没错，先生。

舒尔茨：也许可以。

尼克松：针对纺织品？我们他妈的之前怎么没想到？怎么回事？

康纳利：好吧——

尼克松：[******]（大笑）好吧，我想，我觉得要是这样就能解决，应该一年前就有人告诉我了。可能这样并不行。

舒尔茨：这和国际收支平衡中一个关键点有联系，总体来说，情况就是如此。

尼克松：嗯，每个人都说这很重要。

舒尔茨：毫无疑问。

尼克松：这一点上你们倒是达成了共识。还有一点没有争议的就是目前我们处于危机中。

舒尔茨：嗯，我认为您和约翰的讨论所体现的一些基本论点中有个有趣的共同点，[******] 不知怎么把关闭黄金兑换窗口、货币政策、工资-物价冻结、预算还有关税这些事组合在一起了。组合好了问题就解决了，而这些分别是不同的人提出来的。而关于这点有一个核心的观点，而且不用说，它们之间无论在政治上还是实质上都有着很大关联，正如约翰所说的那样。

在我看来，您遭遇了一场有待解决的短期货币危机。这只是一揽子措施中的一部分。还有长期的货币，或者说国际收支平衡的问题，这是另一部分。还有国内的通货膨胀问题也必须得到解决，尽管在国际范围内发生了货币体系的崩溃。除此之外，还有很多您一直强调的隐性问题，比如持续的国内经济扩张的问题——

尼克松：刺激经济的问题。

舒尔茨：——还有刺激经济的问题。

尼克松：我们要直面这些问题。

康纳利：还有创造就业的问题。

尼克松：我们要直面所有的这些问题。

康纳利：我们每个都要应对，这也是有趣之处。

舒尔茨：还有您在国内所起的领导作用，我认为如果方法得当，有机会在国际上也扮演一个强有力的国际经济领导者——

尼克松：嗯。

舒尔茨：——和其他的一起，那非常 [******]——

尼克松：那——对，这个点子很好，这会是很好的宣传话语。这样我们——与其说我们是因为后背抵南墙、无路可退才这样做，不如说这个过时的体系应该被改变，重新建立新的体系取而代之，而我们所做的正是为实现这一目标铺路，现在我们已经准备好与全球的伙伴们商讨，共同解决难题。这样行吗？

舒尔茨：我觉得关税增加了谈判的筹码，是一个可以协商的问题，是一种报复性措施，从广义上说，我觉得货币政策更是如此，如果您就这样做——

尼克松：对。

舒尔茨：——再就此进行协商。同时，在我看来，如果我们告诉大家这是由您主导的就更好了，让每个人都知道。

尼克松：换句话说，并不真的这样做，而是用来作威胁？

舒尔茨：仅仅是让人们知道有这种可能，但并不真的这么做。

尼克松：嗯，做事情的方法，在我看来，嗯，当然了，两种方式用哪种都行——

康纳利：不，我还是支持真的征税。

尼克松：我也是，乔治，不过我有别的考虑。我感到我们打交道的国家里有些不好对付，我觉得，以日本为例，如果我们采取限额之类的措施。天啊，他们不会信的，所以最好让他们真切地感到压力。我还是希望先行动，再谈判，要先把他们制服住。

　　不过，不论怎样，在这点上我就是这个立场，如果考虑到领导地位的构建和进行安抚的话，更应该这样。我们会说，瞧，我们这么做并不是永久性的。我们这么做是为了尽快形成一种更稳定的新体系。

康纳利：我会称之为——

尼克松：我们已经准备好谈判了。你们看，这是我会为谈判而做的准备。我们会处理好的。抓住重点了吗？

康纳利：明白，先生。

尼克松：我觉得我们不应该——约翰，我不认为这符合我们的利益，向世界宣告美国将用高达15%的关税来孤立自己，这对我们担当世界领袖无益——

康纳利：不。

尼克松：——因为这对美国的工业也很不利。那样会使他们失去竞争压力，从而游手好闲。

康纳利：所言极是。

尼克松：因此，这样做其实是暂时性的，目的是要得到——

康纳利：在法案中，我会坚持只有您有权随时提高关税，当您根据自己的判断，认为不再需要了就可以。要是他们不同意，我会行使否决权。我不认为他们会实行15%的关税率而不给您这个权力——

尼克松：嗯，如果利用《关税及贸易总协定》就能达到目的，要比通过一项法案方便得多，没这么多麻烦事。就这么办，把它解决掉。

康纳利：是的。

尼克松：继续说。

舒尔茨：我刚才正要问。假设两个方案都行得通，以总统权力单方面这样做和通过国会立法，您更偏向哪种方案？

康纳利：噢，肯定是单方面直接做。

尼克松：是的。

康纳利：我认为您得变通些，因为要是我就会把它当作条件——

尼克松：我倾向于单方面直接做是有另外的原因，因为如果通过国会，他们肯定会加上这样那样的限制——

康纳利：没错。

尼克松：——鉴于此，要生效必须要提交国会，废除的时候也得通过国会，诸如此类。这肯定会被搞砸的，乔治，肯定被搅得一团糟。

康纳利：不管怎样都会。

尼克松：我想我们肯定不能完全遵照法律了。这么说吧，我们也不是置法律于不顾。肯定有人会起诉我们，那他妈又怎样！他们起诉我们两年。我们大不了最高法院见，是不是？

康纳利：我想克拉克（很可能指的是财政部律师艾德·克拉克）会引用《1917年财政法案》和《财政协议法案》为您提供足够多的法律上的支持，我们在那边的一位年轻律师也这样认为——

尼克松：另一个不这么看？

康纳利：是的。

尼克松：如果律师都不同意，要他们有什么用？

康纳利：嗯，只要有一个优秀的律师认为没问题就够了——

舒尔茨：对，一个优秀的律师能顶得上——

康纳利：没错，要是他能找到办法，为什么，我仅仅——

尼克松：嗯，约翰，约翰·米歇尔，那就赶快做好安排。我想就在星期一宣布。而且，乔治，这次会议也在一定程度上缓解了我对事情会混乱无序的担心。另一件事，在中美关系正常化那件事上，我给了外界一个惊喜，而当我们星期一宣布的时候可以这样说，就说总统考虑此事已经很久了，这也是事实。彼得森几个月之前就给了我一份有关关税的备忘录。你也给过我相关的报告，你知道的——

康纳利：总统先生，我觉得您可以说，我们自从今年春天的德国马克危机以来就一直在积极讨论这件事。

尼克松：对。

康纳利：我们确实讨论了。

尼克松：确实谈过，现在是做决定的时候了。我们要做出决定，我们要采取行动，进行改变，出乎意料地狠狠来这么一下。我们开始吧。现在我们必须牢记，除事实外，[******]我们听得不够多，等等。管它 [******]。

舒尔茨：他们会听到的。

康纳利：他们会听到。

尼克松：商界会听到，而且——

康纳利：这就像一声枪响，全世界都会听到的，您可以放心。（大笑）每座城镇、每个村子都会听到的。

尼克松：我想再谈谈哪些人要去戴维营，因为我不希望无关的——约翰，除了沃尔克你还想让谁去？

康纳利：不，我们得带上一个懂这方面法律的律师。如果司法部要做关于这个问题的简报，他们得有个能办这事的人。否则我们就要带上罗伊·恩格勒特（Roy Englert）或者其他财政部里比较了解这事的人——

尼克松：嗯，还有一件事你要做，当然，一旦你——

康纳利：他不用参加所有会议——

尼克松：很好。

康纳利：——需要他的时候用得上就行。

尼克松：有个小问题，你看，我们怎么安排地方？你想？

舒尔茨：可以这样，让卡普（·温伯格，Cap Weinberger）——

尼克松：不，没必要。

舒尔茨：——还有个人选，丹·惠特利（Dan Whitlay），他是个律师，非常优秀，也支持——

尼克松：好。

舒尔茨：——我不知道他以前做过什么 [******]。

尼克松：他很优秀，很能干。带上他没问题。剩下的你们定吧。阿瑟——不让他带人了，对吧？阿瑟自己带着他的智慧来就够了，然后是彼得森——顺便一提，我觉得他也该一个人来，你同意吗？

舒尔茨：同意，[******]。

康纳利：对。

尼克松：他确实应该一个人。他是另一个重要人物。麦克拉肯？我觉得他也肯定得去——

康纳利：他得去。

尼克松：——还有斯坦。

舒尔茨：斯坦会很有帮助。

尼克松：约翰，我跟你说，我想让斯坦去而不带新人，是因为他还不是很了解情况。但是斯坦的头脑，让我说，真的是非常冷静、理性。在这种会议中，斯坦这种人会比麦克拉肯更有帮助。麦克拉肯能推动讨论，而斯坦可以帮助达成决议。他非常冷静。所以我觉得他俩都该来。

听上去怎么样？乔治，后勤的事你来负责吧，和他们一起？考虑我们所要做的，考虑到我们所要削减的预算，等等。整个国内这一块，埃利希曼也要来，他不用参加所有的会议，让他来就行了。

两件主要的事。一是推迟延期，你明天可以跟他谈谈，延期——

舒尔茨：明天在内阁会议上可以深入讨论一下预算的事。

尼克松：对。这件事交给你？好，给你了。现在，至于筹备的事，约翰，我说一下？

康纳利：当然，您说。

尼克松：我想我们直接乘直升机过去。中午出发，吃过午饭就走，怎么样？

康纳利：没问题。

尼克松：直接去那，然后开会。但是，有可能开会时候会浪费很多时间谈无关紧要的事。关于会议的安排，你们有什么好主意吗？约翰，你有什么想法？

康纳利：要我提建议，就是应该让所有人都在一起开会。我不会带着任何您认为不能参加会议的人去那里开会的。

尼克松：对。

康纳利：这包括斯坦、沃尔克等人。

尼克松：对，所有这些人。

康纳利：让他们都参会，然后我们把整件事重新讨论一遍，就像您还完全没有做出决定。不要告诉他们您的主意已经定了。让大家坐在一起重新讨论，得出一个结论。经过一个小时左右的集体讨论，他们都[******]——

尼克松：把他们送走？

康纳利：让他们去工作，派给他们活干，告诉他们，好了，大家要干这个干那个，完成后重新聚起来再开会——

尼克松：星期六晚上？

康纳利：——星期六晚上，我得想一下再决定。要让每个人都觉得自己参与了决策。

尼克松：对，当然，我也想这样，不过我的意思是怎么让他们在开会前先认真思考、做足功课。你明白我的意思了吗？也许他们现在已经准备好了。

康纳利：哦，我想他们——

舒尔茨：一定程度上是的，我们可以制订一些安排，让那些——

尼克松：可以。

舒尔茨：——要发言的人先准备——

尼克松：嗯，我想——

舒尔茨：——我想是否——

尼克松：对。

舒尔茨：——先开个大会，把要讨论的各项工作列出来，您可以先让约翰主持会议，重要的是要给未来负责这些事的人分配好任务——

尼克松：对。

舒尔茨：——然后，让他——

尼克松：对。

舒尔茨：——在拿给您之前先开个会把材料准备好。

尼克松：对。

舒尔茨：然后，第二次会议您再参加。我们把各项工作都理清了，然后我们就像大家平时开会那样讨论，可能会有点小争执——

尼克松：好。

舒尔茨：——这样您就不必一直参加——

尼克松：嗯，我知道——听着，你知道的，我完全不介意全程参加并连夜讨论，如果这样做能起到作用。不过，我也知道时间宝贵，当我们终于能切实行动起来解决问题时，有些人只是——你肯定会发飙，质问他们这他妈是什么方案。就看看结果会怎样吧，你明白我的意思吗，约翰？

康纳利：我想提个建议，带上几个人，找人早点儿开始写您的演讲稿，您说呢？

尼克松：嗯，嗯。

康纳利：我不知道您想让谁来写，但我们可以先着手进行。我可以做这件事，[******]想让您的撰稿人[******]。但肯定要有人负责，而且这些人应该在初期就参与进来了。

舒尔茨：[******]可以让齐格勒负责媒体[******]。要通过媒体来宣传造势。这事必须做，齐格勒[******]——

尼克松：不，没有。

舒尔茨：——或者霍尔德曼，或者——

尼克松：霍尔德曼是个人选。他会监管此事，你知道的，齐格勒还有克莱因，所有那些人，他知道该怎么办，我们可以带上几个[******]。

舒尔茨：[******]，他是聪明的写手，没有[******]——

尼克松：嗯，你要知道，你说得对。

舒尔茨：——我早上刚看到他写的一篇文章，不知道您看见没有，叫"沮丧的雇主"——

尼克松：什么？

舒尔茨：《沮丧的雇主》，那是——

尼克松：丹尼森写东西快吗？科特写东西速度怎么样？

舒尔茨：哦，他写得很快，和萨菲尔一样快，而且——

尼克松：[******]，斯坦，我还是宁愿不再弄一个写稿子的过来了。我打算自己写，当然，不过正因为此，我需要尽快明确最后的决定，我好知道该写些什么。不过，我希望这样，我们需要的是，从你的角度考虑，约翰，你们想让我说些什么？我觉得我的演讲应该干脆、简短而令人信服。而且我强烈认为，如果行动本身足够有力、高效，那么过于华丽的辞藻和修饰反而会弱化表达效果，我觉得，从某种意义上，如果我对具体结果不满意，比如说，到了星期天，那我们就得[******]为了那样的事，嗯，我会试着选个我们的人在那边。萨菲尔在这个领域能力很强，他能搞定，他已经办妥了一个[******]。我想我要让斯坦——

看看情况，斯坦也很有经验。

舒尔茨：[******] 斯坦 [******]——

尼克松：什么？

255　舒尔茨：我说那可能会帮助斯坦——

尼克松：好。

舒尔茨：——那也是他的职责所在。

尼克松：嗯，好吧，但另一方面，约翰，你的人已经写了一些东西。

康纳利：对，他们知道。您希望给谁，我们就给谁——

尼克松：原始资料。

康纳利：——原始资料，要是您想——

尼克松：嗯。

康纳利：——或者明天就可以准备一份完稿。

尼克松：嗯，现在就开始准备吧。最好现在就让他们去做。我想看看他们现在写出的完稿是什么样子。而且这将会非常有帮助，因为我会在这篇讲稿里找着灵感，我想把所有人的才华都调动起来。

康纳利：当然。

尼克松：这样才能充分发挥他们的才干。嗯，这样行吧？

康纳利：没问题，先生。

尼克松：我要说——

康纳利：我同意斯坦。我看过他以前做过的工作，他非常 [******]。他进步不小。

尼克松：让我说的话，我们明天就出发，让我说的话，明天下午3点开始开会。我在考虑第一次会，我们能做好准备，在6点左右开第二次会。我想，约翰，给你三个小时——

舒尔茨：3点到6点？

尼克松：嗯，有问题吗？

舒尔茨：下午3点到6点？

尼克松：对呀，有异议？

舒尔茨：没有。

康纳利：我希望用不了那么长时间，但我们会——

尼克松：嗯，可能3点到5点就够了。

康纳利：应该能讨论完。

尼克松：好，我刚才想，到时候要不要给每个人安排发言的机会——

康纳利：好的。没问题。总统先生，如您所见，要是我们到时候讨论投资税减免，我们要说清是 7%，以及为什么不是 10%。

尼克松：嗯。

康纳利：何不设定成 8%？我想这样在讨论了这么多之后，我们就能定在 7%，我真不知道该怎么改，我们被要求必须要改。

尼克松：嗯，行。最少要 8%！

（大笑）

康纳利：好，那就 8%。

舒尔茨：税的事讨论完之后，关于 [******] 之后我们可以 [******]——

尼克松：也许 5%。但那不包括进口税。

舒尔茨：那不包括进口税。

尼克松：我们不想 [******]。

康纳利：好的，先生。

尼克松：10% 和 15%。你还要再研究一下《关税及贸易总协定》的条款，还有其他的，你知道的，行吗？

康纳利：好的，先生。

尼克松：嗯，会很有意思的。我们会先工作，然后我想在最开始的大会之后就分成小组，每个组负责一块，你负责预算，他负责税，行吧？然后到了星期六，我们再集合起来讨论一些有分歧的重要问题。这样的话就定了，星期五讨论。星期六下午 3 点前开会，那个时候，我们就能达到目的，我可以说，嗯，这就是我们要做的——这样合理不？顺便说一句，我已经下定决心——

舒尔茨：您可以——

尼克松：——因为你看，我需要知道讲稿的事情，我要在星期六晚上之前跟大家说清楚，这样我就可以用星期日、星期一，好吧，是星期日一整天和星期一的部分时间，来写那该死的演讲稿。

舒尔茨：您在星期五下午还有个会——

尼克松：对。

舒尔茨：——然后让他们把基础性的讨论完成，整理清楚——

尼克松：对。

舒尔茨：——然后您就能决定了，然后让所有人都清楚我还有个关于这个问题的会[******]，让大家决定您想星期一行动，还是您不打算提这个，加强控制，只讨论细节，还是看情况——

尼克松：你会在星期五说这些？

康纳利：星期六？

尼克松：会议的最后？

舒尔茨：嗯，也许星期六早上，通知我们就行——

尼克松：好。

舒尔茨：——到时候就决定好了，大家就不用再讨论是不是——

尼克松：好。

舒尔茨：——他们正在弄清哪些是决定了的，以及我们如何去做的问题——

尼克松：那非常——

舒尔茨：——因为我觉得那才是我们应该花时间讨论的问题。

康纳利：当然，您没太多时间研究别的。我们只需要知道我们该怎么做。

尼克松：嗯。是这样，约翰，我个人差不多已经决定了我想要做什么了。

康纳利：好吧，那就在星期五告诉大家。

尼克松：还有，我想你知道我的意思，我觉得还是不一样。在这件事上没有万全的法子，不入虎穴，焉得虎子，也可能没那么大区别。但另一方面，在这事上我已经拿定了主意，我觉得[******]应该在星期五中午，乔治，我会直接告诉大家，这就是我认为我们应该做的事情。这就是我想要做这件事的方式，所有人都知道这点。我不习惯拐弯抹角地说，让我们投票表决吧。所以，到时候我会说，伙计们，咱们来分分工，看看谁该去干什么。我觉得阿瑟遣词造句很厉害。

康纳利：嗯，没错，他是很擅长。

舒尔茨：技艺高超。

尼克松：确实技艺高超。我们可以让他帮忙负责媒体这一块。你们都认为应该作演讲吗？让我刻薄地挑下刺儿。从另一面看，你知道的，与其上电视，直接面对美国人民，对他们说我们现在面对的危机，不如直接发表一篇辞藻华丽的声明，然后再召开一次记者招待会——

康纳利：说得对。

尼克松：必须要引导大家。这样的好处就是，这非常，因为这件事很复杂，所以谁也没法判断只凭一次演讲就能让人民建立信心，无论演讲稿写得有多漂亮。演讲实际上所能起的作用，可能因为这些行动如此有效，非常有效，以至于他们会——与其说是要求这样做，不如说是演讲让人们反过来请求这样做，约翰，还要再大张旗鼓地发布公告，等等。之后，做这件事的另外一种方式自然就是直接宣布，比方说星期日下午4点，然后提出我的建议。现在——

舒尔茨：我觉得这样做很好，到星期五我们自然就知道他们会不会在戴维营把事情搞砸——

尼克松：也对。

舒尔茨：——您会知道是谁——

尼克松：嗯。

舒尔茨：——所以到时候就清楚是怎么回事了——

尼克松：没错。

舒尔茨：在我看来，星期五下午市场肯定会炸了锅，到了星期一他们就会明白到底发生了什么。到时候人们会有很多对于这次会议的决议的猜测。也许星期日晚上会更好，无论您是亲自做声明，还是发布声明。

尼克松：这个，如果周日晚上的话，那发布必须由——嗯，也不是非得，不过还是不同——也没那么大差别——如果星期日晚上的话，你知道的，在这种事上，我不想因为要谈论这样的主题而提前。这样也许有用。我明白你为什么说星期天晚上会比较好。嗯，如果我们能准备好，那自然更好，这样就不必瞎耽误一天，在星期一多损失十亿美元了。你怎么看，约翰，你觉得应该作全国性的演讲，还是——

康纳利：嗯，我倾向于这样做。我觉得还是全国演讲更好。这可是全国演讲，这是重头戏。的确，非常重要，而且，就像之前说过的，不要把演讲看作对危机的被动反应，我觉得您应该有这样的姿态，以一种有力的姿态进行演讲，您在想办法解决国家存在的问题，而且您要，您要确保——

尼克松：让我——

康纳利：——我们一直保持着经济扩张，创造了更多就业机会——

尼克松：这么说吧，这样讲。我觉得星期一就很好。我想在星期一宣布的

258

风险是必须得冒的。就星期一了，这样就又会是一个星期一，虽然这样人们会更多猜测你到底在做什么，但管不了那么多了。

舒尔茨：好吧，您——

尼克松：我们能搞定。

舒尔茨：第二，时差问题，星期天晚上差不多午夜的时候开始，换句话说布鲁塞尔的市场和欧洲市场——

尼克松：确实。

舒尔茨：——因为存在时差，所有这些，这种猜测会在星期日晚上半夜开始。

康纳利：不，会晚一些——

尼克松：凌晨5点。

康纳利：有五小时时差。

舒尔茨：嗯，凌晨3点。

尼克松：对。

舒尔茨：那是星期日需要注意的另一件事情。

尼克松：对。

康纳利：没错，没问题。不能只考虑美国市场，要把国际市场都考虑进来。

尼克松：嗯，那些国外市场，不过，我们需要做些事情，所以我们能怎么做呢，提取更多美金？

康纳利：没错，先生。我们会知道怎么做的，不用我们来决定。明天看看市场的表现就知道答案了。星期一会是糟糕透顶的一天，因为，我需要确定一下，明天整个欧洲都会庆祝一个天主教节日，所以明天一定一片混乱。明天是交易日的最后一天。我觉得他们很可能会停止交易。

尼克松：嗯，欧洲，我知道了。

康纳利：嗯，他们有可能还会交易，但无论如何，我的信息也是支离破碎的，如果真的交易，也会是 [******]，因为——

尼克松：主要原因是——

康纳利：我想他们的周末假期延长了。明天是假期前的最后一天。

尼克松：所以你更希望作一次演讲？

康纳利：对，先生，确实这样，仅仅是因为，我觉得这样您可以更好地利用时机。您要对美国人民演讲，这将直接影响他们对您的印象，让大家感到您关心经济发展，关心就业问题，而您采取的这些措施正是要保证大家享有公平的就业机会。

尼克松：我自己就能完成，但我其实想让整个——

康纳利：您看，如果只是单纯的技术手段，比如关闭市场，诸如此类的措施，我认为当然没有必要作演讲。但是天哪，您还要提高关税，如果您可以这样做的话，还有减免投资税，等等，所有这些政策都对美国人民有直接影响。更不用说工资 - 物价冻结措施，所以我觉得肯定应该进行一次演讲。

尼克松：应该这样做，不过为什么要在这样的基础上？

康纳利：因为我认为——

舒尔茨：我想这是"二战"结束后最重要的经济政策。

康纳利：没错，无疑也是未来 25 年最重要的。

舒尔茨：而这——

康纳利：我想这样很好。这给了我们一个很好的机会，能获得极大的 [******]。我可能是错的。我会第一个跳出来承认自己的错误，但我认为这可能会使您的批评者们陷入窘境，从而让他们不知所措。

尼克松：嗯，我想我会和我妻子一起去，她能帮助演讲取得成功。狼阱农夫公园[1]，你们去过那里吗？

康纳利：没有，先生。我只听说过那。

尼克松：千万别去。

（大笑）

舒尔茨：那儿好极了。

尼克松：你去过？

舒尔茨：我没去过，但听说过。事实上，我昨晚本打算去。

尼克松：哈哈，我跟你说，我告诉你，你到时可以坐我的座位！（大笑）怎么样？

舒尔茨：今晚的演出将会十分精彩。

尼克松：对，没错。

舒尔茨：这地方真不赖。

---

1 位于弗吉尼亚州的狼阱农夫公园（Wolf Trap Farm Park），为一国际著名的不同种类表演集合地，其表演包括歌剧、交响乐团音乐会、爵士乐以及舞蹈。

尼克松：很好。听着，约翰，我突然想到，天哪，我们没必要，何必明天就把市场搞乱呢？如果你想想——想想明天我们的股市，我不认为这会有什么实质性的差别。

康纳利：别担心，他们会知道的——

尼克松：其实，我们会乘直升机过去，我们不告诉大家我们都去。我们什么都不对外宣布。

康纳利：我想那是——

尼克松：我们2点钟的时候直接上直升机。我去戴维营只是例行公事，只不过你们这次碰巧也一起来了，就这么简单。

康纳利：我会尽量低调，但是我不确定哪里——

尼克松：去戴维营的主要目的是，我碰巧要——你们看，我可以带人去那儿，他们不用知道得太多。坦率地说，去戴维营的主要目的是让相关的人员都集中在那里，这样就不用担心走漏风声了。

康纳利：对。

尼克松：在那里，让所有人都他妈的把嘴闭严，并且那里没有报纸和记者。我知道《纽约时报》在星期天肯定会报道说政府中的（一些经过挑选的幕僚）离开华盛顿前往（戴维营）。这是我不希望看到的。但我们去那儿开三天会，把事情搞定，然后星期天晚上回来，给他们来个出其不意。在我回来前可以继续让他们待在那儿。你明白我的意思了吗？不能走漏任何风声。我能这样办。但我们不会说，我想，仅仅说，我会告诉所有人谁会去那里。你可以这样告诉保罗。对每个人，我会这样说，听着，"总统邀请你到戴维营过周末"。"邀请你去戴维营过周末，一切都安排好了。"行吗？

舒尔茨：这个周末肯定会有很繁重的工作。他们会问能不能带上家属——

尼克松：什么？

舒尔茨：至少可以确定，肯定会有人这么问的。

尼克松：带家属？我不会带家属的。这次不行。因为这次的工作太多，而且情况特殊。

"谁了解肯尼迪家族的情况？
难道不应该好好查查他们吗？"

> 1971年9月8日，下午3：26
> 理查德·尼克松和约翰·埃利希曼
> 行政办公楼办公室

距离民主党全国代表大会提名1972年总统大选候选人还有不到一年时间，尼克松仍然担心参议员爱德华·肯尼迪会突然参选。尽管其他候选人很多已经开始正式参选，其中包括乔治·麦戈文、埃德蒙·马斯基以及休伯特·汉弗莱，但尼克松最担心的还是肯尼迪，尽管后者从未表示过自己要参选。

……

尼克松：坦率地说，我希望能给他们找点儿麻烦。

埃利希曼：没错。

尼克松：也应该给其他（民主党候选）人找点儿麻烦[******]，你可以——

埃利希曼：对。

尼克松：从国税局（美国国税局，Internal Revenue Service，IRS）入手，如果你能办到的话，我们是不是在查马斯基的所得税申报表？他申报过吗？休伯特（·汉弗莱）呢？休伯特可经手过不少赚钱的买卖。

埃利希曼：他确实如此。

尼克松：泰迪[1]呢？谁了解肯尼迪家族的情况？难道不应该好好查查他们吗？

埃利希曼：在国税局方面，我不知道情况如何。而至于泰迪，我们正在跟踪调查——

尼克松：是吗？

埃利希曼：——他本人。他度假的时候，包括他从巴基斯坦回来在夏威夷

---

1 指马萨诸塞州参议员爱德华·肯尼迪。

停留期间。

尼克松：他做了什么事吗？

埃利希曼：不，没有。他没什么见不得人的事。他非常干净。

尼克松：现在可要看紧点儿。

埃利希曼：收到。在夏威夷的时候他独自一人，住在不知道是什么人的别墅里，我们派了个人盯着他。他总是表现得很得体。

尼克松：别放松，继续盯着。像这样有问题的人往往能伪装得很好，很长一段时间里什么都看不出来——

埃利希曼：对。

尼克松：——不过早晚会露出马脚。

埃利希曼：没错。

尼克松：嗯？

埃利希曼：我也是这样想。

……

埃利希曼：这段时间内，从现在到代表大会，会有很多变数。

尼克松：你的意思是他（肯尼迪）压力会很大？

埃利希曼：他的压力不会小，不过他总能悄悄逃离人们的视线。他这趟去夏威夷就没什么人知道，只带了很少的人，打打网球，四处逛逛，然后拜访一番，搞了搞社交——本指望在这种情况下能发现他的不轨行为。之后，他回到了海恩尼斯（Hyannis）。我们已经拟好了一个计划。

"这不能称作一场悲惨的战争……这场该死的战争是为伟大的事业而进行的……"

1971年9月17日，下午5∶37
理查德·尼克松、鲍勃·霍尔德曼和亨利·基辛格
椭圆形办公室

9月16日，尼克松在一场新闻发布会上与记者会面，提到了关于南越总统大选的三个极具争议的问题。因为阮文绍当时并无对手，很多越战批评家怀疑是否有必要维护其并不可靠的民主。尼克松为南越辩护称："至少他们还有选举，而北越，一丁点儿都没有。"对于这种言论，华盛顿州民主党参议员亨利·斯库珀·杰克逊（Henry Jackson，昵称"Scoop"）暗示称，美国对南越已具备足够的影响力来保证其公平选举。

在和基辛格以及霍尔德曼的一场坦率的讨论中，尼克松表达了他对越南战争的想法，即越南战争究竟是否会对他认为的美国外交政策的重点问题——美苏关系产生影响。尼克松仍持强硬态度，尽管他已经成功减少了驻越美军的数量。

......

基辛格：总统先生，我们下周一动手，用——

尼克松：很好。

基辛格：——我们尽最大努力，动用所有飞机轰炸非军事区北部二十英里的范围。

尼克松：很好。这是他们一直以来自找的。

基辛格：——还有——

尼克松：他们在不断壮大，而且一直在搞破坏。你难道不认为这么做是对的吗？

基辛格：哦，当然是对的。嗯，我——您知道目前国内的形势。但是，我们——我们将要采取的方式，您知道的，您比我判断得更好。我觉得我们将要采取的方式——您看，如果我们下周一发动空袭，这里指的是越南的下周一早上，也就是美国的周日晚上——到美国时间周一早上，我们应该已经宣布轰炸结束了。我们就会说："这完成了——这是保护性措施，违反了协定。他们[1]已经在非军事区里开辟了一条通道，还一直朝我们的飞机开枪。"

尼克松："而且还在——还在我们撤退的时候将我们的军队置于险境。"

基辛格：没错。

1　指北越军队。

尼克松：我会把这一点加进去，而不是说"保护性的"——"在我们撤退的时候将我们的军队置于险境"。

基辛格：所以我们将——

尼克松：我觉得没人会抱怨这个。

霍尔德曼：他们会知道是我们做的。真的，他们 [******]——

基辛格：嗯，400架飞机 [******]——

霍尔德曼：好吧，但是他们会糊涂的，亨利。不过——

尼克松：是的。

霍尔德曼：——民众——报纸——新闻媒体都会知道的，但是他们描述这件事时，结果还是会——不管怎样，他们都会认为我们一直都在轰炸那里。

基辛格：所以这很——

尼克松：但是你看，亨利，从我们外交行动的出发点考虑——

基辛格：很有必要。

尼克松：——必不可少。

基辛格：很有必要，原因在于——

尼克松：嗯。

基辛格：——它是——从您今天早上对那位罗马尼亚人（科尔内留·波格丹大使）说的一番话就能知道。顺便说一句，那真是太棒了。

尼克松：呃，亨利——

基辛格：嗯？

尼克松：——他理解我的意思吗？

基辛格：嗯，如果他——

尼克松：[******]

基辛格：——不能理解，他应该会被炒鱿鱼。

尼克松：啊？

基辛格：您说——您说话的方式很友好温和。您说："我只是想让你们知道，我对这些人越来越失去耐心。"还有——他们——您——

尼克松：我还说："我不想让你们对这里发生的一切感到惊讶。"我说："你——你应该理解我的意思吧？"我的意思是，毕竟——我说："我——"

基辛格：现在，既然这件事发生了……

尼克松：[******]我们已经在柬埔寨、老挝和中国等地方做过了。我说："我——我不会就——我的意思是，他们——我们一直都很主动，但是他们不是。"我又说："我快要失去耐心了。"我说："他们可不能再逼我了。"

基辛格：没错。

霍尔德曼：（笑声）

尼克松：[******]

基辛格：怎么说呢，从某种角度来看，他们正落入了我们的手掌心。昨天，春水[1]又一次把推翻阮文绍的事——

尼克松：和战俘扯在一起，居然。

基辛格：和战俘扯在一起。

尼克松：这也很好。这也很好。

基辛格：所以，他们也正经历着艰难的时期，可能要持续几周。所以，这——

尼克松：嗯，我觉得——我怎么觉得，随着今天进行扩大草案的投票，我就——当然，我的意思是，我们都非常乐意看到这样的结果：47比36。

基辛格：是啊，但是也有其他的例子，大家都——告诉了您，或者至少告诉了我——我不知道他们告诉您什么了——

尼克松：嗯，我们就差7票。

基辛格：——我们失败了。就像曼斯菲尔德那件事，然后当——

尼克松：是的。

基辛格：——你踏入那里——

霍尔德曼：他们没告诉我们这些；他们告诉我们是45比45。

尼克松：不，不，落后了7票，鲍勃，是一回事。

……

基辛格：您知道吗，杰克逊被您昨天说的话吓到了，以为是冲着他来的。

霍尔德曼：是的。

尼克松：杰克逊这样觉得？

1　北越巴黎和谈代表团团长。

基辛格：是啊，而且他说他准备公布一封信——

尼克松：[******]

基辛格：——他准备公布写给您的一封信，实际上说的是同样的事。

尼克松：那是 [******]？嗯，什么意思？

基辛格：嗯，这封信说的是您应该如何解决选举问题——他说他绝对不会建议推翻阮文绍。

尼克松：他——哦，他不承认，是吧？

基辛格：是啊。

霍尔德曼：嗯，这件事您又没有针对他。但是，您说过，他明确地表示过您应该撤军——不提供外国援助。

尼克松：嗯。

霍尔德曼：如果他们不——

基辛格：哦，是啊。

霍尔德曼：——进行自由选举的话，而且您说过 [******]——

基辛格：嗯，他其实也没这么说。他说他想要保留——

尼克松：但是，至少这让他有所反应。

基辛格：嗯，是的。

尼克松：我觉得他们都——

基辛格：而且，这是一个绝好的优势——绝好的优势，总统先生。如果他们打算回复您，总要比我们四处对他们的指责进行辩护强多了。

霍尔德曼：但现在的状况真的不一样。我们现在处于攻势，而他们，他们只能摇摆不定，而不是攻击我们。

基辛格：麦戈文现在看起来就是个蠢货。

霍尔德曼：可不是嘛。

尼克松：怎么说？

基辛格：嗯，他说他们正在放宽条件，而同一周他们又在收紧。他说您能理解——我今天早上向美联社和合众社的那帮人解释时——他们提出了停火的话题，他们说："麦戈文怎么实现这个？"我说："嗯，我了解他。他是个非常诚实、受人尊敬的人。他只是还了解不了这件事，而我们天天都会接触这些事。他不知道那些人使用的准确术语。"

尼克松：嗯，停火……

......

尼克松：但是，回过头来讲到（林登·）约翰逊[1]，这个可怜的浑蛋你们不觉得他是非常——肯定是非常失望的吗？你们知道，当提到这场惨烈的战争——但是，首先，这不能称作一场悲惨的战争，亨利。这场该死的战争是为伟大的事业而进行的，而伟大的事业——

霍尔德曼：但是它已经——

尼克松：——我们最开始根本没必要参与进去。我们本不应该走吴庭艳路线。我们本不应该达成"老挝协议"，我认为。好吧，这全部是马后炮。但是，一旦参与进去，这场战争本应该在一到两年就结束的——

基辛格：总统先生——

尼克松：利用我们的空军力量，我们本来可以立马干掉那些浑蛋——

基辛格：——如果您，如果是您执政——如果我们在1966年摆平柬埔寨——

尼克松：是啊。

基辛格：如果我们1966年摆平柬埔寨，1967年摆平老挝，这场战争早就成为历史了。

尼克松：而且是胜利而归。

基辛格：而且还——他们可能是不会承认的，除了那场轰炸。不可能。

霍尔德曼：我们可能本不需要这么做，如果我们算好时机轰炸，足够早的话——

基辛格：没错。

尼克松：而且 [******]。

基辛格：而且我们可能都不需要轰炸，如果您摆平了柬埔寨和老挝的话。所以——

尼克松：现在穆勒——很明显，莱尔德参与这件事了，对吗？

基辛格：参与——下周一的事？是的。

尼克松：好。好的。

基辛格：我们是通过莱尔德来做的。

尼克松：好。而且他知道，知道有很多原因 [******]。很好，很好。行。我们——

1　林登·约翰逊扩大了越南战争。

基辛格：嗯，您——

尼克松：——告诉罗杰斯吗？还是不告诉他？

基辛格：不。

尼克松：不应该让他知道。可能吧。

基辛格：他在纽约呢。

尼克松：还是不了，不妨就让它——

基辛格：让它——

尼克松：——如果消息到了，就说："嗯，这是例行公事。"我只是——我不会操控整件事。

基辛格：或者，我可以明天打电话给他，说——

尼克松：我就说："听着，你应该知道，我们已经——"

基辛格："总统已经签署——"

尼克松："——我们在非军事区已经进行了充足准备，他们威胁到了我们的军队，因此……等等这些。所以，我们认为——总统就授权这一次——"

基辛格：一次——

尼克松："——两小时的空袭来清除那些对我们不利的麻烦，这样我们就不会再有伤亡了。"我会把它写进协议中。

基辛格：好的，好的。

尼克松：你可以来做这件事吗？

基辛格：我明天做——

尼克松：然后，我们可以——我们不会发表评论。我们把所有评论推给国防部——

基辛格：没错。

尼克松：——而我们什么都不说。就这一次——几个小时而已。

基辛格：我来做这个。

尼克松：但是，我还是希望他知道。

基辛格：好的。我认为这样更好。

尼克松：是啊，然后我们——但是，亨利，说起你的外交大棋局，想到[******]——

基辛格：我们必须这样。如果我们要——

尼克松：——我觉得，我觉得——现在，那个罗马尼亚矮子[1]，他今晚会发电报，对吧？

基辛格：哦，是的。会的。

尼克松：还有，你告诉他的——你也告诉了那些婊子养的了吧？你已经——

基辛格：哦，我警告他们了。我们的记录证明，我在每次会议上都警告他们："停止在非军事区北部的——集结。"他们一直从非军事区北部向我们开枪。

尼克松：嗯。

基辛格：我们会一起出一份新闻稿，以防公众——

尼克松：没错。

基辛格：——的反应超乎我们的预料。

尼克松：很好。

基辛格：把它宣传出去。然后，嗯——

霍尔德曼：你能多强调些破坏非军事区的问题吗？

基辛格：好啊。

尼克松：对。

基辛格：好，没问题。

尼克松：这违背了协定，明目张胆地违背了协定。但是，明天的事，我——那不是技术性问题——我不参与了。

霍尔德曼：好的。

尼克松：我只会简单地说："他们的所作所为是在——"

霍尔德曼：[******]

尼克松："——破坏协定，对美国军队的撤离造成威胁。这可能会增加我们的伤亡，我们已经很清楚了。"是的，朋友们，放手去做吧——

霍尔德曼：您一直都这么说，如果，您知道，我们——

尼克松：没错。

霍尔德曼：——撤出 [******]。

基辛格：不，在外交博弈上，我们就说它很有必要——

尼克松：嗯。

---

1 指罗马尼亚大使科尔内留·波格丹。

基辛格：它极其重要，因为它能让俄国人觉得，事情本可能会变得更糟糕。

……

基辛格：但是，比如，您知道的，总统先生，如果他们实施了一次大规模的攻击，现在——

尼克松：嗯？

基辛格：——他们会让我们命悬一线。而事实上，他们没有实施大型的攻击，说明他们还没准备好。老挝用完了今年的供给，不管是他们自己用完的也好，还是被我们摧毁的也好。但是，无论如何，他们甚至都无法向第一兵团发动袭击。每隔一年，他们都会在夏天向高山区域发动攻击。今年我们想，随着大选提上日程，他们肯定还会进行攻击。

尼克松：而他们没有。

基辛格：他们还没有任何重大的——甚至——

尼克松：呃，现在他们不发动进攻的原因还可以说是，他们一直都在和你保持对话，你知道。

基辛格：但是，没人认为他们在那里有军队。

尼克松：嗯，我只是建议。

基辛格：是的，您可以这样说。确实如此，您可以这样说。

尼克松：那是有可能的，因为我们一直都很克制。

基辛格：您可以这么说。

尼克松：我不太同意。我——但是你不觉得是因为这个吗？

基辛格：我不认为。因为——

霍尔德曼：他们现在还能进攻吗？

基辛格：因为他们常用的策略是——

尼克松：当然。

基辛格：但是，他们——

尼克松：[******]但是，所以他们没有。

基辛格：嗯，但是，他们常用的策略是不这么做。他们常规的举动是在对话的时候突袭你。

尼克松：说得对。我们也是这样。

基辛格：但是，我的确警告过他们如果再发动攻击——

尼克松：嗯，好。我们要这么做——顺便说一下，不管怎样都要完成。

基辛格：是的。

尼克松：因为，考虑到未来，我认为这种集结是危险的。你们不同意吗？

基辛格：当然同意。我6月在那里时，艾布拉姆斯催促过我。那个时候，他一直都在恳求实施轰炸。

尼克松：嗯，那我们就满足他。对了，现在不是有个更大的目标了吗？

基辛格：嗯，他们会——那——那是个大目标。哦，的确。

尼克松：那里有很多东西需要我们摧毁。

基辛格：嗯，他想轰炸5天。但是，我们不能这么做。这会——

尼克松：可以轰炸那么久吗？

基辛格：都不够。我——那里至少得轰炸5天。他本来希望轰炸5到10天，但这可能会造成巨大的骚动，您不这么认为吗？

尼克松：不，不，不。我们只是恢复对北越的轰炸而已。

"我认为你应该告诉多勃雷宁，（然后）使劲儿责问他。"

1971年9月18日，上午10：40
理查德·尼克松、约翰·米歇尔和亨利·基辛格
椭圆形办公室

9月中旬，历时18个月的柏林四方会谈正逐渐接近尾声。美国在会谈中的立场由美国驻西德大使肯尼斯·拉什传达。同时，限制战略武器会谈对尼克松来说是一个大麻烦。自7月初以来，完全禁止反弹道导弹的问题一直在被认真地讨论，但是尼克松——在莱尔德的提议下——已经在8月拒绝了完全禁止的提议。史密斯一直认为完全禁止反弹道导弹会产生威慑力。当限制战略武器会谈即将在赫尔辛基落下帷幕之时，尼克松发现，他的首席谈判官仍在继续朝着这个方向谈判。

……

基辛格：苏伊士运河附近发生了枪击事件，是从——这周开始的，以色列人——

尼克松：我看到消息了。

基辛格：——击落了一架飞越以色列上空的埃及侦察机。他们一直都在用机关枪扫射这些飞机，只是为了表明他们不是——

尼克松：他们击落了一架？

基辛格：他们击中一架，真的是意外击落的，差不多是这样——

尼克松：（笑声）如果你能用机关枪将一架高速飞行的现代飞机击落，那么飞行员的技术一定是差到家了。

基辛格：对，它是——

尼克松：我的天啊！

基辛格：也是靠运气。随后，或者还有其他原因，埃及昨天在深入以色列控制区30英里处击落一架以色列飞机：一架运输机，深入西奈半岛境内30英里的一架运输–情报两用机。所以，今早以色列清除了（埃及的）一些萨姆导弹发射点。现在的情况就是这样。现在，有人希望您能呼吁双方保持克制。我认为，在这个节骨眼上，这种做法是大错特错的。这种事情应该及时制止。以色列说过他们会停手。埃及人知道我们希望维持停火状态。我认为我们应该再观察几天。

尼克松：嗯。

基辛格：我认为我们不应该让自己卷入另一回合的谈判中。

……

基辛格：以色列人什么也不会做；埃及人什么也不会做，除非俄国人怂恿他们去做——或者除非俄国人能容忍这件事。但据我们所知，俄国人从现在起到10月12日，都不太可能在中东问题上大发雷霆。

尼克松：你认为这件事影响到他们了？

基辛格：是的。

尼克松：你觉得，你是否应该给多勃雷宁打个电话？

基辛格：多勃雷宁还没有回来。他星期一回来，这也是另一个原因——

尼克松：好吧，你可以在星期一告诉多勃雷宁："现在，你看，[******]。"

基辛格：如果星期一事态还在发展，我想我会的——这不失为引起俄国人注意的好办法——无论我们要不要联合平息此事。

尼克松：对了，亨利，我标注出来了，在勃列日涅夫的来信中。我认为你应该告诉多勃雷宁，（然后）使劲儿责问他，问他为什么勃列日涅夫没有回应限制战略武器会谈中进攻性武器的问题。

基辛格：好的。

尼克松：我不想他那么做。我们这边的强硬派已经够我们应付的了。他们（苏联人），据我所理解的，在会谈上，他们讨论的所有内容——我猜杰勒德·史密斯没有给他们施加压力——是关于防御性武器的。他们还没有——他们有拦截进攻性武器或者[******]——？

基辛格：不，不。是莱尔德。莱尔德正开始想要在这件事情上有所作为。主要问题一直都是——有两个主要问题。他们在防御性武器问题上极为强硬，而且，他们——

尼克松：嗯。

基辛格：——在进攻性武器方面，还没谈到具体的细节，但是他们已经讨论过这个了。但是，一部分问题来自我们的代表团。约翰（·米歇尔）坐镇的这个委员会——

尼克松：是吗？

基辛格：——这绝对是您见过的最令人讨厌的事。他们操作这个就好像是——如果他们7月初就到那里，并且说"这是我们5月20日的备忘录。这是我们希望讨论的内容"，那么我们三周之内就能知道谈判的推进情况。

尼克松：他们都做了什么？

基辛格：相反，他们——首先，他们提出"全面禁止反弹道导弹"，然后又提出了许多晦涩难懂的观点，只有神学家才能听懂的观点。最后，上星期，约翰也出席了会议，我把他们的计划打断了。

尼克松：亨利，上帝啊，我写过信给那个浑蛋史密斯，并且说："这是我们的基本立场。"他为什么不照着那封信来？

基辛格：因为，他就像——

尼克松：你是说[******]这里所有的东西？

基辛格：嗯，他就像一个讼棍。你在信里说，我们最终愿意实现——

尼克松：哦，是的。

基辛格：——全面禁止反弹道导弹。所以，接下来——

尼克松：他就从这个基础上开始了。我明白了。[******]

基辛格：所以，接下来，他希望把这一点放进现有条约的序言里。他是在浪费时间，他现在甚至都没有达成任何一项协议。俄国人又提出了一整套没有诚意的方案，这——

尼克松：对。是啊。当然，他们一定会的。

基辛格：——他们肯定会的，这些方案我们应该在第一个星期就处理好。

"他不一定会这么做。
我们就说他已经发出邀请了。"

1971年9月21日，下午12：46
理查德·尼克松、鲍勃·霍尔德曼和亨利·基辛格
椭圆形办公室

苏联外交部长安德烈·葛罗米柯计划于9月29日出访华盛顿。经过一年的令人头疼的协商后，美苏峰会的细节终于敲定。尼克松也决心保证公报的任何一点都不会出错。双方已经完成了公报，这份公报将在华盛顿和莫斯科同时发布，这样尼克松就不必再担忧什么了，这包括不必再担心葛罗米柯不发出邀请了。他和基辛格甚至还曾就此制订了应急计划。

……

尼克松：嗯，不过，我想说，你和你的朋友（多勃雷宁）的对话可真是有趣。

基辛格：我觉得也是。

尼克松：这次谈话很重要。

基辛格：当他们通过许多其他的渠道来摸清楚这些事情的时候——

尼克松：我有一个——我很喜欢你的想法。这次我要采取的方法是，我不会换另外一个房间。我会请罗杰斯和其他人离开——就说："我想和外交部长先生单独谈一会儿。"

基辛格：可以。

尼克松：你们离开后，我和他在这儿谈。

基辛格：我们会去内阁会议室。

尼克松：你们都出去。这就行了。

基辛格：没错。

尼克松：我也没有理由带他出去。我会说："现在，我想跟你谈一些事。"然后，他，那个时候，应该会邀请我出席峰会。对吧？

基辛格：他不一定会这么做。我们就说他已经发出邀请了。

尼克松：嗯，我就说，我和他讲话时，我会说"感谢你们邀请我参加峰会"，等等，然后，我们——但是，就把这些告诉罗杰斯。

基辛格：嗯，这样也解释了您和他一起待了半个小时都说了什么。

尼克松：没错。

基辛格：我们就告诉罗杰斯，您当场就同意了公报。这就和我没关系了。

尼克松：是的，没错。

基辛格：这样不会伤害到他的感受，还把注意力都引向了您。

尼克松：对。

基辛格：然后，他们一离开，就会开始攻击您。

尼克松：嗯，一旦结束，我就叫他（罗杰斯）进来说："嗯，他（葛罗米柯）策划了峰会的事情，我只是同意在12号发布公报。"

基辛格：是的。

尼克松：我已同意峰会在5月召开。

基辛格：好的。我觉得那样，您会——

尼克松：是的，处理得很得当。

霍尔德曼：我的意思是，您会让比尔不要告诉国务院的其他人吧？

尼克松：啊，当然。你说得太对了。我会说："在这件事上，我们会坚持和处理中国问题时一样的原则。"我们会在（峰会）开始前再告知他们，因为俄国人同中国人一样，都对泄密问题很敏感。

基辛格：没错。

尼克松：你同意吗？

基辛格：当然同意。

尼克松：其实说不说并不是问题，所有人最终都会知晓的。大家都希望我们和俄国人会面。

基辛格：嗯，我们还得向北约的盟国知会这件事。

尼克松：我理解，但是会不会——

基辛格：呃，这又不是爆炸性事件——

尼克松：什么？

基辛格：这将会——有意思的是——

尼克松：不是吗？

基辛格：这也不是什么有价值的事情，鲍勃。没有人关注它。

霍尔德曼：现在不是了。他们以前会。他们以前讨论过和俄国人的峰会，不是吗？

尼克松：嗯，他们觉得我们在中国问题上干得漂亮，等等。

霍尔德曼：现在他们好奇的是，苏联方面会派谁去联合国开会并来华盛顿见您。

尼克松：嗯，是柯西金。

基辛格：葛罗米柯。

霍尔德曼：是柯西金。

尼克松：柯西金。

基辛格：他会去联合国吗？

霍尔德曼：他要去加拿大，然后会再去其他地方——

尼克松：对。

霍尔德曼：他们说他也许会去联合国，然后他顺道会来到这里，就限制战略武器会谈一事见见总统。

尼克松：千万不要。[******] 真该死，我不想在这里见他。我不会见他的。

基辛格：哦，不，不，不。

霍尔德曼：这都是他们的猜测，可能有点离谱了。他们还听说您这周末要去中国。他们说阿拉斯加之行只是个幌子，说您实际上要去中国。

尼克松：才怪。（笑声）

基辛格：多勃雷宁也问我来着。我说："听着，阿纳托尔，你真的相信——你真的相信总统——

尼克松：（笑声）

基辛格："——会和裕仁天皇一起访问北京吗？"

尼克松：（笑声）

基辛格：您真应该看看我当时的表情。

霍尔德曼：就应该给他们个"惊喜"来吓吓他们。他们现在——

尼克松：他们要吓坏了。

霍尔德曼：——吓死了。

尼克松：是的。

霍尔德曼：他们可能担心您（笑声）——您无所不能。

基辛格：我们发表声明的时候——这也是为什么我认为您最好不要参加预防战争意外爆发的协定的签署（指美苏于1971年9月30日签署的《关于减少核战争爆发危险的措施的协定》）。

尼克松：我也不想去。

基辛格：会显得这件事过于隆重。

尼克松：是的。当初是谁决定的啊？嗯，我原本也不想去的。显得太张扬了。

基辛格：是啊。太张扬了，还让民众以为可能有一些猫儿腻。

尼克松：说得没错。

基辛格：日期很接近了，12号是——

尼克松：嗯，葛罗米柯会来到这儿。那就够了。我们会跟他们谈的。

霍尔德曼：够俄国人应付的了。

尼克松：然后，我再继续——我们已经向俄国人要求很多了。

基辛格：是的。

尼克松：还有——

霍尔德曼：两星期后，您就宣布这次行程。

尼克松：嗯。

……

尼克松：对了，你知道的，有件事可能会对我们有点帮助——我之前和鲍勃也提过——科尔森[1]说，盖洛普和哈里斯[2]过去两星期的民意调查都显

1　指总统特别法律顾问查尔斯·科尔森。
2　美国的两家民意调查机构。

示出，我的支持率已经超过了所有三位民主党候选人。这一利好消息可能对我们现在同中国人以及俄国人打交道有帮助。

基辛格：是的。哦，会有很大帮助啊。

尼克松：嗯，虽然——我们的领先优势还不是特别大。

基辛格：不，不。我是指帮助很多。

霍尔德曼：是的，帮助很多。

尼克松：正是如此。

霍尔德曼：亨利就是这个意思。在参议院——

基辛格：我正是这个意思，总统先生。

尼克松：明白了，明白了。

霍尔德曼：他获得的数据不是这样的。

尼克松：是的，是的。我想没有新的盖洛普的民意调查。

基辛格：不，不，不，我的意思是，之前您在初选中已经领先他们所有人了——

霍尔德曼：您在参议院赢得了推迟草案的投票，以55∶30。

274 尼克松：很棒。

基辛格：上周，也是这个时候，所有人都觉得我们不可能——

霍尔德曼：总票数减少是因为很多参议员以为辩论还会继续，所以他们就离开了，结果错过了最后投票。

尼克松：（笑声）

霍尔德曼：所以，后来又给了他们点时间，但是91个人中只有85个人投票。

基辛格：嗯，但是当俄国人说，总统先生，这个——您知道的，我已经[******]中的70%[******]。但是，多勃雷宁说，他们国家的很多人都认为您应付不了，认为他们应该和另一位总统打交道，而这次的事情完全改变了局面。他不必再做这些无端的评价了。

尼克松：是的。

基辛格：而且他们也对勃兰特[1]说过本质上类似的话，如果这些话传开，那么，就一定会——

尼克松：这样很好。

----

1 指西德总理维利·勃兰特（亦作威利·布朗特）。

基辛格：是啊。
尼克松：谢谢你，亨利。
基辛格：没事，总统先生。

"双方中的任何一方……都必须和我们玩这场游戏。"

> 1971年9月21日，下午4:04
> 理查德·尼克松和亨利·基辛格
> 椭圆形办公室

基辛格从未如此关注中国事务，他收到了北京局势发展的不寻常的消息。尼克松推测，中美关系的发展已经造成中国政府内部一些人的骚动，他们将美国视为意识形态上的敌人，不愿看到中国与之改善关系。自然而然，尼克松和基辛格揣测着中国政府的何种变动会对他们的1972年峰会的计划产生影响。

……

基辛格：中国正在发生有意思的事情，总统先生。他们的民航运输已经停运近一个星期了。今天，他们还取消了将在10月1日举行的国庆阅兵。我们还有其他消息称，他们已经开始摘下毛泽东的画像。

……

尼克松：——他们在批判周恩来的亲美举动。
基辛格：这是可以想见的，但那些人也是最——不，他们也是最反苏的。红卫兵可是一帮敢往苏联大使身上泼尿的人啊。
尼克松：嗯，你从他们的角度想想：双方中的任何一方，在我看来，都必须和我们玩这场游戏。

"依您吩咐，我们把所有东西都挂上钩了。"

> 1971年9月21日，下午5：02
> 理查德·尼克松和亨利·基辛格
> 椭圆形办公室

尼克松对外政策的核心策略之一就是"挂钩"，即在谈判中利用优势来减少劣势。比如，同时在经济问题和军事问题上进行谈判，在一个领域做出让步将有助于另一个领域问题的解决，这种方法能使双方都满意。这正是尼克松和基辛格改善美国的对外关系各个方面的基本方式，不管是与中国、苏联还是北越的关系，也不论是政治上、经济上还是军事上。

……

基辛格：依您吩咐，我们把所有东西都挂上钩了。我们把中东问题放了进来。现在，我们把所有东西都放到这盘大棋局当中了。

尼克松：嗯，如果中国人把这件事情取消了，会对俄国人造成什么影响？他们还会让我们访问吗？

基辛格：哦，是啊。但是，我们已经给他们（俄国人）减少了点儿压力了。我认为如果有访华这张牌的话，俄国人将会是最着急的——不仅仅是非常着急。我们现在有绝佳的机会来实施这个策略，这些我都写在给您的备忘录里了。如果我们失掉了访华这张牌，他们就会不那么着急，压力就会小些。另外，如果我们不访华，他们可能会利用这次机会迫使我们就范。如果中国没有发生什么动乱，那对我们来说是最好的。

"两个大的可能性,要么是毛泽东生病了,而我不相信这点;要么是周恩来在清洗他的对手。"

> 1971 年 9 月 22 日,上午 10∶03
> 理查德·尼克松和亨利·基辛格
> 行政办公楼

尽管在中国的"文化大革命"期间,林彪被正式指定为毛泽东主席的继任者,但从 1970 年起,他与其他领导人的关系就破裂了。尼克松和基辛格一直关注着这一事态的发展,他们不禁思索这是否与近期中美关系缓和有关。

……

基辛格:我一直都在努力思考这件事,直到我——我开始这样想——这是对我们目前所了解情况的一个很好的总结。

……

基辛格:两个大的可能性,要么是毛泽东生病了,而我不相信这点;要么是周恩来在清洗他的对手。

后记:1971 年 9 月 12 日(美国时间),林彪和妻子叶群(中共政治局成员)涉嫌策划暗杀毛泽东主席失败后,中国进行了一次短暂的肃清活动。林彪夫妇当时匆忙从中国潜逃,后死于空难。事件的具体细节尚不知晓。并无证据表明这些情况是由中美关系缓和造成的。

准备接待葛罗米柯

> 1971 年 9 月 29 日，晚上 12：00
> 理查德·尼克松和亨利·基辛格
> 椭圆形办公室

　　9 月 29 日，尼克松将在白宫接见葛罗米柯。这是近一年来尼克松首次会见苏联官员。在会谈开始前的准备过程中，基辛格一丝不苟地预演了会面将要涉及的话题和流程。其中令人惊讶的担忧是，虽然基辛格和罗杰斯都陪同总统出席会面——但罗杰斯竟不知道苏联必然会提及的秘密联络一事。

……

基辛格：嗯，首先是（和葛罗米柯的）会谈流程。他们会来到这里，合影，等等。您有大约 45 分钟——

尼克松：好的。

基辛格：——到一个小时的时间，在这里和他会面。

尼克松：好的。

基辛格：然后，您请我们所有人离开，您将和他单独会谈。

尼克松：是的。

基辛格：这时，他期望听到您说："先生——"类似的话："外长先生，离上次见面已时隔一年。您能大致讲讲您对现今美苏关系的看法吗？"

尼克松：这是正式——的开始。

基辛格：这是在开始正式会面时说的。然后，他会略讲两句，态度会比较温和，之后他会转到欧洲问题。关于这个，我看看——嗯，我先简单过一遍欧洲问题。

尼克松：好的。

基辛格：他可能会这样挑起话题，会说："现在，您对于欧洲安全会议上的立场是什么？双方将如何继续推进此事？"我认为您应该尽量将其留到单独会谈时候讨论，这样我们就可以把它拿到峰会上讨论，然后说，条件越来越成熟了——关于柏林，一旦柏林协定通过，一旦关于德国问题条约通过，您觉得那时我们就能着手为欧洲安全会议做一些准备工作，然后——

尼克松：除了他想的谈柏林。接着？

基辛格：然后说，除了日程表上计划的正式会谈外，我们还要进行一些非正式讨论，等等。

尼克松：从现在开始？

基辛格：从一旦条约被——

尼克松：哦，非正式的讨论什么时候开始？

基辛格：我会说，在德国问题条约通过后。

尼克松：好的。

基辛格：但是，我们可以有一些非正式的——您肯定会有兴趣听听他们对日程——

尼克松：以非正式的和双边的形式。

基辛格：是的。

尼克松：那好。

基辛格：然后，关于中东问题，他会说向您——他会——

尼克松：关于哪个部分——他会在公开会晤中提到吗？

基辛格：欧洲——中东问题？

尼克松：嗯。

基辛格：他会在两个环节中都提到。他会在公开会晤中提到的——

尼克松：好的。

基辛格：——会以我们熟悉的方式提到，我已经写下了我们的官方立场。

尼克松：好的。

基辛格：如果您能按照备忘录里最基本的——

尼克松：别担心。我会完全按你文件中所写的来说。

基辛格：——内容。在讨论之初，总统先生，您应该提起限制战略武器会谈这个话题。

尼克松：嗯。

基辛格：关于限制战略武器会谈，这个话题，大致上，就是这些。我们已经告诉他们——在一些私下讨论中——我们已经告诉他们：我们用三个反弹道导弹点来应对他们的莫斯科系统，再加上冻结进攻性武器。现在他们提出，防御性武器方面也应该是一对一的。但这就意味着，莫斯科系统覆盖了他们 40% 的人口，而我们的一个反弹道导弹点只能覆盖北达科他州 2% 的人口。现在，您不必讨论所有这些细节，但是——

尼克松：好的。

278　基辛格：——但是，您可以说："我们要在下一次会议上推进此事。"我们的提议，其实就是双方在两方面都保持现状。我们有两个反弹道导弹防御点，但是他们有更多的进攻性导弹。所以，在现有的水平上冻结是对等的——如果我们现在就冻结，在这两种武器上，那是公平的。他们不能要求我们在减少反弹道导弹防御点的同时，自己却在进攻性导弹上保持优势。

尼克松：所以，实际上，我们只是重申我们对冻结的要求？

基辛格：我们需要重申——若他们谈及对等，他们不会说要在防御性武器方面保持数量一致，但是他们可以在进攻性武器上继续保持领先。所以，您可以说：我们的提议实质上是，双方应在防御性武器和进攻性武器方面都保持现有状态。

尼克松：嗯。如果他问道："那么分导式多弹头导弹呢？"我怎么回答？

基辛格：他不会问的。

尼克松：这会改变——

基辛格：我向您保证，他不会改变——

尼克松：这也会改变导弹的数量。好吧，继续。

基辛格：是的。我的意思是，这些导弹是我们最后的王牌。

尼克松：你说得对。

基辛格：但是，我们需要两个——

尼克松：嗯，在这里停一下。坦率地说，假设我们向珀西让步，在其他问题上让步，并且说："为什么我们不禁止分导式多弹头呢？"你知道，我们会——我们会的——如果是肯尼迪、马斯基或者汉弗莱[1]坐在这个

1　三人都是尼克松总统竞选的对手。

位置上，美国今天就要被葛罗米柯看穿了。

基辛格：这，总统先生——

尼克松：毫不夸张。

基辛格：到那个时候——那些保守派会说："哦，谁当总统又有什么区别呢？"上帝啊，那样的话，我们就没有反弹道导弹了，也没有分导式多弹头导弹了。

尼克松：是的。

基辛格：我们就没有 B-1 轰炸机，更没有水下远程导弹了。

尼克松：亨利，这些保守派，我真的认为他们是——让他们叫唤去吧。我甚至这样想，让他们发表一点刻薄的言论，随他们去好了。而且如果他们想这么做，让他们这么做好了。

基辛格：嗯，我也觉得。

尼克松：反正，这一次不管怎样，我们就是要坚持到底。

基辛格：那么，关于越南这个话题——我不会让他——然后，关于中东问题，他会发表一通他们的官方立场，基本上就是说以色列人不可理喻——

尼克松：嗯。

基辛格：——以及我们在过渡协议的事情上没有事先征求他们的意见。我会重申我们的立场，也就是，我们希望首先达成过渡协议，而且我们认为借此可以平息目前中东的事态——我们的官方立场就是这样。然后，他会提到贸易，他会建议您派斯坦斯[1]或者彼得森[2]到苏联去。在此我想提一句，我今早告诉多勃雷宁了，我们已经拨出——我们已经批准再多投入 2 亿美元到卡马河[3]项目中；我们现在已经在该项目上投入超过 4 亿美元了。

尼克松：眼下，我们得保证这些能在国内获得好评。

基辛格：是的，我已经打电话给斯科特[4]，让他去做这个事，因为这是他的强项。

---

1 指美国商务部长莫里斯·斯坦斯。
2 指总统国际经济事务助理彼得·彼得森。
3 位于俄罗斯中西部地区的一条河流。
4 指宾夕法尼亚州共和党参议员休·斯科特。

尼克松：我知道。很好。嗯，这也会在全国被传为美谈。

基辛格：是啊。

尼克松：好。一定要好好宣传宣传。

基辛格：嗯，星期五就会正式公布。

尼克松：太好了。你能也告诉斯卡利[1]吗？告诉他，因为他喜欢弄这些事。然后，让斯坦斯——让老斯坦斯也弄弄。

基辛格：好。

尼克松：这对斯坦斯来说是个机会，他可以在东西方贸易的问题上好好表现表现。

基辛格：我现在觉得，我们最好让彼得森去苏联而不是斯坦斯。彼得森会——

尼克松：让彼得森去吗？我觉得彼得森有点太友善了。而且，怎么说呢，他可能——

基辛格：他有点太随心所欲了。无法预料会发生——

尼克松：我的意思是，我说他"友善"的意思是，他可能会比较倾向于和他们协商。或者，另一个办法是让他们两个一起去。这倒也是个办法。

基辛格：不过，其实您完全不必有任何回应。您只需说，您是非常具有同情心的。您最好提一下，您对卡马河项目批准的拨款已经超4亿美元，而且——

尼克松：我还可以说，一旦越南战争结束，我们还会投入更多。

基辛格：是的。这也不错。

尼克松：我想，我直接就说这个好了。

基辛格：您知道，加在一起，我们已经拨款超过6亿美元——

尼克松：投入到贸易和货币上，以及其他的。我知道。

基辛格：是的——

尼克松：关于中东问题，我还是想回到这个话题上。他想要的——你希望我在公开会晤上说，说我们——？

基辛格：我觉得，公开会晤很乏味——

尼克松：好的，好吧。那么——

---

1 指总统特别顾问约翰·斯卡利。

基辛格：就说您支持——

尼克松：你打算在私下会谈中和他谈中东问题，对吧？

基辛格：没错。现在，这儿——这正是我想要问您的。我们先过一遍正式话题吧。

尼克松：好的。你说。

基辛格：然后——然后就是南亚问题，我会敦促他们——我会告诉他们："不论东孟加拉问题各方持何观点，如果这片区域发生战争，将会带来国际干预的严重后果。"然后，您——

尼克松：他会提起这个话题吗？还是我来提？

基辛格：嗯，如果他不提——

尼克松：我不太想讲这些事情。你觉得我应该讲吗？嗯——

基辛格：不，不。他会提的——我告诉您他肯定会提的问题吧：他会提起欧洲问题、中东问题——

尼克松：嗯。

基辛格：——贸易问题。您可以考虑提出限制战略武器会谈——

尼克松：限制战略武器会谈。

基辛格：——还有南亚的话题。说不好他们会先提呢——

尼克松：关于限制战略武器会谈，我会说取得进展至关重要，而在防御性武器方面——嗯，我们无法冻结进攻性武器，在进攻性武器上占优势，却在防御性武器方面处于劣势。我们会同意这些吗？

基辛格：呃，您看，我们不能坚持——他们也不能坚持在防御性武器方面完全对等，而在进攻性武器方面他们可以领先。

尼克松：对，你说得对。好的。

基辛格：因此，您不认为我们可以再调整。我们已经——我们——在我们的提议中已经将三个点缩减为一个点，我们已经做出了让步；我们已经让步到两个对一个。您不妨说，您在防御性武器方面不能再让步了。

尼克松：嗯。

基辛格：而且，您希望他们给予理解。

尼克松：嗯。

基辛格：因为，我认为我们可以说服他们。但是，他们必须从您口中听到这番话。

尼克松：好的。

基辛格：以上就是他在会上打算提到的主要话题。然后他会，您在办公室单独会见他的时候——我觉得您的直觉肯定不会有错。您不应该让他形成这样一种印象，您总是想着把他带进一个不同的——

尼克松：不，不。你说得对。那样不好。

基辛格：但是，我已经告诉他们，您会带我们所有人去地图室，然后我——

尼克松：把车停在那儿吧。

基辛格：我会让车停在那里——

尼克松：然后，我们一起走出去。

基辛格：好的。

尼克松：这并无反常之处吧？我们从屋里走出来，并且说："我送你到车那边，顺便，我想带你看看——"

基辛格：地图室。

尼克松："——这个房间。"然后我们就在那儿停住。

基辛格：我认为这对他们来说是有历史意义的。对了，他还——呃，不，我的意思是，忘了还有另一件事。他还会跟你提越南问题。他会说波德戈尔内[1]要去河内了；他们会就东南亚问题展开严肃的讨论："您还有其他想说的吗？"

尼克松：没有。

基辛格：您会说没有。然后，我会——在这个地方我会很强硬。我会说："我们非常失望。苏联做得太少了。我们每次从河内得到的消息都是我们打算做出让步——不得不做。我们一而再、再而三地让步，现在，是让河内与我们认真对话的时候了。"这就是我会在正式会谈上说的，这会有助于让他们（给河内）传话，就好像是您亲口向他们说出的一样。接下来是私下会谈。在私下会谈上，你们会讨论两个主题：第一，他会向您转达勃列日涅夫给您的友好信息。他（多勃雷宁）没有告诉我具体内容是什么。

尼克松：他知道我想安排一次私下会晤吗？

基辛格：知道。

---

1 指苏联最高苏维埃主席团主席尼古拉·波德戈尔内。

尼克松：还有——

基辛格：他也想安排一次（私下会谈）。但是，他计划——

尼克松：他不想听到我说是我们要求——就说我建议我们在私下里谈一谈。

基辛格：对。

尼克松：你能告诉罗杰斯，是他要求这么做的吗？

基辛格：好的。

尼克松：你提前告诉罗杰斯——

基辛格：我会告诉他的。我一离开这儿就会给他打电话，我就说多勃雷宁刚才和我通了话，说——

尼克松：就说葛罗米柯带来了一条秘密消息——

基辛格：好的。

尼克松：——想递交给总统。明白吧，我想把这些事情安排在峰会中——

基辛格：嗯。

尼克松：——你就说多勃雷宁刚才打过电话了；总统先生已经——我们要做的是，当他（总统）接见他们时，会让所有人都进入内阁会议室，然后我们都出来——他会送葛罗米柯到汽车那儿。接着，总统先生——总统会——不，不，不要告诉他我们——

基辛格：不告诉他，因为我们还不知道什么情况呢。

尼克松：就告诉他——他会——等事情结束后，我会告诉他的。我会——

基辛格：嗯，您不要——我什么都不会说的。您可以在我们跟葛罗米柯道别之后跟我们说——

尼克松：我会让葛罗米柯进来——

基辛格：您可以说："为什么不进我办公室看看呢？"

尼克松："进来吧。"对。"快进来，等会儿咱们再去地图室坐坐。"就这样说。

基辛格：嗯。

尼克松：好的。

基辛格：然后您可以把它折起来放兜里。您就这么让它折叠着会很自然——

尼克松：嗯，很好，很好。在我们的私人会谈上，他会把消息告诉我。

基辛格：是的，在你们的私人会谈中，他会把消息告诉您，但不会是书面的。它可能仅仅是一份私人的口信，关于双边——

尼克松：好吧。

基辛格：然后，他会提中东问题。他会说到去年我提过的——他不会说我的名字——我向他们提过，如果想在中东问题上有任何进展，苏联和美国必须接受彼此在这一地区的存在。您记得吗？您的新闻发布会——

尼克松：是的。

基辛格：——还有我的新闻简报。他们现在已经同意在这个框架内和我们进行对话，直到达成全面解决中东问题的协议。

尼克松：如果想要达成协议，他们必须同意我们在中东的存在吗？

基辛格：不，不。他们——其实，他们愿意减少自己的存在。

尼克松：嗯，好，好的。

基辛格：他们还想交换一些一般性的观点。

尼克松：嗯。

基辛格：我想他会说，在这个问题上双方应该拥有和解决柏林问题时一样的渠道。总统先生，我的建议是，您这样说："这是一个非常复杂的问题。"您建议我先跟多勃雷宁举行一些初步会谈来商讨如何解决这个问题，然后您再做决定。这就不会让您做出任何承诺——

尼克松：对。

基辛格：——吊着他们的胃口。

尼克松：[******]

基辛格：您也可以在私人会谈中，重申这个渠道。让他们听听这些是好事。

尼克松：嗯，别担心。

基辛格：在最后，您应该说——如果您同意的话——您理解我会跟他在第二天举行会谈，更深入地谈越南问题——

尼克松：好的，好的。

基辛格：——您告诉他，您所说的这些话——还有我将要说的话，都是出于最紧迫的考虑——

尼克松：是的。

基辛格：——您说您完全——

尼克松：嗯。

基辛格：——在幕后——

尼克松：在这件事和所有事情的幕后。

基辛格：诸如此类的话。

尼克松：嗯，我会说："他（基辛格）——你（葛罗米柯）和他谈，就相当于在跟我谈。"

基辛格：嗯。在越南问题上——他——

尼克松：我们怎么把峰会的事情落实到协议里面？

基辛格：他不会——他们知道——

尼克松：我明白了。

基辛格：他们知道——他不会说峰会——他们知道罗杰斯——

尼克松：关于峰会的问题，他不会在公开会晤上谈到峰会？

基辛格：他不会的。

尼克松：嗯，他绝不能那样做，因为我不想让罗杰斯参与这件事。

基辛格：不，不，不会的。

尼克松：嗯，很好。

基辛格：他们精心计划好了，总统先生。但是，他们知道——葛罗米柯会在明天下午1点邀请罗杰斯共进午餐。

尼克松：他知道罗杰斯会在午餐开始前知道这件事，对吗？

基辛格：是的。

尼克松：好吧。但是，我们不会在这儿谈。

基辛格：不会的。另一件他还不知道的事——罗杰斯不知道的事——您和勃列日涅夫正在互通信件，而且苏联方面很重视这些信件。

尼克松：互通信件？

基辛格：您写了一封长信。

尼克松：罗杰斯不知道吗？他不知道？

基辛格：不知道。

尼克松：不知道。好吧——

基辛格：因为信里提到了峰会的事情，总统先生。

尼克松：啊，我知道了。其实，准确地说，那封信是我在圣克莱门特的时候写的；那时候我还在那儿呢。

基辛格：是的。他们不会提这个的。

尼克松：嗯。

基辛格：我可以保证。

284

尼克松：不知道呢。呃，比尔——上帝啊，他可千万不要反对啊。他或许会说："什么玩意儿？"这就是他为什么会容忍——嗯，那是他们建议的日期，所以我说："好的。"

基辛格：对，您要让他们觉得您要做成这件事。

尼克松：还有——我想说，一旦这种事情达成一致，它就会被泄露出去。然后我——即使他——我会说："好吧，我们会完成这件事。我们会完成它的。"

基辛格：但是，您最好让他完全保密。

尼克松：让比尔吗？

基辛格：是的。

尼克松：天哪，别担心啊。我接着会说："这件事情必须绝对保密。"

基辛格：这是最简单的方式，总统先生。这个方式是有效的。理论上讲，葛罗米柯去年邀请了你。

尼克松：是的，是的。

基辛格：他——这次，他明确了这个邀请，所以——

尼克松：是的。比尔会认为这就是那该死的会议的内容。

基辛格：是的，是的。

尼克松：嗯。所以，我们不必——所以我不必直接参与——另一件事是——

基辛格：比尔对外政策的理解很幼稚，所以他还真会这样想。

尼克松：是啊。我们就这样办。然后——

基辛格：这样也使他们完全没有可能泄密了，这使我也置身事外，所以接着——

尼克松：嗯，比尔知道我顶替了他，知道我在红厅里说了峰会的事。

基辛格：好吧。其实在去年，总统先生——

尼克松：就是在这儿。

基辛格：——是他提出的峰会倡议。

尼克松：我知道。比尔还说："为什么我们不现在就宣布呢？"而我告诉他——

基辛格：嗯。

尼克松：我说："他们会来——他（葛罗米柯）会来我们这儿谈峰会的事情。"比尔说："时机已经到了。"然后，我说："这是件好事。"我说："行，就这样做。"

基辛格：对。

尼克松：是啊，比尔说不定还纳闷我们怎么这么迅速就定下日期了呢。但是——

基辛格：嗯，你可以——如果他问起的话，你可以说在他回来之前，多勃雷宁谈起："原则上讲，同中国人的峰会，会——"

尼克松：嗯。

基辛格："——和同俄国人的峰会冲突吗？"我说——

尼克松：然后，他说："我会发一份消息给你。"

基辛格：我会说："不——"

尼克松：对。

基辛格："——同中国人的峰会，会被安排在同俄国人的峰会后面。"

"不重要的事情我是不管的。"

> 1971年9月29日，下午4：40
> 尼克松和安德烈·葛罗米柯
> 椭圆形办公室

在尼克松、葛罗米柯、多勃雷宁、基辛格、罗杰斯及翻译等人进行了90分钟的全体会晤后，尼克松总统和苏联外交部长葛罗米柯进行了私下会谈。这次随后被双方形容为"友好而热忱"的会谈，其间最有价值的对话涉及了中东问题，尤其是埃及的局势。

……

尼克松：我之前在想，如果我们能够像以前那样进行一次私下的交谈，那将会很有帮助。现在，我很高兴地看到，我们正在推进双方的会谈，我认为这一会谈，势必会在一个有益的时间召开。最高级别的会谈，我注意到——

葛罗米柯：不错。

尼克松：我认为很好——

葛罗米柯：非常好。

尼克松：——是时候了。现在是时候开始我们的会谈内容了——从柏林问题开始吧，如果接着我们能谈谈其他问题的话，那将会——比如说，如果我们能在限制战略武器方面谈妥的话，这将会是一段美妙的时光。但是，或许我们也可以在柏林问题之前处理好这个问题。谁知道呢？中东问题和限制战略武器问题——这次会谈的主要事项就是那些能取得实质性进展的事情。

葛罗米柯：一定要达成——有意义的事情。

尼克松：是的，没错。

葛罗米柯：哪些是有可能的——哪些是有可能的，关于——

尼克松：是的。你知道，或许我们可以——

葛罗米柯：甚至提前。

尼克松：是的。

葛罗米柯：那些我们——

尼克松：是的。

葛罗米柯：——必须完成的事。

尼克松：我们要决定——

葛罗米柯：必须完成。

尼克松：是的。然后，例如，在这次会谈上，我们可以——我想和你谈谈这里可用的渠道。我们或许能够在贸易和其他类似事情上发表重要声明。你也知道——我们必须拿出一些富有成效的结果来。

葛罗米柯：您说现在吗？不行。

尼克松：不，不。我的意思是当举行会谈时，我们应该先规划好，然后才可以达成一些积极的——

葛罗米柯：是的，是的。

尼克松：——有成效的声明。我认为——说白了，我想我们可以迎接一个新的——

葛罗米柯：不论什么——

尼克松：我暂时还没有什么想法，但是在贸易和政治领域的议题是可以的。

葛罗米柯：在5月的会议之前吗？

尼克松：之前——或者就在会议现场。

葛罗米柯：或者在会议现场。是的。

尼克松：对，当双方最高领导人到达会场，坐下来谈一谈时，他们可以达成一些事情。

葛罗米柯：是的。是的。

尼克松：你知道的，大山不会劳动，也不会生出老鼠。[1]

葛罗米柯：是的。

（笑声）

尼克松：对吧。你知道这个说法吗？这是一个美国的习语。

葛罗米柯：这是——这句话也是我想说的。

尼克松：那就好。

葛罗米柯：我们也同意。

尼克松：我也会——我非常期望见到——我还没有与勃列日涅夫总统和柯西金总理会见过，因此我非常期待这次会晤。我们很期待，我们也希望——我们知道你们也跟我们一样。

葛罗米柯：是的。总统先生，我想问问——我需要问两个关键的问题。

尼克松：当然可以。

葛罗米柯：真的吗？

尼克松：当然，没问题。

葛罗米柯：首先，您收到了我们勃列日涅夫总统的信。

尼克松：是的。

葛罗米柯：勃列日涅夫先生很看重——我想说非常看重——这封信。

尼克松：他发给我的那封信吗？

葛罗米柯：是的。

尼克松：哦，哦。

葛罗米柯：是的。

尼克松：我还没有回复他，还没有。

1　是一则伊索寓言，意思是不要虚张声势，无事生非。

葛罗米柯：没有。您还没有。

尼克松：我还没有。没。

葛罗米柯：还没有。还没有。

尼克松：你也知道，那封信是很私密的。我给他的信——

葛罗米柯：嗯，信。

尼克松：——也很私密。

葛罗米柯：私密，是的。

尼克松：所以，我们看看，（美国）国务院不知道这件事，因此——

葛罗米柯：我知道的。但是，我已经——

尼克松：但是，我会很快回复的。

葛罗米柯：好主意。

尼克松：我知道。

葛罗米柯：好主意。

尼克松：是的。它或许——

葛罗米柯：只有我们两人知道。

尼克松：好的。

葛罗米柯：只有驻美大使——

尼克松：很好。就我们俩。

葛罗米柯：——他会——

尼克松：最好就我们两人知道。

葛罗米柯：我认为勃列日涅夫先生很重视——

尼克松：嗯。嗯。

葛罗米柯：——那封信。我敢肯定，您回复之后，他一定会研究您的回信——

尼克松：好吧。

葛罗米柯：——极其仔细地研究。

尼克松：很好。

葛罗米柯：我还想告诉你一些我知道的事：我在12天前刚见过勃列日涅夫先生——

尼克松：嗯。

葛罗米柯：——或许那次见面很有帮助。

尼克松：是的。

葛罗米柯：他不是一个新人——

尼克松：不是。

葛罗米柯：——在我们领导人中间，他不是新手。他——

尼克松：（他在位）很长时间了。

葛罗米柯：——在政治局很长时间了。他担任过书记，州的书记，我认为他是我们党内很有威望的一位书记。先前，他还担任过最高苏维埃主席团主席，也就是我们的议会——

尼克松：嗯。

葛罗米柯：——很长一段时间。

尼克松：是的。

葛罗米柯：接下来，他又兼任苏共中央书记处书记，然后成为苏共中央总书记。他是手握至高权威的人。

尼克松：嗯，他是一把手。

葛罗米柯：是的。是的。

尼克松：这很好，他就是那个我们想与之对话的人。

葛罗米柯：确实。确实。

尼克松：你也知道，我们了解——

葛罗米柯：你们可能了解这些，但我认为，今天从我口中听到这些话，是很有意思的吧——

尼克松：是的。当然。

葛罗米柯：我认识勃列日涅夫先生很长时间了。他常跟我交谈；从莫斯科出发的当天晚上，我们还见了面，紧接着我来到美国参加联合国大会，然后与您会面。

尼克松：嗯。

葛罗米柯：在苏美关系的问题上，我们谈得很多、很广。他也表达了想要改善我们双方关系的迫切愿望。

尼克松：很好。

葛罗米柯：他说了那些话。他还说，他代表——你们能否做到，我们不知道——但是他想看到在美国和苏联之间建立友好关系。

尼克松：嗯。

葛罗米柯：他知道我会告诉您——

尼克松：一些事。

葛罗米柯：跟勃列日涅夫先生交谈完毕后，我们一起去——他接受了[******]——。

尼克松：嗯。

葛罗米柯：——那个组织的。接着，我们又开始了交谈，并一起去了机场，因为他要去会见——去克里米亚会见勃兰特。

尼克松：嗯，是的。

葛罗米柯：去会见勃兰特。

尼克松：[******]

葛罗米柯：我当时要去做一些访谈。在去机场的汽车上，我们继续讨论这些问题。

尼克松：嗯。

葛罗米柯：勃列日涅夫先生尤其表达了他的期望，他认为如果我们能够形成一些共识——用我当时的话说——达到"最终我们双方的关系将会得到改善，甚至有可能发展成友好关系"这个高度的话，那就会很好。

尼克松：嗯。

葛罗米柯：这就是我想告诉您的事——亲口告诉您。

尼克松：嗯。

葛罗米柯：在——

尼克松：我理解。

葛罗米柯：——翻译（interpreters）不在场的情况下。

尼克松：是翻译（translators）。

葛罗米柯：第二件事，他可不是那个想让您解散北约的人。

尼克松：哦，不，不。

葛罗米柯：或者说是考验北约。他并不喜欢那样做。他并不喜欢那样。

尼克松：嗯？

葛罗米柯：或许有时候您会看到或者听到关于苏联媒体的信息，听到某位记者——私人记者把您和某些政策联系在一起的报道。但这并不是领导人的意思——

尼克松：是的，是的。我理解其中的区别。我理解其中的区别——

葛罗米柯：绝对不是。绝对不是。绝对不是。另外，他不喜欢这些交流渠道。

尼克松：不喜欢。嗯。

葛罗米柯：他反对这些。他表示反对。如果您不知道的话，我只是想告诉您这些。他从未——还有一些事情，我想告诉您——（笑声）所以他最初是让我告诉您，告诉您这些保证。但我知道实情，因为我很了解他。

尼克松：嗯。

葛罗米柯：我可以对此负责。

尼克松：当然。

葛罗米柯：负责。他是一个强势的人——性格强势，意志坚定。如果他说某事必须完成——

尼克松：嗯。

葛罗米柯：——他就会照着预定的方向前行。

尼克松：嗯。

葛罗米柯：在所有问题上都是这样。在我们和美国的关系问题上也是这样。

尼克松：嗯。嗯。很好。

葛罗米柯：如果不是看在我们交情的份儿上，也许我不会说这么多。

尼克松：嗯，我对此深表感谢。

葛罗米柯：但是，我认为——

尼克松：让我来说吧——让我——让我来说，首先，我会继续保持和他的私人联系。你告诉他——

葛罗米柯：我会告诉他。

尼克松：——我会给他回信，亲自回信。其次——我感谢他所表达的热情，我也有同感。众所周知，我自己也清楚，作为——说来有些讽刺——作为一个坚定的反共产主义者，事实上我是一个非常现实的人，非常务实的人。

　　还有，像我平时所说的，我极其尊重俄罗斯人民——一个伟大的民族。放眼世界，虽然我们——虽然我们的政治体制大不相同，但是未来25年这个世界的和平——我觉得谁都不敢妄言再往后会如何——是掌握在我们手中的。它掌握在美国和苏联手中，跟其他任何人无关。或许某个国家可以搅乱世界局势，然而一旦我们采取强硬立场，就能做出重大贡献。我认为——我认为这对全世界来说是一个巨大的信号，如果——不仅仅是宣布我们正在采取行动，而且，在这一会议上，美苏两国在"二战"中的那种关系，开始——正开始重现。

  当然，在目前，这并不意味着——我们都很务实——并不意味着我们要在政治制度上达成共识，也不是说我们不会再在各个领域竞争。但是，它的的确确意味着，我们有了新的对话，一种新的关系，在其框架下我们可以解决问题。这就是我想要的。我——你可以告诉主席先生——

葛罗米柯：我会的——

尼克松：——我跟他的感受是一样的。我觉得，现在就是合适的时机。我认为这很重要。如果我们让时间白白流走，有些事情就会拖我们两国关系的后腿，所以如果可以的话，现在是时候让我们双方一起坐下来了。

葛罗米柯：这就意味着我们双方必须有足够的耐心——

尼克松：没错。

葛罗米柯：——有毅力——

尼克松：是的。

葛罗米柯：——以及——

尼克松：嗯。

葛罗米柯：——决心。

尼克松：决心。虽然讨价还价，但最终还是要达成一致。

葛罗米柯：这一点上，我认为需要时间和精力——

尼克松：让我——让我说一些比较重要的事情吧。基辛格和多勃雷宁的会面非常重要。你也知道，这些会谈很有帮助——

葛罗米柯：在柏林问题上。

尼克松：是的。我已经告诉基辛格，让他明天和你会面，去拜访你，或者，我想他会去拜访你的。他有一些信息——

葛罗米柯：我知道。

尼克松：——想转达给你。是来自我这儿的——

葛罗米柯：是的。

尼克松：——是关于一个技术性问题。它和越南问题有关。我们仅仅是想让你知道这一情况。

葛罗米柯：嗯。

尼克松：另一件事，我不想在这儿绕圈子了，是关于中东问题的。

葛罗米柯：嗯。

尼克松：现在，或许我们只有非常低调地采取行动——你也知道，基辛格和多勃雷宁——这样才能在中东问题上做出一些事情来。我不太确定。

葛罗米柯：嗯。

尼克松：但是，你可以跟基辛格提一提这个问题，如果你想的话。

葛罗米柯：我会告诉您的——

尼克松：然后——

葛罗米柯：——我会把情况告诉您的。

尼克松：嗯。只是——是这样，可能中东问题——

葛罗米柯：和罗杰斯吗？

尼克松：——或者限制战略武器的问题，对于外长级别的磋商来说太复杂了。明白了吧？

葛罗米柯：嗯。

尼克松：我们可能需要私下处理。

葛罗米柯：嗯。

尼克松：目前，我认为那些——但是我想——拿欧洲安全会议举例吧：我想我们最好用现有的这个渠道来协商，你知道，我们现在的方式很隐蔽。它会以——当然，有些事务会在国务院——在大使的层面开展，国务卿等也包括在内——但是我们通过这个渠道沟通得越多，我个人能够掌控的就越多，这很重要。当然，勃列日涅夫先生也需要这么做。

葛罗米柯：很好。很好。

尼克松：这样行吗？怎么样？

葛罗米柯：不错。不错。不错。我们——

尼克松：很好。你知道，我——我们都——不重要的事情我是不管的，但是一旦它们很重要，比如涉及我们两国双边关系的事情，我就会亲自拍板。

葛罗米柯：这个渠道在我们的柏林问题谈判中已经证明过了，相当有效。

尼克松：没有这个渠道我们是谈不成的。

葛罗米柯：关于中东问题，有一点您没提到，但我要提出来。我希望我可以悄悄地告诉您，严格保密地——

尼克松：什么？

葛罗米柯：——两个关键点。坦率地说，之前，美国政府以及您个人——我也认为这是一个实质性的决定——表达了对武器运送的关切——

尼克松：运往埃及的，对吗？

葛罗米柯：是的。

尼克松：嗯。

葛罗米柯：如果某种框架协议可以达成，促使以色列军队从所有的占领区域撤出，我们认为达成谅解是有可能的。我们就会遵守你们的限制，或者，如果您有要求，我们甚至可以停止——停止所有（武器）运送行为——

尼克松：嗯。

葛罗米柯：——甚至可以和第一阶段签订的协议联系起来——

尼克松：接下来——

葛罗米柯：关于——

尼克松：是的。谈到——

葛罗米柯：——甚至和临时协议联系起来——

尼克松：——临时协议。不错。

葛罗米柯：您同意吧。

尼克松：是的。

葛罗米柯：甚至和——如果它——和最终协议联系起来，和撤军——

尼克松：嗯。

葛罗米柯：——在一定期限内，从所有地区撤军联系起来。除此之外，我还想和您推心置腹地谈一谈第二点和第三点问题，这些我跟勃列日涅夫先生都讨论过了。我们刚刚谈的还不是第二点。第二点问题是：之前，您表达了对埃及——我不太确定——的兴趣，关于我们在那儿的存在，我们的军事——

尼克松：是的，是的，是的，是的。

葛罗米柯：——在埃及的军事存在。

尼克松：嗯。

葛罗米柯：我不知道您是否确切了解我们对在这一地区保持存在的立场。但是，在某种意义上，我们确实在那儿保持着存在。在某种意义上——

尼克松：嗯。

葛罗米柯：——在开罗北部，某些人员，还有某些部队——

尼克松：明白了。

葛罗米柯：——这些存在，这些存在是正当的，是获许的。现在我们已经准备好达成谅解，在中东问题上达成完全的谅解——

尼克松：嗯。

葛罗米柯：——我们已经准备好不再在那里驻扎军队。

尼克松：嗯。

葛罗米柯：不在那里驻扎军队——

尼克松：我明白，而不是平民。

葛罗米柯：不完全对。不再在那里驻扎军事部队，您懂的——

尼克松：撤出去。

葛罗米柯：我们可能——我们会留下有限的一部分人员，有限数量的顾问人员，单纯是为了提供建议——

尼克松：旨在提供建议。

葛罗米柯：您知道——

尼克松：技术顾问。

葛罗米柯：——就像你们在伊朗所做的那样。

尼克松：就像我们在柬埔寨和其他地方所做的那样。

葛罗米柯：对，是的。

尼克松：嗯。

葛罗米柯：我的意思是，旨在——

尼克松：我明白。

葛罗米柯：——仅仅是旨在提供建议。

尼克松：而不是为了——我明白了。

葛罗米柯：嗯。

尼克松：好的。我知道了。

葛罗米柯：很好。我知道你们——

尼克松：但是，这件事情我会管。

葛罗米柯：好的。

尼克松：嗯。

葛罗米柯：我明白。您对这个问题相当清楚。

尼克松：是的。

葛罗米柯：我的意思是，只保留有限的一小部分，可能是非常有限的一部分。

尼克松：我明白。

葛罗米柯：或许非常有限。

尼克松：嗯，这些问题可能会威胁到——我们得讨论一下，如果——但这件事情必须是严格保密的。

葛罗米柯：嗯，会非常保密，非常保密——

尼克松：是的。是的。是的。现在中东地区太紧张了——很敏感，涉及太多的政治问题，在埃及——

葛罗米柯：所有这些——

尼克松：——这件事在这里要保密。

葛罗米柯：所有这些——

尼克松：是的。

葛罗米柯：——这些想法我们是不会向任何人——

尼克松：当然。可以。可以——

葛罗米柯：——提起的。永远不会。这是——

尼克松：嗯。

葛罗米柯：——新的，并且这是原则性的。

尼克松：嗯。

葛罗米柯：第三点，不管您认为重要与否，以色列总是在强调那些您不愿强调的事情。这——我们会做好准备，即使协议是在这种情况下达成的，甚至可以把这份协议同第三阶段的临时协议联系起来。

尼克松：嗯。

葛罗米柯：我们也已做好准备和——如果您愿意的话，和您签订协议，也可以同美国以及其他大国签署协议，也可以同所有（联合国）安理会的成员国签署协议。这个提案可以体现在一份文件中，和其他的——

尼克松：嗯。嗯。

葛罗米柯：——其他关于以色列安全问题的协议和谅解——

[******]

葛罗米柯：——那是——

尼克松：是的。

葛罗米柯：——跟过渡阶段联系起来。在过渡阶段——

尼克松：我明白。

葛罗米柯：——如果过渡阶段——

尼克松：好的。

葛罗米柯：——可以联系起来。[******] 我们的建议是，当谈到边界和协定的最终敲定的时候，通常只有部分决议——

尼克松：对。

葛罗米柯：——可以获得保证。但是，我们愿意讨论这个想法——如果能够促成过渡，使以色列撤军，我们可以签订任何带有保证的协议。只保留一小部分——一小部分，甚至完全撤出 [******]——

尼克松：你们的部队？

葛罗米柯：第二——

尼克松：的存在？

葛罗米柯：——不是所有苏联部队的存在。不是——

尼克松：噢。

葛罗米柯：—— [******] 重兵，那些调停的军队——

尼克松：好的。

葛罗米柯：——您可以这样说。

尼克松：当然。

葛罗米柯：有限的一小部分的——我的意思是只留有限的一小部分顾问人员。只是，仅仅是，完完全全是旨在提供建议。

尼克松：我理解。

[******]

葛罗米柯：如果您——

尼克松：我们会安排一个小规模的——就像我说的，我们将就此安排一次私下会谈。然后，明天基辛格会带着这个问题和你谈越南问题。我想你会感兴趣的。它将会非常——

葛罗米柯：好的。

尼克松：它将会是非常重要的会谈。

葛罗米柯：很好。

尼克松：如果我们能够让这一问题不再成为阻碍，你可以想象——我不想，我们不想让你们做任何有悖你们利益的事情——但是如果我们成功解决了这一问题，那这会为我们开启另一扇大门。你明白吧？

葛罗米柯：是的。我也需要说明——我刚才在中东问题上跟您谈的，都——

尼克松：来自——

葛罗米柯：——是我和勃列日涅夫私下交流的结果。他想让我告诉您——

尼克松：是的。

葛罗米柯：所以，现在我们达成了共识。

尼克松：我明白。

"接下来，我们就说，我要恢复轰炸了——"

> 1971年9月30日，上午9：22
> 理查德·尼克松、乔治·赫伯特·沃克·布什和亨利·基辛格
> 椭圆形办公室

在同葛罗米柯会谈后，尼克松和基辛格对苏联在中东地区减少存在的提议感到兴奋。在前一天成功会谈的助力下，尼克松描绘出一幅越南战争的新图景，不仅可以结束这场战争，而且可以在他的任期内结束。

……

基辛格：我在想，我们考虑了所有的可能性，但如果美国（在联合国大会）的演讲被安排在我离开之后怎么办？我离开之后的这场辩论会持续三四天。

……

基辛格：您昨天说，我应该在结束后和您碰一下，聊聊和葛罗米柯的谈话。

尼克松：是的。他说了——他们已经同意的三件事——但是有些我们可能

不会同意。他说:"第一",他说:"我们将同意停止向中东地区运送武器。第二,我们将同意撤走部署在阿联[1]的所有作战部队——所有作战部队。"他还说:"现在,这些"——我想表达得准确些,他说:"我们将保留顾问,就像你们在伊朗所做的那样,但不会保留作战人员。我们会把作战人员都撤走的。第三,对于保障以色列领土、主权等问题的任何形式的承诺,我们都将同意参与。任何形式——不论是同美国还是同其他国家,我们都会同意参与。"接着他说:"只要我们能够签订一份可以通向永久协议的临时协议,我们就会在过渡时期内落实这三点"——这大概就是他当时说的话。

基辛格:他们迈出了一大步啊。

尼克松:嗯,这是——然后我说——在所有事项中,他说的所有事项中——最后一点,我认为是很重要的一点。在交谈的时候,我说:"基辛格先生的助理会首先",我当时说,"提供给你一些信息,我认为这些是与越南问题有关的重要信息"。我还说:"我已经和你(指基辛格)探讨过了。第二,让基辛格跟你谈。第三",我说:"正如我说过的,任何问题,不论是欧洲安全问题还是其他任何问题",我说:"让我们把它们——都用这个渠道来讨论他们。"我说:"这样我们就可以在私下里把问题都解决。"这就是——这些就是当时他说的话。似乎在越南问题上,他不得不 [******]。事实上,在峰会开始前解决该死的越南问题很重要。但是,[******] 达成协议的想法——我的意思是,我们——关于阮文绍问题,我不知道你跟他谈到哪一步了。我相信不会有太大的成果吧。

基辛格:是的。是的。我甚至都没打算——

尼克松:我没有说,我认为反正你会向他透露那些事情。

基辛格:总统先生,我认为,如果您同意的话,我会跟他说我们正在讨论那八点意见。

尼克松:嗯。

基辛格:我们已经做好了在政治和撤军事项上让步的准备,但是我不会告

---

[1] 全称"阿拉伯联合共和国",United Arab Republic,UAR,由埃及与叙利亚合组的泛阿拉伯国家。

诉他具体内容是什么。我们可能会提出——我们会在不久之后向河内提出这些建议，我们希望河内可以认真考虑。这就是我们最后的让步。

尼克松：嗯。

基辛格：我们希望利用他们的影响力——

尼克松：是的，我昨晚写了一些东西，我——考虑到葛罗米柯向我说的那些废话，关于勃列日涅夫是多么想——或许勃列日涅夫的确认识到了签署一个《美苏友好协定》是非常符合他们的利益的——当然我们也需要这个。你懂的，可能不一定是"协定"，但是，你明白吧，就是我们两国是朋友之类的。

基辛格：嗯。

尼克松：我突然就想到，勃列日涅夫想要友谊，你就可以这样说，你说："外长先生，我无法揣测我们的总统尼克松先生会怎么做。他总是出乎我的意料。他和之前美国所有的总统都不一样，他能完成有魄力的大手笔。"

基辛格：他们已经领略过了。

尼克松："有魄力的大手笔。他已经完成了。现在，你们想知道我们和中国的事情。"他们（苏联）关心经济问题；他们关心中国问题。"他已经做好了和你们搞一个大新闻的准备，因为他把你们看得远比其他任何事情都重要。你知道为什么吗？"我觉得——我打个小比方，当我谈到它的时候，我会说："如今，我们一直都在这些会谈中强调，我们想要和平，和平非常重要。"我会说："我们也想和玻利维亚和平相处，但我们是否与玻利维亚和平相处并没有任何意义，因为这个世界——"

基辛格：总统先生，我认为您昨天会谈的成果和重要性比得上和齐奥塞斯库[1]的会面了（尼克松于1969年8月访问了布加勒斯特）。

尼克松：是的。

基辛格：还有，在某种程度上，这会有点困难，您不能表现得太过强硬——

尼克松：强硬。

297 **基辛格**：[******]但您是一个十分坚定的人，当他开始说废话的时候，您可以说："好吧，但我们说了这些——我们说了这些，但我们还能有什么

---

1 罗马尼亚社会主义共和国领导人。

好说的呢？让我们"——其实，您可以说："让我们更具体些吧。"

尼克松：好的。

基辛格：我想当这段历史被写下来的时候，是您昨天的谈话扭转了限制战略武器会谈的局势，就像您在柏林问题上力挽狂澜一样。您记得吧——您留意到他是如何告诉您，您去年关于柏林问题的看法现在已经成真了？

尼克松：是的。

基辛格：我认为这些会是——

尼克松：至少，我们熬过了那段时期——我们最终在限制战略武器谈判上达成了非常简单的一点：我们不能在他们在进攻性武器上有优势、我们在防御性武器的规模上居于劣势的情况下冻结——

基辛格：是的。

尼克松：——我们要从总体上看这一问题。

基辛格：嗯，他——多勃雷宁，当我们在外面等你们的时候——

尼克松：怎么了？

基辛格：——提了两三次限制战略武器的事。

尼克松：好吧，现在，我的看法是，我是那个唯一能做出重大决定的人——我是唯一的，因为我能搞定右派。如果只是越南问题在挡路，那就好办了。现在，只需——是时候解决越南问题了。我认为我们只需继续悬挂着胡萝卜，同时把大棒[1]放在那儿。你就说："总统先生在越南问题上的耐心正在耗尽，他或许对民调（下滑）十分不满。"同时，我也会扔出一大堆威胁来。因为我对越南问题的观点是，我考虑最多的是，尽快结束这场战争——我会提前进行民意调查看看民众是什么反应——我届时会说："好的，我们可以发布某种声明。"然后我们——假设那帮浑蛋拒绝了我们的话——接下来，我们就说，我要恢复（对北越的）轰炸了——

基辛格：我也是这样想的。

尼克松：——轰炸北越的军事目标，除非……直到他们归还美军俘虏。

基辛格：这也是我想说的。一字不差。

---

1 指美国的"胡萝卜加大棒"政策，即软硬兼施。

尼克松：把条件摆出来，让他们决定——

基辛格：我会说我们——

尼克松："我要恢复轰炸了，直到——到美国战俘被释放为止。"这是我们的基本条件。

基辛格：我会说我们已经仁至义尽了。你们去浏览整个记录吧。

尼克松：对。

基辛格：我们已经做了很多了。我们问过俄国人，我们问过中国人，所有途径我们都试过了。我们也提出让其他人取代阮文绍了。我们提供了所有条件，但是都被拒绝了。这就是现实。

尼克松：是的。埃利希曼[******]。但不管怎样，我们有一个——

基辛格：对了，总统先生，我在想，我们是否要花点时间谈一谈中国的问题呢。

尼克松：嗯，我们得谈谈——

基辛格：我们想要尽早在国会提出这件事。

尼克松：埃利希曼去哪儿了？他现在可以进来了，如果你能找到他的[******]。

基辛格：我们要尽早在国会上提出这件事。我们要连续两周在星期二上演好戏了（指将于10月5日宣布基辛格访问中国、10月12日宣布尼克松访问莫斯科）。

尼克松：是啊。

基辛格：我想，这些举动要让那些反对者闭嘴了。我们8月中旬计划这些事的时候，都不知道他们——

尼克松：你想，我们只是不得不——不必担心，亨利。我们必须——我会和比尔坐在一起谈谈这些事，我也会跟他稍微谈谈和俄国人的峰会。

基辛格：好的。

尼克松：听着，这是一个——和俄国人的峰会对罗杰斯来说就是一场噩梦。

基辛格：呃，虽然如此，但我们不想让他来策划这件事。他真的会搞砸每一个——

尼克松：他不会参与计划的，但我的意思是，这本应是他的事情！

基辛格：嗯，是啊。

尼克松：天哪，我要亲自做这件事了。你知道的。上帝为证，我要告诉你一件事：我已经决定了，因为他（比尔）总犯错，我以后什么也不让他做了。都由我来做。我来做——天哪，我的意思是以后峰会的事情都要由总统办公室来策划了。

基辛格：他确实不了解其中的事情。

尼克松：他——

基辛格：其实我不想说得太具体，但他确实在德国、在柏林问题上和葛罗米柯谈崩了，因为他不能理解其中的事情。

尼克松：你几点见葛罗米柯？

基辛格：5点半。

尼克松：好的。

基辛格：我会给您打电话的——或者您会在路上吗？您会不会——我会打过来的。

尼克松：这里会有一个欢迎会，我会在场。接下来我要看看——我应该和黑格谈谈。黑格在吗？

基辛格：在。

尼克松：我要听听他的报告。我想告诉你我接下来做什么：我可能会让——舒尔茨会拿给我一份关于国内事务的报告，或许——他明早会再来一趟。或许我可以让黑格做同样的事情，然后我们就可以回到——

基辛格：当然，当然。

尼克松：——回到之前的话题了。因为我想听听他的——

基辛格：的确，我认为这会很有帮助。

尼克松：——听听那该死的事情到底是怎么回事儿。但是，你觉得我的计划怎么样？上帝啊，如果他们拒绝了所有提议，我们就恢复对北越部队的轰炸[******]，以换取战俘回国。我敢打赌，70%的美国人都会支持这么做的。你觉得呢？

基辛格：我也会这样做。我认为我们不能在外面哭哭啼啼的。

尼克松：是的，先生。顺便说一句，说到哭哭啼啼，该死的泰迪（·肯尼迪）[1]说他要屈膝以求的时候，太过分了——

基辛格：总统先生，如果我们回想下我们在刚入主白宫时的状态，并且经

---

1 即爱德华·肯尼迪，美国马萨诸塞州民主党参议员，美国前总统约翰·肯尼迪之弟。

历了不同的阶段,能让葛罗米柯到这个地步——他已经是过去时了。

尼克松:天哪!

基辛格:还有拉拢中国人。我们把所有事情都通盘谋划了。唯一遗漏的一点是——想到这儿——我们应该在中东问题上做些什么。

尼克松:呃,我对中东问题还不够了解,所以我不知道我们是否可以,但是,在我看来,这是极大的妥协。

基辛格:它是——

尼克松:是的,如果我们真正关注——

基辛格:——如果他(葛罗米柯)真是这样想的呢。

尼克松:但问题是,解决这个问题的方式,坦率地说,你——当然,也意味着我——我应该找到拉宾[1],然后说:"来看看吧,这是一笔大交易。我们认为可以让出——这就是我们准备做的,以此来满足俄国人的胃口,如果你们可以做些什么的话。"你明白我的意思吗?

基辛格:是的,但是我们应该——

尼克松:别告诉他俄国人给了我们什么条件。告诉他,我们会向俄国人争取的。进来吧,约翰(·埃利希曼)。

(埃利希曼进屋)

基辛格:但是,我们应该首先搞清楚他们对于达成临时协议所提出的条件是什么。

尼克松:嗯,我知道。什么——谁想要什么?你说俄国人想要什么吗?

基辛格:我的意思是,他们如何定义临时协议,因为——

尼克松:不,听着。我的意思是,不,在我们开始前——为了得到俄国人的——我这样说吧:以色列人很强硬。他们甚至比俄国人都要强硬。为了让以色列人配合,我们应该说——我们应该——我们一定不能让他们知道俄国人提出的条件,直到我们知道他们提出的条件为止。

基辛格:是的,但我们必须搞清楚俄国人到底想要什么,我可以从葛罗米柯那儿打探到消息,他心里怎么想,以色列人要做出多大让步——

尼克松:嗯,好。

基辛格:——才能达成临时协议。

---

1 指以色列驻美国大使伊扎克·拉宾。

尼克松：是的，但是不要告诉任何人。永远不要把俄国人的条件告诉以色列人——

基辛格：哦，天哪！

尼克松：——因为他们会说："我们就在这个基础上开始（谈判）吧。"

基辛格：好吧。

尼克松：好的，稍后见。

"我想让他们在中东问题上对我们有所求。"

> 1971年9月30日，中午12：20
> 理查德·尼克松、威廉·罗杰斯和亨利·基辛格
> 椭圆形办公室

尼克松和葛罗米柯会晤的后续安排由罗杰斯决定，而他则被安排在9月30日同这位外交部长在苏联大使馆共进午餐。在那里，双方将签订一份《限制战略武器条约》的补充协议。这份协议旨在进一步加强美苏这两个超级大国之间的"热线"联系，从而至少在理论上保持对话的渠道，以降低核战争爆发的概率。然而，尼克松和基辛格对苏联关于中东事态的态度兴趣渐浓。他们两人希望罗杰斯能够继续讨论这一话题，尽管后者认为前景不妙。这是在罗杰斯动身前往苏联大使馆之前，他们排练过的一个外交上的小把戏。

……

尼克松：你要去见多勃雷宁？

罗杰斯：是的。

基辛格：葛罗米柯回家了。

罗杰斯：葛罗米柯。我今天在苏联大使馆有个饭局。

尼克松：明白，明白。记住要让中东问题一直悬着。

罗杰斯：真的要这样做吗？

尼克松：他们需要我们——我的意思是说：我有种感觉，当我和他面谈时，他们至少——他们至少在两件事情上是对我们有所企图的，不仅仅是一件——第一件是中国的事情让他们头疼；第二件就是中东问题。他们确实在为那个一团糟的地方头疼。我之前——之前我和他有过私人会面，他着实谈了一大堆关于中东的事情。你知道的，那个勃列日涅夫，尤其是他，对于中东事务很有兴趣。而且，我认为这很重要，就是说你——

罗杰斯：您的"悬着"，到底是什么意思？换句话说——

尼克松：好吧，我的意思是——我不想让他们觉得我们对解决这个问题能有所帮助，但它确实十分棘手，所以就像我们昨天强调的那样，我们要同我们的以色列朋友合作；这个问题真的很难解决，单靠他们的话，会很吃力。你怎么看，亨利？我不知道，你——

基辛格：我觉得目前来看，事情就像您说的那样。

尼克松：是的。

基辛格：——他们真的——我认为比尔现在做得很好，在以色列人和埃及人中间，而且没有把他们骗进来——

罗杰斯：我觉得现在很完美。这也是为什么我已经告诉他们了——

尼克松：是的，但会议过后——我觉得我们应该——

罗杰斯：我还没有计划——

尼克松：保持悬着的状态，我的意思就是把它搁置着。我并不想——

罗杰斯：好的，我想说——

尼克松：我不想让你更进一步，保持现状就可以了，别太过——我现在这么想：我想让他们在中东问题上对我们有所求。他们必须要有和我们合作的冲动，但与此同时，我们对于与他们合作的意向却不那么强烈。

罗杰斯：我认为他们并不是那么想和我们合作，而且我认为我们也不想与他们合作。

尼克松：对呀，我们当然不想去保证什么。

罗杰斯：我的意思是——您看，总统先生，您现在做的——还有我现在正在做的事情是——结果是他们对我们并无所图；他们反而想让事情维持现状。所以我才让他们置身事外。我并没有询问他们的意见。我们也没有在他们关切的事情上做出过任何让步。

基辛格：我印象深刻——

尼克松：有一方必须发声——

罗杰斯：现在，我尝试着这么做，这一次，就是给他提供稍微多一些的信息，但实际上什么都没有告诉他，当然也没有向他提什么要求。我一直跟他说："我们这么做是出于这个原因；我们觉得这是件好事；我们是唯一正在做这件事的一方；埃及和以色列都让我们来做这件事；我们也会继续推进；而且我们不想和你们合作；我们没有要求你们做任何事。"

尼克松：嗯。

罗杰斯：但是，我们想听听建议——

尼克松：很好。很好。因为——这很好。这很棒。因为我已经——

罗杰斯：这就是我采取的立场——

尼克松：听着，我会跟他说——我并不确定，比尔，仅仅凭他当时说的话，我不确定。但他们也许会更担心，关于中东，关于他们的委托人。

罗杰斯：当然，他们的——

尼克松：因为那样，他们可能不会喜欢事情的发展趋势。他们很有可能会这样。这是我的观点。所以，我会让他们一直担心下去。

罗杰斯：是的。

尼克松：让他们一直担心下去。这就是我想要的。

罗杰斯：好的。在这次欧洲安全会议上，如果您不介意的话，我想给他提个建议，那就是关于中东问题的任何讨论，都不能没有我的参与。并且我们不想让其他任何一方——就是这样——这本来就应该在私下里进行，我们不能让我们的盟友知道我们正在认真考虑举行一次会议——

尼克松：当然。

罗杰斯：——直到我们找到一个能让各方满意的解决方案 [******]——

尼克松：没有大使级代表——

罗杰斯：如果有接洽的必要，就让多勃雷宁找我谈话或者让他发信息给我，因为我觉得，我们应该认真考虑将所有实质性的讨论——

尼克松：是的。

罗杰斯：——推迟一段时间。

尼克松：很好。很好。

基辛格：我同意。

罗杰斯：这样的话，当他有什么事的时候——

尼克松：我会说我们不会——好吧，你已经注意到了我是如何回避它的，因为我看了你的简报。我认为你应该告诉他，当我用到"初步的"还有"秘密的"等字眼时，就意味着我是认真的。

罗杰斯：嗯。

尼克松：那意味着这就是初步的和秘密的——而且我们不会建立工作小组。

罗杰斯：工作小组。

尼克松：首先，你知道的，我们不会以正式的方式去做，而你需要做的就是说明这一点。

罗杰斯：好的，我本来想跟他说——

尼克松：什么呢？

罗杰斯：——就是您和我先前讨论过，而您表示——

尼克松：对。

罗杰斯："初步的"还有"秘密的"，而且您希望他能清楚和他对接此事的人是我。如果多勃雷宁想就此事进行探讨，那么，就来找我。

尼克松：是的。

罗杰斯：因为，不然的话，他就会告诉所有人说，美苏双方已经达成一致意见，进行秘密会谈。

尼克松：就是这样。

罗杰斯：而我不希望看到这种事情发生。

尼克松：是的，是的。另外，告诉他——我想你也会说——你将会如何与他进行完全意义上的私密会谈。

罗杰斯：当然。好的，他们会明白的。

尼克松：让他们别啰唆。

罗杰斯：他们最擅长那么做了。

尼克松：非常好，这就是我想说的——如果你告诉他这些的话。非常好。非常好。

罗杰斯：当进行秘密会谈时，他们向来表现不错。但一旦谈判场合和谈判对象有变，他们就不安分了——

尼克松：是的，你可能也注意到了，就在昨天，葛罗米柯试着迫使我们表态——

罗杰斯：我知道——

尼克松："我能不能说，我们会在会议前完成？"

罗杰斯：哦，当然了。当然。

尼克松：但我当时并没有那样说。我觉得这个意思是非常清楚的。

罗杰斯：是的，是非常清楚。

尼克松：嗯。

罗杰斯：毫无疑问。

尼克松：是的。

罗杰斯：好的。

尼克松：那就这样，再见。

"一个没有共产党的亚洲，如果没有美国的存在，那会比有美国存在的情况有更多潜在的危险。"

1971年10月14日，下午3：05
理查德·尼克松和亨利·基辛格
行政办公楼

次年2月，尼克松将去中国参加中美峰会。对此，他在期盼之余，明显有些紧张。实际上，关于中国之行的一切，甚至包括尼克松夫人按计划将要参观的学校，尼克松都想骂人。总统的不安与错综复杂的台湾问题及联合国问题有关。联合国大会将于当月稍晚时候就一个有关中国的决议进行投票，而美国则积极寻求支持，试图使部分内容为将台湾驱逐出联合国的提案延迟表决。如果失败，决议将可能在年底之前提交至安理会。到了那个时候，美国可以进行一票否决，但尼克松并不打算那么做。

……

尼克松：我的意见是，台湾离开联合国应该是在明年，不应该在今年，那样对中国大陆没好处。

……

尼克松：让我说，在我的记忆中，还从没有一位美国总统对一个国家进行过长达4天多的国事访问。这是我们的惯例，我也不会破例。
基辛格：对此，我完全同意。越是大事，越要有方寸——

……

尼克松：我在机场同他们会面，接着，我就被关在一个小房间里，对外界保密，一关就是4天。而我的夫人则在外面参观那些该死的学校。你知道我的意思吗？这样他们才能开始熟悉美国人；你发现了没有，对于中国，存在着一种传教士般的情结。而且他们仅仅是喜欢听到这样的观点：美国人民热爱该死的中国人民。这就是我的观点。

……

尼克松：——对那个该死的地方有一种感觉。共产主义体制的一个特点就是，首都完全没有，就像华盛顿，完全没有代表性。一切都在高度严密的控制之下。如果你去另一座城市，就会看到截然不同的景象。

……

尼克松：我们明显比他们更强势，尤其在柬埔寨问题上，而且我们比10月的时候更强势。不论是柬埔寨还是老挝，我都要变得更加强硬。

但是考虑到日本，我相信我们能让他们对日本更有所忌惮。当我看到一份最初的公报草稿的时候，我就产生了这样的感觉。我能看出他们正在做什么。他（周恩来）语气强硬，但另一方面，非常关键的一点是，他们也确信，一个日本，进一步说在一个没有共产党的亚洲，如果没有美国的存在，那会比有美国存在的情况有更多潜在的危险。现在，你说到点子上了。我就要专打他们的软肋，也就是说，美国要在亚洲保持一席之地。

……

尼克松：比方说，我们可以借台湾问题发难，我们知道将发生什么。关于韩国问题，我们会在口头上进行干涉。但是，与此同时——我也会非常坚定地阐明一点："看啊，现在美国不仅是太平洋地区的强国，也是亚洲地区的强国，我们要在这两个地区保持存在。"

……

基辛格：会出现这两种情况中的一种。选举过后，一种情况是北京方面失去耐心，出于他们的需要而与我们关系破裂 [******]。另一种情况是蒋介石逝世，然后进行谈判。再一种情况是毛、周二人逝世，北京陷入动荡，到那时候，没人会知道到底会发生什么事情。

尼克松：我觉得我们需要记住的唯一的事情，就是所有事情都会有个结果。我并不认为我们能达成一项秘密协议，如果我们出卖了台湾，你明白吗？我知道我们正在做什么，但我只想尽量谨慎。

"你应该为他们感到自豪。"

1971年10月17日，下午4：18
理查德·尼克松和丹尼·默塔夫（Danny Murtaugh）
白宫电话

尽管每位美国总统都日理万机、公务缠身，但尼克松总统却总能尽己所能地抽出时间来从事体育活动。他是一位狂热的体育迷，尤其着迷于棒球和橄榄球，在尼克松录音带里，往往会听到他在观看体育比赛直播时大喊大叫的声音。

精彩的世界职业棒球大赛刚刚落幕，他就致电决赛双方的经理。第一

305　通电话打给了匹兹堡海盗队的丹尼·默塔夫，尼克松祝贺他赢得了七场四胜制的系列赛。匹兹堡海盗队由最有价值的球员罗伯特·克莱蒙（Robert Clemente）领军，以4：3的总比分击败了巴尔的摩金莺队。抢七大战是双方投手间的巅峰对决，匹兹堡海盗队的投手史蒂夫·布拉斯（Steve Blass）以投出第二次满局的成绩，取得了系列赛的胜利。

……

尼克松：你好。

接线员：总统先生——

尼克松：是的。

接线员：我接通了丹尼·默塔夫。

尼克松：你好？

接线员：转接给您。

尼克松：你好！

默塔夫：您好！

尼克松：丹尼，我就是想让你知道我在电视上看了你们的比赛，你应该为海盗队感到自豪。你们击败了一支伟大的球队，铸就了新的传奇。

默塔夫：嗯，总统先生，非常感谢——

尼克松：我必须得说，你当时镇定自若地坐在球员席上，真的很了不起。

默塔夫：是的，但我今天抽了大概4包烟。

尼克松：那不算什么。好吧，我当然知道，克莱蒙也非常不可思议，还有布拉斯。但是不管怎样，胜利靠的是团队的努力，你们的防守棒极了，你们真的太出色了。

默塔夫：好吧，我其实——

尼克松：那个二垒手，你知道的，他不被看好，大家说他接不住球。但在我看来，整个系列赛，他都没有浪费任何机会。

默塔夫：他确实表现得非常出色，总统先生——

尼克松：好的，我不想，但我知道所有媒体都等着采访你，我只想让你知道你们的团队付出了巨大努力，你应该为他们感到骄傲自豪。

默塔夫：谢谢你，我非常感谢您——

尼克松：是呀。

默塔夫：——感谢您能抽出时间——

尼克松：没事。

默塔夫：——您这么忙，还抽空给我打电话——

尼克松：我必须说，我真希望能离开这个鬼地方，只不过现在真的有点忙，但我在电视上观看了大部分的比赛。

默塔夫：嗯，我们知道，感谢您对于我们比赛的关注。

尼克松：好的。我打赌，你们凯旋时，整个匹兹堡都会陷入疯狂！（大笑）

默塔夫：我想会的，一定会的。

尼克松：肯定的。祝你好运。再见。

默塔夫：再见，总统先生。

306

"我也曾失败过……当你输了的时候，很少有人会给你打电话。"

> 1971年10月17日，下午4：22
> 理查德·尼克松和厄尔·韦弗（Earl Weaver）
> 白宫电话

尼克松致电的下一个人是巴尔的摩金莺队的传奇教头厄尔·韦弗，他对金莺队在过去一个赛季中取得的成功表示祝贺，尽管他们在世界职业棒球大赛总决赛中遗憾落败。尼克松同样对韦弗及其球队的日本之行表达了良好祝愿，金莺队将在日本同东京读卖巨人队一决雌雄。

……

尼克松：你好。

接线员：我为您接通了韦弗先生。

尼克松：好的。

接线员：给您电话。

尼克松：你好！

韦弗：您好，总统先生。

尼克松：厄尔，我知道现在对你来说很难熬，但这么跟你说吧，你们的球队虽败犹荣，我特别钦佩你们的战斗精神。

韦弗：谢谢，总统先生——

尼克松：嗯。

韦弗：总统先生，您这通电话来得太是时候了，因为——

尼克松：好吧——

韦弗：——因为这意义非凡，比其他任何时候的来电都重要。

尼克松：好吧，我希望你知道，我也曾失败过，所以我对你们的处境感同身受。当你输了的时候，很少有人会给你打电话。但是，你们要清楚，你们这帮家伙已经很棒了，我昨天看了电视直播，那是我看过的最伟大的比赛之一，它本可能是另外一种样子。我只是想让你知道，麦克·库拉尔（Mike Cuellar）还有你们的其他队员都很出色。

韦弗：非常感谢您能这么说。

尼克松：告诉你们的队员，他们像总冠军一样在比赛。另外，我确信你们在日本将受到非常好的款待。

韦弗：好的，我们希望我们能竭尽所能，代表美国——

尼克松：听着，我——

韦弗：——我们本来希望我们能以"世界冠军"的头衔造访日本，但是，我们仍然是美国职业棒球联盟的冠军——

尼克松：美国职业棒球联盟冠军，而且离世界大赛冠军失之交臂。

韦弗：谢谢您。

尼克松：不论如何，就像你指出的那样，我想再也挑不出第二支球队，像金莺队一样连续3年在美国棒球联盟取得百胜佳绩。总之，告诉你的那帮球员，我必须承认，昨天看比赛的时候，当弗兰克·罗宾逊做出那么让人惊叹的动作时，我非常兴奋，并且我当时说："天哪，如果一个老头儿也能像那样奔跑的话，那简直是太棒了！"

韦弗：好的，总统先生，非常感谢。我会告诉他的。

尼克松：好，祝你好运，厄尔。

韦弗：好的，谢谢您！

尼克松：好，再见。

"好吧，投票结果很糟糕，不是吗？"

> 1971年10月26日，上午11：13
> 理查德·尼克松和罗纳德·里根
> 白宫电话

10月25日，联合国大会经投票表决，恢复了中华人民共和国的合法席位，并将台湾驱逐出联合国。美国常驻联合国代表乔治·H.W. 布什曾提出的双方均获得联合国成员身份的折中方案，也以失败告终。

加利福尼亚州州长罗纳德·里根致电尼克松，表达了对投票结果的厌恶。他建议召回布什以示抗议，并对外宣布，美国将不再参与联合国大会的投票，且不再受投票结果的约束。

……

尼克松：好吧，投票结果很糟糕，不是吗？

里根：是的，我想跟您说的是——

尼克松：我必须要说，我们的工作有点虎头蛇尾了。我认为——

里根：我知道。我只是感到很厌恶。

尼克松：54对59，我告诉你。我刚和泰德·阿格纽见过面，他刚从希腊和土耳其回来，顺带说一下，我们得到了这两个国家的支持。但是，伊朗站在了我们的对立面，该死的。你也知道，我们为伊朗国王做了那么多事情，但是——

里根：是的。

尼克松：这些非洲国家啊，真的很令人失望。

里根：总统先生，我之所以给您打电话，是因为我知道给美国总统提意见和建议是一件不容易的事情。但是着眼于1972年的大选，我真的觉得我们不能再无动于衷，坐以待毙，好像什么事情都没有发生过了。我有一个建议——

尼克松：嗯。

里根：——冒昧提个建议。我的直觉告诉我，我们该离开那个该死的——

尼克松：（笑）

里根：——那个该死的非法法庭，让它沉沦吧。但是做到这点很难，而且也不现实。但我真心觉得，美国，最为重要的是美国人民，从一开始就对联合国没有好感。

尼克松：说得没错。

里根：在我看来，如果您召回布什先生回到华盛顿，外界就会不断揣摩您到底在想什么，他们会在接下来的 24 小时中都提心吊胆，接着，如果您上电视，告诉全体美国人民，布什先生将重回联合国参与谈判和辩论，代表我们美国人民的意志，但他不会参与任何形式的投票。美国不会参与投票，更不会受制于联合国的投票结果，因为美国社会欢迎不同意见的争论。您没有必要说——

尼克松：嗯。

里根：——但是美国是一个鼓励争论的社会。所以我们必须到场，我们到场但不参与投票。我觉得那样的话，压力会全部跑到他们那边去。

尼克松：哈哈！一定会的！（大笑）是的。

里根：我觉得这也会引发一个有关竞选的问题。

尼克松：嗯。

里根：因为我相信，美国人民对这事件深恶痛绝。而且，我认为我们的对手会面临层出不穷的难题——

尼克松：嗯。

里根：——尤其是在竞选期间，要是有人问：“现在，你会怎么做呢？”如果他没脑子，回答说：“哦，该死的，我们会重回联合国，照常工作。”我认为那他就会倒大霉。

尼克松：嗯，嗯。很好，我们其实也一直在想那样做到底会带来什么后果。我必须承认，国会关于拨款的决议非常有趣。

里根：是的，总统先生，您看啊，如果国会方面做了他们一直以来宣称的事情，那么其实他们是在进一步确认您的决议。

尼克松：嗯。

里根：他们将调整预算，使其与美国在联合国中扮演的新角色相匹配。

尼克松：嗯。

里根：不断减低我们自身的重要性。如果我们不采取任何行动，他们执行了那项决议，那就是一大挫败。

尼克松：嗯。是的，好吧，让我好好想一想这整件事。你也意识到了，我们现在处境不妙。我们在印度－巴基斯坦问题上有很重要的事要做。我们当然在努力避免战争。联合国势必要介入那个地区，因为我们并不想被卷入其中——

里根：不想。

尼克松：——让我这么说吧，卷入那个悲惨的地方。让我再仔细想想这整件事情。你也知道，我一直在思考如何处理这件事。而且，今早我与两三个人也在讨论这件事。比如法律问题，等等。

里根：好吧，我只是觉得，我这个建议非提不可。

尼克松：我知道，谢谢你。

里根：昨晚，在那个决定宣布后，我接到了一位评论员的来电。

尼克松：是吗？

里根：他告诉我——我也告诉他，我说："好吧，我想这个决定只是确认了联合国在——"

尼克松：（大笑）

里根："——道德上的破产。"他告诉我电话都被打爆了，人们都被激怒了！

尼克松：嗯。

"这次会面的倡议是他们提出的……"

1971年11月2日，上午9：32
理查德·尼克松、威廉·罗杰斯和亨利·基辛格
椭圆形办公室

代表北越进行和平谈判的首席代表春水和特别顾问黎德寿（北越劳动党第一书记黎笋的副手），要求在11月底与基辛格会面。黎德寿一直与基辛格进行着秘密会谈，但是尼克松命令基辛格，除非北越方面出现新的情况，否则明确拒绝进一步的会谈。

……

尼克松：我们刚得到消息，黎德寿将于20号回到巴黎与你会面。

基辛格：这是[******]。

尼克松：嗯？

基辛格：[******]

尼克松：现在，在我看来，必须要做出决定了。根本没必要再会面了，一方面——你知道的，你知道前几次会谈是什么样子，以及我们付出了多少。我们对7点原则做出了回应，同样，在一些事情上，他们也表达了赞成的态度，等等，等等。

基辛格：比尔看过每一份备忘录——

尼克松：是的。

基辛格：——那些备忘录我都交给您了。

尼克松：是啊。目前的局势如何？黎德寿——

基辛格：好吧，[******]——

尼克松：——想要与你会面。但我还是坚持我的意见，这次会面虽然看上去很关键，但实际上根本没多大意义。记住，我说过："除非他们明确希望讨论一些新问题，否则不必再进行会面了。"

基辛格：是，他们——他们给我们发了一条信息，里面提到了类似的话。上次我们没有理会，您或许还记得，比尔，如果我确定没有什么可谈的，那我们将再次会面——

罗杰斯：嗯嗯。

基辛格：——但是——如果您安排会面的话。好吧，我们得到一条消息——实际上，我当时是在中国——在巴黎收到这条消息的；我们在中国没有听说过这件事——消息说黎德寿正赶往巴黎，而且春水和黎德寿想在11月20日与我会面。我们提前4个星期得知这一消息。换句话说，我们在10月的最后一星期得到了消息。他们还补充说，之所以选择

11 月 20 日这个日子，是因为春水生病了，正在疗养。您应该还记得，他们官方也向我们透露了这一消息——

尼克松：嗯，是的。

基辛格：和往常一样，他们没有对他们的举动进行任何解释。而且——

尼克松：是的，大家都知道。

基辛格：好吧——

尼克松：关于春水呢，情况是 [******]——

基辛格：是的，但通常情况下，春水没来参加会议——

尼克松：黎德寿的资料没有公开吗？

基辛格：是的。好吧，但是——

尼克松：恩。然后，他将回到巴黎。

基辛格：他将来到——

尼克松：他将会——

基辛格：他将重回巴黎。所以，今天，15 号，16 号，17 号——如果他来了——一直到 20 号，他会在巴黎，那将是 [******]——

尼克松：最重要的是——

基辛格：他要求在公共场合进行会面。

尼克松：是的。现在，最重要的是——我们知道的，我们一直在说，总有一天会出现这种情况，那就是协商渠道要么完全关闭，要么它就要有意义。这次它会有一定意义的。它会有的。我——我不知道。但是——重点是这次会面的倡议是他们提出的；他们想要会面。而且，这次会面正好赶在联合国投票表决之前。（10 月 29 日，美国参议院否决了众议院第 9910 号决议案，这份议案授权美国政府将 34 亿美元的资金用于经济和军事对外援助，部分捐助将给予越南。）我不知道这会有多大影响 [******]。但是，如果我们能在会面之前通过一份继续决议案，那这会对整个事态的发展大有帮助。你明白了吗？但实际上，继续决议案必须在——

[******]

尼克松：——在 15 号被批准。

基辛格：决议还必须通过——

[******]

尼克松：我认为，我们的确需要这个决议的助力 [******]。但是，现在让我们回到撤军的问题上——梅尔文·莱尔德负责这件事；他做了很多工作，但是他不知道我已经——我是这么想的，我想看看是否 [******]。我认为我们不能——我称之为，你知道的——我觉得我们要做一件事，关键是要把握住时机——[******] 你——我们讨论过一项提议，我们或许可以发表一个声明："好的，事情是这样的。我们完成了我们的工作，现在——战争——结束了。"我一直希望我们现在可以这么做。我们可以在这次会面即将到来之际发布声明。我们可以在会面之前，你说："不管发生什么，在谈判的第一线，我们将有选择地去采取行动。"

"尽管她是个婊子，但我们还是得到了我们想要的。"

> 1971年11月5日，上午7：50
> 理查德·尼克松、鲍勃·霍尔德曼和亨利·基辛格
> 椭圆形办公室

11月初，英迪拉·甘地造访华盛顿，就印度问题向美方施压，并一再强调难民危机的严重性。在椭圆形办公室会面之前，尼克松和甘地都已经拿定主意。尼克松认为印度有与巴基斯坦对抗的意图，并强调了可能出现的后果，即美国政府会切断对印度的援助，美国人民也不会谅解侵略行为。甘地早就知道尼克松不会站在印度一边，并且预计到这些后果只是暂时性的。在甘地夫人造访华盛顿之后，美国人普遍意识到，印度将发起一场针对巴基斯坦的战争。

……

尼克松：她（甘地夫人）简直就是个婊子。
基辛格：好吧，印度人都是狗娘养的。他们想开战，东巴基斯坦对他们已经不再是个问题了。现在，我好奇的是，对于西巴基斯坦，她昨天对

您的表态是什么。

尼克松：我想我今天会让会面相当简短、冷淡。[******] 我说冷淡的意思并不是说我不会提及 [******]。我会和她谈一点越南的事情，而且——

基辛格：我今天或许会让她多谈点——

尼克松：是吗？

基辛格：——不那么友善。但基本上，总统先生——

尼克松：所以，我不会给她任何借口。我已经和她谈过了，告诉她我们将要做的一切。现在，都取决于她了。

基辛格：尽管她是个婊子，但我们还是得到了我们想要的。您非常谨慎——我的意思是，她不能在回国后大肆宣称美国招待不周，继而她会陷入绝望并挑起战争。

尼克松：是的。

基辛格：所以，她的目标——她有权恼火，因为您阻挠了她实现目标。她宁愿您招待不周——

尼克松：没错。

基辛格：——那样的话，她会说她真的被欺骗了。

尼克松：哦，我们真的——

基辛格：而且——

尼克松：我们对那个老妖婆真的是仁至义尽了。

基辛格：您是如何做到在无关紧要的事情上让着她，而在重要的事情上——

尼克松：没错。

基辛格：——对她寸步不让的？所以，她——

尼克松：她很清楚。

基辛格：她很清楚此次美国之行不会有任何收获——她不会回国后说："尼克松承诺会为我做到以下几条"，然后，如果你不做的话——

尼克松：你昨天下午 5 点的时候和那个小丑（指萨达尔·斯瓦兰·辛格，Sardar Swaran Singh，时任印度外交部长）会面了吗？你继续那么做，只要，只要她在盘算着让他——

基辛格：好。

尼克松：——咨询委任的事情。我们想确保他能明白，当前的局势到底是怎样的。

基辛格：好的，我会把它放进会谈的备忘录里的，我会以——的方式交给他。我会尽量表述得更明白些。

尼克松：现在，你已经瞒着罗杰斯够久了——

基辛格：恩，是的。罗杰斯状态很好。

尼克松：咱们可以告诉他吗？

基辛格：可以。他们明显在以罗杰斯不喜欢的方式对待他，所以他非常——

尼克松：哈哈！

基辛格：不，不。他会对他们非常强硬。

尼克松：没错，他会比我更加强硬地对待他们，你知道的。他能 [******]。

基辛格：好吧，他有他的一套，但他确实不怎么待见甘地夫人。实际上，他不会像您一样强硬的。

尼克松：他很可能 [******]。

基辛格：——因为他还不是很了解情况。我是指技巧——

尼克松：你应该也听说了。鲍勃，我们与她周旋的方式。我把她玩儿得团团转。你知道的，就像——

基辛格：她不知道（不清楚的对话）东巴基斯坦游击队的情况。[******] 有件事让我很震惊，就是那起爆炸 [******]，那可是需要经过很多的技术训练的。我不明白他们是从哪学到的。

尼克松：她 [******] 很快。

基辛格：她说过东孟加拉步枪的事情（[******]——曾经？）。那就是源头。

尼克松：是的。我们还可以缠着问她那本书——就是亨利那本关于印度－巴基斯坦的书。

基辛格：她说她对这些问题进行了很多研究——这些冲突的历史起源等等。建议您读一本书，名字叫"印度对华战争"（*India-China War*），作者是（内维尔·）麦克斯维尔。那本书实际上证明了，是印度最先挑起的1962年战争，而证明的方式则是极其温和、友善的。

尼克松：好吧，我表现得就像对已经发生的事情一无所知——

基辛格：是的。

尼克松：——所以她不能说什么。但是她非常清楚，我对事情非常了解，你觉得呢？

基辛格：没错。您就尽情向她施压吧。

尼克松：我不会手下留情的。

基辛格：我告诉过——

尼克松：我稍微提高了我的嗓门。

基辛格：我告诉过她的助手——我告诉我的对手，让我们震惊的是去年，当甘地夫人竞选时，她竟然公开抗议美国干涉印度事务，而实际上我们并没有插手。她的指控毫无根据。而反对派候选人则受到皇家级别的接待，大力宣传，举行秘密会议。然而，这一切发生后，她又厚颜无耻地跑过来，让您帮她收拾烂摊子。

尼克松：你就这么跟他说的？

基辛格：是的。

尼克松：真有你的。

基辛格：我说，看看前3个月的记录。他们公开地制造舆论攻击我们，甚至表示我们两国之间的关系已降到了冰点。他们不顾及肯尼迪，不顾及那个国会议员加拉赫（Cornelius Gallagher）。他们甚至与苏联人签订条约，然后竟然还有脸跑过来，让我们帮他们解决他们自己的问题。

尼克松：好吧，如果这——

基辛格：但是，总统先生，尽管她是个婊子，但我们不能忽视的事实是，我们得到了我们想要的，那就是我们阻止了她回国后讲我们的坏话，说美国欺负她。我们有这次会面的胶片；您也得到了赞誉。您在私下会谈中展现出了一贯的温和。

尼克松：我真的觉得在今晚晚餐时 [******]。

基辛格：您并没有给她任何东西。

尼克松：[******]

基辛格：如果您想演一出好戏，情感上可能会更令人满意，但这会有损我们的利益。因为——我想说的是，如果您一直对她态度恶劣，但是——

尼克松：是的。

基辛格：——她可能会哭的，然后跑回印度向人们哭诉。所以，我认为尽管她很拙劣，我今天还是想表现得稍微冷淡一点，但是——

尼克松：不，不。我说"冷淡"的意思是，昨天，你也注意到了，我尝试着引领对话——

基辛格：不，我会让她主导对话。

尼克松：——我还说："你看，我们在巴基斯坦问题上已经尽力了，我们还能做什么呢？"今天，我准备告诉她 [******]。

基辛格：我也是这么打算的。除了越南，我会给她 5 分钟来谈谈南斯拉夫的铁托，因为这会传到苏联人的耳朵里，越南人也会听到。

尼克松：会吗？

基辛格：会的。他们现在亲密得很，和苏联走得很近。他们会把所有信息都透露给苏联人的。

"他们很想知道我到底是个什么样的人……"

> 1971 年 11 月 15 日，下午 5：21
> 理查德·尼克松、威廉·罗杰斯、莫里斯·斯坦斯和亚历山大·黑格
> 椭圆形办公室

美国商务部长斯坦斯预计将于 11 月 22 日抵达莫斯科，商讨美苏之间的贸易关系。由于尼克松总统按计划将在第二年 5 月出席美苏峰会，因此这次访问意义重大。

……

尼克松：现在另外一件重要的事情就是，就像比尔以及同俄国人谈判的人告诉你的，我们的苏联朋友，葛罗米柯以及其他人，他们都对贸易有着极大的兴趣。这件事情很重要。

斯坦斯：说得没错。

尼克松：我们可不能表明要把它同其他的事情挂起钩来。但是他们，在他们看来，非常清楚这点，如果你在政治方面取得进展，那么自然而然贸易也会发展。一直以来，我都是这么理解这个现象的，就是你从不会承认贸易和政治和解是互相关联的，但是，这两者却是无法避免地紧密交织在一起的，相辅相成。所以，我们应该弄清楚这二者的关系。

现在，我的想法是要采取行动——如果你仔细观察现今局势，你就会发现他们——苏联当前的对外贸易额达到了160亿美元；160亿美元啊，而我们的贸易额仅为2.5亿美元。

斯坦斯：您指的是双边贸易额吧。

尼克松：是的。

斯坦斯：我们的出口少于——大概占贸易额的一半。

尼克松：这就是我想说的。而且关于这方面，我们要谈论的东西有很多。另一方面，我们——坦率地说，一直以来都很谨慎。我觉得这比其他任何事都重要，它，它是——从某种程度上。比尔，如果你有不同的观点，请说出来。我现在的想法是，想让莫里斯跟所有人都谈谈这件事；倾听并虚心学习。但是，我认为我们不应该看上去太着急。我不认为我们想要————我不认为我们——我的意思是——我觉得我们应该——我觉得——这么说吧，我不想让大家觉得我们想从他们那里得到些什么。比如说，如果我们在越南方面仍无进展，因为 [******]，而且军备控制和其他方面都处理不好。贸易很重要。同我们进行贸易对他们而言，比同他们进行贸易对我们而言，要重要得多。我们希望——你懂我说的——我读到了《时代周刊》上的一篇文章，你知道的，如果我们能把这些都处理好，且欧洲也和我们进行贸易，这到底有多大的影响。但是，这种事情对于他们而言，显然比对于我们而言重要得多。现在，当然，我不认为我们应该那样做。那太简单粗暴了，但事情不就是这样吗？实际上，我不想听到一种全面的 [******]。比尔，你同意我说的吗？

罗杰斯：总统先生，这些我都赞同。

尼克松：[******]

罗杰斯：让他们明白，不仅贸易环境已经大为改善，而且政治环境改善得更多，这一点很重要。

尼克松：说得很对。

罗杰斯：如果总统去那里的话，政治氛围会更好，尤其是如果他们能在我们想要完成的一些事情上和我们进行合作——在柏林、印度支那半岛还有其他一些事务上。

尼克松：还有军备控制。

罗杰斯：军备控制，是的。他们对贸易的渴望远超我们。他们遇到了真正的麻烦，因为他们正在做的——他们的一些盟友，尤其是匈牙利，在贸易领域比他们做得出色得多，所以他们在试着——

尼克松：匈牙利吗？

罗杰斯：是的。匈牙利在这方面做得很出色。当然，罗马尼亚的贸易也有了起色。所以，他们都很希望能与我们进行更多的贸易。我认为我们应该，我们应该描绘出一些贸易的前景——

尼克松：没错。

罗杰斯：——然后倾听，观察，看看我们从什么地方能得到好处，但是不能操之过急。如果他们觉得我们急于开展贸易的话，他们可能会抓住我们的把柄。他们会利用我们的把柄，得寸进尺。而且，他们对于欧洲安全会议十分期待。

尼克松：是的。

罗杰斯：他们想就相互均衡裁军进行讨论。

尼克松：看紧一点。

罗杰斯：他们想要在柏林问题上达成一份协议，但是同时他们不想做出太多让步。现在，就像总统先生说的，贸易是我们的一大武器。他们需要贸易。我们会从中谋求一些利益，而且讨论这一话题在政治上总是很有好处。但是，如果你扣除物价因素以后再分析的话，你会发现这对我们来说影响并不大，不太持续，偶尔有一些量。

斯坦斯：我可能无法苟同，比尔。我们国家的一些商界人士对于贸易十分感兴趣，最近很多人已经跑到那些国家去了——

罗杰斯：哦，好吧。

斯坦斯：大概有 50 位或者 100 位商界人士，包括我们的朋友，丹·肯德尔（Don Kendall），就在我还在那边的最后一两天，他们正准备去那里。

尼克松：听我说，听我说，莫里斯，我觉得你说得太对了。我知道丹·肯德尔还有那帮商人。但是我对你的建议是，你不要按套路出牌。我们的那些商人，他们现在屁颠儿屁颠儿地跟在苏联人后面，以至于他们自己垂涎欲滴，也让我们在谈判中的优势地位受到威胁。你不应该去那里，然后说——我希望你能站稳立场，这意味着我们要盯紧这帮家伙。我们非常有兴趣听听他们的报价。当然，我们国内有人想做这些事情。但是你看啊，我认为——我真的相信在贸易商业方面——比尔，我对其他人也讲过这些话，天哪，他们居然将自己的有利地位拱手相让。

罗杰斯：是呀，但是在这件事情上，我们也没什么异议。

[******]

罗杰斯：目前来看，甚至是往后的几年间，这也不会带来什么深远的影响。我们可以就此进行探讨。

尼克松：没错。

罗杰斯：我们应该告诉美国的商界人士，我们正在竭尽努力。我们当然希望发展贸易，但是如果你们能总揽全局的话，就会发现在未来几年里贸易额不会增长得太多。

斯坦斯：好的，我想这大概会是几百万美元的生意。现在的问题是，他们的支付存在困难。

尼克松：是的。

斯坦斯：接下来，他们会问的就是这个问题，而我确信他们会为此向我施压，在两件事上：一是进出口信贷，这样的话他们就可以购买更多的产品；二是最惠国待遇，那样的话他们就可以往美国出口更多的商品。

尼克松：没错。

斯坦斯：中间肯定会有路障。我觉得商机很多。我觉得我们之间的贸易额到1975年可以达到40亿或50亿美元，如果我们——

尼克松：你真是这么想的？

罗杰斯：但是，想想他们拿什么给我们。他们有什么是我们想要的。这才是问题所在。

斯坦斯：好吧，他们已经——他们已经选了一条新的线路，很有意思。而且，我已经花费了——

尼克松：你之前可没讲过这个。

斯坦斯：在过去几周里，我和美国的这些商界人士谈了很多，我在这上面花了很多时间。他们谈到了合资企业，但和那些在罗马尼亚和南斯拉夫的企业不同，因为那里的企业美国在运营和收益方面各占一半股份。他们不愿意放弃财产所有权或利润分成。他们讨论的是让美国公司在那里设厂，开发当地的自然资源——石油、天然气、铜、其他矿物，等等——并签订一条协议，美国投资技术和资金，当地提供劳动力。我们最后获取产品；并用产品捞回本金，然后拥有产品的分红，而不是利润的分红。

现在，那边的矿物资源丰富——也有很多石油和天然气——对于我们来说这将是一大良机。他们已经与一家美国公司协商，订立协议，开发天然气，就像阿尔及利亚的协议一样，自1975年起，开采的天然气的价值将达到10亿美元。而且，美国公司也乐于到那里进行投资，因为他们觉得那里有大量的天然气，那样的话，他们就可以将这些天然气冷冻并运回美国。现在他们所讨论的非常关键[******]。真的很重要。当然，有件事美国的商界人士一定要搞清楚，那就是我们的商业贸易绝不是无足轻重的产品，因为苏联政府是整个经济圈里最大的买主。

尼克松：说得没错。

斯坦斯：如果他们想的话，他们可以一口气买下1万台车床并把它们分配到他们所有的工厂里。他们还可以爽快地买下2000台钻床。

尼克松：好吧，我——我们——在我看来，这次访问——你可以——告诉摄影师，我想要看他拍的照片。这样我们就可以（******，停顿），我认为我们如果能事先了解情况的话，会很有帮助的，我们先于整个世界[******]。你怎么想的？你的看法呢？你也这么认为吗，亚历山大？

黑格：是的，总统先生。我认为[******]。

尼克松：顺便，我想说，你们提到过这些问题。如果他们提出这些事情，而我却不清楚他们已经在这些问题上得到多少了，包括欧洲安全会议和其他的事情。这些应该还差得很远。

斯坦斯：我原本想，我应该多倾听，然后问他们是否需要我传达什么信息给您。但是，信息——

罗杰斯：但是，您知道的，如果他们这么做了，他们也只是在演戏而已，因为他们和我们一直在谈。

尼克松：是的，是的。对于政治问题，我会避而不谈的，因为我们——我们不想谈论欧洲安全会议。我们不会的，但是——

斯坦斯：我并没有收到通知，关于军事——

尼克松：而且我只是想告诉你，这不是你的职责。那是——你们最好不要发表任何观点，你们只是某一个领域的专家。我觉得能演戏是很重要的。你们为什么当时不拍照呢？这样我们就能 [******]。

斯坦斯：我——我想看看有哪些主意可以供您在 5 月的访问中大做文章。

我想可以从中得到一些好处，能让您在 5 月的访问中用得上。

罗杰斯：[******] 它们可以给我们一些黄金 [******]？

斯坦斯：好吧，他们没有剩那么多黄金。他们只有 10.08 亿。

罗杰斯：他们有那么多 [******]？

尼克松：真的吗？你说得准确吗？

斯坦斯：我说的是储备量。10.08 亿。

罗杰斯：不，他们的矿井里有很多。

斯坦斯：他们从地下开采资源。

罗杰斯：他们开采了原油和铝、铬还有其他的一些矿物质。[******] 如果他们开始——如果他们开始向我们出口原油，那情况就不同了。

斯坦斯：这是风险之一，依据——以最低限度为基础。但是，我的建议是考虑所有的可能性；与他们每一个都进行对话；看看需要做什么。就像我说的，他们将会就出口信贷和最惠国待遇等问题向我们施压的。

尼克松：我觉得在这些问题上，你可以，你可以暗示——我们已经完成的工作，我们已经与葛罗米柯结束的会谈，这些表明了，美国将在谈及的这些领域积极寻求进展。但是，很显然，这取决于政治领域取得的进展。现在，只要他们还在帮助北越人，我们就不应该提及最惠国待遇和进出口银行的事情。

罗杰斯：合资企业也是如此。你知道的，我们进行大规模投资建立合资企业，必须——政治环境必须要非常好。

尼克松：没错。

斯坦斯：我觉得美国企业倒是很希望那样呢。

尼克松：但是，我们非常——我们对于政治环境的改善持非常开放的态度。我们对于改善贸易环境也持非常开放的态度。

罗杰斯：那制造业产品怎么办呢？我们可以提供给他们制造业产品。

斯坦斯：好吧，我觉得他们会买一些东西，但绝对不会大量购买——

罗杰斯：看到了吧，这就是我们应该追求的目标。

斯坦斯：他们想要的是机器工具——

罗杰斯：这正是我们应当推动的。我们有大量的制造业产品可以卖给他们。

尼克松：他们需要 [******]。

斯坦斯：他们需要这个。

尼克松：的确如此。他们的经济萎靡不振，这种状况有多少年了？4年？还是5年？

罗杰斯：是的，至少吧。他们希望我们能够授人以渔，而不是授人以鱼——

斯坦斯：好吧——

尼克松：他们想要电脑。[******] 他们想要技术，不想要产品。

罗杰斯：机器工具。

斯坦斯：对，但美国的一些汽车公司在这方面很精明。福特汽车和通用汽车已经对他们和我们都表示过，他们对在他们国家建厂并不感兴趣。他们真正感兴趣的是与他们建立一种长期的利益关系，与他们一同工作，从中获利。他们可不会傻到建厂，然后离开。我，我今天也跟那帮商界人士讲了，我非常担心我们的技术会被廉价出售——

罗杰斯：太他妈对了。

尼克松：完全赞同。

斯坦斯：3%的专利和授权费并不能让我们得到任何好处。

尼克松：完全没有。哦，天哪。

斯坦斯：如果我们不能得到更多好处，如果我们不能——

尼克松：无商不奸，精明点，这对我们没有任何坏处——做一个像北方佬那样的生意人——在和苏联人打交道的时候。他们就是那样做的。他们非常期盼，满心惊奇——但是，你知道的，考虑到你将，当然——我们对此十分感兴趣，但是，你也知道，这就是我们看待这一问题的方式。我们想要去做这些事，现在我们困难重重，如果你要帮忙的话，你能做什么呢？他们气势汹汹地就来了。苏联人就是一帮又臭又硬的浑球儿。

罗杰斯：卖给他们野营车、电视机还有收音机。

尼克松：任何时候都行。

斯坦斯：他们或许正从日本人那里买这些东西呢。

尼克松：你之前去过那里吗？

斯坦斯：我从没去过苏联，没有过。

尼克松：你要访问哪些城市呢？

斯坦斯：嗯，还没定呢。我们已经——第一个周末，在星期天，我们可能会去列宁格勒，并在那儿待一天。第二个周末，我建议去南部的格鲁吉亚。他们建议是去巴库和第比利斯，可能——

尼克松：[******]

斯坦斯：——我们会去撒马尔罕，或者是塔什干。它是——

尼克松：撒马尔罕？

斯坦斯：——观光胜地。

尼克松：去吧。

斯坦斯：真的吗？

尼克松：很美的地方。

斯坦斯：从来没去过那里。

尼克松：那里有——你知道吗，那里有成吉思汗的一处宅邸。那里有许多精致的小庙。

斯坦斯：听上去像是仙境。

尼克松：没错，那儿很美，所以去那儿吧。

斯坦斯：好吧，我想去那儿了。我认为——

尼克松：那绝对值得一去 [******]，换成我，我也会去。

斯坦斯：他们非常重视这件事，因为——

尼克松：在那儿，你还会看到亚洲人。那很有趣。到了那里，你会发现苏联这个国家里并不全是俄罗斯人，还有很多亚洲其他国家的人。你去那里 [******]——那儿距离——

斯坦斯：我倒想去看看。

尼克松：——那儿距离中国边境很近——

斯坦斯：似乎很好玩儿。

尼克松：——你会看到整个河谷的苹果。而且，天哪，那里都是中国人，斜眼角的中国人。那儿真的很有意思。

斯坦斯：好吧，他们还摆出了红地毯，因为他们觉得这是很正常的支出。他们甚至希望我能够待久一点。我们很有可能会多待几天 [******]。

尼克松：你会去——去一座城市如何——举例说，我想知道他们是否愿意让你去参观。比如斯弗罗夫斯克，他们会安排你去参观那里吗？

斯坦斯：他们没有提过——

尼克松：那是一个拥有钢铁联合产业的地方。新西伯利亚的诺沃西比尔斯克，去那里怎么样？

斯坦斯：他们提出想带我们去贝加尔湖，但那太远了。乘坐最快的喷气式飞机，从莫斯科出发，也得花上7小时。那比横穿美国都远。

……

斯坦斯：总统先生。在途中，我将在瑞典停留，休整一天。

尼克松：哦，看在老天爷的份儿上——

斯坦斯：怎么——

尼克松：——为什么你一定要在瑞典停留呢？

斯坦斯：哦，他们是一个好买家。他们会从我们这儿买很多东西。

尼克松：好吧。别把他们真正想要的东西卖给他们就是啦。（大笑）好吧，你去吧。你以前去过那吗？

斯坦斯：没有。

尼克松：我也没去过——

斯坦斯：回来的时候，我们会去华沙。我们——我以前不知道沃尔普也去过那，但大使馆 [******]——

尼克松：没关系。

斯坦斯：——大使馆，紧接着是一个新闻发布会——

尼克松：没问题。

斯坦斯：在华沙有没有得到什么特殊的消息？

尼克松：你得到你的消息了吗？[******]

罗杰斯：是的。我们——我跟他们说了："冷淡点儿。要有礼貌，但也要冷淡。"

尼克松：什么？好吧。他们为我们做了很多——

[******]

尼克松：我们尊重他们的——我们尊重他们的人民。他们为这个国家做了很大贡献。但是，基本上，对他们在全世界对我们所做的坏事，我们也很不愉快。但那没关系，让他们那么干吧。那是他们的选择。华沙是另外一回事。我认为，那里，我们是希望能够——更多地——其他事。他们——

罗杰斯：是的。

尼克松：他们已经 [******]——

罗杰斯：但是，我们与他们的关系不错。而且，去年我们两国间的关系得到了一些改善——

斯坦斯：华沙吗？好吧，原谅我。

罗杰斯：还有他们的人民，当然，尤其是波兰人，尤其如此——

尼克松：他们喜欢美国人。

斯坦斯：华沙不讲 [******] 信用，他们很快就会催促的。我猜想，从我们的讨论中 [******]，我猜他们马上会步罗马尼亚的后尘。或许就在最近。

尼克松：嗯，什么——

斯坦斯：他们——

尼克松：好吧，听我说。我想，对于苏联人还有其他人，我都心里有数。对的，[******] 他们尽在掌握中。这种事情你要仔细观察。你同意吗，亚历山大？

黑格：我同意，总统先生。我觉得 [******] 和我们有共鸣——

尼克松：没错。

黑格：我们可以凭此——

……

尼克松：你必须记住，赫鲁晓夫——或许你还能记得，他在他的书中写道，他吹嘘他在1960年帮着击败了尼克松。我们都清楚这件事。问题可能会出现。你可能会提起它。明白了吗？这次，我们——这是很有趣的一点。这向我们表明了，他们到底多关注我们的政治。

罗杰斯：对他还是要当心点儿，莫里斯，如果你提到这个问题的话。他们会——他们会大肆宣扬的，该死。特别是多勃雷宁。所以，我们是绝对不想陷入为了总统先生而向别人摇尾乞怜的境地的。

尼克松：哦，最好不要。

斯坦斯：是的，千万别那样。

[******]

罗杰斯：我们的当务之急是说服他们，尼克松出访是板上钉钉的事实了。

尼克松：没错。

罗杰斯：因为他们对这件事比对别的任何事情都更关心。我相信他们也已经想通了。这也就是他们对总统先生的访问如此焦虑的原因之一。

尼克松：我认为，这或许解释了他们为什么会同意我们的访问。这——我认为可能——基本上，他们很想知道我到底是个什么样的人——另一点，比尔，我觉得你会同意我说的——这位总统是个什么样的人？所以，我想让你告诉他们 [******] 就像这样。但要着重强调，我是一个他们能与之订立协议的人。但是他，我的意思是说——视野开阔；你知道的，他是一个讲求实际的人。

斯坦斯：善于分析的人。

尼克松：善于分析且深谋远虑。你知道的，就跟他们说这些就好了。因为，他们——我觉得这很重要。我注意到，当我和铁托谈话时，他饶有兴致地告诉了我勃列日涅夫是什么样的人。而且，他喜欢比较勃列日涅夫和柯西金。共产主义者都对人很感兴趣。我是说——

罗杰斯：在哪一方面？是关于他们如何打交道吗？

尼克松：说得没错。对他们的个性很感兴趣。你可以说："他是这样的，而且——"你可以说——我必须说——我是说，我不得不那样，因为我们得与一个民主党控制下的国会周旋，而且我向来都是鼓励和解的。

"炸得真是时候。"

> 1971 年 11 月 20 日，上午 8∶45
> 理查德·尼克松和亨利·基辛格
> 椭圆形办公室

由于旨在结束北越战事的外交努力受挫，尼克松断然声称要通过轰炸让河内屈服。此时，他没必要再提及赢下这场战争。他很有兴趣达成一份协议，承认在遣返全部战俘和确保南、北越的安全方面陷入了僵局。

……

基辛格：然后，我给了他们一张我个人的便条，那是我写给周恩来的。所以，你——关于北越战事的。

尼克松：嗯。

基辛格：而且——我就是告诉他，我们是什么时候提出建议的，他们是什么时候接受提议，并在之后又反悔的。他们的大使说："什么？他们在会议前三天就变卦了？"而且他——

尼克松：沃尔特斯在那儿吗？

基辛格：在，沃尔特斯说："是的。"他说："这不可能。"但那不是官方的说法。而且，那很不可思议。而且——

尼克松：好吧，春水其实没病。你觉得他真的生病了吗？

基辛格：不觉得。他在——他和北越总理范文同现在都在北京呢。

尼克松：所以，上次他没有生病？

基辛格：是的。现在，黑格认为，中国人——他们现在在中国，是因为中国方面想安抚他们。我不确定。我不是很确定。

尼克松：[******] 中国人和他们还谈话了？

基辛格：没有。只有中国单方面在说。他们现在就在那儿。

尼克松：原来他们在那儿，我知道了。

……

尼克松：我是这么想的，亨利——我觉得这适用于任何情况——我想，首先——我在考虑把穆勒叫过来——如果成本不高的话——让他调遣舰队，作为一个警示，类似的事情，我们以前也这么做过——

基辛格：没错。

尼克松：——比如说布雷演习，让它们准备就绪。现在，不管怎样，让那些航空母舰开往前线，为了这次为期3天的轰炸——

基辛格：是的。

尼克松：——如果这帮浑蛋不行动，我们就下手。但是，如果我们现在就能出动舰船，随便找个类似于布雷的理由——我不确定它们是不是离越南太远了，也不确定路上花费的时间是不是太长了。第二，我想让你把赫尔姆斯叫来，在这两到三天的时间内，要求他尽已所能动用中央情报局的资源进行骚扰，协助我们的行动。第三，我觉得我们需要舆论和宣传，搞个广播，或者其他宣传手段。换言之，让这次的行动完全仿照我们上次在山西（Son Tay）的行动（山西是北约战俘营所在地。1970年，美国特种部队实施了秘密劫营行动，营救美军战俘）。

基辛格：没错。

尼克松：现在，如果我们打算这么做——换句话说，如果我们要采取强硬手段了——或者说，我们最起码要强硬起来，亨利——让我们这次以智取胜吧，以协调一致的行动取胜。你还有要补充的吗？

基辛格：我觉得这计划非常好。我认为——

尼克松：对这项计划，你听到后是什么反应？

基辛格：我觉得它很棒。而且，我也觉得我们现在要出动舰队了。范文同在北京的时候，我们最好按兵不动。我们——

尼克松：不，我觉得事不宜迟，我们应该现在就行动，因为舰队——

基辛格：好的，我们行动，然后——

尼克松：你看，舰队必须——调动舰队需要时间。我们了解那帮浑蛋。在朝鲜战争期间，我们有充分的时间——

基辛格：那——那离我们很远。我觉得他们要4天才能到那里。

尼克松：听着，它们可以在不引起外界注意的情况下行动。好吧，我想让他们去那儿，这样就可以——

基辛格：[******]

尼克松：你懂我的意思吗？

基辛格：明白。

尼克松：我觉得他们最好——

基辛格：好吧，他们会——

尼克松：——他们最好知道，在舰队行动的时候，范文同就在中国。

基辛格：好的。

尼克松：如果咱们不轰炸他们，结果会有差别吗？可能吧，只是[******]。我也不知道。[******]

基辛格：好吧，我想避免范文同以新的威胁为由向周恩来提出要求。因为，我想——在我给周恩来的消息中——

尼克松：是吗？

基辛格：——我已经提到了一次新的威胁。

尼克松：好吧。

基辛格：但是，我们现在可以立即出动舰队，并逐渐增强军力——

尼克松：很好。现在，我突然想到另一种可能：关于结束这场战争，我们手中可打的牌比我们想象的要多。我们一直以为——我是说，你之前也提到过——这帮家伙可不想冒我赢得连任的风险。亨利，我确信你也想到了这一点，无论 11 月的大选结果如何，我在明年 1 月 20 日之前还是总统和总司令。如果我败选，我也不会像丧家犬一样落荒而逃。如果到时候，我们的士兵还没有回来，而我们也败选了，选举之后——无论是胜利、失败还是平手——我们都会把他们炸得屁滚尿流。不管他妈的历史，去死吧，历史——

基辛格：我想历史对您的评价自有公道。

尼克松：你懂我的意思了吗？

基辛格：明白。

尼克松：接着，我会说："好吧，我的前任们——还有我的后继者们都不会做这件事。"但你——作为总指挥官——还可以下命令，说："现在，在这样的情况下"——随后，我会倾其所有。我是认真的，我会动用所有的铁路运输力量，出动所有的空军，我会——你知道的，狠狠地揍他们，长达 3 个月。现在——

基辛格：那最好了——我没想到这一点——

尼克松：你明白了吗？

基辛格：明白了。

尼克松：现在，我们要抓住机会。保持一贯的强势。

基辛格：是的。

尼克松：这些家伙捞不到任何——捞不到任何好处。现在，我——他们是对的：在大选前做任何事情都会出现问题，尤其是在政治方面。但是他们意识到和他们打交道的这个人，如果他赢得大选会把他们炸得屁滚尿流，如果他败选了，只会轰炸得更狠。这就是我们现在的处境。你之前想到过这一点吗？

基辛格：我——我不得不说，实话说，从没这么想过。

尼克松：现在，有些人可能会说——

基辛格：[******]

尼克松：有些人会说："好吧，如果您败选了，新闻评论会嚷嚷：'他没有权力这么做。'"或者类似的话。这都是屁话！我一点都不在乎。我真正关心的是美国没有输掉这场战争，以及，让我们的被俘士兵回国，到时候这是更重要的事。明白吗？这就是我想说的：我们手中的牌很多，而且我们已经做好了准备。他们也不得不按照我说的去做——我指的是参谋长联席会议——难道他们不会吗？

基辛格：当然，他们必须那样做，而且他们会十分乐意。

尼克松：但我有一个非常有趣的想法——我在今早凌晨2点半的时候突然想到的——

基辛格：我认为，如果——

尼克松：——今早我醒来时，我想了一下，你知道的，有时候灵感会突然来到。我那时候想："为什么我们一定要从赢得或输掉大选的角度来考虑这件事呢？"好吧，我们失败了。我觉得我们会——我们有胜选的机会，或许也有败选的可能。让我说："天啊，这些家伙将会——参谋长联席会议将会陷入一个极其困难的境地。从11月7日到来年1月20日，我在这里，无论有多大困难，我都会采取行动，因为在这段时间进行轰炸再合适不过了。"还有另外一个利好消息，那就是那时候天气也不错。是吗？

基辛格：是的——

尼克松：12月和明年1月不太糟糕吧？

基辛格：考虑到我们强大的空军，是的——不，那个时候——那个时候天气很好。有了这么强大的空中力量，咱们将永远不会——

尼克松：我知道——

基辛格：我暂时还没找到一个他们认为不错的时机——

尼克松：我会出动海军，然后对他们说："小伙子们，你们现在有机会成为英雄。我希望你们可以无坚不摧。那帮浑蛋俘虏了你们的兄弟，坚决不放人。那么现在，就让我们给他们点儿颜色看看吧。"而且，顺便说一下，在行动时，我不会担心轰炸的范围有所扩大，比方说摧毁一些小村落或者其他类似的目标。我们必须这么干——

基辛格：哦，在那种情况下，我——

尼克松：这会成为战争。我会出动舰队——我可不害怕那艘停泊在越南海防港的苏联舰艇，你知道的——

基辛格：总统先生，我认为——

尼克松：你清楚我的意思了吗？

基辛格：如果您获得大选胜利，我们，我们不应该再犯我们上一次犯过的错误——

尼克松：[******]

基辛格：——白白浪费了前6个月的时间。

尼克松：绝对不会。如果我们获胜，第二天，我就会说："好吧，我们给你们30天时间。"

基辛格：没错。

尼克松：然后，如果没能在30天内得到我们想要的——我觉得30天就是我们的最后期限。我会像之前一样发出最后通牒。

基辛格：好的。

尼克松：除了与铁托之间微不足道的纠葛外，我们还没下发过最后通牒。但我——这，这就是一个最后通牒。我相信你也意识到了，你知道的，在以前，在去中国之前——11月3日前，我们下达过最后通牒。随之而来的是那场演讲，但我们在最后通牒到期时，我们没能采取行动[******]。但是，我想让你明白，亨利，我说话是算话的。如果那帮浑蛋还不释放我们的士兵，我就会狠狠地轰炸他们三四天。[******]虽然轰炸的强度比我希望的要低，但至少我们要达到这个程度。我们不能太过分的唯一原因是，我不想搞砸中国之行。苏联之行会紧接着进行，但我不在乎。中国之行可能会遇到很多困难。

基辛格：我认为中国之行也会如期进行的。

　　　　　　　　　　……

尼克松：但是，我只是觉得你对这个想法会很感兴趣的。

基辛格：我认为——

尼克松：不论选举结果如何，我们都要教训他们。是吗？

基辛格：好吧，有了您的许可，我当然会行动——下次我再碰见北越人的时候我就行动——

尼克松：没错。

基辛格：——因为我敢向您打保票，他们会——他们会回来求我们的。

尼克松：[******] 而且，就说："现在，先生们，不论选举结果如何，都不要有什么指望。你们要记住，他——这个男人将要成为总统，他是我见过最为坚定的人。他已经下定决心，我们要给这件事画上一个句号了。"我可是认真的，我会说到做到。真的，我会把这个该死的地方炸得寸草不生的。

基辛格：他们就会——

尼克松：轰炸海防市。你知道的，我将对它发动毁灭性的打击。轰炸最好持续 60 天，狠狠地收拾一下那帮浑蛋。

基辛格：没错。

尼克松：——然后，所有人都会说："哦，太可怕了，太可怕了，太可怕了。"（大笑）就是这样子，你同意吗？

基辛格：当然。当然同意！

"25 年来，印度人一直在我们背后捣乱。"

1971 年 11 月 22 日，下午 3：51
理查德·尼克松和亨利·基辛格
椭圆形办公室

战争的阴霾笼罩着椭圆形办公室。一方面，有报告称巴基斯坦总统叶海亚·汗已经下令对印度展开空袭；另一方面，美国国务院却收到了来自印度和巴基斯坦的截然相反的报告。尼克松和基辛格深信，印度支持下的穆克蒂·巴哈尼解放军，已同印度常备军一道，对巴基斯坦开战；印度的常备军还在在印度训练的反叛分子的接应下，侵犯巴基斯坦边境。随着关于双方边境摩擦次数和严重程度不断升级的报告逐渐增多，基辛格召集了华盛顿特别行动组会议，商讨应对方案。

……

基辛格：在我看来，我已经发现了，那说明不了什么。但是，比如，当我在——在辛辛那提的时候，有人对我说："没人喜欢印度人！"

尼克松：我和约翰·康纳利谈过了。关于这件事，我问过他。他说："看在老天爷的份儿上，25年来，印度人一直在我们背后捣乱。"

基辛格：然后，我说，我向他们摊牌了。我说，在难民问题上，我们帮了他们大忙。他们所获得的半数以上的援助都是我们给的。我们不希望看到的，是他们与邻国兵戎相见，因为那样会导致整个国家的分裂。我还极力建议，明天早上8点半，我们再次会面。首先，在星期三前，我们将不对安理会决议做出回应，因为我想静观其变，看看中国是怎么打算的。

尼克松：联合国安理会决议 [******]——

基辛格：安理会大会。

尼克松：是的。

基辛格：因为，很有可能——我们会被夹在苏联和中国中间，被夹在印度人和巴基斯坦人中间。那样的话，他们极有可能会通过决议，期待政治调解，而不是谴责印度。

尼克松：中国永远不会同意那样做的。

基辛格：可能不会。但是，我们得立场坚定。我不——

尼克松：是的，我正在思考如何摆明立场，如果我提请推迟决议，我们能把它推迟吗？

基辛格：好吧，我有个幕后渠道——可以联系到叶海亚，就说如果他能等到星期三前，整个局势就会对我们十分有利，但是他没有——

尼克松：不会吧，他在请求安理会进行表决？

基辛格：还没有。所以，他们没申请决议。我也对巴基斯坦驻美大使说过这件事，他一直在征求我的意见，不清楚他们该怎么做。

尼克松：嗯。叶海亚有没有跟你说，现在是在战争状态吗？

基辛格：是的，他们说了，是战争。

尼克松：印度人对此矢口否认？

基辛格：对，没错。总统先生，这是赤裸裸的侵略。绝对没有——

尼克松：该死的，或许我们应该那么说。

基辛格：这一星期以来，印度人一直在幕后操纵。如果您切断军备供应，然后告诉她（英迪拉·甘地），我们要以一种政治手段干预局势。

尼克松：没错。

基辛格：她甚至还没搞清楚该如何答复您向他们提出的这些提议，在这些提议中我们声称要站在叶海亚一边——

尼克松：一次单方面的撤退。

基辛格：单方面的撤退。我们已经仁至义尽了。我认为，如果我们同印度和苏联站在一起——

尼克松：我们不会那么做的。别担心。我们不会那么做。永远不会！

基辛格：我觉得我们该做的就是发出一条明确的消息——

尼克松：该死的！我告诉过那些浑蛋！他们在那些会议上——

基辛格：好吧——

尼克松：他们清楚我对印度的态度。

……

基辛格：总统先生，在我看来，我们要做的就是给印度人一个明确的信号，提醒他们注意我们所做的和所说的，并且反复强调您之前所说的话。对这个国家来说，如果不说什么狠话，他们是不会明白的。

尼克松：这也是我想做的。所以——

基辛格：现在就敦促他们，而且——

尼克松：然后——

基辛格：第二点，按照同样的意思，我们应该同时向苏联发出一个信号。

尼克松：没错，没错。

基辛格：第三点，前面两点是我们的当务之急，必须马上实行。

尼克松：没问题。

基辛格：第三点，其实就是我们要和中国人谈，我明晚就会这么做，搞清楚他们在安理会上会采取什么行动。如果他们提议到安理会，我们就不得不调整策略，因为我们不需要像中国人那样走得那么远，但是我会向他们靠拢——

尼克松：我倒是愿意走得那么远！现在，我才明白，我真的不喜欢印度人！

基辛格：我们应该尽可能紧密地同中国人站在一起，使其变成一种国际性的——

尼克松：而且，让我们牢记，过去的这段时间里，巴基斯坦人一直是我们的朋友，而该死的印度人则正好相反。你知道的——

基辛格：总而言之，我实在看不出我们能从帮助印度人中获得什么好处。

"我们国内的评论人完全不知廉耻。"

> 1971年12月8日，下午4：20
> 理查德·尼克松、约翰·米歇尔和亨利·基辛格
> 椭圆形办公室

尼克松和基辛格一道，尝试缓解沮丧之情，因为在美国国内，针对尼克松"倾向"巴基斯坦的政策，许多知识分子和媒体界人士正持续不断地表达他们的反对意见。

……

尼克松：你瞧，这就是《纽约时报》和其他媒体大错特错的地方，他们说民主国家的侵略行为是无伤大雅的。

基辛格：没错。

尼克松：但是，独裁政权的侵略就是错误的。他们忘记了，世界上大多数的国家都是独裁专制——

基辛格：是的。

尼克松：——包括那些弹丸小国！

……

尼克松：我们国内的评论人完全不知廉耻。首先，他们声称，印度人数众多，达到6亿，而西巴基斯坦仅有6000万人，所以我们显然站错队了。我

们应该和6亿印度人民站在一起。我说，我们什么时候根据一个国家人口的多少来决定我们的政策了？我跟他们说了他们之所以大错特错的第二个原因，然后他们说，印度是一个民主国家，而巴基斯坦是一个极权主义国家、独裁政府，所以我们不应该站到极权国家一边，而应该和民主国家站在一边。而我说，任何侵略，无论是哪个国家发动的，都是错误的行径。某种程度上，如果民主国家侵略他国，那更是错上加错，因为民主国家有着更高的道德水平。我还表示，如果你们固执地认为，一个民主大国可以为所欲为，那么国际道德就完了——联合国也将会名存实亡。我真的认为这帮狗娘养的应该好好思考一下这个问题。

"违反联邦法律的最恶劣犯罪。"

1971年12月21日，下午6：07
理查德·尼克松、约翰·米歇尔、鲍勃·霍尔德曼和约翰·埃利希曼
椭圆形办公室

1971年末，调查记者杰克·安德森（Jack Anderson）曝光了一系列关于尼克松在印巴战争期间采取"倾向"巴基斯坦政策的内幕消息。安德森的报告基于高度机密的美国国家安全委员会记录，泄密者是查理·雷德福（Charles Radford），一位美国海军的文职军士，他被委派担任美国国家安全委员会和参谋长联席会议的联络员，而托马斯·穆勒当时是参谋长联席会议主席。雷德福从亨利·基辛格和亚历山大·黑格的办公室、公文包和烧袋[1]中盗取记录的行为一经曝光，尼克松就怒斥其行为是"违反联邦法律的最恶劣犯罪"。

尼克松命令约翰·埃利希曼对雷德福盗取机密材料并将其交给安德森的

---

1 存放待焚烧销毁的机密文件的专用袋子。

作案动机进行彻底调查。尼克松猜测，雷德福和安德森之间的性关系或许是其作案动机之一。然而，在权衡了对雷德福的罪行进行起诉和维持白宫同参谋长联席会议关系的利弊后，他决定放弃调查。他相信在越战期间，避免白宫同军方公然闹翻更为重要。雷德福被调往遥远的俄勒冈州任职，在那里，联邦调查局安装的窃听器捕捉到了更多关于雷德福和安德森关系的线索。

直到1974年，这一丑闻才逐渐淡出人们的视野，那一年，美国国会举行了听证会，专门对此事进行了调查。然而，这些努力并没持续很久；因为那个时候，整个国家都在热议"水门事件"，因而对于穆勒-雷德福事件的调查没有任何进展。

……

埃利希曼：他们十分清楚，在整个联邦政府中，只有一个地方可以拿到那些文件。
尼克松：就是这里。
埃利希曼：具体而言，是在参谋长联席会议和国家安全委员会的联络办公室里。
尼克松：是的。
埃利希曼：而且——
尼克松：我的老天爷呀！
埃利希曼：——那个办公室里只有两个人。一个是海军上将（罗伯特·威兰德，Robert Welander），另一个就是海军文职军士（雷德福）。所以，他们两个人都被调查了，并且都接受了测谎仪的测试。很显然，是那个文职军士干的。他认识杰克·安德森。在先前的一个星期六，他还和安德森共进过晚餐。他们两个人的妻子是闺蜜，而且都是摩门教徒，并且还一起共事过。例证还有很多。他在印度待过两年，所以对于印巴事务十分熟悉，反应强烈。因此，对于整个事情，他都有足够的动机、机会和途径。
尼克松：以上帝之名，我想知道一个文职军士是怎么拿到那种文件的？
埃利希曼：好吧，他可是关键人物。他可是一直负责将会议和对话内容记录在案的人，他记录下所有的——
尼克松：亨利认识他吗？

埃利希曼：每个人都认识他。

米歇尔：他和亨利还一起出访过呢。

埃利希曼：还有黑格，他们也一起出访过。

尼克松：他去过中国吗？

埃利希曼：没去过，但是他去过——

尼克松：印度尼西亚？

埃利希曼：——印度尼西亚，我是说他和黑格去过越南。在那里，他协助黑格处理过一些事务[******]。所以，他正好处在中枢的位置。现在，他为这位海军上将威兰德工作，威兰德是参谋长联席会议的联络员。在他之前，一位上尉，一位海军上尉（伦勃朗·罗宾逊，Rembrandt Robinson）也在联络办公室任职。

尼克松：我记得他。

埃利希曼：这个哥们儿，在接受测谎仪测试时，被问到这样一个问题，他是否曾经——

尼克松：你对他用了测谎仪？

埃利希曼：嗯，是的。他拒绝接受把文件递交给安德森的指控。但是，他却对其他事情供认不讳，就是他能够获取到那些机密信息的事情。

尼克松：好的。

埃利希曼：他意识到，他可能是办公室里除海军上将（威兰德）外，唯一一个可以获取机密文件的人。他非常清楚目前的情形。他说："这显然是一个不错的、完全基于间接推测的案件。我愿意回答你们所提的任何问题。"

尼克松：看来他挺配合的。

埃利希曼：他彬彬有礼。

尼克松：好吧。顺便问下，他是犹太人吗？

埃利希曼：不是，他是摩门教徒。[******]但是，在测谎的过程中，当被问到是否盗取过文件时，他——

尼克松：盗取？事实是，信息泄露。

埃利希曼：当然啦。

尼克松：他不得不把那些文件交给安德森。

米歇尔：然后将文件带出保安部门——

埃利希曼：[******]他们把问题抛向他，好像已经断定他就是[******]。他们的测谎结果与预期完全不一致。所以紧接着，他们做了回录。

……

埃利希曼：审问者随后从头问起："你在这件事上的测试结果很糟糕。快说，还有什么其他的文件？"然后，那个家伙（雷德福）就崩溃了，突然大哭起来。然后，他说："没有威兰德上将的许可，我不能回答这一问题。"所以大卫·扬给我打了个电话，随后他给威兰德上将也打了个电话。威兰德说道："你能帮我给那个家伙（雷德福）捎句话吗？我想让你告诉他，要尽量配合你们的工作，知无不言。"杨接着又问上将："您和这个家伙有什么过节吗？"他说："见鬼，没有。"

所以，真相就水落石出了。在上尉（伦布兰特·罗宾逊）的指令下，在得到了他的继任者、上将威兰德默许后，他从亨利和黑格的公文包里、人们的办公桌上以及他可以接触到的国家安全委员会的各类装置设备里，盗取出了那些机密文件。之后，他复制了这些文件，然后通过他的上级，把文件交给了参谋长联席会议。这种做法到目前已经持续了13个月之久。

尼克松：好吧，参谋长联席会议这么做也很长时间了？

埃利希曼：看起来是的。

……

埃利希曼：这些内容都已被记录在案，以备忘录的形式。他确实可以获得多方信息，包括来自国会、五角大楼、国家安全委员会和其他一些地方的。而且他还复制了这些机密文件并把它们交给了安德森。毫无疑问，现在，我们该把矛头指向安德森了。

尼克松：是的。

埃利希曼：这家伙其实很棘手，我们的进展被拖延了。之后，我们得到了参谋长联席会议这条线索，所以我们就停止了整个调查。这个家伙还算比较配合。我们让他在家里候着，以待进一步的调查。然后，我认为我们应该给他安装窃听器。我们已经把他说的录下来了吗？

米歇尔：没有，我们没。

埃利希曼：我们没有记录他的供词。

霍尔德曼：你难道不能暂时把他拘留吗？

埃利希曼：这个嘛，我们可以——

米歇尔：当然可以，但这不是重点。

埃利希曼：这有点像尝试着抓臭鼬一样。你或许会惹得一身骚，如果你[******]。

尼克松：你说得没错。这点你判断得很准。

埃利希曼：参谋长联席会议联络办公室就在这里，在行政办公楼里，在国家安全委员会办公室那边。它很漂亮。戴夫第一天工作时就认识的那位罗宾逊上尉对他说："戴夫，我们真的就是你们在五角大楼里的耳目。你完全可以相信我，我的工作就是为你们带来五角大楼的消息。"结果，他其实就是个反向间谍，在我们内部为五角大楼工作。那个办公室，在我看来，是一个明显的威胁，自从[******]进入国家安全委员会以来。约翰对于如何处理这件事提了一些建议，我认为非常有道理，我打算让他来解释。

米歇尔：不过，总统先生，我想指出一点，这件事直接指向参谋长联席会议。毫无疑问，如果这件事一有什么不对的苗头出现，他们肯定会觉察到的。

尼克松：你说得对。

米歇尔：第一件事——

尼克松：起诉对于联席参谋长而言是一种可能。而现在，我得好好想想。

米歇尔：我同意，但我们得想想后果，如果你控告穆勒的话，或者与他们公开发生冲突，参谋长联席会议的其他成员可能会联合起来对抗我们。而且，覆水难收。我觉得，现在最重要的是掩饰分歧。

尼克松：没错。

米歇尔：那样的话，首先，让联络办公室从国家安全委员会里滚出去，把它送回五角大楼。

尼克松：说得对。

米歇尔：第二，在国家安全委员会内安排一位安保人员。

尼克松：没错。但是，亨利·基辛格怎么办呢？

米歇尔：这个嘛，我觉得不管是谁，去那里都是监督其他成员，当然也包括亨利。现在的问题是，亨利保存的最重要的一类备忘录丢失了，而别人给他的却是一份拷贝件。按理说，他们甚至不应该有拷贝文件。

现在，在我看来，对于参谋长联席会议，你必须得把威兰德上将从中踢出去，作为警告。那样的话，你就能把他安排到科科莫市或印第安纳州，抑或是其他地方，当然别忘了那个文职军士。我认为现在最好的策略是先把莱尔德晾在一边，然后由我出面与汤姆·穆勒坐下来谈判，并指明这场闹剧到底是怎么回事。

尼克松：嗯。

米歇尔：这样做就够了。联络官办公室必须重回五角大楼。如果他们需要他，完全可以打电话过去啊。此外，保安人员要进入国家安全委员会当中，这就是结局。

……

尼克松：让我先问一问。安德森有没有因某件事有罪呢？

米歇尔：有。

尼克松：什么事？

米歇尔：他因持有这些文件有罪。

尼克松：你真的能起诉曝光这些文件的人吗？

米歇尔：您不能因为曝光文件而起诉他们。但是，您能以非法持有这些文件而起诉他们。我不知道是不是有那个必要搞清楚这个事实。但是，如果您一旦决定这样做——

尼克松：[******]

米歇尔：如果您决定拿安德森开刀，假设您真要这么做，揭发这个家伙（雷德福），给他豁免权，等等，那么只有上帝才知道这件事会发展到什么程度。

尼克松：是的。

米歇尔：因为雷德福会有一整套说辞："是的，我把文件给了他。"这与海军上将威兰德有关系——"他有所有文件"——以及参谋长联席会议等其他人也都会被卷进来。

尼克松：好吧，这就等于把参谋长联席会议从五角大楼里炸上天，是吗？

埃利希曼：这会让你们的关系彻底决裂。

……

埃利希曼：我失眠加重了——

尼克松：是的。

埃利希曼：[******] 关于该怎么处置这个家伙。现在，我终于得出了结论，那就是您不能动他一根手指头。

尼克松：我同意。

埃利希曼：而且，之所以这样，很可能是因为——

尼克松：牵连参谋长联席会议。

埃利希曼：说得没错。

尼克松：绝对不能把参谋长联席会议、军方变成我们的敌人。我们不能让事情发展到那一步。而且，我们在该死的保安方面绝对不能有任何闪失！

埃利希曼：完全同意。

……

尼克松：这可是违反联邦法律的最恶劣犯罪。你也已经报告给了总统。总统交代，关于此事，最好闭嘴。

"我想直接问他一个关于同性恋的问题。"

1971年12月22日，上午11∶03
理查德·尼克松、约翰·米歇尔和约翰·埃利希曼
椭圆形办公室

尼克松收到了埃利希曼关于穆勒-雷德福事件的最新调查报告，他已经迫不及待想知道其中的蹊跷，到底是什么促使一个海军文职军士去盗取机密记录，并将其透露给记者杰克·安德森。

......

尼克松：这件事有结论了吗？

埃利希曼：可以说有了，也可以说没有。刚刚对这个家伙进行了一次彻底的测谎测试。

尼克松：很好。

米歇尔：就是那个文职军士（查理·雷德福）？

埃利希曼：是他。

尼克松：是的。

埃利希曼：我准备把他（雷德福的上级，罗伯特上将）叫过来。中午1点的时候，我们将对他进行采访，并且录音。亨利已经给了他一封信，让他——

尼克松：亨利，现在他知道我们要干什么了吗？

埃利希曼：我刚才当着他的面把信函给了他，他签了字。所以，我们要到下午以后才能得知更多的情况。

尼克松：我一直反复思考的一个问题——约翰，当你见到他时，我想问他一个问题。我想直接问他一个关于同性恋的问题。你会有意外收获。

埃利希曼：没问题。

尼克松：因为我们在希斯与钱伯斯（Hiss and Chambers）事件中发现了一对恋人，你知道的。没人知道这事，但那是它发生的背景。他们都是一类人。而且，这种关系有时候能说明许多这类事情。现在，如果安德森，我只是在猜测，但有可能的话，约翰，这也会成为一个关键线索的。如果属实，那他可能被敲诈了。

......

埃利希曼：他们找了一个绝佳的借口重新审问他（雷德福），因为昨天有一篇关于安德森的专栏报道。我们主要想弄清楚这家伙是否取得了那些文件，然后再过渡到其他问题上。因为审问官今早惹毛了他。

米歇尔：这回又是测谎吗？

埃利希曼：是的。

尼克松：没错。约翰，我关心的第一件事就是，我当然觉得你的策略是完全正确的，除了一件事有点儿让我担心。这家伙很有可能成为下一个埃尔斯伯格[1]，他知道的东西很多。他知道——

埃利希曼：是的，是的。

尼克松：因为他真的知道到底发生了什么。现在，我认为我们很走运，他知道的还不是全部，我当然不会让这种事发生，最好不要让他什么都知道。重点是，我们还有什么办法能让他畏惧死亡吗？这样的话，他就不会想着在出去以后琢磨着：哦，我现在是要写本书呢，还是要做这个，或者是做那个，或者是做些其他事情？我们能否告知他，我觉得我们应该告诉他，他随时都有可能遭到犯罪指控。这种恐惧会一直萦绕在他的心头，这也就是我们所要做的。你明白我的意思吗？我想把这龟孙子吓死！

米歇尔：我宁愿相信——

尼克松：问一下，你能相信这就是你要去做的事情吗？

米歇尔：我相信。

尼克松：你同意我们这么干吗？

米歇尔：总统先生，我们昨天谈过的。我觉得他不管被遣送到哪里，都能说得过去。您可以坐下来，读一读适用于他的法规、背景资料以及判决等等，然后让他好好体会一下，如果被起诉的话，他今后很长时间里的状况会是什么样子。我觉得，要想避免这个家伙公开更多事情的话，就得这样。

尼克松：我觉得让他闭嘴很重要。对吗？好吧，还有一件重要的事情，就是妥善处理那位上尉——上将（威兰德），最好是让他们不要乱讲。

埃利希曼：好吧，他们是职业军人，我想有足够多的手段——

尼克松：他们可能很忠诚。

埃利希曼：我想也是。

尼克松：他们只是例行公事。对于这个家伙，大家会对他的所作所为感到无比震惊的。

1　丹尼尔·埃尔斯伯格（Daniel Ellsberg）是前美国军方分析师，受雇于兰德公司，1971年因私自拷贝并向媒体提供五角大楼机密文件而名声大噪。2008年上映的好莱坞电影《真相至上》（*Nothing But the Truth*）便是基于此事改编的。

埃利希曼：哦，他们知道的！他们——

尼克松：他们也知道那些文件的事情？

埃利希曼：当然！

尼克松：好吧。

埃利希曼：绝对的！您看，他们——威兰德和那名上尉——利用了他！

尼克松：并且他们知道他一直在从基辛格那里盗取文件吗？

埃利希曼：哦，他们肯定知道！他们肯定知道。

尼克松：我的上帝呀！

埃利希曼：他们把这件事做得滴水不漏。

尼克松：好吧，这也就是为什么他们必须得被调离。如果他们清楚自己是在盗取基辛格的文件——

埃利希曼：您瞧，这就是事情的复杂之处——

尼克松：是的。如果他们事先知道，那么他们就必须被调走。

埃利希曼：除此之外，别无他法，我们要有足够的震慑力以防类似的事情再发生。

尼克松：没错。所以，你必须联系穆勒。你准备什么时候对他采取行动？

米歇尔：好吧，您之前可是提议要任其发展的。

尼克松：是的。

埃利希曼：好吧，那我在今天中午1点的时候就去审问威兰德。

尼克松：没问题。

埃利希曼：接着我们就耐着性子，重新分组，然后对比记录，看看我们将从哪儿入手，当然这要取决于我们的审问结果。但是，我真的很希望他能承认他一直在向参谋长联席会议传递秘密文件的事实，这样的话，我们就可以把事情的来龙去脉搞清楚了。这就是现在已知情况中缺失的一环。我担心的还有一件事：我在今早碰见了空军副司令休斯的继任者，他也是参谋长联席会议中的一员。现在，我不确定那里的所有人是不是都一个德行，但是——

尼克松：嗯。

埃利希曼：这件事给我敲了一个警钟，因为我这些天十分警觉。

尼克松：嗯。

米歇尔：至于威兰德，如果他对这件事闭口不谈，他不会有好果子吃的。

337　埃利希曼：没错。他会开口的。

米歇尔：是的。

埃利希曼：或者他的职业生涯会就此终结，看他怎么选吧。

尼克松：[******] 这个狗娘养的安德森还真有两下子。

埃利希曼：没错，他可是行家。

米歇尔：在这个政府中，他的同伙比我们想象的要多。比德鲁·皮尔逊（Drew Pearson）的都多。

埃利希曼：好吧，他的爪牙就是管皮尔逊要的。他是皮尔逊的狗腿子。

米歇尔：是的，我知道，但是他——

尼克松：他的爪牙真是无处不在呀。

米歇尔：他的人际网络壮大了很多。

尼克松：他处处安插眼线。

米歇尔：没错。

尼克松：我不得不说：我得盯紧点儿了。一个人都不放过——我记得，他以前和沃利·希克（Wally Hickel）走得很近。我仅仅在想——

米歇尔：他是否有——

尼克松：我觉得我们最好审查一下那些与安德森认识、谈过话的人。你知道的，如果我们想知道这件事的后续情况、他信奉什么，如果这会对我们有帮助的话，我真的觉得我们最好这么做。

埃利希曼：我不太确定，我觉得他的常规情报源，对我们而言，不是问题。倒是像萨菲尔这样的人，是不是情报来源，或者类似的问题——

尼克松：是的。

埃利希曼：那也没问题。

尼克松：好的。

埃利希曼：倒是那些隐藏很深的家伙，秘密兜售情报给他的人，我们得随时出击，刨根问底。现在，我不知道您怎样才能找到这些家伙。

米歇尔：关于他的专栏报道有一个查阅报告，你有没有看呢？

埃利希曼：还没看，大卫·扬待会儿进来的时候可能会带给我。

……

尼克松：好吧，顺便说一下，关于这件事，我认为你干得非常出色，你是个了不起的侦探——

埃利希曼：好吧——

尼克松：——将来有一天，我要把这件事写下来。但重点是，现在，就像我说的，你的策略完全正确。我们不能捅破它，但我们得从这件事中走出来。继续监控这个家伙，把他吓死。必须有人负责这件事。第二点，以此为抓手，对参谋长联席会议来一次清洗。第三，通知亨利。现在，你得用另一种方式和亨利联络。亨利，我们都知道，国务院在泄密并且想哄骗亨利，而他反过来也会做同样的事情。另一方面，亨利这个人对媒体爆料出来的任何事情都很偏执。你知道的，他说："国务院里一定有内奸。"还说："罗杰斯一直负责此事。"或者其他类似的话。而你现在，我们要直入主题，他要深刻认识到，他必须要管好自己的班子，而不是总是假定有其他人在针对他。对吧？

米歇尔：而且安保人员要安插好。

尼克松：没问题。

埃利希曼：很好，很好。

尼克松：嗯。

埃利希曼：然后，我觉得派扬和那个安保人员谈会比较好，因为扬对整个系统特别清楚。让他们俩坐下来好好谈谈，扬把知道的一切都告诉他，也好让他早点开始工作。

尼克松：是的。

埃利希曼：扬目前正在为您写一份关于整件事的备忘录。

尼克松：很好。

埃利希曼：只有一份复印件，我们打算把它放在一边，这样您以后有空就可以写写了。但是到时候，扬——

尼克松：看哪，我们在这里实际上做的，是为一桩罪行做辩解。

埃利希曼：可以这么说。

尼克松：这真他妈的是该死的事。

埃利希曼：好吧，我——

米歇尔：但是，历史上的间谍问题皆是如此——

尼克松：是吗？

米歇尔：——没有例外。

尼克松：好吧，是的。

"反正在最后，我们都会被人指责搞砸了一些事。"

> 1971 年 12 月 23 日，中午 12：27
> 理查德·尼克松、约翰·米歇尔、鲍勃·霍尔德曼和约翰·埃利希曼
> 椭圆形办公室

尼克松一直在权衡要不要对那些与穆勒-雷德福事件有染的人提起诉讼。与此同时，他也对于这样做的后果充满疑虑，因为这势必会对其与军方的关系造成损害，而只要越南战事一刻不停歇，他都要继续依仗军方。

……

尼克松：伙计们，关于是否控告那个文职军士，有些话必须要说。

霍尔德曼：我希望约翰把海军司令罗宾逊带进来。因为——

尼克松：的确给那个文职军士定了很大的罪。

霍尔德曼：是的。

尼克松：他罪有应得。我的意思是，上帝啊！我们这里也被牵连进去了，但我却不知道。

霍尔德曼：好吧，这件事毁了参谋长联席会议。

尼克松：这就是问题所在，它伤害了军方。他们应付不来。那个家伙会揭发他们。这是可以肯定的。如果那家伙这么做了，还真是聪明的一步。

霍尔德曼：当然，它——

尼克松：把这件事 [******]。

霍尔德曼：[******]

尼克松：坦率地说，到头来，我们也难辞其咎，这是因为，反正到最后，

我们都会被人指责搞砸了一些事。

霍尔德曼：没错。

尼克松：整件事情就是如此。这就像是五角大楼的报告一样。我们和它毫无瓜葛，但到头来它总会让我们受伤。

……

尼克松：我不知道该怎么办，亨利并不在这里，他无法告诉我他会如何调查清楚泄密的事情！你明白我的意思吗？事情有些不对劲儿。有些事情非常蹊跷。但是就让他自食其果吧。让他们都自作自受。发展趋势很好，鲍勃。我们都有责任，但对于亨利而言，他总会把别人的过错揪出来，但是却坚持自己完美无缺、不会犯任何错误。我是说，他曾经说过——瞧啊，如果他觉得是从国务院泄的密，他会在这里拍桌子的——

霍尔德曼："如果这是真的话——"

尼克松：——并且以辞职作为威胁。

霍尔德曼："——他应该被毙了！"

尼克松：没错。

霍尔德曼：他会暴跳如雷的。

（埃利希曼进来）

埃利希曼：大家好啊。

尼克松：形势很严峻。后果很严重。

埃利希曼：好吧，约翰（·米歇尔）和司令谈过了。那个司令表示，他并没有像梅尔说的那样交代了一些事情，但是穆勒觉得他应该为自己的所作所为付出应有的代价，蹲牢房是他应得的！

霍尔德曼：那是他们的标准 [******]。（大笑）派一些人过去做这件事！

尼克松：每个人都该进监狱！

埃利希曼：就该这样！约翰说了，穆勒承认他看见过这些文件，但他一直以为他的联络员都是和亨利一起处理这些文件的。

……

埃利希曼：大卫昨晚重新播放了录音带，有些内容你们错过了。这个文职军士本来能够进入国家安全委员会的打印间，找出推荐给亨利的决策文件，而这些文件在您做决定前会被交到您手上。据他描述，涉事人员名单里，一些人我不认识，但杨认识他们。所以实际上，参谋长联席会议能够在决议发送给您的时候，在您得到这些消息之前，就知晓有关他们的事项存在的问题，从而这会——

尼克松：是的。我对这种事不是很担心。

埃利希曼：但是亨利会深受其扰，而且——

尼克松：会吗？

埃利希曼：我觉得，这在某种程度上比公文包失窃更让他头疼。所以，他负责的这整个程序的严密性问题相当严重。

尼克松：有道理。

霍尔德曼：没人知道将来会发生什么。

尼克松：你最好和他谈谈。你跟他谈。记住别把我扯进来，明白吗？

霍尔德曼：当然。

尼克松：我是说，亨利有时像一个小孩——他不知道该怎么应付它，不知道该做什么，等等。你就说我们准备这么做，而且米歇尔把这项决议递交给了我们。现在，我把它交到了司法部门的手里，那里应该是血雨腥风了。

……

霍尔德曼：就应该这样。

尼克松：聪明人的方法。而他们是——

埃利希曼：一群豺狼！

霍尔德曼：他们很快会落荒而逃的。

尼克松：但是，你们必须记住，记住这点。亨利也是如此。你知道，亨利还有那种智识上的傲慢。他会为他做过的每件事情进行辩护。我们和他不一样，好吧，我们只会在一定程度上对它进行辩护，而他则做不到。他有一件事是完全不能承受的，相信我，那就是做错事。

霍尔德曼：是的。

尼克松：鲍勃，当我说他会在背后捅我一刀的时候，这就是问题。你知道的——

霍尔德曼：没错。

尼克松：就好比，他有一次在飞机上召开非正式记者招待会。他知道他把事情搞砸了。就好比，还记得他做过其他类似的事情吗？这真的很难。这真的很难。这就是书读得太多的毛病。他们以为他们不会做错事，当他们确实犯错的时候，他们总会狡辩。但是，事实上，他们觉得他们每次都是对的。无论什么时候，只要你犯了错，除非你及时止损并脱身，你总会想着用和稀泥的方法向别人证明你是对的。肯尼迪和约翰逊在越南问题上就犯了这样的错误。他们意识到自己错了，所以通过和稀泥的方法证明他们没错。

埃利希曼：是的，是的。

尼克松：所以就会越陷越深，越陷越深，越陷越深。

埃利希曼：他们已经弄清楚了整个过程。国防部长麦克纳马拉来回不停地折腾，他们还有谈话录音的剪辑片段，把它与后来实际发生的事情进行对比。

尼克松：是啊。

埃利希曼：那简直是场灾难。

尼克松：我知道。

"你们有什么想法吗？""有，但都是非法的。"

1971年12月24日，中午12：00
理查德·尼克松、约翰·埃利希曼和亨利·基辛格
行政办公楼

随着参谋长联席会议联络办公室从国家安全委员会中迁出并关闭，尼克松的注意力逐渐转向了其他了解穆勒-雷福德事件的知情者，同时也紧盯着那个文职军士，想进一步了解他的动机。

……

埃利希曼：昨晚，那名海军司令被清理出去了，非常彻底。

尼克松：谁？

埃利希曼：威兰德。他关闭了联络办公室，而且搬离了。

尼克松：很好。

埃利希曼：艾尔·黑格昨晚把大卫（杨）叫了过去，表示他对于针对海军司令所做的伪证十分关切。这是间接推测的证据。所以今早我把亨利和艾尔都叫了过来，并给他们播放了录音，包括对威兰德的采访内容，之后，他们都信服——

尼克松：那当然啦。

埃利希曼：他们现在都——

尼克松：看在上帝的份上！他们是在掩盖事实，这正是艾尔想做的。

埃利希曼：哦，不。我认为艾尔最初是很担忧的。现在，他至少说服了我——

尼克松：好吧——

埃利希曼：——他是个忠臣。他和亨利都坚定地认为穆勒应该滚蛋。事实上，他们看到穆勒深陷其中，非常得意。他们之所以担心，是因为他们一直在使用穆勒的秘密渠道进行各种各样的交流，所以他们多少有些害怕。到底会引发什么问题，我不知道。但主要意思我懂，亨利一口气对我讲了半个小时。

尼克松：关于罗杰斯吗？

埃利希曼：不全是，但罗杰斯占了很大一部分。然后，他用非常坚定的语气说，他绝对不会在您面前提这件事，并且保证艾尔也会对此闭口不谈。但是他想让我明白，他们强烈希望古德帕斯特（Andrew Goodpaster）能够尽早取代穆勒，因为他们没办法和穆勒这样的人一起工作。所以——

尼克松：我不清楚，听起来像是他们在轻率判处穆勒。

埃利希曼：好吧，整个事情就是这样。那个海军司令想轻率判处那名文职军士，而穆勒——

尼克松：穆勒人太好了。在我们困难的时候，穆勒不离不弃，还记得吗？

埃利希曼：当然记得。

尼克松：我一点也不觉得事情是那样的。

……

尼克松：他在这些事情上的问题在于，他们没有按照我们的期望行动。我说过："睁大眼睛看看，事情进展得很顺利，亨利。印度和巴基斯坦的事情即将结束[******]。没有任何问题。"

埃利希曼：好吧，您及时止损了。

尼克松：是的，他是的。亨利认为，全世界都会认为他失败了，我们也失败了，诸如此类。这简直是胡说八道，你觉得呢？

埃利希曼：这值得商榷。

尼克松：你觉得有必要那么大惊小怪吗？

埃利希曼：没必要。

尼克松：换位思考一下，假设你是他。

埃利希曼：好吧，很明显，亨利特别看重声誉，他想流芳百世呢——

尼克松：没错！

埃利希曼：——成为20世纪60年代的梅特涅——

尼克松：是的。

埃利希曼：——以及70年代的。

尼克松：但我们只是不想犯任何错误。

埃利希曼：不犯任何错误。

尼克松：控制欲极强。完美主义者。没错。

……

（基辛格加入对话）

基辛格：我担心的是行政体系泄露机密文件的方式，它们是被政府内部的人泄露出来的。

尼克松：但那不是穆勒干的。

基辛格：不，不。不是穆勒干的。不是的，那是——

尼克松：这才是重点。

基辛格：主要问题就出在这儿。

尼克松：他只是在例行公事——你看啊，问题在于我并不关心穆勒是否有

罪 [******]。我们可不能削弱政府中唯一在观念层面支持我们的力量。我们也不能干预那些可能会削弱参谋长联席会议的问题。军方一旦受到如此冲击，将会极难恢复。如果我们那样做了，军方永远也不可能恢复。我们绝对不能那样做。军方必须安然无恙。我们会看到他们——这不是强调纪律的时候。这就是问题所在。现在——我们要盯紧那个文职军士。我们最好对他采取一定措施，但我又一时想不出来具体该怎么做。你们有什么想法吗？

埃利希曼：有，但都是非法的。

尼克松：都是非法的吗？哈哈，很好。

埃利希曼：把他装进麻袋里，从飞机上丢下去。

尼克松：不错的想法。是的。

……

尼克松：暂时把那个文职军士控制在华盛顿。目前有谁和他说过话吗？或者和他保持联系？

埃利希曼：我们一直和他保持着联系，但是他并不知情。我们在监视他。我们在窃听他说的每一句话。

尼克松：窃听他，很好。

埃利希曼：昨天我们接到报告，说他要去休假。但我们不知道地点。

尼克松：把他控制在华盛顿市内。我感觉在这里，我们可以更好地监视他——

埃利希曼：嗯。

尼克松：——比把他安置在别处好多了，在其他地方，他会胡思乱想，并泄露出很多信息。我希望他离得近点儿，这里有联邦调查局，你知道的，我们的这些机构可以紧盯着他——

埃利希曼：好吧，这件事情——

尼克松：我想把他安排在五角大楼里。

埃利希曼：这件事情，我和约翰（米歇尔）讨论过，我们设想过这么一种可能，那就是监视他，然后祈祷着在某一个夜晚发现他和杰克·安德森睡在一张床上。

尼克松：就是这样，说得没错。

老报刊里的

第4卷·侵华经济篇：全2册①

谢华 主编

哈爾濱工業大學出版社
HARBIN INSTITUTE OF TECHNOLOGY PRESS

序

张同新

这套四卷本（6册）的《老报刊里的日本侵华实录》，分为(战争侵略篇、侵华教育篇、侵华经济篇、侵华政治文化篇)，由哈尔滨工业大学出版社即将付梓出版。全书收录的文章全部是日本帝国主义侵略中国14年间的，也是中国人民与日本侵略者作殊死博斗的抗日战争14年期间，老报刊作者的当年之作。这套书的编者谢华先生将1931~1945年期间我国出版的诸多报刊刊载的记述、评论日本侵华罪行文章作了系统的梳理，全方位、多角度地再现那段悲壮历史，揭露了日本侵略者所犯下的滔天罪行，向世人揭开一幕幕鲜为人知的血腥史实，会让当代人真实感悟到当年的日本侵略中国的战争场景，了解中国的苦难，控诉日本人的野蛮行径，讴歌中国各族人民抗击日本侵略者的不屈不挠的爱国情操。

由于种种原因，抗战中留下来的资料较少，《老报刊里的日本侵华实录》选用二三百篇老报刊上的图文"原汁原味"地再现了当时日本侵华的真实记载，再现了二战期间日本入侵中国的罪恶行径。字字血、声声泪，让炎黄子孙义愤填膺。这些当年侵华日军吹嘘"战果"的图文，今天都成为其侵略的罪证。可以说，这是3500万中国冤魂的大控诉！

任何善良的人民都会为无辜人民的惨死而颤栗、愤怒！发生在二十世纪三四十年代那场腥风血雨的战争，日本军国主义的野蛮侵略，使我国陷入了前所未有的民族大灾难。从1931年策动的"九一八事变"侵占我东北三省，到1935年制造"华北事变"，日本鲸吞中国的野心日益膨胀，以1937年"七七事变""八一三"对上海的侵略为标志，日本发动了全面侵华战争。

日寇铁蹄任意践踏我国的大好河山，以极端野蛮的方式进行侵略、掠夺、杀戮、奴役。他们屠杀中国军民，强行掠取劳工，蹂躏和摧残妇女，进行细菌战和化学战，制造了一起起灭绝人性的惨案，犯下了一桩桩令人发指的罪行。侵华日军在中国到处实行"烧光、杀光、抢光"的"三光政策"，已为中外人士包括日本人民所公认，也为大批参加侵华战争的日本官兵所证实。但冈村宁茨——这个曾经担任日本华北方面军司令官和中国派遣军总司令官等职的"它"，对自己所犯下的战争罪行不是悔过，而是厚颜无耻地吹捧，并公然矢口否认他指挥侵华日军实行的"三光政策"，还吹捧自己始终是信守"戒烧""戒淫""戒杀"信条的。更有甚者，日本还有人著书立说，"日本无罪""日本不是侵略国""南京大屠杀之虚构"等，否认日本在中国制造的屠杀惨案，否认他们所犯下的滔天罪行，并为被历史钉在耻辱柱上的战犯扬幡招魂。

而战后一些有良知的日本学者也到过中国进行实地考察，写出了符合历史事实的学术著作，如吉田光义先生多次到河北日本制造无人区的村庄考察，著有《华北无人区》一书，他赠送给我的那一本，仍然保存在我的书架上。这些中日友好人士的当代之作，与本书收集当年之作结合起来看，现在日本的右翼势力否认侵略历史，捏造历史，以他们的前辈的罪恶行径为荣，其用心之险恶，便一目了然了。

作者都是当年的历史见证人。我也在日本实行殖民统治下的伪满洲国生活过，亲眼所见日本大兵抓劳工、强征"国兵""出荷"抢粮、摧残百姓的暴行，亲身体验了日本的奴化教育，后来我走上了研究中国现代史的道路。这套书的不少文章我都涉猎过，备感亲切。这套书的出版无论从学术研究看，还是从反对日本帝国主义复活，坚持中日友好，维护亚洲及世界和平等政治意义看，都是一个难得的资料。

谢华先生是多年来一直喜好收藏老报刊的收藏家，长期致力于报刊史的编撰整理工作。他编辑出版《老报刊里的日本侵华实录》(4卷6册)，正是对这段历史的最好见证，既有助于今人更好地了解二战的历史事实与细节，也进一步充实研究了这些珍贵文献，挖掘出其内在价值，为还原史实、推动相关研究发挥了更大的作用。

揭露与研究日本侵略中国的罪行，是中国抗日战争史的一个重要课题，也是中日关系史的一个重要课题，长期以来一直为中国人民和世界和平正义人士所关注。还在那场战争期间，中外众多报刊就对日本侵华罪行给予了特别的关注，进行了大量的报道和揭露。战后，国民政府和中国解放区救济总会对日本侵华罪行进行了大量的调查；远东国际军事法庭也派员来中国对日本战犯的罪行进行了调查、取证。这些，成为研究日本侵略中国罪行的重要的历史文献。苏联伯力审判，特别是新中国成立初期对日本战犯的审判，使揭露和研究日本侵华罪行提升到一个新的境界。1972年以来，以《中日联合声明》为基础，随着中日邦交正常化的发展，正视历史，妥善解决战争遗留问题，发展中日和平友好关系，成为强大的历史洪流。

但是，由于侵华日军销毁、藏匿其罪证，美国着眼于远东战略而掩护大批日本战犯逃脱国际法庭的追究，日本政府一直绝对保守秘密，因而，使日本侵华罪行的许多重大问题或被掩藏、或被阻断而未遗留下来。迄今尚未见有关全面、系统地研究日本侵略中国罪行的"文献性"史作问世。

今天，那场战争已经过去80多个年头了，中日两国正在《中日联合声明》等三个文件的基础上，致力于建立和平与发展的友好合作伙伴关系。但是，日本军国主义发动的那场侵华战争，造成中国3 500万人伤亡，6 000亿美元经济损失。我国人民的生命财产遭到历史上从未有过的空前大浩劫，千百万同胞家破人亡，或留下残疾而悲痛终生。这样空前的民族灾难，无论如何也无法抹去人们头脑中的记忆。

《老报刊里的日本侵华实录》一书，作为第一套系统地揭露与研究日本侵略中国罪行的史作，力图在吸收长期研究和积累成果的基础上，运用新的档案文献和调查资料，对日本帝国主义侵略中国的罪行做出较为系统、全面的论述。其主要特点是，把它作为日本侵华史和中日关系史的一个典型来考察，从历史、现实与未来发展的角度，来阐述日本侵略中国罪行的历史发展，分析其历史特点，论证其罪行、罪责，揭示其亟待解决的遗留问题，回击日本右翼势力否认侵华罪行、复活日本军国主义的图谋。

"以史为鉴可以知兴替"。日本侵华战争，是一个铁血写成的历史，正视这段历史具有很强的现实意义，在一定意义上影响着中日关系的走向，也影响日本人民的命运与日本国的前途。历史的教训值得人们永远记取。时至今日，日本朝野右翼势力猖獗，竭力美化侵略战争，鼓吹皇国史观，妄图复活日本军国主义，重温建立"大东亚共荣圈"的迷梦；日本司法机关还一直沿用100年前天皇宪法来审视中国受害者民间诉讼案，或者完全无视中国受害者的事实，或者不得不承认中国受害者事实，却自相矛盾地顽固坚持判决中国受害者败诉。因而，引起了中国人民和亚洲各国人民的忧虑和愤慨。"前事不忘，后事之师"。正视历史，才能更好地面向未来，防止历史悲剧的再演，使中日两国及亚洲各国沿着和平与发展的友好合作关系而稳定、持久发展。

《老报刊里的日本侵华实录》一书，不仅是详细记录日军侵华的滔天罪行，更重要的是让更多的日本青少年记住"军备亡国"的道理，从而也是对日本右翼势力有力的回击。日本长崎、广岛的居民，每年都纪念遭受原子弹爆炸造成的历史悲剧，这是很有意义的。希望长崎、广岛的民众在纪念这次灾难的受害同胞时，能想到造成这场历史灾难的罪魁祸首，正是供奉在东京靖国神社的法西斯恶魔，从而坚持日本要走和平发展，与中国、亚洲及世界各国和平友好的道路，防止与反对当初发动侵略战争的孝子贤孙们，妄图以新形式走复活军国主义道路。这些人的阴谋如果得逞，不仅是亚洲及世界的不幸，更主要的是日本人民的不幸。他们的阴谋如果得逞，日本人民受到的灾难将远远超过1945年的长崎与广岛。让我们牢记历史，中日两国人民团结起来，共同为建立中日友好、和谐世界做共同努力。

如果说这套书还有着美中不足之处，就是内容还有充实的空间，不少珍贵的文章尚未收入，相信此书会推动这项工作有更大进展。

2015年6月17日于北京西顶长弓斋

目录 CONTENTS

全2册①

日本的海运侵略/003

东北税收全入日军掌握/008

日军强取东北盐税/009

日本侵略东北农业概论(静　如)/013

日本人的特性及其侵略铁路之狡谋(高凤介)/026

日本在我国金融机关之现势(吴觉农)/034

日本在东北的通信机关(张露薇)/057

日本对东三省经济侵略情状述略(王古鲁)/071

日本在东三省之农工业(蓝士琳　译述)/104

日本化妆品在华销售情形/126

日本劫夺东北关税之影响(子　明)/140

日本对东北的经济侵略(李炳焕)/145

日本在东北的权利与地位(坎　侯)/161

日本侵略东北之经济原因的解剖(王雨桐)/162

日本攫取东省海关以后/183

日本侵略东三省邮电概况(康慰生)/185

日本对华侵略年表/195

被日侵占后的满洲经济状况(阿瓦林)/217

日本攫尽东北路权/244

日本对我东北贸易的独占(魏崇阳)/256

"九一八"事变后日本经济状况及其对华政策的前途(章乃器)/266

日本在华北之经济霸道政策(方秋苇)/275

"九一八"前日本在华经济侵略之回顾(岚 楠)/280

九一八后日本对于东北之经济侵略(谢劲健)/286

日本铁蹄下的东北新铁路网(愚 公)/315

九一八事变后日本在东北之经济势力(周玑璋)/321

日本侵略下之东北富源调查/331

东北资源与日本在东北之经济势力(王天觉)/333

日本禁止中国果实进口(驻神户总领事馆)/346

日本侵略下东北经济的矛盾现象(傅安华)/350

日本在满洲之铁路建设(且冷吉也夫 绍钧 译)/361

日本对东北经济侵略事实/365

日本"对华经济工作"之严重性(孙中阳)/374

世界与中国

《世界与中国》创刊于中华民国20年（1931）3月，世界与中国社编辑、发行、印刷，为月刊，每月1日出版。社址位于上海江西路62号，上海大东书局总代发。该刊终刊时间为民国26年（1937）7月。

本刊前致词：在这国难当头、非常的时代行将到来的今日，本社同人谨冒忍一切的艰难阻碍，使这个曾有过一段旬刊历史的世界与中国，在月刊的形态下重行于世人相见，并当着广大的亲爱的读者诸君之前，谨致送下面的几个希望：

第一，希望本刊以大众的立场，争取得大众的拥护，它不但要成为大众的读物，而且要成为大众的议场。

第二，希望本刊能从一切实际与理论的叙述、分析、讨论、解剖，来形成对于理论的一定的观念，以及对于实际的一定的主张。

第三，希望本刊对于目前世界与中国的情况，具有深刻的与集中的认识，它将来真能负起文化界的使命时，第一要以鲜明的态度迎合大时代的到来！

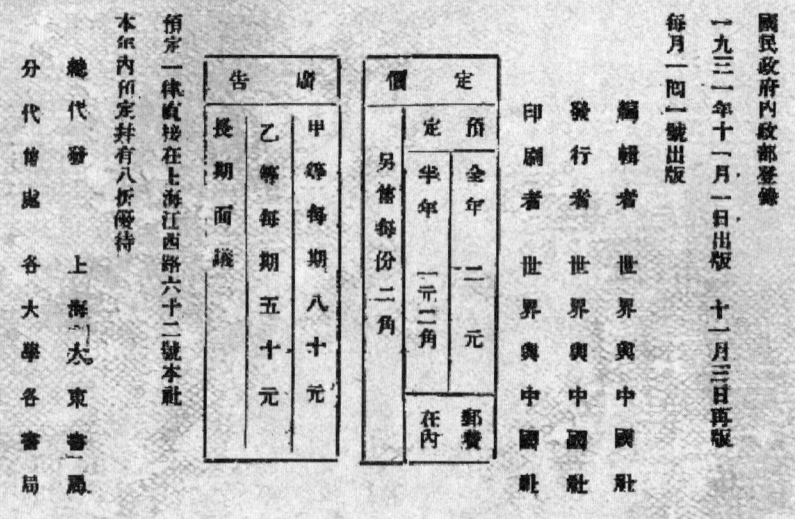

《世界与中国》杂志版权页

老报刊里的日本侵华实录

LE MONDE ET LA CHINE

世界与中国

第二卷 第一号

东三省事变特号

Vol. II No.1

世界与中国社

上海江西路六十二号

《世界与中国》封面

日本的海運侵略

——大連航業中所見——

大連一埠，地居要衝，為滿蒙門戶之鎖鑰，佔東亞貿易之樞紐。惜乎！鵲巢鳩居，喧賓奪主，日人據此，因勢利便，廣施建設，以進行其侵略之陰謀焉。因而不特東北之寶藏，日旣巳難保；即華北之經濟，亦大受其侵蝕。他姑不論，茲就航務一項而言，吾人已受其極大之威脅矣。

凡在黃渤海及中國東海一帶之航路，往來之極大者，無一非為日本之商船。而此等商船之特為根據地者，為大連。換言之，大連港，即為此侵略我航務之商船之命脈。茲特將大連港，至各重要商埠之距離。以及航務之詳情，撮誌於左。

連埠四通八達，航線遍乎全世界，密如蛛網，故交通稱便，茲將其有關係之航線，分誌於上：（海哩為單位）芝罘—八七，威海—九二，秦皇島—一四七，安東—一六〇，大沽—二〇五，天津—二四九，青島—二八五，上海—五三〇，福州—八八五，厦門—一〇一〇，汕頭—一一

五一〇，香港—一二六七，廣州—一三五一以上為我國之海港；至朝鮮之仁川，為二八五哩，至釜山為五四五哩，至日本之門司。為六一〇哩，至橫濱為一一九四哩。

連埠之汽船會社，有係本社者，有係分支者，然皆擁有相當之實力。其為國人出資之創辦者，僅政記輪船股份有限公司一家，以逐年受戰事之影響，及外輪之威脅，故營業不振，僅堪支持殘局，然卒能與外輪抗衡於海上，亦差堪告慰也。如國家餘力所能顧及，望能一加補助而使其成為國家一有力之航業公司也。至為日本所創辦在華北一帶把握海上之霸者，則有大連汽船會社，大阪商船會社，日清汽船社會，近海郵船會社，朝鮮郵船會社，阿波共同汽船會社，松浦汽船會社，宮崎商會之八家。

上記之日本汽船會社，皆醖有雄厚之資力，受其國家優厚之補給，故得航於各地。而暢然無阻，至其每年所搜刮，壓榨我民眾之經濟，為數當在數千萬元以上，且當我國征討叛逆用兵之時，交通阻塞，彼藉此機會，更足坐收厚利。茲將其各會社之現況，分誌於左：

一 大連汽船會社

該社成立於民國三年，初僅出資五十萬元，後當歐戰之會，乃得大為發展，民七年純益金覺獲得三百八十六萬元，故得以大擴張其營業。至民十五時內部大加擴充，增資為一千二百萬，其勢愈形雄壯矣。現有運用汽船之總噸數，為十二萬二千噸，汽船為四十艘，外並備有汽船十艘，噸數亦在四萬三千噸，其主要航務，則在我國之沿海也。來往大連上海者，則有奉天丸（三九三五噸），大連丸（三八〇〇噸）長春丸（四〇二六噸）。運載於天津大連間者，則有長順丸（三二四五噸）。往來於大連香港者則有英順丸（二二六一噸），濟通丸（一〇三七噸）。馳騁於青島天津間者，則有天津丸（三三五二噸）。長平丸（一七五噸）。往來於大連營口者，則有龍平丸（七二四噸）。自大阪神戶至營口者，則有天潮丸（二五六八噸）之三艘。八三六五噸）關東丸（八七〇〇噸），幾內丸（八三六五噸）之四艘。而航行於紐約者，則有東海丸（二五六八噸），盛京丸（二五六五噸），福建南丸（二五六七噸），貴州丸（二五六八噸），武昌丸（二五六九噸），之三艘焉。

三 日清汽船會社

該社航行於上海華北間，汽船為二十一艘；一曰唐山丸（一〇八九噸），一曰華山丸（二〇八九噸）。

四 近海郵船會社

該社之汽船，往來於橫濱營口間者，有四艘，曰淡路丸（一九四八噸），玄武丸（一七一四噸），勝浦丸（二一二三五噸），相模丸（二八三三噸），岩手丸（二九二八噸），神州丸（三八八四噸），則航行於天津也。至第二養老丸（二二一〇噸），則航行於台灣朝鮮大連間焉。

二 大阪商船會社

該社在大連者為分社，係於光緒三十一年分設來連。其主要航務，係往來於日本滿洲間現航行於大連大阪間，有烏拉魯丸（鮮者，有哈爾濱丸（五一六九噸）之四艘。航行於九州滿洲朝六三七七噸）香港丸（九〇一〇噸），貝嘉爾丸（五二四三噸），然滿鐵會社佔有八分以上之股數，故可認為滿鐵會社之化身也。

五 朝鮮郵船會社

該社勢力較為略微小。所知者僅有船二艘，一為航行於華北各埠及朝鮮間之會寧丸（一〇一〇噸），一為航行於九洲滿洲朝鮮之羅南丸（一二四八噸）耳。

六 阿波公同汽船會社

該社有航船計五艘，曰第二於大連仁川間。日長山丸（一一五九噸），航行連天津間。一日第十六共同丸（一四七七噸）；一日卅六共同丸（一四九九噸）一日廿一共同丸（一三一八噸），此三艘同航行於芝罘大連威海青島間。

七 松浦汽船會社

該社現有汽船二艘，一曰金山丸（二〇〇〇噸），同航行於大連廣東焉。

八 宮崎商會

其航線祇及大連龍口間。

該社主管之高松丸，噸數為四四二噸，〇噸），同航行於大連廣東焉。

六共同丸（一九九七噸）航行於鎮南浦大線每月為十次，青島天津線每月為五次，大連天津月為七次，營口大阪線每月為三次，大連香港線，每為三次…大阪大連線，每月為十次…台灣天津大連線，每月為三次，橫濱天津線，每月為二次，上海華北線，每月為四次。大連青島威海芝罘線，每月為五次，此下河北罘大連線每日一次，餘則為歐美日本等航線也。

統觀以上之所載，華北一帶之航權，皆操於日本人之手。國人雖不欲受其經濟之侵略，又安可得。雖有國人投資所設立之政記輪船公司，而有船不過十餘艘，現能照常開行者，僅為公利，多利，廣利，增利，豐利，中華號，永利，得利，有利，泰利等十艘而已，而所航行之線路，又僅及於龍口，登州，芝罘，青島，天津，上海，香港，廣東等有地耳。且兼船量微小，終不能與彼有系統有資本政治力之大會社相頡頏。

以上所察之各汽輪會社，率為株式會社。雖聞有航路不定者，然概皆為定期船也。至於不定期之航船，尚不在少數，茲以記者着手調查之日淺，故不得窺其全豹。

至于現有之航線，數為念八，而各航線之定期船，往復次數亦俱有定數，大連上海線每月為十次，大連天津

银行周报

中华民国6年（1917）5月，《银行周报》在上海创刊，1950年3月停刊。《银行周报》是民国时期创刊最早、出版期数最多的金融类专业刊物。在长达30余年的刊行期内，《银行周报》一共出版34卷1635期。

《银行周报》自创刊以来，即以"报告金融消息，研究财政经济情事，以供业界参考，学者讨论"为宗旨。1949～1950年间，国内政治、经济局势发生剧烈变化，《银行周报》仍秉承该宗旨，保持了自身的特点。期间，《银行周报》坚持定期发行。《银行周报》上刊行的文章多出自熟悉经济金融业的专业人士，所登载的数据均为第一手的统计资料。两年间，《银行周报》提出大量意见，继续发挥了"银行家喉舌"的作用。

1949～1950年间的《银行周报》的栏目，与此前《银行周报》的栏目大体一致，分为专载、论著、经济汇志、法令、国内要闻、国外要闻等。1949～1950年间的《银行周报》的内容，与此前《银行周报》内容的侧重点不同。首先，结合当时的政治形势及当时社会大众所关心的重要经济问题，分析了当时的经济金融环境。其次，对国内外建设经验进行了总结。最后，利用自身影响力对解放后经济政策作了宣传。

1949～1950年间的《银行周报》体例开放成熟，办报风格民主，不屈从于权威，为后来刊物树立了榜样，同时也充分表达了各方面的意见及建议。在论述时事热点及分析经济金融问题时，切入点准确，论点明确，论据有力，积极地正面地引导社会舆论，在当时产生了巨大的社会影响。《银行周报》上登载了大量的统计数据，历来是经济史研究领域的重要史料。1949～1950年间的《银行周报》更是内容丰富，统计数据翔实，分析论述涉及的问题面广泛，是研究民国经济向建国初期新民主主义经济转变过程的重要史料。

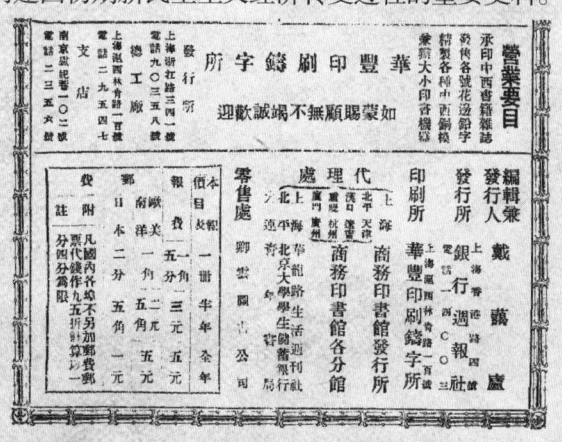

《银行周报》杂志版权页

Established 1917
THE BANKERS' WEEKLY
4 Hongkong Rd., Shanghai
Phon. 14003
No. 724, NOV. 10 1931

中華郵政局特准掛號認為新聞紙類
中華郵政特准掛號立券之報紙

中華民國二十年十一月十日發行
民國六年創刊 總第七二四號
第十五卷 第四三號

上海中和商業儲蓄銀行

《银行周报》杂志封面

東北稅收全入日軍掌握

▲日軍強佔稅款　東三省鹽餘除去扣還外債本息每月盈餘約二百二十餘萬元自暴日侵佔後此項鹽款卽全數被扣留存入正金銀行經鹽務稽核總所訓令瀋陽稽核洋員向日軍提出嚴重抗議後日軍乃串通瀋陽維持會將此款移轉截留作爲地方警政維持費實則悉數仍歸日軍充軍費並不報解此事頗引起各國之注意據財界所得消息瀋陽每月國地兩稅總收入約爲一百餘萬元自九月十八日日軍強佔瀋陽後卽將各稅收機關完全監視所有稅款亦多被刧奪損失不下三四百萬元而民衆因政府被暴力所擢已移錦州不願將金錢供給日人故多不肯完稅日軍最近乃將各稅收機關交與維持會主徵由維持會每月供給日軍九十萬元作爲軍費另報效關東軍司令及憲兵司令私人各一二十萬元名爲辦公費所有稅局完全用投票包辦制並新種稅票護照完全仿照日本式樣註明有效字樣以爲愚弄納稅者之手段（專電）

▲安東關被迫取消統稅　日軍追安取銷統稅並締約如下（一）凡在滿載地由船上岸由火車卸陸或運入口貨律免徵統稅（二）安東統稅局對於日輸入品及往日本貨物以其中日關稅附屬書第一表第一部所明記稅則第一號之外國絲綿爲例外其餘之貨不地不徵統稅（三）輸移入外國絲綿稅者在安東不再徵收（四）中國國內產運入安東時有在他埠已繳統稅之證再徵統稅（三）上項不用繳統稅之貨輸入時不需報告及其他進滙手續。（專電）

日軍強取東北鹽稅

日軍向營口長春鹽務稽核分所強取東北三省鹽稅事件發生以來鹽務稽核總所即陸續接得營口分所長皮爾生民來電報告藉悉日本軍事當局以武力強取東北鹽稅已兩次第一次在十月三十日向營口分所提去遼甯省鹽稅六十七萬二千元第二次在十一月六日向長春分所提去吉黑兩省鹽稅七十二萬元日軍當局且宣稱此後決定每日提取四萬五千元。

▲葛佛倫會辦之談話 鹽務稽核總所會辦葛佛倫博士語新聞記者據稱日軍提取東北稅款之事實已陸續呈報財政部長宋子文及鹽務總辦朱庭祺東北稅收機關屬於中央政府今日本軍事當局以武力干涉國際承認之國民政府之稅收機關而強取其稅款是為破壞國際公法之行為至日代表芳澤關於此軍答復國際聯盟理事會主席白理安竭力否認日本軍憲扣留東北鹽稅並附呈日本政府說明此事與相電報有「瀋陽地方維持委員會於九月二十二日向營口鹽務稽核分所要求引渡餘該稽核處員卽答復該會表示允諾」等語葛佛倫博士對此加以聲明謂9軍於九月十八日夜半佔領瀋陽後十九日卽派員至營口長春監視鹽務稽核所將每日收下之稅款積存而不許匯解國民政府近始將現款提去其發動日期實在瀋陽地方維持委員會成立之前也。

▲宋子文電告施肇基 葛佛倫會辦根據營口所長皮爾生來電卽已兩次呈報宋財長宋財長亦已電告日內瓦施肇基公使轉告國際聯盟理事會。

▲鹽務稽核總所訓令 鹽務稽核總所方面以日軍強取東北鹽稅影響外債擔保且其稅款是為破壞國民政府之稅收機關而國際承認之國民政府之稅收機關而其稅款是為破壞國際公法之行為至日代表芳澤關於此軍答復國際聯盟理事會主使一九二九年整理外債計劃不能實行故

自此項事件發生後一面請施代表向國際提出抗議要求日本發還稅款一面訓令營口長春分所長向相當當局提出抗議而不准與任何方面談判以免發生誤會此後宜將稅款從速匯解國民政府如遇武力阻止應提抗議至於中央政府與張副司令及其他官員間之稅收辦法係內部問題不能作為藉口鹽務稽核處華洋官員非有命令不能擅離職守。

▲鹽務稽核會辦呈文　鹽務稽核總所會辦葛佛倫上財政部長宋子文呈文（一）（上略）九月十九日滿洲日軍強佔牛莊鹽務稽核所武裝兵士二十名持搶威脅稽核所官員喝令不准行動稽核所衛兵三人被解除武裝自派武裝日兵守門所內賬簿悉被攫去而另委其會計員至於代收稅款之銀行亦被佔領此後一切稅政由彼監視不准匯解國民政府（中略）十月三十一日上午十時牛莊稽核所來電報告如下三十日上午八時中國銀行營口分行來函云今日上午十一時東三省官銀號遼寧財政廳（新近成立）語議山田偕日軍司令部人員及武裝兵士來此提取鹽稅收款當告以無支票不能提款彼答稱不聞稅捐所長允許與否今日必須提款如有問題彼可負責如拒絕付款將以有意違抗論言時聲色俱厲爭論無效卒於午後四時被提去六十七萬二千七百零九元五角六分嗣後幾經交涉始由山田出收據云云。（下略）呈文

（二）十一月三日會上呈報一件茲續陳如下（一）長春稽核分所六日電稱本日所有中國交通兩銀行存款被以權運局官員單獨簽字而由本埠外國（日本）軍事當道核准之通知單強迫悉數提交長春東三省官銀號職員抗議無效權動局員今日正式通知分所不承認稽核所等語（二）接營口專員電告十一月一日報告節要內稱三外人（日本人）其中一人係軍服要索十月三十日稅款（營口）嗣又有官銀號三華人加入聲稱決意逐日提取中國銀行（營口支行）所收稅款其數約平均四萬五千元左右等語按長春所提存款據該分所以前報告長

工商半月刊

中华民国18年（1929）1月，北平创刊的《经济半月刊》在上海复刊，更名为《工商半月刊》，刊期重起。起由国民政府工商部工商访问局编辑、发行，华丰铸字印刷所印刷，从第4卷起改由实业部国际贸易局主办。社址位于上海汉口路江海关4楼。终刊时间为民国25年（1936）1月，而后由《国际贸易导报》继承。

《工商半月刊》杂志版权页

工商半月刊

SEMI-MONTHLY ECONOMIC JOURNAL
Published by
THE BUREAU OF INDUSTRIAL AND COMMERCIAL INFORMATION
MINISTRY OF INDUSTRIES

Vol. III, No. 22　　　No 15., 1931.

第三卷　第二十二號

實業部工商訪問局編輯

中華民國二十年十一月十五日出版

日本侵略東北農業概論

撰述 日本侵略東北農業概論   靜如

一 東北之農業經濟

國東北四省之經濟價值不僅在森林礦產方面見長農業亦將來最有發展之望者據外人調查東北土壤之性質物理的方面除水分吸收力特強外在植物之生長上雖不著特長而於化學的方面則具有極多之特點與農業生產極端適宜惟耕地面積與荒地面積究有若干則以統計未備無從確查僅能言其概耳據東北年鑑調查如下(以畝為單位)

省別	耕地畝數	荒地畝數
寧	八〇、〇三二、三八四	三四、七二一、六四六
遼寧	六四二三	五二四五
吉林	一〇六〇九	四七八六
黑龍江	一二九三八	三七七〇
總計	二九九七〇	一三八〇一四

又據日本南滿鐵道株式會社調查則謂既耕面積一千三百八十萬町步(每町步合九十九公畝一七三六約合中國舊制十六畝有奇)可耕而尚未墾者約一千六百萬町步登列表附誌如下(單位一千町步)

省別	可耕地總面積	已耕地之面積	未耕地	對於可耕地總面積之比率	對於可耕地總面積之比率
吉林	五七、二三三、四三八	四五、三三八、八六七		八二.三%	一七.七%
黑龍江	四六、九七九、七六二	三一、六五一、五九七	一一七八		
熱河	一二、五三九、二四七	五、三九九、二四七	五八二三	五四.五	四五.五
總計	一九六、七八四、八三一	二〇七、一〇六、一五七	九一六八	七〇.三	二九.七

七一

根據上述數字就省別而論以黑龍江省之未耕地爲最多吉林熱河兩省次之遼寧又次之至於此等未耕地每年被開墾者究有幾千萬人人殊苦據滿鐵調查課之作物調查則民國十八年比十五年之種植面積增加二百三十萬町步每年平均增八十萬町步然以耕地面積之推定頗爲困難故不能卽認爲每年有遞增之象假使服從多數調查者之意見則每年新開墾地之增加大致在三四十萬町步者以此爲根據則開發東北至少須經五十年云

二 日人侵略東北農業之野心

東北土地之肥沃物產之豐饒如上述而日人侵略之心亦因是益形茲專就農業方面而論所謂移民問題者久已成爲日本朝野注目之要策唯以商租權我國始終未予承認而國人之移墾東三省者其辛苦生活又非日本人所能堪日本移民政策頻年所以未能實澈者職是故也日人有鑒及此深知僅恃無組織無資力之農民移植絕對不能成功乃提倡以大規模資本爲後盾培植有技術及經營農業能力之日本人赴東三省從事墾殖

一面又利用僑居東三省之朝鮮人爲前驅現在統計朝鮮人之寄居東三省者已達百萬以上據朝鮮總督府關於朝鮮人之移殖於東三省者逐年不同大抵少則六七千人多則一萬七八千人而至二萬五千人其中十分之九均從事農業水田與旱田相半但多係與中國地主訂結租佃契約一爲脫離二重國籍爲歸化中國一爲根據間島協約關於前項吾國從來不許有二重國籍者歸化朝鮮在日本統治下當然不能脫離二重國籍故實際上歸化者少前年政府採用新制度後准許有二重國籍歸化因之中日在國籍法上之抵悟乃告消滅朝鮮人藉歸化而取得東三省土地所有權者亦大爲便利然而此種歸化之朝鮮人是否純係善良份子以農業爲謀生之術別無其他政治陰謀殊不敢信證諸日本故田中內閣大臣遺策對於朝鮮移民問題令作下列之計劃

「……朝鮮民移住東三省之衆可爲母國民而開拓滿蒙處女地以便母國國民進取且亦可藉朝鮮民爲階段而可與支那民聯絡一切一面利用歸化支那國籍之鮮民盛爲收

買滿蒙水田地而另由各地之信用合作或銀行或東拓會社或滿鐵公司通融彼等有支那籍之朝鮮民以資金而作我經濟侵入之司令塔也亦可作我食料之增產以救國危是亦新殖民地開拓之一機會彼為歸化之朝鮮人民雖為支那之歸化民悉異其旨不過只因一時之便宜而歸化為支那民耳按在滿之朝鮮人如擴張至二百五十萬人以上者待有事之秋則以朝鮮民為原子而作軍事活動更藉取締名而援助其行動加之鮮民中之在滿蒙有歸化為支那民而亦有未歸化者斯時事到之日是支那籍之朝鮮民作亂抑或日本籍之朝鮮民作亂可以懸羊頭賣狗肉之方策對付之…]

由是可知日本對於朝鮮移民實不係為生計問題更合有政治野心為侵略我東三省之工具之也證諸最近事態發生以後朝鮮人時在東三省各地滋擾摹禍則益足以證明日人陰謀之始終不變矣

撮述 日本侵略東北農業概論

更就所謂間島協約而言吾國地圖中向無間島之名所為間島者因日人自併朝鮮以後我國曾於圖們江沿岸設立界碑十座劃清中韓界務但韓人仍多越界私墾圖們江自茂山以下沿江多有灘地尤以光霽谷前假江之地為大縱約數里寬約一里計有地二千餘畝原為泥沙淤積且與圖們江北岸相連其後忽與岸雖使江流歧出儼成一島（或謂光緒七年韓民於圖們江北岸私掘一溝使江流歧出）日人即強名之為間島光緒三十三年日本又派兵往間島設朝鮮統監府派出所自是以後間島問題乃為中韓界務交涉之懸案宣統元年日人乘解決安奉鐵路交涉之機會解決所謂間島問題締結條約日本僅承認中韓兩國以圖們江為界我國則承認韓人可以在圖們江北墾地居住從此以後延邊韓民日增無已今之琿和汪和四縣韓民已居十之六七特日本為後盾為侵略之前驅據領事館調查朝鮮人在汪清和龍井延吉琿春四縣執有土地者包括地主與自耕農以計約有二萬四千餘戶一千二百四十萬公畝（六公畝零合舊制一畝）佃戶約二萬戶茲以民國十八年之統計列表如次

七三

工商半月刊

地方	地主	自耕農	佃農	七厘
延吉縣	一、六三〇戶	九、六七一戶	一一、〇八四戶	七、一一六六戶
和龍縣	一、四八〇	六、九三一	三、八一五	三、七七二
汪清縣	三八五	一、八九三	二、三四〇	八八七
琿春縣	六八一	一、五四八	二、四五八	二、八一三
計	四、一七六	二〇、〇四三	一九、六九七	一四、六三八

▲朝鮮人所有土地統計（以反為單位日本一反約合中國舊制一畝六分有奇）

	延吉	和龍	汪清	琿春	計
民國十四年	五、五六五	二三五、五二九	六〇、四七八	五七、二四七	九〇二、八一九
十五年	五、八二六五	一九、一六九三	六三、二二〇七	八二、四二二七	九九八、三〇四
十六年	六、八八二〇	二七九、五八〇	一一〇、二五三	八八、五四三	一〇八七、一九六
十七年	六、四五二三一	三〇七、〇六二	一〇八、七八一	一五二、三七九	一、二三四、五三
十八年	六六五、八六三	三〇六、六六一	一二〇、八七八	一五〇、〇三八	一、二四三、四四一

三　農業侵略之工具

南滿鐵道公司為日人侵略我東北之大本營其目的不僅經營鐵路而已凡是以剝削我利益培養其實力之事業無不爭先恐後出巨資以經營其於農業當然亦不能例外特設農務課以總理一切其下設農事試驗場二（一）公主嶺（總場）（二）熊岳城（分場）又設農事試作場十（鄭家屯、洮南、敦化、海龍、齊齊哈爾、開魯、海倫、鳳凰城（煙草）、遼陽（棉花）、湯崗子（亞爾加里））苗圃二十

一．（長春嶺安東等處）原種田圃及採種田圃八種畜場七，種豚飼育所一獸疫研究所一農業學校二郡凡五十二處此外又聘請在美經營農業成功之日人在貔子窩管內城子疃花山屯等地關水田七百餘畝為大農式農場之研究而對於其他水田事業種棉忽布菓樹花卉採種事業又均加以補助每年僅補助費一項支出須數十萬元其處心積慮蓋可知矣南滿鐵路之外對於農事經營尚有若干機關發揮其重要者如次。

（一）大連農事株式會社 滿鐵經多年調查研究以為欲解決日人對東北移民問題非依科學方法經營不可因於民國十八年設立大連農事株式會社資本日金一千萬元專門收買土地招募農民並經營運輸水利及貸出農業資金等事務。

（二）關東廳農事試驗所 日本於前清光緒廿八年卽設立關東都督府農事試驗所於大連民國七年移至沙河口旋以蠶業一部份屬於旅順設蠶業試驗場民國十三年大連之農事試驗場分場民國五年改稱金州種畜場民國十七年七月與種畜場合併改稱為關東廳農事試驗所。

（三）關東廳蠶業試驗所 民國六年設立於旅順除試驗外並傳習學生。

（四）滿洲蠶糸會 民國十六年成立分設於旅順大連金州普蘭店等處為擔任指導獎勵及助成蠶業之機關此外尚有滿洲蠶糸會社滿洲棉花會社、東亞勸業株式會社等均以經營東北農業並扶殖日韓農民為目的者。

四 朝鮮人與東北水田之關係

朝鮮人之移住於東北者多從事農業尤以水田為甚現在東北之水田大部份均為朝鮮人所經營蓋由日人之竭力宣傳朝鮮人在國內又時有饑饉之虞故習相率而移居於我東北由遼寧省附近更進而達中東路東線及東蒙古等地到處均有水田開發最近雖無確實數字可以引證但亦可以得其大概在最近十年間增加約一倍有半其分佈梗槪大略如次。

▲瀋陽一帶 瀋陽附近之水田多為水利局之水路及蒲河沿岸低濕地等跨瀋陽新民遼中三縣東起北陵附近塔灣丁香屯

興 述　日本侵略東北農業概論

七五

▲永吉一帶 此一帶水稻耕作重要地點爲額穆樺甸等其北部如一面坡海林穆稜附近亦多水田尤以海林爲最盛

▲琿春延吉一帶 吉林省東部之延吉和龍汪清琿春諸縣水流通達地味膏沃惟自間島交涉解決後韓人在此獲得土地權水田事業每爲韓人捷足先得

▲熱河一帶 以灤河分布之各處爲主灤平豐寧隆化承德多倫諸縣水田面積亦日漸增廣

統計東北所有水田面積總額據東北年鑑載遼寧省計共五十七萬四千七百四十八畝三分即吉林省水田畝數旣墾地凡三十四縣共二萬二千八百七十响卽二十二萬八千七百畝黑龍江及熱河省調查未竣但據日人調查則十九年份東省南部共六二二四〇陌北部共一七三五〇陌共爲七九五九〇陌約合一百二十九萬五千四百〇三畝九分

現在水田最多之地方爲瀋陽撫順安東開原松樹公主嶺熊岳城等地附近其他如延吉和龍汪淸諸縣以及其北之一面坡海林穆稜吉林等處亦均有水稻耕作地玆以遼寧吉林兩省各水田面積及主要水田所在地列表如下。(日本東亞經濟局調

陳家荒、大房身板橋子和家荒沙嶺堡及孫家河套附近等處多爲韓僑所耕作近年本地人之耕作水田者亦漸次增加至於日人方面則多大規模農場經營如公太堡義生公司吳家荒三利農場小利市農場西宮農場北陵榊原農場等

▲撫順一帶 撫順與京通化等縣之水田當渾河及太子河之本支流域爲東北水田中開闢之最早者殆全爲韓僑所耕作。

▲安東一帶 安奉縣之五龍背安東南方之渾水泡接梨樹三道浪頭及大東溝方面皆產米之區大洋河以東之水田鮮人耕作者占大部。

▲開原一帶 水田最發達者首推柳河與京通化等縣尤以三源浦尾巴林爲最。

▲松樹一帶 松樹爲南海鐵路大連附近一小站市街東方一帶乃水田發達之所除復縣大沙河並莊河沿岸之平地全開爲水田外復縣內之韮菜園子附近四平街及莊河縣內之一面山當鋪行等處亦有名產稻者也。

▲公主嶺一帶 民國元年有大檜樹居民使役韓人始種水稻。近家附近各地亦日見發達

（查單位一反約合中國舊制一畝六分有奇。）

遼寧省

縣名	面積	重要水田所在地
瀋陽	五,九〇〇	北陵、塔灣、吳家荒、
鐵嶺	一,七〇〇	小青堆子、李千戶屯、
開原	一五,〇〇〇	上荒地、下肥地、上肥地、
東豐	一,五〇〇	四平街、楊木林子、橫道河子、
西豐	六,〇〇〇	大青秧、頭營子、譚家爐、平崗、高麗幕子
西安	一八,〇〇〇	小梨樹河子、關家街
營口	三,〇〇〇	田莊臺、
遼陽	三〇,〇〇〇	魁星屯、
遼中	—	
臺安	八,〇〇〇	打虎山、
黑山	—	
蓋平	二,七〇〇	熊岳城、馬家屯、
海城	一〇〇	析木城、
錦	—	
新民	一四,三〇〇	公太堡、孫家蚕、樹林子、
彰武	六,〇〇〇	
盤山	—	
北鎮	—	
義	—	
興城	—	
綏中	一〇〇	
錦西	—	
安東	一二〇,〇〇〇	大東溝、接梨樹、三道浪頭、五龍背、湯山城、
興京	九一,三〇〇	旺清門、下甸子、大湒溝、頭道溝、上洞下洞、二道溝、金廠、
通化	一,二〇〇	渾水泡、
鳳城	三一,八〇〇	
寬甸	五,七〇〇	化皮甸子、蒲水河、
桓仁	二五,〇〇〇	
臨江	一,四〇〇	
輯安	—	
長白	三〇〇	

撰述 日本侵略東北農業概論

七七

工商半月刊

地名	数量	地点
雙岡	1,200	高麗螯子、槃城崗子、三家子
撫松	1,000	大荒溝、哈螟溝、到木溝、下水道
本溪	3,000	子、四馬溝、
海龍	3,000	東社、南章蕢、鮑家屯、
撫順	23,000	新店、岫巖、一面山、
柳河	3,000	三源浦、大花斜、大沙灘、仙人溝、鹿尾巴林、
輝南	11,000	大場圈、流水溝、中陽堡、
岫巖	133,210	
莊河	133,500	土城子、當鋪街、一面山、陡溝子、
金復	22,000	韮菜園子、沙泡子、四平街
遼源	25,200	馬圈子、
雙山	—	
洮南	—	
突泉	—	
瞻榆	—	
昌圖	—	
康平	6,000	後新秋、陳家窩棚、
梨樹	30,000	大榆樹、蔡家、
懷德	70,800	
開通	—	
洮安	6,000	
安廣	—	
鎮東	—	
法庫	400	
通遼	25,300	後孤家子、大卡邦堡子、大明安碑、大明泡
合計	682,800	
吉林省		
吉林	62,500	
舒蘭	300	
雙陽	3,600	
長春	88,600	三道溝
德惠	14,400	
伊通	23,800	赫爾蘇、

七八

樺甸	五七,六〇〇	官衙、密什哈、	五常	四,八〇〇
濛江	一〇〇		榆樹	一,六〇〇
磐石	八五,七〇〇		同賓	三,〇〇〇 一面坡
農安	一		阿城	九,一〇〇
屯墾	一		依蘭	八,一〇〇
延吉	五二,四〇〇	門樓溝社、平崗水南社、平崗水北社、龍井村、	勃利	四,三〇〇
和龍	三三,六〇〇	百草溝、春陽社、平崗上里社、東良上里社、和龍社	同江	一
汪清	四,七〇〇		寶清	一
琿春	一〇,八〇〇		密山	一,二〇〇
寧安	三一,〇〇〇	海林、卓河、唐刁卒、鐵嶺河、	虎林	一〇〇
東寧	三〇〇		綏東	一
敦化	二二,一〇〇	新站、蛟河、	橫川	三,〇〇〇
額穆	八,三〇〇		富錦	一
濱江	一		饒河	二三,八〇〇
扶余	二,六〇〇		方正	一
雙城	七〇〇		穆稜	一
寶	一二七,三〇〇		合計	六二八,四〇〇

撰述　日本侵略東北農業概論

總計　一、三二一、二〇〇

據上表所列數字當然不能認爲絕對眞確但由是可以推測大概。觀遼寧省之水田面積約爲六萬八千二百八十町步其中最重要者爲安東縣有一萬二千町步與京次之有九千一百三十町步其他如懷德、桓仁、鳳城、遼陽、梨樹等縣均爲重要水田區域至於吉林省方面水田全面積爲六萬二千八百四十町步其中以寶縣爲第一計有一萬一千七百三十町步次爲長春、磐石、吉林、樺甸、延吉、寧安等縣。關於水田開展情形亦無相當統計可資比較茲附錄東亞日本經濟調查局之統計如下（以日本反爲單位一反約合我國一畝六分餘）

地方別	民國十四年	民國十五年	民國十六年
潘陽以南地方	三三、九〇〇	三六二、一〇〇	四四六、七〇〇
潘陽以北地方	二四二、一〇〇	二〇八、三〇〇	三三六、二〇〇
北寧路沿線	八、一〇〇	八、一〇〇	八、一〇〇
四洮路沿線	一〇、五〇〇	八、七〇〇	五六、五〇〇
中東路南線		二六九、六〇〇	一八七、四〇〇
中東路東線	六六、四〇〇	一二〇、一〇〇	五五、〇〇〇
中東路西線			五〇〇
松花江下流		一、六〇〇	一五四、七〇〇
呼海路沿線			七、一〇〇
其他黑龍江地方			三〇〇

間島	六四一,〇〇〇	
合計	九七八,五〇〇	一,三二八,七〇〇

（註）上表因調查範圍逐次擴大故其數亦隨以增加民國十四年調查為五大區十五年增為七大區十六年又增為十一區故所謂合計數云者亦僅比較數字不可認為全體之絕對數也

五 結論

我國素以地大物博自豪其實所謂大所謂博均抽象而籠統之形容詞究竟其程度如何苟有問者輒瞠目莫能答年來國內天災人禍紛至沓來國人相率而赴關外謀生者不知凡幾由此可知關內情形已極艱窘時人之赴東北考察歸來者皆謂不至東北不足以語中國之地大物博則東北地方在中國經濟價值上之重要可想見而所謂地大物博者亦唯擁有東北始足以當之顧返觀事實歷年以來利棄於地不關致為強鄰所乘越俎代謀馴致釀成今日不可收拾之局面斯誠大可哀矣日本自鯨吞朝鮮以還即無時無地不以侵略我東北為念假藉所謂人口與食糧問題為標幟步步向我東北進攻賣東北不毛之沃野未開發者居多於是日人在國際宣傳日本人口如何如何繁殖食糧如何如何不足國際勢力又如何如何深閉固拒日人之移殖今日之世界可開發之地甚多日人何不經營之而獨斷斷於我東北而其在東北之行為又超越一切生計範圍之外聲聲乎以東北之主宰自居是又何以解釋於國際之疑問即無所謂明治遺策（第一期征服台灣第二期征服朝鮮第三期滅滿蒙以便征服支那全土）亦不能令人無所戒懼也雖然物必先腐而後蟲生假使吾國對於邊圉能充實能力發展地利使外人無隙可乘則亦何至有今日之禍吾人試閱以上所述各節蠶繭漏卮多而東北農業湮滅之富力已至可驚今年關內苦飢而食糧陳腐無法轉輸於外人賤價捆載而去者又不知凡幾更足以見東北農業生產力未開發者固屬無窮而已開發者亦殊偉大而乃有無不能通是誰之過最近報章又告北地人民移墾關外者自日本強佔東北後不堪壓迫相率逃歸炎吾稱有良知良能之國民對之將作何感想否歟予欲無言

撰述　日本侵略東北農業概論

铁路月刊

随着近代中国铁路事业的发展，为了树立铁路部门良好的工作形象，扩大铁路交通运输事业的影响，各地铁路工作人员陆续创办了自己的期刊杂志。这些刊物，除了宣传政府和铁路部门的政策法规、规章制度外，还专门辟有副刊专栏，搜集各类新奇事件、新鲜事物，以娱乐大众。其中，就有《铁路月刊》，天津铁路局编辑"北宁线"，中华民国20年（1931）1月创刊~民国27年（1938）6月终刊；《铁路月刊》，粤汉铁路广韶管理局编辑"广韶线"民国20年（1931）1月创刊~民国22年（1933）9月终刊；《铁路月刊》，汉口平汉铁路总务处编译课公报编辑室编辑"平汉线"，民国19年（1930）5月创刊~民国26年（1937）7月终刊；《铁路月刊》，津浦铁路管理局总务处编辑课编辑"津浦线"，民国19年（1930）10月创刊~民国24年（1935）12月终刊；《铁路月刊》，胶济铁路管理局总务处编辑课编辑"胶济线"，民国20年（1931）创刊~民国22年（1933）5月终刊］；《铁路月刊》（京沪沪杭甬线铁路管理局主办"京沪沪杭甬线"，民国19年（1930）9月创刊~民国19年（1930）12月终刊；《铁路月刊》（粤汉铁路湘鄂段管理局编查课编辑"湘鄂线"，民国19年（1930）10月创刊~民国20年（1931）4月终刊等，每"线"杂志均办得有声有色。

《铁路月刊》杂志版权页

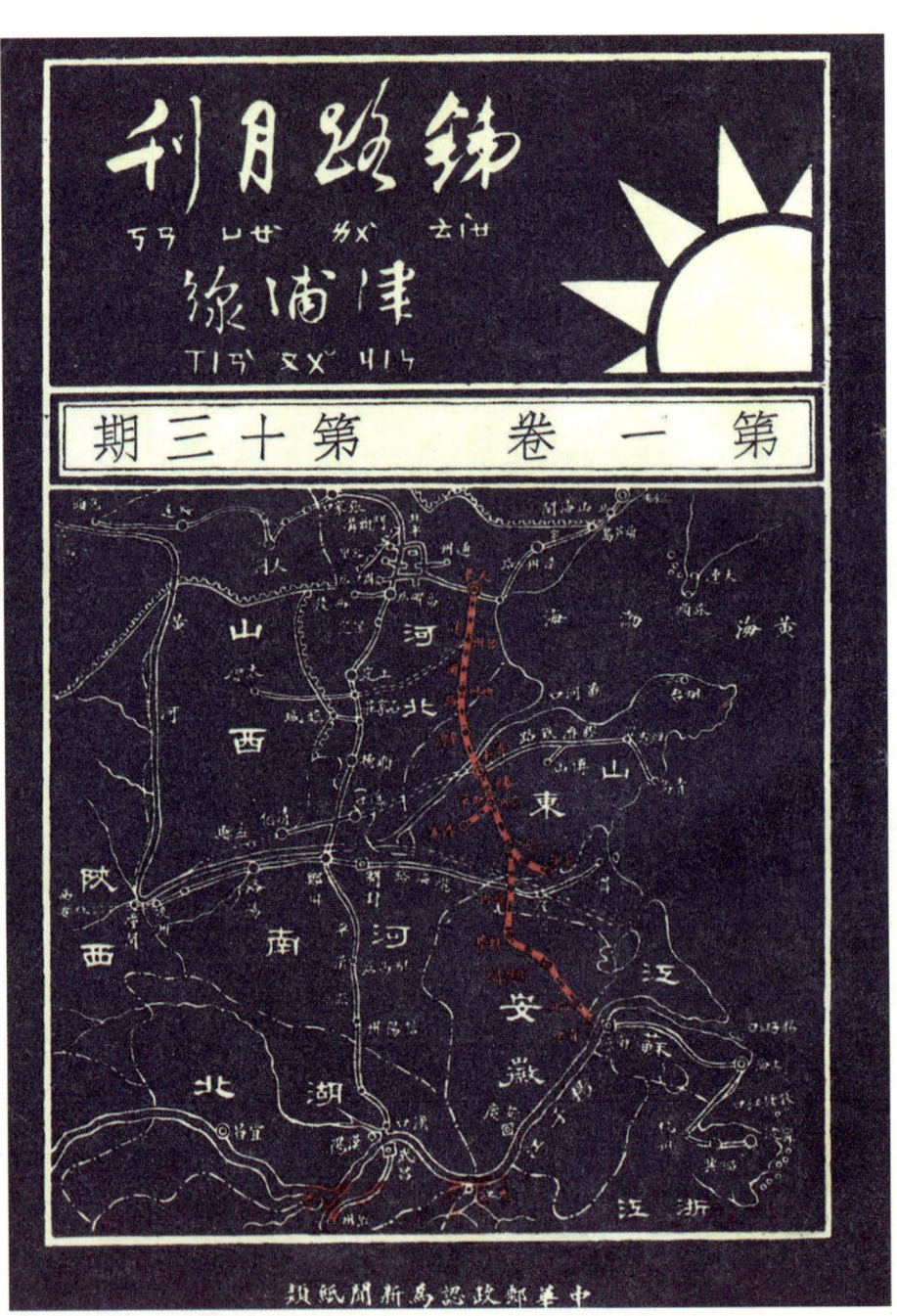

《铁路月刊》杂志封面

論著

日本人的特性及其侵略鐵路之狡謀　高鳳介

日本人這回以積年深謀，實行他的所謂大陸政策，竟不顧國家的人格，人類的情誼，一味用野蠻手段，盜賊行為，佔據了我們的東三省；雖然國聯議決了教他撤兵，他仍是悍然無忌，並且變本加厲，反而增加軍隊，濫擲炸彈，勾結無知的漢奸，愚蠢的蒙匪，要建甚麼滿蒙獨立國，預備把他那滅亡朝鮮的拿手好戲，重新的搬演一下。像這種又野蠻又鄙劣又殘忍又陰險的民族，我們從前全都是抱着大國民的態度，以為這種么魔小醜，實在是不屑研究，以致弄到今日，吃此大虧，這不得不說是我國人的疏忽了。

究竟日本人是甚麼種族呢？日人確是蒙古族的一種，不過研究他是從那裏來，就其說不一了。有說是來自南洋羣島的，有說是來自滿洲中國本部的，也有說是就在日本的，不過他已建國二千六百餘年，自漢朝封為倭奴國王，親魏倭王以來，雖是處處沾了中國的文化，確已有了一種特殊的性質，試用歸納法，先判定他的特性。

（一）偏急

日人器量偏急，真可謂世界之冠，普通的人，如係至親好友，滿可片言釋憾，而日人則不然，真是無論有如何重大的關係，只要彼此生了意見，沒有不是睚眦必報的。這不但是粗人如此，就是智識階級中人，也是如此，故往往有因言語不合，發生了殺傷案件的。他自詡的櫻花，據說是可以代表他那大和魂的精神，此花特徵，從破蕊到落英，統共不過七日，就是開則萬花齊放，落則一敗塗地，也可以代表他那偏急的特性了。

（二）殘忍

武士道的行為，本為日本的好習尚，但是那種輕生好殺的樣子，實在非人類所應有的，看他的歷史，甚麼切腹斷臆的烈士，層見疊出，而其原因，大概皆甚微末，並不懂鴻毛泰山的分別，當其乘歐洲大戰而奪取了青島的時候，他的民政署，對於捕獲的竊盜，往往施用非刑，如灌洋油扎竹籤等類，又五三慘案中對於我們外交官蔡公時，竟用挖眼割鼻的殘殺手段，真可說是殘忍已極了。

（三）無信

信之一字，本是人類必要的道德，日本人中的確缺乏，尋常小事，不用說了，就是國際貿易，也往往有定貨不取，到期不付的情事。所以歐美人對於日本的商人，多不相信，就是這個緣故。這是他本國的學者在講台上親自說的，並不是冤枉他。

（四）卑劣

日本人凡事皆尚陰謀，只要可以達到目的，並不顧惜人格，譬如輸出若干的賣淫婦於南洋羣島和南美等地，恣其皮肉生涯所賺的金錢，而謀其國内的金融活動，稱之日紅裙隊，又據田中義一密奏的滿蒙政策中，曾有以其金枝玉葉的美女，供給内蒙王公娛樂的事實，公然見諸奏章，是尚知人間有羞恥事麼？更取近事作爲證明，此次侵佔我遼吉，事先則以陸軍軍官冒充農學博士，所謂中村事件，復假扮華人自毁其南滿路綫之一段，以造作出兵的口實，事後又令日人假扮華人，到處尋毆，以激起我國人之怒，這種卑汚苟賤陰賊險狠的手段，是任何國人所不忍出此的，惟日人爲之，並且屢用不一，不能不說是他的特性。

日本人的特性，既然如此，自然他的政治經濟軍事等等各方面，全足以暴露他的特性，我們不必研究他別的事情，就是單就着他對於我們東三省各鐵路的事情，加以觀察，他的狡謀也就眞可怕哩！

（1）南滿路的攫取

南滿鐵路，係從日俄戰爭，訂了樸茨茅斯條約以後，纔算是由俄國將南滿路讓租給日本的，此路的範圍，自大連至長春，四三八•五哩，營口綫自大石橋至營口一三•九哩，煙台綫自煙台至煙台煤鑛，九•七哩，撫順綫自渾河至撫順三五•四哩，共六九〇•八哩。

歐洲大戰時，日本不但強佔膠濟鐵路，並對我提出二十一條，要求南滿路與安奉路的期限，展至九十九年，自是而後，其權勢確超過東印度公司以上。尤其是安奉線的問題，當初本係為行軍鐵路，租期十五年，至民前三年，日本政府竟擅自建築，改為專運各國工商貨物，並不放棄其警察保護權，本來南滿路的租權，係由俄國讓渡，而安奉路則確在俄國讓渡的鐵路以外，至是乃直接向中國索取，已與南滿路殊途同歸了。

（2）中日合辦鐵路的作用

日本除去直接經營的鐵路外，又積極擴充中日合辦的鐵路政策，其進行形式，為鐵路借款，據裴錫歐君日本經濟侵略的兩個統計內載，其投資東北事業的金額十五億一千萬元，只運輸業一項，已是四億四千八百二十八萬元，他的主張有兩要點：

（1）壟斷南滿東蒙的鐵路借款權，方法如下

　（甲）反對任何第三國的投資

　（乙）反對中國向任何第三國的借款

　（丙）反對中國不向日本借款而專用中國資本建築的鐵路

（二）採取滿蒙中心政策

務使中國一切鐵路借款，全從南滿鐵路會社執行

鐵路借款的作用有四：（一）建築的鐵路，須為南滿的培養綫（二）多得借款利息（三）圖謀

監察或干涉鐵路的管理權，（四）預備日後直接管理的基礎，吉長鐵路，即是借款修築的一例；此外還有工程承辦的方法，如吉敦路的工程承辦契約，於民十四十月二十四日由滿鐵和交通部簽訂，工程金額一千八百萬元，洮昂鐵路，亦係由滿鐵包工，金額爲一千二百九十二萬元。

上述的吉敦路，日本必欲延長至朝鮮的會甯，就是日本朝野上下，所日夜夢想的歐亞交通的大動脈，此路一成，運輸的路程，大見縮短，由日本出兵到中國，可以朝發而夕至，所以用了種種利誘威嚇的手段，必須急欲築成，在張作霖時代，業已如此。此次佔領了吉林後，馬上先建築此路，已竟達到目的，這也可以說是這囘日本出兵東北的原因之一。

自田中內閣提倡滿蒙積極政策後，復極力要求新路權如下

（甲）長春至大賚

（乙）洮南至索倫

（丙）延吉至海林

（丁）吉林至五常

這四路可以說是東滿大幹路（吉會路）的支線，可以此侵中東路的農林區，在政治經濟上都有很大的作用。

（四）滿蒙五路建築權的要求

民二年二次革命的時候，南京有三個日本商人，被中國的軍隊所殺，日本以我國對懲兇遲不實行，又適值我國選舉總統之際，遂向我國要求滿蒙五路的建築權，此五路者由開原到海龍，由海龍到吉林，由長春到洮南，由洮南到熱河，由四平街到洮南，我國當時以不得已，遂允許之。

（五）日本對於中國自辦鐵路的破壞

（一）新法路（由新民屯至法庫門）民前四年秋，徐世昌爲東三省總督、擬修此路，已與英國波林公司訂定新法鉄路契約；日本竟提出抗議、說和他的南滿路平行，是與東三省善後祕密議定書衝突，其實中日間並沒有這項議定書。後來經唐紹儀明明白白的否認了，但是日本堅執在會議紀錄內確曾有此表示好意之語，中國方面雖不承認，可是日本直到如今亦未將這項議定書發表，而新法鐵路就從此無疾而終了。

（二）錦瑷鐵路和鐵路中立化的計劃 錦瑷鐵路，原是錫良督東時，由鄭孝胥倡議，修築由錦州至瑷琿的鐵路，其款項向美國借貸，那時的美國國務卿洛克司，適有滿洲鐵路中立的大計劃，建築此路，本有可能性的。而日本公使遽向外部下了警告：

「中國政府在決定任何舉動之前，必須先得本政府之許可，如果中國不顧本國（日本）之地位，則兩國交際上所發生之糾紛，其重大必有難測者」並提出兩項要求如下：

（A）日本須參加錦瑷鐵路 凡款項，工程和鐵路材料並建築工作皆可參加

（B）為錦璦與南滿聯絡起見，中國須由錦璦路上某站築一支路，向東南行，與南滿路某站相接。

自此而後，錦璦路遂成了歷史上的一個空名詞，再也無從實現了。

（三）瀋海路　瀋海鐵路，本係商辦，由瀋陽至海龍，長僅一四六英里，民十四動工，民十六竣工，而日本必欲使該路作為南滿的培養綫，強迫瀋海與南滿聯運協定，當時北京政府否認該協定，日本遂於民十七年四月六日出兵千五百名，儼然如臨大敵，終得中國屈服，同時日本只以空言承認以後鐵路協定，必經中政府承認乃為有效云。

（四）吉海鐵路與打通鐵路

吉海係由吉林至海龍的一條路線，是由吉林當局自行籌款建築的，當時日本曾提出抗議，雖然無效，但日本政府竟暗唆日商拒用中國貨幣，並由美國買來的鐵軌，不准南滿路起運，這種不道德的行為，可說是達到極點了。

至於打通路，是自打虎山到通遼的一條短路，由北甯出款建築的，日本也曾提出抗議，說是該路是與南滿路平行的，真正無理取鬧之至。

（五）新交通委員會與滿鐵關係　據最近瀋陽通訊，日本指使丁鑑修關鐸金璧東萬咸章趙欣伯等組織新東北交通委員會，業已成立；所有中日間的鐵路問題，日本將借此機會根本解決，南滿鐵路會社，因此至為滿意；內田江口二人，即將由日歸連，再來瀋陽與該交通委會訂立各種密約。聞南滿當局發表談話，有兩點最值得注意：

（一）近來主張將南滿經營本源地，移到瀋陽，因瀋陽為東北政治的中心，在對外關係上，將該機關移到瀋陽，自極便利；且因將來滿鐵更生的進展策，經濟上經營上的重心，漸由大連移到瀋陽，現在已由數名理事，輪流的常駐瀋陽，卽副總裁亦將於可能範圍內，多留瀋陽。

（二）袁金凱為交通委員會的中心人，除滿鐵北甯中東三路外，凡在東北的鐵路，全在他管轄之下，該會對於滿鐵顯取協調的態度；委員會的最高顧問，當由滿鐵選派適當人物充任。因此所有借款鐵路，都寫着由滿鐵共同經營，或委託經營兩方法辦理。

所謂滿鐵包圍線問題，自可因此解決云：

如此看來，東北的鐵路，在平時尚且屢屢扼於日本的狡計，而況今日，又出了這許多漢奸，甚麼國聯，甚麼非戰，還都不是等於空話麼！

日本在我國金融機關之現勢

吳覺農 撰述

日本在我國金融機關之現勢

一 日本金融資本主義之發展

日本自明治維新以來國內產業漸臻進步金融資本主義之發展已日漸成熟今且挾其濃厚之金融勢力為對華政治侵略及經濟侵略之惟一基本軍隊矣

日本金融勢力之發展吾人可分三個時期說明之第一時期為中日戰爭日本由我國獲得賠償費三萬萬五千萬元並割琉球台灣等為其殖民地於是原料之供給漸見豐富國內之基本工業亦日以發展乃改良貨幣實行金本位制度奠定其資本主義之基礎第二時期為日俄戰爭之結果繼承俄國在遠東之勢力佔懷遼東半島吞滅朝鮮並獲得東三省之原料與市場因之日本之紡織業大見發展重工業以及電汽工業等亦漸次抬頭工商業逐有顯著之進步第三時期即為歐洲大戰列強無暇東顧乃得獨占中國及南洋之市場一方又輸出軍需品於歐洲輸出入貿易日見激增且繼承德國之一切勢力獲得南洋方面之各項原料由是擴充生產蓄積資本由債務國一躍而為債權國由國內投資一變而為向外投資且由資本的投資更進而為帝國主義之領土的侵略矣

日本在此二三十年間投資於台灣及朝鮮兩地者計達三十餘萬萬元日金均由國家資本及財閥所組織之銀行資本所經營凡其投資之處一切產業均為獨佔例如台灣糖業全為三五之糖業公司所操縱凡栽培甘蔗之土地百分之九十八實可稱為全部均為其採取原料之支配台灣人民所經營之公司均受禁止甚至如輸入台灣之煙葉及鴉片原料亦為三井一家所獨佔而烏龍茶二六％煤之六○％亦在其掌握之中朝鮮總工場之半數總生產額之七五％總工業資本之七七％亦為金融資本家所統率而朝鮮鑛業總生產之八○％亦為少數財閥及國家資本所統轄者也

投資於中國者三年前之數字為二十五萬萬圓日金最近之數字自屬更見增加且此項資本之輸出以中國恰為名義上之獨

立國家放較之朝鮮台灣兩殖民地之投資其國家資本與財閥之金融資本之結合有更密切之關係如利用治外法權締結優先條例獨佔各項基本工業免除一切捐稅等且進而管理關稅鹽稅掌握重要港灣鐵路乃至海底電線等在我國領土之內利用軍事的政府的種種策略可謂無微不至無孔不入尤以在東三省一帶重要鐵路商港鑛山工業以至於文化機關言論機關等均被獨占一方右東三省之金融及農產物市場一方更進而左右東三省之一切軍事外交據日本中西氏在改造月刊六月號之報告日本經營之撫順煤礦所獲利益之厚爲世界上任何軍業所不能企及而南滿鐵路自開設以來所賺純利已達三萬五千萬元之鉅而其他由中國所搾取之資金實已難以數計

經營各殖民地及投資於我國之資金則大部分均由朝鮮台灣正金東洋拓殖會社等國家資本與三井三菱住友安田等之閥資本互相結合而成故此次東三省事件之發生實由中國之新興資本與日本帝國主義之資本家發生衝突而起但吾人欲明瞭日本何以能投此鉅量之資金則不能不先明瞭其最近金

一 日本全國普通銀行數資本金及公積金數量

年份	總行數	分行數	實收資本金（萬圓）	公積金（萬圓）
一八九八年	一、七二一	一、三六八	二九四	四〇
一九〇三年	一、七五四	一、四四一	二五八	五〇
一九〇八年	一、六三五	一、六八四	三〇〇	九三
一九一三年	一、六一四	二、〇九九	三九一	一二二
一九一八年	一、三七五	二、三一四	五一三	一六一
一九一九年	一、三四四	二、五六三	七一七	一七三
一九二〇年	一、三二六	二、七九六	九六三	二六七
一九二一年	一、三三一	三、一五九	一、〇四四	三三九
一九二二年	一、七九九	三、一六二	一、四五〇	四九三
一九二三年	一、七〇一	三、二七五	一、四九一	五四三
一九二四年	一、六二九	三、三二四	一、五〇七	五八五
一九二五年	一、五三七	五、三五七	一、五〇〇	六二七
一九二六年	一、四二〇	五、三三三	一、四九六	六六三

二 每一銀行平均資本公積金及分行數

撰述　日本在我國金融機關之現勢

年份	已收資本金（圓）	公積金（圓）	分行數
一八九八年	一四七,六五七	二三,七〇五	七九
一九〇三年	一四二,六一七	二八,二四〇	八二
一九〇八年	一八三,八九〇	五七,三三六	一〇三
一九一三年	二四二,七二七	七五,七八四	一三〇
一九一八年	三七三,一五四	一一七,五八〇	一七三
一九一九年	五三三,五九八	一二九,二〇三	一九一
一九二〇年	七二六,六七六	二〇一,六六二	二一一
一九二一年	七八四,八一四	二五四,七五一	二三七
一九二二年	八〇六,一三〇	二七四,二五六	二八六
一九二三年	八七六,五七五	三一九,三三五	三一〇
一九二四年	九二五,五六八	三五九,二五七	三二七
一九二五年	九七六,三三六	四〇七,九四六	三四九
一九二六年	一,〇五三,九五三	四六六,九三九	三七六

據一九一五年之調查小銀行及中等銀行數為一、一六二行（占全數九七％）大銀行祇三六家（占全數三％）惟總資本中小銀行為三萬萬六千萬元（占四八‧一％）大銀行為三萬萬九千萬元（占五一‧九％）但十年後即一九二五年情形變遷中小銀行一、四三五行（九三‧四％）大銀行一〇二行（六‧六％）而總資本則中小銀行為九萬二千萬圓而大銀行則達十四萬八千萬元前者祇占三八‧四％而後者實占六一‧六％。

以上所述不過說明日本普通銀行勢力集中之傾向藉以明瞭其資本主義形成之過程但本篇目的在欲紹介日本金融資本何以有對華發展之能力欲明其故應進一步研究近年來日本金融界活動之情形日本全國金融機關主要者除銀行外尚有信託公司郵政儲金及保險公司等其他在農村及一般小商人所賴以活動金融之合作信用合作社押當及合會等今祇就銀行信託公司郵政儲金及保險公司四者而言在日俄戰後之金融資本之力不過二十二萬萬五百餘萬圓一九二六年末則激增十倍其實數為二百〇二萬萬四千四百萬元茲示其支配

上錄數字可明瞭其銀行數之減少與資本之增大又每一銀行之資本金平均有顯著之增加銀行之分行數亦循序增多從而資本的地域的勢力亦可得充量之發展又其大小銀行之分配

之勢力如左

日本各金融關金融資力表（單位百萬圓）

年　份	全國銀行	信託公司	郵政儲金	保險公司	合　計
一九〇三年至一九〇七年	二,〇七二	—	一〇〇	三四	二,二〇六
一九〇八年至一九一二年	二,八四〇	—	二八七	七九	三,二〇六
一九二一年至一九二四年	一四,八四七	一,四七八	六五九	一七,一六四
一九二五年	一六,四〇二	三〇七	一,七八四	九二五	一九,三九七
一九二六年	一六,八三四	四九八	一,八五九	一,〇五三	二〇,二四四

鑒上表吾人已可概見日本自歐戰以後金融資本已在高速度的發展，是種金融機關既擁有如此鉅大之資金勢必竭其心力作各方面之投資借貸營業之不足則侵入於工商各業買公債之不足又繼之以向海外作投資赫魯發丁氏在其所著「金融資本論」中曾說明由金融資本主義而為帝國主義之幾種過程其第一時期為銀行之借貸營業在其營業上專營極穩當之借貸雖有時對政府融通資金亦必鄭重考慮故在此時期之經濟行為極為簡單質言之不過為人民與人民間或與政府間之一種金融借貸之介紹機關而已第二時期則為銀行侵入於工商業之時期在此時期因銀行之通貨極為膨脹勢力亦極濃厚普通貸借決不能盡其營業之能事於是向一切工場貨物機械煤礦等為資本之投資不但欲操縱各工商業者之利潤且進而掌握其最高之支配權換言之即各工商事業之所有權須全部移轉於銀行之手舊來之工場主商業主不能不降而為從屬之地位一經動靜全須仰銀行家之鼻息此種勢力一經形成則握有銀行勢力之財閥不僅運用其勢力於國內且須積極開展而為宰割世界之陰謀。

故赫氏斷言金融資本極度發展則其侵略之程度不僅為發得

二　日本金融資本對華投資與侵略

撰述　日本在我國金融機關之現勢

其利用金融資本之勢力自較任何帝國主義者尤爲凶悍也。

必欲圓其大陸政策之夢以遂其領土的經濟的侵略之野心，則

力已有密切不離之關係存焉何況日帝國主義者之根本立場

國之一切行動實與其金融資本之活動即在華日本銀行之勢

之意見則知日帝國主義即使無侵略中國領土之野心而在中

吾人鑑于日本近年來金融資本勢力之雄厚更讀赫氏所論斷

也。

隨於其左右故金融資本之侵略實爲發生帝國主義之原動力

到處均可發揮其獨占之手段而軍隊礦艦之一切武裝自亦護

之以建設鐵路繼之以開發煤鐵任何地方可以作無限之發展

擇入煙稠密需要較多之地位而金融資本的輸出則始

商品之利益且有侵略新領土最強之慾望盆發展貿易尚須選

▲日本工商部所調查者如下

（一）公債及政治借款

有確實擔保之借款　　　　　　　　　一〇〇、五〇二、〇〇〇圓

無擔保及擔保未確實者　　　　　　　四二八、七〇八、〇〇〇

對於地方政府之借款　　　　　　　　一五五、三九三、〇〇〇

合計　　　　　　　　　　　　　　　七一六、一五三、〇〇〇

（二）各種事業之投資

普通商業　　　　　　　　　　　　　八二、三八三、〇〇〇

鐵路運輸　　　　　　　　　　　　　五三三、一二二、〇〇〇

製造工業　　　　　　　　　　　　　六五、四二一、〇〇〇

金融機關　　　　　　　　　　　　　五九、七三六、〇〇〇

建築工程　　　　　　　　　　　　　二七、六一六、〇〇〇

農業投資　　　　　　　　　　　　　三三、二六一、〇〇〇

其他　　　　　　　　　　　　　　　二四六、七二九、〇〇〇

合計　　　　　　　　　　　　　　　一、〇三七、二五八、〇〇〇

前兩項總計　　　　　　　　　　　　一、七五三、四一一、〇〇〇

帝國主義對於弱小國家之經濟的侵略上節已略述概要日本

對我國輸出資本之總數亦已約略述及但其投資之數字究爲

若干則日本各關係機關所發表者均有不同

但工商部調查之數半係估計故其數字未盡可靠茲將日華實

二五

業協會所調査者附錄如下

對東三省之投資　　　一、三二〇、〇〇〇、〇〇〇
對中國借款總額　　　七〇〇、〇〇〇、〇〇〇
來三省以外各地投資　五〇〇、〇〇〇、〇〇〇
合計　　　　　　　　二、五二〇、〇〇〇、〇〇〇

以上鉅量之投資均與其國家有直接之關係欲說明國家資本活動之情形可分兩方面觀察之

（一）與業朝鮮台灣正金三井三菱匯業川崎等銀行及東洋拓殖東亞興業古河電汽大倉等公司之活動其活動之結果約如下列各項

第一為西原借款　總數為一萬萬四千五百萬圓承受債券者即為上列之大銀行及重要公司而其內部實與國家資本無異西原借款名參戰借款表面在使我國參加歐戰而結果則供我國增加內亂一方日本則獲得德國之利權與滿蒙四鐵路中之一部已有。

第二統制各項利權　最初由財閥所組織之中日實業株式會社（現已無形消滅）東亞興業株式會社（資本二千萬圓實收一千三百餘萬）東洋拓殖株式會社（資本金五千萬圓實收三千五百萬圓）等亦在國家資本統制之下其獲得之利權則為中日實業株式會社之挑中煤礦及電話借款東亞興業之南潯鐵路等。

第三為漢冶萍鐵鑛之獲得　日本投資於該公司之款計為四千五百萬圓每年出產約達二十餘萬噸其收買權則完全屬之日本此項鐵鑛可供給全國日本銑鐵之六五％占日本最重要之八幡製鐵所原鐵八〇％。

第四各銀行匯兌事業之操縱與各種企業之管理如橫濱正金銀行台灣銀行等握有匯兌之絕對權以統制中日之商業朝鮮銀行及其他銀行、公司在東三省之事業更不勝記述至其如南通之新農及裕華公司之棉花栽培亦由其直接任管理之任

（二）南滿鐵路公司之體系

南滿鐵路之實收資本金為三八七、一五六、〇〇〇日金（原定資本為四四〇、〇〇〇、〇〇〇）利益之厚上節已略述之矣在其六九八英里之本線中撫順之煤鞍山之銑鐵機械工場及附屬一帶之都市海港均已為其吞吐之地其他如南滿電氣

株式會社尨斯會社大連汽船株式會社大連船渠株式會社窰業株式會社山東礦業（卽營大公司）等所有資本爲爲南滿鐵路所自出四洮線計二五九英里吉長線之七七英里洮昻線之一四五英里等僅用款關係亦無不受其支配滿洲紡織滿洲麵粉廠昌光玻璃公司等以及其他附屬地內之一切事業均在其支持保護之下又其在東三省二十萬之日人亦無不仰給於所謂『滿鐵王國』者也。

據日華實業協會所調查日本對華企業投資額如次（單位千圓）

	紡 織	航 運	製 造 工 業	不 動 注
上 海	一九八，二〇〇	五六，〇〇〇	六六，六〇〇	二〇，八〇〇
青 島	四三，〇〇〇	——	一五，〇〇〇	三〇，〇〇〇
漢 口	三，八〇〇	——	二二，三〇〇	一二，九五〇
天 津	五，八五〇	——	四，七〇〇	二四，〇五〇
合 計	二三二，八五〇	五六，〇〇〇	一〇七，六〇〇	八七，八〇〇

（九江方面之二五，〇〇〇，〇〇〇圓不在此限）

上衣紡織業一種已達二萬三千二百餘萬圓其他製造工業達一萬爲餘圓日帝國主義對我國商品輸出之疑態化的資本

以上僅舉其主要者而言所有一切之企業形態所有一切之經濟活動無不操諸少數銀行界之手故各銀行者實卽間接經營企業之公司也此種銀行之金融資本又與國家資本作深切的結合簡言之實卽日本帝國主義之武裝資本也。

日本帝國主義之武裝資本以企業投資之形態侵略中國經濟實爲輸出商品侵略之變形現再就其投資之狀態攷察之

輸出。在表面視之或以此爲日帝國主義者因近年對華貿易之激減故不得不換其方向其實不然乃爲經濟侵略之更爲露骨

撰述　日本在我國金融機關之現勢

更為嚴厲之手段也。

日本自民政黨執政實行金解禁以來受金貴銀賤之影響商品之輸出嘗使收支不能相抵一方更受世界的經濟恐慌之影響在深刻的不景氣中過剩之生產須向中國尋求出路乃不得不用傾銷方法然我國自本年一月一日宣布關稅自主同時並有防止傾銷條例之頒布於是日帝國主義者乃以工場之對華發展以替代其商品之輸出因此種種關係故自今年以來在我國國內工廠之設立正如雨後春筍蓬勃不可一世即就上海一處而論已辦及正在計劃中者何止數百家。惟此種趨勢亦非近年之新現象過去十餘年前我國關稅問題抬頭後即華盛頓會議以後即有此種趨勢如前紀日帝國主義在華企業之勃興鉅額本非一朝一夕所克奏效且查一八九五年（即光緒二一年）馬關條約第六款第四項中亦已訂有日人在我國通商口岸有製造工業之權放日帝國主義者之向我國投資並非最近之現象。

依據上述日帝國主義者在我國經濟侵略之動機不外三點其

一為金融資本主義者資金之膨脹欲求其資金利益之優厚並

欲支配殖民地及半殖民地之一切經濟勢力不能不向我國謀發展其二為日帝國主義者欲實現其大陸政策對我國作政治的及以投資之形式連合國家資本及財閥資本對我國作政治的及經濟的侵略其三受我國關稅問題之抬頭與小工業企業之興同時受金貴銀賤及世界恐慌之影響乃不得不將從來工業製造品輸出之貿易的侵略變更為工場之一部或全部移入中國利用我國低廉之勞工豐富之原料並藉此以減低其生產費用也故其侵略之方式乃由商品輸出一變而為資本輸出其方法實更毒辣也。

上述經濟侵略之重要機關在表面觀之或以為駐華領事為駐華公使或為日本之外交部e或為海陸軍艦但按其實際則為在中國之擴大日商銀行而已彼恃其資金之雄厚與國家資本之聯絡及在不平等條約之掩護下立於以輸出資本為侵略方法之最前線以支持日本之工商業以壟斷中國之金融市場以下擬一述在華日商金融機關侵略之機能為易於說明計先介紹其分布之形態。

三　日本金融機關在我國之分布

在我國之日本銀行中對於經濟侵略最能發揮其積極之機能者，則為代表其國家機關之橫濱正金銀行台灣銀行及朝鮮銀行。

正金銀行設立最早明治十三年（一八八〇年）即設總行于橫濱其目的全為增進貿易金融之對外匯兌銀行最初資本企為五百萬元政府出資二百萬元現在資本已達一萬萬圓台灣銀行依據明治三十年（一八九七年）四月之台灣銀行法而設立實為台灣之中央銀行朝鮮銀行則依明治四十四年（一九一一年）三月之朝鮮銀行法而設立以代替前在朝鮮之中央銀行者也台灣朝鮮兩銀行均有發行鈔幣之特權蓋即殖民地之中央銀行也。

除上述三國家銀行外尚有日本三大財閥所設立之三井銀行，三菱銀行及住友銀行等在我國各地均有分行或辦事處而其他各地所設立之小銀行數量亦多惟較為次要而已。

正金朝鮮台灣三特殊銀行及三井三菱住友之三財閥銀行在

機　述　日本在我國金融機關之現勢

我國所設立之分行及辦事處為日帝國主義者輸出武裝資本對中國經濟侵略之先鋒隊亦即供給軍需施行各種侵略之大本營而在東三省及其他各地所設立之日商地方銀行則不過為商業侵略工業侵略乃至金融侵略之別動隊茲將在我中國設立之日本金融機關列下。

（甲）六大銀行在我國之分布狀態

一、橫濱正金銀行　資本金一萬萬圓。

中國分行所在地

上海香港廣東青島漢口天津北平牛莊大連奉天開原長春哈爾濱

二、台灣銀行　資本金千五百萬圓已收資金千三百十二萬五千圓

中國分行所在地

上海九江漢口廈門汕頭廣東香港

三、朝鮮銀行　資本金四千萬圓已收資本二千五百萬圓

中國分行及辦事處所在地

二九

安東奉天大連長春開原哈爾濱營口吉林青島上海天津濟南（以上分行）四平街龍井村旅順遼陽鐵嶺鄭家屯滿洲里溪太齊齊哈爾（以上辦事處）

四、三井銀行　資本金一萬萬圓已收資本六千萬圓。

中國分行所在地

上海大連（辦事處）

五、三菱銀行　資本金一萬萬圓已收資本金六千二百五十萬圓。

中國分行所在地

上海

六、住友銀行　資本金七千萬圓已收資本五千萬圓。

中國分行所在地

上海漢口

上述六大銀行中吾人於其設立分行及其分布狀態中已可知其端倪。除三大財閥均以上海為根據地換言之以長江一帶為其基本舞台外朝鮮銀行則注重於東北尤在東三省一帶台灣銀行則儼然襲於我國東南沿海各省而正金銀行則散住於我國沿海重要之商埠其佈置之周密陣容之完備無容細述次言日商之地方銀行

（乙）在中國日商地方銀行分布狀態

（A）在東三省之日本地方銀行

	資　本　金	已　收　資　金	所　在　地
正隆銀行	二,〇〇〇,〇〇〇	五,六二四,三七五	大連
滿洲銀行	一〇,〇〇〇,〇〇〇	二,九〇六,六六二	大連
大連商業銀行	二,〇〇〇,〇〇〇	二,〇〇〇,〇〇〇	大連

（以上兩行東三省各地均有分行）

銀行名	資本金		所在地
大連興信銀行	500,000	2,000,000	大連
四平街銀行	500,000	1,511,250	四平街
長春實業銀行	1,000,000	4,000,000	長春
開原銀行	1,000,000	500,000	開原
滿洲殖產銀行	500,000	500,000	奉天
南滿銀行	1,500,000	3,750,000	鞍山
安東實業銀行	500,000	125,000	安東
協成銀行	1,000,000	250,000	安東
商工銀行	500,000	2,750,000	奉天
日華銀行	500,000	500,000	鐵嶺
振興銀行	1,175,000	500,000	營口
平和銀行	500,000	200,000	吉林
吉林銀行	300,000	75,000	吉林
哈爾濱銀行	2,000,000	500,000	哈爾濱
東華銀行	300,000	—	瓦房店

（B）在山東省之日本地方銀行

銀行名	資本金		所在地
青島銀行	500,000	250,000	青島

撰述　日本在我國金融機關之現勢

工 商 半 月 刊

濟南銀行	五〇〇,〇〇〇	濟南
正隆銀行支店	—	青島
(C)在天津之日本地方銀行		
天津銀行	五〇〇,〇〇〇	天津
正隆銀行支店	—	天津
(D)長江流域之日本地方銀行		
上海銀行	五〇〇,〇〇〇	上海
漢口銀行	五〇〇,〇〇〇	漢口上海
(總行設漢口上海設分行)		
(E)在華南之日本地方銀行		
新商銀行	五,〇〇〇,〇〇〇	二,五〇〇,〇〇〇	福州廈門
(總行設福州分行設廈門)		
華商銀行	七,〇〇〇,〇〇〇	—	廣東
(總行在台灣分行設廣東)		

從上第二表以觀東三省之日本地方銀行亦如櫛次櫛比公定資本達五千萬元日金之多實收資本亦在二千萬元日金以上。論此外尚附屬於金融事業之錢莊東三省各地及青島天津，帶為數亦頗可觀其他各鈔幣交易所及各種放欵機關亦與金融事業有關茲一併探錄如下。

但資本之多寡與銀行活動之實勢力本無直接之關係茲不具

三二

日本在我國金融機關之現勢

撰述

（甲）在大連之日本錢莊

和盛、泰東、華錢莊、山本錢莊、秦信錢莊、秦記錢莊、山田錢莊、純昌號錢莊、義丹福錢莊、永順錢莊、和秦錢莊仁記錢莊、東福錢莊、安秦錢莊、大和錢莊

（乙）在大連之日商放貸機關

東洋拓殖株式會社大連支店（其他各地有分行及辦事處）

滿洲不動產株式會社（資本金一,〇〇〇,〇〇〇日圓）

滿洲不動產信託株式會社（資本金五〇〇,〇〇〇日圓）

（丙）大連北滿及山東省之鈔幣交易所

	已收資本	所在地
大連交易所	官營	大連
大連交易所信託株式會社	七,二五〇,〇〇〇	大連
大連鈔幣信託株式會社	一二,〇〇〇,〇〇〇	大連
大連株式商品交易所	二,〇〇〇,〇〇〇	大連
開原交易所	官營	開原
開原交易所信託株式會社	二,〇〇〇,〇〇〇	開原
長春交易所	官營	長春
長春交易所信託株式會社	一,〇〇〇,〇〇〇	長春
安東商品株式交易所	二,五〇〇,〇〇〇	安東
四平街交易所	官營	四平街
四平街交易所信託株式會社	五〇〇,〇〇〇	四平街
公主嶺交易所	官營	公主嶺
公主嶺交易所信託株式會社	五〇〇,〇〇〇	公主嶺
奉天交易所	官營	奉天
奉天交易所信託株式會社	三,五〇〇,〇〇〇	奉天
青島交易所	一四,〇〇〇,〇〇〇	青島

上述交易所及交易所信託株式會社（即交易所信託股份公司）為各該地方壟斷經濟市場之機關。與各地銀行均為不可缺少之重要設施。此種機關大都均由日帝國主義者之官家所辦理，即可明其原委。此項交易所市場雖祇為特產品及紙幣之買賣，但鑒于下述交易數量之鉅，即可知其在各地之勢力與交

其中如紙幣交易係買賣正金銀行所發行之鈔票與朝鮮銀行之金票爲主我國爲流通銀貨之國家日帝國主義者在東三省一帶竭力謀金券之流通對於經濟上侵略之野心至爲露骨故與上項所述之日本金融界在東三省及其他各地侵略之手段均應加以重大之注意茲錄東三省各交易所在一九二九年所買賣之數量

（甲）在東三省六官營交易所之買賣額

大豆　　　　一四、七七二、三〇〇、〇〇〇圓
高粱　　　　一、〇九八、〇一九、〇〇〇
豆粕　　　　五八、二一八、〇〇〇
豆油
紙幣　　　　一三九、七三、〇〇〇、〇〇〇

（乙）東三省民營交易所之買賣額

麻袋　　　　七、七四八、〇〇〇
股份　　　　七、一四五、〇〇〇
紗　　　　　二、六四六、〇〇〇

布　　　　　五八、〇〇〇
麵粉　　　　二二三、〇〇〇
紙幣　　　　一三七、七一八、〇〇〇

四　東三省日本金融機關侵略之步驟

叙述東三省日帝國主義之金融侵略吾人須先說明其過去之歷史光緒二十六年（一九〇〇年）一月橫濱正金銀行在牛莊設立分行爲在我國內地設立銀行之嚆矢由日俄戰爭之結果使該行在東三省更大之發展光緒三十年（一九〇四年）八月設分行於大連翌年五月又於奉天旅順鐵嶺等處分別設立分行日俄戰爭時日軍在我國會發行軍用券一萬五千萬圓日政府爲收囘此項軍用券起見遂允許該行發行銀圓兌換券並在大連及中國各地方充作法幣有強制通用之力同時又在旅順遼陽安東長哈爾濱等地增設分行且該行不僅享有一切特權並賦予彙理東三省之日本一切國庫事業矣

光緒三十三年（一九〇七年）銀市暴落影響於日本官商之收

撰述　日本在我國金融機關之現勢

日政府在關東都督府之金庫以及南滿鐵路之收支均改爲金本位制於是日本銀行在國內通行之鈔幣乃大見增加但同時爲箝制東山省之金融起見故日政府又許可正金銀行發行金幣券故此時民間所通行者實爲金銀兩種之複本位制朝鮮銀行於民國二年在奉天大連長春開設分行或辦事處亦有發行兌換券之特權於是東三省流通之日本貨幣計有

一、日本銀行所發行之兌換券及輔幣即日本內地所流行之紙幣。

二、正金銀行所發行之金券及銀券。

三、朝鮮銀行所發行之金券。

上項貨幣雜然並存故日本政府對外之信用與國家之收支均有影響故日政府於民國六年十一月思有以統制在滿蒙之特殊金融機關乃決定爲下列之分配

一、以東洋拓殖會社供給東三省日本各項企業之資金

二、以朝鮮銀行爲普通商業金融之中心機關並代理一切國庫事務。

三、以正金銀行專營匯兌及貿易金融事業。

四、廢止正金銀行之金幣券爲法幣使朝鮮銀行發行之金券強制通用於東三省各地

自此以後日本金融界在東三省之活動漸告統一正金銀行所發行之鈔幣停止爲法定貨幣而朝鮮銀行之金券則爲大連及南滿鐵路附屬地公私一切之法幣並可爲無制限之通行但正金銀行之銀圓鈔幣雖失其強制力惟大連及各地特種農產品之買賣仍須信用銀幣故對於鈔幣之需用仍年有增加

以上所述爲日本在東三省銀行勢力之發展及其進行統一政策之經過其次擬分述日本金融勢力壟斷東三省之情形

（二）吸收存款以運用其資金　日本在東三省之銀行據專家估計共有資本一七五、一五五、〇〇〇圓已繳資本爲一四〇、〇三一、二八七圓此項實力已較我國在東三省之銀行及銀號等爲大但金融業之活動固不在資金之多寡而在吸收存款及經營業務之手段茲將朝鮮正金等重要銀行之存款及貸款數量列表如下

存　　款　　放　　款

三五

工商半月刊　　　　　　　　　　　　　　　　　　　　　　　　　　　　　　　　　　三六

銀行	種別	金額一	金額二
朝鮮銀行	（金）	三八,〇一八,六六九	一二三,九〇二,四〇四
	（銀）	一,四三三,九八九	二,四九〇,四九一
	（大洋）	七,四六〇一	
正金銀行	（金）	一三,四九一,七一三	一七,二五六,八九四
	（銀）	一五,五二七,二〇八	六,五二二,〇〇七
	（大洋）	七,四六一	
正隆銀行	（金）	四九,〇八三,九一	六九,六九三二一,五九一
	（銀）	一,七七六,九八三	三,二六四,四三三
	（洋）	七,四二二	七,七三六
	（洋票）	一,五九七,三七一	一,〇五七,三四四
滿洲銀行	（金）	一四,七二〇,八〇〇	三六,八三八,九六〇
	（銀）	五,五六六,七二二	二八,四七一,九
	（洋）	三〇六,二三四	一七〇,八四二
	（洋票）	一,一七四,〇二八	六六八,一九八
	（銅）	八,九四,三八八	二二〇,三八九

尚有東洋拓殖公司之貸出資金計大連分行有二四,一五七、九,〇一八,四〇九圓合計金額爲四八,九七四,三七八圓其他各小銀行及錢莊所存貸之數尚不計在內總數當有三萬萬六二〇圓奉天分行有一五,七九八、三四九圓哈爾濱分行有

距額之存款彼即以吸收當地人民之現款重復剝削當地人民之脂膏此其以金融勢力宰割東三省陰謀之一。

(二)盤剝重利以壓迫東三省之工商業。日政府一方以低利融通於其東三省之各日本銀行同時且以極高之利息以盤剝當地人民兹將大連各銀行存放之利息列下。

銀行	存款利息 活期存款 最高(分厘)	活期存款 最低(分厘)	長期存款 最高(分厘)	長期存款 最低(分厘)	放款利息 不動產 最高(分厘)	不動產 最低(分厘)	證券 最高(分厘)	證券 最低(分厘)
朝鮮銀行	一.八	一.四			二.九		二.四	
正金銀行	六	一.○			三.五	二.九	二.七	
正隆銀行	一.○	一.八	三.○	二.八	三.四	三.○		
滿洲銀行	一.○	一.八	四.○	三.○	三.二	三.○		
大連商業銀行	八	一.二	四.○	三.三	三.八	三.○		
振興銀行	一.○	一.三	一.八	四.○	二.二	二.四		
平和銀行	一.○	○.九	○.七	○.六	三.○	五.○	三.五	

以上祇就大連一地而言存款利息最少不過一分八厘而普通放款利息最低亦在二分二厘以上其最高額有超出重四外五分者此種利息之高實為天下古今所未聞至其融通於其本國商業者則敲骨吸髓實為任何高利貸所不經見此其以盤剝重利之手段在東三省壟斷金融陰謀之二

撰述　日本在我國金融機關之現勢

（三）發行不兌換之紙幣。在東三省正金銀行之鈔幣發行額，年均約為二三百萬元高時為五百萬元亦有低至百萬元者惟在特產品繁盛之際必須有大銀幣之流通實際運用額須超出二千萬元之鉅且此種鈔幣不能兌換銀圓實為一種不兌換之紙幣如向發券銀行要求兌現時則該行仍須換算為上海匯兌之款此種變則的方法不僅混亂東三省之金融且實質上竟可操縱東三省及我國內地貨物之價格至於抵銷匯兌利率等猶其餘事也此為日帝國主義者壟斷東三省金融陰謀之三。

（四）利用關稅以推行其紙幣。正金銀行之鈔票在東三省既如不兌換然却有牢固之勢力者其直接原因則為上述特種農產物之收買其他尚有日帝國主義者所布置之大連關稅之徵納亦須使用正金銀行之鈔票大連海關每年之徵收額如下。

一九二九年　六，二二七〇，〇〇〇關兩
一九三〇年　七，〇〇〇，〇〇〇關兩

以上數改算之每年均在一千萬元左右是其鈔幣之流通無形

強制其流通使東三省之金融市場外一面以朝鮮銀行以襲斷東三省之經濟組織轉換於金建本位基礎之上。如是不僅日本關於經濟之侵略得以統制一切而併吞滿蒙之野心亦得依其預期而實現此為日帝國主義壟斷金融陰謀之五。

之省之市面但因當地人民在使用銀貨之習慣上殊不歡迎金券之流通故不得已使金券銀券同時通用日本在東三省勢力延而實行其第二步之手段者即以正金銀行以襲斷東三省之金融市場外一面以朝鮮銀行為銀本位之貨幣同時通用因我國東三省所流通者仍以金銀兩種之貨幣也日本帝國主義者最初擬以日本之紙幣直接統制東三省一切官公銀行之勢力盖該行為代表日本國家資本在東三省活動之主幹也日帝國主義之武裝資本何以在東三省至少約達四千萬圓此項金票在市上流行甚廣得以操縱東三約約達七千萬至一萬萬二三千萬圓且金在東三省流通之額

（五）利用金銀兩種貨幣以統制市面　朝鮮銀行之金券發行中仍千以特殊之便利此為日帝國主義者襲斷金融陰謀之四。

（六）利用陰謀擾亂東三省之金融。日帝國主義者在東三省之金融勢力既侵入於任何部分且如上述之布置既已就緒于是進而施其最兇狠殘辣之手段其下段爲擾亂東三省之金融市場其操縱襲斷之方法如上所述一面利用金銀刑本位同時通用同時在其庇護卵翼下之官營及民營交易所買空賣空並勾接中國私人設立之錢莊銀號等操縱市而使本票官帖洋票等不能立足於東三省此項計劃彼亦完全奏功例如民國十四年奉票百元可兌日本金鈔六十圓民國十六年則不及三十圓十六年更慘落至十圓十七年爲五元十八年則不及兩元。最近則更慘落至不可名狀此雖由於東三省之銀號難免有濫發之弊而其暗中作祟者實爲日帝國主義也此其襲斷金融陰謀之六。

以上所陳不過報其陰謀之大者言之其他尙有爲吾人所不及知者吾人現祇就橫濱正金銀行一行最近之公積金言之據日人調查東三省一處已達一萬萬日金之鉅凡此所得省吾東三省人民之脂膏也其他爲朝鮮銀行及一切小銀行等所攫取于東三省人民之脂膏更爲數之鉅更爲難以數計而爲禍之烈恐亦

撰述　日本在我國金融機關之現勢

五　中國內地日本銀行之勢力

東三省日本帝國主義之地位與其侵略之種種陰謀已分述如上日本在其他之侵略自以東北爲其第一根據地放其在東北之勢力較任何地方爲優越而其布置之積極亦較其他地方爲更甚但長江一帶爲中國產業之中心日帝國主義者亦豈肯置之不顧惟其方法似較在東三省者爲和緩而其勢力亦不若在東三省之咄咄逼人而已

至其侵略長江一帶及其他各地之方法不外以商品輸出之貿易的侵略與資本輸出之企業的侵略兩種貿易侵略與企業與侵略之惟一後盾則仍爲金融資本家也

惟東三省爲其特殊權益之地東三省以外特權較少如發行兌換券則祇限于橫濱正金銀行在青島之支店其他地點則仍爲日本普通所通行之國幣青島正金銀行兌換券發行額究有幾何尙無確實統計據日人自稱約在百萬圓內外當歐洲大戰之際日本由德人之手佔據我國之青島彼時因有

其統治之下正金銀行紙幣曾通行一時嗣後已漸漸減少目下流通市面者除日本銀行紙幣與朝鮮銀行券約有二十萬圓左右青島交易所之買賣及各種貿易之付款仍以正金銀行之銀圓券為標準同時濟南及膠濟鐵路沿線地方亦能自由流通故正金銀券仍有相當之地位惟內地之華商金融機關勢力尚能雄厚倘我國官商能積極預防不使其養成實際勢力則將來正金銀行之銀圓券或可驅出青島市場未可知也

惟日本在東三省以外各地金融機關之侵略手段亦有特殊集注之點其事惟何即前述正金朝鮮台灣三井三菱住友等六大銀行均以上海為根據地積極的為各種活動是也

該六大銀行擁有二萬三千萬圓日金之大資本在中國之日本紗廠中投資約一萬七千萬圓其他製造工業之投資約為五千六百萬圓日本在中國及沿海之航運堆棧以及其他一切工商事業等之經營匯兌墊款等業務無不直接間接與上述之六大銀行有關係此外有數字足為證明六大銀行侵略行為者則每年由日本輸入中國之商品值三二七,一六五,〇〇〇關兩由中國輸往日本之商品為二二六,五五五,〇〇〇關兩(

均據一九三〇年海關報告)兩共合計達五萬萬四千三百七十二萬海關兩之鉅此項輸出入貿易資金之融通匯兌之處理均由在華之六大銀行負責辦理尤甚者如正金銀行本為日帝國主義特別指定為執行對外貿易之匯兌銀行彼每年特由日本政府另行融通數百萬之三厘利息之資金為普通小商人低利之借貸又如去年日本所頒布之輸出補償法每年亦定有補償費二三百萬圓凡各銀行因匯兌抵押等運往外國之貨物如到期有不能付款或致損失者各銀行均可向其政府取回十分之七以下之賠償費其他由國家銀行種種補助與日本政府間之互相連絡自不能悉其底蘊但此種銀行一方出國家乃至國家資本為其後盾一方伸其魔手掩護各日本工商業之分子積極作對華之侵略其地位之重要豈待吾人之煩言

今試就上海匯兌市場中關於日本金之買賣一種而言其主要勢力為誰吾人當知必為六大銀行也今將一九三〇年上海匯兌市場中日本金美金及先令買賣交易之數量每日估計數如左

	日金匯兌	美金匯兌	先令匯兌
最高紀錄	六〇,〇〇〇,〇〇〇日圓	二,〇〇〇,〇〇〇美金	五五〇,〇〇〇英磅
普通紀錄	八,〇〇〇,〇〇〇	五〇〇,〇〇〇	一五〇,〇〇〇
最少紀錄	一,〇〇〇,〇〇〇	一〇〇,〇〇〇	五〇,〇〇〇

上表中日商銀行之買賣日金約占其八〇%美金約三〇%英磅約達二〇%。

故上海市場祇就日本銀圓之買賣一種而論每年平均當在三十萬萬圓左右平均每百圓之囘扣以五元計已達一千五百萬元之鉅故日商六大銀行在上海匯兌市場之勢力實已壓倒其他各外國銀行卽從前一切勢力集中於英商銀行者彼亦已有取而代之之勢彼有如此大勢力之原因其一係日本輸出之資本年年增加其二因匯兌市場尤其是日金匯兌市場已獲得鉅大之利益其三由日政府積極之保護妙方法在中國已獲得鉅大之利益並由國家予以積極之連絡予在華各日本銀行以種種之便利因此在華各日本銀行隱然有氣吞山河壓斷中國經濟勢力之權威此實日本帝國主義者以武裝資本與輸出資本侵略中國經濟上重要工具中當然之結果也。

撰述　日本在我國金融機關之現勢

四一

清华周刊

《清华周刊》创刊于中华民国3年（1914）3月，至民国26年（1937）5月共出版676期。抗战爆发，清华南迁，《周刊》被迫停刊。民国36年（1947）2月复刊后，只出了17期便再次停刊。

《清华周刊》是学生刊物，上至总编，下至发行，大都由学生担任。虽然如此，它仍是当时影响力很大的综合性刊物；一份学生刊物具有如此规模，能延续如此长的历史，在中国教育史上是鲜见的。闻一多、顾毓秀、梁实秋、周培源、梅汝璈、贺麟、蒋南翔等都曾担任过《周刊》的主编、经理等重要职务，并在《周刊》上发表了不少文章。

《清华周刊》杂志版权页

清華週刊

第三六卷　第五二三期

目錄

二十一條約的研究	王鐵崖
從陳楨普通生物學說到中國一般的科學課本	李長之
毒氣化學概要（Dr. S. P. Schotz 原著）	邊　譯
日本在東北的通信機關	張露微
幾個合作村的實例（Charles Gide 原著）	方　譯
中國地質體系	夜　郎
風波	何　鳴
鑰匙	郝御風
記託諸夫先生琴音	郝御風
偶像的破碎	李文潛

國立清華大學週刊社出版

中華民國二十年十二月二十六日

日本在東北的通信機關

張露薇

日本帝國主義在東北的勢力的發展，是由各方面入手的，舉凡教育，財政，通信等等，都有了相當的設施，這種種的設施簡直是把東北殖民地化，說殖民地化，還不如說是『日本化』好些；自然，東北是一個虎口裏的東西，如果我們沒有堅絕的心去拯救她，雖然日本即是把殘暴如野獸一樣的兵士調撤囘去，可憐的東北，恐怕也是壽命不永的了。

通信機關是人類進步的表現底產品，是社會上人與人間交通的器具，正好如人身上的血管，支配着整個的肉體。我國在東北的國家通信機關，在大都市如瀋陽，哈爾濱，吉林，長春諸處尚較比設備完全一些，其餘各外縣，極爲閉塞，自然是交通不發達的原因，因而，通信機關也辦事遲緩得很，弄得變成一個無聯絡無組織的死的社會。

日本人走到那裏，總是携帶着各種侵略的方法。在通信一方面，其在我們的東北亦有着相當的發展，雖然範圍還不甚大，然而已足可驚人了。現在，且將日本在東北的通信機關的狀況，簡略的說一說，由此很可以看出日本侵略東北的計劃，是整個的有組織有計劃的不停的進行。

（一）通信機關的過去 東北之有日本的通信機關，是起於日俄戰爭的時候。當時爲了軍事的便利起見，日本曾設野戰郵政及軍用電信等等軍事通信機關，這就是日本在東北有通信機關的開端。追明治三十九年（1908）七月關東都督府公佈了郵政電信局的條例，乃自是年九月一日起開始實行，以前的軍事通信機關亦都由之繼續辦理。

近來，因了時勢的進展與推移，以前的條例已知有改正的必要，所以已經多年的改正，使之合於現在的應用。現下的通信機關的制度，是依着大正九年（即民國九年）十月關東廳遞信官署（即郵政科）的條例。遞信官署在關東廳的管理之下，所設之中央機關名爲『遞信局』各地方機關爲所謂郵便局（即郵政局），電信局，電話局及郵便所等等。遞信局總凡一切普通信事務皆在其掌握之下，權勢甚大。現在，遞信局的事務是日日的增加，亦在日日的改良，以便極力的做一種帝國主義的侵略機關，前途亦甚可使國人望而興歎了。

（二）通信的機關

（a）中央機關——最初時，中央機關稱之爲郵便電信局，明治四十一年（1910）十月改稱爲通信管理局，自大正九年（1920）十月始改稱遞信局，以延稱至現在。內部分庶務，監理，電氣，經理，工務，儲金，及遞信講習所等六課。

（b）地方機關——地方機關是隨着時代，依着需要而變更的：在軍政的時代，因爲了戰爭，乃設野戰郵便局及軍用電信所等，這也就是地機關的發端。自後，日俄戰爭結束，日本侵略東北之野心更爲增大，乃繼承以前之通信機關（當時只有九十四處而已），而發展至現在，則有郵便局，電信局，電話局，郵便所，郵便取扱所，電信取扱所，電話取扱所等等，合計共有三百八十四處。各通信機關設置之年代及數目等，可見下表，由此，亦很可以看出日本的通信事業在東北發展的猛速了。

通信機關表

	一九〇八年度末	一九一二年度末	一九一六年度末	一九二一年度末	一九二六年度末	一九二七年度末	一九二八年度末	一九二九年度末
遞信局	1	1	1	1	1	1	1	1
郵便局	36	30	30	42	40	41	42	42
無綫電信局	—	3	3	2	3	3	4	4
電話局	—	—	—	1	2	2	2	2
電話分局	—	—	—	—	—	1	1	1
郵便局出張所	8	14	16	13	8	8	9	8

種類							
郵便局出張所分室			5				
電信取扱所	7	7	8	6	6	6	6
郵便所	10	10	6	16	17	18	20
郵便取扱所	70	74	75	146	150	149	150
公衆電信取扱所	40	59	73	85	90	92	94
無線電信取扱所				1	16	21	34
電話取扱所	3	7	9	20	19	22	22
電信局	1	1					
總計	45	179	208	235	339	354	365	384

如按表算，現在共有通信機關三百八十四所，其餘倘有郵便電話支局，電信局出張所，公衆電信取扱所分室等，較為次要，倘有許多所。

關於此種業務，如果分類觀之，可如下表：

種類	數目
郵政局所	220
電報局所	201
電話交換局所	31
電話通話局所	84
總計	536

由上表觀之，總計共五百三十六所，織成了東省南部之通信網，日人之侵略之心，亦可謂毒辣矣。

以下，對於主要的，日本在東北的主要通信勢力，如郵政，電報，電話，航空等等，如以簡略的說明。

(三)郵政 郵政機關，在日本初設時，僅有四十餘所，以後漸漸普及，漸漸增加，至昭和四年(一九二九)度末，其總數已經達二百二十所了。凡南滿鐵道之附近較大的地方(自然南滿鐵路的各站亦在其內)都有了日本的所謂郵便局(即郵政局)，其中最大的即在大連，其餘如瀋陽，長春等處的，規模亦都宏大得很。

在東省的南部，即日人所稱爲南滿的地方，日本郵政機關遞信，即依着南滿鐵路及金福鐵路，尙有很少由普通大道及船隻運轉的，在那一個勢力範圍下，也算便利得很了。

與日本內地的信件往還，通常都從安東經朝鮮之鐵路，然後載至日本，由日本往東省南部即則反之，每日平常寄郵兩次。郵包則由神戶大連間之船載，每三日可以寄郵一次。再者，自昭和四年（一九二九）四月起通常的包裹由東京大連間的航空機帶運的也很不少，這個自然便利的多了。

東省南部與朝鮮間的郵件往還，較爲便利，凡自大連，安東，長春，瀋陽付郵的，郵局每日寄郵三次，皆由鐵道運送，亦有時利用船隻，因船隻有時也較爲便利。

日本在東省南部之郵局，因是中國之地，所以在有所謂日本郵便局的地方，即有中國郵局在。在安東，瀋陽，長春，遼陽，營口，鐵嶺，大連，四平街等八處皆有交換局，每日交換遞送。中國方面自然以北寧鐵路，中東鐵路，吉海，瀋海，泗洮諸鐵路爲運送的骨幹，其餘依賴着河流的地方倒並不多。再者，日本郵便局如往中國山東及中國南方寄遞，則多依靠着由大連開往煙台，天津，及上海的船隻了。

往外洋的寄遞，主要的有兩條路：一條是經西伯利亞鐵路，可以達到歐洲各國，一條就是依賴着航渡太平洋的船隻，而到往亞美利加去。

由了以上的情形，我們看到，日本在東省南部的通信事業已經扎下了相當的根底，在這次事變後，恐怕又要猛進的增加通信機關了。現在，且把各年度的郵政線路里數及郵寄的物數列表於下，作爲參考：

(一)郵政線路里數

年度	通常道路		鐵路		水路	
	實里數（單位）里	延里數（單位）里	實哩數（單位）哩	延哩數（單位）哩	實浬數（單位）浬	延浬數（單位）浬

年						
1909	103	167	705	2,167	○	○
1912	71	48,941	691	1,067,820	580	72,732
1916	50	53,338	691	1,210,612	580	101,520
1921	144	43,257	1,083	1,401,006	1,123	211,080
1926	21	142	695	6,374	1,945	2,873
1927	20	110	1,365	5,867	1,875	2,899
1928	20	111	1,365	5,867	1,875	2,899
1929	21	113	1,368	5,881	1,875	2,725

(二)郵件數目

年度	普通信件			普通包裹		
	發出	收到	共計	發出	收到	共計
1908	12,821,242	13,014,613	25,835,855	52,941	146,072	199,013
1912	13,182,814	16,636,493	29,819,307	197,882	346,804	514,686
1916	18,650,218	22,191,108	40,841,326	233,574	484,580	728,154
1921	45,261,990	50,470,004	95,731,994	396,993	827,118	1,224,111
1926	41,656,134	48,410,573	90,066,707	334,981	739,941	1,074,622
1927	49,949,123	54,043,850	103,992,973	346,931	799,612	1,146,543
1928	57,559,461	61,491,136	119,050,597	390,306	933,988	1,324,294
1929	56,765,242	63,026,517	119,791,759	421,202	1,096,399	1,517,602

由表中的統計，我們可以看出郵件是一年比一年猛烈的增加，剝奪了中國一部分的主權，自然也是像表一樣的在增加着，這樣的郵政一方面，已殼可怕了。

(四)電報

在日本初在東省南部設置通信機關時，電報的事務由於臨時電信隊掌管，與郵政機關完全是相異的系統。自從所謂都督府接辦以後，乃與郵政局合併起來，為一統一的通信機關。現在日本努力的改良，擴大，差不多南滿鐵路各車站皆有公衆電信取扱所（即公共電報辦理局）的設置。再一方面，還有無線電報的設置。經了銳意的經營，以前只有四十四處，而至今年三月末却已增加至二百零一處了。

電報的達到的範圍亦非常的廣，同時與我們中國的電報局聯絡，使兩國間的貿易又有了很大的資助，也就是，侵略著東省更進一步，更較比的便當了。

有線電報對於中國發生關係，是在明治四十一年（一九一〇，民國前二年）十月中日電報協約締結之後。次年三月，在瀋陽，營口，遼陽，鐵嶺，長春及安東六處之日本電報局便與當地之中國電報局共設連絡的電報線，及線杆等。另一面，日本人又在大連煙台間敷設海底電報線，大連與煙台之中國電報局間乃完成直通的電報線。時與中國內地及各國亦互相連絡，以便於通達消息。日本內地亦可由大連海底線及京城瀋陽線漸漸通達了。

因了日人鑒於增加電報線的必要，乃於民國八年五月設置東京大連間的一線，同年六月大連瀋陽間的直通電報線亦已完成。其後又設長崎大連間的海底電線於民國十年四年起已經開始使用了。

其餘電報通達地，如朝鮮，台灣，樺太等地；再，往歐洲則上海，香港等處經過，亦由蘇維埃土地經過；往美洲，則依靠著東京與舊從金山之無線電報連絡，得以通達。

現在，將電報之線路里數及電報通達次數，列表於下：

（一）電報線路里數

	架空					地下庫布爾線			水底庫布爾線		
	裸線		庫布爾線								
年度	線路	線條	線路	線條	心線	線路	線條	心線	線路	線條	心線
1908	353里	1,681里	一里	一里	一里	一里	一里	一里	35里	35里	35里

1912	238	1,114	—	—	—	—	—	—	1	1
1916	238	1,528	0	0	2	0	0	1	0	1	1
1921	226	1,973	3	3	132	0	0	1	1	1	2
1926	220	2,075	6	10	181	0	0	7	1	1	2
1927	226	2,072	6	9	176	0	0	7	1	1	2
1928	290	2,223	9	9	248	0	0	7	1	1	2
1929	1,189,259	8,774,244	36,165	36,165	1,038,407	576	576	26,208	1,587	1,587	3,174

注：一九二九年度所用之單位為『米』。

(二) 電報通達次數

年度	發報			收報			轉報
	日本電報	外國電報	共計	日本電報	外國電報	共計	
1908	201,800	90,240	292,120	205,119	65,128	270,242	212,724
1912	861,980	34,194	896,174	793,681	36,239	822,920	,168,171
1916	1,246,656	72,944	1,321,600	1,171,954	80,188	1,252,142	1,566,893
1921	2,205,402	126,987	2,332,389	2,105,766	117,271	2,223,068	2,571,442
1926	1,811,806	211,665	2,023,468	1,734,457	208,850	1,943,310	2,249,000
1927	1,849,113	218,355	2,067,468	1,758,276	217,681	1,975,957	2,227,021
1928	1,961,342	219,978	2,181,320	1,872,991	224,006	2,096,997	2,334,955
1929	1,937,223	271,294	2,154,517	1,842,755	230,232	2,072,987	2,353,402

由上列兩表可以見得，電報線路里數及通達次數，是一年比一年增加的。以下，再說無線電報一方面。

無線電報之初設是在一九一〇年十一月，由日本海岸局在大連沙砣子處設置。次些時候，乃由船舶局，設置於由大連至上海間的輪船櫛丸所闢徑的航路。自一九二二年十一月以來，如大連汽船株式會社（即大連輪船公司）所屬的大連丸及奉天丸等大船，皆設有無線電報局。其餘各較大的船隻也都有無線電報辦理所的。現在，共有陸上局一所，船舶局三所，其他官廳及私人用者竟達六十五所之多；此外，在日本所侵略的地方，更圖有較新的設施，日人極為努力。現在，大連無線電報局之採用中央操縱，各輪船無線電報局亦都裝置了真空管式的機械，其他的新的裝置亦極可觀了。

日人關東廳遞信局，曾與東三省無線電臺監督處，有所謂特別協約的締結。自一九二三年九月以後，大連，哈爾濱的無線電報便已開始聯絡。又在一九二六年十二月後，日人的瀋陽，長春兩處的郵政局曾與當地的中國無線電報局連絡，有此種種設施，日人的銳意經營，所以無線電事業亦是日日的在進展着。

(五)電話 最初，日人所設的電話機關，只是為軍事上用的。其後，在大連，瀋陽，鐵嶺，新民，旅順，公主嶺，安東及柳樹屯等九處設備的電話都變為日人公用的了。近來，因了日人在東省南部的資本主義侵略政策的日日進展，日人的工商業漸漸的發達，所以長春，撫順，大石橋，金州，開原，四平街，本溪湖，瓦房店，沙河口，海城，普蘭店，鞍山，貔子窩，郭家店，熊岳，范家屯，松樹，新臺子，昌圖，雙廟子，城子疃及新城子各地皆已有長途的電話，各地亦皆有日人的電話所及公眾電話所的設置。至今，電話交換局共有三十一所，通話辦理所共有二百零九所。

以外，尚有市外電話的設置，計有大連，長春間的四百三十五英里，瀋陽安東間的一百七十英里，計共六百零五英哩。

因了經濟交通的狀況的發達，而日人的電話當然感到有與中國電話連絡的必要了。如營口，本溪，長春，四平街，公主嶺，瓦房店，蓋平諸處，中日間的電話皆互有聯絡，以後，大連，安定，瀋陽，旅順諸處，與北平，天津，洮南都有長距離的國際間的聯絡。

現在將電話的中日國際間聯絡的距離等，列表於下：

區 域	距離(哩)	每次通話時間
大連——瀋陽(中)	246	3分鐘
大連——天津	701	,,
大連——北平	788	,,
大連——洮南	558	,,
瀋陽(日)——天津	455	,,
瀋陽(日)——北平	542	,,
瀋陽(日)——洮南	312	,,
旅順——洮南	595	,,
旅順——瀋陽(中)	283	,,
旅順——天津	738	,,
旅順——北平	825	,,
安東——瀋陽(中)	170	,,
安東——洮南	482	,,
安東——天津	625	,,
安東——北平	712	,,

註：(1) 註(中)或(日)字者，即該地有兩種電話，一個中國電話，一為日本電話。

(2) 在中日皆有電話之城市，在城市中每通一次話，（由中國電話較日本電話，或由日本電話轉中國電話）日本收費金票二錢，中國收洋二分。

在東省南部日本所用之電話，最近改成自動式的很多。因為語言的關係，自然是如此改變，就便利的多了。這種改良的計劃，乃自一九二三年大連埠之改為自動電話，為其開始。一九二七年四月，沙河口郵政局改裝了自動電話，其次於瀋陽，撫順，貔子窩，諸處修築房舍，瀋陽之日本自動電話乃於一九二九年七月開始通話，撫順的於一九二九年二月開始通話，貔子窩的於一九三〇年五月開始通話，成績皆甚可觀。

現在，將日本人在東北歷年的電話線路里數及用電話之人數及通話度數，列表於下：

（一）電話線路里數

年度	裸線		架空 庫布爾線			地下庫布爾線		
	線路里	線條里	線路里	線條里	心線里	線路里	線條里	心線里
1908	184	704	0	16	61	—	—	—
1912	316	2,584	9	20	1,899	1	1	476
1916	337	2,851	11	21	2,836	1	2	1,089
1921	402	5,136	34	65	8,902	1	4	3,212
1926	476	5,916	57	84	10,842	2	6	6,157
1927	520	5,994	58	90	11,744	2	7	7,491
1928	546	6,992	62	92	11,710	3	12	9,597
1929	2167,498	28,641.365	299.992	417.226	50,435.000	13.537	48.784	42,108,766

註：表中一九二九年度之單位用『米』。

（二）用電話之人數及通話度數

	(a) 用電話之人數		(b) 公眾電話所數
	人員	機數	
1908	785	785	—

1912	3,630	3,836	42
1916	4,976	5,434	58
1921	11,155	14,318	74
1926	14,816	17,046	99
1927	15,484	17,921	106
1928	16,407	19,051	117
1929	19,153	21,929	125

再者，尚有通話次數，因無關重要，暫不列表。在一九二九年爲153,090,304次云。

(六)無線電 無線電(Radio)起自歐美，以傳達音樂，講演，戲曲，及氣象報告，新聞報告等，即爲社會之敎育利器，又爲公益之機關，所以非常的重要。日本在東北亦有相當之設置，在一九二五年八月由遞信局之大連放送局(呼號：JOAK，波長：395 M，電力：500 W)開始放送。近來，更有着相當的進展。

現任，將大連可以放送到地方的狀況列表如下：

呼號	波長	電力	所在
KRC	310	150	上海
NKS	318	50	上海
JOIK	361	10,000	扎幌
JOHK	390	10,000	仙臺
XOL	480	500	天津
RLZO	460	1,500	浦鹽
JOAK	345	10,000	東京
JOBK	400	10,000	大阪
JOCK	370	10,000	名古屋
JODK	435	2,000	京城

COMK	410	2,000	瀋 陽
COHB	345	2,000	哈爾濱
JOJK	423	3,000	金 澤
JFAK	333	10,000	臺 北
JCGK	380	10,000	熊 本
JOFK	353	10,000	廣 島

(七)航空　日本的航空事務，自一九二七年六月航空實行，始爲確定，同年八月日本之所謂關東廳始爲採用，亦由遞信局管理。自一九二六年九月以後日本的航空公司方試驗此部之航空，至一九二九年日本政府輔助日本航空公司，以資成立東京大連線的航空，在大連，平壤，京城，蔚山，福岡，大阪，東京各地間，皆可輸送郵寄物及貨物等。同年九月，旅客之輸送，亦已開始。最近，因了倫敦，巴黎，莫斯科，柏林間的定期郵航行，而有歐亞的聯絡；因了歐亞航行的便利，日本人在東北，亦藉着作爲通信的機關了。

(八)結尾　通信機關是隨着交通的發展而發展的，我們愈從表格上看到日人在東北的通信事業的數目的增加，我們當然也可以曉得日人在東北的交通上的勢力；其次，交通愈方便，日人侵略東省是愈爲容易（如吉會路的重要即是）。而且，日人在東北竭力的經營着通信機關，使之東北的消息都掌握在矮奴的手裏，一旦軍事發生，如此次之事件，自然是可以斷絕中國人的報告和宣傳，而日人宣傳則易若反掌了。

所以，日人竭力的經營着通信機關，在我們的東北如在自己的殖民地或國土一樣，毫無顧忌，也正是爲了要侵略要吞倂我們的東北呵！

人文

上海人文社（其前身最初为甲子社，该社为黄炎培、马士杰、史量才等人于中华民国13年（1924）发起创办，因岁次甲子，故名。民国14年（1925）3月，甲子社成立租屋静安寺路1717号，发表《人文类辑通启》，内称该社"约集同志，从事收集关于人群文化之记述，分类庋藏，使修学、著书、施政、行事得所依据，命曰'人文类辑'""其目的在供社会一般人之征询"。开始时，偏重于搜集过去和当时的重要报纸，选择剪贴加以排比，同时搜集杂志图书，以供参考。民国18年（1929）3月起，兼辑杂志、日报要目索引。民国20年（1931）3月，甲子社第六届年会议决，改名人文社，设人文图书馆筹备处。此时社址迁至辣斐德路（今复兴中路）小桃园弄42号。

民国19年（1930）2月5日，由钱新之、徐静仁、马俊卿、周静涵、许仲衡、周作民等发起创办《人文》月刊，一年一卷，每期150页左右。民国22年（1933）第4卷第1期改名为《人文月刊》。民国26年（1937）12月停刊。民国36年（1947）4月30日在上海复刊，出油印本，改季刊。民国38年（1949）5月（2卷2期）停刊。

该刊以现代史料为中心，侧重社会经济，每期内容，半为论文、读书提要、笔记、大事年表等，半为杂志要目索引。

《人文》杂志版权页

《人文》杂志封面

日本對東三省經濟侵畧情狀述畧

王古魯

緒言

日人之蓄心謀我土地，以滿足其大陸進取政策之野心，非自今日武力強佔我遼吉二省始，其由來也久矣。豐臣秀吉之欲假道朝鮮企圖直入於明，使四百州盡化日俗，實肇其端。迷夢雖未獲實現，而此種對我之野心，已隱伏為日本之傳統政策。征服高麗，侵略滿洲，以達蠶食中華之目的，為豐臣秀吉以來日本人士所奉為「開國進取」之一大方針焉。追至日俄戰役以後，強佔我遼東，吞併高麗，於是日人所時刻不忘之大陸進取政策，基礎遂告樹立。嗣後，窺我國勢衰弱，對吾所用侵略手段，軟硬交施，無所不用其極。用武力恫嚇，而未獲得所謂特殊權利，又事事藉口擁護所謂特殊權利，再以武力恫嚇鞏固其侵略的基礎，此種連環式之軟硬侵略手段，反覆運用，非使中國為朝鮮之續不可。日人明知處此時代，如專恃單純的武力，而無經濟的政治的基礎，不足以覆亡人國，環而伺者所忌，故亞亞為傲效東印度公司故事，創南滿鐵道株式會社，以賁培植政治的經濟的侵略中國之大本營重責。同時又深懼此種基礎，苟無武力為之掩護，易為我國設法積極抵制，故每遇政

人文月刊

一

日本對東三省經濟侵略情狀述略

治的經濟的勢力，須進一步展開時，則又暴露其猙獰之面目，以武力掩護。此種軟硬式的策略，多演一次，其侵略程度更深進一層。歷次皆然，苟一按事實，即可知上述之非謬。即如此次暴舉，一方固日以武力企圖永佔；或促成所謂中和國之組織，以謀獲取如日俄戰後對于朝鮮所獲得吞併第一步之所謂宗主權。而一方則急急於完成吉會路，以達其經濟的軍事的控制大陸，而備武力侵佔之迷夢或有意外阻礙而不克實現時，則名雖未至，實已先歸，其侵略程度又可較進一步。明乎此，國人之對付日本侵略，勿因其出兵之有形，始覺大難之將至，羣起呼號。我人須知軟的經濟侵略，可滅人家國於不知不覺之間，苟事過境遷，淡焉若忘，則豈獨東三省之終非吾有哉！

我人處此東三省危急存亡之際，一方固應促進國內和平共赴國難以治標，同時對于日人之經濟侵略，亦應羣策羣力謀經濟防禦以治本。治標一時，而治本則永久。經濟防禦之第一步，應先詳細調查日本在華投資狀況，即可測知其目光所及，例如東三省方面之日人投資，運輸事業（鐵道等）居首，而農礦林業（採木事業在內）實居第二位，（按照統計，農礦林業應居第三位，因第二位為商業，包含範圍甚廣，不若農礦林業重要之故也。）故我人應不僅注意運輸事業，對于農礦林業，亦應招羅人才，多多投資從事，勿使其任意發展壟斷，以其得自中國之財，轉為侵略之用。擇其重要者，如是行之，最初吾人固為防禦侵略之故而投資，

二

如能努力經營，必可樹立經濟上強固之堡壘，而日人之經濟侵略之本營，決不能如今日之為所欲為矣。

不佞之撰述是篇，固不敢謂為可供國人精確之參考，因所據之統計為三年前南滿鐵道株式會社所發行之日本在滿蒙之投資狀態一書所載者，明知經濟事業瞬息萬變，三年前之統計，未必與今日之現狀悉符，但深信大體或屬相同，述之以當備考。甚盼國人能分頭調查，着手統計，照示國人，一方使國人知所警惕；一方或能喚起富有資財之愛國民衆投資防禦，則安知後日我國之富強非今日之國難有以促成之耶？若專事空號，事過境遷，忽為若忘，斤斤為以爭權奪利為鵠的，則中國之為中國也，亦殆矣哉！

〔I〕日人在東三省之投資總額

日本之侵我東三省也，藉為口實者，「人口過剩」之外，動輒以日本對于滿洲已投資十四萬億之言，表示與其有密切相關者。關於此點，十一月六日新聞報譯載之法國海星雜誌之言辭，已痛駁之矣。其言曰：「……中國之滿洲初未嘗以之委託日本管理，正不勞日本之輕用其財。日本而果不惜用其財者，則國聯委託管理之太平洋中前德屬島，是乃日人之責也。他弗具論，徵聞該島海濱，塔燈久壞，黯淡無光，其亦可以速為更置矣。」言辭爽闊，針針見

日本對東三省經濟侵略情狀述略

四

血。且指摘其所用之資款，實卽『得自中國之財，轉爲侵略之用。』者，曰：『日本之用款於滿洲甚多，此說或然。然而日本年鑑，歲歲刊行，吾人亦歲歲購而閱之，果曾於其國家支出，每年用於中國之滿洲若干乎？蓋所謂用款甚多者，卽南滿鐵道會社以其每年營業之盈餘，轉用之於其他事業而已。』（參閱本節備考）質言之，卽以得自中國之財，轉爲侵略中國之用而已。」此論精確，可謂深知日本在滿經濟侵略實狀之言。試按上述日本在東三省之投資狀態一書所述情況，卽可知此言之非謬。蓋據此書，昭和三年（民十七）時，日本在東蒙之投資總額十四億二百零三萬四千六百八十五圓之中南滿鐵道會社之投資，占總額二分之一以上（爲七億五千一百五十七萬零八百六十二圓），如再扣除日本政府爲獲得利權之故所下之政府借款（本利九千七百七十四萬三千八百二十三圓）及民間借款（本利一千八百二十三萬九千一百十六圓）則法人企業（四億三千九百四十八萬九千三百二十三圓）以及個人企業（九千四百九十九萬一千五百六十圓）所謂純經濟的投資，總計不過占全額之三分之一。且原書亦承認經濟界實情頗多甲會社出資購取乙會社股票，而乙會社復用同樣方法購取丙會社股票之事實，資本重複，在所難免；並承認滿鐵關係外者，調查甚爲困難，故除將滿鐵方面重複者除去外，其餘則均假定其爲實際的投資額者。出此言之，不佞敢斷言、假令吾人能獲知其會社與會社間確實之關係，其真確之數，必不如今日所傳之多者。現以無從推定其確額，姑以之爲十四億二百零三萬四千六百八十五圓。

【備考】滿鐵社外出資狀態（昭和二年三月之統計）（註、各項尾有（重）字者指重複。（外）指投資於東三省範圍以外者）

（Ⅰ）公債投資

（A）帝國五分利公債（外）　　　　　　一〇、三六八、七五
（B）四鄭鐵道公債（重）　　　　　　　　九八七、〇〇〇、〇〇
（C）上海市債（外）　　　　　　　　　　三〇、六八二、〇〇
（D）上海居留民團債券（外）　　　　　　一、一四一、一五
（E）社團法人大連俱樂部債券　　　　　　一七、〇〇〇、〇〇

合計　　　　　　　　　　　　　　　　　一、〇四六、一九二、二〇

（Ⅱ）借款投資

（A）鐵道　　　　　　　　　　　　　　三九、五一七、七七、〇〇
（B）鐵林業　　　　　　　　　　　　　一〇、〇一八、四九四、〇〇
（C）電氣業　　　　　　　　　　　　　　七四七、〇〇〇、〇〇
（D）其他　　　　　　　　　　　　　　一、八九四、四八二、〇〇

合計　　　　　　　　　　　　　　　　　五二、一七七、七五三、〇〇

【註】本項均重複

（Ⅲ）投資滿蒙本據會社

人文月刊

五

日本對東三省經濟侵略情狀述略

（A）信託會社

（一）開原取引所信託株式會社　　　　　　一三五、七〇〇、〇〇
（二）四平街　　　　　　　　　　　　　　六二、五〇〇、〇〇
（三）公主嶺　　　　　　　　　　　　　　一二五、〇〇〇、〇〇
（四）長春　　　　　　　　　　　　　　　一二五、六二五、〇〇

計　　　　　　　　　　　　　　　　　三四八、八二五、〇〇

（B）電氣瓦斯會社

（一）南滿洲電氣株式會社　　　　　　　　二一、九七三、六〇〇、〇〇
（二）營口水道電氣株式會社　　　　　　　一、二四七、〇三〇、〇〇
（三）南滿洲瓦斯株式會社　　　　　　　　九、二九〇、七〇〇、〇〇

計　　　　　　　　　　　　　　　　　三二、五一一、三三〇、〇〇

（C）工業會社

（一）滿鮮枕木株式會社　　　　　　　　　三〇〇、〇〇〇、〇〇
（二）滿洲鑛山藥株式會社　　　　　　　　六〇〇、〇〇〇、〇〇
（三）大連油脂工業株式會社　　　　　　　一、八〇〇、〇〇〇、〇〇
（四）大連工業株式會社　　　　　　　　　五、五六四〇、〇〇〇、〇〇
（五）滿蒙毛織株式會社　　　　　　　　　二五、二〇〇、〇〇

六

(六)南滿洲製糖株式會社　　　　　　　　　一八、一六五、〇〇
(七)南滿製粉株式會社　　　　　　　　　　一、六〇〇、〇〇
(八)南滿興業株式會社　　　　　　　　　三八、九八〇、〇〇
(九)亞細亞煙草株式會社　　　　　　　　三、七五〇、〇〇
(十)滿洲紡績株式會社　　　　　　　　　四五、〇〇〇、〇〇
(十一)滿洲船渠株式會社　　　　　　　一、一九〇、〇〇〇、〇〇
(十二)大連窯業株式會社　　　　　　　　一、〇〇〇、〇〇〇、〇〇

　　計　　　　　　　　　　　　　　　　四、七五〇、〇〇〇、〇〇

(D)運輸會社
　(一)大連汽船株式會社　　　　　　　　三、一〇七、三三五、〇〇

(E)市場會社
　(一)滿洲市場株式會社　　　　　　　　三、三〇〇、〇〇〇、〇〇
　(二)撫順市場株式會社　　　　　　　　一、〇〇〇、〇〇〇、〇〇
　(三)長春市場株式會社　　　　　　　　　五、〇〇〇、〇〇〇

　　計　　　　　　　　　　　　　　　　三、八〇〇、〇〇〇、〇〇、

(F)雜
　(一)東亞土木企業株式會社　　　　　　二八八、一二〇、〇〇

人文月刊　　　　　　　　　　　　　　　　　　　　　　七

省經濟侵略情狀述略

式會社滿洲日日新聞社	一五〇、〇〇〇、〇〇
林倉庫金融株式會社	一、三六〇、〇〇〇、〇〇
亞勸業株式會社	二、二〇〇、〇〇〇、〇〇
洋炭鑛株式會社	一〇六、四〇〇、〇〇
連火災海上保險株式會社	二五〇、〇〇
山不勤產信託株式會社	一八五、〇〇〇、〇〇
式會社盛京時報社	一、四〇〇、〇〇〇、〇〇
昌華工株式會社	三六、〇〇〇、〇〇
岡子溫泉株式會社	二一五、六四
株式會社正隆銀行	六〇九〇、九八六、七二
計	四六、八四六、四七六、七二

一各條均重覆
※蒙外本據會社

（三）昌光硝子株式會社（叢）	一、二〇〇、〇〇〇、〇〇
計	一、六五〇、〇六〇、〇〇
（B）運輸會社	
（一）朝鮮鐵道株式會社（外）	三〇、〇〇〇、〇〇
（C）雜	
（一）中日實業株式會社	一八、〇〇〇、〇〇
（二）東亞興業株式會社	一五、〇〇〇、〇〇
（三）撫順炭販賣株式會社	一五〇、〇〇〇、〇〇
（四）開灤炭礦株式會社（外）	一、〇〇〇、一七九
（五）元山海水浴株式會社（外）	二五、〇〇〇、〇〇
（六）銑鐵共同組合（外）	二九、〇〇〇、〇〇
計	一〇、〇〇〇、〇〇
本項總計	一、八九九、〇七三、七九
（V）投資日本商法非準據會社	
（A）電氣會社	
（一）遼陽電燈公司（重）	
（B）運輸會社	一〇〇、〇〇〇、〇〇

人文月刊

九

日本對東三省經濟侵略情狀述略

(一)溪城鐵路公司(重) 三九九、〇〇〇、〇〇
(〇)雜 一〇
(一)中日俄合辦札免採木公司(重) 二、二三一、八六五、六九
(二)中日合辦大興煤礦公司(重) 一八四、〇〇〇、〇〇
計 二、四〇五、八六五、六九
本項總計 二、九〇四、八六五、六九

〔II〕投資之形式

日人在東三省投資，所取形式，大別之可分為三種。即借款，法人企業，個人企業等是也。

借款又分為日本政府借款及民間借款二種。

法人企業又分為「日本商法準據會社」及「日本商法非準據會社」二種。所謂「日本商法準據會社」者，指一切會社依據日本商法而設立者。所謂「日本商法非準據會社」者，指合辦事業之依據中國法規及日本條約或協約約而設立者。此二種營業方法不同。因依據日本法而設立之合辦會社中，即令外人（指我國人或俄人）出資或有外人任董事，但會社中實際經營者，全由日人董事獨斷獨行。而不據日本法設立之合辦會社中，大體言之，大部分資本始

為日人所出，而形式上則取中日折半之形式，且董事以迄社員中日人各佔半數，而經營上由中日董事共同處理。此種辦法，為日人所不喜，所以甘願為此者，因此種事業大率屬於礦產、森林採伐、鐵道、電氣事業等，單獨行之，易招我國人反對，不能獲得非法權益，故以重利暗我不肖分子共組合辦事業，以緩和反對空氣。所幸中國國民漸次覺醒，不受其誘，並嚴重監視，故日人不易施其攫取非法權益之故技。是以此書云：「此種事業，因利權相伴而至，在過去權勢集於一人之時期，亦無待論，但在目前中國覺醒之過渡期間，或招輿論之反對，或遇官憲之橫加干涉，例如蒙古、吉林省內一部分之開拓事業，半遇此類風潮之禍，其投下之資本，目前已成無可活用之金錢，徒然埋沒。因此之故，雖不能一概其餘，惟至少凡與利權相關之事業，均足釀成中日間之紛擾，絕難期待之為緩和中日利害衝突之手段。故此種企業之將來，若非中日間國際的懸案完全解決，以現狀推之，毋寧謂為趨於衰頹之途，殊為遺憾。」就此段所述而言，此種投資，實關重要，我人應極端注意者。關于日人此種投資之概要以及所辦之事業，附于本節尾備考一下。至於依據日本商法設立之會社又細分為「滿蒙本據會社」及「滿蒙外本據會社」。其會社之根據地在東三省者，曰「滿蒙本據會社」。「滿蒙外本據會社」者，其總店不在東三省內，而設置支店、出張所或工場於東三省者。此等會社，大致資金鉅大，且基礎鞏固。故日人自詡云：「其活躍進

二一

日本對東三省經濟侵略情狀述略

（三）

展不僅對于滿蒙之過去及現在期間內，占重要之經濟的塊步，而且據吾人之觀察，其真正之活躍發展，毋甯謂為在於將來。」此種會社，在東三省內活躍之現狀及趨勢，頗值吾人之注意者。其中最占重要者，自投資總額（共一八六・一二三・九一五圓）觀之，即可推知為銀行與金融二業，因此二業投資額之和（銀行業八六・五一・二九〇・四〇六）已達其他商業（十四家共二〇・〇二〇・〇〇〇圓）工業（十二家，共一六・九六六・四九六圓）運輸業（六家，共一一・四〇五・〇〇〇圓）保險業（十五家，共三三五・〇〇〇圓）等各業總和之二分一強。而銀行業則為朝鮮銀行與橫濱正金銀行二家；金融業則為東拓會社一家。關於此三家之經營情況，請參閱本節尾備考二。

日本對東三省所取之投資形式，一如上述，茲總括之，列為一表於左：

日本對東三省投資分類表

種類			金額	計開	
(A) 用借款形式的投資額			171,691,196 (12)	鐵道 鑛林業 電氣 其他	102,009,945[開] 60,562,072 1,154,958 7,964,221
B. 法人企業之投資額	a. 日本商法準據會社	1. 滿蒙本據會社	1,016,294,088 (68)	運輸業 工業 金融信託業 商業 電氣瓦斯業 銀行業 其他	768,009,964 71,426,601 46,343,804 40,293,981 35,570,646 20,587,603 34,061,489
		2. 滿蒙外本據會社	187,373,665 (12)	商業 運輸業 工業 銀行業 金融業 保險業	21,269,750 11,405,000 16,966,496 86,117,013 51,290,406 325,000
	b. 日本商法非準據社會		36,220,476 (2)	鑛業 森林探伐業 運輸業 電氣業 其他	11,650,000 18,903,000 5,095,564 556,912 15,000
計			1,239,888,229 (82)		1,239,888,229
C. 個人企業之投資額			94,999,560	農林業 商業 工業 其他	4,407,822 56,189,256 17,227,508 17,166,974
總額			1,506,570,985		1,506,570,985

【註一】此表着眼於各會社之資本金額，故未將滿鐵所投各會社之重複資金，故總額得此數。

【註二】上表爲金，銀，俄幣三種混計，括弧中數目字爲比率。

【備考二】

日本對東三省經濟侵略情狀述略

日本商法須準據會社，即假借中日合辦名義而設立之會社，其投資方面，一如本節所述，大半關於礦產，森林採伐，鐵道，電氣事業等，投資額如左：

礦業　　　　　一、六五〇、〇〇〇圓
森林採伐業　　一三、四〇五、〇〇〇
運輸業　　　　五、〇二八、二六四
電氣業　　　　三五〇、〇〇〇
其他　　　　　一五、〇〇〇
合計　　　　　三〇、四四八、二六四

據原書云「對於此種事業之日本投資額，依照中國法規之規定，表面上折半出資，惟實際上，除少數之例外，可謂為全由日本出資。依此見地而言，故視此種資本總額為日本方面之投資。」自此段所述者而言，下表所列之公司，純粹為日人用欺詐手段獲得之權利，國人宜加注意！

種類	名　種	所在地	資本金	牧存之資本金	
				日本方面表面出資	中國方面表面出資
礦業	大興合名公司	間島	大洋　五五〇、〇〇〇	二七五、〇〇〇	二七五、〇〇〇
	本溪湖煤鐵公司	本溪湖	龍銀　五、一五〇、〇〇〇	三、五〇〇、〇〇〇	一、六五〇、〇〇〇
	華興公司	奉票	一二〇、〇〇〇	六〇、〇〇〇	六〇、〇〇〇
	復興公司	同	奉小洋五、〇〇〇	二、五〇〇	二、五〇〇
	弓張嶺鐵礦公司	奉天	金一、〇〇〇、〇〇〇	六〇〇、〇〇〇	四〇〇、〇〇〇
	大興煤礦公司	撫順	銀一〇〇、〇〇〇	四〇、〇〇〇	六〇、〇〇〇

業種	会社名	所在			
業	振興鐵鑛無限公司	鞍山金	一、四〇〇、〇〇〇	七、〇〇〇、〇〇〇	七、〇〇〇、〇〇〇
	老頭溝煤鑛公司	奉天小洋	一、〇〇〇、〇〇〇	五、〇〇〇、〇〇〇	五、〇〇〇、〇〇〇
	大新鑛業公司	新邱銀一、五〇〇、〇〇〇		四、〇〇〇、〇〇〇	四、〇〇〇、〇〇〇
	大興鑛業公司	銀	一、八〇〇、〇〇〇	七、五〇〇、〇〇〇	七、五〇〇、〇〇〇
	天寶山銀銅鑛	間島金一、二〇〇、〇〇〇		四、〇〇〇、〇〇〇	四、〇〇〇、〇〇〇
	計（混）	同金	四九〇、〇〇〇	一、二〇〇、〇〇〇	三、九六五、〇〇〇
採伐製材業	札免採木公司	哈爾濱	一、六五〇、〇〇〇	七、六八五、〇〇〇	
	中東海林採木有限公司	同 大洋六、〇〇〇、〇〇〇		二、〇〇〇、〇〇〇	（俄二、〇〇〇、〇〇〇）一、五〇〇、〇〇〇
	中東製材股份有限公司	同金三、五〇〇、〇〇〇		一、七五〇、〇〇〇	一、七五〇、〇〇〇
	興吉公司	吉林金 一、二五〇、〇〇〇		六、二五〇、〇〇〇	六、二五〇、〇〇〇
	鴨綠江採木公司	安東金 三、〇〇〇、〇〇〇		一、五〇〇、〇〇〇	一、五〇〇、〇〇〇
	鴨綠江製材無限公司	同	五〇〇、〇〇〇	二八〇、〇〇〇	·
	計（混）		一三、四〇五、〇〇〇	五、九六七、五〇〇	七、四三七、五〇〇
運輸業	天圖輕便鐵道	間島	四、四五八、二六四	四、四五八、二六四	一、七一〇、〇〇〇
	溪城鐵路公所	本溪湖	五七〇、〇〇〇	三九九、〇〇〇	
	計（混）		五、〇二八、二六四	四、八五七、二六四	一、七一〇、〇〇〇
電氣業	鐵嶺電燈局	鐵嶺	一五〇、〇〇〇	一四五、〇〇〇	一〇〇、〇〇〇
	遼陽電燈局	遼陽	二〇〇、〇〇〇	一〇〇、〇〇〇	五〇、〇〇〇
	計（混）		三五〇、〇〇〇	二四五、〇〇〇	一五〇、〇〇〇

日本對東三省經濟侵略情狀述略

一六

	安東	計	總計
中日合辦屠獸場	一五、〇〇〇	一、二五〇	三、七五〇
計			
總計	三〇、四八、二六四	一八、七六六、〇一四	一一、六八二、〇一四

【備考二】日本之銀行，其本店在東三省外，而在東三省設立支店者，為朝鮮與正金二銀行。二行投資之總額，為八千六百一十一萬七千十三圓。此數係昭和元年（民十五）末，將儲入之存款自借出金額中扣去而得之實在投資額，建築物以及其他屬於不動產者未計入。茲將此兩行之「支店地點」「借出金額」「收入之存款」以及實在投資額列表於左：

(1) 朝鮮銀行

支店地點	借出金額	收入存款	實在投資額
大連	五六、八〇一、四八三圓	二〇、九七五、一三七圓	三五、八二六、三四六圓
旅順	二六二、六六九	八七五、五一九	負六一二、八五〇
營口	六、五〇七、〇八三	四八四、九六二	六、〇二二、一二一
遼陽	三、〇九六、一一一	六一四、二九八	二、四八一、八一三
奉天	九、一二三、七一一	四、三四九、七八九	四、七七三、九二二
鐵嶺	五、〇〇八、七四五	二〇〇、六四八	四、八〇七、四九七
開原	四、二一一、七四六	九、三三二、六一九	三、二七九、一二七
長春	一〇、三九八、四八九	二、四五九、六一四	七、九三九、八八五
安東	七、四五、六七〇	一、八一〇、〇八〇	五、六四〇、六三〇
鄭家屯	一二六、七七九	七一、二三五	五五、五五四

哈爾濱	一三、四〇五、二二二	六、七五一、九八八	六、六五三、二三四
間島	八三六、〇〇〇	一、〇六〇、〇〇〇	負 二二三〇、〇〇〇
總計	一一七、二二八、八九五	四〇、五九一、二八九	七六、六三七、六〇六

（2）橫濱正金銀行

支店地點	借出金額	收入存款	實在投資額
大連	六二、二八一、三九八圓	四二、六八三、四七八圓	一九、五九七、九二〇
營口	五八、一〇六	一、五四〇、三五六	負 一、四八二、二五〇
奉天	五六〇、九五九	三、二六六、二〇七	負 二、七〇五、二四八
開原	四一一、四一六	六二四、一九七	負 二一二、七八一
長春	一、六三〇、九五七	五、〇一四、八八三	負 三、三八三、九二六
哈爾濱	七五三、九九八	三、〇八八、三〇六	負 二、三三四、三〇八
總計	六五、六九六、八三四	五六、二一七、四二七	九、四七九、四〇七

東拓會社，為東洋拓殖株式會社之簡稱，截至昭和元年，其所投資本，總計達五千一百二十九萬四百六圓。其支店共設四處（大連、奉天、哈爾濱、間島），資金已投下者，如左：

大連　二四、一五七、六二〇圓　　奉天　一六、四六四、三七七圓　　間島　一、六五〇、〇〇〇

哈爾濱　九、〇一八、四〇九

自其投資之性質而言，關於建築事業，投資最大，其占全額二分之一以上；其次為製造業，達六百三十二萬一千三百二十四圓。農業，電氣事業，金融事業居次要。茲將投資之種類及金額，錄示於左：

日本對東三省經濟侵略情狀述略

一八

(1) 建築事業（包含家屋與工場之建築以及購入等事業） 三二、九六、三四〇
(2) 製造事業（包含皮革製造，酒類釀造，煉瓦製造，澱粉製造，海產物六、三二一、三二四
(3) 農業（土地改良，製粉，製紙，製油，精米，以及其他之製造事業等） 三、九一七、三六五
(4) 電氣事業（牧場，畜產，農事經營，棉耕作等事業。） 二、三七九、〇〇〇
(5) 金融事業 二、〇二四、五七四
(6) 運輸事業 四一一、一九五
(7) 鑛業 三七六、八一八
(8) 教育 一三九、六四五
(9) 衛生 八七、〇〇〇
(10) 其他 九八七、二三五

【Ⅲ】日人在東三省投資事業之分類及投資狀況

日人在東三省經濟侵略之根據，為「名義上半官半民，而實權操於日本政府手中」之南滿鐵道株式會社。故其營業不僅限於鐵道事業，並以其盈利投資於海運，鑛山，森林，鋼鐵，農業等業。田中義一誇為日本企業中最雄大之組織，誠非虛語。盈利既逐年增加（請閱本節備考），其投資範圍亦日漸擴大，故搾取我人民也愈深刻，而所獲利益愈豐厚，侵略基

礎則愈形鞏固。法國海星雜誌所下「得自中國之財，轉爲侵略之用」之斷語，洵爲深知日本經濟侵略實情之言也。

南滿鐵道會社，旣爲日本經濟侵略東三省之大本營，交通事業又爲開發經濟之前鋒，運輸事業之投資額居首位，亦無足怪。其次東三省農鑛森林之豐富，世無其匹，日人素所涎羨，故其投資額實居第二位焉。要之，日人對東三省之投資，可下一斷語曰：「得利較厚而與日人經濟的政治的乃至軍事的關係愈密切，投資愈多；關係漸疏則漸遞減焉。」

投資總額既號稱十四億之多，其所投資之事業，究爲何種事業？此爲我人所亟欲知者。

茲就日本在滿蒙之投資狀態一書中所述者，分類如左：

（1）運輸業——海陸運送業

（2）農鑛林業——（農——農耕，園藝，開墾，及牧畜搾乳業等。鑛——採取金屬，煤，其他礦石，以及土石等各事業。林——殖林業，森林採伐業。）

（3）電氣瓦斯業——電氣瓦斯及自來水事業

（4）工業——（紡績工業，機械器具工業，窰業，化學工業，製材及木製品工業，金屬工業，印刷釘書業，食糧品工業及其他各種工業。）

（5）金融信託業——取引所，信託業，放款，質店，及兩替業（小錢莊）等。

（6）商業——物品販賣業，貿易，居間賣買土地建築物業等。

（7）銀行業——銀行業。

日本對東三省經濟侵略情狀述略

(8)其他〔新聞雜誌之發行，商品陳列館，劇場，車夫人夫宿所，溫泉轉地療養所，競馬場，屠馬場，酒館旅館，以及其他不屬於上列各種分類之事業。〕

其各種事業之投資金額以及在總額中所占之百分比，請閱左表：

種類	金額	百分比
(1)運輸業	七八一、九八四、一七三圓	五六
(2)農鑛林業	一一七、五六八、一〇三	八
(3)電氣瓦斯業	三七、二八二、五一六	三
(4)工業	一〇五、六二〇、六〇五	七
(5)金融信托業	九七、六三四、二一〇	七
(6)商業	一一七、七五二、九八七	八
(7)銀行業	一〇六、七〇四、六一六	八
(8)其他	三七、四八七、四七五	三
總計	一、四〇二、〇三四、六八五	一〇〇

【備考】

南滿鐵路，北起長春，南至大連灣，本為俄國東清鐵路支線。因日俄戰爭之結果，俄方允將長春至旅順之鐵道，及一切支線並同地方附屬一切權利特權及財產，與其所經營之一切炭坑，無條件讓與日本。日政府义藉中日滿洲善後條約，使我承認此種事實。而日人從此為所欲為矣。

因便於發展起見，故日政府以半官半民合辦之言對外，於明治四十年（清光緒三十三年）正式樹立商業公司形

二〇

式之南滿鐵道會社。所定之資本總額，雖爲二億圓。其中日政府所任之半數（一億圓）未出絲毫金錢，即以掠奪所得之既成鐵道與其附屬之一切財產以及撫順煙臺之煤鐵作價，此爲我人必須明悉者。所有民股半數，名義上向中日兩國人民募集，實際上不合華人入股。而日人所購之股，截至大正二年止，僅爲二千萬圓，僅佔定額五分之一，此二千萬始爲眞正由日人懷中所出之資金也。然此六年間，日人僅下二千萬圓之資本，其所得純益（社債利息及事業費等已扣除）之和，已有二千二百二十萬三千六百五十五圓，其獲利之鉅，可以槪見矣。茲根據滿蒙年鑑之統計，將日人自明治四十年至昭和三年之間投資之經過及逐年之純益，撮要錄之於左：

◉投資之經過及逐年之純益額

（A）第一期（日人接收南滿鐵道後至大正九年間）

資本總額定二億圓

(1) 日本政府　　一億圓（以日俄戰役中掠奪所得之既成鐵道與其附屬之一切財產以及撫順煙臺之煤鐵作抵）

(2)（名義上）中日人民任一億圓，華人無從入股，而日人方面亦未能募足定額。經過如左

第一囘（明治三十九年）募得　二千萬圓

第二囘（大正二年）募得　　　四千萬圓

第三囘（大正六年）募得　　　二千萬圓

在第一期中，日人所投之眞正資本，僅八千萬圓耳。茲將此期間中逐年所得之純益，亦按照投資囘數分列，以資比較：

（a）在日人眞正投資二千萬圓期間（明治四十年至大正元年，凡六年間）（單位圓）

日本對東三省經濟侵略情狀述略

（年次）	（收入）	（支出）	（純益）
明治四十年度	一二、五四三、一六六	一〇、五二六、五三一	二、〇一六、五八五
同四一年度	一七、六一五、六八二	一五、五〇二、一〇一	二、一一三、五八一
同四二年度	一三、一一三、九三三	一七、三四二、二三四	五、七七一、六九九
同四三年度	二四、七七七、六八五	二一、〇六九、三六八	三、七〇八、三一六
同四四年度	二八、一五五、〇八〇	二四、四八七、六五二	三、六六七、四二八
大正元年度	三三、五四六、四七七	二八、六二〇、四三三	四、九二六、〇四五
計			

（b）在日人真正投資六千萬圓期間（大正二年至大正五年凡四年間）

大正二年度	四二、四一七、一二三	三五、二四九、八四四	七、一六七、二七九
大正三年度	四四、六七〇、六一六	三七、一二九、五二五	七、五四一、〇九一
大正四年度	四三、七八六、〇二五	三五、七〇五、五二六	八、〇八〇、四九九
大正五年度	五二、四〇二、四〇八	四二、二九四、八〇一	一〇、一〇七、六〇八
計			

（c）在日人真正投資八千萬圓期間（大正六年至九年，凡四年間）

| 大正六年度 | 六九、四二九、二五一 | 五四、五〇三、六一〇 | 一四、九二五、六四三 |
| 大正七年度 | 九六、二五七、八八七 | 七四、〇六四、七〇六 | 二二、一九三、一七一 |

自上表觀之，在日人第一期投資之中，真正投資額為八千萬圓，而所獲得之純益總和，則為……

大正 八年度	一五三、一三三、〇二八七	一二八、七五八、四二三	二四、三七四、九六四
大正 九年度	一七四、七三八、二八七	一四七、三四六、三〇八	二七、三九一、九八五
計			八八、八八五、七六四

一億四千三百九十八萬五千八百九十六圓

(B)第二期（自大正十年以迄現在）

歐洲大戰以後，日人侵略之野心，與日俱進，故於大正九年決定增加資本，定資本總額為四億四千萬圓。

其負担分配如下：

(1)日本政府 除第一期中，將掠奪品所抵價之一億圓外，承受大正九年十二月一日，南滿鐵道會社所發行之社債（英金）額面一千二百萬磅之本利償還義務，以之折合為一億一千七百十五萬六千圓之股本。

(2)日本人民 依照第一期之額定，尚不足二千萬圓。故依照增加資本之規定，人民方面，應募集一億四千萬圓，其募集經過如左：

第一囘 將一億四千萬圓中八十萬股，分配第一期中人民方面股東，每股承受一股。

第二囘（昭和二年六月）將未募集之六十萬股分配擔負：(一)人民方面原有一百六十萬股，故將此六十萬股中四十萬股對於原有股份，每四股，分配以一股；(二)以十萬股分配會社中社員，(三)以十萬股分配一般人民。

截至昭和四年三月，會社之資本實收三億八千七百十五萬六千圓。此期間中，其純益之數字，如左：

日本對東三省經濟侵略情狀述略　　一二四

〔IV〕投資者之區別

年　次	收　入	支　出	純益（單位為圓）
大正　十年度	一四七、一〇〇、六〇三	一一五、七一四、四六四	三一、三八六、一三九
大正十一年度	一六九、九五六、六四六	一三四、八七六、四〇二	三五、〇八〇、二四四
大正十二年度	一八五、六九八、三三四	一五〇、九〇二、七三三	三四、七九五、六九二
大正十三年度	一九四、一八一、七八五	一五九、六二八、八七二	三四、五五二、九一四
大正十四年度	二〇一、五九八、三〇九	一六六、七三三、〇二九	三四、八六五、二八〇
昭和　一年度	二一五、六一四、九四四	一八一、四五七、〇六〇	三四、一五七、八八四
昭和　二年度	二二三〇、五五八、五二四	一九四、二八四、二〇一	三六、二七四、三二八
昭和　三年度	二四〇、四二七、七五二	一九七、八七四、八九一	四二、五五二、八六一
計			二八三、六六五、三四二

據上述，日人所投資本，實僅有二億八千七百十五萬六千圓（掠奪品作抵之一億圓不計入。）而自經營以來，至昭和三年止，凡二十二年間，所得之純益約二倍其所出之真正資本，共為四億二千七百六十五萬零一千二百三十八圓，則日本在滿蒙之投資狀態所計入之南滿鐵道投資額七億五千一百五十七萬零八百六十二圓中其真正資本不過三分之一耳。海星雜誌之所謂「得自中國之財，轉為侵略中國之用」，洵非虛語也。

上文第二節所述投資之形式中，已將所取三種方式說明。故南滿鐵道會社應歸類於法人企業項內。但本文因其子母相生之資金，居日人投資總額百分之五十四，且其性質，已成為田中義一所稱「名雖爲半官半民，其實權無不操諸政府，使其發揮帝國主義」，形成特殊會社，無異朝鮮統監之第二之情狀，故於本節節尾投資者之區別表內，別立爲一項，以資醒目。

用借款之方式投資於東三省者，以日本政府，滿鐵，大倉喜八郎，正金銀行，王子製紙會社，東洋拓殖會社等爲主要，其投資細數及投資之事業請閱本節備考。在投資者之區別表內，僅分列爲日本政府借款與民間借款二項。

關於法人企業，自其設立時所依據之商法（日本商法或中國商法）而言，則有「滿蒙本據會社」與「日本商法非準據會社」之別，已於上文（II）投資之形式中述之矣。苟就會社中股東所負責任而言，可分爲「株式會社」，「合資會社」，「合名會社」三種。株式會社，卽我國稱爲股份有限公司者，股東負有限之責任。合資會社，卽我國舊稱之合資公司（今稱爲兩合公司者），以無限責任之股東與有限責任之股東組織之，有限責任股東以額定出資爲限。合名會社，卽相當我國所稱無限公司者，其股東之責任不以所出資本爲限，如公司虧蝕時，出資者於所出資本外，並負償還會社中債務之責任。在投資者之區別表內，原擬分別列出，以數字不易計算，故從略。

日本對東三省經濟侵略情狀述略

投資者之區別表

投資者別		金額	百分比
滿鐵（內分）	(a) 事業費	七五一、五七〇、八六二圓	54
	鐵道	五九三、九三〇、三六九	
	港灣	二二五、九二三、〇三九	
	礦山	四九、一七八、三六二	
	製鐵	一二九、一二七、一五二	
	衛生・教育	一六、九〇二、二八六	
	其他	一一、四七七、八四〇	
	(b) 有價證券	五二、一三八、〇二四	
	(c) 放款	（五二、六六六、六六八）★	
	(d) 其他	三八、八一四、六二九	
B. 日本政府借款		九七、七四三、八二三	7
C. 民間借款（本利）		一八、二三九、一一六	1
C. 法人企業（本利）		四三九、四八九、三三三	31
D. 個人企業		九四、九九一、五六〇	7
總額		一、四〇二、〇三四、六八五	一〇〇

【註】（一）滿鐵欄內，附有※符之括弧中數字，包含社外投資之不在東三省境內者。「其他」項下含有借款延滯利子二百六十八萬一千五百零四圓。

（二）D項法人企業之投資額中已將滿鐵之資本及滿鐵社外投資中重複之法人出資除去。

【備考】日本政府等以借款之形式，投資於東三省之事業，及數目，如左：

債權者 區分	當初借款額	本金（現在）	延滯之利息	獲得之利息
政府〔鮮銀・鑛業・林業・鐵道〕	四八、五八三、〇四一圓	四八、五八三、〇四一圓	三五、五八八、一七八圓	二三、八九二、〇九四圓
〔臺銀・鑛業・電氣業・其他〕	八、四〇九、三三五	八、四〇九、三三五	五、七九〇、五九五	一、八六三、二九一
〔興銀・鑛業・計〕	四、〇八三、四四一	四、〇八三、四四一	二、四八九、六二六	一、六〇九、不明
滿鐵會社〔鐵道・電氣業・其他・計〕	三、九三三、六二二	三、九三三、六二二	二、五八九、〇九五	一、六六三、不明
〔鑛業・林業〕	二、九三二、五一四	二、九三二、五一四	一、七五九、五〇八	一、一二一、不明
〔其他・計〕	一、〇〇〇、七二二	一、〇〇〇、七二二	六四〇、一九〇	六〇〇、〇〇〇
大倉喜八郎及大倉組〔鑛業・林業・其他・計〕	五、〇六六、二三〇	五、〇六六、二三〇	三、一八三、三五〇	二、〇一六、〇〇〇
中寶業社〔鑛業・林業・其他・計〕	三、一二六、三〇七	三、一〇〇、三三〇七	二、一七八、一九二	一、六〇〇、〇〇〇
日寶〔鐵道〕	五、〇六六	五、〇六六		
正金銀行……〔林業〕	三、一〇〇、〇〇〇	三、一〇〇、〇〇〇	一、八九一、〇〇〇	一、二五〇、〇〇〇
王子製紙會社……〔林業〕			八六七、九二三〇	不明

二七

日本對東三省經濟侵略情狀述略

安川敬一郎……礦業	九二三、〇〇〇	九二三、〇〇〇		一八、〇〇〇
朝鮮銀行……電氣	一八、〇〇〇	一八、〇〇〇	不明	
本岡應……電氣	一一〇、〇〇〇	一一〇、〇〇〇	不明	
東洋拓殖會社……其他	二、二六六、〇〇〇	一、八〇五、八八二	四七七、五三三	二三、五八二
荒井泰治……其他	二七七、〇〇〇	二七六、〇〇〇		
高田商會……其他	八〇、〇〇〇	八〇、〇〇〇	五一、二〇〇	一八、〇〇〇

自上表觀之，其收益狀態，似不甚佳。然細按其實，此種借款，均向關係我國經濟命脉之鐵道、礦、林、電氣等重要事業投下，在在釀成中日間糾紛，所謂「為獲得利權而投資」者，國人宜注意焉。

【V】投資之地點及各地之投資額

日人在東三省所投之資金，除第一類用借款形式者，不佞一時尚未獲資料，不能辨別其投下之地點外，所有法人企業與個人企業之投下所在地，可分類如左：：

(1) 大連區——包含口租借地之關東州（旅順除外）

(2) 旅順區——旅順

(3) 營口區——關東州界以北至湯岡子間

(4) 遼陽區——遼陽、鞍山及立山間
(5) 奉天區——蘇家屯、奉天、撫順、本溪湖、通遠堡及沙河間
(6) 鐵嶺區——鐵嶺、開原、昌圖及海龍間
(7) 長春區——四平街、公主嶺、范家屯、長春及鄭家屯間
(8) 安東區——安東及安東以北至本溪湖間
(9) 吉林區——吉林
(10) 間島區——汪淸、和龍、延吉及琿春
(11) 哈爾濱區——哈爾濱

滿鐵為日人經濟侵略之本營，其資產又占投資總額二分之一以上，故其會社所在地之大連，居企業之中心，此地之投資額較任何地點爲大，亦宜矣。大連之外，首推奉天，然其數不過抵大連八分之一強，苟與投資最少之吉林區較，則爲三十與一之比矣。

茲按照其投資額之多寡分別先後，列表於左：

二九

日本對東三省經濟侵略情狀述略

地點	法人企業		個人企業	總計
	日本商法準據會社	日本商法非準據會社		
	圓	圓	圓	圓
大連區	四九三、一〇八、二二六	(一三一、五四九、七六八)	四八、六九五、八一七	五四一、八〇四、〇四三
奉天區	五三、六七二、三二一	(五、六五一、三一一)	一五、九二八、二〇〇	六九、六〇〇、八二一
長春區	二一、一〇一、五八八	(一六、三三八)	七、三五〇、三一二	二八、四五一、九〇〇
安東區	一四、一七五、二九八	(一、五六九、八五六)	四、五九三、九四四	一八、七六九、二四二
哈爾濱區	八、一三一、八九六	(二、六一五、六八四)	二、六一五、六八四	一〇、七四七、五八〇
遼陽區	九、八五三、七七五	(一〇、四七六、九六五)	三、二四八、六九〇	一三、一〇二、四六五
鐵嶺區	九、一六三、五七五	(三、一六三、三二五)	四、七五八、四八九	一三、九二一、四四二
營口區	二、五二二、三〇〇		二、七五六、三六七	五、二七八、六六七
間島區	一、八一四、一三八		六、六九八、二六四	八、五一二、四〇二
旅順區			三、一一八、七八九	三、一一八、七八九
吉林區	(三八〇、三五〇)		二八〇、〇〇〇	(一、六三二、九二七)一、〇五一、九五〇

【註】（1）上計之數，為金、銀、俄幣混計之數。

（2）日本商法準據會社項下之數，亦含外人資本在內。且合辦會社之金額，統計亦未必真確，故將合辦會社之金額，用括弧計出。此表不過示其投資各地之情況耳。

結論

屬稿將竟，日人嗾使我國野心家在津暴動之訊又至。嗟乎!!!人之謀我也，步驟整齊，每遇一事發生，無論屬何黨派，甯願暫時停止政爭，舉國一致，督策政府。返視我國，散沙一盤，野心家反欲乘此機會，以圖一逞，直欲爲虎作倀，豈真願爲朝鮮李王第二，向日廷稱臣耶？日人蹂躪我如此之甚，豈尙不足以激發其愛祖國之心耶？哀莫大於心死，事至今日，上自達官要人，下至我僑小民，苟不自警惕，不圖振作，不思悔改，「祇顧內爭不顧外患」之卑劣心理，國亡無日矣。野心者或以爲此次事變遠在關外，禍不及我，「東三省可棄，權利不可不爭」，行見日人併合東三省之後，進一步而取田中義一之「如欲征服世界，必先征服支那」之步驟時，不知若輩又作何醜態也!?深望愛國志士，起而嚴重制止此種賣國行動，督勵政府收復失地，同時對于日本之經濟侵略，亦應對證發藥，設法防禦，使日本經濟勢力不能橫行於我國內，則中國其庶幾有救乎？

民國二十年十一月十一日脫稿於南京小陶園。

浙江省建设月刊

　　《浙江省建设月刊》的前身是浙江省建设厅所编的《浙江建设厅月刊》，此刊于中华民国16年（1927）6月创刊，民国19年（1930）1月改名为《浙江省建设月刊》，民国24年（1935）7月再次易名为《浙江建设》。自创刊至民国26年（1937）抗战爆发，每月出版一期，抗战期间共出版"战时特集"4期。期刊内容为浙江省经济建设方面的论著、计划、法规、报告、公牍、统计等，并出版有合作运动、棉业、水利、生产会议、肥料问题、农业改良等专号，系统地记录了浙江经济建设方面的情况，具有极高的史料价值。

《浙江省建设月刊》杂志版权页

《浙江省建设月刊》杂志封面

论著

日本在东三省之农工业

蓝士琳译述

日本对于推广她在东三省的农工业之野心是路人皆知的。据日本著述家B. Fujioko的调查，日本每一个人的财富是太少了，值有一千七百三十一日元（Yen），同时美国人为六千六百零七日元，英国人为五千二百四十七日元，法国人为二千五百四十九日元。日本的人口事实上每年仅增加百分之一•五，并且这个生产率是日趋低落，日本却籍口国内有了人满之患，极力为她底人民寻觅住所。

紧接朝鲜的东三省（日本人叫做满洲。）是日本人认为有机可乘的地方。据南满铁路会社调查，蕴藏在东三省南部（日本人所谓南满。）的煤计达一十二万万吨，北部为五万万吨，铁矿四万万吨，森林面积为八千九百万亩，有木材一百五十万万立方英尺。海岸线，自东面的鸭绿江望北直隶湾之西岸，计长九百七十六英里，每年可产盐九万万磅以上。东三省有许多大河——包括北方的嫩江，呼

兰河和Hurka，下流达于松花江，以及南方的辽河和鸭绿江——不但富有水产物，并且她底平原旷野是很适宜于农业的发展。因为这些原因，日本遂时常准备乘机侵略。

日本和东三省贸易所发展的范围，可以在下面的表看得出来。兹将日本进口货总数以及由中国，特别是由广东输入日本的货物列表如下：

类别	进口货总数（单位一千日元）	进口货（单位一千日元）由中国进口的	由广东进口的
小麦			
壹类			
制油品			
肉类			

日本在東三省之農工業

一、農業

（一）大豆

從上面的數字看來，東三省是供給日本的最重要的來源。這是南滿鐵路會社出版的「一九三〇年南滿進步第二輯」所承認的，那本書裏說：「真的，滿洲的出產是構成日本國民的糧食和日本工業的原料之重要的部份。」

在豆類市場上的很鞏固的地位，豆餅和豆油是由東三省運往日本，歐洲和美國。

東三省所產的大豆，在質料上和數量上，比世界各國所產的，都稍勝一籌。這種大豆所含的渣滓和水分很少，蛋白質則很多。據大連中央試驗所分析，三種豆的成分如下：

類別	百分中的水分	百分中的原脂肪質	百分中的原蛋白質	百分中的原纖維質	百分中的純淡氣	百分中的渣滓
黃豆	11.06	18.17	39.04	5.00	5.10	3.15
黑豆	11.95	14.47	36.12	5.13	5.45	4.01
綠豆	8.23	16.96	—	54.12	3.55	4.8

東三省所產的豆平均每畝為二十二籮（每籮四配克 peks），在日本為十九籮，美國為十六籮，朝鮮則為十二籮。一九二八年至一九二九年，全世界所產的豆為一八四二,〇〇〇籮，其中屬於東三省的為百分之六十三，或一一六一,八二四,〇〇〇籮。世界各處所產的豆似乎還是一樣，東三省所產的却是年年增加。一九二九年，世

東三省的大豆之輸出，最初是由日本人的著名的三井洋行辦理的。這種營業異常發達，而日本會社仍然維持其

礦物

皮革	12,684 / 10,426 / 6,390 / 6,636
煤	43,699 / 37,968 / 7,674 / 8,286
塊鐵	26,425 / 34,268 / 27,293 / 21,288
錫	9,202 / 9,265 / 1,280 / 4,166
麥皮	3,586 / 14,264 / 8,846 / 4,422
油餅	75,925 / 60,820 / 55,832 / 40,661
礦物	58,892 / 20,823 / 7,256 / 9,972

浙江省建設月刊

界各處所產的豆約計如下：

地方	種豆的田畝數	每年產額(Bushels)	佔世界產額中的百分比
東三省	九,八六四,〇〇〇	一二二,八四〇,〇〇〇	六五
中國本部	五,六四三,〇〇〇	八,八二〇,〇〇〇	一三
日本	九三三,八六五	一七,七六七,〇〇〇	三
朝鮮	一,六六一,四五二	二二,六六八,一七八	六
美國	一,三二一,〇〇〇	二,三二一,〇〇〇	一
總計	一九,七六六,四三二	二三二,八四一,六四八	100

日本是銷售大豆的大主顧，而其本國的出產比牠底需要却差得很遠。日本所缺乏的大豆，須賴東三省彌補的，到了什麼程度，可於下表見之：

時期	日本國內產額	日本國內所銷數	備考
一九三一	三七,八四〇,〇〇〇	四六,五一〇,〇〇〇	單位為 kan 譯作貫
一九三二	六〇,一六〇,〇〇〇	三六,六三〇,〇〇〇	
一九三三	三七,九三〇,〇〇〇	三六,六三〇,〇〇〇	
一九三四	三七,八四〇,〇〇〇	二九,二三〇,〇〇〇	
一九三五	六七,四〇〇,〇〇〇	三五,六三〇,〇〇〇	
一九三六	七五,三二〇,〇〇〇	二八,二三〇,〇〇〇	

日本為彌補不敷的大豆起見，所以就從東三省方面著手，且以他們在東三省的鐵路，運輸豆子，已得到實質的利息——一九二九年，南滿鐵路和安奉鐵路會運輸過大豆六、三四九、〇九五噸。

日本人在公主嶺所辦的農業試驗場，為增進大豆出產商業上的價值起見，設法增加大豆底出產總額，改良油的成分，並擴大其體積和外表。這些方面試驗的結果，出產總額已增加百分之十以上，油的成分則從百分之十八至十九增至百分之二十一至二十二。南滿鐵路會社，不但改良他們的田園，並且散布幾萬種改良的種子。這樣一來，每年出產額的價值可以增加五千萬日元。

(二) 米

日本所產的米，不足以供本國的需要，在某種範圍內不敷的米已由朝鮮方面彌補；但是朝鮮輸入的米很多是東三省出的，過去幾年由東三省輸入朝鮮的米之數量及價額如下：

時期	（Picnls）担	（Yen）元	備　考
一九二一	一四，四四一	癸，三六六	担就是石元是日幣
一九二二	一，三九八	一六，四七六	
一九二三	一六，七九六	四四，三六一	
一九二四	六八，五一四	三八，三六	
一九二五	一六三，九一五	一，四五〇，四六五	
一九二六	一六九，三三三	二，〇六八，九六九	

業，而他們擴充這種事業，已大有可觀了。

東三省的稻田，除了安奉鐵路以南的地方之外，太牢是朝鮮人耕種的。

（三）水果

在東三省裁種果樹是南滿鐵路會社第一農事試驗塲所注意的又一項事業。日本的和美洲的葡萄，桃子，蘋果，梨子，櫻桃，以及其他果樹的種子都試驗過了，而日本人的水果業途有蒸蒸日上之勢。自一九一〇年至一九二六年的種子已散給種果樹的人們，他們都是受了種果專家的指導。在租借地（指旅順和大連。）和南滿鐵路沿線地方，一〇，五四九畝以上的果園已種了果樹，一九二八年全年的出產額計達九，二八七，二二二磅。

最適宜於栽種蘋果的地方是旅大租借地，特別是「祝」，「旭」，「倭錦」，「紅玉」，「國光」，「初日之出」，「翠玉」和「辟玉」這幾種。「紅玉」等五種蘋果

著驗

東三省的氣候是很適宜於種稻的，並且六月至十月的溫度是很溫和的。雨水調和以及長期的日光，也是有利於稻子之生長。

南滿鐵路會社對於種稻一事，已在常盤橋（大連以北，熊岳城和長寨以南。）試驗過好幾次。所試驗的稻種是由日本北部來的，最後選了七種，以為改良米穀的標準。這些試驗使日本人相信，在東三省種稻是一個有利益的事

日本在東三省之農工業

三五

在上海銷路很好，其他各種大都銷售於東三省南部和俄國屬地。

（四）烟草

日本人在東三省栽種烟草是近來才有的事業，但是牠的進步是值得注意的。日本人為發展這種事業起見，訂定了一種計劃，設立一個九千段（cho）的農場，預期每町（即）出產烟草一百貫（kan）。同時，擴充試驗場，以從對於烟葉之生長和準備有更良好的種子的試驗。栽種者，並派指導員以各種方法指導和幫助他們。關於收割和銷售烟草的改良方法也是計議及的。一九二八年，由旅大租借地輸出的烟葉，值銀二，六〇九，〇〇〇兩。

（五）養蠶

東三省的氣候和濕度是很適宜於養蠶的，而其桑樹之衆多也足以促進養蠶事業之發展。

據熊岳城試驗場報告，第一種蠶繭每十貫（kan）之生產，在日本需成本一〇七．三九日元，在東三省僅需四七．三〇日元。東三省內市價約七〇日元，每十貫可獲利二二一．七〇日元。這樣惹人注意的情況就引了一個日本人，叫做Katakura，於一九二五年，在旅順，魏子窩，鞍山等處，開辦大規模的養蠶和種桑事業。南滿鐵路會社也經營這種事業，設立一個置業學校，並分散改良的種子一，三八六，〇〇〇顆。關東廳為維護這種事業起見，租借地有幼蠶五〇〇筐，其他地方有三〇〇筐。關東廳對於日本養蠶人需要資助者，則給與補助金。日本人希望種桑七，〇〇〇坪（tsubo），每年產繭八四〇，〇〇〇貫樹二，三四九，〇八〇株，種桑地超過五〇〇段，在旅大租借地有幼蠶五〇〇筐。一九二九年，日本人有桑布育蠶及分散改良桑等項規則。

（六）畜牧

東三省是供給日下以動物和家畜的最重要的地方，關東廳和南滿鐵路會社都從事畜牧事業。公主嶺農事試驗場以良好的西班牙綿羊（Merino）和蒙古綿羊配合，得了一種優良的綿羊。這種綿羊所生的羊毛，在資料上和數量上，都比原來的綿羊好一點，平均每頭產毛八至九磅，比普通綿羊每季所剪的羊毛約多三倍。

一九一六年，開始以本地豬和良好的 Berkshire 種配合之改良，八三八頭雜種綿羊和四四九頭雜種豬，由南滿鐵路會社散給農民，以傳種為目的。一九二二年，設法增加農地之驢、騾和馬的數目，對於家禽的改良也已注意及之。在關東廳和南滿鐵路會社指導監督之下，至少有七個機關，經營這些事業，他們底農場和辦事處設在大連，旅順，金州，普蘭店，貔子窩等處。

日本人底皮貨市場是設在瀋陽，黑龍江和吉林的出產都在那裏銷售。下表所列的是一九二八年由日本人的會社，從瀋陽運往日本的數量：

類　別	頭　數
牛	二四九,八〇〇
馬騾	三三五,四〇〇
驢	三四五,六〇〇
綿羊	三六〇,〇〇〇
小綿羊及小山羊	五四〇,〇〇〇

二、工業

(一) 油脂業

大豆和豆類物品的貿易是日本發展東三省工業計劃之第一步。這些營業是無足輕重的，一直到中日戰爭後，日本兵士和隨着軍隊的商人由東三省回到日本，對於大豆當作食料和肥料的價值，有了深切的認識以後，才覺得重要。很多的豆油是用以製作人造的牛酪油和肥皂；日本人底試驗所製造一種混合油，不論溫度高低，都可以保存，並經南滿鐵路會社認為很適合於浸潤物品之用。

大連是油脂工業之中心。旅大租借地有六十三家油脂和豆餅工廠，其中五十九家設在大連，三家在貔子窩，一家在金州。一九二九年，在大連的這種工業所投的資本總額是一五,八二〇,五五〇日元（yen）和一一,四二九,〇〇〇元（dollars）。茲將在大連的最大的工廠概況列表如下：

三七

浙江省建設月刊

(子) 豆餅廠

名稱	設立時期	資本(日元)	每年產額(塊)		
			1927	1928	1929
日清製油株式會社	1907	3,750,000	840,230	602,845	2,654,000
株式會社三泰油坊	1904	300,000	196,050	624,880	2,694,000
大連油脂工業株式會社	1920	1,000,000	604,000	546,000	560,000
三菱	1923	1,000,000			
中和	1923	150,000	695,000	150,000	84,000
大信	1923	150,000	326,000	301,500	355,500
和盛利	1923	150,000			
總計		6,050,000	6,367,230	4,987,130	3,844,500

二、五七五、二三〇塊，一九二九年為一七、七六三、五〇塊，其中約四分之一是上述的日本工廠製造的。南滿鐵路會社中央試驗所發明化學煉油的新法，以偏蘇汽油或濁偏蘇油去化煉豆子，因此豐年製油株式會社能夠把豆子裏頭所含的油完全煉出來，增加了出產總額，在豆油市場上樹立一個很鞏固的地位。

(丑) 豆油廠

名稱	年產額 (斤 Kin)		
	1927	1928	1929
豐年製油株式會社	40,650,000	151,475,600	66,647,000

任大連的中國人和外國人所設工廠所出的豆餅總額，一九二七年計達二九、六六四、三三〇塊，一九二八年為三

醬 油

醬油和豆醬之製造，在大連，也是一種很大的工業。
製造醬油和豆醬的七家大工廠都是日本人開的，其概況如下：

名　稱	設立時期	資本總目（Yen日元）	職工人數 日本人	職工人數 中國人	出產品 醬（Picul擔）	出產品 油（Yen元）	出產品 豆醬（Kan貫）	出產品 （Yen元）
大連醬油株式會社工場	一九一九	1,000,000	七三	一八一	一六,一三五	一三四,八二一	一六六,四三一	一一一,四一一
島喜醬油釀造所	一九一七	一四〇,〇〇〇	六〇	六二	五,八四三	六三,〇〇〇	一四六,五五六	四一一,四一一
巴商行味噲醬油工場	一九一七	六二,〇〇〇	六五	一,八三一	一,七二七	一三,〇〇〇	一〇,六三一	二,四八三
池田醬油大連支店第一工場	一九〇六	}100,000	二三〇	一,〇七八	六〇〇	七〇,八七一	四,八八三	
第二工場	一九〇六		三八五	一,二八四	一,八七〇	一五,四五〇		
朝日醬油味噲釀造工場	一九二二	五〇,〇〇〇	七〇	一,二六〇	一,八一〇	一五,〇〇〇	四,〇〇〇	
九辰醬油合資會社工場	一九二三	五五,〇〇〇	四二	三,二六一	一,六七九	二五,一三三	一五,八七一	
總　　計		1,310,000	四五〇	三五,一三五	一三,七五四	三三六,二七五	三三,九七七	六八,〇二四

據陳經所說（按陳經編有一書，名曰「日本勢力下二十年來之滿蒙」，由上海華通書局發行。），瀋陽有日本工廠兩家，公主嶺有一家，其概況如下：

日本在東三省之農工業　　　　　　三九

醬 油

名 稱	設立地點	資本（Dollars元）	豆（Kan）	醬（Yen元）	醬（Piculs担）	油（Yen元）
野田製油公司	瀋陽	500,000				152,000
率天醬園	瀋陽	1,000,000	311,710	1,480		
淺野釀造場	公主嶺	200,000	6,688		847	

大連之所以為豆類貿易的中心，是南滿鐵路會社規定的運費，無論從東三省那一廠運貨物至大連，牛莊和安東，都是一樣之結果。這種規定就是使牛莊和安東兩處的貿易都轉到大連方面。日本人看見中國人方面的營業日見發達，於一九一二年組織大連油廠聯合會，限制出產總額和工廠數目，以謀壟斷市場。該處月本當局（指關東廳）竟維護該聯合會，起初沒有得到該會的許可，就不發給建築新廠的土地之執照。然而這種限制之實施，並不見得很嚴格的遵守，而該會會員對於他們的出產總額是自由決定的。

（二）麵粉業

麵粉是東三省主要食料之一種，麵粉廠之重要比油脂業僅遜一籌。一九〇二年，俄國人在哈爾濱設立三個現代式的麵粉廠，以供給東三省和西伯利亞東部之俄國居民和軍隊為主要目的。在東三省南部，日本人於日俄戰爭之後即設立現代式的麵粉廠，其主要是中國人。自這種工業開辦以後，日本人已維持他們底優勢，經營麵粉的中國人就不能和他們競爭。日本人的工廠，大半都裝有新式機器，以蒸汽或電為發動力，而大多數的中國麵粉廠還是用老式的機器，所出的麵粉袋，而大半出產總額由四萬至五萬袋，少得很多。

在東三省南部，就一般來說，比較重要的工廠大半是日本人開的。一九二九年，資本由二十萬元至五十萬元的有兩家，中日合辦的也有兩家；這些工廠底資本總額並沒有像東三省南部各麵粉廠那樣多，政治上或金融上一有危險，便容易更換廠主。

滿洲麵粉會社（Manchurian Flour Manufacturing Co.）是日本人開辦的唯一的工廠，每日出麵粉四萬八千袋，比中國廠所出的總額之半還多一點。在東三省北部（日本人所謂北滿。），三十六家麵粉廠當中，日本人開的九家大工廠當中，四家是日本人開的，四家是中國人開的，一家是日本人開的。長春有五家工廠，其中四家是中國人開的，一家是日本人開的。

歐戰以來，美國和加拿大的麵粉雖然壹東三省市場上銷住，東三省輸出的麵粉仍然到了下表所列的程度：

輸 薯

輸出地	一九二八		一九二九		一九三〇	
	擔	海關兩	擔	海關兩	擔	海關兩
哈爾濱	一五，一五〇	一一〇，六三〇	一〇，三五一	六六，七一三	六，一〇〇	三九，〇三〇
愛琿	七五，九三〇	五三八，八四〇	二八，二二三	一六六，六三〇	九七，四二五	六三五，八五六
安東	二，八二三	一五，〇四五	一七	一〇五	六九七	三，九五〇
大連	一三三，二五〇	三三二，七六三	五八，二八一	一五五，三五〇	一三，六八〇	八一，九五〇
牛莊	五六，六六八	三五七，五四〇	二三，五九三	九七，四二六	二七，〇七七	一六五，八五六

上表所列的數量，雖然沒有數字指明日本麵粉廠所出的比例，但已知道日本麵粉廠的數目和牠們底容量都不小，就可以假定輸出的麵粉有許多是日本麵粉廠出的。

（三）製糖業

日本在東三省之農工業　四一

一九一四年歐戰時，全世界都缺乏食糖，一九一六年，南滿製糖會社(South Manchuria Sugar Manufacturing Co.)就組織成立，資本一千萬日元。該會社設工廠於瀋陽和鐵嶺兩處。種甜菜的地面有六千畝，由這些甜菜所製的粗糖可得一千三百萬磅。

勞工和燃料之便宜，以及晴天和乾燥的秋季天氣，在東三省收買甜菜，四日元八角九分左右便可買一千斤(Catties)，在Hokhaido（日本）則需六日元八角。且也，試驗的結果，東三省每町（Tan等於〇．二四五英畝。）平均可割甜菜七百八十貫，其次是比利時，每町可割甜菜八〇二．六貫，在德國爲七八九．六，在瑞士爲六九三．六，在法國爲六六五．一，在奧大利爲六四五．二，在俄國則爲三九七．六。

，栽種甜菜的利息，比栽種大豆和高粱粟，都大得多——甜菜每町可獲利二、八六九日元，在豆爲〇．一三九日元，高粱粟則爲一．一〇六日元。因爲促進這種事業發展的因素有這許多，南滿製糖會社幾年來得到不少的利息；

但因後來一般的商業之疲獻，該會社於一九二七年，倦東三省許多工廠一樣，宣告休業，迄今尚未恢復。

三、礦業

（一）煤礦業

東三省的礦產最重要的是煤，蘊藏最多的地方是撫順。一九〇五年，日本從俄國手裏，把撫順原礦奪去，常作日俄戰爭的戰利品。（俄國從清朝當局取得開採過礦的權利。）一九〇七年，撫順煤礦劃歸南滿鐵路會社經營。撫順煤礦所含的灰很少，其他礦總量也是微小的。這煤富有揮發分，很適宜於製造瓦斯。這煤所含的成分如下

水分 .... 七．〇一
揮發分 .... 三九．一六
炭賓 .... 五一．一一
灰 .... 二．七三
比重 .... 一．二七六

熱度 ……………………………… 七・一〇〇

煙台煤礦於一九〇七年，被南滿鐵路會社，從中東鐵路公司奪去，併入撫順煤礦。煙台所藏煤礦雖未充分的開採，已有很可注意的價值，因為所藏的無烟煤出產總額之迅速增加，如下表所示：

時期	全年產額 噸	每日平均產額 噸
一九二四	九七,三三三	三三一
一九二五	一三六,八〇〇	三九五
一九二六	一〇八,八三三	三二一
一九二七	一〇五,九〇〇	三二四
一九二八	一一六,八〇〇	三二二
一九二九	一三六,五〇〇	三九二
一九三〇	一二七,五〇〇	三四四

本溪湖煤礦公司是中日合辦的，於一九一〇年開辦，資本二百萬日元。次年，該公司併入本溪湖鐵礦公司，改稱本溪湖煤鐵公司，資本增加二百萬日元；同昨，該公司又增加資本七百萬日元。一九一四年，該公司又增加資本七百萬日元。煤礦區域的面積約計一三・六四〇,〇〇〇坪（1 tsubo = 3.95 sq. Yds.），煤層八層，共厚四十英尺又五英寸。本溪湖煤區最厚的煤層，據說是九英尺，最薄的是三英尺又五英寸。一九二六年以前，全年產額僅有四十萬噸，但自那一年確定擴充計劃成功以後，全年產額預計可達七十萬噸。據經濟月刊第十一卷第十一號所載，本溪湖煤所含的成分如下：

水分 ………………………………… 〇・五六
押發分 ……………………………… 二三・三八
炭質 ………………………………… 六八・九四
灰 …………………………………… 七・〇七
硫礦 ………………………………… 〇・四八

（三）鐵礦業

日本人的最重要的鐵礦業是由南滿鐵路會社經營的，

四三

浙江省建設月刊

該會社於一九○九年即在鞍山開採鐵礦。歐戰期間，需鐵甚急，該會社乃於一九一六年設立鞍山製鐵所，資本約三千八百萬日元。日本人為便利與該省當局振興公司所國投資人參加該項計劃，結果遂組織振興公司。該公司所有的和所採的該區鐵礦是規定了須供給南滿鐵路會社的。

現在開採的礦區是在遼陽之南，距鞍山車站很近。鐵礦所佔地是東鞍山，西鞍山，櫻桃園，大孤山，下家堡子，關門山，小旦山，小嶺子，鐵石山，白家堡下，新關門山等處，都是著名的礦區。以鞍山製鐵所為中心，礦區之半徑約九英里。大孤山和王家堡子的礦所藏的磁鐵是不少的，鐵中之體鐵由百分之三十至百分之四十，但有幾次發現的礦區藏磁鐵由百分之六十至百分之七十。

一九二六年，鞍山所出的重要的副產物如下：

距摩尼硫酸鹽 ……………………… 三、二二三噸
蒸木油 …………………………… 一、八五九噸
生柏油等 ………………………… 八、八八六
石膠油精 ………………………… 四○八

國四

滙青 ……………………… 四、四四三
礦瀝瓦 …………………… 七、○四○
佐煤 ……………………… 二二六、七六八

次於鞍山鐵礦的是本溪湖鐵礦，離安東鐵路之南攻車站約五英里。一八八三年，由中國人開採，但至一九一一年，日人大倉喜八郎(Baron Okura)和東三省總督鐵良訂立契約，由中日合辦的本溪湖煤鐵公司開採。開採的礦區是東樹溝，朝兒溝和通遠堡等十二處，礦層之厚由二百至六百英尺。全區所藏百分之三十至四十的磁礦約計一萬萬

一九○七年，本溪湖鐵礦公司製成一百三十噸的和一百二十噸的銘鐵爐各兩座。一九一九年春季，為應付歐戰所需的大量的鐵起見，又製成二十噸的銘鐵爐兩座。惟任歐戰後，商業凋敝，該公司乃極力縮小範圍，後來幾乎完全停頓。一直到一九二三年，一座一百三十噸的銘鐵爐再開始工作，以後每年產鐵約五萬噸，營業才算恢復。

弓長嶺中日鐵礦公司之設立係張作霖和日人N. Iida

訂立契約的結果。礦區離遼陽之東約二十五英里，所燒的礦任質料上和鞍山的相似，百分中所含的磁鐵約有三十五。資本總額是一百萬日元，已由日本人繳足現敷約六十，其餘四十萬由中國人方面以礦產計算。

上面所述的兩個鐵礦公司，名義上是中日合辦的，事實上完全由日本人把持。本溪湖公司職員有幾個是中國人，日本人卻佔總數百分之六十，而鞍山方面則沒有一個是作的中國人則僅有一日元六角六分。日本人每日工費爲二日元九角四分，而做同樣工

（三）蘇打灰業

因爲蘇打（Soda）是普通家庭和工業上必需的物品，蘇打灰之需要逐日見增加。在中國，所用的蘇打，過去三年當中，一九二八年輸入五五、二三九〇担，值銀二、九三〇、九〇七海關兩；一九二九年爲四八九、八四八担，值銀二、七五一、二四〇海關兩；一九三〇年，除本國全年出產的七萬至八萬噸之外，尚輸入四六一、二三五担，值銀三、四〇六、六八七海關兩（包括蘇打和寄性蘇打之

設備在內。）日本所用的蘇打灰每年總計已達一四萬噸，而其本國所出產的每年尙不足一萬五千噸。天然蘇打（Natural soda）作下列的東三省北部各地都有不少的數量：

（子）博爾加（Barga）區域——爲黑龍江省，中東鐵路附近。

（丑）嫩江流域——爲黑龍江省。

（寅）扶餘——爲吉林省。

日本人的蘇打灰業，在東三省北部的利息不比東三省南部來得好。在東三省南部，大布蘇和玻璃山都有天然蘇打。從這些地方採取的原料每五百斤路會社可製蘇打二百四十斤。光是一九一七年就製出四百萬斤，一九二四年歐戰昨，受了蘇打漲價的鼓勵，該會社今年的產額幾乎增加十倍。近來，日本人已決定在旅大租借地設立蘇打業之中心。

據負書規劃的 T. Nishiawa 教授報告，旅大租借地的鹽是很適宜於製造蘇打的；鹽之製造費不多，以太陽光

緒論

日本在東三省之農工業

一五

蒸發就得了。日本政府為提倡這種工業起見，自一九二五年起，對於旅大租借地的蘇打灰特准免除進口稅，而從旁的地方進口的則每噸收稅五、九二六日元。日本人對於旅大租借地已明顯地認為是一個很有希望的供給蘇打的地方出產的鹽如下：

四、其他

（一）鹽業

鹽是中國政府專賣的，並且由東三省運鹽出口，除運往蒙古和熱河省外，是禁止的；事實雖然如此，旅大租借地所產的鹽，大半邊是運往朝鮮和日本。北直隸灣和黃海的水是很鹹的，遼東半島沿岸的雨量是小的，並且由蒙古來的乾燥的風是很容易使水蒸發的。有了這些自然的利便，旅大租借地的鹽業已有充分的發展，這是不足驚奇的。

自一九〇七至一九二九的二十三年中間，每年所產的鹽已由四五、九七一、四〇〇斤增至四一四、八四〇、六〇〇斤。（1 Kin = 6 Kilogramme）旅大租借地，中日兩方所

各處鹽場及其產額，列表如下：

（子）日本人經營的

時期	日本人經營的（Kin）斤	中國人經營的（Kin）斤	合計（Kin）斤
一九一九	一五〇、七五〇、三二〇	一三三、一三七、八六〇	二八三、八八八、一八〇
一九二〇	一七一、六五四、五〇〇	一〇九、九五〇、一四〇	二八一、六〇四、六四〇
一九二一	一三三、三八、五六〇	一〇七、九六〇、四四〇	二四一、〇七五、〇〇〇
一九二二	一五一、二九五、七四〇	一三二、六〇八、六五〇	二八三、八九四、三八〇
一九二三	一五〇、一〇〇、六八〇	一七二、四九五、六〇〇	三二二、五九六、二八〇
一九二四	一三六、二四四、七〇〇	一九五、二三三、六二〇	三三一、四七八、三二〇
一九二五	一三七、五五八、七六〇	一六一、四五〇、六八〇	二九六、四四八、四四〇
一九二六	一三八、一六五、八〇〇	一六七、七一〇、八一〇	三〇五、八七六、六一〇
一九二七	一五四、〇八五、六四	一三九、三七、二七〇	二九三、四五八、九一〇
一九二八	一五七、七〇八、八六	一三八、七二七、六六〇	二九六、四三六、五二〇
一九二九	一六八、一二七、二六〇	一四六、七一三、五〇〇	四一四、八四〇、七六〇

論著

區別	鹽場數目 (Number)	鹽場面積 (Tsubo)坪	出產總額 (Catties)斤	(Yen)元
金州	二	二,一七,五六	一,三三〇	一八,五五七
大連	一	一六,九七,六	一,六三一	一六八,九二一
旅順	六四	二,九七,六八六	一三七,一六九	一八八,五五二
普蘭店	一四	一,六六二,二八四	一四二,七九一	一〇二,一〇〇
貔子窩	一六五	六,九七二,二〇三	四二〇,九二三	二七二,四四六
一九二六年總計	四五六	一一,一〇〇,五二二	六六〇,六三四	八九四,六六八
一九二七年總計	四五六	一一,〇〇六,一九一	七四五,九九二	九一二,二九三
總計	四三六,一〇五,六三〇			九三三,二六二

(丑) 中國人經營的

區別	鹽場數目	鹽場面積坪	出產總額斤	元
普蘭店	四	一,〇五七,八五〇	八七,〇一〇	
金州	九	三,二四,五九六	一五七,〇一〇	
大連	一	一三,四五三	三五,八三〇	
旅順	三五	五三,五,四三一	五一,八七八	
貔子窩	六二	一,七六一,〇七一	三三二,九六六	一六二,五五五
一九二五年總計		四,八三七,一三二	三一三,八九六	五八六,三五六
一九二六年總計		四,六八二,二八四	三二三,一二九	五四七,一二五
一九二七年總計		四,八九七,一二四		五九六,二九五

日本在東三省之農工業

旅大租借地製鹽的成本,每一百斤(Kin)傋需日本銅幣二十個仙。(Sen值一圓之百分之一,合美金半分。)就是加了運費以後,這種鹽在日本俾賣比台灣鹽或第三等日本鹽還便宜得多。——這種鹽傳價約一日元一角,台灣鹽要一日元四角,而第三等日木鹽則需三日元七角九分。

日本鹽業公司和東洋拓殖公司是在旅大租借地的日本式的兩家最大的公司。日本鹽業公司設於一九一七年,資本四百萬日元,一九二九年的出產計值七五三、四三二日元。該公司所製的食鹽大概是運往樺太島,而東洋拓殖公司所製的則由專賣局在日本販賣。

一九二五至一九二六年,日本人為謀擴大工作,以期增加全年產額至一,二〇〇,〇〇〇,〇〇〇斤(Kin)起見,在旅大租借地各處,作精密的考察。預計以八分之一

四七

的盐供给日本的需要，所余的则以之制造苏打。日本人所投的资本总计日币五百五十万，惟在一九二七年，伸有二七二·二九三·七五〇斤盐，约出产总额百分之六十九，是运往日本的。为救济盐业的凋敝起见，山东盐在朝鲜售卖是不受鼓励的，同时将旅大盐价增加。

（二）渔业

旅大租借地以外的渔场，依照地理上的位置和运输上的利便，可以分为三区。从安东至貔子窝的海岸为第一区，从大连至熊岳城，以大连，老虎滩，旅顺和营成子为渔船停舶所，为第二区；从熊岳城至葫芦岛和山海关的海岸为第三区。出总最大的是第二区。旅大租借地有二九、九一〇个中国人和一五六个日本人从事渔业的，一九二九年共获鱼一二、七四一、二五六贯，值银四、六八二、一一日元。依照日本统计，其概况如下：

区别	渔	人	中国人所捕的鱼		日本人所捕鱼	
	中国人	日本人	贯（Kan）	元（Yen）	贯（Kan）	元（Ten）
貔子窝	一四，六四一	三	二，二九六，五六四	二三四，八九九		
普兰店	一，八三三	五	四，一三六，九四〇	六三五，四四一		
金州	二，八三二	六六	九六七，三三五	四七四，四六八	一六一，三三八	三二，〇六七，四六八
大连	二，一〇〇	六六	一，六四四，六九六	五五〇，七五五	一〇，六九六	一三一，四四四
旅顺	七，六八七	一四	五三五，一〇一	二九三，八六七	八，七〇〇，一四九	二，九五二，二三八
区合计 中国人日本人						
一九二九年合计	二九，一〇三	一六八	九，五八〇，六三六	二，一八九，四三〇	三，一六〇，六二〇	二，四九二，六八一
一九二八年合计	三八，五一〇	一六七	七，九五五，七六七	一，八七〇，〇六三	一，七八一，九六一	一，四三一，九八八
一九二七年合计	三六，一〇九	三五五	三，六九九，四七六	二，〇六一，七三三	一，二三二，五九二	九一二，三五九

著論

從上面的表看來，發現了驚人的事實：日本漁人比中國漁人在數目上雖然是一與二百之比，他們所捕的魚在價值上却比中國漁人多一半以上；的確，日本漁人雖然是這樣的少，所捕的魚却等於中國漁人所捕的之百分之五十八。這也是應該注意的，中國漁人所捕的魚價值日見減少，而日本漁人所捕的三年却增加三倍以上。

日本人的漁業大部份是由大連水產試驗場，水產股份公司和水產會經營的。（一）大連水產試驗場設立於一九〇七年，以試驗的和調查的工作，從事水產品之捕撈，醃漬和封藏。該場對於發展不良漁具也實行試驗。（二）水產股份公司設於一九〇八年，其主要的業務是水產品之製造和輸送，以及資本和漁具之借與。該公司創立時，資本二十二萬日元，到了一九二一年為着要彌補建築魚市場，事務所，製冰場和冷藏庫所費的錢，乃增加資本一百萬日元。（三）水產會於一九二六年開幕，設總事務所於旅順，並在大連，金州，蓴蘭店和羔子窩設立分會。該會的工作，除了不借資本或漁具外，很像大連水產試驗場和水產股份公司，但對漁業中所發生的糾紛却担任仲裁。該會近已製造新式漁船十五艘，敷銀二九萬日元。

（三）紡織業

作為絲在昔時只是當作塔夫綢（Taffeta）或絹絲之替代品，但是現在則用以製造飛機底翼了，並且也用以製造電線。日本人於一九一九年即開始經營東三省作為絲工業，他們在安東設立一個紡織株式會社工場為日本富士紡織公司（Fuji Cotton Spinning Co.）底支部。

日本人利用東三省底便宜的勞工和原料，以之製造醫絲和綢緞，其成本比日本所設的只有一半。一九二六年，他們在旅順設立一個工廠，資本二十五萬日元，廠名叫做滿洲蠶絲株式會社工場。該廠裝有電氣的和蒸氣的機器，一九二九年出絲三二，四六七斤（Kin），值銀一四六、六三七日元。

日本人預計旅大租借地和南滿鐵路沿線地方的棉揚可以產棉二一〇，〇〇〇，〇〇〇斤，乃於一九二三年在遼

日本在東三省之農工業

四九

阳设立满洲纺织公司，一九二四年在金州设立内外棉花公司的工厂，并于一九二五年在周水子设满洲裕纺公司的工厂。这些公司底概况如下：

名　称	资　本（日元）	所用工人	所用原料（棉花）担	所出棉纱（Bale）包	所出棉布（Tan）町
满洲裕纺公司	3,000,000	1,764	30,000		124,000
内外棉花公司	3,750,000	1,750	42,300	12,000	
满洲纺织公司	3,000,000	780	31,000	10,000	

註：町（Tan），計算布之長短的。每町等於三一·〇六英尺。

日本人還有許多小工廠，每家底資本在十萬日元以上，其中著名的是旅順織布工場和滿洲織布工場。前者有資本十萬日元，出綢緞一二、五〇〇疋，值銀二六、三〇〇日元；後者有資本七十五萬日元，出綢緞四二、二七〇疋，值銀三五〇、五二〇日元。

日本人有兩家製麻的大公司——一為設在大連的滿洲製麻公司，二為設在瀋陽的奉天製麻公司——都在製造裝大豆，高粱粟等物的袋子。滿洲製麻公司於一九一七年建築工廠，資本一百萬日元，一九二七年的出產總額僅值一〇六、四二一日元。但至一九二九年奉天製麻公司一九二七年的出品如下：

1、五八三、七二一日元。

1、八〇七、七九〇個袋子　值銀　八六二、三四二日元

一七一、九八〇斤麻紗　值銀　四六二、五九九日元

三九、七九二斤麻布　值銀　七、五六〇日元

總計　九一六、五〇一日元

中日合辦的滿蒙毛織公司於一九一八年設立，一九二四年六月為火所毀，次年復開，資本由一千萬日元減至三

百萬日元。一九二七年製出毛毯一六、七八四條，絨布一三四、九九三碼，地氈一一四、○九○、五○○磅和毛絲一七、○○○磅，但至次年出產則大為減少了。

（四）煙草業

日本人在東三省的捲烟製造業，雖然是一個比較小的事業，在中國人的香烟廠方面，卻有相當的勢力。日本人在東三省的最大的烟草公司是東亞公司，在牛莊設有工廠。該公司於一九○六年組織成立，資本一百萬日元，後來增至一千萬日元。此外尚有一家，叫做亞洲烟草公司（Asia Tobacco Corporation）於一九二一年設工廠於瀋陽，但是不久即併入勞的公司了。一九二七年中國人的製造香烟的最大的公司，南洋兄弟烟草公司，發生罷工風潮，東亞公司遂乘機擴充營業，光是牛莊廠的出品就值銀三，九二二、九五五日元。

（五）水泥及玻璃業

東三省有很多的石灰石，日本小野田株式會社乃於一九一一年，在周水子設立一個工廠。這是日本人在大連的水泥（又稱水門汀或士敏土。）業中最大的工廠，開辦時的資本是三千一百萬日元。該廠一九一○年的出產額是一四九、○○○桶，到了一九二八年增至一、五○○、○○○桶。

日本人又從事於玻璃之製造。大連中央試驗所於寶爐幾次精密的試驗之後，設立一個製造陶器的工場，以製造水晶和玻璃片為主要的業務；這個工場於一九一八年讓給大連窰業玻璃工場。日本的玻璃公司（Asahi Glass Company）於一九二五年和南滿鐵路社合辦一個工廠，製造門窗玻璃；該廠的出品已達三十三萬箱。該廠有資本四百萬日元，並用勞伯斯的圓柱體法（Lubbers cylinder process）。

結論

從上面的事實看起來，便可以證實日本人在東三省的實業是日見發展的，尤其是農工業都受日本資本之襲斷。中國的投資人是很不容易加入去和日本人競爭的，因為日本人不是有大資本為後盾，便是受着政府的物質上的補助。這樣的情況已把在東三省的中國實業家陷於很困難的地諸位！

在東三省的日本製造家又享受關稅協約上的特別利益，無論外國人或中國人都沒有的。據陳經所說，日本於一九一三年和總稅務司約定，凡經過安東的鐵路上運輸的貨物僅納稅三分之一。一九一七年，更進一步的約定，凡貨物越過朝鮮和間島之間的境界者，僅付普通稅率三分之二。這些定約已給日本商人以很確切的優勝，可以抵抗歐洲或美洲的敵手，而中國市場上的歐美貨物所以逐漸為日本貨所排擠的原因也就可以明白了。

《工商半月刊》杂志封面

日本化粧品在華銷售情形

一、概說

我國之化粧品本極簡單初不過粉黛脂香四品而已自海禁開後洋貨源源而來于是舊式之花粉工業日就衰落迨前清光緒末葉香港有廣生行之創設吾國大規模之化粧品工廠即以此為嚆矢

二、日本化粧品進口統計

市上所售之化粧品約可分為上中下三等上等化粧品多來自歐美中下等品或為國人自製或自日本輸入數量最巨十餘年來國人之設廠仿製者如中國化粧工業社家庭工業社香亞公司大陸藥房永和實業公司及華南化學工業社等雖出品頗多行銷甚廣然以日貨價廉故仍不能使之絕跡愛將最近三年日本輸入我國化粧品之價值列表于下以供參玫——

關　查　日本化粧品在華銷售情形

一、香水脂粉（敷面粉雪花齊在內）

地別 ＼ 年別	民國十七年 關平兩	民國十八年	民國十九年
日本台灣	九九,七〇五八	七七八,四五二	七七四,〇三四
朝鮮	二九,〇二〇	一三,九六〇	一〇,二八〇
佔是項進口總數之百分比	二二,七%	二五,九%	二五,二%

二、化粧品（除第一項外）

地別 ＼ 年別	民國十七年 關平兩	民國十八年	民國十九年
日本台灣	五六二,八一六	五三二,七二三	七〇一,八二三
朝鮮	八,一一五	二,七三二	三,一五〇
佔是項進口總數之百分比	五七,二%	六七,七%	七一,五%

關于第一表之統計日本輸入之香水脂粉佔該項進口百分之

二十五省亞于僅列第一之香港第二表之化粧品增加尤為可驚竟佔該項進口總值百分之七十以上以區區之美容品每年漏卮竟達一百五十萬兩之鉅而日人之在我國設廠製造者尚未計入。

三 國貨與日貨化粧品對照

茲將日貨化粧品名稱並製造廠家以及我國國產出品與廠商名稱地址列表如後以資比較：——

國日化粧品對照一覽表

日貨

品名	商標 行號名或人名	地址
牙粉		
金剛石	平尼寶平商店	東京市日本橋區馬喰町
獅子牌	小林商店	上海廣東路三十六號
燕子牌	丹平商會藥房	大阪市南區順慶町
愛國	荻原商店	大阪市東區北久寶寺
仁丹牙粉	森下博營業所	大阪市東區北久太郎町
仁丹藥粉	同 前	
軍官圖	同 前	
⊙	日本製造株式會社	東京府荏原郡品川町
三菱	三菱洋行	上海廣東路九號
健美人	中山太陽堂	上海廣東路二號
クリーン	純美堂商會	大阪府泉南郡麻布鄉村字年田六五一番地
ハミガキ		

中國貨

品名	商標 行號名或人名	地址
牙粉		
無敵牌	家庭工業社	上海敏體尼蔭路
三星牌	中國化學工業社	上海河南路四四號
雙妹嚜	廣生行有限公司	廣東長堤上海南京路
蝶霜牌	永和實業公司	上海老北門內民珠街
令鐘牌	香亞公司	上海南京路四七九
孔雀牌	新亞化學製藥公司	上海南陽橋安納金路一○九號
寶塔牌	華南工業社	上海白克路二四
老虎牌	先施化粧品公司	上海天津路
海王星	久大精鹽公司	天津
鈔票牌	濟生工業社	上海西門靜修路七三號
美星牌 Venus	美星公司	上海老北門針家荞

ミツタ	九見屋商店	東京市日本橋區橘町
花蝶	平尾贊平商店	見前
レート	同前	同前
內圈圓Smoca字スモカ	株式會社壽屋	大阪市東區住吉町
蛇之目	日本ペイント製造株式會社	見前
婦人	共同工業會社	大阪府西區阿波座中通
斯毛克牙粉	株式會社壽屋	見前
麗德	平尾贊平商店	見前
○○○	九見屋商店	見前
御園	伊東胡蝶園	東京市麻布區三河台町
蝶印	同前	前
御料御園	同前	前
富貴美人	同前	前
金鶴	金鶴文字野村商店	大阪市南區鹽町通
金鶴	同前	前
	三井洋行	上海四川路四九號

調査 日本化粧品在華銷售情形

牙膏

先令牌	科學工業社	上海海甯路消安坊
四福牌	江生化學工藝廠	松江西門外大街
雙燕牌	江都華洋公司	江都城內馬鹽巷
秋月牌	中國兄弟工業社	上海閘北香山路一○八號
蜜蜂牌	上海香品社	上海閘北寶山路口祥源號內
象牌	天津大昌隆	天津北門西路
朱色刷子	中國刷子牙粉公司	天津河東旺道莊口
天女牌	亞洲實業公司	上海九畝地青蓮路晉昌里
引鳳牌	正義實業無限公司	上海巨籟達路六○九號
醒獅牌	天津松茂合記工廠	天津北營門裏福源里
牡丹牌	中國盆豐行	紹興郡昌坊二五號
無敵牌	家庭工業社	見前
金鐘牌	香亞公司	見前
三星牌	中國化學工業社	見前
雙妹牌	廣生行	見前
孔雀雪恥牙膏	孔雀化工社	上海江西路四五二號

一五

工商牟月刊　　　　　　　　　　　一六

牙膏

獅子牌　小林商店　　　　　　見前
歐茂●Mo毛前田一二洋行　上海江西路字二五號
Rolling　松本丹治　　　　　大阪市西區南掘江下通
蛇之目　日本ペイント製造株式會社　見前
卿雲爛　管井義雄　　　　　大阪府堺市南牛町
雙美八　中山太陽堂　　　　見前
　　　　三菱洋行　　　　　見前
　　　　三井行洋　　　　　見前
麗德 Laito Mo毛 平尾贊平商店　見前
仁丹　森下博營業所　　　　見前
婦人　共同工業會社　　　　見前
斯毛克 Smoca 株式會社壽屋　見前
ヨツダ　丸見屋商店　　　　見前
レート　平尾贊平商店　　　見前

香膏

麗德同前

美星牌　美麗公司　　　　　見前
老虎牌　先施化粧品公司　　見前
海王星　久大精鹽公司　　　見前
金錫香粉紙化粧品廠　　　　上海海甯路常安里
嫦娥牌　永州實業公司　　　見前
引鳳牌　正海實業無限公司　見前
舜美牌　麗亞廠　　　　　　上海香山路二五四號
天女牌　亞洲實業公司　　　見前
吉星牌　吉星化學工業社　　見前
朱色刷子　中國刷子牙粉公司　上海沈家海漁恩路六號
象牌　天津大昌隆　　　　　見前
無敵牌　雪膚霜　家庭工業社　見前
三星牌　雪花霜　中國化學工業社　見前
金鍊牌　香亞公司　　　　　見前
玉妹膏　廣生行　　　　　　見前
雪花膏　　　　　　　　　　見前
雅霜　大陸藥房化粧部　　　上海蓬路九八七號

日本化粧品在華銷售情形

品名	廠商	地址
Cream De Lait レートク同 レーム	中山太陽堂	見前
雙美人 レートク同 レーム	同前	前
美麗霜 レートク同 レーム	同前	前
白露霜 同前 レーム	同前	前
美人頭 日本美人	株式會社桃谷順天館	大阪市東成郡天王寺村字天王寺二千二百番地
香水 J. S. & Co.		
百花水	同前	
桃蜻蜓	同前	
Bigansui	同前	
御園之露	伊東胡蝶園	見前
雙美人	中山太陽堂	見前
美人蕉	維大	
三角牌 自由霜	三友實業社	上海南京路四九〇號
嫦娥霜	永和實業公司	見前
老虎牌 白蘭霜	先施化粧品公司	見前
十六歲 小姑娘	中西藥房	上海福州路山東路角
寶塔牌 香妃霜	華商化學工業社	見前
孩兒面	羅威公司	上海大西路或中法藥房
杜菊牌 臨麗霜	大昌機製化粧品公司	上海南市王家嘴角南首
香霜	華盛實業社	上海白克路三多里七〇五
白雪霜	武林	
無敵牌 生髮蠟	家庭工業社	上海南陽橋肇周路三號
又	同前	見前
潤髮霜 潤髮膏	中國化學工業社	見前
三星牌 金鐘牌 生髮蠟	香亞公司	見前
雙妹嚜 生髮蠟	廣生行	見前

闢畫　日本化粧品在華銷售情形

工商半月刊

一八

香粉		
欧美 omo扣モ	前田一二洋行	見前
伊東胡	伊東榮	見前
蝶園	同	前
富貴榮	同	前
人		
字	野村商店	見前
金鶴文		
金鶴	同	前
御園百	伊東榮	見前
粉		
富貴榮	平田作號	大阪市比花區大開町
花香		
芝蘭香	松井號	大阪市東區博勞町
老都王	前田一二洋行	見前
Bigansui		
美顏白	株式會社桃谷順	見前
粉	天館	
日本美	同	前
人		
團料御	伊東榮	見前
御料御		
蝶印	同	前

燒娥牌	永和實業公司	見前
點髮霜		
美髮霜	中西藥房	見前
錫爾康	錫爾康公司	見前
點髮碇		
無敵牌	家庭工業社	見前
香水		
香水精	同	前
花露	同	前
水		
生髮水	同	前
香水		
三星牌	中國化學工業社	見前
香水		
又香水精	同	前
又花露水	同	前
又花露水	同	前
又生髮水	同	前
金鑰牌		
花露水	香亞公司	見前
又生髮水	同	前

香水

類別	商品名	製造商	地址
香油	雙美人	中山太陽堂	見前
	蛇之目	日本ベイント製造株式會社	見前
	金鶴	野村商店	見前
	油御園香	伊東榮	見前
	料御園御	同前	
	鴛鴦	井上太兵衛	東京市日本橋區本石町
化粧品	二婦人 三宅室		大阪市西區靭中通
	白鴛	大阪製油株式會社	大阪市東區博勞町
	七星牌蜜糊膠	高橋東洋堂	東京市牛粧區西五軒町
	美人油 Zerobia		
	鴛鴦	井上太兵衛	見前
	二婦人	合名會社小川商店	見前
	二婦人	合資會社三宅堂	見前

圖查 日本化粧品在華銷售情形

商品名	製造商	地址
又香水精		同前
雙妹嚦 香水嚦	廣生行	見前
又香水精		同前
又生髮水		同前
又香水		同前
又花露水		同前
又香蜜水		同前
嫦娥牌花露水	永和實業公司	見前
千里香	先施化粧品公司	見前
辛月牌花露水	新中華實業社	上海新閘路屬康里六圖
鵝妹嚦花露水	廣安公司	汕頭寄礴外馬路
鈔票牌香粟水	濟生工業社	見前

歐羅omo毛打前田二二津行	見前	鳳美牌 大藏泰號	揚州贛門橋大街中
伊東胡 伊東榮	見前	花露牌 花露水	
鯉園	見前	花妹牌 花露水 農業工藝社	
壽鶴 野村商店	見前	三水牌 香水精 三水工藝社	神岡海平馬路十八號
都紅 磯野化學研究所 東京市小石川區西原町 香粉		無敵牌 各種香粉 家庭工業社	廣州三水
		各種香粉	見前
トン岡	前	又 各種搜粉間	前
DGN 同	前ン	五黑牌 各種香粉 中國化學工業社	見前
Three Cattles 松井號	見前	又 各種樓粉間	前
御園先 伊東榮	見前	金鑄牌 各種香粉 香亞公司	見前
御料御園同	前	雙妹牌 各種香粉 廣生行	見前
四季花同	前	婦織牌 各種香粉 永和實業公司	見前
御園月同	前	各種搜粉間	前
御園橋同	前	又	前
御園盤同	前	五桶牌 號 財穫春香粉頭油	揚州轅門橋中市
麥御園間	前	香粉 楊妹牌 香粉 廣安公司	見前

品名	商標	製造商	地址
御園之蕾			同前
御園蝶印			同前
蝴蝶			同前
Misono			同前
富貴美人			同前
金鹿		神清次郎	大阪市南區末吉橋
香品		簾澤友吉	大阪市東區道修町
家庭 Katei		中山太陽堂	見前
雙美人		同前	
美花		前田一二洋行	見前
洋花		同前	
花蕊		同前	
麗鷹		平尾贊平商店	見前

調查 日本化粧品在華銷售情形

品名	商標	製造商	地址
雙梅牌	香料香品	雙梅工業社	上海南陽橋鼎祥里
鈔票牌	撲粉	溥生工業社	見前
蘭芳譚	香水粉	松茂合記工廠	天津北營門裏福源里
蜜月牌	香品	就生公司	上海嘉興路西德明里
鷹球牌	香品	百花台	上海東新橋海口路十號
林記	百花霜 朋珠霜	章林記香精號	上海福建路致富里
四福牌	香品	匯生化工公司	上海茄勒路永興里
和合牌	香粉	老妙香室	上海三馬路畫錦里
鴻福牌	香粉	美林有限公司	
孔鳳牌		孔鳳春香粉號	
秋月牌	香粉撲粉	中國兄弟工業社	上海閘北永興路宗裕里
抒錢紗		三鳳粉廠	廣州市下九路五〇號
無敵牌	生髮油	家庭工業社	見前

花蝶	同前
(四)	
青星	阿部六太郎
Laitfood	同前
ノート	同前
ブート	同前
	丸見屋商店 見前
	大阪市東區小橋元町
勞銅印	同前
	納藏瓦連公司
Catex	土海四川路阿瑞里廿一號
老都王	前田二三洋行 見前
香	玉井洋行 見前
八	三菱洋行 見前
七寶堂	野村七兵衞 見前
壽山花	月香 同前
三ツ	九見屋商店 見前
三鳥牌	平尾蟹平商店 見前

化粧品

三星牌	中國化學工業社 見前
生髮油	
金鐘牌	香亞公司 見前
佐髮油	
雙味曬	廣生行 見前
生髮油	
嬌娥牌	永和實業公司 見前
生髮油	
五福牌	謝馥春香粉號 見前
頭油	
驪珠牌	歐陽戊隆號 廣州市惠福東路五九號
生髮油	
孔雀牌	孔雀化工社 見前
西美牌	大陳藥房化粧部 見前
TDCO	
老虎牌	先施化粧品公司 見前
學生牌	樂安化粧品公司 上海七浦路根慶里八〇〇號
觀音牌	種茂化粧品無限公司 上海虹口兆豐路
五花牌	五花密精膠公司 上海南成都路寶裕坊二七六
玫瑰園	中西藥房 見前
中西	

品名	製造商	地址
婦人標形牌	篠澤友吉	見前
金鳥	田中壽太郎	大阪市東區博勞町
婦人	共同工業會社	見前
白鷺	大阪製油株式會社	見前
金鷺	野村	見前
粉紙		
美人頭		
"Egro"		
"Lahao rosor"		
雙美人	東京帝國化粧品俱樂部	
唇膏		
"Deris"		
"Ganet"		
"Taria"		
胭脂		
S. Rose		
S. K. S.		
Imari		
雙獅牌	羅威公司	見前
寶塔牌	華南化學工業社	見前
牛月牌	新中華實業社	見前
鈔粟牌	濟生工業社	見前
	武林工業社	見前
雙梅牌	雙梅工業社	見前
愛神 西美女	美星公司	見前
美麗牌	民生化工公司	閘北永興路宗裕里七〇
蜜蜂牌	上海香品社	見前
舞美牌	麗亞廠	見前
天字牌	天津滄鵬公司	天津
寶鼎牌	鼎新社	天津河北三條石東口大王廟
鏈形	陳嘉庚公司	上海南京路
八花牌	大昌機製化粧品公司	見前

調查　日本化粧品在華銷售情形

四 日本化粧品之種類

日本化粧品除直接輸入我國外並在上海崑明路二十八號設立上海油脂工業株式會社（亦稱瑞寶洋行）資本五十萬元以製造肥皂為主仿造歐美上等化粧品為副商標不一種類頗多。然大都屬于香水香粉粉紙胭脂唇膏生髮水等類其自日本直接輸入者則以牙粉香粉香水香膏居多數。

五 日本化粧品之銷行區域及交易狀況

日本香皂主要銷路為冀魯及東三省長江流域次之日商化粧品廠在我國通商大埠多設立支店或經理處而尤以瀋陽天津青島上海漢口濟南為最多然亦分銷各華商洋廣雜貨舖及煙紙百貨店等零賣此外華人東莊公所之東洋莊常派員至日本坐辦上海東莊幫中之維大公聚徐亨源懋祥錦福新等從前交易頗大日貨交易概以一月為期到期收現唯範圍大及交易久者亦得變通經售人除給予特別折扣外並酬以佣金各化粧品商多雇跑街華人專向各處推銷。

六 上海日商化粧品洋行

目下上海日商之營化粧品業者約有數十家其最著者則為下

粉盒	人頭		
雙美人	中山太陽堂	見前	
雙女牌	志勤化粧品公司	上海產江路一○七一號	
"Pola ton"	福來化工廠	上海飛虹橋榮富里二號	
秋月牌	中國兄弟工業社	見前	
梅子牌	紅梅公司	上海西門肇嘉路爾發里十一號	
白衣神	金錩香粉紙化粧品廠	見前	

列各店。

上海日商化粧洋行一覽

行　名	地　點	行　名	地　點
小林洋行	廣東路三六號	瑞寶洋行	河南路八號
前田一二洋行	江西路B字二五號	太陽公司	廣東路二號
吉田號	泗涇路二四號	日昇堂	吳淞路一五〇號
錦屋商店	培開爾路二號	掘三藥房	閔行路一一三號
紅屋商店	密勒路八〇三號	寅屋商店	培開爾路三號
長生堂藥房	乍浦路一八〇號	高山洋行	北四川路六八八號
大阪屋洋品店	吳淞路二八九號	爲政藥房	乍浦路一一七號
上田號商店	崑山路義豐里	永田商店	蓬路二三四一號
丸林洋品店	寶樂安路一三一號	丸新洋行	施高塔路五號
恆春堂	吳淞路一四五〇號	小松洋行	吳淞路一四五一號
喜久屋	北四川路五七號	木村洋行	崑山路一三號
森田商店	北四川路六五二號	仁濟堂	北四川路七〇〇號
濟生堂	蓬路西華德路角		

調查　日本化粧品在華銷售情形

二五

Established 1917
THE BANKERS' WEEKLY
4 Hongkong Rd., Shanghai
Phon. 14003
No. 756. JULY. 5 1932

香港中國銀行廣州辦事處內部

中華郵務局特准掛號認爲新聞之紙類
中華郵局特准掛號認爲立券報紙類

中華民國二十一年七月五日發行
民國六年創刊　總第七五六號
第十六卷　第二十五號

《银行周报》杂志封面

日本刦奪東北關稅之影響

子明

日本政府假藉所謂滿洲偽國當局名義迭次表示于涉東三省海關行政,則將哈爾濱牛莊安東三處海關之稅收停匯總稅務司繼復由偽財長熙洽藉口確立關稅自主聲明準備掌握大連及其他海關稅收之全部今且已實行簒提濱江安東之稅款積極進行刼奪全部之東北關稅此事奉動中外以關稅作擔保之各種債務直接間接影響中外財長宋子文日前會發表嚴正宣言英美各國亦已紛紛表示此誠九一八以後最引人注意之重大問題也。

東三省海關共有愛琿、濱江、琿春延吉安東大連等六處此外尚有分關數處查東三省之對外貿易在前清光緒三十三年以前安東大連滿洲里等處均未開放此時東三省對外貿易尚未發達自光緒三十三年以後始逐年增加民國以來進步尤速民國十九年之輸出入貿易額較之光緒三十三年。已增加至十倍以上茲列表比較之如左。(單位海關兩)

日本刦奪東北關稅之影響

年份	輸出額	輸入額
光緒三十三年	二,〇六一,六五六	五四,〇三〇,六二七
光緒三十四年	六〇,七三〇,五一八	五一,三九二,六六九
宣統二年	九八,九四八,一〇九	六六,六六八,六〇九
民國元年	一〇五,四五七,六七五	八八,八四四,四二六
民國三年	(入)一〇,八七二,四五四	一二三,七二九,一〇六
民國六年	(入)一〇,八八五,九八一	一〇五,六三〇,〇一〇
民國七年	(入)六八,八八八,〇五七	一五六,七二三,九三〇
民國八年	(入)四三,四九三,五二五	一九〇,三七一,一四〇
民國十二年	二七八,九六〇,一九五	二四二,七二三,九六九
民國十四年	四一〇,八八〇,一二四	二六九,二四六,六五五
民國十六年	四〇〇,六八〇,一九〇	三九一,六〇三,八五〇
民國十七年	四八五,六七二,五二一	三五一,九〇四,七六三
民國十八年	五九六,六七五,〇六六	三八八,七四五,六三三
民國十九年	六〇六,九九九,六四七	三八七,六八八,五二二

(一)有超過額輸出超過額有(入)者係入超

按光緒三十三年東三省輸出入貿易總額僅六千萬兩暨年增加二倍宣統二年則增加三倍民國三年增加四倍有奇嗣後逐年增加進近年已達七億餘兩較之光緒三十三年竟增加十倍以上是項激增之趨勢實為關內各埠所罕有且自光緒三十三年以來除光緒三十四年民國元年三年七年八年五次為入超外其餘數年均為輸出超過綜計自光緒三十三年至民國十

九年之二十四年間輸入超過四千一百餘萬兩輸出超過達九億四千八百餘萬兩出入相抵淨出超額計九億兩按吾國對外貿易歷來均為鉅大之入超然苟無東三省之出超以資抵補則資金之外溢正不知伊於胡底也。

東三省之對外貿易既增進甚速故關稅之收入亦年有增加。宣統二年關稅收入為關平銀三百三十餘萬兩民國四年增加至四百二十餘萬兩九年增加至七百七十餘萬兩十四年增加至一千一百餘萬兩十五年增加至一千二百餘萬兩十六年增加至一千三百餘萬兩十七年增加至一千四百餘萬兩十八年增加至二千二百餘萬兩十九年增加至二千六百餘萬兩茲列表比較之如左。(單位海關兩)

關別	宣統二年	民國四年	民國九年	民國十四年	民國十五年	民國十六年	民國十七年	民國十九年
愛琿								
三姓								
哈爾濱								
琿春								
龍井村								
安東								
大連								
牛莊								
(指數)								
合計								
全國總計								
東三省對於全國之百分比								

(註) 三姓分關於民國十七年裁撤

觀於右表東三省各埠海關之稅收總額依近五年所收之數為根據平均佔海關稅收全額百分之十五民國二十年東三省稅收共關平銀二六，〇七八，〇〇〇兩等於國幣三九，一一七，〇〇〇元此項稅額關係內外債擔保信用至重且鉅按現在外債中如英德洋款英德續款善後大借款庚子賠款均以關稅為擔保年需五百餘萬鎊內債中除極少數之債券外其餘幾全以關稅為担保年需一億零三百二十萬元此外尚有許多鐵路借款中政府亦已担任以關餘之一部份償還在目下經濟困難之中中國全部海關稅收每年平均約國幣三億一千萬元其中須用以償付以關稅為抵之各項債款及海關開支者逾二億五千九百餘萬元令於總額內驟失三千九百餘萬元之收入則債賠各款之償付當然立受影響且因東三省海關稅收之喪失此後將令以關稅為抵之各種義務加諸中國其他各埠結果不獨影響國際信用吾國財政命脈所寄之海關亦將摧殘無餘矣

日人唉使偽國刼奪東關稅原為日本北預定計劃之一其使命不僅至刼奪而止行且將有進一步之措置日人恆言「值茲世界經濟不況各國關稅重課之際非依自給自足之經濟政策不為功且日本近鑑於物質之缺乏故日滿間之關稅障壁應行撤廢自由貿易以通有無締結關稅同盟以交換商品原料」

蓋日本志在將東三省與日本打成一個經濟單位發揮其獨佔利源之大野心換言之此次日人刼奪東北關稅之目的一在築起關稅壁壘對外封鎖一在全壟輸出稅攫取廉價之原料也由此更可知日本之刼奪東北關稅不獨我國稅收減少而影響於吾國之對外貿易者尤為重大日前宋子文之宣言內稱『東三省在經濟方面將與中國其他部分斷絕關係而成為日本之一部如朝鮮然而中國目下之入超從此更將增高』可謂洞燭其隱故東北海關問題不僅為刼奪關稅行為實為日本決心封鎖東北獨占經濟地盤之一種步驟也在此情勢之下吾人應認清關稅問題與東北問題為一整個問題必先收回東北失地而後關稅問題乃能解決。

日本刼奪東北關稅之影響

三

经济学季刊

《经济学季刊》是中国经济学社于中华民国19年（1930）4月在上海创办的社刊。主编李权时。所发文章主要探讨中国的农业、渔业、工商业、市政、交通、财政金融、信托、投资、货币、税收、统计及劳工等方面的问题，以及在中国的国外资本和国外对华经济侵略等问题。还刊登对中国地方经济的研究调查报告，以及对中国各级经济政策和中国经济的革新改造问题的研究。讨论中国国民经济、中国战时经济、困难时期经济及非常时期经济问题，探讨中国经济史和中国经济思想史。此外，还介绍国际经济形势、西方国家的经济政策、经济制度及西方经济思想史，并刊登经济学理论的研究指导、中外经济学家及其著作的介绍，以及经济学新书介绍，还报道中国经济学社社务。

李权时、马寅初、唐庆增、刘大钧、朱斯煌、章乃器、贾士毅、戈宝权、张素民及姚庆三等是该刊的经常撰稿人。

该刊于民国26年（1937）5月，终刊。

《经济学季刊》杂志版权页

中國經濟學社出版

經濟學季刊

第三卷　第二期

中華民國二十一年七月

本期目錄

一、日本對東北的經濟侵略………………李炳煥

二、生產力之研究…………………………李權時

三、現今世界經濟衰頹與中國……………朱斯煌

四、匯變之經濟的觀察……………………章植

五、中國古代的經濟思想…………………王海波

六、江蘇之財政……………………………徐之潮

七、新書介紹與批評

介紹勞夫林著貨幣信用與物價新解………李權時

日本對東北的經濟侵略

李炳煥

一 導言

日本侵略東北澈底講起來,是資本主義發達到極點的結果。資本主義生存的條件,就是市場和投資地有了這兩個條件生產資本可以隨着擴張複生產而膨脹。日本利用南滿鐵路壟斷東北市場並且投下過剩資本。原來鐵路與資本主義有密切關係擴張複生產非原料不斷地輸入和製造品不斷地輸出不行;鐵路不特解決供求問題並且解決投資問題結果資本主義的勢力雄厚變成帝國主義國家靠財閥維持而向外發展資本家以國家為後盾到處實行經濟侵略所以政治不過是帝國主義行動的表現經濟却是帝國主義的原因為明瞭起見,我們應當研究日本侵略東北的動機。

二 侵略東北的動機

日本侵略東北的動機,是要解決人口過剩的問題一九三〇年日本全國人口除海外征服地不計外共六四、四五〇、〇〇〇人。日本常年人口增加比率數每千人增加十五三十年後便可增到一〇〇、〇〇〇、〇〇〇人,再從帝國全版圖計算人口總共八三、四四〇、〇〇〇。日本國土狹隘,而人口生產率增加非常得快只得

二

移民但是世界殖民地早經列強割據了東北接近朝鮮面積很大可以容納過剩的人口因此日本想移殖東北。糧食缺乏是日本侵略東北的動機之一日本土地不特狹小並且大半是山地對於耕種不大適宜近來工業發達人口集中城市農民漸向工廠謀生糧食愈見恐慌朝鮮台灣暹羅安南各處輸入的糧食還是不夠。東北土壤肥沃農產物非常豐富高粱米麥豆應有盡有每年可以輸出幾百萬石正可解決日本的糧食問題。

工業國需要原料尤其是煤鐵石油和棉花。日本天然富源缺乏經濟的基礎不大堅固因此有探求原料的必要。東北天然富源充足可以應付日本製造業的需要單是撫順煤炭的埋藏量已在一、○○○、○○○、○○○噸以上此外炭坑還有五十幾個日本煤炭除了台灣朝鮮以外不過三、七○○、○○○、○○○噸每年消費量約三○、○○○、○○○噸再過三四十年恐怕發生煤荒工業的基礎將要搖動滿蒙鐵的埋藏量約七○○、○○○、○○○噸而日本只有一二二、○○○、○○○噸可以供給三百年而日本只能供給三十年此外東北還有棉花撫順的石油約五、五○○、○○○噸按照現在的消費量不到二十年就要用盡了。羊毛日本紡織業發達非常需要棉花東蒙古綿羊很多與西班牙綿羊交配以後羊毛生產糧增加了四倍可以應付日本羊毛業的需要。

工業國所以要控制原料的供給目的在於發展製造業到了國內生產過剩只得向外尋求市場帝國主義的國家往往壟斷殖民地的市場利用關稅壁壘阻止別國輸入製造品因此各國都想開拓勢力範圍使得銷路擴大。日本侵略東北就是要壟斷東北市場牛莊遼陽長春哈爾濱都是日本的重要市場尤其是大連由海路輸入大連的貨物沒有輸入稅。這樣看起來，日本侵略東北的動機是要解決市場問題。資本主義靠着工業資本商業資本和高利貸資本的循環作用使得資本無限膨脹結果國內的資本，於求利息低落工業國的利息旣然比農業國低微過剩的資本不得不覺吐洩的地方。日本近來產業發達有過剩的資本可以流出而東北天然富源豐富需要資本開發日本乘這個機會投輸原來金融資本富有侵略性質，投資國往往要求經濟特權譬如建築鐵路材料總是投資國供給工程師也是她派定礦業以至別種企業的投資都是投資國操縱投資的確是日本侵略東北的主要動機。

三 侵略東北的步驟

我們旣然明瞭日本侵略東北的動機，爲在進而研究她的侵略步驟，日本侵略東北是有計劃的絕對不是偶然的甲午一役日本老早想侵略東北日俄戰爭以後對於東北積極經營。

第一步驟就是獲得經濟與交通的特權。一九○四年日俄戰爭俄國敗仗，日本繼承中東鐵路的南部，長春旅順間的路線。一九○五年滿洲善後協約規定中國承認日俄所訂條約有效開放鳳凰城遼陽長春吉林琿春哈爾濱爲商埠以安東奉天營口爲日本租界從日本運來建築南滿鐵路的材料免稅此外日本又得了鑛山的特權原來交通對於經濟軍事有密切關係並且促進資本的循環使得資本膨脹資本主義的基礎堅固。

第二步驟就是排斥各國在東北的勢力。日俄戰爭以後美國恐怕日本壟斷東北市場屢次要求滿洲門戶開放，日本總是敷衍美國鐵路大王哈利曼計劃究成世界一鬚的交通綫欲請日本讓出南滿鐵路的管理權個

日本對東北的經濟侵略，

時收買中東鐵路，此外再獲西伯利亞鐵路以達波羅的海之豐全鐵路的使用權；一方面從里普一方面從大連以輪船橫渡大西洋和太平洋使得美國鐵路互相聯絡開關世界一周交通線，日本恐怕美國侵入滿洲勢力範圍竭力反對沒有成功。一九〇九年美國提議滿洲鐵路中立由列強共同投資專作商業用途，根據門戶開放原則實現機會均等。日本聯絡俄國共同反對，弄得美國的提議不能實行。一九一九年新銀行團會議的時候，日本藉口滿蒙與日本有特殊的歷史地理關係，提出滿蒙保留案。這個根本與美國組織新銀行團的目的相反。本來美國是要維持門戶開放政策當時會經定個原則：就是把英美法日四國的對華借款優先權和選擇權一起歸到新銀行團。日本堅持滿蒙保留案英美反對，交涉得好久最終雙方互相讓步把吉會綫長洮綫吉長綫列於新銀行團之外而代以洮熱綫從以上的事實可以證明日本排斥各國在東北的勢力。

第三步驟就是實際佔據東北把東北做日本的委任統治國。二十一條件就是要達到這個目的，現在僅就與滿蒙最有關係的條件來討論：

（一）旅順大連灣租借期限和南滿鐵路安奉鐵路期限，均展至九十九年。
（二）日本臣民在南滿洲和東部內蒙古得自由居住及往來並經營工商業。
（三）日本臣民在南滿洲及東部內蒙古蓋造工商業應用的房屋，或耕作得商租土地。
（四）中國政府在南滿洲及東部內蒙古聘用政治財政軍事各顧問須先向日政府商議；滿洲緊要的地方警察由中日合辦。

（五）南滿洲及東部內蒙古各鑛開採權歸與日人至擬開之鑛另行商訂。

（六）吉長鉄路的管理權讓與日本九十九年。

有了二十一條件中第一項的簽訂日本在滿洲便得了軍事根據地有了第二第三第四三項的簽訂，日人在滿蒙得自由經營工商業商租土地和辦理警察簡直東北變成日本土地了。有了第五項的簽訂滿蒙的鑛山全部斷送了有了第一第六兩項的簽訂加上一九一七年滿蒙四鉄路的借款：一洮南至熱河，二長春至洮南三吉林經海龍至開原。四洮熱鉄路至於海港等四鉄路的特權滿洲的鉄路特權已被日本侵奪了綜觀二十一條件及，日本在滿蒙的經營名義上東北是我們的領土，實際上早被日本佔據了；

九一八事變以後日本對於東北的野心更為顯明先後佔領遼吉兩省；一面假借民族自決的名義組織滿洲偽國一切實權均由日人操縱對於國際聯盟簡直不理東北居然變了朝鮮第二日本的大陸政策已經達到目的了。

四　日本在東北的經營

日本對於東北的鑛業特別注意因為煤鉄是工業的基礎。撫順煤礦是世界著名的炭坑炭層之厚平均為一百三十尺最厚的為四百二十尺埋藏量在一,〇〇〇,〇〇〇,〇〇〇噸以上烟臺炭坑（在遼陽城東）埋藏量約二〇,〇〇〇,〇〇〇噸日本非常需要煤鉄日軍閥恐怕日本煤鉄缺乏軍國主義難於發展歐戰時期各國禁止鋼鉄出口日本大感恐慌後來在滿洲調查發現鞍山鉄礦埋藏量在五〇〇,〇〇〇,〇〇〇噸以上，根據南滿鐵路公司一九三〇年的報告,日本在東北投資總數共一、六八七、〇〇〇、〇〇〇圓。

日人乃對於鞍山鐵礦投了五〇、〇〇〇、〇〇〇圓的資本。

（1）南滿鐵路公司及鐵路

鐵路工場　　　　　　　二六一、八八二、三七八圓

港灣　　　　　　　　　六五〇三、九八九

石油廠　　　　　　　　七八〇九三、九七四

煤礦　　　　　　　　　八九六一、一七四

鐵廠　　　　　　　　　一二三、二六八、八六〇

製造廠　　　　　　　　二七、一二七、一三九

衛生　　　　　　　　　　　四七、二三五

教育　　　　　　　　　一五、〇六六、四七一

市政　　　　　　　　　一三、六七九、八一七

雜項　　　　　　　　　一四三、七六七、六六七

共　　　　　　　　　　四八、七九四、八一三

（2）股票及公債票　　　七一六、二〇一、五一七

　　　　　　　　　　　九四、二二六、八三七

中國鐵路及實業借款	六九、二六五、七〇四
存款及賒數	一五四、八九九、六〇〇
共	三一八、三九二、一四一
(3) 中國政府借款	九八、七三〇、八二三
日本公司投資	四三九、〇〇三、四一〇
日本私人投資	九四、九九二、五六〇
共	六五三、〇〇七、八七三
以上三項總共	一,六八七,六〇二,五三一

日本侵略東北的主要目的,是市場和投資地,茲將各地主要會社資本金列表於下。

(一)運輸及倉庫業

	資本總額 千圓	已繳資本額 千圓
大連——南滿洲鐵道	四四〇、〇〇〇	三二一、一五六
金福鐵路公司	四、〇〇〇	一、〇〇〇
大連汽船	一〇、〇〇〇	四、七五〇、〇〇〇
滿洲汽車	一、〇〇〇	二五〇

日本對東北的經濟侵略

七

南滿倉庫建物	五,〇〇〇 八
南滿洲物產	一,〇〇〇 一,二五〇
國際運輸	一,〇〇〇 三,四〇〇
奉天—南滿倉庫	一,〇〇〇 二五〇

（二）銀行業

大連商業銀行	二,〇〇〇 二,六二四・三七五
滿洲銀行	一二,〇〇〇 ?
大連—正隆銀行	一,五〇〇 三七五
鞍山—南滿銀行	一,〇〇〇 五〇〇
開原—開源銀行	一,〇〇〇 四〇〇
長春—長春實業	一,〇〇〇 五〇〇
營口—振興銀行	一,〇〇〇 二七五
安東—協成銀行	一,〇〇〇 二五〇
哈爾濱—哈爾濱銀行	二,〇〇〇 五〇〇

（三）一般商事貿易

大連—進和商會	1,000	1,000
大信洋行	1,000	600
大信商事	1,000	300
滿洲貿易	1,000	250
大日本興農	2,000	500
滿洲特產	1,000	250
日華特產	1,000	500
中央商事	1,000	250
東亞商事	1,000	500
東洋商事	2,000	750
大連木材	2,000	250
渡邊商事	1,000	?
宏治商事	2,000	750
奉天—秋田商會木材	3,000	
滿洲共益社	1,000	1,000

日本對東北的經濟侵略

公司		
鐵嶺—大矢組	1,000	10
長春—共榮起業	10,000	250
安東—遼東木材	1,000	10,000
滿鮮製函木材	1,000	100
鴨綠江採木公司	3,000	250
安東挽材	1,000	3,000
鴨綠江製紙	5,000	250
滿鮮杭木	3,000	3,500
東亞木材	2,000	1,200
石崎商店	2,000	500
營口—滿洲物產	1,000	1,000
哈爾濱—日華俄商工	1,000	250

此外還有各種工業信托業，及一般金融業各會社公司這裏不再詳列了。

五　侵略東北的政策

日本侵略東北是有整個的計劃。我們既然知道日人侵略東北的步驟，及其經營的狀況，現在應當仔細研究她的侵略政策。

(一)交通政策　交通對於政治經濟的重要，上面已經說過，茲先討論鐵路政策。日本以南滿鐵路爲東北鐵路的中心以安奉吉會四洮洮昂爲支線，禁止建築南滿鐵路平行線一九〇五到一九一〇年間日本政府與俄國政府採取協調政策阻止英美在滿洲鐵路投資，南滿鐵路中立問題和錦愛鐵路投資問題都給日本推翻，這個可以證明日本要壟斷東北的鐵路她的陰謀可於建築吉會鐵路看得很透徹；原來鐵路投資是要東北與朝鮮聯絡便於軍事運輸使得她的大陸政策實現本來吉會鐵路僅築至敦化止；日本佔領東北後積極修築吉敦天圖山間的軌道使得吉敦與天圖二路聯絡起來至於海運政策本日本苦心經營一八九八年俄國租借大連旅順條約簽訂以後日本就着手經營要使大連灣變做遠東的大商港，日本佔領東北這個發生結果日本繼承俄國在華外國郵局以後日本在南滿鐵路沿線的郵電，大連港逐漸繁榮。本來吉會鐵路僅築至敦化止日本繼續存在關東州內更不必說了大阪奉天直接通電綫滿鐵公司用了二百七十二萬元的資本敷設大連長崎間的海底綫。日本又在滿洲市內外密佈電綫。日本對於東北交通的政策可謂週到其陰險的確出一般人意料之外。

(二)金融政策　近代金融資本不像從前專靠週轉借貸居然侵入工商業範圍，一切工場鑛山鐵路輪船全由金融界操縱金融資本富有侵略性質，不特善於榨取經濟特權並且含有獲得新領土的慾望我們翻開殖民地史便可知道金融資本政策的陰險。日本對於東北所以佔有勢力大半靠着金融資本荒涼的東北現在居這樣發達的確是日本投資的結果。日本在東北的主要金融機關就是正金銀行，朝鮮銀行，和東洋拓殖公司。朝鮮銀行爲金融的中樞機關，正金銀行辦理匯兌業務，東洋拓植公司經營不動產業務。日本在滿洲的銀行十九個分行五十二個總共資本一七五、一五五、〇〇〇圓已繳的資本一四〇、〇三二、二八七圓東北的山鐵路工場銀行統由日人投資因此各項事業受其支配東北的經濟完全給日人榨取，投資往往連帶政治問題譬如鐵路投資對於軍事運輸發生重要關係日本以過剩的資本投在東北利用武力做後盾居然扼制東經濟的死命這種金融政策不但是榨取經濟的利器並且是武力掠奪的先鋒帝國主義的國家先在經濟落的國家投資後來用武力強迫履行債務日本每談東北問題總是藉口投資的關係來掩飾其侵略野心一般受了金融政策的欺謟到了九一八事變以後才知道日人投資原有用意。可見金融政策比武力毒而且不容看得出來資本主義侵略的手段的確辣得很。

（三）殖民政策　韓人移殖東北並不是移民就食使日本實現大陸政策的預兆。日俄戰爭結束的時候，外務大臣小村壽太郎，曾有二十年內向滿蒙移民四百萬的計劃；但是東北的氣候，對於日本不大適合，所以接移民換句話說日本移民韓國韓人移殖中內閣對於滿蒙政策奏章中曾經提出獎勵韓人移殖他主張把韓人移殖東北，一面利用歸化中國的韓人收買東北的土地。現在韓人在東北沿岸各地租種水田本從日本東拓會社或滿洲金融組合借貸遼省方面韓人種田的在二十五萬人以上所佔水田面積約二百响。吉林方面，韓人種田的計三十萬人所佔水田面積約四百萬响。黑龍江方面韓國農民約六萬人水田面積計五萬晌。東北水田利益大半被韓人奪去，這種侵犯國權危害民食的陰謀，的確是日本侵略東北最辣的手段。現在東北日人已經有了十八萬韓人二百萬近來日本根據二十一條件要求中國承認土地商租權目的在把東北完全變了日本的殖民地，至於土地商租權的詳細情形在下面說明。

六 日人所宣傳的滿蒙懸案

日本侵略東北經過許多步驟用過許多政策最終的目的就是要佔據東北。為掩飾世界耳目起見捏造滿蒙懸案；其中以鐵路平行線問題和土地商租權為最重要近來日方外務省公佈所謂清日密約內有禁止建築南滿鐵路平行線細察滿洲善後協約並無禁止中國建築南滿鐵路平行線的條文，不過會議的時候日本曾經提出平行線問題中國代表以平行線意義過泛應當限定距離哩數，日本代表恐怕這種規定引起列強懷疑日本的野心不肯明白規定而在會議紀錄上居然紀載不准建築南滿鐵路平行線條約上既然沒有明文這種紀錄不能作為根據我國所建築的打通潘海各路距離南滿綫已在三百華里以上絕對沒有發生平行線爭議的餘地。至於土地商租權就是根據二十一條件其條文如下：

（一）日本臣民在南滿洲和東部內蒙古得自由居住及往來並經營工商業。

（二）日本臣民在南滿洲和東部內蒙古蓋造工商業應用的房屋或耕作得商租土地。

（三）日本臣民在東部內蒙古和中國國民依合辦性質為農業及工業的經營中國政府應當承認。

細察以上的條文簡直把東北的土地變成日本的國土對於我們領土的完整大有妨礙日本獲得的土地商租

權，是以哀的美敦書相恐嚇這種強迫簽訂的條約，我們根本不能承認東北的地方官曾經定了土地租借的辦法，例如：

（一）韓人賃借土地要由地主報告縣知事經發給鑑札以後才准耕作。

（二）土地賃借以一年為限第二年如果要繼續賃借地主和借主應當請求發給新鑑札。

（三）稻田耕作不准任意引水應由地主報告警察署經過檢查對於陸田和交通沒有妨礙的時候，才准引水。

（四）地主如果把土地私賃或私賣韓人，處以國土盜賣罪。

以上規定本來是合理的而日本偏要根據二十一條件認為違約，此外日本要求實現張作霖時代允許的既得權及整理滿蒙懸案。她對於所得的鐵路權：（一）長春大賚線，（二）洮南索倫線（三）吉林五常線（四）吉會線（五）延吉海林線中特別注意吉會線因為牠不特便於經濟侵略並且便於軍事運輸可以牽制我國至於打通路吉海路的建設吉海吉長接軌問題，洮昂路日本顧問權問題和四洮路借款問題等日本都認為滿蒙懸案要乘世界金融恐慌的時期用武力解決使得她的傳統大陸政策實現。

七 侵略東北的護符——生存權學說

日本在東北的勢力雖然根深蒂固但是在中日條約上沒有充分的根據，而侵犯中國領土的完整又為國際公法所不容。一般日本政治家為掩飾其野心起見，居然以生存權學說為護符藉口日本人口過剩糧食原料缺乏、應向東北發展。按照他們的意見，工業化的國家缺乏糧食原料儘可在天然富源充足的國家實行侵略他們並且承認這種行為為道德和法理所允許。一九一七年日本派石井特使到美國去目的在指示日本在滿洲的特殊地位。石井藍辛協定聲明：日美政府承認凡在領土接近的國家間可以發生特殊關係因此美國承認日本在中國有特殊的利益尤其是與日本接壤的土地。一九一九年藍辛與石井對於協約中特殊利益的意義發生爭執藍氏以為特殊利益僅指中日經濟的關係石氏的解釋居然包括政治的關係在內。一九二〇年為著新銀行團投資問題，日本駐美公使呈送美國外交部的公文中重新提起特殊利益問題：「南滿和東部內蒙古接近朝鮮與日本國防和經濟發生特殊關係滿蒙區域內的企業關係日本國家的安全所以日本應當享受滿蒙的特殊權利」

八 結論

日本所主張的生存權學說彷彿像法西斯蒂主義墨索利尼曾經說過．「如果一個天然富源充足的國家，阻止人口過剩原料缺乏的國家開拓殖民地，萬一為競爭生存起見，發生戰爭那末天然富源充足的國家應當負責」近來日本法西斯蒂運動日益激化犬養首相的被刺就是法西斯蒂黨控制日本政治的預兆軍閥狂燥急進想用武力佔據東北這種行為足以危害世界和平太平洋日美帝國主義的利害衝突和日俄資本主義與共產主義的衝突恐怕要在東北問題中破裂我們趕快準備罷不然要被人家消滅了。

一五

第一卷 第廿三期
民國二十一年九月十七日出版
華年周刊社
上海博物院路廿號・電話一五二四八
每星期六發行
中華郵政特准掛號立券
全年二期・一元二角內・門市每用價・國元五角・郵費五角九角香國連期五零三分售收代元・二澳角覺國十

日本在東北的權利與地位

——楊氏論東北的三本書——

坎 侯

一二年來坊間新出關於東北問題之書頗多；美人楊華特所作之三冊尤推巨擘。楊氏之書總稱為「日本在滿洲之權限與國際的法律的地位」；(C. Walter Young, Japan's Jurisdiction and International Legal Position in Manchuria.)

其三冊之分題為：(一)「日本在滿洲之特殊地位」，(二)「關東租借地之國際的法律的身分」，(三)「日本在南滿鐵道區域內之權限」。

日本在東北之特殊地位大率為在日俄戰後由俄人手中承繼而來，故楊氏於第一冊中首論日俄戰事與前俄國所獲得之特殊地位，次論戰後日本一壁自承為俄國特殊地位之繼承者，一壁又別立「特殊權益」之名，以鞏固其地位。華府會議以後「特殊權益」之名不可復用，可用者惟有所謂干涉之權，近年來日本之不許國民革命軍出關與阻撓張良氏接近南京等行為皆以所謂干涉權為依據者也。至于涉權自身之是否有國際法學之根據，則作者存而未論，殊不可解。

於此作者彙論及日人口中所稱道弗衰之「生命權」與「亞州孟羅主義」；嘗反覆加以推敲，結論中認為二者均乏理論之根據。

第二冊論及關東租借地之身分。作者稱此種租借地為「國際的政治的租借地」，並承認「二十一條」展長借期為九十九年之說。按邊東半島雖為租借地，其於民政方面保留之部分完全放棄，其於軍事上所謂干涉尤不在小，今作者之議論頗有輕視此種權限之趨向，似與事實論頗不盡符合，其以「二十一條」為局部立論之根據，尤乏適當之理由，在中國讀者視之，自不能滿意也。

第三冊中首叙安豪綏與南滿綫之地位頗不相同，故不應相提並論；次論南滿綫區域中政治與軍備之權限。作者初若承認日方無此權限，繼又反覆申論，以二十五頁之篇幅，證明此項權限，非完全無條約根據；其所持之理由之一為法文條文中較中英本多出關於管理權之一語，而法文之管理字樣，實含有政治管理之意云。作者殊不知中文本中未嘗無「一手經理」之語，而經理二字之義顯然為營業的而非政治的，作者於此未及加以參考，亦憾事也。

楊氏此作大致尚稱公允，惟袒護日方之處時或不免。欲作一詳細之介紹與評論，非專家不辦。燕大政治學教授徐淑希先生曾作一英文之長篇評論，揭登七月份之中國政治與社會科學雜誌，頗能加以補正，關心東北問題之讀者，即有縱覽楊氏全書之機會，亦應參考及之也。

日本侵略東北之經濟原因的解剖

王雨桐

邦國不幸，橫遭強寇東北半壁在暴軍鐵蹄下已被蹂躪殆徧大好河山將眼看被他人攘奪以去勢非我有，天下痛心泣血之事孰有逾於此者嘗讀日本已故前任首相田中義一之滿蒙侵略政策一文其最足令人驚心駭目之一節謂「我對滿蒙之權利如何可眞實的到手則以滿蒙為根據以貿易之假面具而風靡支那四百餘州；再以滿蒙之權利為司令塔而攫取全支那之利源以支那之富源而作征服印度及南洋各島以及中小亞細亞及歐羅巴之用我大和民族之欲步武於亞細亞大陸者握執滿蒙權利，乃其第一大關鍵也」又曰，「惟欲征服支那，必先征服滿蒙；如欲征服世界必先征服支那。」嗚呼此固六十年來彼暴日所日夕處心積慮欲實行企圖之大野心也奈何我國上下昏瞶無知日惟醉生夢死他人已酣眠我臥榻之側而尚盲目未之見十餘年來雖屢經奇恥大辱然迄不因之而有所警惕猶復各自構兵內戰惟恐國中所僅餘之精神心血金錢生命尚有絲毫之存留務必去之以為快時至今日人已破藩籬而逕自登堂入室然巢燕鼎魚於大敵當前之際猶斷斷於尺寸長短之較量此直極人世之最大悲慘事語曰哀莫大於心死吾為之欲哭無淚矣。

日本之視東北早為其囊中物固無待言徒以在舉世虎視耽耽之中而不敢遽先下手者於情於勢盖有所

顧忌也。今日者彼殆已鑒於情勢迫切遂敢冒天下之大不韙竟霍然奏刀，此無他，一言以蔽之，乃經濟為其唯一之主要原因耳。吾人嘗考世界經濟之發達，可分之為三主要階段：第一為征服領土之時期，第二為發展生產效能之時期，第三乃產生一種經濟的帝國主義。其第一階段之領土征服慾，吾人考之於過去史蹟上可知已盛行於十八世紀工業革命以前。迨入十八世紀以後，各國相率從事講求生產效能之發展。彼英美等國至今日已成為生產效能之極度膨脹時期，於是所謂經濟的帝國主義乃途應運而生。此經濟的帝國主義乃途應講求生產效能之本身性質之內因。近代資本主義組成之要素為機器生產，機器生產自資本家之消費速率遠不及生產速率之急進，因於彼掌握現代貿易事業權衡之資本家階級乃汲汲於尋覓國外市場以消納其過剩之商品藉新地盤以消納其過剩之資本結果今日各國之對外經政策皆漸趨集於下列之三種方向：

（一）向國外尋覓天產與原料之供給以維持國內工業之不斷的生產；

（二）向國外尋覓新市場以消納國內過剩之生產；

（三）向國外尋覓投資之途徑以消納其過剩之資本。

以西方各國從事激烈之經濟競爭結果致生產過剩物價跌落，乃途造成今日工商衰落失業蜂起關稅壁壘森嚴之空前經濟不況局勢。處於創深痛鉅之情勢中於是競謀所謂新局面展開策者是不外出於推進遠東貿易之途徑與獲得中國市場為其最要目的。故日本處今日世界經濟衰落之秋，一方因各國之自謀救濟致日货之欧销日渐减少自属意中事；一方以各国竞争扩展其任华市场使向为日货消纳尾闾之中国市场骎骎有被各国割据以去之势而令日货之销路愈益狭窄尤以自苏俄之五年计划已告一部份之成功後，年来乃有大宗之俄货倾销於我国东北暨中部各地此尤足以予日本一大深痛之打击如最近有自苏俄考察归来之日本某军事家竟称五年计画为军事计画是彼对於苏俄五年计划之重视程度可见一斑吾人综观以上所述种种可谓为日本由於对外的原因乃急欲实现其攫取东北之全部利源为根据地先谋对我作整个之经济侵略计画而後再转移其目标对外也。

东北之富於天产夫人而知之。所谓天产不外乎矿产农产森林水力。按日本近年来工商业虽似臻隆盛时期然终因原料之贫弱与产铁之缺少不能发展钢铁工业及其他重要企业与欧美各国相抗争常停滞於轻工业阶段据统计所昭示吾人者日本铁之产额昭和二年国内本部为一五九（单位千吨）朝鲜为四二三；昭和三年本部为一五八朝鲜为四四三；昭和四年本部为一五〇朝鲜无统计其产额之逐年递减可以显见煤之产额亦渐感不足。据矢野恒太编昭和六年国势图绘中报告：「……今後我国之铁与钢只图自给已需要八九百万吨之煤矣，因此将来之结局我国已为煤之入超国已为难免之趋势……」是日本之煤与铁渐次缺乏一方面足使钢铁工业无由发展一方面轻工业又受产业先进国之竞争轻工业中如人造丝已受美国品之排斥一落千丈生丝素佔日本输出总额百分之四十前年竟有二十万捆之存货未能销罄养蚕业及製丝业皆濒於破产；又如日本对我国上海输出之棉纱，一九三〇年三月为一五・九六三捆四月为九・七二七捆一九三一年三

二七

月，為一四・〇三三梱四月為七・三八八梱即去年較前年減少，四月又較三月減少再就國際貿易觀察一九三〇年對一九二九年之百分比為三四・一％即如對華貿易據日本大藏省發表自去年一月起至五月紗入超五百萬元造成入超之新紀錄就其向中國之輸出而言在八月尚有日金一千七百二十三萬九千圓之多迫九月即減為一千二百七十萬零六千圓九月為九百三十九萬九千圓十一月為四百七十七萬四千圓十二月為四百二十二萬九千圓是十月以後其數額之激減可見一斑。吾人據上列數字極可窺見日本輕工業凋落之概況不特此也日本年來努力之欲自輕工業階段以進於重工業階段以期與列強相抗爭其心已然昭著揭蓋彼已早自覺於近世之立國基礎全賴鋼鐵鋼鐵若徒仰賴輸入一旦苟輸入斷絕國基即根本動搖日本深明乎此中癥結所在故必欲早日得達鋼鐵自足自給之域但以煤鐵在本國所產不多且示逐年減少之勢工商業終受阻滯其結果近之造成年來全國不景氣之大因遠之則更足為日本國運前途之心腹癰疾焉。

甲　日本人口過剩說之妄謬

日本帝國主義對於我國之經濟侵略恆以「人口過剩」一語為其飾詞朝野一致舉國云然故不佞於本編行文之始應不得不先置數言以力闢其謬為我國人告彼日人之所謂人口過剩者實省贅言無非藉以掩飾其侵略行為耳吾人試以日本之地理的關係論之日本全國面積共為一七六，〇〇〇方哩朝鮮有一四，三一二方哩除台灣琉球彭湖列島等掠奪地不計外應有一九〇、三一二方哩之面積即以日本人口八千萬計算則每方哩平均不過二百餘人況日本人口在一九二五年前尚未達六千萬之數據一九二五年之調查日本人口佔祇五九、七三六、八二二人;自一九二〇年至一九二五年,其人口增加數為三、七七三、七六九人其增加率為六·七％。據一九三一年經濟家年刊統計錄所示日本帝國每方哩人口密度為三四六·二,日本本部為四二三。試以此數與其他國家相較,則英帝國為五〇四·七,英國本部為七三四·二,荷蘭為六八六,比利時為六二八,即以人口密度而言日本固未嘗有人滿之患也。兹更從生產方面觀察以證所謂日本人滿之問題,屬子虛據英人鄧肯歐衞利氏所著人滿一文中以統計之分析方法解剖日本人滿問題之虛偽吾人可於下列各表窺見一斑。

第一表 人口與食物（表示日本人口與重要農產品增加之比較百分數）

年度	人口	米	麥	甘薯	豆
一八八三	一〇〇	一〇〇	一〇〇	一〇〇	一〇〇
一八九三	一一三	一三五	一二四	一二八	一三四
一九〇三	一二九	一一九	一六三	二七三	一三五
一九一三	一四六	一六三	二〇六	三七五	一五一
一九二三	一六五	一九七	二二九	三八五	一五七
一九二四	一六七	一八〇	二〇八	三九一	一四八
一九二五	一六九	一八六	二二一	三六七	一四〇

年度	1926	1927
	一七二	一七五
	一九四	一八八
	二四五	二三六
	三八二	一五六
	三〇	

一八八三年各項原有數額為人口三九、七〇〇、〇〇〇人米三〇、六九二、〇〇〇石麥二、四七九、〇〇〇石甘薯二六〇、〇七二、〇〇〇石豆二、三二二、〇〇〇石。依上表，可知日本米之生產增加率實較人口之增加率為大，而麥與甘薯之生產增加亦非常迅速，由是可知所謂人口稠密之日本尚未達到土地收穫減少之情形。至以其他蔬菜果樹之種植在日本極形發達，其罐頭工業且能供給外國市場之需求在上列表內，猶未包括淨盡。是日本之人滿問題從人口與食物比較上已不成為問題矣。

第二表　礦產（日本人口與礦產出品之速率比較）

年度	人口	鉛	鋅	銅	錫	硫磺	煤
一九二一	一〇〇	一〇〇	一〇〇	一〇〇	一〇〇	一〇〇	一〇〇
一九二二	一〇一	七五	六六	八一	一三八	六九	九〇
一九二三	一〇三	七八	七九	七八	一三七	一一七	九五
一九二四	一〇四	八六	八八	八七	一四九	一六三	九九
一九二五	一〇五	七一	八九	九三	一六九	一〇三	九九
一九二六	一〇七	八〇	九八	九一	一九一	二二六	一〇八

一九二一年之人口為五七、九一八、六七一人鉛六、九四五、三五七斤鋅二六、二四一、二四六斤銅一一三、九八七、三八一斤錫三四一、八五一斤硫磺三六、九〇八、二六六貫（日本衡名）煤二九、二四五、三八五噸依據上表日本在一九二一—二六年曾經商業凋零之時期又值大地震，然其礦產之增加率於十年內當可超出人口增加率之上此自礦產增加率上又足斷言日本人口之未滿也。

第三表 紡織品（人口與某數種紡織品產值增加率之比較）

年度	絲織品	棉織品	毛織品	人口
一九一七	一〇〇	一〇〇	一〇〇	一〇〇
一九一八	一三七	一二九	八六	一〇一
一九一九	二三六	二〇五	一六七	一〇二
一九二〇	四二一	三三九	一五一	一〇三
一九二一	二九二	二三七	三一二	一〇五
一九二二	三一四	二一八	三一二	一〇六
一九二三	二六三	二〇九	二六三	一〇八
一九二四	二五三	二二八	三四九	一〇九
一九二五	二六六	二四四	二九〇	一一〇

一九一七年之絲織品數爲一〇〇、〇八三、八八八圓棉織品爲三〇四、四九〇、二五六圓毛織品爲五二、二二八、三六一圓人口則爲五五、六三七、四三一人上表設自貨幣價值與標準似與人口率不相稱然其二、二二八、三六一圓人口則爲五五、六三七、四三一人上表設自貨幣價值與標準似與人口率不相稱然其漲落之曲線大致與其實際人口相近且表中紡織品之生產銳進向上情形較諸人口增加之曲線爲大據此，則人口與紡織品之生產率相較前者遠不如後者增加率之速更自生絲方面如以研究其生絲之生產率亦非常迅速且佔日本經濟界之重要地位在過去十年中生絲之出產幾增一倍同時在另一方面其價值亦增加三倍以號稱人口稠密之日本有此與實現象寧非怪事茲錄生絲表於後：

年度	生產量	價值	人口
一九一七	一〇〇	一〇〇	一〇〇
一九一八	一一六	一三〇	一〇一
一九一九	一二九	一六九	一〇二
一九二〇	一三九	一九六	一〇三
一九二一	一二六	一八一	一〇五
一九二二	一四一	一九〇	一〇六
一九二三	一四三	一二七	二〇八
一九二六	二五八	二五四	三五一	一二二

一九一七年生絲之生產總量數爲六、〇三四、四〇六貫其價值爲三三二二、五五一、六六〇圓而人口則爲五五、六三七、四三一。上表示生絲與人口增加率之比較又可證其所謂人滿之非確也。復於運輸方面言之人口增加率遠不如運輸率增加之速茲以日本人口增加率與運輸事業擴張之比較，列表於後：

年　度	鐵路運輸噸	輪船運輸噸	人　口
一九一七	一〇〇	一〇〇	一〇〇
一九一八	一〇一	一〇九	一一一
一九一九	一〇二	一二二	一四一
一九二〇	一〇三	一四一	一四九
一九二一	一〇五	一七一	一五九
一九二二	一〇六	一八九	一六三
一九二三	一〇八	二二一	一八八

一九一七年日本人口為五五、六三七、四三一，電氣為八〇五、二八九基羅華脫，煤氣為一八五、二四

七、九六八立方米特依此而論日本人口增加率亦不及電氣煤氣事業進展之速總之吾人從日本之種種方

面觀察無一足為日本人口過剩之極明顯證據故吾人敢斷言彼之斷斷藉口於人口問題者無非欲用以為煙

幕彈以掩護其侵略我領土之狰獰惡相而已。

一九二四	一〇九 二五六 一七六
一九二五	一一〇 二七八 一九〇
一九二六	一一二、三四四 二二〇

總之日本對於東三省固彼全國上下六十年來，日夕處心積慮所甘心欲得然後對於各方面施展其素所

蓄積之陰謀以樹立深固不拔之經濟基礎更進而作實踐田中政策之企圖嗚呼禍深矣際此時機吾人不可不

先揭其陰謀以為國人告試以其對於東北經濟方面之野心申述之如下。

乙　日本對於殖民事業之野心

日本對於東北之富源垂涎已久今既憑藉其暴力攫奪以去則此後對於殖民之積極獎勵自屬第一要義。

其進行方法必先俟傀儡政府於其卵翼下成立然後移殖其國內之大量人民投以巨額資本從事開發各種產

業彼之殖民東北凡對於國內之應召願往者以已婚之夫婦及曾受相當之殖民教育為絕對之必要條件蓋必

如是方可望其自國內移殖而來者人口日繁漸擴展其東北之地位以遂其經濟侵略之野心一方則可永遠利

用華人之耐勞力作之特質奴役我同胞，使終年處於鐵蹄下之痛苦生活宛轉呼號任待宰割而已。

吾人於此應更認明日本之殖民政策為極細緻之計劃，彼對於移民東北之舉嚴禁散漫之放任政策，而力圖以集團制之方法行之庶每次整隊遣送之先可於相當期間內施以充分之訓練俾將來到達東北後人人可望其充分發揮最善之膠削手段以盡宰割之能事嗚呼走筆至此吾不禁為我三千萬之東北同胞不塞而慄矣！

自去歲九一八事變以後日本對於殖民事業已積極作種種之準備。一方在國內即從事訓練工作對於全國各青年團幹部及各府各縣之社會教育關係者方面作公開之演講會又對於全國各地遍設演講會及電影會藉文字的宣傳方法以關於東北之種種智識輸入一般民眾之心目中蓋於移送之先予以充分之該地方風土人情習慣等智識更於移民出發之前由當局派遣負責人員出發作實地之視察調查然後為正式之移殖準備。人之圖我如是其周且密嗚呼伺何言哉！

丙　日本對於東北整個金融之野心

一、過去之東北金融制度　語曰：「人必自侮而後人侮之；物必自腐而後蟲蛀之。」東北一隅，歷來就貨幣制度言可稱為最混亂之制度。良以連年政局混亂內戰縣延之結果金融制度完全為之毀壞無餘加以東北與蘇俄日本為政治的及經濟的接觸地兩國之貨幣乘機已早侵入行使。近年以來俄幣在東三省之勢力已漸就衰微日幣逐取其地位而代之。日幣為朝鮮銀行券及橫濱正金銀行大連分行所發行之紙幣而日本紙幣歷年來以價值穩定之故貿易上幾無不以之為標準之貨幣單位由是其勢力亦隨之瀰滿全東北例如朝鮮銀行券本係日政府所定為遼東半島及所謂滿鐵附屬地之法定貨幣但在非屬日本勢力下之哈爾濱亦佔有極大勢力且如正金銀行之紙幣已於民國六年失去法幣之資格然於今日中國本土獨立另成一經濟單位不特此也即在東北特產貿易上尚採為決算通貨至東北三省之幣制上尚一單位遼甯省內除日幣之勢力外安東與營口各有其貨幣制度至一般之通貨有硬幣與紙幣之別硬幣為現大洋之一圓銀幣小洋銀之一角二角銀幣及銅質之銅幣現大洋自關內流入雖行使於東北全土但歷來現洋每為銀行作準備之用及國際間之貿易決算或私人財產隱匿之用致在市上極為罕見因是遼甯省之基本通貨祇為紙幣之奉票而已奉票向由遼甯省政府之機關銀行東三省官銀號主持發行為一種不兌換紙幣其發行數額之多寡素不能究其確數據推測約有三十億元之巨。濫發之結果價值日趨於下落之途襲時奉票每二千元約值日幣百圓迨二三年前跌至五千元不久更跌至一萬二千元之譜自是逐更不堪收拾矣。

二、奉票濫發之理由　至吾人欲究奉票濫發之理由為何，則不外當局因連年之搆兵內戰以所有稅金收入尚不足供軍費之需於是不得不令政府機關銀行之東三省官銀號於辦理國庫金公債事務紙幣發行等普通之中央銀行業務外更營種種之農商附屬事業但苟以普通銀行之權能作經營之活動所得實微於是藉紙幣之發行以為經營附屬事業之活動主體者如特產之買賣出口貿易紡織業製粉業油房印刷雜貨典當業等等；其中規模最大者為特產之買賣，遇大豆及高粱等農產物出新期即大施收買囤積以奉票為代價此類不兌換紙幣以不需準備之故發行額遂漫無限制。此類奉票實際祇需少許之印刷費即得無限發行，是對於農民之收買價格可特予優惠收買後即以金幣價格出售於大連哈爾濱以紙易金為計固得奉票濫發結果，價格惟有日跌其後雖於民國十八年五月東北當局頗欲改用現大洋票為兌換制度之基礎，乃由東三省官銀號邊業銀行中國銀行交通銀行四家組成四行號聯合準備庫發行現大洋票以發行額之百分七十用現銀為準備，欲藉聯合組織互戒濫發俾確立兌換之基礎準備庫成立以後市上之現大洋票，有派通但不久東三省官銀號與邊業銀行故態復萌往往不經由準備庫而獨立發行。然就全體言自聯合準備制度成立後東北各都市之商業往來已改行現大洋本位政府之歲出入，亦以此為標準。一方重定奉票與現大洋之比率為現大洋每元當大洋五十元奉小洋六十元適用於租稅之辦理及國庫之收支等勉能維持但試一入內地則仍為現大洋票已成為都市之主要通貨奉票則成為農村通貨之現象又如安東營口復另成通貨之特殊區域安東一地以所謂小洋錢行用但與天津上海等處之貿易及與內地之大豆木材特產交易係用鎮平銀又營口素稱東北惟一之貿易港輸入馬蹄銀為數極鉅該地銀爐即改鑄為營平銀用作交易上之本位幣也。

三、吉黑兩省之舊時幣制　吉黑兩省之幣制，亦素稱混雜。吉林之基本通貨，為吉林永衡官銀號發行之吉林官帖；官帖發行確數不易調查約為四十億吊以至八十億吊濫發結果，價值自亦日跌昨年十月間日幣一圓值官帖八百三十吊最近永衡官銀號復發行一千萬元之永衡現大洋票幣值始稍形安定然現大洋票之流通地

日本侵略東北之經濟原因的解剖

三七

域，限於吉林長春等都市且祇用於支給官吏之俸給及租稅之繳納而已。至黑省亦由齊齊哈爾之黑龍江官銀號發行黑龍江官帖仍不出濫發之一途日幣一圓可易江帖一千二百吊同時黑省亦發行現大洋票約七八百萬元然流通範圍祇限於齊齊哈爾濱等地。哈爾濱復於行政長官監督之下由東三省官銀號邊業銀行，吉林永衡官銀號廣信公司中國交通等六行，發行哈爾濱現大洋票，略稱哈大洋或哈票發行限度爲六千萬元左右已發行者約爲四千萬元綜觀上述種種情形，可謂極混亂與不統一之能事矣。

四、日本對於今後之企圖　日本對於東北之金融制度野心自以改用金本位爲其最後之理想目的蓋以東北與金本位國間之國際貿易佔東北全貿易額之百分之八十其餘百分之二十係與國內各地之貿易數額。至上述對外貿易之百分之八十全操縱於日人之手。且歷來日本之於東北素視爲工業原料之供給地久欲一舉而佔有之俾促進其國內工業之發達顧東北之幣制與關內相同向係用銀致使日本之投資東北頗感不便而今日處現時情勢之下急切間實難一舉而改用其他幣制。日本在東北已有三千萬圓朝鮮銀行券之發行荀欲另再發行金紙幣則日本又以本國禁止金輸出關係無從籌集金資本。加以日本憑藉武力在東北之政權究能確立與否實爲一大疑問故目前日人對於東北之政金匯兌本位之過渡辦法使金與銀之變動可較少然後利用東北之出超地位陸續蓄積正幣迨至相當時期卽設立與日本同樣之貨幣制度也。

五、金匯兌本位之採用辦法　第一以全東北之通貨，均統一於同一銀劵之下；第二確定銀劵之對外價如下述各節：

一、時於偽國之新本位貨幣使以兩為單位一兩當合日幣一圓，之自由鑄造使銀幣之價格與生金銀之價格斷絕相互關係一方發行不兌現之銀券惟時時伸縮其發行數量以免價值過低歷來東北之對外貿易總額之價格與生金銀之價格斷絕相互關係一方發行不兌現之銀券惟時時伸縮其發行數量

二、兩銀券（兌換開始後復有兩銀券）作為無限制之法幣流通境內。

三、禁止銀幣之自由鑄造。

四、日本本位幣之一圓合為偽國之匯率以為流通境內之法幣。

五、凡欲支付款項於外國者，由偽中央銀行售予每兩合日幣約九十餘錢之日本匯票。（一兩已定為日幣一圓之值但於購外匯時必需相當之手續費故每兩合日幣祗九十餘錢）。

丁　日本對於東北交通事業之野心

在日本暴力卵翼下之偽滿洲國已決以長春為首都此蓋日人鑒於長春緊接哈爾濱為東北之中心地，其附近區域富於天然資源將來擷取較易在昔日人素以大連及安東為東北政治經濟之中心地然以其距日本

日本侵略東北之經濟原因的解剖

三九

過遠，行旅與貨物之運輸往來不便，而費時，故擬計畫自北朝鮮之雄基或清津開闢至長春之線路，使一旦實現，則東京長春間之距離約築經由門司大連為程計一、八五八哩，如自清津橫越日本海祇為一、三○九哩，實際可縮短路程在五百五十哩以上，距離短縮運費即可減少，彼愈可擴大攫取原料之機會，復可以大量製品榨取東北人民之膏血以去，至水運方面大連一港具有一千萬噸之設備，惟今後日人之侵略自將愈益急進，故對於由昔日東北當局著手興築中之葫蘆島更以一千二百萬日金之豫算繼續興築他日完工後可容二百萬噸之貨運，又沿日本海岸之雄基加以相當之設備亦可容納二百萬噸，總之今後大連葫蘆島清津雄基（清津與雄基合為一港）三港可充分擔任東北原料之運輸也。

日人復鑒於東北之地面遼闊鐵路之設備尚嫌過少，以日本之省線鐵道一萬五千啓羅為例，東北四省全部祇六千一百三十二啓羅約當日本之百分之四十一，即為朝鮮境內之鐵路亦有二、八六三啓羅，東北之鐵路哩數，更包括滿鐵之二、一○八啓羅（貨物收入每月為七千七百九十餘萬日金）而言，故今後彼於極力開發海港工程外，復亟亟於興修多數鐵路以利陸運鐵路之外，更擬廣築公路暫時利用馬車運輸，將來再進而從事運輸汽車事業，俾與鐵路相輔而行，增助交通事業之發展也。

戊　日本對於東北產業之野心

一、森林　東北之森林以無盡藏著稱，日本之製紙業，在昔已攫得各地之森林頗多今後將更易子取子求，俾飽償其慾壑，如各種製紙原料及築建用之木材均可取給於東北所產製紙之杉松及建築用之赤松兩者所產數量相等，赤松較日本國內所產為尤佳，其長度雖不及美國西海岸所產然極適用無廢棄材。製紙之杉松，已屢經日本之製紙技師試驗結果品質優良以之製造絲絹紙，亦復不劣。

東北之森林產量據南滿鐵道會社之調查則森林面積為三千六百四十六萬一千一百二十八町步；（日衡名每町步為二‧四五英畝）植樹之蓄積量為一百五十一億三千五百四十八萬二千餘石。（每石等於四‧九六二九羅）其數量之巨足驚人堪稱為世界上有數之森林。蓋森林地帶之中心地域即在敦化以東緊接朝鮮之海岸也。

自日本輸入東省之紙料如新聞紙印刷紙及各種包皮紙皆輕由大連而往年額計二千七百萬磅每月為二百三四十萬磅之消費今僞國成立則此後所有在日人卵翼下之僞組織，所用一切紙料自必為日紙之消費，可由敦化而往朝鮮之雄基其間相距祇二百哩。蓋森林地帶之中心地域即在敦化以東緊接朝鮮之海岸，一旦告成，機關，可無疑義矣。

二、羊毛　東北地域廣袤為牧羊事業最適宜之地，日本對之垂涎已久。按日本自明治維新以來國內之毛織事業其發展程度年盛一年服裝改革以還毛織品之需要尤切。惟以原料之羊毛除北海道各地僅產極少額外其大部份仍須仰給外來，故今後日本必以東北一隅成為牧羊事業之中心區域，則日本之毛織事業賴此大量之原料供給可威脅全世界而有餘。據最近之調查全世界之產羊隻數共為八億九百萬頭試以五大洲區別之則

| 亞細亞洲 | 二億三千八百萬隻 |

上表亞洲之數額內中國全國計為五千五百萬隻其中屬於東北三省及內外蒙古者為一千二百六十萬隻。然羊毛之出產量未必與羊之隻數成正比例，如中國之羊平均每隻可剪毛約二磅，但澳洲羊每隻可剪毛多至十二三磅平均為八九磅日本羊近來每隻亦可剪毛五六磅惟隻數不過二萬五千隻故剪毛總數約為十五萬磅左右至羊毛之世界總產額為三十九億磅其中五大洲分佔之數額如下：

歐洲　　　　　　　　　　一億九千七百萬隻

南北美洲　　　　　　　　一億五千八百萬隻

澳洲（包括新西蘭）　　　一億三千七百萬隻

非洲　　　　　　　　　　七千九百萬隻

澳洲　　　　　　　　　　十一億一千萬磅

南北美洲　　　　　　　　九億七千七百萬磅

歐洲　　　　　　　　　　七億六千萬磅

亞洲　　　　　　　　　　六億一千六百萬磅

南非洲　　　　　　　　　四億三千七百萬磅

上述亞洲之數額內，中國佔五千五百萬磅而此五千五百萬磅中祇東北及蒙古已有三千萬磅。上列數字，係就數量觀察。然羊毛之產量質的觀察較數量的觀察尤為重要，在百年以前，西班牙為世界羊毛最優良之產地當時本國之優良羊種祇許本國專利，而嚴禁出口。但其後澳洲易行採購佳種復研究牧羊之方法以改良羊種迄今日澳洲羊毛之品質已爲世界第一，其次當推南非及南美所產最劣者當屬我國東北與蒙古產尤以蒙古產爲甚日本之毛織業所採原料之羊毛脅來自歐洲戰時以來源斷絕乃不得不轉求之於中國羊毛其後復採自澳洲現時日本之千住製絨所每年倘採購中國羊毛約十萬磅左右其他廠家之採購者則絕無所聞以此中國羊毛以限於品質之故大都輸往美國供織氈毯之用中國羊毛除關外所產者外爲浙江之湖州甘肅之西甯及山東湖南等處均有出產惟就全體言中國羊毛亟待改良之點（一）爲品質太雜而品質之雜實由於羊種問題（二）爲毛商之道德問題蓋中國羊毛經揀剔淨盡以後每百斤中祇三十斤純粹可用倘能得五十斤之淨毛時則已屬極難得之最上貨品考中國羊毛之未能令人滿意者皆由於羊種不良所致例如素推世界第一之澳洲新西蘭羊毛彼地之羊種揀選旣極嚴格蓄養方法亦頗注意設羊羣中偶有病羊或不良種發現，則立卽撲滅之不使殘留些須種子使影響及於毛產也至在中國則不然毛商之不道德實屬無可諱言例如山東等處之毛商往往於剪毛之前以油徧塗羊身驅之於烈日下，未幾羊經日光蒸曬身上油質溶入皮肉於是癢不可當咸就沙地上滾轉殆徧沙粒旣粘附毛卜途售以增重量。此種惡習之沿用，蓋已久矣。

至言關外之羊毛品質雖劣倘可施以相當之改良。現據滿鐵之公主嶺試驗所試驗結果，關外之羊種，可以澳洲之羊種交配改良其成績第一次之交配後，可得毛自二磅以至三磅六七分第二次之交配後可得四五磅；

日本侵略東北之經濟原因的解剖

第三次之交配後可得六七磅經此實驗之結果已可證明與優良種交配確可改長其品質，日人今後對於東北之羊隻擬從變更歷來之牧羊方法入手以圖改良羊毛之品質及產毛量之增加樹以十年廿年之長期計畫冀達成澈底改良之目的也。

現時日本之羊毛需要量每年計輸入每包重三百三十磅之大包五十二三萬包其中百分之九十五為澳洲羊毛餘則來自南非及南美。是澳洲羊毛乃受世界各國之樂用，卽以日本所需要之澳洲羊毛而言已佔其產額百分之二十以上澳洲羊毛之年產總額為二百四五十萬包其中五十餘萬包係為日本所採購。在日本需要額以上者為英國計年需八十萬包次為法國惟日本毛織業之將來趨勢必更發達彼之急欲解決原料品之羊毛問題者固非無故也。

《银行周报》杂志封面

國內要聞

日本攫取東省海關以後

財長宋子文之談話

財政部長宋子文二日發表關於日本攫取東省海關事件之談話如下。

『東三省各海關自於本年三月間，為日本強制接收以來迄今未有分文匯解中央以為償付債款之用且不僅此也。卽各銀行之存款在日本未攫取各關之前存在總稅務司名下者至今尚有三之二在日本或為滿洲國掌握之中而中國政府尙竭力繼續支付各項借款賠款等每月約滙銀一千三百萬兩之鉅日本旣完全蔑視有債券者之利益故其國際信用途有墮落之象今試將中日兩國政府所發行同時滿期之債款二種之價格一加比較卽可見其大槪矣其比較約如下。

中國五厘善後債款期限一九一三年至一九六〇年在本年四月一日約在日本開始干涉東省海關之際價格為關六十二惟在本年九月一日已增至六十八。

日本六厘金借款期限一九二四年以滿六個月計算之其總收入當在關平銀六百八十一萬二千兩之譜此數較之去歲上半年之稅收實減收二十五萬三千兩之譜因去歲上半年大連稅收總額為關平銀七百零六萬五千七百十三兩零四分也而日本報告中乃明日金計算表示稅收之增進實則該關之稅收毫無增加而徒令人驚悉日金價格之大落一年之前日金每元值美金四角九分今日已降至美金二十二分半矣此當日本軍閥在中國東北及上海之狂行所致由此可見日本外相內田雖大言滿洲如何可望和平繁榮實則日本強佔該地徒令其幣値慘落及國內經濟益覺不堪』云云。

『該關之稅收若以銀位論則已低減據總稅務司報告本年自一月一日至

《外交》杂志封面

日本侵略東三省郵電概況

康慰生

日本在東三省之交通事業，除鐵路外，尚有緊密之郵電網，以輔助其軍事政治經濟三大侵略政策之發展；甲午中日戰後，日本在我東三省通商各埠自由創立審信館，此為日本侵略我國郵權之嚆矢；迄光緒廿九年日俄戰起，日本始於我東三省設有軍用郵政及報話線，以傳達其軍消息，日俄戰後，日本根據樸資茅斯條約第五第六條之規定，機承俄國旅大租借權及長春至大連東鐵支綫之讓與權；因而開拓各重要車站附屬市區，逐年擴充，漸侵入我國市內，延不撤去；我國失於洞察，故日人得寸進尺，蔑視我國主權，力圖侵略，近如日本在大連市譚家屯以二十萬元日金建築遞信傳習所校舍，及大連日本橋附近以日金六十萬元修築大連郵便局；其電報電話技術之改良，工程之擴充，均足令人驚駭，由此可知日本對郵電事業，急謀進展以達其侵略目的。

民國十九年，我國政府曾召集國際電信交涉會議，關於日本過去不遵守合同及條約任意侵略之事件，提出討論

期謀根本解決，但日方強詞奪理電置之不理，以致推延至今毫無結果，足見日本之侵路野心方與未艾，自九一八事變後，舉凡東三省之電報電郵以及郵政，均被强佔，且任意支配收入，增設聯絡，訂立約章，我國不得已自行封鎖東北郵政；而自封鎖以來，日人視為已有，大事擴充不遺餘力，我國通信事業之不振，實受其莫大之影響；玆為闡明日本侵略之真像，特根據中日關於郵電問題所訂各種合同約章，將其違約侵略之點錄述於後，以供國人之研究。

甲　郵　政

日本在東三省之郵政開始於日俄戰時，設立所謂「軍用郵便」，日俄戰後，延不撤去，反有加無減，光緒卅一年七月，日本政府曾公佈關東廳都督府郵便電信局官制，同年九月將日俄戰時之軍用郵政機關改屬於民政組織之下，而開創一般商業通信之設施，此後官制屢改，現行制度係民國九年十月所公佈之關東廳遞信官署官制，而遞信官署直屬於關東廳，今日本在我東三省之郵政機關具最近之調

日本侵略東三省郵電概況

一

查，計遞信局一，郵便局四三，郵便所二二一，郵便取扱所一五一，郵便局出張所八，收入最高紀錄達日金六百七十七萬餘元，侵害我郵務實爲數甚巨，現在旅大及南滿鐵路沿線各埠，到處皆有日本郵政機關。今將日本在東三省之郵便物件數目及在各地之郵便局所列表如下：

日本在東三省之郵便物件數目：

	普通郵便		包裹郵便	
	發	來	發	來
光緒三十一年	一二,八二一,二四二	一三,〇一四,六一三	五二,九四一	一四六,〇七二
民國元年	一三,一八二,八一四	一三,六三六,四九三	一六七,八八二	三四六,八〇四
民國五年	一八,六五〇,二一八	二二,〇九一,一〇八	二二三,五七四	四八四,五八〇
民國十年	四五,二六一,九九〇	五〇,四七〇,〇〇四	三九六,九九三	八二七,一一八
民國十五年	四一,六六五,一三四	五四,四一〇,五七三	三三四,九八一	七三九,九四一
民國十六年	四九,五五九,一二三	五四,〇四三,八五〇	三四六,九三一	七九九,六一二
民國十七年	五七,五五九,四六一	六一,四九一,一三六	三九〇,三〇六	九三三,九八八

日本在東三省各地之郵便局所：

地名	郵政局所	地名	郵政局所	地名	郵政局所
旅順	一七	瓦房店	四	本溪湖	四
大連	二三	松樹	一	橋頭	二

日本在東三省違約侵略郵政之事實：

關於撤銷在華客郵問題，日本對南滿安奉兩路沿線郵局，以便利日本僑民為口實，在會席上堅持反對，卒於民國十年二月一日經華盛頓會議第五次議決：除在租借地內及在條約上有特別規定者外，所於在華外國郵局，統限於民國十二年一月一日一律裁撤；客郵問題雖由此決議解決，然日本並不遵行，且漸次擴充至租界外。

日本侵略東三省郵電概況

民國十一年十二月九日又簽定中日郵政協約，日本當允將中國內地如北京山東等處日郵局撤去，並將奉天大西關及大北門牛莊遼陽鐵嶺長春吉林濱江新民鳳凰城安東舊市街頭道溝子街理春等郵局撤去，其鐵路用地及旅大租借地日郵局則移歸外交上解決；由此可知，日本無條約上允許設置客郵之規定，自應撤去；然在與南滿鐵路隣界之處，日本郵筒仍然林立中國街上，如遼寧大西關及小西邊

地名	數	地名	數	地名	數
沙河口	六	熊岳城	五	連山關	五
周水子	二	蓋平	二	雞冠山	三
新旅順	二	大石橋	四	鳳凰城	三
柳樹屯	九	營口	一	安東	三
金州	二	海城	二	新台子	二
普蘭店	七	千山	一	雙廟子	一
貔子窩	一三	鞍山	二	四平街	五
疃城子	三	遼陽	三	郭家店	三
蘇家屯	五	烟台	三	公主嶺	三
撫順	四	鐵嶺	五	范家屯	三
瀋陽	九	開原	四	長春	四

三

外交月報　四

門外皇宮街等處之日本郵筒，及鐵嶺城內鼓樓前日本之郵筒其他各地亦有日郵筒之設立，此實視中日郵政協約為廢紙，任意越權侵略。

南滿鐵路用地內，日本郵差常至中國城市街內垃送郵件，有違國際郵政成例，且中國街內日本可任意設立郵便所，而中國郵局則不可設立於日本借地內，如遼寧的滿站千代田通之中國小郵局，經中國郵局交涉數次始允成立，然不准掛牌及收發郵件，僅允裝卸轉運郵件，此皆對中國郵政違約侵權之明證。

乙　電話

日本在東三省經營之电話事業，當關東廳都督府初承辦管理時，目的在專供軍用，其後力求改善將大連遼陽嶺公主嶺旅順安東柳樹屯等處電話開放供商民使用，近年因各地工商業發達甚速，於是長春撫順大石橋金州開原四平街本溪湖瓦房店沙河口海城鞍山普蘭店觀音窩子郭家店鐵嶺城范家屯新台子昌圖雙廟子新城子等處均開辦營業電話，並於各地添設電話所及公眾電話所，每年獲利甚鉅，查日本租界地內之電話，與關東州日本勢力範圍內之電話，中國亦不能統一管理，除此以外，尚有一九一六年，日本與中國之一千萬元日金中日實業公司電話借款，其目的在以經濟力量管理電話；今將日本在東三省電話用戶數及通話度數表列下：

年度	電話用戶 人員機數	公眾電話所數	通話度數（一年中） 市內	市外	計
光緒三十一年	七八五	〇	一,九八八,八七一	一〇五,一〇〇	二,〇三三,九七一
民國元年末	三,八三六	四二	二〇,二三五,〇二七	二二〇,四四八	二〇,六三三,四七五
民國五年末	四,九七六	五八	三六,九七八,六八五	二七七,二七四	三七,二五七,四四一
民國十年末	一〇,二三五	七四	五五,三九五,二五一	七九一,九三一	五六,〇八五,一八二

民國十五年末	一四,八一八	一七,〇四六	九,二〇六,三七七	一,〇六,五五九	二一,七四〇,九三六
民國十六年末	一五,四八四	一七,九二一	一〇六,二六,四〇,〇六三	一五八,八四三	二六,九四〇,九〇六
民國十七年末	一六,四〇七	一九,〇五一	一一七,貳,五二,四三二	一,五二五,〇五四	二究,十六,二八六

長途電話：日本長途電話線有由大連起，縱斷南滿鐵路一帶佔用地面而達長春，長約合中國一千三百里，潘陽至安東線約合中國五百餘里，安東與朝鮮新義州間，及潘陽與朝鮮之平壤南浦間，潘陽安東與朝鮮京城仁川間，及潘陽與新義州平壤間，及安東與平壤鎮南浦間之電話，至民國十四年十一月間其聯絡區域已延至朝鮮京城，與京城及朝鮮等處亦開始長途通話矣。

中日電話實行聯絡：中日兩國電話之聯絡，如營口水電公司，本溪湖煤鐵公司，吉長鐵路的局及公主嶺梨樹縣復縣蓋平驛范家屯等處之我國電話，因日方之屢次要求，現已實行中日電話之聯絡通話矣，又於民國十五年，日本與東三省行政當局交涉之結果，允在大連旅順安東潘陽等處，日本電話得與天津北平洮南潘陽等處之中國電話局為長途電話之聯絡，而潘陽城內亦允聯絡通話。

日本在東三省違約侵略電話之事實：光緒二十二年中日會訂交還營口條約第二款後段規定：電話一業，應由中國電報局與該會社彼此各派一員，會同查看該會社在營口已經置備所有電話產業，估價照購，倘彼此意見不同，應由該局與該會社臨時公舉一局外之公正人由伊定奪，彼此遵守等語，由此可知營口日本電話局早應歸我國收回自辦，然交涉至今仍未收回。

朝鮮與東三省長途電話之聯絡：朝鮮與東三省

日本侵略東三省郵電概況

五

外交月報

又按中日電約第一款後段載明：若非先經中國允許於協約後，翌年三月間在營口遼陽瀋陽鐵嶺長春安東等處，設立日本電報局與我國當地電報局實行聯絡，東三省與日本內地各處往來電報；初仍佐世保至大連水線，及朝鮮京城至瀋陽之陸線傳遞，嗣後鑑於該路報務有增多之勢，乃於民國八年五月間，添掛東京大連間之直達線，六月間復掛大阪瀋陽直達線，同時廢止原有由朝鮮之傳報辦法，又為我國通信之安全便利起見，由南滿鐵道會社敷設長崎大連間水線一條，借用政府使用，已於民國十年四月通報民國十四十五兩年中國於瀋陽經由朝鮮達日本下關間，架設直達線一條，近因大連與大阪實業經濟上最有密切關係，亦擬添設直達線，今具最近之調查，除添設水線外，日本在南滿安奉兩路沿線各埠所設之電報局已百餘所，其擴充之急遽，殊足驚人，今將日本在東三省之電報來去次數表列下：

丙 電報

當日俄戰時，日本在我東三省任意架設電線電台，以利軍用；戰事告終既不撤去，反改為永久之設施，實為非法之侵略；查光緒三十三年十月間，與我國締結中日電信租借地外，及鐵路境外之中國各處不安設水路線及他電線等語；查東三省內地如通化牛莊掏鹿海龍鄭家屯農安吉林哈爾濱滿洲里間島百草溝局子街等處，日本則任使擴充話線又查中日電約第二款後段載有：其滿洲鐵路境外日本電話線，日本願與中國分訂辦法，未訂以前日本允若非經中國允許，可不再擴充亦不用為傳遞電報等語；乃日本訂約後既不與我國訂擬發善辦法，且任意在新民設立話局及長途電話局，並將日本電話線侵入瀋陽長春等處中國街內，此皆日本違約侵權之明證。

年　度	去　　報			來　　報		
	國內報	國外報	計	國內報	國外報	計
光緒卅一年末	101,500	90,620	292,120	105,229	62,123	167,402	223,824

民國元年末	八六一・九六〇	三四・八〇	八九六・六六一	三六・二九	一・二六一・一七一
民國五年末	一・二五四・七五六	一二・九四	一・二二一・六〇〇	一二・七六	一・六六八・八五六
民國十年末	二・二〇五・四〇二	二六・九六七	二・一〇五・六六八	二七・〇一六	二・三三一・〇六六
民國十五年末	一・八二一・九六六	二・〇三一・八六八	一・七四一・五四六	二〇・八八三	二・五七一・一四〇
民國十六年末	一・八九九・一三	二八・五五	二・〇六四・四六八	二二・六八・八三二	一・九五五・八〇〇
民國十七年末	一・九六一・三四三	二九・九九七	一・八三二・九九〇	三四・〇〇六	二・〇六六・九九七	二・二三九・〇五一

無綫電：　日本在我東三省設置無線電報，始於光緒三十二年，在同年十一月，日本在大連灣沙砣子設立海岸無線電台，收發往來內地航路及近海航上船隻上之無線電報，此後為關船路之安全及海上通信之便利起見，又於大連柳樹屯電添設一無線電台，名為大連灣無線電台，與朝鮮京城日本金澤東京及哈爾濱等處陸上往來之無線電報，並改沙砣子電台為分台，其後又將此電台移設於大連市沙河口，專營船隻通報，民國十五年六月一日，又將大連灣無線電台移設於大連無線電報，連柳樹屯分電設於大連郵便局內，改稱為大連無線電報局，以柳樹屯電為分台，專營發報，以沙河口分台專營收報，日本關東廳於民國十四年八月時在遞信局內設有大連放送局，裝置機者日漸增多，至民國十七年已達四千餘家，

民國十八年大連無線電信局，又添加經費日金七萬五千元，增設六啟羅瓦特短波無線電裝置，並添築房舍，此後短波長波均為可與東京大阪朝鮮台灣哈爾濱施行高速度通信矣。

水綫電：　日東在我東三省之海底電線有三，一為旅順煙台威海衛線，二為大連佐世保線，三為旅順芝罘線，前兩者係日本所獨有，旅芝水線原保俄國所設，日俄戰後，為日占領，日人猶以為未足，乃要求我國將該海底電線通至芝罘之日本電報局內，結果乃於光緒三十四年中日關國派員訂立電約，規定該海底電線距芝罘海岸十哩平以內者歸中國所有，依中國電報局上陸，由中國電報局另設一送局，日本廳關於遞信局另設一線，接續該海底電纜，通至芝罘之日本電報局。

日本侵略東三省郵電概況

七

外交月報

日本違約侵略東三省電報及無綫電之事實：

一八九六年，中俄東省鐵路公司合同第六條規定：鐵路電綫不准作另外營業之用，又中日東三省合同第二款，亦訂明：日本政府承允按照中俄借地造路原約實力遵行等語；乃日本近竟任便建立台局，兼營商之用，中日電約第三款及第四款明文規定：在滿洲附近日本鐵路境內之各商埠，計安東牛莊遼陽奉天鐵嶺長春等處，中國政府允自各該商埠通至鐵路境內借給電綫一條或二條全歸日本使用，以十五年為期，此項電綫至鐵路界為止，由中國自訂約後，奉天日本報房附設上列中國六局之內等語；乃日本在奉天大西關設立，名曰奉天城日本電報取扱所，實與此約違反，且借綫設房，應於民國十二年十一月六日期滿，乃日本延不交還，雖經我國當局交涉數次，亦無結果。

又查中日電約第五條規定：本約第三款所指之借綫只可用為傳遞與日本電局往來之報等語；然日本竟不守約，任意收發南滿路境外中國各地電報，中日電約第六款後半有規定：殷送日本電報之信差當不着特別號衣等語，乃日本信差常在中國內地着用日局制服投送電報，有違電約；又按關電煙台水綫合同第九款規定：煙大水綫若非經議定，不能用為傳遞中國以外來往之日本電報等語，然日本不守合同之規定，任意收發各地華文電報；中日電約第一款後半有：若非先經中國允許於租借地外，及鐵路境外之中國各處，不安設水路綫及無綫電台之規定，追訂約後，日本任便在通化牛莊拘鹿農安吉林哈爾濱龍江滿洲里間島百草溝局子街琿春等處安設無綫電台；中日電約第二款後段規定：不准爭奪中國電報生意，又中日滿洲路綫辦法合同第二款亦規定：日本承允不賤跌報價或用他法與中國報局爭利等語，乃日本竟在附設報房之內，任意低減報價，減少字數，拍往日本境內之電報，亦按平常收費，不照國際電報計價，實有違背合同之規定，民國九年日本又藉口韓黨作亂，進兵延邊各地，實行擴充延吉琿春汪清圖們村頭道溝等處電報局，並設會寧支局，將電綫引入領事館內，收發日華文電報，毫無條約之根據，任意擴充，此種侵略行為，實有侵害中國之主權及影響中國電報營業之發展。

結論

日本侵略東三省郵電概況已如上述，今就法理論之，內設有無線及有線電報，以防航空之主權，且免有其他種陰謀，關係於國防軍事甚為重要，故日本在我東三省所訂之一切郵電條約，如無正式條約之規定，與合法官廳之許可，濫依暴力之壓迫，任意侵略所得之利權，我國民可不負責履行，今日本在我東三省之通信機關，除特許者外，多挾其強力而設任意擴張，敢有隨時收回自辦之主權，唯望我政府對東北問題尤應注意此事件，根據中日所訂合同及條約，將其違約侵權之點，速與日本嚴重交涉，以免日人再把持通信機關造謠生事，防害我國郵電之發展，助長國際間之不利宣傳。（完）

我國有隨時收回此項已失權利之可能，查日本之南滿路乃得自俄國之轉讓，日本在其所謂鐵路附屬地內有無郵權，自當以中俄條約為依歸；中俄條約既規定我國對於鐵路附屬地內，仍有完全之主權及行政權，自然日本在其鐵路附屬地之行政權，毫無根據，其郵電自為非法之設施；郵政乃屬國家主權之一部，一國領土內不能容他國經營郵政，世界各國除殖民地或保護國而外，斷無客郵存在之理！電報無線電均為近世交通之最良利器，其效用甚廣，一國內之無線電皆應歸國家統一辦理，自不許外人在本國

教育旬刊

式輝

國難教育專號

第五卷 第三四期合刊 第三十五號

中華民國二十二年四月一日出版

中華郵政特准掛號立券老報抵

要目

- 蔣委員長在江西廬教育莉議會訓詞
- 國難期間我國施政應有的趨向 …… 程宗宜
- 國難教育與救國 …… 熊蕎文
- 中學校實施國難教育 …… 吳自强
- 非常的國難中該辦非常的教育 …… 毛禮銳
- 日本侵略教育的一斑 …… 程宗宜
- 省督實驗小學的航空運動宣傳辦法 …… 楊建燮
- 小學自然科國難教材舉例 …… 李望銘
- 汪院長返國後在中央紀念週講詞（轉錄）
- 中華民族生存之路（選錄）…… 梁家倫
- 日本侵華之教材與言論 …… 卜允新譯
- 小學公民訓練標準
- 介紹小學應用國難教材新編
- 日本對華侵略年表

江西省教育廳

教育設計委員會編譯部印行

《教育旬刊》雜誌封面

附錄

日本對華侵畧年表

> 日寇野心勃勃，久欲侵我中華，建立其大陸國家，鯨吞蠶食，數十年如一日。我敎界同人！讀此年表，能不發奮圖強，共起自救！
> ——編者

光緒二年（一八七六年）二月間，日本與我屬國朝鮮訂立通商條約，迫朝鮮脫離中國爲自主國。

光緒五年（一八七九年）日本政府遣宮內大臣伊藤博文，農務大臣西鄕從道來我國議朝鮮條約。我國淸廷派李鴻章爲全權大臣，吳大澂副之，在天津關議，當時李鴻章等不諳外交，與日本訂立條約三款，竟承認朝鮮爲中日共同保證國。

光緒二一年（一八九五年）朝鮮東學黨事起，日本卽進兵朝鮮。六月二十日，日使大鳥來介率兵入朝鮮王宮，殺衞士，虜李熙君王以大院君主國事，流閔詠駿等於黑島，凡朝臣不親日者皆殺之，我國派軍往救，被日軍戰敗，於是日本以兵力脅迫我訂立馬關條約十一款，逼我承認朝鮮爲自主國，割我台灣澎湖列島諸地，開沙市、重慶、蘇州、杭州等處爲通商口岸，並索賠款庫銀二萬萬兩。

光緒二十二年（一八九六年）六月十一日，日本迫我根據馬關條約訂立中日通商航行條約二十九款，日本除取得內行航行權等種種經濟上之利益，復取得在華領事裁判權，破壞我國法權之獨立；（二）北京草約，內容爲日本租界問題。

光緒二四年（一八九八年）中日北京條約，日本要求福建省及沿海一帶爲日本勢力範圍，不得割讓與他國。

光緒二六年（一九〇〇年）我國拳匪肇事後，日本最先向大沽出兵，復會合各國聯軍，陷我天津，北京。

光緒二七年（一九〇一年）辛丑條約成立，我國允償損失海關銀四萬五千萬兩，其中日本得三千四百七十九萬三千一百兩，並劃定公使館區域，取得駐兵權。

光緒二八年（一九〇二年）日與英締同盟條約，以擁護兩國在中國之一切利益。

光緒二九年（一九〇三年）中日增訂通商行船條約。

一八九六年之中日通商航行條約，續

光緒三十年（一九〇四年）日俄戰爭，既以我土為戰場，俄戰失敗後，日本所得利益，又轉取我國，以俄國在華一切既得權利，讓與日本。

光緒三一年（一九〇五年）日俄戰爭告終，日本卽迫我國訂立中日滿洲善後協約，逼我承認朴資茅斯條約中俄國讓與日本之一切權利，並開奉天省之鳳凰城、遼陽、新民屯、鐵嶺、通江子、法門庫、吉林省之長春、吉林、哈爾濱、寧古塔、琿春、三姓、黑龍江省之齊齊哈爾、海拉爾、愛琿、滿洲里等十七處為商埠，及在營口、安東、奉天府各商埠劃定日本租界，並其他各種利益。

光緒三二年（一九〇六年）（一）五月間，日本在奉天設立南滿鐵道株式會社，開始在滿洲實行經濟侵略。（二）七月間，日本在滿洲設立關東州都督府，及關東軍司令部，樹政治與武力侵略之基礎。

光緒三三年（一九〇七年）（一）春間，日本根據朴資茅斯條約第六款，與中日滿洲善後協約第一款規定撫順煤鑛爲日滿鐵道之附屬事業，擅爲日本所有。（二）七月間，日本派兵強佔間島。公然與我爭抗主權。（三）阻我國建築新

法鐵路。（四）迫我締結中日新奉吉長鐵道協約，由南滿洲鐵道株式會社墊款建築鐵道。（五）大連關稅協約，中國政府允大連關稅免徵日貨稅。

光緒三四年（一九〇八年）（一）二月間，日船二辰九，密載澳門商人購買日商鐵器九十四箱、彈藥四十箱，運至中國，事被我中國海關探知，捕獲該船，日本蠻橫無理，反謂我國違法，追我國向日道歉，賠款，撫恤。（二）四月間，日本追我訂定賜綠江木植公司章程（卽東京協約）取得鴨綠江採木權（內容名義上雖爲中日合辦，但實際上大權半操於日人之手）。（三）新奉吉長鐵路締約。（四）東京條約，旅順、煙台間之海底電線及南滿洲之電信問題。（五）奉天預約，改關安奉鐵路。（六）間島協約，劃定中韓國界，准韓民墾地居住等。（七）滿洲五案協約，日本取得新法鐵道建築權及旅順煙台間煤鑛開掘權。

宣統二年（一九一〇年）（一）日本滅我屬國朝鮮。（二）北京條約，南滿洲郵務問題。

宣統三年（一九一一年）二月二十四日，日本與清廷協定，借款一千萬元。

民國元年（一九一二年）日本加入六國銀行團，借款與軍閥，助我國內亂。

民國二年（一九一三年）南方二次革命起義時，張勳部卒在南京誤殺日僑數名，於是日政府一方要求我國道歉，

賠償，撫恤。一方派調大隊日軍至南京示威，此外更要求自開原至海龍城，四平街至洮南府，洮南府至熱河，長春至洮南府，海龍城至吉林五鐵道建築權，遂有滿蒙五鐵道協約。並藉此以要挾民國承認問題，使中國不能不屈服。

民國三年（一九一四年）日本乘歐洲大戰方烈，歐美各國無暇東顧，出兵強佔膠州灣，青島等處。

民國四年（一九一五年）（一）北京條約，繼承德國在山東利儘及建築煙龍，煙濰鐵路。（二）八月間，南滿洲及內蒙古問題。（三）二月十八日日本無端提出二十一條件（分四號皆亡中國之條件）迫我承認，五月七日，日政府提出最後通牒，限我國於四十八小時內答覆，至五月九日我國被迫簽字。

民國五年（一九一六年）（一）日俄訂定協約，互相擁護在華特殊利益，並締攻守同盟密約。（二）日政府假一小小事件，突然出兵鄭家屯（卽遼源縣）拊招引蒙匪南下圖擾。

民國六年（一九一七）（一）日與美共同宣言，承認日本在中國有特殊利益。同年英法俄意等國贊助日本海陸要求。（二）中國參戰受日本之恫迫。（因中國對德提出抗議後，日本大爲驚異，駐華日本公使竟警告我國外交部，謂中國此舉，應先通知日本，其心目中已不承認中國爲完全獨立）。（三）日本組織特殊銀行團，借五萬萬元與北京

政府，勾結軍閥段祺瑞等，助長中國內亂。

民國七年（一九一八年）（一）日本引誘中國參戰督辦段祺瑞，祕密締結中日軍事協定（內容係許日本駐兵中國境內與中國共同防敵）此協定表面上似得平等待遇，實際上日本可藉此出兵滿洲，實行其侵略主義。（二）中東協定，日本要求建築膠，商，徐，濟，順等鐵路權日政。

民國八年（一九一九年）（一）我國在巴黎和平會議席上，力爭收回山東，日本加以種種陰謀破壞。（二）七月中旬，長春日本守備隊，以微小事故，向我國吉林軍射擊，死十二人傷七十四人，追後反向我國要求道歉賠償了案。（三）十一月十六日，福州日僑六七十人，均手攜鐵尺手槍，在新橋頭，安樂橋等處，無故慘死我國醫士，學生及市民多名。

民國九年（一九二〇年）（一）北京日領事館收容我國安福禍首段祺瑞，徐樹錚等九人，旋一一縱之。（二）十月間，因韓獨立黨人起事，日本遣大批軍隊，約一萬左右，強佔長春、和龍、延吉、東寗及寗安等五縣，並焚燬韓人住宅一千餘戶，燒燬教會二十一處，學校七處，慘殺敎徒二千一百餘名，華人三百餘名。

民國十年（一九二一年）我國在華盛頓議席上，受日本誘脅，未能取消二十一條，關稅仍不能自主。

江西教育旬刊　第五卷　第三四期合刊　附錄　四

民國十二年（一九二三年）（一）日本以梅黃條件還我青島，同時許我以四千萬元贖回膠濟鐵路。（二）同年旅大租期滿，日本抗不交還。（三）二月間，漢口商行日本評華備用機關槍掃殺十餘人，傷數十八。（四）五月間，日本以護僑爲名，日兵二千餘名，直入山東，阻我國革命軍之進展，蒙政策。（附俟）（五）七月間，日本第二次出兵山東。（六）八月初，大連會議，其內容係如何施行東方會議決議之滿蒙積極政策案，旋改在旅順舉行，同時本溪湖日兵又有慘殺華工之舉。

民國十三年（一九二四年）（一）日本決退還庚子賠款，但用作對華文化事業費，設專局隸日本，以實行文化侵略。（二）一月間，福建厦門有日籍台民數十人，掠刦擾亂，日政府租護台匪，遣調軍艦至厦門，威迫我國不得剿匪。（三）二月間，漢口日商鳥狩田廠，勒斃華人買利敬。

民國十四年（一九二五年）（一）五月十五日，日本紗廠槍殺我國工人顧正紅，遂引起五月三十日上海南京路上之大屠殺。（二）十月間關稅自主期延緩，日代表提案中陰謀將中日關稅自主期延緩。（三）十二月間，郭松齡倒戈反奉，日本出兵滿洲，助張作霖殺郭松齡。

民國十五年（一九二六年）三月間，日本以護僑爲名，派遣軍艦來津，助奉攻國民軍，砲擊大沽砲台，以掩關槍掃射我國守備兵，後更疏通北京公使團，聯合壓迫我國，北京學生，向段政府請願，演成三一八慘案。

民國十六年（一九二七年）（一）三月二十四日，日美英意

法等國軍艦，在南京內轟我國革命軍及民衆，死傷甚多。（二）四月間，日水兵在漢口槍殺車夫，民衆與之理論，反用機關槍掃殺十餘人。（二）五月間，日本以護僑爲名，日兵二千餘名，傷數十八。（三）五月間，日本以護僑爲名，日兵二千餘名，直入山東，阻我國革命軍之進展，蒙政策。

民國十七年（一九二八年）（一）二月十八日晚，日船厚田第二九在泰興口岸將華船新大名撞沉，溺斃乘客一百數十人，皆物損失二十餘萬元。（二）二月二十八日，日艦三十艘，在大富港放槍，死傷漁民三十餘人。（三）四月間，日本第三次出兵山東，助奉魯軍作戰，革命軍北伐時大受影響，日軍於二十一日藉謬僑爲名，到濟南佈防，五月一日卽開始慘殺我國軍民，至三日因貼標語我國交涉員蔡公時亦被屠殺之事發生，我國軍民死數千，我國交涉員蔡公時亦被慘殺，焚燬無線電台及民房等建築無數。（四）日本拒絕中國廢除滿期中日商約。（五）日本阻東三省易幟，破壞中國統一。（六）漢口日本砲軍夫水杏林擅斃安局長盧振武自殺。（二）強築吉會路。（三）日本反對中

民國十八年（一九二九年）（一）鐵嶺事件，日軍逼總公

日本侵華調查一束

（一）日本在我國專營租界表（政治侵略之一）

關殺自主。民國十九年（一九三〇年）（一）四月中旬，日本遣派大批軍艦來華，在長江流域操演，蔑視我國主權。（二）日本排除華人進口。民國二十年（一九三一年）（一）今夏吉林長春附近萬寶山突來韓民二百餘人，向華人租地從事耕種水田，並開鑿伊道河，引水灌田，海害附近農田甚巨，我國官廳下令制止，韓人因受日人指揮，故置若罔聞。七月二日，我國農民以生計所關，截其引水路，日人竟鼓動韓人，於四日在平壤等處居殺我國旅韓僑商有數百人之多，傷者無數，財物損失數百萬元。（二）九月十八日，日本藉口中村失縱案，及華軍炸毀南滿鐵道事，出兵東北，不數日侵佔遼吉二省，復以重兵攻佔黑龍江。

民國二十一年（一九三二年）（一）一月二十八日日軍侵入錦州。（二）一月二十日滬日僑燒三友紡織廠，死一華捕。二十八日晚駐滬日軍襲佔北站翌晨轟炸閘北，焚燬商務印書館，漸由江灣、吳淞、瀏河，抵眞茹，進犯嘉定、太倉、黃渡，我十九路軍奮勇抵抗，相持四十餘日，至三月六日始遊國聯決議停戰。（三）三月九日促溥儀就偽政府執政，偽滿州國組織成立。九月十五日竟不顧國聯，正式承認偽國，並簽訂日滿議定書。

民國二十二年（一九三三年）（一）一月三日日軍攻陷榆關我安德驛營全營殉國。十二日攻佔九門口。（二）二月二十六日大舉總攻熱境，朝陽赤峰相繼陷，三月三日熱省主席湯玉麟棄城逃逸，承德失守。（三）日軍追長城各口，方麼戰於古北喜峯兩口間。

附錄

地名	租界名	設立年代	面積（方里）
天津	日租界	一千八百九十八年即清光緒二十三年	五〇·〇〇〇
漢口	日租界	同前	四〇·〇〇〇
杭州	日租界	一千八百九十六年即清光緒二十一年	一·五四〇·〇〇〇
蘇州	日租界	一千八百九十七年即清光緒二十四年	一〇〇·〇〇〇
福門	日租界	同前	四〇·〇〇〇
重慶	日租界	一千八百九十七年即清光緒二十三年	二一〇·〇〇〇
沙市	日租界	一千八百九十六年即清光緒二十一年	一三五·〇〇〇
營口	日租界	一千九百〇五年即清光緒三十年	一九八·〇〇〇

江西教育旬刊 第五卷 第三四期合刊

（二）日本在我國與各國共營租界表（政治侵略之二）

地名	租界名	設立年代	面積（方里）
安東	日租界	同前	
奉天	日租界	同前	
上海	公共租界	一千八百四十九年卽清咸豐八年	四四八·〇〇〇
鼓浪嶼	公共租界	一千九百〇二年卽清光緒二十七年	
濟南	公共租界	一千九百十六年卽民國五年	二六八·〇〇〇
濰縣	公共租界	一千九百〇四年卽清光緒二十九年	八六·〇〇〇
周村	公共居留地	同前	

（三）日本在我國東北經營鐵路幹綫調查表（經濟侵略之一）

名稱	性質	里數	路綫	與日本發生關係說明
南滿鐵路	日本經營	一·一一四	大連長春間其他支綫	日俄戰爭後俄國割讓與日本
四洮鐵路	日本借款中國有	四二六	四平街洮南間鄭家屯通遼間	卽民國二年中日交涉滿蒙五鐵路之一共計借日金三千七百萬元
洮昂鐵路	同前	二三四	洮南昂昂溪間	民國十三年中滿鐵承包建築由日墊款一千八百萬元工竣付清如六個月不付淸卽改爲借款實權操於日人之手
吉長鐵路	日本借款中國有歸滿鐵經營	七二七	長春吉林間	光緒三十二年商訂借款條約在借款三十年內由滿鐵經營
吉敦鐵路	同前	二一〇	吉林敦化間	民國十四年由滿鐵承包計借日金二千四百萬元
金福鐵路	中日合辦	一〇二	金州城子疃間	日方爲日本株式會社從日本租借地金州半島起
溪城鐵路	同前	二四	本溪湖—牛心台間—城廠	爲本溪運煤輕便鐵道資本五十七萬元滿鐵占十分之七

| 天圖鐵路 | 同前 | 一二 | 地坊—道頭溝—龍井村—局子街間 | 資本日金四百萬元中日各半 |

（四）日本在我南北各大商埠銀行調查表（經濟侵略之二）

行名	所在地	實收資本額
正金銀行	分設南北各大商埠	一〇〇•〇〇〇•〇〇〇
台灣銀行	同前	五二•〇〇〇•〇〇〇
朝鮮銀行	同前	五〇•〇〇〇•〇〇〇
三井銀行	上海	六〇•〇〇〇•〇〇〇
三菱銀行	上海	三〇•〇〇〇•〇〇〇
住友銀行	上海漢口	五〇•〇〇〇•〇〇〇
吉林銀行	吉林	三〇〇•〇〇〇
商工銀行	遼陽	二七五•〇〇〇
哈爾濱銀行	哈爾濱	五〇〇•〇〇〇
大連興信銀行	大連	二•〇〇〇•〇〇〇
大連商業銀行	大連	二•〇〇〇•〇〇〇
敦育銀行	大連	二•〇〇〇•〇〇〇
絞遠銀行	大連哈爾濱	九•五〇〇•〇〇〇
庶民銀行	大連	三•七五〇•〇〇〇
長春實業銀行	長春	五〇〇•〇〇〇
安東實業銀行	安東	一•二五〇•〇〇〇
滿州貨欵銀行	潘陽	五〇〇•〇〇〇
營口銀行	營口	三•二五〇•〇〇〇
振興銀行	牛莊	三•二五〇•〇〇〇
中日銀行	鐵嶺	一•〇〇〇•〇〇〇
開源銀行	開源	五〇〇•〇〇〇
四平銀行	四平街	一五一•〇〇〇
大昌銀行	遼陽	二五〇•〇〇〇

銀行	地點	金額
天津銀行	天津北街	二五〇.〇〇〇
濟南銀行	濟南青島	二五〇.〇〇〇
華商銀行	台灣廣東	七.五〇〇.〇〇〇
新商銀行	福州廈門	八〇〇.〇〇〇
大連興業	大連	二〇〇.〇〇〇
銀行業		
中華匯業行	北平天津	五.〇〇〇.〇〇〇
銀行		
大市銀行	同前	六一〇.〇〇〇
日華銀行	同前	一.〇〇〇.〇〇〇
正隆銀行	鐵嶺開源	九.〇〇〇
龍口銀行	滿洲各地	五.〇〇〇
遼東銀行	大連錦州	一.五七五.〇〇〇
滿州商業銀行	安東	二.二七五.〇〇〇
協成銀行	安東	二五〇.〇〇〇
平和銀行	大連	二〇〇.〇〇〇
南滿銀行	鞍山	三七五.〇〇〇
旅順銀行	旅順	四八七.〇〇〇
鞍山銀行	鞍山	二五〇.〇〇〇
奉天銀行	瀋陽	一.二五〇.〇〇〇
東華銀行	瓦房店	八二五.〇〇〇
滿州銀行	滿州各地	八.六一九.〇〇〇
上海銀行	上海	一五〇.〇〇〇
總計		四九一.六二〇.〇〇〇

(五)日本在我國東三省侵佔林業表（經濟侵略之三）

產林地	投資額	投資形式	投資者	投資年月
東鐵海林附近	四.〇〇〇	中日合辦	鴨綠江採木公司	光緒三十四年
鴨綠江流域	三.〇〇〇			民國八年
東鐵免渡河附近	五.〇〇〇		滿鐵會社	民國十一年
牡丹江下流之道沙	一五〇		三井物產社	民國八年

(六) 日本在我國航權侵略一覽表（經濟侵略之四）

地點	數量	出名	公司	年代
敦化附近之嫩江	一五〇	同前	大西庫治	同前
同前	一五〇	約與華人訂	日華公司	民國七年
方正縣	三〇〇	同前	鴨綠江採木公司	民國九年
牡丹江附近	三〇〇	同前	木公司	同前
吉林省	六六	華人出名	裕寧公司	民國七年
同前	四三	同前	日華豐材公司	民國八年
同前	一・〇五四	同前	奧林公司	民國七年
同前	一・二三	同前	富寧公司	同前
同前	二・八六二	同前	黃川公司	民國九年
同前	元吉	約與華人訂	吉林木材會社	民國七年
同前	三〇〇	同前	三菱會社	民國九年
同前	吾〇	同前	三井會社	民國九年
同前	合吾	同前	吉林採木公司	民國九年
同前	吾吉	丹吉公司	滿鐵會社	民國十三年
同前	一吾	同前	日華公司	民國七年
同前	一吾	約與華人訂	石光公司	同前
松花江	三〇〇	同前	鴨綠江製材公司	民國五年
同前	二吾	同前	內垪公司	民國十年
同前	吾〇	同前	吉林日本商	同前
奧京縣	吉	不詳	東拓會社	同前
本溪大邊溝	充	不詳	同前	民國三年
同江上流	四吾	不詳	滿洲製材公司	民國七年
松江上流	一〇吾	不詳	松永洋行	不詳
合計	一七・六四			

附說：中國有如許多的木材，自己不會使用，反給日本人享受，而另一方面，中國每年向外國購入的木材，達二千萬元之鉅，來供給社會的需要，如此，多吃麼虧啊！

名稱	航路	船隻噸數	各種收入（日金）	利益

		輪船數	噸數	
日清汽船會社	上海漢口線 漢口宜昌線 宜昌重慶線 中國沿岸南方線 上海沿岸北方線 大阪漢口宜昌線	汽船二十一隻 輪船二十六隻	一‧六〇七噸 五三‧八五八噸	八‧六四八‧四九五 七〇三‧七八七
大連汽船株式會社	大連青島上海線 大連天津安東線 天津芝罘青島上海線 大連龍口線 營口大連大阪神戶線 大連香港廣東線 大連名古屋線	輪船四十二隻 雇船二十五隻	一三三‧二五七噸 四三‧三八八噸	九‧五二六‧三九〇 一‧〇〇二‧〇三〇
大阪商船株式會社	經由中國的海外航線 計十餘其他尚有上海 台灣天津線	輪船一四四隻	四七九‧四二六噸	七〇‧〇〇〇‧〇〇〇 四‧〇〇〇‧〇〇〇
日本郵船株式會社	經由中國的外洋航線 十六條政府指定的命 令航如長崎神戶橫濱 上海線神戶青島線	輪船一三七隻	七三〇‧三八五噸	八一‧〇〇〇‧〇〇〇 六‧四七〇‧〇〇〇

（七）日本在我國經營礦業一覽表（經濟侵略之五）

礦質地點	性質	本廠立年月
煤　章邱普濟鎮	中日合辦	民國十年
煤　安徽懷寧縣	同前	民國五年
煤　北河宛平楊家坨	同前	民國六年
煤　鳳城青城子小邊溝	同前	民國七年
銅　復縣兩興華鄉	同前	民國八年
磁　輯源縣關門山	同前	民國四年
鉛　山東濰縣坊子村	同前	民國八年
煤　山東淄川縣礬山	同前	光緒二十六年
煤　山東益都金嶺鎮	同前	民國四年
煤　熱河阜新縣	同前	間前
煤　熱河阜新縣新邱	同前	民國四年
煤　熱河縣礆河子崗	同前	民國八年
煤　寶安縣西嶺崗	同前	民國九年

附二十一條所要求的鑛產權

種類	地點	備考	年份
煤	西安縣孟河亮	同前	同前
煤	錦西縣大窩溝	同前	民國七年
煤	錦西縣沙窩屯	同前	民國八年
鉛	奉天本溪湖吉祥峪	同前	同前
煤	奉天本溪縣	二百萬元	宣統二年四月
鐵	奉天本溪湖廟兒溝	五百萬元	同前
鐵	奉天本溪湖	一百萬元	民國八年
鈦	奉天遼陽弓長嶺	同前	同前
煤	奉天撫順縣得古吉子	同前	同前
煤	奉天撫順縣石門寨	同前	同前
煤	奉天撫順縣四鄉	同前	同前
煤	奉天撫順縣千台山	中日合辦	民國五年
煤	奉天遼陽縣煙台	中日合辦	光緒三十年
銀銅	吉林延吉縣天寶山	一百萬元	民國五年
煤	吉林寬城子	中日合辦	光緒二十八年

礦質	地點	性質	本成立年月
鐵	奉天海城等地	中日合辦	
鐵	奉天本溪湖田付溝	同前	
煤	奉天本溪湖田付溝	同前	
煤	奉天本溪湖千心台	同前	
煤	奉天錦縣杉松關	同前	
煤	奉天海龍縣暖池塘	將來中日合辦	
煤	奉天通化縣鐵廠山	同前	
煤鐵	吉林省城附近瓦窰	將來中日合辦	
煤鐵	吉林和龍縣		
金	吉林甸夾皮溝	同前	

(八)日本在我國重要貿易社一覽表（經濟侵略之六）

名稱	總行	在華支店	資本額(日金)	營業種類	
				由華輸出	對華輸入
三井物產株式會社	東京	大連奉天哈爾濱天津漢口上海青島香港	100,000,000	絲豆粕麵粉五金柞蠶絲肥料雞蛋	煤綢機械類白糖木材米小麥麵粉五金毛織物毛線紙洋灰麻織物棉線紙洋灰皮革冷飲品酸銩肥料磷礦石藥品人參橡皮製品

江西教育旬刊　第五卷　第三四期合刊　需識

三菱商事株式會社	大倉商事株式會社	住友合資會社	東洋棉花株式會社	日本棉花株式會社	古阿電氣株式會社	富士製紙株式會社
東京	東京	大阪	大阪	大阪	東京	東京
大連哈爾濱天津漢口上海青島香港常德	北平本溪湖安東遼寧上海	上海	大連牛莊長春鐵嶺濱東海青島哈爾寶南上海漢口津香港	上海香港漢口鄭州青島天津東三省各地	上海大連天津	漢口天津香港
一五．〇〇〇．〇〇〇	一〇．〇〇〇．〇〇〇	一五．〇〇〇．〇〇〇	二五．〇〇〇．〇〇〇	五〇．〇〇〇．〇〇〇		七七．七〇〇．〇〇〇
豆粕肥料桐油豆油花生油及其他油脂類	牛皮及各種原料		紗棉花棉布	棉花黃麻		
煤火柴煤油銅五金各種機械米麵粉硝石化學肥料白糖原料罐頭糖菓毛拜橡皮紗布洋其他灰紙製品玻璃料及洋	海產品紡品機械軍需品		銀塊型銅電氣銅鉛品（板管棒線）鋼鐵電各種電車各種機械及人造肥硫酸硝酸煤等	紗棉製品	料各機種械電器氣具原	洋紙

以上幾家會社，都是日本財閥所主持，為第一等的貿易業，資本最大的，如住友會社，有一萬五千萬元之鉅，普通也是幾千萬元，僅三井物產會社，其營業占對中國貿易總額百分之三十，勢力之大，可以想見。這些公司權力，在在可以壓倒華商，襲斷市面。我們要曉得；這是日本帝國主義，侵略我們的頭等戰艦，雖然沒有配着武裝，實在比武裝還要利害呢！

（九）日本在我國東省之設立教育機關調查表（文化侵略之一）

說明

初等教育
　小學校　　一九處　（關東洲內）
　公學堂　　一〇處

中等教育
　中學校　　四處　（大連旅順）

師範教育
　師範學校　二處　（旅順）

實業教育
　商業學堂　一處　（大連）
　農業學堂　一處　（金州）

高等教育
　工業大學　一處　（旅順）

中等教育
　高等女學校　一處　（大連）

以上二十九校係關東廳立

學校八百九十九所圖書館二十七處博物館二處體育協會等五處

實業教育　商工學校　一處　（大連）

初等教育　普通學校　一〇處　（關東洲內）

以上二校係大連市立

幼稚教育　幼稚園　　二四處　（滿鐵沿線）

初等教育　公學堂　　二九處　（滿鐵沿線）

中等教育
　中學校　　四處　（鞍山撫順安東長春）
　高等女學校　四處　（撫順安東長春）
　中學堂　　一處　（瀋陽）

實業教育
　商業學校　三處　（營口瀋陽）
　農業學校　二處　（熊岳公主嶺）
　礦山學校　一處　（撫順）

以上一〇九校係文化協會設立

江西教育旬刊　第五卷　第三四期合刊　附錄　一五

江西教育旬刊 第五卷 第三四期合刊 附錄

補習教育 ┌ 實業補習學校 三二處 （滿鐵沿線）
　　　　 └ 家政女學校 一一處 （同）
專門教育 ┌ 日語學校 一處 （潘陽）
　　　　 │ 醫學堂 一處 （潘陽）
　　　　 │ 工業專門學校 一處 （大連）
　　　　 └ 教育專門學校 一處 （潘陽）
高等教育　醫科大學 一處 （潘陽）
　以上二十六校係滿鐵公司設立
初等教育　小學校 六處 （日本租界內）
　以上六校係日本僑民設立
實業學校　商業學校 一處 （大連）
補習學校　旅順日語學校 一處 （旅順）
　以上二校係東洋協會設立
專門教育　日俄會學校 一處 （哈爾濱）
　以上一校係日俄協會設立
初等教育 ┌ 普通學堂 六處 （滿鐵沿線）華鮮生兼收
　　　　 └ 書塾 十三處 （同）
　以上十九處係朝鮮總督府立
幼稚教育　幼稚園 十四處 （滿鐵沿線內）

初等教育 ┌ 書房 三○六處 （關東洲內）
　　　　 │ 小學校 七處 （滿鐵沿線）
　　　　 │ 普通學校 三三處 （日本租界內）
　　　　 └ 公學堂 一處 （滿鐵沿線）
補習教育 ┌ 大連·日語學校 一處 （大連）
　　　　 │ 羽衣女學校 一處 （大連）
　　　　 │ 女子技藝學校 一處 （同）
　　　　 │ 滿洲法政學院 一處 （同）
　　　　 │ 中華女子手藝學校 一處 （同）
　　　　 │ 海城東語學舍 一處 （海城）
　　　　 │ 遼陽日語學堂 一處 （遼陽）
　　　　 │ 同文商業學校 一處 （潘陽）
　　　　 │ 同文商業學校 一處 （吉林）
　　　　 └ 中日懇親學堂 一處 （安東）
　以上計六百○五校均係日人私立總計日人在東省所設之學校計有八百九十九校之多
　除學校外滿鐵所經營的圖書館計有二十三處藏書二十餘萬冊日僑所經營之圖書館計有四處博物館計有二處文化機關計有南滿洲教育會中日文化協會東洋協會日俄協會滿洲體育會等五處

一六

(十) 日本在我國經營報紙及通信社調查（文化侵略之二）

甲 日本報紙

名稱	發行地點
新支那	北平
支那問題	北平
極東新聞	北平
北京新聞	北平
天津新聞	天津
天津日日新聞	天津
天津經濟新聞	天津
奉天新聞	奉天
奉天每日新聞	奉天
奉天工商週報	奉天
大陸日日新聞	奉天
滿蒙經濟新聞	奉天
滿洲新報	營口
營口經濟新報	營口
鐵嶺時報	鐵嶺
開源時報	開源
開源實業新報	開源
吉林時報	吉林
松江新聞	吉林
長春日報	長春
長春商業時報	長春
長春實業日日新聞	長春
哈爾濱日日新聞	哈爾濱
哈爾濱時報	哈爾濱
撫順新聞	撫順
安東時報	安東
滿鮮縱橫評論	安東
滿鮮時報	安東
遠東時報	安東
大連新聞	大連
遠東新聞	大連
極東報	大連
滿洲商業新聞	大連
滿洲日日新聞	大連
安東新聞	本溪湖
公主嶺公報	公主嶺
遼陽	遼陽
間島新聞	間島
四洮新報	四平街

江西教育旬刊 第五卷 第三四期合刊 附錄

江西教育旬刊　第五卷　第三四期合刊　附錄

名　稱	成立年月	名　稱	成立年月
漢口公論報	漢口		
福州時論	福州		
南支那週刊	廈門		
廣州日報	廣州		
合計五十四家			
乙　日本通信社			
中外通訊社	明治十一年	電報通訊社	明治三十四年
聯合通訊社	大正四年	亞細亞通訊社	大正四年
東方通信社	大正四年		
合計五家			

山東新聞　濟南
山東商報　濟南
濟南時事新報　濟南
青島時報　青島
上海日報　上海
上海週刊　上海
上海日日新聞　上海
上海每日新聞　上海
上海時論　上海
漢口日報　漢口
漢口日日新聞　漢口

一八

青年抗日歌

（倣蘇武牧羊）

（一）

當前，大中華青年，
猛勇應爭先，
做我右哲賢；
齊奮鬥，齊努力，
出征熱河邊；
同心抗暴日，
誓死不生還，
長槍和炸彈，
描準敵陣線；
驅強除暴雪恥不收失地不回轉。

（二）

衝鋒號一吹，
敵陣全敗潰；
持長槍向前追，
決死不空回；
幾度總攻擊，
敵尸已成堆；
任身碎骨歡不少畏，
青年定不少畏，
能敦倭奴驚心喪膽拱服中華威。

(十一) 偽國組織及傀儡一覽表

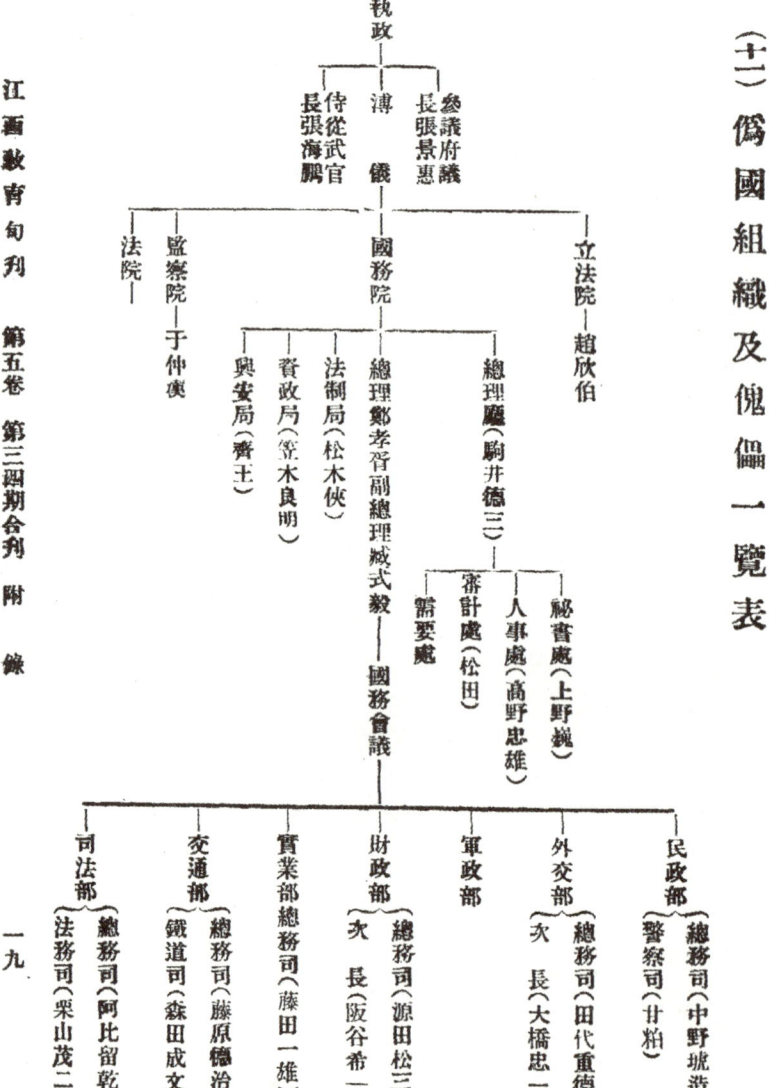

```
執政——溥儀
 ├─總議府議長 張景惠
 ├─侍從武官長 張海鵬
 ├─立法院——趙欣伯
 ├─國務院
 │  ├─總理廳（駒井德三）
 │  │  ├─祕書處（上野楓）
 │  │  ├─人事處（高野忠雄）
 │  │  ├─總務司（田代重德）……民政部 總務司（中野琥造）／警察司（甘粕）
 │  │  ├─需要處
 │  │  └─審計處（松田）
 │  ├─總理鄭孝胥 副總理臧式毅
 │  │  └─國務會議
 │  │     ├─民政部 總務司（中野琥造）／警察司（甘粕）
 │  │     ├─外交部 次 長（大橋忠一）／總務司（田代重德）
 │  │     ├─軍政部
 │  │     ├─財政部 總務司（源田松三）
 │  │     ├─實業部 總務司（藤田一雄）
 │  │     │       次 長（阪谷希一）
 │  │     ├─交通部 總務司（藤原德治）／鐵道司（森田成文）
 │  │     └─司法部 總務司（阿比留乾二）／法務司（栗山茂二）
 │  ├─法制局（松木俠）
 │  ├─資政局（笠木良明）
 │  └─興安局（齊王）
 ├─監察院——于仲麐
 └─法院
```

編餘告讀者

汝忘日本侵奪我國土地乎？

汝忘日本殺害我國人民乎？

「我們不徒然痛哭流涕，不徒然憤慨號呼，只認定非從教育下手不可。我們不要罵日本，應該研究日本；不要恨日本，應該效法日本；不要怕日本，應該制裁日本；罵牠，恨牠，怕牠，於牠無損，於我有害。」

我們今後的職責：

要訓練救國的青年！

要振起民族的精神！

时事类编

《时事类编》由中山文化教育馆发行，(1933年)8月10日创刊，民国26年(1937年)9月改名为《时事类编特辑》，期数另起。共出5卷101期。该刊是抗战时期必读的刊物，1937年2期、1937年4期、1937年6期有白崇禧亲、李宗仁的亲笔题字。

《时事类编》杂志设置有时论摄要、国际时事漫画、世界论坛、学术论著、科学新闻、人物评传、文艺、文坛消息、新书介绍等栏目。杂志主要内容为翻译的世界各国报刊对当时国际形势、时事的评论、分析。如第十三期刊有国际联盟应该改造吗？马克思主义与现代日本——马克思主义的科学性、歌德与音乐。

《时事类编》杂志版权页

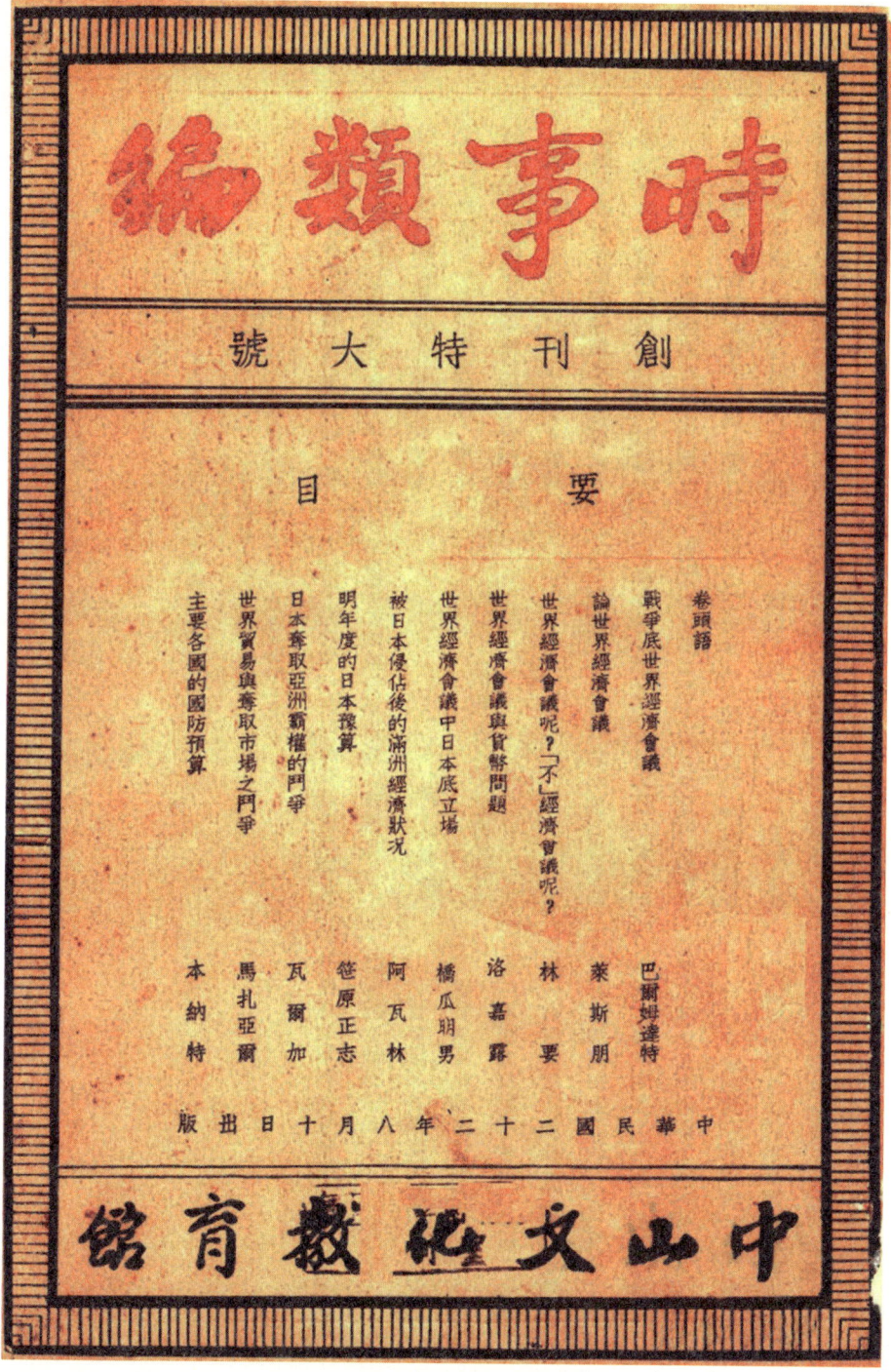

《时事类编》杂志封面

被日侵佔後的滿洲經濟狀況

——譯自一九三三年世界經濟與世界政治第四期——

阿瓦林

一 一九一八以後日本對滿洲政治，經濟的侵略
二 在滿洲作侵略東亞，對美作戰根據地的佈置

一 「九一八」後日本對滿洲政治經濟的侵略

基於資本主義總危機而展開的世界經濟恐慌，對於專恃軍事警察來維持的日本帝國的打擊，是格外嚴實。經濟恐慌，可說加速了日本帝國主義武侵略的開端。日本帝國主義已站在帝國主義武裝強盜隊伍中的前列，造成帝國主義強盜們都採用無恥手段跳出經濟恐慌，戰爭等手段圖謀新殖民地加強獨占及其經濟，日本帝國主義的武力侵佔滿洲，其目的是欲使滿洲變為日本的獨占殖民地並欲造成滿洲為侵略東亞大陸，反對蘇聯及中國本部的據點，與時日本

帝國主義的別一目的，是欲造成滿洲為準備最近將來對美作戰的根據地。

滿洲在被吞併以前早被日本帝國主義奴役着，其被奴役的深刻與強烈比之半殖民地的中國其他任何區域，其他任何半殖民地有其被奴役的深刻與強烈比之半殖民地的中國其他任何區域要得多。

滿洲人民呻吟於日本帝國主義鐵蹄之下，日本帝國主義者在滿洲當地封建軍閥和封建農奴制的殘餘，殘酷地榨取滿洲住民。

同時滿洲當地支配階級——地主，工商資產階級尤其半封建軍閥等所榨取的利潤也較不小其他帝國主義也乘火打劫混水撈魚。在「九一八」事變前數年間滿洲的上層統治份子又成了美帝國主義的主要工具因之其政策頗不利於日本帝國主義的利益。

日本帝國主義奪取滿洲後首先以迅雷不及掩耳的手段肅清了當地上層統治份子的政治上和經濟上的勢力；

锦旗保佑后的满洲经济状况

而用武力建立了自己的全部统治权。凡满洲一切政治和经济机关日人都插入进去尽操纵把持的能事。

在"九一八"事变后甫越数月，美国帝国主义者曾谓："日本当局在藉口出兵保侨的掩护之下，业已迅速而无声地佔据了满洲一切政治工商及财政金融机关，与日本殖民地毫无区别日籍顾问的命令即其现今当地伪行政人员的法律"。（注二）

满洲各地拥有行政机关凡未表明完全服从的都由日本关东军参谋部以新人员代替。一九三二年二月十八日满洲被宣佈"独立"，其傀儡政府以满清废帝傅仪为首於同年三月九日成立。

不论所谓"满洲国""中央政府"或下至一县的行政机关事实上概为日人所把持。这些日人在"满洲国"和地方行

政机关掩护之下，执行日本关东军参谋部的命令从事侵略。

连李顿调查委员会也不得不承认在满日籍顾问的至高权威，该委员会报告书说道："……各部部长荣衔避归於在满的华人（即汉奸——译者）但政治和行政实权完全是操在日籍顾问和官吏手中这些日籍官吏和顾问的一举一动都奉有日本当局的命令。"（注三）该调查委员会并谓单在"满洲国"政府（军政部不算）里面吏竟达二百名以上。

满洲土著资本的各种企业，不论交通运输机关或工厂商店及银行钱庄凡规模稍大者全为日人藉口"改组"合办的北宁线瀋阳至山海关一段据今春所订条约也归满铁管理此外，"满洲国"政府並向日本借款一万万日金据称用以敷设新线三条（其中两条实已日人——南满铁道会社和关东军司令

满洲半封建主所造的一千六百公里铁道，及北宁线瀋阳至山海关一段八百六十公里铁道都已归满铁管理各路管理人员和重要的技术人员都处满铁所委派的日人充任的事实上这些铁道都已改作了满铁的支线。

今年春季"满洲国"政府与满铁订立一约所有满洲境内中国铁道统交满铁管理日人从此又取得了法律上的正式的承认满洲所有铁道网都作了各路所负日实的担保品此种债额依据日人的统计共达一万三千万日金中英合办的北宁线瀋阳至山海关一段据今

竣工）

銀行信託事業也全握在日人手中，僞國中央銀行和地方銀行一切支行經理都由日人充任或添聘日人為顧問。一九三二年七月間日人曾把前三省官銀號合併形式上成立了一個所謂「滿洲國中央銀行」實際上不過是日本財政體系的一個支行而已。該「滿洲中央銀行」經理即為日人其頭一步辦法就是發行新鈔票收回舊有各種流通券票，稱收價特別低微，對舊鈔票的持有者無異是一種掠奪。

過去滿洲土著的大工商企業大半為當地封建軍閥和官廳直接或經銀行所設立其管理權亦多在官僚手中現在隨著這些舊有政權的消滅連銀行業也一樣，其他各種工商企業也全被日人奪取了。過去東北上層統治分子凡未服從日人的，其財產和地產也統由傅儀傀儡政府明令收沒其中大工業企業及土地

多者，則歸日人佔有。

日本帝國主義者公然地掠奪滿洲土地，下不止於其掠奪滿洲中國鐵道和工業企業據密勒氏評論（"China Weekly Review"）消息日人老實不客氣地侵迫滿洲傀儡政府讓與大宗土地比如遼河流域為便利日本武裝移民起見曾「贈給」日政府九萬畝（約折合六千五百公頃）一個專從事收買地產燒燬以便日滿當局宣佈某地無主好轉給於日人司會將瀋陽地契案卷保管處燒燬以便手中。瀋陽以西一帶好多土地都是這樣落在日人手中的。此外日人並用威嚇手段迫使中國農民出讓土地每畝僅給價六角或公頃約給華幣八元半比之實價要少三十五倍至六十倍或迫使農民將土地長期出租三十乃至四十年之久。

日人現在好似擬用糧食的方法廣肆沒收中國農民和地主的耕地高麗自

被吞併後，日帝國主義者即用此種方法，將高麗所有優良耕種的土地宣佈為高麗王皇室所有實際上則賜給日本有功武人或地主和資本家，加轉租於高麗農民課以高額租金。現在日人在滿洲更濫用此種掠奪故技將一部分土地或藉口說是以前的清皇室直接所有或藉口宣佈為前清皇室官地因此日帝國主義者們得以染指於濟種土地，中國農民或將變為佃農作日本掠奪者的半農奴或將被逐於田地以外。

日人並寫使其所掠奪的土地得到形式上的承認和往後根據傀儡政府製定一土地法允許在滿日僑有「商租權」武變言之即有購買土地和長期租地之權。

在被沒收的事業內傀儡政府雖委

派專人主持但事實上此種專員不過是一張。

日人的走卒而已有的事業尤其在北滿或爲私人所有的日人則用貶價「收買」或供欵津貼等方法也一概攫之而爲己有。

譬如馬占山在其逃後通電中會訂日人以百萬圓（約折美金三十萬元）借欵迫使張景惠將呼海路抵押五十年。以前北滿榨油業會爲華商資本抵主要地位並爲日人的主要競卸者現今北滿榨油業大抵已輾落任日人手中其餘尙在華商手中的歸局日人不過是時間的問題因擴報紙所載消息華商油廠現已紛向日方借欵維持業務云云。

大連日人所辦的滿洲日報關於「九一八」以後日軍所給予土著資本的打擊公開承認不諱該報說道：「今日華商企業已無恢復營業的可能我日本領利用今日的複雜局面實行對滿的顧

日本在滿體局，除將當地藉商作經濟上的競爭勢力消滅外並採取種種方法極度地限制了其他全帝國主義的家資本的活動例在一九三二年四月間美國駐華商務參贊安立德（Arnold）氏特赴滿洲調查商情從時與氏對大陸報（China Press）通訊員談話會謂「美洲事業的一行停卸所遭受損失難以數計」……又謂「現今美商在滿事業的一行停卸所遭受損失難以數計」云云即是明證。

英國保守派冒險機關"Morning Post"向來是對於日本帝國主義者表同情的也於一九三二年十二月（二十八日）不得不謂：「在滿洋商，已感覺切膚之痛彼等事業已被逐於滿洲市場之外與日商競爭業的任何機會今已消失」日人排外呼聲的靠鍊於此可見。

自然日之官方實際仍持滿洲「門戶開放」主義衣面上爲點綴「滿洲國」的「滿商日由」利「獨立起見日人也向別約契例如一九三二年九月，據訊傀儡政府會與一舞國無線電公司訂約來住（註三）

日人跟「親善」的法西國主義者尤其愛送秋波日本帝國主義者奪取滿洲得法，國主義的幫助起日人爲低存法國鐵續結極粉助起日事實上對法國資本也親願給予以若干的讓步在還一關係上，一九三二年六月間，法國銀行家羅特希德男爵（B. von Phillipp-Rotshild）的遊歷日本和滿洲極攜佳目降氏表示若將來中東路收回能根據一九二○年道勝銀行與中政府所訂條約的承認法資也歡路上的權盜時他的債款於「滿洲國」——就是即日本的顧武主義者（註四）

法國牢官方對論機

關巴黎時報（"Tenpo"）駐東京通訊月非謂「爲『滿洲國』政府者能滿足法及僞『滿洲國』各地行政機關日籍顧問新俸之國銀行家的要求，則可借給巨額敦項』用日本帝國主義者現在竭力想用滿洲家收入其太部分是用作在滿日軍軍費者之手共主旨在使『滿洲國』靑年服從『大日本』而寫中國封建主義思想旗幟的論題，也列爲學校中必修的一科本身的收入填補自己使飽利用的一部了。

（註五）云云。

日資「滿洲實已居於獨占地位日帝國主義未以此種結果所得種種收入不以爲滿足，更借傀儡政府之手將滿洲有一切收入來源也統統佔據了。

滿洲鹽稅（每年收入頗巨）已被攫去，宣佈脫離中國滿洲郵政自一九三二年八月一日起也被實佈脫離中國，紙傀儡政府而隸屬於日本軍此一項中國政府每年收入損失要達四百餘萬元。

日人的觊毒滿洲關稅（自一九三二年三月起）和關稅行政的對華宣佈獨立，其目的不僅是欲使日貨對滿容易擴得而且是欲將滿洲每年巨額關稅收入據爲己有。

日人從滿洲所刼去的中國這些國

× × ×

日本帝國主義對滿的政治設施，其最重要的目的，是在想用呑併高麗的方法，逐漸的很快的呑併滿洲。

日本參謀部所立的『滿洲國』傀儡『元首』傅儀必然要改銅稱帝專制君主向脫『所屬』土地和人民爲私產，『親善』感情一旦發作即可把自己土地和人民拱手贈送於他人昔日韓皇即將高麗『贈』於日本天皇同樣傳戲，將來也會把自己『主權』贈獻於日皇所以我們可斷言說滿洲將來定要用現代資本主義世界的『禮節』而合併於日本的。

滿洲的合併於日本帝國以内，其法

帝國主義者並積極地施行思民政策，踢力在思想上來麻醉奴化滿洲住民。

同時日本帝國主義者並積極地施公然向滿洲人民運銷鴉片。現今滿洲巳實行鴉片公賣日人及其長春的走狗們想利用此種方法來欽財致富。

當地一切言論機關，不分報紙或雜誌，凡對日人未表現充分聽從的都一概嚴禁發行日本帝國主義者於印刷物的毒害還不限於此項禁止手段凡滿洲當地所有一切學校，舊有各種敎科書統統禁用，而代以新編的韻物。此種新編敎科書大都係出自日本帝國主義御用的學

日偽倒後的滿洲經濟狀況

件上的根據業已部分地見之於日本承認「滿洲國」「獨立」的議定書及日政府關於此事件的宣言中，從前中日種種公開及密秘條約所給予日本的一切權利連未經中國政府承認的一九○五年密約及一九一五年「二十一條要求」在內該讓定書一概承認除此以外並規定日本有用武力保衛「滿洲國」的權利和義務。日政府的宣言與公然聲稱，凡危及「滿洲國」的任何侵害同時亦即對日本帝國安全和生存的威脅。換言之，「滿洲國」形式上已視為日本帝國構成的一部分凡危及日本帝國的任何威脅日本不惜用武力與之作鬥爭。日政府承認「滿洲國」的宣言並暴露了日美矛盾的尖銳化因為不論滿洲國「獨立」或北繫附於日本美國都不願承認即是主張國際共管滿洲，且形式上包括於中國。日本承認「滿洲國」的宣言不會是直接對美挑戰，除正式公佈的「日滿議定書」外，日滿還簽訂「密秘協定」確定日本保護「滿洲國」的方式根據日本都新聞所載此項協定大綱如下：滿洲內所有中國鐵路統交南滿鐵路公司管理滿洲任何地方行政機關一概得聘請日人為顧問等。

日人僅教官滿洲醫警和軍隊須得日人有投資權利日人可移居於滿洲任何地方等等。

據近來消息目前日人自佔領熱河省後積現持仲上佔有滿洲的計劃逐漸具體化他儀器完全密謀計劃、現時若國際上再無阻得發生傳儀稱帝的醜劇，那定會扮演出來的。

除進仲上逐滿完成併計劃外在經濟方市日本帝國主義刊物還在高唱着「日滿經濟聯盟」的調子其目的使滿洲完全且徹底地包括於日本帝國主義體系之內，而為一附屬區域。

（註一）見李頓調查團報告書英文版一○六頁。
（註二）見"Pacific Affairs", P.64. 一九三三年一月份
（註三）據一九三二年九月十四日 "Peking and Tientsin Times" 所載。
（註四）據一九三二年九月十四日 "Manchester Guardian" 所載。
（註五）據一九三二年七月九日當時"評論報"二○八頁。

二、在滿洲作侵略亞洲大陸和對美作戰根據地的布置

不消說日本帝國主義不擇手段完成在「九一八」事變爆發後即擬定了在軍事上和經濟上大肆侵略及日資在滿積極活動的嚴密計劃日本帝國主義的侵佔滿洲在前邊業已說過其目的有二方面欲使滿洲

成為進攻蘇聯的軍事重點別方面又欲使滿洲成為對美作戰的根據地關於此層現任外相前充日本參加國聯大會代表的內田康哉倘在一九三一年時即承認不諱：「總而言之」——內由氏對新聞記者說——「我日本出兵滿洲的最主要最現實的原因為的使滿洲成為反俄的堡壘同時若日本一旦與海陸軍作戰時滿洲又可變作日本的支撐點」。（註一）

日人在這一觀點之下，現在正在討論著在滿敷設鐵道開辦空輸建築公路設立無線電網及發展鋼鐵和化學等工業的大計劃而且這些計劃其中一半業已實現同時這些計劃乃是激底地奴役滿洲鎮壓義勇軍的活勤以期促進在軍事上呑併滿洲。

日本帝國主義者現在星夜趕築吉會路未完成的一段預定到一九三三年夏季全線可竣工通車此路在軍事上和經濟上都有着極大的意義其哈爾巴嶺隧道已於一九三二年底竣工於同年十二月一日正式通車其老頭溝至會寧段輕便鐵道已於一九三二年秋着手改築此段鐵道由海口清津和羅津兩港也正在建築中。

日人為維持滿鐵繁榮而不致受損失起見不僅把滿敷設新鐵道的權統交給該路且將商業上開發清津港及建築津羅港的責任也委託滿鐵辦理津港即定為商港清津主要的為軍港羅津港工程定於本年（一九三三）着手以出入港口能力論預計九年的工夫．在每年出入港口能力九百萬噸（大連現在的為二千萬噸）其工程費定為六千萬日金除趕築吉會路外一九三二年夏日人並開始敷設聯結克山（齊昂線終點）洮（四平街至洮南）兩路則築齊克山路

和海倫（呼海線終點）的鐵道但因去秋北滿遭遇水災復閃蹊炳珊起義反日以致該路工作的進行不免緩慢起來。日人在滿索線日人也敷設了一小段。日人在滿洲鐵道建設事業方面目前實際進行的尚只限於上述諸項其他如延長吉會路西至洮南敷設吉林至哈爾濱同的支線及其他諸路計劃暫此與工爆因為是日本帝國主義最銳化的尖銳化滿洲各地義勇軍體兵的危機一天一天的支線及其他諸路計劃暫存在之慮因此日本帝國主義築路的計劃不得不遭受相當的打擊。

為實行經濟合理化和加強自己在滿領導勢力及完全軍事化起見日人將以前所有中國鐵道管理機關統行改組吉海敦化線交青長路管理局管理滿海四洮路線統交青長路管理局管理；洮（四平街至洮南）兩路則築齊華山路

管理昂昂及克山支綫則交洮昂路管理；滿鐵所辦國際運輸會社所關之松花江該會社於去年租船舶十艘插太陽旗駛行松花江主要爲載運日軍日人現在力謀完全攫取松花江及黑龍江華方的水上交通。

日本帝國主義者在建設滿洲航空綫方面亦爲努力吉林長春哈爾濱齊齊哈爾同江滿洲里薄粉子大石橋龍井村百草溝等地都已有飛行場之設備南滿鐵道每隔州三站都有一飛行場

日人並擬在綏芬河和黑河各地築一飛行場但此計劃目下尚未實現一九三二年十二月間日軍部曾在瀋陽開辦飛機修理廠一所規模頗大建築廠談廠隔用工人大半係招募滿洲各地的俄國僑日白黨充任。

一九三二年九月間日人曾辦了一個滿洲航空會社除南滿鐵道會社和住

友財閥外長春傀儡政府亦會參與至本年（一九三三年）二月間該會社所關航綫共長三千一百公里其主要者爲長春—龍井村綫哈爾濱—佳木斯—富錦綫；哈爾濱—寧古塔綫哈爾濱—海倫—齊齊哈爾綫及齊齊哈爾—海拉爾綫擬在最近將東開闢的倘有齊齊哈爾至黑河和瀋陽至承德諸綫此外經常駛行的軍用航空綫也有兩條即新京—齊齊哈爾綫—齊齊哈爾—滿洲里及長春—哈爾濱—齊齊哈爾綫長春—瀋陽二綫是。

在汽車公路和汽車運輸方面，進步尚少僅有鞍山至炭坑子小小一段於一九三二年十一月間竣工目的在「便利運輸軍隊」此外尚有長春至尙家木（薄音）一段也於同時竣工通車。

今年（一九三三）春季日人計劃建築吉長汽車路並增築普通道路多條。

這些計劃在最近數年間似乎很少實現

的可能但日人完全併吞滿洲的野心於此可見。

事實上滿洲現有汽車道及鐵道大半葉已破壞不堪營業衰落都但不能維持之勢。

除中國原有許多無綫電台（這些無綫電台實際上本來都是任日人控制下）外日人任滿洲軍事當局於「九一八」後在滿洲許多重要地點也都設有臨時無綫電台專供日軍通訊之用。

就日本在滿活動的許多方面言日帝國主義者的計劃多半廣泛而不顧一切的實行可能但其滿洲軍事殖民地化的計劃却不能據此概論這一計劃比較的是實行且其目的並不在解決日本的「人口過剩問題」（事實上日本絕對的人口過剩定沒有的）而是爲創立一個進攻蘇聯和奴役當地人民的軍事支撐點同時造成一種情勢表面上好似日本展

民僑居滿洲，並給日本勞動人民證明使佔滿洲是很正當的。

日本農民就自然而然地不能支持中國農民方面的競爭，凡移殖的人們衣食住到這裏少一個故事願便講一下尚在世界大戰中美資得中國官廳的允許於佳木斯辦了一個墾殖日本帝國主義僱庸工人五百名從事農殖。日本帝國主義在滿洲植下深厚勢力以後即已全被都須要力求自給自足為妙。但是很可以辦到的；中國的農民就是這樣幹的：……凡移殖於滿洲的日人在這一點上及其他關係上都須模仿中國地方的經濟辦法。只有在自給自足辦法有保障後那時才可幻想出賣自己生產品的事」（註二）

自經濟恐慌開始以來各國好多瘋狂的「學者」在各種場合之下常用的各種調兒喊出「回復到原始的經濟形態」一口號來。日本帝國的農業教授在上述情形之下也呼出了這一口號。事實上日本帝國主義的這種「軍事封建」式的移民在滿洲是怎樣進行的？

去年（一九三二）十月中旬，由石川大佐率領在鄉軍人四百五十名全着軍服移殖於松花江下流佳木斯墾地介於三姓和富錦之間土質與常肥沃。（說子卻擾數次到華府會議以後即已全被燒毀）。據日人報紙消息當日本在鄉軍人未移殖於該地以前該區中國農民義勇軍即被擊斃，有一次「酣戰」中義勇軍被擊斃的達二百餘人，而日人僅死三名。（註三）這是什末樣的一種戰爭呢？據此不難想見凡不願讓出土地給日本移民的中國農民的格殺無赦疑地是加強了倘未殺死的中國農民的抗日情緒。據國際協報（哈爾濱出版）的消息：這些被移殖的日本在鄉軍人一抵佳木斯，便立即派赴前線與義勇軍作戰去

為對滿移民政策成功起見日本的御用學者苦心勸告被移的農民除耕種地外要兼營家庭工業並主張其經營方法要仿效滿洲中國農民的榜樣吃苦耐勞，盡可能地保存自然經濟的特色。

東京帝國大學農業科主任橋本衡門說道：「……初步移民自然經濟制有將繼重要的意義移殖者殖民的生活必需品出於購買則生產成本必然昂貴因之

經本軍閥操縱之下的。

「在鄉軍人會」是個封建主義的反動團體組織，極端嚴密奉行軍紀律，所有會員分編制軍隊，設有隊長，整個組織是在日本軍閥操縱之下的。

滿洲移民一萬人每個人給費一千至一千五百日金並供給用器。凡被移殖之人大半都是「在鄉軍人會」會員，「在鄉軍人會」

日本佔領後的滿洲經濟狀況

軍人去修理呼海鐵路，在工作過程中，這些日人曾不斷地遭受中國義勇軍方面的襲擊，而且工作報酬也很微少不能餬口，據哈爾濱日人報紙日日新聞消息謂，「這些在鄉軍人在軍事環境之下居然罷工逃散並要求訂立合同和增加工資。日本軍閥自武裝移民入滿政策確定後，對新的主人所以日本帝國主義者希望久已慴服的高麗農民將來更會溫順地服從日本同時高麗農民入滿後所遺位置又可使日本農民僑居高麗，這就是日本帝國主義者移殖韓民入滿的別一個理由比如日人所辦的滿洲日報說道「東亞拓殖株式會社現起草一計劃擬大量的移殖韓人於滿蒙所遺位置以便日人移入高麗」

事實上自「九一八」事變以來日本帝國主義對於移殖高麗農民雖採取

日本帝國主義者並想利用「滿洲國」政府的款項以進行軍事的殖民地化。

自「九一八」以後，日人強迫移殖高麗人於滿洲的數目此之所移殖的日本在鄉軍人來得多移殖韓人入滿自然也有軍事上政治上的實發召

中國農民不願向日本地主和資本家納稅交租他們手裏總拿着武器聚起反對新的主人所以日本帝國主義者希

軍人去修理呼海鐵路，在工作過程中，這些日人曾不斷地遭受中國義勇軍方面的襲擊，而且工作報酬也很微少不能餬口，據哈爾濱日人報紙日日新聞消息謂，「這些在鄉軍人在軍事環境之下居然罷工逃散並要求訂立合同和增加工資。

日本移居滿洲的在鄉軍人都是經常地作戰，其田地保僱佣韓人和華人（華人固然是軍事作辦說不上僱佣二字）耕種。（註四）

事實上日本移民確為佳木斯的日本警備軍據一九三二年十二月初由該地逃出的日本僑民所說，「他們在那裏的生活非常痛苦他們時時都想逃幾但監視極嚴無機可乘」云云（註五）

但據最近消息謂「日本在佳木斯的移民因氣候太寒和生活太苦不慣居住大半都已逃回本國」了。（註六）

除直接用作「槍彈的肉泥」外，日本帝國主義者又利用這些不幸的人們（指強迫移入滿洲的日人而言——譯者）幹其他的工作譬如他們利用在鄉

的方式曾在饒泊湖附近辦了一個農業學校專收容日人人數六百名費用全由「滿洲國」擔負該校圍以高牆的四面並設有砲台和瞭望所，該校畢業的日本學生將來每人給地十公頃至十二公頃令其試驗種植由此說來

日本帝國主義對於移殖高麗農民雖採取

帝國主義者爲之臨時諸葛，迫遣韓人入滿的方法不得不暫時緩和一下。據高麗報紙消息去年十二月間高麗總督業已決定暫時停止移民其原因謂僑居滿洲的一百餘萬韓人「大都爲下層人民飄泊無定沒有土地」因之首先要把他們「整頓」一番。（註九）

自九一八事變以來，日本對滿移民的成果大體上如上所述此外日本帝國主義在滿洲建立進攻蘇聯的重點的過程中還有個特殊的準備方式這就是我國舊日白黨作爲反蘇聯的招撫和組織日人想利用白黨作爲反蘇聯的工具和先鋒隊。日本帝國主義者的這一企圖人所共知不用多贅日本軍事機關在哈爾濱所辦的哈爾濱情報卽專以挑撥造謠反蘇聯爲職務去年十二月間，日人又在哈成立了一個反蘇聯的中心——「外僑俱樂部」。而凡日人也利用白俄來直接反對滿洲義勇軍日人在鄉間所勒索的糧食由武裝警護送到車站，其運輸卽司機員槪由白黨充任去年六月間在濱道河子（東鐵的一個車站）白黨會用機關

帝國拓殖省已在瀋陽設有辦事處專經營日韓農民人入滿的事務，甚至人口極密的瀋陽附近也開辦了高麗農民的移殖區域。（註八）

尤塔注意的就是南滿鐵沿對於中國移民的減低軍費辦法自九一八後也取消了同時滿洲傀儡政府「外交部」更通令嚴禁「外人」僑居滿洲僞外部並特別指出說滿洲每年春季有大批「外人」來自中國云云顯然這種方法是爲杜絕中國人民以後移居滿洲而立的。不用說這種方法是限與日本軍閥的要求的一部分別適應的。日本參議部棚谷高之少佐任「Diamond」雜誌上發表一文主張勸禁韓人入滿，並主張滿洲所有鐵道兩旁十二公里以內的土地，概行沒收，交給日韓僑民耕種不過近來高麗貧民業已漸漸地廣泛地捲於反日的民族解放運動之中此種情形已使「日本

除武裝移殖日人和強迫移殖韓人入滿的兩種方式外在「九一八」事變以後日本小商人投機家奸商刑事妓女浪人等都蜂擁地湧入滿洲去謀求職業單在哈爾濱一地，日人在「九一八」事變以前共計四千餘名到一九三二年底已增至一萬多了。（日軍不算在內）

一九三二年夏秋兩季日本浪人和犯罪份子充塞了滿洲各大城市街巷和滿洲義勇軍日人在鄉間所勒索的由武裝警護送到車站，其運輸司機員概由白黨充任，去年六月間在濱道河子（東鐵的一個車站）白黨會用機關

（年十二月底，正在通輯中的日人類集於驅家甸（哈爾濱附近）的達二百名以上。）

勢其人數之多就可想而知瀋陽一地日本浪人竟達八百餘名之多。（註十）未

諸月揭發的滿洲經濟侵略

東京木材會社顧問退職軍人鈴木，會於一九三二年十二月間到滿經辦一個木材公司取名曰滿木材托辣斯滿鐵住友財團及偽國政府都竹參加資本定為三千萬日金據謂日人在滿木材公司多半因缺乏經驗遭過失敗所以這個新會社特為滿足軍部需要起見是直接受日本軍閥指揮的。

此外日本小野田水泥會社會與滿鐵訂約在鞍山辦一水泥廠每年產量預定為十二萬噸該廠定於一九三四年開始工作最近將來在吉省也辦一水泥廠並擬於最近將來在吉省也辦一水泥廠每年產量定為二十萬日本毛織會社也計劃在滿洲辦一毛織廠錠三萬至五萬枚主要目的為供給軍用。

日本帝國主義者也擬定了好多開發滿洲礦產的計劃大石橋錳礦會特別勘測數次一九三二年春會派一調查團

退職軍人吉田豐彥現正在籌辦一個專採鋁礦經營之工廠滿洲也於去年九月間計劃辦一製鋁廠廠址任滿陽或撫順資本一千萬日金每年產額預定為三千噸左右卽約當日本每年所需的三分之一（現任日本每年所需鋁全是由國外輸入的）此廠已於去年年底開始勘工現正任建築中。

硫酸錏廠址任大連附近每年產量定為十八萬噸資本定為兩千五百萬日金田滿鐵經營（註十二）

硫酸錏廠實已開工建築預計至一九三四年底卽可竣工開始工作每年硫酸錏成本費預計四十八日金將來每噸可售七十日金原料係攤順煤（註十二）

在工業方面日人所擬的經濟侵張的計劃比之其他各方面也不算小不過事實上月前見經實行的還是很少其已實行和正在計劃實行的也多半是與造成滿洲為日本帝國主義根據地和反蘇聯軍鎮的一個目的有關係日人現在所擬的在滿洲的「工業活動」計劃多半為日本軍閥所提出和主持其主要目的為供給日本軍事機關的需要比如滿陽

× × ×

在日人的各種機關中尤其在警察和包經機關工作工的白黨為歐何乘其主要任務就是在搜捕同情於反日運勤的一切中國人。

鎗擊射當地反日的白衞市射死人數不少在哈爾濱日人密僱白黨向電車公司擣亂，——擣毀車箱打屎乘客日人卽以此為無秩作把哈爾濱電車完全佔為己有白黨舉行日人的命令經常佔為主要任務就是在搜捕同情於反日運勤的一切中國人。

兵工廠關東軍部已委黑嘴為廠長籌備復工此事製造子彈卅炸彈預定至本年四月間卽可全部復工（滿洲兵工廠礦已於今年四月復工——譯者）

並有地質專家〔〕與副往洮南一帶及內蒙東部勘查其他礦地也都有大規模的調查。

除上述純含軍事意義的各項以外，其他一切新計劃尚都是空言而且沒有確定的設計也都沒有的

著名的昭和銅城廠的計劃也沒有實行的與勸該廠廠址現仍最後決定為鞍山預計每年出銅五十萬至一百萬噸，據日本帝國土地代言人的聲稱，該廠尚

"對蘇聯庫頁斯莉茨和瑪々尼托品爾斯克兩冶鐵根據地大工程的回聲"可惜這一可憐的"回聲"目前過是紙上公該。該計劃的實現至早要在滿洲擴充賽

本的計劃實行以後才有可能的（實辭）

（註一）見一九三二年正月八號紐約泰晤士報。

（註二）見一九三二年九月份 "Contemporary Japan" 濤木氏滿洲的移民二五〇—二五一頁。

（註三）見一九三二年十月十二日 "Japan Advertiser" 所載。

（註四）見一九三二年十一月六日哈爾演晨報所載。

（註五）見一九三二年十二月十二日國聞協報所載。

（註六）據一九三二年十二月二十三日新京日報所載。

（註七）據一九三二年十二月二十八日大阪每日新聞所載。

（註八）例如據一九三二年四月十九日奉三省報所載謂『大批韓人已抵瀋陽設郊所指定的區域從事耕作』云云。

（註九）據一九三二年十一月五號 "Manchuria Daily News" 所載。

（註十）據一九三二年十二月十三日東亞日報所載。

（註十一）據一九三二年九月二十二日 "Japan Advertiser" 所載。

（十二）據一九三二年三月三日 "Journal of Commerce" 所載。

（本章已完全篇未完）

被日本侵佔後的滿洲經濟狀況（續）

阿瓦林 W. Avarin

三、日本統治階級內部關於滿洲問題的反日
四、滿洲經濟狀況與日本貿易的擴張

三、日本統治階級內部關於滿洲問題的反日

日本生鐵的入口業已停止了，現在日本國內鋼鐵業的減工，甚一日，但貨棧裏仍堆積着銑鐵和鋼，鞍山鎔鐵原來是專運入於日本的，現在卽堆積在本廠和大連的貨棧內邊。

同樣煤炭業木材業鹽業以及紡織業無不是生產過剩的。

日人所經營的撫順煤礦在日本國內市場上已成了日本國煤業的強大的競爭者。

日本國內主要的礦業和鐵工業兩界以三井和三菱兩財團為首（日本國內礦業和鐵工業企業都是屬於這兩大財團的）曾要求滿鐵須減縮鐵鋼產額其理由為滿鐵給予本國工業的損失太重大了。

過去失銳的衝突終於妥協譬如本年度曾規定撫順煤與日本國內煤的採額都按一定比例減縮卽日煤採額減少八十萬噸與

卽以原料採取事業而論日本帝國主義者對滿洲投資活動的薄弱也是顯而易見的事。

滿洲義勇軍救國運動的蜂起，對於日本帝國主義者殖民地搾取的活動已成了嚴重的障礙同時世界經濟恐慌所造成的困難也一天一天加甚除此以外日本國內擁有巨額投資的資本家跟利用殖民地廉價勞動而在滿洲投資以謀競爭的日本資本家其間存在着意見也不一致：在日本國內擁有巨額投資的資本家其間存在着一定的利益矛盾。

日本資本家間的這一矛盾在世界經濟恐慌的枷鐵鏈漸漸地緊套在日本頸上的今日特別地強化起來。

撫順煤減少二十萬噸撫順煤輸日總額曾定為一百八十五萬噸，隨後又減至十五萬噸。此外煤鐵的入口每噸各抽以特別『入口獎勵金。』

一九三二年六月間，日本對滿洲鐵和農產品入口稅率也增加了百分之三五；而對硫酸鉀（適在滿洲建築硫酸鉀廠計劃確定之後）的入口實已實行『禁止稅率』(Prohibitive Tariff)了。

假定滿洲的開發完全落在日本國內大財團的手裏的話則這些大財團定能夠調和他們在母國和在殖民地的利益的因為利潤是落在同一個荷包毫沒取高額利潤的道路也就是獨占剝削者所走的道路。誠然倘者滿洲同種大企業（如礦山製鐵廠等）都留在日本『祖國』財閥的手裏而三井三菱在某種程度上能演滿鐵現今的那種作用時則跟『祖國』其他財閥的鬥爭問題也要發生的但只是『某種程度』而已因滿鐵已獨占滿洲其在滿洲所辦工業很少跟日本國內同種工業部門直接連繫反之而且是跟他們競爭的。

滿鐵的股份大部分是屬於日本政府私人股東中最大者為安田財閥。安田主要地是代表銀行資本不像三井三菱等那樣直接跟日本國內礦山鐵礦有深切的利害關係。因為日本政府是仰承着財政資本的鼻息尤其三井三菱的鼻息，所以其主人為仰承着日本政府的滿鐵通常總是迎合財政資本的

要求：限制滿洲生產阻止競爭的工業部門的發展交納巨額『入口獎勵金』。同意在成立販銷滿洲物產的加特爾因有此種加特爾的原故則搾自殖民地的利潤的一部分便可直接落入於三井三菱荷包之中。

但在資本主義穩定終結的當兒『資產階級統治的基礎不特縮小而且出現了惡瘡，一天一天潰爛起來』（××國際第十二次全體會議草案），所以資本主義穩定的告終也加強了日本統治階級內部諸歡對營壘間的爭吵而關於跟滿鐵活動有關的問題尤甚。

在以前不論政友會（特與三井財團有關係）或民政黨（主要與三菱財團有關係）一上台都馬上另委滿鐵總裁好使滿鐵的活動盡可能地去滿足政友會或民政黨的利益但反動的活動（如謀刺財閥——濱口井上犬養團琢磨和推翻『政黨政府』的企圖以及受軍閥操縱的齋藤『挙協』內閣的成立等等）曾大大地影響於滿鐵。

當內田康哉卸任滿鐵總裁後其繼任人選政友會和三井財團方面曾提出山本為候補（山本曾一度任滿鐵總裁）民政黨和三菱財閥方面會提出川原為候補但兩氏均未取得此職在滿的日本軍閥方面會公然宣稱山本抵大連之日就是他逝世之時（註一）後來由林博太郎繼任他之所以能得此肥缺是因為在進行基本

的政策上他能受軍事封建上層份子指揮的。

現在已大非昔比滿鐵總裁不是滿洲之王了。滿洲的狄克推多現為日本軍閥巨頭之一——武藤（註二）他一身總攬偽國所謂特命全權大使和日本關東軍總司令兩職氣勢驕橫恣意蹂躪中國人民。

武藤與陸相荒木及日本其他當權的軍閥扭成一氣，其指導滿鐵活動的方針有時與日本國內大財閥的利益大相逕庭大體說來這一政策甚不讓日本其他強盜分取滿鐵利潤而欲全行獨占並使之長足增加不惜日本國內大財閥遭受很大的損失。

政友會的言論機關中外商業會於一九三三年二月間指出謂：『滿鐵現令與軍部密切勾結因之不得不與之合作以實現軍部計劃』又謂『軍部現在竭力欲使滿鐵變成對滿投資的基本手段』

三井三菱自受日本軍閥『壓迫』後便成立聯合戰線尚在本莊繁狄克推多時代即派代表赴滿挺投資日金一萬萬元以發展滿洲天然富源其投資條件因不滿足日本在滿軍閥的要求以致該代表怏然返國。

其時大連日人商會主席也憤慨不平吃醋似地稱日本軍閥為『血狗』說他們阻碍日資在滿的『和平』工作。

日本軍閥的領袖會毫不客氣地把大連日商申責一番但對

被日佔後的滿洲經濟狀況

大財界的驕橫的態度表面上會溫和起來。

原來在此以前陸相荒木貞夫曾在外交社所辦日軍俱樂部月刊上發表一文謂『資本家在實際上都是真正的寄生蟲，他們心中只知有一個目標就是發財致富以損他人。』

荒木的助手棚谷少佐當時也由滿洲投寄"Diamond"雜誌一文主張『不讓政客和資本家在滿洲取得日本人民應有的權利』

若在其他環境之下，日本統治階級內部的這種家庭爭風吃醋之事可說是『撒嬌爭寵』然而現今資本主義穩定終結的環境之下，這種爭吵只是證明了日本統治陣營內面的大陣陳——極端不穩的情形。

關於創立日滿『經濟聯盟』這問題的爭論其基礎為經營滿洲的日資代表者（如滿鐵及現今在滿橫行無忌的日本軍閥）跟投資於日本國內同種工業的日資代表者利益相互衝突之故。

確立日滿『經濟聯盟』最重要的一個動因就是取消日滿間的關稅壁壘然而這是說滿洲各種工業原料和殘酷剝削殖民地工農而生產的製成品對於日本本國許多工業部門造成了一種很利害的競爭因為日本的工業雖然也有半殖民地式的剝削但成本費總是比較很高的滿洲方面的競爭將要日益擴大而加深。

被日寇佔後的滿洲經濟狀況

日本財政資本的巨頭考慮到了這一點，便竭力想造成這樣一個『聯盟』，就是該『聯盟』不特不要索動他們的利益且要給他們以直接的利益。他們力謀要直接參與『新獲得』的殖民地之開發他們並主張由滿輸日的各種原料須抽『獎勵金』以填補他們的企業囚滿洲『傾銷』而遭失的『損失』。

日本統治階級中間關於日滿『經濟聯盟』的討論其著眼點差不多全體都是在尋求調和這兩個陣營的利益矛盾的方法安協的辦法，提出好多。豬谷善一教授在外交時報上面發表了一文贊成軍部『溫和派』的意見建議在政府謂每門工業須成立『強制加』。『滿蒙各種工業統歸此種『強制新提加』『對關那些不堪競爭的實業公司均須關閉以賠償損失（註五）

東京朝日新聞在日本承認『滿洲國』之日曾發表了日本『實業界』的一個提案該報並主張成立一種日滿『經濟聯盟』此外日本政府並應節制滿洲一般企業以避免跟日本國內工業界的利益相衝突。

在此事以前滿鐵理事之一，齋藤（是代表三井財閥利益的）更肯定地謂：『滿洲應成為日本工業化的根據地』『輕工業的日本應當利用滿洲的富源變為製鐵製造機器及化學的日本』齋藤更特別著重地謂：『滿洲的原料應運入日本加工製造然後再行輸出日人在華所辦紗廠反而成了日本國內紡織業的競爭者前車既覆後者當鑒滿洲工業的發展切勿再演此種錯誤』

日本統治階級內部兩方面的互相爭吵和講生意經正在進行著日本軍閥一手掌握了滿洲的全部政權但他們需要資本源源流入滿洲以開辦新事業舊有者並加以擴充同時滿洲許多舊有企業因受經濟恐慌和義勇軍活動的打擊奄奄待斃也需要幫助故日本軍閥一面用安協手段竭力籌款以實行著日本軍閥他們二面宣稱協同大財閥在滿成立托辣斯，願賠償因滿洲工業競爭而遭受的『損失』，但另一方面又謂若大財閥頑固執拗時則以在滿提倡國家社會主義來威脅國政府主要顧問日本軍閥走狗駒井德三更公然如此宣稱不諱。

吸引日本國內大財閥投資於滿洲的計劃，不知有多少但前實現者很少很少其中已經實現而最重要的算是日本銀行界一九三二年十一月間借款三千萬日元開辦所謂『滿洲國中央銀行』一事此項借款係由日本政府陸軍拓殖兩省主動並由日政府作擔保其條件極優算是給了日本財閥以發財的好機會。（註六）

此外去年十二月間滿鐵也發行債券兩千萬日金元。滿鐵資本擬由四萬萬四千萬日元增至十萬萬日金元的大計劃所實現者只此而已滿鐵增資的計劃，日本帝國主義者本已醞釀了好幾年但是終無力實行，徒託空談。

然而連英國帝國主義者所說的一樣問題的本質是：『三菱兩財閥的代表曾拒絕以日本軍閥當時所提出的條件投資於滿洲國民經濟』[註七]因此之故主張在三年以內要對滿洲工業投資十萬萬日金元的關東軍參謀長小磯氏，很羞愧地吃驚道：『我完全不明白為什末我「大和」的資本家要拒絕對滿投資呢？』[註八]

滿鐵和其他財閥之間關於其他問題也有着很嚴重的衝突，尤其關於日滿貨運的問題。日本本國半受三井三菱支配的輪船公司曾使滿鐵所經營的航業日益不振羅津港工程會委託滿鐵辦理因此羅津港跟日本國沿海岸各港的航運滿鐵也企圖獨佔但日本大郵船公司自然都不願把這些航運利益拱手讓於他人之因之他們之間進行着極激烈的鬥爭。[註九]

日本軍閥，想由日本財閥對滿投資十萬日金元，好使他們控制這一筆巨款賺取巨額利潤，自然這是個大幻想反之近幾月來，日本本國的大資本家業已佔了上鋒據今年（一九三三）二月

被日侵佔後的滿洲經濟狀況

間新聞聯合社的消息，謂關東軍總司令和滿鐵業已同意於保存日滿間的關稅率並應允在滿洲只舉辦對日本國內同種事業利益無礙的各種企業同時滿洲新辦企業主要僅限於製造半製品，如鐵鋼塊粗糙布匹等等。開辦製鋁廠的計劃滿鐵也曾放棄此外，滿鐵所屬各廠雖然都曾減工但滿鐵仍向日本木國工廠訂購了大批速輸材料滿洲稻田也決定不擴充為的不要給日本本國的地主造下競爭云云。

這樣日本的『寄生資本家』顯然是佔了勝利，而軍事封建的上層份子在目前不得不大大地縮小自己的貪慾在這一條件之下日本財閥才在原則上同意借款於滿鐵使其固定資本得擴充至八萬萬日元。

關東軍參謀部關於其他一個性質較狹的問題也會不得已而讓步偽國『中央銀行』（由關東軍部委人經營於去年秋冬兩季曾讓該行所發行的偽紙幣廣事收買出口粮食（到本年二月間共計有一萬四千輛貨車之多）日本出口商會堅決反對此種競爭要求該行完全停止收買偽『中央銀行』追不得已終於服從此種要求，而於今年二月間曾完全停止此項活動。[註十]

在滿日商和日本軍需機關之間關於別一個問題也進行着極利害的鬥爭，軍需機關藉口軍用由日本免税運入大宗雜色貨品，而在事實上是運到滿洲各地兜售其定價比普通要廉百分之

二九

三十乃至四十以致從市場上排斥了交納稅捐的眞正商人（註十一）

在其他各方面，爲『滿洲國』的成立，也引起了日本統治階級內部的利益衝突並使之尖銳化。

自經去年（一九三二）爲國却奪關稅行政權以來，對於日本棉織工業尤其對於在華的日商紗廠打擊特別嚴重，日商在華棉織業投資共達兩萬萬日元以上，近年來上海日商紗廠出品百分之三十是連銷於滿洲，尤其自萬寶山事件和九一八事變以後，中國排斥日貨運動風起雲湧，滿洲市場對於在華的日商紗廠更獲得了重大的意義。

自從滿洲關稅被奪以後僞國政府——換言之即操縱它的日本軍閥對於由滿輸華及由華輸滿的一切貨品一律課稅，其稅制仍用中國舊有稅率，例如布按值抽百分之七·二五，同時由上海出口時中國亦抽以百分之二·五的複出口稅兩者合計適達貨值百分之十，因此之故上海日商紗廠的陣地不免惡化而日本國棉織業在滿洲市場上的地位則大可改善了。

上海日商紗廠恐怕將來失掉滿洲的市場利潤減少乃於去年（一九三二）九月間派遣代表團以在華日商紗廠聯合會主席船津氏爲首赴滿向日當局請願，該代表團乞求日本軍閥令其將上海紗廠關稅實行日期延緩三年但毫無結果。日本軍閥令其將上海紗廠

移設於滿洲（註十二）但遷廠入滿談何容易啊！

另一方面大版棉織業界計劃擬在最近兩年之間，將滿洲紡錠大加擴充，由現在的十六萬四千枚增至二十萬枚，織造粗布的布機也擬大大增加（現在共計七百五十架）（註十三）可見日本資本家已陷於深遠的瀾泥中了。

尤值得注意的就是滿洲的日本軍閥有時對其他帝國主義者的關係比對日本國二三資本集團的關係要『懇切』些為避免日前跟外國入口商的銳利衝突起見，凡由中國各港口複出口而業已徵過關稅的外貨會允許免稅輸入滿洲不再課稅僞國政府也企圖徵收『自已的』附加稅作爲清償庚子賠款之用。

（註二）譯者按武藥劍子手已於本年七月廿七日逝世遺缺，日政府已委裝劉崎繼任。

（註一）見一九三二年九月十二日 "Peking and Tientsin Times."

（註三）見一九三二年八月八日 "North China Daily News."

（註四）見一九三二年八月六日上海密勒斯評論三四○頁

（註五）見一九三二年十月十八日 "Peking and Tientsin Times."

（註六）見一九三二年八月十二日 "Nation."

（註七）見一九三二年十月十九日 "Nation."

（註八）見一九三二年十月二十二日和十二月二日 "Japan Advertiser."

（註九）見一九三二年十二月二十九日時事新聞。

（註十）見一九三三年二月二十八日 "Manchuria Daily News."

（註十一）見一九三三年一月一日哈爾濱新聞報。
（註十二）見一九三二年九月卅日 "Peking and Tientsin Times."
（註十三）見一九三二年九月二十八日大阪每日新聞。

四　滿洲經濟狀況與日本貿易的擴張

滿洲的經濟自遭受世界經濟恐慌的嚴重打擊後本已凋敝，復以九一八事變後日本帝國主義所造成的局勢其衰落程度更達到了空前未有的境地。

農村經濟因軍事行動及日軍勘察的結果業已破壞不堪許多城市和鄉村被日軍縱火燒燬或用飛機大砲轟燬凡是日軍經過的地方，真是所謂『寸草不留』成千的中國農民屍體擺在田野同時軍事行動不是蔓延於一地或兩地而是包攬了整個滿洲，此種情形也不能不反映在農事上面如播種面積耕作質量刈草施肥及收穫等等據日本剌刀統治或行動稍有可疑的都一概殺掉了凡不願服從的材料判斷一九三二年春滿洲播種面積不出前年的百分之八十至八十五（註二）。李頓報告書也不得不指出說：『滿洲大宗田地今年未曾耕種明年農民納稅定要比往年還困難百倍』（註三）

同時即在播種的地面上其一九三二年的收穫額，也比常年少得多據東鐵經濟局所得該路東段各地通訊謂『農民大半無

馬無牛也沒有其他牲畜僅賴未燒盡的殘餘牲畜耕地而且有的是用手耕種』云云（註三）。日軍軍事行動破壞農民經濟的程度，概可想見。

去年秋季滿洲復遭水災農村經濟的困苦局面更加重萬倍廣泛的水災格外使滿洲住民一般赤貧化此種水災的襲來可說是日本帝國主義者和滿洲當地軍閥掠奪的結果。

北滿松花江流域及南滿有些區域數百村莊被日軍燒燬一空，好多城市（如三姓木蘭通河等城）都成了一片瓦礫堆荒田遠野餓死凍死淹死的人民成千成萬（註四）單松花江沿岸碼頭去年被水沖去的糧食達二十餘萬噸之多。

傀儡政府僅提出二十萬元作為賑濟之用區區此數是否達至災民尚屬疑問。連日本外務省特派員栗原正也於去年八月不得不指出謂『哈爾濱一帶自遭水災後虎列拉症流行大批人民染疫死亡而每日餓死的更不在少數』云云（註五）

有些區域如遼源一般收成尚不及常年十分之一二農民流亡載道餓死者更不可以數計（註六）

據一二三零星統計整個北滿糧食收成往年約一千一百萬噸之譜，一九三二年僅五百萬噸即約當常年的百分之四五而已（註七）。實際上恐怕還不及此數。南滿水災較小形勢略佳但因軍事行動和襲勇軍積極活動的結果其收成也比往年少得多尚在水

被日侵佔後的滿洲經濟狀況

災以前日本經濟家卽估計滿洲收成，要比前年少百分之四十（註八）。濱江時報關於滿洲各種作物收成，曾節登日人所作若干統計，據謂全部滿洲收成，比一九二九年少百分之三十，北滿少百分之五十。不過就我人觀察此種材料還過於誇大，去年滿洲實在收成頂多不出一九二九年百分之五〇或百分之五十五左右（一九二九年穀類收成總額爲兩千一百五十萬噸之譜）。

一九三二年的滿洲收成本來還不夠農民本身的消費，但是滿洲農民爲要交納稅捐還不得不出賣他們的一部分必需品。此外更大的一部分收成，是以地租和利息形式落在地主和高利貸者的手中了。

不消說此種情形，便滿洲農村中的階級矛盾大大地尖銳化。並加強了農民中反日和反傀儡政府的憤激情緒。

雖然滿洲去年大大歉收但農產物價格還是非常低微的。世界的農業原料的生產過剩對滿洲實有決定的意義。滿洲主要農產品且爲滿洲主要出口品的大豆雖然去年是歉收但其價格並未見增漲原因是其他各種榨油原料如棉粉麻粉等各國都是生產過剩正可利用以代替大豆。

大豆價格是這樣的：一九三〇年哈爾濱大豆平均價格的百分之三七；一九三二年四月（每普特值美金十四仙）更跌至一九二八年價格（當時每普特爲美金

六十仙）的百分之二三；而一九二八年的大豆價格也不過約當一九一三年價格的百分之六十而已，一九三二年夏秋之際緊接水災之後大豆價格曾一時起色，即每普特增至美金十六至十八仙左右但到年底復降爲十五六仙，卽有繼續下降之勢。

因爲奸商和稅捐的掠奪農民在鄉下出賣大豆實際所得還不及一九二八年價格的百分之十五至二十跟一九一三年價格比較尚不及百分之三五因大豆價格如此跌落所以前年冬季農民往往把大豆作爲燃料用然而在去年冬季因一般歉收的原故，就是把大豆作爲燃料用也是談不到了。

總而言之，滿洲農產物的實在價格於一九三二年上半年因經濟恐慌和日本殘酷侵略之故價跌至無可跌的地步據大槪計算農民出賣糧食實際所得者僅約及成本費的百分之四十左右因此之故人口稠密區域內的地價曾跌了五倍乃至八倍而且往往連買主也找不到。

滿洲農民餓死之事已成家常便飯譬如據拜泉克山一帶所來消息謂『農民鍋灶大半斷炊餓死現象已司空見慣幾無日無之』云云（註九）。就是明證。

滿洲工業狀況，也不見得優於農業煤業和鐵業都是生產減縮，已如前述即其他各門工業，情勢亦未見有起色。

哈爾濱乃滿洲大工業中心之一，自被日人奪佔後該地工業，已蠹落不堪。根據日人自己統計,謂該地麵粉廠僅一部分開工,且每家開工能力只當全部能力百分之二五至三十左右榨油廠百分之四十業已關門,其餘開工者亦常經常工作能力之一半;酒店開工率僅及常年百分之二五,其他如裁縫作皮鞋作等都是半休業的狀態(註十)。

這種統計尚是一九三二年春季調查的自此以後不論哈爾濱或滿洲其他各地工業更形惡化。東鐵經濟半月刊於七月間曾謂北滿『所有油廠差不多全部停工』,不惟北滿如是,即南滿榨油業從九月份起他全部停工僅大連有數廠開工滿洲榨油業因大豆歉收已處在極端衰敗的狀態中。

伐木業在一九三一年冬季即表現不振僅修補橋樑需要少許木材而義勇軍的積極活動曾阻止了伐木大規模的進行。

日人並努力於奪取其他各國資本的企業凡在九·一八事變後不堪維持的外人企業日人使乘機子以收買營如哈爾濱斯高達船廠於今年(一九三三)初即由川崎造船所收買不過極堪注目的,就是自『九一八』事變後美資並不願對日人示弱松花江麵粉廠,(為波蘭商法商及白俄合辦)業已完全被花旗銀行購買花旗銀行對該麵粉廠,及阿西海糖廠和石里羅洋行等企業投資已達美金六百萬元以上(註十二)。

其次還要指出的,就是滿洲土著資本所辦的一些大企業在九一八後有的被日人收沒有的曾被破壞倒閉大都未曾恢復營業。

嚴重的經濟恐慌和破產使滿洲各大城市的工人區域總括失業,工資跌落飢餓,赤貧籠罩着滿洲各大城市大衆的生活,極端惡化。言之自九·一八後生產和交通事業中失業工人要達三分之二以上即約四十餘萬名工資在一九三〇年時即減了百分之十至四十九·一八以後更長足減低,一九三一年中國工人平均工資僅當一九三〇年工資的一半在現今比二十年前的工資水平還要低下譬如一九三一年十二月間哈爾濱印刷工人工資備當一九三一年的百分之三五至四十而已(註十三)。

滿洲各大城市大半十室九空因為中國富戶袋避免日軍的蹂躪,都逃赳中國內地去了單瀋陽一城在九·一八事變爆發後住民逃亡的就達十萬以上該城一半房屋都已閉空起來據警應戶口調查哈爾濱福家甸中國人到一九三二年十月止戶口曾減少一萬人數達五萬餘名。

過去每年有大量的人民,由中國內地流入滿洲,而一九三一年所代替的是每月有大批人民由滿洲逃入中國本部和蘇聯境內從『九一八』事變起到一九三二年底由滿洲逃亡的人民只少在五十萬以上。

被日侵佔後的滿洲經濟狀況

滿洲交通運輸事業——鐵道內河航運汽車馬車——自「九一八」事變後也都破壞不堪了。呼海克山吉海等路及東鐵大部分曾有一時全在反日軍手中，軍事行動便集中於這些鐵道沿線日軍循着鐵道進攻義軍單呼海路截至一九三二年十一月所遭軍事行動的損失就達哈洋一百四十餘萬元遭受水災損失達哈洋一百萬元。其時該路每月支出為八萬元而入則不出六萬元（註十三）其他各路連滿鐵在內也不斷的遭受義勇軍的襲擊加以去秋霪雨成災山洪暴發許多鐵路橋樑和枕木都被洪水沖毀。所有各路都不是從事生產工作，而是專作軍用了。

日軍對東鐵軍運負債額已達一千餘萬金盧布了。

滿鐵在經濟恐慌前每年所得暴利使其他帝國主義者極端妬嫉然而該路於一九三一——一九三二營業年度所遭損失已達三百四十萬日元官股私股紅利（官股按二厘支付私股按六厘支付）不得不動用公積金來支付（註十四）其一九三二——一九三三年度損失無疑地必定還要增大首六個月（四月至十月）貨運已比上年度同期少二十四萬四千噸或百分之五雖然滿鐵總收入比之前年多五百三十萬日元但一注意到日金價格的暴跌，其實際收入可說還要比往年少得多呢。

東鐵沿線軍事行動從未終止其營業的緊縮更其利害。一八事變後十一個月，其運載量減少了五十六萬七千噸，卻比上

年度同期少百分之一三。

松花江航運完全停頓因不斷的軍事行動運輸工作受阻不能進行的。

舊式馬車交通同樣也因軍事行動和義勇軍活動的結果完全裝途南滿有些地方日人派遣武裝軍隊掩護汽車載運貨物至車站甚至派鐵甲車護送

偽國政府的財政狀況尤為嚴重其一九三一——一九三二年度（自七月一日起至次年六月底止）收入為四千九百萬元，即比上年度少二千二百萬元（上年度為七千一百萬元）或近約三分之一其中關稅收入也減少百分之十同時該年度（一九三一——一九三二）收入比支出要減少一半其不敷之數半用日人借款（計兩千萬日元）來維持半用所收沒以前官銀號的款子來填補的。

據偽國政府所正式公佈的材料其一九三二——一九三三財政年度的預算收入項下共計九千五百四十萬元支出項下為一萬一千三百萬元。可注意的是單單中央政府及所屬各機關經費達四千三百萬元，而傀儡傅儀『宮中』用費一百萬元和省區行政機關經費還要求算在以內的。

不用說收入一項事實上是不能達到九千五百萬元的經濟的崩潰義軍活動的積極在在使偽國捐稅的收入不能不減少事

實上偽國政府已考慮到農民捐稅照原額徵收萬難辦到，已明令將稅捐減少一半，別一方面支出項下無疑地要超出原定數目以上除日軍外日人爲奴役和蹂躪滿洲人民起見利用傀儡政府名義已編收雜色軍隊十五萬警察十萬這一筆巨款軍費現在主要地都是由中央政府來負擔所搾取的人民血汗還不夠用日人自己也不知廉恥地也公然說道『「滿洲國」當局治國安民的任務至艱鉅滿洲國財力業已耗盡但新國非有巨額借款邊無力完成這一事業』(註十六)

因此傀儡政府不得不另闢財源——濫發紙幣和向日本借款。前邊業已說過偽「中央銀行」已向日本舉債三千萬日元其清償期限五年年息五厘以鹽稅和鴉片公賣稅爲擔保品(註十七)偽中央銀行在正式成立之日(一九三二年七月十一日)即已發行鈔票一萬四千三百萬元此種鈔票係借用前東三省官銀號所印者上蓋偽中央銀行圖章不過自去年十一月一號起已發行新印鈔票該行經理日人曾無恥地向英國新聞記者宣稱去年秋季該行爲收買糧食格外又發行了大宗鈔票云。

在偽國境內除新鈔票外其他舊式錢莊和大商店發行的紙幣尚有十五六種之多。

以前滿洲當局所發行的鈔票和錢票則由偽中央銀行以極低的市價強制收囘。一般人民對此種辦法均表示反對對新印鈔票也不大歡迎譬如據去年十二月初所得消息謂『哈爾濱商界和一般住民自始即拒用新鈔票萬一有接受者亦將新鈔票貶價折哈洋一元一角或一元使用』(註十八)不過後來日人曾強迫使用但新鈔票仍是通行不廣的。雖然偽國用盡了一切方法巧立名目開闢財源然而它的財政狀況非常拮据運李頓報告書也不得不指出謂偽國預算和財政計劃的實行前途障礙頗大云云(註十九)

商業的發展與一國的一般狀況有密切關係在「滿洲國」那種情況之下商業自然而然地急激衰落了不論對外貿易或國內商業流通都大形緊縮了。

據日人刊物所公佈的材料驟然看起來似乎與我們這種說法大相矛盾根據他們所揭載的數字大連的出口貿易這種口運入滿洲的載重以及日貨輸滿等差不多逐日都是增加的然而這不過是日人自斯欺人的伎倆。

大連港的入口確有增長然而這一增加是得自滿洲其他各港埠出入口的完全停止自一九三二年春季以來因東鐵沿線軍事行動的原故滿洲經海參威的出入口貿易差不多全部停頓了。

其他各港如營口安東及北寧路貨運亦無不停頓總括地說一九三二年滿洲的對外貿易曾經暴減不過無疑地日本在滿洲出入口貿易中的比例數大大增加：在入口方面大概不下百分之九十

被日侵佔後的滿洲經濟狀況

在出口方面不下百分之七五至八十。

就貨值言去年（一九三二）滿洲出入口總額跟一九三一年比較急激減少為近二十年來滿洲對外貿易史上最低的數字茲將「九一八」事變後滿洲對外貿易及同年首八個月滿洲對日貿易總額表列於下

滿洲對外貿易表（經大連旅順營口安東等港者單位千噸）

	一九三一年	一九三二年 一九三一之增減
	（上半年）	（上半年）
出口	三○五	增六八
入口	二,二九四	減二六五

「九一八」後滿洲對日貿易表（單位美金百萬元）

	一九三一年	一九三二年
	（首八個月）	（首八個月）
由滿輸日	二九·五	二七·八
由日輸滿	五○·三	二八·二

此兩表告訴說，就貨物重量言，因日金跌價的原故却是減少了（滿洲對日出口不論就貨物重量講（因煤炭出口減少的原故）或就貨物出口增加但就貨物價值言，「九一八」後，滿洲入口貨曾有

價值講（即減少兩千二百萬美金）都是激減了。

一九三二年上半年滿洲農產品尤其大豆高粱和其他谷物的出口甚至多於一九三一年的同期因為滿洲農產物的極度低廉再加以「九一八」後利用種種高利貸威嚇及公然刼奪的方法使日人差不多從滿洲的農民手中白白掠取了大宗農產物，或是直接作為已用，或是轉售於別地。

日本對滿輸入增加的原因主要的是因為自「九一八」後，日本完全排了其他帝國主義者和中國本部對滿洲的輸入和滿洲土著工業之被破壞的原故。美國直接對滿輸入在一九二九年為一千六百萬元一九三一年曾減至三百萬元一九三二年第一季僅為十四萬六千元比之一九三一年同期的五四萬二千元變乎要少四倍（註二十）一九三二年度美國對滿洲輸入總額恐難超出五十萬元就是說僅當一九三一年度的百分之十五至二十而已。日本帝國主義者很得意地說道：「澳美麵粉現已排斥於滿境以外」又無恥地謂：「大和麵粉現正在哈爾濱施行傾銷以期完全擊斃該地華人麵粉事業方面的競爭」云云（註二十一）。

日本帝國主義者能以將其競爭者排斥於滿洲市場以外，原因不僅是因為日幣跌價易於施行傾銷和競爭而且是因為日本在滿軍閥驕恣兇橫任意採取種種方法以限制敵對者的結果。

然而不論日本在這一方面有若干勝利，但以為在現在的局

面下滿洲市場對於受恐慌嚴重打擊的日本工業，確能給以續命湯，以爲日本工業製品從此可以在滿洲大量暢銷那就大錯而特錯了。

圖謀擴充日貨在滿洲的銷路以期挽囘日本的工業確是日本帝國主義者霸佔滿洲的動機之一，但是事實上關於這一希望的實現姑不具論即一九三二年所用人爲的方法使日貨對滿輸入的實現若干的增加在最近的將來更要嚴重地反映於日本一般的形勢上面。

此外還要注意的是以固定幣價論（即以美金論），一九三二年一月至九月日本對華貿易總額（滿洲和關東州包括在內）會減縮了百分之四九‧一，即以跌價的日金計算也減少了六千二百萬日元，同年日本對中國南部數省的貿易可說是全都停頓了。

而且日本對滿輸入的增加大半是因爲大宗軍用品運入滿洲的原故，而商業上的輸入雖亦有增加但多半帶着人爲的性質。大部分貨物是堆積在貨棧中，日本工業家把大宗商品由日本國內的貨棧內搬移到沸騰着民族解放戰爭的滿洲貨棧內面實在沒有得到絲毫的利益。

濱江時報亦於一九三二年七月間會謂：「商業全形停頓，北滿商家遭過損失不小，破產歇業無日無之，因之凡做華商生意之日商亦間接蒙受影響不小」云。

自遭水災後繼以秋季北滿義軍抗日運動的興起和日軍野蠻的征討其時滿洲商業的蕭條達於極點會完全停頓，十月間 "Japan Chronicle" 雜誌亦不得不特別指出謂「滿洲商業完全疆死」云同時滿洲人民的破產和生產力的摧毀至爲嚴重在最近將來數年間滿洲商業的復興也很難有希望就假定義軍活動萬一消滅事實上也是無可能的。

然而日本帝國主義御用的學者還拼命的宣傳以欺騙人民；說日本本國局面利用對滿貿易將迅速改善日本西部北陸一帶手工業受經濟恐慌和苛捐雜稅的禍患特別利害以致人民極端不滿現狀大阪每日新聞會安慰道一俟吉會鐵道完成該區域各港口對亞洲大陸的貿易即可一變「後退」情形而轉奏「前進」曲「該報更蠢的自誇道「要知道蘇聯五年計劃定成之日也就是我國北陸一帶工業製品對新共和國輸出增加之時」（註二二）。

眞是如螞蟻跟象相比不知自量個螞蟻還不是實有的螞蟻呢。滿洲什麽人是需要你們日本的手工業製品呢而且在民族解放戰爭的火燄中誰有錢拿來買你們日本的手工業製品呢？

「滿洲現今業已破壞不堪…顯然，日人可以復興滿洲的幻想完全是烟消雲散了。」——在日的英人所辦 "Japan Ch-

被日侵佔後的滿洲經濟狀況

被日佔後的滿洲狀況經濟況

關於滿洲實情證明道（十月十九日）在日本帝國主義卵翼之下僅有一門生意——賣買人的生意能在滿洲興盛起來在哈爾濱，飢民鬻賣女兒為奴隸的每天只少總有十名乃至十四名之多（註二十三）這些婦女被人買去有的是在工廠作工有的是用作奴婢日人買去作奴婢的更多。

若將滿洲整個經濟狀況作一回顧可說，日人軍事佔領的一年半的結果實已達到了不可思議的境地。

滿洲空前未有的經濟的衰落百業的破產成千成萬的生命和財產的喪亡——這就是日人侵佔滿洲的總結日本帝國主義者的軍事冒險自己不但沒得着預期的巨大利益對本國尖銳的經濟恐慌有所緩和而且巨額的軍費支出和因滿洲經濟崩潰而本國工商業所遭受的巨額損失以及徵討中國軍隊的掠奪戰爭更使日本國內經濟狀況加倍困難階級矛盾益形尖銳化同時又使日本統治階級內部各集團間的反目也隨之而加強

此外滿洲民族解放運動的發展和中國全國反日情緒的激昂，也是日本帝國主義者奪佔滿洲的重大代價呵（實薛）

（註五）據一九三二年八月二十日大阪每日新聞所載。
（註六）據一九三二年八月二十八日 "Peking and Tientsin Times."
（註七）同上報一九三二年十月十二日八月二十八日。
（註八）一九三三年二月十日大北新報所載。
（註九）一九三三年二月十日 "Nation" 五六七頁。
（註十）見哈爾濱日本商會經濟月刊第五期一頁。
（註十一）見一九三二年十二月十二日哈爾濱日日新聞。
（註十二）見東鐵經濟半月刊第十四第十六兩期合刊二四頁。
（註十三）同上雜誌第二十期二十一兩期合刊本十三頁。
（註十四）見一九三二年二月十日 "North China Daily News." "Japan chronicle" 亦有同樣的材料。
（註十五）據一九三二年東鐵經濟半月刊第十四第十六兩期合刊二四頁。
（註十六）見一九三二年十二月十日大阪朝日新聞。
（註十七）見一九三二年十一月八日 "South China Morning Post"。
（註十八）見一九三二年十二月四日大北新報所載偽國中央銀行規定每元合銀二九、九一折哈洋一元二角五分。
（註十九）見報告書英文本一〇六頁。
（註二十）見一九三二年六月三十英國 "Commeec Report"。
（註二十一）見一九三二年十月一日 "Japan Advertiser"。
（註二十二）見一九三二年十一月九日大阪每日新聞。
（註二十三）見一九三三年一月六日 "North China Daily News."。

（註一）據東鐵經濟半月刊大概統計北滿播種面積曾減至百分之十七。
（註二）見華輯報告書英文本一〇九頁。
（註三）見一九三二年東鐵經濟半月刊第十四十五兩期合刊本一〇頁。
（註四）據日本情報社消息單哈爾濱及其近郊被淹死者有兩萬八千人。

（譯自俄文世界經濟與世界政治 (Мировое хозяйство и мировая политика) 一九三三第四期）（完）

日本攫盡東北路權

▲積極經營著重軍事佈置

記者此次秘密前往東北調查抵大連時得知大連齊齊哈爾間大連吉林間已有聯運客貨通車前所未悉年聞之下不勝驚異及至哈爾濱後又經探悉拉濱路建築之神速與滿鐵統制偽國各路情形多為國內所未週知經各方搜集資料俾成一有系統之紀載本篇所紀除調查所得並參考偽國各報章及中東路經濟月刊雖係一鳞然關乎東北軍事政治經濟前途殊鉅似不應漠視也。

偽國出賣路權令文

偽大同二年（即本年）三月一日為偽國建國第一週年紀念日日本所屬之南滿鐵路於是日在偽都「新京」——即長春大連及東京等地同時發表「滿洲國」政府將全國國有鐵路委託（？）於南滿鐵路代為經營此種滿蒙交通上之重大事件在偽大同元年（即民國二十一年）十二月一日關於統制上之改革已早為預定之計劃是時「滿」「雙方當局即有協議為要此令云云此即所謂「滿洲國」鐵道委託滿鐵之明文其實不

之進行并成立契約完成一切手續至本年二月九日偽交通部並發表第四四號訓令令吉長吉敦吉海洮海偽奉山四洮昂齊克洮索呼海各鐵路局路謂一為令連事查另紙交通部佈告第七號所開該鐵道及其附屬事業已於大同二年二月九日委託南滿鐵道株式會社經營矣仰即遵照此令云云又偽交通總長丁鑑修關於上述偽交通部第七號佈告亦係同日發表文曰「為佈告事查本部業於大同二年二月九日將「國」有鐵道（路）及各項附屬事業鐵道株式會社經營矣特此佈告」又偽交通部第四六號訓令令同上各路局謂一為令遵事查此次政府與南滿洲鐵道株式會社內者之間已締結關於鐵道及附帶事業（包含松花江水運事業）之委託經營契約所有在該局所辦事人員自大同二年二月九日起仰均隸屬鐵路總局照舊供職凡以前對於所屬鐵路在辦事人員資格上所有權利義務均應由鐵路總局繼承辦理仰即遵照並轉飭知照

過爲日本所要之出賣文契也。

滿僞國政府公佈將國鐵委託滿鐵經營之理由

所謂委託經營理由

如下。

第一、「滿洲國」爲確保其治安並爲發展其交通事業計尤以關於全國之鐵路事業爲急不容緩之圖。

第二、現在「滿洲國」內各小鐵道分立經營紛歧不利實大殊非統一交通之道況在「滿洲國」內鐵道網計劃倚未普及之前亟應將現在各鐵路統一以謀合理經營而期達成經濟上技術上有效率之目的。

第三、「滿洲國」將全國鐵路委託滿鐵統一經營本於技術上之見地因滿鐵有多年之經驗最爲適當。

第四、「滿洲國」政府對於鐵道有負擔者經營尤稱允當。

此卽「滿洲國」路權委託滿鐵經營之理由尤以第四項「滿洲國」政府負滿鐵債務一億三千萬之巨額爲日本攫取路權之唯一口實亦是「滿洲國」終被日本呑滅之致命傷。

日僞訂立契約要旨

據僞政府公佈如下。

（一）「滿洲國」政府對於滿鐵負有債務合計約一億三千萬金圓之借款總額特將吉長吉敦吉海四洮洮昂洮索齊克呼海（包含松花江水運事業之一部）洮海奉山（包含打通線及附屬港灣）之旣

成鐵路輕此等鐵路所附屬之一切財產及收入作爲借款之担保委託滿鐵經營。

（二）「滿洲國」政府與滿鐵以外之第三者之間原有債務之關係者由政府與滿鐵協議之後由滿鐵處理之所需付各款及「奉山線」對於小英公司借款之償還資金均由鐵路委託經營後所得收入金內支付又「奉山」鐵路內與中英公司借款有關係者截至該借款解決爲度暫不做本借款之擔保。

（三）「滿洲國」政府另令滿鐵承攬建築敦化至圖們江鐵路拉法至哈爾濱鐵路泰東至海倫鐵路此三路之建築費合計約一億金圓又關於前述之敦化與圖們江鐵路建築應由「滿洲國」收買天圖鐵路故「滿洲國」向滿鐵借款約六百萬金圓作爲收買資金亦將該輕便鐵路委託滿鐵經營之。

（四）「滿洲國」方面於簽訂契約之同時須發表鐵道法及鐵道收用法此項鐵道法之主要係確立國有鐵道之原則至鐵道收用法係採法此項鐵路純歸國有依據本法將濱海、呼海、齊克三線收爲國有以取同歸滿鐵之經營上形勢劃一。

以上四項係雙方所訂契約之要旨此項契約有效時間已定爲二十年關於二、三兩項償付中英公司借款與收買天圖輕便鐵路復歸滿鐵經營。日本之處心積慮弄鬼手腕可見一斑。

东北消息汇刊 创刊号 东北买地协济纪

伪国铁路两项法令

据伪国政府公报载「大同」二年二月九日「誌政」令。「兹经谘询参议府制定铁道法著即公佈之此令执政溥仪印」副署者为国务总理郑孝胥为交通总长丁鉴修为部令第上号铁道法如下。（一）铁道为国有但供一般运送用之铁道得不为国有（二）为完成国有目的及不供一般运送用之铁道收用之且其期补偿及其他各项另定之。（三）前条规定收用之铁道收用之事业得适用之。（四）国有铁道轨应宽一公尺四寸三公分五公厘但关於不供一般运送用之铁道得不依此尺寸办理。（五）关於第一条但书为路道非国有者另定之。（六）本法自公佈之日施行。

又同日公佈之为执政令二兹经谘询参议府制定关於收用滦海呼海齐克三铁道之件著即公佈之此令执政溥仪」副署者为国务总理郑孝胥为交通部总长丁鉴修为财政部总长熙洽。为部令第八号关於收用滦海呼海齐克三铁道之件如下。
（二）政府依照铁道法第二条及第三条之规定收用滦海铁道公司呼海铁道公司齐克铁道工程局所属之铁道及其附带之一切事业。

（二）收用前条之铁道及附带事业之日期由政府指定之（三）收用之此令执政溥仪即（副署者为国务总理郑孝胥为交通总长丁铁道为国有但供一般运送用之铁道收用之日应行之权利义务不在此限前项但书之股东之借入款项以继承为担保时政府承继其附带事业之权利义务。（五）收用补偿金。依照第三条所定价额以在五十年内应行偿还之六厘国债券交付之五十元未满之零数以计但五十元以下者不至交付国债证券之日此对於收用补偿额交付公司六比例之相当金额。（七）政府自收用之日起行公价。（八）本令自公佈之日施行。

东北路权丧失殆尽

现在南满铁道之直系线计满铁本线之八百五十七公里与安奉线之二百六十一公里合计一千一百二十八公里此次为「满洲国」又将东北四省所有铁路（中东路因中俄合办除外）委之经营计归其统制者共四千三百七公里较南满铁路本身所统制者约多四倍之谘兹将各铁道之线别性质及里数探誌如左。

（一）归於统制下之中国铁道

线别	性质	管理局所在地	开工年月	完工年月	轨编宽度	区间	全长公里数
为奉山线	国有借款（英）	天津	一八七九·一	一九〇七·六	一·四三五米	奉天——山海关	八八七

線名	種別	開業年月	軌距	區間	哩程
營通支線	—	一九二一・一〇	同	營口—通遼	三八七
錦北支線	—	一九二一・四	同	錦縣—北票	一一三
連葫支線	—	一九二四・一二	同	連山—葫蘆島	一二
北陵支線	—	—	同	瀋垣—北陵	一二
四洮線	國有借款(日)	一九一七・一一	同	四平街—洮南	三一二
鄭通支線	國有借款(日)	一九二三・一一	同	鄭家屯—通遼	一一一
洮昂線	同	一九二六・七	同	洮南—昂昂溪	三三四
昂齊支線	民有(輕便)	一九〇九・一〇	一米	昂昂溪—齊齊哈爾	二九
吉長線	國有借款(日)「新京」	一九一二・一〇	同	長春—吉林	一二八
吉敦線	同	一九二六・一	一・四三五	吉林—敦化	二一〇
奶子山支線	同	一九二八・一〇	同	蛟河—奶子山	一一
濱海線	省有月辦「奉天」	一九二五・七	同	「奉天」—朝陽鎮	一二五
沙西支線	同	一九二八・八	同	沙河—西安	六八
吉海線	同	一九二七・五	同	吉林—朝陽鎮	一七七
呼海線	同	一九二六・八	同	松浦—海倫	二一四
齊克線	同	一九二八・五	同	昂昂溪—克山	二〇五
洮索線	同	一九二九・八	同	洮南—索倫	一四一
計	三・四九五公里				一九〇四

(二)歸於統制下之新設鐵道

| 敦圖線 | 國有借款(日) | | 一・四三五 | 敦化—圖們江 | |

東北消息叢刊　創刊號　東北實地視察記

海克線	同				同	海倫—克山		167.8
拉賓線	同				同	拉法—哈爾濱		268.3
計						六二六·五公里		

（三）歸於統制下屬於日本之各鐵道

滿鐵線	日本自辦					大連—（新京）長春	1.435	850
安奉支線	同				同	奉天—安東		261
金福線	日「滿」合辦				同	金州—城子埠		102
天圖線	同（輕便）	龍井村	1923·8	1924·10	二尺六吋	池坊—老頭溝		21
計						一三一·四公里		
總計						五·四四五·五公里		

（四）統制外之各鐵道

北滿線卽中東鐵路全線	「中蘇合辦」	哈爾濱	1896·5	1901	同	滿洲里—綏芬河	1.534	
穆稜線	同（運煤）	同	1923·1	1924·3	同	下城子—梨樹鎮		62
計						一·七八九公里		

（五）統制外之輕便鐵道

開豐線	民有開原		1925·4	1926·5	一米	開原—西豐		64
鶴岡線	同（運煤）	鶴岡	1926·7	1926·10	五呎	蓮花泡—鶴岡		56
雙城縣	同	雙城縣	1923·2	1923·5	二○二吋	雙城縣—雙城站		三華里
計						一二○公里三華里		
總計						一九○九公里三華里		

前表所列各鐵路於歸滿鐵統制經營之後事務增多故滿鐵爲總攬全權起見在「奉天」設鐵路總局總務局及建設局施行所謂「聯合統制」。總局局長以宇佐美事務所長轉任哈爾濱管理局長爲駐哈日武官小澤公館之小澤宣義（按小澤宣義雖係將校出身前曾在滿鐵任碼頭鐵路課長留學歐美繼國後被任爲鞍山製鐵所庶務課長更轉至大阪充任鐵道部港灣課長頗有「港灣通」之名。

所謂鐵路總局內容

三月一日由滿鐵發表經營委託狀外綫外同時並發表「聯合統制」。該統制之組織與日本國有鐵路之組織相彷彿。

總局設於「奉天」所剧之四管理局更由四管理局統制其所轄下之各鐵路其各管理局如次。

「奉 天」——瀋海（現被改爲奉海）僞奉山鐵路。

洮 南——四洮洮昂打通齊克鐵路。

吉 林——吉敦吉海吉長敦圖鐵路。

哈爾濱——拉哈呼海鐵路及松花江运。

其發表之規程如下第一章總則第一條鐵路總局（以下稱爲總局）設於「奉天」。第二條總局掌理關於委託之鐵道港灣水道並其他附帶事業之事項第三條總局置顧問及參議頗問關於重要事務應總局長之咨詢並提其意見終議掌重要業務之審議及特別任命事項第四條總局置總務處經理處運輸處機務處工務處及警務處等

其他處處主管之事項人事科掌管下列之事項（一）關於從業員之養成事項（二）關於產業事項（三）關於士地及建築物事項（四）關於地方施設事項第六條經理處置會計科及用度科二科會計科掌管下列之事務（一）關於預算及決算事項（二）關於資金之

六處總務處掌管下列之事務（一）關於文書事故統計及質料事項（二）關於人事及給與事項（三）關於產業並地方施設事項（四）不屬於他處主管之事項經理處掌管下列之事項（一）關於財產之管理事項（二）關於物品之購買保管及配給事項（三）關於運輸及倉庫營業事項運輸處掌管下列之事項（一）關於客貨車船舶及附屬品之運用事項（二）船舶及埠頭營業事項（三）關於列車之運用事項（四）關於工場事項工務處掌管下列之事項（一）關於鐵道及其附屬施設之改良並保存事項（二）關於港灣水路及其附屬施設之改良並保存事項。第二章分科第五條務處置掌管文書科人事科及地方科等三科文書科掌管下列之事務（一）關於總局長之機密事項（二）關於文書事故及統計事項（三）關於總局之編纂及發行事項（四）不屬於他處主管之事項人事科掌管下列之事項（一）關於人事事項（二）關於從業員之儎祉事項（三）機務處掌管下列之事項（一）關於機關車之運用事項（二）關於機務處置施設之改良並保存事項（三）關於車輛船舶及機械施設之建設改良並保存事項（四）關於工場施設之改良並保存事項工務處掌管下列之事項（一）關於鐵道及其附屬施設之改良並保存事項（二）關於港灣水路及其附屬施設之改良並保存事項。第二章分科第五條務處置掌管文書科人事科及地方科等三科文書科掌管下列之事務

運用並金錢之出納事項。(三)關於工業及工作之請負契約事項。(四)關於財產之整理事項。(五)關於收支及支出之審查事項。(六)不屬於他科之主管事項用度科掌管下列之事務。(一)關於物品之購置事項。(二)關於物品之保管及配給事項第七條運輸處置旅客科貨物科及水運科等三科掌管下列之事項。(一)關於旅客手提包(按即行李類)之運輸營業事項。(二)關於食堂車及旅館營業事項。(三)關於客車之運用事項。(四)關於私報事項。(五)關於貨車及附屬之運用事項水運科掌管下列之事務。(一)關於倉庫營業事項。(二)關於船舶營業事項。(三)關於埠頭營業事項。(四)關於沿岸航海事業事項。(五)關於貨物科掌管下列之事務。(一)關於貨物之運輸營業事項。(二)關於貨車及附屬之運用事項水運科掌管下列之事務。(三)關於船舶之運用事項。(四)不屬於他科主管之事項貨物科掌管下列之事項。(六)不屬於他科主管之事項。第八條機務處置運轉科及工作科二科運輸科掌管下列之事務。(一)關於列車之運轉事項。(二)不屬於他科主管之事項工作科掌管下列之事項。(一)關於車輛船舶及機械施設之建設改良並保存事項。(二)關於工廠事項第九條工務處置工務科及電氣科二科工務科掌管下列之事項。(一)關於港海水路及其他附屬施設之改良並保存事項。(二)關於鐵道及附屬施設之改良並保存事項。(三)關於建築事項。(四)不屬於他科之主管事項電氣科掌管下列之事務。(一)關於電氣通信事項。(二)關於信號及電氣施設之改良並保存事項。(三)關於電氣通信事項第一科及第二科第一科掌管下列之事務。(一)

警務計劃及監督事項。(二)不屬於他科之主管事項第二項掌管下列之事項。(一)關於鐵道守備事項綜按以上所述係鐵道總局內部之組織至建設局關於建設方面為擔任技術的方面者而設如下列之設置有應務課計劃工事課等其建設事務所則設於吉林哈爾濱齊齊哈爾羅津等處

經營北鮮鐵路野心

此外朝鮮鐵道亦計劃歸由滿鐵經營據大連工商日報載滿洲國鐵道委託滿鐵經營發表後同時敦圖鐵道即清津以北三百七十公里長廣大體上已決定委託滿鐵經營因敦圖全線之一九三公里將於本年十月通車與北鮮鐵路正式聯絡

又據偽報載種羅津港之改造工程一俟完成南滿鐵路會社即將接管朝鮮北部之羅津雄基與清津三港以及與此三港相連之路線此種計劃在羅津港未動工以前滿鐵方面已與朝鮮總督商洽同意至正式管理上述三港與鐵路當在十月初實現

又旦「滿」通訊社消息於本年五月十五日趕暫行通車之敦圖鐵路現已決定在十月間正式通車將來「滿洲」之特產亦可於十月起經由此路運輸之披露圖們路軌之加寬已於八月間完成按滿鐵計劃本年內能有八萬基羅噸之「滿洲」特產經由此路運往北朝鮮雄基羅津等港此項特產之一半均係輸往日本之聯運貨儀將於五

年以後當鐵路計劃完成時則每年經由北鮮與敦圖路輸出之北滿特產希望能達二百萬噸將來拉賓路與吉圖路（吉林至圖江）一通東鐵東部線及松花江下游一帶之產物均可不經中東路南部線取捷徑而直輸日本以往鐵道之出入口如東鐵之於海參崴滿鐵之於大連中國關係各路之於營口及葫蘆島競爭均甚激烈其在今日則凡屬滿鐵經營者已轉而爲下列形勢。

一、滿鐵包括東省西南部之各路線以大連爲出入口。

二、東省東部東北部東南部各路線則將以發展朝鮮北部及代替海參崴爲目的由滿鐵採用雄津清津雄基之「三港倂用主義」日本自大陸政策現後在鐵道上亦實現「大陸鐵道政策」使其武力所及各地之鐵路與其海陸運系統完全一致以樹其呑倂滿蒙之基礎。

日本經營東北鐵路

滿鐵於統制各鐵路後對全部鐵路之措置槪係國谷報所揭載者分誌如下。

（一）統一客票票價——鐵路總局總務處擬定劃一鐵路客票票價計劃並決定實行各路聯運客票以便利旅客而免票價之參差。

（二）滿鐵與各路聯運——四洮昻齊克洮索及呼海鐵路聯運使北鐵特產直接運往南鐵路線。

此外聯運路綫如下。

大連——吉林線

長春——山海關線

大連——山海關線

大連——齊齊哈爾線（按以上各聯運線已實行）

日本與滿、滿洲國聯運之路線如下。

名古屋——門司——大連線

門司——新義州——奉天線

敦賀——羅津港——吉林線（按以上各聯運線於本年十月一日實行）

（三）護路計劃——擬倣傚奉山路警備組織總局警務處與奉天省鐵路警務聯絡法規此外利用科學方法於列車上裝設無線電台及機關槍以警備各路綫。

（四）開始修築工作——先將四洮、昻齊克與呼海數綫之橋樑改換並裝較重之路軌此項技術工作由大連滿鐵總社建築科辦理改造呼海路之呼蘭河鐵橋及洮昻路之嫩江第三汇橋前者需日金六十萬元後者一百三十萬元現均已開工嫩江鐵橋預定於明年九月竣工呼蘭鐵橋本年底即可竣工

松花江水運權利喪失

上述各項均關於南滿鐵路統制僞國各鐵路之現狀與經過此外尚有松花江水運事業亦包括在日僞締結委託經營之鐵道及附帶事業契約以內應附述之。

東北消息彙刊 創刊號 東北實地調查記

民國二十年春季松花江全盤航商曾聯合成立大聯合計官商輪船合併五十餘艘是時松花江沿江一帶各碼頭商會對於此項聯合利權衝突一致反對各商鬨出此種聯合乃係運輸勸是年八月大聯合解散後又有所謂小聯合者出此種聯合乃係東北航務局及東北海軍江運處與奉天輪船公司雙合盛帳房東亞輪船公司等聯合而成至去年日本著手奪取偽國各種權柄偽國水運司長日人森田成之至哈將松花江水運事業重加整頓乃又將大聯合歸於就範至本年偽國將松花江水運事業隨鐵路經營後滿鐵則派駐哈武官小澤宣義任鐵路管理局局長兼轄松花江水運又將原先之松黑兩江之水道局改為航政局亦歸其管轄大聯合之董事亦添派日人現時松花江水運一切大權已握於日人之手有船隻之華人羞事僅具其名義而已。

茲將松花江輪船風船總額列表於左以覘其詳。

船主	船隻數(輪／拖／帆)	容量(公噸)	拖運力(公噸)
東亞公司	8　3　7	8　20	7640　650　1099
廣信航業處	8　6　2	1950	10820　10650
東北航務局	7　6	1475　800	3510
江運處	4　2	8　1350	8001　18360
東北海市	4　26　20	165	18360
奉天輪船公司	4	一四	八三二〇　八六九〇
鶴岡煤礦公司	2　4　5	一六五　三〇〇〇	五〇〇　八二〇
合興公司	1　3	五〇	二三〇〇　二四五
礦材公司	1　2　3	二四〇　一四七五	四〇〇　二三八〇
馬子元	1　2　3	八〇　一九五〇	二九五〇
徐鵬志	2　2　4	一六五　一二三二五	五二二〇
永和盛	2　3　1	三五　一六五〇	三三五
信泰號	2　3　2　4	六五　一四〇	一九七五
寶隆峻	1　2　3	四一	五一〇　一五五
秀記號	3　1　3	八二〇	五〇　三九五
春永	1　2	八　一六四	一九六五
鏡波公司	1　6	一〇　六五〇	九〇
戀記公司	3	一六〇	八五〇
東北造船所	1　2　3	六五　一五八五	一六四〇
濕濱	2　1　3	八二〇　四六	二七九　二四六〇
泰昌	1　1　3	六五　九一〇	四三　二三〇〇
東北海軍司令部	3		
永業	1　2　1		一三〇　一〇〇
依蘭	1　2	六〇　一七五〇	二一四〇

永勝	二	三	一三五		四二〇 一四七五
同泰	一	四	三五		六五〇 一〇六五
寧安	一	二	五〇		二九五 一三一〇
小輪公司約四十家	一五	二〇三	四五三六	一八〇	三九五 二四一七〇
合計達六十六家	元二五八	八八六一	八六三六〇	二五九	一六六四五〇

結言

日本既將偽國所有鐵路攫去松花江水運亦附帶經營陸路水路交通事業吞併無遺既可助長其經濟侵略之私慾更可藉統一之交通管理以應付將來東北之非常局面也記者以為在日偽協定中此種演穢既成之事實紫為重要第不知最關痛癢之國人視之如何有無撕破此篇偽賑之努力耳。

新亚西亚

20世纪二三十年代，中国的边疆危机日益严重。列强对中国主权的蔑视以及对中国领土肆无忌惮的占领，使中国人民的疆域观越来越清晰，"边疆"二字几乎萦绕在每位国人的心畔。于是，中国的知识分子首当其冲，掀起了研究边疆的高潮。各种报刊杂志、学术团体相继问世，发出研究边疆、开发边疆、保卫边疆的呼声。

新亚西亚学会的创办与《新亚西亚》月刊是20世纪前半期较早成立的边疆研究团体。它成立于中华民国20年（1931）5月，以"信行三民主义、发挥中国文化……为宗旨，发行《新亚西亚》月刊，组织边疆考察团，开办东方语文班，出版边疆研究丛书等，为研究边疆做了很多积极的工作。

《新亚西亚》月刊，出版频率：民国19年[1930]10月～v.13,no.4（民国26年[1937]4月；v.14,no.1(民国33年[1944]7月～v.14,no.2民国33年[1944]月上海该刊发行部发行，民国19年[1930]～民国33年[1944]为月刊。–v.14起由新亚细亚学会编辑。V.5起在南京发行，v.14由史学书局在重庆发行。该刊后更名为《革命外交》。

《新亚西亚》杂志版权页

新亞細亞

第六卷 第三期

中華民國二十二年九月一日

本月刊登記證
中央宣傳委員會中字第㭍伍壹號
國民政府內政部警字第玖叁叁號

新亞細亞月刊社發行

《新亚细亚》杂志封面

日本對我東北貿易的獨占

魏崇陽

前年「九一八」以後，日本一方盡量的掠奪東北之一切權利，同時深恐遭各國之嫉視，乃向外宣傳維持門戶開放的原則的好聽話，以緩和各國之態度。這種狐媚欺騙的手段誰都知道是靠不住的。記得日本吞併朝鮮的時候，她也曾宣布過朝鮮的門戶開放，然而不到幾時，朝鮮被獨吞了，而門戶開放之事實在那裏呢？

東北對國際關係之複雜，日本是很明白的，她在一切恫嚇尚未妥帖以前心裏雖極不願，而口頭上仍不能不用門戶開放的口號以減少列強的吃醋心理，並且想藉此誘惑使承認日本手造的偽組織，然而事實勝於雄辯，東北被她佔領後的真實情形如何呢？她藉着政治的、軍事的以及經濟的優越力量用巧取豪奪的方法將東北所有利權完全收入自己的手中而正計劃實行「日滿經濟同盟」。所謂東北門戶開放只是對日本人開放而已。別的不說單就東北的進出口貿易而論自「九一八」以後幾乎已完全爲日本所獨占不惟對內地的貿易已一落千丈即各國對東

北的貿易亦無不受很大的打擊這可以用數字來證明日本人無論如何狡辯總是不能否認的。本文之用意即在說明日本獨占東北貿易的事實舉一以槪其餘日本人手段之毒辣讀此當可得其概要了。

一、東北貿易的概況

東北的開發是最近數十年的事情，在此以前這一塊廣大的土地尚是一片荒野不但很少對外的關係而且也很少人知道其內容。自一八五八年中英天津條約開牛莊爲商埠遂爲東北對外貿易的開始繼經過中日和日俄兩次戰爭這東北的鎖鑰才完全被大礮所轟開潮一般的關內移民和毒一般的外國勢力繼續不斷的擁了進去。不久之間土地也逐漸開發了人口也漸漸繁殖了，而東北的對外對內經濟關係也一天一天的密切一步一步的進展了。

因東北經濟的不斷發展，自然會促進東北貿易之日益發達，中間更遇着歐洲大戰的極好機會使貿易更為飛躍的進步即在戰後的一九一九年東北的貿易增至戰前之二倍而戰後至一九二九年的十年間更增二倍又在一九二二年以前東北貿易的輸出和輸入比較常保持平均的狀況但自是年以後即轉變為出超每年其出超額由七千餘萬元增至一億二千萬元。下表即表示東北貿易的進展情形

東北貿易輸出入額累年比較表（單位百萬海關兩）

年次	輸入	輸出	合計
一九二〇年	二〇五	二二六	四三一
一九二一年	二一八	二三四	四五二
一九二二年	一九六	二七五	四七一
一九二三年	二〇七	二九四	五〇一
一九二四年	二〇一	二六九	四七〇
一九二五年	二四五	三一二	五五七
一九二六年	二七七	三七〇	六四七
一九二七年	二六〇	四〇八	六六七
一九二八年	三〇三	四三四	七三七
一九二九年	三二六	四二二	七四八

由上可見東北的貿易自從開始以至一九二九年為止，即在步步進展的途上并不曾遭遇過一些挫折而且牠的進展情形恰與內地對外貿易的每年入超者相反這是值得特別注意的。

其次就東北貿易的內容來看東北向屬農業地居民大抵以耕種為業故其生產亦完全以農產品為主而農產品中又以大豆為大宗其次為穀類及粟等。

關於大豆的輸出自始即為東北貿易的特徵故其生產及輸出狀況關係於東北的經濟至大近年以來歐洲各國對於大豆的需要日增輸出尤盛大豆一項一九二〇年輸出為八十萬噸到了一九二九年幾增至三百萬噸九年之間實增三倍半以上對於大豆的需要最初以日本為最多但近十餘年來歐洲的銷路大增一九二九年竟占總輸出額百分之六十以上其次豆粕豆油輸出亦旺前者以日本為最大的主顧每年占總輸出百分之六十至七十其次即運往內地後者以歐洲為主要市場最多時占總出百分之八十但最近因歐洲製油工業逐漸與盛豆油的需要已漸減少而大豆則大增。

除農產品外炭鐵木材等類亦輸出不少下表即表示一九三〇年度東北的主要輸出狀況（單位海關兩）

商品	價額	對總額百分比
大豆	一一四，二五六，七五四	二九
豆粕	六六，一三五，三六五	一七
石炭	三七，五八八，二三九	九

日本對我東北貿易的獨占

更就東北的輸入來說：農民所最需要者為衣類及衣類原料，約占總輸入額百分之三十，次為一切生活必需品及機械等雜貨，輸入額中以日本為最多，內地次之，其餘為美歐各國。下表即表示一九三〇年度東北主要輸入狀況（單位海關兩）

商品	額	對總額百分比
豆油	二六．五〇九．四六三	七
粟	二四．三六五．〇九四	六
種子	一七．四六六．四七六	六
其他穀物	一五．五〇九．八六八	四
柞蠶絲	九．四一五．七九九	四
鐵及鐵製品	八．五二六．七〇八	二
皮毛	四．七六六．三四五	二
高粱	六．三九三．八八一	二
鹽	四．〇一七．九七一	一
木材、竹及其他	三．〇〇〇．五六三	一
其他商品	五四．九四一．七二〇	一四
鐵及鋼鐵	一三．五五三．五二七	四
煙草類	一七．七五九．九五九	五
綿紗	一〇．九二五．三四八	四
羊皮生絲及其製品	一〇．五八四．五一六	四
糖	一〇．二八三．〇〇四	三
蔴袋	九．九六七．四四〇	三
棉花	八．二六九．八四九	二
紙	七．三八五．五六六	二
藥品	七．三三七．〇一五	二
穀物及種子	七．二〇八．二三三	二
燈油	五．〇八九．八二三	一
車輛類	五．六九八．二七八	二
衣類	五．二六五．六三九	二
石炭	四．六六一．六四一	一
電氣材料	四．五八三．一四五	一
果實及蔬菜類	四．二三六．九八五	一
皮毛牙角骨	三．六二一．六四九	一
其他商品	五九．六六〇．七〇九	一
棉織物	五四．三三〇．六五六	一八
小麥粉	一七．九五七．一二五	六
機械類	一五．八一〇．六七〇	五
茶酒及其他食料品	一五．六二七．八九	五

東北貿易的輸出入大部集中於大連安東和營口三港，此三港的貿易額實占全東北貿易總額的百分之八十以上，而大連一

港則占實百分之五十八即大連又占三港總貿易額的百分之七十由此可見東北貿易已大部集中於大連而受日本人的操縱日人經營南滿鐵路其經濟的作用大概在此試看下表便可得一比較（單位百萬海關兩）

	東北貿易額			三港貿易額			大連港貿易額		
	輸入	輸出	合計	輸入	輸出	合計	輸入	輸出	合計
一九二七年	一五一	四三一	五八二	一四一	四二一	五六二	九五	三一五	四一〇
一九二八年	一三六	四三一	五六七	一二八	四〇七	五三五	九三	二九〇	三八三
一九二九年	一九五	五〇二	六九七	一八六	四七四	六六〇	一三三	三四七	四八〇
一九三〇年	一七二	三二八	五〇〇	一六五	三〇〇	四六五	一二三	二〇八	三三一
一九二六年	一〇三	四四一	五四四	九七	四二五	五二二	六四	二六八	三三二

二、各國對東北貿易的比較

東北貿易以日本為第一次為內地其餘為俄美英荷蘭德意比法等國。一九三〇年東北貿易總額約七億海關兩中日本佔百分之三十九算是第一位其次內地占百分之二十六為第二位俄國占百分之〇九為第三位以下為荷美英等國請看下表

東北貿易國別總額比較表（單位千海關兩）

國名	貿易總額	百分比
日本	二七七,四三四	三九,四
內地	一八七,六二二	二六,七
俄	六二,七五二	八,九
荷蘭	三六,二〇二	五,一
美	二七,一七一	三,九
英	二〇,八六九	二,九
香港	一九,五五九	二,七
德	一五,五一九	二,二
貿易總額	七〇三,七一三	一〇〇%

如將上列貿易總額分別來看其輸出總額約三億九千萬海關兩，而日本占其百分之四十內地占百分之二十六其餘為俄荷英美各國輸入方面約三億海關兩，而日本占其百分之三十九其次為內地占百分之二十七以下為美英德俄各國故東北的貿易無論輸出或輸入均以日本為最要的顧客其次才是內地以下僅就日本和內地對東北貿易作一概括的考察以證明日本對東北貿易的獨占

三、東北對內地的貿易

日俄戰爭以後東北對外的貿易既突飛孟晉對於內地的總輸入的百分之三十是由內地運去其總輸出的百分之二十四強是輸往內地顯著的發展到了一九二九年至三〇年間東北的總輸入的百分

日本對我東北貿易的獨占

的，即其總貿易額的百分之二十七是與內地往來此種情勢就是說明內地和東北的經濟關係日益密切，完全有互相依存之勢就東北的輸出來看幾乎每一種貨物都有運往內地的而尤以大豆及大豆製品爲最多約占總額的三分之一以上其次高粱麥類及石炭等數額亦屬不少。至由內地運去者則大部爲棉織物約占總額五分之一其次煙草棉紗以及一切食料品等種類數額均頗鉅據一九二八年調查東北三港對內地貿易主要商品有如下表。（單位百萬海關兩）

由內地運往東北者		由東北運往內地者	
品名	價額	品名	價額
棉織物	17.6	大豆	17.8
絲及絲棉混織品	6.3	其他豆類	1.1
其他雜織品	2.5	玉蜀黍	2.7
棉花	2.2	高粱	16.1
紗	9.3	豆粕	16.2
茶	3.6	豆油	13.3
米粉	1.4	麥粉	1.6
麥粉	2.4	其他種子類	1.7
紙煙及葉煙	6.5	瓜子	1.3
染料及塗料	1.2	煙草	1.0
陶磁器及土器	1.3	蠶絲類	2.5
其他煙草	4.0	石炭	12.9
紙類	2.8	木材	1.1
藥品及藥材	1.3	豚毛	1.2
皮革毛骨角牙	3.1		
合計	65.5	合計	89.6

就上面的商品種類來看可以明白東北一方爲內地的食料品和原料的供給地同時內地則以東北爲工業製造品的販賣市場其貿易關係之重要性自然無待多說。東北對內貿易過去雖有日益發展的趨勢但實際尚未登峯造極就東北的輸出來說從來最多的是日本其次才是內地輸入也是一樣就是說從來內地對東北的貿易所以不能盡量的發展完全是因爲有日本這一個最大的競爭者的原故查東北的輸入品中由內地運去者有爲同類的貨物有爲獨佔的在內地和日本方面屬於同等在日本方面則爲機械器具鋼鐵廠袋電氣材料和糖等屬於同類的貨物則爲棉織物棉紗麥粉絲織品紙藥品衣類附屬品陶磁器等類。此外並有從前爲內地品獨占而現在漸受日貨的使蝕者，例如蘇杭綢緞類從來這些內地貨物何以能同日貨競爭，大的原因就是由於內地貨品的品質雖大體比較日本的差些但因其平均要廉價至百分之三十

五十，故頗合東北一般農民的需要。內地的貨物運往東北何以比較如此之廉？第一就是由於關稅其次則為幣制的關係，但這是說過去的情形，到現在這些原因都完全推翻了。

就貨幣的價值大體相等，故日本貨物已無形跌價更就關稅來說：中國幣的價值大體相等，故日本貨物已無形跌價更就關稅來說：從前日貨運往東北須納進口稅，而內地貨則不必現在呢自從偽國出現以後，即在去年將東北海關完全強奪並宣佈於去年九月廿五日起對內地運往東北的貨物，都作為外國貨而課稅。一方更用種種苛刻的航行條例以為阻礙因此內地和東北的貿易遂一落千丈就大連海關一處而論：自被掠奪後其去年十月與上年同月的比較東北對內地的貿易額即減少百分之二十以上而日本商品則呈可驚的增加由大連輸入的總額十二萬一千四百十六啟羅噸（上年同期為六萬四千三百三十三啟羅噸）之中日本商品為七萬七千九百○四噸內地商品為一萬四千八百零三噸。上年同月數量，前者為三萬五千五十四噸後者為一萬五千九百二十一噸比較起來日本貨則增一倍，而內地貨則大減就貨物的種類來看內地去的棉布是由一千六百十七噸減至五噸，鐵及銅製品由一千九百二十八噸減至二十二噸，而由日本去的棉布則由六百七十二噸增至二千一百九十八噸鐵及銅製品由九百五十一噸增至

至於輸出方面，去年十月經大連者為四十五萬六百基羅噸，麥粉由二千七百九十五噸增至一萬四百二十一噸。（上年同期為三十八萬六千八百四十九噸）之中向日本者為二十一萬九千○二噸與上年同一期間前者的八萬八千七百八十一噸與後者的十九萬八千二百二十四噸比較，一則減至四分之一則大為增加。

由上所述可見東北和內地的貿易，在九一八事變以前有日益發展之趨勢但自日本完全掠奪去後已大見萎縮，而日本對東北的貿易則乘勢更擴張了。

四、東北對日本的貿易

A. 九一八事變前貿易概況

日本對東北的貿易，從來即佔第一位已如上述。就近幾年來日本運往東北者來說，非常發達到了一九二九年算是過去貿易的最高記錄。但自是年以降至一九三一年為止因世界的不景氣和日幣的暴漲貿易漸見萎縮。

就日本運往東北者來說：一九二九年的總價額為一億八千九百萬元翌年為一億二千二百萬元即減百分之三十五，到了一九三一年更形惡化，僅為七千七百萬元比較上年又減百分

日本對我東北貿易的獨占

至由東北運往日本的貿易額一九二九年為二億一千七百萬元翌年為一億六千六百萬元比較上年減少百分之二十四到了一九三一年更降至三千二百萬元比較上年減百分之二十比前年則減百分之三十九。之三十六比前年減百分之六十。

次就貿易的種類來看日本運往東北的貨物主要的是棉布及雜貨計每種價格超過百萬日元的據一九三一年的調查共有十五種約合四千萬日元占對東北全輸出額百分之五十三其表如下(單位千日元)

品名	總額
棉織物	九·七一六
機械及機械部分品	四·三八〇
小麥粉	三·二九五
不屬他類的衣類及其附屬品	二·九五八
鐵	二·七五三
糖	二·六七四
不屬他類的布帛及其製造品	二·四八二
紙	二·二四四
學術品	一·七七二
不屬他類的飲食物及煙草製品	一·六二四
鐵	一·四八五
蔬菜及果實	一·四八二
不屬他類的藥品及炸藥	一·四七五
酒	一·三六五
穀粉穀物及種子	一·三二八
合計	四一·〇一五

由東北運往日本的貨物主要著為原料據一九三一年的調查，每種價格超過千萬日元的共有十二種，約合一億二千萬日元，占對東北輸入總額百分之九十二其表如下(單位千日元)

品名	總額
豆粕	三八·〇五四
大豆	二七·八一七
石炭	一八·九五二
銑鐵	七·二八一
不屬他類的雜穀類	六·〇五三
不屬他類的豆類	四·七五六
不屬他類的絲類材料	四·○○○
鹽	二·五〇一
不屬他類的油脂臘及其製品	二·三八八
不屬他類的礦物及其製品	二·一八一
不屬他類的飲食物及煙草類	一·六八八
藥材及化學製藥類	一·二九三
合計	一二一·〇一七

由輸出和輸入的比較可見東北對日貿易常為出超且出超之額有漸增的趨勢無怪日本人認為日本與東北的經濟關係不能分離，必欲奪得而始甘心了。

B. 九一八事變後貿易概況

前面說過九一八事變以前日本對東北的貿易極為不振。

自一九三一年一月至八月間日本對外輸出比較上年同期間減百分之十九而對東北則減百分之三十九。其主要的原因是由於東北特產物的價格及貨幣價值的低落而使對於外貨的購買力大為減退更就事變發生之九月起的貿易情形來看日本輸往東北者與上年比較九月減百分之三十弱十月減百分之四十一十一月減百分之三十三強但至十二月則僅減約百分之二到了去年一月起形勢大變不惟未減而且一月增百分之七十一三月增百分之五十。即自九一八事變的九月起至去年三月為止的六個月間日本對東北的輸出為三千八百六十萬日元比較上年同期間的四千四百七十萬元不過減百分之十四而比一九三一年一月至八月的貿易則已大進步。茲就去年和前年東北對日本的貿易輸入額比較列表如下（單位：千日元）

年次	前年比較	增加率
去年	一四六、五三一	
一七七、四一三	（十六九一八）	89%

更就東北對日輸入增加額來看，最多者為棉製物約增八百六十一萬八千日元，占百分之十二•五這又可見日本的綿織物有排斥內地貨的趨勢了。

其次就東北對日輸出來說：九一八事變前八個月，即一九三

一年一月至八月末比較上年的同一期間減少百分之三十但自事變的九月起至去年二月止由東北輸往日本的貿易總續共為六千七百萬日元比較上年同期間的五千四百萬日元增百分之二十三。就此增加的趨勢分月來看：九月雖值事變發生地方不寧，而東北的對日輸出在日人軍事強制壟斷之下，仍然有增無減。

如上所述東北對日本的貿易，常為出超這是因為過去日本對東北貿易的政策顯然是將東北偏重於原料市場而比較上不常地作消費的地域的原故所以日本只想拚命的吸收東北的原料以補助其國內的不足，且利用此種原料努力生產以向購買力比較高的中國他地推銷。過去和目前的東北其一般農民的消費努力還不十分充足是確實的但東北畢竟是很有希望的所以在九一八以前東北對日本的貿易常為出超現在呢東北已在她的手中她已在那裏講『日滿經濟的統制』故今後東北的貿易不但要為日本所獨佔且將要改變另一種形勢了。

九月增百分之二十五十二月增百分之十六到了去年一月更見增百分之二十九二月增百分之二十一可見雖值事變發生生地方不寧，而東北的對日輸出在日人軍事強制壟斷之下，仍然有增無減。

申报月刊

《申报月刊》是20世纪30年代"上海三大杂志"之一，也是申报馆在期刊出版领域的代表性刊物。它创办于中华民国21年（1932），前后共发行十余年，在第一个月刊时期共发行4卷，由著名报人俞颂华主编。起初是作为《申报》60周年纪念刊物出版，随着影响力的不断扩大，很快成为独立发行的大型综合学术杂志。

金庸曾评价其与《东方杂志》"显然是当时两本最有份量、最为学术界所重视的刊物。"

《申报月刊》，出版频率：V.1,no.1(民国21年[1932]7月～v.4,no.12（民国24年[1935]12月；复刊号（民国32年[1943]1月～v.3.no.6(民国34年[1945]6月，上海申报月刊社发行。民国25年（1936）1月改出周刊，刊名为《申报每月增刊》，又名《申报周刊》。民国27年（1938）～民国31年（1942）停刊，民国32年（1943）1月复刊后改回本名，卷期另起。该刊后更名为《申报每月增刊》，不久又改回《申报月刊》。

《申报月刊》杂志封面

九一八事變後「日本經濟狀況及其對華政策的前途」

章乃器

人類的行動本來是一邁不自覺的受着經濟條件的支配尤其是政治上的演變必然有它的經濟的因素而且必然是受這種經濟的因素的策動這淺顯的意義我在最近的年餘中間曾經不斷的提出請求國內學者的注意我在最近提出中國經濟學社年會「關于中國經濟改進的幾個問題」的一篇論文裏面更有下面的一段話：

……這十年來國事一團糟其實是因爲政治家不懂經濟與其說是因爲政治家不懂經濟毋寧說是因爲政治家不顧事實日本人佔據了三省以後政治家還認爲是偶然的衝突一部分的學者還認爲這不過是日里閥的野心舉國皆然不知這個使政治家懂得一些經濟何至于此倘使學者顧到一般事實又何至于此九一八事變以後二十二個月的經驗足夠告訴我們還是事實上不可免的經濟鬥爭而不是偶然的野心的發作吧？

因爲這一段文字特別的解剖中日問題所以就把它摘錄下來做本文的一個開場白照樣的我現在是根據經濟上的統計數字推測日本帝國主義對華政策的前途。

日本的經濟統計第一點便我們驚奇的，就是在其他資本主義國家生產指數銳減的時候牠的生產指數却反要激增下面擧出來日本英美德法五國的生產指數（以一九二九年爲基準）

	一九三○	一九三一	一九三二
日本	九七·九(五月)	九一·八(五月)	九五·六(五月)
英國	九九·二(三月)	八五·〇(三月)	八四·一(四月)
美國	八八·二(五月)	七四·八(五月)	五一·三(五月)
德國	八九·七(平均)	七三·三(平均)	六〇·九(平均)
法國	一〇三·七(四月)	九四·二(四月)	六八·四(四月)
			七七·一(四月)

照上面的數字看起來美德法三國最近的指數雖然比去年增加了一些，然而始終沒有超過一九三一年的指數而且相差還很遠。只有日本她的最近指數不單是超過一九三一年的指數而且要超過一九三〇年的指數這樣我們就可以知道日本帝國主義的侵略狂的背景還是逃不出她的經濟上的生產狂有了這樣的猛進不已的生產指數那能不向外侵略？

這裏也許還有人不明白經濟上的生產和政治上的侵略的連鎖關係不能不再加以解釋原來資本主義下的分配方式資本家是以資本的使用取得分配而勞工則以勞力的出賣取得分配資本家所得的分配——利潤通常要遠多于他們的消費而勞

工的消費却不能超過他們所得的分配——工資這樣在兩個生產社會通盤計算起來商品的生產最必然要超過從事生產的資本家和勞工的消費的總和。那超過的部分就要代表生產利潤當中資本家所不能消費的部分這一部分剩餘的商品要歸生產——資本家和勞工以外——的不參加生產的第三者去消費中產階級的金錢等到中產階級和殖民地人民的聚積那程度自然是先就近搾取國內他們換取金錢以圖資本的聚積那程度自然是先就近搾取國內搾取殖民地人民的所以殖民地人民的經營是資本主義發達的必然而經濟上生產力猛進的結果——所謂資本主義的帝國主義化而經濟上生產力猛進的結果必然要形成政治上的侵略。

九一八和一二八的非變我曾經指出這是日本帝國主義在經濟恐慌中找求出路的行動照上述的生產指數看起來這種找求出路的侵略的行動依然有很大的可能性而照下列的日本倉庫貨物存額統計看起來這種可能性更加來得顯著而且嚴重：

年　月	報告倉庫數	置物件數	價格（日金千圓）
一九二九　九月	九九	二四，六〇八，〇五五	二五，三八七，七四四
一九三〇　五月	九九	二三，二三二，一〇九	一五，九六六，九八三
一九三一　五月	九八	二二，五九〇，六二四	一四，五六七，八六五
一九三二　四月	九六	三一，五八八，六〇三	五五，八七一，〇一六
一九三三　五月	九九	三〇，七二一，五〇一	六三三，六七二

從上面一九三一年五月和一九三二年五月的數字比較起來，我們就可以明白自從九一八事變以後存貨的增加達到八百萬件之鉅到了目前仍然沒有顯著的減少這許多的所謂過剩的商品就是日本資產階級的利潤的堆積他們要用軍事的勢力奪取市場使利潤能夠貨幣化實在是勢所必然的，而且九一八三省的搶奪既然還不能遂他們的心願，而且反增加他們的危機，所以就不得不進一步以飛機大炮轟平中國中部的反日運動然而依然還沒有效所以更有華北的軍事行動。

然而生產力的增高決計不是什麼「野心」所造成它依然還有經濟上的原因就是物價的上漲下面是日本的物價指數（一九二九基準）：

一九三一（平均）　六九·六
一九三二（平均）　七三·三
一九三三（六月）　八一·七

物價本來是應該隨供求定律而升降的像日本一面有倉庫存貨數量的激增而一面却有物價的上騰的趨勢並不是供求的關係那末這究竟是什麼原因呢？這主要的原因是停止金本位後通貨的跌價（日本的通貨價格用美金表示起來是這樣）：

（日金百圓）
一九三〇（平均）　四九·三六七
一九三一（平均）　四八·九七一
一九三二（六月）　二八·一〇六
一九三三（六月）　二四·九九〇

這裡我們所要注意的就是一九三二年的舊金價格因為停止金

九一八事變後日本經濟狀況及其對華政策的前途

本位的縮放僅及一九三一年的二分之一，一九三三年因為美國也停止金本位美金跌價所以還能維持二四、九九〇的價格，不然的話恐怕已經跌到二七、〇〇〇左右了，貨幣的本身跌價了，以貨幣表示的物價自然就要上漲，這本來是很單純的一個理由。尤其在日本許多原料都要由外國進口貨幣跌價的結果原料的成本自然就增高生產費也就增高了。

以貨幣跌價的手段抬高物價倘使沒有需要的增加做後盾，是不能持久的。在資本主義之下生產既沒有控制的物價上騰了製造家覺得有利可圖必然要拚命生產這時倘沒有激急的需要增加生產必然要成為嚴重的過剩物價終于是要慘跌的，這是日本帝國主義必須急切的開拓海外市場的原因而開拓海外市場的成績可以在下述的貿易數字裏看得出：

年份	輸出金額（日圓）	輸入金額（日圓）
一九三一	一、一四六、九八一、三二六	一、二三五、六七〇、二六六
一九三二	一、四〇九、九一、七〇七	一、四三一、四六一、二二六
一九三三（四月止）	五〇四、三九七、一七九	六九八、七五、六七六
一九三三（四月止）	三四四、五一四、七八七	五五三、三〇〇、六〇三

照上面的數字看起來日本的對華貿易這兩年來依然是有進步這裏有須加說明的就是日人對于進出大連的貨物一向另列關東州項下，旅順和大連是她一向就認為她自己的領土所以便對照日本的對華貿易固然顯出來很樂觀的數字而我們的對日貿易卻是猛烈的減退有如下表：

年份	輸入（關平銀千兩）	輸出（關平銀千兩）
一九三一 中國		
關東州		
滿洲		
合計		
一九三二 中國		
關東州		
滿洲		
合計		
一九三三（四月止） 中國		
滿洲		
合計		
一九三三（上半年）	七二、五七七（銀圓千圓）	四四、八六〇（銀圓千圓）

日貿易的雙方的統計加以致虛一下就可得養佐證，依照日本大藏省的數字對華貿易的狀況是這樣：

而田間的跌價因此而起的物價的上騰其必須加以關于這點我們只須將中日貿易的雙方的統計比較一下就可得依照價格的數字看起來，日本的貿易似乎有很大的進步然

這樣一九三二年的貿易據日本方面的統計對華輸出要加百分之十八輸入要增加百分之三十一，而照我國海關的統計，對華輸出要

年上半年的貿易，照日本方面的統計必比去年同期增加甚多，但是我們海關統計輸入要比去年同期減少百分之四十八，輸出減少百分之六十二，這樣的背道而馳的統計看起來實在有點令人奇怪。然而其間的原因就是日本方面的統計講日圓跌價當然是一個極大的原因就是日本方面的統計講日圓跌價物價騰昂，即使輸入貨物數量不增，輸出入金額也已經要增加，就我們的統計講，即使輸入貨物數量不減，輸入金額也已經要大減了。然而無論如何數量一定也是減少的，尤其是一九三三年的上半年最為顯著。因為那時的日圓並沒有重要的價格的跌落舉一反三我們就可以斷定日本的貿易用日圓表示起來雖然是在增加而用別國的貨幣表示起來卻必然是減少的數量上也是必然減少的那樣日本兩年來開拓海外市場的計劃可說是失敗。

同時跟着資本主義的發展，日本的社會問題，也是日趨嚴重。

本來所謂停止金本位的策略，是對外加重的剝削殖民地對內加緊的剝削勞動階級的雙管齊下的辦法，受益自然只有資本家然而也是不能持久的，所謂對於殖民地的剝削，就是生活的騰昂跟着物價的上漲生活指數自然也上漲而工資卻是照舊的這事實上是變相的減低工資。

注：這種使勞動階級生活陷于窘迫的政策終久要引起社會的革命，還有在所謂產業合理化的運動之後勞動人數日低也是一個可怕的現象。下面是勞動人員的指數

再從反面觀察失業人數統計：

1926—100．00　　1930—82.00　　1932—74.70

1931（三月）　　　1932（三月）　　1933（三月）
三九七（千人）　　四七四（千人）　四二四（千人）

也可以見到一九三二年的失業人數較一九三一年增加甚多，一九三三年雖然減少一些，但是和生產指數增加的程度比較起來，仍然是證乎其後。同時我們須得注意到日本是沒有什麼失業救濟金或者失業保險的，所以許多的失業者都在潛伏着一九三一年秋開赴日游覽有一位銀行家和我說：「銀座——東京的一個鬧市——目下的繁榮正是代表不景氣許多的料理館和咖啡店都是失業的人勉強籌集資本開設的他們的目的是找求出路然而結果是多數失敗」

(註)一九三三年五月日本的工資指數只有一九二九年的百分之八一・二可見一面貨幣跌價一面工資還在減少。

現在再談到日本的財政跟着經濟恐慌的進展各種經常的財政收入幾乎沒有一樣不減收。一九三二年度應納租稅的應納額自然還往往要達一萬三千五百萬日圓各種租稅的滯納，因此公債證券的發行就成為財政救濟的唯一來源。下面是年間的公債證券的餘額

國債　　　　　　　　　來襲證券
1931（八月）　1931（五月）　1932（五月）　1933（五月）
六六、六三〇、六五一日圓　六九、七五二、四九九日圓　七〇、八九四、二二三日圓　七二、六〇〇、〇〇〇

九一八事變後日本經濟現狀及其華蓋政策的前途

一九三二年五月至一九三三年五月間的增加數目達日圓十萬萬圓以上這還僅指餘額的增加而言那時期中的發行數自然還要大。

我必須忠實報告的，就是日本的兌換券發行額並沒有驚人的增加它的統計是這樣：

一九三一年八月平均 九二〇（日圓千圓）
一九三二年六月平均 一〇八一（日圓千圓）
一九三三年六月平均

合計 大、〇二一、〇四七、四四九 七、〇六五、七八三、二五三
大蘇省證券 〇、〇〇〇、〇〇〇 一、〇〇〇、〇〇〇

這表示日本的財政並沒有走上兌換券發行的一條路一個金融有嚴密組織的國家這本來是不需要的。市上需用的兌換券本來不能隨意的兌現而在強有力的中央銀行制度之下一面此兌換券的增加而由中央銀行儘量承受國債那結果等於以國債掉取兌換券的確是一時不至於踹脚的不過一個國家經常時要舉債度日前途是很危險的人民會因為失去財政上的信仰的緣故對於國家也根本失去信仰這層日本帝國主義自然很明白所以她覺得為財政的前途計也不能不在侵略方面打出一條生路。

現在，我們再檢討日本輸出貿易的國別關係。一九三二年日本的輸出美國居第一位中國居第二位印度居第三位荷屬東印度拳島居第四位對美國的輸出有日圓四萬四千五百萬圓之鉅，

約莫是兩倍于對華的輸出對印度的輸出是日圓一萬九千二百萬圓和對華輸出相差無幾對荷屬東印度拳島的輸出是日圓一萬萬圓。現在美國、印度和荷屬東印度華拳島都在排斥日貨了那一旦完全實施或者可能使日本對各該國的輸出打一個半這就是日圓三萬六千八百五十萬圓等于對華輸出的一倍半這個鉅大金額的輸出貿易的損失的確是日本的當頭的大難也許有人以爲日本可以自然的減少輸入以資抵補而事情不是那樣的簡單的。日本的資產階級是靠着一面輸入原料一面輸出製造品以博取利潤的所以倘使輸出入同時減少在國際收支上面的確是乘除相殺不發生問題然而日本的製造工業必然要停頓而失業問題必然要格外嚴重經濟恐慌要一發而不可救藥所以日本帝國主義在任何條件之下，必須要開拓海外市場。

日本去年對華輸出的減少可說是取償于印度和荷屬東印度拳島對那兩處的輸出的增加爲數甚鉅現在她又取償于什麼地方呢？恐怕事實上只有中國從前日本人口中的生命線是滿洲現在已經公然提出中國市場是她的貿易的生命線了——貿易的生命線事實上就是她的整個國家的生命線。有些人聽到全世界排斥日貨的結果是日本帝國主義對華進一步的加緊侵略依我個人的觀察日本非在短時期貫澈她的亞洲門羅主義置全中國于她的附庸之下決不能解救當前的難關——當然結果就是做到了也不過是苟延殘

嗎她必然要在中國造成第二甚至第三個「滿洲僞國」然後可以一時的滿她的慾望。

我曾經說過日本的對華侵略，是內部矛盾演變出來的一個向外的矛盾然而這向外的矛盾，反過來依然是她的內部矛盾資本主義國際當前的恐慌是生產過剩的恐慌所以她們的對外侵略的目標，是市場的取得以傾銷過剩的商品這和中古時代的侵略攻城的目標顯然是不同，而且絕對相反因爲中古時代的侵略然是生產不足的恐慌所以侵略的目標是在土地的取得以增加生產倘使依照合理的方式現代的戰爭應該是以武力破壞敵國民地的生產工具要說法沒收或倂吞而對於殖民地的秩序卻要把它保持得好好的使她有很高的購買力銷費自己的商品

蠢勳一時的田中奏摺從經濟學的觀點看起來，依然還是十八世紀的思想——自然田中提出奏摺的時代也還不在生產過剩的現階段那時的日本因爲經濟正繁榮的綫上正在那裏發生產狂卻建設狂所以他認爲資源的取得是必要的條件固然日本倘使能用政治的手腕奪取滿洲，或者也不無可是因爲中國民族的覺悟政治手腕的運用這樣取得資源之效未見功而國內的破壞反先與她的輸出貿易以一大打擊。這是第一個矛盾其次我們她不得不急切的訴諸武力

既然經濟目下的恐慌是生產過剩問題那末資源卽供給她開發

了他徒然只有增加生產的過剩殖民地產業的發達和本部本來是一個矛盾倘使滿洲的生產可以自給了，日本本部的產業不要大大的受影響嗎就使她可以倡生產統制的高調可是在資本主義之下生產統制是不可能的。有些人以爲滿洲的資源開發了滿洲人民的購買力就可以增高就可以多買日本的商品他們卻沒有想到代表利潤部分的商品舉竟是找不到出路要之生產過剩是非實而以生產解決生產過剩必然是火上添油這是第二個矛盾。

太平洋學會裏代表日本資本主義的學者沒在那裏提出人口過剩和移民滿洲的連鎖理由中國的若干學者也在那裏提出中國移民滿洲的重要以爲抵抗：有些人甚至相信移民是日本對華侵略的原因其實呢日下日本的社會問題那裏是人口過剩的問題馬寒斯的人口學說早已經被事實判處死刑了我們只要簡單的問一句：倘使日本的人口過剩何至於也過剩須知人口過剩是和生產不相關聯的。倘使有人指失業者就是過剩的人口那末世界上應該是美國人口過剩得頂厲害那尤其是笑話！

日下一部分日本的理想的政治家也但覺悟到武力對華的非計而主張對華懷柔同時中國方面也居然有「中日共存」的呼聲——還有人在研究中日經濟協調的可能性。我要堅決的說一句這種種的運動在日本方面是要騙人而在中國方面是夢想日本帝國主義所需求的既然是第二甚至第三個「滿洲僞國」

所以她的起碼條件是要各地的負責者發一個宣言表示贊成亞洲門羅主義。不然呢她就不能放心，即使少數的理想的政治家答應了，他會有人以對付犬養的方法對付他們的。同時中國方面的妥洽派也只能客觀的投降而未見得肯主觀的自願的——日本人所謂自覺的——投降。這種客觀的投降，一面足以使自己的局面立刻崩潰，而別一面日本還不見得肯收留這種不「心悅意服」的投降者。結果是兩面落空。

這還不過依民族間的感情立論，倘使客觀的依照經濟條件來分析所謂中日的經濟協調是不是可能的呢？上文已經說過日本倘使要解除她的經濟難關，必須要使對華輸出增加一倍半。這樣的鉅大的數目中國人民僅有的購買力能勝任嗎？中國當局肯決然的限制別國的輸入以開拓日貨的市場嗎？這已經是一個大大的問題。然而還不止此。過去日貨的傾銷已經要使中國的新興產業瀕于破產。妥洽後的加緊傾銷必然要把中國的新興產業以求苟安，那是他們所不能忍受的。

這樣目下的妥洽運動至多只能取得一時的苟安，使人民忍受日本帝國主義進一步的剝削，結果呢依然不會有結果的。

时代公论

《时代公论》是以南京中央大学教授为主体撰稿者,于中华民国21年(1932)4月创办的周刊。它创办于国难时期,因此深深地打上了这一时期的印记,登载的文章主要讨论政治制度,呼吁拯救国难……也较多关注当时的教育、经济与社会发展等诸多方面。《时代公论》周围的知识分子对20世纪30年代国民政府施行的主要教育政策均提出了批评和建言,其上刊登的 教育问题,也集中体现了30年代教育领域的变革。这些知识分子对30年代教育制度的弊端、发生在民国20年(1931)的中大学潮及这一时期国民政府实施的党化教育等进行了讨论。他们认为教育的破产、大学学科设置和布局的不平衡及高校毕业生出路难是教育制度弊端的表现,指出造成中大学潮的根本原因是教育经费的紧张和学生对校长的任命不满。在此时党化教育的实施问题上,这些知识分子褒贬不一。

《时代公论》的撰稿者作为大学教授,更多关注的还是教育本身的问题,他们提倡教育应保持相对独立,在文科和实科这一当时引发广泛争论的问题上,这些教育专家基本保持了一致,均反对陈果夫停办文法科。针对30年代盛行一时的创办职业教育的风潮,这些撰稿人的思想与国民政府及社会上疾呼办理职业教育的人士不同,对职业教育的兴办保持了清醒的认识,指出了办理之前应做调查研究和办理过程中可能出现及已经出现的问题。由于中小学教育的特殊地位,这些撰稿人对其也颇有关注,他们认为中小学教科书质量低劣、会考制度都影响了中小学生的身心健康,并指出中小学教育的种种弊端对整个教育体系的发达会有极大的影响。

《时代公论》被迫于民国24年(1935)3月停刊的原因之一。

《时代公论》杂志版权页

時代公論

創刊號

（周刊）民國二十一年四月一日出版

時事述評
　國難會議之前途……………………（達）
　上海和會之危機……………………（達）
　國際調查團來京感言………………（昀）
戰與和……………………………薩孟武
實現民主政治的途徑……………楊公達
國民戰與國民代表大會…………陶希聖
黨治問題平議……………………梅思平
戰時的經濟………………………葉元龍
胡蘆島與東北之前途……………張其昀
我國大學教育之估值……………程其保
岳飛（四幕劇）…………………顧一樵

時代公論社

通訊處 南京國立中央大學

《时代公论》杂志封面

日本在華北之經濟霸道政策

方秋葦

現在的華北，從表面上看來，日本軍事威脅的時期，似已成過去。然而實際上，今日華北之能實質尚存者，均有待日本的默許而已！軍事的威脅，雖已成過去，而經濟的霸道政策，又強行於華北。是的，日本對於華北，並不再需要領土攻聲戰爭的擴張，並不需要名義上取得平津的慘殺；祇要在長城及冀北，建立一個「不駐兵地帶」，謀「滿洲國」國境線的安全，和實質取得華北的經濟霸權，牠底計劃便算完全勝利。

事實上，日本現在對於華北，是要扼住經濟的咽喉，壓制中國國民經濟之發展，並襲退英美的勢力；在施展經濟霸道政策的這一點上，牠是要實現所謂「日滿華北經濟集團」的計劃。雖然這一個政策，不用武力；但牠的經濟霸道的壓力，比武力還要兇狠；在手段上，比武力侵略還要激進。因爲經濟霸道成功，華北已殖民地化；最後祇需武力的佔領，在名義上取得統治權而已！何況現在日本對華北，運用武力也是不中用的。經濟霸道才能把握着絕對的勝利。

所謂經濟霸道政策是什麽？牠的目的：（一）是要襲退英美在華北的經濟勢力。（二）以謀華北市場的獨占化…；（三）最後完成「日滿華北經濟集團」的企圖。關於這個問題，且作一個簡單的分析：

（一）日本在中國的經濟最大敵人，是英美。六十年以來，英美對中國，志在維持一種均勢；日本則欲打破均勢而謀「獨占」獲得整個中國市場。日本武力掠奪得東北以後，「確保滿蒙權益」的企圖完成；這一個獨占侵畧勢力的發展，襲退了英美在東北的經濟勢力。就是華北，亦成爲日本的勢力範圍了。英美的經濟勢力已有動搖的趨勢。日本現在對華的經濟勢力發展，已由南而北移，目的即在集注全力襲退英美勢力。尤其是英國資本及美國貿易、英國資本在華北，爲石炭業的開發；即河北省的開灤炭坑及門頭溝炭坑，河南省的焦作炭礦及懷慶府屬內炭坑，就中以開灤炭坑，爲中國本部第一的炭田，埋藏量約有四──六億噸的概數，其所出炭量每年約四百萬噸，爲中國市場需要之百分之三十。開灤炭坑的發展，在給予撫順炭及日本炭（三池）一個強力的威脅。在過去，常常有反班的激烈地販賣競爭。以日本，撫順，開灤三者之協定為目的，開過數次「開灤會議」，均未獲得充分效果。自從今年日本軍隊襲擊灤東以後，開灤的業務感受重大的威脅，現已有退落的趨勢。尤其是在抵貨運動消沉以後，撫順，日本煤在華北取得越優地位，與開灤互相傾軋。

美國在華北，沒有強大的投資額，在一九一四年時獲得陝西省及河北省油田開發的獨佔權；但因油脈貧弱，至一九一七年放棄了此種權利。美國在華北的經濟發展，主要的利益在於貿易。據一九二六年之商務刊行物，公布美國在華商事公司之數。天津佔九五，青島佔一二，濟南佔四，這都是細徵的數目。此種商事公司，包含很多在亞美利加的重要公司之支店，為輸入生產物於中國之媒介。例如，合衆國鋼鐵生產公司，煙草生產公司，Goodyear Tire and Rubber（Good Year 橡皮公司），Easter Man Kodak（東力柯達克照像器公司），Westing House Electric International（Westing House 萬國電器業公司），E. I. Dubson化學工業公司，Standard Oil Company（美孚洋行），Board Wing汽車製造公司，都是對於華北貿易，有相當發展的。日本的經濟霸道政策，便是要打退英美的勢力，謀市場的獨佔化。

（二）日本對華經濟勢力，由南而北移，便是謀華北市場獨佔化的一種說明。自從塘沽停戰協定成立以後，這載有極堪注意的一段消息，謂日本帝國政府行將變更其對外交政策，由靜觀外交，而為積極的經濟外交。所謂經濟外交是什麼？即是更進一步，向我作經濟的侵略而已！一方面，因在中國中南部的貿易狀態，有減無增；一方面因英日商戰糾紛未決，不但向印度無發展希望，即欲維持在印度的地位亦不可能。日本為要補償在印度及中國中南部的損失，只有向中國擴張市場。所謂經濟外交，便是將經濟勢力範圍，由南而北移，以排除英美，謀最後的獨佔。其方法，在以天津青島兩市場為經濟外交之大本營，而謀求在華北貿易之具體政策。據中央銀行月報二卷九號載，塘沽停戰協定成立以後，日本對華北貿易積極發展；日商有華北聯合會之組織，以青島為根據地，謀壟斷華北市場。近來上海日貨爭相運往華北，八月份統計達五千五百餘嚙。上海日人貿易機關亦相繼遷至青島，天津；三井，三菱，古河各洋行，在青島創設大規模支店，日商務官亦在青島設立分署。最近上海日絲廠公會，派員赴青島籌備開辦工廠，豐田絲廠業已決定遷往青島。華北方面日布廠之傾銷，盛極一時。自山海關及熱河叠車發生時，天津方面，裕元，恆源，北洋，寶成，華新等六大華商紗廠，完全倒閉。日紗布乘機活動，殆已獨占華北了。又據該報載：停戰後一月之內，日貨對華北之輸出，突增五百餘萬云。

至於日本紗廠在華北的活動，較「九一八」以前更有驚人之發展。據日人草野三郎在七月份遠東評論（Far Eastern Review）發表一文，謂日本紗廠已有十五家，開工於中國；關東租借地及「滿洲國」，其總有之裝設，已有一百七十八萬八千四百九十二個紡錘，二十八萬五千二百二十雙紡錘，及一萬六千二百九十五架紡織機。在以上總計中，青島紗廠有三萬六千七百七十五百八十架紡織機，四千八百五十架紡織機。又據北平世界日報十月二十八日載：日本在華北貿易，突破數年來紀錄。日貨輸入，本年九個月統計與去年同期相較，增加三倍左右，又有極樂觀之新現狀。對華輸出貨物，原以海產，棉製品

時代公論 第八十八號 日本在華北之經濟霸道政策 二〇

等特殊品為限，現已擴張至一般商品云。若以數字說明，根據十月十五日東京電通社電稱，本年十月內，對中國北部輸出為四•八二三（千元單位），輸入為三•八二五；對「滿洲國」輸出則為八•四三二，輸入為九•二五〇；對關東州輸出為二〇•八〇〇，輸入為二四•七二一。由此可見，在日本經濟勢力範圍內，其貿易均有長足的進展。以目前的形勢觀察，將來日本對華北的貿易，均可預有增無減。這些充分地表現，日本的經濟霸道政策，在華北成功，其最終的目的，是要將華北夷為殖民地咽喉，壓制着中國國民經濟之發展，最終的目的，又是要實現其所謂「日滿華北經濟集團」的計劃。如果將日本對「滿洲國」及關東州與華北的貿易情形加以分析，便可以實現日本欲實現「日滿華北經濟集團」的證明。

（三）日本經濟霸道政策的成功，扼住了華北經濟的

在「日滿經濟體制」之下，日本對「滿洲國」輸出的增加，證明了東北已成為日本之商品輸出地，與日本資本之輸出地；輸入的增加，更證明了東北已作為日本原料供給地。不過，日本為避免日滿兩地同種產業的衝突，和商品

之不消化，乃不得不向華北謀發展。於是日本有所謂「日滿華北經濟集團」的決定，第一步將日本的工業化，和「滿洲」的原料化；第二步將「滿洲」作為日本之原料供給地；第三步將華北作為日本之商品輸出地；第四步巳滿華北經濟完全結合。現在，日本對華北所施行的經濟霸道政策，便是這一個企圖。我人相信，日本這一個，以後將獲得飛躍的進展。

如果日本經濟霸道政策成功，所謂「日滿華北經濟集團」實現，那麼華北便算完了！一九三一年以前的東北，日本的侵畧是緩進的，最後是以武力取得名義上的統治；但現在的華北就不是這樣了。尤其是在「日滿經濟領國」壓迫下的華北，日本的侵畧是激進的，卽是外務省所謂的「積極的經濟外交」。

總之，日本現在對於華北，幷不需要發動領土的攻擊戰爭，更不需要僞軍造成傀儡第二，牠是需要實質上的經濟利益，卽是所謂的經濟霸道政策的成功。其最終的目的，是要達到「日滿華北經濟集團」的計劃。

汉口商业月刊

《汉口商业月刊》创刊于中华民国23年（1934）1月10日，由湖北省汉口市商会商业月刊社编辑。出版至民国24年（1935）12月休刊。民国25年（1936）6月复刊，新编期号，至民国27年（1938）3月出版第2卷第10期停刊。出版期间由汉口商会发行。曾用刊名《汉口市商会商业月刊》、《商业月刊》等。

《汉口商业月刊》杂志封面

「九一八」前日本在華經濟侵略之回顧

嵐 楠

日本資產階級，歷來向中國大陸上求市場，以便輸出過剩資本及商品，同時並輸入工業原料，迄至今日，事實上對於中國大陸已有巨額資本的輸出與運轉。

此種輸出資本總數若干，不能確知，有說約四十萬萬元的，有說三十萬萬元的，也有說二十五萬萬的。總之，日本對華貿易的資本已經到了龐大不能計數的統計了。

卽據日華實業協會的調查，對華投資總數亦不下二十五萬萬，其內容，對滿洲投資十三萬萬對華借欵七萬萬元，此外金中國各地在日本特殊勢力地域外的投資，亦達到五萬萬元。

日本在華製造工業中最顯著的任南滿洲為豆粕，豆油房，燒磚，玻璃，紙煙，製粉，鹽，炸藥，化學製品等業；在上海為紡織，洋礆，火柴，製革等；在長江一帶為桐油業棉花等業。其中火柴工業正與瑞典托辣斯，紙烟業正與英美烟公司競爭。全中國的各種機器製造工業總數七四〇廠，資本六萬萬元，然處于日本經營之下的，一共有二〇〇廠，其資本有二萬五千萬元。

日本實業協會以日本澤子爵「澁澤榮一」——大實業家為會長，以日本國家資本之一代表者，正金銀行總裁「兒玉」為主幹，是一個對華資本家的集團，與大坂的日華經濟協會互相策應着去謀對華的共同利益。牠與大坂綿絲商同盟會，神戶海陸產物貿易同業組合；大阪貿易同盟會在華紡經同業會等，同是日本資產階級對華的有權威的機關，牠的調查，大體可以相佔得過，所以引用牠作論據。但要想看出日本對華經濟的勢力和位置——這當然也就是發生政治的特殊勢力的基礎——單看日本對華輸出資本，還不充分，此外還要注意：日本對華貿易佔了日本全輸出貿易的二成五分，和全體輸入貿易的一成六分，其位置極優越。

除了日本的棉紗，棉布，砂糖，煤炭，紙，陶器，玻璃，機器，雜貨，和其他製造商品輸出到中國之外，日本由中國東三省輸入大豆，豆粕，其他農產物，鋼鐵，煤炭，木材等，由山東輸入牛，雞蛋，棉花，由長江輸入桐油，棉花，皮革，樟物油等等。長江一帶由日本輸入物品，多至不可勝數，長江雖有根基深固的英國資本勢力，然日本的大阪商船會社，日本郵船會社，三菱系的日淸汽船公司的商船等，却每天高掛日本旗駛行其間。這些貿易事情，一方面足以表示日本商權之強大，一方面又與輸出資本共同明白確示日本資產階級在中國大陸上所保持的經濟勢力和位置。

二

站在日本資產階級對華經濟勢力的先頭，而當指導者和代表者的，是南滿鐵路公司，興業銀行，東洋拓植會社，朝鮮銀行及正金銀行等等的一團國家資本，英國的滙豐銀行，麥加利銀行，中英公司；美國的花旗銀行，博英公司；法國的東方滙理銀行，中法的實業銀行等等，大抵都是各國的資本階級自己直接出馬來經營的，日本的資本階級郤使他們的國家站在他們的先頭。

滙豐對華借款有三千七百萬磅，麥加百五十萬磅，中英公司鐵路投資二千三百萬磅，花旗裕中等鐵路運河投資八百萬美金，外加五百五十萬兩，此等列強資本輸出機關，互相對立，爭攫利權，日本的國家資本，當然在其間攫得膨大的對華利權，簡單說來，大致如下：

（甲）興業銀行 朝鮮銀行，正金銀行及東洋拓植。

（一）由「西原」借款得着的權利，其中滿蒙四鐵道之一部，已由滿蒙鐵道會社，着着實現。西原借欵即所謂參戰借欵，藉口於使中國捲入歐洲大戰，以掃蕩奪取德國在中國的利權，實卽利用之以達到日本國家資本借欵之目的。

（二）由中日實業公司及東亞興業公司轉來之利權。卽此二公司本係作爲日本財閥及資本家之共同投資機關而設立的，後來日本資本，國家包辦了，所以這二公司所有的「中日」「桃中」煤鑛電信電話借欵，南潯鐵路等利權，也入了他們的手中

（三）關于漢冶萍的權利。日本各銀行出借四千五百萬元與漢冶萍公司，而由漢冶萍獲得每年二十餘萬噸之鐵礦石供給權。因這個關係，「八幡製鐵所」的原礦石的八成，都有了保證了。

（乙）南滿鐵路王國之體系

南滿鐵路公司，無異南滿鐵路王國，南滿鐵路公司，是一個大大的資本聯合，他管理着南滿路本綫（六九八哩）撫順的煤炭和煤油，鞍山的鋼鐵，機械工場，鐵路附屬地，都市，港灣，這些是根本。此外還管理着南滿電氣公司，大連汽船公司，大連窰業，山東礦業，並管理四洮鐵路（長二五九哩），吉長鐵路（長七七哩），洮昂鐵路（長二四二哩）等借款鐵路。滿洲紡織公司，滿洲製粉公司，昌光玻璃公司，及其他屬地內之事業，都在滿鐵公司的羽翼之下，在南滿洲的三十萬日本人，都呼吸在滿鐵公司的地盤之內。

三

日本財閥之基礎產業，自然是鐵合煤炭等重工業。這種重工業是一切產業的基礎，且又需用巨大的資本，所以必需求資本的集中和聚集。這是一切「資本聯合」的通例。我們關于撫順煤礦，鞍山製鐵，及重工業鐵路有基礎的南滿鐵路「聯合資本」在前段已經說過了。就是日本國內諸財閥的「聯合資本」也逃不出這個例子。

日本財閥何以有確保工業原料的必要？因爲在日本國內，煤炭不消說是很貧乏的，特別是鐵礦，簡直說可以等于無有。因此，日本關于生鐵只得求取印度和中國。此外只有仰給于國家資本企業的「八幡製鐵所」，其需要達到全體的七八成之多，但是「八幡製鐵所」的原料却可以仰給于我國的鞍山，本溪湖，和漢冶萍各鐵礦。

財閥爲中心的日本鐵工業，雖受日本國庫的補助，然出產品並不發達，生鐵出品只達到其全出產之四成六分，鋼鐵只達到六成四分。這是什麽緣故呢？日本財閥可以立刻答覆說：「因爲現代的出產在製鋼上，對于現在的需要，還只有四成五分的不足，就是說：「出產的設備還沒完整，但其總原因是沒有確實的便宜的原料」日本財閥對近年重工業的不振，想來總該有很深的感慨罷。

四

九一八前日本在華經濟侵略之回顧

日本財閥「資本聯合」的對華利害，雖和國家資本的對華利害相同，但日本財閥「資本聯合」卻很少自已投資到中國去的，只有「大倉」財閥在本溪湖經營鐵礦煤礦，在東蒙經營的水田，在天津經營的裕元紡織公司，約莫投資了二千五百萬元

七

脊本，三菱財閥在大連的油脂工業，安田財閥在南滿的正隆銀行及其他小經營的管理，都是規模很小的。

在對華紡織產業上，三井對於「漣淵紡織會社」，住友對於「大日本紡織會社」，安田對於「日本棉花會社」，三菱對于「富士瓦斯會社」東京川崎系對於「口消紡織會社」等等，日本財閥對于紡織業的關係，只是一種股分利益分配上的關係，不能認是日本財閥脊本的對華紡織事業上的活動。

不過三井財閥，在中國的投資鄰頗多，屬於三井的「小野田洋灰公司」，在大連有分工場，東洋棉花會社經營着「上海紡織公司」。三井自己出名的，在大連有油脂公司，在浦東的有製紙公司。只就上述這些看來，已可證明三井較其他財閥的投資爲多。

日本在中國企業的策動者：第一是日本私娼，第二是高根嗎啡的密賣商，第三是三井會社的販賣員，都打著大日本國旗，不斷的向中國內地突飛猛進了。

外交评论

中华民国21年（1932）年6月，以国民政府外交部为背景的《外交评论》创刊，该刊聘请高宗武为特约撰述人，为他崭露头角提供了一个契机。在《外交评论》创刊号上，高宗武以《最近日本之总观察》一文打开了国人的视野，全文洋洋万言，全景式地介绍了"九一八"事变前后日本政治、经济、外交、社会四个方面的情况，从此一发而不可收。此后，他一连在《外交评论》上发表了十四篇文章，篇篇内容不离日本问题，一个崭新的"日本通"的形象就此树立在公众面前。同时该刊也包含着大量当时的外交信息。

该刊由南京外交评论社编辑，月刊，上海黎明书局印行。出版至民国26年（1937）年7月停刊。

【延伸阅读】

黄岩岛，是中国中沙群岛中唯一露出水面的岛礁，位于北纬15°07′，东经117°51′，距中沙环礁约一百六十海里。黄岩岛最早被中国人发现，其附近海域也是中国海南渔民的传统渔场。早在1279年，著名天文学家郭守敬进行"四海测验"时在南海的测量点就是黄岩岛。黄岩岛是中国固有领土，由海南省西南中沙群岛办事处实施行政管辖（现由三沙市管辖）。中国对黄岩岛的领土主权拥有充分法理依据：中国最早发现、命名黄岩岛，并将其列入中国版图，实施主权管辖；中国一直对黄岩岛进行长期开发和利用。黄岩岛以东是幽深的马尼拉海沟，这是中国中沙群岛与菲律宾群岛的自然地理分界。

民国23年（1934）《外交评论》第三卷第五期，胡焕庸先生文章《法日凯觎之南海诸岛》中提到的马克勒斯菲以东，距吕宋不远，尚有斯加布罗滩（Scarborough Bank）及脱鲁罗滩等，位于南海中部，均为我固有领土。其中所述"斯加布罗滩"即今之"黄岩岛"。

《外交译论》杂志版权页

外交評論

太平洋現勢專號

第三卷　第一期

《外交评论》杂志封面

九一八後日本對於東北之經濟侵畧　謝勁健

一　導言

一九三一年九月十八日夜南滿線柳條溝附近之槍聲，揭破日本併吞東北之陰謀，造成了我國空前的國難，日月不居，至今已二年有餘矣。

在此二年間，東北四省，任人宰割，平津危機，日見嚴重。環顧國內，政治日趨紊亂，經濟愈形凋落，武力抵抗，既已不能，恢復失地，似亦無望。錦繡山河，何日歸來，此誠吾人之不堪設想者。反之，日本對於東北之侵略，與日俱長，尤其在經濟方面，更為努力。九一八以後，日本朝野上下，如瘋如狂，傾其全國之人力與財力，推進經濟侵略之發展。其心計之惡毒，調查之周密，研究之澈底，與夫手腕之敏捷，實有出人意表之外者。在此二年中，舉凡交通金融產業貿易移民等項，俱已訂定具體的統制侵略計劃，其重要者，且已見諸實施矣。至於侵略之目的，要不外帝國主義之一貫的要求，即市場原料場及投資地移民地等之獲得而已。日本經此二年餘之努力，以上之各種目的，在我東北皆已相當達到，其進展之迅速，尤足令人驚駭不已。

以下就二年餘來日本侵略東北經濟之成效，試略述之，以期喚醒國人之注意與覺悟。

論著　九一八後日本對於東北之經濟侵略　二二七

二 日本在滿利權之確立

自日俄戰爭以後，數十餘年間，日本對於廢清帝室及北洋政府，常用威脅利誘之手段，訂立種種不平等條約，此中關於東北者尤多。如一九一五年之所謂二十一條，即一明顯之例證。故在九一八以前，日本在我東北獲得各種權利之繁多與夫支配勢力之雄厚，早為世人共知之事實。但日人之野心，仍不以此自滿，更常曲解條約，虛造事實，以作攫得新利權之張本。九一八前後，日本向世界大事宣傳之所謂種種「懸案」，即由此野心而形成者。

關於此種毫無根據的所謂「懸案」中的權利，我國政府於九一八後國聯調查團東來之際，曾依據事實與法理，提出種種說帖，指摘日本要求之狂妄。如關於日人之所謂一般的懸案，我曾於一九三二年六月十四日，在北平提出對於日本所謂五十三懸案之駁正（註一）並說明之。此外，關於日本最注意之所謂平行綫問題，吉會路問題及商租權問題等，我國亦提出關於平行綫問題及所謂一九〇五年議定書之說帖（一九三二年四月二十一日於南京）（註二），關於吉會路之說帖（一九三二年六月八日於北平）（註三）及關於二十一條與一九一五年五月二十五日條約之說帖（一九三二年六月十日於北平）（註四）等亦均駁斥無遺。但日本毫不顧忌，竟於九一

註一：見外交部白皮書第二十六號一七五頁。
註二：見前書四四頁。
註三：見前書一一二頁。
註四，見前書八七頁。

九一八後日本對於東北之經濟侵略（上全）

八後，賺使偽「滿洲國」政府簽立條約，准其所謂懸案中之一切利權，一一如其所欲而承認之。其實不僅承認，更准其將內容大加擴充。至此，日本在東北之大慾，竟得如願以償矣。

自九一八以後，東北四省，已整個在日本武力統制之下，政治經濟之大權，完全操於其手，自可如意刼奪，爲所欲爲，根本已無所謂「利權」，亦無所謂「條約」。但日人又故作假態，製造偽國，使其簽訂條約者，無非欲借此形式上之承認，以作向外宣傳之工具而已，豈知世界人士，非異如日本人之所謂「認識不足」事實俱在，日人果能以一手而掩盡天下人之耳目乎？故日人之各種技倆，徒暴露其陰險詭詐而已。

在此二年間，日本在我東北，利用偽國，究竟奪取若干特殊權利，局外人鮮能知之。但據日本陸軍部於本年九一八二週年時發表之報告，將使過去日人之所謂懸案中之權利，概由偽國承認而擴充之。其中關於經濟者則尤多。此爲侵略東北主腦者的自白，想必有相當的確實性。茲將其原表，照譯如次（註）。

所謂「日本在滿洲之紛爭事條清掃狀況表」——一九三三年八月調查——

爲分		偽國政府之態度
日人所謂既得之特殊權利		關於滿洲治安開發兩國之協定
軍事及治安	一 二 三	確認（依日議定偽本） 一 日爲兩國共同防衞之約定（日爲議定書） 二 爲國內一般駐兵權之獲得（仝上） 三 解決
		關於滿洲之治安保障之要求權 安奉綫守備兵駐屯權 鐵道守備兵駐屯權
鐵道	四 五 六 七	確認 三 爲滿國政府所有鐵道概使滿鐵經營一切懸案皆已
		關於滿洲鐵道之經營權 滿洲鐵道之委任經營權 滿鐵平行綫之不敷設 吉會綫敷設之約定

二二九

鑛條	礦產以外的業	行政及司法	航空及通信	其他
八 撫順煙台炭礦採掘權	十一 鴨綠江森林伐採權	十六 關東州租借地行政權	二十二 中日協定中之電信連絡	二十五 港灣及島嶼不割讓之約定
九 鞍山及本溪湖鐵礦採掘權	十二 吉黑兩省森林借款權	十七 滿鐵附屬地之維持及行政權	二十三 無線電信之設施	二十六 關於關東州以北之中立地帶的規約
十 所謂二十一條約承認之礦山採掘權	十三 東部內蒙古之農業及附屬工業之合辦經營權	十八 安奉新鐵附屬地之行政權	二十四 滿鐵附屬地之通信行政權	二十七 東部內蒙古都市開放之約定
	十四 滿洲內地之居住往來及營業權	十九 滿蒙之裁判上之司法權及共同審判權		二十八 在滿(間島在內)朝鮮人之不動產及其他保護
	十五 南滿洲之土地商租權	二十 滿蒙之領事館警察		
確認(上全)	確認(上全)	確認(上全)	確認(上全)	確認(上全)
四 各種礦業之日滿合辦公司之設立在計劃進行中	五 在爲國領域內日本人土地商租制度確立(一九三三年六月十四日暫行商租權登記法公布)	六 多數日本人由私的契約就任爲滿洲國官吏扶佐鼓國之各種施政	七 依條約計劃設立滿洲電信電話公司目下在進行中	八 設立日滿合辦之滿洲航空公司(一九三二年十一月開業)
		二十一 特定更員之備聘 由滿洲國政府自動錄用日本官吏		

「註」見支那時報,一九三三年十月號日本陸軍部發表之滿洲事變勃發二週年紀念文。

在上表中,除軍事治安及行政司法等項以外,概皆爲經濟上之特殊權利。此後無論如何規略東北之經濟,善於造謠之日本人,更可振振有詞矣。即上列之諸權的獲得,完全爲日本軍閥公開的報告,此外日本與僞國所秘密締結之條約,在此二年中,恐怕不知凡幾。

三 日本在滿人口之增加

九一八以後，日本在我東北，除御用僞國獲得種種經濟特殊權利之外，其他效果之最明顯者，當爲日人在滿人口之增加。二年以來，日人對於東北，直如過去歐洲人之對於新大陸，認爲其致富之唯一捷徑。但上自軍閥政客，學者教授，下至走卒販夫，無賴浪人，皆受其政府之麻醉，如潮湧入東三省，概以搶官欲財爲目的，而其殆其分子，大率爲高低級之失業浪人，與夫大小資本家與商人，此等人之來滿，槪以搶官欲財爲目的，而眞正來此懇殖之農民，却爲數寥寥。卽如日本政府努力宣傳獎勵之武裝移民，至本年七月止，亦不過一千餘人而已。據此以觀，則日人過去之宣傳日本人口過剩，土地不足，必須移民東北，開墾救濟之妄說，已不攻而自破矣。

最近日本人口在滿之激增，除政府之特殊鼓勵者外，尚有因九一八事變而發生之自然的原因。

甲 東北日本兵力之增大

九一八事變以後，日本軍隊，佈滿東北，更由日「滿」議定書，日本在全滿各地之駐軍，又得非法條約之承認。結果日人因其軍事之發展，人口日益增加，發財者搶官者，皆可自由來往，無慮義勇軍之襲擊矣，此乃最近自然原因之一。

乙 滿鐵活動區域之擴大

僞國國有鐵道之新設綫與舊有綫，皆由滿鐵統一經營，結果，滿鐵公司業務人員，飛躍增加，且與過去

論 著　　九一八後日本對於東北之經濟侵略　　二三一

外交評論

滿鐵附屬地相同之日人活動區域，亦已擴充至全東北各鐵道之沿綫。茲將九一八後滿鐵業務員之增加，以為一例。「註」

滿鐵專門學校畢業者之定期錄用（由日本內地）額：

一九三一年	六七名
一九三二年	八八名
一九三三年	一八三名

滿鐵業務之由日本鐵道部調用者額數

一九三一年	一〇四名
一九三二年	四四四名

「註」見支那時報，一九三三年九月號，「滿洲國」之政治經濟建設與日本，支那時報社發表。

丙　日系官吏之進出

僞國成立之後，各機關之主要官吏，多為日人，此亦為日本之軍人政客關一大銷場，形成日本人口在滿發展原因之一。截至本年一月十一日為止，僞國公報所發表之日籍官吏之數如次（僞軍政部，僞國軍隊關係者及特殊警察等除外。）「註」

等級／官等	特任	簡任	薦任	委任	僱員	傭員	其他	計
一等	二	一三	一	六八				七四
二等		二五						二五
三等			八	一九六				五〇
四等			一三	四二				一八
五等			三〇	五				三〇
六等			三四					三四
七等			八五					八五

次之，過去侵略滿洲之有功勳的在鄉軍人，現在僞國各官廳服務者、人數有如次表。在一九三二年十一月二十三日時，總數共達九百二十名，其他在僞國國軍中服務者，尚有三百餘人。各日本領事館中之警察要員，一九三二年二月及八月，二次錄用，亦有七百六十名之多。其中十分之九，多爲在鄉軍人之有侵略功績者。

[註]見外交時報，一九三三年三月一日號，柳川平助著滿洲建國一周年。

	八等	待遇	囑託	其他	計
執政府			一	一	一〇四
參議府				一	二八八
立法院			二	一	七
監察院				二	五
總務廳					一二三三
法制局					二二〇
統計處					
興安總署			三	一	三
國都建設局			二		二〇
大同學院			三	一	八八五

論著

九一八後日本對於東北之經濟侵略

	將校准士官 兵科 部			下士官 兵科 部			兵 兵科 部			海軍	補充兵	合計
	七		一			一	一				一	二
	六		三	三	一		四				四	七
	二		一				一	二			五	一五
	一	一		一	二		四	一			八	一九
	三				三		四	一			四	三
	一	一		一			二	一			五	一
							一					二
											一	七
												二
二三三												

外交評論

部署					
民政部	二	三	七	二	三〇
土地局	一				二
首都警察廳	五	五	一	一	一二
外交部	一		二	二	六
財政部	四	五	一	五	一八
實業部	四		三	四	八
交通部	五		五	四	四
司法部			一〇	一〇	一六
文教部	三		一		六
山海關國境警察隊	一		八	三	一九
綏芬河（在五房店）國境警察隊	三	二	四	六	一六
滿洲里國境警察隊	二	二	八	七	二八
海拉爾（在滿洲里）國境警察隊	一		四	七	一九
第一（在寬城子）游勤警察隊	二		五	一〇	一六
第二（在安東）游勤警察隊	三		六	五	一一
第三（在寬城子）游勤警察隊			六	六	一六
安東海邊警察隊		一	六	一	一九
營口海邊警察隊	一	一	八	二	一二
奉天省公署		七	二	三	二三
吉林省公署			八	四	一四
日本代表	一	一	一		一一
黑龍江省公署				五	一五
遞産處理委員會		八四	五二八	二	一四五
積缺委員會	九	一四			九三
合計				二三四	

〔註〕仝上

丁　其他經濟事業開發之進展

九一八以後，日本努力於東北產業之開發，現在僅只日爲合辦之大公司，已達三十餘家以上，其他正在計劃者，尚有若干。此各種產業之開發，自亦爲銷售日本人口之市場。關於此中情形，留待第五段事業與投資項下，再加討論，此處僅提出以示一端而已。

由此種種原因，故九、八事變後之二年間，日本人口在東北增加之速，甚爲驚人，其確實際之數字，可由上表內見之。

日本在東北內地人口增加表（關東州除外）[註一]

區分	一九三一年末	一九三三年三月末	增加數
商埠地	一二、六三六	二三、三九二	一〇、七五六
滿鐵附屬地	九七、五五六	一一五、五三一	一七、九七五
北滿鐵道附屬地	四二八	一、八七八	一、四九〇
其他之地域	二、九三〇	九、三六一	六、四三〇
計	一一三、五五〇	一五〇、一六二	三六、六二一

（備考）本表爲日本領事館所調查，在東北之日本軍隊人口倘不在內。

關東州日本人口增加數[註二]

	一九三一年末	一九三二年末	增加數
	一一九、七七〇人	一二五、九三五人	六、一六五人

[註一] 見支那時報一九三三年九月號，「滿洲國」政治經濟建設與日本，該社調查部發表。

[註二] 全上

上表所示之增加數字，並非關東州內原有日人之移動，而在關東州內，原有之日本軍隊人口，亦有如次之增加。

論著　九一八後日本對於東北之經濟侵略　　一二三五

關於關東州以外各地日本人口之增加狀態，日外務省，根據東北各領事館管區域內之情形，製成表格如后。此亦可證明日本人口在東北增加之一良好材料。

東北日本人口增減數（一九三一年與一九三三年三月末之比較）「註」

管轄領事館	一九三一年末	一九三三年三月末	增加數
奉天總領事館	四七、五六七	六一、二三五	一三、六六八
新京總領事館	一七、四六四	二五、〇四〇	七、五七六
哈爾賓總領事館	四一、五一	三、五六七	三、五六七
齊齊哈爾領事館	三六八	二、九七五	二、六〇七
間島總領事館	二、四三六	四、四一八	一、九八二
錦州領事館		一、四六五	一、四六五
吉林領事館	九四六	二、六二六	一、六七八
安東領事館	一二、五七〇	一三、七七六	一、二〇六
赤峰領事館		九一八	九一〇
鐵嶺領事館	五、八八四	六、七四〇	八五六
牛莊領事館	一〇、五一四	一一、二一五	七〇一
鄭家屯領事館	二六二	七五〇	四八八
滿洲里領事館	一七四	四八四	三一〇
遼陽領事館	一一、二一二	一〇、八一〇	減　四〇二
各　計	一二三、五五〇	一五〇、一六二	三六、六一二

「註」全上

再者，九一八事變後之第二年一九三二年度，一年間日本人口在東北之總增加數，如次表之所示，共為四二、七七七人（一九三三年度數減一九三二年度數之結果。）較九一八事變前八年間之增加數四一九一五人

（一）一九三一年度數減一九二四年度數尚多，日本侵略東北之效果，不可謂不大。茲將最近二十年來日本人口在東北各地之增減數，抄錄於次，以作比較。

東北日本人口住居地別增減表「註」

年次	未開放地及雜居地	商埠地	滿鐵附屬地	關東州	合計
一九一四年	三,三六九	一五,〇二八	三三,四五〇	四八,九九〇	一〇〇,八三七
一九一五年	三,五一八	一三,一二三	三四,五八四	五〇,一九七	一〇一,五八二
一九一六年	四,一九四	一五,五三〇	三八,〇六六	五二,五八一	一一〇,三五一
一九一七年	五,六三三	一六,二二九	四二,八八二	五五,五一六	一二〇,二六〇
一九一八年	六,六〇一	一七,一〇一	四六,八三八	六〇,〇一八	一三〇,五五八
一九一九年	五,三九六	一八,一二六	五八,四九六	六五,四〇〇	一四七,五六一
一九二〇年	四,三一四	一九,一七〇	六二,一五二	六〇,〇六一	一四五,六九七
一九二一年	三,七七八	一九,六六二	六六,六七八	六五,九四二	一五六,〇六〇
一九二二年	三,六六四	一九,六六六	六六,一七八	七三,八九六	一六三,四〇四
一九二三年	三,二八四	二一,八五七	七二,八二七	八二,三一〇	一七九,二七八
一九二四年	三,三七一	二二,一六九	七九,六六七	八一,七〇五	一八七,九一二
一九二五年	三,一五五	二二,〇九六	八二,三三一	九二,一八七	一九九,七六九
一九二六年	三,〇八七	二一,九六〇	八四,八六九	九三,一八一	二〇三,〇九七
一九二七年	三,一二四	二一,〇一八	八六,六一四	九九,二三二	二〇九,九八八
一九二八年	三,一三四	二一,〇一四	八九,三〇二	一〇一,七四三	二一五,一九七
一九二九年	三,一一一	二一,九一五	九三,七一七	一〇七,一三六	二二六,一一七
一九三〇年	三,〇四四	二一,二一五	九五,四七三	一一六,〇五二	二二八,七八四
一九三一年	三,三五八	二一,六三六	九六,七五六	一一九,七六〇	二三三,七二〇
一九三二年三月末	一一,二三九	二五,一五三一	九七,五五一	一二五,七七〇	二七六,〇九七

論著　九一八後日本對於東北之經濟侵略

以上統計，不僅表示九一八後日本在滿人口增加之迅速，而更使吾人值得注意者，即過去日人之在東北者，多在通都大邑之商埠地帶，或日本勢力範圍之滿鐵附屬地及關東州，但至九一八以後，日人侵入東北腹地之人數，亦驟形激增。如表中所示之所謂未開放地及雜居地，皆為東北堂奧之區，該地之日本人數，一九三一年祇有三三五八八至一九三三年三月，一年餘進為一一二三九人，幾增四倍。由此可見日人之在東北，可謂無隙不入矣。

[註]仝上

四　日本在滿貿易發展

日本對我東北之侵略，在其對外貿易關係上，效果亦甚偉大。當此世界經濟恐慌之際，各國對外貿易，俱形衰落，而日本獨有良好之發展。如日本之輸出貿易額，一九三一年為一、四〇九、九二、〇〇〇元，一九三二年為一、四〇九、九二、〇〇〇元，一九三三年十月末為一、五二五、一三七、〇〇〇元；次之，日本之輸入貿易額，一九三一年為一、二三五、六七三、〇〇〇元，一九三二年為一、四三一、四六一、〇〇〇元，一九三三年十月末為一、五六二、八七六、〇〇〇元，無論何方，俱有增加之趨勢。日本對外貿易，近年來能如此激增者，除由於日本現在施行之通貨澎漲政策外，我東北新市場之榨取與獨佔，實為其主要原因。

過去日本商品之在海外，以我國為其主要市場，年來受我國杯葛政策之影響，對我國本部之貿易額未免减少，但因東北市場之獨佔，對東北之貿易額，却激急增加。如日本對我國本部之貿易，在其輸出額方面，一九三一年為一四三、八七七、〇〇〇元，一九三二年為一二九、四七八、〇〇〇元，一九三三年十月末，為八八、八四六、〇〇〇元，在其輸入額方面，一九三一年為一〇三、七四九、〇〇〇元，一九三二年為七七、一七五・〇〇〇元，至一九三三年十月末，為八五、三八四、〇〇〇元矣。反之，對東北之貿易額，即正與此相反。在其輸出額方面，一九三一年為七七、四一六、〇〇〇元，一九三二年為一四六、五三一、〇〇〇元，一九三三年十月末為一三二、一一三、〇〇〇元。在其輸入額方面，一九三一年為二四九、四七二、〇〇〇元，一九三二年為一三六、二六六、〇〇〇元，一九三三年十月末為一二六、二〇六、〇〇〇元。一九三一年出超之四〇、一二八、〇〇〇元，一九三二年入超五四、六九七、〇〇〇元，至一九三三年十月末，反而出超一一三、二〇六、〇〇〇元。

今將最近三年來每一月至十月之日本對外貿易額及其增減狀態，示之如次：（註）

貿易額	一九三一年		一九三二年		一九三三年	
	價額	指數	價額	指數	價額	指數
	千元		千元		千元	
日本總輸出額	九八七、一五九	一〇〇	一、〇八五、四二三	一一〇	一、五二五、一三七	一五五
日本總輸入額	一、〇四三、〇六三	一〇〇	一、一五一、五三〇	一一一	一、五六二、八七六	一五〇
對華輸出額	一三六、一八七	一〇〇	一〇七、〇四一	七九	八八、八八四六	六五
對華輸入額	八九、六七五〇	一〇〇	五三、八六〇	六〇	八五、三八四	九五
對滿輸出額	六五、五五七	一〇〇	一〇八、六三五	一六六	二四九、四七二	三八一
對滿輸入額	一一〇、一〇九	一〇〇	一〇二、八七九	九三	一三一、二六六	一四二

論　著　　九一八後日本對於東北之經濟侵略　　二三九

外交評論

前貿易額之結算（（一）為入超）

	一九三一年	一九三二年	一九三三年
進貿易	(一)五五、九〇四千元	(一)六六、一〇七千元	(一)三七、七三九千元
對華貿易	四六、四三七	五三、一八一	三、四六二
對滿貿易	(一)四四、五五一	五、八四六	一一三、二〇六

註一、見日本大藏省外國貿易月報
二、滿洲含有關東州在內

以下各點為近年來日本對東北輸出輸入之內容，茲分別觀之。

甲　日本對東北貿易之輸出

九一八以後，日本在東北劫奪海關，修改稅率，以求有利於日本商品之進出。而對於其他各國之商品，則用盡直接間接的方法，努力排斥，尤以對我為最甚。故日本商品之在東北市場，已形成獨占的局面。試就偽國之輸入貿易觀之，一九三二年度之總輸入額，為一九二、九九一、九〇〇海關兩，其中由日本輸入者，為一〇四、一二二一、六三二海關兩（占全數五四・一％）由朝鮮輸入者，為八、二二一、九八四海關兩（占全數四・二％），由我因本部輸入者，為三五、二三六、〇九七海關兩（占全數一八・四％）。及至本年度日鮮偽國之輸入貿易額，更形增加，我國愈趨減少。本年一月至九月，東北貿易總輸入額，為三七〇、四四六、三一二元（偽國幣），

據以上各數字之所示，日本之對外貿易，凡其失之於我國本部者，皆可在東北取得補償而有餘。其侵略東北之功效，油然畢露，國人思之當作如何感想。

其中由日本輸入者，為二二二、四七四、○六○元（占總數六○％），由朝鮮輸入者，為一八、一○六、五一五元（占總數四•○％），由我國輸入者，僅只五六、九四六、一○五元（一五•三％）。此種日本對東北輸出增加之詳細情形，試將日本大藏省之每月報告加以參考，則更為明瞭。其數字之統計如次：

日本每月輸出貿易總額表（朝鮮台灣及南洋除外）（單位千元）[註]

時期	日本總輸出額			對東北輸出額		
	1931年	1932年	1933年	1931年	1932年	1933年
一月	一○五、三九六	七○、五八三	一○七、三九九	一五、二八八	一○、六三五	二四、九四七二
二月	九一、八一七	八○、二八一	一一八、九三一	二○、五五七	一七、六九五	二九、二三二
三月	九六、二一五	一○一、○一九	一四四、九三一	二六、○六六	一四、六二○	三三、四九一
四月	八一、五三二	九二、七八二	一三三、一五一	二二、三○八	一四、六四六	二六、○六六
五月	一○二、二一一	一三三、一五一	一六二、六八九	二二、三六八	九、二六三	二二、三二九
六月	一○○、三三七	一六二、六八九	一五八、四八九	二五、二九一	九、九四七	二五、二七六
七月	一○七、六一四	一五八、四八九	一三六、七六二	二二、六八九	八、二八六	二四、八六六
八月	一○○、七三四	一三六、七六二	一四○、七八七	一八、三二七六一	一二、二九三	三○、○四四
九月	一○七、七二一	一四○、七八七	一四七、八五八	一六、二六八九	九、二六三	二二、九一九
十月	一○一、四六九	一四七、八五八	一五一、八五六	一四、○七四七	一四、六二○	二五、二七六
十一月	七七、六五三	一五一、八五六	一七二、七一五	一七、一一六○	一八、一六○七	二九、四九一
十二月	八二、七七○	一七二、七一五	二○、七一二	一二、七二五、一三七	六、五四九○	一四六、五三一
以上累計	一、一四六、八八一	一、五一、八五六	一、五二五、一三七			
年計	一、四○九、九九二	一、四○九、九九二				

[註]見日本財政部外國貿易月報

次之，就日本對東北輸出額之貨物種類觀之，更可得一如下極有興趣的數字表，可知日本之一切商品，九一八後日本對於東北之經濟侵略

外交評論

無論生產財與消費財，皆有迅速的躍進。

最近三年對滿主要商品輸出額（關東州在內）[註]

品目	1931年 數量	1931年 價額(元)	1932年 數量	1932年 價額(元)	1933年 數量	1933年 價額(元)
小麥粉（百斤）	八〇三、六六三	三、九九五、二五一	一、四一九、二二七	五、一三二、二四一	二、三四九、五四七	七、九四四、九四〇
精糖及冰砂糖（百斤）	四六六、四三七	二、六七四、三四〇	八九七、九二三	五、一三二、二三五	一、四一〇、六二九	八、六四五、九四〇
水產物	四四、〇〇〇	九二六、〇六六	二二三、九七二	―	三〇〇、五六九	一、二三五、六九五
清酒（石）	一〇、二三五	一、三六五、六四九	三七、五一三	二、五六八、四九	三〇、八六四、四六〇	一、五四二
參酒	一一、二〇六	九三七、四一一	二六、〇一八	一、八九二、六三〇	二、六四五、八七三	五一、二三五
蔬菜及果實	―	一、四八二、一一九	―	二、一九五、五八五	―	二、六四三、七六三
絹織物及人造絹織物	―	五、九九六、六一〇	―	六、六九一、三四二	―	一〇、〇三二、二四九
綿織物	―	九、七一六、一六〇	―	一、九三七、一三八五	―	三一、七四一、五二一
其他布帛及同製品	―	二、四八二、四九五	―	六、二五三、二〇〇九	―	一二、〇三〇、八五一
衣類及同附屬品	―	三、三四〇、八一二	―	三、九二二、〇〇七	―	一〇、九一二、〇四九
紙類	―	二、二四三、九一七	―	二六四、二五二一	―	三、三、四九九
陶磁器	―	五、七三六、四三	―	八四四、一九〇	―	―
玻璃及其製品	―	一、九八八、九八	―	四三六、八八六	―	六六七、〇八七
鐵（百斤）	四〇、八九、六五	二、七三四、七〇八	二、九四、九一三	四三二、一〇七〇	二、〇五四、四九	一、九六二、一一三
鐵製品	―	一、四八五、三四〇	―	八、五二一、〇六四	―	五、一二、七六八
學術品	―	一、七七二、二四二	―	二、六七九、三〇九	―	三、七三、〇〇一九
機械及其部分品	―	三、三八〇、四七六	―	四、三三八、〇一四	―	一〇、五八、三三七〇
木材	―	五、七三、二三五	―	七、三六、四六一	―	二、二三五、四〇一
其他	―	二八、〇九、一五七	―	四六、三七、七七一	―	六四、二三〇、九九八

二四二

	内日本産總計	再輸出品	輸出合計
	六八,八七七,六七〇	—	—
	八,五三八,三〇五	—	—
	七七,四一五,九七五	—	—
	一三三,二七三,七四七	—	—
	一三,二五六,九〇八	—	—
	一四六,五三〇,六五五	—	—
	二〇七,五八一,九八四	—	—
	一二,二六八,七二九	—	—
	二二〇,二四〇,七一三	—	—

「註」據日本大藏省外國貿易月報

據此表之所示，日本輸入東北之各種商品，除一部份供日人開發東北事業之生產財（如鐵，鐵製品及機械等類）外，餘大多皆爲生產過剩之特產物的消費財（如綿織物，紙類，麥粉，水產物，絲織物等。）有此廣大市場，日本之實業界，自可活潑，日本經濟之繁榮，不難恢復矣。

乙　日本由東北之輸入貿易

日本對東北之輸出者，皆爲商品，反之，由東北輸入者，則多爲原料。此種原料之輸入，一九三二年因九一八事變後東北義勇軍之活躍及各地秩序之不安，數量較爲減少，但及一九三三年度，則即激急增加。三三年度之二月至九月份，與三二年相較其增加百分之三十。其詳細狀態，有如次表：

日本由東北輸入之重要物品表「註」

	1931年		1932年		1933年	
	數量 百斤	價額 元	數量 百斤	價額 元	數量 百斤	價額 元
大豆	六,五〇六,三三四	二〇,三二八,〇二〇	二〇,八四五,八七八	五,一四五,八七一	二八,〇〇〇,九〇一	—
其他豆類	一,二九二,二六五	四,三四八,八四六	九,七一三,四三九	九,二二二,七一五	五,六二〇,九四五	—
牛肉	二六,九五一	六〇六,一八五	四二,八二四	—	六二一〇,九二一	—
鹽	二,五七五,六八四	一,九〇九,六七〇	一,〇六五,八九八	—	一,九七七,八二七	—
		英噸		二,〇九八,六一六	英噸	
石炭	一,三〇五,九四二 英噸	一,四二〇,二二六	一,六八〇,二一〇九 英噸	一,四二〇,二三四〇	一,七一七,九五七 英噸	一六,八三一,五七七

論著

九一八後日本對於東北之經濟侵略　　二四三

品名	百斤	百斤	百斤
銑鐵	二、七三八、二三九	五、一六一、六一七	四、一三四、〇六三	六、一七九、五三九
豆榨	一四、七六八、三四六	三三、一二五〇、九四〇	九、五二七、三四六	二八、四二九、六四九
其他		二二、二四三、〇八二	二五、〇五九、五〇九	二七、七三三、八三八
外產		一〇一、五八四、一二六九	九四、五七、七六七三	一二三、四七、四八一九
再輸入品價			六〇三、二〇三 五七三、二四〇	一、〇六六、一六六
輸入全計		一〇二、一八七、四四九	九五、一五〇、九一七	一二四、五四三、六四三

［註］據日本大藏省外國貿易月報

在上表中，石炭，銑鐵及大豆等之數字，增加尤速。由此可知日本對東北輸入貿易之主要點所在。總之，日本之向東北輸出者為商品，而由東北輸入者為原料，其侵略東北之主要目的，大半即在於斯。

今雙方俱見增加，日人自當舉杯慶賀偽國建設之成功矣。

五　日本在滿事業與投資之活躍

日本因利用偽國之成立及東北產業之開發，對於其國內之金融界與產業界給以絕大良好的投資機會。各種新事業，除日人單獨經營者外，餘多採取日偽合辦的形式。所謂日偽合辦，無非日人巧奪東北財產的一種手段而已。在其合辦事業中，照例為日本供給資本，偽國供給土地及資源等之使用權，故二年以來，日人在東北新事業之投資，極形活躍。

第一先論關東州及滿鐵附屬地的情形，該區域日人經營之事業，較九一八以前之增加數，有如次表：

三年來關東州及滿鐵附屬地日人公司發展之趨勢（調查時期——各年年底——單位元）「甚」

種別	1930年 公司數	實付資本	1931年 公司數	實付資本	1932年 公司數	實付資本	1932年比1930年之增加 公司數	實付資本
農業	二八	二五，七二〇，〇〇〇	二八	二五，四三三，五〇〇	三〇	二七，六八三，五〇〇	二	一，九六三，五〇〇
水產業	七	一，〇〇七，一〇〇	八	一，三〇七，一〇〇	八	一，三〇七，一〇〇	一	三〇〇，〇〇〇
商業	七五九	一二，一八七，六四九	八〇六	一七，八四三，七四九	八七七	二二，一三七，八四九	一一八	九，九五〇，二〇〇
工業	三四〇	九，一八六，八三三	三五六	九，一〇三，六三三	三八二	一〇，七三九，六三三	四二	一，五九二，八〇〇
礦業	一六	八，五八九，三〇〇	一六	八，五八九，三〇〇	一六	八，五八九，三〇〇	—	—
運輸業	九三	三五一，六七八，〇一一	九七	三五一，三〇一，二八〇	九七	三五一，二〇四，二八〇	四	三五六，四六〇
計	一，二四三	六〇八，六一七，八〇一	一，三一一	五九六，一三〇，六六一	一，四一〇	六〇五，〇四一，二八〇	一六七	四，五六〇，八六〇

「註」南滿鐵道公司調查，見經濟往來一九三三年十月號。佐田信太郎所著滿洲企業之全貌及其他。

據此表之所示，僅關東州及滿鐵附屬地一區，九一八後一年間，新設之公司，已達一百七十六個之多，新投資本數，已有四、五六〇，〇〇〇元，其動向之如何，自可瞭然矣。

次之，關於東北之全部情形如何：自九一八以後，日人對於東北之事業開發，即已着手進行計劃。但過去以義勇軍之反抗，日人多未能如願以遂，及至今年熱河佔領後，義勇軍日見消滅，入夏以來，各種計劃，皆已逐次具體化，最近已設立及預備設立之新事業，主要者已達三十餘種。日本在滿投資之熱烈，已可想像而知。但以時尚早，資料不足。關於東北之全部的數字，吾人無從搜集，不能作一具體的說明，深爲遺憾。故不得已祇就各種片斷的重要事實，摘舉如次，據此亦可略知日人在滿之事業及投資之發展的一斑。

甲　滿鐵之增資及其重要事業之發展

日本侵略東北之大本營，世人皆知卽爲南滿洲鐵道公司（簡稱滿鐵），該公司在九一八以前，擁有四億元之雄厚資金，經營業務，不僅鐵道，甚至鑛業，水運業，電氣業，倉庫業，建築業，土地事業，以及教育，衛生，旅館等事業，皆彙而有之，形成東印度公司第二之所謂「滿鐵王國」。最近日本侵略東北經濟的效果，在該公司之發展上，最為明顯。

在九一八事變前，因近年世界經濟恐慌之關係，該公司之營業，頗形不振，但因九一八事變之結果，其發展之速，却有一日千里之概。如一九三一年度，其營業費超過總收入，約達四百萬元之譜，以存款作抵補，始對日本政府之股份，給以周年二分之紅利，政府以外之股份，給以周年六分之紅利。但至一九三二年度，其營業激急轉好，實際獲得之盈餘，達一千八百餘萬元之多。此外，若再加因為國鐵道關係未付之利息約四千二百萬元，總計盈餘為六千一百萬元。故對於政府之股份，給以年利四分三厘之紅利，政府以外之股份，給以年利八分之紅利，其最近營業之繁盛，可概見矣。

再者，九一八事變後，不僅滿鐵已有之事業感受良好的影響，且日本政府對於開發東北之各種新事業，亦皆擬以滿鐵為母體而促進之。故近來東北所設立之各種重要產業公司，表面雖採取日僑合辦之形式，而實際率皆以滿鐵代表日本政府參加，負擔股份之大部份，而操有統制指揮之全權。因此，日本儘量增加滿鐵之資本，至一九三二年度，已達三億六千萬元。此中七百二十萬為新股，半由日本政府負担，半由日本民間在滿鐵服務者負担，此實為九一八事變後日本對東北之第一次的大投資。至一九三四年度，滿鐵之預算，更擬再增加資本三億七千萬元。擁此巨大資本，可見滿鐵年來止積極努力於開發東北之各種事業。

最近由滿鐵發動及參加的新公司，其主要者，如昭和鋼鐵廠（滿鐵獨有），滿洲煤礦公司（滿鐵占資本之一半），滿洲化學工業公司（滿鐵占資本之一半），滿洲製鎂公司（滿鐵占資本之一半），滿洲電報電話公司（滿鐵占百分之七），滿洲航空公司（資本滿鐵與偽國任友財獨占），滿洲石油公司（滿鐵占資本五分之二），日滿緬羊協會（滿鐵占資本之半），日滿棉花協會（滿鐵占資本十分之一），以及滿洲電力公司，滿洲水力公司，滿洲硫礦公司等皆是。

以上之新事業，均在初步時期，倘一九三四年滿鐵之新增資本計劃實現，則滿鐵之前途，益無可限量矣。

乙　東拓在滿固定資本之復活

過去日本為開發朝鮮，曾設有東洋拓殖股份公司，大正六年，又將其活動範圍，擴充在東三省，以後該公司對於東北之各種事業，皆施行投資。但東拓之投資，主要為土地礦山及森林等，過去因日本在東北之商租權範圍狹小，故其投資事業，多不能如願發展，担保物品，亦多不能自由活動。迨至九一八以後，整個東北，俱在日人統制支配之下，過去該公司之所不能為及不敢為者，今皆可如願以償。故該公司事業之二年來的發展，極堪注目。其主要有利事件，有如下列各點：

子　北滿電氣股份公司關係投資——東拓對於北滿電氣公司（公稱資本一百二十萬元，實付資本九十萬元）之投資，共計三百二十餘萬元，前以我官營哈爾濱電氣局之設立，該公司不遜競爭，故營業惡劣，因之東拓之投資亦日陷於危境。但至九一八以後，日本強將我電氣局合併，該公司之營業，乃漸發展，於是東拓之三百二十餘萬元之資本，亦隨之而確實化。

論著　九一八後日本對於東北之經濟侵略　二四七

丑　東省實業股份公司關係投資——此公司係大正七年設立，資本一百七十五萬元，其目的在於供給日人之在東北者以長期不動產借款。對此公司，東拓之投資，合計股份公司債及借款，計達四百九十萬元，過去因商租權之範圍狹小，最近五年間，每年皆有損虧，因之東拓之投資，亦陷於不生不死的狀態。但至九一八以後，商租權由偽承認而擴大之，於是實業公司，始有更生之機，而東拓之投資亦復活矣。

寅　滿蒙毛織股分公司關係投資——東拓對於該公司之投資額，約計三百六十萬元。九一八前因其製品之消路滯塞，營業不良。及在九一八以後，偽滿洲國成立，偽軍政部及民政部之新需要，突然發生，該公司之營業，將來大有轉好之望。

卯　南滿洲大興公司關係投資——該公司在日本政府援助之下，由東拓通融資本約六百萬元，敷設吉會線之前驅的天圖輕便鐵道。然因該鐵道營業衰落，故對東拓之利息無力償付。偽國成立後，日人嗾使其以高價購入該路，結果該公司對東拓之債務，亦轉眼於滿鐵。於是本利合計之約六百餘萬元，東拓得以安全收回之。

戊　中東海林採木公司關係投資——東拓對於該公司之投資，約達二百八十餘萬元，過去因東北木材業之不振，該公司每年損失甚大，而東拓之本利亦無由收回。九一八後日人強佔大批林區，該公司之營業轉好，而東拓之投資亦見有利。

東拓由以上各債權之確實化，九一八後其所獲得之利益，合計達二千零五十萬元。其他許多小投資之安全收回者，尚不在其內。

丙 朝鮮銀行在滿事業之發展

過去日本在東北之金融中樞機關，為朝鮮銀行，該行於九一八事變後，其所獲得的利益甚大。最顯著者，第一為在東北各地之辦事處的新設，第二為存款及放款的增加，第三為匯兌業務之增加。

子 辦事處之新設——九一八後日人之來東北者日多，該行為代表日本銀行在滿營業及處理一般存款匯兌事務，乃在東北各地遍設辦事處。其主要者，為齊齊哈爾之哈爾濱支店辦事處（一九三二年一月設立，）錦州之奉天支店辦事處（一九三二年八月設立）承德赤峯之奉天支店辦事處（一九三二年四月設立）及海拉爾之哈爾濱支店辦事處（一九三三年五月設立）等。

丑 存款放款之增加——關於存款方面，一九三三年四月末，該行東北各支店之存款總額，為一億二千六百萬元，比於一九三三年十月末，增加七千四百餘萬元。其主要存戶，即為偽國中央銀行，滿鐵及其他之公款。關於放款方面，東北各店之總額，一九三三年四月末為四千八百八十六萬餘元，比於一九三一年十月末，增加一千三百三十餘萬元。

寅 匯兌業務之增加——九一八後其經手之匯兌業務，無論出入，均形增加，一九三一年與一九三二年之比較，其東北各支店之數字如次：

東北各行匯兌收支額（單位一千日元）〔註〕

	收 入	支 出
一九三一年上期	二六四、三五一	二七〇、五九八
一九三二年下期	二九七、三五〇	二七七、二六八

論 著　九一八後日本對於東北之經濟侵略　二四九

外交評論

一九三二年上期	二九一、一五五
一九三二年下期	四〇七、九八九
	三二二、二二八
	四三七、五九九

〔註〕見支那時報一九三三年九月號，支那時報社調查部發表之《滿洲國之政治經濟建設與日本》。

丁　日本國內財閥投資之增加

九一八事變後，因東北秩序之不安及軍閥態度之強橫，營利中心主義之日本各大財閥，對於東北之投資，態度頗為慎重。總觀二年來之情形，各大財閥，單獨施行大規模之投資者較少，率多直接間接，與政府經營之滿鐵共同行動，姑作部分投資之試驗。

二年來各大財閥對東北之單獨投資者，最主要的為一九三二年四月三井三菱對偽政府之二千萬借款，及十二月日本銀行新迪加（包含十八家大銀行）對偽政府三千萬公債之承受；此種資本，皆為財政上之投資，擔保品確實，比於一般事業之投資，危險率較少，其條件如次：

（一）三井三菱之借款

金額——二千萬元，三菱三井各出一千萬元。償還期間——七年。利息——年利五分。擔保——鹽稅。用途——整理偽國幣制及設立偽國中央銀行。

（二）銀行新迪克之建國公債承受

發行總額——三千萬元，十八家銀行分擔之。償還期間——七年。利率一年五分。擔保——吉林黑龍二省之擇運署利益金（年約四百三十六萬二千元），鴉片專賣益金（年約五百萬元）。用途——討伐義勇軍，建設道路及救濟北滿水災。發行方法——全部作為偽中央銀行在日本銀行團之存款，由該行在偽國發

二五〇

次之，日本各大財閥由滿鐵之斡旋而參加對滿投資者，近年來為數頗多。第一如滿鐵一九三三年之三億六千萬元之增資，除日本政府獨認半數外，其他牛數一億八千萬元，多為日本民間各財閥所擔任。再者，滿鐵近年在東北主動之各大公司，日本國內財閥之參加者亦甚夥。其主要者，如滿洲航空公司住友財閥之參加，日滿電報電話公司生命保險團（日本第一、千田代、帝國愛國、安田、日華、仁壽、日清、富國徵兵、明治、大同等各大生命保險公司組成之，）日本放送協會等之參加，滿洲化學工業公司、日本全購聯盟，三井、三菱，住友、安達等之參加，日滿鐵鋕公司，住友三菱等之參加，滿洲石油公司，三井，三菱，小倉，日本石油公司等之參加等是。

行銀券。

但至最近以來，東北之公共秩序，因日本軍隊之非法彈壓，表面逐見安定。因之，日本國內各大財閥對滿單獨投資，漸形活躍。如本年六月獲得設立許可之滿洲水門汀公司（資本一千萬元），九月設立之日滿製鉛公司（資本五百萬元）等，率多日本民間財閥之資本。最近淺野系財閥亦決定設立大同水門汀公司（資本三百萬元），日本塗料系財閥亦決定設立日滿塗料公司（資本一百萬元）。其他正在計劃中者，如日本製粉公司之東興火磨租借交涉，野村公司之滿洲森林開發公司設立，及土子製紙公司之滿洲製紙公司設立等，皆其最顯著者。再者，今秋日本興業銀行總裁赴滿之視察及十月六日日本銀行新迪克應滿鐵聘請赴滿之視察，亦足以指示今後日本金融資本之積極前進之動向。但唯一應注意之點，即日本財閥對滿之投資，雖不欲受軍閥之干涉與統制，而日本軍閥對財閥之單獨營利，亦決不甘心。兩者關係將來如何，實堪注目，然則可見日本對

論 著 九一八後日本對於東北之經濟侵略　　　　二五一

以上各節所述，足見二年來日本在東北經濟侵略之效果，爲數甚互，同時因其經濟基礎之確立，益足證明將來我國東北失地恢復之不易。但日人並不以此爲滿足，於其將來尚抱有更深遠之野心，益將侵略東北鵠首的日本陸軍省之意見，摘譯於下，以窺其一斑。「註」

關於開發東北與日本產業之調和問題，其意見如下：

「滿洲事變，對我國家及國民之經濟生活，發生甚大的影響；且其成績，既已顯著的表現出來。……現在應該注意者，即滿洲之產業開發，與我國旣存產業之如何保持調和的問題。由滿洲移入低價的石炭，鐵類及水門汀等於內地，乃國民大衆之所希望者。但於另一方面，此皆足以壓迫內地之各該產業，於是一部份的反對運動應運而生矣。此種反對，不僅係經濟問題，抑且爲政治問題，其影響甚爲深刻。故爲求此問題之解決計，換言之，卽爲求國民大衆厲利之增進計，僅在滿洲施行產業統制，尚不充分，最緊要者，當使日本內地與之併行調和。然爲達到此目的，必須排除重大之障碍而後可。故國家之堅强的意志，國民之覺悟與犠牲心，無畏之勇氣與信念，實爲必要。此大事業，較維持滿洲治安，倍但若以在滿殉國烈士之心爲心，亦决非不可能之事。否則滿洲事變之點滿的效果，實亦難於期待。」

六　結論

其次，關於整個東北問題，其意見如下：

「滿洲事變結果而產生的「滿洲國」，今正在逐漸順利發展之途上。其建設事業，目下僅只基礎工程

滿投資之前途實難樂觀也。

而已，上部之建築及其內容之充實，尚有待於將來。治安維持，固以我軍之活動為必要，而我國對於財政上之負担，亦必須同具決心。但吾人鑑於滿洲事變之重要性，仍不得不貫徹初衷，向前邁進，排除一切障碍，而完成我國對於世界之道義的使命，此乃我國民之義務也。對於中國，過去局部的北方停戰協定，雖見成立，但中國依舊標榜「一面交涉，一面抵抗」之主張，則將來之事態，實難逆覩⋯⋯故我國應抱有大無畏之精神，一方使列強認識我國之決心，一方努力於「滿洲國」之建設，以求國力之增進，與國民生活之保障。並以有希望之準備，斷行吾人之所信！」

〔註〕見友那時報一九三三年十月號日陸軍部九日發表之滿洲事變勃發二週年紀念文。

在此文中，日本軍閥侵略之野心與雄圖，不啻躍然紙上。其對我國之抵抗，尤其極端驚戒。今日東北四省，橫遭日人之鐵蹄任意踐踏，其經濟之侵略，無孔不入，各種設施，橫行無忌，誠堪令人寒心。傀儡溥儀並有併吞之先導，實彰彰在人耳目。寢假乃藉其經濟的弱權，演為政治的合併，蓋為必然之趨勢。即將登極之說，吾東北四省，其成朝鮮之續，殆將不遠歟！嗚呼！凡吾國人，將如何而後可？盍深思之。

一九三三，十二，廿六，南京。

东北青年旬刊

　　《东北青年旬刊》的前身是中华民国22年（1933）11月由南京东北协会创办的《东北青年》，东北青年杂志社编辑。民国23年（1934）4月至民国24年（1935）6月，该刊迁至北平出版，社址为北平宣内抄手胡同52号，周刊。此间为南京东北协会北平支部东北青年学社编辑、发行，旨在启蒙青年学生抗日御侮。第1卷第5期曾更名为《东北青年旬刊》，第3卷第1期又改为《东北青年》。

《东北青年旬刊》杂志版权页

東北青年旬刊

中華民國二十三年二月十一日

第二卷第四期

中華郵政局特准掛號立券之新聞紙類

目錄

十日談 .... 重三
日本鐵蹄下的東北新鐵路網 .... 愚公
對寒假回家的東北青年供獻一點意見 .... 天民
日本在滿洲的經濟設施及對俄作戰的準備 ...... 努幹譯
假國金融的概況 .... 嘯慈
遠東形勢的基本問題 .... 于卓譯
從貿易上觀察日英美之關係 .... 仲菖譯
（後）
東北通訊 .... 編者

北平東北青年學社發行

《东北青年旬刊》杂志封面

日本鐵蹄下的東北新鐵路網

愚公

謀取東北鐵路的管理權與敷設權，不消說，是日本侵略東北的傳統政策之一。不過，在九一八事變以前，無論如何，我們多少還可以算是說了算的主人；所以當日本人雖曾屢次因為鐵路問題與我們發生衝突，千方百計的來實行牠們的鐵路侵略政策，可是直到九一八為止。到底也沒能容許牠完全心滿意足。這是使日本帝國主義最不痛快的一件事，實在也是促成九一八事變的一個主要動力，到了九一八事變以後，自然我們什麼也談不到了，一切都惟有任人為所欲為。二年來，在路權喪失方面，我們見到的是新鐵路天天在敷設，舊鐵路已經完全都用所謂「委託經營」的方式交給滿鐵了。

所謂「委託經營」這件事，是在去年三月一日所謂「建國紀念日」那天成立的。當時在日寇強迫之下，偽國所簽字的條約，內容大略如下：

（甲）南滿鐵路公司受「滿洲國」的委託，經營其一切國有鐵路。為統一現有的基本鐵路，採取合理的經營方法以增進經濟上與技術上的高滿效能起見，一切鐵路實以委諸經驗及技術供為健全的南滿鐵路公司經營為最安。南滿鐵路公司因「滿洲國」對公司負有鉅額債務，為處理債務關係，亦決定接受各鐵路之管理權。

（乙）委託經營的合同是這樣：（一）「滿洲國」政府因奉山各鐵路，已對南滿鐵路公司負有一萬三千萬元的債務，今即以上列各鐵路的財產及收益為本項借款的抵押品。將其經

營權一併讓給南滿鐵路公司。（二）「滿洲國」因鐵路資金對第三國所負的債務，在「滿洲國」與南滿鐵路公司協議之下，應清償債的債務。由南滿鐵路公司清理。中英公司借款，由受任鐵路收益金償還。「本山路」與中英借款有關係部份；在本借欵未解決之前，由抵押品中除之。（三）「滿洲國」准許南滿鐵路公司建築敦化圖們江間，拉旨哈爾濱間，泰東海倫間各鐵路。建築費估定為一萬萬元，建築工程告竣以後，仍交南滿鐵路公司經營。

（丙）為建築上列三條鐵路，「滿洲國」應由南滿鐵路公司借六百萬元，以收買天圖鐵路，然後再委託南滿鐵路經濟。

依據別處的「條約」，當在南滿鐵路公司總裁指揮之下，設立了偽鐵路的總局，專管偽國所「委託」的已成各路，設立了偽鐵路建設局，專掌建設新鐵路的責任。關於管理偽有鐵路，從去年八月一日實行各路聯運以來，在經營合理化上，我們已經看見了可觀的成功；不但聯絡列車，聯運客票都已實行，就是現行之九種不同的貨運價目，到本年年底大概也能使之整齊劃一。至於談到建設新鐵路，更是令我們不勝慨嘆原來按照偽國的計劃是要在十年之內，敷設新鐵路四千公里。不過在過去因為義勇軍到處騷擾，日寇總也未得放心大膽的進行；所以若者比照原來的計劃說，並沒得到很好的成績。但是現在的情形却大不像以前了，我們有組織的反日勢力，都已經被日軍閥們的先後擊破，敷設新路的障碍旣已鏟除，則築路工務自然可以很順利的着着進行。我們大概還能想起來，當日我義軍

2

領袖王德林曾有壯語說：「有我王德林在，吉會鐵路不致成功，」可是現在吉會路却早已通車了。把現在的事實對照我們的回憶，當是何等慘痛！

在去年三月一日簽字的「委託條約」上，祇載明敷設敦化圖們間，拉哈哈爾濱間，泰東海倫間之線。可是實際上所要建築的，却不祇是這三條鐵路。就是按現在巳經動工的，也還在三條以上。抱面要記得：按僞國的計劃，是十年之內，敷設新鐵路四千公里，與留有鐵路數比（南滿鐵路在內，）祇差二千公里了。事變後建築完成的鐵路如下：

吉會鐵路。這是我們最熟悉的一條路線；因為在九一八事變以前，已經屢次因為這條路線，與日返發生過衝突了。按此路為聯結吉敦敦圖兩線，過圖江，而達會寧的鐵路線，原來預定的終極港是淸津。而現在則縮有變史，是過圖們江與朝鮮方面的圖們東部線聯接達推基，然後再由雄基達此次新確定的終極港羅津。這條鐵路在我國境內，是從吉林到圖江岸濱關鎭的一段，而其中吉林敦化段已竟在十七年開車，所以此次祇須修築敦圖一段長一百七十八公里，便可以全線通車，使日本北滿鐵路的捷徑實現。此敦化圖們線已竟在去年四月二十一日竣工，吉會鐵路也在八月一日開始正式營業。滿鐵現在正開關終極港羅津，及建設着基羅津間的十五公里的鐵路。

關於終極港問題。因爲假如終極港存於經濟上與軍事上沒有優越的勢力，羅津港不但貨物呑吐能力較其臨近的雄萬與淸津都大，而且任軍事上也獨佔優異的地位。所以最後的決定，是以羅津爲終極港。從雄基修十五公里鐵路，穿凾洞嶺

四公里隧道，然後達羅津。該港的寬度：狹處約二千五百米，寬處約三千五百米。全體面積約九百五十萬坪，能淀泊日本聯合艦隊的金數艦艇。灣口有大草小草二島，其他三面有道開山石幅山凾洞嶺寬容嶺濤處峯，高度自一千尺至二千尺不等；不但可使海內風浪不作，在實軍上，實在也是天然的屏蔽，戰爭以前，俄國艦隊會一度以此處根據地：三十年前，英岡東洋艦隊亦甞一度駛入此湖。羅津在軍事上的價值，由此可見一斑了。

吉會鐵路既有如此的終極港，現在再來看吉會路本身有何價值。我們先把從東京到吉林，經由大連，安東，與羅津的三條路線的距離加以比較：

▲吉會路—東京—敦賀—羅津—吉林。總距離爲二千二百公里，陸路開行普通列車，共須六十四小時。

▲安奉鐵路—東京—下關—釜山—安東—吉林。總距離爲二千五百公里，陸路開行普通列車，共須七十二小時。

▲南滿鐵路—東京—下關—門司—大連—吉林。總距離爲二千九百九十四公里，陸路開行普通列車，共需一百二十二小時。

田中義一在他奏章裏說：「按此路如成，就是新大陸之成功。從前欲往歐洲之人，須經大連或海參巌二港，今則由淸津經會寧而入西伯利亞鐵路，可直赴歐洲，不曾東洋交通之大勁脈。將來不論貨運客逵，皆須經由我地：斯時也，我把持此交通大動脈。則大和民族爭服全世界矣」又說：「欲滿蒙之計劃也。如是，則大和民族爭服全世界，必不能爭服滿蒙，從而亦不能爭服全世界。故吉會路之完

即我昭和新政之成功：新大陸之成功，卽爭服亞細亞全洲之成功。故此路不啻我國策上之路線，是亦國益產生之重要路線也」。

田中的話，已經把吉會路的重要性說得淸淸楚楚。南滿鐵路以大連為主要吞吐港。有濱海，北寧兩路段，四洮等鐵路為補助線，足以支配台南吞吐港，靑會鐵路以羅津為主要吞吐港，而有北滿各鐵路為其補助線，不但北滿的經濟在其左右之下，而且還可以遙制蘇俄，西進危脅華北與外蒙。所以吉會與南滿實在是相輔而成的兩大鐵路系統。

拉濱路完成。拉濱路是從東距敦化約五十公里的拉法站起，北行，經舒蘭楡樹五常舒蘭各縣，而達哈爾濱。渡過松花江，在松浦與呼海鐵路聯絡。路線長二百七十二公里，於去年十一月底全線竣工。松花江大鐵橋除外，全線工程為二百萬元約為四百萬，去年一月十日開始建築，到十一月二十九日竣工。

松花江大鐵橋是這條鐵路最大的工程，較中東路鐵橋長三十米，較鴨綠江鐵橋長一百米，而尤附築洋灰鐵筋的公道，以通行人馬汽車。這個鐵橋的總工程費為三百五十萬元，需用人工約為四百萬，大概總須到本年六月方能告竣。

經由吉會路到拉濱路，是從日本內地去北滿的一條最捷便的路徑。此路一成，則由濟津開出的列車可以直達哈爾濱，中東路南行線與東行線的效用乃減低了許多。莫論線路經過的地方都是當地農產品的積聚中心，就是東鐵西行線，呼海路，奧松花江的航路也在他都成了牠的補助線；所以這一條鐵路為主幹，足以支配北滿的經濟，使中東路變為不重要的一條

死路線。至於在軍事上，當然更是北滿的一條最主要的路線。

泰海路完成。泰海是從泰安到海倫的一條新鐵路。全線長一百九十公里，去年七月間兩端同時開工敷設，十二月二十五日在楊家屯李家電之間接軌，開始非正式營業。到本年一月一日，交給南滿鐵路公司正式經營。

泰海路完成以後，呼海路與齊克路乃完全聯絡，在黑龍江腹心形成一條迂迴的路線。日寇即以北安鎮為中心，把這條過的路線分為兩段：把從北安鎮到哈爾濱的一段叫作「齊北路」，從北安鎮到齊齊哈爾的一段叫作「濱北路」南連洮昂四洮南滿而直達大連。於是由羅津而北安鎮，由北安鎮而大連，乃形成了一條橫貫通東北的大迂迴幹線。以此為網，向四外輻射許多較短的鐵路，乃造成了擁罩整個東北的鐵網。

上述的三條鐵路——敦圖，拉濱，泰海——實在是使今日在日寇強佔下的原有各鐵路發揮效能的主要關鍵，所以日寇之用心，亦識苦矣。把這三條路線都列在去年三月一日簽字的所謂「委託經營」的「條約」裏邊，豁出力量來條築這三條鐵路，常時，因為我義勇軍會多方阻礙工程的進行，所以日寇用武力來保護，後來說至開行定期航空，設置無線電台，日寇之用心，亦識苦矣。

不過，若是祗怪上述的三條鐵路，東北鐵路網的功能，依然不能發揮完全。所以又有下述的幾條鐵路，或者已經開工修築，或者方在準備開工。

已經開工修築的有下列三條：

敦圖——三姓。這條鐵路是從西距敦化約六十公里的延吉中起，北行，在海林攜載中東路東行線，直達松花江流域產豆中

心地的三姓。现在整段已经动工，可是大概总得用数年的功夫才能全线完成。此路贯通北满东北部的膏腴地带，直截松花江的中部，无论在经济上，或是在军事上，都是很重要的路线。

朝阳——承德。这是延长锦朝路使连热河省会承德的一条铁路。这条路线的重要，简直用不着细说，不但在军事上，也可以暂时藉以统制的华北，遥制外蒙，所以遥宝在是假国防铁路。

松辽究放洗索路。此条路线是从洮昂路之会安站起，两行，沿洮儿河达索伦，全线长一百七十四公里。原来是由兴安屯垦公署倡议与修的，在十八年八月开工；后来因为路款口紧，所以乃由屯垦公署咨请东北交通委员会，存同年九月间设立洮索铁路工程局，以筹建筑工事。原来预定在民国二十年全线竣工，不料九一八事变突起，预定路线就是洮索路的一段，计八十四公里。

日远现在已经动工继续修筑这条路。大概我们日逗所要建筑的铁路，除前述以外当然还有，如长春大赉线就是其中之一。不过最主要的，都已觉在尚面述过的我们祇要看在前面提过的各路线，就满可以知道这新铁路网是如何的紧密了。

此外，还有一条值得特提的计划路线：朝阳—赤峰。这条路线与洮索路及朝阳承德的线成，递可窥伺外蒙右，递可瞰收热河物产防御俄国西境的三条路线。

日本对这条帝国主义狗，既已把东北这块肥肉抢了去，现在又瞪着眼睛向内外蒙古注视，其他各帝国主义狗，无论是花旗是四眼，当然都在鸣鸣的准备与他咬一切争夺架。苏俄既然与东北接壤；而且日本军阀中还有一部分顶心最大的分子，深怀着吞并海滨省，从日本海把苏俄势力驱到乌拉尔的理想，而其中尤有少数人竟至要再进一步把堪察加与鄂霍次克海沿岸都收拾去，甘能使苏俄与太平洋绝缘，把鄂霍次克海变成一个日本的内湖；所以这路一架当然是要由日俄两帝国主义狗起来的

尚在建筑中的新铁路网，现在就已经可以使全部中东路降为补助线，便侵前很重要的海参崴减少效能。若一旦整国东北，北上攻苏俄，则西边既无充虞，则西边很觉俄，则得到很神速的来去自如的便利。在苏俄看，这一著是他的大不利；在我们看，地又多了一层雄。

除上述线条近在建筑中的铁路以外，还有几条已经计划一定或着行将动工的路线：

索伦——满洲里。海伦——黑河。绥棱——乌苏里江。通

中国经济

《中国经济》创刊于中华民国22年（1933）4月，由中国经济研究会主编、发行，月刊。社址为南京市中山路保泰街口604号，文化美术印刷公司印刷，南京现代书局总代售。该刊于民国26年（1937）8月停刊。

《中国经济》杂志版权页

老报刊里的
日本侵华实录

中國經濟

第二卷 第五期 要目

九一八事變後日本在東北之經濟勢力

周憇璋

日本對東北的經濟關係，可以分為三種性質：第一、東北是日本的工業原料地。第二、東北是日本的商品市場。第三、東北是日本的投資地。這三方面的關係在九一八以前常要受到中國民族新資本勢力的打擊。在九一八以後開始了日本帝國主義絕對的獨佔，舉凡東北之金融貿易郵政海關森林礦產交通工業等莫不假所謂「日滿經濟集團統制」之名而佔有之。雖去年春間「滿洲國」政府有如下之聲明：「遵守門戶開放與機會均等原則，以鼓勵外人投資並利用外國技術及經驗。」但這不過是一種欺騙國際的把戲而已。日本官吏對於「滿洲國」行政握有鑰匙的地位，在關東軍指揮之下操縱一切關東軍則轉受日本帝國參謀本部的監督，至溥儀與其閣僚通常在『滿洲』稱為傀儡內閣的完全受所謂日本顧問的劫持毫無實權所以目前所謂「滿洲國政府」者可說是一種假慇懃的文章用以掩蓋日本帝國主義狂進的事實假使我們把事變後日本在東北經濟勢力的發展狀況作一個詳密的檢討麻木的同胞們，恐怕也要不寒而慄吧。

一　統制東北金融

1. 滿洲中央銀行之創立情形及組織　日本為統制東北金融起見一九三二年五六月間經『滿洲』國務會議議決創立中央銀行制定中央銀行條例公佈並在長春設創立委員會邀集東三省官銀號邊業銀行及吉黑兩官銀號之總辦經理由政府任命現任總裁榮厚及現任副總裁山成橋六滿鐵理事五十嵐保司驚尾磯一武安福男嗣朝洗為委員決定結束各官銀號及邊業銀行即以合併改組為中央銀行於七月一日正式開幕設總行於長春其舊東三省官銀號總號改名滿洲中央銀行某地奉字支行分號名為滿洲中央銀行某地奉天字總支行。吉林永衡官銀錢號總號改名為滿洲中央銀行吉林分行三省境內各分號則改名為滿洲中央銀行某埠吉字支行、黑龍江官銀號總號（包括廣信公司）改名為滿洲中央銀行黑龍江分行；三省境內各分號，則仍屬於其舊管轄機關，而於原地江字支行。其他各種附屬營業，則仍屬於其舊管轄機關，而於原字號上冠以「滿洲中央銀行某字分行附設……」等字樣以資識別。

總行設總裁一人副總裁一人理事六人監察一人，分設四大部各設部長一人三科各設科長一人，以統理總分支行及附屬營業一切事務。部以下分課，再分係設課係長，以分別處理各部事務。至於各分行，則設總經理一人副經理二人各支行則設經理一人分支行之分股分課，則暫照舊制另由總行派本人數名監理名曰駐在員大約每一分行，則派有駐在員五六人以一人為首席駐在員以管理該分行及分行所屬之事務。

滿中央銀行組織系統：

總行 ── 總裁 ── 副總裁 ── 山成副總裁兼管
　　　　　　　　　　　　 ── 祕書科科長
　　　　　　　　　　　　 ── 人事科科長
　　　　　　　　　　　　 ── 檢查科科長
　　　　　　　　　　　　 ── 業務部部長 ── 管理、計算、匯兌、國庫 ── 鷲尾理事兼管

理事 ── 部長 ── 調查、整理、投資 ── 武安理事兼管
監事 ── 與業部部長
　　　 ── 發行部部長 ── 發行、銷却、造幣 ── 劉橘芬理事兼管
　　　 ── 總務部部長 ── 庶務、文書、翻譯 ── 五十嵐理事兼管

2.貨幣之統一 「滿」政府實施舊貨幣之整理因公佈貨幣條例及整理舊貨幣辦法又制定舊貨幣兌換折合率由去年一月起以東三省官銀號及邊業銀行四行號聯合庫所發之現洋兌換券在市流通與「新國幣」有同一行使之效力並以東三省官銀號未發行之現大洋券加蓋「滿洲中央銀行」及「依據大同元年滿洲國幣法發行」等字樣為「新國幣」其餘奉天、二匯兌券、哈大洋券、吉黑大洋官帖等其他雜幣，均按定價以新國幣收囘，不再發行以期雜幣之日漸消滅而使貨幣統一得以早日實現。

其新舊貨幣公定之兌換率完全依據一九三二年六月二十九市價所規定。據聞開市以來奉天之一二匯兌券、哈爾濱之哈大洋券以及吉江之官帖、熱帖大洋券等舊貨幣，收囘已達票額百分之六○。該行資本為三○，○○○，○○○滿元并希望至一九三四年六月底將從前東北全境通行的各種雜色貨幣完全廢止而

二　獨佔東北市場

代以銀本位之「滿洲」銀元通幣是則日本統制東北金融的企圖已告成功。

日本自奪取海關後即實行提高他國貨物之進口稅同時並盡量減低日貨進口稅以圖獨佔東北市場。駐在東北之日關東廳雖不時宣傳「滿洲」偽國對內對外貿易之發展藉以欺騙國際，但實際日本之壟斷全東北商業已成不可掩飾之事實擴大連滿洲報（二十三年三月十一日）所載去年全滿對日貿易情況：

「大同二年度之全滿貿易（純貿易）對日本貿易（朝鮮在內）輸出為二億三百二十萬三千圓輸入為三億三千一百二十圓輸出入合計額為五億四千一百三十五千圓貿易額實示有一億三千四百九十八萬九千圓之大入超餘對日本貿易之於全貿易額上所占之地位輸出於總出額二億二千三百十二萬六千圓占有四七·九%由日本之輸入對總輸入額五億一千四百四十萬元實占有六五·七%之壓倒的地位此興前年度之比較輸入由三八·八%，逆膨至四七·九%，輸入由四五·二%一躍而逆展至六五·七%且金額方面比率方面亦有非常的躍進。

而戲對日輸出入貿易占總額之五七·七%比較前年之四五·二%依然為中國所占之兩國率方面亦有二成九分餘之躍退次於日本之躍退前年之總額之比率%則由兩國間之關稅競爭關係輸出方面對於前年之總額之比率%亦由二八·四%減至一三%約示五成四分之鉅減輸入方面金額雖行增進而比率則由前年之二八·四%減退至一五·五%輸出入合計則由三五·○%激減至一四·四%)。

又據同報載偽國去年對外貿易重要國別及輸出入情形如下：

（單位國幣千圓）

國別	輸出	輸入
日本	二○三、○二二	三二八、○一一
內地	一七二、六六八	三一二、○九九
朝鮮	三○、三五五	二五、九一三
中國	五五、二一一	七二、八一九
俄國	一二、九一八	七、五六九
香港	六、三一二	八、○○四
英領印度	一、○八○	一四、七○三
荷領印度	四、○四五	三、三二四
英國	八、六九三	七、一四一
法國	二、五四五	七七五
德國	六、三五七	一○、四五五
比利時	二八一	一、四二九
荷蘭	五、九一○	四二九
意大利	一、八四七	一、七三七
美國	七、一四二	八、九九六
其他	四七、六六九	一二、二九○

依上表看來偽國對外貿易日本佔總額之五分七成而其他

諸國輸出方面佔有三八·七％輸入方面僅佔不足一八·八％之狀態。

本年二月十八日上海晨報所載日本在東北之貿易情況：

「各國輸「滿」貨品之分析，以日本貨爲大宗幾佔餘額百分之六十日貨在「滿」之最暢銷者，廣爲疋頭，其次則以洋雜屬成頭粉及紙機器橡鞋汽車（美國在日製造之汽車）等爲大宗幾於全被日商操縱其他各國已無立足地至於中國本部論「滿」之貨物可估第二位美國則祗能佔三位耳……

當一九二九年時日貨輸出者爲九〇，七七一，六二一日金，一九三〇年則爲七四，八三三，六九〇日金，一九三一年爲五四，八九四，三七三日金至一九三二年則突然增至一三九，五六三，一八七日金去年一九三三年一月至六月間其輸出「滿」貨物之統計已達二一七，八八五，五四五日金。」

由此更知日本在東北商業進展之速實足令人驚異今者日本於獨佔東北市場之外並欲擴大範圍向中國本部伸張使東北特產得以向外輸出據上海晨報載（本年三月二十四出盧）。

「滿鐵改組將貨行統制東北交通及商務南大企業雖滿充南務機關，俾及北特產得以向外最輸出本埠滿鐵商事部現亦正在進行擴大計劃中其餘如漢口九江重慶福州等處在下月內亦將先後成立分部從事推銷東北各項出盧」

三 壟斷東北鐵路

最值得我們注意之事即爲鐵路事業之發展日本欲將東北的鐵路系統使之合它本身經濟上及戰略上的需要致力已有三十年之久卒以中俄雙方的競爭及牽制未能暢所欲爲此日本朝野所引爲大憾者也至九一八事變以後日本遂得以自由進行，不再受以前的障礙了。

據『滿洲國』所發表的計劃擬在十年內建築四，〇〇〇啓羅米突新路線自事變發生以來第一條新成鐵路爲自敦化至朝鮮邊界一段計長二〇〇啓羅米突。此線於去年八月間通車將與日本新潟商港羅津衛接該港現正在建築中一俟建築完竣而與朝鮮鐵路取得聯絡以後則日本至東三省交通益形便利。

此外尚有一線在去年年終即已告成此線直入中東路以北一帶肥沃之地即由拉法至哈爾濱以與呼蘭克山齊齊哈爾綫連接內地貨物可直達朝鮮沿海。

此外又有一線業已開始建築綫起自延吉——距敦化東約六〇啓羅米突此綫通接區域頗廣將來該綫經過區域內的出產即豆中心市場可連至朝鮮沿海之港。

據日本鐵路官場聲稱日本鐵路系統自長春至朝鮮邊境綫完成以後則自大阪至哈爾濱的路程——舊路經大連——可減

九一八事變後日本在東北之經濟勢力

少二，八〇〇至二，〇六〇啓羅米突，即省去七四〇啓羅米突。日本現正計劃新闢自日本之敦賀至朝鮮沿海之雄基或雄津的航綫，這樣從日本至哈爾濱的路程即可省去二日。

據鐵路管理局所擬之管理鐵路政策約述如下：

（一）依照日『滿』議定書促進日『滿』合作，通力防禦。

（二）以效力為基礎從新改組鐵路革除無謂競爭。

（三）確保償還現欠日人的債務總計一三〇，〇〇〇，〇〇〇日金以及現在正在建築或未建築各鐵路的借款。

日本所計劃建築的四，〇〇〇啓羅米突鐵路自開始興築以來，進行頗速業已開售聯運車票，並希望於今年春九種不同貨車表可歸劃一，不久，南滿鐵路會社將『滿洲國』鐵路系統整理就緒，效力激增，則日本在東北之經濟上及戰略上的便利可算全部獲得。

四 劫奪海關郵政

1. 海關

我國東三省原設有海關五處：大連，濱江，安東，營口，龍井村，另有分關三處滿洲里關，綏芬河關，璦琿關——均附屬濱江關。琿春關附屬龍井村——民國廿一年六月，日本以『滿洲國』當局資格擅為已有，並於同年九月廿五日添設山海關分關去『滿』鮮國境春復在遼甯莊河縣青堆子大孤山設立分關，又於之主要地臨江，輯安外岔溝河口設四分卡，遼甯稅關，由營口設分關統計偽國共有本關八處，分關十八處，分卡三十處。琿春分關又擴張圍們分關侵略熱河完成後，又在承德設置稅關。

日本却取海關以後，財政上的收入頓形增加同時我國之損失亦頗足驚人。按民國廿一年全國對外貿易狀況報告，民國廿一年度我國海關稅收入與十九年相比，幾減少四千六百萬海關兩又據全國海關收入調查民國廿二年全國海關關稅收入關平銀二萬〇二三萬九千萬，比較民國十年計減少四千五百八十四萬八千兩關平銀民國廿年東省稅收共關平銀二六，〇七八，〇〇〇兩等於國幣三九，一一七，〇〇〇元。

關于國稅收入向無完全系統統計據中央黨部統計處統計東北每年鹽稅收入為三，六五六，三八八元印花稅為一，六〇一，〇七六元烟酒稅為二，九二二，四六二元統稅及其他為七，〇〇五，四〇九元總合國稅收入為一五，一八五，三〇〇元。

日本不特增加如許鉅額之財政收入且得提高偽國關稅實行抵制各國貨物進口——自然日本貨物在互惠條件下可以便進口——一年以來東北進口貨物百分之八十是日本貨所以一切稅則完全是有利於日本的，按百分之十抽稅者則極少反之對中國貨說，當通貨物均是百分之四十的綢緞茶葉，瓷器等類入口則更故意抬高估價值一元之貨往往納兩元之稅，货物因纳税而提高价格所以国货在东北几乎无人过问照此情形日伪以关税壁垒政策即可将各国在东北贸易抛出市场以外。

2. 邮政 以前我国之吉黑邮政管理局只管辖吉林黑龙江两省现在伪国已将黑龙江省的西北部以伪贝尔省称为「兴安北分省」东铁西部绥均割归「兴安北分省」又将黑龙江西南部以钱家店为省署称为「兴安东分省」嫩江流域割归「兴安南分省」以洮南为省署包括东蒙全部热河省邮政原属北平邮政管理局现在伪国使归奉天邮政管理局管辖

伪国邮局所数日合奉天吉黑两邮局共有一二三等邮局及代办所一〇二六处——热河省在内内吉黑两区所属一等邮局有六在吉林长春龙井村海拉尔满洲里奉天区所属一等邮局有四:在安东营口锦州承德

日伪刧夺东北邮政后营业状况如何无详细统计但在以前三省邮政营业每年有一二三百万元之余利每年由该三省邮局汇入关内之款逹二千一二百万元之钜(根据交通部统计报告)近据调查民国廿一年八月至十月伪国邮政因人员办事的不熟练地方的不静中国的不承认种种故两局合共亏蚀四十万元左右自同年十一月至廿二年四月已减亏至廿万。四月至十月特佳管理局二二等局已有盈余四僻远局所稍差自去年十月至本年二月邮政营业日见起色其转佳原因由于日伪

强令东铁减低运费,(在中华邮局时代每年付于东铁运费四十万卢布运费较任何铁路都昂贵我政府曾屡次要求减低未逹目的) 又强迫各机关人员在邮局储金再加日商之大活跃使包裹增多。

现伪交通部定每年津贴两区各七十五万元,使伪偿量发展,预计一二年後邮政必可大获其利。

五 囊括东北产业

日本对东北经济之宰割除上述诸大端外馀如矿业工业农业林业等各种产业亦无不囊括以尽外面高唱所谓「日满共存共荣」的经济结合政策,而骨子里却是不逹到吞并不止亦有利用伪国的名义而日本实得其惠这也是日本刧夺东北产业的一种手段为「日满经营」「伪国营」等名称是也。其手段之毒辣实出吾人意料之外。

1. 满洲煤油公司。东三省所用煤油,一向均仰给於美测之美孚公司,英国之亚细亚公司,及苏联东方贸易公司所经营之煤油每年用量极大。日本为统制东北产业计故有设立「满洲煤油公司」之举该公司於去年年终正式成立资本金为五百万元由「满洲国」满铁日本煤油商担任股东全部不另公募东该公司成立後除三井子设立工厂外并计划收买美孚亚细亚苏联贸易公司之仓库将来东北煤油该公司拟取得专卖权閒

現已派人至倫敦等處，商權專賣條件將來使該三國煤油不能直接營業於東北市場。

2. 滿洲電氣公司　去秋由僞國政府，滿鐵及住友社三方面共同出資五百萬元設立其路綫爲新義州「奉天」「新京」哈爾濱齊齊哈爾間及大連「奉天」之一千二百五十公里又哈爾濱住木斯富錦間，哈爾濱富夏，哈爾濱海倫齊齊哈爾海拉爾滿洲里齊齊哈爾大黑河間共營業綫凡二千一百廿五公里。

3. 硫安工業公司　日本原在大連設有硫安公廠於去年五月間由日偽共同出資二千五百萬元設立「硫安工業公司」於八月廿日在甘井子舉行盛大工廠起工式擴開該公司自成立以來進展極爲順利。

4. 酒精製造公司　去年九月間由日本東拓系昭和酒精公司及哈爾濱廣記酒精公司合併爲「酒精製造公司」資本金一百五十萬元總經理爲廣記酒精公司代表徐鵬志副理爲本莊後備少查此滿洲酒精營業向由廣記之酒精公司獨占日本酒精幾無銷路此次將查此日本以合併爲名實無異於攫取廣記之權益爲其自製酒精闢一出路也。

5. 滿洲棉花協會　日本在工業上尤其是製造砲彈上需要大量棉花所謂日印及英國之棉花會議迄未將此問題解決故日本擬欲以廣大之東北作種棉之試驗場宣傳「滿洲」二十年計劃十年計劃檢選的滿沿綫爲試種區於去年九月三日在「奉天」

「滿鐵社俱樂部會議由「滿」日共同之財團法人設立「滿洲棉花協會」資本金一百萬元擬日本觀察「滿洲」種棉後以後二十年內產量可達一億三千萬斤再加朝鮮一億斤，日本即可自給不再需要他國供給。

6. 滿洲滑石公司　在遼南省海城蓋平縣境內有滑石礦區二十餘處原在海蓋及營口等處有滑石商甚多日本鑒於該項營業不惡遂成立公司以統制營業現該公司已由日偽雙方以資本金五十萬元成立正經理爲「滿」人副理爲日人由三井方面投資額之半數。

7. 林業開發公司　東北三省爲遠東之著名森林區，日本亟思將林業採伐權掌握在手九一八事變以前日本在東三省各地與中國合辦之採木公司已有三家鴨綠江採木公司扎兔採木公司茲又成立「林業開發公司」專以採伐吉林省之大森林及殖林爲目的資本定爲五百萬元所有森林採伐權統移該公司管理矣。

日本除將上述七大公司業經設立外並計劃於本年財政年度中以鉅額之資本設立金礦煤炭等五個公司據上海晨報十三年三月廿四日載：

「南滿鐵路公司在其四月一日起之下屆財政年度中有絕大計劃預定以金六千萬元之資本設立五大公司（一）滿洲金融公司資本一千二百萬元由「滿洲國」當局南滿鐵路公司及東方殖產公司聯組股票（二）滿洲煤炭公

司，由「滿」當局興南滿鐵路合股資本一千二百萬元（三）在大連設建油廠一所，提練荳油資本定一百萬元（四）在瀋陽設汽車機器廠一所資本定五百萬元（五）設立鋁工廠一所資本定三千萬元。

又據南京三民導報本年三月廿七日載：

「日人近組設日「滿」合辦「土地公司」，向東北移民獎喧其實本爲二千萬元，以滿鐵業經收買之土地作基礎，由日「滿」合辦「懇國」以現款入股計一千萬管理則由滿鐵任之公司成立後日自由移民并開拓該公司土地。」

六　結尾

日本在東北之經濟勢力當不止此。不過以上諸端，均爲東北經濟的命脈，日本次第以暴力攫奪或假所謂日「滿」合辦爲名，爲實地的吞併年來其國內高度的經濟恐慌不特藉以穩定且可取得第二次世界大戰的優越形勢與勝利的保障這樣才一面可以制服美國，一面可以進攻蘇聯這就是日本帝國主義者一貫的中心政策所謂「奪取東方霸權」所謂「大亞細亞主義」也就是日本帝國主義者一貫努力的勤向所謂「共存共榮」所謂「日滿合作」完全是欺哄傀儡及世界的文章。

試看今日之東北竟是誰家之天下同胞乎其甘任東北大好河山永爲暴寇佔據乎？！

经济旬刊

《经济旬刊》创刊于中华民国22年（1933）6月1日，由江西省政府经济委员会编辑、发行，社址位于南昌市灵宝桥47号，南昌印记印刷所印刷。该刊出至第9卷第12期停刊。共出版108期。

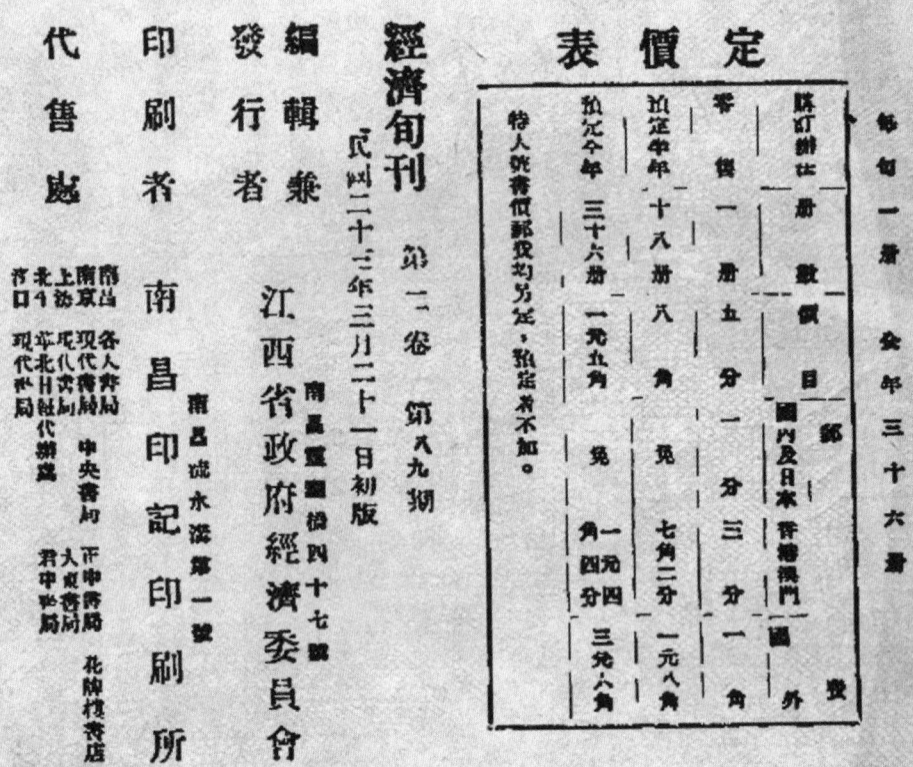

《经济旬刊》杂志版权页

經濟旬刊

第二卷　第八九期合刊

江西省政府經濟委員會編

中華民國二十三年三月廿一日

《经济旬刊》杂志封面

日本侵略下之東北富源調查

日本自武力奪取滿洲以後，卽在所謂「日滿經濟連鎖」之幌子下，積極圖謀侵占我東三省廣大之富源，以解決其國內之經濟不足。最近大阪商工會議所，已將一日滿連鎖結成基礎資料」調查完成。將左列各種富源調查之結果公表，兹特將其要點摘錄介紹，以供關心經濟問題者之參考。

棉花

滿洲棉花之產額，目下推定實棉爲六七千萬斤，籽棉（棉花去核者）爲二千四百萬斤，然根據各方面棉花栽培協會之二十年計劃，預料實棉產額可達三萬五千萬斤，籽棉收量可達一萬一千六百萬斤。如棉花耕作組合之指導獎勵能澈底實施，則因氣候之高溫多熱，霜害之防止，單獨三十號之手紡將成爲可能。總之棉花資源之開發，不僅對於日本纖維工業之運行上提供一種不可缺乏之資源，且足以安定國民之生活。

米谷

滿洲全體之米穀生產，目下爲水稻八萬一千八百町步，未脫皮之穀一百六十萬石，陸稻十一萬八千五百町步，未脫皮之穀一百八十六萬石。如推定將來之種植面積增約三倍爲六十萬町步，則預計收量可增加爲一千五百萬石，目下水田開發之主要目的，在乎日人之農業移民獎勵，三十年後，滿洲之人口約可增加二倍，作爲主要食料，米爲最適於滿洲農民之生活與經濟者。將來如品種改良，技術進步，則水稻可由一成增收至三成，陸稻可增收至四成。

大豆

大豆爲滿洲最大之資源，其生產額計四千〇十萬三千石，占全世界總生產額百分之六十二。其總輸出量爲一千九百萬石，計對歐洲一千二百十六萬石。對日本三百三十五萬石。大豆實爲一種國際商品，爲滿洲經濟之中軸，不僅爲農家經營經濟上之必需品，其用途除食料品外，且可製油，塗料溶劑，以及藥品等之化用品。日本每年仰給於滿洲大豆粕之輸入，計五千萬元以上，爲榨油之製造原料。故任燃料國際上面觀，日本對於滿洲之大豆，實有甚大之期待。

小麥

北滿之硬質小麥，在蛋白質含有量之一點而言，實足與坎拿大小麥相匹敵。然小麥粉之每年八百萬石之需要，其四成係仰給於海外，小麥粉之需要及北滿之總生產額雖一千一百九十六萬石。然因小麥粉之需要及北滿之開拓，近時有顯著增加之傾向，製粉事業悉由日滿人公共出資之團體經營之，以收統一之效。

綿羊

從滿洲獲取羊毛資源，為日本國民生活上必要之一項目，目下滿洲之綿羊為數約百萬頭，羊毛產出額不過九百萬磅，其中二百萬磅自給，七百萬磅輸出，在日本羊毛總輸入量之二萬磅磅中，幾占幾半之數。日滿綿羊協會有鑑於此，計劃以二百萬元資金，以十年為一期，從事綿羊改良飼育獎勵之方法。其改良目標，擬將未來配以蒙里諸種，使成為改良雜種，以期毛質之改善與產毛量二三倍之增加，飼時且謀卡希米亞山羊之速成的繁殖，俾使滿洲農家得以有效利用飼料，使生活向上，而日本亦可從澳洲方面減去每年三千萬鎊左右之輸入量。

畜產

滿洲所出產之畜產物極多，短脚而行走甚速之馬匹計二百四十四萬頭，牛一百六十萬頭，騾七十四萬頭，驢四十八萬頭，豚七百五十萬頭。此外在吉林黑龍江之森林地方、生產貂、獺、山貓、狐、貔、猿、熊、太鼠等野獸，毛皮均可供衣料之用，然此等製品之輸出甚少，如對於日本，僅有獸骨、骨粉、羊毛、罐頭牛肉、牛脂等三百萬元左右之輸出，最近日本有滿蒙皮革工業會社之設立計劃。

一八

東北資源與日本在東北之經濟勢力

王天覺

一、導言

我們還能記憶着吧，日本田中內閣上日皇的奏章中有「欲征服支那，必先征服滿蒙，欲征服世界，必先征服支那」之怪誕的狂論，又說：「我對滿蒙之權利，如可眞實的到我手則以滿蒙爲根據，以貿易之假面具而風靡支那四百餘洲，再以滿蒙之權利爲司令塔，而攫取全支那之利源以支那之富源而作征服印度南洋各地以及中小亞細亞及歐羅巴之用，我大和民族之欲步武於亞細亞大陸者，握執滿蒙權利，乃其第一大關鍵也。」所以在東北未喪失以前吳鐵城先生漫遊東北歸來曾說過：「不到東北不知東北之大，不到東北不知東北之危機。」果然一九三一年九一八之夜，爆發了瀋陽事變不旋踵而吉林失守，而龍沙陷落，而熱河已非我有矣，可憐的我們在不得已的情形下忍痛簽訂塘沽協定，華北平津離得免於難。然迄今榆關極目痛焉能已黑水白山遍遭勝騎之蹂躪，黃炎華胄竟作倭賊之奴隸，悲夫！

我們現在應該注意在東北未亡以前東北問題是有重要性的。東北已亡之後，東北問題更是加倍的重要了因爲東北不規復，依日本之一貫的侵略政策，是要進一步來征服整個的中國不過收復東北，也不是一件簡單而容易的事，用一時感情衝動和輿去對付暴日，是不會收效的，知是行的條件，知彼才有戰勝彼的把握我們要研究對付暴日怎樣對付我們，日本人把中國問題尤其是東北問題不知解剖了多少次化驗了多少次我們一切的一切他們都經過精密的調查與統計國人其甘心放棄東北則已否則對於東北問題是應該注意的研究現在我們把東北資源和日本在東北之經濟勢力來檢討一下以便關心東北和研究東北問題者用作參考的資料。

二、東北之面積氣候與人口

在我們未研究東北資源和日本在東北之經濟勢力以前，對於東北之面積氣候與人口諸問題是應該知道的。

（甲）東北之面積　東北者係指遼吉黑熱四省而言亦即日本之所謂滿蒙不過滿蒙一名詞之來源係由於民國二年九月日本要求滿蒙五路權而起嗣後日本卽擄爲典要勸稱滿蒙實則混含之至。我們是不該沿用的。至於東北一名詞係自民十一年張作霖奉令督辦東北屯墾邊防事宜後始見諸公牘同時張氏所統率之軍隊亦稱爲東北軍迨民國十八年一月國府任命張學良爲東北邊防軍司令長官及東北政務委員會之組織於是東北二字乃成爲代表遼吉黑熱四省之地理上的名詞了。至於東北四省面積的總數爲五、三五四、八五八方里其各省之面積依東北文化社之調查如左表：

遼寧　一、一五四、〇七三平方里

吉林　一、三一八、五六〇平方里

黑龍江　二、二九一、一三五平方里

熱河　五九〇、〇〇〇平方里

總計　五、三五四、八五八平方里

（乙）東北之氣候　東北的氣候在東南部以濱渤海是海洋氣候，大致和山東河北兩省的氣候沒有好大的變殊，北部是大陸氣候，比較冷些但一到夏季不問南北都有相當的高溫最高之時在攝氏表四十度左右雨量亦足有時和內地相同。所以如果你把東北看作是一塊酷寒不毛之地那就根本錯誤了。假如你在春秋之交，路出大連，經有滿鐵路轉中東路之哈長線以迄於濱那裏是沃野千里，阡陌雲連，和置身京滬杭甬車中來欣賞桑田麥隴之江忻景色實在沒有什麼兩樣記得兩年前僑居東北日人有所謂地方委員會者在濱滬日本附屬地開會，其向日本當局請願書中有「吾等過去之二十六年間以此地爲墓地而來奮鬥，吾等之子孫，亦常以此地爲鄉土機績吾等之意志以奮鬥。」觀乎日僑之如此眷戀東北其爲樂土，不言而喻。

（丙）東北之人口　人口問題任中國尙爲一待決之謎全國精確之統計調査仍闕有待東北亦何獨不然蓋人口之確數較爲難於考見生產率與死亡率之消長等比級數之增加皆爲易於形成變化之主因。在九一八事變前關內民衆移殖於東北者與日俱進就中以山東河北兩省爲最依民十九年東北文化社根據東北四省民政廳統計調查之結果東北人口總數爲三〇、八五七、一八七人其分佈情形如左表：

省別 戶口	戶數	男人數	女數	共口計
遼寧	三、三四六、〇五七	九、八七〇、五八四	六、八九六、七五一	一六、七六七、三三五
吉林	一、〇三二、八九五	四、一四〇、八五四	二、一六九、五八七	七、一九三、四四一
黑龍江	六六七、〇四一	二、一二四、八八五	一、四三四、七四〇	三、五五九、六二五
熱河	六二二、六一八	一、八四八、一九四	一、四八九、二七二	三、三三七、四六六
總計	四、六四五、六一一	一六、八七七、五一七	一一、九八〇、二五〇	三〇、八五七、七六七

如上所述,知東北之土地,如此廣漠,人口如此稀薄,氣候稍寒,然亦宜於農作物,勿怪乎日本帝國主義由垂涎而武力的佔領了。

三、東北資源之一班

說到東北的資源,我們可就農產礦產林產畜產五大部門來說明。

(甲) 東北的農產資源

要探討東北的農業價值先要估計東北的耕地面積與土壤成分,據日本滿鐵株式會社調查結果東北耕田面積如下表:

地名	耕地面積 (單位畝)
遼寧	六七、八九九、〇〇〇
吉林	四七、七七一、〇〇〇
黑龍江	四七、二三二、〇〇〇
熱河	三八、二〇三、〇〇〇
合計	二〇〇、一六六、〇〇〇

這樣廣大的耕地,從地質學上來觀察,遼寧吉林的平原判定地是屬於第四紀層,是最新構成的土壤,土及埴土佔最廣的面積,砂土與礫土是很少的。在化學性質上亦可斷定為良好之土壤,因為他是富於燐酸與加里,雖然缺少窒素及有機物,然施以肥料之補救,其生產事業仍然是驚人的,所以東北之農業上的偉大價

值,是值得注意的事,以如此廣大之耕地及土壤之活性其主要之農產物之種植面積及收穫量依滿鐵會社調查如次:

類別	種植面積 (畝)	收穫量 (石)
大豆	三八、七〇九、二〇〇	四〇、四九二、九〇〇
高粱	三五、七一八、四〇〇	五二、一四八、二〇〇
玉蜀黍	一六、五二〇、八〇〇	二二、八二七、二〇〇
穀子	二八、七〇〇、六〇〇	四四、七九九、四〇〇
小麥	一三、四二一、二〇〇	一三、一八八、六〇〇
水稻	一、七六七、四〇〇	二、七四八、七〇〇
陸稻	五、九三八、三〇〇	六、〇一九、七〇〇
粟	二、七二五、四〇〇	三、七六二、五〇〇
稗	三、九六〇、三〇〇	五、六二二、二〇〇
大麥	一六〇、九四五、六〇〇	二〇五、七〇一、四〇〇
總計		

此外棉花每年可收穫九千八百萬斤,煙草敢穫一千五百斤,甜菜(製糖之用)及果樹亦均有驚人之收穫。

(乙) 東北的礦產資源

東北礦產的發現,狀能是大陸式的。種類不甚多,但一經發現,便有豐富埋藏量的特徵在礦產中最重要者為煤與鐵煤的埋藏量約有三十億噸,每年出煤率在九百六十七萬噸以上,至於鐵的埋藏量為五億八千三百萬噸採掘率為七十五萬噸,關於煤之分佈情形據滿蒙要覽所載如次表

其次應當注意的礦產,是油母頁岩和菱苦土礦,按油母頁岩是產在撫順煤田的主要煤層之上含有重油埋藏量約有五十四億噸,能掘起二億一千萬噸。至於菱苦土礦之產地,是在南滿鐵路本線太平山大石橋海城各站之東方一帶埋藏量亦有數億噸為工業及醫藥用品的原料日本昭和四年(民十八年)的產出率為三萬一千噸,日人把產出率的一半原石運到日本內地其餘一半,由南滿礦業靠津工業公司使用。

其餘的礦產有滑石灰石耐火粘土金礦及石鉛等。

(內) 東北的林產資源

東北森林含有興安嶺森林吉林森林鴨綠江森林等計北起於額爾古納河與西兒科河合流之點成一弓形向東北松花江鴨綠江上流地方進行與朝鮮森林相合至此弓形之西北角則沿大興安嶺形成一大森林地帶。

森林之主要樹種計針葉樹八種,闊葉樹二十一種。(一)針葉樹有朝鮮松朝鮮樅朝鮮檜唐檜蝦夷松達夫利落葉松朝鮮落葉松唐白檜赤松等(二)闊葉樹有水楢蒙古柏滿洲梣鬼日藥滿洲楓板屋楓西榆黃蘗白樺胡桃白楊唐樺山梨蝦夷樺滿洲櫟鴛至森林之面積及蓄積量據東北年鑑所載如左表:

地域別	面積(畝)	蓄積量(石)
鴨綠江(東邊)流域(附渾江流域)	一五,八三三,六九八	七五四,八九七,六二七

東北的鐵礦以遼寧省遼陽縣南之鞍山弓長嶺,本溪縣之廟兒溝及安東鐵路沿綫為主要產地。其埋藏量及採掘率依據日本之滿洲產業統計所載如次表:

地方別	埋藏量	採掘率
	千噸	
鞍山 東鞍山		
大孤山 櫻桃山	三〇〇,〇〇〇千層	六〇二,一三三噸
王家堡子		
廟兒溝	八〇,〇〇〇	一四八,六四六
弓張嶺	一〇〇,〇〇〇	
歪頭山	一〇〇,〇〇〇	
其他共計	五八三,二二〇	七五〇,九七〇

煤的礦產如下表:

地方別	埋藏量	出煤量
	百萬噸	千噸
滿鐵本線	一,〇〇二,〇	四六二,五
煙台煤礦	四〇,〇	一五四,五
安本沿線	一九〇,〇	五八四,五
本溪煤田	一〇〇,〇	四九〇,〇
撫順沿線	一,〇〇六,七	七,二八〇,七
撫順煤礦	九,一五,〇	七,一九七,一
北寧沿線	一,一九〇,三	四七六,〇
吉長吉敦線	七九,〇	一六二,〇
北滿洲支線	三六五,〇	七〇〇,〇
合計	二,九六八,九	九,六六六,〇

（丁）東北的畜產資源

東北底氣候對於牛息驢騾絲羊山羊豬氣蜜蜂等都有很盛的飼育和用者蓋的勢力差不多成為農業上之必需品，因此東北的牧畜事業同時畜類的排洩物又可以作為農園的肥料，可以說是產業上之花根據東北年鑑所載東北家畜數如左表：

類別	數量（單位頭）
羊	二、五六〇、〇〇〇
駱駝	四、〇〇〇
牛	一、六一〇、〇〇〇
驢	六二〇、〇〇〇
騾	六二〇、〇〇〇
馬	三、五〇〇、〇〇〇

此外家禽方面總數有一六、七八六、六六九隻如下表：

類別	數量
鵝	三八九、八〇〇
鴨	二、六二一、〇八八
雞	一三、七七五、七八一
總計	一六、七八六、六六九

豚 七、三五〇、〇〇〇
總計 一六、二二四、〇〇〇

松花江上流流域	二三、一九二、七三七	一、五八三、二五二、四六〇
們們江流域	一、一二三、四二二、六七七	七五九、三三二、五九四
牡丹江流域	一〇、三二四、九、三〇四	七三三、二九六、四六八
圖們河流域	一〇、二三〇、〇四九	五二四、六〇二、九五〇
吉林哈綏綿區域	三九、三〇七、八一三	一、六一〇、六二二、三九〇
伏吉哈綏綿區域	八五、六一一、一二二	四五、六一、六〇四、三三六
東鐵沿線區域	一一二、九四九、八五七	九二九、二四五、三六二
大東安嶺	二二三、九八一、〇〇〇	六、七五五、二〇〇、〇〇〇
小東安嶺	一六一、四一五、〇〇〇	九、〇七五、二五五、〇〇〇
總計	五九七、八二五、二九七	廿〇、八〇五、二五五、一八六

（戊）東北的水產資源

東北的水產可分為兩種，一種是漁業，一種是鹽業沿海的漁業，因為地勢及交通的關係可分為三區如次：

1. 自安東至塞子窩沿岸及其公海。
2. 自關東洲至熊岳城附近的沿岸及其公海。
3. 接近於殘餘之遼東灣一帶。

至於鹽業大都份在關東州及遼寗省之沿海各縣以及內蒙古，依據日本關東廳民國十五年度之調查關東州之漁業水產額約有三千一百另七萬斤以上值二百五十七萬五千元有如下表：

地名	重量（斤）	金額（元）
旅順	六、五七〇、五一〇	六八六、三二八
大連	九、一〇二、三三〇	九四四、一五二
金州	六、二三二、三五〇	二八八、九六五
碧闌店	一、四〇三、三八〇	九八、六八九

此外關於鹽產最富區域端推關東州沿海各處，杪據民國十五年度的觀查關東州共有鹽田九萬二千八百二十六畝產鹽四億九千九百八十萬斤有如下表：

地名	鹽田數	鹽田面積(畝)	產鹽量(斤)
旅順	一〇一	一五、八二八	一三二、六九七、二九六
大連	三	六六三	一、六〇九、九二〇
金州	九	一、二二四	一一、七四三、九八四
普蘭店	一六五	三〇、七九七	二五四、九五〇、七二八
貔子窩	二六一	四四、一六〇	二〇二、〇〇六、六五六
共計	五三九	九二、八二六	四九六、八〇三、九八四

在上面把東北資源的大概情形敍述過了，關於東北各種物產輸出價額也是我們應該知道的依據日本的滿蒙要覽記載如次表：

種別	昭和二年(元)	昭和三年(元)	昭和四年(元)
農產物	二八六、八四四、六六七	三六六、六三一、六四五	三八〇、四四五、四九七
工產物	一六六、四三三	一六八、二〇二、六三三	一六四、八〇二、六六五
礦產物	六五、四五一、二七五	六六、六七三、一一八	六六、二七三、一〇八
畜產物	一〇、四〇三、六〇八	一三、五〇五、七四九	一三、〇四四、一六一
水產物	六〇、三五二、四六一	五三、二五八、五〇三	五〇、四〇四、二四五
林產物	九、四八四、〇六六	八、八九六、一二六	六、八九六、一五九
總計	四四一、一〇九、六一〇	六七六、九六七、一三二	五五五、一九四、五三七

貔子窩 八、〇九二、二一〇 四五六、八九〇
共計 三一、〇七六、一三〇 二、五七五、〇三四

四、日本侵略東北之各種原因

綜上所述我們知道東北土地如此其廣漠地質如此其肥沃，富源如此其淵博日本帝國者看作是它們的生命線是不無道理的，不過日本之侵略東北地還有多種原因的存在

(甲) 人口的原因 人口過剩和食物不足是帝國主義擴充殖民地和實行殖民政策的唯一理論上根據。日本人口約有八千餘萬其密度要佔世界第一位至於糧食生產情形據民國十二年關查日本內地的耕田面積約為五百六十餘萬町步（每六町步約合中國一頃）其中水稻和陸稻的耕植地面積為三百十餘萬町步收穫額平均每年不過五千八百萬石乃至五千九百萬石是日本每年的米消費額達六千七百四十三萬六千石加上朝鮮和台灣的產米每年常短少三百二十四萬六千石日本內地麥的產額每年約為二千一百十萬五千石但消費額達二千五百三十萬五千石每年常短少四百三十餘萬石（此項調查根據許與凱艦日本帝國主義與東三省一書所載）

由上看來日本因食糧之不足感覺到人口過剩這是日本民族生存上一大問題，而此問題之解決只好走向國外發展之一途但以美國標榜「門羅主義」而澳洲又有「澳洲乃白色人種之澳洲」之口號日人均無插足之餘地結果祗有實行大陸北進政

東北資源與日本在東北之經濟勢力

策，以我們的東北作它們的殖民地了！

（乙）地理的原因 東北與朝鮮僅一水之隔，軍事的控制，政治的運用均稱便利，東北一入掌握，大陸政策即告成功。

（丙）經濟的原因 東北地利富饒，工業未興，一面可作日本原料之取給地，一面可作日本之良好市場，二十餘年來竟得如下之成績：

1，日本在東北與各國貿易勁之比較 以民十六東三省之輸出入額為標準其百分率如左：

國名	輸入	輸出	合計
日本	五七•四	四三•三	五〇•五
蘇俄	一•四	二七•八	二二•〇
英國	九•六	二•四	六•〇
美國			

2，日本在東北與各國投資額之比較

國名	投資總額（單位千元）	百分率
日本	一，五二〇，〇〇〇	七三•二
蘇俄	四六五，〇〇〇	二二•五
英國	三九，〇〇〇	一•九
美國	二六，〇〇〇	一•三

上調查表係根據高伯時著日本侵略東三省之實況

由於上述各種原因益以東北之天然富源足以招致日本覬觀之慾念，於是東北河山變色早在一班人之意料中。

五，日本在東北經濟侵略之概觀

日本過去（九一八以前）在東北之侵略行為即採用政治的經濟的交通的文化的武力的諸種方式兼程並進。而就以足以制我東北同胞之死命者，則莫甚於經濟侵略之一端。在經濟侵略方式中以滿鐵株式會社接滿鐵會社為日俄戰後日本為了經營從俄人手中取得南滿鐵路及其附屬事業遂於一九〇六年組織了一個合股公司，即南滿鐵路及其附屬地一切權利又為日政府任其半組織方面設總裁副總裁及監督總裁電副總裁是直隸於帝國片相而會社直轄於帝國政府其權利頗大經營有由滿鐵及其支線以及礦山灌業電氣等附屬地一切教育衛生設備等亦受彼所有故滿鐵在廣義方面說要包括交通航業礦山林業水產牧畜及一切工商業，金融業等發展關為樞紐形成日本在東北之經濟的侵略行動在廣義方面說於篇幅我們不能從廣義方面來作詳盡的敘述僅就（一）日本在東北之投資情況（二）日本在東北之主要工商業（三）日本在東北之金融業三項作摘要之說明。

（甲）日本在東北之投資情況
據日本商工省民十六年之調查：日本海外投資全部總額為十萬萬一千九百四十萬元，除一小部份投在南洋外大部份投在中國實數是八萬萬五千六百萬元，而在東北的投資實數竟佔去了六萬萬九千七百五十萬元，佔中國內地部份僅佔不足百分二十，實數是一萬萬五千八百六十萬元。就獲利方面說：日本在山國投資獲利的總額，每年為四千四百七十萬元，佔日本在國外投資獲利全部總額的百分之七十，其中在東北的每年是三千五百八十萬元，佔日本在中國投資獲利總額的百分之七十七以上，在中國內地的每年僅是八百九十萬元，對日本在中國投資獲利總額所佔份向不到百分之二十三，觀半此日本在東北經濟勢力之偉大及獲利之厚可想而知，茲將日本在中國內地及東北投資情形列表以明之：

營業別	東北(單位日金百萬元)	中國內地
鐵路業	二三五．〇	
礦業	一七五．六	四．六
海運業	五四．一	
工業	四九．六	二七．七
紡織業	一二．九	一六．三
電氣煤氣業	三一．六	
其他	一四．七	
總計	六九七．五	八九
收益額	三五．八	一五六．八

(乙)日本在東北所經營之工商業

日本在東北所經營之主要工商業，有以下數種：

1，油坊業 大豆為東北之主要出產，豆餅佔中國輸出的第一位，所以油坊業在東北工業中亦佔第一位，日本滿鐵會社附屬的中央試驗所，曾用四十萬元開辦一試驗工廠，發明新法製油的化學抽油法，南滿一帶資本金在十萬元以上的油坊，共有八十一個，每年可出豆餅三千六百四十八萬餘枚，豆油一萬八千七百十三萬餘斤，就中以日清製油株式會社大連工場，大連油脂工業硬化油工場，豐年製油株式會社工場，(以上在大連)及在長春的滿洲製油株式會社規模最大資本最雄厚。

2，製粉業 即所謂磨坊將小麥磨成麵粉東北共有此種工廠六十餘所，每年可製出麵粉一千五百萬袋其中日人經營最大的是日滿製粉株式會社則前五年設於鐵嶺資本金七十五萬元，每年可製出麵粉二十五萬餘袋。

3，釀造業 東北的高粱可為釀酒之用釀酒工廠名為燒鍋，華人經營者亦頗多日本人經營最大者為滿洲青酒株式會社資本金一百萬元，每年可製出日本酒七百三十六石。

4，製糖業 種甜菜以製糖為東北新式大工業，日人在瀋陽經營一旬滿製糖會社，係民國三年設於資本金八十五萬元，每年可出糖價值二百萬餘元。

5，製絲業 東北產野蠶，名叫柞蠶。每年出口約值一千二百萬兩民國七年日人開始經營設立安驥洋行滿洲絹紡所民國九年與日華絹絲紡織株式會社合併規模益大該公司資本金為四千五百五十萬元，每年能製出絹絲八萬四千七百餘斤細絲七萬四千餘斤柞蠶絲十八萬三千八百餘斤。

6，紡織業 遼東半島之遼陽及金州為產棉地帶，日人在遼陽設有滿洲紡績株式會社,在金州設有內外棉會社,金州支店,在大連設有滿洲福紡株式會社,在旅順設有機業會社。

7,製材業 鴨綠江一帶木材甚盛,所以製木材與業會社資本金亦爲主要工業。日本人經營之最大者爲東亞木材林業會社資本金二百萬元。其次爲滿鮮製函株式會社及安東挽材株式會社資本金皆爲一百萬元。

8,製鐵及機械工業 日人經營製鐵業之最大者是鞍山製鐵所每年可產銑鐵約十五萬噸,其次本溪湖煤鐵公司每年可出鐵五萬噸。

9,電氣及煤氣業 電工業本是滿鐵會社的一種附屬工業。民國十五年電業與滿鐵會社分離自成有滿洲電氣株式會社資本金二千二百萬元。

10,其他 此外日本作東北工業之主要者如下(一)毛織業的滿蒙毛織株式會社資本金三千萬元,中日合辦(二)製紙業的鴨綠江製紙會社資本金五百萬元(三)陶器業的大連窯業株式會社資本金一百萬元(四)玻璃業的昌光硝子株式會社資本

上述各種營業都是最重要的部份。復據日本關東廳的調查;東北日本的營業共有七千八百零三家,就中大公司的數目在民國十六年度的調查其中有九百八十九個大公司,實收資本金總額爲五萬萬七千九百萬元。這九百九十八個大公司,可以分爲兩部份一是工業的,主要的是製鐵製材製絲火柴皮革製紙紡織玻璃肥皂陶器電氣煤氣等,日本在東北所經營的工場據民國十六年末的調查總數是七百五十如次表;

工場別	工場數			工 人		
	用原動力的	不用原動力的	計	日本人	中國人	合計	資本金
染織工場	20	9	29	180、620	2、206、934	2、386、945	6、613、000
機械及器具工場	8	13	21	488、594	1、169、140	1、605、461	19、762、488
化學工場	151	230	79	149、785	3、112、967	3、342、774	67、441、663
飲食物工場	122	58	180	103、508	1、491、005	1、594、513	38、463、673

（丙）日本在東北經營的金融業

說到金融業，如銀行交易所倉庫保險等事業，原來都屬諸商業範圍以內，惟金融資本為經濟侵略之原動力，所以這一段裏，特把日本在東北經營之金融業單獨的說明一下：

日本在東北經營之銀行業就中以橫濱正金銀行為主幹，自清光緒二十六年於營口設立分行，嗣後各地亦相繼設立，清光緒三十二年大連之正金銀行首發銀劵使於關東州及中國有強制適用之力，民國七年復發行金劵在東三省有絕大勢力紊亂中國之幣制莫此為甚，現在日本經營的銀行共有十七行，資本金總額達一萬三千九百五十萬元，銀行設立地點自大連瀋陽安東營口吉林長春以及遼陽鐵嶺開原四平街南滿一帶重要都市無處不有，茲列表說明如次：

名稱	本行所在地	公稱資本金	實收資本金（原位日金元）	設立年月
朝鮮銀行	京城	40,000,000	25,000,000	民國前三年八月
橫濱正金銀行	橫濱	100,000,000	100,000,000	民國前廿二年二月
正隆銀行	大連	3,000,000	5,924,662	民國前四年一月
滿洲銀行	大連	10,000,000	2,906,662	民國十二年七月
大連南業銀行	大連	20,000,000	2,000,000	民國七年七月
大連興業銀行	大連	5,000,000	1,500,000	民國前十二年六月
四平街銀行	四平街	500,000	200,000	民國七年十二月
長春實業銀行	長春	1,000,000	150,000	民國六年十二月
開原銀行	開原	1,000,000	500,000	民國六年十二月
滿洲禮產銀行	奉天	5,000,000	5,000,000	民國九年三月
南滿銀行	鞍山	1,500,000	355,937	民國八年三月
安東實業銀行	安東	500,000	125,000	民國二年十二月
協成銀行	安東	1,000,000	250,000	民國九年三月

合計　特別工場　四六八九　二六一　一、五四八、三二三　二、三八八、四九三　二二、九三七、三二六　二九二、○○二、三○二

特別工場　二二二　四　二六　一、五四六、八二九　二、○○三、五八一　八八、五○一、八七八

建工場　八九　五五　一四四　二○九、○七三　一、三四四、二九○　一、五五三、三六三　一三、一九九、六○○

商工銀行 瀋陽	五〇〇,〇〇〇	民國二年四月
日華銀行 鐵嶺	五〇〇,〇〇〇	民國七年四月
振興銀行 營口	一,一七九,〇〇〇	民國七年五月
平和銀行 吉林	五〇〇,〇〇〇	民國九年一月
合計	一七三,六七五,〇〇〇	一九三,五〇七,二八七

備註關於日本在東北之工商業與金融業及投資之調查統見日帝國主義與東三省及日本鐵蹄東三省之實況

結餘

關於日本在東北之經濟勢力，限於篇幅只夠作簡單的說明，不過在這簡單的說明中已經給予我們以可驚之事實，在東北未亡以前，整個的東北已在日本經濟勢力支配之下，在東北已亡的今日，日本在東北經濟勢力之擴展更不可思議了！

這篇淺薄的文章在此算告一結束，值茲傀儡正在準備登大寶的今日東北收復之希望愈感渺茫，整個華北前途都在可慮之苦境，雖然多難與邦，古訓昭然，處在風雲險惡中的我們，復我河山的意志應該越發加強，研究東北問題的情緒應該加倍的熱烈，庶乎，東北才有收復之一日，中華民族才得免於滅亡。

二三，一，於南京

外交部公报

　　南京国民政府《外交部公报》自中华民国17年（1928）5月创刊，民国38年（1949）6月停刊，共发行19卷202期。该公报辟有命令、法规、文书、交涉专案、特载等栏目，以刊载各类外交文书为主。自第2卷第3号至第9卷第5号设有报告专栏，刊载来自中国驻外使领馆关于驻在国情况的报告。其中各领事馆的报告涉及较多华侨华人情况。它由两部分组成，一是领事馆人员对当地华侨华人经济、教育和生活状况的调查和观察；二是领事馆人员翻译所在国政府对华侨华人的调查，如人口、移民人数、职业、经济贸易等。

定報價	
零售每册	大洋貳角
半年六册	大洋壹元壹角
全年十二册	大洋貳元

廣告價目	
每頁八分之一	大洋壹元
每頁四分之一	大洋貳元
全頁照算 插圖另加	

以上廣告價目均照一期計算長期訂價須先惠郵票代價以半分至二分爲限

外交部公報第一卷第一號
中華民國十七年五月出版

編輯者　外交部公報編輯所
發行者　外交部總務處文書科（南京城內獅子橋）
印刷者　美豐祥印刷所（南京城內估衣廊）
代售處各省　中華書局　商務印書館　世界書局

《外交部公报》杂志版权页

外交部公報

中華郵政局特准掛號認爲新聞紙類

第七卷 第四號

中華民國二十三年四月

《外交部公報》杂志封面

日本禁止中國菓實進口

駐神戶總領事館

中國菓實在日本並不多銷，惟各埠華僑因係國產而食用之，如山東之梨，廣東之沙田柿，新會橙，及荔枝等是也。上年冬，日本大藏省忽訓令各稅關，對於各國輸入日本之植物果實，禁止入口，經派員向神戶稅關查詢，據稱其目的，係在防止植物害蟲及植物病之傳播。

凡胡瓜，西瓜，甜瓜，南瓜，菜豆之產自中國揚子江以南，及南洋檬香山各地者，含有 Melon fly。

凡蘋果，梨子，榲桲，桃，李，杏，櫻桃，胡桃之產自中國揚子江以南，及印度，非洲，美洲等處者，含有 Cooling moth。

凡柑，橘，荔枝，枇杷之產自中國揚子江以南及南洋，美洲等處者，含有 Mango fly。

凡甘蔗之來自中國，及其他各國者，因有露菌病箴象蟲蝦蛾等，是以禁止入口云。按照表列各項，雖不以我國為限，而我國輸入日本之果實，其所受影響，亦非淺鮮。茲將禁止各項，列表於下：

禁止進口果實表

地　域	植　物　品　名　稱
一、伯列士坦、敍利亞、西㐲拉士、土耳其、希臘、法蘭西，義大利、馬爾大、西班牙、葡萄牙、阿非利加洲、比倫達、西印度羣島、巴西、阿根廷、檀香山羣島、澳洲聯邦，新西蘭。	植物生果實
二、菲律濱羣島、婆羅洲、西里北島、爪哇、蘇門管臘、其他馬來各島、台灣、南洋羣島、中國揚子江以南。	胡瓜，西瓜，甜瓜，南瓜，及其他葫蘆科植物、番茄、菜豆，豇豆（大角豆）等生果實、（似台灣產及南洋

26

二、香港、法屬安南、暹羅、馬來半島、英屬印度、錫蘭、椰香山群島、新基內亞、瓦姆島。

蔓島之西瓜、如有台灣總督府或南洋廳之植物檢查證而非由郵包進口者不在此限）

三、俄國亞洲、中國揚子江以南、香港、英屬印度、波斯、米索波達密亞、西勿拉士、歐洲、阿非利加洲、加拿大、美國、巴西、阿根廷、烏爾圭、澳洲聯邦、新西蘭。

蘋果、梨、楊梓、桃、李、杏、及櫻桃等生果實、胡桃之生果實及核

四、菲律濱群島、婆羅洲、西里北島、爪哇、蘇門答臘、其他馬來各島、台灣、南洋群島、中國揚子江以南、香港、馬來聯邦、海峽殖民地、英屬印度、錫蘭。

柑橘、檸果、枇杷、李、桃、蒲桃、蓮霧、番石榴、蕃椒屬植物 Capsicum 揚巴爾茄、龍眼、荔枝、及五斂子等生果實、（但台灣產柑橘等如有台灣總督府植物檢查證者不在此限）

五、菲律濱群島、婆羅洲、西里北島、爪哇、其他馬來各島、台灣、南洋群島、中國揚子江以南、香港、安南、暹羅、馬來半島、英屬印度、錫蘭、阿非利加洲、美國、西印度群島、澳洲。

生甘薯

六、台灣、南洋群島、各外國。

甘蔗及其各部份（包括種子）

七、爪哇、英屬印度、西勿拉士、歐洲、阿非利加洲、南北美洲、椰香山群島、瓦姆島、澳洲聯邦、新西蘭。

馬鈴薯、茄子、番茄、蕃椒、其他茄子科植物、及其生果實

八、朝鮮，台灣，南洋羣島，各外國。	帶泥土之植物
九、俄領亞洲、小亞細亞、波斯、歐洲、加拿大、美國、新西蘭。	麥稈（除苞薦及其類似品之外其他加工品不在此限）

上表所列各植物及生果實，自上開各地發送，或於上列各地起卸，及用以包裝者，均不得輸入，但供試驗研究之用，經農林大臣核准者，不在此限。

（三月七日編）

中國經濟

第二卷　第五期　要目

日本侵略下東北經濟的矛盾現象

傅安華

一 導言

自九一八事變後日本用強力製成所謂「滿洲國」使東北四省與中國分離，中國損失三百二十九萬方里的土地，全中國十三分之一的人口，全中國四分之一的對外貿易亦質為開國以來未有之奇辱。不特東亞和平從此破裂，即世界安寧亦因此受到了威脅，此仇此恨中國人任何時候都不會忘記麗！

在世界資本主義將要總崩潰的今日帝國主義國家都企圖着犧牲別國救濟自己，尤其對於殖民地及半殖民地國家更是不遺餘力的榨取，這種夢想帝國主義者在未崩潰之前總不會覺醒的。

日本便在這個夢想下來努力壓榨我們的東北，到現在已經有三年頭了，在這三年間日本方面所得的利益確不為少他的貿易增加了，市場增加了，原料供給增加了，但是我們明白這是帝國主義的迴光返照，因為與他的榨取工作相對發展即是東北農民的破產，待到東北人民完全破產的時候也就是日本帝國主義者壽終正寢的時候。

不過這兩種矛盾，在現在還正是相對發展的時候，我們研究現在東北的經濟狀況，首先要把握住這兩種對立物的發展即是一面要注意日本在東北貿易的活躍及其事業的繁榮；一面還要注意東北農村的破落農民生活的困苦，尤其是去年因為全滿農產豐收而外面銷路閉塞，以致釀成穀賤傷農的現象。

現在我們先舉兩個例子預先證明東北經濟中這兩種對立現象的存在，詳細情形待後面再敘述。

1．日本貨品在東北活躍的例證——去年有一個關于日本在北滿商業進展的報告茲取其原文一部譯之如下：（見國際評論本年二月號昭和八年滿洲經濟概況文）

「自日本對外匯率降低後，日貨傾銷全滿極為活躍各稱貨類無不有日貨擠列其中今後北滿市場將為日本商品所獨佔他國貨物不出數年即要為日本商品所排出現在將日本商品輸入北滿的情況略述如次：

一、綿線布——各商品中以綿線布為大宗每年生地線平均有一萬捆棉布四萬捆加工雜綿布五萬捆其中有十萬捆的輸入從來輸入北滿的貨物是上海青島與日本近來中國商品因為阻於沿海貿易稅的提高乃呈銳減的狀態日本商品以大阪出品為最多。

二、絲織物——近來人造絲極通行蠶絲因為價格太高多不為一般人所需要并且人造絲的品質也日益精良在哈爾濱市場一向是法蘭西佔優勢他國出品者不敢與之抗衡近來因為日本對外匯率的減低乃使一向僅佔市場一部的日本人造絲一躍而至半數或三分之一的優位最近日本出品的品質并不劣於法蘭西出品。

三、棧業——日本棧業一向阻於中國織襪場的反宣傳致不得暢銷最近則完全驅逐中國商品於市場外一九三二年哈爾濱輸入的數額為二百萬雙一九三三年更加速度的增加直有突破三百萬雙之勢

四、化粧品——法蘭西的化粧品及石鹼向來持有很大的勢力但近來日本的 Pomade 及石鹼成績都很好在滿洲人間極得佳評即俄人亦多有用之者初時德意志的化粧品曾向法貨壓迫但不久即告失敗在此兩意互相鬥爭之際日本出品得搶機而入坐收漁利

五、陶磁業——張學良時代在奉天曾設有大規模的陶磁廠供給其本地的需要并且為保護其國產起見對外貨徵稅極多日本出品一時為之斷絕自一九三三年七月滿洲關稅改訂後日貨輸入始大增名古屋之出品今已銷遍全滿

六、工業藥品——染料與電氣工具向為德意志商品所獨佔近來因日本對外匯率降低日滿貿易激增德意志商品受了很重的打擊。

[此外尚有數項因甚無確切數字跡近宣傳故從略。]

2. 農村破產的例證——東北農民所仰賴的唯有特產品北滿向為歐美商人之根據地現在則為日本所侵佔其他地方在日本勢力範圍下今日情形更可想而知了。

大豆高粱豆餅等現在特產品因輸出不振價格日益跌落農民生活因此受到很大的打擊茲將一九三三年度佔特產大宗的大豆高粱的市價推移形勢作為例證

月　日	大豆		高粱	
	大連	哈爾濱	大連	哈爾濱
一月四日	五·二五四	一·〇九〇	一·八三〇	〇·六四〇
十五日	五·一三五	〇·八二五	一·七二〇	〇·六四〇
二月八日	五·〇五〇	〇·八五七	二·七〇〇	〇·六〇〇
十五日	四·七八〇	〇·七九五	二·四九〇	〇·六八〇

日本侵略下東北經濟的矛盾現象

月日				
三月一日	四·八三〇	〇·七五五	二·四八〇	〇·六八〇
四月一日	四·九〇〇	〇·八一五	二·四四〇	〇·六五〇
四月十五日	四·七五〇	二·四九〇		〇·六五〇
五月一日	四·八五〇	〇·七四五	二·三一〇	〇·六六五
五月十五日	四·八二〇	〇·七二〇	二·二二〇	〇·六二〇
六月一日	四·八七〇	〇·八八五	二·三一〇	〇·六四〇
六月十五日	四·五一〇	〇·八八五	二·三二〇	
七月一日	五·一八〇	〇·八八七	二·二二〇	
七月十五日	四·一八〇	〇·九四〇	二·一二〇	
八月一日	四·九五〇	〇·八三〇	二·一〇〇	
八月十五日	四·六五〇	〇·七二〇	二·一六〇	
九月一日	四·四七〇	〇·六九〇	二·〇〇〇	
九月十五日	四·三六〇	—	一·八九〇	
十月一日	四·三三〇		二·〇〇〇	
十月十五日	四·二二〇		一·九七〇	
十一月一日	四·〇七〇		一·八八〇	

由此可知這兩種矛盾現象的對立已經日益尖銳化了。

以去年滿洲的經濟狀況為代表，將這種矛盾現象詳細分析一下。

一、在貿易上見到的日本壓榨工作的激進

1. 市場上的東北變為入超的東北

東北一向是極富的原料產地，並且是中國唯一的貿易出超地區。自廿餘年來陳民元二,七八四為入超外歷年皆出超，民國十六年出超一四〇,三五七,六二〇海關兩，十七年出超一三三,三一五,七九四海關兩十八年出超九六,八二〇海關兩，歷年來之所以富甲全國即是為了出超的特優現象。

但自日本強佔東北後東北的貿易，因為日貨輸入激增的結果，竟由出超變為入超了，自此東北內地的財富便開始外洗這是最令人痛惜的現象。

因為偽國發表的貿易統計缺少與去年同期的前年的統計表，致不得以全滿的貿易與前年比較，現在僅以最重要的大連貿易與前年比較一下。（下表皆以圓為單位，按偽國去年四月十六日佈告規定每一金單位等於滿幣一·九五圓每一海關兩等於

特產物如此暴跌，農民生活便可想而知了。

第一種現象是促進第二種現象的主要動因，即是日本的貿易事業愈發展，滿洲內地的現金愈缺乏，農民的生活亦意拮据最後的結果，滿洲人民完全破產，人民購買力降到最低限度，日本貨物的傾銷也就此停止，去年駐奉天日本蜂谷總領事致日本政府電會說：

"自滿變以後，日本物品的輸入已達到相當的巨額，以現在的存貨論為數已經不少而本地人購買力極低目下

甲表　一九三三年大連貿易統計（一月——十月 單位千圓）

	一九三二年	一九三三年	增減實數　同上比率
輸出	二四八,二二七	二八一,九九九	增三六,七七二　二〇%二
輸入	一五七,三五九	一九六,三〇二	增一八,九四三　八八%二
合計	四〇五,六八六	五七三,三〇一	增一六九,六一五　四一%八
出入超	出九〇,九六八	入一七,三〇三	

乙表　主要輸出品狀況（一月——十月 單位千圓）

品名	一九三二年	一九三三年	增減實數
大豆	九一,八〇九	一一八,〇四六	增二六,二三七
小豆	三,四六五	五,一三三	增一,六六八
高粱	八,一五六	二,一二三	減六,〇三七
玉蜀黍	一一,一四八	〇,四二五	減一〇,七二三
落花生	四,八八二	六,五六二	增一,六八〇
綿織物	五,九三三	六,五六三	增六五〇
鐵及鋼	五,九三一	七,八一一	增一,八八〇
豆油	一六,八〇一	一八,四八五	增一,六八〇
豆餅	五一,九六三	三五,七七九	減一六,一八四
石炭	一六,五〇〇	二〇,一五六	增三,六五六
鑛	三三,三二六	三七,六六四	增四,三六六

丙表　主要輸入品狀況（一月——十月 單位千圓）

品名	一九三二年	一九三三年	增減實數
小麥粉	八,五八七	三二,四三八	增二三,八五一
砂糖	七,九四〇	八,四八九	增五四九
煙草	四,八五四	九,七七〇	增四,九一六
綿織物	二三,八〇二	三九,一三五	增一六,三三三
麻袋	九,一六九	七,二五一	減一,九二八
建築材料	八,五〇八	二二,八九七	增一四,七八九
石油	一,二一五	二,八七四	增一,六五九
機械及器具	三,二七四	六,二二九	增二,九五五
米	九九一	二,〇〇六	增一,〇一五
油粕	三,五一一	八,二六三	增四,七五二

由乙、丙二表看來，去年輸入最多的是小麥粉綿織物建築材料三者，據這種現象，我們便可推知東北貿易所以能由出超變為入超者不外四種原因：（一）日本貨物輸入激增。（二）日本在滿洲的建設工作進展（包括軍事建設）。（三）日本人移入及日人所營事業的增多。（四）農產品輸出相對衰退綜合觀察這四種原因即可知滿洲貿易輸入的增加，即是日本壓榨工作激進的表徵。

2. 在東北貿易上日本的勝利

由下列二表可以看出在東北的貿易地位，日本是如何的增高，中國是如何的衰落，日本更如何的戰勝歐美，看到這兒，我們不得不憤恨慚愧為什麼自己的國內貿易場反讓他人獨占呢！

甲、滿洲對外貿易主要國家的地位（單位千元）

輸出

國別	一九三二年	對總輸出新的比率	一九三三年	對總輸出比率
日本	一〇三,八四八	四一·八%	一三三,五七六	四五·七%

日本經略下東北經濟的矛盾現象

甲表、對德輸入比率

國別	一九三二年 對總輸入比率	一九三三年 對總輸入比率
中國	五八·七三一	二三·六
英國	一七·九二一	七·二
荷蘭	二四·七七九	九·九
法國	一·七〇六	〇·六
德國	四·七〇七	一·八
美國	三·三四七	一·四
其他	二四八·三二七	一〇〇

國別	一九三二年 對總輸入比率	一九三三年 對總輸入比率
日本	一〇四·〇六〇 六六·一%	二〇九·九一八 七〇·八%
中國	三三·〇四五 二〇·九	三九·二一八 一三·二
英國	二三·八四五 一·四	五·三三七 一·〇
荷蘭	二三七 〇·三	一五四 〇·五
法國	六〇二 〇·一	一·六六〇
德國	— —	—
美國	二·〇八六 一·二	二·九三七 〇·七
其他	一·七一六	七·九二八 二·六
合計	一五七·二五九 一〇〇	二六六·三〇二 一〇〇

乙表、各國貿易額與前年比較增減表（單位千元）

國別	輸出			輸入		
	一九三二年	一九三三年	增減率	一九三二年	一九三三年	增減率
英國	一〇六,八六一	一六八,五五七	增五七·七	一〇八,〇六〇	二〇九,九一八	增九六·九
中國	英一,五七一	英六,七四四	減五二·四	英三〇,〇五一	英三九,二三八	增八四·六
日本	一〇六,八六一	一六八,五五七	增五七·七	一〇八,〇六〇	二〇九,九一八	增一〇一·六
英國	一〇九,六四三	一五,五五八	增三二·四	二三,八四五	五,三三七	減七七·六
美國	一〇七,三二七	一五九·三	增一九六·九	二,〇八六	二,九三七	增四〇·六

按：「中國對東北貿易本為國內貿易茲為便於比較起見故亦列於此。」

3. 日本對滿貿易額

我們從日本方面看他對滿貿易的激進，更為驚人。一九三三年自一月至十月，日本對滿貿易額是三億八千五百萬圓其中輸出二億四千九百萬圓輸入一億三千六百萬圓出超一億一千三百萬圓與一九三二年同期比較在總額中增一億七千四百萬圓即百分之八二；輸出增一億四千萬圓即百分之一二九；輸入增三千三百萬元即百分之三三·五。

一九三三年對滿貿易額（一月至十月單位千元）

輸品	一九三三年	一九三二年	增減實數	同上比率
輸出	二四九,四七二	一〇九,六三四	增一四〇,八三八	一二九·六
輸入	一三六,二六六	一〇二,七九〇	增三三,四七六	三二·五
共計	三八五,七三八	二一二,四二四	增一七四,三一四	八二·四
出超	一一三,二〇四	五,八四四	增一〇七,三六二	一,八七一

主要商品貿易狀況（輸出）（單位千圓）

品名	一九三三年	一九三二年	增減實數	同上比率

三 日本壓榨下農村破產的激化

與日本壓榨工作相並進展的即是農村破產的激化。農村所以破產的直接原因有二：1.外貨輸入過多農村現金完全流出。2.農產品價格暴跌農民多積穀不得售以致資金來源斷絕。關於前者，日本貿易的激進便是明證關於後者可分三方面敍述：

甲 農產品輸出的不振——農產品輸出不振的原因有三：1.主要市場的喪失在事變前東北的農產品大部運往中國內地傾銷事變後中國實行封鎖滿洲海關並提高其關稅以致東北農產輸出受到重大影響。2.德國限制油脂原料輸入東北農產在歐洲唯一顧客自去年德國頒布限制油脂原料輸入以後東北的大豆豆餅都直接受到打擊。3.受世界經濟恐慌為東北農產在歐洲唯一顧客自去年德國頒布限制油脂原料輸入以後東北的大豆豆餅都直接受到打擊。

我們看去年東北特產物輸出的情況：（大連港一月——十月單位千圓）

品名	一九三二年	一九三三年	增減實數
大豆	九一，八〇九	一一八，〇四六	增 二六，二三七
小豆	三，四六五	五，一三三	增 一，六六八
高粱	八，一六八	二，一二一	減 六，〇七三
落花生	一，二四八	二二五	減 一，〇二三
豆油	一六，九六三	一二，八八五	減 四，〇七八

中國經濟 第二卷 第五期

綿織物　二五，二五一　一四，七六三　增 二〇，四八八　一三八．七
小麥粉　二六，五〇四　九，七〇四　增 一六，八〇〇　一七三．一
鐵　　　二二，六〇〇　七，〇四七　增 一四，五五三　二〇六．五
機器及其零件　二三，四一二　三，〇三〇　增 九，三八二　三〇二．九
砂糖　　六，二九一　四，八八三　增 二，五〇八　五一．三
水山汀　一，八八一　五二八　增 一，三五三　二五六．二
紙類　　六，八〇二　三，八〇三　增 二，八四九　一六八．三
鐵製品　二，八六二　二，一三二　增 二，二六八　一〇三．九
車輛及其零件　五，七四六　二，一二一八　增 三，〇二八　一〇六．七
煙類　　一，七五三　一，四七六　增 二七七　一八．七

品名　一九三三年　一九三二年　增減實數　同上比率

（輸入）（單位千圓）

「備改」大豆是一月至九月。

以上足以證明日本壓榨滿洲工作的進展，我們再回頭看一看我們東北同胞的情形是如何呢？

以日本的對滿的輸出表與滿洲貿易的輸入表相對照一下，便是知滿洲輸入最多的綿織物小麥粉建築材料等大都是日本的貨物。

乙 特產物的市況 —— 與輸出有絕對關係的便是市價輸出多數的特產品是呈現衰退可見東北的輸出貿易是每況愈下，則市價必然要跌落現在將去年特產物市價的變動分述如下：

豆餅　五一、二五　三五、八八五　減一五、三七六

一　大豆 —— 一九三三年全年的大豆市價是呈大低落的現象。一月中雖一度高漲而大連市場亦不過五圓三毛六分的樣子每年四月向例是輸出最繁忙的時期市場油房都要活躍一時然本年忽傳到德意志限制油脂原料輸入的消息油房界因之大恐多相率減工市價大跌至六月間雖曾一度高漲但不久又受世界經濟會議不良的影響歐洲的銷路頓成萎縮對中國內地及日本亦不拓於是大豆輸出再行減退其後又值本地霉敗市況更軟十月初大連市價僅四元上下為近十數年來最低之數字。

二　豆餅 —— 中國內地的關稅提高日本農村又呈疲弊難在春肥需要期而豆餅的銷路亦竟不振特別在歐洲方面因為德意志限制豆餅輸入的壓迫受創更大其後銀價騰昂美國的銷路亦斷豆餅市價慘落更甚新豆餅已上市而油房的工作仍沒有一絲的活氣。

三　豆油 —— 豆油因受中歐各國疲弊的影響及中國內地山額關稅的拒絕銷路機為呆滯油房界大都陷於悲境十月中旬至於是在特產物上市的時候全滿市場的價格便相繼跌落大豆小

十一月的市價僅十圓三角，較之一月份市價低落十分之三八十一月後向廣東方面的輸出復活豆油市價始勉強抬頭至十一圓五角。

四　高粱 —— 因為北滿去年發生水災食糧缺乏，高粱市價途日益上升而在輸出方面依然不振中國內地的關稅提高主要銷路斷絕以同樣理由向朝鮮的輸出亦甚萎縮去年一月份的市價是二圓七角八九月後遂降為二圓乃至一四五年來最低之數字。

丙　去年的豐收 —— 去年滿洲的農產物收穫較前年增加百分之十八，(即增二，八二九千噸。)較大前年增加百分之二二，大豆收穫五，一六六千噸比前年增加八九八千噸即百分之二一，高粱收穫三，九〇八千噸比前年增加一七八千噸即百分之五，若以南北滿分別論之，則南滿總數量為九，〇四五千噸比前年增二，四五年增三七七千噸北滿共為九，八一二千噸可見此實增百分之三七其中大豆占三三即增六二千噸比前年的收穫並不是什麼大豐收只略可與平年敵不過與前年的大歉收比較好像是豐收了。

前年雖是歉年但農產物的價格竟亦有跌落的趨勢當時為政府深怕因此而影響到稅收乃極力想法救濟然而去年又比前年增收百分之十八特別是大豆一項竟較前年增收百分之二一

麥比平年價格跌十分之二高粱跌十分之四而向有續跌的傾向，新大豆上市價格僅及平年之半全滿農民俱為豐收饑饉所襲擊，整個農村成為極疲弊的狀態。

我們把以上這兩矛盾現象聯合到一起來觀察一方面是日貨積極的傾銷農村現金源源流出另一方面是農村經濟的來源枯竭農村破產這兩種對立的現象若一直發展下去不消說一定要有一個大的爆裂呢。

四 假慈悲的救濟方策能有效嗎？

我們在前面說過日本的壓榨工作是農村破產的主要動因。如果日本不放棄其壓榨政策則農村的景氣永遠不能恢復不但不能恢復還要愈陷愈深日本現在只是假慈悲的驅使着傀儡們支出經費去救濟能夠有效嗎恐怕連救濟的經費都讓日本人中飽了。

我們且看傀儡們耍的這套把戲：

假國為了救濟特產品曾由「政府」支出了一千萬元的救濟金。去年十二月三十日以遠藤「總務廳長」的名義發表了三項救濟大綱：

一 本年大豆的滯貨務須採用適當方法銷售。
二 如果農民急於出賣須防止價格跌落。
三 為使農民多獲資金起見一切買賣雜費及鐵道運費均

須減低。

偽「實業部」「財政部」及「交通部」乃遵從此三項原則擬定一個具體計劃

1. 以「政府」補助於吉，黑二省內設公共保管機關以保管特產物，由「中央銀行」盡力通融資金。
2. 除既存各機關外另設適當機關實行指導特產物的銷售。
3. 獎勵特產輸出──北滿主要集散地即黑省有二十四處吉黑省的「共同販賣會」已於去年十一月成立全滿生產業者，輸出業者及海運業者所共同組織的「滿洲特產中央會」亦在準備中這些都是所謂「指導販賣的機關」所謂「特產共同販賣會」的內容大體如下

1 設置數目──北滿主要集散地即黑省有二十四處吉省亦有若干。
2 組織──在一定地域內凡將大豆委託於此處保管販賣之農民皆為會員置會長及會員代表處理會務。
3 業務──根據特產貨款辦法由會長及會員代表共同掌掌下列事務即大豆共同保管發行大豆保管證及大豆的共同販賣。
4 計算──大豆販賣金及會的損金按委託大豆的數量分配於會員

日本侵略下東北經濟的不盾現象

五 融資機關——「滿洲中央銀行」。

六 貸付額——春耕貸款未償還者大豆貸款本利合計額得以其地權共同擔保，按大豆時價九折貸付，但大豆貸款的半額可以作償還春耕貸款本利之用，其他省以時價七折貸付。

七 貸付期間——最長期票據為三個月，三個月後須另換票據。

八 利息——月利七厘。

另外尚有所謂「特產貸款委員會」各省置省本部，以省長為會長各縣置縣分會以監視共同販賣金與指導大豆販賣等事項由國際運輸會社代為保管，「政府」並負責下列各事：

一 補助特產物共同販賣會的設立經費及本部招聘顧問費之一部。

二 對於「中央銀行」及國際運輸會社有命令其作特別事項時，「政府」對之得詳慎效慮。

此外又有所謂「特產中央會」是一個「日」「滿」合辦「官民合作」的統制機關其事務所預定設於長春經費由「滿鐵」「關東廳」「滿洲國政府」補助及會員會費共同籌措其目的及職務如下：

一 特產物及細工藝品之販路的介紹及宜傳。

一 特產物輸出的增進。

一 關於特產物之需要的研究及實驗。

一 特產物販賣的改善合理化。

一 與特產物有關係機關的統制。

此等組織能夠救濟農村破產嗎？決不能夠雖然設立了公共倉庫可免去重重的中間商人的剝削，但這種利益是否能直接歸於農民手中呢？這是一個大的疑問，因為據我們的經驗此等組合的設立是滿洲農業經濟界的大革命我們更不懂他們是革誰的命！往往讓更大的商人中飽的。至於借貸一項恐怕更救濟不了農民被救濟的終久還是債務經手人「滿洲評論」雖稱此等組合的設立是滿洲農業經濟界的大革命我們更不懂他們是革誰的命！

五 結論

總之，帝國主義者走到將要沒落的時候牲內部一切的矛盾，足以致命的矛盾，都表露出來了。日本是以救濟自己的夢想去掠奪滿洲去壓榨滿洲但他知道這種舉動中蘊藏着死滅的萌芽嗎？滿洲固然是任日本的壓榨下犧牲了，不過我們明白牠在被犧牲的最後一霎那是要爆炸的。

現在日本又驅使傀儡在那裏要帝制的新花樣出現日本帝國主義是急欲吞併了滿洲，盡滿洲人的血而後甘心。他想用滿洲的血永醫自己的病起來和列強作最後的血拚但血拚的結果還不過是覆沒而已。

〔註〕「文中所用統計表多採自日文國際本年二月號「昭和八年滿洲經濟概況」一文，並參照東北日文報紙加以訂正者」

众志月刊

《众志月刊》的前身是《大众评论》，创刊于中华民国22年（1933）6月，旬刊，出至民国22年（1933）12月休刊。民国23年（1934）4月在北平复刊，更名为《众志月刊》，由北京众志学社编辑并出版，月刊。属于北平众志学社的社刊。该刊出至民国24年（1935）5月停刊。

该刊主要刊载有卷首语、评坛、书报评介、文化消息、社会杂写、文艺、农村通讯、社会杂写、各县教育情报、农村副业调查等栏目。

该社曾编印《大众评论》旬刊，该刊继承其立场、旨趣，以"反帝国主义、反封建势力"为革命主张，主要针对重大而具有普遍意义的国际问题发表评论文章。

《众志月刊》杂志版权页

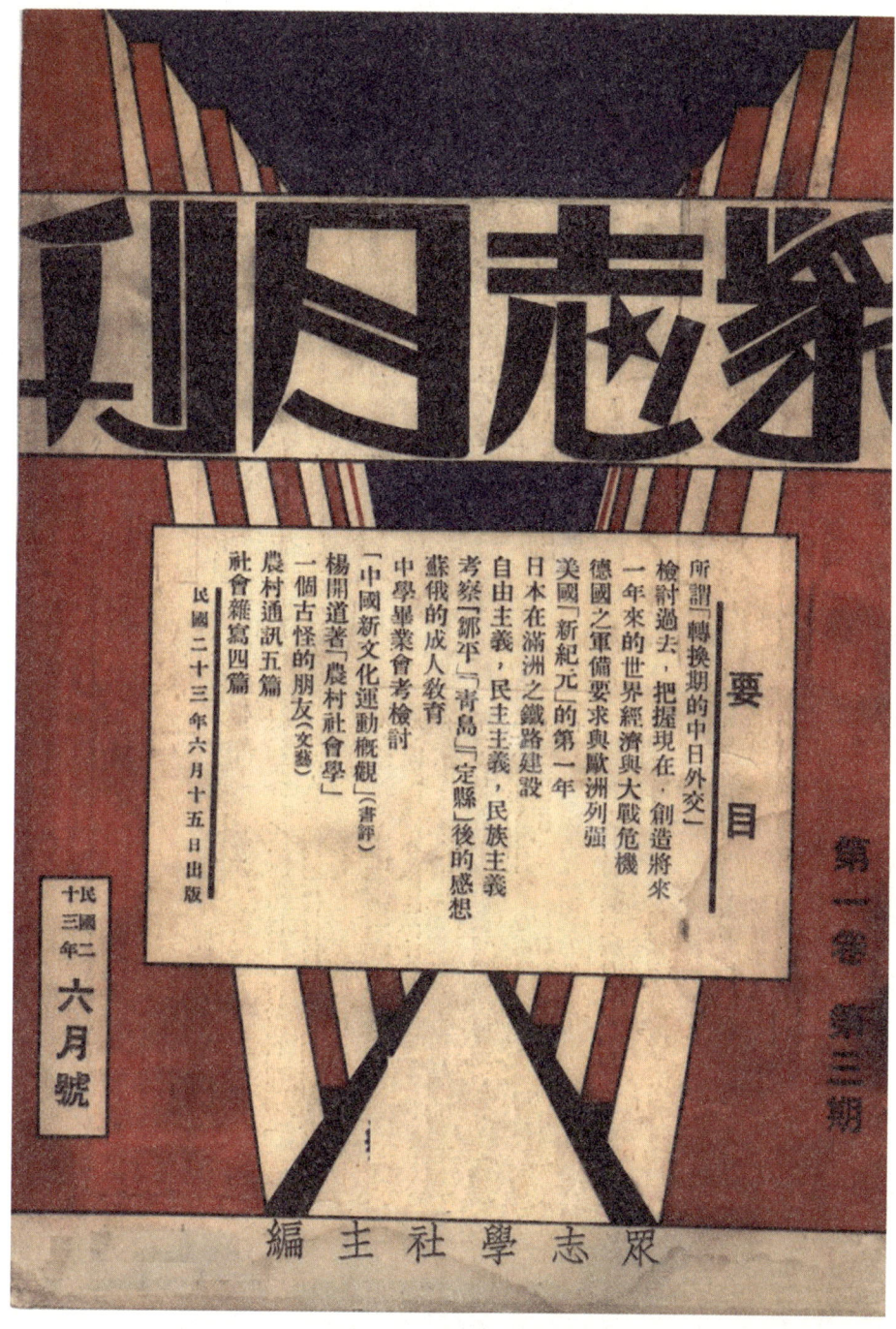

《众志月刊》杂志封面

日本在滿洲之鐵路建設

且冷吉也夫著
紹鈞譯

日本在滿洲積極從事於鐵路建設，主要原因爲鞏固蘇聯軍事衝突之一假想，但亦有爲徵服蒙古華北而計劃之鐵道線，細味其鐵道線之建設，無一不充滿軍事意義，故節之以供國人檢討。

不過日本新聞界現在所呼出，對「滿洲國」新投資及「開發滿洲天然財源」爲最困難之事件。雖然滿洲實際上，有富足的煤，鐵，石油礦，鹽，曹達，森林，又有適合於農業生產之氣候及土貢等。（如大豆，小麥，稷麥，米，棉花。）唯一原因，則滿洲經濟部門，可以謂與日本所有經濟部門相同，競爭上多少會造成二重生產之嚴重危機。因日本政府強行滿洲生產主張，即遇到日本資本家反抗事實，由煤礦公司及帝金廠一直到農業部，均集中資本家意識以反對滿洲米麥耕稙地之擴張。現時於日本與滿洲間所發現的問題，爲「經濟共同體」(Kohowrektui Sotc)論戰，整個日本工業及農業經濟團體，觀察的滿洲爲其「輸出市場」，故要求在滿州以

日本帝國主義者，用武力強制佔領東省爲其基本之殖民地，以便保障該國資本家於所謂「滿洲國」內作整個經濟壟斷。表面上似以「无代價買占」或用「高腰勢力」求「滿洲僞國政府」靠攏，而實際將所有屬於中國之工業，商業，交通，銀行及農業等企業完全移其手中，此二者即其沒收方法。日本資本家之經濟壟斷組織，於東三省經濟之各部門上，繼續不斷活動，且漸進走入日本農業大地產之創造過程，將其中小部份租與華人鮮人，爲農奴制之租賃；至於對東三省進出口貸統制及其威權下整個信用制組織更有增无已。——自日本中央銀行統制下之滿洲中央銀行直到无數當業店，小錢莊，個人高利貸者，无往而不對東三省農奴，表現一種壟斷特徵。

日本在滿洲之鐵路建設

內不許有工業農業生產與日本競爭。而注意者則為交通，貿易及信用貸借範圍。日本軍閥，於財閥們擁護下，自然只顧財閥利害，而不為全民衆設想。初軍閥强追製造滿洲局部投資之組織案，（二年間滿洲占領地之投資額大概超過三萬萬銀）該根據從前過去，而觀測將來之危險，又覺得「財源開發」倘非第一步，目前當務之急，為純粹之軍事意義，鐵道網及地道設立，與軍事有密切關係，實為必要。

鐵道交通為日本帝國主義者在滿洲之一大注意，總求日本政府及一部份大資本家之掠奪野心現實，除原有鐵道以外，而有新鐵道計劃之積極完成。

一九三一至一九三三年間，日本軍閥事實上所强奪之鐵道，除中東路而外，其他滿州鐵道網整個在其把握之中於一九三三年三月一日有「鐵道協定」組織；根據協定，將所有中國國有鐵道，中日合資鐵道，與一萬三千萬日金，保證償還於南滿鐵路會社。（此數住最多方面估計）一九三二年八月一日起，南滿鐵路有北滿至朝鮮鐵道線之擴張。目前日本所管轄下之鐵道線，長四，五〇〇基羅米突。（公里）

南滿鐵路會社用精力與財力（一九三三年其資金由四四〇百萬到八〇〇百萬日銀）依據其政府之力量，而行整個統制，使新鐵道建設，於最近的將來，得以完成。此二年半

間，日本佔領地所新建鐵道線，長凡七五〇基羅米突（公里），其他者尚急謀建設中。茲將其欲完成鐵道計劃誌之如左：

（一）敦化—萊頭溝—朝陽—通門及朝陽—羅津等鐵道線。為新日本主要幹線，求行軍便利，不得不使長春與朝鮮北埠得其聯絡。故於朝鮮境內，築二保障線，以維基為起點，經過延吉，直西抵蘇聯邊境，到元山而止。此鐵道網之建設，目的為由最狹之處，而直達最寬之殖民地，已於一九三三年開始工作；離城津—延吉接相距甚短，但障礙重重，必須於一九三五年始能竣工。統制滿洲之日本主要人物，認定以維基為中心，而能發展一切，故於朝鮮北部三埠，甚為重視。以其一般距離而論，則築路用意更可一目了然。由楚六古至城津距離為八〇〇公里，如至大連則為一，五〇〇公里。由奠吉至城津為九三〇公里，如至大連則為九八〇公里。再由另一方面言之，出長春至城津為六九八公里，如至大連則為七〇五公里。距離較近，則築路意更可一距離縮短，而海運則放棄黃海線，直接經過日本海線：如斯，則日本之軍隊與軍備輸送消費，可得縮減一部份時間。另一方面言之，對中國與朝鮮之義勇軍，在其範圍以內行動時，亦易於爭剿。至於拉發至哈爾濱間，修築鐵路，目的在與中東鐵路平行，含有整個破壞中東路經濟之意志，於下段言

之。

（二）拉發—哈爾濱鐵道線；於一九三三年十二月完成，爲日本新統帥主要人物們，認爲最得意之一鐵道，與最短路線，而能與哈爾濱相聯絡。除經濟作用而外，軍事意義，爾濱線完成，對中東線加以威脅。此線不特經過最富足的農產區，同時具有最多之軍事意義，於哈爾濱西北部，可以對不拉可威斯克發揮其野心，明甚。

（三）克山—海倫鐵道線；將中國二舊鐵路，聯成一線，於日本統治中，盡量向中東路主要線北部擴張。則齊齊哈爾與哈爾濱線完成，對中東線加以威脅。此線不特經過最富足的農

至於鐵道建設，一九三四年開始，茲將其主要幹線誌之如左：

（四）拉哈—訥河—大黑河鐵道線；在黑龍江上與不拉果威斯克相對，此路修築用意，在對蘇維埃邊境壓迫，不言可喻。

（五）通北—龍鎭—奇克—大黑河鐵道線；爲新克山—海倫之聯絡線，此路建設開始於一九三三年夏季，與舊有鐵路平行線距離甚近，由其本身情形，特示其有最重要之軍事意義。至於經濟性質，任何處均不能表現。據中國「大公報」消息，達到龍鎭之第一段建設，於一九三四年一月底可以完成。

（六）延吉—寧古塔—海林—勃利—寶清—富錦鐵道網；此路

建設於一九三三年七月，目的在保薩吉林—清津間之主幹線。此不但威脅中東線東線，而進一步延長於松花江下游滿洲里東北角（一般傾向於寧古塔—牡丹江—三姓鐵道網之計劃）。此路軍事作用之大，亦不言可喻。

以上爲必要線之建設，期於最短時間完成，此外尚有若干鐵道網的計劃。其主要者如左：

（七）敦化—東京城鐵道線；爲延吉—富錦之支線，俾其西部，易爲吉林與長春管轄。

（八）圖門—馬橋河—密山—虎林鐵道線；此鐵道建設，純粹與滿洲里爲根據而對蘇聯沿海洲一種軍事作用，其目標正問蘇俄邊境之以曼城下。細觀察，此路之建設期，當在延吉—富錦鐵路線建設完成以後，因此爲富錦之保護線故也。

（九）長春—大賚—洮安鐵道線；使長春—吉林—三姓鐵道線平行，與綏滿里爲主要點，便於直轄蘇聯之計劃線。

（十）洮安—索倫—札賚諾爾鐵道線；線長六百公里，其中八四公里，爲華人已建築者，主要意圖，爲與中東鐵道線西部，西向與洮南—齊齊哈爾相聯絡，而爲直達滿洲里之計劃線平行，與綏滿里爲主要點，便於直轄蘇聯之赤塔。

（十一）拉發—哈爾濱鐵道線之另一部份，經過中東鐵道之亞弗諾站，直達坊子—三姓。便於統制松花江中下流，成爲一

日本在滿洲鐵路之建設

完全含有軍事作用之鐵道。

（十二）伯都訥——梨樹鐵道線；此為拉發——哈爾濱鐵道線之主點。便與中東鐵路之主要線平行，威脅中東鐵路南線，新鐵道網計劃完成，則中東路東西支線，均受其影響。

（十三）安東——城子疃鐵道線；此路線長二百公里，目的使錦州與大連之距離縮短。

（十四）安東——寬甸——通化——柳河——海龍鐵道線，此路修築，有鞏固奪東南部之日本利益的意義。使其成為南滿鐵道之藩屏——安東線的附屬線，便於剿滅中國之義勇軍。

（十五）長白——臨江——濛江——海龍鐵道線；計長四五〇公里。因長白為朝鮮邊境，完成與朝鮮鐵路聯絡成功之計劃，再為便於輸送日本軍隊與軍備至東三省之瀋陽。

（十六）士白廠——朝陽——平泉——承德鐵道線；線長二五〇公里，使瀋陽——承德之既得權利而外，並能保障日本對蒙古及華北之野心侵略。

（十七）通遼——開魯——赤峰——承德鐵道線；此路建設目的，除鞏固日本在熱河之既得權利而外，並能保障日本對蒙古及華北之野心侵略。

與鐵道建設同時發展者，尚有航線與空線之建設，航綫計劃，一年內延長四，〇〇〇公里。交通順利，亦即軍事順利，與日本之軍事路線建設以觀，其鐵路，航路，空路建設

，大部份為對蘇聯針砭，着眼點當為蘇聯沿海洲，如伯力，不拉哥威斯克，伯力等處。

由其鐵道建設計劃以觀，日本方面（尤其是日本之軍閥）張開積極進攻蘇俄線路，甚為明顯，目前東三省各處无不呈現反蘇聯之交通的及一切政治的策略。可以說，當今任何和平問題，均不能停止日本在東三省之鐵道建設。因此種建設之主要任務，與軍事侵略為其目的，更以對蘇聯邊境不斷壓迫為其主要之根本義，不用懷疑，日本為破壞之發掘者。

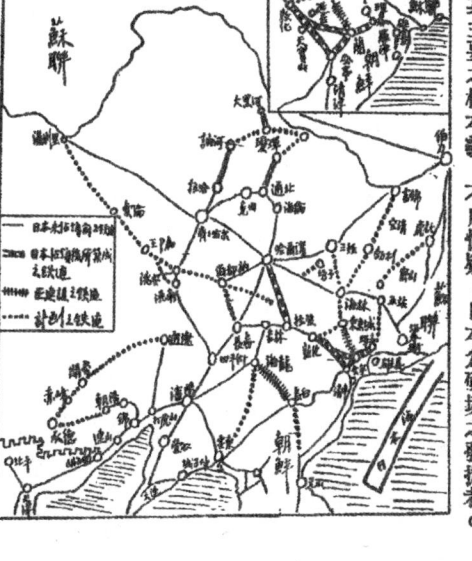

譯自蘇俄「依赤吉亞報」（Uzbecmia uapma 1934 Uga.）

一九三四，三，二九。

日本對東北經濟侵略事實

▲十五個大公司之內幕

日本自塘沽協定簽字後即積極計劃建設僞國，尤以經濟建設事業進行尤急，至今年八月間已將各種經濟建設計劃群密確定，三省所有主要產業途置於所謂之「滿」「日經濟集團統制」之下，而各種事業嗣後卽遵同實行時期茲列舉已行設定或在設立準備中之主要統制事業十五個公司之目前事實，以觀日本經濟侵略東北之概況。

滿洲煤礦公司

滿洲煤礦公司以統制開發「滿洲國」內煤礦事業為主眼，除滿鐵所經營之撫順烟台（南線小烟台）及本溪湖各煤礦外，將其他主要炭坑由「滿」「合資以資本金一千六百萬元由「滿」鐵及「滿洲國」各出半額成立「滿洲煤礦公司」統制之，「滿鐵」方面全以物資為資本，以北票鶴立崗穆稜西安等發坑充之「滿鐵」方面則以東蒙新印葉坑（評價五百萬）及現金三百萬元之預計金年產量約一百六十萬噸，將來出品統經滿鐵商事部委託販賣而謀統制全「滿」煤炭之販賣經關係官廳之認可組織煤炭販賣公司。

滿洲探金公司

日本以「滿洲到處是黃金」激發其國民一到滿洲去」之心理故對「滿洲探金公司」特別重視茲不贅述其組織過如下披僞大同報本年七月二十六日東京市麴町區內幸町之七華蜂窩屋六層樓設置創立事務所陸軍主計總監廣瀨正德氏為創立委員長資本金百萬圓之滿洲探金株式會社已在日本內地實行募集股東最近預定興行創立股東總會該社一、事業計劃　本會社與「滿洲殖民協會」相提攜於在鄉軍人警備監督之下使用勞費低廉之「滿」鮮人用大規模之採取砂金（所以日人謂「滿洲」「到處是黃金」從前因馬賊之跋扈姚梁與中國當局之嚴禁民間探掘僅不過有盜掘之狀態而已此次「滿洲國」政府成立國內秩序漸告就緒（？）逐見治安恢復（？）為獎勵產金起見已發表金之收買價格並已至歡迎民間經營情勢之際幸吾人獲得燦爛之黃金地帶之松花江流域湯原附近外十二礦區而設立「滿洲探金株式會社」首先在湯原附近之地帶開始作業逐漸而及於北「滿洲」客地此項企圖能達到打開日本非常國難之一助時誠為吾人之本懷也）

二、事業計劃　本會社與「滿洲殖民協會」相提攜於在鄉軍人警備監督之下使用勞費低廉之「滿」鮮人用大規模之採取機同時並使用本會社有特權之最新式之砂金採取機從事大量之採金。

三、礦區概況　統計北滿砂金礦共十二所，三千餘萬坪砂金屑平均六尺以上總坪數三千萬立坪以上砂金含有推定量最低合有一百萬分之三合金十二億圓以上。

四、砂金採取機之利用　本會社所使用之採取機約有一千八百噸之重量以六十五個之採金場僅使用三菱之一隻而已。之威力。（一費夜之作業力能匹敵千掘三萬人之能力。）為大量之採金而在日本朝鮮金場僅使用三菱之一隻而已。

五、分紅之估計　初年度因實行之日尚淺預算可得十成次年度當有二十成以上分紅之望。

此為「滿洲採金公司」組織之嚆矢最近又由滿鐵東拓及「滿洲國」三方出資承辦將資本金擴至一千二百萬元日為仍各出半額採掘權以不讓渡於民間為規定。

〔滿洲煤油公司〕　東三省所用煤油一向均仰給美之美孚英之亞細亞及蘇聯東方貿易公司所經售之煤油每年用量極鉅日本為統計偽國所有產業故對煤油一項亦不能不預為之遂有設立「滿洲煤油公司」之舉該公司資本金為五百萬元由「滿洲」滿鐵日本煤油商擔任股東全部不另公募股東該公司之請求設立書已經關東廳提出於日本拓務省（注意「滿」合辦的事須

由日本機關許可始能實行）預料九十月間即可正式成立該公司成立後除在甘井子設置工場外並計劃收買美孚亞細亞蘇聯貿易公司之煤油倉庫將來該三國之煤油疑取得專賣權間現已派人至倫敦等處商磋專賣條件將來使該三國煤油不能直接在滿洲國市場上營業所謂「門戶開放」機會平等」原來不過如此。

〔滿洲製鎂公司〕　鎂為軍事上之必需品亦飛機機材料中不可缺少之材料故日本朝欲成立一製鎂公司以為將來之準備該公司資本金為七百萬元由滿鐵任其半數現研得其四分之一所除則由日本諸資本家公募公司定設在日本山口縣宇都市惟以關稅及消費地關係設工場於日本內地暫時僅由「滿洲」輸出苦土石之原礦此項原礦出量以大石橋附近為無盡藏。

〔滿洲製鋁公司〕　在關東州一帶尤以金州、復州、復州灣一帶鋁質產量極豐日本於今年秋季利用撫順之過剩電力在撫順先設立試驗工場建設費三十五萬元於來春即著手大規模之試驗，以視企業採量如何而決定創立資本三千萬左右之製鋁公司將來並與富山縣所設立之日本製鋁公司（其資本為五百萬元）

協定生產工程而合併爲一。

滿洲電氣公司

昨秋由僞國政府滿鐵及住友社三方面共同出資五百萬元設立滿洲電氣公司其路線爲新義州、奉天、新京、哈爾濱齊哈爾間及大連、奉天之一千二百五十公里又哈爾濱佳木斯富錦間哈爾濱寧安哈爾濱海拉爾滿洲里齊哈爾大黑河間其營業線凡二千一百二十五公里。

硫安工業公司

日本原在大連設有硫安製造工廠此次由日僞共同出資二千五百萬元股立硫安工業公司已於本年五月三十日開創立總會於八月二十日在甘井子舉行盛大工場起工式據云進展極順利。

度量衡製造公司

日本爲使全「滿洲國」度量衡統一乃欲創設「度量衡製設公司」將來所有度量衡儀器除僞國實施新權度法擬製造之度量衡器具現正由日方規劃一切將來公司設在「奉天」。

滿洲酒精公司

日本東拓系昭和酒精公司現已與哈爾濱廣記酒精公司合併爲「酒精製造公司」資本金一百五十萬元總經理爲廣記酒精公司代表徐鵬志副理爲本莊後備少將已於九月中旬正式合併查北滿酒精營業向來由廣記酒精公司獨佔日本酒精幾無銷路此次日本以合併爲名誠實無異於攫取廣記之權益爲其自製酒精闢一出路也

滿洲棉花公司

日本在工業上尤其是製造砲彈上需要大量棉花所謂日印及英國之棉花會議迄未將此項問題圓利解決日本一面希望與他國締結供給棉花的條約一面更欲以天寒地冷之東北作種棉改良種子檢選南滿沿線地帶爲試種區就九月三日在奉天滿鐵社俱樂部會議參加者爲關東軍代表僞政府代表共六十餘名由「滿」日共同之財團法人設立「滿洲棉花協會」(即公司之別名)處理販賣楊關資本金定爲一百萬元對於附帶事業之經營方針均加以確定其議題事項爲

一、滿洲棉花栽培關係事項。
二、滿洲棉花在世界市場之地位。
三、滿洲棉花之處理機關。
四、棉花栽培與紡織事業之關係事項。

五、滿洲棉花與關稅問題。

六、棉花與農業移民之關係。

據日本自己觀察個「滿洲」植棉後以後二十年內產量可達一億三千萬斤再加朝鮮之一億斤日本即可自給不再需要他國供給故日本對棉花事項亦為特別注意之一端。

滿洲滑石公司

在遼寧省海城平縣境內有滑石商其多此次日本鑒於該項營業不惡遂欲成立滑石公司以統管營業現該公司已由日偽雙方以資本金五十萬元成立正經理為「滿」人副經理為日人由三井方面投資額之半。

滿洲興業銀行

日本為促進各種產業統一管理起見其經濟機關則準備設立一「滿洲興業銀行」以便接濟各種統制機關之需求決定資本一千萬元據悉「滿洲國」內庶庫勸業及庶民金融之中樞機關催該行一經成立勢與朝鮮銀行及東拓發生利益衝突故日本決令鮮銀及東拓遂其他在滿之金融機關均加入投資以作買地之侵略。

林業開發公司

東北三省為遠東之著名森林區日本蓄思將林業探伐權業握在手九一八事變以前日本在東三省各地與中國合辦之採本公司已成立三家鴨綠江採木公司源林木公司扎兔（自札關屯至兔渡河）採木公司茲又成立林業開發公司專以採伐吉林省之大森林及殖林為目的資本定為五百萬元。

現時偽吉林省實業廳已將該省三十六縣產林區分為五大林區以延吉琿春和龍汪清敦化五縣何永吉額穆為第一林區濛江樺伯五常寧安六縣和第二林區珠河葦河穆陵東寧虎林饒河撫遠五正勿利依蘭樺川富錦五縣為第四林區密山寶清虎林饒河撫遠縣為第五林區每區設林政局一處置局長一人辦事員數人專司保管森林發放林場抽取山份將來林業開發公司成立以後該廳即將所司森林職權統統移該公司管理矣。

滿日通信公司

日本之軍視通信事業在其侵略東北以來。已博苦大之效益為更張其通訊網起見先將全滿華人通訊社取締已由「新聯」電通」聯合三大通訊社成立一「國通電訊社」供給各報新聞材料此即「滿日通訊公司」成立之發端將來滿日通訊公司其組織與範圍將更擴大全東北之有線無線電報通信事業悉歸併於該公司完全由日人操持之亦美其名曰「合辦」關於日滿通訊公司之協定已由偽國務院於本年八月十六日發表全文及往還公文登附錄於後。

（一）日「滿」合辦電氣通訊會社之設立 1、設立之目的——為「滿洲國」之治安維和此產業開發及文化之發展有整備全滿洲電氣通訊機關而普及之必要但見滿洲所有之有線無線各電氣通訊機關而普及之必要但見滿洲所有之有線無線各電氣通訊與送事業除一部關東廳及「滿洲國」官署者外地方公共團體與民間經營者有相當多數。經營之系統雜亂無相互之連絡與統制感覺極大之不便。故令有創辦全滿一大統制電氣通訊會社之舉。將關東廳與「滿洲國」所有之官營者合併。然後向日滿民間募集資金漸次買收民間電氣通訊事業。

2、企業之大要——社會範圍亘關東州、南滿洲鐵道附屬地並「滿」洲國一行政權下地域之全部。除附帶於鐵道及航空、官署與軍用警備者。

A、有線及無線電報電話事業。B、有線及無線寫真電送事業。C、無線放送事業。D、前各項之附帶事業。

3、資本金——日本金五千萬元其中兩國政府出資。A日本資本團東廳所屬現物出資價格一千六百五十萬元。B、「滿洲國」資本金國營現物出資價格六百萬元。C、其他由日滿民間公募。

4、準備之經過——此計劃一九三三年七、八月間經關東軍之手開始種種調查。至一九三三年正月設準備委員會。一月九日由關東軍司令官委託出關東廳遞信局遠信省東鐵任命準備委員長陸軍中將山內靜友被任為委員長。設立準備事務所於「新京」設臨時分事務所於東京。各委員分擔總務、營業、經濟、技術各部分別蒐集各種調查資料。其間在「新京」大連、東京等地開會十二回進行準備三月二十六日「滿」兩國間關於設立日滿合辦通訊會社之協定已正式調印。同時對兩國政府之出資評價及會社之監督官廳協議後施

行。更關於會社協定後無規定之事項更交換記載可據之日本國商法及附屬法介公文。

5、設立委員之陣容——會社設立協定於一九三三年四月十日兩國的批准後四月十五日在滿洲國國務院經武藤全權與偽謝外交總長間相互換文甚此兩國分派設立委員十五名。設立委員長滿鐵顧問陸軍中將山內靜友副委員長偽滿洲國財政部次長係其昌。

A日委員方面外務省亞細亞局長——谷正之。總領事——栗原正。大藏省主計局長——藤井眞信。陸軍省軍務局長——岡重厚關東軍參謀副長——岡村甯次關東軍附工兵大佐沈太通信省電務局長山本眞軍務局長寺島健司法省民事局長大森洪太通信省電務局長山本眞太郎拓務省殖產局長北島謙次郎關東廳遞信局長日下辰太郎關東廳拓務局長藤井崇治遞信省工務局長光澤與郎南滿洲鐵道審查股西伹猪之輔。

B「滿」方委員偽國務總理秘書官鄭禹偽總務廳次長坂谷希一偽國務院主計處長松田介輔偽國務院法制局長三宅顯偽國都建設局長阮振鐸偽外交部總務司長朱之正偽軍政部次長王靜修偽財政部總務司長呈野直樹偽實業部工商司長孫激偽交通部總務司長追喜平次偽交通部路政司長森田成之偽交通部郵務司長藤原保明偽副局長奉天電政管理局白錫澤偽副局長哈爾濱電政管

理局范培忠。

日本方面於五月十六日曾任命拓務外務陸軍海軍大藏遞信司法各省一名關東廳二名大使館一名及學識經驗者三名日方委員拜受任狀及主務大臣命介賣並受領關東軍準備資料關於委員會組織議事規則及令章以行協商五月二十六七日先後赴「新京」與「滿洲國」方面委員會開全體總會預定各委員分擔事務設立事務委員將定章作成及出資財產之評價並募集股東俟創立總會等設立事務終了即將事務交代予曾社。

（二）日滿電氣通信會社協定公文「滿洲國」政府及日本政府因布塞在關東州南滿洲鐵道附屬地及「滿洲國」行政權下地域兩國政府所有之電氣通信設施合併而經營之為此均認為有設立日滿合辦股份有限公司之必要茲訂立條款如次。

1、「滿」日兩國政府協力俾設立滿日合辦股份有限公司俾其在關東州南滿洲鐵道附屬地及滿洲國行政權下地域經營有線無線各電氣通訊事業前項電氣通訊事業不含附帶於鐵路及航空事業者與官署及警備專用者

2、本公司資本金定為日本國幣五千萬元但得經兩國政府認可增減之。

3、本公司股份為記名式以「滿」日兩國政府公共關艦國民或依兩國中任何一方之法令設立之法人而其議决權之過半數屬於兩國民或法人者為限得所有之。

4、「滿」日兩國政府為在關東州南滿洲鐵道附屬地及「滿洲國」行政權下地域現系兩國政府所有之電氣通訊設施充其出資前項電氣通訊設施不含附帶於鐵道及航空事業者與官署及警備專用者「滿洲國」之國民或法人得以其所有之電氣通訊設施充其出資。

5、本公司之董事監察人定員兩國國民之比率應比例其所屬之政府國民及法人所持股數定之但一方國民之董事監察人人數不得少於他方國民之董事監察人人數三分之一

6、本公司之利益分派不得超過其正當率對於政府所持股份以外股分之利益分配未達若干程度之率以前即得優先於政府所持者

7、對於四條之規定分配於「滿洲國」之政府國民或法人之股份以其出資時之交換率對於繳付第一次股款時之交換率束鐵滿洲國幣繳付利人所有之股份以繳付每次股款時之交換率束鐵滿洲國幣繳付利率。

8、本公司之財產所得營業及本公司所呈請之登記註冊以及本公司事業所需要之物件在關東州南滿洲鐵道附屬地及「滿洲國」行政權下地域免除租稅及其他一切公課

9、本公司關於土地之收用電線路之建設交通機關之利用各費之

徵收。其他經營事業必要事項卽應享有與認爲官營事業之相同特權。

10. 屬於本公司電氣設施及附屬設備之物件不得作擔保權之目的，或作扣押扣押之目的減作假處分之目的。

11.「滿」日兩國政府監督本公司之業務。

「滿」日兩國政府如認本公司之決議或職員之行爲違背本協定或兩國法令或本公司章程妨害公益或違背監督官裏命令時得取消其決議或解雇其職員。

12. 本公司章程之變更董事監察人之逝任及解任公司債之募集及經費之決定及變更盈餘之分配合併及解散之決議每年營業年度之事業計劃關於電氣通訊之業務協定之締結或屬於電氣通訊設施及其附屬設備物件之轉讓應得「滿」日兩政府之認可。

13.「滿」日兩國軍事官憲關於本公司事業均得發軍事上必要命令及對本公司設施行軍事上必要措置如本公司因此受損害時即應爲其補償。

14.「滿」日兩國政府得命令本公司將其設施供鐵道航空警備等其他目的必要之通訊之用。

15. 本公司經營其事業有必要時關於利用附屬於鐵道及航空事業與營備專用之電氣通訊設施得寬前各該監督官署信守。

16.「滿」日兩國政府認爲本公司解散之與時得以相當價格收買本公司所有之電氣通訊設施及其附屬設備「滿」日兩國政府間另定者辦理。

17. 關於本公司除本協定所定者外應獲「滿」日兩國政府之靈營辦理。

18. 本公司關於國際電氣通訊應據其他國際條約所定辦理。

19.「滿」日政府各派設立委員十五名受兩國政府之靈會辦選關於設立本公司一切事宜。

20. 設立委員訂立章程得「滿」日兩國政府認可後招募股東。

21. 設立委員招齊股東卽應具認股書呈請「滿」日兩國政府許可設立公司。

得前項許可時設立委員卽應召集創立會俾每各股份數第一次股款。

22. 創立會完結時設立委員應立卽將其事務於公司。

23. 本協定應由「滿」日兩國依正式手續批准談批准書應從速在新京交換本協定自交換批准書之日起發生效力。

本協定繕成漢文原文與日本文原文之間遇有解釋不同之處應以日本文原文爲準。

爲此記名兩員各幸本國政府之正當委任將本協定簽字蓋印以照信守。

大興股份公司

偽國中央銀行原為東三省官銀號邊業銀行永衡官銀號及廣信公司合併而成，各銀號之附屬營業，如興當檔業製粉油坊於歸併後，由偽中央銀行設置實業局專責管理。日本因鑒及該項營業獲利甚厚，且可操縱民間經濟蒐藉該項營業，使其脫離偽中央銀行而另組織「大興股份有限公司」獨立經營。已於本年六月二十日正式成立，公司實本金總額為偽國幣六百萬元，共分十二萬股，每股股款五十元。十二萬股有六萬股屬偽中央銀行，餘六萬股則屬日方。其營業範圍包括（一）營業、造酒、油坊及買賣雜糧（二）財產之管理及代理業（三）公債公司債票其他有價證券之募集及承受（四）附帶前列各項之一切業務。總公司設於偽國首都（新京）長春，率天吉林哈爾濱設立分公司，齊齊哈爾設立辦事處。並各重要城市設有營業店六十五家（詳名附列）其中當業五十五家，燒鍋四家，造酒工廠一家，油坊一家，並在大連長春吉林哈爾濱等處皆有代理業。在楊家子樺甸、雙陽等地方，經營買賣雜糧等業。公司幹部人員董事長王富海，事務董事中西瀧三郎（日人），董事川上喜三石丸素一（均日人），張寶田萬萬洲，鹽察人加悅秀二（日人）。觀其幹部之組織七八人之中日人佔其四，可知其大小之操縱該公司職務者為誰。大之操縱民間經濟者又為誰。

東北消息號刊創刊號　東北室

營業店（本櫃三十八家）瀋陽公濟當，遠山公濟當吉林公濟當，西安公濟當，樺甸永衡和昌圖公濟當，大連公濟，裕法庫公濟當奉天東興泉哈爾濱永衡當錦縣公濟當，萬生泉齊昤爾廬信當洮南公濟當阿吉傑廣泉公當，城公濟當「新京」永衡德綏化廣信常遼源公濟當雙場，廣信當海泚公濟當雙陽永衡厚慶城廣信當蓋平公濟，衡通巴彥廣信當通遼公濟當吉林永衡長東濟油坊濟，新京」永衡茂大興製酒廠綏中公濟當吉林永衡昌七家。

以上該公司各業營業店共有六十五處所占區域已大城市，當業即占五十五處其大部份投資均在當業有當業二十餘處將來如聯合經營時，東三省民間接濟被其把持無疑。

右舉十五大公司均為東北經濟的命脈，日本將次第於合辦為名為實地的吞併，小之可操縱我三千萬民眾之口舌大之則為世界紛爭之炸藥庫，觀其預作準備可知也。

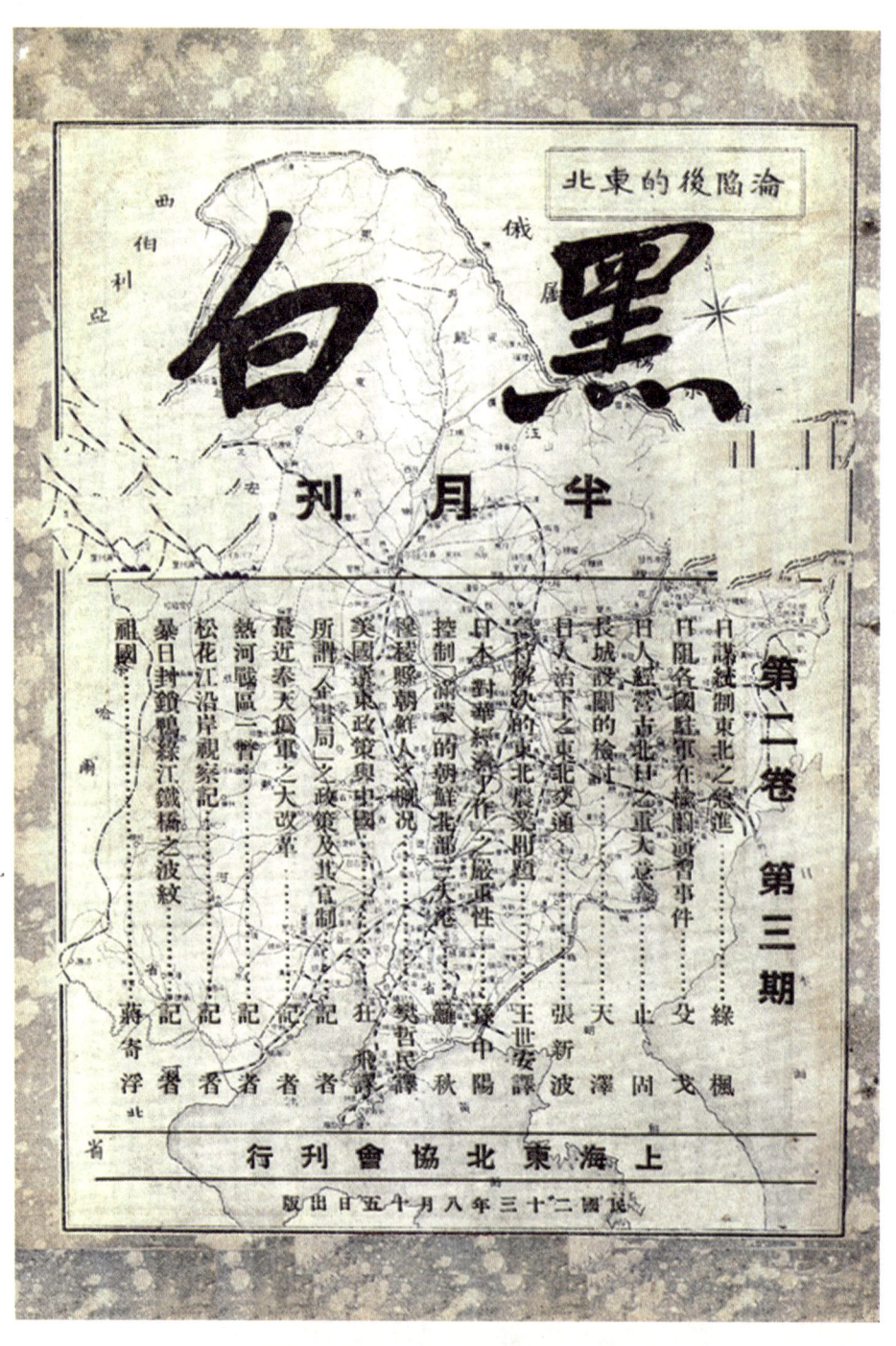

《黑白》杂志封面

日本「對華經濟工作」之嚴重性

孫中陽

> 「我對滿蒙之權利,如可真實得到我手,則以滿蒙為根據,以貿易之假面具,而風靡支那四百餘州;再以滿蒙之權利為司令塔,而攫取全支那之富源。」——田中奏章

一

自塘沽停戰協定簽字後,曾憶國內報紙屢次揭載日人紛往西北及河南方面考察之消息;此種舉動,含有重大之政治及經濟意義,已早為國人所注意。今春日本東洋拓殖會社社長高山長幸等實業家相繼赴中國南北視察,頻頻會晤中國實業金融各界要人,尤為吾人所重視不已而正靜觀其後者。

本年三月間,日本駐華公使有吉明氏對新聞記者發表談話略謂:刻下就日本政府之對華方針言之,在華北方面,通車、通郵、設關等懸案之解決一節,日本尤力避積極之動作,其主眼應懇諸中日經濟提携,此點應求民間經濟關係者之協力也云云。

在此項談話發表之前後,果然!滿鐵方面聲明積極開始對華經濟工作矣!爾後經滿鐵理事十河信二氏兩次赴中國視察並分頭訪問中國實業界要人及華北當局,歸後即着手進行,不遺餘力。大連報紙關於此種工作之進行消息每用頭二號大字標題登載,日方之重視此項工作,以及此項工作意義之重大,不難想像。關于如此重大之問題,我國政府應付之方策如何,吾人固無從探悉,最令人苦于索解者,此項工作計劃之發動時逾四月,輿論方面至今猶未予以深切之注意,殊深遺憾!

二

滿鐵為何種機關乎?吾人但請讀者回憶滿鐵與東北淪亡

此項消息發出後，該報于五月八九兩日分別以頭號大字標題登載滿鐵決定對華經濟工作之經過並實行之具體方針，略謂

「十河理事，前曾帶有重要使命往中國南北視察，赴東京後，與中央要人會晤，關于對華經濟工作重要之懇談，本石總務部長亦相繼東上，以圖事務的聯絡。

一，正副總裁歸任後，即招致滿鐵高級囑託之中國通橋三郎氏來社，更加正滯留大連之石井上海軍務所委員長等在極祕密中開會討論方案，結果遂決定滿鐵之對華北經濟工作方針。

一，派遣經調幹部駐北平，濟南，青島，上海四主要地，使之擔任經濟調查。

一，在情報機關方面，擴充北平事務所濟南駐在員，同時使之發揮資料課之全機能，與經調方面作事務的聯絡」。

其進行之步驟據稱第一引誘中國對「滿」投資，更進而使中國之關係足矣。

何謂對華經濟工作乎，曰：此乃日本吞併華北之初步工作，亦即日本吞併華北之基本工作！以下先介紹滿鐵對華經濟工作進行之經緯，然後闡明此種工作性質之嚴重。

四月十六日滿鐵系之大連新聞在「滿鐵積極的轉換對華經濟政策耶」標題之下載稱：

「滿洲國」經濟開發之急務，第一為中日「滿」三國集團經濟之形成。日前滿鐵經濟調查會委員長十河滿鐵理事員此項重要之使命赴華，勸誘「滿洲國」建國以來，關于對「滿」投資有甚大關心之中國財界有力者，現已與華北要人……及其他財界要人銀行團實業家等懇談，因恐受當局之壓迫，躊躇之態甚為顯明，對於此點特須與以保護，使之努力形成中日「滿」之提攜，大體已折衝終了，並于本月初由上海赴東京，與滯京中之滿鐵正副總裁會見報告，同時並繼續與日本財界方面協商矣。滿鐵方面日前已開理事會議決定方針，除將現在駐華北方面之北平及天津駐在員增員外，並決定由經濟調查會派遣十七名赴華北某二主要地，該員等一行預定本月下旬出發前往云」。

吸收日本資本——即日本對華投資。

基于上述之方策，使滿鐵推動進行，第一先從華北方面着手，逐漸及于中國全部。實行機關最初決定由滿鐵經濟調查會負責，最近又擬將東京之東亞經濟調查局，長春之東亞產業協會與滿鐵經濟調查會三機關合併組織一強有力之機關或由滿鐵將經濟調查會裁撤另設經濟調查課負責進行。

七月十四日偽國通信社東京電稱：

「滿鐵方面計劃與華北經濟提携，已經十河理事二次作經濟之調查並蒐集情報，樹立具體方案，正向政府當局申請認可，十三日已正式批准，決定派遣理事常駐北平滿鐵事務所，以此串務所為中心計劃進行，但計劃之內容，固當此國際關係複雜之時，尚嚴守秘密。且近日報載駐平理事已決定為大淵，或加派西山理事前往協同辦理亦未可知。」

足徵此種工作計劃已正式成立。

三

以上乃根據日本報紙所載關于滿鐵對華經濟工作之各種極抽象之消息，其詳細之具體計劃，因尚嚴守秘密，吾人當然無從得悉。然惟其所發表之各種消息意抽象，乃能推測其內容必愈複雜而陰險。七月二十一日滿鐵副總裁八田氏對新聞記者答稱：

「因環繞十河君之問題（十河理事任期已滿，現就顧問新職），頻頻宣傳對華經濟工作云云，甚至受北平方面（想係駐平日本武官）之申斥，故對此問題務請原諒（不便奉告之意）！」

寥寥數語，吾人亦不難推斷其內容如何複雜，性質如何嚴重矣！

即就報載「引誘中國對『滿』投資」「使中國吸收日本資本」二點表面觀之，事之矛盾滑稽寧有逾于此者！中國有資本何當乎日本之資本，日本有資本又何不直接投向偽國！然此中實有深遠之意義。因此種計畫如能實現，一方面所謂以日本為中心之中日「滿」集團經濟自可形成，一方面所謂以日本為中心之資本，造成內地與偽國緊密之關係，以誘我在事實上予以承認；一方面以其帝國主義之金融資本大量投向中國——尤其華北——普遍佈置，以期造成特殊經濟勢力範圍，尤其將華北先造成與九一八以前東北之同樣狀態，以東北為根據地隨時可以吞併或再由偽組織之名義據為己有。曾憶四五月間（?）中國各報登載蘇聯塔斯社發表日本擬劃華北為其特殊勢力範圍消息後，日方痛斥塔斯社造謠，不幸此稱所謂「造謠」與日方對華北之行動竟呼應一致矣！

惟此種對華經濟工作計劃發表以來，其關係要人固屢次聲明此種計劃僅爲謀日華經濟提携，絕不含政治作用，如五月十八日大連新聞載十河氏談話稱：

「滿鐵之對華經濟工作本爲事實，但此與其謂經濟工作，勿甯謂經濟提携，………滿鐵對華經濟工作，毫無政治的意味，其工作之進行乃以增進兩國民衆之福利爲目的，此外絕無何等野心」

此種狀人之解釋，祇須稍有國家觀念之國人絕不能予以相信，自不待言；即日人對其工作之進行亦有不盡以爲然而以將告者。例如有名之中國通岸田英治氏最近對於對華經濟工作發表意見，先引用十河氏所謂毫無政治意味之談話，繼稱：

「………關于計劃之進行，應就華北國際關係相當複雜機徵之實情加以考慮，因日本之進出，結局將驅逐旣存之外國勢力，故應避免關于該方面國際問題之釀成，最近關于開灤煤鐵能工問題之背景等在中外國人間亦有種種揣測，此不過爲華北方面緊張之一例。要之，關于華北華中華南方面之各種問題與對滿蒙完全同樣考慮，其爲危險……」參照外交時報第七十一卷第二號關于所謂對華經濟工作一文。

岸田氏此種盲詞，雖完全爲善意的勸告，使之勿忽略華北之國際關係，然由「與對滿蒙同樣考慮，甚爲危險」一語，吾人亦可窺知所謂對華經濟工作之全貌，吾人更不難認淸此種工作對於中國——尤其華北之嚴重性！

四

本來日本帝國主義者目爲唯一國策之大陸政策，首先即在征服中國；吾人如不過分健忘，當猶能憶及田中奏章中之名言：「欲征服支那，必先征服滿蒙，欲征服世界，必先征服支那」，此其大陸政策之根幹，日本對外一切政策可謂皆以此大陸政策之實現爲最後目標。東北四省旣經攫之以去，是此大陸政策之第一步已告實現，其第二步隨之而來乃爲必然之勢，無足怪者。惟中國近來與國聯技術合作及利用歐美等外資亦不能不謂促進其橫極勤作之重要原因。觀夫四一七對華聲明中使其將一向奉行實幹不欲道出之政策忽然宣佈，日方對中國與國聯技術合作及利用歐美等外資一事如何重視，如何情急，可慨見也。

總之，華北目下已成日本之囊中物，在日人眼中華北已成爲日本之特殊勢力範圍，中國已無支配之絕對自由，此點當早爲讀者所承認，惟吾人作此言，或仍有斥爲過甚其詞者，

日本對華「經濟工作」之嚴重性

令聞一讀日人更為確切之數語：

「關于華北之政治經濟的問題，日本正在獨自處理問題（指四一七對華聲明）為南京政府所支配之華中及與南京政府不一致之西南各省……「滿洲國」成立後，日本為「滿洲國」而華北，為華北面華中……如此對于全華之秩序，不得不有一定之關心矣……」（參照經濟第一卷第四號，田中九一籌列國最近之對華投資戰一文。）

當本稿正將結束之際，接到大批北平世界日報，該報七月二十日載南京諸稱：

「外息：日使有吉明，將赴平津遊說所謂「經濟提攜」。

二十三日載有上海電及「本市消息」三段新聞尤為重要，特錄如下：

「上海二十二日下午九時二十分電般同柴山會商地點，決在大連。除協商殷除塘沽協定，及戰區諸事外，日所提議之「經濟提攜」「航空聯運」等，亦將討論，各方相信日將提挺制華北經濟要求，為解決戰區各項問題之交換條件，故對大連會議表示悲觀」。

「日關獨霸華北經濟本市消息平滿通車實行後，日本南滿鐵路株式會社，即欲向我方要求，着手進行「華北經濟合作」，俾達其經濟侵略之野心。昨據某方消息：日方為促成中日「經濟提攜」，擬將北平之滿鐵事務所擴充組織，同時滿鐵總裁更內定以前滿鐵理事十河為顧問，全權代表日方，辦理與「經濟合作」有關各事。十河已與華北行政幹部有力者，懇談二次，最近更將來平一行。日方計劃，將專向經濟開發方面投資。滿鐵株式會社商事部，亦將以一部移至北平。又擴使館界可能情報：日方自通車實行後，即準備促成以中日偽打成一片之遠東經濟合作，調查華北足實開發之富源。（二）使界代表組織調查會，以獲得利金，投資於事業方面云」。

「新經濟場合，以獲得利金，投資於事業方面云」。

由前一段即上海電所聯各節觀之，在所謂「經濟提攜」之外復有「航空聯運」一項，均將見諸公然要求之提出；由後一段觀之，關于日方所決定並經立案之對華經濟工作內容，文所引日報登載各項尤為具體。近來由日本東亞與業會社投資以河北山東二省為中心之棉花改良協會之成立，整理「西原借款」，進行平綏路借款等等消息之由來，更為不容忽觀之事實！

然則日本「對華經濟工作」已百分之百的具體化進而抵于實現之境矣！

國人乎！其將何以自處！

内容简介

《老报刊里的日本侵华实录》旨在通过对1931~1945年期间我国出版的诸多报刊系统的梳理，全方位、多角度地再现那段悲壮历史，揭露日本侵略者所犯下的滔天罪行，向国人揭开一幕幕鲜为人知的血腥史实，讴歌中国各族人民抗击日本侵略者的不屈精神品质。

本书既为专家、学者研究抗日战争提供了可贵的史料，又为进行爱国主义教育提供了生动的教材。

图书在版编目(CIP)数据

老报刊里的日本侵华实录. 第4卷，侵华经济篇/全2册/谢华主编. —哈尔滨：哈尔滨工业大学出版社，2015.10
ISBN 978-7-5603-5359-3

Ⅰ.①老… Ⅱ.①谢… Ⅲ.①日本–侵华–史料②日本–侵华事件–经济扩张–史料 Ⅳ.①K265.306

中国版本图书馆CIP数据核字(2015)第083691号

策划编辑	田新华
责任编辑	田新华　唐余勇　丁桂焱
封面设计	恒润设计
出版发行	哈尔滨工业大学出版社
社　　址	哈尔滨市南岗区复华四道街10号　邮编150006
传　　真	0451-86414749
网　　址	http://hitpress.hit.edu.cn
印　　刷	哈尔滨博奇印刷有限公司
开　　本	787mm×1092mm　1/16　印张 43.75　字数 885千字
版　　次	2015年10月第1版　2015年10月第1次印刷
书　　号	ISBN 978-7-5603-5359-3
定　　价	398.00元（全2册）

(如因印装质量问题影响阅读，我社负责调换)

老报刊里的
日本侵华实录

第4卷·侵华经济篇：全2册②

★★★★★

谢华　主编

哈尔滨工业大学出版社
HARBIN INSTITUTE OF TECHNOLOGY PRESS

目录 CONTENTS

全2册②

沈阳日本之新兴企业/380

日本在东北四省交通上之侵略（竹 直）/385

日本在东北四省的经营（清晨）/394

日本在东北的交通统制（叶作舟）/399

"九一八"后日本对华贸易之概况（吴承洛）/405

日本侵华政策的经济背景（霍逸樵）/413

九一八后日人经济宰割下的东北（大 为）/424

日本在东北完成三大军事铁路（霁村 译）/436

日本在满洲的军事经济政策（李镜东）/441

日本统制下的东北铁路（张佐华）/444

日本在我东北之公路建筑及汽车交通统制（张佐华）/462

日本在华纺织工业的近况（朱西周）/474

日本开发华北经济问题（苏 华）/483

日本侵略华北和中国棉花问题（向金声）/486

日本对于东北农业的统治与农村的破产（耆 训）/503

日本统制下的东北金融现状（张佐华）/509

日本掠夺东北经济的清算（黄华 译）/524

日本开发华北经济声中之华北棉纺业（亦 如）/529

日本统制下的东北港湾（张佐华）/534

日本对华经济侵略之一斑(林二肯)/566

日本对华棉业侵略的新阵容(王子建)/574

九一八以来日本侵略中国的收获(姚绍华)/684

芦沟桥事件与日本在华北的军事经济计划(大明 译)/690

日本摧残中国棉业之面面观(张一凡)/594

日本对华中的经济进攻(任昉如)/612

日本强占下的东北农业(吕 方)/617

日本经济侵略与华北资源(伍微之)/631

日本侵华的费用如何筹措(森禹 译)/635

日本侵华经济恐慌的尖锐化(蒋益明)/640

日本对内蒙古之阴谋/646

日本垂涎中国之新疆/650

日本对华的经济征服(阿莱斯)/654

日本在中国的武力侵略与经济侵略(陈斯英 译)/658

八一三以来日本在华北之贸易统制(黄让之)/664

暴日对东北同胞的经济剥削(汪宇平)/672

日本侵略东北邮权始末(刘朝珠)/681

跋/683

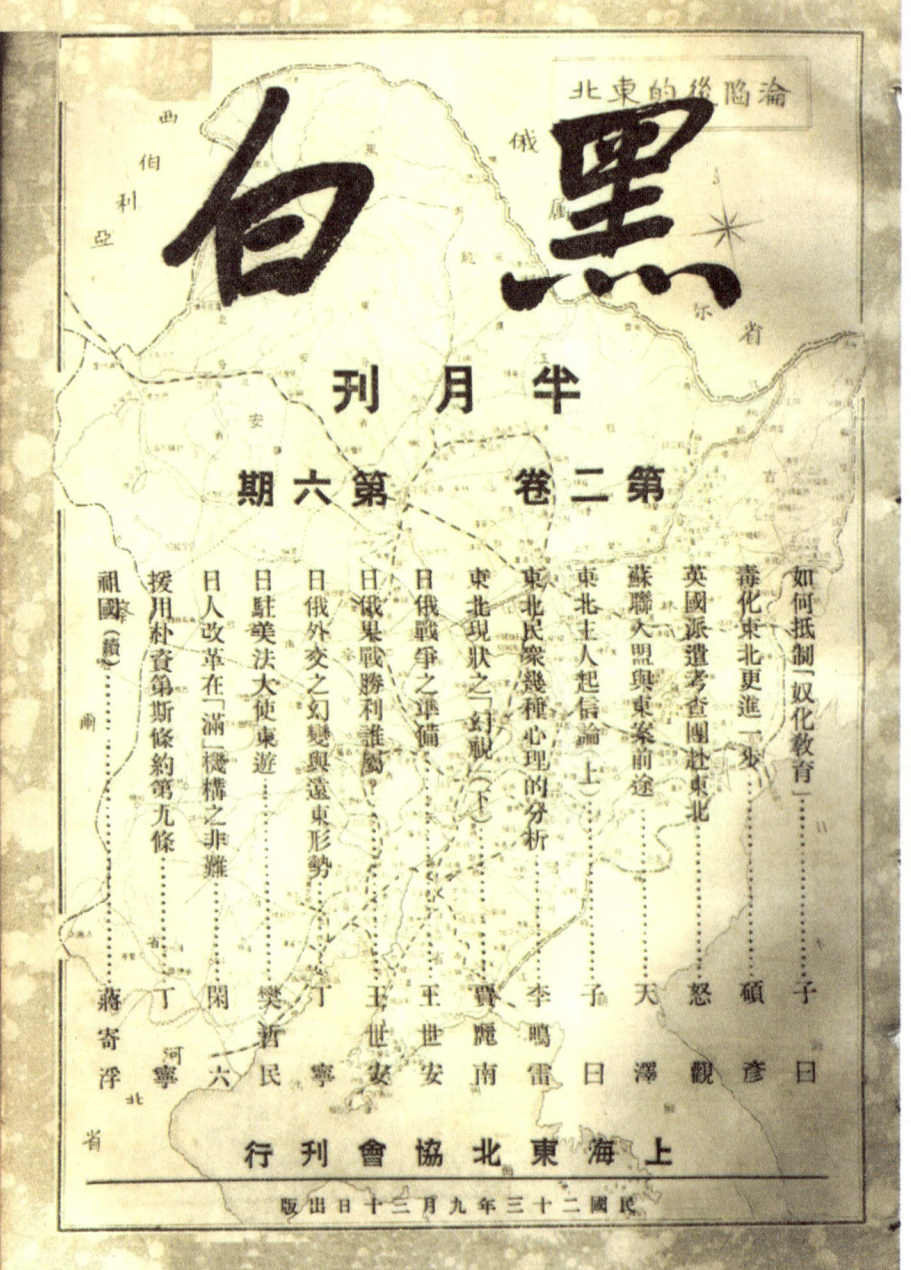

黑白

半月刊

第二卷 第六期

論陷的東北

- 如何抵制「奴化教育」……子 日
- 毒化東北更進一步……碩 彥
- 英國派遣考查團赴東北……怒 觀
- 蘇聯大照與東案前途……天 澤
- 東北主人起信論（上）……子 日
- 東北民眾幾種心理的分析……李鳴雷
- 東北現狀之鳥瞰（下）……賈麗南
- 日俄戰爭之準備……王世安
- 日俄果戰勝利誰屬……王世寧
- 日俄外交之幻變與遠東形勢……丁哲民
- 日人改革在「滿」稅構之非難……樊何六
- 日駐美法大使東遊……閑 北
- 援用朴資茅斯條約第九條……丁寄浮
- 祖國（續）……蔣（畫）

上海東北協會刊行

民國二十三年九月二十日出版

瀋陽日本之新興企業

——三年來創設六十餘處——

自東變後，日本在東北各地新興工商業公司等突飛猛進，就中如瀋陽一地，即創設大小六十餘之產業會社，借口開發東北產業，日「滿」經濟集團，實長足之進展。今將分別工業商業農業觀之，概畢如左：

工業　同和自動車工業株式會社。日滿皮革興業株式會社，奉天製長所，滿洲工作所，日滿工業所，日滿塗料株式會社，滿洲洋灰股份有限公司，櫻屋釀造場，滿洲千福釀造株式會社，千代三春奉天支店，中野造酒場，大同工業寫真株式會社，山松洋行，滿洲染色版，滿洲共同印刷株式會社，滿洲產業公司，稻垣商店，永岡製菓奉天工場，光膠皮工廠，大利膠皮工廠，大同製帽商會，滿洲製帽株式會社，三立製菓株

式會社，滿洲洋灰股份有限公司，極東製藥株式會社，滿洲棉花股份有限公司，泰安公司，東興公司等十社。

農業　大同產業株式會社，同和興業株式會社，奉天工業土地株式會社，新興起業株式會社，三和建物合資會社，木村洋行，中央公司，丸昌洋行，同興汽車公司，滿洲圖書文具株式會社，滿洲文化印書房等二十社。

其他滿洲航空株式會社奉天自動株式會社等等。

商業　滿蒙毛織百貨店，井上商事合名會社，日滿貿易株式會社，與強電株式會社，奉天工場等三十社。

以上多數會社，為創業甚早經費甚多，但比較上成績有不振者，有在最初於特別使命之下，而將利益度外視之者

，又有基礎不十分堅固者，總之肯未能至良好之境地。因此致使一部日本國內將大事定貨，在北有馬四百三十萬，牛資本家之不滿。今舉出左列代表者觀之。

同和自動事工業株式會社，資本金六百二十萬元，已交納資本百七十萬元，於今年三月在瀋陽城小西邊門前追擊砲工廠之舊址，設立汽車之製造裝配修理，販賣，開始營業，社長谷田繁太郎氏，為豫備陸軍中將，與日「滿」軍皆有特殊關係。

日滿皮革與業株式會社，今年七月以資本金三百萬元交納四分之一而創立者，為東北唯一最初之皮革事業，其次亦製一般工業用品，社長村瀨文雄謂以無限之畜產資源裂皮之外，而將原皮毛皮，向日本間業界輸出。村井多吉郎氏為社長，詠專務，山內工場長三人，協力經營。本社設立於瀋陽，在蘇家屯建設工場中，詠專務為滿蒙事情精通者，山內工場長為豫備陸軍少將，與軍部

方面，亦有關係。軍需品，工業用品將大事定貨，在北有馬四百三十萬，牛三百九十萬，豚九百五十萬，綿羊山羊八百萬，總計有二千五百萬頭之畜類，可稱為資源無限。今夏向全東北，蒙古西伯利亞，中國，派遣七班調查隊而與原產地方之皮革商間，訂購買契約等。

「奉天」造兵所。資本金二百萬元，由三井，大倉各出百萬元，資本已全交納，於昭和七月創立，山前東北軍工廠地址改造者。有工人二千名，製造關東軍，「滿洲」軍使用之兵器彈藥為主，社長村瀨為主，社長村瀨文雄，為三氏，為豫備陸軍中將，山田常務，為三非出身者。

滿蒙毛織百貨店，設立在奉天浪速通，為滿蒙毛織株式會社之姊妹會社，為「奉天」最大之百貨店，資本金七十萬元，全數交納，遠藤與一氏為社長，設

立於昭和七年十一月間，在長春，撫順，吉林等東北主要都市設支店。

奉天土地工業株式會社，資本金二百萬元，金數交納，滿鐵與「奉天」市政公署爲大股東在「奉天」附屬地西方，設置工業區域，對由日本國向「滿洲國」進出之工業者，賣與或租與土地本社貿於滿鐵奉天地方事務所內，代表者爲越智通明氏。

大同產業株式會社，昭和七年十月接受東亞拓殖株式會社之事業，資本金一千萬元，已交納三百萬元而創立者對於農業，鑛業，森林，土地等，投資經營，又以介紹業物產，證券之買賣投資等爲業務。事務所設於奉天商埠地十一緯路，川本靜夫氏爲取締役理事長，取締役爲庵谷忱，古閑次郎，阿部秀太郎，內藤熊喜，白岩龍平，張希彭，菊地武夫等有力之滿營事情精通者，以左記之極東生藥會社爲首，而着手經營農園

極東生藥株式會社，創立於昭和九年三月，資本金爲百五十萬元，全數交納，社長爲川本靜夫氏。本社設於奉天平安通，關東軍特務部完全諒解，在通遼錦州二處，獲得約一萬三千餘町步之廣大土地商租權及租地權，以栽培藥草爲主體，而經營農業及企劃製藥事業，醫藥工業藥品之製造及販賣等。

滿洲棉花股份有限公司。今年四月六日，依勅令第二十六號滿洲棉花股份有限公司法而設立者，爲日「滿」官商合辦事業，資本金爲「國幣」二百萬元，已交納五十萬元。其營業爲購買棉花及加工，販賣棉花及種子，棉花耕種資金之通融，供給栽培棉花之用品，對於耕種棉花者必需品之供給，以及栽培棉花獎勵之爲實現東北種棉獎勵十年計畫之三十萬町步生產，繰棉一億五千萬斤而在政府之監督指導下，策勵發展業務。總

公司設於奉天加茂町，繰棉工廠設於遼陽，大石橋，大虎山，錦州，收買所面於全滿主要都市之計劃，社長爲孫秦廷氏。

道路月刊

　　上海中华全国道路建设协会创办的《道路月刊》，自中华民国11年（1922）3月创刊，至民国26年（1937）7月抗日战争爆发，共出版54卷，其第1至53卷为每卷3期，第54卷2期，共计161期。

　　目前只有上海图书馆存有全套。这本刊物不仅是记载民国中期15年间全国道路建设情况的重要史料，而且还记述了大量有关我国汽车制造和汽车修理行业的发展情况。

《道路月刊》杂志版权页

《道路月刊》杂志封面

日本在東北四省交通上之侵略

竹直

日人對於吾國東北各省之野心大陸政策之夢想固已盡人皆知然其所以吮精吸髓之法用為吞併之工具者恐尚有未能詳明之處東省地域廣闊資源豐富土地肥沃其全特交通機關之發達方能望其開發固不待論現縱穿東省南北蜿蜒於邊境周圍復縱橫連貫以資聯絡如人身血管能通流無阻者固均知其有鐵道及道路在也但摅其擴奪之道及經營之力因極嚴秘亦為世人所莫測其深涯者茲將多方探索秘密搜集所得者分別略述如次，以便明其梗槪悼知日人用心之刻也。

一、道路 自九一八事變以來日本對於東四省之侵略愈無顧忌而以建路之建設為軍事活躍及經營各種生產事業之第一步工作。因奪我臺灣以道路之普及為治生蕃最著功效故日人於東省偽襲故智其關東軍特務部竟有所謂道路建設十年計劃之樹立為實現其計劃起見在偽組織之下於去年（民國二十二年）三月二日成立國道局統籌東省道路全部之建設。即以關東軍之規劃為基礎分別緩急並規定年度使其計劃完全成功其初步即以偽康德元年（民國二十三年）六月底止完成四千公里之道路至偽康德二年（民國二十四年）六月底止完成五千公里之道路為目標至於資金則以為大同元年（民國二十一年）秋間所發三千萬元建國公債之一半用充為建築經費有一千五百萬元之數現其國道局對於事業之推進及陣容之整備無不以全力赴之其標榜之三千萬元建國公顧忌而以建路之建設為軍事活躍及經營各種生產事業之第償，竟以其年數充爲道路建設之用。其視道路交通爲建國重要之事業及以至力進行之精神，由此可見且佔用民間土地均未發價而築路工人又屬强徵性買築路直接工費暫定爲一千五百萬元，亦不爲不多矣。

現日人於東四省修築道路之猛進其目的在謀一般產業之振興固不特論但其主要目標尚不止此即在企圖治安維持之確保對外軍事之靈敏及政治機態之活動是也在此方針之下，故以次逃數項之必要條件爲修築道路之宗旨。

（1）由國都（即長春現所謂新京）達各主要都市，及各海港之路線。在國防上所認爲必要之路線各主要都市相互間連絡之路線，由各主要都市達各主要縣城及車站所在地之路線各縣城相互間連絡路線及治安維持上認爲特要之路線此爲線路選定之標準，由此群慎分配，使交通極旱敏活之能事構成一適切有效之道路網。

（2）依據目下之國狀，在可能範圍以內務必以最低廉之費用，建設多數之路線促成其道路交通網之普及。

（3）貨物馬車之輸送即農產物輸送最繁盛時期之冬季暫仍使

用現在之道路同時爲貫澈一般主義謀客貨之高速度交通另建設汽車專用之路線。

（4）在路完成後須確保其保存維持。

由此述上述主旨對於道路之建築構造有如次述各項之規定：

（1）道路之構造定規完全以日本之國道規定爲標準並於軍事上之必要條件特加考慮其交通之必要程度及交通量之多寡亦詳加考察而分爲一、二、三之三等級各有規律之製定。

（2）道路之構造一般的爲無鋪裝之土砂道路但土質構造及排水施設均以有良好之功效爲主眼。

（3）道路之寬度其有效幅員爲自六公尺乃至九公尺因左右路肩各加一公尺爲自八公尺乃至十一公尺。

（4）河川之橫斷僅限於不得已之情形處所架設橋梁其他則一般的使用渡船或河底橋以資連絡但橋梁限於以不燃物構成之。

（5）因貨物馬車仍使用現在之道路爲防止貨物馬車駛入汽車道之故，在平坦道處所仍須保持兩者相當之間隔者兩者接近或交叉時須行以適宜技術的施設用資防止。

（8）貨物馬車之輸送即農產物輸送最繁盛時期之冬季暫仍使

十七

(6) 貨物車道雖以使用原有之道路為主但對於排水極不完全叉坡度有較急於十分之一處所應施行部分之改修其橋梁及他構造物限於不得已者可照汽車道施設之。

(7) 在警備上必要處所須有適當之防備施設。

依以上之規定構造大略概算平均每一公里之直接工事費，「一千二百元至一千三百元合計各項經費約為一千五百元之譜。在上述目標之下，至一九三五年（民國二十四年）六月底止須有九千公里之道路建設至一九三八年（民國二十七年）六月底止有二萬一千公里又其後五年間有三萬公里建設之豫定其道路交通講求之力實堪驚嘆。

其道路建設計劃全出於關東軍特務部之手已如上述即從事於路線實測者之測量班亦由於日人創造之所謂滿洲土建協會組織現測量完竣者已達二千餘公里正在施工者有二十三線之多由此日人於東四省土地之野心築路用意之所在及秘莫如深之態度不當明如觀火矣。

道路修築之程序已概述如前其道路已成者對於汽車輸送專業之經營亦有具體之計劃因東省土地廣闊全恃陸地交

通機關之發達現雖已有二千九百餘公里之鐵路，然每面積一百平方公里僅有〇・五公里之延長其不敷應用已顯然可見。故日人深慮及此除豫計十五年內完成鐵路一萬餘公里有五十五線外復以已成道路用為鐵道之營養線暫充鐵道之用。以其汽車輸送經營之權全付於奉天新成立之鐵道總局使成一氣無絲毫隔閡之感計今已歸鐵道總局所經營者有六大線格茲將其區間公里程及開業年月日列表如下：

1. 朝陽汽車事務所所管路線。

區　間	公里程	開業年月日
北票―朝陽	四〇	一九三三、三、二〇
朝陽―凌源	一二〇	三三、四、一五
凌源―平泉	八〇	三三、六、一〇
平泉―承德	八〇	三三、七、二〇
朝陽―赤峰	一九〇	三三、九、一一
赤峰―承德	二六五	三三、一二、二五
計	七七五公里	

2. 敦化汽車事務所所管路線。

區　間	公里程	開業年月日
輓化——寧安	二〇〇	一九三三、一二、二五
寧安——海林	三〇	最近開通

3. 哈爾濱汽車事務所所管路線。

區　間	公里程	開業年月日
哈爾濱——富錦	五七〇	一九三四、一、一五
富錦——同江	六六	遇必要時運行

計 六三六公里

4. 安東汽車事務所管路線。

區　間	公里程	開業年月日
城子疃——大孤山	一一七	一九三四、一、一五
大孤山——安東	九七	三四、一、二〇

計 二一四公里

5. 新京（長春）汽車事務所所管路線。

區　間	公里程	開業年月日
新京——農安	六九	一九三四、二、一
農安——扶餘	九七	最近開通

6. 山城鎮汽車事務所所管路線。

區　間	公里程	開業年月日
山城鎭——通化	一四五	一九三四、二、六

計 一六六公里

以上路線之合計延長爲二、一六六公里與現在鐵道延長之三、三五〇公里相較約占六五％，爲時旣促覺有如斯長足之進展，其經營手段可謂毒辣對於道路之修築有所謂國道局以總其事及修成之後交於鐵道總局經營汽車輸送事業。

關於道路收入仍入於鐵道總局一方與已成鐵路經營之聯絡不啻成一特殊之陸地交通網使客貨之運輸毫無隔而路之收入亦獲增加不少其運用之道可謂巧妙已極矣。

二、鐵道　日人於東省鐵道之攫取巳早具野心因一時未能達到目的致有九一八事變之勃發。放在僞組織成立後日人卽首先求所謂鐵道問題之解決乃於去年三月假僞託之名驤，將所有鐵路完全歸南滿鐵路會社經營而同時卽在奉天設立鐵路總局其假借理由謂東省各旣成鐵路對滿鐵負債一億三千萬金圓故以各該路一切財產及收入為擔保，作為謀行使其職權貫澈其既定方針起見，復於本年四月一日，將此等鐵路之經營委託滿鐵辦理云又謂「滿洲國政府」請將制度完全變更按照日本鐵道經營方法改為區分制以資統滿鐵承築敦化圖們汇鐵路拉法哈爾濱鐵路及奉東海倫鐵路一即於鐵道總局之下設四鐵路局冠以奉天新京（日後尚須等。「滿洲國」有收買天圖輕便鐵道之必要擬由滿鐵借款移於吉林）洮南、（日後尚須移於設齊齊哈爾）及哈爾濱等六百萬金圓委託滿鐵經營該路由此東省鐵道無論已成未成之名分別管轄所有各鐵路惟中東鐵路因與俄談判收買尚未者均入於日人之手矣。其尤有怪者在奉天成立之鐵道總局不成功未在其內但東省之鐵道網已將次完成如附圖所示已將獨經營東四省所有之鐵道即水運港灣及長途汽車事業無不中東路圖於鐵道總局之內顏失其運轉之效用此日人所謂該路包含在內故鐵道總局即為經營東四省水陸交通事業之總機關。而日人觀鐵道總局所經營之事業為侵吞東省最重要之工斑斑可見矣各鐵路局所管轄之線路如次表所列：

鐵路名稱局	位置	管轄區域
洮南鐵路局	洮南	齊北線自零公里（齊齊哈爾）至二一四公里（克東北安間）至二二九公里（北安）訥河線榆樹線平齊線洮索線大鄭線自二四六公里（鄭家屯）
哈爾濱鐵路局	哈爾濱	濱北線馬船口線齊北線自二一四公里（克東北安間）至二二九公里（北安）
新京鐵路局	新京	京圖線奶子山線拉賓線自二六六公里（朝陽鎮崑山屯間）至四四七、三五四公里（吉林）
奉天鐵路局	奉天	奉山線大鄭線自零公里（大虎山）至二四六公里（木里圖通遼間）島線奉吉線自零公里（奉天）至二六六公里（朝陽鎮崑山屯間）西安線營口線北票線壺蘆島線奉吉線自二五三公里（六家子新站間）至二六五、四八二公里（拉法）

而鐵路總局及各鐵路局之組織，亦與日本相同，如附表所示。凡必設副以日人主其事華人無論居何位置對於事務絕不許過問如此把持束縛其意之所在可想像而知矣。

稍關重要之地位全歸日人掌握間有任用華人以作虛帨者但

三、水運　東省河川占有最重要之價值者，即松花江、遼河、及中俄分境之黑龍江是也。其中尤以松花江於水運上為故關電要。蓋松花江為黑龍江支流，蜿蜒二千五百餘公里，其源流頭道江及二道江發自長白山脈，隨流而下，枒柳江、呼蘭江、牡丹江等諸大支流之水洋洋屆注入於黑龍江，其所經過地點均為東省北部出產豐富之區。自哈爾濱下流千噸大汽船得暢行無阻。從前黑龍江、松花江之航行權全握於俄國之手，自俄國革命後，松花江航行權問題常為中俄間爭執之點，至民國九年始為吾國所收回。當時僅禁止俄船一部分停航至民國十三年復禁止中東鐵路附屬俄船之行駛及民國十五年九月一日又將中東路船舶及其埠頭全部收回。東省政府為管理該項船隻及航運起見，乃於東北海軍部內附設東北海軍江運處，但此為松防性質故以其運用之權委任航務局辦理。關於松花江水運事業之主要機關除江運處航務局外尚有東北造船所及廣信航業所之設立，此以前松花江水運之概況也。

在專稽以前東省水運事業除上述松花江外幾無水運可言，蓋未嘗整督及之也。自事變以後日人假偽組織之委託將水運事業以其奪取消費盡松花江之航運竭力進行則不待論，即近數年來交通斷之黑龍江航路自本年起亦經開通，哈爾濱大黑河間一千四百十八公里及大黑河漠河間八百二十七公里均配有定期船航行。此等航路開通之結果，使旅客有日增一日之勢又定期船出帆也。

現東省水災即遼河為患之故，日人於國道局設治水一部，專從事於遼河之疏濬，俟治遼成功仍歸鐵路總局經營水運事業亦與道路相同日人於水運侵奪之概況有如此者。

四、結論　大陸交通即以道路鐵道及水運為主要，日人於東北四省交通上之侵略分為已成及未成二部分別進行其道路鐵道已成及水運無如困難者則統歸於鐵路總局經營其未成線路及尚須治理者關於道路及河川則歸國道局以總其事已如上述故國道局之組織有第一部及第二部之設置第一部管理河川之疏治第二部專司道路之修築關於鐵道則歸滿鐵成立之鐵道建設局全負建設之責局設於大連取滿鐵易於指揮之便與奉天之鐵路廳局為並立之性質即大連之建設局，專司建設奉天之鐵路總局專司管理，無論道路、鐵道、及河川，凡有修築及治理完善者則移交於鐵路總局且路總局對於港灣及他附屬事業，亦爲其所經營之範圍其職權龐大無比，偽組織均全不能過問關於以上各項事業之進行，均嚴守秘密絕不令華人與聞交通旣已全被其侵奪則東省之精髓可任其肆意吸收他日結果如何誠不堪設想矣。

新人周刊

《新人周刊》杂志于民国9年（1920）4月在上海创刊，由新人社创办，社员近50人，多为上海、北京、南京等地的教育界人士。社长童行白，主编周寒梅，编辑赵允安，发行童慕葛。社址位于上海拉都路龙德村6号，上海印刷所印刷。始为周刊，继而为旬刊、月刊，但未严格按期发行。中心精神为"缩短旧人变新人的时间，使他由无限的将来，变成有限并且是极小限度的将来"，"用和平的手段，去占领我所要求的空间，建设我们所要求的社会，使这理想社会变成现实社会"。介绍国外新村主义学说，提倡研究中国各种社会问题，探讨解决社会矛盾，促进社会发展的途径。并编辑出版《新人丛书》，其中有《托尔斯泰小说集》、《过激党之真相》等。

该刊旨在宣扬以和平手段改造社会，建立中国式的"新村"，实现理想的生活，刊登了许多来自国内各地的调查报告和社会实践报告，比较全面地反映了中国空想社会主义者的思想活动。还曾出版"衣食住问题号"、"上海淫业号"、"文化运动批判号"等专号。民国37年（1948）11月停刊，新人社遂即停止活动。

《新人周刊》版权页

《新人周刊》封面

日本在東北四省的經營

清晨

日本帝國主義奪去東三省以後，又佔去了熱河。現在這偽「滿洲國」的地域，便是遼吉黑熱四省，不過這四省之中卻被日本人劃出了接近蒙古的一部分，另關作一省，叫作興安省。九一八事變發生到現在已經三年多了，日本帝國主義在我東北四省中的政治的經濟的建設，猛進突飛，成績綽人。她以豐足的資本，宏大審密的計劃，推進不已。自然，帝國主義的這種建設，是有害中國民族之發展的，是壓迫剝削我們民族的，是我們當設法打破的；但她的建設的努力，成就的宏大與迅速、和破壞我們民族的團結生存的毒狠，在在都是我們應當警惕戒懼的。下面介紹一點近年來日本帝國主義在我東北政治經濟方面設施的情形。

全世界都知道，偽國是日本帝國主義製造的。現在偽國內的一切政治實權都操在日本人的手裡。偽國的政治組織中，有兩個部門完全是日本人充任。這便是總務廳（或總務司或總科）和人事課。在偽中央政府中有總務廳，各部有總務司，司縣有總務科；各部有總務司，司縣科長都必須是日本人。各級政府的席官職雖然都是叛逆的華人充任，但實際政權都由日本人的總務廳司科長掌握。譬如現在的偽國務院總務廳長是日本人遠藤柳作，偽國的一切政令都由遠藤操縱指揮，而所謂偽總理鄭孝胥等，僅只奉命唯行。偽文教部的一切教育設計及編製教科書籍等，都由總務司

長西山政猪一手包辦。而此兼總務號下日藉偽軍官的指揮者是關東軍司令官、關東總長官及駐滿全權大使菱刈隆之三位一體的命令。所以如果把偽國政治系統中的各級首席偽官畫作無線聯繫起來，把各級總務字號的的偽官畫作紅線聯繫起來，則可明顯看出統治偽國政治的各組織中，鄰有人事課的設置。這課司的職務，名義上稱軍理官吏的陞遷敘補，實際上則是滿籍官吏的最兇狠的監督者。所以這課的官吏自然必須是日本人。各級人事課對於各該級的每個滿籍人員，都有極詳細的調查。此種調查表項目繁細竟達五十餘項；首項即為被調查者地圖，距某車站若干遠，有某路可通某處，有事變發生時，詳繪該人距離人事課若干遠，所居附近地位形勢；通電話可得署最簡便捷等。次為調查者年齡、籍貫、家庭情況、出身學校、思想行動、對偽國情、上班後動作、私人資客數目與類別、是否娶日本女子為妻室等等。日本帝國主義者以總務號「日人掌握各級政權」，發號施令；以人事課日本監督各級偽政府中的滿籍官吏，防止反叛。這便是她在政治上統治滿洲的方法。

說到偽國的經濟事業，不消說，更必須把持在日本帝國主義者的手裡。因為帝國主義之侵略殖民地，目的都在經濟的榨取，何況日本帝國主義侵略滿洲的當前目的是借資料預備二次世界大戰，所以她更必須握緊滿洲的經濟權。三年以來，日人在東北

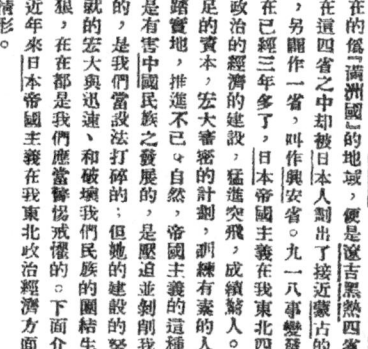

四省中經濟建設最有成效的，可說是幣制的統一與鐵道的建築兩項。九一八以前，東三省的幣制任全世界是有名的混亂。有日本人所發行的金票、銀票；有蘇俄的廬布；有各省的官銀號半官銀號發行的私帖；有各地錢莊、錢棧、燒鍋發行的錢帖，種類之多達數十種，並且都是永不兌現的。現在，後幾種繁亂恐怖的紙幣，已被日本帝國主義者所漸消滅了。舊紙幣被一種新紙幣所購買漸收回，而新紙幣通行到滿洲各地。這也是一種不兌現的紙幣，但因日本各銀行的信用，這種新紙幣，已被一般人當作現洋不折不扣的通用了。

去年三月滿鐵會社取得了述築滿洲新鐵路的全權以後，她卽積極進行建築敦圖路、拉哈路、克海路三條鐵路。敦圖路卽平常我們所謂吉會路的來完成的一段，是經濟上軍事上最重要的一條路線，此路早已通車，東京至長春，特急快車僅需四十六小時便達到。拉哈路是由吉會路的拉法站起到哈爾濱的一條路線，此線與南滿路及日本海相銜接而直衝中東路，克海路係由黑省的克山到海倫，終點直對蘇聯軍事前線的海蘭泡，這兩路在軍事上經濟上均甚有價值，現在都已完成通車了。就這三條鐵路網的完成上看來，可以說日本帝國主義已以鐵路網緊握住了整個滿洲！在熱河，日本帝國主義寫了便於更進而侵略華北各地及內蒙古，一年來亦不斷努力於建築交通網。現在熱河失去不過一年多，但從錦州到北票的那一段短鐵路已被日本人修築到凌源，預算明年五月更可修築到承德。修築完成的迅速實足驚人。鐵路以外，熱河的汽車交通，現在也因日本人的經營而非常發達，東北部的不說，南部的汽車道

，有從平泉經寬城口到塔化之線，從承德經古北口到北平之線，西部有從承德經灤平到多倫之線，從承德到赤峯之線，而這些汽車交通自然都是日本人經營的。

他們已經成立了滿洲煤油公司、滿洲煤礦公司、滿洲金礦公司、滿洲電業公司、滿洲林公司等，從事各種開發。去年八月又以五千萬日金作資本建立了滿洲電報電話公司。此外，小規模經濟事業不計其數。

世界知识

　　加入了中国共产党的胡愈之于中华民国23年（1934）9月正式创办《世界知识》杂志。社址位于上海福州路复兴里。并由周恩来同志题写了刊名。他亲自组织和主编稿件，和他一起的还有邹韬奋、徐伯昕、毕云程、张仲实、金仲华、张明养、钱俊瑞等老一辈革命文化人士和国际问题专家。《世界知识》杂志创办之初由生活书店发行，是生活书店的期刊之一，发行人是徐伯昕，公开出面的编辑人是毕云程，实际主编是胡愈之。由毕云程作编辑人主要是考虑到他在工商界上层有较多的关系，政治色彩较淡，刊物登记时容易被批准。后来张仲实、钱亦石、钱俊瑞、金仲华相继接任主编，其间林默涵、王益曾参加过编辑工作。

　　《世界知识》杂志发刊后，除介绍重要国际知识外，着重分析了严重的国内国际局势，揭露法西斯势力的侵略图谋，介绍世界的光明面，即各国人民力量的觉醒和聚集，世界反侵略、反法西斯运动和我国抗日救亡运动的兴起。世界知识出版社由《世界知识》杂志发展而来，《世界知识》杂志创刊后的次年即以世界知识社名义出书。世界知识社是世界知识出版社的前身。

　　从创刊到抗日战争全面爆发，《世界知识》杂志是党对群众进行国际形势教育的一个重要阵地。这一时期，除按期出版杂志外，还通过生活书店出版了一些丛书、年鉴和地图。邹韬奋在《世界知识》杂志上连载的《萍踪忆语》出版了单行本。还有张明养的《世界知识读本》、金仲华的《国际新闻读法》、平心的《国际问题研究法》、钱亦石的《紧急时期的世界与中国》等书，都是研究国际问题的基础读物，很受读者欢迎。民国25年（1936）首次编辑出版了反映国际政治、经济、文化等方面概况的《世界知识年鉴》。抗日战争爆发后，上海沦陷。《世界知识》杂志无法继续出版，于民国26年（1937）底随生活书店迁往汉口，民国27年（1938）元旦起在汉口出版了12期。不久，武汉告急，《世界知识》杂志于民国27年（1938）7月转移到广州出版。民国27年（1938）10月又迁至香港出刊。民国30年（1941）12月8日，太平洋战争爆发，日军占领香港，香港沦陷。迁至香港的《世界知识》杂志所有资料、图版全部损失，不得不终止出版。当时曾酝酿将《世界知识》杂志迁往桂林等内地出版，但由于国民党反动派的阻挠未能实现，以致《世界知识》杂志停刊四年多，直到抗战胜利后才得以复刊。抗日战争时期，《世界知识》杂志的重点是分析抗战局势，揭露日寇的残暴，指出国内国际形势对我有利，驳斥投降主义的谬论，阐明抗战必胜，激励全国人民团结战斗。

　　民国29年（1940），在廖承志和潘汉年同志支持下，胡愈之以《世界知识》为中心，在香港组织了一个国际政治经济研究会，以加强国际问题的研究和宣传，发展统一战线。研究会主要成员有胡愈之、陈翰笙、金仲华、邵宗汉、冯裕芳、乔冠华、郑森禹等人。

　　"八一三"日本武装侵略上海后，许多报刊相继停刊，由生活书店出版的几种刊物也无法继续出版。在此情况下，《世界知识》、《国民周刊》、《妇女生活》、《中华公论》等几本杂志曾经合在一起，出版战时联合旬刊，但只出版了四期。后经胡愈之设计，于民国26年（1937）12月起，出版了名为《集纳》的周刊，选择刊登国际时事文章，代替《世界知识》杂志，向读者介绍国际形势，《集纳》的主编胡仲持和译者大多是尚未离开上海的《世界知识》杂志的作者。但这本刊物只出了9期就被租界当局查禁。

抗战胜利后，在党的直接领导下，《世界知识》杂志于民国34年（1945）12月在上海复刊，并于民国35年（1946）10月由半月刊改为周刊。《世界知识》杂志过去一直由生活书店经手出版发行。此时，为了便于在国民党反动派统治下分散作战，按照党的指示和安排，《世界知识》杂志与生活书店分开，另行建立了世界知识社，专门出版国际问题书刊。党在各个方面支援出版社的建立和发展，出版社由地下党文委直接领导，相继由梅益、陈虞荪、姚溱负责联系。解放前夕，《世界知识》杂志的骨干力量冯宾符也成为地下党文委的成员之一，党对《世界知识》杂志的领导更加坚强，《世界知识》杂志同党的关系也更加密切了，还掩护过一些解放区和地下党的同志。复刊后的《世界知识》杂志得到国内外许多国际问题专家的大力支持，他们不断为刊物撰稿，其中经常供稿的有郑森禹、梁纯夫、姜椿芳、刘尊棋、石啸冲、娄立斋、宦乡、陈原、刘思慕、陈翰伯、吴景崧、廖湖金、李纯青、林焕平、孟宪章、戴文葆、潘光祖、陈虞孙、矛盾、胡绳、张铁生、曹日昌、吴大琨、侯外庐、平心、戈宝权、李正文、何家槐、艾寒松、马叙伦、吴清友、寿进文等；经常提供翻译稿件的有曹未风、满涛、柳无垢、董秋斯、于友、黄兆均等；国外撰写通讯稿件的在东南亚有胡愈之，在美国有刘尊棋、薛葆鼎，在英国有胡其安、陶大庸等。《世界知识》杂志在当时上海印刷条件最好、印刷质量最高的印刷厂——上海延安中路科学印刷厂排印。这段时间，世界知识社新老人员精诚合作，将世界知识社办成了一个有很大社会影响力和权威性的国际问题书刊出版社，先后著译出版了各种图书20多种，如《欧洲纵横谈》、《世界新形势》、《世界现势十讲》、《论世界危机》、《论美苏关系》、《东南亚各国内幕》、《日本问题读本》、《新民主国家论》、《美国政治剖析》、《世界现势图解》、《第二次世界大战后世界政治参考地图》、《苏联看世界》、《战后苏联印象记》、《战后世界经济与政治》、《豪门美国》、《美国与战后世界》、《德国问题内幕》、《俄罗斯问题》、《论马歇尔计划》、《麦帅陛下》等。《世界知识》杂志的笔锋主要针对西方国家的反苏反共浪潮、美国的侵略和战争政策、美蒋勾结制造中国内战。特别是一针见血地分析一个时期内国际形势的《望台》和《看图识事》的图表，很受读者欢迎。这一时期出版社的负责人是金仲华、冯宾符、王德鹏。

上海解放前夕，国民党政府迫害进步文化事业，一些进步刊物相继遭禁止，对《世界知识》杂志的迫害也随之加紧。民国38年（1949）3月19日《世界知识》杂志第19卷第10期出版后，3月23日，接到国民党政府社会局的公文，称《世界知识》杂志自出刊以来，内容反动，有碍社会治安，勒令"停刊"。

建国后，该刊于1979年重新复刊，出版至今。

《世界知识》杂志版权页

《世界知识》杂志封面

日本在東北的交通統制

葉作舟

從九一八事變以來日本在滿洲的統制已經過三個階段：第一是一九三二年三月一日所謂「滿洲」國的建立，第二是同年八月十五日所謂日滿議定書的簽定與日本正式承認偽國，第三是本年三月一日溥儀的傀儡登場改「執政」為「康德皇帝」，但在經濟方面最重要的却是一九三三年三月一日所謂「十年計劃」的宣佈了。在那計劃中曾說：「為謀日本與「滿洲國」在經濟上密切地共存共榮起見這兩個國家就有切實合作的必要……有些企業是國防上說，宜要的，或者性質上有關公共利益的那都將由國家組織特別公司來管理及經營……鐵路建築其主要的目的是在國富源的開發與國防的安全及治安的維持鐵路總延長線將來當完成二萬二千公里最近十年中則築成四千公里合已成的鐵路共長一萬公里幹線概為國有並由一個統一的機關來經營。」日本對偽滿政治上經濟上蠶併的步驟是在這樣的方針之下進行着現在只單獨提出交通一端來說一說。

交通上最主要的機關便是鐵路。日本在偽滿鐵路建築的方針上述「十年計劃」中已經提示着在於經濟富源的開發與國防的安全及治安的維持再詳細點說「開發滿蒙」是日本傳統的一貫政策因為他們要視滿蒙為商品銷售市場資本輸出市場及原料供

給地所以對於在偽滿鐵路建築第一個方針自然在於經濟富源的開發了。其次日本向以反蘇聯先鋒自任日蘇戰爭遲早必將爆發故日本在偽滿的鐵路建築在軍事上尤有重要的意義再次東北義勇軍的活躍多在邊地使日偽竟無法應付這當然也有利用鐵路的必要日本對於偽滿鐵路網的敷設低本着這三種方針進行那麼在九一八事變三年後的今日到底已進行到如何程度自是值得我們考察的。

在九一八事變以前滿洲鐵路的總延長為六千一百七十八公里，若從投資關係的國別來看：

中國　　一、一〇五公里
日本　　二、四〇七
英國　　八七五
俄國　　一、七九一
合計　　六、一七八

就是日本的資本約佔了十分之四，勢力原也不能算弱了，但從鐵路的主權說除南滿路為日本所經營中東路為中俄所合辦外其餘主權概屬我國。而且近年中國鐵路的發展，確有使南滿路逐漸落於不利地位的傾向挾着南滿東有瀋海吉海線西有北寧打通四洮

把全数既成铁道的财产及收入做担保，日本自然可以心满意足了。上面已经说过伪满——其实这不如说日本较为确切——计划着要先在十年之内增加四千公里的新线，现在这些新线截至去年止已有六百九十三公里开始营业，还有朝华图，斯二站及浚源四线六百三十公里的新线正在建築中的新线，约为七千七百万圆已经开始营业——去年五月竣工，九月作为长图线的一部份而正式开始营业。

二、拉纳线——计四〇〇公里，道线是从齐克线宁拉支线的拉哈起，北走纳河的线在一九三二年六月本已动工，其时因为该地义军的势力尚大逐致中途停止工事直到去年十一月纔告成加入所要军相连络而为其一部。这线是沿着从齐齐哈尔至黑河大道的要路黑河阳黑龙江即为苏联的海兰泡所以要是从纳河再延长到黑河这线在北满实为很重要的路线。

三、拉滨线——计长二六八公里这线于一九三二年七月动工，今年一月告成开始营业，九月一日正式通车道线介於中东路东部线及南部线（即由哈尔滨至长春）之间从敦图线的拉法站

甲 营业已经开始诸线

一、敦图线——计长一九二公里，从敦化起越哈尔巴岭经延吉而至图们江畔的灰漠洞对岸与北鲜铁道管理局图们东部线的南阳站相连络可分达朝鲜的雄基清津两港纬成了日本至满洲的一条直要而快速的路线，这线去年五月竣工，九月作为长图线的一部份而正式开始营业。

洮昂线，北有中东一线不但如此，而且将我国当时的计划还要（一）延长滨海吉海两线使横渡松花江而达於绥化，（二）延长四洮洮昂两线使横渡讷河漱江而达於黑河，（三）更期待将葫芦岛筑港的完成使经朝阳而经外蒙古这样，日本苦心经营的南满铁路便渐渐抹杀了执行满蒙政策的机能而所谓满蒙铁路悬案的解决，便途更形迫切了。果然，满铁一炮便签蹈满洲及去年三月一日为满实施「十年计划」时与日本与伪满缔结了一个协定把满洲所有的铁路悉归南满铁路公司来经营，从此日本对伪满交通统制便算完全成功了。

为满与满铁所缔结的「铁道委任经营」的要旨大约是这样

「满洲国」政府关於吉长、吉敦、吉海、四洮、洮昂、洮索、齐克、呼海（包括松花江水运事业之一部）瑞海牟山（包括打滚线及附属港湾）等低成诸铁道以前对满铁所负担债务约一亿三千万金圆改为新借款总额以属于此等诸铁道之一切财产及收入作为本借款之担保将此等诸铁道拉滨铁道及泰东（海伦铁道三线右建筑载合计为一亿金圆）——一九三四年中央公论年报

依上面所举协定的要旨，除了中东路（已改称为北满铁道）以外，我国得有东北一切铁路全部由伪满逢给满铁去经营了并且还叫满铁承筑最重要的三线于是日本不但获得统制全满铁路的实权并且还获了一笔一亿三千万金圆的横财这笔款子就是从前日本的铁道投资事实上已不能牧回现在居然由伪满来负担不惜

线及南部线（即由哈尔滨至长春）之间从敦图线的拉法站

起經哈爾濱，渡松花江，在松浦與呼海線相聯結，這是日本對于中東路的競爭線，因為這樣北滿貨物的運送便可不必經過中東路了。

秦克海克線——計共長一九三公里，秦克線起自秦克而至海倫長一五〇．二公里。此二線告成後，齊克線與呼海線便可連接成了一個弧形把所謂「北滿毅倉」的北部圈入裏面了，兩線的工事同于一九三二年六月着手秦克線同年十二月便通車，而海克線始于去年二月完工。

乙 尚在建築中諸線

一、朝崇線——從長圖線之朝陽川起，橫斷間島地方而達上三姓，計長五九公里，這線舊為天圖輕便鐵路，係日人飯田延太郎與吉林省政府所合資建築後改為僞滿政府所收買，現在由滿鐵改為廣軌。

二、圖寧線——約計長二六〇公里起自圖們江站，經寧古塔而達中東路之牡丹江連同以下二線，間於去年十二月由滿鐵包築。

三、三站線——已築約五〇公里起自海克線之北安站北走蘇滿邊境而至二站之線從地理的關係看，也許會向黑河延長。

四、凌源線——約計一六〇公里，即奉山路錦朝支線巳敷設到口北營子退線自口北營子經朝陽而至凌源的退線的作用是在預備開發蒙古內地的經濟富源。

上面雖然覺得煩瑣一點，但其中還有申說的必要的那就是如何地在積極進行巳可窺見而且日本對於滿洲鐵路的統制，是敦圖線的完成敦圖線是吉會路的變相吉會路成為中日糾紛問題還是遠在前淸末年的事入民國以來，日本雖與中國締結過貸款鳥瞰的契約，但因中國政爭迭作直到「九一八」事變前邊是一個

懸案現在這個問題案日本竟在強佔之下自行解決，而且敦圖路已修築成功了，這路的價值無論在軍事上經濟上都是十分重要的田中義一就在他所有名的滿蒙裕極政策秦摺中說過「吉會路異可謂日本致富之源線亦即為日本武裝的路線」敷十年來日本處心積慮勢在必得現在他們看來日本處心南滿路還重要呢，在這條路成功後果如這是實行大陸政策的命脈，現在這條路既要縮短了許多試把（一）由新線走（二）由朝鮮走（三）由南滿走三路所需的時間比較一下就更明瞭了。

（一）長春 羅津 敦賀 東京 二一五〇公里 六四小時
（二）長春 安東 釜山 下關 東京 二九二〇公里 七二小時
（三）長春 大連 門司 下關 東京 二九九四公里 一二二小時

由此可知敦圖路完成就使除了經濟的價值與這條快速的新線，宣義也夠重大了，一旦日俄戰爭發生的日本更多了一條運輸軍隊更快速的新線，宣義也夠重大了。

滿鐵既然把我東北所有的已成鐵路從僞滿手中獲得管理經營之權並又積極擴展新線加厚侵佔東北的力量此事總局下面又分設九個鐵路局來實施對東北交通的統制政策經理、運輸、機務、警務六處其中最可注意的是警務處的組織分總務、鐵道警備的編組各鐵路局應備兵器的分配等這些全然是為對付我們東北義勇軍的過總局的事業不但是經路而且運水運汽車公路及港灣的經營也都在內的其大概情形如次：

（一）水運——在東北境內足為交通網之一部的河川有松花江遼河及黑龍江三大河流就中松花江在水運上的價值尤為重

要。其支流有嫩江呼蘭江牡丹江所經區域、慶產豐富從哈爾濱以下，可容一千噸綱船實為北滿交通經濟的樞紐。「九一八」事變以前，我國本設有東北航運處管理松花江航運事宜及事變後該航運處卻由偽滿接辦及滿鐵的所謂鐵路總局成立後松花江航運事業之權全移轉到該總局了。

（二）汽車公路——

日本對於東北的汽車公路看得比鐵路更重要並且極力設法使公路與鐵路互相聯絡以增進交通統制的效用因此在去年九月間在鐵路總局運輸處內特別新設汽車公路一科專使掌管營業計劃及設施等事務至於實際上汽車公路的運輸始由總局成立後即行開營先使奉山鐵路局經接著四月十日凌源平泉間，七月二十日平泉承德間，九月十一日凌源赤峯間又都開始通車輸送網逐漸擴大到了現在不但熱河境內都已聯絡而且擴張到察東部分了。

（三）港灣——港灣的經營現在所進行者為河北碼頭及葫蘆島河北碼頭在偽奉山路營口支線的終端有倉庫八座可收容貨物六千五百噸堆場十一萬一千平方公尺收容貨物能力四萬四千餘噸此外北票還有一個約五萬噸可容的屯煤場葫蘆島的情形為我們所熟知不贅述我在這兩港的經營權又都為滿鐵由偽滿的手中接收去了。

上面所述專由滿鐵包辦的鐵路公路水運等而言至於航空建設日本也是同樣不遺餘力地猛進着在前年十月偽滿設立了一個航空公司名義是民營的其實大股東為偽滿鐵實權全在日人手裏該公司設立後東三省的各地主要航空線差不多在去年春間以後完成去年七月以後熱河的主要航空線也已完成了今年春間日人更建設了由長春往戰化漠而直達東京的夜間航空線之日本對偽滿的交通統制在九一八年變發生三年後的今日可以說已經大部分完成了。

时事月报

《时事月报》创刊于中华民国18年（1929）11月，"编辑者"署"时事月报社"，该刊为16开，双栏竖排，堪称时事类大型期刊，它用图片、文字、表格等方式，真实记录了民国年间的时政要闻。该刊的编辑、印刷、发行均署"时事月报社"，地址是"南京鼓楼"，后改刊在上海创刊。民国26年（1937）迁汉口出版，民国27年（1938）迁回上海，并改名为《抗战半月刊》，卷期续前，民国28年（1939）迁至重庆出版。

该刊的影响，其因首先披露《田中奏折》一事而引起轰动。民国28年（1939）2月，南京出版的《时事月报》刊出一条让世人震惊的新闻：《惊心动魄之日本满蒙积极政策——田中义一上日皇之奏章》。《田中义一上日皇之奏章》明确表示"过去的日俄战争实际上是中日战争，将来如欲控制中国，必须首先打倒美国势力，这和日俄战争大同小异。如欲征服中国必先征服满蒙；如欲征服世界，必先征服中国。倘若中国完全被征服，其他如小亚细亚、印度、南洋等地依附的民族必然会敬畏而向我投降。这是明治大帝的遗策，也是我大日本帝国存立的必要大事……"该《奏章》全文6706字，分5大章节和1个附件，从军事行动、经济、铁路、金融、机构设置等方方面面，对侵略行动作了详细的安排部署，字字句句无不彰显日本帝国主义武力侵吞中国及整个亚洲的狼子野心。

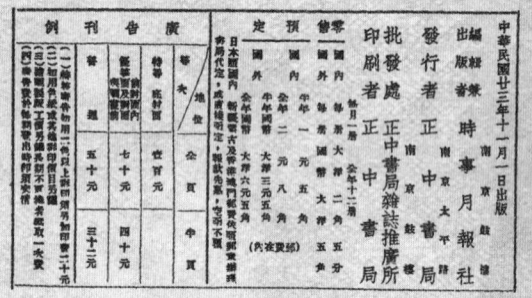

《时事月报》杂志版权页

《田中义一上日皇之奏章》亦即历史上所称的《田中奏折》。

《田中奏折》一经披露，立即引起了世界范围的哗然和震动，各国舆论纷纷表示惊讶和谴责，中国各地举行了声势浩大的示威游行，抗日浪潮席卷全国。

《时事月报》杂志封面

【一月來之實業】

「九一八」後日本對華貿易之概況

吳承洛

溯自民國二十年九月十八日東北事變發生以來，日貨輸入，以我國抵貨運動之影響，途一落千丈。據海關統計，十九年日本在我國輸入貿易總額中，佔百分之二五，二十年減至百分之二〇·九，二十一年竟減至百分之一四，二十二年更減至百分之九·七一，由此可見其衰落之一斑。或謂此種根據海關數字之比較，未能表示眞實情形，因二十年下半期我國關册中已盡包括東北各關在內，自難用爲比較。然事實上此種遂額，並不甚多，且日本在華輸入貿易地位之降落，仍爲專實上之現象也。茲爲明瞭起見，可將我國輸入貿易總額之消長情形，比較觀察之，茲列表如左。（以百萬海關兩爲單位）

（一）自日本輸入者，十九年三二七·二，二十年三〇二·一，二十一年一四八·四，二十二年八四·九。（二）自美國輸入者，十九年二三二·四，二十年三二一·三，二十一年二六九·二，二十二年一九〇·九。（三）自英國輸入者，十九年一一九·二，二十年一二四·〇，二十一年一三〇·九，二十二年八〇·八。（四）輸入貿易總額，十九年一三〇九·八，二十年一四三三·四，二十一年一〇六二·六，二十二年八六九·八。

由上述觀察，二十一年我國輸入貿易總額較二十年增加約百分之一〇，自美國輸入者，增加約百分之三八，自英國輸入者，增加約百分之一五，而自日本輸入者，約減少百分之八。二十一年我國入口總額減少百分之二六，自美國入口減少百分之一六，自英國入口亦減少百分之四，而日本則減少幾至百分之五〇。二十二年爲我國入口貿易普通衰落之一年，自英國入口減少百分之一七·二，自美入口減少百分之二九·一，自日本入口則又減少百分之一七·二之多。由此可見日貨輸入減落之程度，實遠在我國入口貿易一般衰落程度之上，其受抵貨運動之影響，至爲明顯。

就輸入埠別而論，日貨輸入我國各埠情形，據日本之統計，二十年較十九年曾一度下減。二十一年對我國滿蒙出口貿易，大約由於是年滿洲軍事行動之結果。至於日本對我國本埠及香港出口之情形，却與對滿洲相反，大抵華中華南減少最多，華北減少較少。茲將十九年至二十二年日本對我國各埠輸入貿易略述如下：（以百萬日金計）往滿蒙者，十九年一二·一八九，二十年七七·四一六年一·四四一三·四，二十一年一〇六二·六，二十二年八

六、二十一年一四六・五三一一，二十二年三〇三・一四一〇。往華北者，十九年七八・六六六，二十年五一・七四八，二十一年七五・五一六，二十二年五八・一二九。往華中者，十九年一三九・七七六，二十年八八・四四三，二十一年五三・六六六，二十二年四九・七五八。往華南者，十九年六・八〇七，二十年三・六八五，二十一年二九七，二十二年三六三。往香港者，十九年五五・六四六，二十年三六・七五四，二十一年四五，二十二年二三・〇四六，合計十九年四〇三・二八四，二十年二五八・〇四六，二十一年二九四・〇五五，二十二年四三四・八一〇。

至日本輸華各貨中，以棉布為最重要，就日本棉布輸出方面言，棉布本為日本輸出商品之第二位，次於生絲，素以中國為大市場。大戰前一九一三至一九一四年，我國市場銷售日本棉布有百分之八十五之多，此後漸有下減，但迄至十九年我國仍占百分之四二，至二十年減至二九，二十一年又減至二〇・九，但同時對其他國家則有增加。日本紙類輸華在十九年及二十年時，幾占我國紙類入口總額百分之五十，二十一年一落千丈，較二十年減少百分之六八，同年紙類總入口減少百分之一七。德國及那威紙類入口，事實上均有增加，二十二年日紙入口又減落百分之五十，（總額減少為百分之二一）。但吾人須注意二十二年尚包括往東北者約一百七十餘萬，若除此不計，則二十一年比較二十二年約少百分之二七。日本魚介輸入我國本埠在十九年，約值九百餘萬金單位，二十年包括滿洲在內亦約值五百餘萬金單位，二十一年又減至二百七十萬金單位，二十二年又減至二百七十萬金單位。日煤入口，在

十九年曾達一千餘萬金單位之鉅，二十年減至九百萬金單位，二十一年又減至二百六十萬金單位，二十二年又減至二百四十萬金單位。糖類亦為日本輸入主要商品，二十年值一千五百九十餘萬金單位，二十一年減至六百二十二萬餘金單位，二十一年數字内尚包括上半年東北各關輸入數字約三百餘萬金單位，倘將東北數字除去，二十一年實際二十二年較二十二年增加一百五十三萬餘金單位。日本麵粉輸入我國二十年值一千萬餘金單位，二十二年又減至一百八十四萬餘金單位。考其銳減原因，一方面因抵貨關係，一方面由於東北各關數字之各年不統一，二十年東北各關數字完全在內，二十一年上半年在內，二十二年則全年不在內，吾人若將二十一年東北各關輸入日本粉約四百七十餘萬金單位除去，則二十二年較二十一年約減少百分之五四。致輸華麵粉以前本無關稅，自二十二年五月二十二日新稅則以後，每擔須納〇・二五關金，此當然與輸入大有影響。

此外關於近三年來各種主要日貨輸入之情形，吾人可歸納為三點，（一）日本輸入華中為最大市場，現在則為華北所超過，由此可見日本對華輸出貿易，已由華中而向華北發展，日本以麵粉在華北銷路最多，現在更有集中華北之勢。至於生產品如煤機器等，則華中銷數仍佔最多數。（二）華南日貨銷行，本來不很主要，現在更趨寥落，惟海產頗有起色。（三）二十一年華中輸入各種日貨，大多減退，於是華北比率極高，二十二年華中

抵貨緩和，日貨復又向華中傾銷，是年華中所佔百分比又有上增，但仍未能恢復原有之地位。茲將九一八後最近三年日本各種主要輸入品之地域變遷列表如下：（百分比）

		華北	華中	華南
棉貨	二十年	三二•二	六四•〇	三•八
	二十一年	六〇•七	三六•五	三•八
	二十二年	六五•一	三一•五	三•四
麵粉	二十年	九六•四	三•四	〇•二
	二十一年	九九•〇	〇•八	〇•二
	二十二年	九九•八	〇•二	—
魚價	二十年	一三•六	七三•六	一二•八
	二十一年	七九•四	二〇•六	—
	二十二年	八四•〇	一一•七	四•三
糖類	二十年	五八•四	三八•二	三•四
	二十一年	四二•五	五六•七	〇•八
	二十二年	三八•一	五八•六	三•三
紙類	二十年	二七•一	六九•六	三•三
	二十一年	八一•八	一六•一	二•一
	二十二年	六六•七	三一•一	二•二
煤類	二十年	六六•〇	三一•五	二•五
	二十一年	三一•二	六八•一	〇•七
	二十二年	六五•一	三四•三	〇•六
機器	二十年	三五•六	六二•二	二•二
	二十一年	三一•六	六六•九	一•五
	二十二年	二三•五	七五•四	一•一

總數

二十年 三一•七 六三•二 五•一
二十一年 七三•八 二三•二 三•〇
二十二年 五八•七 三九•六 一•七

本年八個月入超三億六千餘萬元

最近據海關發表本年一月至八月，全國對外貿易統計，輸入總值為七一七•六三一•七八二元，較去年同期之九七四•五八四•七二九元，計減少二五六•九五二•八四七元，輸出總數為三五七•五一六•五八四元，較去年同期之四一〇•二三七•八二六元，計減少五二•八五七•二四二元。八月份全國對外貿易，入超總數為三六〇•一一五•一九八元，較去年同期之一〇〇•二二七•五三三元，增加二五九•八八七•六六五元，輸出數為四三•四二四•五二二元，較上月之五一•二九四•一三五元，減少七•八六九•六〇三元，則增加七二•三八六•〇六〇元，八月份入超額為三〇•一九五•一七四元。

八個月來，我國對外貿易之國別統計，為（一）法國，進口一四•八八七•〇〇〇元，出口一三•一一一•〇〇〇元，（二）英國，進口七九•八四五•〇〇〇元，出口三五•二〇〇•〇〇〇元，（三）德國，進口六三•一六七•〇〇〇元，出口一二•八四七•〇〇〇元，（四）美國，進口一九九•四九六•〇〇〇元，出口六八•五〇〇•〇〇〇元，（五）香港，進口一〇〇•九五三•〇〇〇元，出口六五•二六七•〇〇〇元，（六）

日本，進口七八‧七三五‧〇〇〇元，出口五四‧一四五‧〇〇〇元。(七)英屬印度，進口三六‧九九八‧〇〇〇元，出口一五‧四七七‧〇〇〇元。輸出入均以美國為首位，英日次之，對各國之輸出入數，較去年同期均見減少。

全國對外貿易之關別統計，為(一)天津關，進口六三‧八四九‧〇〇〇元，出口五六‧二三三‧〇〇〇元。(二)膠州關，進口三一‧六六六‧〇〇〇元，出口二五‧一九五‧〇〇〇元。(三)漢口關，進口一九‧四五二‧〇〇〇元，出口七‧二九三‧〇〇〇元。(四)上海關，進口四二七‧〇〇〇‧〇〇〇元，出口一八七‧六二七‧〇〇〇元。(五)廣州關，進口二二‧八五五‧〇〇〇元，出口三二‧二三五‧〇〇〇元。(六)九龍關，進口五四‧九七二‧〇〇〇元，出口三〇‧六〇四‧〇〇〇元。其中上海關佔輸出入為最多，佔總值半數以上。

八月份我國對外貿易主要進口價值，為棉花五‧一八六‧二三四元，毛及其製品二‧三七七‧四八七元，人造絲一四〇‧三二六元。米穀一‧六六一‧〇〇一元，金屬及礦砂三‧五四〇元，紙類二‧〇一‧五八〇元。糖品一‧九一七‧七‧五三六元，機械及工具二‧二二三‧一六五元，(以上金單位)。出口主要貨值，為豬鬃一‧八八‧九二〇元，蛋及蛋產品三‧八四二‧四九八元，生熟皮及皮貨六二四‧八元，桐油三‧一九八‧六六〇元，花生一‧九〇五‧三二〇元，茶葉四‧五一八‧六六八元，絲二‧七五五‧四九二元，棉紗三‧四一九‧三八一元，羊毛二‧一七五‧〇元，棉籽一‧三九四‧三一八元，(以上均國幣單位)。

新稅則施行後外貨進口狀況

本年七月新稅則施行後，外間不察，多以為新稅則中若干貨品之進口稅率減輕，外貨乃大量流入，以為證明，因此引起一班人對於新稅則之不滿。然事實上經詳細研究後，方知新稅則係於七月三日施行，而外間所引用之數字，係新稅則施行以前者，故根本不能證明新稅則施行後外貨進口之情形。況即以新稅則施行後本年七月減徵貨品之進口總值，與去年七月進口總值比較，亦屬互有增減，如絨布，絨線，海產品則較增，印花棉布，鹹魚，印書紙等則較減，固未可一概而論也。且今所增者僅四十一萬一千金單位，而減少者則有六十六萬九千金單位，是於新稅則之實行，更難非難之餘地矣。深恐外間不明真象，特將新稅則施行後，其減稅貨品在本年七月之進口值，與去年同期之進口值，列表比較於左。

新稅則減稅貨品本年七月與上年七月進口價值比較表

貨名	比較	金單位
漂染泰西緞	(增)	五‧一八三
漂染羅緞	(減)	四‧三六八
漂染棉剪絨同絨	(增)	六七‧五二四
印花棉布	(減)	二六〇‧四二二
雜類棉布	(減)	四八‧六六一
粗綢絨線	(增)	二六一‧八六八
未列名呢絨	(減)	八三‧三九三
散裝鮑魚	(增)	一‧三七七
海參	(增)	一六‧八八六
江瑤柱（干貝）		二一三

	（增）	三・六七七
鹹魚鰆魚	（增）	一・九二
未列名鹹魚（鹹鱚門魚在內）	（減）	一四五・二八九
海帶	（增）	四三・六一二
海蘿	（增）	一一・〇八三
未列名印書紙	（減）	二二七・五四六

魷魚墨魚

鹹，本年僅三萬三千五百餘萬元，若就本年一月至七月之數字而論，已驟減少，茲將近年進出口貨總值及入超情形，列表如左（東三省各關除外）。

年 份	進 口 國幣元	出 口 國幣元	入 超 國幣元
民國二十年	一，三四三，八二九，〇〇〇	九〇九，四四八，〇〇〇	四三四，三八一，〇〇〇
民國二十一年	一，〇四九，二四八，〇〇〇	六一二，一三三，〇〇〇	四三七，一一五，〇〇〇
民國二十二年	八六四，〇七七，〇〇〇	四九二，六三二，〇〇〇	三七一，四四五，〇〇〇
民國廿三年一月至七月	五五二，〇七八，〇〇〇	二二〇，二八一，〇〇〇	三三一，七九七，〇〇〇

其入超減少之理由，約有數端。（一）年來銀價漸漲，外匯放低，故進口貨之價值低落。（二）農村經濟情形不佳，內地購買力差弱。（三）年來國內新工業之振興農產品輸入之減少，省為入超低落之原因也。

實部擬定海外貿易計劃

實部為振興國內對外貿易起見，擬具開拓海外貿易市場計劃，第一步，先由國際貿易局介紹國產貨品運銷歐美，並轉飭各商人往墨國外貿易。第二步，在南洋暨英荷各國設立推銷國

貨急進會，對於國貨之推銷及改進，負責進行。第三步，在海外籌設國產展覽會，陳列我國出品，並將出品種類價廠名，用各國文字譯成，俾資海外市場之探購云云。

實部調查各省礦業公司

實業部近調查各省各大礦業公司，除東三省及熱河未調查外，所有全國各省各大礦業公司及其所在地，業經調查完竣，茲誌如左：

（一）山東省魯大公司，（山東膠濟路淄川坊子），中興公司，（山東嶧縣棗莊）。華豐煤礦，（山東博山大崑崙莊）。悅昇公司，（山東博山八徒莊）。華寶煤鑛，（山東博山大崑崙轉）。（二）河北博東煤礦公司，（山東寧陽縣）。開灤煤礦務公司，（河北天津英租界）。井陘礦務公司，（河北天津特別一區大沽路）。正豐煤礦公司，（河北磁縣）。津日租界松島街河北井陘）。中和煤礦公司，（河北天）。柳江煤礦公司，（河北臨榆柳江）。長城煤礦公司，（河北宛平縣門頭溝）。門頭溝中興煤，（河北臨楡）。平定平漢鐵路碼頭鎮）。煤礦公司，（河北平漢鐵路碼頭鎮）。怡立煤礦公司，（河北平漢鐵路碼頭鎮）。（北平東交民巷台吉二條桂樂第六樓，澳鐵路高邑站轉）。（三）山西省平定保晉公司，（山西平定陽泉）。平定建昌煤礦公司，（山西大同口泉鎮）。實業煤礦公司，（山西大同口泉鎮）。晉北礦務局，（山西大同帥府衙）。（四）河南省中福煤礦公司，（河南道清路焦作鎮）。濟樂煤礦公司，（河南禹縣）。民生煤礦公司，（河南陝縣）。新安煤礦公司，（河南新安）。六河灣

河鐵公司，（平漢路豐樂鎮轉）。（五）安徽省水東煤鑛公司，（安徽宣城）。淮南煤鑛公司，（安徽懷遠羿耕山）。寶興鐵鑛公司，（安徽當塗）。裕繁鐵鑛公司，（安徽當塗）。裕繁鐵鑛公司，（安徽繁昌桃冲）。烈山煤鑛公司，（津浦路蚌埠順河街）。（六）江西省萍鄉煤鑛，（江西萍鄉）。鄱樂煤鑛公司，（江西樂平）。（七）湖北省大冶鐵鑛，（湖北大冶）。象鼻山鐵鑛，（湖北大冶）。富源煤鑛，（湖北大冶）。（八）廣西省富貸錘錫鑛，（廣西富川水岩場管理局）。河池南丹錫鑛，（廣西南池大廠）。東川銅鑛，（雲南會澤）。（九）雲南省箇舊錫務公司，（雲南箇舊）。（十）江蘇省華東煤鑛公司，（江蘇徐州賈汪）。（十一）浙江省長興煤鑛，（浙江長興）。

【鄂省煤業概况】　茲據湖北建設廳最近之統計，民國二十二年度鄂省境內之民營煤鑛，重要者約有十一家，產煤總量合計約達四十八萬五千噸左右，此外尚有不少民營小煤鑛，但皆無甚設備，且時作時輟，資本及產額均難確定。茲將鄂省境內重要民營煤鑛公司每年產量及鑛區面積，分述於次，

富源公司　每年產量十八萬噸，鑛區面積爲四八八公頃。

富華公司　每年產量十四萬噸，鑛區面積爲四五二公頃。

利華公司　每年產量未詳，鑛區面積爲四九五公頃。

德和公司　每年產量二萬噸，鑛區面積爲三一公頃。

四維公司　每年產量五萬噸，鑛區面積三四公頃。

裕鄂公司　每年產量二萬噸，鑛區面積九八公頃。

關東公司　每年產量二萬五千噸，鑛區面積五三公頃。

裕利公司　每年產量二萬噸，鑛區面積一七公頃。

正大公司　每年產量二萬噸，鑛區面積一八公頃。

元合公司　每年產量一萬噸，鑛區面積二六公頃。

桂元公司　每年產量一萬噸，鑛區面積一六公頃。

合計每年產量四十八萬五千噸，鑛區面積一七二六公頃，資本額數共一百八十九萬元。最近湖北建設廳，爲開闢鄂亞礦產，曾派技士，前往秭歸縣，採取烟煤二百五十噸，運省研究，以便從事開探云。

國茶輸出槪況

國茶過去每年輸出之總額，恆在二三千萬元左右，年來曾一度衰落，最近新茶登場，輸出驟增，七月份茶葉輸出五・三九零・二三二元，佔出口首位。本年七個月，總計共達一八・九三八・五五七元，較去年同期，增一・零九二・六零二元。紅茶爲最，雨前綠茶次之，小珠綠茶其他綠茶綠茶磚茶與醇綠茶，毛種磨茶，以次遞減。紅茶以運往英國爲最多，計共一五・八三七公擔。綠茶以新加坡爲最多，計紅茶三・零八一公擔，最近又有大批磚茶運俄，俄輸出，計紅茶三・零八一公擔，價値約二百餘萬元。

南大经济

《南大经济》创刊于中华民国21年（1932）1月，由广州岭南大学商学会创办，半年刊。主编刘静瑟。该刊出版第4卷第2期后停刊（民国24年[1935]6月）。民国37年（1948）6月，《南大经济》复刊，由岭南大学经济学会主办。刊期重起，仅出一期。

《南大经济》杂志版权页

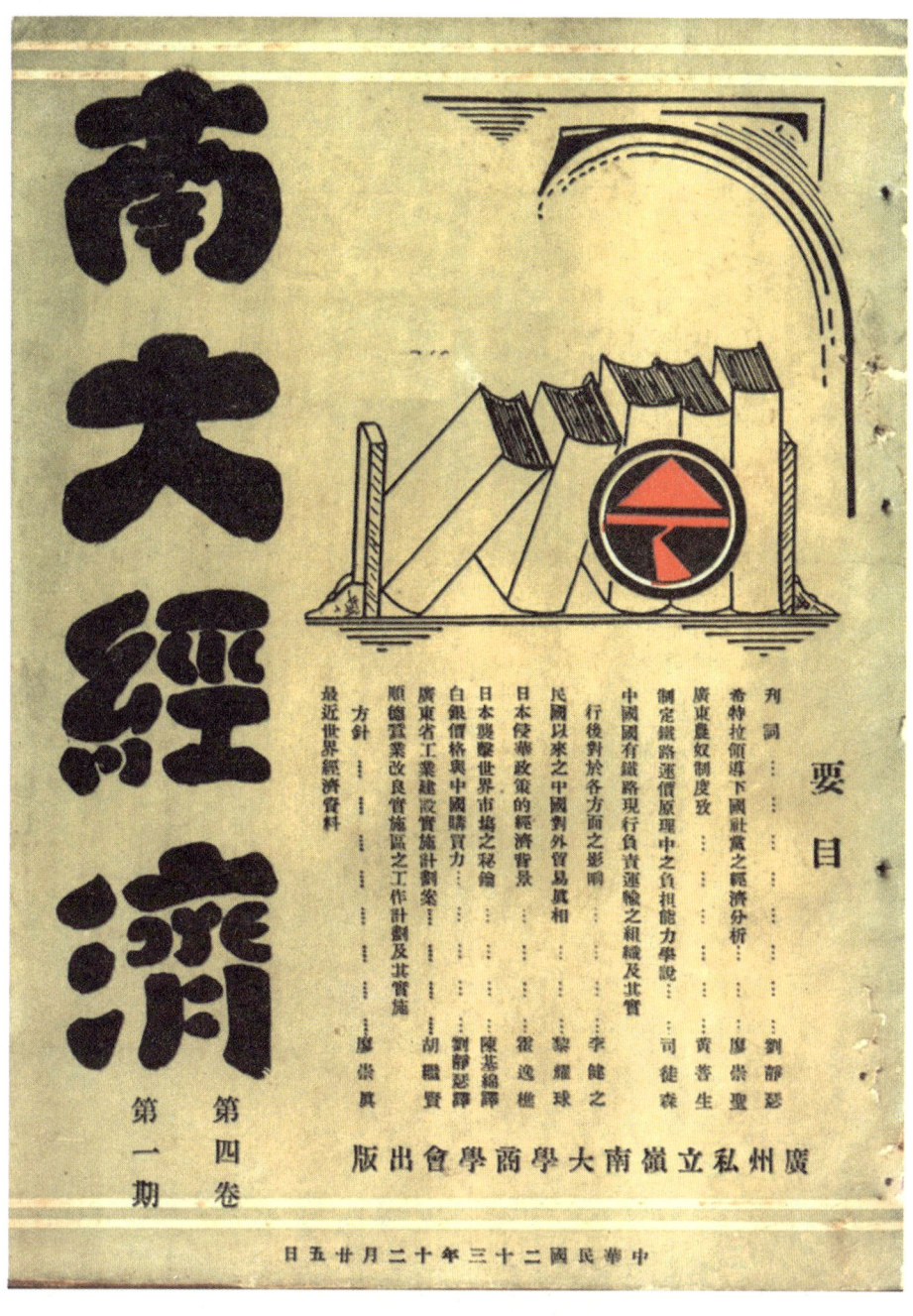

《南大经济》杂志封面

日本侵華政策的經濟背景

霍逸樵

（一）導言

日本素以亞洲盟主自居，以為亞洲諸強——甚至以為世界諸強，莫與之京。她尤視龐大無能的中國為其禁臠。自中日之戰後，中國的黔驢小技，已盡露於世界列強之前。日本的侵華政策之意趨積極，亦已昭然若揭，路人皆見，四十年如一日了。這個事實雖是由優勝劣敗的結果而形成，但其泉源究有所自，絕非旦夕所能造成，更不是偶然的事實。所以與其說是日本的對華外交政策，無寧說是日本的對華侵畧政策，較為確切。

日本版圖狹小，物產缺乏，但偏是人口非常繁殖，於是食料問題，頗難解決，因此而影响到實際的生活。同時因為耕地狹少（全國境止有三分之一地可供耕作。）（註一），農產品有限，故原料短少，於是商品銷路窒塞。若果這些問題不能急速的去解決，則日本會變成一個死局。日本人是雄心的，是聰明的，安甘雌伏？故自明治維新以後，鑒於歐洲帝國主義者發展的成績，遂亦效尤。于是拼命的向外發展，希冀能把日急一日的問題，快當的去解決，而找到一個好的出路。，這就是她的侵華政策的背景和出發點了，今試一一論列如下：

（二）奪取中國市場

日本是一個島國，地方狹小，物產又不豐富，故國家非常貧乏。若欲令其國家產業發達：首先要有充足的資本。自一八九四年中日戰爭的結果，日本途得了中國式萬萬三千萬兩（庫平兩）的鉅額賠欵（註二），因而就利用此資本以發展其產業。加之日本採用保護政策和利用低價勞力，產業途得以盡量發展，由手工業進而為機器工業，由粗製品而成為精製品，居然躋上世界八大實業國之一了。

因為有了大資本，有了機器，有了廉價的勞力，於是就有大量的生產，苟非有巨大銷場，多量消費，強大購買力，則這些生產品自然成為過剩。然則日本國內的購買力又如何？日本土地旣狹小，人民又貧乏，故購買力自薄弱。加以日本自資本主義進展到工業資本主義，又由工業資本主義而到財政資本主義時，資本集中，生產增加，于是日本社會大多數的人民，都由小資產或中產地位而淪落為出產貧民，故購買力更為薄弱。

同時日本的工業，實乘歐戰機會而突飛猛進。及歐戰告終，歐洲經濟復興，日本生產品銷場大減，故產業界不得不縮小生產，裁汰工人，于是失業者增，購買力更減。還有因為日本工業極度的發展，遂令到農業生產減少，農民經濟困難，農村購買力當然也減少。（註三）

有了上述的幾種原因，所以日本的工業品不能在國內暢銷，于是生產品逐成為過剩，貨物過剩則產業不能興盛，而資本亦無利可圖。所以欲求資本獲利，必須發達產業，欲發達產業，又要先使過剩貨物有暢銷機會，欲達過剩貨物得暢銷機會，其唯一的出路，就是向外發展，以尋求國外的市場。（註四）

中國就是毗鄰日本最近的國家，地廣人稠，國民的消費力又大，正是日本的過剩貨物推銷的適當市場，日本又安肯捨此俎上之肉以顧而之他呢？所以自從日本佔有中國市場以後，挾其強大的軍備以保護其貿易，于是對華產業大盛，國內的工商業亦因而大為發達，病弱無能的中國，自然無力來抵抗此外貨之傾銷了。

茲將日本對華歷年輸出品增加表錄下，以作比較：（海關兩計）

一九〇六年　　六一，〇五二，三五六兩（註五）
一九一四年　　一二七，一一九，九五二兩
一九一五年　　一二〇，二四九，五一四兩
一九一六年　　一六〇，四九〇，七二〇兩
一九一七年　　二三二，六六六，八二一兩（註六）
一九一八年　　二三八，八五八，五七八兩
一九一九年　　二四六，九四〇，九九七兩
一九二〇年　　一二九，一三五，八六六兩（註七）
一九二一年　　二一〇，三五九，二三七兩（註八）
一九二二年　　二三一，四二八，四八八五兩
一九二三年　　二一一，〇二四，二九七兩
一九二四年　　二三四，七六一，八六三兩（註九）
一九二五年　　二九九，七五五，六一一兩
一九二六年　　三三六，九〇九，四四一兩
一九二七年　　二九三，七九三，七六〇兩（註十）
一九二八年　　三一九，二九三，四三九兩
一九二九年　　三三三，一四一，六六二兩（註十一）
一九三〇年　　三三七，一六四，八六七兩
一九三一年　　二九五，七二七，一一九兩（註十三）

由上列這個統計的事實看來，足以証明中國是日本很好的銷貨市場，而日本的對華輸出，日益增加，其工商業亦日益發達，可見一班了。因此而日本貨物不知過剩，還且暢銷，產業因而興盛，資本亦因而獲利，換言之，即日本的經濟不致恐慌，其間亦得以

解决。所以日本实不能放弃，亦断不肯放弃，这个好利路的市场——中国，不特不放弃，还且要用武力和政治力来保护与维持。结果途由经济要求而成为政治的侵畧，是必然的趋势，这也是日本对华政策原因之一点了。

（三）夺取中国原料供给地

日本是资本主义的国家，资本主义国家的最切要条件就是必须有「资本」，「机器」，「势力」，「市场」，及「原料」，缺一不可。现在日本对上列首四项都具备了，所缺乏的就是原料，因为日本地方小，物产又不丰富，故原料品是非常缺乏。她若欲维持资本主义的存在和国家的生存，非向外夺取原料品出产地不可。恰巧中国地大物博，蕴藏豐富，而偏又产业不发达，所谓「得物无所用」，「货弃于地」，则日本又焉得不来分润一杯羹呢？

工业用的主要原料是铁和煤。没有铁与煤则不能由轻工业进而为重工业——钢铁工业。日本的产铁额是很少，全国工业用的铁差不多百分之八十，都是由中国输入，日本煤的产额也不多，加以历年来开发殆尽，藏量又少，所以全国工业用的煤百分之五十也赖中国之供给。另一方面中国矿产豐富，煤矿面积共三百八十万五千零四方里，金矿二十九万五千三百五十八方里，铁矿二十八万八千六百二十方里，铜矿二十一万六千二百二十七方里，铅

矿八万七千三百零九方里，锑锡石膏钨等矿物也很豐富，质最良的是辽宁抚顺煤矿，牠每年产额为四百九十万吨，佔全国第一位。自中俄之战后，日本就说抚顺煤矿是在南满铁路的区域内的产，应归日本所有，于是用武强佔法了。

先就煤炭一项而论：全中国煤矿产煤量最大，质最良的是辽宁抚顺煤矿，牠每年产额为四百九十万吨，佔全国第一位。自中俄之战后，日本就说抚顺煤矿是在南满铁路的区域内的产，应归日本所有，于是用武强佔法了。

抚顺煤矿之外，日本在中国经营的还有十馀处，如奉天黄家濬，庙滞，铁岭，本溪，湖和尚屯等煤矿。吉林则有牌岭，陶家屯，万宝山等煤矿，山东则有烟台，博山等煤矿。因此仅煤一项，每年由中国输入日本的价值约二千万两，在中国对日贸易输出品中为第一位。（註十四）

次就铁矿而论：全中国产铁额最大的要算是汉冶萍公司的湖北大冶铁矿了，每年产铁额为八十万吨。汉冶萍公司名义上虽为中国人所创办，但因借了多量日资的关系，故实际上公司权力都操于日人之手了所生产的铁，也完全运住日本。其次日人在华经营的铁矿，有奉天本溪湖及安山铁矿，产额难较少，然而採出之铁，亦多运往日本的。所以铁一项，每年由中国运往日本的价值也有六百万两。（註十五）

三省大豆和江浙棉花为原料品为大宗，他如羊毛，牛皮，豆饼等如数亦不中国供给日本的原料品，除煤铁二项为大宗外，其次则以东

少。論其種類，此項原料品有一百種以上。總而言之，日本輸入我國的貨物，原料品極少，大部分供爲製造品。中國輸入日本的貨物，則大部分爲原料品，而製造品極少。兩相比較，正成一反比例(注十六)。中國既爲供給日本原料好地方，日本爲要在中國保全原料品的永久供給起見，故常以政治力量強逼中國訂立條約，限制中國的出口稅，幷獲得鑛山採掘權，鐵路建築權等等。日本人所謂「擁護在特殊權利者」，「乃掠奪對被掠奪者一種恫嚇之詞」，亦爲其對華侵畧政策之一種口實而已。

（四）過剩資本之投資

現在日本資本主義在國內不但有過剩的貨物，幷且有過剩的資本。這個過剩的資本，一面因本國的產業已充分發達，沒有更好利路投資餘地，于是不得不向外投資，而使其資本愈聚愈大。她所投資的對象，當然是經濟落後的中國。

在經濟落後的中國投資有下列的幾種好處：

（一）日本國內工業極度發達，社會購買力既薄弱，而工價又高，已無厚利可圖之餘地。

（二）日本製成之物，運到中國來賣，要耗費很多運費，在中國製造，運費可省。

（三）工場移設中國，則就地製造，就地銷售，可以省去繳多

次我國關稅。

（四）日本工業原料向頼中國供給將此項原料製成工業品後，再運至中國銷售往返運費必多，若在中國製造，則就地取給原料，就地銷售貨物，可省去往來之運費，而減少貨物之成本。

（五）日本工價高昂，而中國則工銀低廉。以低廉工銀製造低廉貨物，在中國市場與中國貨物競爭，必可獲更厚的利益。

（六）利用日本在中國政治上之種種特權，于資本有充分保障，在營業上有意外的便利。(註十七)

因爲有這六種原因，所以日本資本主義者便積極的向中國投資，獵取最大利益。據最近一九三一年在杭州舉行之第四次太平洋會議中代表劉大鈞所報告的日本在華投資額，已達十八萬萬元以上。茲紀其數如左（註十八）：（單位日金千元計）

一般貿易　　　　　一六二，八六○
製造業　　　　　　一四二，九四一
銀行及信託業　　　二五六，三三二
鐵道運輸倉庫業　　六五○，一五二
土木工程專業　　　　三一，七○八
農業礦業林業　　　二○六，六九五

紡織業　　　　　二五〇,六四五
電氣煤氣業　　　四七,二一一
海上生產事業　　一,八一〇
其他　　　　　　五六,八〇〇
合計　　　　　　一八〇九,一五四

上列數目的投資額，大部是集中于東三省，據一九三〇年之調查投資于東三省者約佔百分之六二·九，而投資于中國其他各地者約佔百分之三七·一云（註十九）。

日本既投鉅額資本于中國，當然要設法保障其資本和維護其利益，于是不能不于某種程度內，剝削中國利益，損害中國社會，奪取中國政治權力，這實是不得不然的趨勢了！

（五）解決人口過剩問題

日本在明治維新以前，因為是閉關自守，人民生活低下，經濟上僅足自給，同時人民受社會的、經濟的、政治的制度支配和種種束縛，且受天災人禍的淘汰，故人口的增加率非常遲慢。但自維新以後，政治經濟的制度已逐漸改良，人民的種種束縛解除，于是國民生產能力增加。同時日本政府頒佈獎勵生育和嚴禁制育的法令，日本人口遂有驚人的增加。（註二十）下列的表是表示六十年來日本人口增加的數量：（單位千數）

一八七二　明治五年　　　　三三,一一〇
一八七三　明治六年　　　　三三,三一〇
一八七五　明治八年　　　　三三,九九八
一八八〇　明治十二年　　　三五,九二九
一八八二　明治十五年　　　三六,七〇〇
一八八五　明治十八年　　　三七,六六八
一八九〇　明治廿三年　　　四〇,四五三
一八九二　明治廿五年　　　四一,〇八九
一八九五　明治廿八年　　　四二,二七〇
一九〇〇　明治卅三年　　　四四,八二五
一九〇三　明治卅六年　　　四六,七三二
一九〇五　明治卅八年　　　四七,六七八
一九〇八　明治四十一年　　四九,五八八
一九一〇　明治四十三年　　五〇,九八四
一九一三　大正二年　　　　五三,三六二
一九一五　大正四年　　　　五四,九三五
一九二〇　大正九年　　　　五五,九六三
一九二五　大正十四年　　　五九,七三七
一九二七　昭和元年　　　　六一,三一六（註廿二）

據右表我們就知道日本歷年人口增加的銳進。明治五年時日

南大經濟 第四卷 第一期 日本侵略政策的經濟背景

本人口僅三千三百餘萬，到昭和元年竟達六千一百餘萬之多。相距紙六十年，而增加率爲一倍，平均每年要增五十五萬。

再查日本人口在明治五年其出生數爲五十六萬九千零八人，死亡數爲四十萬五千四百零四人，計自然增加人數爲十六萬三千六百三十八。至大正元年（相距四十年）其出生數爲壹百七十三萬七千六百七十四人，死亡數爲一百零三萬七千零十六人，計自然增加人數爲七十萬零六百五十八。至昭和元年其出生數爲二百壹十萬四千百零五人，死亡數爲九十四萬三千六百七十一人，較明治五年自然增加人數多四倍。由此以觀，日本在近年來每年然增加的人口已近壹百萬人，若再過四十年，日本人口必達一萬萬人，再四十年則有弍萬萬人了。（注廿二）

現時世界各國人口以全國平均密度言，當推比利時爲第一，次荷蘭，次英吉利，日本尚在第四位。然此不足以說人口問題之困難與否，人口問題之要點，在一國之供給力若何，而不在人口實數之多寡，在增加率之遲速，而不在全國平均密度之大小。比利時，荷蘭，英吉利三國的人口密度雖大，同時其國內可耕之地亦尚多。日本則國內可耕地之百分數，不逮比，荷，英遠甚。農田之支配，據一九〇八年之統計，已形拮据。當時農民所有，平均每家不足二英畝（acre）。其中達十二英畝以上者，僅百分之

一。著名之關東平原，而積不過二千七百方英里，據一九一三年統計，共有居民五百四十萬，（東京市區除外），現已增至六百萬。東京附近，每方哩人口在四千以上。大阪附近，亦達千四。尤足驚人者，則爲日本之人口增加，據一八八八年統計，全國人口共約三千八百六十人，一八九五年增加至四千二百二十七萬六千一百二十八人，每千人中死亡率爲二十八。近年死亡率雖求低減，而生育率則愈增愈速，在世界各國中充推第一。據一九二五年之統計，日本本部口人共五千九百七十萬人，是年淨增九十萬人，一九二六年的淨增數八十七萬五千人，一九二七年的淨增數八十七萬六月增加數推算，約及百萬。此種遞增情形，不久有使日本出產難以供給之虞。（註廿三）。

考日本人口近年之所以激增，蓋自有其原因在。明治五年（一八七二年）以前，日本的人口，無甚出入。因此時期雖無兵災，而饑饉時起，有水災，風災，蟲禍，火山爆發等等，損失非常重大。加以政治不良，各項實業停滯，土地操于少數地主之手，小民受重重之壓迫，無所得食，致有殘害嬰孩，以減輕負擔之舉。致其結果，增加與摧毀相抵，故常保持三千萬以內之數。但自明治五年以後以迄今日，人口之增加已達一倍，其原故如下：

（1）生產率之增加自日本自輸入西洋新思想後，國中領袖，迷信增加人口爲強國之根本，鼓吹提倡，不遺餘力。以造成大家庭爲

愛國，為盡忠于天皇之風，傳播全國，影响所及，人口激增。據一八七二年之統計，全國平均生育率僅千分之十七（即每千人中產十七八）至一九二四年，已達千分之三三·八，可見其增加之速了。（註廿四）

各種家業之發展　明治維新後廢除封建制度，昔時操于少數地主手小之農田，今可自由買賣，同時獎勵獎勵航海，以與世界各國通商，輸入西方之科學，以振興工業。于是農有田可耕，商有貿易之出路，而工業製造所又需要勢力，遂不能不促起人口之增加了。（註廿五）

郷慶日本的人口問題，已有愈趨嚴重之勢，且足以引起全社會不安寧的現象，故一般人都切望國家對此有訊速解決的方法。但解决人口問題的方案，祇有下列四種：

（1）限制人口增殖率　此種節制生育論調，多為思想活潑之大學教授所提倡。他們發展言論，認為解决日本人口問題之根本方法。此種思想已漸傳播日本國內，而報章雜誌亦已滿載關于節制生育運動之文化。但政府方面則認為一種危險思想，蓋與其侵略政策相反，且斷削人民的生殖機能，將會致大和民族于日漸凋殘的危險，所以斷不會施之實行的。

（2）增加人民生產能力　其法有二，一則增加墾地，二則增加農業。從發展農業方面，其說又有二，一則增加墾

田之出產量。在增加墾地一說，據日人估計，謂可增加三分之一。但此說頗不可恃，因日本現在已盡量開發荒地，稍可利用的，亦已開闢追盡。而土地有限，增加之數亦有限，故收效亦極微而已。至謂增加農田之出產量，日本已施行之。湖自一八八〇年至今，日本農國之出產量，已增加百分之九三·六〇以現時種植之精良而論，世界各國，罕與倫比。據一九二一至一九二五年之統計，日本每英畝稻之平均產量為二千三百五十磅，美僅一千〇七十六磅，爪哇則九百二十七磅而已。是則日本農國之出產量，達高度，無論如何，也不能于六十年中，增加一倍之產量。是則以農業為救濟人口增加之效力，亦微乎其微了。（註廿七）

以言提倡工業，日本的工業實已盡其發展之能事，但日人究竟不是工藝民族，故截至一九二四年的統計，在工場工作的仍不足二百萬人。就過去情形言，以歐戰期（一九一四至一九一九年）為最發達，每年平均增加十六萬七千六百八十人，其後每年之增加率又見低減。如此，則提倡工業亦不能解决日本全部的人口問題呢！（註廿八）

（3）開拓新領土　這個開拓新領土的方案，可以說是已經支配日本六十年政治上的對外政策，大陸帝國的迷夢，也無非是開拓領土急想的反映耳！在日本開拓領土政策之下，首當其衝的逃不了是貼鄰的朝鮮，其次就是老大中國的滿蒙，早認為是日本

自然發展的地域了。（註九）

（４）移民向外發展　移民向外發展與開拓新領土同是解決人口問題的好方法。西洋各國，都已著有成效，日本途亦積極進行。因施行較遲，所有新地，已盡被白人發現，此驅爾界，已無日人染指之餘地，乃不惜以鄰爲敵，肆其蠶食。一八七五年以占有之庫頁島，向俄易千島羣島，一八七六年，奪我國之琉球羣島；一八九五年之中日戰爭，割我台灣澎湖羣島，一九一〇年併吞朝鮮，又從俄國取囘庫頁島南半部，一九一九年藉凡爾賽和約又得舊德屬南太平洋諸島代治權。五十年中，領土較前增加一倍。但日政府猶以爲未足，仍極力向內拓殖。東京設殖民地博物館、移民學校，授移民以所欲移往地之語言，風俗，富源及經濟狀況。外務省之移民社，爲移民籌設住所，幷有二百元之補助金，內務省對於永去其國者，貸給川資及購地資本。其移民性質，扶掖獎勵，無微不至，務使人民樂于外出，糟資調劑。別寫墾內境外兩種：凡山日本之一島移至他島，或由本部移至屬地，關之境內移民；屬于前者，其目的地爲庫頁島，後者其目的地爲蝦夷島，故南部日人不能抵受，且亦不宜積米，加以交通不便，文化低下，故多願移作馱地。庫頁島南部氣候更冷，麥產不多，重要富源僅有魚，林及煤鑛三項，故日人亦不願移住這裏。朝鮮則耕地亦不多，而

人口密度，據一九二五年統計，平均每方哩達二百二十九人。是則朝鮮本身，已屬救濟不暇，而有向外移殖之趨勢。加以朝鮮人之生活程度低，日本勞工，難與競爭，亦足爲日人移殖朝鮮之一大阻力了。台灣土質肥沃，物產豐富。但山軍地少，且有毒蚊爲害。而日人移殖者已極多，人口密度亦已達極點，實無再容其餘日人再移殖之可能了。

至于國外移民，則有南北美洲，夏威夷，菲律濱諸島，英屬及荷屬之南洋羣島，印度，澳洲，及中國之滿洲。但白美國頒布移民律後，不管重門深鎖，日本已無復問津之機會。而太平洋岸英國語系諸國亦各有移民律限制，澳洲之白澳主義，排日尤爲激烈。是則最有希望而又最有把握的，我國之滿洲莫屬了！滿洲沃野千里，南部較暖之地，稍亦繁殖，人口不多。據一九二三年統計，每方哩平均僅六十一人。又據同年之統計，聚居于大連旅順的有日人八萬七千人，而在南滿鐵路沿線之日人，則共八萬二千八，加以散居滿洲各地之日人三萬五千，總數共二十萬零四千人，半數屬于農民。所以滿洲就是日本解决人口問題的唯一出路，因爲明知這病弱的中國，無抵抗的中國，是無能力來拒日人于千里之外的。（註三十）

（六）解決糧食缺乏問題

人口與糧食有連帶關係，因人口過剩而引起了糧食缺乏的問題是必然的。日本如果沒有人口過剩的問題發生，則糧食缺乏問題亦自易解決了。反言之，若糧食的供給是充足的，則人口問題亦自易解決了。日本所以有糧食缺乏之原因，就是下列的三項：

(1) 全國耕地面積過小
(2) 每年縮廢的地超過擴張的地
(3) 生產額減少，個人消費增高

關於第一点，日本土地可耕者不及全國面積三分之一。據一九二四年調查耕地佔三百七十四萬餘町（每町等於二．四五英畝），山林佔一千九百六十五萬餘町，雜地佔九百七十六萬餘町，而耕田則佔六百零六萬五千餘町而已。（註卅一）

關於第二点，日本欲謀生產增加，除從農業上改良外，或由土地使用變換而來，所擴張的耕田，可增加三萬三千町之譜。但同時每年用於庭宅工場等建築物，及用於道路鐵道或荒蕪的耕田亦有三萬七千町之多結果每年縮廢的田反超過擴張的田。

關於第三點，要救濟糧食的缺乏，當然一面要使生產增加，一面要減少個人的消費，這方能使生產和消費平衡。但事實却不然，日人個人的消費有日漸大之勢。茲將日人對於米一項每人每年消費數量變遷表列下：

時　　期	每人一年中消費之數量
五十年前	七石
二十年前	十石
現　　在	十四石 （註三十二）

再以日本全國的米的生產額和消費額來研究，日本米穀產額在一九二二年為五千五百萬石，至一九二七年仍歸五千五百萬石，此六年中不但無增，反有減退趨勢，而米穀的消費額，在一九二二年為六千二百萬石，至一九二七年已增加為六千七百萬石。僅一九二七年一年產額和消費額相差覺達一千一百萬石之鉅。這所缺少的一千一百萬石的米，除由朝鮮輸入五百萬石，台灣輸入二百萬石之多，其餘四百萬石多取之於中國之滿州與各地了。（註卅三）

中國有三千二百五十七萬方里的土地，全國可耕的地約五千五百五十兆畝，其中已經開墾的估計約一千一百七十兆畝，即當可耕之地百分之二十六，所餘百分之七十四，尚未開墾，于農業方面固大可發展。（註卅四）中國不但幅員廣大，且氣候溫和，雨量充足，土地肥美，適于耕種，因此米麥豆等出產甚豐。所以日本欲解決其人口過剩問題，糧食缺乏問題，非採取侵畧地大物博之中國的政策，實再無其他善法的了。

（註一）任獨人：中日問題第二章第三頁

（註二）劉彥：中國近時外交史二三四頁及二四四頁。

（註三）吳君如：近世中國外交史一〇二頁及一〇六頁

（註四）吳兆名：日本帝國主義與中國八十五至八十六頁

（註五）蔣堅忍：日本帝國主義侵略中國史十五至十八頁

（註六）中華年鑑：一九一三年第一百二十七頁

（註七）同上：一九一九一二〇年第一四一頁

（註八）同上：一九二一一二二年第一〇二頁

（註九）同上　第二五一頁

（註十）吳兆名：第一八〇頁

（註十一）同上一九二一一一九三〇年第〔至三〕頁又吳兆名：第一八〇頁

（註十二）同上二九五頁又吳兆名：第一八〇頁

（註十三）同上一九三三，第四十一頁

（註十四）蔣堅忍：第二十頁

（註十五）同上　第二十一頁

（註十六）同上　第廿一頁又吳兆名：第八十七頁

（註十七）同上　第二十二頁

（註十八）劉大鈞：Foreign Investments In China P. 25, Date

又：C. F. Remer: Foreign Investments in China P. 459

（註十九）C. F. Remer: P. 470

（註二十）張樹人：日本大陸政策解剖第一章第二頁

（註廿一）G. C. Allen: Modern Japan and Its Problems P. 177-178

I. Nitobe: Japen P.w268

（註廿二）蔣堅忍：第九頁

（註廿三）黃廈年：日本之人口問題東方雜誌二十六卷九號第三九頁

（註廿四廿五）同上：第四二頁

（註廿六）同上：第四三頁

（註廿七廿八）同上：第四六頁

（註廿九）蔣堅忍：第十頁

（註卅）黃廈千：第四十一頁

（註卅一）蔣堅忍：第十二頁

（註卅二）同上：第十三頁

（註卅三）同上：第十四頁

（註卅四）吳兆名：第九十一頁

Papers prepared by China Concil for the Fourth Biennial conference of the Institute of Pacific Relations 1931 C. F. Remer: Investment in China P. 513

九一八後日人經濟宰割下的東北

大 為

小引

資本，機器，原料，勞動力，四種，是資本主義生產上必須的條件，四者缺一，不足以解決其國家的生存問題。今者日本，有資本，機器，勞動力，而缺乏原料，其唯一方法，只有向外取奪原料出產地。故中國是地大物博，蘊藏豐富，產業不發達的國家，即成為她的目的物了。田中義一奏摺云：「欲征服世界，必征服中國，欲征服中國，必征服滿蒙」又前外次長幣原于昭和二年九日在朝日新聞發表云：「田中外相對中國最後的需要，是無限的天利，和四億民衆的消費力，……中國之富源，與民衆消費力之利用，是日本存在和發展的必要條件！」又昭和三年幣原在大阪日華經濟協會演說云：「日本在東三省之勢力，已根深蒂固，無論東北的政治有如何變動，不能動搖其在滿之勢力。」由上述幾段話中，可以證明日對東北的政策與野心了。所以九一八的事變，不過為其實現主張之一種方式，此無足使吾人奇異者也。

論 著 九一八後日人經濟宰割下的東北

記得本年八月間，偽本天聲務廳發表：「偽國治安，業已恢復，而實行所謂政治劃分，經濟整理，……」效東北治安，確因日軍鎮服而趨穩固，而日本朝野上下，如瘋如狂，傾其全國人力與才力，推進經濟侵略之發展，其用心之苦，調查之周，研究之澈底，手腕之險恨，實出吾人意表之外，吾人茲就過去三年來，日對東北經濟宰割情形，就事實狀況，加以叙述。

一 日本在東北貿易狀況：

由日本佔領我國東北之後，在其對外貿易關係上，至為偉大，當此世界經濟恐慌之際，各國對外貿易，俱形衰落，而日本在我東北，確有良好的發展，其輸出貿易額：一九三一年為一，四〇九，九九二，〇〇〇元，一九三二年為一，四一五，二三五，一三七，〇〇〇元；其輸入貿易額一九三一年為一，二三五，六七三，〇〇〇元，一九三二年為一，四三一，四六一，〇〇〇元，一九三三年為一，五

七三

六二，八七六，〇〇〇元；觀此日本對外貿易，在輸出入任何方面，皆有增加之趨勢，又現在實行所謂通貨澎漲政策，奪取與獨佔我東北之新市場，實為其初步的成功，年來日本受我國杯葛之影響，對我國本部的貿易額，未免減少，而對東北之貿易額，確漸增加，如日本對我國本部的貿易額在輸出方面：一九三〇年為一四三，八七〇，〇〇〇元，一九三二年為一二九，四七八，〇〇〇元，一九三三年十月末為八八，八四六，〇〇〇元，在輸入方面：一九三一年為一〇三，七九四，〇〇〇元，一九三二為七一，一三一，二〇六，〇〇〇元。

茲將最近二年來，日本對外貿易額，及其增減狀況列下：（單位千元）

貿易額價額	1931年 價額	指數	1932年 價額	指數	1933年 價額	指數
日本總輸出額	987,159	100	1,085,423	110	1,525,137	155
日本總輸入額	1,043,063	100	1,151,530	111	1,562,876	150
對華輸出總額	136,187	100	107,041	79	88,846	65
對華輸入總額	89,750	100	53,830	60	85,384	95
對滿輸出總額	65,517	100	108,635	166	249,472	381
對滿輸入總額	110,109	100	102,879	93	133,266	142

論著 九一八後日人經濟宰割下的東北 七五

前貿易額之結算（（一）爲入超）單位千元

	一九三一年	一九三二年	一九三三年
總貿易			
（1）一五,九○四	（2）一六六,二七	（3）一三七,七六	
對華貿易	四八,四二七	五三,一八二	五八,八五六
對滿貿易	（1）四八,五五二	五,八九六	二三,二○六

「甲」日本大藏省外國貿易月報

據以上各數字所表示，日本對外貿易，繼其失之於一般矣！茲分述其輸出入之貿易內容：

（一）日對東北貿易之輸出——九一八後，日奪獨佔的局面，盡力排斥之，考日本商品，在我東北市場已成國之商品，修改稅率，以求有益於她的商品進出，對於他東北海關，皆在東北補償而有餘，其促我東北之功效，可見本部者，試就僞國之輸入貿易觀之，一九三二年度之總輸入額，爲一九二,九九一,九○○海關兩，其中由日本輸入者，爲一○四,一二二,六三三海關兩，（占全數之五四・一％，）由朝鮮輸入者，爲三五,二三六,○九七海關兩，（占全數一八・四％）及至本年度，本年一月至九月東北貿易總形增加，我國則愈趨減少。本年一月至九月東北貿易總形額：爲三七○,四四六,三二二元，（僞幣）其中由日本輸入者，爲二二二,四七四,○六○元（占全數60％），

由朝鮮輸入者爲一八,一○六,五一五元，（占總數4.0％）由我國輸入者僅五六,九四六,一○五元（占全數一五・三％）欲知此種日本對我東北輸出增加之詳情，試將日本大藏省，每月報告，參考一下，其數字之總計如次。

日本每月輸出貿易總額表（對東北）單位千元

時期	一九三一年	一九三二年	一九三三年
一月	五,○○二	六,四九七	一五,二八八
二月	四,六八二	八,○四四	二○,五五七
三月	八,三○八	一二,三六七	二六,○六六
四月	七,三○六	九,九四六	二三,三二九
五月	六,三三六	九,二六三	二二,九一九
六月	七,三三二	七,二二六	三五,二七六
七月	八,○八六	一一,一六五	二四,八六九
八月	六,二八七	一二,二九三	三○,四四五
九月	六,六八六	一四,六三○	三二,二四九
十月	五,五三三	一四,四六二	二九,二三二
以上累計	六五,五五七	一○八,六二五	二四九,四七二
十一月	五,四九○	一七,六九五	
十二月	六,六三九	二○,二○一	

年計 七七，四二六，一四六，五三一

[註] 見日本財政部外國貿易月報

吾人再就日本對我東北輸出之貨物觀之，更證明日本獨佔東北之市場，又可知日本的一切商品，無論生產與消費，均有迅速的邁進：

近三年來日本對東北主要商品輸出額：(關東州在內)

	一九三一年		一九三二年		一九三三年	
	數量(百斤)	價額(元)	數量	價額	數量	價額
小麥粉	八0三，六九三	三，六九五，二五一	二，六七一，九三三	一四，三二四，七四一	三，五四九，五七0	一三，四九二，七九三
精糖類	四六三，四七七	二，六七四，三四0	八九七，九三三	五，二三四，二三五	七六0，七九0	五，五五0，四九二
水產物	四二，二00	九三六，0六六	二二三，九七三	二，二二四，二0九	八九，五七七	一，五五0，七二三
清酒	一0，五五一石	一，三六五，六六六	二七，五一二	二，五六八，六九三	一八，四二0	一，三三五，六九二
麥酒	二，二0六石	九五七，四二一	六六，0一八	一，八三二，四六三	二二，五二三	二，五0四，四三一
蔬菜類	—	一，八六七，一七三	—	二，一九六，五五五	—	二，五八五，八七八
絹織類	—	九，七六一，一六0	—	九，九六二，八七九	—	一四，八六六，七六九
棉織布帛	—	五八九，六六一	—	一，九五一，七六二	—	二，七四二，五二二
其他布類	—	二，四二一，四九三	—	六，七六二，二四九	—	一三，0三0，八五一
衣服類	—	三，二三三，六二一	—	三，二五二，七六九	—	10，九三二，四四九
紙類	—	二，四0二，五二二	—	三，九二二，0六七	—	五，0二二，三五七
陶瓷器	—	五七五，六四三	—	八四四，一二0	—	一，一三一，二五0

九一八後日人經濟宰割下的東北

品名	1931年		1932年		1933年	
	數量	價格(元)	數量	價格	數量	價格
玻璃類	—	四○八,八六五	—	一,二四九,九一三	—	二,○五四,四四九
鐵製品	—	二,七三四,七九八	—	八,五二一,○六○	—	一九,○六二,三一二
學術品	—	一,四五四,三二○	—	二,八九三,○八二	—	五,一二六,七六六
機械類	—	一,七七二,二四二	—	二,六五二,九三二	—	三,八七○,○七九
木材	—	四,三四○,四七六	—	四,三四六,○一四	—	一○,五五八,七四○
其他	—	五,三六○,二三五	—	七,五六六,四六二	—	二,三三五,四○一
再輸品	—	六,○九五,一六七	—	一三,三五六,七四一	—	六,五一二,九九八
內日本品總計	—	六,八七六,六七○	—	四六,七七七,七七一	—	二二九,二六七,九八八
輸出全計	—	七,四一五,九九五	—	一四六,五四○,六九八	—	二三○,五六○,七一三

据上表，可見日本對東北各種商品，除一部分供給日人開發東北事業之生產品外，（如鐵製品及機械等）其餘皆為生產過剩之特產物的消費品，（如棉織物，紙類，麥粉，水產物等）日本得此廣大之市場，其實業界，自可活躍，其經濟之繁榮，更不難恢復。

（二）日對東北之貿易輸入——日對東北之輸出者，皆為商品，其由東北之輸入者，則多為原料，原料之輸入，初在事變後，因東北各地不安，秩序不定，數量較為減少，但至一九三三年度，則激增數倍，九月間調查，與去年相較，又增加30%，其詳細情形，至本年無統計，茲就上年度統計如下：

日本由東北之輸入重要物品表:（註）

	1931年		1932年		1933年	
	數量(百斤)	價格(元)	數量	價格	數量	價格
大豆	六,五六九,三五四	二一,八六六,○一○	五,八七二,五五○	二一,八四五,九二九	六,○○○,九一○	

論著 七七

其他豆數	一,二九二,六二五	四,三四八,八四六	八,九七七,四四九
牛肉	尖,九三一	六六,一八五	四二,八二四
鹽	二,五七五,六六四	一,九〇九,六四〇	一,〇六五,九八八
石炭	一,三〇五,九四三英噸	一三,七三六,一九〇	二,〇九三,六一六
銑鐵	二,七六六,三四六	五,二六二,一五七	六,六九〇,五五一
豆粕	一四,七六六,三四六	二三,五二〇,四六三	一四,〇二五,五七〇
其他	—	—	七,七二五,八一九
外產	—	一〇一,五八四,一六九	一二二,五七七,六六七
再輸入品	—	三三,五二四,一〇二	一,〇六六,一六六
輸入全計	一〇二,一八七,四九九	六〇三,二四四,二九三	一六二,一五四,六三三

（註）據日本大藏省外國貿易月報

由上表中，吾人可以看出石炭銑鐵及大豆等數字，增加尤速，由此可以證明日本對東北輸入貿易之主要點所在。

總之日本之向東北輸出者，為生產過剩之商品，而由東北輸入者，則為原料，其侵佔我會北之主要目的，亦在於斯矣。

二 日本在東北的事業與投資的躍進

一先論關東州及滿鐵附屬地的情形，該區域日人經營事業權，故近三年來，日對東北之新事業投資，極形躍進，照例是日本供給資本，偽國供給土地，及資源等之使用，無非日人巧奪我東北一種手段而已。在其合辦事業中人員獨經營者外，餘多採取日偽合辦的形式，所謂日偽合辦之金融界與產業界，給一絕大的機會，各種新事業，除日本國內之金融界與產業界，給一絕大的機會，各種新事業，對於其國內日本唆使偽國成立，及東北產業之開發，對於其國內

，較九一八前增加之數有如次表：（單位元）

近年來關東州及滿鐵附屬地，日人公司發展之趨勢：

	1931年		1932年		1933年	
	公司數	實付資數	公司數	實付資	公司數	實付資
農業	二八	二五,四八三,五○○	三○	二七,六八三,五○○	二一,九六三,五○○	三○○,○○○
水產	八	一,三○七,一○○	八	一,三○七,一○○	二	三○○,○○○
商業	八○六	一一七,八四二,八四九	八七七	一二二,一三七,八四九	一,二一八	一三四,八,一○○
工業	三五六	九一,○三六,六三二	九三	四○九,六三二	四二一,五九二,八○○	
礦業	一六	八,五九一,三○○	一六	八,五九一,三○○	—	—
運輸	九七	三五一,八六○,二八○		三五二,○四一,二八○	四	三,五六,四六○
總計	一,三二一	五九六,一三○,六六一	六九三,六○五,一七八,六六一		一六七	四,五六○,八六○

但今年（一九三四年）由一月至三月計日本在東北之新投資數為二三六,○○○,○○○元。

（註）南滿鐵道公司調查，見經濟往來一九三三年十月號。

見世界智識戢，日今年對東北之投資數，一日滿特報，一卷三號）

根據上表，僅關東州及滿鐵附屬地一區，九一八後二年間，新創設之公司，已達一七六個之多，其新投資之數，已有四,五六○,○○○元，其動向之如何，其經濟宰割下的東北

至於關平東北全部情形，吾人欲加略述：自九一八事變後，日帝國主義對於東北事業之開發，即已著手進行計劃，但以過去二年間之東北治安未見恢復，日人多未能如願以遂，及至去年熱河佔領後，東北治安，日漸回復，各種計劃，已著逐漸具體化，最近已設立及預備設立之新事業，主要者已達二十餘種，日人在滿投資狂已可想見矣。但苦於為期尚早，資料不足，關於東北之全部數字，吾人無從搜集，不能作一具體說明，茲就各種片面事實探擇如

論著　九一八後日人經濟宰割下的東北

字，以饗讀者參看：

甲，礦鐵之增資及其事業之發展——日人侵略東北之大本營，即為南滿鐵路公司，該公司在九一八前擁有四億元之雄厚資金，經營業務不僅鐵路，至礦業，水運，電氣，倉庫，建築，土地以及教育，衛生，旅館等事業，無不具備，形成東印度公司第二，所謂「滿鐵王國」最近日本侵略東北經濟的效果，在該公司之發展上，最為顯明，事變前，受世界經濟恐慌之影響，致該公司營業蕭條，但九一八後，其發達之速，有一日千里之勢，如一九三一年度，其營業費超過總收入，約達四百萬元之譜，以存欠作抵補，始對日本政府之股份，給以周年六分之紅利，政府以外之股份，給以周年二分之紅利，至一九三二年度，其營業即急好轉，實際獲得之盈餘達一千八百萬元之多，比外者加上因偽壓迫鐵路關係，未付之利息，約四千二百萬元，總計盈餘為六千一百萬元，故對於政府之股份，給以年利四分二厘之紅利，政府以外之股份，給以年利八分之紅利，其最營業之繁盛，可說見矣！

九一八後，不僅滿鐵事業繁榮，且日本政府對於發展東北各種新事業，亦皆擬以滿鐵為母體，而促進之，故近年來，東北所設之各種重要產業公司。表面雖採日偽合辦

狀式，而實際率皆以滿鐵代日政府參加，擔負股份之大部分，而操有統治指導之全權，因此日則盡量增加滿鐵之資本，至一九三二年度，已達三億六千萬元，此中七百廿萬元為新股，半由日政府擔負，半由日民間在滿鐵服務者擔負，此實為軍變後東北之第一次大投資，至一九三四年度，滿鐵之預算，更擬增加，資本三億七千萬元，更證明其積極努力，開發東北各種事業云。

最近由滿鐵發動，及參加的新公司，其主要者如昭和鋼鐵廠，（滿鐵獨有）滿洲煤礦公司，（滿鐵佔資本之半）滿洲化學工業公司，（滿鐵獨有）滿洲石油公司，（滿鐵佔資本之半）滿洲電報電話公司（滿鐵佔7％），（滿鐵佔資本之半）滿洲製鐵公司，（滿鐵佔資本之半）日滿棉花協會，（滿鐵佔資本十分之一）以及滿洲電力公司，水利公司，硫磺公司等皆是。

以上之新事業均在初步進行，今年又新增資本，則滿鐵前途，更無可限，我東北之經濟命運，更不易挽回矣

乙，東拓在滿固定資本之復活——日本設立東洋拓殖股分公司，是她開發朝鮮的機關，在大正六年，又將其

範圍，擴充在東三省，以後該公司，對東北各種事業，省施行投資，但她的投資，主要在土地礦山，森林等，因過去日本之於東北，商租權範圍太小，故其投資事業不見發展，擔保物品，亦多不能自由活動，至事變後，東北既納入日人手中，故該公司事業之發展，亦極好轉：

A.北滿電氣股份公司關係投資：東拓對於北滿電氣公司（公稱資本一百廿萬，實付資本九十萬）之投資，共計三百廿餘萬元，前以哈爾濱我官營電氣局之設立，該公司，不堪競爭，營業惡劣，因之東拓對該公司營業，日漸危險。由九一八後，日強合併我電氣局，該公司營業，日漸發展，於是東拓三百廿萬之資本，亦隨之而確實。

B.東省實業股份公司關係投資：此公司於大正七年設，資本一百七十五萬元。其目的在於供給日人在東北者，以長期不動產借欵，對此公司東拓之投資，合計股份公司債，及借欵，計達四百九十萬元，過去因商租權範圍小，近五年間，每年皆有損虧，因之東拓投資，亦陷不生不死狀態，但事變後，商租權，由偽承認，而擴大之，該公司始度更生，而東拓亦復活矣！

C.滿蒙毛織股份公司：東拓對該公司投資額，約計三百六十萬元，事變前因其製造品銷路滯塞，及偽國成立，增

D.南滿洲大興公司：該公司在日政府援助之下，由東拓通融資本，約六百萬元。敷設吉會線前驅的天圖輕便鐵道之利益最大，其最顯著之事實，第一在東北各地，設立許因該路營業衰落，對東拓之利息，無力償還，偽國成立之後，亦轉賬於滿鐵，以高價購買該路，結果該公司對東拓之債務，亦轉賬於滿鐵，以高價購買該路，結果該公司對東拓之債務，於是本利合計乙約六百餘萬元之欵，東拓得以安全收復矣。

E.中東海林採木公司：東拓對該公司投資，約達二百八十餘萬元，因過去東北之木材不振，該公司每年損失甚大，而貢拓本利無山收回，至事變後之日人強佔大批林區，而該公司營業日漸好轉，而東拓資本，亦漸有利。東拓由以上之各債權確實化，迨九一八後所獲之利益，合計達二千〇五十萬元，其他許多小投資之收回者，亦不在少數。

丙，朝鮮銀行在滿事業之發展——過去日本在東北之金融中樞機關，為朝鮮銀行，該行在九一八事變後所獲多新辦事處；第二則是存欵放欵的增加；第三就是該行匯兌業務分述的增加；茲分述之：

A.新設立的辦事處：由九一八後，日人之到東北者日多，該行爲代表日本銀行，在滿營業，處理一般存欵匯兌事務，乃在東北各地遍設辦事處，此主要者瀋陽齊齊哈爾，哈爾濱支店辦事處，（一九三一年一月立）錦州之奉天支店辦事處，（一九三二年八月立）承德，赤峰之奉天支店辦事處，（一九三二年四月立）及海拉爾之哈爾濱支店辦事處。（一九三三年五月設）

B.存欵放欵的增加：關于存欵方面，一九三三年四月末，該行在東北之各支店，存欵總額爲一億二千六百萬元，較之一九三二年十月末增加七千四百萬元，其主要存戶，則爲僞國中央銀行，滿鐵及其他公欵；關於放欵方面，東北各店之總額，一九三三年四月末爲四千八百八十六萬餘元，較之一九三二年十月末增加一千三百三十餘萬元。

C.匯兌業務之增加：九一八後以經手之匯兌業務，無論出入均行增加，一九三一與三三之比較，在其東北各支店之數字：

東北各行匯兌收支額：（單位一千日元）「註」

	收入	支出
一九三一年上期	二六四，三五一	二二〇，五九八
一九三一年下期	二九七，三五〇	二七七，二六八
一九三二年上期	二九一，一五五	三一二，二二八
一九三二年下期	四〇七，九八九	四三七，五九九

上海銀行支那年報社調查部發表，「僞國政治經濟建設與……

丁，日本國內財閥投資之增加：九一八事變後，因東北之秩序不安，及軍閥態度之强橫，以營利中心主義與政府經營之滿鐵，採取共同行動，姑作部分資本之試驗日本之各大財閥，對於東北投資態度，頗爲愼重，故事變後，各大財閥單獨向東北施行投資者較少。殆營直接間接事變後日本各財閥單獨向東北投資者：最主要者爲一九三一，中國月三井三菱對僞政府二千萬元借欵，及十二月日本銀行新迪加，（包括十八家大銀行）對僞政府三千公債之承受，此種資本皆爲財政上之投資，擔保品確實，比一般事業投資危險較少，其條件是：（一）三井三菱之借欵，金額二千萬元，三井三菱各出一千萬元，償邊期間爲七年，利息年利五分，以鹽稅爲担保，用途盤理僞國幣制，（二）銀行新迪加之建國公債承受，發行總額三千萬元，由十八家銀行分担之，以七年爲償邊期，利息一分五，担保以吉黑二省之擺運署利益金，（年約四百三十六萬二千元）鴉片專賣益金，（年約五百萬）用途爲討伐義勇軍，建設道路，及救濟北滿水災，發行方法，全部作爲僞中央銀行，在日本銀行團之存欵，由該行在僞國發行銀券。（三）僞煤油專賣，由本年十二月間頒佈所謂專賣法，及現在惹起英美之注意者，爲日僞煤油專賣，由本年十二月間頒佈所謂專賣法，計資本金五百萬元，由日方政府之代表機關滿鐵投資二百萬元，日本煤油公司，五十萬元，三井洋行，五十萬元，三菱公司，五十萬元，小倉公司五十萬元，總計爲四百萬元之新投資，而僞政府僅出資一百萬元，實居於被控制者之地位。

次則日本各大財閥，由滿鐵幹旋而參加投資者，今年計劃又爲數頗多，第一爲滿鐵之一九三三年之三億六千萬元之增資，除日本政府獨認半數外，其他半數，一億八千萬，多爲日本民間各財閥所担任，再如滿鐵在最近在東北主動之各大公司，日本國內財閥之參加者亦夥，計有滿洲航空公司，住友財閥之參加，日本電報電信公司生命保險團，（日本第一，千代田，帝國愛國，日清，富國，徵兵，明治，大同等，各人生命保險公司組成之）日本放送協會等之參加，日滿鐵鑛公司，住友三菱等之參加，是。

但至最近，東北秩序，漸次安定，日本國內各大財閥單獨投資者，亦漸活躍，如本年六月間獲得設立許可者，

滿洲水門汀公司，資本者爲一千萬元，九月設立之日滿製鉛公司，資本五百萬，等率多爲民間財閥之投資，又最近淺野系財閥亦決定設立，大同水門汀公司，資本爲三百萬元，日本塗料系財閥亦設立日滿塗料公司，資本一百萬。其他在計劃者，如日本造粉公司東興火礦，租界交涉野村公司，滿洲森林開發公司，及王子製紙公司，滿洲製紙公司之設立等，但日本財閥對滿之投資，雖不欲受軍閥干涉與統治，而由軍閥對財閥之置獨營利者，亦不甘心。然二者間之關係，亦爲吾人所應注意者也。

（註一）見日本帝國主義與中國廿三年商務版
（註二）日本經濟與中國東北問題潘文安，殷師竹合譯。

結　語

綜上所述，近年來，日本對我東北的經濟侵略，足以形成了「東亞門羅」與所謂「黄人的亞洲」口號相符合，他是與美國在一八九九年國務卿海約翰（John Hay）所提倡之「門戶開放」「和會均等」的口號相對待的，所以最近因僞國的煤油專賣問題，而引起英美各國的反感。因海縮停頓，又引起英美間的恐怖聯合，考這種種的暗礁和鯽鱁，都是現在所謂：「巴爾幹第二個危險窟的滿洲」所生出來的枝節，還又不能不歸罪日本爲其主要之角色了。

論　著　九一八後日人經濟宰割下的東北

日本在東北完成三大軍事鐵路

■ 霧村譯自密勒氏評論報哈爾濱通訊 ■

目前日本在東北狂熱地築路活動，大有一日千里之勢。有好些路線正在密秘動工，所以數字的記錄暫時很難估定。拿滿鐵公司來說：最近有八條以上的幹線，正在興修，這些幹線的修築權，聽說已由偽方政府特許，據觀察所得：八條線中，已有三個最主要的路線在最近完成，其中包涵：（一）黑河鐵路，（二）圖寧鐵路，（三）熱河鐵路。各路在十二月一日已舉行通車典禮，暫時指定，由某軍站開到某線某站——這無非顯示這種軍大功作的推進和完成。

據實來講，這幾條路線，在軍事上的重大意義，其它一切的動機。所謂黑河鐵路由齊齊哈爾作起點，延到大黑河為止，與黑龍江對岸的海蘭泡，呼海鐵路的北端，恰成一個新月形。經過克山，呼海鐵路的北端，延到大黑河為南段。在十二月一日業已開始臨時通車。

該路在軍事上的重要是很顯然的；因為該路能使日本在「北滿」握住許多要塞的運用。所以在該路完成後，這塊向以荒涼著稱的大黑河，將因與哈爾濱，齊齊哈爾等重要軍事城鎮取得連絡，抱著更險要的地位。拿目前的情形論：該路成功了一半，然而日本最高當局，可預剝間使軍隊深入「北滿」。對於防禦的目的，沒有絲毫的阻礙。該路線穿過多山的村落和密集的森林，在那一帶素以土匪世界見稱的地方，因為鐵路完成的結果，都將逃竄一空。此外在那裏時常活躍的義勇軍，也覺得失去憑障。

蘇俄方面，因為這條路線的成功，顯出極大的不安。大黑河俄國常稱曰薩哈連，與俄國海蘭泡，遙遙相對。俄國在遠東一切重要的管理和軍事的配備，都拿這地方為中心。相傳蘇俄在這地方的附近，都安設極堅固索集的砲台和種種軍備設施。所以一旦戰爭勃發，這個地方相信是首當其衝的。蘇俄畔遠東實力最強的空軍之一部，便分駐於此和布克阿留車站的附近諸地。這車站乃是黑龍江鐵路的重要車站之一。在今後的局面下，不僅大黑河和它的新修鐵路要感受威脅，其它地方如：齊齊哈爾，哈爾濱和松花江流域的各城鎮，也都有受着襲擊的可能。

這條新修的路線，用經濟的眼光來評定，現在尚談不到。按報告所說，它不過把一個荒野之鄉，起始開闢。所謂經濟上的價值，祇好待諸將來。這個富庶之區好似「北滿」的一大倉庫，經過這條新路的橫貫達於其南——包括三個不同路線的中心，與各地來同輸送，將來會慢慢繁榮起來的。它中途經過了通北，龍門和愛琿等縣份。這些地方人口的稀少和廣大的荒涼面積，比「北滿」任何地方都顯著。相信受這條鐵路的影響，各方面必能轉變了許多。通北和龍門二縣的人口總多不至超過六萬之譜。（根據偽方一九三二年的調查數字）面積以森林所佔為最廣，約佔百分之四十的樣子。所以採木事業將來似乎能儘量發展。至於盈餘糧食的輸出，最低限度每年出口七八萬噸。倘若經過聯運的結果，輸出或能增至四十萬噸。

日本對於採取這條新路線，似乎完全做照從前俄國的計劃。它們打算把這條從哈爾濱到大黑河的鐵路建造起來，與呼海路連成一斷面形勢。這種步驟中東鐵路局從前本已計劃過。嗣後因為俄國革命和政治上種種變遷擱淺，到一九二四年黑龍江省政府復倡此議，決定興築這個新線。當時已與哈爾濱一個俄國最主要的公司 Skidelsky Brothers 訂定合同。雖然後來這計劃沒有告成，不過這個計畫在中國當局想把鐵路沿著龍尼河修下去，經過的地方和村落此現在的路基偏西一些，例如從年寧（蔣克鐵路一個車站）展到訥河，一直修到嫩江。其餘的各段，據我們所知，目下正在修造。將來能否由嫩江到大黑河另修一線，貫通起來，我們不得而知。不過這個計畫從前已由中國工程師泰和謀設計進行。倘若沒有東北事變，目前的可能可觀。

黑河鐵路所餘的未完成部分，現正加緊工作。按現在計畫，明年必能告竣。在那時節，一條直貫三省的鐵路，連到大黑河的直達列車，定會如期實現。慶城乃現在的鐵路終點。該處與大黑河的交通，由正式軍務工司主持。此外嫩江與黑河間也要採用同樣的組織。在這鐵路經過的重要城鎮

中，有好些日本人在那裏活動。我們不禁打趣要問：究竟這幫人在那裏做些什麼？按照十月二十五日，日本的報告：在彼處居留的人數到不很多。計有黑河五四六人，巴彥一，四七七人，呼倫二四四人，總計二，六六七人。這些人口中，自然以軍隊及警察二者，佔其全數。

第二條鐵路是從吉林的寧安到圖們間，稱做圖寧鐵路。這條路也是由滿鐵公司興修。現已全部完成。據吾人所知，在一九三四年春天，即著手組織動工。行很順利，並沒費多大的力量，便達到目的。這條路是自圖們江支流旁的關門，緊接俄國，朝鮮的邊境，沿著圖們江岸旁的海蘭河向北伸進。到了老松嶺流域，該路從那山上過來，再進便到達馬連河。在這篇文動筆的時候，該路離鏡泊湖有咫尺之遙，便達到目的。所除一小段從寧安到牡丹江，預料在一九三五年一日開始。所除一小段從寧安到牡丹江，全線共長二五〇基羅米達之遙，至此我們確信松花江地方將繁榮起來。

依地形來講該路仍可向北展到松花江流域的依蘭，所以這新線也從中東路牡丹江車站作起點，不斷的向前修築，一個堅固的鐵橋經過中東路車站業已修成，其軌道距離該站僅四個基羅米達之遙，至此我們確信松花江地方將繁榮起來。同時也變成極有意義的變津，一年前居民僅有一千五百人。目前已增到二萬五千三千人。儼然一大都會，它進展的氣象，將與日俱增。關們本是一個小村落，以捕魚為生的窮困場所，現已變成鐵路的中心，這很可證鐵路完成後的繁榮狀態。

該綫經過了極豐腴的農業村落，所產大宗豆餅大豆和其他雜糧，都為「北滿」的特殊產物；寗南一處，乃產麥最多之地。其品質之佳，足爲三省之冠。依照南滿鐵路工程局的估計：將來此路告成，每年必有二十萬噸的農產品輸送。這些產品現在僅靠着中東路運輸。但此後該路勢將變爲中東路最強的競爭者。這結局顯然把一切運輸，從中東路手中奪來。由此新路輸送到南部，向朝鮮的港口進發。

老松嶺一帶，滿佈着極密的森林。從前並未顯出什麼經濟的價值。惟此路既通，採木事業勢必充分發展，以往依木筏在河流上的運輸，大部向中東路集中的營業，已因水流的急湍，整個停止輸送。在目下新路垂成，吸收附近的木材業，採木業的開發正未可限量，日本現已正從事在牡丹江附近設立一大規模造紙廠。

將來此綫向北展到依蘭和松花江流域，其收穫的利益比南段當更優異。所以三分之二的船運——現取道於哈爾濱的，將被吸引到這新路來，轉向圖們和朝鮮海口輸送。一九三四全年的船運總計豆餅三十萬噸，煤十七萬噸，食料八萬噸，麵粉七萬噸，普通商品五萬噸，所有以上的運輸，都由水路經過哈爾濱。較比起來，一九三三能增到百分之二十五。然而這條新路完成以後，大部的船運將由陸運起而代之。

松花江與依蘭間的一段新路究否告成，我們倘未得知。惟根據現在的工作速度，預料明年定可竣工。該綫，依照通訊的報告，將沿牡丹江流域，綜過峯巒茂林，直修下去。聽

說在河川的近旁，倘有數處可以淘金。所以這裏總會希望有金鑛的蘊藏，逐漸開發起來。此外在這荒野之鄉所潛伏的抗日份子和匪徒，最近多趨向中東路東段活動。

倘有一條新支綫，我們必須提到的，便是從吉林邊境與俄邊界的琿春到朝鮮北部的鐘城，長約二十四基羅米達。與朝鮮清會鐵路連成一體。並在圖們建一鐵橋，現已敷鐵軌。至於承辦該段乃由日本私人公司組合而成，據當地報告，該段將來頗富開發的任務。聽說在一九三五年一月一日通車。

第三條鐵路，便是所謂熱河鐵路。已在十二月一日施行通車。該路連合北寗綫的錦州與熱河的凌源息息相通，其實錦州到北票一段在歡年前統屬北寗鐵路的一部，如今在日人手裏把它向西延長。經過達盤——北票附近，朝陽直向凌源修去。距離已達一五六基羅米達（錦州與達盤之距離共有九七，五基羅米達）。此綫在一九三三年三月興工，的義軍所阻。故欲達凌源倘需一年的工夫。目前正向熱河省城進展。此外朝陽與北部的赤峯間，也築一支綫。想在最近的將來，能够完成。

熱河鐵路無論在軍事和經濟方面，都有顯著的價值。尤其在軍事方面，得與赤峯支綫連接，作成一個牢固地帶。日本進可以威脅外蒙與華北，退可以坐守熱河的要塞，儘量開發熱河的富源。總之這條路的完成，在各方面都顯示切膚的關係，尤以軍事的意義為最大。

（十二月十三日通訊）

通俗文化

《通俗文化》半月刊于中华民国24年（1935）1月12日在上海创刊，由支道绥编辑，通俗文化社发行。

《通俗文化》半月刊创刊特大号在《开场白》中编者说道："要适应时代的生存，我们必须充分地接受和发扬近代文化；因为文化就是力量，文化落后往往是使一个国家成为殖民地的因果，文化落后的国家必然不能和先进国相抗衡的。因此，普遍地提高一般大众的文化水平，实在是目前的当务之急，但是要实现这个愿望，最紧要的是以下两个工作：第一，认识现势……第二，充实力量。"他还指出该刊的宗旨是"（1）帮助大众认识世界，（2）研究和介绍科工[科学工程的简称]新知识，以期达到普遍地提高大众文化水准的目的，而共同走向生存奋斗的正轨。"《尾声》中编者又进一步指出该刊的口号是"通俗文化是大众的读物"。该刊的栏目分国际播音、图画、科工等，主要文章有：杨青田的《华府海约废止后之趋势》、萧月宸的《萨尔公民投票之前夜》、王纪元的《罗斯福新政右倾了吗？》、徐雪寒的《一九三四年中国经济底检讨》、姜解生的《世界经济的现状及其特征》、耳丹的《流线形的火车》、明瀿的《测量术的过去现在与将来》和《科工新语》、水镜的《家庭用品新发明》等。

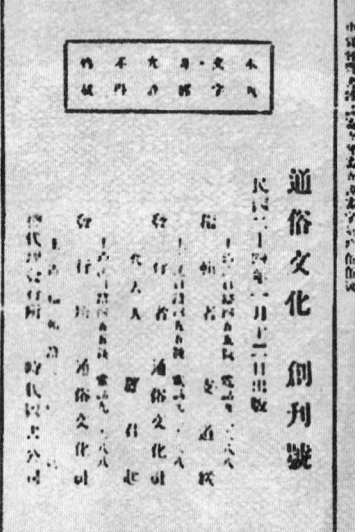

《通俗文化》杂志版权页

《通俗文化》杂志封面

日本在滿洲的軍事經濟政策

李鋭東

日本為實現其大陸政策，首先佔領原料的富源——滿洲進一步企圖奪取中國本部進攻蘇聯的西伯利亞。所以自佔領滿洲以後日本在滿洲所實行的經濟政策，都是趨向於軍事戰略方面而活躍的。

一九三二年三月一日所謂「獨立的」滿洲國宣告建立正是日本政治吞併滿洲的特殊形式之暴露因此日本得能在滿洲更廣大地推勳其帝國主義的經濟實力。日本的經濟吞併滿洲還在一九〇五年日俄戰爭以後，即增強其政治吞併滿洲的野心，在喪失政治獨立的國家和民族，實上很易與牠有悠久歷史關係的驅國所掠取。滿洲今昔的特殊條件最適合於日本尋找殖民地的欲慾。要實行其處心積慮的計劃，這也給予日本資本主義以絕好的機會。世界經濟恐慌促成各資本主義列強矛盾之尖銳，這也給予日本佔領滿洲以絕好的機會。

自滿洲國成立時所宣佈的「十年計劃」是日本在滿洲實行「新經濟政策」的具體表現。在那個計劃中，雖然想到建設鐵路工廠發展農業貿易等等結果實質完全是着重於軍事方面的。日本政府會貫徹以十萬萬日金在滿洲進行各種含有軍事意義的企業投資日本各種資本家也都想把滿洲當作一個自有的目標所以不論何種企業莫不熱心投資在日本佔領滿洲兩年中日資本家個別投資的總額達三萬萬日金日本在滿洲的總投資數為1,510,754,000日金。

共中大部分是投資於有軍事意義的新建設的工廠鐵道等等，至為顯明。就拿日本在滿的全部經濟政策來觀察，也可以窺見其軍事的準備已到了何種程度。

此日本在佔領滿洲後就積極擴大交通事業的發展故日本在佔領滿洲後就積極擴大交通事業的發展，其新設的鐵路網之主要幹線為（一）延吉至密山路（拉哈至密河）（二）完成海克路（海倫至克山）（三）完成拉濱路（拉哈至濱江）並延長該路至愛輝道這三條路線均為進攻蘇聯沿海州的軍事要道最可注意者為朝鮮東北的雄基清津羅津三個新建設的軍港這決定連結朝鮮東北向蘇聯邊境的鐵路外尚有許多支線其目的完全為迅速的集中日軍以開展其軍事行動。如果前述各條鐵路與支線全部完成，則日軍在目前滿洲除上述幾條直達蘇聯邊境的鐵路外，尚有許多支線，其目的完全為迅速的集中日軍以開展其軍事行動。如果前述各條鐵路與支線全部完成，則日軍在將來日蘇戰爭時所必需的軍事運輸不至發生困難同時在戰略上亦有極大的優點。現在已完成的鐵路計有：

（一）海克路長一九一公里，可與齊克路（齊齊哈爾至克山）和海倫路（哈爾濱至海倫）通車（二）致化至延吉鏡城至清津鐵路長三四五公里為日本由國

中日本資本家個別投資的總額達三萬萬日金日本在滿洲的總投資數為一,五一〇,七五四,〇〇〇日金共中大部分是投資於有軍事意義的新建設的工廠鐵道等等，至為顯明。

輸送軍隊至滿洲中部極短的路線；（三）拉濱路（拉法至哈爾濱）長二五八公里可實通吉會路打通朝鮮與北滿的直接運輸這條鐵路的軍大軍事意義可想而知此外已與工而未完成的鐵路計為（一）寧前路（寧安至訥河）長五〇〇公里並擬延長至嫩江直達大黑河為純粹軍事性質的鐵路（二）自海克路的北安站起向北經龍鎮遜河而直達黑龍江邊的奇克鎮也純粹為軍事運輸而建設的鐵路（三）自延吉往寧而達中東路東線的海林站以東的乜河這條鐵路的意義非常重大，因日軍可迅速集中軍隊在松花江下流同時可協助進攻蘇聯沿海州的日軍（四）自朝陽川起至牡丹江上三峰公路線底有五九〇公里但在軍事運輸的意義卻有很重要的作用據一九三四年十二月十日大阪每日新聞所載北黑路（北安至蘇聯偏戰的海爾泡對岸的大黑河）業已完成，可知日本對蘇聯偏戰的緊急。

汽車公路的建設日本亦很重視「官道管理局」

裏面計劃

裏面計劃

名义上虽然是伪国直辖机关，其实全由日本专家所掌握，日本资本家在满洲又设立「国际运输株式会社」，差不多将满洲的汽车运输完全归于投机机关的中枢，日本军部有直接的连络以便军事上有计划的动员与在满洲已完成的汽车公路上有八·一五三九公里，六七七公里钦定在去年九月间汽车路延长二·一八〇公里所乘的汽车公路分为三等第一等阔十四公尺第二等阔十公尺第三等阔八公尺，这样宽阔的汽车公路共体有军事大动员的作用，更毋庸细说了。而满洲主要的汽车公路网为（一）自哈尔滨直达撫远（二）自齐齐哈尔至爱辉（三）自呼伦北至苏联边境的乾奇南达二千五百余辆商运货汽车为一万辆，其中军用汽车为外蒙附近的大寺集（四）穆稜至虎林爱珲至绥芬河四千余辆从这个统计中军用汽车占四分之一以上，其余的汽车辆也大都掌握在日人之手，所以甚容易作为日以及宁古塔至东宁等地都是直达苏联边境，其用意不言军大动员时的运输器具。

而满洲航空路与飞行场的建设在这几年中也有很大的发展在「九一八」事变前满洲仅有飞行场几个共建设了六的飞行场至一九三四年五月日人在满洲所建设的完善的有哈尔滨齐齐哈尔长春沈阳与锦州等处在一九三十五个飞行场与航空事业会设立「满洲航空株式会社」现在已开始飞航的航空线共有（一）自哈尔滨至宁古塔（二）自哈尔滨经佳木斯至富锦二年九月开「满洲国」以发展满洲航空事业会设立「满洲（三）自长春经吉林敦化至龙井村（四）自齐齐哈尔

经绥化海伦至克山（五）自齐齐哈尔至大黑河（六）自大连经沈阳长春哈尔滨齐齐哈尔呼海至满洲里（七）自在热河建设航空钱与满洲连接日本在满洲所建设的航空钱企图（一）造成日本经朝鲜直达满洲各地的夜的大航空线以便战事发生后可派遣满洲的大队军用机至满洲（二）满洲内部的邮航及商用的航空设施不仅超过了一般的需要而且实际上具有军事航空的另一种形式（三）飞行场的建设特别注重在满洲国与苏联的边界上，这种用意是显而易见的。
现在日本对满洲的工业政策常热着重於有军事意义的工业之建设。一九三三年十一月间日本拓殖省会计划组织「满洲煤油株式会社」撥投资一千六百万日金同时成立「满洲煤矿株式会社」资本五百万日金而西安北票鹤岗立岗奶子山爱商等中国企业家所经营的火煤矿现在均被日人所收买了。此外有「日满采金株式会社」资本一千五百万日金以上，最近在满洲「铅工业建设」中有最显著的军事意义者又有：（一）沈阳兵工厂现改为军火製造厂并加以扩充（二）鞍山与钢器厂每年能出军銃钱四十八万吨，钢十八万吨，铁二十万吨；（五）大石桥製鎂工厂每年出产六百万吨（六）满阳橡皮厂现在也完成了其他规模较小而有军事意义的工厂很多总之日本想把满洲造成工业军事化以

补充其本国战争準備的不足。
日本在满洲的农业政策可分三方面来说明：
（一）藉军事夺取土地所有权可以尽量刺削农民，节制货币的流通，在热河建设航空钱与满洲连接日本在满洲所建设的本在满洲所在全部经济政策，并发行纸币，在一九三三年夏季满洲中央银行已发没收的土地无偿的分配给日人与朝鲜人至於所谓「日满土地开拓公司」完全是一个剥削农民的高利贷机关牠拥有广大的土地积给中国农民耕种但需要有十个农民的连环保还可使农民不会逃出日本高利贷的壓迫下成为日本农业资本家的奴隶而满洲的农产品就完全落在日本资本家之手（二）积极种植谷物与农业原料特别是棉花的植棉日本曾设立「日满棉花栽培公司」有资本一百八十万日金照乐额派的日本资本家的估计满洲经过十年之后就能出产棉花十万万斤日本亟再向日军大购买了。此外拟大谷物生产，与积極养育马这个政策对於军事上要实有重大的意义在此移民的政策这种对於军事上要算最有重大的意义在此以前已有不少日人移植於满洲日本政府正计划十万移民以前民每人一千五百日金现在日本政府正计划十万移民的计划并将所有的日朝移民都组织保卫团由日人指挥完全是後備军的準備。
现在日本在满洲的商业口益繁荣，因自武装佔据满洲後即造成日本独占满洲贸易的趋势如日人在满洲而日本政府能享受关税以及满洲国金机关都给日商以极种便利现在日人不懂独占满洲商品的进口而且 龍断了粮食的输出。

最後我们要说到日本在满洲的金融政策满洲政府所设立的「中央银行」代替了过去的东三省官银号，边业银行，吉林银行以及齐齐哈尔银行等其作用甚略为侵佔中国的炮台。总观上述日本在满洲所实行的全部经济政策，是积极作军事的擴张使满洲完全变为日本的殖民地，并把整个满洲当作进攻苏联侵略中国的炮台。

新亞細亞

第九卷 第三期

中華民國二十四年三月一日

本月刊登記證 中央宣傳委員會中宇第叁伍壹號
國民政府內政部警字第玖叁號

插圖七幅
西康圖經（地文篇續） 任乃強
中國近代邊疆外侮志 華企雲
新疆的農業經濟 胡鳴龍
日本統制下之東北鐵路 張佐華
整理及開發新疆意見 李大璋
察東問題之回顧與前瞻 華企雲
暴日獨佔下之東北礦業 盛襄子
滇緬邊界的葛蒲桶 方國瑜
孝園文稿 戴季陶
西康嘸嗚聖山調查記（續） 魏崇陽
西北巡禮（續） 魏大鳴
一月間邊疆東方大事記 古狩今
會務概要 樹華輯

新亞細亞學會

新亞細亞月刊社發行

《新亞細亞》雜誌封面

日本統制下的東北鐵路

張佐華

一 前言

交通事業是現代國家命脈的所繫，也是工商業發展的先鋒，交通事業不發達的國家，其國家的命脈必隨之阻滯，而工商業也無從發展，所以世界各國對於國家交通事業的發展沒有不傾其全力去建設的。一個帝國主義的國家侵略一個弱小民族也必先在其內地發展交通事業以作其侵略的先鋒所以九一八事變前的日本帝國主義就積極對東北實行交通侵略政策（詳見本刊三卷一期拙作日本侵略東北政策之昨日與今日。）三十年來日本對東北的政治經濟軍事外交文化移民等侵略政策也莫不隨着他們的交通侵略政策而造成了根深蒂固的基礎而交通侵略的最重要者要算鐵路了。

在九一八事變前東北鐵路的總延長已達六千一百七十八公里茲按投資關係的國別分列於下。

中國 　 　 一・一〇五公里
日本 　 　 二・四〇七
英國 　 　 八七五
蘇聯 　 　 一・七九一
合計 　 　 六・一七八

從上表來看日本投資東北鐵路約占十分之四，勢力原也不算窮了但從主權方面去看除掉南滿路是日本所經營中東路是中俄合辦外其餘主權都歸中國且因過去東北當局鑒於東北形勢的嚴重，遂積極努力於鐵路的建設常時曾有三大鐵路系統的計劃。

（一）東大幹線——自葫蘆島起經北甯、瀋海、吉海等既成鐵路，而出瀋陽海龍吉林北上（以下未成線）經五常依蘭富錦同江而達撫遠。

（二）西大幹線——自葫蘆島起經北甯打通、鄭通、四洮、昂等既成鐵路而出打虎山通遼源洮南鎮東達齊哈爾（即龍江）再由此（未成線）渡嫩江而達於黑龍江沿岸的黑河與蘇聯西伯利亞大鐵路之由博赤克劣渥至海蘭泡支線終點海蘭泡相對。

（三）南大幹線——自葫蘆島起經北甯及錦朝支線的既成鐵路而出錦縣義縣朝陽（以下未成線）橫斷熱河經建平赤峯而達察哈爾省的多倫。

經東北當局努力發展的結果已經使南滿鐵路陷於不利地位挾着南滿東有濱海吉海兩鐵路西有北甯打通四洮洮昂等鐵路北有中東鐵路曾記得事變前之南滿鐵路已逐漸賠累南滿鐵路的裁員減薪以及對於旅客的特別優待等是爲明證日本帝國主義者喹於執行滿蒙政策的苦心經營的南滿鐵路諸懸案的解決逡更形迫切了終於惹起了九一八事變日本途響踏滿漸地失掉了東北當局的努力發展使其苦心經營的南滿鐵路諸懸志了。

日本以武力占領了東北之後，經過三十個月的軍事期逡於一九三二年建立了傀儡式的『滿洲國』這是日本制束東北的第一階段第二階段是一九三二年八月十五日日偽簽訂所謂日滿議定書與日本正式承認『滿洲國』第三階段便是一九三四年三月一日溥儀的傀儡登場改『執政』爲『康德皇帝』至此日本在東北的軍事行動暫告一段落爲了加強他們在東北領土內的勢力鞏固所謂『滿洲國』國防完成日本自足自給的國民經濟以及加緊世界第二次大戰的準備對我東北會行統制經濟政策交通統制是計劃中統制者之一所以在一九三三年三月一行宜佈了所謂交通建設十年計劃（此計劃詳後。）

交通統制最重要的便是鐵路在其『十年計劃』中曾規定在計劃完成之日造成四千公里的鐵路因爲鐵路統制的成功便是東北命脈整個把持在日本手中之日這實在是一件很可痛心的事東北是失去了的這樣諸我們都不該就置諸不理無論在什麼時候，我們都不能忘掉收復東北失地的一切計劃與建設尤其是致東北於死命的鐵路統制都應該有清楚的調查和透澈的研究以作我們日收復東北的準備現在我們祗就日本在東北的鐵路統制加以說明。

二 日本統制東北鐵路的政策與計劃

日本統制東北鐵路的政策第一步便是鐵路管理權的奪取，將東北鐵路以聯運爲名歸併於南滿鐵路株式會社統制之下繼结所谓「铁路委托经营」协约，第二步便是新铁路的修筑以十年计划」完成四千公里的铁路，使东北铁路无形中成为日本之铁路。

「铁路委托经营」是一九三三年三月一日，伪满与日本南满铁路株式会社缔结的除中东铁路外所有东北铁路都委托南满铁路经营兹将要点列下。

（一）「满洲国」政府对于满铁负有债务合计约有一亿三千万金元，特将吉长吉敦吉海四洮昂洮索齐克呼海（包括松花江水运事业之一部）洮海「奉山」（包括打通支线及附属港湾）的既成铁路以及此等铁路所附属的一切财产及收入，作为借款的担保，委托满铁经营。

（二）「满洲国」政府与满铁以外的第三者之间的原有债务关系者，由政府与满铁协议后，由满铁处理之所需付各款及「奉山」路对中英公司借款之偿还资金均由铁路委托经营后所得收入金内支付又关于前逃敦化至图们江铁路拉法又哈尔滨铁路泰来至海伦铁路此三路的建筑费合计截至该借款解决为止暂不做本借款的担保。

（三）「满洲国」政府另合满铁承揽修筑敦化至图们江铁路，拉法及哈尔滨铁路泰来至海伦铁路此三路的修筑应由「满洲国」收买天图铁路故「满洲国」向满铁借款约六百万金元作

为收买资金亦将该轻便铁路委托满铁经营。

（四）「满洲国」一方面于签订契约之同日颁布铁路法及铁路收用法此项铁路法的要点，系在确立国有铁路之原则，至铁路收用法使铁路纯归国有依据本法将洮海呼海齐克三铁路收归国有以取归满铁经营上的形势划一。

以上四项系双方所订契约的要点，其有效期间定为二十年。

关于二三两项的偿付中英公司的借款以及收买天图轻便铁路，仍归满铁经营，日本的处心积虑可见一斑。由此出现在东北铁路的行政的实际掌管机关决不是「满洲国」而是日本的南满铁路株式会社契约的期限是二十年在这二十年内东北铁路管理权便完全操在日人手中但二十年以後呢恐怕「满洲国」已经被日本吞併了当然「满洲国」的一切要归日本所有了。

此外更有所谓「十年计划」者拟于十年内建筑铁路四千公里。那计划中会说：「为谋日本与『满洲国』在经济上的共存共荣起见这两个国家就有切实合作的必要⋯⋯有些企业是国防上认为重要的或者性质上有关公共利益的那都将由国家组织特别公司来管理及经营⋯⋯铁路建筑其主要的目的是在经济富源的开发与国防资源的安全及治安的维持铁路总延长线将来常延长二万五千公里最近十年中则筑成四千公里合已成的铁路共长一万公里干线概为国有并由一个统一的机关来经

營」茲再略陳其「十年計劃」的大綱以供參考。「十年計劃」的要點有四。（一）「滿洲國」至一九三四年鐵路網情形如何。（三）新鐵路（二）「滿洲國」應興築那條新鐵路。（四）在新鐵路網中中東鐵路的情形怎樣茲分述於後。

「滿洲國」應興築的新鐵路如下。

一、敦圖鐵路爲吉會鐵路的一段長一百九十二公里由敦化到圖們江畔的灰漠洞。

二、拉濱鐵路長二百六十八公里由敦圖鐵路的拉法到哈濱。

三、海克鐵路長一五〇‧二公里由海倫到克東。

四、龍黑鐵路長三二〇公里由龍江到黑河。

五、北瓊鐵路長二六〇公里由北安鎭到璦琿。

六、國富鐵路長六〇〇公里由圖們到富錦。

七、「京」泰鐵路長三二〇公里由僞京（卽長春）到泰來。

八、伯濱鐵路長二〇〇公里由伯都納至哈爾濱。

九、洮扎鐵路長三二〇公里由洮安到扎蘭諾爾。

十、長海鐵路長三〇〇公里由長白到海龍。

十一、安海鐵路長三五〇公里由安東到海龍。

十二、金安鐵路長二〇〇公里由金州到安東。

十三、雅方鐵路長一二〇公里由中東路的雅布羅呢亞站到方正。

十四、通開鐵路長九〇公里由通遼到開魯。

十五、開承鐵路長四三〇公里由開魯到承德。

十六、口承鐵路長二五〇公里由口北營子到承德。

以上十六鐵路延長線約四‧七五〇公里這樣已經多於「滿洲國」鐵路十年建設計劃的三分之一了。至路線中有視爲不重要者則留在第二期建築。

其計劃中所明白指示東北某區域能收得發達的能力者如中東鐵路吉林朝鮮鐵路及北朝鐵路間的東納郭爾段卽將爲鐵路的切斷處而牡丹江中流琿春大綏芬河鏡泊湖區域都能得完全發達最速的能力而輸出農村經濟生產品向朝鮮各地自中東鐵路東線之北的寗安穆稜密山虎林寶淸富錦各縣，都是佔據新鐵路的地點。

黑龍江和烏蘇里江所成的犄角處及撫遠同江饒河爲第一期固定的鐵路議案若在此時發展是否有利尚不得而知然海克鐵路的完成足可以活動及安定哈爾濱北段的生計由龍江到薩哈嶺（黑河）鐵路及由北安鎭至璦琿鐵路的建築也可以鞏固東北的中心及東北邊界交通的聯絡。

热河省内所兴筑的铁路省可以巩固热河省防并与蒙古各地联络顺此路直向东北各商埠更可和东蒙古以生产物的出路，鸭绿江区域的铁路建筑可以辅助荒漠区域的垦殖移民与经济的发达。

上述的铁路网，足以辅助『满洲国』的经济发展十年计划完成后虽『满洲国』西北各部去『满洲国』中心尚远但其富庶之区都有新铁路的建筑了其未敷设铁路的区域则先以汽车代替。一俟将来十年计划完成之后则第二期铁路建筑计划必可加入二万五千公里在『满洲国』建设的总计划中。

今再略述其第二期铁路建设计划所议定建筑的铁路如下。

一、由虎林经饶河抚远同江富锦桦川至依兰（即三姓）线，延长七百六十公里有奇右为环边铁路干线的东部以巩固吉林省防为目的。

二、由同江经萝北佛山乌云奇克瑷珲呼玛鸥浦漠河奇乾室韦至胪滨（即满洲里）线，延长一千七百公里有奇右为环边铁路干线的西部以巩固黑龙江省防为目的。

三、由密山经勃利至依兰线长二百四十公里有奇。

四、由密山至宝清线长一四〇公里有奇。

此二议案成立已久惟有待于吉林荒野的东北隅繁荣并与以生产物沿密山经东宁至珲春向雄基及拉姓（均在朝鲜）商埠的出路。

五、由绥化经庆城铁骊汤原鹤立岗与山镇至萝北线长四千公里有奇可以联络哈尔滨与松花江平原并与鹤立岗矿山的生产物以出路。

六、由开鲁至林西线长二四〇公里有奇。

七、由速山经锦西凌南平泉至承德线长二七〇公里有奇。

八、由赤峰经林西至甘珠尔线长七二〇公里有奇。

九、由开鲁经晗榆至洮南线长二四〇公里有奇。

以上四线的设施目的乃在热河省防及向东北的『兴安省』西部的发展与建设都有密切的关系。

十、由五常至稚布罗尼亚站长一一〇公里有奇。

十一、由方正至依兰线长一〇〇公里有奇。

此二短线为依兰区域与哈尔滨区域重要粮路的锁钥。

上述十一线的延长有五千余公里在其总计划中尚有七八千公里路线因次要末予列入第二期铁路建设计划以五年为期，如上述计划均行完成则东北的铁路真有如蛛网然而其主权已经非我所有了。

以上是关于伪满第一期铁路建设十年计划，及第二期铁路建设五年计划的简略叙述至目前东北铁路的情形以及建设的成果在下节里论述這裏還應該把自東北鐵路委託滿鐵經營後的管理機關加以說明。其管理上所採的制度完全依照日本鐵路上所謂「聯合統制」制度。自一九三四年三月一日即在南滿鐵路株式會社之下設立了一個鐵路總局，將新舊各路合併管理統轄所屬的四個鐵路管理局，更由這四個鐵路管理局統制其所管轄下的各鐵路。茲將現行鐵路總局的組織系統表列下。

南滿鐵路株式會社
├─ 鐵路總局
│   ├─ 警務處
│   │   ├─ 第一科
│   │   └─ 第二科
│   ├─ 工務處
│   │   ├─ 電氣科
│   │   └─ 工務科
│   ├─ 機務處
│   │   ├─ 工作科
│   │   └─ 運輸科
│   ├─ 運輸處
│   │   ├─ 水運科
│   │   ├─ 貨運科
│   │   └─ 客運科
│   ├─ 經理處
│   │   ├─ 用度科
│   │   └─ 會計科
│   └─ 總務處
│   ├─ 人事科
│   ├─ 地方科
│   └─ 文書科
├─ 參議
├─ 顧問
└─ 鐵路管理局
    ├─ 奉天鐵路管理局 ── 管理瀋海奉山吉海三路
    ├─ 洮南鐵路管理局 ── 路四洮洮昂打通齊克四路
    ├─ 吉林鐵路管理局 ── 管理吉敦吉海吉長敦圖四路
    └─ 哈爾濱鐵路管理局 ── 管理拉濱呼海克三路並松花江之運輸

「聯合統制」對於鐵路的發展是有着很重要的關係。東北鐵路自被統制以來雖然時僅兩年，然而對於鐵路的擴張已達七百餘公里了。這的確是東北鐵路史之演進所空前未有者。可是目前南滿鐵路株式會社和關東軍方面的鐵路和朝鮮日本的鐵路打成一片，提出日「僞」鮮鐵路全盤計劃案，其內容要點為將滿鐵本線南滿洲國」鐵路及朝鮮鐵路全部移歸南滿鐵路株式會社直接管理，將滿鐵的勢力擴大到全「滿」及朝鮮，而取純然的統一政策。其結果把朝鮮鐵路局、滿洲鐵路局廢止，而在漢城、大連、瀋陽、長春、哈爾濱及其他重要都市設置鐵路管理局。

同時在關東軍方面對於東北鐵路經營也有所謂「軍事統制的滿鐵改革方案」其內容要點主張將滿鐵經營下的鐵路和將來國防產業統統與滿鐵分離直接劃歸關東軍指揮監督。

以上二案在日本國內的資本家和軍部幾乎鬧得落花流水，還沒有得到解決，不過在我們看來無論實行那一個方案都是加重我國的不利都是速致束北以死命的。

三 日本統制東北鐵路的成果

在上一節裏我們已經把日本統制東北鐵路的政策和計劃說過了。現在按其預定的政策與計劃來檢討一下所得的成果。

A 歸於統制的中國已成鐵路

1．『奉山』鐵路——『奉山鐵路』原為我北寧鐵路的關外段九一八事變後日軍強佔該路於一九三一年十月十一日實行武力接收歸偽東北交通委員會所設的『奉山』鐵路局管轄關鐸為局長。十三日晨『奉山』鐵路第一次客車由皇姑屯開往錦縣自此東北最古的鐵路途完全在日人掌握中了。該路橫貫遼西蜿蜒渤海北岸為瀋陽山海關間的幹線東與南滿濟海安奉各路相連西與北寧路的關內部分相接，兩有支線可通葫蘆島及營口，北有支線可通通遼及北票。日本利用此路退可以鞏固偽國的邊防進可攫取我國華北。我國利用此路北上可收復熱黑兩省之鐵路於光緒二十年（一八九四年）李鴻章為經營東三省及鞏固邊防起見不顧俄人反對毅然由山海關向東開始興工修至綏

中因中日戰起途行擱置至光緒二十四年（一八九八年）鐵路督辦大臣胡燏棻向匯豐和台組的中英公司借銀一千六百萬兩繼續修築次年到達錦縣二十六年四月營口支線復告成功六月間修至打虎山旋行擱置二十八年繼續修築二十九年至新民光緒三十年日俄戰起日本為便利運輸起見修築新奉（由新民至奉天）輕便鐵路三十三年三月我國以一百六十六萬元金將該路輕便鐵路收買更加改造於是年五月十九日京奉幹線始第一次通車現在將其幹線及支線的起止延長列下。

a『奉山』幹線瀋陽至山海關延長四二八公里
b 連山至葫蘆島支線延長一一·八八公里，一九○七年通車。
c 錦縣至北票支線延長一二二·三九公里，一九○五年通車
d 溝幫子至營口支線延長一○一·一○公里，一九○○年通車
e 大虎山至通遼線延長二五一·○六公里，一九二七年通車此線被日人併入鄭通線（由鄭家屯即遼源至通遼）另管再加說明。
f 潘陽至北陵支線延長十二公里。

2．瀋海鐵路——係於民國十三年由遼甯省政府決定興築，

割歸省有官商合辦組織瀋海鐵路公司，規定資本奉大洋二千萬元，半由省府支撥半由商民認股於十四年七月與工，至十六年八月幹線完成正式通車自瀋陽至海龍，其後又由海龍延長至朝陽鎮，由梅河口的沙河口站築以支線經東豐而至西安，茲將幹線及支線延長列下。

a 由沙河口至西安支線延長六七‧三公里。

b 瀋海幹線由瀋陽至朝陽鎮延長二五二‧六公里。

該路最繁榮的東站有山城鎮與朝陽鎮，山城鎮為附近各縣糧食集中地，久為商旅所會萃，朝陽鎮則當瀋海鐵路的終點與吉海鐵路聯絡遼吉交界一帶的物產都由此路輸出在經濟上佔有很重要的地位，九一八事變後於十月九日日本即與該鐵路局簽訂一種合辦契約是組織一瀋海鐵路保安維持會以土原肥為監事長行使原有總辦的職權以下鑑修鐵路為理事行使原有協理的職權於一九三一年十一月十五日開第一次行車自此瀋海鐵路落在日人的掌握中了。

3 大鄭鐵路——前面已經說過，九一八事變後日人把北寧鐵路的打通支線併入鄭通鐵路內名為大鄭鐵路茲逃於下大鄭線起自『奉山』線的大虎山終至遼源全長三六五‧○六公里。

4 四洮鐵路——起自南滿鐵路的四平街站，經八面城遼源太平川開通至洮南延長三一二‧二公里係借日款修築者自一九一六年（民國五年）開始建築至一九二三年（民國十二年）始竣工正式通車。鄭通鐵路原為此路的支線此路被偽國於民國二十一年十二月與南滿鐵路株式會社訂立四九‧○○○日金借款合同。

5 洮昂鐵路——起自四洮鐵路終點的洮南北上經洮安鎮東泰來而至黑龍江省的昂昂溪延長二二四公里此路建於民國十四年（一九二五年）由南滿鐵路株式會社包工承辦完全由於日人的強迫於次年竣工通車修築之後日人乃冒濫支出以少報多其建築費竟達一二‧九二○‧○○○元之巨此外更開一國政府與南滿鐵路株式會社締結的四洮鐵路借款合同於民盡不實的諸掛費日金二百萬元。這我們可以從滿蒙權益擁護祕密會議記錄中看到：「……餘如吉敦洮昂等路的滿鐵包工本來都是使用我國出產的賤價材料但却以高貴的外國製造品沽價，且與築路應用的人員也由帝國增加其工資彼奉派（即東北當局）雖能知悉但也沒有清算的知識和證據……」結果也弄成了一個縣案。九一八事變後偽滿已經和南滿鐵路株式會社訂立了二八•八〇〇•〇〇〇日金的借款合同此路除幹線以外還有一個從昂昂溪到龍江（即齊齊哈爾）的支線爲路幅一米的民用輕便鐵路長二十九公里現在也移歸滿鐵經理了。

6 吉海鐵路——此路起自吉林速接瀋陽鐵路的終點海龍。全線延長一八三•四公里乃由民國十五年吉林省法團集議結果於十六年五月開始修築定爲官商合辦由吉林財政廳撥發吉洋一千萬元另召商股二百萬元於十七年十一月開始局部通車十八年六月全部竣工通車。

7 吉長鐵路——起於吉林終於長春全長一二七•七公里。路線雖短却握三省的樞紐北接中東南銜南滿東出吉林而達敦化圖們及海龍清於光緒二十四年（一八九八年）清廷與華俄道勝銀行締結吉東清（即中東）支路建設合同時此路卽在俄人計劃之中二十九年催定草約吉林將軍長順拒之奏請自辦旅以與俄戰起此議遂未題及至光緒三十一年五月吉林將軍達貴奏請建築此路並經批准由度支部撥銀八十萬兩由吉林銀幣廠撥銀

〇〇〇元核與預算書工事說明書不符估計實價較承包預

買新奉及自築吉長條約三十四年十月中日又有新奉吉林續約七款的協定計吉長鐵路借款二百二十五萬日金年息五厘折扣九三限期二十五年總工程師及總會計師須用日人宣統元年六月中日訂定吉長鐵路借款網目合同並在東京交付借款二年開工於民國元年十月竣工通車。

8 吉敦鐵路——爲國有鐵路起自吉林終至敦化幹線長二一〇公里有由蛟河至奶子山支線一長十一公里全路延長爲二二一公里此路的修築決定於民國十四年中日雙方所締結的「吉敦鐵路建設承造契約」於十五年二月在長春成立吉敦鐵路工程局並開始測量於六月與工建築於十七年十月十日竣工此路爲速貫吉林與會甯的預定鐵路爲中日鬧爭持已久的吉會鐵路的一部日本認爲在軍事上及經濟上都有重大的價值故在日本佔領東北後卽開始修築其延長線。（詳見下述的敦圖鐵路段）再此路也是由南滿鐵路株式會社包工承辦的同洮昂鐵路一樣，日人在修築之後開始濫支出以少報多包工費達二四•〇〇〇•〇〇〇元核與預算書工事說明書不符估計實價較承包預

浮冒至日金五百五十餘萬之多此路與吉長鐵路於民國二十年十一月與南滿鐵路株式會社訂立三六三‧〇〇〇日金的借款合同。

9 呼海鐵路——此路起自中東鐵路的松浦車站，經呼蘭綏化而至海倫幹線延長凡二二一‧一公里，支線自松浦至廟太子，長凡四‧一公里此路建於民國十四年於民國十五年卽開始通車為黑龍江省有鐵路之一。

10 齊克鐵路——起自齊齊哈爾終於克山縣長凡二〇五公里，亦為黑龍江省有鐵路南接洮昂鐵路橫斷中東鐵路頗遭俄人的反對終於不顧一切於民國十七年六月開始興築於十二月七日完成三間房至克山段齊齊哈爾至泰安因資金籌備艱難進行頗為遲緩迨東北事變時僅築至泰安另外計劃修築的東支線控拉哈一帶寶藏之地在經濟上有很大的價值但日人佔領東北後卽開始此路途成黑龍江大豆輸出的唯一利器。

11 洮索鐵路——起自四洮鐵路終點洮南經安民鎮而至黑龍江省的索倫凡長一四一公里，為遼寧省有鐵路建於民國十七年於民國二十年春季始竣工通車。

B 歸於統制的日本鐵路

1 南滿鐵路——南滿鐵路原為俄人所建築是中東鐵路長春至旅順段長凡八五〇公里建於一八九六年（光緒二十二年）五月，於一九〇三年（光緒二十九年）七月竣工運車路幅一‧四三五米日俄戰爭的結果俄國敗於日本經美總統羅斯福（Theodore Roosevelt）的調解在美國的朴次茅斯（Portsmouth）締結條約第六條之規定『俄國以中國政府之承認，將長春旅順間之鐵路及其一切支線並同地方附屬一切權利特權及財產與其所經營的一切炭坑無條件讓與日本』於是日本途於一九〇七年（光緒三十三年明治四十年）在大連設立南滿鐵路株式會社開始其經濟的政策的交通的侵略該會社除了擁有路幅為一‧四三五米此路路線外凡港灣水運鑛山製鐵電氣旅館教育衛生農業以及地方行政等都竭力經營努力擴充是日本侵略東北的東印度公司也是日本侵略東北的極先鋒。

2 安奉鐵路——起自安東終於瀋陽全路延長二六一公里，路幅為一‧四三五米此路本為一九〇五年日俄戰爭時日本運兵及軍需品便利起見特向中國要求建築安奉輕便鐵路並許以在戰爭結束後卽行拆毀惟日俄停戰後中國絲結中日滿洲善後條約獲得了『安東奉天兩軍用鐵路繼續經營並改良為專運各國商工貨物之鐵路』（附約第六款規定）的權利途於一九〇七年開始改良於一九一〇年竣工，以十五年為期於期滿之時（一九二三年三月二十六日）雙方選請他國評價人一名安定價格售於中國但至期滿時日本卽視為已物，耤口一九一五年（民國四年）的二十一條約，求延期九十九年（至二〇〇七年）。

3 金城鐵路——由南滿鐵路的金州起，經貔子窩而至尖山子，全長一〇二公里，建於民國十五年四月，次年十月竣工通車，為日人在東北所經營的唯一私人鐵路。

4 天圖鐵路——自天寶山起經老頭溝、銅佛寺延吉龍井村而達圖們江的上三峯與朝鮮清津會寧鐵路相接，民國四年時（一九一五年）日商太與會社向吉林當局秘密接洽中日合資開採天寶山的銀銅礦，同時藉口運輸困難，有建築天圖輕便鐵路之議並利用當地劣紳以代表華方股東名義向政府立案幸經我當局洞悉其隱未允所請，於民國十年時會自動修築也因為吉林人民的反對遂中止追第一次奉直戰爭發生時日本又利用時機運動以吉林名義另訂新約，而東省當局未查遼與簽訂合同雖經北京政府向日抗議，終未生效於是日人數年來積極圖謀修築的天圖輕鐵路，逐在民國十一年九月開始修築於民國十三年十月的一小段全長一一四公里路幅十一呎六吋共費四百萬元是山之東段。

C 歸於統制的新建鐵路

從上面我們已經看到了日本統制東北鐵路的第一步計劃

已經完全成功了第二步計劃便是新鐵路的建築，現在把已經成而歸於統制的新鐵路分述於下。

1 敦圖鐵路——敦圖鐵路是吉會鐵路的變相，而吉會路是在九一八事變前中日問題的焦點，為了日本要求敷設此路與日本發生了好多次的交涉也是促成九一八事變的一個動力現在為了讀者更清楚的明瞭起見特就歷史上的背景沿路的概況經濟上的價值與軍事上的價值四方面去說。

a 敦圖鐵路的歷史背景——吉會鐵路成為中日間一個難解決的問題還是遠在清末時候的事。光緒三十三年（一九〇七明治四十二年）四月十五日中日締結的新奉吉長鐵路協定及明治四十二年九月四日中日締結的間島協約巳經規定此路的敷設權。此後於民國七年六月中日雙方依上述兩約訂立吉會鐵路借款預備合同，準備修築此路因中國政變及反日運動與起終未實現至後吉敦與天圖兩路的完成於民國十四年十月前滿鐵總裁敦化間百餘公里未能完成民國十四年十月前滿鐵總裁山本條太郎與在北京的張作霖所行轟動一時的開發滿洲會談會將吉敦路的延長問題求得張作霖的諒解於十五年五月十五日正式簽訂此路承造合同，不意十七年六月四日張作霖在皇姑屯被炸身死繼任東北領袖的張學良對此問題置諸不理直到九一八事變前還是一個懸案呢。

b敦圖鐵路沿路的概況：——全線共長一九二公里，由敦化向東各站的名稱爲敦化大橋大石橋哈爾巴嶺南滿亮兵台明月溝茶條溝楡樹川老頭溝銅佛寺朝陽川延吉磨盤山葦子溝南陽以上共十六站沿途地勢自敦化向哈爾巴嶺標高漸次增加其最高點達六五二米爲敦化延吉兩縣的分界點牡丹江與布爾哈通河也以此地爲分水嶺哈爾巴嶺的主脈老松嶺山脈蜿蜒於北方其西南與牡丹嶺相接鐵路線的沿布爾哈通河者或在左岸或在右岸沿線到處可見朝鮮居民及其經營的水田就中尤以明月溝東方一帶及老頭溝延吉間都是優良的耕作地。

c敦圖鐵路的經濟價值——（一）沿線文化發達極遲，人口亦極稀少可移民於此開拓稻田以解決日本的人口與食糧問題。（二）此路過的地方，如牡丹江布爾哈通河，嘎呀河諸流域都是著名的森林地帶面積約合一六·一四二畝可採伐二億萬噸的木材以供日本二百年之用而抵抗美國木材的輸入。（三）可開掘新坵方面所藏的十四億噸煤礦及牡丹江流域的金礦（四）經營釀酒及製油工業。（五）打破中國鐵路網及以葫蘆島爲出口的計劃並予中東路及海參崴一大打擊。

d敦圖鐵路的軍事價值——敦圖鐵路極爲重要，誠如田中義一在他那有名的滿蒙積極政策奏摺裏說的

一樣，『吉會路眞可謂日本致富的路線也就是日本武裝的路線』現在分開來說，（一）這條鐵路成功後東京至長春間的路程就縮短了許多試把（1）由新線走（2）由朝鮮走（3）由南滿鐵路走所需的時間比較一下就更明白了。

（一）長春——羅津——敦賀——東京長二·一五〇公里需六十四小時。

（二）長春——安東——釜山——東京長二·九二〇公里需七十二小時。

（三）長春——大連——門司——東京長二·九四八公里需一百二十二小時。

這樣敦圖路等於由東北至日本的後門日本到東北的交通便利的多且藉着同期間新建的拉濱鐵路相接便和北滿鐵路網相接。而且一旦日俄戰爭發生日本更多了一條運輸軍隊更快的新鐵路。（二）不因大陸的封鎖而有食糧斷絕之虞誠如田中義一所說『日本所需求滿蒙的封鎖如果敵艦將對馬及千島兩峽封鎖則我（指日本）不能攝取滿蒙的富源終必當爲戰敗國……如吉會路成則南滿北滿的富源只能由大連出口如循環線其長春至洮南長春經大賚至洮南之路作爲小循環線四通八達供我軍旅及食糧運輸的便利而北滿富源的攝取亦可因而確定同時北滿富源可經吉會路越海而運至我敦賀新

瀉港歐軍潛水艇必無力侵入我朝鮮及日本海峽從而戰時的交通經濟可以獨立自由即所謂日本海中心的國策如果戰時的食糧充足則美國雖有強大的海軍中國赤俄雖有衆多的陸軍終必無如我何而我又可壓制朝鮮人之在我戰時抗我製我。」

因此日本在九一八事變後的第一件工作便是修築此路事變後兩個月便開始測量路線於民國二十二年四月二十日竣工舉行通過典禮五月下旬開始暫時營業八月一日正式營業同時與此路關聯的終端港問題已於一九三二年五月由日本拓務省指介決設住羅津羅津港位於朝鮮的北部距雄基南五公里為天然的良港於是年開始修築分爲三期第一期吞吐能力爲三百萬噸第二期爲六百萬噸第三期爲九百萬噸預計在一九三七年完成與海參崴大連兩港鼎足而立與大連速成一氣可以壓倒海參崴。

2 拉濱鐵路——此路是從敦化束約五十公里的拉法起北行經舒蘭榆樹雙城而至哈爾濱渡松花江在松浦與呼海鐵路相接路長二六八.四公里。於一九三二年七月動工去年一月完成。除松花江大鐵橋外全縣工程費為二百萬元松花江大鐵橋長一百米，此路的最大工程較中東路鐵橋長三十米較鴨絲江鐵橋是此路的最大工程較中東路鐵橋長三十米較鴨絲江鐵橋而尤附築洋灰鐵筋的工路以通行人車馬這條鐵橋的總工程費

是三百五十萬元需用人工約爲四百萬，一九三二年一月十日開始建築，至十一月二十五日始竣工此路在經濟上軍事上都有很大的價値。（一）因此路位於中東路東部線及南部線之間縱貫富於農業物的雙城榆樹五常舒蘭等縣此路築成後一向由中東部哈爾濱站輸出的西部貨物以及松花江流域所產在哈爾濱碼頭上岸的農產品均可由呼海鐵路運輸一向由中東路經的安達拜泉一帶所產的穀類及中東路南部線所經運的穀類其中約九十萬噸都可以囘在拉濱路輸出。如此在事實上已給中東路及烏蘇里路一重大打擊。（二）在軍事方面可聯絡北滿與朝鮮敦圖路既經完全再連上此路更是由日本去北滿的一條捷徑由清津開出的列車可直達哈爾濱也是進攻蘇聯的一條主要鐵路。

3 拉訥鐵路——是以齊克鐵路胃拉支線的拉哈爲起點北走訥河的路線在一九三二年六月本已動工其時因該地義軍勢力極大途致中途停止修築直到一九三三年十一月才告成功入齊克鐵路爲其支線路長四十公里。此路雖短但在軍事上極重要因此路是從龍江至黑河大道的要築黑河隔黑龍江即爲蘇聯的海蘭泡所以要從訥河再延長到黑河這路在黑龍江實爲很重要的路線。

4 海克鐵路——起自克山終於海倫，是齊克路呼海路的連聯線凡長一五〇.二公里是在一九三二年六月開始修築的次

年二月通車，把所謂「北滿發倉」的北部圍入裏面了。此在軍事上的意義是日本軍隊可以由此路開赴哈爾濱的西北街向海蘭泡。

5 泰克鐵路：——此路起自齊克鐵路的泰東站而至克東，長凡四二·八公里是一九三二年六月開始修築的，同年十二月便通車，在軍事的意義與兔克鐵路相同。

6 圖佳鐵路：——是從圖們江站至寧安經寧古而達中東路的牡丹江全長二六〇公里是一九三三年十二月由滿鐵包修的，至去年十一月底已全部竣工，於十二月一日舉行通車典禮今年一月十五日發出通告爲自鹿尾至寧安間長一一二公里站名爲鹿道斗溝子馬達河東京城石頭關崗寧安溫春海浪寧北等預料不久即可全路過車這條鐵路在軍事上有極大的意義因爲此路起點圖們緊接着蘇聯朝鮮的邊境沿着圖們江支流的海蘭河向北伸進到了老松嶺遇牡丹江流域一旦日俄戰起日軍可以朝發夕至而將中東鐵路切斷且能佔據其在經濟上也有很大的價值因此路經過了極豐腴的農業地帶所產的大宗大豆及其他雜糧豆餅等都是東北的特殊產物而寧安之亞麻產量尤多品質足爲四省冠，依照南滿鐵路工程局的估計此路告成每年必有二十萬噸的農產品輸送這些輸送品都是從中東路奪來的而

7 「京」大鐵路——此路起自「僞京」（長春）經農安扶餘而至大賚凡長三二〇公里是去年四月二十日僞滿交通部發表委託滿鐵會社包修的七大鐵路之一於去年底竣工與圖寧鐵路相連接東部內蒙右的特產物都由此路輸出實爲一重要經濟幹路。其臨時營業區域爲由農安至前郭旗間凡長七八公里站名爲農安火石嶺哈拉海三岔王府哈爾馬洪索二郭旗等不久即可通車此路位於東北的中樞與洮昻洮索郭旗相連接不久餘路即可通車即可通達使蒙右的軍事鐵路也是日本進使蒙右的軍事鐵路

D 正在建築中的各鐵路

1 北安鎭運黑河線——由海克鐵路的北安鎭北走經二站而至蘇聯海蘭泡相對的黑河。由海克鐵路北端的克山延至黑河爲止此線的南段自通北經齊呼海鐵路作起點恰成一新月形——而至蘇聯海蘭泡相對的黑河在運兵上極爲便利所以我們可以說北黑鐵路是北滿的大動脈是日本進攻蘇聯的最要捷徑蘇聯方面爲了這條鐵路的成功顯出極大的不安於蘇聯在黑河萬遙相對的海蘭泡地方爲遠東一切重要的軍事配備的中心，告竣這樣從大連可以直達黑河在運兵上檢爲便利所以我們可以說北黑鐵路是北滿的大動脈是日本進攻蘇聯的最要捷徑蘇聯方面爲了這條鐵路的成功顯出極大的不安於蘇聯在黑河萬遙相對的海蘭泡地方爲遠東一切重要的軍事配備的中心，

苏联在此地安设了极坚固而密集的砲台和军事准备，而且在此地还配备了苏联驻远东实力最强的空中一部，这样更加强了日苏战争的动力。

2 牡丹江至佳木斯线——预定以图们至梨树沟之线相接，南通朝鲜距佳木斯不远卽为苏联的阿穆尔省，此路和苏联的乌苏里平行相距仅二百里，其重要可想而知，现正在修筑中。

3 延吉至富锦线——全长约六百公里，经过汪清宁安海林勃利、宝清而至富锦，于一九三三年七月开始建筑，此路係敦图铁路的支线，切断中东路东部的路线，沿松花江下流伸入东北的东北隅，毫无疑问的完全是军事作用的铁路，在防止苏联由海参崴西侵。

4 哈尔滨至同江线——此路凡长四二一公里，经过滨县新甸、方正依兰佳木斯富锦而至同江，现已开始修筑，也是防止苏联的进侵的一条铁路。

5 朝阳川至上三峯线——此路乃是从前的天图轻便铁路中的由朝阳川经龙井村至图们江岸间的改筑，已于一九三二年十一月间开始动工，该地义勇军兴起以及沿线所经多係山地，改筑工事自非易易，故现在仍在修筑开始于今年春季卽可竣工，此路虽长五十九公里，然因起点朝阳川和敦图线相接，且终于会甯路的上三峯，彼二路的一段适成三角形，在朝鲜境内的交通上

已有连环作用，况就直接过罗津港的交通上说也较敦图路为便利，所以此路的改筑在军事上有着很大的价值。

6 拜镇至大河屯线——中经龙镇齐开等地，共长二五○公里，此路由克山或海伦均能通行和拉讷铁路平行且距离甚近，开始建筑于一九三三年的夏季，其本身已指明毫无经济上的意义，纯係军事上的准备。

7 大赉至洮安线——此路是『京』大铁路的延长和洮昂、洮索两路相联络，附近一带的南下特产均将由此路输出是一个重要的经济干线现在修筑中。

8 锦州至承德线——此路係联接『奉山』路的锦州，经义县、北票朝阳凌源、平泉而至承德，由锦州至北票本为北甯铁路的一部，日人佔领热河后为开发热河，进侵内蒙及华北起见特将此路延长至承德，承德省铁路的一部于一九三三年三月开始修筑，今已修筑过半且在去年十二月一日实行临时营业通车至平

9 大坂至凌源线——路长一五六•六七五公里，起自口北营子（一名大坂）经朝阳到凌源，于一九三四年七月上旬完成，由口北营子至朝阳间段，现正加紧修筑中是控制热河进侵绥察的铁路网中的一段。

10 叶柏寿至赤峯线——此路亦为热河省铁路网的一段起

自坂凌線的葉柏壽站延長至赤峯，深入熱河腹心，亦爲軍事上的一條重要鐵路。

此外根據長春特訊，去年十二月一日僞交通部與滿鐵會社同時發表修築林口密山線，索倫溫泉線，及四平街西安線三新路，係以四千萬元包工於滿鐵現正從事於測量不久即可興工。

四 結論

上面我們已經把日本統制東北鐵路的政策計劃和成果較詳細的說過了，現在在統制以外的僅有中東鐵路和開豐鶴崗雙城三條輕便鐵路，而中東鐵路的非法買賣已經成功迫讓渡完竣亦必歸日人統制，而東北鐵路即完全落在日人手中了。

日本統制東北鐵路的經濟上的意義是在於富源的開發移民的便利以解決其本國最嚴重的人口與食糧問題其軍事上的意義呢總括的說便是：（一）使東北與日本朝鮮的交通得到捷徑俾從日鮮往東北的軍事運輸便利。（二）延長東北的交通網到『西蒙』的邊界以控制察綏。（三）建設交通網到蘇聯及外蒙的邊界以便將來對蘇聯作戰我們從上面的敍述知道日本的統制有着顯著的成功這種成功的重要性我們在前言裏已經說過，所以現在我們可以這樣說日本統制東北鐵路的成功便是東北真亡之日也是日蘇兩國衝突加緊之時國人們我們該怎樣努力

以期東北的失地有收復的希望呢。

作者剛把這篇文章寫好時閱二月七日的大公報登載着東北鐵路將入於日本軍部掌握中的消息茲錄原文如下，

「據使館界情報稱自東鐵非法售賣在東京商定原則以來，日僞常局對東北鐵道事業受一顧爲興奮之刺激滿鐵及長春軍部常局最近決定下列諸案擬逐漸實行以充實僞組織之『鐵道國防』。

（一）此後決分裂東鐵爲三個鐵路歸三處路局管理，而同隸屬於東北現有之『鐵濱總局』。南段爲哈爾濱長春段此後將稱爲『京濱路』。東段爲哈爾濱綏芬河段此後將稱爲『濱綏路』。西段爲哈爾濱滿洲里段此後將稱爲『濱洲路』並將現有『北滿鐵道』名稱亦行取消故歷史上之『中東鐵道』此後在偽組織之領域下將名實俱亡。

（二）決定組織『鐵道委員會』而爲整理東北鐵道網最高機關蓋僞國自以經營鐵道之權委之滿鐵會社設立『鐵道總局』以經營『代管』之各路以來日本軍人尙嫌鐵道之握於滿鐵手中於『國防之實施』上諸多不便故預定設立之『鐵道委員會』即將來壓倒『鐵道總局』之新機關也據東北外人所得確息此『鐵道委員會』就由下列四方面組織之（甲）關東軍司令部（乙）長春之僞交通部（丙）南滿鐵道株式

會社(丁)鐵道總局。

(三)自日軍強佔東北四省，其積極從事交通之開發爲有日共覩之事實，惟據專門家之實地觀察，此種軍用鐵道盡築於荒僻之要塞地帶用以運兵守土或進兵侵吞固宜，然經濟上則實爲分利之原素。日本軍部之計劃爲此後獎勵民間與築「經濟鐵道」以資調養。

(四)在東鐵非法售賣成功並接收完畢之後，東北之官辦鐵道總長將達七千公里，然目下日軍人之計劃爲一氣領成軍用鐵道一萬五千公里，故尙有八千公里之軍用鐵道在日軍部計劃或正在建築之中。目下日方定「經濟鐵道」計劃之總長爲五千公里，故『鐵道總長二萬公里』之新口號乃東鐵售賣急轉直下後長春軍部之交通目標云」

從上面這一個記載裏我們更可以看得出來日本統制東北鐵路的新計劃在「日本統制東北鐵路的政策與計劃」節中最後提到的滿鐵和關東軍方面對於東北鐵路管理方面都想加以改革的兩案現已得到解決在不久的將來東北鐵道將入於日本軍部手中這沒有別的更加強了日本進侵的野心也加強了日蘇衝突的可能性。

新亞細亞

第十卷 第二期

中華民國二十四年八月一日

本月刊登記證 中央宣傳委員會中字第柒伍壹號
國民政府內政部警字第玖叄叄號

考試院則例敘	戴季陶
考試院則例書後	鈕永建
考試院則例後序	孔德成
孔子事蹟及生卒年月日之考信	郝德之襄
發孔史敍論	吳心源御
孔子年表	李心澄恒
孔門弟子學說考略	吳心源恒
孔子哲學中之姚江學派	丁濤
祀孔論	陳佐華
藝術的經濟	張
南洋及東南洋地理誌（續）	一人彭蘭
日本在我東北之外略	吳季梅鳴
建輸及汽車交通統制	劉鶚青陶
中央亞細亞之居民	魏振人今
孝國文稿	古華
青海巡遊記	樹
西康傾喇雲山調查記（續）	
一月間邊疆東方大事記	新亞細亞學會輯
會務概要	

新亞細亞月刊社發行

日本在我東北之公路建築及汽車交通統制

張佐華

一 前言

日本帝國主義者自一九三一年九月十八日以武力佔領瀋陽後即積極伸張其軍事的勢力於東北各地次則消滅英勇抗戰的東北義勇軍一直到一九三二年三月一日憑空造出來一個傀儡的僞組織這才完成了他們的軍事佔領而開始了政治的經濟的文化的統制思以東北爲朝鮮第二。

我們知道日本帝國主義者的所以佔領我東北其在軍事上的目的，不外以東北爲進攻其兩大強敵美國與蘇聯的根據地，和拿東北做爲日本戰時軍需品的供給地。其在經濟上的目的不外使日本過剩的人口移殖到東北，以解決其人口食糧的恐慌使日本的剩餘資本投於東北以擴大其資本剝奪使日本的剩餘商品傾銷於東北以獨佔東北的市場。爲了達到他們佔領東北的軍事的和經濟的目的，所以他們積極地開發東北富源統制東北經濟尤其重要的便是具有軍事作用商業便利的交通建設。

關於日本統制下的東北鐵路情形作者在本刊第九卷第三期已經說明過了現在作者再向國人介紹一點日本在我國東北修築公路的計劃和情形，想也是讀者所願意知道的吧。

二 九一八事變前的東北公路

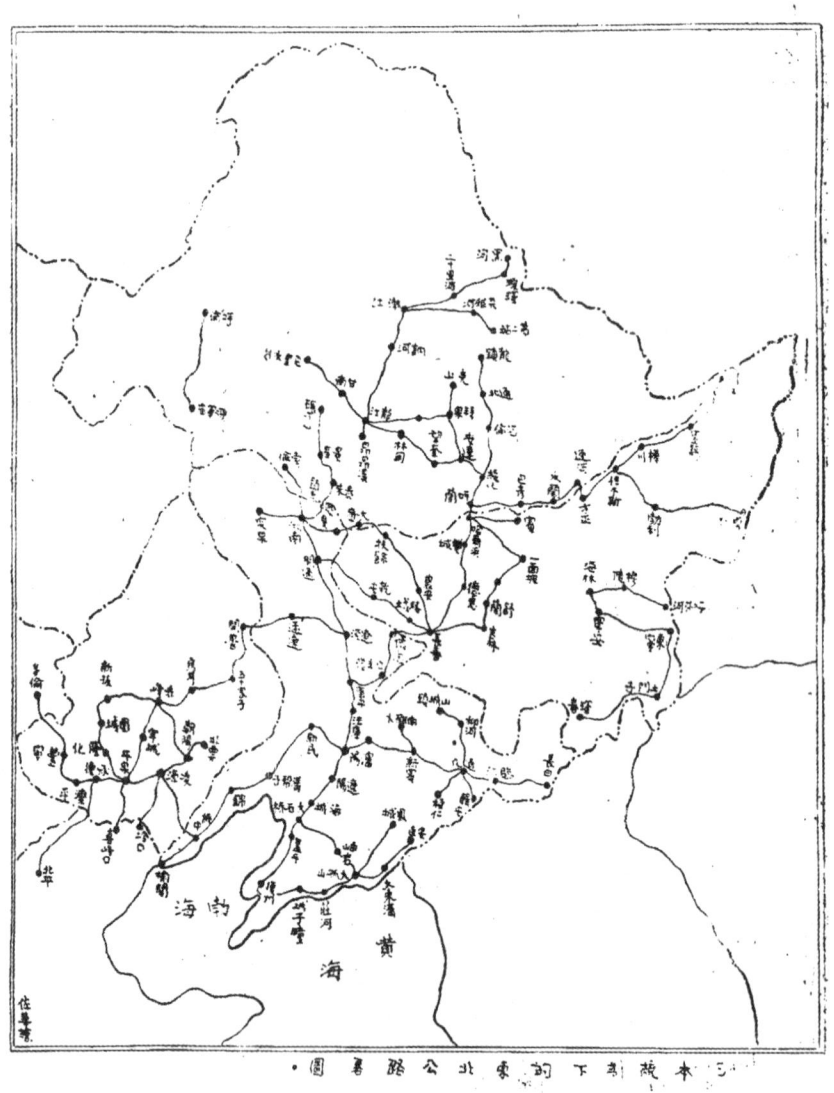

日本侵占下的华北公路署圖

日本在我東北之公路建築及汽車交通統制

在沒有講到本文之前，我們先把九一八事變前的東北已經修築完成的公路敍述一下。

東北公路發達很早在金朝的時候，就以東京，中京，上京爲中心，修築很好的道路因之可以長驅直入對四鄰樹立僅亞於蒙古的霸權在明朝的時候也很注意恢復金朝當年的舊道路那時東北的道路是以北京爲中心的所謂「官馬大道」此外又以各省城爲中心有通各主要都市的『大路』各村落相互間或『官馬大道』與『大路』間也有相聯絡的『小路』在閉關時代的東北公路是如此。

到滿朝因爲三百多年的太平官吏的昏憒使東北的公路因爲政務頹廢而荒蕪了鐵路修築以後新的交通系統樹立舊的公路便沒有人過問而毀壞不堪下民國以來因爲東北產業輸出上的關係曾有整個的交通計劃公路也是重要的一項不過實行不久便遭遇着空前的九一八事變了平均說起來東北公路路幅在九公尺以上的有一萬公里路長在四百公尺以上的有二萬四千公里其中路幅在九公尺大約可分下列三大中心。

（一）以瀋陽爲中心者有五條。

1. 從瀋陽經新民黑山中安堡閭陽驛錦縣連山興城綏中以達山海關路長四百八十公里路幅由十至十五公尺。
2. 從瀋陽經撫順營盤老城新賓通化八道江臨江八道溝以達長白路長約六百七十公里路幅由十至十五公尺。
3. 從瀋陽經法庫康平遼源開通以達洮南路長約五百三十五公里路幅由十至十五公尺。
4. 從瀋陽經遼陽鞍山海城大石橋蓋平熊岳城以達復州路長約三百十二公里路幅由十公尺。
5. 從瀋陽經鐵嶺開原威遠堡蓮花街葉赫站八里堡雙陽伊通，大水河以達吉林路長三百二十公里路幅由六至十二公尺。

（二）以吉林及長春爲中心者有五條。

1. 從吉林經烏拉街紅齊舒蘭山河屯小山子龍王廟以達一面坡，路長約三百二十公里路幅六公尺。
2. 從吉林經卡倫放牛溝大荒地大水河以達長春路長約二百三十三公里路幅十公尺。
3. 從長春經小合隆翁克雙城堡伏龍泉乾安以達洮南路長約三百三十八公里，路幅由六至十公尺。
4. 從長春經五棵樹德惠雙城堡以達哈爾濱路長約三百十六公里路幅十公尺。
5. 從長春經燒鍋店農安卡倫店以達伯都訥（扶餘）路長約二百七十公里路幅八公尺。

（三）以龍江爲中心者有三條。

1. 從龍江經林甸，安達望奎以達綏化，路長約三百三十公里，路幅由五至九公尺。

2 從龍江經依安雙陽鎮，以達拜泉，路長約三百三十公里，路幅約九公尺。

3 從龍江至廿南路長約五十五公里，路幅由六至八公尺。

此外東北的公路還有歸關東廳管理的關東州內的公路有六百五十二萬二千四百四十二公尺和歸南滿鐵道株式會社管理的南滿鐵路附屬地的公路有五十一萬一千五百四十二公尺

三 「國道局」與「國道建設計劃」

日本帝國主義者自從佔領了東北以後即積極在經濟上軍事上備戰，除了建築新鐵路以外就是舊公路的補修新公路的修築和汽車的開駛了於是在一九三三年三月三日成立「國道局」於長春更在長春瀋陽龍江三地設置「國道建設處」。

所謂「國道局」和「國道建設處」和偽「鐵路總局」同是日本帝國主義者統制我東北交通的御用機關分別推進「國道」及地方道路的工事役使民眾佔用民田蒡民傷財實莫此為甚而且在「國道局」之上又有「國道會議」之設「國道會議」以國務總理為議長民政部總長及交通部總長為副總長議員為 1 總務廳長及主計處長 2 國道局長 3 興安總署次長 4 民政部總務司長及士木司長 5 軍政部顧問一人 6 財政部總務司長，

7 交通部總務司長及鐵道司長，8 實業部總務司長，9 有學識經驗者若干人於一九三三年六月十四日開第一次「國道會議」決議用經費一千五百五十萬元（內中有治水利水調查費五十萬元，）作成「第一次國道建設三年計劃」利用東北以前的軍隊東北的民眾以及由關內募去的華工組織工程隊修築公路九千公里更計劃於十年之內修築六萬公里茲將偽國於一九三三年三月一日所發表的『經濟建設綱要』有關於公路者錄下。（見偽國政府公報。）

1 目的維持一般交通與治安。

2 道路網之組織重要都市相互間，及重要都市與縣城間。

3 修築內容統計六萬公里期十年內完成。

4 自動車交通預期普及全國。

由上不難看出這是多們一個重大的軍事的經濟的備戰計劃。

四 新公路修築

自偽國國道局成立後即積極修築東北公路，截至一九三四年十二月底此東北公路修築竣工者共計四十四線達六千九百四十一公里二其中已駛行長途汽車者三十一線長四千九百十一公里七未駛行長途汽車者十三線長一千九百七十九公里

日本在我東北之公路建築及汽車交通統計

五。此外日偽對於縣道及鄉村道，也極注意勗責成各縣村自行修築，現在把所謂『國道』的修築竣工者列下。

（甲）已通行長途汽車路共計三十一線茲將名稱，經過及長度列下。

1 長大線——由長春經農安扶餘以達大賚計長二二四．九公里。

2 長吉線——由長春經放牛溝波泥河子太平嶺蒐登站以達吉林長一八二．三公里。

3 洮突線——由洮南經新立屯水泉子以達突泉長一一〇公里。

4 洮索線——由洮南經石頭井子二十家子以達索倫長二二〇公里。

5 洮大線——由洮南經安廣以達大賚長一三七．一公里。

6 南新線——由南雜木經老城以達新賓長八十八公里。

7 佳富線——由佳木斯經樺川以達富錦長一五六．二公里。

8 哈木線——由哈爾濱經呼蘭巴彥以達木蘭長一七三．一公里。

9 甯海線——由甯安經八輔子以達海林長二四．三公里。

10 東甯線——由東甯經屯田營二道河子以達甯安長二一里。

11 東穆綫——由東甯經萬鹿溝八道河子，太平嶺以達穆稜，長一七〇公里。

12 綏海綫——由綏芬河經穆稜以達海林長一六八公里。

13 甯敦綫——由甯安經八里甸子爾站額穆以達敦化長一九公里。

14 佳勃綫——由佳木斯經依蘭以達勃利長二二八．三公里。

15 穆虎綫——由穆稜經小城子平安鎮密山以達虎林長三一公里。

16 琿士綫——由琿春經紅溝，四道溝以達士門子長一四九公里。

17 承赤綫——由承德經隆化圍城新拔以達赤峯長二六〇公里。

18 承北綫——由承德經平泉凌源葉柏壽朝陽以達北票長三四四．四公里。

19 承多綫——由承德經灤平營房豐甯宮地以達多倫長一七二公里。

20 凌綏綫——由凌源經凌南白家屯以達綏中長一八八公

21 赤五線——由赤峯經砲手營房身,高家嶺山咀子以達五十家子長一九六公里

22 開通線——由開魯經道德營子亞將卡將軍廟經甘爾珠廟以達呼倫(即海拉爾)長二八七公里。

23 哈呼線——由波倫阿爾山窰達通遼長一〇六公里。

24 哈賓線——由哈爾濱經太平橋滿家店以達賓縣長九七公里。

25 訥嫩線——由訥河經伊拉哈站以達嫩江長八六·四公里。

26 懷公線——由懷德經黑林鎮以達公主嶺長五二公里。

27 大安線——由大孤山經大東溝和順溝以達安東長八九·五公里。

28 城大線——由城子疃經北花口鎮莊河以達大孤山長一八·四公里。

29 大鳳線——由大孤山經紅旗溝岔路子以達鳳城長八十二六·七公里。

30 大岫線——由大弧山經柳溝以達岫岩長六六·六公里,三公里。

31 山柳線——由山城鎮以達柳河長三十七公里。

(乙)已修築完成但尚未通行汽車路共計十三線茲將名稱經過及長度列下

1 大岫線——由大石橋經湯池湯池溝以達岫岩長一〇四·四公里。

2 鎮礦線——由鎮東經泰來景星以達礦子山長二一六·七公里。

3 昂巴線——由昂昂溪經哈拉屯甘南木爾濱楚台和尼布圖台以達巴林木台長三五六公里。

4 嫩二線——由嫩江經雙泉屯莫雅河以達第二站長一七八·四公里。

5 嫩黑線——由嫩江經二十里河,與鎮庫木耳璦琿以達黑河長二六六·四公里。

6 富同線——由富錦經尼爾固以達同江長六九·四公里。

7 東土線——由東寧經太平川葦子溝以達土門子長一二〇公里。

8 平喜線——由平泉經大吉溝寬城以達喜峯口,長八十四公里。

9 凌冷線——由凌源經天元店,石柱子頭大障子以達冷口長一四五·六公里。

10 通臨線——由通化經四道江林子頭以達臨江長一三九公里。

11 通輯線——由通化經黎樹溝以達輯安長九十四公里。

19 通桓線——由通化經大泉眼以達桓仁長一〇一公里。

13 通柳線——由通化經五道溝以達柳河長九十八公里。

以上所述的路線和日本關東軍所籌劃的軍用路線大半相同。關東軍司令部為對外與蘇聯及美國備戰並進窺華北對內防禦各地義勇軍的興起見自佔據東北後除有關經濟方面的道路外對於軍事道路更積極的修築他們計劃在十年之間修築十萬公里的軍用道路在最近五年內至少須完成三萬公里上驅諸路就有好多是軍用道路不過在平時是民用而已我們參看附圖現在的東北公路已經組成了一個網狀把東北四省的主要城市鐵道車站港灣海口以及要塞關隘無不一一聯絡具是四通八達了如果所謂『國道建設計劃』完成再加上各縣村間的道路修築成功日本對東北陸上的交通網的統制可謂一括無遺了一旦某地有事發可以夕至以收行動迅速的功效。

五 日本統制下的東北汽車交通

日本帝國主義者在我國東北的築路熱已如上述現在把日本統制下的東北汽車交通路述如下。

所有的東北汽車交通和東北的鐵路一樣同樣奉送給南滿『鐵道株式會社代理經營了東北的汽車交通和鐵路的經營都由『鐵路總局』經營因為偽「滿」鐵路的事業除鐵路的經營外更兼有長途汽車水運及港灣的事業當一九三三年三月偽鐵路總局成立的時候就在旅客科之下設有『自動車課』（即汽車組）至九月十九日擴大組織改為『自動車謂』所謂『國營自動車路線』茲將其所經營的汽車路線擇其重要者分述於下。

（一）熱河長途汽車線——當偽鐵路總局成立後於三月五日就由偽奉山鐵路（即北甯鐵路關外段）用五輛公共汽車從事北票朝陽間的長途汽車營業這便是營業的開始於四月十五日起開始朝陽赤峯間的長途汽車營業於六月十日起凌源至平泉間汽車營業開始由七月二十日起由朝陽至赤峯間汽車營業開始至十二月二十五日起由承德至赤峯間汽車營業開始是熱河省各地途為汽車網所聯絡了。

（二）松花江長途汽車線——由松花江北的呼蘭起經木蘭至通河再由冰上渡江而南經方依蘭佳木斯富錦以達同江於一九三四年一月十五日開始營業從此松花江上的交通雖結冰期也有汽車交通冰解後加上航運來往水陸均便是聯絡吉黑兩省的大動脈。

（三）黃海沿岸長途汽車線——由安東起經大洋河大孤山而至城子疃於一九三四年一月二十日開始營業此路是大連安東間交通的唯一捷徑即所謂打破三角地帶危險區域的利器在

日人眼中認為非常重要的路線，所有最近還有改築鐵路的建議。

(四)敦寧間長途汽車線——由敦化起經沙河沿官地東京城以達寧安於一九三四年二月一日開始營業此路是聯絡中東路與吉敦路的唯一要線在暴日敦圖路完成後圖寧路未竣前此路的開通實有重要的意義。

以上是犖犖大者，截至一九三四年十二月底止偽鐵路總局經營的汽車線已經有三十一條已建築完竣的公路而尚未駛行的長途汽車十三線計劃於今春均行通車至在事變前的東北公路，除沿鐵道線外均通行長途汽車。

此外再加上私人經營的長途汽車營業總長約在一萬公里以上，據日人調查東北各地的日人直接經營或國人經營而受日人統制的長途汽車路的公司和車輛概數如下。

地別	營業公司	車輛數
遼寧省	一〇〇	四〇〇
吉林省	三五〇	一、一〇〇
黑龍江省	八〇	一四〇
熱河省	—	六〇
旅順大連	一〇〇	五〇〇
合計	六三〇	二、二〇〇

不過因東北的天氣關係，這些汽車路不能四季通行茲將日人上野清所調查的各季通行情形列下。(見滿鐵調查月報一九三四年九月份東北汽車交通一文)

四季通行者　一〇、四四〇公里

除兩期外四季通行者　二六、六七〇公里

僅冬季通行者　六三、八二五公里

合計以上三種共一萬〇一百〇一公里其中四季通行者十分之一冬季通行所以多的原因是因為在結冰以後河川不用橋梁便可以渡過。

東北汽車輛數共有七千五百輛其中營業車有四千輛自用車及其他特殊車輛約三千五百輛在一九二九年全東北汽車共有四千三百五十三輛內中乘客用的有三千八百〇九輛載貨的有五百四十四輛，至今已增加一倍了。

此外對東北各都市汽車交通年內擬先自長春、瀋陽、哈爾濱、間島等比較重要都市起實行統制茲將其計劃列下。

長春——計劃以資本一百萬元成立所謂交通會社及日「滿」合辦汽車公司，統制長春市內的汽車交通

瀋陽——合併「滿洲汽車會社」及市營電車組織所謂半官半民的同和株式會社統制瀋陽市內的汽車交通

哈爾濱——偽哈爾濱市當局與民用汽車行的協議結果收買市內所有民用汽車自一九三四年十二月起市內汽車交通完

六 東北汽車交通的兩大嚴重問題

所謂東北汽車交通的兩大嚴重問題，就是汽車的製造和汽油的供給。因為日本對於汽車多購自美國，而汽油一項也購自他國東北境內雖然有撫順的頁油岩還可應用但那頁油岩已經劃為日本海軍軍用重油的專用品，不能移作別用現在東北的煤油祇有撫順製造海軍軍用重油所殘留下的汽油每年出產約一千三百公噸，另外還有鞍山的濁偏蘇油（Penzol）每年出產約三千五百公噸共約四千八百公噸但是東北現在所需要的汽油則在十七萬公噸以上兹將一九三四年度東北的汽油消費量列下（單位公噸。）

揮發油　　　　四四、六〇〇
石油　　　　　八七、〇〇〇
重油　　　　　二六、〇〇〇
機械油　　　　一五、六〇〇
巴拉芬　　　　五、〇〇〇
阿斯法瓦魯特　　一、五〇〇
　　合　計　　一七九、七〇〇

日本人知道如果一旦被其他各國封鎖的話那末汽車和汽油的來源便馬上起了恐慌雖然有着那麼平坦的有如蛛網的公路但沒有汽車和汽油一切都沒有用了所以他們對於這兩大嚴重問題正想法子去解決。

於是日本帝國主義者爲供給汽車的需要獎勵『國』產汽車起見特於一九三四年三月二十二日與偽國合資在瀋陽設立汽車製造廠定名爲『同和自勤車工業機械會社』資本金六百二十萬元偽國以土地及建築物爲資本日方由滿鐵三菱東京瓦斯川島機械製造廠等合資由偽國頒布組織法以谷田半三郎中將爲社長其使命以開拓及活用全東北公路其第一次生產計劃每年出大小汽車三千輛。

爲了自給汽油起見在消極方面規定一種需要供給統制辦法由各煤油產地中購入廉價的原油加以精製再以最廉的價格賣與一般國民應用，就是所謂『煤油專賣』在積極方面更謀於最近期內設立煤油精製工廠，創立特殊會社進而探訪東北境內的煤油資源，企以實現自給自足的原則就是日人所計劃的『汽車燃料國策』如汽車製造煤油製造成功後則東北汽車交通的發達可謂毫無問題。

問島——合併中日鮮人所共同組織的民營汽車，強有力的日『滿』合辦汽車公司以統制間島汽車交通。

全改歸市營。

七 尾語

關於日本帝國主義者在我國東北的積極修築公路計劃在十年內修築公路六萬公里以及日本統制下的東北汽車交通情形，已略述於上。然而爲什麼日人這樣積極築路發展汽車交通呢。當然是有着深遠的意義的，在軍事方面爲了便利運輸軍隊及軍需品以最迅速的速度進出於東北各地。一旦邊疆有事軍隊可以朝發而夕至，是所謂『國防』計劃之一。在經濟方面是爲了開發東北寶藏以掠奪工業原料及軍需品的資源。另外便是有利於移民的便利。日本帝國主義者的野心該是多們深遠啊。

中行月刊

《中行月刊》创刊于中华民国19年（1930），由中国银行总管理处经济研究室主编。其时中国银行已进行改组，成为国际汇兑专业银行，总管理处亦由南京迁往上海。由于中行各项业务迅速发展，分支机构遍布全国各地，在这样的背景下，中国银行新任总经理张嘉璈很想办一份中行自己的刊物。当时上海金融系统已有两份全国性的刊物《银行周报》和《钱业月报》。《中行月刊》是除此之外第一份由一家专业银行编辑出版的全国性金融刊物。张嘉璈的办刊思路是：看《中行月刊》，可以让读者明了国内外经济状况，可以探讨国内外经济问题，可以得到国内外经济资料。在长达8年的办刊历史中，《中行月刊》发表了不少具有较高学术水准的论文和调研报告，培养了一批金融业人才。由于抗日战争的全面爆发，该刊在民国27年（1938）2月停刊。

《中行月刊》杂志版权页

谈《中行月刊》不能不提及张嘉璈。张早年留学日本，攻读货币银行及政治经济学。清宣统元年（1909）回国，先后任《邮传公报》和《国民公报》编辑，曾创办过《银行周报》。他十分注重企业文化建设，又对办刊轻车熟路，是真正的行家里手，这样，《中行月刊》就很顺利地办出了影响。

中行月刊

第十一卷 第六期　　二十四年十二月份

要目

幣制改革與糧食問題	(一)
日本在華紡織工業的近況	(一七)
中國國內貿易概觀（下）	(一五)
調查　各國幣制概觀（十七）	(二六)
商品研究　棉	(二八)
國際經濟	(三一)
財政	(三九)
銀行貨幣	(四七)
金融市況	(五六)
產業	(七三)
交通	(八一)
貿易	(八六)
商品	(一〇八)
經濟法令規章	(一三七)
一月來國內外經濟大事記	(一四四)
一月來國內外經濟大事補記	(一四六)
附錄　上海市工人生活費指數（二十四年九月至十一月）	(一四九)
編者言	(一四九)

中國銀行總管理處經濟研究室
上海漢口路五十號

《中行月刊》雜誌封面

日本在華紡織工業的近況

朱西周

一 日本在華紡織工業之現狀

歐洲大戰之後，日本的工業乃獲得長足進步，這是任何人都不能加以否定的。然而一直到了最近，日本國內的工業，非但沒有表露絲毫的弱點，而且還在繼續向前勇往邁進，甚至於因其國內產業的勃興，而促進日本在華直接工業投資的旺盛。說到日本在華的工業，種類很多，一時難以枚舉，其举举大者，當然要數紡織事業、火柴工業、橡皮廠、肥皂廠、熱水瓶製造廠及其他雜貨工業了。在上述各項製造工業之中，尤以紡織事業首屈一指；我國上海，即為日本紡織工廠之中心地點，而一般在華日僑，亦往往視上海的日本紗廠，其重要的程度，比諸滿洲的南滿鐵路公司，實有過之而無不及。蓋其在上海目前所居地位，一方面固不失為日本在華各業之中樞，而另一方面又似爲日本僑民生活之所寄。換句話說，現在上海的日本紗廠，關係日本僑民的死活問題，此外在青島方面，雖也有不少日本紗廠的存在，但其重要的程度，則遠不及上海。我們如果就日本全般對華的工業投資，加以分析比較，更能一望而知紡織工業在各業之中是居首位的，據一九三二年某日本機關調查，在中國的各種日人經營的工業狀態如下（單位千元）：

運輸業	20,125	5.1%	鑛業	9,167	1.4%
製造業	696,867	19.9%	(其中紡織工業)	186,353	26.5%
銀行金融業	76,720	21.2%	貿易及一般商業	290,116	28.9%
其他			合計	654,868	100%

上表雖係三年以前的數字，但由此可以察知日本在華的全體工業投資（海吉黑未列入），共計在六億四千七百萬元（日元）以上，其中如製造工業，計佔二億三千二百萬元，達三成五分以上。而製造業投資的總額中，紡織工業一項獨佔一億八千七百萬元，當日本對華投資總額百分之二八·三，也就是說有十分之三投資於紡織工業。至該一億八千七百萬元紡織事業之投資，上海方面已佔一億四千四百餘萬元，即達百分之八〇，而最近上海青島兩地新設之紗廠的投資數字尚未計入，若加算在內，則紡織事業的投資總數，將在二億元以上。

日本投資於中國的各種工業，更詳細的言之，除紡織事業外，尚有製粉、火柴、釀造、製油、製麻、網織、針織、印染等廣範圍的企業經營，以及上海、天津、青島等地港灣的設備，然而投下的資本金額、出品產量、使用勞働力的多寡、利息的厚薄等各方面合算起來，就與紡織投資總額不可同日而語了。於此又可推知日本紡織事業，在對華本部工商業投資總額三成以上的日本紡織事業的當中，已儼然構成一個牢不可破的大堡壘，無論其在政治

七

方面，或在經濟方面，均為日本對華行動的焦點。比如五卅慘案之發生，國民革命軍之北伐，中日淞滬之戰，每遇一次難關，日本朝野莫不竭全力以保護其在上海之紡織事業，即其明證。故雖經過種種波折，此等日本紗廠，非但沒有蒙受絲毫的打擊，反而連年都表示向上的趨勢。據民國二十三年調查（見左表）這年日本在華紡織工業之現勢，與民國二十二年比較，工廠增加一所，資本增加一千九百六十二萬元（日元），織布機亦增加四千六百五十架，勞働使用人數，男女共計增加四千六百三十九人，棉花消費量增加四十二萬九千七百六十六擔，出品棉紗增加四萬二千〇九十六包，棉布增加一百八十三萬五千八百四十三疋。其全體經營狀態，均表示特別的進步。入年以後，上海、豐田兩廠，更在青島協同設立分廠，當我國棉業界極端蕭條的今日，日本在華紡織工業，猶能步步向前伸展，繼續維持其繁昌的狀態，實令人不可思議！

日本在華紡織工廠統計（民國二十三年調查）

上海方面

廠　名	廠數	資本（單位千日元以總公司計）	生產（包）
大康紗廠	一	五二、〇〇〇	五九、四〇八
同興紗廠	二	一五、〇〇〇	一三、七〇〇
公大紗廠	九	三三、〇〇〇	七六、二三五
內外棉	二	一一、〇〇〇	五〇、六二三
日華紗織廠	八	一二、〇〇〇	四三、二一八
上海紡織廠	六	一二、〇〇〇	九五、八一二
裕豐紗廠	二	二、四〇〇	二九、二二四
豐田紗廠	二	一〇、〇〇〇	五一、一六八七
合　計	三三	一三三、四〇〇	四〇一、二三三

青島方面

富士紗廠	一	一五、〇〇〇	二三、四五七
公大第五廠	一	四、〇〇〇	一七、九〇〇
隆興紗廠	一	二、〇〇〇	二八、七〇〇
內外棉	六	三三、〇〇〇	二七、六四〇
寶來紗廠	一	一〇、〇〇〇	二一、一〇〇
青島大康紗廠	三	五二、〇〇〇	三〇、五六六
合　計	一五	一四一、〇〇〇	一九四、〇七二

漢口方面

泰安紗廠	一	五、〇〇〇	二〇、二九〇
總　計	四九	一七九、四〇〇	六一五、五九五

二　中日紗廠經營上之比較

我國現有的紡織工廠，除國人自辦而外，尚有英日兩國人直接在華經營之工廠。此等英日紗廠，統稱外商紗廠。而英國在華紗廠，佔我國人自辦紗廠的數目半額以上，故國人自辦廠營業之所以不振，棉業之所以連年表示衰退，不無受日本在華紡織工業進展的影響。（其內容下文當詳述之）現在我們若就過去三年來我國全體紡織工業經營的概況，加以精細的比較，就不難察知日本在華紡織工業活躍的一般了。

國貨紗廠及外商紗廠最近三年生產比較

國貨紗廠

年度	棉花消費(千担)	棉紗生產(千包)	棉布生產(千疋)
民國二十一年	五,四二一	一,四二七	八,正七
民國二十二年	五,八一二	一,六六八	九,四五五
民國二十三年	五,七八六	一,六二六	九,〇九五

日本紗廠

年度	棉花消費(千担)	棉紗生產(千包)	棉布生產(千疋)
民國二十一年	三,二四〇	八二〇	一〇,一二〇
民國二十二年	三,四五五	八七五	一一,一二五
民國二十三年	三,八五〇	九七二	一二,八五〇

英國紗廠

年度	棉花消費(千担)	棉紗生產(千包)	棉布生產(千疋)
民國二十一年	三三〇	七三	一,四八〇
民國二十二年	四〇	七三	一,六五〇
民國二十三年	二六五	八〇	一,八八〇

三國合計

年度	棉花消費(千担)	棉紗生產(千包)	棉布生產(千疋)
民國二十一年	八,九九二	二,三二〇	二〇,〇五五
民國二十二年	九,四〇六	二,六一六	二二,二三〇
民國二十三年	八,九〇一	二,六七五	二三,八二五

據上表以觀,日本紗廠關於棉花的生產,雖不及中國紗廠之巨大,但對棉花的消費量比較從數年增加甚著。尤其是日廠棉布的產量,其增加的程度,比我國為最顯著。日本在華紡織工廠,一切織布機的設備,比較我國紗商素稱完善,且採用新式自動機械,織造能率非常偉大。故棉布生產的漸次增加。同時國人自辦廠家這種生產則日益減少,與日本完全成一反比例。

在華全部日本紗廠,擁有的紗錠,佔中國全部紡織業百分之三八‧一二,撚紗紗錠佔全體百分之四四,織布機架數,佔企體百分之四四,其生產能力佔中國全部紡織事業十分之四,出品生產則達半額以上;故此等日本紡織事業的本身,在華實居有支配的地位。日本此項工業既在我國境內而與我國同業對立競爭,何以日本勝利我自辦的工廠反告失敗?如果以常理測之,似乎為絕對不可能,但日本在華紡織工業的趨勢,已顯然壓倒中國棉業界而表示蒸蒸日上。據云這其中唯一的要因,就是因為經營的方法不同,與製造管理上技術的侵仿的差異,日本廠商之所以獲得絕對勝利,其中實有若干的原因,現在請進一步把上述的原因,詳細地加以說明,可得左列的數端:

日本在華紡織工業的近況

一、日本紗廠因為有治外法權的賜予,工廠經營上取得種種的特機,舉措比較便利(如工廠管理,用人完稅等);

二、日高紗廠,在日本內地大致設有總廠,資力與常雄厚,關於工廠運用,原料購辦,以及出品的販運等,均站在有利的地位。

三、工廠組織規模,比較華商為大,基礎鞏固,出品成本低廉,管理合理化;

四、使用機械比較華商為優秀,且不斷的加以部分的改良,與日本內地紡織工業全然相同;

五、原料及發動力,燃料等之採辦,最為得法,支出工資雖較華商略高,而一人等管的機械數目則比華商為多,即生產效率的高超;

六、日廠的幹部人員,精通管理科學,且富於紡織技術和經驗,而對此等幹部支出的薪金反比華商為廉,不拘管理費或營業費,均較華商為少。

從上述各方面觀察,華商經營的工廠,其中包含有不少的缺點。所以日本方面的出品反比中國品為優良。此等工廠內部的各種關係,足以促使日本的廠商,對我國國貨紡織工業,加一強力的壓迫。國貨紗廠,受不住這種強力的壓迫,遂漸次歸於消滅,據我國棉業統制委員會調查,中日兩國紗廠,關於二十粗紗生產費的比較(見下表),其相差的程度,乃出乎我們意料之外:

製造費(單位元)

以同等二十支粗紗一包，國貨廠商須多付十三元三角的生產費用，而日本在華紗廠出品的原價，比較國貨廠商，往往低廉數倍。這種巨額生產費的差值，大半由於經營方法之優劣所左右。其他如採辦原料手段的鈍拙，用人行政的疏陋，也是經營紗廠的一大缺陷。在這種情況之下，國貨廠商，雖欲不受日本紗廠的壓迫，實不可得！

三　我國經濟恐慌與中日紡織工業的影響

	國貨廠商	日商紗廠	國貨廠商此較多出之額
工資支出	一〇.五〇	五.八〇(十)	四.七〇
動力支出	五.五〇	四.八〇(十)	〇.七〇
機械修理	一.八〇	〇.六〇(十)	一.二〇
其他修理	一.〇〇	〇.四〇(十)	〇.六〇
消耗品支出	一.七〇	一.五〇(十)	〇.二〇
包裝費用支出	一.二〇	一.〇〇(十)	〇.二〇
職員薪水支出	一.二〇	〇.六〇(十)	〇.六〇
其他雜費支出	一.五〇	一.二〇(十)	〇.三〇
衛生設備支出	〇.三〇	〇.一〇(一)	〇.二〇
合　計	二四.三〇	一四.九〇	九.四〇
營業費			
運費支出	〇.二〇	〇.二〇	
勞業費支出	二.五〇	二.五〇	
各種租稅及利息支出	一五.〇〇	二.七〇(十)	一二.三〇
保險費支出	〇.一〇	〇.一〇	
其他雜費支出	一.五〇	一.〇〇(十)	〇.五〇
合　計	一九.四〇	五.五〇(十)	一三.九〇
納計	四三.七〇	二〇.四〇(十)	二三.三〇

我國的經濟恐慌，是人人所周知的事實，這種恐慌的現象尤以上海暴露得最為澈底。現在我們把所有恐慌的形態，分析地觀察，可得下列種種結論：

一、其實施白銀政策以來，我國之銀大量流出，於我國經濟界有切膚關係而為母體本位的銀，隨之發生恐慌，致金融緊塞，各業資金周轉困難；

一、因金融緊迫，貨出款項不能收回，新的借款來源杜絕，各都市工商業失去資金融通之路。

一、生產過剩，存貨推積如山，輸出入貿易萎縮，商業蕭條不振；

一、佔有世界最多人口，擁有肥沃廣沃領土的我國，一再被種種的關係，販運梗絕，購買力隨之大減。

一、我國農業以上述種種的關係，加之發發歲不可來日，已是歲歲不可來日。

我國的國民經濟，既為此等惡劣環境所支配，其混亂的狀態，實難以言語形容。棉業方面當然波及未能幸免，不過棉業恐慌的由來，除受整個經濟恐慌的影響以外，大部分還屬於棉業本身內在的原因。比如，原料價昂，出品市價暴落，一般需要不振，販運呆滯稅等等，都為其主因。

民國二十三年七月我國實行修改稅則，進口各貨減低稅額者，雖不過六十七種，但增加稅率的，則達三百九十五種。政府此舉，不外採取產業保護政策，促進國內產業發達，其對於棉業原料亦已增加稅率，致外棉進口遞減，國產棉花市價趣漲，多數混用美棉之廠，均蒙打擊，亦失為綿業衰落之一原因。同時各廠出品，則因經濟恐慌的影響，不得不跟隨各種物價，表示低落，就民國二十一年與二十三年我國綿業原料高昂與出品低賤比較之，有如下列狀態：

日本在華紡織工業的近況

民國二十一年，我國慘遭水災，國內疲困已達極端，紗布需要激減，各地充滿了悲觀的空氣，國貨廠商乃開始集議減工。惟減工狀態異常緩慢，一方面雖然表示減工，而一方面卻增加紗錠的設備，當時之狀態，與日本在華紗廠完全一樣。但是國貨廠商這種發展的傾向全然不同，我國方面為消極的，為退步的，為一部分的增加紗錠的設備缺少健全的發達，最近三年來國貨紗廠的減工比較，約略如下：

摘要	民國二十年	民國二十一年	民國二十二年	民國二十三年
紗錠（千錠）	二,〇一〇	二,五八〇	二,六一	二,六九
停止運轉紗錠	五三	一,六六六	一,七〇九	一,五一一
半年間總紗錠數對停工星期數	四三八	四二五	一,二九三	一,五一五
平均停工時間	三	二六四	一,一三四	一,九五一

即休業星期為三‧八九，每半年間約有一月停工，此種形勢，本年以來更為猛烈，現在已全部停工者，在上海有永豫暨其他等六家，其他各地亦有六家，共計十二家。停業紗錠五十餘萬錠，佔我全體十分之一，此外在上海的各國貨廠商，其總合的狀態殆有半額入於停止的地步，而最近減工風潮，漸次由上海傳染到天津、濟南、華北一帶，所有恐慌的波浪，其中也有一部分減工縮小範圍的。但與華商比較起來，似乎不成問題。最近因市場的關係，日本廠商雖一度與華商同樣陷於慘敗的地位，而商卻增加工廠，擴大設備，可知紡織工業的背後，必須擁有偉大的資本，國人自辦工廠，大都無雄厚資金，每現起

民國二十三年棉紗雖比二十一年平均降低四十五元一角，棉花則反漲十二元，爾來，此種原料昂貴，出品低賤的傾向，特別擴大，國貨廠商乃不得不停止出售，期貨交易非常困難，存貨日益加多，最近上海一地，綿紗堆積狀態，約略如下：（單位包）

年度	最高市價	最低市價	平均
民國二十一年	二三七‧六〇	一九三‧四〇	二一五‧五〇
民國二十二年	二〇二‧五〇	一六六‧二〇	一八六‧二〇
民國二十三年	一八七‧〇〇	一六八‧三〇	一七〇‧三六
民國二十三年	一六五‧五一	一三一‧七六	一四三‧六三
民國二十二年	一四九‧六八	一二八‧四〇	一三八‧四〇
民國二十三年	一四七‧五五	一三九‧九五	一四三‧七五

民國二十三年			
一月	一四三‧二八〇		
三月	一六七‧二〇四		
十二月	一七九‧八三五		
民國二十四年			
一月	八三‧二三一		
三月	六五‧一一七		
五月	七〇‧八五二		

即上表本年以來，存貨狀態，似乎已趨和緩，事實上則完全不然，蓋恐慌情狀更加強化，銀根奇緊，金融日趨逼迫，各廠商除進行減工或停業之外，絕無較好辦法，而華商這種窘迫的景象，更予日本在華紡織工業一個擴大的機會。日本在華紗廠，雖與我國同受不景氣的影響，已如前述，彼某因擁有雄厚的資本，和不斷的改良經營方法，自然可以維持其難局，且復實施傾銷政策。因此，市場混亂，華商之苦痛逆趨愈益深刻。

襟見肘之象，這就是我國紡織工業之所以失敗的另一原因，故唯具有鉅額的資本，方可以言救濟目前紡織工業之窮狀。

四　最近日本在華紡織工業之發展

中日交換大使以後，兩國睦誼增加，日本對在華紡織工業特別注意。乘機擴大生產，整理內部，力求工廠合理化，日本廠商的環境比較排日時代已大見改良，日貨紗布自本年八月一日起加入上海交易所，直接在中國市場交易，惟日本紡織工業。最近發展的傾向，其最令人注目的是出品的轉向。據民國二十一年調查，上海中外紗廠棉紗支數生產內容比較如下：

	二十三支以內	二十四支以上八十支為止
國貨紗廠	三九六、五四○(五六、七%)	三○五、三七二(四三、三%)
日本紗廠	一三四、八四○(二六、七%)	三六七、一五○(七三、三%)
英國紗廠		四八、○○○(一○○、○)
合計	五三一、三八○(三三、八%)	１，０４１，１２０(６６、２%)

（註上表括弧內的數字單位千匙）

由此以觀，可知在華日商紗廠，開於棉紗支以二十三支以上的中等紗和細紗為中心。民國二十一年以降，最近三年以來，這種轉變的傾向愈益顯明，又如前述日本紡織工廠織布機架數，不絕的增加，且採用自動式織布機，比較我國舊式織布機，常站在優秀的地位。上海日兩國廠商棉布生產內容的比較，約如左表：

民國二十一年	五九四二	七六二九(八一四三)
民國二十二年	七五五二(八七三三)	一六○六一(九三六八)
民國二十三年	一六○七(二三六六五)	二○九六(九○八○)

從上載中外廠商關於棉布生產的狀態看，日本在華紡動工業，漸次由棉紗本位，而轉入到棉布本位，尤注意在中等以上高級棉布的生產，此等家庭紡織工業的棉紗，可運銷漢口、四川、廣東等地，大都以華北方面銷路佔多數，特別是山東一省不可輕視，然東家庭紡織工業的原料，現在還有相當的潛勢力，因為山東木棉機製造的土布，均由日本在華紗廠源源供給，故日本廠商無論其製成棉布，或出售棉紗，皆較華商為有利，日商棉布生產分細布與粗布，及織布，皆較華商為有利，日商棉布生產年來我國民眾之服裝變化為依歸。又有多數著手於加工棉布的經營，而加工方法，大抵以漂白、染色、印染等為主，此種現象也是日本在華紡織產業，向前進展之傾向。

上海內外棉工廠，附屬加工工廠之設備，其規模偉大，與製造能力之充實，殆不失為全世界一個最大的工廠，加工方面必要的條件就是水質的關係。上海的水質硬度有十度，故欲施行優良技術為不可能，然該廠能利用科學之力，克服不良水質，間該廠關於漂白、染色、印染等部門，均已齊備，常月能出六十餘萬疋，其他在上海之日本及華商小規模漂白、染色、印染等工廠，共計不下十餘家。

日本在華紡織工業所以如斯急速進展的原因，把他概略地說起來，不外左列的數端：

一、增進生產能力，實施工廠管理合理化；

二、由粗紗的製造本位，變為中等及高級本位；

三、在可能範圍之內，力求多出棉布，利用目物織布機，促進棉布生產之增多；

四、加工工業之新興。

最近各日商紗廠，對於加工工廠之創立，非常的旺盛，如公大紗廠已決定在青島新設加工工廠，又如東洋、裕豐、大康等皆在積極研究中。彼等均認加工之設備，是在華紡織事業一種新的戰術。即棉紗之製造，亦變為多角化，從前各廠專以棉紗為主。現在則有兼製羊毛。此等羊毛之生產，大抵與棉紗一樣，即附屬於紡紗部分，最近各日本紗廠對此亦甚所重視，在上海方面一時似難插足，然據某方面觀察，中國古來有名綢緞生產地之無錫，極適合於此項基礎的條件，將來日本廠商也許向該方面發展。

二、上海、青島××大日本紡織工業活動之概況

紡織事業為日本對華投資的中心，我們從上述各方面，就可以推知其梗概，又可以明瞭日本在華紡織事業，在中國全體棉業界破滅之秋，獨能排去萬難。繼續維持其繁榮的地位，是不待再言的。不過其發展的趨勢，論量的方面，就是工廠的增加，和廠內設備的擴大。現在上海日本紡織工業的大勢，計有九公司，二十三工廠，青島有八公司，十七工廠；漢口一公司一工廠。此等日本紗廠，以在上海方面的歷史比較最深，但是拿目前的情形來說，上海方面紗廠的發展，似乎到了飽滿的境地，今後不能從事增設或擴大。故日本今後在華紡織工業的進展，勢必注意青島，或上海以外其他口岸。日本現在既重視華北經濟的開發，將來天津、濟南等口岸，就是日本紡織工業進出的目標。至於上海青島兩地適合於工廠建設的條件，把它分析起來，可得左列的區別。

一、從工廠的密度之觀察，上海已至飽滿的狀態，租界內東西兩部工廠地帶，再覓一適宜工廠地址，似乎不可多得，然而青島、滸口及海岸一帶，尚有廣大區域，適合於工廠的建設，且找尋廠基，比較上海為容易。

一、與官廳交涉，上海比青島為宜，上海有市政府及工部局，青島祇有市政府而無租界關係，就日本人言，青島比上海為宜，更關於租税的繳納，在青島比較便利，上海雖為工業中心地，但同時有便利，又有許多不便之處。

一、上海紗廠用電，不論自備，非用工部局的電刀不可，青島則可利用依康的煤炭自備電刀，故上海每一基羅電刀平均須一分七八厘，青島不過八九厘，有半額的相差。

一、上海青島同為勞工豐富的供給市場，紡織事業必要的條件，是在女工能舉之向上，工資之低賤，勞働政策的確立，從前華北雖有經足暨慣，青島各紗廠女工的供給殊不易得，其感處理不勻，工人動輒發生風潮，而上海工人比較青島工人發生風潮的機會為多，故就勞働政策上，上海遠不及青島之有利。

一、從原料供給的關係上說，青島赤站在優秀的地位，山東美棉改良，近年成績卓著，青島日商紗廠平常使用山東棉花，約佔百分之四十五，上海使用棉花原料，陳種與其棉種佔百分之六〇，印棉及其棉佔百分之四〇，日本朝野現既注意改良華北棉業，將來關於棉花的供給，更為便利。

日本在華紡織工業的近況

三

一、紗布販運市場，雖然不能一概而論，但以上海出品，則以長江一帶及華南各地為中心，同時上海亦係北等地方的交易市場與集散市場，青島出品則以山東省境內及華北各地為中心，青島、濟南、天津各埠，亦即華北一帶之交易市場，或集散市場，故販銷市場雖然各有範圍。

一、上海關於棉布較多，青島則以棉紗品為主，此外，由於山東一帶機織業勃興之故，我國對於棉織品之購買力，向來雖使人不可捉摸，但從隴海路直達西安以來，青島棉織品市場，確實在一天一天的擴大，尤其是中國人口相當稠密的華北，賑安政局再上了軌道，希望而無窮盡。

微以上述的各種條件，今後日本人如在上海擴充或新設紗廠，不如在青島方面為安當，最近日本在華北新的事業的投資，漸次成為具體化，即舊有之各種事業亦非常有利，其中尤以紡織事業為最顯著。

如果若覺得青島無再發展之餘地，則以天津濟南為候補的所在，特別是天津，其重要的程度，比較濟南更大。現在日本在天津地方雖然未有紡織工業的根柢，但是天津最富於建築紡織工業的條件，今將其適合條件分列舉達如下：

一、天津為次於上海之紗布集散市場，擁有廣大之銷路。
一、當地都市，頗適合於工廠之建設。
一、天津雖有不少棉布紡織工廠之存在，然大抵入於疲困的狀態，結果必出於減工或停業，實為日本紡織事業向天津發展的良好機會。

有此等種種的關係，故最近日本廠商，已轉其目光於天津方面，把天津造成一大紡織都市。目下日本鐘紡公司，開始在天津找尋廠基，準備設立工廠，其他日本內地各大紡織公司，亦皆追隨鐘紡之後，而在天津積極謀活動。

照這種情形看見來，我國在不久的將來，除了一部分

高級細紗而外，必能自足自給，但是這種自足自給，非僅指我國的國貨紗布，是包括日本在我國全國活動的紡織事業而言，此項活動力愈大，則我國紗布自足自給的目的愈易達到，今後日本紗布之進口，行將江河日下，不復能如往日之繁榮矣，同時日本在華紡織工業，大都在其本國設有總廠，資金非常豐富，例如內外棉紗廠，上海紡織廠，無一而非為深有力之工廠，將來在華日本紡織工廠，與日本內地之紡織工業，構成一種嚴密對立，換句話說，就是日本在華紡織工業之擴大，足以抑制日本內地紡織工業對華貿易之不振，至於我國國產紗廠以及英國等紡織對華貿易，其影響之深刻化又可以推知其一般。

正论

南京《正论》周刊于中华民国23年（1934）11月创刊，正论社编辑部编辑，出刊50期后于民国24年（1935）11月停刊。民国36年（1947）第2卷第3期在江苏镇江复刊，民国37年（1948）1月再迁南京出版，社址在京华门万庆馆6号，编辑者正论社，发行人赵黎熙，北方经建协会出版部印刷。于第3卷第10期改为《正论周报》，民国37年（1948）11月停刊。

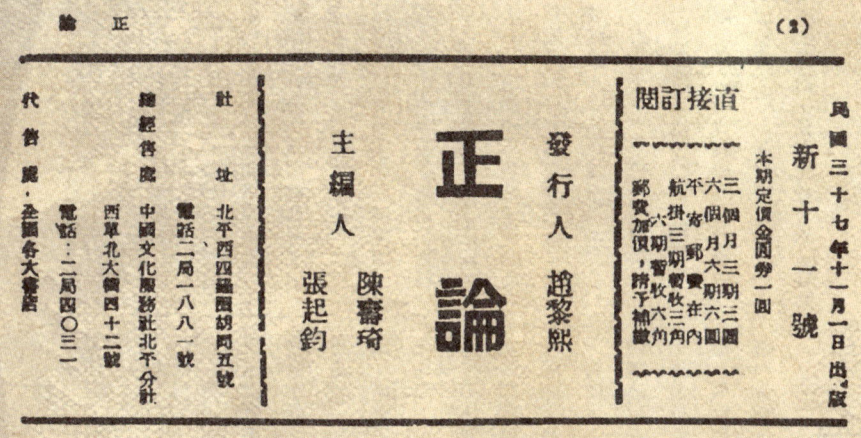

《正论》周刊版权页

日本開發華北經濟問題

蘇華

日本自對華北政治的及軍事的問題告一小結束後，又轉入以經濟為中心之活動。一方面日本陸軍外務拓務諸省與關東軍滿鐵會社當局，不斷的會商開發華北經濟之策，另一方面日本之報章雜誌，亦滿載此方面之討論文章。具見日本當局對此問題之決心及其民間之熱忱。

據傳日本心目中之華北範圍，包括河北山東山西察哈爾綏遠五省，而以河北為中心。至此項開發計劃之具體內容，傳說不一，但概要的說來，約有下列諸點：（1）關於鐵道方面，最先將建築兩路，一為滄州路，聯結平漢綫的石家莊與津浦綫的滄州，一為濱濟綫，西延長膠濟綫，至河南漳德。此外平綏綫也將延長，直入綏遠西部。（2）開發河北山西山東的煤礦，尤着重於山西之處女礦區。（3）開發山西的石油。（4）開發河北興察哈爾的鐵礦。（5）發展天津與青島的鹽田。（6）開發直隸海灣的鹽田。（7）開發河北山東山西之植棉業。（8）開發河北山東與青島之紡織業。

即秦皇島青島塘沽與大沽。

由上所述，可知此項計劃之內容非常廣泛，將來雖將由滿鐵會社出而主持，但現在一切均由軍部發動，將來亦必受軍部之絕對控制。故此項計劃在經濟意義而外，實含有更重大的政治的及軍事的意義，姑舍不談，僅就日本對此問題元純經濟立場，試一論之。

日本開發華北之經濟企圖，其最重要之點，即在以華北資源解除目前日偽經濟集團之矛盾與不滿。按日本自容併滿洲，結成日偽經濟集團後，即標榜日滿共存共榮主義，實際上則加強滿洲之殖民地化。但此項政策實行至相當程度的現在，不幸發現了不少矛盾。第一，日本對滿投資，目的原在開發滿洲實業，以利日本，但投下資本之大部份，現竟形成滿洲境內與日本內地競爭之企業。目前日本國內企業之一部，如化學肥料鋼鐵等業，已受滿洲境內同

正論　第四十三期　日本開發華北經濟問題

七

正論　第四十三期　日本開發華北經濟問題

八

種企業之不少威脅。第二，就日本對滿洲之貿易而論，在數字上雖較前增加，但如研究其內容，即可知其對於日本本國經濟並無多大貢獻。因日本近年輸入滿洲之商品中，一般人民之消費品在數量上日漸減少，所增加之商品，僅為一般建設用之生產品。而購買此項生產品者，適為日本投於滿洲之資本，故對國際收支，並無貢獻。且如果將來滿洲之建設告一段落，反動必起，貿易即有衰退的危險。第三，日本經營滿洲，以解決為國內人口問題為最大之藉口，但就三年來之事實觀之，日本對滿洲之移民政策，依然不得不謂為失敗。雖在哈爾濱長春等重要都市中，日本僑民已增加五六倍之多，但在一般農村中，依然未能深入。此因滿洲之氣候風土不適于日本人，且日本人生活程度較高，無法與中國農民競爭，卒歸失敗。且每年關內人民之出關者，極為眾多，其未帶家眷者，因將所得之工資匯歸故鄉，即在關外落籍之農民，亦多以其所得匯歸老家。致日本輸入滿洲之資本，多被彼輩所吸收，此對日本自極不利，故日本視彼輩如眼中釘，現已實行取締。

日偽經濟集團有此種種矛盾，故極希望拉華北加入彼等集團之內。如得成功，則華北供給日本以原料，極為便利，凡滿洲所不能生產或雖有生產仍不足供日本國內工業之需要者，類可取之於華北。因華北所貯藏之資源，正可供日本基礎工業之用也。如日滿均不產棉花，而華北則為中國產棉區域之一，據棉業統計會調查，一九三四年河北山東山西三省，棉花種植面積佔全國百分之三三·六，產量佔全國百分之四二，想見其重要。日本若能確保此項資源，則其紡織業，必向更有利之途發展。再就煤礦而言，據地質調查所調查。一九二九年中國煤礦藏為 217,626,000,000 噸，佔世界第四位，但其中山西一省即佔有 127,115,000,000 噸，山東山西河北三省共計佔有 132,473,090,000,000 噸，此與昭和七年日本全國煤礦調查僅為 16,6 90,000,000 噸較，相去何啻天壤！再自昭和七年下半年以後，日本即不能以國內所產供國內之用，因國內煤礦採掘殆盡，欲換新坑，費用極大，故華北之煤藏，益增其垂涎！華北煤礦雖有一部份已為英國及日本開探，但最重要之山西，依然為處女礦區，故日本絲毫未滅其野心。最後更就移民一事論之，華北氣候風土之適宜於日本人，亦遠非滿洲所可同日而語。且華北果加入日偽集團，則因華北出關移民所取得匯兌華北之偽國資本，在國際收支上之惡影響，即可消滅，因所謂華北出關之人民，實際上幾全為河北山東兩省之農民也。

總之，華北擁有富厚之資源，目前日偽經濟集團所發生之矛盾及不滿，亟待華北資源之日為解除。日本自開發滿洲以來，國內經濟會得一度之膨脹繁榮，現此項膨脹繁榮，似感停頓狀態，故如一旦華北再被開發，則此項膨脹繁榮，定可繼續無疑。其與日本經濟界之影響，實大可知。

日本開發華北，其在經濟上已有上述種種利益，而政治的及軍事的意義尚不在內，無怪日本朝野軍民一心積極進行。反觀我國政府當局及人民，對此一似漠不關心，殊足痛心！按華北五省之面積為一〇一八千萬平方基羅米達，略與失去之東三省及熱河相等，人口則有七千八百餘萬，超過東三省及熱河之二倍。此區域為堯舜以來中國文化發祥滋長之地，資源富庶，實我全國之經濟命脈，絕對不容他人之覬覦！甚願我國政府當局及我同胞一致奮起！

日本侵略華北和中國棉花問題

向金聲

一 緒論

現代的棉花問題，不但在國民經濟上非常重要，而且在國防軍需上也非常重要因為棉花固然是纖維工業的主要原料同時也是軍需工業的重要資源故棉花在和平期內成為列強產業爭奪的對象在戰爭期內成為列強軍事的掠奪目的物。

第一次世界大戰時德國首先統制的是軍工業其次就是棉花，限制國內棉花的消費請求外棉輸入的方法并用武力掠奪敵國的棉花以充戰爭之用迄後美國加入協約國對德宣戰美棉來源斷絕德國及其同盟國的棉花生產又有限因之感到極端的困難不得已發明人造棉花以為代替。

現階段的日本尚以輕工業立國而輕工業的主要原料棉花，日本國內不能大量的生產多仰給於外來道種棉花的不能自給形成日本產業的威脅，日本自己也知道這個缺點曾用全力以獎勵朝鮮棉花的生產然朝鮮近年來的棉花生產額也不過五千萬斤上下還不能滿足日本國內棉花需用十分之一其效果不能不說是很微。

侵占滿洲以後雖力求擴大棉作但滿洲不很適宜棉花的種植，現在的繰棉生產棉不過二千萬斤上下曾傳日本有在滿洲生產棉花一億五千萬斤的計劃假令這個計劃實現且以其全部供日本的需要，也不夠日本每年的消費額十分之二而在滿洲生產一億五千萬斤棉花的計劃事實上還要十年至二十年的長期間才能完成日本的棉花問題依然沒有解決。

以輕工業立國的日本，如何講求棉花的自給自足，已成為迫切的要求而目前正在準備戰爭的日本尤其不能不求棉花問題的解決自華北問題發生以來逐予日本以解決棉花問題的機會，華北為黃河流域七地肥沃，最適宜于棉花的生產，產棉區域放在所謂開發華北的呼聲中日本幾乎把棉花列在開發的第一步。

本文的目的在敍述日本開發華北與棉花問題，在未敍述這個問題以前，請先比較中國棉花生產在世界上所占的地位，再比較華北棉花生產在中國所占的地位，然後進而論及華北的棉花生產情形與日本企圖壟斷華北棉花的野心。

二　華北在中國棉花生產上的重要

世界的主要產棉國第一為美國，第二為印度，第三為中國，第四為埃及，第五為蘇俄。蘇俄是中國的棉花生產占世界第三的重要地位下二表為世界主要棉花國的生產及棉田面積的情形。

世界棉花的生產情形（單位千包——每包四七八磅）

主要產棉國	一八九一年─一八九五年	一八九六年─一九〇〇年	一九二一年─一九二五年	一九三一─三二年	一九三二─三三年	一九三三─三四年
世界	一六,八一九	一五,八〇〇	二二,八〇〇	二六,六〇〇	二五,五〇〇	二七,八〇〇
美國	一〇,四七	一〇,四〇〇	一二,五〇〇	一七,〇九六	一三,〇〇二	一三,〇〇〇
印度	二,四三二	四,八六七	四,八〇〇	四,六三二	四,八〇〇	四,八〇〇
中國	一,五三三	一,六八五	三,六二六	一,六八六	一,九三一	二,〇〇〇

（註）上表根據 U. S. Year book of Agriculture 1932, 1934.

世界種植棉田的面積（單位千畝）

主要棉產國	一八九一年─一八九五年	一八九六年─一九〇〇年	一九二一年─一九二五年	一九三一─三二年	一九三二─三三年	一九三三─三四年
世界	八七,四〇〇	八八,二〇〇	八八,〇〇〇			
美國	關係一	四〇,九一	四四,八六〇	四五,二四	三六,四三	二九,三七
印度	一六,八二五	一八,八四三	二二,一〇一	二三,八〇	二二,一三	二四,七八
中國	一八,〇八二	一八,二七一	二〇,二一	二二,六〇〇	二五,〇〇〇	三三,七三
埃及	一,二八五	一,二五二	一,六六一	一,四七七	五,六〇〇	六,〇〇〇
蘇俄	一,三六八	一,六〇〇	一,二五一	一,八六〇	四,八五二	四,八〇〇

（註）上表根據 U. S. Year book of Agriculture 1932, 1934.

由上列二表就可以知道近年來中國棉花生產在世界上的地位中國雖因為天災人禍的交迫近年來不論棉花產額和種棉田面積均有少許的增加，中國棉花生產在世界上的地位既已明白再比較華北棉花生產在中國所占的地位，揭出下列二表以說明中國逐年來各省的棉生產及各省的棉田增減情形。

日本侵略華北和中國棉花問題

中國各棉產額（單位千擔）

年份	河北	山東	山西	河南	陝西	江蘇	浙江	安徽	江西	湖北	湖南	合計
一九一九年	—	—	—	—	—	—	—	—	—	—	—	—
一九二〇年	—	—	—	—	—	—	—	—	—	—	—	—
一九二一年	—	—	—	—	—	—	—	—	—	—	—	—
一九二二年	—	—	—	—	—	—	—	—	—	—	—	—
一九二三年	—	—	—	—	—	—	—	—	—	—	—	—
一九二四年	—	—	—	—	—	—	—	—	—	—	—	—
一九二五年	—	—	—	—	—	—	—	—	—	—	—	—
一九二六年	—	—	—	—	—	—	—	—	—	—	—	—
一九二七年	—	—	—	—	—	—	—	—	—	—	—	—
一九二八年	—	—	—	—	—	—	—	—	—	—	—	—
一九二九年	—	—	—	—	—	—	—	—	—	—	—	—
一九三〇年	—	—	—	—	—	—	—	—	—	—	—	—
一九三一年	—	—	—	—	—	—	—	—	—	—	—	—
一九三二年	—	—	—	—	—	—	—	—	—	—	—	—
一九三三年	—	—	—	—	—	—	—	—	—	—	—	—
一九三四年	—	—	—	—	—	—	—	—	—	—	—	—
第一次估計	—	—	—	—	—	—	—	—	—	—	—	—
第二次估計	—	—	—	—	—	—	—	—	—	—	—	—
第三次估計	—	—	—	—	—	—	—	—	—	—	—	—

中國各省棉田面積（單位千畝）

年份	河北	山東	山西	河南	陝西	江蘇	浙江	安徽	江西	湖北	湖南	合計
一九一九年												
一九二〇年												
一九二一年												
一九二二年												
一九二三年												
一九二四年												
一九二五年												
一九二六年												
一九二七年												
一九二八年												
一九二九年												
一九三〇年												
一九三一年												
一九三二年												
一九三三年												
一九三四年												
第一次估計												
第二次估計												
第三次估計												

華北的棉花生產在全中國所占的地位，看了上列二表即可以明白其重要 而華北的棉花生產以河北、山東為主要的區域，故

關於華北的棉花生產情形，擬限於以這兩省為說明的對象茲特將河北、山東兩省的棉花生產在全中國所占的地位比較於次。

	河　北	山　東
一九三二年	棉田面積	一三・八六％	一八・四五％
	原棉產額	一五・八三％	二一・八二％
一九三三年	棉田面積	一五・一三％	一三・二四％
	原棉產額	一四・七八％	一五・〇三％

全中國以湖北及江蘇二省為首屈一指的重要產地而河北及山東二省目前尚居次要的產地然以近年來顯著的發展趨勢而論其地位將日見重要，尤其是美棉種植在華北棉業的發展上有重要的關係，因為這是表示華北棉種改良的趨勢。

河北山東兩省的棉花產額現在固已有可觀但在一九三三年的棉田面積河北省為六、一二二千畝不過占該省全耕地面積一〇三、四三三千畝中的五、九二二％山東為五、三五七千畝不過占該省全耕地面積一一〇、六六二千畝中的四、八四％以現在棉田面積和全耕地面積比較還是極其微小的狀態然這兩省的氣候和土質均適宜於棉花的生產將來增加其產額至現在二倍或三倍決不是困難的事情。

每年有十一二億斤棉花須仰給於外來的日本對華北這個棉花寶庫無怪其垂涎三尺。

三　河北的棉花生產情形

河北省土地平坦，氣候乾燥土味肥沃頗適宜於棉花的栽培。從來種棉即為該省的重要農業由現在棉花的種植面積說占次於小麥小米高粱玉蜀黍大豆的重要地位其生產額的一部份充生產地方的需要大部份供北平天津青島的紡績原料其餘小部分輸出海外其栽培面積和一九二〇年時比較雖一時非常的減少但自一九二九年以來有漸次回復的徵兆尤其是一九三四年飛躍的增收淩駕山東的生產額以上有和占中國第一二位的湖北江蘇兩省爭衡之勢。

河北的棉花栽培以地方不同而品質亦有差異因之河北的棉花產地通常以種類運輸系統分為西河區運河區東北河區三大區其中以西河區的地域最大棉花栽培也占第一棉田面積占河北全體的六七成產額也達六成以上然這個區域棉田雖多但外來棉的種植卻不多其次是運河區，其棉田面積及西河區比較顯著的少占河北省全體的二成上下收獲率相當的勝一籌東北河又次之這三區中外來棉栽培最多的地方是西河區運河區也相當的多下表為這三區本年棉及外來棉的生產狀況。

		一九三二年				一九三三年		
		棉田面積		原棉產額		棉田面積		原棉產額
		實數	%	實數	%	實數	%	實數	%
西河區	原來棉	二,九四三,四四九畝	七一·四	六七八,七三三擔	七一·九	四,〇五九,三六六畝	七一·九	五八一,四五五擔	七五·五
	外來棉	一六九,五六〇	四·一	一二四,〇八四	一三·二	一七五,七二九	三·一	七七,七九五	一〇·一
	合計	三,一一三,〇〇九	七五·五	八〇二,八一七	八五·一	四,二三五,〇九五	七五·〇	六五九,二五〇	八五·六
東北河區	原來棉	六七一,八〇〇	一六·三	八六,四〇〇	九·二	八六八,九一四	一五·四	七八,八一三	一〇·二
	外來棉	四八九,五〇〇	一一·九	三二,四〇〇	三·四	五二四,九五七	九·三	一九,六七五	二·六
	合計	一,一六一,三〇〇	二八·二	一一八,八〇〇	一二·六	一,三九三,八七一	二四·七	九八,四八八	一二·八
運河區	原來棉	三六,五〇〇	〇·九	九,五二五	一〇	四,三〇〇	〇·一	三,二五〇	〇·四
	外來棉	一六,二六六	〇·四	二,一六六	〇·二	一,二〇五	〇·〇二	一,五三四	〇·二
	合計	五二,七六六	一·三	一一,六九一	一·二	五,五〇五	〇·一二	四,七八四	〇·六
總計		四,三二七,〇七五(四,一二七,〇七五)	一〇〇·〇〇	九三三,三〇八(九二一,三〇八)	一〇〇·〇〇	五,六三四,四七一(五,六三八,六七一)	一〇〇·〇〇	七六三,一二二(七六二,五二二)	一〇〇·〇〇

（註一）根據中華棉業統計會發行中國棉業統計作成

（註二）共計欄內括弧內的數字雖與地方別的生產額合計不符但比較正確

河北省全體的棉花生產情形既已說明了其大概以後把西河區、運河區、東北河區的棉花生產情形分別加以說明。

（甲）西河區

西河區是河北省的西部及南部即指西河滹沱河淀陽河等流域的平原地帶所謂西河棉又稱天津棉即為西河區所產現在西河區的棉花栽培為正定藁城欒城晉縣束鹿趙縣冀晉新河元

氏、高邑柏鄉隆平鉅鹿廣宗平鄉曲周永年肥鄉邢台邯鄲成安磁縣、獲鹿平山新樂無極深澤安平蠡縣博野安國定縣望都高陽任邱唐縣完縣滿城清苑安新徐水定興等四十二縣地域廣大占河北省棉產額的六成上下其中棉花栽培最旺盛的爲成安曲周束鹿、磁縣宗正定晉縣、趙縣永年等縣。定縣、甯晉欒城元氏、蠡縣滿城磁縣無極藁城邯鄲新河獲鹿高邑深澤鉅鹿平山等縣也最重要西河區最近的縣別棉花生產額如次表。

西河區縣別棉產額

	一九三二年				一九三三年			
	原來棉		外來棉		原來棉		外來棉	
	棉田面積	原棉產額	棉田面積	原棉產額	棉田面積	原棉產額	棉田面積	原棉產額
	畝	擔	畝	擔	畝	擔	畝	擔
正定	128,000	56,150	1,200	530	130,000	57,850	1,500	657
新樂	180,000	106,200	150	88	200,000	118,000	150	81
定縣	175,000	139,250	60	47	177,310	141,133	180	128
唐縣	6,500	1,950	—	—	6,500	2,165	160	64
博野	140,000	88,200	80	56	141,000	88,866	100	66
安國	110,000	50,270	11	3	110,500	56,855	100	45
安平	80,000	56,800	100	70	84,000	48,720	500	280
深澤	67,500	27,000	32	13	73,110	29,244	150	45
無極	100,000	38,800	—	—	123,770	49,508	1,500	525
蠡縣	130,000	58,400	180	110	131,000	49,230	3,300	1,320
高邑	65,000	12,350	150	34	66,210	12,585	800	418
元氏	90,000	25,200	1,200	460	90,150	33,255	2,300	846
獲鹿	130,000	66,300	2,300	1,266	132,020	67,330	6,500	3,380
總縣	150,000	66,750	—	—	150,310	72,148	1,700	816
晉甯	280,000	168,000	31,121	18,672	280,100	193,269	36,850	25,445

曲周	平鄉	平山	望都	定興	安新	柏鄉	隆平	鉅鹿	廣宗	新河	高邑	任縣	磁縣	成安	永年	邯鄲	清苑	完縣	滿城	徐水	藁城	晋縣	東鹿
—	—	—	—	—	1,000	5,000	6,000	3,000	9,000	2,000	10,000	10,000	12,000	10,000	10,000	12,000	12,000	10,000	10,000	10,000	15,000	15,000	15,000
—	—	—	—	七〇	五〇	一,六〇〇	一,五〇〇	六,〇〇〇	一,五〇〇	一〇,〇〇〇	一,五〇〇	三,〇〇〇	五,〇〇〇	八,〇〇〇	八,〇〇〇	五,〇〇〇	五,〇〇〇	八,〇〇〇
—	—	—	—	七〇	五〇	100	一,〇〇〇	七,〇〇〇	三,〇〇〇	一二,〇〇〇	九,〇〇〇	六,〇〇〇	100	六,〇〇〇	一〇,〇〇〇	五〇	一,〇〇〇
—	—	—	—	七,〇〇〇	一,〇〇〇	一,八〇〇	九	四〇〇	六,〇〇〇	六,八〇〇	八,〇〇〇	一,〇〇〇	10	一,六〇〇	一,〇〇〇
一,〇〇〇	七,〇〇〇	一,六〇〇	—	一,〇〇〇	一,〇〇〇	一〇,〇〇〇	一,〇〇〇	二,〇〇〇	八,〇〇〇	一〇,〇〇〇	一〇,〇〇〇	一〇,〇〇〇	一〇,〇〇〇	一〇,〇〇〇	一〇,〇〇〇	一〇,〇〇〇	一〇,〇〇〇	一〇,〇〇〇
一八,〇〇〇	六,〇〇〇	一,〇〇〇	一九〇	四,〇〇〇	五	二,〇〇〇	四〇〇	一二,〇〇〇	六,一〇〇	五,〇〇〇	二,〇〇〇	四,〇〇〇	四,〇〇〇
一〇,〇〇〇	一,〇〇〇	七,〇〇〇	六〇	一〇〇	八	五,〇〇〇	五〇〇	六,〇〇〇	一〇,〇〇〇	六,〇〇〇	四〇〇	一,〇〇〇
八,〇〇〇	二	九六〇	七	一,三〇〇	四〇,〇〇〇	三六九	六,六〇〇	六六八	一,八九〇	六,九〇〇	一,六〇〇	二三

（乙）運河區

運河區是天津至以前山東省境的南運河及津浦鐵路沿線一帶的地方，所謂運河棉的產地現在這個區域的棉花栽培爲靜海、大城、青縣、滄縣、南皮、交河、甯津、吳橋景縣坟城棗強蠶縣南宮、威縣、東光等十五縣，到一九三一年僅吳橋、東光、甯津、南皮、南宮、威縣六縣生產棉花這個區域中生產棉花最多的第一是南宮縣威縣吳橋次之東光縣和新興的棗縣也還重要運河區最近縣別的棉花生產額如次表。

運河區縣別棉產額

	一九三一年				一九三三年			
	原來棉		外來棉		原來棉		外來棉	
	棉田面積	原棉產額	棉田面積	原棉產額	棉田面積	原棉產額	棉田面積	原棉產額
	畝	担	畝	担	畝	担	畝	担
吳橋	—	—	—	—	130,000	85,000	150,000	95,000
東光	—	—	—	—	80,000	60,000	90,000	70,000
甯津	—	—	—	—	70,000	40,000	80,000	50,000
南皮	—	—	—	—	30,000	18,000	37,000	22,000
南宮	230,000	170,000	180,000	120,000	200,000	140,000	170,000	112,000
威縣	90,000	67,500	80,000	60,000	85,000	63,000	75,000	56,250
鉅鹿	80,000	42,000	7,800	5,460	70,000	32,000	7,000	3,500
大城	16,000	8,000	1,700	800	17,100	8,500	1,800	900
青縣	—	—	—	—	9,000	4,500	1,100	550
滄縣	—	—	—	—	16,000	7,500	1,700	800
交河	—	—	—	—	12,000	6,000	1,200	600
景縣	—	—	—	—	12,100	5,800	1,200	580

（丙）東北河區

東北河區是北寧路以北至長城地方，即灤河、北塘河、北運河流域的總稱，比運河區的產區狹小，其產棉區域包含大興、通縣、三河、香河、宛平、安次、永清、武清、甯河、天津、灤縣、周、寶抵、玉田、平谷、豐潤、昌黎、樂亭、撫甯、旺榆等二十縣，其中主要的棉產地為豐潤、灤縣及武清三縣，其次為大興縣及香河縣。茲將東北河區最近的縣別棉花生產額列如次表。

東北河區縣別棉產額

縣別	一九三一年 原來棉 棉田面積	原棉產額	一九三一年 外來棉 棉田面積	原棉產額	一九三二年 原來棉 棉田面積	原棉產額	一九三二年 外來棉 棉田面積	原棉產額
灤縣	35,000	10,500	—	—	33,100	9,930	—	—
豐潤	10,500	2,100	—	—	11,500	2,550	—	—
玉田	6,500	1,500	6,500	1,500	7,500	1,875	10,500	2,625
寶抵	1,260	278	11,200	2,490	1,300	325	11,100	2,775
樂亭	1,050	230	1,800	400	500	125	1,500	375
武清	12,750	2,550	—	—	13,250	3,312	—	—
永清	7,500	1,250	—	—	7,500	1,875	—	—
宛平	6,000	1,200	—	—	7,100	1,775	—	—
安次	1,050	236	1,500	330	681	134	1,500	350
大興	8,000	1,600	1,800	401	6,250	1,578	8,500	2,125

四　山東的棉花生產情形

山東的棉花栽培在黃河的兩岸概爲沙地氣候一般的乾燥最適宜棉花的生長尤其是適宜美棉栽種的地方不少現在山東的棉田面積約達六百萬畝上下由耕作面積上說是次於小麥大豆高粱小米大體和玉蜀占同樣重要的農產物。

一九二〇年前後山東的棉花生產額是極其貧弱然一九三九年繼續凌駕河北省以上占華北第一位以全中國而論僅次于湖北而和江蘇省相仲伯。

一般所謂山東棉不是都生產在山東省壤內包含河北及河南一部份生產的棉花在內因爲生產地的地理關係及交易關係一部份河北省及河南省產的棉混在山東省內和山東省產棉花共同買賣因之在所謂山東棉中有濱州棉、山東美棉、吳橋棉、威縣棉、彰德棉等數種其生產地如下。

濱州棉——黃河下流濱縣北鎮蒲台高苑等地方。

山東美棉——恩縣武城高唐夏津清華臨青館陶等地方。

吳橋棉——德州的東北部吳橋留津等地方。

威縣棉——河北省南宮威縣等地方。

彰德棉——河北省廣平大名及河南省彰德等地方。

山東省的產棉地域通常分爲魯北區魯南區魯西區三區而其中棉花栽培最盛的地方是魯西區該區成爲山東棉花的中心棉田面積和生產棉都占山東全省總額由五〇％到六〇％。其次魯北區占第二位其棉田面積和生產額都不到魯西區的半數但山東省的棉花多外來種的栽培這事值得注意茲將最近二年和

河北省比較。

	一九三二年		一九三三年	
河北省	棉田面積的%	原棉產額的%	棉田面積的%	原棉產額的%
原來棉	七二·一八%	七一·一三%	六八·九四%	六一·九二%
外來棉	二七·八二%	二八·八七%	三一·〇六%	三八·〇八%
合計	100·00%	100·00%	100·00%	100·00%

山東省				
原來棉	五八·九二%	五九·八七%	五二·六三%	五三·八七%
外來棉	四一·〇八%	四〇·一三%	四七·三七%	四六·一三%
合計	100·00%	100·00%	100·00%	100·00%

而這些外來棉的生產逐年增加，成為青島紡績業極重要棉桿，次表是魯北、魯南、魯西三區原來棉和外來棉的生產狀況。

	一九三二年				一九三三年			
	棉田面積		原棉產額		棉田面積		原棉產額	
	實數	%	實數	%	實數	%	實數	%
魯北區 合計								
原來棉								
外來棉								
魯南區 合計								
原來棉								
外來棉								
魯西區 合計								
原來棉								
外來棉								
共 合計								
原來棉								

外來棉總計					
(一八七二）一三八·二	100.00	一六九·五四	100.00		100.00
			100.00		100.00
					100.00

根據中華棉業統計會發行之中國棉業統計作成共計欄中括弧內的數字與地方別生產額合計數雖不相符但正確些

山東全省的棉花生產情形既已說明其大概以下把魯北區魯南區、魯西區的棉花生產情形分別加以說明。

（甲）魯北區

魯北區是津浦鐵道以東，黃河下流及小清河流域一帶的平原區現在棉花的栽培為臨邑、高苑、廣饒、博興、利津、蒲台、濱縣、鄒平、商河、齊東、德平、陵縣、惠民、霑化、濟陽、青城、章邱、樂陵、陽信等十九縣，其中生產棉花最盛的為濱縣及蒲臺縣，其棉田面積超過二十萬畝，此外博興、廣饒、臨邑、高苑、鄒平、商河、霑化、齊東等各縣的棉花生產也還盛興。

魯北區棉花生產額

	一九三二年			一九三三年		
	棉田面積 原來棉產額		棉田面積 外來棉產額	棉田面積 原來棉產額		棉田面積 外來棉產額
臨邑						
高苑						
廣饒						
博興						
利津						
蒲台						
濱縣						
鄒平						
商河						

(乙) 魯南區

魯南區是津浦鐵道以西黃河以南一帶的地方。現在荷澤、鉅野、定陶、曹縣、城武、漢縣、單縣、鄆城、甄城等九縣都生產棉花,東平、東河、魚台等縣也曾生產棉花但這區城的溫度較高而且土質多砂質土壤容易發生旱災。上列九縣中棉花栽培最盛的是曹縣,其棉田面積也最多,其次荷澤、單縣、鉅野三縣也占重要的地位,定陶、城武、鄆縣等也有相當的棉花生產,下面是近年來魯西區的棉花生產情形。

魯南區各縣棉花生產額

	一九三二年				一九三三年			
	棉田面積	原來棉 原棉產額	棉田面積 外來棉	原棉產額	棉田面積	原來棉 原棉產額	棉田面積 外來棉	原棉產額
	畝	擔	畝	擔	畝	擔	畝	擔
荷澤	100,000	18,210	60,000	16,040	38,250	10,101	20,111	16,821
鉅野	62,000	8,170	21,000	1,420	46,260	630	21,120	1,750
定陶	110,000	22,300	8,000		65,800	430		
曹野								
曹縣	65,000	10,930			271,000	63,530	10,000	1,730

(表格內容因圖像模糊僅為近似)

以下為魯東區各縣統計(合計欄):

縣名							合計
齊東							
德平							
陵縣							
惠民							
濟陽							
青城							
覃邱							
樂陵							
陽信							
合計							

（丙）魯西區

魯西區是山東省津浦鐵道以西，黃河以北的地域，由砂質土而成氣候乾燥為山東省中最適宜於棉花的植棉，占山東省棉田面積的一半強。現在該區的棉花栽培為恩縣高唐臨清館陶堂邑武城平原夏津清平德縣邱縣冠縣禹城等十三縣該區是山東棉花的中心地，不論那一縣都有棉花生產然其中以臨清縣最盛棉田面積超過六十萬畝其次為清平縣五十萬畝此外夏津高唐二縣也超過四十萬畝堂邑邱縣館陶恩縣冠縣等也甚重要下面是魯西區各縣的棉花生產情形。

城武縣	濮縣	單縣	鄆城	合計
...	...	...	...	...

魯西區縣別棉花生產額

	一九三二年			一九三三年		
	棉田面積	原棉產額	外來棉	棉田面積	原棉產額	外來棉
恩縣						
高唐						
臨清						
館陶						
堂邑						
武城						
平原						

夏津	一○,六五七	四○,五七二	一一○,六四○	一○一,四五五	一○六,五五一	六六,九四七	一○六,二六四
清平	一五,八一○	六八,一一○	五五,六六六	九,五四九	一八,六四○	四四,六○○	一○七,一五四
德縣	一二,○○○	四六,五八八	七六,四六六	八,三五四	一一○,○○○	一八,六○○	七,五六六
邱縣	一四,○○○	八,一五○	四二,九五五	八,五五○	二六,四○○	六五,八五○	二二,六六六
冠縣	一五,○○○	五一,三六○	五八,○○○	六五,一四三	六八,四○○	九六,一○八	六六,五四八
禹城	一一○,一四○	一一四,二五○	五九,四一○	一○,九五五	二六,四八○	六六,一二三	一○,三二二
合計	一,六八九,三八五	七四○,五四○	一四一,○五○	四二四,八七五	一,二七八,六五○	六八二,○四三	四○六,八六八

五. 結論

經過以上的敍述，可以明瞭華北的河北、山東兩省是如何重要的棉產區域，而其將來是具有如何發展的希望。日本是以輕工業立國其紡織品在中國市場上的傾銷泛濫事實上已壓迫中國輕工業的自由發展，若今後再獲得華北棉花的供給則其壓迫中國輕工業自由發展的程度將更增大反之正待發展的中國輕工業以失去華北棉花的重要來源其發展無疑的愈復困難。

上面是就產業方面而言，上就軍事方面言日本自九一八事變用武力侵占東北以來踏着德國以前的血路前進甘心作第二次世界大戰的戎首者能掠奪華北的棉花以充其軍需工業的資源無異助長其暴力政策的長大。反之在中國正求國防充實的現階段中忽失去軍需工業重要資源的華北棉花，可以說是國防力一種最大的削弱。

是現在日本開發華北聲中的棉花問題，吾人不能不予以深切的注意。這華北棉花的得失無論在產業上和軍事上其利害直不可以道里計值此日本所謂開發華北而把棉花掠奪列在第一步工作的時候作者特草斯文以喚起國人的注意爭勿等閒視之也。

（附識）本文各種統計除已在表後註明者外餘均採自日本「東亞」雜誌
昭和十年九月號「華北開發和棉花」一文
一九三五，十一，六日於南京

《亚细亚新》杂志封面

日本對於東北農業的統制與農村的破產

著 訓

一、農業在東北之重要性

東北地處平原，土壤肥沃，氣候溫和，爲最適宜於農耕的地方。兼以開墾較晚，前途更有絕大的發展。故農業現爲東北之基本經濟，東北三千餘萬人口之百分之八十八人口的生存均爲農業所供給了。東北在事變前，是我國對外貿易唯一的出超地，民國十八年出超達一三五、六一九、〇〇〇海關兩，在我國歷年對外貿易入超下，大量的漏卮借以東北出超補苴者不少然。而東北其所以出超寶賴特產農品的豐富，主要者如大豆、豆餅、高粱、玉蜀黍、穀子、大麥等。大豆爲東北主要的農產，年產額爲一、七〇〇萬石至四、〇〇〇萬石，內外半數用於東北的榨油業，農民用作食糧及其他消費者約一、〇〇〇萬石，輸向國內及日本歐洲爪哇各地者年約一、二〇〇萬石據

一九三三年爲「滿」的總輸出爲二八四、四六二、一七八海關兩，其總輸入爲一九二、九九一、〇〇〇海關兩，而大豆輸出爲一四三、八五九、五二四海關兩，豆油爲二四、五一一、五七七海關兩，豆餅爲六六、三一一、三九〇海關兩，道三種豆類產品約佔爲「滿」全輸出三分之二豆類之重要可知。他如高粱年產約三、七〇〇萬石、穀子年產二、八〇〇萬石、玉蜀黍年產約一、三〇〇萬石，小麥年產一、〇〇〇萬石，此等農作物除每年當地人民食用外均有大量向外輸出。其他農作物如稻麻棉等亦均有相當的產量。故農產實爲東北經濟的主要基礎，東北整個的民衆生命也可以說全寄託在農業上。

二、日本統制下的東北農業設施之現狀

日本自統治東北後積極從事於農業的開發和農業機關的設置，曾在僞「滿」實業部下設有農務司，在各省縣內亦分設有農

業指導機關，另於民國二十三年（昭和九年）設置「滿洲」國立農業試驗場順次推及各地並將舊有的附屬於滿鐵各農事機關加以擴充以適應開發農業的需要。茲將日本開發東北主要的農業機關及為「滿」國立的農業機關分述於下。

（一）滿鐵農務課 滿鐵農務課是滿鐵農業設施的中樞機關，所有各地農業機關及試驗場均隸受其指揮統轄。如附屬地內外的農業試驗場苗圃試作場原種田（原料用）原種圃採種田探種圃種畜場獸疫研究所農業實習所等和關東州農事的機關的東亞勸業株式會社大連農事株式會社等其主要目的為開發滿蒙的農業，如水田事業的援助和指導特用農作物（煙草棉花亞麻等）的栽培牧場造林伐木的調查苗圃畜種的配合農事講習會農產物品評會農事試驗野鸐試驗的扶助等是。

（二）滿鐵農業試驗場 本場設公主嶺分場設熊岳城此外尚有鄭家屯（遼源）試作農場，鳳凰城煙草試作場遼陽棉花試作場，昆奉鐵嶺各苗圃之補助農業試驗場其未設置如開原洮南龍江敦化海龍等地者第一步則暫進行農事之調查。
一、一五、二九六平方米內分種藝科農藝化學科畜產科庶務科其目的在滿蒙農牧林業的改良以及各種農事試驗和調查。

（三）關東廳農事試驗場 明治三十九年，關東廳在大連西公

園設置關東州都督府農事試驗場至大正七年，遷移沙河口同年另設有旅順蠶業試驗場明治四十四年在金州設置農出試驗場，大正十三年將大連農事試驗場移至金州東門外翛力堡埋成績裴然昭和三年公布試驗場官制並於同年將種畜場合併頗收劃一指導之效。
本場下分五部（1）種藝部，關於棉種的改良和良種的選擇，（2）果樹部關於果樹的栽培（3）蔬菜部關於各種蔬菜的栽培和育種溫坑的試驗、（4）農藝化學部關於土地的調查農產物的分析和鑑定（5）昆蟲部關於有害於果樹的食心蟲捲茶蟲等的形態生活史殺蟲殺菌劑的試驗（6）畜產部關於畜種的改良和獸疫的預防。

（四）大連農事株式會社 設於昭和四年四月，位於大連之薩摩町資本金為一，〇〇〇萬圓從事於土地的收買和開墾及移民的募集現在共收買土地為三、三〇〇町步移住戶為七五戶。

（五）東亞勸業株式會社 大正十一年設於瀋陽翠平町資本金為一、〇〇〇萬圓經營滿鐵附屬地內及南北滿各農產物的販賣農場經營及金融農牧林業等的管理。

（六）「滿洲」農事試驗場 在東北各重要農業地方，均設有試驗場其目的在大量的開發東北的農業以適應地方情形之不

同，而作特殊的試驗會於偽大同三年一月十八日頒布農事試驗場條例如下：（1）關於農作物的改良增殖的試驗及調查（2）關於農產物的加工製造的試驗及調查（3）關於農作物病害蟲的預防的試驗及調查（4）關於土壤肥料的改良的試驗及調查（5）優良苗種畜種的養成。

昭和九年（民廿三年）四月，於克山設立國立農事試驗場，七月將齊齊哈爾舊省立農事試驗場改為克山農事試驗場龍江分場舊遼寧省立錦州農事試驗場改為國立最近更將吉林農事試驗場復加整理內容為之一新今後更預定於寶安赤峰佳木斯延吉哈爾濱等處設立農事試驗場。

（七）農業教育 農業教育的目的在獲得關於經營農業精深的知識和技能及涵養堅忍不拔的志操為目的。在滿鐵經營的農業教育機關有熊岳城農業實習所在關東廳經營者有金州農業學堂在偽「滿」國立者有寶安農業實習所公主嶺農業實習所在關東應經營者有金州農業學堂在偽「滿」國立者有農業技術人員養成所其目的在從事於農業知識實際上需要的充實和優良技術的訓練開將來計畫更將擴充設置。

三、日本對東北農業統制之計劃及機構

日本自用軍事的冒險佔了東北後，一面用強大的武力壓制東北民衆，一面則採經濟的控制以便其榨取例如所謂「日」「滿」

經濟一體」和「統制滿鮮經濟」而將交通業製造業礦業軍需工業和各種產業，均行加以強固的統制，而對於農業經濟亦極盡其剝皮吮髓之能事以適應著目前及未來金融資源的枯涸茲將日本在東北關於統制農業一切計劃和機構概述於次

（一）制定農村調查方案 在日人心理中以為永久統制東北，必須進一步調查農村社會的經濟眞像然後根據此種實際情形，再作有效計劃，然後政權可以奠定現將偽民政部農村調查方案所包括事項分作概況戶別兩方面分述之

概況包括（1）沿革及現狀（2）風土（3）土地（4）村政及農村各團體、（5）農業及其他生產業（7）衣食住（8）社會生活（9）衛生（10）教育（11）信仰及習俗（12）住民之風紀等戶別包括（1）現住人口調查（2）移動人口調查（3）土地建築物調查（4）土地利用調查（5）農業經濟調查（6）肥料飼料調查（7）勞力調查（8）收入調查（9）農家出支調查（10）農家負債存款調查（11）負担調查等按此種方案充分暴露日本吞併東北之實例蓋農村調查即為實現「日」「滿」經濟結合」「日」「滿」統制經濟」之部分的措施。

（二）土地保有會社 日本對於東北土地的收買和典租，在事變前就有許多事實表明彼時我東北當局雖有明令嚴禁而農民無知貪於高價往往私訂契約惹起外交事件如以前瀋陽北郊

「原榊農場」折毀北寧支線，即原於此「九一八」以來，日人爲利於移民及實行統制東北土地計畫設有「土地保有會社」資金爲二千萬圓由滿鐵會社東洋拓殖會社出現金一千萬圓僞國則以指定土地作爲資金一千萬元交由滿鐵會社東洋拓殖會社經營，其主要目的乃日本拓務省爲自由移民租借或收買東北農民耕地衆土地作集團墾殖之用，由這一點可見日人謀奪東北農民耕地手段的毒辣。

（三）土地商租權的取消 在東北事變前僅允日人於關東州及滿鐵附近享有商租權，及自去年以來吉黑各省已承認日人有商租權，原爲「滿」初成立時關東軍深懼日本資本家之伸入因限制商租不得過五十萬町步最近此項限業已取消故現在日人之商租絲毫不受限制並可假借特殊勢力儘量享受東北土地權了。

（四）統制大豆的「特產共同販賣會」 東北的大豆爲農業經濟的基本蓋東北工業原來幼稚所需的工業品多求之於外其在貿易上造成出超者全特有大量的剩餘農產以之輸出外國。其中主要產品爲大豆輸出地之廣在我國輸出貿易上首屈一指不過大豆的輸出和販賣久爲日人所壟斷。「九一八」後日人益得恣肆其剝削的能事民國二十二年秋因東北大豆市情疲萎日人乃利用此機會假典 · 僞國 合作之名設立

「特產共同販賣會」主辦以下各事務（1）關於特產物及加工品之販路介紹和實傳（2）關於特產物需要之研究及實驗（3）關於特產物輸出之增進（4）關於特產物交易之改善（5）關於特產物關係機關之統制而此等機關之主要目的在統制東北大豆的製造業和販賣業拼擬糾合全東北特產生產業者，輸出業者海運業者於一處組織東北特產中央會，由滿鐵會社關東廳特務部工商省與「僞國」共策進行，而組成日「僞」合辦之官民合組之統制機關大部經費由滿鐵會社關東廳及「僞」政府補助各會員並分擔會費由此一來，日本對於東北之特產自可予取予求了。

（五）滿洲棉花會社 日本鑒於軍需工業和紡織業需要棉花之急切故對於改良及增植民國二十三年三月「滿洲棉花股份有限公司」其目的在改良增植及處理棉花之販賣方法茲將該公司組織決擇要錄左。

第一條 （政府）爲謀國內棉花生產之改良及增殖，乃有「滿洲棉花股份有限公司之設立」在（實業部大臣）之指定區域內收買所產之棉花。

第二條 「滿洲棉花股份有限公司」以收買國產棉花及採種爲目的該公司得「實業部大臣」之許可得經營前項事宜。

第三條 「滿洲棉花股份有限公司」本社設於奉天該公

司於「實業部大臣」認爲必要之地方得設置收買所。

第四條　本公司資本爲二百萬圓政府出資一百萬元。自該公司成立後東北所產棉花均將爲應日本的需求而生產了。

（六）亞麻會社　『亞麻會社』成立於民國廿三年六月間，純以三井洋行之資本爲背景資金定爲六百萬本店設於東京東北各地遍設分廠其目的在統制東北亞麻的收買及製造其主要者用此製造軍需品如水囊水管天幕雨布飛機翼及其他軍用品等。

（七）產業調查局　在日人所謂「日滿經濟統制」之推進中，對於東北資源的調查，自屬刻不容緩因於民國廿四年一月設立「產業調查局」下分總務資源兩部分置庶務計劃資料考查四科並於資料科下設有工商農務礦務四班農務班職掌調查農業上的產品並於資料科下設有工商農務礦務四班農務班職掌調查農業上的產品及特殊農產物的產量的統計故大部調查偏重於農業以適應偽「滿」以農立「國」之本旨調查工作農業佔全部的七成其餘三成爲調查工商業同時選擇東北主要縣四十八處僞農業調查員駐在所其所搜集的調查資料由資料科整理之然後交與總務部根據報告結果作成計劃方案。

（八）春耕貸款　自民國二十年東北遭日人之蹂躪，及洪水

之泛濫，北部農村經濟遂陷於崩潰之命運。日人因施行所謂『春耕貸款』以農民之地照作抵押，有不能償還者即沒收其土地。日人由此不費一兵一卒不耗一彈即征服多數農民而擁有其土地，其用心可謂狠毒了。

四、東北農業的衰落與農村破產

東北的農業和農村，近年來日益衰落其原因概括的分述於左。

（一）受世界經濟不景氣的影響　因世界經濟恐慌的加深，使東北的農業危機亦隨之日趨嚴重化。在市場中農產品價格低落，而一切資本主義國家乃加強自給的趨勢提高關稅對於農產品之輸入亦增加了入口稅如德國之限制大豆輸入使東北農業大受打擊且東北事變後其農產品輸往內地亦受了限制因之遂成一般農產品價格之下落如一九三三年的大豆價格較一九三〇年減百分之七十高粱玉蜀黍大麥也都有同樣的低落。一看下面主要農產每石價格的變動表就可明瞭了。

年次	大豆	高粱	粟
	圓	圓	圓
一九二四年	一四、一三	八、〇三	一四、一四
一九二九年	一二、四五	七、九五	一一、五五
一九三〇年	九、一七	五、八二	七、一四

一九三二年	七、九八	四、三一		七、○○
一九三三年	四、九五	二、四八		三、五四
一九三四年	五、○五	三、一六		三、七五

在這種穀賤傷農的情形下，泛起了賣地潮，大批農民離村田地荒廢了。

（二）天災的侵害　東北近年來常有水旱之災使農民不能耕種即令耕種亦所獲無幾天災之最重者莫過於民國廿三年的大水災和二十四年的水災旱災民國二十二年東北的水災據「偽國」當局的調查，全境受災難民七十九萬三千二百○七人，被水浸毀房屋為七萬八千八百九十戶被浸田地達二億七千十萬八千五百一十八畝總損失達一億七千五百五十三萬七千零六十八元民國二十四年水旱之災雖無精確調查但受災地域，則很寬大尤以遼河流域鴨綠江下沿岸受水災為鉅而束邊各縣自春至夏未得甘雨至秋農人無法下種。因此秋收大受影響僅獲四五分年成未及年終多數即告食糧缺之肇成農村普遍的崩潰使農民日與飢寒搏鬥少壯者或流為土匪或遠走他鄉老幼者則惟有待末運之到來而已。

（三）苛捐雜稅和高利貨的剝削　農村經濟衰落，農民既陷入了貧困的深淵在飢餓線上來掙扎但還須受苛捐雜稅的剝削和高利貸的壓榨東北自出現了傀儡政府後口唱著「王道政治」而苛捐雜稅，則層出不窮。在偽國稅捐中計有國稅治安維持稅、民團捐警備費教育費山林游擊費修道費牲畜稅（牛馬羊猪狗）車捐婚捐更有種種臨時攤派的捐稅際此年荒地亂一般人民，那有力量負擔但不繳納則受重罰或受拘留不得已只好出賣僅有維持活命的一塊耕地或借貸了。

在這種情形下高利貸應時而生是無足怪的農民為著急需忍痛借貸以地契或農產品作抵押而操縱之者則為日本資本家和中國城市商人及大地主即由日本商人資助中國城市商人城市商人經過許多中介人而資助農村商人農村商人便將高利貸的結構和農民聯繫起來層層剝削苦不堪言借貸利息之高實可咋舌每月利息竟可高至十分少亦三分年利有百分之二十四至一百者此種現象尤以北滿為著。

（四）農業金融被操縱與毒化政策　日本自來對於東北金融有深厚的基礎對於東北的市場有優越的地位自事變以來此種勢力更造成獨佔的局面現在東北已成日本一大市場日貨棉紗棉布絲織物化粧品日用品陶器等到處皆是把東北向來出超的貿易由日貨的傾銷反為入超而農產物的價格既受日人的操縱運輸亦由日人把持農民所獲售價低落所得仍不敷耕種人工籽種之資因此農村現金急劇流出而入於統治者的袋裹了。

日本不但操縱了東北農村金融且採取毒化政策對於種植鴉片加以鼓勵對於吸食者毫不禁止其用意不僅藉此斂財且用以消滅東北民族的精神東北農民為利所趨為窮所困爭種鴉片，如此下去不但人口將隨之減少，且將消滅東北民族了。

鴉片收入，便成了農村經濟的來源然而因此，東北食糧發生恐慌，

日本統制下的東北金融現狀

張佐華

（一）前言

社會的經濟組織是政治制度的基礎，金融是民生的命脈，政治的是否穩定和金融的是否調整有着很大的關係，就是現在世界成為中心問題的戰債問題銀價問題金本位廢棄問題以及禁金出口問題等等都可以說是世界金融問題而帝國主義國家榨取弱小民族唯一的辦法也便是操縱金融由此金融對於一個民族的生存關係是很重要的。

我們知道在九一八事變前的東北金融是異常紊亂的，除了各銀行所發行的十五種紙幣外還有中國交通各銀行的現洋票和哈洋票，有安東的鎮平銀，有營口的爐銀外幣有金盧布，和日本帝國主義者為了久遠地統治東北，認為統一金融是併吞東北的基礎所以第一步是統一東北的幣制次則為變銀本位為金本位以與日本幣制合流而期所謂『日滿經濟統制』的成功於是組織偽中央銀行，消滅了東北舊日通行的十五種紙幣廢止了流通八十餘年的營口爐銀六百多年的安東鎮平銀此外更制定銀行法設立金融合作社以操縱整個東北金

（一）前言
（二）九一八事變前的東北幣制
（三）偽中央銀行的設立
（四）通貨的整理與統制
　A 舊貨幣的整理與取同
　B 爐銀和鎮平銀的廢止
　C 私帖和救濟券流通券的取消
　D 新貨幣的發行
（五）普通銀行的整理及現狀
　A 銀行法的頒佈和銀行的整理
　B 許可銀行的現狀
　C 對於各銀行股本的限制
　D 日本及外國銀行的現狀
（六）積極設立的金融合作社
（七）尾語

融，無形中我東北三千萬民衆的生活命脈整個地操縱在日本帝國主義的手中了，這是不容忽視的，因此作者特別地把日本統制下的東北金融現狀介紹於關心東北問題的讀者們。

（二）九一八事變前的東北幣制

九一八事變前的東北幣制因爲發行機關的不統一所以貨幣的種類極爲複雜我們旣然要說明東北現在金融狀況那末對舊日東北幣制當然要有個認識這裏作者把東北各銀行發行的紙幣分述於下：

（一）奉票——奉票是東三省銀行，邊業銀行，及遼甯四行號聯合發行準備庫三行發行的兌換券但東三省銀行及邊業銀行的天津券不包含在內分大小洋兩種奉大洋一元作奉小洋十二角此項紙幣發行最廣事變前奉小洋六十元兌換現大洋（國幣）一元流通額約在十億元左右。

（二）吉林官帖——吉林官帖是吉林永衡官銀號所發行的紙幣以五百文爲一吊分一吊二吊五吊十吊二十吊五十吊一百吊八種流通額約達一百零一億吊。

（三）黑龍江官帖——黑龍江官帖是黑龍江官銀號所發行的紙幣種類與吉林官帖略同最初規定每三吊合國幣一元後竟落至一千五百吊合哈洋一元流通額約達一百零七億吊

（四）四釐債券——四釐債券是黑龍江官銀號所發行的債券其目的在整理官帖總額約四十七億吊。

（五）永衡大洋——永衡大洋是吉林永衡官銀號所發行的大洋票爲吉林官吏薪俸及軍警餉糈的計算標準發行總額爲一千一百萬元。

（六）東小洋——東小洋是吉林永衡官銀號所發行的小洋票總額約一千三百萬元。

（七）遼大洋——遼大洋是印有"遼甯"地名的東三省官銀號及邊業銀行所發行的現洋券總額四千二百萬元此項紙幣可以十足兌現。

（八）哈大洋——哈大洋是東三省官銀號，吉林永衡官銀號，邊業銀行，及黑龍江官銀號四銀行所發行的哈爾濱大洋票爲吉林黑龍江兩省的主要貨幣凡交易稅收銀行存款均以哈大洋爲標準發行總額約六千萬元。

（九）江大洋——江大洋是黑龍江官銀號所發行的大洋票流通於黑龍江省內各地流通額爲二千萬元。

現在把事變前東北紙幣的發行額及其價值列表於下：

幣別	流通額	兌換率	折合國幣
哈洋券	約60,000千元	1：1.5	40,000千元
江大洋	約20,000	1：1.5	13,350

九一八事變前的東北紙幣種類已如上述此外還有營口的爐銀和安東的鎭平銀，都是在東北的某一區域內流通最廣的。爐銀乃是營口的金融機關基於營口銀爐兩銀而通行轉匯計算的爐銀。乃爲以現銀委託銀爐製成銀兩銀爐當即開給委託人以一種證券日久該證券在該地乃成爲一種鈔票所謂過銀支票俗稱之爲『過爐銀』因此過爐銀在營口商人的往還上佔有很重要的地位所以漸成流通的貨幣更因爲銀爐無限制的濫發乃成爲一種兌換紙幣其發行總額大約有二千萬兩左右。

鎭平銀和爐銀不同，乃是一種現銀是一種安東習慣上以鎭平秤計算經安東公佔局（銀兩鑑定證明所）之鑑定證明付給的馬蹄銀僅可以在安東使用流行額達三百萬元按鎭平銀之由來相傳起於一二七六年（元世祖至元十三年西歷一二七六年）距今有六百五十九年的歷史。

此外尚有中國交通各銀行所發行的現洋票及哈洋票及日

	現大洋	永衡大洋票	東小洋票	黑龍江官帖	吉林官帖	四整懷券
	四百萬元	一三〇〇	一,〇〇〇兒元三〇〇	一〇,〇〇七,七九六千吊	一〇,二三六,〇〇〇千吊	一,五〇〇,〇〇四,九五〇,五〇五千吊
	一.〇〇	一.三三	五〇.〇〇	一,三五〇.〇〇	四五五.〇〇	一,五〇〇.〇〇
	四百萬元	一,七二五	五〇,〇〇〇	一三〇	六,六六六	

本的金票蘇聯的金盧布等在東北貨幣中也都佔有相當的位置。

（三）僞中央銀行的設立

僞組織成立後即於一九三二年六月合倂東三省官銀號，永衡官銀號黑龍江官銀號及邊業銀行四銀行設立『滿洲中央銀行』以榮厚爲總裁總行設於長春於七月一日開業使通貨發行權統一於政府而由中央銀行發行在總行統制之下，在東北各地分設分行及辦事處使擔負統制通貨之責。

『滿洲中央銀行』的主要任務爲調劑通貨流通以保持其安定藉以統制東北的金融其組織爲官民合辦股份公司資本金三千萬元分爲三十萬股每股面價格一百元資本之半數由國政府擔任；所餘半數則人民募集該行的公集金分爲三種（一）爲缺損填補公積金須在純益金之百分之八以上（二）爲公積金須在純益金百分之二以上（三）爲特殊金準備金之積蓄須在純益金百分之二十以上此最後之準備其所積蓄者須爲塊外國金幣或金儲金此銀行之業務分爲二期一月一日爲六月三十日爲第一期，七月一日至十二月三十一日爲第二期其營業種類一爲貨幣之製造及發行二爲一般業務及附屬業務包括以下十二項（一）政府發行之票據及商業票據之貼現及收買（二）以金銀塊及外國通貨為擔保之放款（三）金銀塊及外國通貨之買賣，（四）各種存款及定期放款，（五）金銀塊外國通貨貴重品及各種證券之保證寄存（六）以公債證書政府發行之票據及政府擔保之各種證券為擔保之放款（七）有確實擔保之放款，（八）代替有交易契約各公司銀行或商人收取票據款項（九）匯兌及押匯（十）為謀營業上便利之收買國債證券及政府指定之確實有價證券（十一）得政府許可之借款（十二）代理國庫事務及地方團體之公款處理事務。

偽中央銀行的職員，在法規上有正副總裁各一人其任期為五年；理事五人以上其任期為四年監事三人以上其任期為三年。

至於組成偽中央銀行的東三省官銀號，吉林永衡官銀號，黑龍江官銀號，及邊業銀行舊日的附屬事業如典當業糧業油坊業，及燒鍋業等均有極大的資本日本為實行統制經濟遂將此類副業脫離中央銀行，而另組織『興業金融株式會社』於長春資本金一千萬元董事長為王富海以下有日人中西瀧三郎川上喜三石凡素一加藤秀二等襄助之，分為四個公司：在瀋陽為公濟公司，在吉林為永衡公司，在黑龍江為齊會公司，在哈爾濱為江豐公司，其營業範圍為：

（一）當業造酒油坊，及買賣雜糧。

（二）財產之管理及代理業。
（三）公債公司債票及其他有價證券之募集及承受。
（四）附帶前列各項之一切業務。

其營業店本概凡三十八家其分佈情形如下：

瀋陽公濟當　　連山公濟當　　遼陽公濟當
西安公濟當　　昌圖公濟當　　大連公濟棧
蓋平公濟當　　錦縣公濟當　　洮南公濟當
綏中公濟當　　通遼公濟當　　海龍公濟當
吉林永衡裕　　樺甸永衡和　　遼中公濟當
雙城永衡宏　　濱江永衡茂　　海倫公濟當
吉林永衡長　　雙陽永衡厚　　長春永衡通
卜廣廣信當　　長春永衡茂　　長春永衡德
呼蘭廣信當　　海倫廣信當　　吉林永衡昌
大興廣信廠　　慶城廣信當　　綏化廣信當
阿吉傌廣泉公　奉天萬興泉　　巴彥廣信當
　　　　　　　楊家大城子萬生泉　　東濟油坊

此分佈有分櫃二十七家，油坊五家，並在大連長春吉林哈爾濱等燒鍋四家，造酒工廠一家，共六十五家，其中計營業五十五處營有代理業在楊家大城子雙陽樺甸等地方並營買賣雜糧等

（四）通貨的整理與統制

業，刻復擴充各營業勢力範圍於東北各縣內凡有中央分行處皆有之。

日本帝國主義操縱下的東北偽組織即奠定了統制金融政策後，卽成立所謂『滿洲中央銀行』以為操縱統制的唯一機關，而積極努力於東北通貨的整理與統制像舊通貨的整理舊紙幣的收回爐銀鎭平銀的取消新通貨的發行等茲分述於下：

A 舊貨幣的整理與收囘

東北舊日通貨因發行的不統一其種類非常複雜已詳述上節日人吞併東北後旣確定統制東北金融政策所以當偽組織成立之初建樹新幣制的時候日人間對於偽國貨幣的本位問題即有本『日滿經濟集團』的立場主張放棄銀本位而採用金本位及金匯兌本位以先從整理舊貨幣入手遂於一九三二年六月二十七日假藉偽組織的名義公佈所謂『舊貨幣整理辦法』此法明示整理舊通貨的根本方針大別之可分為二種第一種是依該法留待將來整理第二種是依該法於一九三二年七月一日施行以後卽禁止流通屬於第一種是這樣規定着的：

『一．東三省官銀號發行紙幣三種奉業銀行發行紙幣二種（當四）等合發行準備庫發行紙幣一種公濟平銀號總發行紙幣一種吉林永衡官銀號總發行紙幣四種黑龍江官銀號發行紙幣四種合計共十五種紙幣從大同元年（卽一九三二年）七月一日起算於二年間按法定之換算率用國幣將其兌換收囘期滿以後槪作無效。

『二．本支舊舊有十進銅元由大同元年七月一日起在五年內與國幣一分銅元有同樣效力期滿後概作無效。

『三．中國、交通兩銀行發行之哈爾濱大洋票以此法公佈當時之額數爲限由大同元年七月一日起五年間應卽收囘。』

以上三項是整理事項中的細則此外在熱河被佔後於一九三三年三月復發表整理熱河舊紙幣的辦法每熱河與業銀行票五十元兌換僞國幣一元限於一九三四年七月以前收完。依上列情形通貨整理方針旣已確定其實行最力和最緊要的便是收囘最多額如右列第一項的十五種紙幣其次是上列第二種通貨的停止流通

從來在東北流通的通貨到一九二九年底，中國所發行的爲一億九千萬元銀圓，日本所發的約六千萬元，而偽中央銀行所發行紙幣爲一億八千萬元按所定換算率舊銀幣爲十三萬四千八百七十二元所以在其發行的紙幣中包含承繼發行額一億四千二百二十三萬餘元的舊紙幣。偽中央銀行因此對於這些舊幣是要整理收囘的現在根據『滿洲中央銀行』總裁榮厚在對中

央行業務報告中，把其收回的成績列載於下

時期	舊幣餘額	收回率
一九三二年七月以前	一四六、三四六、〇七三元	100%
同年七月末	三七、二三四、〇〇〇元	七%
同年十二月末	二五、六六七、〇〇〇元	一五%
一九三三年三月末	八、九六七、〇〇〇元	九〇%
同年五月末	六、五〇三、〇〇〇元	九五%
同年十二月末	三、五〇〇、〇〇〇元	九七%
一九三四年三月末	二、三〇〇、〇〇〇元	九八%
同年六月末	一、二〇〇、〇〇〇元	九九%

這二年來對於舊紙幣已收回百分之九十二，了殘存的不過一千一百餘萬而已，成績可謂不壞。去年偽組織再申展期一年至『康德』二年（即一九三五年）六月末實行廢止。

舊紙幣的收回其法定的換算率折扣頗大，民衆已損失無限了，再加上無數的錢號錢莊恆以兌換貨幣爲主要營業幣制的統一，使這些商號紛紛歇業，而錢號錢莊等又都與都市的小商業和農村商業有債權關係，所以因此而間接破產者也極多，使東北民間經濟愈趨於破產之途了。

B　爐銀和鎮平銀的廢止

在『九一八事變前的東北幣制』一節中，作者已將營口爐銀和安東的鎮平銀的歷史及在營口安東商業上所佔的地位

說明過了。日本爲實現統一東北幣制的陰謀，所以決定將此兩種通貨廢止。

對於營口爐銀的廢止，由僞財政部決定下列五項辦法：

（一）停止爐銀營業在新銀行開業之後禁止過爐銀的發行流通。

（二）另以現洋二百萬元，在營口設立銀行以謀金融的圓活。

（三）僞滿洲中央銀行對該行極力援助。

（四）爐銀本位的債權債務由營口總商會速擬整理辦法，經僞財政部承認後實行之。

（五）現存的過爐銀由僞財政部監督之下，速行整理。

廢止過爐銀辦法決定後遂於一九三三年十一月四日乃頒佈僞命令給營口商會勒令收回過爐銀，於是在過去八十年間特殊存在着的營口爐銀遂被廢止。至整頓爐銀的換算額定爲僞幣二十一百九十萬元收回法定換算率是僞幣一元換爐銀四角不過因爲爐銀是一種不換的紙幣且在營口的金融界有着極深的根底，這樣一旦廢除營口的金融界遂呈紊亂狀態因之市面疲弊已極，本埠營業停頓外來商人絕跡各商號的欲歇業者日僞均不予撤消營業執照，日人更趁此機會於一九三三年十二月一日在營口成立商業銀行行長日人宮城正一資本一百萬元收足每股二十

元的五萬股歷次貨借小商號救濟此頹敗情勢，但均不能挽救此頹敗情勢。至卽今已有六百五十九年歷史的安東鎭平銀的廢止是在一九三四年四月二十日由僞財政部命令廢止的其擬定辦法爲：

（一）本年（一九三四年）十月一日以後禁止新造鎭平銀的交易。

（二）公估局公認的鎭平銀，至本年十二月三十一日止，以國幣百元換七十兩二錢收買之。

（三）安東公估局限於本年四月三十日停閉。

C　私帖和救濟券流通券的取消

除了爐銀鎭平銀被廢止以外尙有事變後東北各縣所發行的救濟券流通券以及個人發行的私帖如『馬占山大洋』『高玉山大洋』等，僞組織亦於一九三三年七月頒佈似紙幣證券取締暫行辦法』規定『從來通用者已得發行官署之認可或三個月內受中央政府之認可則在當時限定之流通額定爲一年期間尙可通用』這就是說除了這些私帖以外的——就是沒有得到發行官署的認可，或僞組織認可的——一槪禁止通用。就是已得官署公認的私帖和全然未得官署公認由私人商店所發行的私帖而經僞組織許可的，自一九三三年七月五日後的一年間可以通用到一九三四年七月五日這些私帖便成了廢紙了。

這些私帖通行於農村間的極多，一旦廢止，直接受害的當然是東北民衆了。

D　新貨幣的發行

九一八事變前在東北內地所通行的各種紙幣旣經收回，爐銀安東鎭平銀以及私帖等旣經廢止便進一步地統制金融其統制辦法有二：一爲確定幣制二爲統一發行並由僞中央銀行發行新貨幣以代替被廢止的舊貨幣。

僞財政部所公佈的貨幣法有如下述：

『（一）貨幣之製造及發行權屬於『滿洲國』政府而由中央銀行行之。

『（二）以純銀庫平二三·九一格蘭姆爲國幣之單位定名曰圓

『（三）國幣之種類分爲下列九種紙幣百元十元五元一元五角一角五分銅貨幣一分五釐

『（四）紙幣法定貨幣呈額通用呈額以無限制

『（五）鑄幣爲法貨通用呈額以百倍爲限』

僞中央銀行的通貨發行情形可以分紙幣與鑄幣兩方面去說，據僞中央銀行總裁榮厚的業務報告述之如下：

（一）紙幣發行情形——僞中央銀行至一九三三年七月間的紙幣發行額爲一億一千二百四十九萬元後因特產資金次第收回紙幣發行額迄於九月漸趨遞減之途徑以該月之一億三百九十四萬元爲最低機屆金融繁盛之期發行額乃次第增加由七月至十二月間平均發行額爲一億一千八十萬元比較一九三三年

同期最高發行額減少二千二百萬元，平均發行額減少一千九百七十萬元。其所以減少的原因爲陰曆閏月特產物上市遲延及市價低落並我國內匯兌及存款的增加等，自一九三四年至六月內紙幣發行額最高爲六千九百一萬一千元，最低爲五千八百四十萬九千元，平均發行額爲六千五百六十九萬元。

（二）僞幣發行情形——僞中央銀行的鑄幣發行狀況，因其發行未久，所以發行額甚少。自一九三三年五月發行一角及五分的白銅幣，自八月發行一分及五厘的青銅幣，截此兩次之發行截至一九三三年底止其發行總額爲二百十六萬八千元之後僞中央銀行爲在收回舊幣後，不因小額貨幣缺乏而於交易上發行障礙，所以僞造幣廠晝夜兼工大擧造鑄，至一九三四年底鑄出輔幣枚數一億八千七百五十八萬九千枚，以金額計算爲一千七百四萬八千三百元。

僞組織的幣制統一，雖然打破了舊日東北金融的紊亂情形，但僞幣價值的本身却在下落而不能維持其正常價值雖經僞組織盡力設法維持其價值但因幣制根本就沒有正貨祇靠人去維持是很難成功的僞中央銀行旣不能完全應付兌換以致當地銀的買賣營業的要求兌換者在將當地銀的買賣形成下以應兌換的用途，從這裏以維持兌換值到相當程度。因此兌換大概屬於匯兌主要的是屬於上海的匯兌就是請求兌換者持僞幣要求買現銀

由僞中央銀行向上海匯兌的辦法。因此匯兌銀行市在僞中央銀行的本身祇有保持市價以維持僞幣的價值但實際上仍然不能阻止僞幣價值的低落。

僞組織的此種新幣制，在名義上雖以銀爲本位，但並沒有任何兌換的規定其所發行的紙幣實在是不兌換的紙幣俗稱此爲銀本位管理通貨或者叫統制銀本位其所以能流通無阻者其力不在貨幣自身又其正貨準備銀之外並有金，而依中央銀行法要求蓄積金準備金至中央銀行純益的百分之二十以止由此可觀爲改銀本位爲金本位的準備工作。

（五）普通銀行的整理及現狀

日本對我國東北的金融統制政策除了前幾段所說的舊通貨的整理收回新通貨的發行以外便是對在東北境內除去「滿洲中央銀行」以外的普通銀行的整理了。

九一八事變前的東北境內的金融機關雖然有銀行錢莊當鋪等等的設備和名稱但其一般的普通銀行因受幣制極度的紊亂各官銀號等機關銀行和外國銀行的壓迫所以不但這些普通銀行的發達非常幼稚就是在官銀號等等援助之下的比較充實一點的普通銀行也因爲經營方針的散漫以及近來世界經濟的不景氣和事變後政治的不安等等的原因無形中把銀行的機能

丧失很多。至於錢莊和當舖本來就是因小工業的需要而自然產生的一種庶民金融機關他們的內容當然很簡單了。

現在偽組織雖然成立了中央銀行並設立了許多分行但為了使偽國幣的流通普遍化貨幣價值力求安定便許多普通銀行的活動像中央銀行的手腳一樣靈活去和民間商工業直接接觸所以對普通銀行加以整頓以期和中央銀行勤一致在這一節裏作者把偽組織對普通銀行的整理情形以及整理後的普通銀行現狀分述於下：

A 銀行法的頒佈和銀行的整理

根據以上所述整理普通銀行的要求偽組織首先在一九三三年十一月九日以敎令第八十六號公佈了銀行法自此對於普通銀行的監督行政才有了一個準繩

偽組織所公佈的銀行法全文共二十二條其第一條的規定為凡營下列業務之一者均為銀行（一）存款（儲金）放款（借貸）及期票營業（二）營滙兌事業者或專以儲蓄為業務者除財政部總長有特別之規定外亦視為銀行所以以存款放款期票為業務者以滙兌為業務者均為銀行專營儲蓄事業除財政部總長有特別規定者外也視為銀行並不問在偽國境內有無分行其營業所及代理店只要在偽國境內經營上述業務者即可通用其銀行法。

營此種銀行者必須經財政部總長之許可（第二條）今後新設之銀行必須呈請自屬當然即旣存之銀行亦必須於『大同』三年（一九三四年）六月底以前呈請許可可其本行在『滿洲國』境內設有分行或其他營業所代理店等（第二十一條）以上規定而於呈請總長之許可可於銀行法施行之際仍營銀行業時依同法之規定認為已得到許可（第二十二條）在同年十二月底則不得營附業（第二十一條）倘未得許可而營附業者處以千元以下之罰金（第十八條）

這樣銀行的設立和兼營附業均有得財政部總長許可之必要當然銀行的變更廢止等事項也不能不得財政部總長之許可。所謂變更廢止的事項就是（一）商號之變更（二）資本之變更（三）法人之組織變更（四）分行營業所代理店之設置及廢止（五）本行分行營業所之支店之位置之變更（六）分行所以外營業所之支店之合併（七）銀行業之出讓廢止及法人之解散（八）與其他銀行之合併（九）法人組織之銀行業務執行社員及監督員之設定或變更是（第四條）倘違反第四條之規定而意於呈請許可時處以千元以下之罰金（第十八條）

對於銀行的組織在銀行法外並不規定別法且其為社會組織抑個人組織在所不問惟股份之銀行如其紅利已達資本之總額時應於每營業年終以純益金十分之一作為公積金(第五條)違反前項規定者處以千元以下之罰金(第十八條)銀行法對營業年度營業時間及休息日等均有規定即營業年度不准超過一年(第六條)營業時間以上午九時至下午三時為原則雖因營業上之便利可以自由延長惟欲縮短之時必須經財政部總長之許可(第八條)違反此項規定等處以千元以下之罰金(第十八條)銀行之休息日除節日星期日之例假及銀行所在地慣行之一種假日外他如天災及不可避免之事變亦可公佈臨時休業但必須通知財政部總長(第九條)違反此項規定者處以千元以下之罰金(第十八條)每個營業年度必須公佈借貸對照表且須向財政部總長提出業務報告書(第七條)銀行停止儲金歸還之時宜速將其宗旨宣佈且必須向財政部總長提出理由(第十條)若息於公告及報告或報告不實之時處以千元以下之罰金(第十八條)

銀行既置於偽財政部總長監督之下則:(一)無論何時財政部總長得令銀行提出關於業務上之報告並提出賬簿(第十一條)(二)無論何時財政部總長得令部內官吏檢查銀行之業務及財產(第十二條)(三)財政部總長得於必要時發表全部或一部停止之命令並得行使其他之必要處分。(第十三條)倘銀行違背法令或有害公益時財政部總長得指令其營業全部或一部停止並得任命及改任社員及監查員或撤消其營業之許可體(第十四條)對已命令停止營業之銀行於必要時得取消其營業之許可。(第十五條)依法應提出於財政部總長之賬簿書表等倘有不合法令或怠於提出以及應記載之事項而未記載或記載不實等情或對於檢查加以拒絕或妨害時處以千元以下之罰金。(第十八條)

在施行銀行法的時候,東北境內之銀行和舊式錢莊相差無幾的很多,而所稱為公司的也沒有全履行法定的手續,在內容上實存缺乏公司的性為。偽組織對此首先指導經營方針對於銀行經營主體務求合理化各銀行仍從事改組為股份有限公司至於舊式錢莊中的有力部份也漸漸轉向新銀行的經營。

銀行法對於一切舊有的銀行規定教他們另換營業許可證這營業許可的期限定為一九三四年年底,而提出呈請的期限則限至一九三四年六月底根據這個規定在期限截止的當日提出營業繼續許可的總數共許有二百六十九行錢莊以至於借貸莊也包括在內。

B 許可銀行的現狀

偽組織對於所呈請繼續營業許可的各銀行,一一執行實地檢查按地方經濟界的狀況,和該銀行的資產內容的實在情形做周密的檢討。在銀行法施行以後截至一九三四年年底止已被檢查的銀行有二百一九行。因檢查的結果對於內容規模在社會人士通有的觀念相隔太遠的弱小銀行全未發給許可證對於呈請許可的一百六十九行在法定許可期限內的一九三四年底有以下的處置：

發給營業許可證的　　　八八行

未發給營業許可證的　　五九行

由合併減少的　　　　　七行

撤囘呈請的　　　　　　一五行

合　　　計　　　　　　一六九行

以上發給許可的銀行內「內國銀行」共有六十五行中華民國方面的銀行共有二十三行（這裏有中國銀行支行十三行交通銀行支行八行及金城銀行支行二處。

以上所說的中國方面銀行是吸收東北的資金到中國內地來，假如組織聽到了這一點在感到一種不安的狀態對國內經濟方面也足以發生一種不良的影響所以在發給許可的時候對於這些銀行國內（指僞國）負債大凡超過國內資產部分此差額負債令各該銀行按數提交押金以作保險。

這八十八家許可的普通銀行的資本總額和繳足的資本額，除去中國方面銀行二十三行的資本不計外所謂「內國銀行」的六十五行的資本總額爲一三、四六〇、六〇〇元內足繳足，資本額爲一一、四五〇、六〇〇元存款項目在一九三四年十一月底所吸收的存款餘額爲一八、七四九、三九二元中國方面銀行的存款餘額爲六二、四八三、四八九元合計存款總額爲八一、二三二、八八一元。

貸款方面所謂「內國銀行」五六行在一九三四年十一月底的總額爲三三、六三三、三六二元中國方面銀行的貸款額爲二六、九六九、二四二元以上合計貸款總額爲五九、六〇二、六〇三元。

匯兌方面自一九三三年十二月一日至一九三四年十一月三十一日這一年間的匯兌數目如下所謂「內國銀行」的匯兌額爲二、〇八九、八八九元中國方面銀行的匯兌額爲一三二、八三六、五二六元以上合計匯兌總額爲三四一、〇四六、四一五元。

Ｃ　對於各銀行股本的限制

爲了統制東北金融當然對於東北的金融機關加以統制對於新銀行的設立偽組織是採用嚴選主義如發起人以及設立後的中心職員的資產信用必須有絕對的保障至於銀行的組織一層必須是股份有限公司的組織才可以而對於銀行的股本更有極嚴的限制：

（一）在「新京」特別市（長春）哈爾濱特別市及瀋陽市設立總行支行及其他營業所時須有國幣四十萬元以上的資本。

（二）在龍江吉林市營口縣城及安東縣城設立總行支行或其他營業所時須有國幣三十萬元以上之資本。

（三）在縣公署所在地特別認爲重要的縣城設立總行支行，或其他營業所時須有國幣二十萬元以上之資本。

（四）設立在上述地外以外者須有國幣十萬元以上之資本。

D 日本及外國銀行的現狀

偽滿洲中央銀行雖力行統制東北金融但實際上並不能佔東北金融的重要地位姑列與佔東北對外貿易百分之八十之大連各大銀行分行存款放款數額卽可明瞭。

一九四二年六月末大連各銀行金貨存款放款比較（單位千元）

銀 行 籍	存款數額 絕對數百分比	放款數額 絕對數百分比
日籍銀行	一四〇、一四四 八六、〇	一二一、六九〇 九三、五
滿洲中央銀行	二一、一八七 一三、〇	— —
中國及其他國銀行	一、五五九 一、〇	八、四五九 六、五
總　　計	一六二、八九〇 一〇〇、〇	一三〇、一四九 一〇〇、〇

由上表可知偽中央銀行在東北工商業中所佔的地位甚低，同時日籍銀行則佔有絕對優勢的控制中國及其他國銀行的地位幾乎是毫無地位可言我們再就銀貨的存款放款情形看一看。

一九四二年六月末大連各銀行銀貨存款放款比較（單位千元）

銀 行 籍	存款數額 絕對數百分比	放款數額 絕對數百分比
日籍銀行	二〇、三四四 六〇、六	一二、二四二 五五、三
滿洲中央銀行	三、七二八 一一、一	— —
中國及其他國銀行	九、五〇三 二八、三	一、八一四 四四、七
總　　計	三三、五七五 一〇〇、〇	四、〇五六 一〇〇、〇

上表所列日籍銀行所佔的成分雖較少然仍具有半數以上的比例如將金銀貨存款放款總計日籍銀行任東北的工商業上，仍然具有絕對的統制作用。

在東北方面的日本銀行，有朝鮮銀行十二處正金銀行二處正隆銀行六處，滿洲銀行五處東洋拓殖會社二處協成銀行商工銀行平和銀行，吉林銀行日華銀行，哈爾濱舊信託株式會社各一處，共計是三十三日籍銀行，對於偽組織所公佈的「銀行法」當然採取協調態度。

此外還有英美法各國銀行總計十三行計英國有匯豐麥加利三行，美國有花旗信濟四行，法國有萬國儲蓄會法亞銀行六行，這些銀行的勢力，自然比日籍銀行徵弱的多了。

（六）積極設立的金融合作社

東北舊日的庶民金融機關有錢莊錢鋪銀爐當鋪糧棧及儲

蓄會等這些金融機關中的錢莊業因為幣制的統一而多數倒閉，其他金融機關也不能滿足庶民的金融的慾望以是日人乃乘機令偽組織設立強有力的庶民金融機關——金融合作社以確立信用制度而期此金融合作社普遍整個東北與中央金融市場產生一種極密切的倚存關係並一絲一紊的金融機關而收統制東北金融之效。

於是在一九三二年之初卽在瀋陽縣復縣兩地試辦金融合作社因其成績大有可觀迨在一九三三年度內復在遼寧省的鐵嶺遼陽開原撫順錦縣蓋平興城及遼源等八縣在吉林省的永吉，額穆兩縣在黑龍江省的克山一縣設立金融合作社偽財政部更於一九三四年確定了庶民金融機關的根本方針擬定五年計劃預定至一九三八年底設立三百個金融合作社一九三四年度將新設立四十個金融合作社連同已經設立的共有五十三社茲將新設立的金融合作社縣名列下：

遼寧省
　懷德，海城，昌圖，本溪，西豐，綏中，新民，海龍，鳳城，黑山，西安，東豐，義縣，梨樹，法庫，營口（以上共十六社）

吉林省
　九台，盤石，長春，雙陽，伊通，榆樹，阿城，依蘭，樺川，雙城，（以上共十社）

黑龍江省
　富裕，依安，訥河，綏化，巴彥，呼蘭，蘭西，海倫，拜泉。（以上共九社）

熱河省
　赤峯，凌源，朝陽，承德，平泉。（以上共五社）

對於這些金融合作社更設立以各社為會員的聯合會以實施事業統制資金調節業務指導監查屬行等以圖各金融合作社的健全發展。

（七）尾語

統制金融的重要與日本統制東北金融的陰謀已經在『前言』中說過了現階段下的東北金融可以說是如日本所預期的完全為其統制了自然這與日本經營東北吞併東北有著極密切的關係而且有着大的助力因為統制企融政策成功了整個東北的生命線便握著日本人的手中了這樣可以很順利地進行其他事業的統制。

日本能在短期間內把幣制統一了把爐銀等廢棄了不能不說是他們極大的努力這努力的結果，便是企圖久遠地統制東北；然而我們又不能不沉痛的反省一下為什麼東北在我們的時候爐銀等幣制廢不了奉票私帖的毛荒也沒有辦法國內的幣制迄今還不能統一呢我們痛心國難我們更要拚命的自覺自強。

一九三五，十二，二十四於東北大學。

东北

　　《东北》的前身是《东大校刊》，由北平东北大学学生自治会编辑部主办，中华民国25年（1936）7月创刊，北平东北大学学生自治会发行。出刊至第1卷第3期改为《东北（北平东北大学）》。

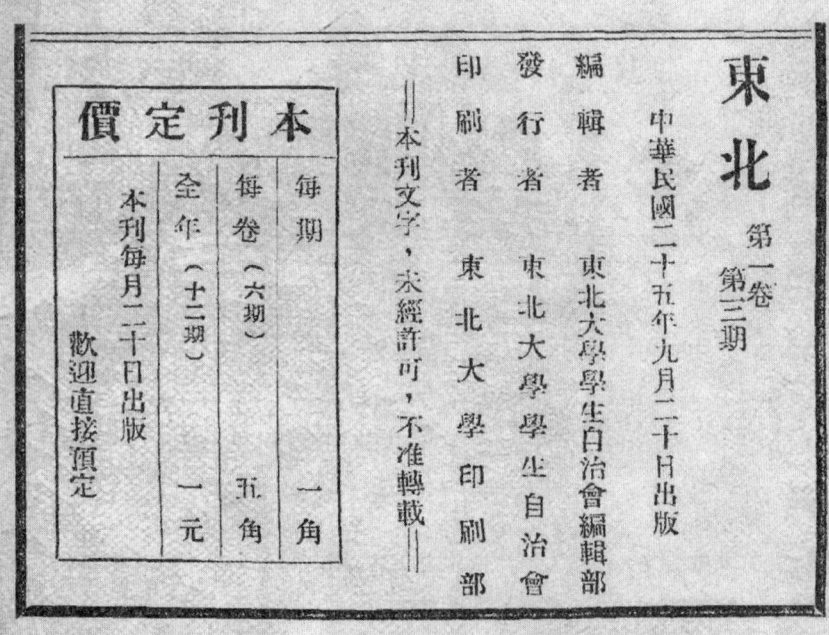

《东北》杂志版权页

《东北》杂志封面

日本掠奪東北經濟的清算

黃 華 譯

——東北——

當劇烈的軍事行動行於東北時，×本帝國主義新聞界及「思想學者」底觀察者建立了東北為日本主要「生命線」底學說。

這主要「生命線」之文學的和科學的闡明者，證明着日滿提携之建立爲解决日本經濟的一切的根本矛盾的。他們以禮贊的口吻，確信證實被經濟恐慌壓榨而喘氣的日本，在東北獲得其商品的及資本投資的廣大市場了。

轉眼間，自東北被掠奪以來，迄今恰恰經過五個年頭，在這裡，讓我們來瞻望這個主要「生命線」霸佔的第一次清算吧。

對於這個問題，請我們來轉視被刊載在日本最有權威經濟雜誌（Economisto）底探討。這個輪文之著者，特別的題爲「華北經濟與日滿提携」，他說：

在滿洲國建國的程序中，日本及滿洲國間之互惠主義是被規定了的，然而事實上確發生了種種的障碍。具體地說，日滿提携之精神是追隨着三個重要的目的：日本原有工業（

正是五年以前，一九三一年九月十八日，日本關東軍解除中國瀋陽駐防軍底武裝，並且開始攫取東北了。

日本軍隊，依照確定的工作計劃，掠奪了東北各項政權，驅逐了中國行政及軍事力量。

在個別的區域裡，中國軍隊與日本帝國主義軍隊間曾經過了殘忍的鬥爭的。但是，利用中國軍隊底衰弱症，尤其是利用中國不抵抗主義的政策，日本軍隊很迅速地擴大其勢力了。

日本底軍事行動是意想不到的事情嗎？

自然，不是的。因為在到達這個命中注定的東北事變日期以前的長久期間中，被軍界威化的日本新聞界是不疲倦地鼓吹着，日本需要在大陸上找出路。東北就是這樣地被指着，被計算着的「出路」。

日本中產階級被新聞界說服了。為着於不景氣中擴大資本，刈取資本，所閱紙上遍登載着東北經濟開拓之誘人的插畫，就是正如現在日本在華北關係中所工作的一樣。

國內工業）原料之供給，日本商品新市場之獲得及過剩人口之移殖。結果，在許多領域中，顯示着相反了。「Economisto」，以它的觀點，詳細的說照這些相反結果是由些什麼所形成的。

第一，投資於東北之大批資本成為日本國內工業之競爭者。」這是對於冶金及硫酸亞莫尼亞工業有電大的關係的。

底確，關於東北新興工業與日本國內工業相競爭而形成之危機問題，現在是日本資本家中最激烈的輪戰問題之一。東北市場本身，處於消費的低級水準下，對於新興的龐大的工業之建立是太渺小了。因此，當日本國外市場狹小及其諸多工業萌芽未完整之時，新興企業祇能與原有工業（國內工業）相饒爭了。所以，屬大的資本在東北建立工業被反對了，主張謹限於東北礦山實藏及其森林的經營。

第二，「從增加資本利潤觀點來看。東北經濟建設得有相反的結果。」這種結果是完全地不足奇異，假如計算一下，所有東北建設明顯地露骨着軍事戰略的性質，多數資本投入東北新的建設上，特別是軍略的及無利益的鐵路，公路，港灣等等，並且僅比較少數資本投在真正有利益的工業或農業的建築上。

對于這點，茲陳述些相關的一九三五年七月二十八日「上海日日新聞」所發表的關於一九三三年，一九三四年及一九三五年上半年日本在東北的資本投資，按照「日滿商業協會」的計算，共投資為五六八．五百萬元，其中七○百萬元是「滿洲國」政府底貨欵，主要的三三三八，四百萬元是南滿路底貨欵，一六○，一百萬元在是投資於株式會社之資本中換句話說，南滿鐵路已經骨多數資本消耗於鐵建的及其他等的建設上了，這種事實，直到最近一年來還沒有改變，所以，日本在東北利潤之獲得實沒有成果。

第三，「現時向東北輸出底增加對於日本經濟利益沒有大的幫助。日本輸出至東北者大部分是生產工具，日本資木已成為這些生產工具底消費者，它幫助不了日本國際平衡的任何的改善。」

上面這種結論是十分正確的。我們分析日本向東北的輸出，我們看見其主要部門是五金，建築材料，鐵道車輛，幾種機器等等。這些商品之消費者主要地或是南滿鐵路（鐵道及海港的建築），飛機場，兵營等等）或是製造所外，沒有解決的主脚，因為愈形破產的東北農民大眾和工人都殘忍地被日本資本家剝削了，無購買日本商品的能力了。軍事工業和重工業各個資本家們趴着奪了巨大的利潤是不可否認的。但是總結日本在東北現在所消費的金錢較，自該地所得於金錢多的多了。

第四，解決人口問題同樣地沒給予以滿足的結果。」關東軍計劃移殖日本預備兵至東北，以建設武裝移民為目的，盡力鐵壓東北當地農民的反日運動，同時表示着迅速地動員日本軍隊之預備兵如同人所共知陷入於戰爭期間一樣。

這就是日本掠奪東北主的經濟之清算。日「滿」提携沒有證明負起了日本的希望，主要的「生命線」沒有把新的生命灌入於全然尖銳化的矛盾的日本經濟中。

日本掠奪東北的不當，這種結論似乎是錯誤。但日本帝國主義者也不能否認這點。實際上，日本軍閥已取得爲反蘇聯之軍事準備及重新的掠奪中國之根據地了。可注意的東北資源之軍事原料（煤，鐵礦，白藝生料及其他）無疑問地增大了。日本掠奪東北，同樣地激起了其本國度軍戰爭病的流行，並且充分地保證了巨大的超利潤的日本資本家之廣大集團。

東北，無疑地，爲日本資本投資的主要市場，日本資本的投資雖然緩慢，但是將來確能滋長並能取得利潤，雖然東北新興工業與日本國內工業相競爭。

然而，日本資本家和軍閥仍不滿足。軍閥因爲掠奪東北在擴大軍事的場合上沒有解決主要的軍事原料問題，而金融資本家因爲日本人而被破壞的東北中國農民大衆不能呑下投入豐富的日本工業製遠度股金。因此，日本資本主義需要新的市場，新的超利潤的資源。如此，「華北與月滿提携合體」之問題便出現於舞台了。

日本新聞界詭辯這些事件，實行着散兵（狙擊兵）的角色，依照着軍部之指示，又重新地開始鼓吹着中日經濟提携了。

但是這種「提携」在東北是以武力支持的，東北的痛苦經驗提供了這種「提携」能轉變爲顯明的死亡了。

編輯室談話

在這裡，首先要聲明的，但是本刊的更名事，本刊爲了延續她的生命，爲了接受多方友誼的邀請，我們才決定把原來的名字更改了。同時，因爲東北是我們的東北，我們爲要把它，爲要不忘它，更爲要收復它，所以我們才把牠改換了現在的名字——「東北」。

現在，隨著×帝國主義鐵蹄突演的「九一八」事變，已發整的五個年頭了！而我們的東北，依然還在敵人的佔領下，三千萬的同胞依然還在敵人的鐵蹄下呻吟！我們故鄉的景物，已不像憶中的福地，已變成黑暗的破碎，一窒無際的確涼！

但，在這「非人的歷史」的野郊上，還有向「眞生存的途徑」所流血的人們，那就是五年來和敵人不斷搏鬥地奮勇的義勇軍，這是從黑暗中追求光明的呼聲，是從毀滅裡培養新生的熱望，這是給予我們鐵銹的眞實，和振奮的鼓勵。所以，這是表現，是爭鬥，是悲壯，是血演，也是生活。

在我們放鄉淪陷沉痛的五週年中，敵人仍是貪婪無止境地侵略，而况是在這無時無地不是哭聲迴響着的中國里，我們應該怎機把這遺血的日子而拿出我們所有的力量，而敢復我們已失去了五年的國土。

我們正是爲了我們的需要，才刊出這五週年特輯。

但本期因爲籌綽匆足，缺欠自然難免，爲了培植她的成長，爲了她的光明前途的展開，希翼每位讀者諸君，都不吝惜地加以指正和批判！

同時，因爲有好多稿件收到很晚，或因篇幅所限，以致有許多稿件不得不忍痛割愛，或延至下期再發表，這要請投稿諸君深深加以原諒的！

南方青年

《南方青年》创刊于中华民国25年（1936）9月16日，由南方青年社编辑、发行，社址位于广州市中华路。民兴印务局印刷，国内外各大书店代售。零售每册大洋五分，每月1和16日出版，半月刊。16开本。出版至民国26年（1937）2月停刊。

《南方青年》杂志版权页

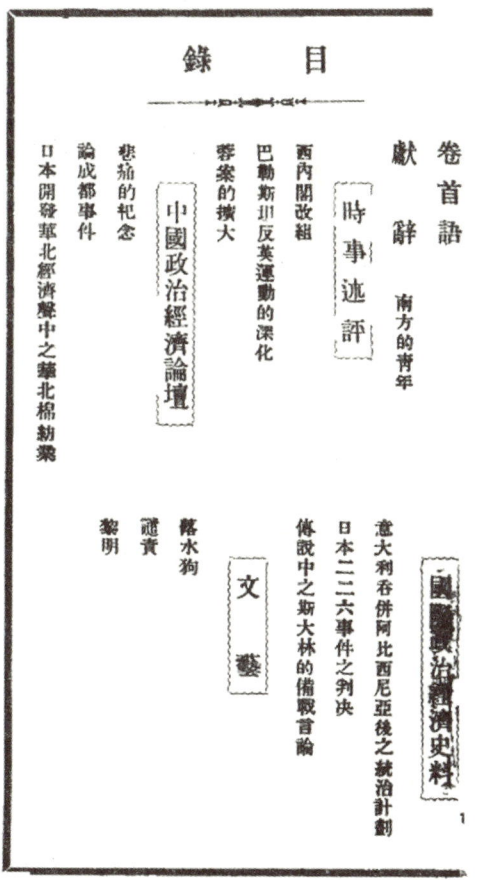

《南方青年》杂志封面

日本開發華北經濟聲中之華北棉紡業

——天津棉紡業之全部破產——

亦 如

自從日本帝國主義搶奪東北四省以後，自從日本帝國主義挾着它的威力製出所謂「冀東自治政府」和「冀察政委會」以後，我們的華北佔全國面積五分之一和佔全國人口三分之一的華北，早已名存實亡，早已被日人當作殖民地看待，與所謂「滿洲國」一視同仁了！

現在，我們的國民經濟建設運動，還不過逗留在宣傳的階段；而日本帝國主義對於所謂開發華北經濟，卽對於華北主義又高唱其「開發華北經濟」的論調；這，在外人看來，眞是相映成趣，眞是普天下之大默的一件事實；但在我們——在日人鐵蹄下輾轉待斃的我們——看來，則只有更覺悲憤，更加痛心疾首而已！

當我們正在發起「國民經濟建設運動」的時候，日本帝國經濟的統治的陰謀,卻已逐步實現。日本帝國主義這種咄咄逼人的手段,奠令我們驚心動魄呵!

集無恥興卑劣之大成的走私政策,原來是日人用以擾亂中國之財政基礎和經濟機構的一種陰險的詭計。現在,這種詭計是成功了,中國的財政基礎和經濟機構已被破壞;於是,日本帝國主義便不慌不忙地遂行其更進一步的策略,企圖把華北經濟緊固握在手中,完成其所夢想的「日、滿、華北」集團經濟的體系。

在如此一種場合之下,華北的危機之更趨尖銳化,華北和其他各地民族工業之更形衰落,自是當然之事!

試看,居於最前綫的天津棉紡業,已經全部崩潰了!

原來天津的棉紡業,在全國棉紡業中,雖然不能夠和稱為中國之蘭開夏(Lancashire)的上海相比,但總算可以占著第四位。

在六大紗廠中,裕大紗廠因負債的關係,早已入了日人的掌握,脫離民族工業的畛域。餘下的只有五廠,這五廠的規模並不算小,歷年的營業也頗有發展;如果是在正常狀態之下,它們的命運是應該蒸蒸日上的。

天津五大紗廠概況

廠名	資本額(單位萬元)	紡錠數	撚絲錠數	織機數
北洋紗廠新記	二五〇	二六,〇五六	—	—
恒源紡織公司	五〇〇	三四,八〇〇	七六〇	三三七
寶成第三紡織公司	三〇〇	二七,〇九六	二,五四〇	—
裕元紡織公司	美〇	六七,三四〇	九六二	七六八
華新紡織公司	二〇二	三〇,二八二	—	—

然而,覆巢之下,焉有完卵─在日本帝國主義的經濟力支配之下,這五大紗廠俱因債台高築而倒閉了,這幾個碩果僅存的紗廠,又怎能不先後破產呢!

目前,這五大紗廠俱因債台高築而倒閉了,恒源和北洋雖由本國銀行團收買,在誠孚信託公司管理下繼續營業;但其他裕元、華新、寶成三廠俱已落在日人手中。寶成為裕大所兼併,改名裕大第二廠;裕元兌與日商鐘紡會社,易名公大第六廠,華新則正與大日本紡織會社商洽,亦將成交。這樣看來,津市的棉紡工業,競已全為日本資本家所吞併;日人於此,大可以躊躇滿志罷!

中國政治經濟論壇

一一

裕元纱厂，乃合并元亨利贞四小厂而成者，其规模在天津各纱厂中要算最大。年来因负债四百余万，连同利息共达七百万，其中日方债权共约三百余万。同时，该厂股票，流入于日人之手者，亦达二百余万。自该厂董事长赴沪向金融界请求援助失败后，便由裕大之介绍，以四百万之代价售与钟纺会社。钟纺会社买受裕元后，即派出日人福长为经理，改名公大第六厂。

华新纱厂规模虽小，然以管理得法著称。所以，在年来华北实业界屡遭危戕之际，该厂独能屹立不动。但目日人武装走私以来，私纱充斥。私纱之成本，均较华纱为低，每包约自十余元至二十元左右。华纱之国内市场，全被占夺。以经营得法见称之华新纱厂平均每日亦须亏累二三千元，遂至无法支持。一方面日商纺厂复有扩充生产之宣传。华新及早为计，卒于七月十三日召集股东会议，决定出脱。在提案原文中有一段话，说得着实沉痛：

"……近来华北情形日亟，变化无端。政治及经济方面

，日人无不施其压迫手段。天津大纱厂，日易主者已多家。我厂当此风狂雨骤之时，不知有何其策可期，渡此难关。若仍因循，不知振作，恐不数年，亦将破产！则不如早为之计，或停厂，或出脱，俾股东之股歇不致亏折净尽，全无着落……"

这在一般民族工业读来，真是一字一泪！

但是，我们且慢替天津的棉纺业悲哀！因为这几个纱厂的破产，表面上是天津棉纺业的没落，而实际上则为民族工业全部惨败的警兆。因此，我们不能不替国内的民族工业哭三声。

但是，我们且慢替民族工业悲哀！因为工业危机不过整个民族危机中的一部份。目前我们的整个民族已陷入水深火热之中，民族命运不绝如缕；如果我们不能够在这千钧一发的时机中找得我们的出路，我们的一切便都完了，完了！

只有在神圣的民族解放斗争中，我们的民族才有出路，我们的民族工业才有出路！

交通杂志

中华民国21年（1932）10月1日创刊出版《交通杂志》，由交通杂志社编辑、发行，社址位于南京大丰富巷55号。王洸当时不仅是主编、发行人，而且还是主要撰稿人，他的《商港之研究》、《招商局之整理与复兴》等论文，引起社会有关方面的注目。该刊出至民国26年（1937）7月停刊。

《交通杂志》版权页

《交通杂志》封面

日本統制下的東北港灣

張佐華

本誌邇近幾期來連續發關于鞏達東北交通的論著，尤其九期陳國棟先生的譯文更見得重要。東北失陷已五年之久了，國人罔有不忘東北的但對于近五年來東北實際情況特別關于交通者很少在各處文字上看見，儘儘對中華民族的奇恥大辱念念不忘寧是無濟于事的，應讀其有「一腔熱誠」的精神準備去洗刷這歷史上的奇恥大辱才是。茲不忘東北張佐華先生新近為本誌撰述不少東北交通的論著曁文所載關係港灣方面在航政上頗有參考價值。

編者附識 九、三〇

—— 日本在東北的三港三系統主義 ——

一 前言

瘋狂的日本帝國主義者於一九三一年九月十八日夜悖其龐大的武力乘我國的天災人禍交加之時佔領了瀋陽掀起了征服亞洲大戰的序幕以後便不顧一切地繼續佔領了我們的東北四省。

他們佔領了東北之後首先便積極伸張其軍事勢力於東北各地，次則消滅英勇抗戰的東北義勇軍一直到一九三二年三月一日憑空造出來一個傀儡的偽組織這才完成了他們的軍事佔領而開始了政治的，經濟的，文化的，教育思想統制以東北為朝鮮第二，

我們知道日本帝國主義者的所以佔領我國東北其在軍事上的目的，不外以東北為進攻其兩大強敵——蘇聯與美國——的根據地，而期完成其征服中國與征服世界的幻夢，和拿東北做其戰時軍需品的供給地其在經濟上的目的，不外使日本過剩的人口移殖到東北以解決其人口與食糧的恐慌使日本的剩餘資本投於東北以擴大其資本剝奪使日本的剩餘商品傾銷於東北以獨佔東北的市場和盡數開發東北的富源以供其工業的和軍需的原料

所以在日本帝國主義者佔領了東北之後，便想盡了方法以期達

到其目的。對於經濟上的目的，便是與「僞滿」經濟提攜。「經濟提攜」是很好聽的但骨子裏却是想用統制經濟政策把東北的富源刮去把日本的資本和商品擴大到東北去這種政策所概括的有公共事業及重要產業的統制通貨及金融的統制基本的公用事業的統制重工業和農業的統制等項。在所謂統制經濟政策之下，不外日人獨佔一切事業的利益所有東北的富源由日人盡力開發盡力享受而造成日人所稱的「繁榮」開發的結果自然是工商交通事業都日趨繁盛所以助此繁盛者尤必須依賴偉大的港口為之宣洩生產品或輸入開發所需的一切工具因此在統制經濟中日本帝國主義者更努力於港灣的統制。

港灣對於一地的重要有類於人體中的飲食或排洩機關打算「地盡其利貨暢其流」如果沒有港灣為之調節輸入各種事業非常容易達到飽和狀態而難得有迅速的進步。

東北的失陷直到如今已經五年了，在這悠久的長期間，由於日本帝國主義對於東北的新聞封鎖的嚴密，使國人和東北完全地隔閡了。而一任其非法措施但我們能真上他們的圈套嗎我覺得時至今日我們應該看一看「九一八」事變後的東北怎樣了看一看日本帝國主義者在我們那塊失去的土地上竟做了些什麼事並且在那失去的土地上起了一些什麼變化「知己知彼百戰百勝」也許由這一方面會指示出我們今後努力的標的會推測出東北的將來以及中國的將來這樣，作者願把日本對東北港灣的統制情形介紹於關心東北問題的讀者們。

二 九一八事變前中日俄在東北的港灣鬥爭

東北是中國鐵路最發達的地方，但是鐵路不能不有吐納港的，鐵路和吐納港相連接才能成為整個的運輸系統；尤其是偉東北這以輸出為主的地方更是如此。

從來東北的國際鬥爭是表面的港灣的鬥爭比鐵路的鬥爭更為深刻些東北的鐵路的鬥爭是以鐵路鬥爭為指針的但在事實上鐵路的鬥爭是表面的，港灣的鬥爭為裏面的。從來東北有三個鐵路系統：俄國以中東鐵路為幹線，而以海參崴為吐納港日本以南滿鐵路為幹線而以大連為吐納港在帝俄時代這兩大勢力分割了東北，中國則以北甯鐵路為幹線而以大連為吐納港不過截至九一八以前葫蘆島築港未能完成，所以中國的系統始終也沒有成立。

現在把九一八事變前中日俄三國在東北的港灣鬥爭情形簡略地加以敘述。

日俄戰爭後日本取得俄國在遼東半島的地位而代之攫得大連港口，遂續極經營南滿鐵路以大連為輸出尾閭大連因之蒸蒸日上實際操縱了東北輸出輸入的大部。清季美人擬投資於東北建築從錦縣到璦琿這條鐵路想在錦縣附近找到一個輸出的港口後來因爲日本的反對計劃途中止可見在那時日本在東北已經擁有排外性的企圖了。自民國四年日本向我國要求二十一條後更積極於東北鐵路的投資，想多築些路線爲滿鐵的營養綫可以運銷日貨也可以吸收農產品由大連出口。在日本投資諸路中，遭東北人最反對的就是天圖吉敦兩路的接軌問題，也曾因此而惹起了軒然大波。若是兩路接了軌可越過們江經朝鮮北部的會寧而至清津港這樣日人可以利用大連和清津兩個港口來操縱東北全部的輸出輸入同時清津與其說着眼於經濟的利益，無甯說是爲了軍事上的便利因這兩條鐵路的連接可以使日本在軍事運輸上便利了不少，而且實際上日本就可因此自朝鮮海峽至東北節省許多的時間但直到九一八事變爲止日本還沒有達到目的，然而這已經是東北通運的一個主要原因了。

俄國自一九一七年革命後雖然標榜着和平外交政策不願和任何國家有軍事行動但各帝國主義者，尤其是日本卻不放棄對於蘇聯的進攻。大連通一個系統既然在日俄戰爭失去了，蘇聯還有着海參崴這一個系統這系統也同樣有着其重要的價值所以蘇聯在東北積極經營中東鐵路和海參崴。日本帝國主義者當然不過去所以在九一八事變後日本便想盡了方法去收買中東鐵路這個買賣成功了以後無疑的蘇聯在海參崴這一個系統的勢力是大受影響了的日本有隨

九一八事變前我國和日本對東北港灣的鬥爭既如此激烈成了一個對峙的局面當時我國努力於葫蘆島的修築且在工程期中更想法改善營口的河口使它的吐納能力增加奪取一部大連輸出輸入的數量。

日本帝國主義者對於我國的築港競爭當然也不示弱因爲這時大連已經成了我國沿海的第二大港它的吞吐能力佔華北第一位所以日本運用該港的吸收能力採取「大連集中主義」和大連聯絡的

時可以在西伯利亞切斷海參崴和蘇聯本部的聯絡。東北的行政當局在九一八事變以前因爲日人的操縱輸入輸出，能致我經濟以死命乃積極尋找出路結果在一九二六年有一個大的鐵路計劃同時並把葫蘆島的築港計劃復工準備和大連競爭終於在一九三〇年下季與荷蘭築港公司訂立築港合同第一期的工事手足開始當時並築成由打虎山至通遼這條鐵路此路北連可以直達黑龍江省是遼黑兩省幹線的連鎖如葫蘆島築港成功東北的大宗輸出入恐怕再也不會經過大連了若再築路與承德開魯多倫等處相通則內外蒙古都可以包括在葫蘆島的勢力範圍之內因此大連自然必受很大的打擊所以葫蘆島築港給日本以很大的威脅日人于是極力向國內宣傳說是東北當局對南滿鐵路取包圍主義九一八事變的發生葫蘆島築港實在是主要原因之一，由此可見在東北的港灣鬥爭的激烈有甚於鐵路和其他一切了。

南滿鐵路其勢力遂達於我國東北諸鐵路它的沿綫工商業很發達「大連集中主義」就是運用鐵路的勢力和航運的勢力實行海陸聯運以大連爲交通的樞紐對於客貨更予以種種便利誘致之使由大連輸出或輸入此外對於安東港也加以利用在營口港又和我國勢力平分便將這兩個港口算作大連的輔助港因此這兩個港口和大連又成了日本勢力下的港灣系統。

除了這兩通系統之外日人隨時隨地想着吉敦路和天圖路啣好使朝鮮的清津成爲有力的港口這個港口若和吉敦路相通勢力可直達長春若長春到大賚綫修築完成便截東北爲兩個部分南部包括遼寧省全部和吉林省一部劃歸大連港的勢力範圍北部包括吉林省一部和黑龍江省全部劃歸清津港的勢力範圍日本當時稱之爲「兩港兩路主義」便是指大連港和南滿鐵路清津港和吉敦鐵路的延長路綫。

三 九一八變前東北港灣勢力的分野

在九一八事變以前的東北地方每年吐納的物資大概在七億海關兩以上。一九二九年以後受着資本主義世界恐慌的影響略有些減退的模樣據一九三〇年的海關統計東北輸入爲三億〇一百萬海關兩(前一年爲三億九千四百萬海關兩)輸出爲三億九千三百萬海關兩(前一年爲四億二千一百萬海關兩)這些物資從來都經過四個吐納港——大連營口,安東海參崴這四個港的勢力據一九三〇年的海關統計有如下表

表一：九一八事變以前的東北四港勢力比較表（單位千海關兩）

港別	輸入	輸出	合計	對全體百分比
大連	一八二,〇〇〇	二四〇,〇〇〇	四二二,〇〇〇	六二%
營口	五八,〇〇〇	四六,〇〇〇	一〇四,〇〇〇	一六%
安東	四四,〇〇〇	五三,〇〇〇	九七,〇〇〇	一三%
海參崴	一二,〇〇〇	五〇,〇〇〇	六二,〇〇〇	九%

註：此表見於小島精一著日滿統制經濟。

由上表我們很清楚地看得出來大連港是佔着絕對的優勢一 以上的輸出與輸入都要經過大連其餘的百分之四十才分給中蘇兩國的安東營口和海參崴三港

在東北吐納港口之所以如此重要是因爲有兩條道路一 產物出口的原故東北的這些特產物出口由海參崴出口東鐵路以及烏蘇里鐵路由海參崴出口一條是經南滿鐵路由大連出口營口和安東也有一小部分。關於特產物的東北四港勢力據一九三〇年十月至一九三一年六月(所謂出週年度)的海關統計有如下表：

表二：九一八事變前東北四港產品輸出勢力比較表（單位公噸）

品名	大連	營口	安東	海参崴
大豆	二，二八二，五五六	一五八，五四六	四五，三〇八	八五八，二二七
豆餅	七五四，九八四	一九，九六七	一三，六六二	四八四，二二八
豆油	四四，五八一		三六五	六，八六〇
高粱	一三，五三一〇九，〇〇〇	九，〇六五	二，四二四	
其他	六五八，八七七	四四，一六三	四九，八九六	五〇，九三九
合計	三，八七四，五三九三，三二	二二七，九三八一	四〇二，六六八	

註：此表載於小島精一著日滿經濟統制。

由上表我們可以很清楚地看得出來在東北特產物的輸出上——尤其是大豆的輸出——海参崴所佔的地位僅次於大連因為大豆等特產物的主要市場是在歐洲呢。

四 九一八事變後的日本「三港三系統主義」

九一八事變以後所有東北的一切已完全被日本獨佔了所謂港灣的鬥爭和勢力分野已一筆勾銷昔日有敵對的競爭壁壘森嚴戰線分明，而今則都是日人的戰利品當然無須競爭而且要連絡起來以期收到侵奪剥蝕最大的效用因此日本帝國主義者對於港灣的統制自有其必然性了。

九一八事變以後日本帝國主義者獨佔了東北中東鐵路的營業隨之衰退，因而海参崴在東北經濟上漸漸地失落以往的地位至中東鐵路出賣以後和海参崴的聯絡截斷蘇聯在東北的港灣系統當然不能成立了中國方面呢，北甯鐵路也截成了關內關外兩段不能再樹立起來一個新的系統了。所以在九一八以後在東北僅僅可以看到南滿鐵路及大連吐納港道一個系統活動但是以東北這樣大的一個地方這一個系統是不夠的尤其是吉林黑龍江以及熱河一帶距離大連都很遠勢不能不再有其他的吐納港以為補助。於是在吉林黑龍江方面日本以吉會鐵路即現在他們叫北滿鐵路同時還要有一個新的吐納港代替海参崴這便是日本拓務省決定建築的羅津港系統了在熱河方面日本帝國主義者已經築坂淩（由大坂卡淩源）淩承（由淩源至承德）葉榮（由葉柏薄至赤峯）各鐵路，同時也需要一個新吐納港這便是中國計劃興築的葫蘆島了。

以上所說這便是日本帝國主義者所謂的「三港三系統主義」了。

這三個系統的港口，無論在經濟上或軍事上政治上其控制能力甚大以這三個中心為經濟或政治的侵略能將東北四省「涸澤而漁」為軍事侵略可以威脅蘇聯囊括內外蒙古席捲華北進而征服中國。

日本帝國主義者在東北實行「三港三系統主義」以後大連港不免多少受些影響這種政策的決定也曾經過很長時期的討論。

日本除了努力經營其三港三系統主義外對於其他港灣也都加以統制而且想把它們做成這三港的輔助港這些容俟作者在以下各段慢慢地加以敍述。

五　大連港系統

（一）大連港發達的經過　大連是東北的第一個大吐納港，在三十餘年前還是一片荒涼的漁村，名叫青泥窪，上溯五百年前（明嘉靖時）明廷為防倭人來襲曾在此築台自衞。在七十九年以前（一八五八年）英法聯軍之役英國艦隊曾一度佔領一時維多利亞海灣的名轟傳於世。

清光緒初年李鴻章督直隸從德國軍事顧問漢尼克的計劃於此港建築要塞練海軍並瞥理青泥窪等處統名之為『大連灣』築港工事自光緒十四年起至十九年止在黃金山老龍頭和向島等處建海岸砲台五座在徐家山建陸路砲台一座於是樹立了大連發展的基礎。甲午之役旅順大連為日本佔據訂馬關條約把遼東半島劃歸日本俄德法三國不服逼日還我海疆因之帝俄勢力侵入東北首先掠奪中東路權次則以艦隊佔領旅順大連。（一八九八年五月七日）中俄旅大租借條約成立中國將大連旅順租與俄國以二十五年為期俄人逾勘得東西青泥窪及黑咀子西岡子等地認作良港名之為達爾尼由東清鐵路公司經營，技師長薩哈羅夫指導第一期

工事自一八九九年起至一九○二年止工事費預定為一千八百萬盧布於這四年期中造成同時可以停泊平均一千噸輪船二十五艘的碼頭及市街的一部第二期工事擬擴充碼頭至四倍並將市街完成至日俄戰起途形停頓。

一九○四年日軍佔領達爾尼，一九○五年改名大連，一九○六年日俄朴茨茅斯條約成立許日本以襲承租借之權於南滿鐵道株式會社負責經營自一九○七年日本俄人來盡計劃繼續築港工作大連港始逐漸發達距離現今不過二十九年而已。

大連築港成功以後與南滿鐵道便有了整個的海口日本在東北的經營都以南滿鐵路為大動脈而以大連為咽喉大連既不能沒有南滿鐵路同時南滿鐵路也不能沒有大連。

日本在這二十九年之間所投下的資金大約有七千萬日金元現在大連有人口四十萬為東北第二大都會最近的成績大連港同時可以停留四十隻的四千噸輪船倉庫的貨物保管能力達四十七萬噸但九一八事變發生後日本在東北已無對抗的競爭和鐵路包圍現在大連埠頭露天堆置之糧食有時達二十萬噸乃至二十五萬噸。二年來大連輸出輸入總額已超過上海居我國沿海港口的第一位即人可利用東北諸路運合理化使大部分的貨物集中於大連包令受羅津系統三港的影響但我東北富源甚多日人強取豪奪之餘仍

然可以使它成為等一流港口況且就大連工業發展來看，也可以獨立不疑。

不過大連港的繁盛據吾人的觀察，恐怕僅止於此了因為滿鐵一向持『大連集中主義』這是造成大連繁盛的主要原因但在九一八事變發生後日本改向『三港三系統主義』發展所以將來羅津葫蘆島一發達大連自然要受相當的影響不過大連聯絡的鐵路尚多滿鐵路本支各線安奉線瀋海線及吉海綫『奉山線』（即北寧鐵路關外段）的一部四洮線洮索線齊克線等的貨運都可以集聚到大連在另一方面東中東鐵路出賣以後海參崴與東北截斷吉黑一帶的貨運也要走由大連出口所以大連的繁盛能得維持如現狀是可能的。

（二）大連港的概況　　大連港位於金縣城南是黃海沿岸的第一大港東西長八海里南北也略等周圍約有二十四海里之遠口門甚寬不適於作軍港不容易防敵口門東為鮎魚尾西為大鵬嘴兩相對峙形勢險佳口外有數小島南北並列北為三山中為中三山南為南三山中南兩島相距甚近也叫做兩三山兩三山與大鵬嘴之間為南水道口門南向。兩三山與北三山之間為中水道北三山與鮎魚尾之間為北水道兩口都是東向。

大連港更可分為五個小港，都能停泊茲分述於下：

（１）寺泥窪在西南方水深十八呎至二十四呎俄國租借大連後，即在此開濬海底架設棧橋修築鐵路。

（２）潮水套在西端，水深十二呎至二十七呎，中等以上的軍艦可以停泊且海底有墜泥便於投錨。

（３）河套任北面其東北西三岸都有高地環繞水深十八呎至二十四呎，能駐中等以下的軍艦中日之戰日軍由此登岸東的柳樹屯即其兵站的主地。

（４）紅沿套在東北方其北面有大和尙山能蔽北風其內雖稍寬但水深不過六呎至十八呎，不能停泊大船惟其附近水深二十呎至三十呎當北風大作的時候可以停泊中等輪船。

（５）大窩口在東端水深二十四呎，至三十六呎，足供中等輪船停泊之用。惟面積甚小僅容四五艘陸岸陡峻軍隊登岸極不方便。

關於大連港的要塞建築共有海岸炮台五座為黃山炮台老龍頭炮台和尙山西砲台和尙山中砲台陸地有徐家山東砲台這都是中國築港時建築的砲台甲午戰爭以後大連入於俄人手中所有的砲台悉行廢置俄人另於北三山中三山島中各建砲台一座，自日人經營大連以後對於管理上分軍事及碼頭兩項分別管理，極為周密而各種設備，尤為積極進行。

大連港的行政屬於關東廳，至於一切設施經營都由南滿鐵道株式會社主持之。關於海事行政，由關東廳掌管設有關東廳海務局管理港務航路標識海港檢疫船舶測度檢查船舶船員事務船舶職員領港等海事事務局內設有船員領港懲戒委員會並設有海事審判法庭關東廳的警務局兼司水上警察行政職權。

大連碼頭的經營由南滿鐵道株式會社主持設有下列四機關：

（1）大連碼頭事務所——設所長副所長各一人其下分置庶務營業陸運海運四股外有第一碼頭第二碼頭第三碼頭甘井子碼頭及各種倉庫。

（2）大連第一工事區事務所——掌管港灣的修築和海底的浚渫等專門工程。

（3）福昌華工株式會社——係由滿鐵出資經營供給及收容港灣內工作的華工。

（4）工事部（滿鐵本社）——指揮監督大連第一工事區事務所進行事宜。

大連港的營業設備，都有滿鐵出資所以碼頭業務由滿鐵管理航路設備有無線電話於三山島圓島等越報告出入港船舶名稱及其他事項有無線羅針局設於碼頭大樓屋上（符號JDT）和圓島燈台（符號DJS。由一九三〇年二月十二日實行入港船舶雖有濃霧也可以安全航行於二百海里的海灣此外並在南三山島險礁圓島遇岩黃白嘴東港口北港口西港口寺兒溝棧橋檢疫棧橋等處共設立燈塔十五處。

大連港的海上設備可分防波堤兩項來說明：

（1）防波堤——大連港有東西北三面防波堤工程極爲浩大計東

防波堤長一三二一尺，西防波堤長四五一〇尺，北防波堤長七，四〇五尺共長一三一三六尺三面防波堤所環抱的水面面積共約一百萬平方公尺東防波堤的北端與北堤的東端爲東港口寬一千二百尺爲內港的主要港口而西四百尺寬的北港口及二百尺寬的內港口是航船及小輪船的出入口。

（2）碼頭——大連港的停船設備，分防波堤內及防波堤外各種碼頭如下：

A. 防波堤內——第一碼頭長一九三四尺寬五六八尺艤船岸壁長二五〇二尺第二碼頭長二〇〇〇尺寬四二四尺停船岸壁長四三九八尺第三碼頭長二二〇〇尺寬四〇〇尺停船岸壁長延長四〇〇尺此外尚有長門町碼頭濱町碼頭陸軍棧橋石炭棧橋方塊輪出棧橋等補助碼頭同時可停泊三千噸至四千噸船四十艘以上就是三萬噸的巨船也能自由傍岸裝將各種碼頭列舉如下

B. 防波堤外——東邊寺兒溝石油棧橋長六六〇尺東邊小防波堤內檢疫棧橋在寺兒溝棧橋的西方長一九八尺專爲檢疫而設西邊大山碼頭長四一三尺寬一四五尺爲停泊帆船之用甘井子地方用碼頭在大連對岸甘井子碼頭突出海中長一四〇〇尺。

（3）大連港對岸埠的船隻及入口

在我們要探知大連港吐能力以前，我們首先應當注意到大連與其他各港的距離茲列表于下以供参考：

表三：大连与世界主要各港距离表

小樽	一，三一五哩	室兰	一，二八五哩
函馆	一，二二五	新潟	一，○六○
横滨	一，二○五	大阪	八七四
神户	八六九	门司	六一四
长崎	五七七	高雄	一，○六九
仁川	二四八	浦潮	一，○四六
天津	二四二	青岛	二七一
上海	五四四	香港	一，二五五
新嘉坡	二，六二三	孟买	五，○五八
马赛	九，二○○	伦敦	一○，九○○
旧金山	五，七六九	汉堡	一一，二三○
西雅图	五，四一一	檀香山	四，三九六

注：此表见一九三五年版日满年鉴

表四：起点大连的航线表

大连港占东北四大商港的首位，所以航线极为发达，其来往船只可分为定期不定期两种，而定期者又可分为以大连为起点的航线，及以大连为停泊港的航线两种兹列表於后：

表五：以大连为停泊港的定期航路表

航　路	船数每月平均吨数航		路船数每月平均吨数
至上海	五，三六，○○○	至龙口，安东	二，六，四○○
至安东，天津	二，一七，○○○	至龙口，安东	二，一五，四○○
至烟台	一，四，三○○	至锦南浦，仁川	一，八，九○○
至烟台	四，六，七○○	至朝鲜，北海道	三，一一，○○○
至天津	一，三，九○○	至台湾	二，三，○○○
至青岛，安东	二，七，○○○	至朝鲜，朝鲜	二，三，○○○
至青岛，安东	三，一三，○○○	至大阪	五，六二，○○○
		至宇治，系崎	一，三，○○○

天津上海线	朝鲜华北线
营口上海线	九州鲜满线
营口，大连，大阪，神户线	九州天津线
横滨营口线	高雄天津线
鲜满九州线	横滨天津线

表六：大连不定期航线表

大连—南洋间	
大连—日本沿岸间	
大连—上海间	
大连—小吕宋间	
大连—厦门间	
大连—威海卫，青岛，海州间	
大连—台湾间	
大连—中国沿岸，朝鲜，台湾，日本间	
大连—香港，时海，牛庄间	
大连—日本，朝鲜间	
大连—华南间	
大连—八幡间	

交通輪運 第四卷 第十期 日本統制下的東北港灣

出入大連的輪船，每年大概有四五千隻噸數在一千萬噸以上其中最多的自然是日本船每年大概有三千多隻噸數在八九百萬噸以上其次是中國船每年大概有九百多隻噸數在十萬噸以上近幾年來大連舊港的船隻因為東北與關內交通斷絕顯然是增加了如若以一九三三年的噸數為一〇〇則一九三二年為八六而一九三一年則為八〇增加最多的是日本船一九三三年和一九三一年相比為一〇〇與七六之比西洋船隻無論英國美國荷蘭德國義大利挪威的船隻都見減退詳如下表：

表七：九一八事變後，遼著埠船舶國籍別隻數及噸數表（一）

年別		計指	數 東北及中國 指	數 英 國 指	數 法 國 指	數 荷 蘭 指	數
一九三三年	隻數	五，〇一七 100%	三，四一九 100%	三四 100%	一二 100%	九七 100%	
	噸數	一四，八九〇，六七〇 100%	九，八五，四三二 100%	二五八，八三〇 100%	一七，九四〇 100%	四一三，〇〇七 100%	
一九三二年	隻數	四，五三四 90%	三，〇七三 90%	二八 83%	一 8%	九四 96%	
	噸數	一三，四九五，〇四八 90%	八，六六八，六一〇 86%	二五四，〇四五 97%	一，四二〇 8%	四〇四，七五五 97%	
一九三一年	隻數	四，〇〇三 80%	二，六五七，〇九六 79%	二六，一八〇 76%	二，七〇五 12%	九 10%	
	噸數	一一，七九四，一八六 79%	—	二四，八七九 78%	—	一〇，一九一 12%	

表八：九一八事變後大連著埠船舶國籍別隻數及噸數表（二）

年別		計指 參指	數 瑞 典指	數 挪 威 指	數 義大利指	數 美國指	數 聯指
一九三三年	隻數	八 100%	九 100%	一六 100%	四二 100%	一五 100%	
	噸數	六三，三九四 100%	五五，二〇〇 100%	九四，二九〇 100%	二七七，八九六 100%	二四，三七六 100%	
一九三二年	隻數	二 25%	七 77%	一八 112%	四一 97%	一五 100%	
	噸數	一七，七八三 28%	四四，四六〇 80%	一〇五，四二八 111%	二八六，一〇二 102%	二四，三七六 100%	
一九三一年	隻數	一 12%	一二 133%	一三 81%	二七 64%	—	
	噸數	八，四四四 13%	七六，一二三 137%	七八，一〇三 82%	一七三，〇〇一 62%	—	七，二四八 44%

——此表見一九三五年版日滿年鑑

在大连乘船的人每年大概在三十万以上其中自然以中国人为最多在二十万人以上其次是日本人约有六七万人九一八事变以后有一个时期陆路交通断绝现在虽然通车但因为在山海关方面限制极严所以在大连乘船的人自然是多了。如果以一九三三年的乘船人数为一〇〇，则一九三一年为八九·五而一九三一年为七〇·一其中增加最多自然是日本人从一九三一年的四万七千余人增加到一九三三年的七万七千余人。一九三一年与一九三三年的比率是一〇〇与六九·八，详细如下表。

表九：九一八事变后大连码头乘船人数表

年度	合计指数	日本人指数	中国人指数	其他指数
一九三三年	一四八，二〇六 100.0%	七七，六六八 100.0%	六九，五二一 100.0%	一，〇一七 100.0%
一九三二年	一三〇，六一〇 八九·五	六八，三三一 八七·九	六一，六六六 八八·七	六一三 六〇·三
一九三一年	一〇三，七二一 七〇·一	四七，五五七 六一·二	五四，九九九 七九·一	一，一六五 一一四·六

——此表见一九三五年版日满年鉴

在大连登陆的人每年大概有三四十万人其中以中国人为最多，在三十万以上其次是日本人约为十万余人九一八事变发生后大连也基于上述理由登陆的人突然地增多了。所以如者以一九三三年的上陆人数为一〇〇则一九三三年为六九·五而一九三一年为六二·二增加最多的是日本人一九三一年日本人上陆俺为五万二千余人，一九三三年增加到十一万九千余人，一九三一年与

显然地日本帝国主义者殖民东北的策略已得有相当的成就了兹将其自一九三一至一九三三年间登陆人数列表如下

表十：九一八事变后大连码头上陆人数表

年度	合计指数	日本人指数	中国人指数	其他指数
一九三三年	四二一，五三八 100.0%	一一九，九八五 100.0%	三〇〇，五三二 100.0%	一，〇二一 100.0%
一九三二年	二六六，二六八 六六·五	八九，二九六 七四·四	一七六，三八〇 五八·六	五九二 五七·九
一九三一年	二六二，六二八 六二·二	五二，三七九 四三·六	二〇九，六三九 六九·七	六一〇 五九·八

——此表见一九三五年版日满年鉴

（四）大连港的输出与输入 大连在东北贸易上占有非常重要的位置因为大连贸易占东北贸易总额的百分之七五·四

大连港的贸易起始於一八九八年当时帝俄会宣布大连为自由港筑港未及成功，就转入日人的手里了民国五年五月北京总税务司与日本公使林权助缔结大连海关协定使用特税关税办法对於洋灰玻璃麻布果实煤瓦铁电料等实行免税对於大豆油类也实行免税，於是日本销售品的输入及东北原料的输出大为便利而贸易也愈趋发达。

九一八事变以后东北沦於日人手中大连港又是他们「三港一系统主义」之一贸易上更为发达了。

一九三三年增加到十一万九千余人，一九三一年与

全東北的貿易總額，在一九三四年度按價值來說為八二三九五，四二．七六「滿」元大連佔四九，一九〇，九六．八七「滿」元。在輸入方面全東北為六二八五八九六九．一一「滿」元大連佔三二，七八，四九「滿」元大連佔三〇，六七，八四三六二七三，七八「滿」元。在輸出方面全東北為一四〇六七，二七八，四四九「滿」元大連佔八六七五六六二．七二「滿」元我們看看下表就可以知道大連在東北貿易上的勢力了：

表十一 一九三四年稅關別關稅及噸稅表

稅關別	輸入稅額	輸出稅額	附加稅合計	噸稅總計
大東沙口	四三六，二八七，三一二	六，二八四，七二三	六，二八四，七二三	
安東	六，二一〇，五一九．六二	三，八四六，二一	四，一九，六二四	
營口	六，〇六二，一三八．八一	一，八七，九五一．一六	一，八七，九五一．一六	
山海關	一，二三二，一〇九．〇八	五，八二，〇四七．〇二	八七，九五一．一六	
哈爾濱	一，二六一，六七五．九七	三，五八，四三六．〇五	一一〇，三九，八一	
龍井村	六五一，八四九．六六	七〇，八七九．三一	三〇，一六〇．八七	
圖們	二，一二四，三七．一七	一二，九二〇．五二	七五八，四二	
承德	四五五，九三四．五二	六二三，九五．二六	一二八，八八	
合計	三，八五八，九六五．一一	一〇，六七，八〇二	一四，六〇一，五九二．三一〇	

——此表見國際評論一九三六年五月號

若按照關別來說大連的貿易自然是以日本為第一，輸出方面日本在一九三四年上半期佔到七三．四％中國本部佔五．七％歐洲佔一九．〇％。

本在一九三四年上半期佔到七三．四％中國則由二一．八％落到五．七％歐洲客屬他由一．九九％落到一九．〇九一八事變以後日本關著極大的進步，一九三一年上半期僅佔五六．二％，一九三四年上半期增到七三．四％中國則由

表十二：大連港輸出貨品國別表

——此表根據海關統計

國別		一九三四年度上半期	一九三三年度上半期	一九三三年度下半期	一九三二年度上半期	一九三二年度下半期	一九三一年度上半期	一九三一年度下半期
日本	公噸數	二,六六四,三三七	一,九四六,八二一	一,九二○,四六○	一,九二一,二一八	八九六,八五二	五二二,九二四	—
	比率	七三・四	六五・一	五八・六	六○・三	九二・七	四六・七	五六・二
中國	公噸數	二○五,三二五	四六五,九○○	七四○,四八八	一,○○○,六五六	八九六,四五五	五五四,○九九	—
	比率	五・二	一六・四	二二・六	三一・五	四六・四	二六・四	二一・八
歐洲	公噸數	六九○,九三四	五二一,一七一	二二○,六四四	二五,三六○	四六,八四九	一九,六七九	—
	比率	一九・○	二○・四	六・四	○・八	二・八	一・九	一二・八
美國	公噸數	四一,六七二	二○,四二九	一七,一八二	二四,六○九	一九,六七一	一五,一六九	—
	比率	一・一	○・九	○・五	○・六	○・六	○・六	—
其他	公噸數	三四,九四七	一○,九六七	九三,八二六	一二○,八七九	一三六,八四八	一○八,六九八	—
	比率	○・九	○・四	二・九	三・八	四・○	三・一	—
帆船輸出	公噸數	三一,九八九	一四,九八九	五八,二七四	六○,五三九	四八,五四九	四四,八四七	—
	比率	○・八	○・六	一・八	一・九	———	四・三	—
合計	公噸數	三,六二九,六二一	二,八七六,六一三	三,二四二,四三二	三,一八八,八六三	四○一,九七三	二,二一三,二二○	—
	比率	一○○・○	一○○・○	一○○・○	一○○・○	一○○・○	一○○・○	一○○・○

在輸入方面，自然也是日本佔壓倒一切的優勢，這幾年來的增加自然也以日本為最快。大連的輸入日本貨佔全額的七四・八％（一九三四年上半期）但在一九三一年上半期僅佔五○・九％中國也由六・一％落到五・一％，詳細數目有如下表：

三○・五％落到七・七％，歐洲各國由四・一％落到三・九％，美國

表十二：大連港輸入貨物國別表

輸出方面以煤佔首位供給日本國內之用，其次是大豆、豆油、豆餅、高粱等特產物行銷在歐洲。九一八事變以後煤的輸出增加而特產物的輸出減少，這當然是因爲日本依賴於東北的更多，而東北的國際市場更爲蕭條的緣故，詳如下裝：

——此表根據海調統計

國別		一九三四年度上半期	一九三三年度下半期	一九三二年度上半期	一九三二年度下半期	一九三一年度上半期	一九三一年度下半期
日本	公噸數	一,三二〇,六九九	六七九,五六七	八八六,一二八	三五九,三二五	四八四,六一九	一九四,六一九
	比率	七四·八	六九·一	六四·七	六四·七	五〇·九	五七·九
中國	公噸數	一〇五,八〇一	一四九,四〇二	一三二,〇六二	一四一,二六六	二二七,七六六	一二三,二〇九
	比率	七·七	一六·〇	九·六	二五·四	二二·七	三〇·九
歐洲	公噸數	五四,〇〇〇	五六,六三八	一八七,三二九	一,九	一六,五七七	三〇,五五五
	比率	三·九	五·八	一三·六	一·二	一·九	四·一
美國	公噸數	七一,〇九四	八八,四〇二	一〇,四七四	一四,九七五	二四,五九二	八,四一七
	比率	五·一	八·九	六·七	一·九	二·六	二·二
其他	公噸數	一一七,一八九	五一,〇一八	六,九五五	一〇,二一二	一三,八三八	九,二
	比率	八·五	五·四	·五	·九	一·五	四·六
帆船輸入	公噸敷	五,〇〇〇	二四,六八二	九,八八二	五,一五〇	七三,五五一	四二,三九九
	比率	·二	二·四	·八	·四	九·三	五·三
合計	公噸敷	一,三八〇,七七九	九八九,八六九	一,一六六,一六九	五五五,〇八七	八四〇,六五五	四〇四,〇五一
	比率	一〇〇·〇	一〇〇·〇	一〇〇·〇	一〇〇·〇	一〇〇·〇	一〇〇·〇

裝十四：大連港輸出的主要品別表

年次	大豆	高粱	小豆	玉蜀黍	落花生	其他穀物及種子
一九三一年	一,九八六,五四五	六四,四九九	六一,二二五	七六,〇三八	三九,二二七	三,四七四
一九三二年	一,八七八,二二六	一七三,七二三	二〇,七九三	二〇,七九三	一〇,〇〇七	一八,二一八

输入方面以麦粉及金属物占首位，九一八事变以后因日本在东北大修铁路等木材洋灰等建筑材料大为增加此外产果和生野菜也很有增加，详细数目见下表：

——此表根据海关统计

表十五：大连港输入主要品别表

年次	豆饼豆	消煤	五金	灰其他合计
一九二八年	1,398,621	868,135	1,9,766	17,809
一九二九年	865,628	741,814	36,824	163,663
一九三〇年	1,081,197	1,108,269	929,681	167,689
一九三一年	1,407,985	1,063,457	547,867	9,764
一九三二年	893,405	1,022	428,541	78,007
一九三三年	692,768	673,550	1,819,169	—
一九三四年	751,600	787,619	281,160	—
一九三五年	691,498	913,669	194,981	—

表十五续

年次	米	坚果及干野菜	木材	煤油	洋灰	鱼类海草参	粉砂	卷烟	草
一九二八年	31,800	—	—	128,499	423,290	—	—	—	—
一九二九年	20,207	5,804	84,045	276,179	25,779	65,791	87,730	—	—
一九三〇年	22,248	9,084	452,199	415,008	25,025	30,141	77,933	26,993	—
一九三一年	22,442	61,676	452,152	230,144	—	—	28,499	21,635	—
一九三二年	42,089	606,195	519,780	266,194	115,100	39,501	48,509	26,999	—
一九三三年	85,670	196,870	255,251	445,301	165,141	34,991	41,323	51,836	—
一九三四年	818,945	497,870	727,472	91,539	100,300	5,353	31,691	54,149	—
一九三五年	76,070	84,070	—	—	—	—	—	42,269	—

(五) 大連港的勢力範圍

雖然大連港仍然可以算做第一流港口，但以有它的缺點那就是大連港所處的位置在遼寧省的極南端，港口吐納量也因為港位地勢所限，所以它的發展也不能過了一定的限度。因此日人積極於彌補這個缺點把營口安東都劃為它的輔助港這樣才可以維持大連港的繁榮。

關於營口安東兩個輔助港的詳細情形容下節裏敘述這裏說明大連港的勢力範圍。就三港總括言之包含遼寧全省吉林黑龍江兩省的西半部和興安區全部鐵路交通有南滿鐵路幹線及支線安奉鐵路濱海鐵路吉海鐵路北寧鐵路的關外段和支線四洮洮昂洮索齊克等路。

這個範圍裏的森林比較少些，森林區域多在安東港背後的腹地裏；但是農產品確佔輸出的主要部分因為腹地的農田開墾的最多主要的農產品，如高粱，大豆等等多半是這個範圍內產生的所以營口在輸出上都是以農產品著稱的。至於因農產品而興的工業，如油

年次	棉紗布類 纖物類	麻類	金物類 機器及	藥品及藥草	其他合計
一九三五年	七二，六七二	七，七九四	五四，〇三八四	四三，六〇三	九八七
一九三二年	六四，三〇八	四，八三五	四九，一六五	七二，二二	八五七
一九三三年	八四，三〇七	二，五五四	六四，八二九	九五八七，六八〇	八五〇
一九三四年	四八，〇九八	四，八四三	四〇，八二一	七三，六二六	一，六六九
一九三五年	四八，〇九八	二，四六五	七八，九六一	五二五，六三四	八五七
一九三六年	三四，一八六	四，五六三	四五，二四四	一四，七八六	五二五
一九三七年	一五，一八九	六，五七九	四三，二二〇	二，七四六	四七，六一四
一九三八年	三二，〇三〇	五，二五七一	二四，二四〇	六，五五二	二，六六八

附表根據滿鐵統計

如是農產品而興的工業，如油等等。

六 作爲大連輔助港的營口與安東

(一) 營口發達的經過及概況

營口是遼河下游的口岸在大連未開闢以前是遼河流域的第一大港起初不過是一個荒僻的村子而已，至光緒庚子之役以後沿海設防其地始漸重要咸豐十年中英訂立天津條約開牛莊爲商埠牛莊在營口東北九十里從前是百貨薈聚的地方後來因爲輪船停泊不便途改在營口設商場以條約文字不便

營口在輸出上都是以農產品如高粱，大豆等等多半是這個範圍內產生的所以營口在輸出上都是以農產品著稱的。

礦產方面以這個系統的腹地爲最發達，如撫順的煤礦出產能銷到南洋一帶鞍山的鐵礦本溪湖的煤礦都與日本有很大的利益安東港背後多山也正是礦產所在多有鴨綠江畔更有房，燒鍋麵粉公司，紡紗廠，製糖廠等也多是在這個範圍之內。

港背後多山也正是礦產繁密的區域煤礦所在多有鴨綠江畔更有金礦這些富源開發都可以支持安東港的繁盛。

最近日人更利用渾河太子河的水道由營口至撫順間開鑿運河，拿它運送撫順煤出口同時也輸出腹地的貨物水運能比鐵路運貨低廉，更能使營口輸出增加。若再向北延長到松花江更能「貨暢其流」了。

改更所以在國際間仍然通稱牛莊同治五年設營口海防同知宣統元年才改屬於海城蓋平光緒十一年曾於營口下流左岸建築砲臺一座設大小砲位四十八尊甲午之役營口失守砲臺被毀。

營口當遼河尾閭遼河口偏向東南口外有攔港沙一道口門寬闊，有類大沽口入口上溯十三哩在河的右岸就是營口商埠中外輪船碼頭在此遼河自通江口以下八百里達於營口北當鐵路溝營支線自滿帮子南行南滿鐵路支線自大石橋西行都達營口之左右東北特產物如大豆豆油豆餅柞蠶絲等都由營口出口只是冬季有三月餘的冰期是一個最大的缺點。

營口港域可分爲二區一爲輪船及西洋式帆船停泊區域。西界線由老爺嶺向北橫斷遼河東界線由青堆子向北橫斷遼河延長一萬七千餘呎河寬約二千五百餘呎這是內港港外可分爲二區其一爲帆船停泊區由港內西界下的下流至河北沿之間其一爲港內東界線的上流及其附近港內外的輪船及西式帆船停泊區域屬於海關管轄二爲帆船停泊區則歸常關管轄營口港內水深平均三十呎下流多淺灘吃水十七呎以上的船須乘潮長時才能航行所以河水減退水運即衰。

（二）安東發達的經過及概況　安東在唐時屬安東都護府明爲鎭池堡地清初隸岫巖廳光緒二年劃大東溝以東至璦河地置安東縣。瀕鴨綠江右岸原名沙河鎭依光緒二十九年（一九○九年）十月八日中美通商行船續約於三十二年開爲商埠三十三年安東海關

佈告規定港內的界限後經日本要求將安東內港延長至三道浪頭外港延長至鴨綠江此港本無特殊價値然自開埠以來輪舟四達安奉通車商業因之繁盛設立成半島東側的要埠和西側的營口儼若大連的左右兩翼所以日人合稱之爲「南滿三港」。

安東位於東經一二四度三十八秒北緯四○度十秒東倚九連城西撫大東溝北跨柳條邊南阻鴨綠江和朝鮮新義州隔江相望舟車聯絡形勢險要爲遼東門戶實在是國防要津安東港界線上至沙河口下至五道溝入鐵橋下爲最深潮水漲時平均約二十呎潮落時平均約十二呎五道溝附近潮落時水深不過二呎至三呎五道溝以下水深也不過十呎內外所以三道浪頭可以停泊二三千噸的輪船其上流不過僅有小船往來而已。

安東自日俄戰後日人也曾計劃設爲大港想利用鴨綠江爲運輸幹路觀其鴨綠江橋採開關式建築很能看出他們的野心不過安東處亂山叢中交通不很發達惟一水道交通的鴨綠江水位又逐年降低河床增高近些年上流的探木公司放木排時大感困難也可以知道這個水道用處有限了。所以安東不能有過分的發展只好列在輔助港中。

（三）南滿三港的勢力比較　大連營口安東是日本所謂「南滿三港」在這三港之中自然以大連佔中心的地位。九一八事變發生後，營口是中國人活動的港雖然不能和大連抗衡也還可以分一部份勢力。中國的山東商人和廣東商人在營口還有相當的活動中國南方

的活動如棉紗棉布及雜貨也多由營口輸出另一方面因東北的油坊業多是山東人經營所以豆油豆餅等也多由營口輸出，安東港是以運鴨綠江木材及吉林一帶的柞蠶大豆高粱爲主的港口安東自來在日本的支配下，自來就作爲大連的附助港，營口和安東兩港與大連港比較起來勢力差的很大相差的程度，我們可以由下表看出來

表十六：一九三三年南滿洲各港出入船舶比較表

港名	貨數登簿噸數 港入 隻數			貨數登簿噸數 港出 隻數			貨數登簿噸數 港合 隻數 計百分比			
大連	4,069	7,180,160		3,914	7,137,455		7,983	14,317,615	73.5	74.0
安東	942	411,960		489	494,793		1,431	878,753	8.5	5.2
營口	1,915	1,456,480		1,373	947,400		1,968	2,044,180	18.0	10.8
合計	5,394	8,405,640		5,437	8,591,502		10,871	17,045,194	100.0	100.0
前年度	5,569	8,208,749		5,518	8,650,985		10,087	16,267,734	100.0	100.0

此表根據「滿洲國」外國貿易統計月報

從上表我們可以很清楚地看得出來，出入大連的船舶占三港總數的八四．○％而營口僅爲一○．八％安東僅爲八．五％。

營口和安東可以利用鴨綠江水運這兩條大河的水運發達已久，而且營口有北甯，打通四洮吊藩海及一部吉海等鐵路的聯絡現在日本又在經營葫蘆島和羅津港這是營口和安東的兩大敵人。葫蘆島和羅津港一發達營口和安東恐怕更沒有發展的希

行船但是那時候是特產物輸出最盛的時候。不過這兩條大河每年在十一月中旬至三月中旬結冰不能

望所以營口和安東於此也只好降爲大連的輔助港。

（四）營口港的吐納能力 營口港的航路分爲對日本對中國，及帆船三種營口和中日兩國各大港的距離如下

表十七：營口與中日各港距離表（單位海浬）

大連	165	復州	100	青島	417
安東	385	九江	1,120	門司	769
長崎	1,285	芝栄		神戶	1,010
元山	1,005	仁川	445	海參威	
漢口	1,253			蕪湖	1,226	910
		鎮江	830		

由營口出入的船隻中國籍和日本籍相差還不多，英國船隻的數目也相當的可觀。一九三三年的營口著埠船隻日本為三〇五隻六十七萬餘噸，中國為二百三十七隻三十五萬餘噸，英國為二十九隻六萬三千餘噸，但英國在一九三二年為五十一隻十一萬一千餘噸，詳細數目有如下表：

——此表見一九三五年版日滿年鑑

（上接前表）

港別	隻數	噸數
秦皇島	一四五	一,〇三〇
天津	二九三	一,四六〇
釜山	六九三	二一五
福州		
昌沙		
龍口		
挪威	四,九二〇	一,六七八
其他	三,五六六	五,七〇一
合計	一,〇七三,七六五	一,一九〇,四〇四,四八七

——此表見一九三五年版日滿年鑑

在輸出入方面，九一八事變後有一個極大的變化，輸出大為減退，而輸入增加的很多，這是東北貿易的一般趨勢。在九一八事變發生的一九三一年營口輸出為一百四十餘萬公噸，到一九三三年僅為七萬餘公噸，到一九三三年為二十四萬餘公噸詳細數目有如下表：

表十九：九一八事變後營日港輸出入貿易表

年度	輸出貨物	輸入貨物
一九三一年	一,四六四,三四六 公噸	九四七,六〇六
一九三二年	一,一〇四,三六七	九二二,九二九
一九三三年	七〇,八〇二 公噸	二三三,九二九

——此表根據「滿洲國」外國貿易月報

營口的輸入以麵粉為第一，一九一八事變後更為增加，一九三三年為四萬三千餘公噸，其次是穀類棉紗布及砂糖等詳細數目有如下表：

表十八：九一八事變後登日港著埠船隻國別表

國別	一九三三年		一九三二年		一九三一年	
	隻數	噸數	隻數	噸數	隻數	噸數
日本		六六,五四二		九八一,九二八		四一
中國		三五六,五〇九		七八二,七九〇		三四四,一二六
英國	二九	六〇,九八二	五一	一一一,二六四		
蘇聯		一,七七三				

表二十：營口港輸入主要品別表（單位公噸）

年次	穀類麵粉砂糖	鹽	綿紗布	金屬物	其他	合計
一九二九年	四，二一一	五，四九六	二，一五一	一，五七二	三三三，九二九	
一九三〇年	一，九八八	九，八七九	二六，一六四	八七，九六七	四九，九六九	
一九三一年	七，八三六	四四，六四九	一，六六四	二一，三五〇	七〇，三五四	
一九三二年	二，一二六	四四六	一，七六七	二五，六六四	六九，八〇二	
一九三三年	一〇，〇〇一	四八，五〇五	一，一〇〇	一四五，八四〇	二六，六三五	

——此表見「滿洲國」外國貿易月報

營口的輸出以煤及大豆豆餅等特產物為最多，九一八事變後均大減。在一九三三年煤為四十二萬餘公噸但一九三一年為七十八萬餘公噸。大豆在一九三三年為八萬九千餘萬公噸但一九三一年為二十五萬六千餘公噸。豆餅略有增加，在一九三三年為十四萬六千餘公噸一九三一年為十萬零四千餘公噸，一九三一年為三萬五千餘公噸。詳細數目有如下表

表二十一：營口港輸出主要品別表（單位公噸）

年次	大豆	豆餅	煤	金屬物	其他	合計
一九二九年	四三，七六四	六四，一七二	一二，七六九	一〇四，九六六	九四七，六三六	
一九三〇年	一三二，五四五	八五，一七六	三四九，五五三	六二，〇四六	一，四六四，三七七	
一九三一年	二五六，一二二	一〇四，二四七	七八七，四八九	七〇，五〇九	一，四四六，四三七	
一九三二年	一六七，六六四	九六，四〇三	四九九，一一四	六九，七一八	一，〇四〇，二六二	
一九三三年	八九，五四七	一四六，二〇八	四二一，八七五	一〇四，七七三	九四七，六三六	

（五）安東港的吐納能力 安東港與朝鮮日本及中國沿岸各港的距離如下：

表二十二：安東港與朝鮮各港距離表（單位浬哩）

表二十三：安東港輸出主要品別表（單位公噸）

大連	一五三七
營口	三三四
芝罘	一九三
元山	八六四
多蠔港	八〇〇
天津	八九〇
上海	一，六六六
神戶	八八〇
香港	六五一
門司	六四三五
宇品	一，三三六
巨文島	四四六
釜山	七八四
鎮南浦	一四〇
仁川	五六〇
木浦	三五八
龍岩浦	二八一
大孤山	七
青島	三四四
長崎	六六〇
函館	一，二七一
小樽	一，四一三

——此表見一九三五年版月滿年鑑

安東港的輸出以木材煤大豆豆餅等特產物爲主。九一八事變後，因爲東北與日本的聯繫加緊很有進步木材在一九三三年爲二百九十四公噸但一九三一年爲二百七十二公噸。煤在一九三一年爲二千四百餘公噸但一九三三年爲二千八百餘公噸大豆在一九三三年爲三千七百餘公噸但一九三一年爲一千三百餘公噸穀物也有進步一九三三年爲七千二百餘公噸但一九三一年爲二千七百餘公噸。詳細數目有如下表：

年次	大豆穀類	豆餅	木材	煤	其他	合計
一九二九年	一五〇	七，二六八		二九四	二，二三九	一六，一〇三
一九三〇年	三，一三一	八二三	一，〇九一	二，四五七	二，八七一	一二，九六三
一九三一年	二，九三〇	五，四一八	一三三	三，八七二	二，四七八	一二，九六三
一九三二年	一，七七〇	二，七一七	一，三七一	三，一四八	二，四二六	一三，五二一
一九三三年	三，六七〇	六，二五九	九七二	三，六〇一	一，五三三	一六，二〇六

——此表見「滿洲國」外國貿易月報

安東港的輸入以麵粉砂糖等爲主，九一八事變以後均有增進輸入總額在一九三三年爲十六萬三千餘公噸但在一九三一年爲四萬六千餘公噸。詳細數目有如下表：

表二四：安東港輸入主要品別表（單位公噸）

年次	穀類	木材類	粉	砂糖	其他	合計
一九〇五年	二,九五五	一二一,六三三	—	—	二三,七五五	一六三,〇七六
一九一四年	三,〇四八	一二五,〇四一	二三,四二〇	一,三一二	一四,〇八六	四六,八三一
一九二一年	五四〇	九,四七二	九,四九五	四,〇四二	四六,八〇四	四九,八五三
一九二四年	三三〇	八一,八二三	一,五四〇	一,三五〇	二二,四四四	四七,二四四
一九二九年	五〇六	八六,七三七	五,六一四	一,四八八	九,八八九	一〇四,二三四

——此表見「滿洲國」外國貿易月報

七 羅津港系統

（一）新交通系統的樹立及其重要性

日本帝國主義者為經營吉林黑龍江一帶以及對蘇聯作戰的軍事運輸起見，祇見大連一個中心是不夠的，一定要有一個日本內地與吉林黑龍江距離最近的港口。這個港口既然可以做運兵也可以做貿易上的輸出與輸入口的海參崴港相競爭負有這個任務的便是這裏所敍述的輸入與輸出的中心，也便是日本人所謂的『北鮮三港』——羅津雄基及清津。

九一八事變以後日本在吉黑一帶積極與築鐵路如『京』『圖』拉濱北齊北等鐵路都曾次第完成交通極為便利需要一個新的吐納港因此在一九三二年五月十一日日本拓務省乃指令關築羅津港，一九三二年四月二十八日開始動工分為三期，一九三七年第一期工事可以完成吞納能力為三百萬噸同時並以雄基及清津兩港作為

羅津的輔助港日本計劃建立的這一個新的交通系統算是漸漸地成立了。

日本計劃建立的這一個新的交通系統有着非常重大的意義我們可從軍事運輸和經濟這兩方面去觀察

第一，羅津港系統的最重要的意義是把吉黑一帶與海口的距離縮短我們以「新京」——即長春——為中心來看大連與北鮮三港的距離比較如下：

新京—大連	七〇四公里
新京—雄基	六七四公里
新京—羅津	六八九公里
新京—清津	六五八公里

由新京到北鮮三港比由「新京」到大連要近三四十公里，以哈爾濱為中心來看則其與北鮮之港的距離如下：

通過拉濱線，由哈爾濱到北鮮三港比其到大連要近二百餘公里。

	如通過拉濱線	如不通過拉濱線
哈爾濱—大連	九四八公里	
哈爾濱—雄基	七〇八公里	九一四八公里
哈爾濱—羅津	七二三公里	九一二九公里
哈爾濱—清津	六九二公里	八九九八公里

我們再看北鮮三港與日本內地的聯絡如何，其與敦賀舞鶴兩港的距離如下：

	敦賀	舞鶴
雄基	九一七公里	八七四公里
羅津	九〇二公里	八八〇公里
清津	一,〇三五公里	八六〇公里

與大阪距離如下：

大連—大阪	一,六一八公里
清津—大阪	一,〇三五公里
羅津—大阪	一,〇六三公里
雄基—大阪	一,〇九五公里

如若不從北鮮三港而經過大連，則大連與大阪的距離如下：

北鮮三港距離大阪比大連距離大阪要近六百公里以上，北鮮距離敦賀和舞鶴要近七百公里以上。

同時大阪與敦賀舞鶴的距離如下：

大阪—敦賀	一,六一一公里
大阪—舞鶴	一,四七二公里

如此，由「新京」往大連到大阪爲二,三二二公里，經清津敦賀要近六七百公里。

乘火車的時候，由「新京」乘京圖線，經清津到大阪所需的時間如下：

	(貨物)	(旅客)
鐵道省線	七小時	四小時
海上	六六小時	三六小時
滿鐵線	三小時	十九小時
合計	七九小時	五九小時

經大連所用的時間如下：

	(貨物)	(旅客)
鐵道省線	一小時	三〇分
海上	六八小時	六八小時
滿鐵線	二七小時	十一小時三〇分
合計	九六小時	八一小時

從上面我們可以很清楚地看得出來經過北鮮三港比經過大連，貨運要減少十七小時，客運要減少二十一小時。

其實，北鮮三港的利益仍不在與大阪的聯絡，而在與敦賀舞鶴的聯絡上後一個聯絡的地點在裏日本海軍事上極為重要。所以北鮮三港開通以後日人大聲疾呼「裏日本海時代來了！」日本和東北在裏日本海交通不祇是距離縮短，而且非常安全在陸軍對蘇作戰上實在太重要了。

北鮮三港不僅在軍事上有意義在經濟方面也有他的相當重要性因為吉林一帶是大森林區域在吉海鐵路的沿線的森林面積約有七七平方公里木材達一百萬萬立方尺以上現代造紙原料多取給於木材日本正是缺乏這個原料的國家她所需要的原料每年約五萬萬立方公尺即須消耗木材八九百萬噸其中百分之二十五是由海外輸入若是北鮮三港和東北森林區聯絡成功這個缺憾就不難彌補了。

最大富源的礦產在吉敦線的額穆舒蘭樺甸等處有五百個煤田，許多砂金地三個銀鉛礦在吉林東邊的延吉汪清和龍琿春縣也產多量的煤鐵銅鉛等礦這些富源要都開發了，北鮮三港的勢力因此越

發突飛猛進起來了。

中東鐵路出賣以後，黑龍江一帶的客貨運輸大部分都要轉到北鮮三港來，以前走吉敦鐵路向大連與營口方面的貨物每年約二千五百萬噸以後自然是要從羅津港經過的了。

（二）羅津築港及其前途 羅津港的歷史最短而且最新，在一九三二年的時候羅津港還是一個不滿五百人的荒涼漁村『京』圖鐵路開通以後的一九三四年末已經有二萬五千人了。

羅津港是日人認為全朝鮮的第一個最良港灣東西北三面有道開山石爾峯函洞嶺寶谷嶺包圍著可以防風山高都在一千日本尺以上乃至一千五百日本尺南當日本海灣內面積東西四海里南北六海里有餘可以停船的面積二千五百萬坪灣內水深八至二十公尺大草島附近水深二十三至三十二公尺。近陸地的最優地帶的水深為七至十公尺。

灣內波浪只高一公尺內外因而不需要什麼防波堤。

關於羅津港的經營由滿鐵羅津港建設事務所主持從一九三二年起分為三期預定在一九四七年完成三期的計劃分配如下：

表二十五：羅津港築港計劃表

築地面積	貨物裝散能力	
第一期	三,〇〇〇,〇〇〇公噸	六〇六,九九三平方公尺
第二期	三,〇〇〇,〇〇〇公噸	五七〇,七九三平方公尺
第三期	三,〇〇〇,〇〇〇公噸	八三六,七二六平方公尺
合計	九,〇〇〇,〇〇〇公噸	二,〇一四,五一二平方公尺

—此表見一九三四年版滿洲經濟年報

日本為聯絡羅津和雄基兩港起見現在修一條雄羅鐵路經過南洞嶺鑿一個三・八公里的東北第一大隧道該路已經在一九三五年九月間通車了。

（三）雄基港及其吐納能力　雄基港在圖們江的西方十二海里正是日蘇和東北交界的地方從來就是朝鮮北部的不凍港。雄基在一九二六年開港四年才完成繫船能力僅為三千餘隻存吐能力每年不過三十萬公噸但是利用圖們江的筏子以運送木材是認為最便利的一種運輸方法，

雄基港的每年貿易額在一九三五年度為三千七百六十一萬四千一百三十七元內計輸移出一千三百七十五萬八千二百二十三元輸移入一千五百九十七萬三千九百四十二元通過為七百八十八萬一千九百八十二元和一九三四年度相比較合計增加八百三十四萬三千零二十七元查該港在一九三五年度貿易中的輸出一項鹹南川內里所產的洋灰從日本國境稅關運往者雖屬減少然而鐵路所用的軌條需用甚多所以激增如上所述輸入一項因為東北所產用甚多所以

完成運輸也極便利所以特產物運到的也極多該地因前年歉收的影響需用粟米所以由咸南川內里輸入頗多以便轉往神戶大阪方面前遭水災為復興而運來的很多木材一物也因為神戶大阪方面的需用木材甚多同時適逢日本北部所產木材運轉邊緩所以向滿天津兩方面運來未有的盛況至豆餅肥料也因為日本方面的需用增加移出一項雖因前年東北大豆歉收運來減少而當地漁業甚豐魚油行市甚高加以軍需工業也極活躍所以移出甚多此外以大阪神戶等地需用木材很多而移出以增加移入一項酒和綿織物因此當地歡收購買力減退的原故亦得以增加東北者為數不多所以由咸南川內里移入者也減少幸小麥粉需用甚多加以向東北輸入軌條極多所以移入一項也能得增加記錄現在把該港一九三五年一九三四年的貿易額分別於下以示比較:

表二六：雄基港一九三五一九三四年度貿易比較表

區別	一九三五年度	一九三四年度	比較增
輸出	六，九八九，〇〇三	五，二三六，三六〇	一，七五二，六四二

工事完成期	工事經費	浚渫面積
一九三七年	一二，二〇六，八四〇日金元	七八，八〇〇平方公尺
一九四二年	一二，一三九，四六〇日金元	五四，〇〇〇平方公尺
一九四七年	一二一，四八七，八九〇日金元	二四五，一〇〇平方公尺
	三六，八三三，六九〇日金元"共十五年"	

著的增加比較前年增進寬達一千三百五十一萬二千一百十四元通過貨物減少的原因蓋因前年東北特產歉收迄至上年五月運出的數目極爲閑散幸得魚粉末蜿搾粕鹽魚等的蜿加工品（移出）柑橘米穀等（輸出）麥粉機械等（移入）豆粕（輸入）比較前年度特別增加，所以能彌補過的減少現在把一九三五年一九三四年的貿易額分列於下以示比較：

表二十七：清津港一九三五一九三四兩年貿易比較表

	一九三五年度	一九三四年度	比較增減
輸入	四,七五一,二四〇	四,五二一,七〇九	二二九,五三一(增)
輸出	一六,五五一,八二〇	一二,三六七,九四〇	四,一八三,八八〇(增)
移出	六,七六九,二三〇	九,八七七,四四五	三,一〇八,二一五(減)
移入	一一,二二七,七二〇	四,四四六,二二一	六,七八一,四九九(增)
通過	七,八八一,七八六	七,七七六,七〇九	一〇五,〇七七(增)
合計	四六,一八一,七九六	三九,〇八九,九二四	七,〇九一,八七二(增)

此表見外交部公報九卷二期。

(四) 清津港及其吐納能力

照目前的狀況來說清津港是朝鮮北部的中心都會特別是北鮮鐵路委任南滿鐵路經營及「京」圖鐵路完成以後現在可以直接乘火車到清津港但是在羅津港完成之後清津就要把他的地位讓與羅津清津之不如羅津的地方是不能防禦夏季八月的南風。

清津開港在一九〇八年，到了現在已經有了二十幾年的歷史。在過去二十幾年間日本投下的資本已有七百萬日金元，港內面積十一萬坪，繫船能力三千噸級四隻六千噸級三隻可以同時停留。

其實日人昔日開清津港的目的並不是使它僅爲朝鮮北部地的貿易港乃是想利用它爲侵略的經濟中心來吮吸吉林黑龍江兩省腹地的富源同時又企圖滅絕蘇聯的海參威。

清津港的一九三五年度貿易額現據清津稅關支署核算共計六千三百七十二萬一千三百六十二元實在是清津開港以來的最高記錄，全年貿易額中除通過貨物減少百餘萬元外，輸移出入各項都有顯

八 葫蘆島港系統

(一) 葫蘆島的概況 葫蘆島位於渤海遼東灣的西岸爲遼寧省錦西縣第八區境內常連山灣之南葫蘆套之北北甯鐵路錦州車站西南三十三哩西距錦西三十哩西南距興城二十一哩適居三縣之中心自北甯鐵路連山站起有支線至終端長約七哩半

葫蘆島地勢東南高而西北低平，中部漸次隆起，北東南三面岩石峭壁聳峙海中。本島山脈屬陰山山脈自察哈爾的多倫縣與熱河省圍場縣的交界處而來行經錦西叫做虹螺山若斷若續蜿蜒而東以自興城北來的海山山脈相接突入渤海遼東灣內這樣構成了葫蘆島其山的最高峰約四百英尺。西南海陸的交通有沙岡一線橫亘於島的中部，如繩索般的繁着葫蘆嘴的西南海口名為葫蘆嘴北與天橋廠隔海相望天橋廠的西南有西海口是帆船停泊的地方順着島的西岸達連山到葫蘆島支路的車站葫蘆島的南端有沙岡橫斷海水潮流因岩斷岡斷岡北就是連山到葫蘆島支路的車站葫蘆島的南端名為葫蘆嘴北與天橋廠隔西北為獅子頭由獅子頭向北繞一山麓迤北折接於斷岡之南一山綿亘突出海中名半拉山與獅子頭之間內作彎環狀名叫葫蘆套牟拉山之南山海中湧起一石堆兀立孤懸如虎踞名叫高粱垛。

（二）葫蘆島築港的重要　九一八事變前的幾年間東北鐵路建設彙程並進線網之密的確是其他省分所望塵莫及的。不過交通的鐵路則靠着海參崴和大連為出口港因為這樣東北鐵路徒為中東南滿的營養線因而靠海參崴利權完全外溢中東鐵路則利權喪失一半走南滿鐵路則專賴於有出口良港東北向來沒有聯絡尤貴乎海陸銜接對外貿易則專賴於有出口良港東北向來沒有自築的港口所以貨物的輸出不是南經南滿鐵路而靠海參崴和大連為出口港因為這樣東北鐵路徒為中東南滿的營養線因此東北當局乃謀自築港口。

葫蘆島便是東北當局所要修築的一個，如果葫蘆島開港後北寧鐵路收入一定可大增加按遼吉黑熱四省每年物產量類農產為二

千一百萬噸，林產為四百三十五萬噸礦產為八百三十六萬噸畜產為二十四萬噸。天然富源如此以無出口良港之故而一切權利任人壟斷實在是一件很可惜的事情況且錦朝洮熱諸路當時正在籌劃之中此兩線距葫蘆島甚近且能聯絡洮昂齊克等線若葫蘆島開港後黑龍兩省的物產必由此輸出而遼吉兩省的物產也可以由四洮吉海溝等路接運而來。可知葫蘆島的開港不特足以抵抗帝國主義者的經濟侵略也是發展農工商業的要圖所以當時東北開闢葫蘆島實基于事實上的必要。

（三）葫蘆島築港史略　葫蘆島築港本是中國修了三次也沒有修成。其是大連的一個唯一出路但是中國修了三次也沒有修成。

第一次在一九〇八年（光緒三十四年）當時徐世昌為東三省總督聘京奉鐵路工程師英人休斯（W. R. Fughes）測量遼西沿岸經天橋廠葫蘆島甯遠菊花島通姚莊等處自是年七月至九月工作凡三閱月結果選定了葫蘆套為港澳的建築地連山灣的南岸是填築工程地以備開闢市街委黃天文為總辦休斯為工程師定築港經費為英幣八十萬磅期以五年完成宣統二年着手進行共費款一百二十餘萬元次年辛亥革命軍起經費缺乏乃宣告停工。其中一部分鐵路房屋於民國元年仍然繼續進行修築終以中原多故在民國二年工程乃完全停頓當時已經築成者計防波堤四百餘呎街市填築工程也完成一部，從京奉鐵路連山站起到防波堤的七哩半鐵路也是那一年完成的。

第二次在一九一九年（民國八年）歐戰告終歐美資本家屢次表示願意投資開闢葫蘆島並敷設錦愛鐵路是時北京交通部雖知開港重要然以閻權攸關不願借助外力因此交通部途有修築葫蘆島的計劃，預定交通部與奉天省合辦擬定築港資本金為一千萬元，交通部與奉天常局各出一半交通部款則由京奉鐵路局盈餘項下支付五百萬元。另由奉天省庫陸續籌付五百萬元擬築港大綱五條。民國九年交通部任命周肇祥為開港督辦終以受國內戰爭的影響迄未開工民國十一年擔關戰爭發生後交通部與奉天省常局不欲合作原有部省合辦葫蘆島海港契約因之失效工程進行途即擱改。

第三次在一九三〇年東北當局以年來北甯鐵路盈餘款項數目激增，鑒於築港的不可緩，乃廣續前議移北甯鐵路的盈餘以築此港，呈請鐵道部經鐵道部批准於是責成北甯鐵路管理局長高紀毅主其事設事務處附於北甯鐵路管理局之下與荷蘭公司訂約築港承辦期間五年半於民國十九年（一九三〇年）四月十五日開工至民國二十四年十月十五日竣工民國十九年一月二十四日北甯鐵路局局長高紀毅與荷蘭治港公司商洽築港工程大綱十六條與該治港公司總代表陶普施簽訂合同每月計付美金六百四十萬元，全部造價係分批交付美金九百五千元第一期計劃成功移繫船壁長一五三五公尺繫船能力一萬噸級三隻一千噸級二隻共十隻六萬四千噸可以同時停留規模宏偉借九一八

事變發生，途告停頓。

九一八事變後的一九三三年十一月，荷蘭公司的人回國去了日本便自己預備去經營並改名為「壺蘆島」築港事情歸鐵路總局管理工作尚未大進行北鮮的羅津港相當完成以後日本必經營此港以為對內蒙及遼西一帶的吐納港。

（四）葫蘆島港的貿易狀況

葫蘆島與大連間的定期航路，於一九三四年六月初才開始至一九三五年一月底止的七個月間輸出貨物計一萬六千八百四十七噸以玉黍蜀粟大豆蕎麥為大宗約佔全數十分之九。輸入貨物計三千零九十四噸以麵粉砂糖膠皮鞋白米等為大宗約佔全數十分之七茲將一九三四年六月份起至一月份止該港輸出入貨物及噸數列表於左（單位噸）

輸出品		輸入品	
大豆	三,一六九,〇	麵粉	一六,八四七,〇
高粱	二,一五〇,〇	包米	五,〇三六,〇
粟	三三〇,〇	蕎麥	
玄米	一五〇,〇	糯米	一六〇,〇
棉實	五七,〇	其他	五五七,〇
總計			
砂糖	四二三,〇	膠皮鞋	三二七,〇
本材類	九三,〇	建築木材	六四,〇

煤油	一八，〇	食品	一六，〇
卷酒	六三，〇	肥皂	六，二
亞鉛板	五六，〇	果子類	五，五
藥品	一，五	鐵製品	一六，六
漫器類	二四，三	紙類	一三，二
棉布	四，四	磁器	六，〇
廣袋	五五，〇	清酒	五四，六
蔬菜類	一一，〇	鮮菜類	二，六
總計	三，〇九，四，二	其他	五四，〇

（五）葫蘆島港的勢力範圍　葫蘆島港的勢力範圍，以地域言之，可以包括東三省西部南部的關外蒙古東部和熱河省全部日下所能溝通聯絡的鐵路有北寧鐵路的關外段大通四洮齊克濟海和熱河蒙古的錦朝路日人對此港最主要的目的在侵略熱河更西進察省邊境，南迫華北所以除上述鐵路以外正計劃或建築中的路線有凌源到承德線葉柏壽到赤峯線凌源到冷口線赤峯到承德線平泉到喜峯口線。

除了鐵路之外又築成了四百多里的公路若是以上路線都修築完成，再輔以修築中的公路所謂「熱河交通網」三四年內不難實現交通發達貿易自然昌盛日人所預期的本港吐納量大概和積極修路計劃是一脈相通的。

熱河如能開發實能滋長葫蘆島運輸的繁茂，國人多忽視熱河富

源，把它看成不關緊要的地方其實熱河礦產品類繁多，並不下於東北各地，最有希望的礦產，就是金礦在濼河上游地方產金區域如豐寧承德灤平隆化諸縣老哈河流域和英金河流域的產金區爲赤峯平泉等地方大凌河流域有阜新朝陽凌源諸縣此外圍場建平開魯林西經棚也都是產金區域總計以上區域可以指定礦區開採的不下一百二三十處而阜新一縣中金礦佔二十四處之多可見礦苗如何旺盛了銀礦卅產地也多在產金區域可指定的礦區約三十餘處此外更有煤礦區百餘處其他銅鐵鈉硫黃等礦也多這些富源開發當然與葫蘆島大有關係，牧畜量減少但是總數仍在三百五十萬頭以上牧畜飢盛所以毛革也是一種大交易再加努力生產改良種別，毛革業必在葫蘆島大可昌盛。

同時熱河北部也是牧畜最適宜的地方近年因天災人禍等關係，牧畜量減少但是總數仍在三百五十萬頭以上牧畜飢盛所以毛革也是一種大交易再加努力生產改良種別，毛革業必在葫蘆島大可昌盛。

日人對葫蘆島吐納能力預期既然很大必定努力開發所掠奪的熱河以應其所需在幾年以內必然建立一切新事業的雛形截至最近止日人在熱河所立的新式工廠已經近於四百之數將來葫蘆島港口的進步更是一日千里了。

九　尾語

綜觀日本帝國主義者對我東北的港灣統制政策，係將各港勢力範圍計劃非常詳盡想利用這三個系統的港口吸收東北的精華幫助

自己的營養不足在這個統制經濟之中，日本偏重了東路的羅津港系統和西路的葫蘆島港系統，對於大連取守成主意偏重的道理已然不外政治經濟軍事三種關係，這三種連環性的關係又可劃分為兩個時期——平時和戰時。

在平常的狀態下，政治和經濟有連令作用，北鮮三港和葫蘆島港所控制的地帶未開發者居多，產業不發達，交通也不便利，積極策路積極開發，所有富源可得周轉流動，三個系統的港口便成了大動脈，使日本的經濟活動力膨脹。

到戰爭時期，這些港口就成了軍事的策源地，因為平時政治經濟取得聯絡可以實行政治的經濟的總動員很可以做到自給自養可攻可守的軍事行動。羅津港系統是對蘇聯的軍事中心由此北奪蘇聯沿海州阿穆爾省西趨外興安嶺直搗赤塔，可以斷絕蘇聯軍事後路，最大企圖便是截取西部西伯利亞償其昔日兩次所未達到的願望。葫蘆島港也是一個軍事中心，由這裏進兵熱河西侵綏察兩省北進可佔外蒙，直趨庫倫威脅蘇聯南進可入長城各口華北垂手可得e

現在東亞風雲日緊，所以日人對於這兩個系統的港灣更是急於完成，至於大連系統範圍內某本工業已發達到成年時期，可以利用為軍事品的接濟地帶，與以下兩個軍事中心互相策應，這樣就算港灣統制的成功。

——完稿於北平東北大學——

是非公论

　　《是非公论》创刊于中华民国25年（1936）4月1日，由是非公论旬刊社编辑、发行，社址位于南京铁管巷，中山公记印书馆印刷。十日刊，每份售洋五分。该刊出至民国26年（1937）8月终刊。

《是非公论》杂志版权页

是非公論

十日刊　第二十五期

民國二十五年十二月五日

歐洲列強間之兩大集團　　　　　　　　呂碩儒

文化舞台上的「知識階級」　　　　　　王　政

『有些是天生的政客，在上台以前，為着迎合青年心理，也會提唱……後來功成名就，居然……』

斯汀生著：遠東的危機　　　　　　　　周其勳

雷峯塔和今後的婦女　　　　　　　　　王充之

『……塔的堆積……代表舊道德，舊禮教，被埋的娘娘代表處於封建思想底下婦女界的命運；她頭上所蓋的「金缽」……代表生活不能獨立的婦女所受的經濟壓迫。』

血腥的愛　　　　　　　　　　　　　　程景頤

每份售洋五分

全年二元

（郵費在內）

《是非公論》雜誌封面

日本對華經濟侵略之一斑

自一九二九年全世界發生經濟恐慌以來，恐慌的深度，是繼續不斷地增長，恐慌的波濤，已瀰漫到世界的任何一角，各資本主義國家，無論大小，皆受此經濟大恐慌的影響，弄得走頭無路，用盡伎倆，而戰後資本主義之獨占現象，已達高度，素具獨占東亞野心之日本，努力實行其大陸政策，由佔領朝鮮而佔領滿蒙，由佔領滿蒙而欲佔領中國全部，田中義一曾這樣說：「欲征服全世界，必先征服中國，欲征服中國，必先征服滿蒙。」

中國自鴉片戰爭以後，即為國際資本主義所控制，國際資本主義遂以中國為其銷貨投資吸收原料之唯一的市場。列強各國近五十年來，在華投資，為數竟達七十萬萬元以上，而投資之入超，亦達七十萬萬元以上，中國乃有無上權威，然而中國資本總額，據工商部民國十九年之統計，僅有二十萬萬元，（包括國際借款）即此種微弱之資本，倘且始終控制於國際資本之下。

帝國主義對於弱小民族半殖民地國家的侵畧，首先為商品的輸入，其次則為資本的輸入，同時對於弱小民族的新興工業，自然是要竭力用毒辣的壓迫手段，使其停滯，歸於消滅，國際資本主義佔有中國市場，用盡全力，以鉅大的資本來壓迫中國民族資本，不僅由各方面阻止中國民族資本的發展，且使其日益衰落，並將中國農村固有之白給自足經濟，為之破壞無餘，而集中於國際資本的掌握中。

「九一八」以後，日本以武力佔據我東北四省，以完成其大陸政策之野心，使列強各帝國主義在中國之經濟割據局面，一變而為其經濟獨占之局面。現在日本已將我東北四省全部置諸脚下，給予中國國民經濟空前的沮挫，最近日本對華投資，其目的不單在謀貿易的發展，而注意在開發攫取中國的資源。本來日本對華貿易，作各資本主義國家中，始終居於第一位，自「一二八」事變後，更厲行其傾銷政策，以圖摧毀中國生產事業的生命線。

茲就民國元年以來的中日貿易觀察，無論出入口貿易總額，均為民元以來之最低數，考日本在華貿易，數十年來均有長足之進展，以民元為100，出口自民國七年起指數卽達二九五、六七，以後各年均在三○○以上，民國二十年時更增至五三五、一四，迄至二十一年始見衰落，指數漸趨下降，二十四年指數竟降至九八、八九，入口方面，民國六年起指數爲二四三、五四，以後逐年增加，最高如十五年達三七○、一七，民國二十二年以還，與出口同陷於衰退的命運，民國二十二年及二十三年指數曾降至一○○以下，二十四年較見轉好，指數增至一○一、七六，全年中日貿易總值指數爲一○○、六八，日本對華本部輸入貿易總值指數雖趨減少，但是在東北方面，近數年來日本對華之襲斷與發展，這是我們不可忽視的。近數十年來，日本對華貿易，如此突飛猛進，存華貿易所佔之地位，常佔我國對外貿易總值四分之一，占各國在華貿易之第一位，日本在華經濟勢力之雄厚，由此可知。

民國元年以來中日貿易統計表（單位千關兩）（包括台灣）

年份	出口		入口		總額	
	數值	指數	數值	指數	數值	指數
民國元年		100.00		100.00		100.00
民國二年						
民國三年						
民國四年						
民國五年						
民國六年						
民國七年						
民國八年						
民國九年						
民國十年						
民國十一年						
民國十二年						
民國十三年						
民國十四年						
民國十五年						
民國十六年						
民國十七年						
民國十八年						
民國十九年						
民國二十年						
民國廿一年						
民國廿二年						
民國廿三年						

再就民國二十四年中日貿易重要商品觀察，本年輸出仍以棉花為最多，計值一千四百八十九萬餘元，雜糧及其製品次之，計值一千三百三十七萬餘元，子仁（其中以荣子及芝蔴為主）居第三位，計值一千〇七十七萬餘元，再次如礦砂煤，及苧蔴等項亦各值四百餘萬元，豬鬃值三百四十餘萬元，棉紗及肉類亦各值二百餘萬元，至於本年由日本輸入商品，亦仍以棉布為第一位，計值八百二十六萬餘金單位，機器次之，計值七百二十八萬餘金單位，再次為糖，計值六百六十九萬餘金單位，此外如鋼鐵，魚介各值五百餘萬金單位，化學產品值四百餘萬金單位，紙及金屬製品各三百餘萬金單位，顏料染料，橡皮製品及車輛各值二百餘萬金單位，人造絲及木材各值一百餘萬金單位。本年日本輸華主要商品數值與去年同期比較，增減自可互見，總之，以目前情勢看來，中日貿易的進展，偏於輸入貿易的見增，實為今日中國不易避免的命運。茲將民國二十四年全年對日貿易重要商品數值統計列表於下：

民國二十四年對日貿易重要商品數值統計表

商　品	全年共計（金單位）	上年全年
入　口		
人造絲	一,七六四,八二二	一,四二七,八六七
機器及工具	七,二八三,六六八	四,六四五,〇〇八
金屬製品	三,一六七,六六五	二,八七七,三三七
化學產品	四,四七三,八六五	四,二五四,二六四
顏料染料	二,八四〇,二四五	四,一三二,二四八
糖	六,六九三,六一三	七,二八六,三六一
棉　布	八,二六五,四二六	三,九二三,六六八
魚　介	五,七六九,六六一	四,八二二,一〇六
鋼　鐵	三,六二二,六六六	三,六六四,一三二
橡皮車胎及製品	二,三四五,六六八	二,一四七,四二六
車　輛	二,一七九,四六四	一,七六八,六六五
木　材	一,二四七,七六四	一,六六三,二二三

出口往（國幣）	全年共計	上年全年
雜糧及其製品	一三,三七〇,七〇四	一四,三六六,七六七
豬鬃	三,四〇四,六六一	三,六六六,三三三

予仁	一〇·七七·六三三	八·五四·九四三
礦麻	四·六三五·九四〇	七·三三·四二一
棉紗	四·九七·九九五	三·一六·七五〇
棉紗	二·五九·三五四	六·三八·四三一
棉化	一四·八九·二二一	三·九七·五六六
肉類	二·三四·〇九九	三·二三·〇四二
煤	四·六〇·九二九	四·四二一·八四二

（註：見民國二十四年三四季貿易報告）

根據以上中日貿易數字統計比較，近二十餘年來，日本作華貿易所佔之經濟地位，於此可見其梗概。

自去年八月華北走私事件擴大以來，影響國稅收入極大，華北素為貨物運輸之根據地，所有貨物大多由津滬及平漢兩路運輸南下，可以直達長江下游各處，中國全部稅收之大宗，現在華北走私已逐漸擴展至西北、華中、華南，均作長江北部一帶，私貨到處充斥，走私貨物，以白糖為最多，此外更有火油、人造絲、捲煙紙、種子、蘋果、滑油、菓汁、化粧品、藥品、牛酪、酒、食物、顏料、鐵絲、自行車零件、雲母片、硬木、針、豆、牛奶、棉、及絲水洋燭、洋釘、牙膏、車胎、罐頭、食物、

本年五月底止，海關稅收損失達三千萬元以上，本年四月份一個月內，關稅收入之損失已達八百萬元，以此為一年稅收損失將達一萬萬元，約合失以八百萬元計算，則一年稅收損失將達一萬萬元，自民國二十四年八月至的影響愈趨緊縮，近據海關報告，自民國二十四年八月至的道路，這是無疑的。近一年來，全國金融因受走私波及不能斷言，但是，將中國國民經濟生命的一線，過到死亡久停滯於其殖民地的素願，使奄奄一息的中國經濟，長完成其獨佔遠東市場的素願，用以消滅歐美各國在華的商品銷售能力，進而廉的成本、橡皮鞋、電池等等，如此盡量的輸入中國，利用其低

稅收全部三分之一，據滬市人造絲同業公會報告，上海人造絲正頭廠共計有二十一家，繅絲機數達二萬部，自走私風潮發生後，相繼倒閉，現僅有六七家，機數減去三四千部，其影響所及而遭失業者，將有四五萬人，走私影響於我國計民生，至深且鉅，於此可見，若長此不能設法作有效的抑止，不但影響我國庫收入，即於國際貿易，亦莫不有嚴重關係。茲將上年八月至本年五月私貨價值及稅收損失，寫在下面：

是 非 公 論 第二十五期

名稱	私貨價值（金單位）	課稅（金單位）	損 失
人造絲	三,六一〇,〇八六.〇〇	四,七四三,一八七.〇〇	合 八,三五三,二七三.〇〇
白 糖	四,二三三,六四四.〇〇	七,三三五,七四二.六三	合 六,五六九,三八六.六三
捲煙紙	一,二〇五,二一九.〇〇	一,六八一,一〇三.〇〇	合 四,二二六,三二二.〇〇
總 計	九,二〇七,九三五.六九	一五,八六一,六三一.六三	合計 二五,一二六,八八一.六五 元

（註：見國際貿易導報第八卷第六期三四二頁）

現在將以上所列舉的種種，來作個總的檢討，日本這種激進政策的策動，由於國際情勢緊張，頓呈機搖不安的現象，日本為鞏固其北進及俄的陣地，唯有竭力壓迫中國，國際資本帝國主義相互間鬥爭事件愈多，便愈見其對於殖民地及弱小國家利益上的衝突，此為不可調和的必然性。吾人深知經濟為一國的命脈，猶人身之有血液，人若停滯血液的流行，是必須死亡的，國家若失其經濟力的全權，亦絕無存在的可能，這是極明顯的事實，由所謂「中日經濟提攜」問題的演變，最近又有所謂「華北經濟合作」，已弄得高唱入雲，但是外資在華活動，並非絕對的不可，以目前中國整個國家財政已瀕於山窮水盡的絕境，來從事於迫切需要的國民經濟建設，又自非與外資發生依存的關係不可，如此，利用外資已成中國今後國民經濟建設必然的命運。然而我們由於主動的利用外資，以促進生產力的發展，使之成為獨立的經濟，則利用外資，實所當然，反之被動的為外資所利用而致喪失經濟的獨立，此為吾人所當注意者，考諸國際史實，即可瞭然，是以總理實業計劃及中央對於利用外資原則的確定，而得失關鍵，全恃其運用方法的如何，此尤為吾人所當審慎者，因為「發展之權，操之在我則存，操之在人則亡」，此後中國存亡之關鍵，則在此實業發展之一事也。（見 總理實業計劃序文）

（林二肯）

新中华

《新中华》杂志创刊号于中华民国22年（1933年）1月10日出版，16开本，厚达250页。出版地址为上海新闸路同德里1号，主编者为周宪文、钱歌川、倪文宙三人，发行代表人为中华书局主要创办人陆费逵。陆于清光绪34年（1908）入商务印书馆，后任出版部长，兼主编《教育杂志》。为进行教科书改革，他毅然离开商务，发起创办了中华书局。书局先后办有"八大杂志"，如《中华教育界》《中华妇女界》等，以及民国4年（1915）梁启超主编的《大中华》，可惜仅办了两年，便因故停刊。而商务所办《东方杂志》，虽遇"一·二八"事变而短暂停刊过，复刊后仍风头健旺，影响日隆。中华书局决定创办类似《东方杂志》那样的大型综合性刊物，《新中华》半月刊便应运而生。

《新中华》刊名为古朴遒劲的魏碑字体，三字集自《张猛龙碑》。创刊号的要目就印在刊名下。扉页上印有"第二期要目预告"，因第二期将于1月25日出版，正值"一·二八"周年前夕，当为"纪念淞沪抗日战争周年"专辑。

《发刊词》高屋建瓴，言辞凿凿："本社同人，极愿集合海内外之关心国事者，共谋介绍时代知识于大众之前，以尽匹夫之责，而共负此第一重之使命。应本孙中山先生'用民族精神来救国'之旨，发为复兴中华民族之口号而挣扎，而抵抗！以延我四千年来民族之生命，战胜万忧丛集之危机。然而以文字笔墨之力，为鼓励民族意志，民族行为之工作，虽云微末，亦复艰重，同人不敏，窃希与时贤共负此第二重之使命焉。"最后写道："风雨如晦，鸡鸣不已，危舟将倾，惟求共济，愿国人有以教之！"在内忧外患之下，这是文化人发出的呐喊！即使今日读之，亦令人热血沸腾，荡气回肠。

创刊号以陆费逵的《备战》一文打头。在民族危机日重之时，他详细分析了太平洋周边形势。在经济文章中，有银行家陈光甫的《怎样打开中国经济的出路》等，文化教育方面有金兆梓的《近代中国文化发展鸟瞰》、舒新城的《最近中国教育思想的转变》，文学艺术方面有宗白华写的《哲学与艺术》、丰子恺写的《最近世界艺术的新形势》等，以及钱歌川的《大战以来的世界文学》，还有郁达夫的小说《瓢儿和尚》，巴金的小说《幽灵》，熊佛西的三幕剧《屠户》，舒新城的散文《故乡》，钱歌川、张梦麟的译作等，可谓名家荟萃，分量厚重。刊前有十余页插图，如刘海粟、徐悲鸿国画，外国版画及人物摄影等。充分利用自办刊物的优势，进行新书出版及产品宣传,这是《新中华》的一大特色,也是那个年代出版机构创办刊物的一种缘由。

《新中华》杂志因抗战于民国26年(1937)8月休刊。民国32年(1943)1月在重庆复刊,抗战胜利后迁回上海,由卢文迪主编,直到1951年12月出至第14卷24期停刊,总出刊数291期。一种刊物跨越两个朝代,亦算长寿了。

《新中华》杂志版权页

《新中华》杂志封面

日本對華棉業侵略的新陣容

王子建

一

最近幾個月來，日本在華紡織業在天津方面的大規模的膨脹——或則收買中國舊廠，或則建設新廠擴充設備——已是一般人所周知的事情了。棉業侵略是日本對華經濟侵略的重心這是早就昭然若揭的事這次的擴充實力，在侵略戰的策略上不能不說是負有重大的使命從中日間最近的外交情形看來無疑的，今後日本對華的經濟壓迫勢必較之過去和現在更要加重而這次棉業侵略新陣線的形成便是這一種動力的前驅。所以，對於現在所要討論的這問題，我以為我們不應該等閒視之的。

討論到目前日本對華棉業侵略的陣容，我們還得先回顧一下過去侵略的實跡。日本想移殖資本於中國境內利用中國的豐富的原料廉價的勞工廣大的市場以遂其經濟侵略的野心遠在中日戰爭結束之時馬關條約訂定日本在中國通商口岸有自由設廠權便是很好的明證。但那時候的日本正在產業革命的過程中資本主義尚未穩定確立雖然有心把資本移殖到國外去而事實上還不能辦

到。一直到一九○二年以後，日本的實業家才試着在上海方面收買中國的舊紗廠以為資本移殖的試探以後雖也曾在上海方面繼續經營新的紗廠但截至歐戰發生時止日本在中國所移殖的紗錠數至多不過十幾萬枚實談不到發達在歐戰期中日本棉業界有着蓬勃的發展始出其餘力充分向中國推進在上海方面確立下根基此時移殖的紗錠數立時超過了四十萬枚戰事終了後日本的資本旣已確立多年資本移殖的顧望也得到了充分的滿足從此日本棉工業在中國的根據地，自上海一隅逐漸開拓到青島、漢口和遼寧等地，特別是青島，最近幾年來有驚人的擴展。現在日本在華紗錠總數二百二十五萬枚中設在上海的雖然仍然佔着百分之五十八，而設在青島的只佔着百分之二十三但我們需要記着日本企業家在上海經營紗廠已有了三十五年的歷史而在青島則還僅只有二十年的功夫啊，所以日本對華的棉業侵略，如果可以分為階段的話那麼第一階段可以說側重於上海方面的經營第二階段可以說側重於青島方面的經營而目前則又進入了第三階段就是轉移目標到了天津方面去了。

二

天津雖然也是中國棉紡工業的一個中心，但若干年來，日本商人只以貸款關係經營了一家名為國資的裕大紗廠裕大原本是土克敏等集資由李淮生經手組織的資本定額為三百萬元收足一百五十萬元向日本東拓公司借債一百八十萬元於一九一九年閉業。一九二五年發生工潮廠裏的房屋機器電機和用具等都被毀壞，營業就此停頓。李淮生無法維持遂於一九二六年把營業管理權讓渡給日本伊藤忠洋行和中古洋行所合組的大福公司所以裕大雖則名為中國的企業，實際早已成了日資侵略的先鋒隊了十年來日本在天津的直接侵略就只靠托這一支先鋒隊可是到了一九三六年的今年，形勢就大變了。在春天，我們就聽到天津最大的一家裕元紗廠有出賣給日本商人的消息裕元欠着日商大倉洋行三百餘萬元的債款，是熟悉內幕的人所早已知曉的，所以到了七月間果如一般所傳說這七萬錠子的大廠終於給日商鐘淵紗廠收買了去改名為公大第六廠接着華新津廠又賣給了鐘淵改名為公大第七廠，這都是八月間的事天津本來有六家紗廠現在竟有四廠到了日本人手裏以錠子數而論被大福公司收買了去改名裕大二廠；以錠子數而論天津全市二十二萬紗錠中日方估了百分之七十以上，華方所估不足百分之三十了。

這還只是就舊廠管理權的移轉一點而論同時，在這些舊廠的轉移外，日本棉業家並有許多新廠在計畫建設中，如東洋紡織公司所屬的裕豐紗廠、上海紡織公司和福島紡織公司等均已選定廠址從事建築廠屋了。至於日本在天津方面的舊廠轉移後之從事擴充更是當然的事據我們現在所知道的日本在天津方面的實力大致如下：（根據十五次興商紗廠一覽表及紡織時報一三二四號）

第一，收買各廠原來設備：

	紗錠	布機
裕元	七一，三六〇	一，〇〇〇
裕新	三〇，二七二	二，四〇〇
裕大	三九，七四七	二，〇〇〇
寶成	二六，〇二八	四，四〇〇
合計	一六八，四〇七	一，〇〇〇

第二，收買各廠的擴充計畫

	紗錠	布機
裕大	一二，〇〇〇	二，〇〇〇
寶成	六八，〇〇〇	二，〇〇〇
合計	八〇，〇〇〇	四，〇〇〇

第三，新設各廠的設備計畫：

		紗錠	布機
裕豐	上海	一〇〇，〇〇〇	二，〇〇〇
福島	上海	五〇，〇〇〇	一，八〇〇
合計		一五〇，〇〇〇	一，五〇〇
			四，三〇〇

上述新設各廠的完成日期，裕豐在一九三七年春天有一部分可以開工年中可以全部完工；上海紡織和福島紡織在一九三七年也都可以完工舊廠的擴充設備，裕大和寶成都是兩年計畫當於明

年和後年陸續完成預計此等第一期計畫完成後，天津方面日本紗廠的總錠數可以有五十萬枚布機一萬台與現在的情形比較紡錠增加了一倍多布機約增加十倍之多！

這還只是就已經決定設立或擴充的各廠而言其他在計畫設立中的紗廠還多著呢如內外棉和大康紗廠都有向天津移殖的意向，而富士東華倉敷等紡織公司則在天津都已購有廠基隨時可以設立，其前途如何，不難想見。

天津的陣綫從上舉的統計看來，可以說是已經確立了根基而同時在靑島方面則仍然繼續著上期進展的餘緒，準備擴充的如大康紗廠將山十萬錠增至十三萬五千錠，隆興紗廠將由三萬錠增至六萬錠同與紗廠將由四萬錠增至五萬五千錠現在靑島日廠合計五十二萬錠上海紡織將由三萬錠增至八千八百台布機的實力預料一九三七年春天可以達到六十萬紗錠和一萬二千台布機的新紀錄而一部分計畫中的錠子以後還要繼續擴充是沒有疑問的。

自然上海方面的日本廠也有擴充的趨向，不過增加率究竟比天津和靑島兩地差得多了，現在我們可以看到今後日本在華紡織業的陣容將側重於華北市場的控制使這方面的中國棉紡織工業無以立足，而把整個消費市場擾入侵略者的手中最近我們聽到唐山華新紗廠有與日人合資經營之說又一說則謂已被鍾淵紗廠所收買以現在的環境看來這都是大有可能的事或者覺可以說是必

然的結果。

日本紗廠非但在天津和靑島兩地立下根基準備控制棉紗市場，就是織布事業也同樣的注意以期奪取現在內地織廠和鄕村土布的市場在靑島方面已經有著極好的明證在一九二四年的時候，日本紗廠中找不出一台布機，一九二五年始有八百餘台布機的設置到現在則已增加到八千餘台前後相差約十倍之巨最近天津方面的設計，照上文所引統計，在第一期計畫中就可以有一萬台布機，將來的雄心不難推測得之！至於上海方面，增加速率雖較靑津爲低但自一九二四年的五千台布機擴充為目前的一萬五千台相差達三倍之多也自是值得注意的今後上海各廠除了策營縫布以外又有策營漂染整理以完成棉業界縱斷的一貫生產的趨勢現在雖只有內外棉公司一家附設棉布整染工場但聽說公大紗廠已著手建設整染工場大康紗廠也在計畫建設同類的工場所以在不久的將來整個日本棉工業在華的別動隊可以自成一個一貫的體系自植棉起以至於紡織整染爲止以統制全中國的衣著原料市場這是如何驚人的雄圖啊！

三

日本的棉業家在這時候突然向著華北方面積極進攻展開了侵略的新姿態這在一般注意華北方面最近中日關係的人常然會得明暢其原因所在的說得明暢一點，就是在所謂華北特殊化的局

面之下資本家藉著軍人的勢力以完成他們控制華北棉業市場的狼頑而軍人們則又藉此以爲所謂「中日經濟提攜做幌子在這種狼狽勾結的局面之下發展成了這種新的姿態持這種概念來解釋華北棉業界的更張原是任何人所不能非議的,但若再深入去觀察則可知上述的解釋還只是片面的不是全局的,或者說不是從日本國內棉業界進展的動向來觀察這時候也正有向外發展的必要而中國的華北一角恰好是最合理想的移殖目的地的一方面而沒有見到主觀的一方面所謂主觀的原因是什麼呢?客觀的一方面恰好是最合理想的移殖目的地。

說到這裏我們實有略談一談近年日本國內棉業界的大勢的必要先說紡的部分日本紡紗企業雖然爲數很多,不下六七十個公司,但紗錠的所有權却集中於少數的幾家大公司以目前的情形論,全國一千萬紗錠中屬於東洋、大日本、鐘淵和富士四家大公司的約估了百分之四十;屬於日淸、倉敷錦華、吳羽、福島和岸和田六家大公司的約估了百分之二十五,上述十家大公司,共約估全錠數的百分之六十五。這些大公司資本充足生產能力強厚足以操縱市場,故獲利極豐最近因日本棉貨暢銷於全球引起各國的反感紛紛設法限制輸入日本紡織聯合會認爲在這種情勢之下,棉紗需要的前途,未必能激增因此有實行生產統制限制增錠的計盡照該會七月間所議定的「棉紗生產調節規程」所規定,自明年起,到一九三九年年底止各廠紗錠的增加不得超越下列的比率:卽十萬錠以下的廠,增加率以百分之三十爲限,十萬錠至二十萬錠的

廠,以百分之二十爲限;二十萬錠至五十萬錠的廠,以百分之十五爲限;五十萬錠以上的廠,以百分之八爲限(但最多不能超過五萬錠)這種限制,能否收效於將來固未可妄測,但一時間大紡織廠不能再如以前一樣無限度的擴充要無疑義譬如去年各大紡績公司錠數均有增加其中大日本紡倉敷紡績和鐘淵紡績所增錠數都在五萬以上吳羽紡績和富士瓦斯所增錠數則在十萬以上現在紡聯會旣加限制要想再如去年一樣的擴充,當然是不可能的了。可是日本棉業企業家的雄心决不是此種字面的限制所能遏止的他們必得另闢蹊徑以遂擴充的野心這裏就發現了兩種補救的辦法第一是在本年之內,趁項規程尙未發生效力之前充份的擴充設備其次就是努力向中國方面投資借中國的市場勞工和原料來達到他們擴充企業增殖資本的願望這可以說是故近華北方面日本棉業特別活躍的一個主觀的原因

其次再說織的部份日本的織布事業也同中國一樣最初是屬於家庭工業的範圍;其後則有許多單純織布廠設立起來,用手織機或力織機從事織布在這兩個時期,紡績公司只努力於紡的經營,不很注意織的事業那時候紡績公司與織布家庭或小工廠是處於協調的情形之下的——在紡續公司方面靠著對方來消納它的產品在織戶方面則靠著對方來取得它的原料,但其後紡續業屢屢擴張的結果勢必使紗的供給達到某一個飽和點這時候紡續公司爲增殖他們的資本計在紡的事業之外不得不兼營織的事業這樣

从前单纯织厂的市场便逐渐被纺绩公司所侵夺；从前双方协调的局面一变而为利害衝突彼此对立的地位在这种情势之下单纯织厂的力量不足以与大纺绩厂相争是很显然的，因此在几年以前单纯的中小织厂就有所谓日本输出棉织物工业组合联合会的组织希冀以团结的力量来同纺绩厂在海外市场上一决胜负可是在像日本那样的资本社会里究竟胜利还是属於大资本家的这几年来，纺绩厂的势力一天比一天扩张无疑的，小织厂受到了非常的压迫最近政府方面也注意到这件事了，他们为顾虑大量的中小资本家的前途计，不得不对大纺绩厂的膨胀施以相当的限制但是所谓棉货贸易统制法的颁布此项统制法既以保护中小资本家的利益为目的的对於大纺绩厂的过度扩展常然是不相容的这时候这些大资本家的目光自然又转注到了经济殖民地的中国何况华北方面又恰好有着最适於繁殖的环境在呢

这可以说是最近华北方面日本棉纺织企业特别活跃的另一主观的原因。

四

日本棉业资本的向外发展之所以拿中国做对象，自然是因为在中国方面早就立下了基础的缘故；至其所以要在华北的天津建一新的势力则自然又是目前政治环境的影响。固然单就经济的条件而言，天津就很适宜於棉工业的发展但假若再加上政治的力量，岂

不是更显得锦上添花吗？所以日本的企业家在现状之下向天津方面投资在他们的预料中至少有下列几种优越之点：第一、华北方面的纺织工业本不及华中发达棉布的来源除求之於国外者外一部份是由上海等处输入的，故华北本身就是一大市场足以消纳大量的棉製品第二、近年华北各省努力於植棉的改良和扩张，故原料的供给也较上海等地为方便而价格则又较同等品质的美棉为廉；（日本很想在华北方面以特殊的力量攫取植棉权）第三、中国工人的习惯比日本国内低就是上海等地也低廉许多第四、华北的生活程度极低劳工成本非但比日本国内低就是上海等地也低廉许多第四、华北的生活程度极低劳工成本非但比日本国内低就是上海等地也低廉许多第五、纱厂在日本要纳各种捐税但在华北则除土地税以外只有一种简单的统税第六、华北煤的供给豊富故动力费也较日本国内要低廉百分之二十。（现在日本极力想在华北攫取铁矿）

华北的经济条件这样的合宜於棉纺织工业的发展何以国人经营的纱厂反倒日就衰落以致於倒闭出卖呢？这中间有着两个很大的反面原因就是：管理的不当和资力的薄弱。而在日人经营的厂则适得其反他们的管理科学化，他们的组织非常合理化，而最後他们有着大量的资本和公积金做着营业竞争的後盾我们知道中国纱厂最大的苦痛是在替银行负担巨额的利息大约製造一包十六支纱要负担利息十元製造一包二十支纱要负担利息十三元；所以以往纱厂所得盈利只够支付银行的利息甚或并此亦不敷支配在华的

日本廠則不然它們非但不需要銀行的大量補助資金並且有大量的公積金存放在銀行，坐收子息所以卽或紗廠短期停工或者稍有虧蝕年終仍可以有盈利見於賬面現在在華各日本紗廠除東華和日華兩家營業情形較壞外其他各廠每年無不有大量的盈餘試以最近在華各日廠的盈虧情形列表如下

內外棉	一九三六上半年	盈虧百分率	
		一九三五下半年	一九三五上半年
內外棉	盈一三・七%	一三・六%	一三・七%
裕豐	盈二〇・一	二六・六	二三・七
公大	盈二九・六	二三・八	二三・一
上海	盈三一・五	二四・三	二三・五
同興	盈二四・六	一三・六	三三・八
豐田	盈二五・二	一三・五	一三・四
東華	盈四・六	二・二	一二・二
	虧一六・一	虧二・三	三・七

在華日本紗廠所以能獲得這樣優厚的利益，一方面固然是嚴密的管理和精良的技術所應得的酬報，另一方面卻也因為有雄厚的資本做着後盾這些資本可以說全是從本國移植過來的，其中大部份是日本國內紡織廠的游資，小部份是棉花商和其他私人資本家的結集這種統屬的關係可說明之如下

第一、日本內地紡織公司所屬

　內外棉紗廠——屬內外棉
　大康紗廠——屬大日本紡績；
　富士紗廠——屬富士瓦斯紡績；
　寶來紗廠——屬長崎紡績

　隆興紗廠——屬日清紡績
　公大紗廠——屬鐘淵紡織
　裕豐紗廠——屬豐田紡績
　上海紗廠——屬豐田紡績
　豐田紗廠——屬豐田紡績
　滿洲紡織廠——屬靑島紡績

第二、棉商或內地紗廠投資經營

　上海紡織——東洋棉花會社投資
　日華紡織——富士瓦斯紡織，日本棉花會社伊藤忠商事會社等投資；
　泰安紡織——日本棉花會社投資
　滿洲紡績——富士瓦斯紡績及滿鐵會社投資；
　裕大紗廠——伊藤忠商事會社投資
　東華紡績——石井榮二等所組織
　同興紡織——谷口房藏等所組織。

第三、私人經營

總結上逑各點我們可以很清楚的看到，日本紗廠在華北方面的新企業，無論在經濟條件和工業經營的本身都有優越之點存在。這一支生力軍將來在華北怎樣的猖獗，甚或影響於全國民族工業的安全是可以想像得到的。

五

現在我們就要講到日本在華棉業新陣綫形成以後所給予民族工業的影響這應當分兩部份觀察一是華北方面所要受到的直

日本對華棉業侵略的新陣容

接的影響另一是全國國資紡織業所要受到的間接的影響就華北方面而論在一九三六年上半年日本勢力尚未侵入天津的時候,河北山東河南山西陝西五省國資紗廠已設紗錠數約五十九萬枚,(停工各廠也包括在內)日資紗廠只就青島各廠和天津的裕大合計,已達五十六萬錠那時候華廠在停工中的約十一萬錠且各華廠所產紗支均較日廠為粗故實際上華資各廠的生產能力已遠在日資各廠之下。照目前日商的新陣容,天津方面第一期計畫建設五十萬錠,青島方面在明年春天就可以擴充到六十萬錠所以在兩年之內華北方面日本紗廠的錠數至少增加到一百十萬錠兩年之內年以後假若再繼續擴充的話,很容易馬上就使華北境內棉紗的供給量達到飽和的程度以中國廠過去和目前的情形為據無論如何不足以與日廠競存到那時候必歸於全體消滅是很可能的事或者有人以為中國紗廠可以向內地遷移以避免與日廠相競爭但假若日廠出品的成本有一天低廉到即使加上運費而猶能制勝中國廠出品的時候,就是內地的廠家也是不能立足的,而以目前的形勢推測這種假定並不是不能實現的這是就紡的部份言之至於織的部份本來日本紗廠尚未發生變動以前華北五省華廠所有的力織機(限於紗廠兼營的)一共只有五千台而青島一地的日廠就有半年天津紗廠所擁有的力織機就多於中國廠,如在一九三六年上力織機八千台以上現在華北市場上的棉布來源固然並不專靠紡織兼營廠家的供給一部份取給於鄉村的出產如山東的濰縣河北

的高陽、寶坻、定縣以及河南、山西、陝西各省的零星生產另一部份則取給於城市裏的工場手工業的生產如天津和北平就有著幾百家小工廠在從事手工織布但上述兩種手織業在組織和技術上都落後得很要想靠著它們來同大量生產的機器製成品相競爭我實在找不出它們可以制勝的原因因此它們現有的地位就成了日本資本家觀覬的目的,所以日本的資本家拼命的在擴充織機的數量。在兩年之內,天津和青島兩地至少就會有二萬二千台的織機在運轉將來日本紡織廠統制整個的華北棉布市場,是日本棉業家的願望,而且是期其必能達到的,華北鄉村織布業和城市小織廠的全體沒落,依我看來只是時間問題耳我在這裏試引一段日本棉工聯最近考察冀魯蘇織業的報告以證我說報告書中說「華北日商紗廠之顯著傾向,即為兼營織布,尤以青島方面為甚,而在天津方面亦注意於此點,目前所織之種類以細布為主,粗布之大量產品亦佔大部份中國對本色布之進口關稅征收百分之六〇一七〇,故細布粗布之銷路,全在日商紗廠之掌中。……今後訓練得宜則日本中小織布業所能自造也」「日本的棉布輸出業者對於華北的新陣勢猶且抱著恐懼和悲感首當其衝的中國織戶試想該受到怎樣的威脅和襲擊呢?

在華北方面受到了威脅而趨於沒落的過程中預料全國整個的民族紡織業也必受到間接的影響而將有更甚於目前的衰落現

象發生現在華北市場所需要的棉紗和棉布遠過於它所生產的，目前固然已經有一部份日商製品抵補此項差額但華商的出品多少總還有點地位，如棉紗的不足用是顯明的事實但棉布呢河南、陝西、甘肅、寧夏等省固不必論了，就是山東、河北、山西三省也還免不了有上海方面的製品進去而這種形勢將來是會倒置過來的；將來必有大量的棉紗和棉布逆輸到長江流域甚至華南方面去而這種逆輸的貨品無疑的必是日商的出品。

中國民族資本的棉紡織工業現在臨到了怎樣的危機，在這簡短的敘述中已經暴露無遺了，我們的執政者，我們的實業家我們的金融界以及一切應該擔負救亡責任的民眾當怎樣速謀自救之道啊！

一九三六年十二月於南京。

參考書報：

第十五次華商紗廠一覽表

紡織時報（民國二十五年一月至十一月）

大日本紡織聯合會月報（昭和十一年一月至十月）

棉絲紡績事情參考書（昭和十年下半期）

王子建日本之棉紡織工業

中国新论

《中国新论》创刊于中华民国24年（1935）4月，南京中国新论社编辑部编辑、发行。编辑者徐逸樵、黄龙先、罗鸿诏、薛诠会、徐益棠、周宪文、朱兆萃，发行者雷震。社址位于南京洪武街21号。三民印务局印刷，零售每册一角五分，月刊。民国26年（1937）~民国32年（1943）期间停刊，民国33年（1944）4月在重庆复刊。

《中国新论》杂志版权页

《中国新论》杂志封面

九一八以來日本侵略中國的收穫

姚紹華

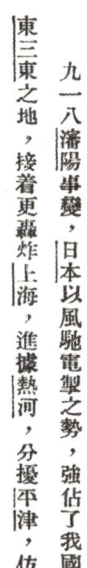

九一八瀋陽事變，日本以風馳電掣之勢，強佔了我國東三省之地，接着更轟炸上海，進擾熱河，分擾平津，仿亡韓之故智，却溥儀出關外而建立所謂「滿洲國」，以圖達到他那併吞攫取的目的。但他猶不以為足，更進一步的強樹特殊勢力於冀察，卵育偽組織於冀東，於是中國不單是喪失了東四省（東三省及熱河）一百三十萬方公里之地，三千萬之人口，以及四省其他物質方面的資源；同時冀察的領土主權，也橫遭强力之侵蝕，整個的華北，時刻如在狂風暴雨之中，有岌岌不可終日之勢。到現在，關內外通郵通車等問題，日本固已如願以償，卽具有侵略性的中日通航問題，也假借了中日經濟提携之美名而部分的實現，就表面看，日本在中國所有政治經濟軍事各方面的侵略政策，簡直都已隨心所欲的攫得了。

不過，日本在中國方面的侵略政策，果能這樣的順利嗎？實際上恐怕也不見得，且讓我們來給他檢討一下：

九一八事變發生後，日本狡飾其行動為出於自衛，向世界各國，對中國極力作反宣傳。因為他有武力作後盾，達到他那併吞攫取的目的。但他們國內的輿論，卻已是相當激昂，尤以美國報界以及其他比較明白東方情形的人士，抨擊此次日本侵略政策為最烈。例如二十年九月二十六日紐約晚報抨擊日本出兵瀋陽之行為說：『日人着現代歐洲文明之衣冠，然未改古時之野蠻習慣，當西方各國援會一度稱雄於世界之國家（指中國）之時，彼則蠶食其世仇（指中國）而突然以武力攫取瀋陽，此種猾詐，不顧國際信義之行為，完全代表日本古代之野蠻酋長。』「二」十一月二十六日紐約世界電訊報，在「設美國是日本」社論中，抨擊日本侵略中國東三省之行為也說：『日本說中國破壞中日條約義務，因日本的一意孤行，美國和國聯便不能不順從輿論，屢次明白的揭舉日本的行動為違反九國公約及非戰公約而加以明白的譴責，最後且由各個誓言永不承認日本此次侵略的結果，作為對日道德裁判的制裁。於是日本在國際上的地位，簡直有如一個學生在學校中犯了重大的不道德的行為，因受到學校的譴責，而遭受學校內外人員之鄙棄一樣，日本以後雖以退出國聯表示態度之強硬，可是他的國際威信，卻陷於永遠不能恢復的境地了。

日本從九一八軍變發生後，憲政式微，政權完全落在軍人手裏，成了尾大不掉的局面，法西斯氣焰與日俱增，少壯軍人的勢力也日益擴大，他們認為時代所給與他們製遊「帝國的光榮的機會」已至，所有日本的國策，都當力圖緊握這機會，最好是立刻吞下中國，預備征服世界的幻夢。於是狂妄的秘密組織也成立起來，着機會實行他們的主張。這自然不是一般閱世較深比較穩健一點的元老重臣財閥們所能贊同，他們為要實徹其主張，便不惜採取激烈的手段使元老重臣財閥們屈服，一九三二年二月九日，藏相井上準之助被此種狂妄軍人所刺殺。三月五日日本大商業領袖三井洋行經理，日本最有勢力的人物團

所以日本與中國開戰，維持條約神聖，至少日政府對武力侵佔中國領土不能容恕也。日本破壞對美及其他國家間之條約，違反國聯盟約，華盛頓九國公約及非戰公約；日本如因中國破壞條約而有進攻中國之權利，則美國及其他各國亦有權進攻日本，炸毀日本城市，推倒日本政府，屠殺日本數千國民。此種向外侵略之方式，日本實無理由；如此無理由，所以無論國聯抑美國，決不企圖此種武力侵略也。「三」三月間天津英文京津泰晤士報社評，論上海事件之危機，則以「日本反抗世界」為標題，引法人譏諷成語為諷刺，略謂：『此獸甚惡，擊之則自衞』。以之擬近日上海事件中日軍所用方針，頗為吻合。……此外其他各國報紙，抨擊日軍在華之侵略行為也不一而足，大都認為瀋陽事件於日本在國際榮譽上所受影響至深且巨。甚者，像斥日本行動「為一種國際的海盜劃擊行為。」實則事變初起的一二月內，世界上本沒有一國願意開罪於日本，這就國聯處理中日糾紛的委曲求全，就可以明白。但各國公正的輿論揭穿私去覆的不肯饒人，日本愈是狡獪，各個公正輿論之抨擊亦愈烈，捍責政府也愈嚴，後來卒

汀生氏對日本政局僅暗殺一二重臣即已致歉日本業已不能統治，那麼他在這次二二六事變之經過情形，也許要致疑於日本究竟有無政府在執行法令了。自九一八以來，日本屢次言不顧行的侵略中國，其間外部和軍部的意見對立，已使人疑心日本國家有二重政府或多元外交的存在，而在軍部方面，東京和關東軍的意見不能一致，關東軍和華北駐屯軍的意見又各不同，當派分歧，一遇有重要國策進行，便須分派大臣親臨疏通。像這樣政治紛亂情形，在現今世界列強中殊屬罕見，就是日本本國，在九一八以前也沒有這種情形，可是現在的日本像這類事件卻隨在有發作之虞了。

日本之斷然出兵我瀋陽，世界各國頗有以日本此舉係出於日本國內不景氣影響所致，日本也藉口他們國內的人口過剩，不得不向大陸發展以激發其國人。這話是否實情我們且不必去說他，我們且看日本出兵瀋陽以來在經濟方面究竟有甚麼所得。這裏我們單拿日本國家財政上赤字的增加來解釋他。自從九一八以來，日本因為要實行侵略中國，拚命的擴軍，其結果，國家歲出類是一年一年的增加，收入方面雖然也有相當的增加，但究不能趕上擴軍預算

琢磨也遭暗殺。三月十五日首相犬養毅也被刺殺。他們用這種殘暴行為來支配他們的首腦的行動，不僅限於政治領袖，就異軍人領袖也遭受到少壯軍人陰謀團的威脅。像這樣的一種恐怖行為，美國前國務卿史汀生氏於是年十月十九日在他的日記中，竟至下了斷語說：「我所討論的日本政府業已不能統治了「三」。實則此時史汀生所指的還只是九一八後日本政治暴亂的一部分，而一九三六年的二二六所演的流血慘劇，還是層出不窮。而一九三六年的二二六之變，竟以二三千名正式的軍隊，採取直接行動，毫無忌殫的暢所欲為。事出後，政府當局甚至用談判方式解決，儼然像和各國辦外交時一樣的講條件。對於叛兵所占據的官署，竟至沒法叫他們退出，直到事變後第四天，才因無所適從而採用武力：但是雖採用武力，結果卻還是沒有流血，事變後，陸軍省的人發表談話，說「青年將校襲擊之主旨，在以防止內外重大之時局，元老，重臣，財閥，官僚，政黨等將破壞國體，故欲正大義以擁護國體。」這段話正和叛軍所發表的「此舉在一清軍側」及「元老軍閥財閥與政黨明比勾結，應負毀壞國策之罪」相應和。照這兩段話看來，日本軍部對此次叛軍行動簡直是很諒解的。史

的加速的增高。昭和六年東北事件爆發時，日本軍費總額為四億五千四百七十萬圓，到十一年就增加到十億五千八百萬圓。明年度（昭和十二年）更增加到十四億九千四百萬到十五億八千五百萬。明年度歲入總額只不過二十二億七千二百萬，而歲出卻爲三十億四千萬元。可是所謂歲人的二十二億元，還是稅制改革後的結果，並沒有切實把握的。就因這種軍費預算加速度的膨脹，國家開源而源無可開，便只有賴發行公債以爲填補，這便形成日本財政上深刻的赤字。過去五年零二個月中，即自昭和六年十一月起到昭和十一年二二六政變的前夜，日本國債就由五十九億五千五百萬圓增加到九十八億五千四百萬圓，增加數竟達四十億元之巨，利息也由二億九千八百萬圓遞增至四億一千四百萬元。明年度預算實行後，日本藏省勢必更須發行十億公債以補收支的差額。像這樣膨大公債的發行，國家自然是窮不堪言，而輾轉還是取之於民，國窮民困，那麼日本出兵東三省在經濟方面又得到些甚麼呢!?史汀生氏說得好：「……「日本」對中國的橫暴行動，並不能挽救日本的商業狀況或平衡預算。必然的要產生恰恰相

反的結果。日本進攻中國使預算的赤字更行增加，日本在世界上第二大顧主的中國發生排斥日貨行動。日本軍隊在瀋陽的事變，絕不是日本政府想要改進戲空預算的精密打算。……國聯盟約反對侵略的限制，絕不是壓制日本方面危險的經濟壓力的障礙。日本內部的困難，不能以非法手段將瀋陽張學良的政府剷除卽能挽救或減少。反之，這些步驟對於日本財政情況必然要立刻發生相反的影響，但他們竟如此作了。「四」……」這種觀察判斷我們認定是極爲透澈而且顚撲不破的。這證之日本國內的現況：軍人領爲神氣餘高張，國家財政瀕於破產，一般人民喊苦無門，尤爲可信。

以上單就日本說，他的國際威信是因九一八之暴行而大受打擊，國內政治也因以紛亂，財政因以窮困，人民生活因而苦不堪言，這是以證明日本的出兵我國東三省，實際上不特無所獲，而且還蒙到極大的不利。現在我們還可以再進一層的來約略看中國自受他暴力壓迫後的變遷情況。

自九一八以來，中國朝野上下，因受日本強暴侵略的刺激，國民統一的意志大爲高漲，瀋陽事變，使整個國家的國民情緒瞬息爲之震撼，而痛感有一致團結之必要。於是

中國國民黨內部紛歧的意見漸次協調了，以前各處反政府分子也漸次摒棄嫌怨，共同爲國家生存而奮鬥了，便以這樣政治外交爲背景，使國內秩序漸次改善，中央權力日益擴大。以近年來，內戰除剿共軍事外，較以前大爲減少，即如有內戰，也必中央軍勝利，蓋因國難所喚起的民族意識，都已認清楚國難當前，必須排斥一切國內戰爭，政府領袖，乃得專心致志於統一和建設，到現在，以前在事實上和中央政府處於獨立或半獨立狀態的省份，逐漸都直轄於國民政府之下，而開二十餘年來中國未有的統一之局。日本太田宇之助在其所著新中國論一文內觀察中日問題，曾經有這樣一段話說：『實際滿洲事變使中國更生，自

新生命線出發，於經濟方面，創造經濟建設之新時代，建立國民生活向上之基礎；於政治方面，造成國內統一之動機。無論中國人是否承認，總之，滿洲國之成立刺激中國，使其發奮而造成現今之結果，乃無可爭端之事實。』這確是日本有識者之談。所以日本如有意和中國講求親善，有意維持東亞和平，對於這種種情形應當深切的反省而圖有以自拔。

（民國二十五年十二月十二日寫於上海。）

註（一）據覺國難痛史第十章第五節。（二）同上。（三）參看馬季廉譯遠東的危機第二章第八節（四）見馬季廉譯遠東的危機第五章（六）見民國二十五年十二月六日時事新報譯論谷風譯。

文摘

中国较早的文摘杂志是中华民国26年（1937）1月1日在上海创办的，由上海复旦大学文摘社编辑，上海黎明书局刊行，刊名就叫《文摘》。诞生于风雨飘摇时刻的《文摘》，一直在风雨雷电之中前行。创刊后不久，"八·一三"战事爆发，自9月第9期开始改名《文摘·战时旬刊》，期数另算，自第16期起迁至汉口出版，34期起迁重庆出版，共出136期。民国34年（1945）12月出复员纪念号后，移回上海出刊，仍用原名《文摘》，以10卷1期起计算，10卷1期即为总第137期，民国36年（1947）改半月刊，出到民国37年（1948）11月第14卷第4期停刊。

一部刊史就是历史的片断，就是文化记忆的化石。

《文摘》的主编孙寒冰，在民国29年（1940）5月27日日寇飞机狂轰重庆时遇难，时年仅37岁，是《文摘》刊史中最沉痛的一页。第一期的《文摘》分几大栏目："一般议论"、"世界政治经济"、"中、日、苏问题"、"中国的过去与现在"、"一般学术及其他"。容量达20余万字，摘录的杂志约百种，每文均注明出处及字数。注明出处是文摘式杂志的通规，而注明原文字数的作法仅见此《文摘》。

《文摘》是国内最早刊登《毛泽东自传》的中文刊物。民国25年（1936）夏，孙寒冰在英文《亚细亚》月刊上看到后来收在《西行漫记》中的斯诺访问延安的第一篇报道《毛泽东自传》，如获至宝，立即请人翻译出来，准备在自己主编的《文摘》上刊登，但怎样通过国民党的书刊检查呢？孙寒冰决定亲自把稿子带到南京，去找他在复旦大学读书时的老师，时任国民党中央宣传部部长的邵力子。邵力子过目之后，认为没有什么大碍，就在稿件上批了"准予刊登"四个字，就这样《毛泽东自传》在《文

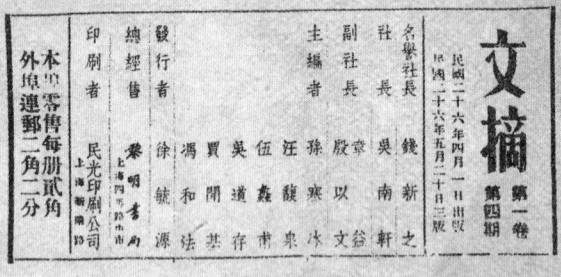

《文摘》杂志版权页

摘》第2卷第2期(民国26年[1937]8月1日)开始连载，后移至《文摘·战时旬刊》继续刊出，有些专门收集革命史料的藏书者之所以看中《文摘》，并不惜花大钱购买，其原因就在于《文摘》是《毛泽东自传》的首发刊。

蘆溝橋事件與日本在華北的軍事經濟計劃

The China Weekly Review 八一卷七期（七月十七日） 大明譯

（特譯稿）

七月四日即中日軍在北平衝突的前幾天東京主要報紙「朝日新聞」已披露將召集所謂「大陸經濟會議」的消息該會議目的在增強朝鮮、「滿洲國」和「華北」的經濟關係及在此三處建立一個統一的經濟制度。

至於該會議的最主要目的依照「朝日新聞」所昭示的為設立一個中央經濟會議以管理該三處的經濟事項及促成一個廣大的日偽「華北」的「經濟計劃」會議將在八月中旬在朝鮮漢城或大連舉行參加的代表將包括關東軍軍官華北日軍軍官「滿洲國政府」代表南滿鐵路代表以及其他與該三處有關的日本機關的代表該會議的目的據發起人宣稱在建立一個大陸集團，「滿洲國」朝鮮和「華北」將有同等人數參加特別注重重工業的開發並包括：

一、討論消滅三處商業障礙的方法。

二、三處生產軍業合作問題求建立一個特殊制度和促成生產的標準化。

三、由日方供給資本，三處的同類工業，須與日方聯合。

此項消息既在北平事件發生之前發表是有特殊意義的，因為這表示日本在華北軍事計劃者已早有佈置只要待時而動了本刊數星期來所發表關於華北最近情形的文字已有了這個趨勢尤其是從關東軍進行使東四省與朝鮮的經濟財源與日本打成一片的

企圖可以看得出來而且日方已有了一個確定的趨勢將所謂「滿洲國政府」嚴加壓迫使成為殖民地政治的形態以日本軍當局在華北所期待的機會因七月七日晚約十時北平郊外所展開的事件而來到。

所以用不着去研究那一方面先開鎗，或日軍在那「特殊區域」有否「夜間演習」的權利外軍在本國領土上作任何的演習總會發生糾葛的冀察委員會發言人提出下列應注意之點：

一、演習何以要夜裏舉行？

二、日軍何以携帶真實軍火？

三、從被射擊的牆上偵察出來，日軍不僅携帶了普通軍火且使用了輕彈。

四、三十七年簽訂的「辛丑條約」僅規定保持北平至海口的交通顯然該約並未給予外國軍隊以軍事活動之權，如日軍在北平天津及上海所舉的「九一八」事件係由日軍是佔近南滿鐵路一夜間演習而起的，這每個人都還記得。

記者下筆時平津日軍官強迫冀察委員會數委員簽字的條件，其詳細內容還不能夠知道同期社根據天津日駐屯軍司令的消息所發出的電報網日軍提出冀察方面接受的條約如下：

一、中國軍除退出蘆溝橋龍王廟及其四周區域。

一位作者在「中國評論週報」裏說，北方所有的鍬靜並不能遮蓋中日兩方各謀增進利益的事實中國當局要求取消冀東偽組織南京政府欲在政治上無阻地控制華北津的察蒙軍的形勢是很嚴重的察哈爾人民武裝暴動葉已發生偽軍領袖李季信與北察蒙軍鋼紳德王之間仲已發生衝突。

基於日本經濟計劃的立場興中公司的董事磯谷氏遍遊華北各省並曾會晤領關錫山及日方似乎發生一個衝突卽那一個集團來控制「華北」與「冀東」的經濟計劃關東軍想控制一切但在施行計劃方面未奏功效關東軍曾派一個代表到東京建議以用作文化事業的日本庚子賠款交涉他們不肯允許華官式的東亞開發會就也想擠到華北的經濟權該協社會參加增進朝鮮與滿洲的日帝國計劃多年地似乎是有華北的東亞開發會爲背景。

這個日方內部衝突的情形華北華人方面很知道的報載華北日軍司令部代在天津忽然起病以及由東京參謀本部香月派來替代的消息這中國人看來都很有意義的。

似乎以满滿鐵路公司及關東軍爲背景的興中公司結合會勝利的興中公司注意三個重要計劃

一、建築一條鐵路以聯合平綏路上的一鎭市由此路可直探取山西的天然財源用不着由水路綏道北平運輸華中出產品如煤棉等

二、開發北平附近的重要龍烟鐵鑛日本缺乏鐵鑛故對之自然重視。

三、開發塘沽爲一個近代港口與海東根據地，

興中公司是前兩年組織的實本一〇〇〇〇〇〇〇〇元，已控制着天津附近及沿天津與山海關關的各鹽池該公司已取得殷逆汝耕的重要護與扯注意華北的各種重要實業如棉紗厰人造絲企業以及一個日海陸軍當局調求的計劃———鎔解煤炭使日本在軍事方面燃料得以獨立。

照最近幾天華北的形勢看耙他們似乎很顯明的日本軍事當局兩下有決心以武力奪取他們所不能奪取的東西。換言之既有了三師團的軍隊他們能夠不顧露前奪取他們所需要的東西。

日本軍事當局在這時候慣用兵的動機從較遠的背景看來是日蘇關係的緊張日本欲鞏固其在華北的地位以作來日倫敦英日交涉的有力的談話根據點及想阻碍中國在歐美各國取得財政的與外交的協助。

二中國正式道歉及處罰負事件責任之中國軍官。

三中日合作防共及嚴禁反日運動

代表上海日本軍事當局意見的上海日報稱日本軍事當局與實察委員會所達到的安協如下

「二十九軍因蘆溝橋之不幸事件作派代表向日方致歉並表示將來不致發生同類事件。

「中日兩軍隊既同時駐紮豐台附近則衝突自不可免故中國軍隊退出蘆溝橋與龍王廟之附近將由保安隊駐防。

三蘆溝橋事件由藍衣社共產黨及其他組織所激起，故對於該組體他須採取確定步驟以壓制之。

日方條件的宣佈並稱該條件已由冀察委員會接受使得中國全國人民憤慨填臆南京中央政府正式警告日本不得在華北進行「地方」交涉關於解決蘆溝橋事件之任何協定如不得中央政府許可概不承認。七月十一日在北平所開之中日會議日方由華北日軍術成特令部參謀長橋本北平日本特務關團長松井參加華方則爲冀察委員會的若干委員參加其詳情之傳說莫東一是防共及制此反日活動成爲雙方安協所感到的難題那是日本軍部所虛心積慮的爲廣四三原則中之最重要者來實實行了，日本得整個控制華北軍事形勢日本勢力南可達到黃河西可達山西同時日本可以有一個根據地以進攻內蒙古進攻陝北中國紅軍及隨後進攻外蒙共和國與蘇聯。

換言之上星期的發展如果讓他繼續下去華北將爲非華人管理的區域日方討論已久的「經濟合作」與華北「特殊地位」可以實說了」

日本评论

《日本评论》原名《日本》，民国19年（1930）7月创刊。日本研究会会刊。刘百闵为社长兼发行人。主要刊载研究日本政治、经济、军事、外交、社会、文化等方面的文章和资料，同时也刊登评论中日关系和中国对日政策的文章。主张对日坚持长期斗争，反对不抵抗政策。抗日战争爆发后，曾大量刊登分析日本战时政策的文章，报道中国人民抗日战争状况。设有时事评论、论著、调查资料、外论选辑、问题笔谈、敌情漫谈、敌情资料等栏目。民国26年（1937）6月出至第10卷第5期后停刊。民国29年（1940）2月在重庆复刊，民国34年（1945）出至第18卷第3期终刊。在此期间，汉奸曾冒用该刊名义在上海出版。

《日本评论》杂志版权页

日本評論

第十卷第四期
民國二十六年五月十五日出版

日本金融改革問題
中日經濟提攜之歷史觀
日本對華之棉業侵略
日本總選以後
東北之奴化教育
日本鋼鐵鑛鑵問題
日本勞働階級之窮困

《日本评论》杂志封面

日本摧殘中國棉業之面面觀

——日本對華經濟侵略之一——

張一凡

（一）日本資本主義與中國棉業

以紡織業建立他資本主義殿堂的國家，為了要保證這殿堂的基礎穩固，棉花便和煤油鋼鐵等一樣，同為帝國主義心目中的主要掠奪物了。

然而紡織業是比較輕而易舉的企業；同時棉織物等一類東西，又是任何民族日常必需的生活品。除了絕頂不爭氣，或根本無自由的民族國家外，如果他既有棉產，總不甘老是守著原料供給國的地位，任人宰割。這樣，紡織工業本身，也就成為先進與後進的資本主義者間肉搏的戰場了。

資本主義國家，用政治的，武力的，經濟的，以至一切任何可助其達到侵略目的的手段，從弱小民族奪取和佔有適宜植棉的土地，以保證他紡織原料的供給，同時復謀取種種所謂國外設廠權，領事裁判權，以完成他本國紡織

業（其他當然都要的）的前衛與衛鋒隊，去有效地擊破未來的敵人，以絕後患。這都是常有的事，而且是當然的事！像英國佔據埃及、蘇丹與印度以後，已因為印度的棉產佔世界第二位，埃及佔第四位，蘇丹也佔第十二位而代之。日本奪取我朝鮮之後，第一件大事，便是分種稻的田地，改植棉花。他現在僅有的若干所謂土產棉，十分之九以上便是朝鮮出產的(2)。

(1)（當然不僅這一個原因）；便奪取這些國家的棉業，

日本的本土，既絕對不能供給其所需的原棉，朝鮮的植棉計劃，又格於土地氣候的不宜，而大失所望。可是他的紡織業，現在卻已有壓倒闌開夏之勢。何怪日本在華紡織聯合會理事平岡小太郎氏，曾誇稱：「日本為世界紡織工業界的霸王」(3)。

因為日本紡織業的突飛猛晉，所以日本近已成為世界棉花市場上最大的消費顧客，而僅次於美國。他常年消費

的棉花量，已在一百七八十萬包之上(4)。

這巨大的紡織原料，既無法取給於本國；鮮棉的供給量，至多只能在總需要量中擔任百分之一二的責任。因此他所需的棉花，可說百分之百是要依賴美國和印度，中國和埃及的當然也不能放過(5)。

但是，美國是日本的死對頭，印埃又都在英國統治之下，英國同樣是一個勢不兩立的敵人。對英美的倚賴，平岡氏之特距既遠，更重要的還在於一個根本的危險，平岡氏之所謂：「原料問題，必須取之近地；然後之日，工業可以繼續進行」(6)。這已道破了根本危險的所在。

何況棉花在平時，果是和平產業的條件；在戰時，尚是殺人的軍需工業原料。歐洲大戰，已給人獲得了這個嚴肅的經驗。當時，德國着手於統制軍需工業的同時，亟亟於努力推行的，便是棉花統制。甚至囚外給不繼，動員全國的科學家，去鑽研於人造棉花的發明(7)。棉花在現代戰爭中的地位之重要，可以想見。

基於這樣的認識，現在全日本的人，幾乎已都像平岡氏一樣地說着，公然地說著：「為國家安全計，凡關係於軍需工業的原料，必需取之於鄰近，而且還要能自由支配；方為得策。所以中國的棉花，實為我國（日本自稱）的

必需品」(8)。

（二）摧殘中國棉業的過程及其作用

日本戀念着中國的棉花，已和戀念着中國的煤鐵和其他一樣，都不自今日始。在歐戰時期，他就希望我國改良棉種，能適於他們機械上所用。這種美意，中國當然應該感激；但是中國並不是一個始終不爭氣的國家，始終以原料供給國的地位自滿。尤其對於紡織工業的重要，比其他都覺醒得較早。雖則自從一八九〇年，李鴻章首次倡議自辦機器織布局以來，到現在已有四十多年歷史。紡錘的現有量，連在華外商所有的都併算，尚不過作世界紡織工業領導地位。而且中國的新興工業，能以在世界上論名位的，也唯有它比較有夠得到的資格。

據最近的統計，民族資本投在紡織工業上的，已達一六〇、七五五、七三六元。擁有電力八四、三〇六某羅瓦特。汽力二六、三五五馬力。容納工人一四三、一四四人。如將全體職工及其家族併計，則賴此為生的人數，當不在一千幾百萬之數以下。每年營業總值，約有五萬萬元之譜(10)。就是國家藉此而收得的統稅，也年達二千餘萬元

。再看看近年來停工滅工與存貨積堆的狀態，預估着它的生產能力，也許已能自給，至少總可發展到成為自給的地步。所以中國雖有適宜植棉的廣大土地，近年的改良種籽，增加生產，成績也相當不錯。可是現在依然是一個棉花輸入的國家。

唯其因為中國對於紡織業的覺醒較早，又竟然已發展到今日這般的地步，雖則在帝國主義者過去對於中國紡織業的前途，意想之中尚不止如此——正因為他們的意想得更偉大，所以他們對於中國紡織業的顧忌，也最早而且最深。

英國和日本，可以說：都是靠了紡織工業而起家的。所以對於這種偉大的意想，更加重了他們的恐怖；恐怖中國將比他們更容易地，靠着紡織業而強大。恐怖自己在中國的強大之下而沒落。

不特為着他們本國的紡織資本主義的前途着想，也為着他們整個的資本帝國主義的命運着想，建立他們的前衞和衝鋒隊，實行先發制人的手段，使中國根本不能抬頭，於是成為十分必要。所以在一八九五年，日本首先在馬關條約中，要求在華設廠之權；並立即在上海楊樹浦，成立東華公司，計劃設立紗廠之事。各國援引此約，同年爭取

在華設廠權後，首先着手的也就是紗廠。雖則東華公司，經過詳細研究後，覺得當時在華開設紗廠，尚不及在本國有利，而將原定計劃放棄，但德國商的瑞記（資本百萬兩，錠四萬錘）美商的鴻源（同上），英商的怡和（資本四十萬兩，錠五萬錘），老公茂（資本七十一萬五千八百兩），就任當年先後成立了。這時離中國自辦的第一家織布局，為時不過五年。

他們的前衞和衝鋒隊出動的結果，雖則加速了中國對於紡織業的覺醒；但是畢竟「不辱使命」，華商初辦的大純紗廠，在一九〇二年就以出售聞。

其時日本已追悔當年的失策，三井洋行便乘機收買了，改組為上海紡織會社第一廠。開始參與對華棉業戰的陣綫。三菱、大倉、江州等財閥資本，也就跟着殺到中國來。距離馬關條約成立不到十年的一九〇四年，中國第一次的紗業恐慌，終於爆發了。這已是他們動員前衞和衝鋒隊的第二次勝利。

不過，合夥打刼，總免不了自相火併。歐戰發生，俾日商獲得了特殊發展的機會，可是中國在此空隙中，略為興奮的結果，便招致了日本立下一勞求逸的決心。利用袁氏稱帝的陰謀，脅迫承認他根本亡華的二十一條件。

然而我國的愛國運動，終於壓碎了賣國賊的企圖；同時國際間錯綜複雜的關係，也使日本的野心受了牽掣。於是日本的資本家，乃又站在他的軍閥和政客的前陣，獨挑滅華的使命。這便是歐戰發生以來，日本資本主義特別發展的另一個原因。

可是中國民族革命運動的勝利，繼之有一九二九年來的世界經濟恐慌；日本資本家又感必需借重軍閥和政客的力量。九一八事變，便在這種意義之下發生了。

國難的刺激，與恐慌的壓迫，喚起了中國空前的經濟建設運動。尤自實施決幣政策以來，業已收穫相當的效果。一八九〇年來的偉大意想，特別在日人心頭重映。加諸中國歷次局部的抗戰，確又使他們深深地感到「武力主義」未必可靠。連日本的軍閥和官僚都在內，不得不開始反省。於是在屠刀之外，又要緊張起他的經濟戰略，藉資補充，而五年多來造成他在第二次世界大戰中的危機，也迫得他不能不多多地替他的經濟國力設想。所謂「經濟提攜」的口號，便應運而起。平時之和平產業，戰時是軍需工業，同時又作為他的資本主義之棟樑的紡織工業，必然地成為他的經濟戰略之中心。尤其基於偉大意想的恐怖，更感到非把工業化過程中的中國，打退到農業國的舊路不可。於是所謂「經濟提攜」的基本方針，便是要確定「工業日本，農業中國」的宗主關係(11)不消說，這種企圖，就是他自己也深知不易得到中國接受。所以他對於中國工業，和對於中國政治以及一般的政策，同樣用著剛柔相濟的手段來推進，一方加重力壓迫中國，造成「既成事實」；一方威脅利誘，使中國入其彀中。

（三）戰略的分析

現在我們有先把日本所以要摧殘中國棉業的理由，下個結論的必要。綜合上述各點，可知：

（一）因為日本資本主義是建築在紡織工業之上，所以紡織原料的獲得與否？簡直就是他們整個資本主義命運的關鍵；

（二）對於基本原料，不特需要如數取得，而且還要著自己的意旨支配。如果僅靠世界市場的供給，不當將自己的生殺之權，交給敵人；

（三）為了要保證國家的安全，取得並支配其所需的原料供給，必須在地理上最鄰接的地方著手。中國便是他們心目中最合條件的掠奪對象；

（四）可是中國的紡織業，不特是他們經濟上的敵人，而且也阻礙他們盡量取得及支配華棉的障礙物，更重要的是牠的發展，將成為中國復興的基本動力；所以倘是他們政治上的敵人；

（五）要取得及支配華棉，便有掠奪領土的必要。要掃除其經濟的政治的敵人，非摧殘中國紡織工業不可；

（六）歷來日本對華的侵略與脅迫，雖則尚有種種政治的經濟的原因，這個也居其中主要動力之一。九一八事變的發生，近年對於華北的陰謀，今日高唱的「經濟提攜」口號，也都如此。

然則他們用什麼手段，去完成這種目的呢？就他們過去，現在以及計劃中的說，主要的有：

（一）對於掠奪原料方面的：

1 借電他們的軍閥政客，用武力等手段，奪取中國的領土，試行植棉。如在朝鮮東四省各地的暴行是；

2 在適宜植棉，不幸尚未完全奪取成功的中國領土內，扶植自已的政治勢力，以便按着自己的意旨，遂行其掠奪原料的目的。如今日的華北新疆等地，便在這樣的局面之下；

3 用威脅利誘種種手段，並盡力設法避免中國人民的反感，使中國政府易於接受他們的要求，簽訂棉花「合作」協約，像過去簽訂的煤鐵等協定一樣的東西；

4 動員他們的資本勢力，操縱棉花市場。實行高價收買，貸款貸種，技術「援助」等等政策；以達奪取中國自己所需之棉花的心願；

5 在中國主要棉產地，尤其已有其自己的政治勢力之處，設立種種漸棉花產銷的機關。（12

（二）對於摧殘中國紡織工業方面的：

1 輸出雄厚的資本，優秀的技術，周到而嚴厲的管理方法。利用中國的賤價原料和廉價勞力，積極在中國紡織業中擴張自己的勢力。執行他們國內紡織資本主義的前衛工作，及衝鋒陷陣的任務，壓碎有抬頭希望的華商紡織工業；

2 最初是努力於細紗市場的獨佔，以擊退和他競爭的在華英商紗廠勢力，而暫時對華商紗廠，分庭抗禮；現在則已漸漸侵入粗紗市場，以期根本消滅華商紗廠的基本市場（因為華歐是向以席粗紗為主之故），而使華商紗廠，根本無苟安餘地；

（3）日本國內紡織廠，最初與在華的衝鋒隊，將分工合作的侵略方式，即衝鋒隊努力棉紗生產，一方壓迫華商紗業，一方供給加工原料與國內的織布工業。國內的織機，則盡量吸收在華市場生產過剩的日紗，以援助衝鋒隊的繼續活動。一方則大量對華輸出棉織品，阻止華商向這方面的發展。現在呢？因工資匯兌關稅種種關係，已感不易盡量把華商織布業打退，所以也責令在華日商，擔任這項工作；

（4）盡所有可能，運用政治手段，及其勢力，並製造他的走狗與爪牙，直接摧殘，破壞華商紗廠，並幫助其衝鋒隊的躍動。如強迫中國減低關稅，實行商價收棉花，援行武裝走私，一二八滬戰中特別對華商紡織廠實行轟炸，以及其紗廠今日之特別在華北發展等等皆是；

（5）動員其金融資本勢力，實行商價收棉花，援助貶價傾銷紗布，造成近年來棉花奇貴，紗布猛賤，所謂「花貴紗賤」的風潮，使華商紗

廠無法維持，俾其實行收買之圖；

（6）為便於走私逃稅，以及企圖獲取特殊保障計，轉移其在華紗廠的活動重心，由華中而移至華北；

（7）用威脅利誘的種種手段，並利用資本在農村進出的機會，俾若干為自己利益而著想的中國銀行家，跟他一起高呼「工業日本，農業中國」的口號，而企圖進行其所謂「經濟提携」。使中國人自行去鼓勵原料輸出，以消滅民族主要工業的陰謀。（13）

這裏只提綱挈領地敍述其大者而已。如果我們要洞明他這些戰略的內容、利害、及其進行的現狀，非再進一步檢討不可。為便於敍述起見，簡分原料奪取，資本壓迫，市場鬥爭三方面來說。

（四）原料奪取之戰略及其現勢

棉花政策，是現在日本七大政策之一，除在朝鮮已有遠大的植棉計劃外，即非洲的阿比西尼亞，南美的巴西，西亞的土耳其，日本因為那裏的土地都宜於植棉，故都有移民墾殖的陰謀。但舍近就遠，畢竟不上算。而且也不安

全。何況那些地方，不是早在列強的勢力控制之下，便是也不能輕易招惹的國家。故非取之中國不可。

但中國不能不顧自己的需要，同時又不能不顧民生問題，既不能無限制將棉花輸出，又不能無限制種植棉花。而且目前的華棉，品質又精；「不能供紡織之用，僅足供被褥坐墊之用」，所以非確立支配中國棉花產銷的絕對權力不可。這便是棉花之所以成為政策的主要理由之一。

如果僅僅需要棉花的本身，也即是僅僅只是支配棉花產銷的這一個純原料問題，在這商品經濟的世界，有的都是。事實上也毋須要成為政策，即使有視為政策之一，也不會形成這樣嚴重的問題，足見除了純原料的取得問題外，尚有別種作用。這作用便是政治上的問題，也尤是前述的那種遠大意想所引起的恐怖問題，因為他要防制中國工業化的成功，讓他可以始終宰割中國；以至滅亡中國；所以必須把工業進程中的中國，在棉花政策的外形之下，打回到農業國，原料供給國，成為日本工業的附庸國的地位去。棉花之所以成為政策，而且所以如此嚴重。其實主要的原因，不存彼而在此。我們慎勿因為棉花是他們所需的基本原料之一，便被他們蒙住了眼睛。

現在，這個一箭雙鵰的亡華毒策，不特已在東北屬地的推行，而且也在中國本部，尤其是華北，積極地實施。我們不必列舉更多的事實，只消把他們密佈在中國各地的「棉花特務機關」看一下，便知其奉行之力，手段之辣了。

先看在東北的：

（甲）日「滿」棉花協會（14）

（一）成立日期　民二十二年九月三日

（二）總會地點　瀋陽

（三）策動機關　日本拓務者

（四）資　　金　日金一百萬元

（五）計　　劃　最初擬定棉花改良十年計劃。希冀能年產棉花一億三千萬斤。現在另擬新五年計劃。由本年度開始。

（六）活動區域　最初是在遼陽、北鎮、及南滿鐵道沿線，及其他十四縣，劃為植棉區域。在新五年計劃內，又擴展其活動地域到錦州，熱河籽等地。

（七）活動方法　成立第一年，即由美國購入棉三萬磅，無條件分散與農民。茲貸以資本。惟約定必須在秋收時以棉花價還。本年度，日本政府特撥日金二十萬元，凡以植棉花之農民棉花政策，雖則在東北已雷厲風行，但是他的著眼點，還是在中國。尤其是華北。像上列的那種「棉花特務機關」，在華北計劃中的，已經設立的，更不勝枚舉。下面只是幾個重要，或現在已在積極計劃與進行中的：

（一）山東棉花改良協會

這是日本駐華紡織業同業公會，在民二十二年秋，策動成立的。地點是在青島。成立之後，便取朝鮮木浦的美國棉種，散給農民。同時再貸以資金，收取現棉。性質和滿日棉花協會同。(18)

（二）華北棉花協會

這是日本外務省及拓務省所策動，而由鐘淵紡織廠，東洋紡織廠等日紗商六家出面組織，在民二十三年夏間初，在天津成立。該年七月二十五日的上海時事新報，會有下面這樣的一段記載：

「華北治安恢復後，日方卽在津成立華北棉花協會，以對河北山東之棉花栽培，交理出資，供給農民，指揮栽培等事，及對棉作農民，支給補助金爲目的。日滿方面應支出之初年度補助費，約五萬元。預定逐年增加，凡生產棉花，全部由日本承受。」該會並有所謂華北棉花五年計劃發表與經營。(19)

（乙）滿州棉花株式會社 (15)

（一）成立日期
民二十三年四月五日

（二）總社地址
大連，另設分社於各適當地點。南滿鐵道株式會社。

（三）策動機關

（四）資金
日金二百萬元。滿鐵及「鴯滿」各出一半。「鴯政府」每年尚須支付十萬元於該棉花會社，以爲補助。至該社他年能有股額百分之六的盈餘時爲止。

（五）計劃
企圖壟斷全東北所之棉花交易。

（六）一般業務
改良棉產，促進增植，選擇其種，收買棉花等等。

（丙）大連株式商品取引所 (16)

（一）地點
設在大連

（二）資本
日金五百萬元。

（三）業務
兼營紗花交易，操縱市價

（丁）株式會社滿州取引所 (17)

（一）地點
設在瀋陽

（二）資本
日金一百萬元

（三）業務
兼營紗花定頭交易，操縱市價。

（八）其他工作
辦理分散種子，包裝，檢查，斡旋買賣，決定價格，以及所有關於棉業上之事宜，概可取得獎勵金。

（三）冀東植棉委員會

這是比較北棉花協會早二個月成立的。由日本大阪興業會社策動與主持，漢奸殷汝耕媚日資國的一種成績表現。殷逆爲該委員會强佔民地三千餘畝。供其試行植棉，同時復在盧龍，豐潤，遵化，遷安，審雲，等十餘縣，各設分會，總會設在通縣。(20)

（四）東亞棉花協會

這是日本拓務省原定計劃之一。預擬設會所在天津，作爲專門研究中國各省土壤，尤其是華北，試種棉花，並謀改良品質，代表日本政府，對華北經濟行侵略的指揮機關。所以和各地的「棉花特務機關」，皆取著聯絡關係。(21)

（五）冀東棉産運銷會社

這是與冀東植棉委員會密切合作的機關。由天津各口商紗廠所合辦。企圖將冀東所産之棉，全部交由該會社運銷至津青，供日商購用。資本定五百萬元。於去年八月中成立。(23)

統制棉館的機關。後因華北棉花協會成立，因爲性質相同，故已擱議。但去年又聞有繼續籌備的消息。(22)

（六）華北棉花株式會社

據最近報載：「在津之日本財團法人，曾開會議決在天津組織該社。其任務爲企圖統制華北棉花的煮銷，派遣技術人員分赴各地指導植棉。以貸放資金棉種農具等手段，謀取得農民之合作。」(24)

（七）中日中學農學院

天津中日中學，現特設一農學院。專門研究冀，晉、綏、察，各地的氣候和土壤，及其適宜種植的植物。尤其對於該省棉花的種植與改良，更爲該院所特別主要的課程。無疑地，他是漢奸製造廠，專爲造就壟斷華北的棉業人才而開設的。

（八）日本駐華紡織聯合會

這是日本在華紡織工廠的大集團。是他們衝鋒隊的司令部。同時也是準備侵華的一個棉業間諜機關。總會設在上海，聞將在天津漢口各地，分設支部。天津的支部，且聞不久就可正式開幕了。(26)

（九）聖農園 (25)

地點是在天津郊外佟樓村，佔有田地百餘畝。園内有農業專家十數人，僱用華工數十名。專門種植各種適於華北各地的果木苗。現亦努力於改良棉花的試種工作。

(27)

前面已經說過，年來日本提出的「中日經濟提攜」計劃的骨幹，便是要完成「農業中國、工業日本」的方針，他的主要內容，便是（一）設立農事試驗場。（二）改良棉花品質，提高產量。（三）實行中日貿易定額分配制，依今次來華之「日本經濟考察團」團員的話。中國至少應每年以所產棉花之牛數，輸往日本。甚至還說「此後應以棉花促進中日兩國的經濟關係」云云。現在努力組織的這些「棉花特務機關」，大概又是造成「既成事實」的傳統手段罷！

至於這種特務機關活動的方式，便是（一）分送棉種，（二）貸放資金，（三）龔斷物價，（四）統制產銷。

他們付經指摘中國的農事研究和試驗工作，都是只講時髦，不問國情，不論實用。其成績殆難逆賭。這大概就是他們要親自動手的理由；也卽是他們要求「技術合作」的藉口。

他們又批評中國的銀行資本在農村活動，只是對於中國農民的一種危害。或者還要屬害。但是他們國內的農民，也同樣受着這種迫害。雖則他們覺得對於中國農民，應低利甚至無利貸款。华岡氏曾公然地說：「欲將中國棉花，改歸日本使用，必須有金融機關，抵抗中國銀行團。否則理想所必要之棉花，仍不得移就日本」。所以他建議「由興中公司、朝鮮銀行、東洋棉花會社、日本棉花會社等，

聯合成立一大有力之金融機關，以與中國銀行周旋。蓋棉田究非在國內可比」。便是這個「金融合作」「中日經濟提攜」計劃中另一個「貢獻」。便是這個「金融合作」日本政府預在上海設立一特殊銀行，資本約二億日元，藉此救濟中國金融產業界的家因」。這後「金融合作」的具體內容。因為必須「事業與金融，連帶進行，才能在日本政府指導下掌握利權之樞紐」。所以除上列的種種機關外，還有：

（一）興中公司

由南滿鐵道會社主辦。社長卽由前任滿鐵理事十河擔任。資本金現已增至日金一億元（原為一千萬元）。由滿鐵及大藏省投資。其任務為（1）直接投資於探礦、築路，及一般企業。（2）間接投資，援助在華月商之工商實業。（3）辨理華北特產之交易幹施。總公司設在東京，分公司設在上海、大連、天津、廣東、大阪、及其他有關係各地。（二十四年八月九日，十月十七日，二十六年四月二十三日時事新報）

（二）東京國際銀公司天津分公司

額定資金一千五百萬美元。一部份由總公司擔任，另一部份擬在華北就地募集。籌議向在民二十四年八月。（見該月四日申報）現已否成立？向無材料可考。

他們又認為要改良中國棉產，必須深入中國農村。並

必須離開營利目的，而作為日本政府事業之一部。他們認為「與中國農民常常接觸，最為重要」。他們把中國農民笨喻成「鄉里兒童，初見時授以糖果，相戒不敢食。粗笨者偶一嘗試，覺其味甜，更取而大嚼；則一童繼之，二三童又繼之，終至無數小兒，相率擾食」。所以他們深信「深入中國農村，確信有十分把握」。不過，不能任憑民間自由投資，而國家不為後援。」(28)

然而「日本已在改良上投資，不可不得最便宜的原料」。「欲如此，必須設立交易所控制之。然後操縱得以自由」所以去年已在青島設立取引所，現在又將在天津設商業百談所。據最近報載：(29)

日方企圖壟斷我國華北棉業市場，特在青島設立取引所，並將在天津亦設商業百談所。其性質與取引所無異。以期津青呼應。該所經理人紙沙交納保證金二千元……聞以日本大藏省為幕後人。交易項目有日金、棉花、麵粉等……商業百談所之主動者為日商岩崎。(30)

總之，日本對於華棉的掠奪，現已設計周備。無所不至了。

(五)資本壓迫之戰略及其現勢

前面已經說過，一八九五年時，日本尚認為在華設廠經營紗業，不及在日本有利。主要理由，因為當時日本新式工業尚極幼稚，三島土地既不夠分配，人民多無職業可找。與其僱備華工，在華設廠，不如在國內設廠，既可疏解失業，改善民生，同時還可繁榮當地社會。豈不更一舉兩得。

但後因英美等在華大獲成功，又看到中國資本亦相當活動；乃不禁見獵心喜，改變策略，開始對華進攻。自是以來，在華日商紗業，即蓬勃發展，日本國內紗業投資之鉅。至歐戰發生，日本國內之產業資本已達飽和程度。故歐戰以來，在華日商之活動，更有飛躍之勢，維此內外並舉，迄於今日，在華之日本紡織資本，已將與其本國者相等。依目前新設資本與計劃資本之大量投入中國，則尚有凌駕其本國內者以上之概。

下表是已將在華日廠之資本，凡屬於在日本總公司者減除。又將在H之紗廠的資本，凡屬於分設在華者扣除。而視為投資在華及其本國的淨數。此種減除之法，是將其分稱資本，按所有錠子數即得。以每錠均得之資本額。再乘在華分廠抑在日總廠的錠子平均。此種計算，當不甚精確。茲不過略示其一般趨勢能了。

	(A)日商在華紗廠	(B)日本國內紗廠
資本總額	三〇一、八四五、二四四	三九七、五四五、九七九

紗錠總額　　一、九八一、七三二　　一〇、六四九、〇〇〇
線錠總額　　二、六六、〇九二　　九一三、〇〇〇
布機台數　　二三、四九〇　　九六、〇〇〇

(註)在華材料，根據全國華商紗廠聯合會統計數字改算。在日材料，則根據東洋經濟新報社的經濟年鑑數字改算。皆以一九三五年為標準。資本幣化為日令，單位係一。

近年來，日本對華紡織工業上的投資，形勢更為兇猛。他所持的種種陰謀毒計和手段，在第三節內已拖要說過。現在是要檢視他近年來的戰績。

第一先來看中日紡錘的消長：生產設備的消長，生產力強弱與其營業狀況興衰的表現。據華商紗廠聯合會統計，去年全國華商紗廠所有的紡錘數，已自前年的二百八十餘萬枚一跌而為二百六十九萬枚。同時，因為日商在華紡錘是已從前年的一百九十四萬枚激增至去年的二百十六萬枚之故。所以華商紡錘數，佔全國中外紡錘總數的百分比，自前年的五七・〇二％減為去年的五三・〇六％。而日商的比率，便自三九・一九％激增至四二・五八％了。這種中外背馳的現象，便是說明了中國的敗北，日本的勝利。(31)

第二、從地域來分開說：那末華北的華商紗廠，業已潰滅。前年，魯魯兩省的華商紡錘數，本已較日商的少八、七四六枚。可是到了去年，日商已較華商多出四四六、七四六枚。日商共有六十八萬九千二百餘枚，華商僅二十四萬二千餘枚；僅佔日商的十分之三強。(32)

第三、日廠壓迫華廠最得力的地方，便是靠他資本雄厚，機件優秀，管理嚴密而周到，所以生產效率高而成本輕。據去年華商紗廠聯合會的報告，紡製二十支紗的成本，不計原料及租稅，上海華商紗廠每包尚須廿九元零四分。上海的日商，卻不過廿元四角。二十支以上的紗價，日紗是始終要比華紗賤售二十元左右。像本年二月，日紗水售價四〇二元；華紗金城要四二〇元足。所以中國的細紗市場，已全部為日商所壟斷。廿支以下的紗市場，能站足。然而像十六支粗紗，日紗的地位還是比華紗優越得多。去年五月，日紗十六支的立馬，每包僅售一九九・五元；可是同支數的華紗人鏈，卻要售二〇一、四元。這是長期的現象，因為我手頭只有這時期的材料可以對比，所以才引用它。過去，國人常以為華紗尚有一紗市場可守，照目前的情形，已不易苟安的了。

第四、日紗壓迫華紗尚有一更得力的原因，那便是恃其政治勢力，實行對中國政府抗稅走私。現行中國棉紗統

税率，要佔成本的百分之四至八。如係進口外紗，則照章應納的稅負，更要作其成本的百分之十五至十七左右。因此走私偷稅的紗價，當然要比市價低百分之四至十七(34)。在市場上的競爭力，自然也比華紗大得多了。

第五、現在日本對華紗業上的投資，已漸將其重心移至華北，當然他並不會把上海漢口各地放棄，他不過要更容易。獲得走私偷稅的便利能了。

根據最近報載，口方現正在努力完成其增機設廠的新計劃，預定到明年夏天，他在華的實力，便可超過華廠二倍。這段消息是這樣的。(35)

在華日廠之現有實力，為紗錠二．一二二．九八八枚，線錠三六三．一五三枚，布機二八．六一六台。本年內預定增加者，為紗錠一．一五一．八〇〇枚，線錠五〇．〇〇〇枚，布機二八．一六〇台。即本年未完成之增加率，紗錠占五四．一二％，線錠一四．〇〇％，布機約百分之一百。若一旦完成，則紗錠合計為三．二七四．七八八枚。

較華廠現有二．九二二一．九八〇枚已超過三十五萬餘枚。紗錠合計為四十一萬三千一百五十三枚，將超過華廠二倍以上。布機合計為五萬七千一百三十二台，亦將超過華廠所有。(二六．三．二〇中華日報)

日人在津已開之紗廠計有七家……正在建築及已勝姿地皮，準備新設之紗廠又有十家。……一旦計劃完成，則擁有錠子一百三十萬枚，定可操縱華北之棉紗市場也。(俱附有一表，過長不錄。見本年四月十一日中華日報)

再看在青島：

大康紗廠將由十萬錠增至十三萬五千錠。隆興紗廠將由四萬錠增至六萬錠。同興紗廠將由三萬錠增至十萬錠。上海紡織亦將由四萬錠增至五萬五千錠。在一九三六年底止，青島日廠已有五十二萬紗錠，八千八百台布機，至本年春天，紗錠增至六十萬錠。布機達一萬二千台。而濟南之華商魯豐紗廠近又有因停工而為日方收買之說。並在濟南附近，亦有設立新廠之計。……(二六．二．一八申報)

至於上海。則申報上又有如下記載：

上海日商紗廠，開春以來，又在積極增擴。大康在楊樹浦已購進新廠地，增添織機七百台，公大一次增加織機一千台，豐田則增設紗錠三萬枚，布機六百台，並又收買華商之華昌及振華二廠以來，故錠子又增一萬五千枚。(二六年一月二〇日)

從這些零星材料中，又指出一極重要的事實。那就是對於織布機的大量增加，出未曾有。在華日廠在歐戰以來，雖已兼重織布，但其聲勢之猛，遠不及今日。下表便是在華日廠的紡錘與織機之史的發展表。

看華北：

這消息似是有點兒誇大，按諸事實却有絕對可能，先

在華日紗廠之紡錘與織機的發展（單位係一）

年份	紗旋線旋現有總量	指數	佔全國%	織布機現有量	指數	佔全國%
一九〇二	二〇、三九〇	一〇〇・〇	三、五五			
一九一三	九五、八七二	四七〇・四	一一、五〇	三七六	一〇〇・〇	一二、五〇
一九一九	三三三、〇〇〇	一六四〇・〇	二三、五〇	一、四八六	三九五・一	一二、五〇
一九二五	一、三三三、〇四	六五九〇・〇	三七、八〇	七、二〇五	一九二〇・〇	三一、五〇
一九三〇	一、八二一、二八四	八九三〇・〇	四〇、五〇	一一、四六七	三〇五〇・〇	三九、〇〇
一九三六	二、五〇七、八六四	一二四〇〇・〇	四五、五〇	二五、二七九	六七〇〇・一	四八、五〇

（註）歐戰前根據中國實業通史以後根據申報年鑑。（1）係一九二〇年數字。（2）係根據一九三七年二月一日上海公報所載，日商者如喪。據云，該年在華中外紗廠，共有紗錠五、〇五三、一七七枚。線經五〇五、七一〇枚。布機五三、二二一台。日商者如喪，未註明來源。

（六）市場鬪爭之戰略及其現勢

資本帝國主義者對華掠奪業的戰略是循着二條路線，一面束縛中國的關稅自主權，俾其大量輸入棉織品，以阻止中國紡織業的工程水準之提高，獨佔中國的足頭市場；另一方面即努力充實在華衝鋒隊，就地製造，就地求售，並為其本國紡織工業準備廉價的加工原料，俾其本國對華的輸出貿易，始終作着優越的地位。這種戰術，在歐戰之前，早就把嬰孩時期的民族紗業，打得氣息奄奄。

歐戰發生，歐美對華的壓力驟輕，來勢更兇。自是以來，在中國的機會。但日商的趁火打刼，華商獲得了個中興

國棉業市場上，已成中日對峙的局面。可是日商靠着他雄厚的資本，優秀的技術，不平等條約的保護，更有他本國國家的力量援助與獎勵，甚至還有他本國的紡織工業做深厚的基礎，此，民族的紡織工業，在絕對的意義上，雖然也有長足的發展，但在相對的意義上，卻又被日商打敗了。

及一九二九年世界經濟恐慌勃發，日人頓感國際間的監視驟疏，便預備乘機把中國一口吞為已有。他倾感國際間的歐美各國，皆陷入極度恐怖的混亂。豈知九一八事變一起，雖則中國已失地連陌，可是繼之以來的全國仇貨運動，卻把他在華的市場，給以相當打擊。接著所謂「中

日互惠協定」，又在二十二年五月期滿。我國政府本着維護民族經濟的良心，又毅然宣告廢止，當即制定比較近於理想的稅則。自二十年至二十二年的三年間，日布輸入急遽跌落，在華的日紗衝鋒隊也只得消極維持。華商紗廠乃得在世界經濟的大風暴中，反可略伸伸腰，試觀此三年間日布進口值，及中日紗廠的紗錠消長比較表如次：(36)

（註）值單位千金單位，紗錠單位千枚。

	日布輸華值	華廠紡錠	日廠紡錠
二十年	六五，二三八	二，七三〇	二，〇〇三
二十一年	三八，一九五	二，九一〇	二，〇九六
二十二年	一七，〇三二	二，八八六	二，〇九六

不幸仇貨運動，與當時實施關稅政策的精神，都在暴力壓迫之下，不久便消沉了。自主稅則的壽命，僅不過一年。二十三年份的新稅則，便大開方便之門。然而貪得無饜的人，是始終沒有滿足的日子。在中國棉業尚有一口氣的時候，總不能甘心。所以接着又來了寡廉鮮恥的無賴行動；抗捐偷稅，靠着法幣政策而把進口稅無形提高的成績，也一鼓膨兒掃蕩以去。現在棉業市場上垞私浪滔滔，在華日廠是欣欣向榮。因中國大眾對於細紗的消費胃口有限制，所以又努力兼紡粗紗，兼織粗布；看着華廠在開始經營漂染，因此這原歸他本國工廠主營的漂染業

務，現也儘量般到中國來辦。他在市場上之進出，已獲何種成績，可看上海八家日廠，在最近三年來營業狀況統計如次：(37)

	已繳資本	公　積　金	利益率（分）	派息（分）
一九三四上期	八一・二	一・五八三	一・八七	〇・九二
一九三四下期	八一・二	一・七〇五	一・九一	〇・九二
一九三五上期	八二・五	一・七五六	一・四八	〇・九七
一九三五下期	八二・七	一・八六一	〇四二	〇・九二
一九三六上期	八四・七	一・七七六	一・二二	一・二二
一九三六下期	八七・二	一・九六七	一・三三	一・二二

三年來，即仇貨運動埋葬，自主稅則廢棄，武裝走私開始的最近三年來，上海八家日廠的資本便特然活躍，因營業狀況大進步，故公積金激增，利益率飛起，派息且一躍而至一分二厘以上，其得意可知了。

(1) 東洋經濟新報社世界經濟年鑑
(2) 同上
(3) 平岡小太郎：華北棉花問題。
(4) 東洋經濟新報社經濟年鑑
(5) 昭和十年，輸入華棉總值二千零七十餘萬日元。
(6) 平岡氏：華北棉花問題。
(7) W. R. Sharp, The World War and its Aftermath
(8) 平岡氏，前文。

(9) Interfunctionacl Cotton Statistics.
(10) 二十五年版申报年鉴。
(11) 還是近年來日人高唱的口號。
(12) 參看本文第四節。
(13) 參看本文第五節。
(14) 廿二年九月五日廿六年四月廿五日新聞報，
(15) 廿三年四月五日中華日報。
(16) 同上
(17) 同上
(18) 廿二年十月七日申報
(19) 廿三年七月五日中華日報
(20) 廿三年六月一日中華日報，是年五月廿一日新聞報。
(21) 廿五年十一月三日中華日報
(22) 廿三年四月十七日二十五井三月二十一日中華日報
(23) 廿五年八月廿三日華美晚報

(24) 廿六年四月廿三日時事新報
(25) 同上
(26) 二十六年四月五日中華日報
(27) 二十六年四月二十三日中華日報
(28) 平岡氏文
(29) 同上
(30) 二十六年四月二十七日中華日報
(31) 二十六年度全國華紡廠聯合會年會報告書
(32) 同上
(33) 中外商業金融彙報
(34) 張一凡：棉統稅與關稅給予中國棉業之影響
(35) 二十六年三月二十日中華日報
(36) 中行月刊八卷第一二期合刊
(37) 朱楚辛：一九三六年中國棉紡織業

武大学生

《武大学生》创刊于中华民国26年（1937）4月25日，编辑兼发行者为国立武汉大学武大学生编辑委员会，社址位于武汉粮道街，李荣真印书馆印刷。该刊出版第2期后休刊，民国26年（1937）11月复刊。该刊终刊时间不详。

印刷者	李榮眞印書館
發行者	武大學生編輯委員會
編輯兼	國立武漢大學

武大學生 第二號

民國廿六年六月廿五日

《武大学生》杂志版权页

武大學生

第二號

目錄

今日的領事裁判權
論國民大會組織法及選舉法的修正
民主政治與國防經濟
經濟形態扮演着時代悲劇
日本對華中的經濟進攻
從日本對華經濟侵略的陣容裏檢討化
學工業之重要
中學畢業會考之利弊
怎樣實施校區的民眾教育
保衛綏遠
教青年認識祖國
德國的現狀
大冶的一角
戀歌
給久別了的朋友

《武大学生》杂志封面

日本對華中的經濟進攻

任昉如

敵人對於華中雖具有強大的野心，但一時卻不能將對代華北的強硬手段，施諸華中來，推其原因，不外三點：第一是華中的國際關係特別複雜，要想獨自吞併，還不容易；第二是日本彈服滿洲的「匪亂」，已消耗兵力不少，想再用兵力來征服華中，已萬不可能；何況綏遠戰爭，已暴露了她的武力的破綻。不過，她朋火打劫不能成功，她卻可用殺人不見血的經濟侵略方法，達到不戰而勝，無疑的，就是一個，三八間由兒玉率領來華的經濟考查團，本文的目的，即想透過經濟這方面，分析她現階段在華中已得的權益。

一 日本對華中經濟進攻的陣營

日本經濟侵華的陣營是租界，武器是日圓，將兵是日本國內的資本家及在華的僑民，就目前為止，日本在華中一帶的租界有六處，我們把它們的所在地，名稱，開闢時間，及面積大小，列表於後：

所在地	租界名稱	開闢時間	面積大小（單位坪）
上海	公共租界	道光二三年	五0.000
漢口	日本租界	光緒二四年	五0.000
杭州	日本租界	光緒二一年	一.二三四.二四五
沙市	日本租界	光緒二二年	一00.000
重慶	日本租界	光緒二一年	一四三.0八0

「坪」是日本衡量面積的名稱，一坪合中國一畝又三分之一。

僑居在華中一帶的僑民，據一九三五日本外務省的統計約三萬餘人，上海二七.八二五人，漢口二0一0人，南京一五三人，蘇州七六人，宜昌六二人，杭州，重慶各三二人，沙市一0人，九江九人。除外，在上海還有台人韓人二千餘人，這些人在華名義上雖是寄生，而實際就是偵察國情的探捕，經濟侵略的尖兵，最近上海鬧得很凶的銅元走私，遊絲走私，就是這般人玩的把戲。

日本在華金融機關，表面上總限於匯兌，貼現等業務，而暗中卻是執行經濟侵略的主要機關，它所挾持的日圓，就是侵略的有力武器，她在華中一帶的銀行，據調查，上海有正金，台灣，朝鮮，三井，三菱，住友，上海，漢口，等八家；漢口行正金，台灣，三井，三菱，住友，漢口等三家；其他如東洋拓殖會社，東亞興業會社，中日實業公司，在上海也設有分公司，或代辦所，就上海一隅而論，此等金融機關，投下的資本就達四萬萬餘元，可見它們侵略的成績了。

二 日本在華中經濟勢力的解剖

日本工業資本在華中一帶的活動，比較重要點的企業，有紡織，製造，運輸，礦產等部門，以上海為她在華中紡織業的中心，據中行月刊統計，華中一帶的商紗廠有十家，三四工場，資本一萬萬七千萬元，紡錠一·三二四·三八八個，綫錠三二三·二二六個，布機一萬五千餘台，現把它們列表如下：

廠　名	所在地	資　本（元）	產品類別
大康紗廠	上海	五二·〇〇〇·〇〇〇	紗布，紗綾
公大紗廠	上海	三一·〇〇〇·〇〇〇	紗布，絲綢
同興紗廠	上海	一五·〇〇〇·〇〇〇	紗綫，紗布
內外棉株式會社	上海	一一·〇〇〇·〇〇〇	（全前）
日華紗廠	上海	一二·〇〇〇·〇〇〇	（全前）
上海紡織株式會社	上海	二·五〇〇·〇〇〇	（全前）
華東紗廠	上海	一〇·〇〇〇·〇〇〇	（全前）
豐田株式會社紡織廠	上海	五·〇〇〇·〇〇〇	（全前）
裕豐紗廠	上海	五·〇〇〇·〇〇〇	（全前）
泰安紡織株式會社	漢口	五·〇〇〇·〇〇〇	（全前）

日本華中一帶的紡織業，不僅是英國望塵莫及，就是華商紡織廠也要望而生畏，受它擺佈呵！

其次是製造業，日本在華中一帶的工廠，雖受一二八戰爭的影響，停閉很多；但目前還是有相當的勢力，在「提携」「合作」的煙幕下，無疑的，將來不僅可以恢復戰前的狀態，并一定還可有長足的進展。就現經調查所得，至今倘存，資本上十萬元的，榨油業方面，有上海油脂工業會社一家，漢口有三井製油廠，日華製油廠兩家；上海有三井製粉公司，裕鹽製粉兩家；麵粉業方面上海有明華製糖廠。東方製冰廠，共進玻璃廠，萬寶成玻璃廠，滑海石廠等四家；鐵工業方面，上海有安川電氣廠，公興鐵廠，大阪製品公司三家。

其次運輸業鐵道投資，因遭英國反對故數目不多，現僅有南潯鐵路借款一千萬日圓，其他如桃冲萩港間之輕便鐵路，大冶的礦山鐵道雖有日資，但為數甚微，至於航運方面，她雖次於英國，但却非我國所能趕及，其主要機關為日清汽船會社。該社為日本郵船會社的前身,一九〇三年收買麥邊公司長江航綫的輪船,及上海匯山碼頭。一九〇七年該社將長江航業與大阪商船會社的長江船會社,大東汽船會社,及湖南汽船會社合併,才組成日清汽船會社。總社設在東京;上海,漢口有支社,蕪湖,九江,宜昌,重慶,長沙,設有代辦處,每年由日本政府以以巨大的津貼,以與英國航業競爭,目前為止,該社在華中闢有滬漢,滬渝,滬宜,漢長,漢宜(常德),宜渝等六綫,輪船二九隻,凈運量四萬八千餘噸,一二八戰後,國人雖會一度拒絕坐日船,用日船載貨;但日人利用各種手段,百般引誘,日輪又復呈活躍之勢,尤以去年為甚,最明顯的,她對華貿易已經由「提攜」而好轉了。

最後是礦產業,日本對華中一帶的礦產投資是在日戰後才開始的,投資最多的莫過於大冶鐵礦,在武昌的東南產赤鐵礦,磁鐵礦,及雲母鐵礦,與漢陽鐵廠,萍鄉煤礦組成漢冶萍公司,日本投下資本約四千萬元,現今漢陽鐵廠雖已停業,但大冶鐵礦仍在繼續開採,按照合同,每噸四元作為她的「鋼鐵外庫」了!

除大冶鐵礦外,華中一帶的礦山,與日資有關係的,鐵礦尚有安徽的桃冲,常塗兩處;煤礦有江西餘干,安徽宣城

及繁昌三處;煤礦有湖南水口山一處。至於輸出入業,就上海漢口兩地而論,該達二百餘家,資本達一萬萬餘日圓,跟著中日關係的「好轉」,這莊企業自然一定還有進步;但可惜的是中國人太窮,恐怕不能餓著肚皮購買賤價的日貨呵!

三 題後的話

林內閣成立後,所唱的對華經濟外交,揭開羊皮來說,實際就是她的遠交近攻政策,華北因近水樓台,可用武力「近攻」,華中因地位特殊,無從著手,祇得用遠交(經濟侵略)的方式。避著世人耳目,暗中取得華中一切經濟權益,上月朝鮮銀行收買上海銀行充實正金銀行作為對華中一切企業金融,補助機關,就是「遠交」的準備。喉使浪人走私,毆打我查關關員,就是「遠交」實行的先聲。因此,甚麼經濟「合作」,不過是輔助「遠交」越容易進行;「遠交」的「提攜」,經濟「合作」,才能貫徹政策的實行,最近北平的煙幕散佈越遠,是少數中國實業界的要人,翠著是煙幕,是明晃晃的鋒刃,還要與鴉談互惠,平等,共存,共榮,這真是民族的罪人,歷史上洗不淨的污點啊!

敵人在華中,既然派資本家來「遠交」在華北自然也要下令屯軍乘機「近攻」,經濟「合作」,實際就是「近攻」政策的實行,最近北平的日軍演習,和喉使匪偽侵綏,實際就是「遠交近攻」政策,和制止她幾個吞併呢?這又不能不想著淞滬戰爭,長城戰爭,和最近綏遠戰爭的意義的偉大了!

边事研究

《边事研究》创刊于中华民国23年（1934）12月1日，由边事研究会编译组编辑，边事研究会发行。社址位于南京高楼门峨眉路8号。南京拔提书店总经销，全国各省市各大书局代售，拔提书店印刷所印刷。民国31年（1942）3月该刊终刊。民国26年（1937）9月后曾停刊，民国27年（1938）1月迁重庆出版，社址位于重庆神仙洞街250号，重庆建中印刷股份有限公司印刷。

《边事研究》系20世纪30年代中国边疆研究的代表性刊物,其刊载旨趣很大程度上反映了这一时期中国边疆研究的内容取向。这一时期的边疆研究,重视对边疆地区的自然环境、社会政治、经济、文化、军事、边疆国际关系等的探索;并呈现出边疆研究与国家命运紧密联系、政府组织与推动边疆研究、重视对国际政治经济关系的考察、研究专业化趋势进一步增强等特点。虽然这一时期的边疆研究取得了较大成就,但尚未形成具有代表性或系统性的专门的边疆研究理论与方法,并且研究的深度不够。这一时期边疆研究的内容及其特征体现了近代中国边疆研究的发展大势,同时也是诸多因素作用的结果。

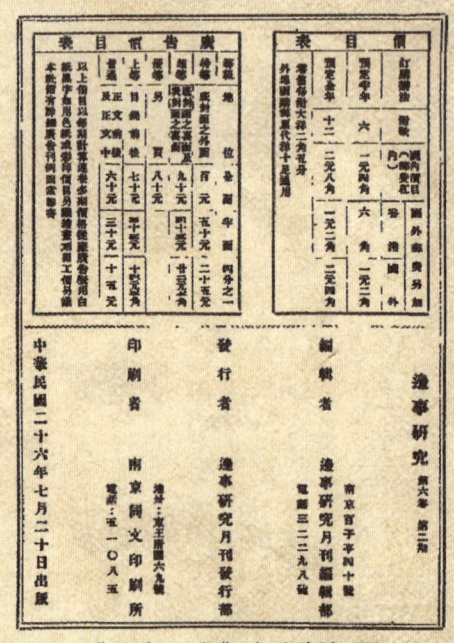

《边事研究》杂志版权页

《边事研究》杂志封面

日本強佔下的東北農業

呂方

一 緒言

東北地方，在中國邊疆區域來觀察，其政治和軍事上的重要，固不待言，而經濟的價值之偉大，則尤在政治和軍事二者之上。故所謂「國際上的價值確乎是太大了，以致餓一」的原因，就是東北經濟上的重要問題。但在今日所謂東北的經濟，其中又以農業佔最重要的地位。牧畜和林業，亦都是農民的副業；工商業及交通運輸等企業，亦皆以農業為基柢，依農業的發達而發達。所以日本的侵略東北，經營農業，六年來已獲到很大的效果和利益。現在東北問題已成為中國整個的問題，國人都應注意這問題的嚴重，和如何研究東北問題解決的方策了。

便形成了富於國際性的東北問題。因此若肚子的帝國主義——日本，竟以暴力攫取我東北，

在這「東北農業與日本」一問題，即是研究東北問題中最重要的一個問題。所以本文的本旨，是在研究東北農業和日本的關係，而此地所謂的「農業」，非就農家如何耕種如何收獲而言；乃是申述東北農業的真價值若何，日本如何的積極努力經營，並以日本農業的立場，來觀察東北農業與日本的關係。

二 農業地的東北

東北地方所以能配吾人稱之為「農業地的東北」，約言之，可由三方面來說明。第一是「天然的要素」，第二是「人口與耕地面積」，第三是「產量」。現在依次述之於下：

（一）天然的要素：農業的經營，與自然界有密切的關係，蓋農業的生產，人力是固不可少的，但此天然的要素並不是人力可得而改變的。如溫度風雨粘土質等，均與農

日本強佔下的東北農業

業有絕大關係，非人力所可替代，如果此等天然的要素不適於農業，人力便不能改變；所以農業如何，當依天然而決定。東北能配稱為農業地，就是因為東北地方，有適宜於農業的天然要素。茲就於農業最有關係的溫度、風、雨、霜並土質等五項天然的要素，分別加以敘述。

A 溫度　東北位於緯度三八度與五三度之間，其中四四度的周圍地帶——即長春的周圍，固顯明的屬於寒帶冷地帶，不適於農業，牠還是一種大陸氣候。因為東北地方的地勢與近海的潮流等關係，寒暑相差過甚，冬夜夏晝時間極長，因而夏季的溫度頗高，冬季則極低，但東北的南部一帶，其適宜於農業，自不待言；就是北部一帶，亦可以種植稻麥之類。全世界與東北同緯度的地帶，即緣夏長，溫度為高之故。同時農業是最怕害蟲的，可以說均不及東北之量適於農業。如黑龍江省之稻田，即北部地方，因寒暑相差太甚的關係，少有害蟲。以此一點觀之，更是較諸易於發生害蟲的溫帶，尤為適宜於農業。

B 雨量　農業的耕作，雨量尤有密切的關係。雨量過少或過多，均能使農業破產，中國內地數年亦的饑荒，都
是因為發生水旱災，以毫致無收穫。但東北地方的雨量，由大體上則均為適合。蓋就學理上說：德國栽培學者包杜曼博士的研究，謂一年間的降水量，以五〇〇耗至七〇〇耗為最適宜。東北的降水量，遼寧為六六九耗，公主嶺地方為六四五耗，長春周圍為六八六耗，可知東北農業上雨量並不缺之。就事實上說，東北地方我們少聽到有什麼水旱災的消息，遼西雖時有水患，但此僅東北地方的一小部分，農業中心地的長春周圍，則從無水旱災。

C 降霜　穀類中多畏降霜，如降霜期間長而降量又多，則必使禾苗凋敗，世界有諸多地帶，只因降霜之故，而不能耕種。但東北地方，大體上並無降霜之害。試以東北農業的中心地帶長春而言，一年中有一四五日無霜，此無霜日均為在適於耕種期間，而降霜日又均在與農業無關係的期間。所以東北地方的降霜，並不曾妨礙農作物的生長和從事農業的經營也。

D 風　風與農業亦有密切的關係。禾苗的畏風如畏霜一樣。東北本與日本及歐洲北義同緯度，但日本歐美時有暴風，而東北則決無暴風。惟春季播種時，時感風害，但都是局部的，更不是每年如此。至於成熟時期的秋季，則

絕無風患，多是天高氣朗之日，不但無風患，且因日光的曝曬，果實又最易成熟。

已土質 土壤的性分如何，為農業的基本問題。如土性不適合於農業，總使其他的天然要素部俱備，農業亦絕不會發達。東北的土性，東三省界內，大半為肥沃之黃土，即所謂中國北方獨特的「黃土」這是世界上任何地帶所不能匹敵的。遼東半島西沿海一帶，雖有富含鹽類之土層，但是為極小的一部分，而農業中心地的長春，東北地方的開拓，至今不過三百年之久，而農業中心地的長春，則僅百年，肥沃性分，尚未減少，「理學的」變化，還在今後。例如遼東半島大豆的生產量，一、六、四畝，平均生產量為九斗，日本生產量平均每畝不過七斗八升，朝鮮則僅五斗七升而已。又如粟的生產量，遼東半島一、六一四畝，平均每畝產量為一石三斗，日本則一石七升，朝鮮僅六斗八升。日本朝鮮與東北僅一峽與一江之隔，而相差如此之遠，天之厚於東北，真無所不至矣。

總之，東北的自然界，已如上述，無絲毫不適於農者

的成熟，而秋後降雨又少，且盡晝夜寒，易於囤積，無腐朽發毒之虞；冬季期間東北地方所有深溝巨河，完全凍堅，於穀物的輸運上，決無交通上不便利之虞，同時土地結凍，則土壤性分，必發生皺態以坟朋裂，一經融解，又呈橼軟，由此分解作用，於土性「化學」和「理學」的變化上，為發生良好的效果。東北地方，俱備了如上所述的天然要素，農業的前途，當然是有極大的發展了。

（二）人口與耕地面積：農業除去天然要素外，其次便是人口與耕地面積。就人口說，東北地帶內的人口，約在三千萬以上。一方里平均密度為四一一人。其分配如下：

地帶	面積 方里	人 口 人	每方里密度 人
遼寧省	一五一、二三一	一四、四九六、〇〇〇	九六三
吉林省	一七二、六〇四	七、七九五、〇〇〇	四五八
黑龍江省	三三三、九五七	四、二三六、〇〇〇	一二〇
合計	六五七、七九二	二六、三七〇、〇〇〇	四〇九

東北的人口，據上統計，可知約占日本人口八千一百

萬的三分之一以上。但日本全面積與人口，每方里合一、七四四人，與東北的密度相較，爲四與一之比。換言之，即以日本的密度爲準，東北還可容納一億人口以上。

就耕地面積說：總使面積大，而皆崇山峻嶺，農業亦是不能發達的。東北的總面積六萬四千方里中，據確實的調查，可耕地與現耕地，則如下表之所示：

省別	可耕地	現耕地	百分比
遼寧省	二四、六二一、八六六	八、二六七、九五三	六六%
吉林省	九九、四六四、八〇〇	五五、九〇一、四八八	五六%
黑龍江省	一三〇、七〇四、五三二	四七、二〇七、七四四	三五%
共計	三五七、八三〇、一九八	一八五、九七六、一八五	五二%

據上表以觀，可知全東北的可耕地，已達三億五千七百餘萬方畝，與總面積相較，約占百分之二十二。其分配黑龍江省爲最大，遼寧次之，吉林又次之，但就現耕地與可耕地面積比較上說，則要首推遼寧，黑龍江省爲最少，一萬三千餘萬畝的可耕地，僅有現耕地四千七百萬畝，約占百分之三十五。既耕地合爲一億八千六百餘畝，已達可耕地百分之五十二。日本的可耕地面積，僅占全面積的百分之十三，與東北的百分之二十二相較，相差幾乎一倍；且日本多丘陵如馬背，而東北地方，則率多不原，故有人說「東北無處不適於農業」，日本人稱東北爲「農業地的滿蒙」，事實俱在，並非過甚之辭也。

（三）產量：東北農業之天然要素與耕地之廣大，已略如上述，故農產物之豐富，可不言而喻。計東北農產物的種類，凡六十餘種，種類之多，爲世罕有。其主要者，爲大豆，高粱，穀子，玉蜀黍，小麥，糠子等六種。一九三六年度的收獲量如下列（以噸爲單位）：

大豆　　五、五三四、一三〇
高粱　　五、一四三、六三〇
穀子　　三、七二〇、四二〇

他特產爲世界第一位，以是日本則極積應用科學的試驗，來改進東北耕種方法，以期達到三十億圓的數目。

據上東北農業的敍述，可知東北確是今日世界上僅有的黃金地帶。

三　日本與東北農業

東北的農業既是如此的豐富，日本人早思染指，日俄大戰後，既略有成就，迨九一八事變，則如願以償，故其最近抱着積極開發東北產業的「五年產業計劃」這當然是在日本帝國主義者刻不容緩的急圖。所以日本自擾取東北後，對於「東北問題」便成爲日本議會議題的中心，「東北政策」便成爲各政黨惟一的大政策。到了現在日本國境的四萬七千方里中，幾無隙不瀰漫着東北的空氣，同時其在東北地所造成的勢力，尤爲密切，其以全力開發東北，自不待言。茲分「開發東北」與「取自東北」二方面，分別敍述日本與東北農業的關係於左：

（一）開發東北：：日本對於東北農業，第一是要積極開發東北。其用意一方是要在東北滿佈下農業勢力，使其及

總上列六種產量以觀，已達一千九百餘萬噸。此外水稻每年產額爲十六至十七萬噸，大豆以外之豆類，每年產額總計，約在四十萬噸上下。其他特殊物產如亞麻，苘麻，穀等居其次。其他特殊產物如亞麻，苘麻，黍，蕎麥，燕麥，雜棉花，花子，甜菜並大麻子等，亦達六百餘萬噸。除當地消耗外，每年約有四百萬噸的輸出，而其中尤爲世界手屈一指的大豆，占最重要位置，以上爲就其產量而言，若就其價值言，上述主要農產物一年間的產量約二千七百加雜穀類及特殊產物，則當在二千五百萬至二千七百九億一千萬圓；其他雜穀類並特殊產物的總額，常達千餘萬圓——共計爲十二億圓，此爲現在東北農產物全盤的統計。若日後農耕地能增至四億一千萬畝——卽是說，可耕地均爲已耕地時，雖土性或將逐漸惡劣，但最少的限度，總可達十八億以至二十億圓。且東北產物如大豆及其

五蜀黍　　　　　　　　　一、七五〇、〇〇〇
小麥　　　　　　　　　　一、五五二、二〇〇
粳子　　　　　　　　　　一六二、六七〇
合計　　　　　　　　　　一九、一二七、〇五〇

於農村，以便爲今後統制東北的基礎；另方面是增加產量，以應日本的要求，免致由他國輸入，以節費用；此外又大批移殖韓民，以便轉移日人至朝鮮，以韓人爲開發東北的先鋒，以在朝鮮的日人爲後隊，既可使韓人離國土而不能反動，又可以政治力量壟斷韓人的農業。現在依次敘述於下：

A 農業試驗場　東北農耕的方法，多是數千年來相因襲的舊方法。此於農業的發展上很為不利。東北耕地的生產力，據上文所述，是世界上僅有的地帶，但如經營的方法不良，亦不能使耕地發揮其所有的生產力。東北耕地的收獲量，例如大豆現在平均每一，六一四畝地的收獲，僅七斗八升，產量固多於日本，但此皆恃諸天然力，如果對於農事方法上能日圖改進完備，其收獲量將更高於日本，是不待言的；就以日本的經營方法用之於東北而言，東北的收獲，即可增百分之五十以上。這樣農產物增加了，供給已超出本地的需要，價格必低廉，日本即可以廉價輸入國內。所以日本開發東北，第一步即設立農業試驗場。計日本在東北設立的農業試驗場，凡七十餘處。如南滿洲，熊岳城，鳳凰城，公主嶺，長春及鄰家屯等通都大邑，均有日人經營的規模的農業試驗場。此中尤以在公主嶺者，規模為最偉大，設備為最完善，至今已有二十五年的歷史，他的成績可云良好。關於改良種子，鑑定肥料並試驗種植，都有極科學化的研究，所以試驗場經營的耕地收穫量，與普通地的收穫量相較，為七與四之比，其成績的優良可見。試驗的中心，大部分是大豆，其次便是早稻與水稻，再次便是畜產。此不待言，是有其特殊立場的，因為大豆可充日本的肥料，稻子可為日本的食糧，畜類亦為日本的食品之一。該組織共分三科「種藝科」係研究改良大豆和稻子二大主要農產，近年因糖的消費增加，對於糖的原料之甜菜業，亦復努力研究，最近幾年來已有相當的成功：「農藝科，化學科」是專門研究東北各地帶的土性的，某地是適宜於種植何種穀物，某地是應該用什麼肥料的，完全以土性為基礎，研究牛產力如何增加，此項努力，現在亦大著功效，知道以東北的土性，肥料以當醱窒素者為最適宜；「畜產科」則專門研究畜類的飼養方法，以羊為主，取其肉為罐頭，取其毛以輸出，蒙古所產者，但經牠們研究的結果，覺本極粗劣，遠不及外國所產者，但經牠們研究的結果，覺與舶來品一樣。日本每年均須由東北輸入大宗羊毛，一九

日本強佔下的東北農業

一五

一八年為一六、二八三、〇〇〇圓，至一九三五年即達一〇一、六七六、〇〇〇圓，增加六倍，無怪他們要設專科以研究了。

以上為公主嶺農業試驗場的概況，其他試驗場，大體上亦相差不遠，僅規模與設備上，略次於公主嶺而已。

B 拓殖機關與事業 日本既抱着決心要操縱東北農業開墾東北荒原。因為東北地廣人稀，有諸多肥沃地帶尚未開墾，日本要佈滿農業勢力於東北，已耕地似不易入手，未耕地則甚容易，同時日本對於東北的農業，是懷着大規模之計劃的，非有全盤的計劃，和系統的組織，很不易發生功效，所以日本對於拓殖，都有很大的組織：

(1.) 東洋拓殖會社 資本金為五千萬圓，為日本拓殖東北最有歷史的一個拓殖機關。成立已二十餘年。專司借貸長期低利資金與受日人支配下的韓人，令其在東北收買土地，經營農業。在東北之韓人的不動產，幾全部在此會社中的操縱之下。總社設於朝鮮，另外在大連、遼寧、哈爾濱三地設有支社。一九三五年時總括此三分社所投下的資金為四八，九七四，三七八圓，其中收買及建築房屋，

(2.) 遼寧勸業公司 又名東亞勸業株式會社。設在遼寧，資本金為二千萬圓，為日本拓殖東北的機關之一，成立已有十餘年。專司低利借貸資金與日韓人，使其收買或開墾東北荒原。十年來頗著成績，惟經此公司設立後，許多為水田，不但每年均有輸出，而且數目偉大，年復增加。關於土地的收買，皆假韓人的名義，計至一九三六年度止，已達一二四，六七五町，合中國約百萬畝。勢力之雄大，此於可見。

(3.) 大拓殖會社 上述二會社，為日人開拓東北現有的二大組織，倘不足負起操縱東北農業政策的使命。於是在一九三〇年時，又預定在東北的中心之瀋陽，設立資本金三億（日金）圓的大拓殖會社，將東亞勸業株式會社，合併於該會社中，統一拓殖事業的計劃。此事在日本的拓殖省，不知經過多少的討論和研究，要使此會社與滿鐵成同一組織（滿鐵資金為七億圓），相呼應着擴大在東北之政治的經濟的勢力，以期完成其統制東化最終的目的。惟此事因當時（一九三〇年）商租權未解決，故一時未見實行。

蓋所謂商租權問題，即不平等條約二十一條的第二條「在南滿洲有土地商租權」，第三條「南滿洲東部蒙古有居住權」。換言之，即凡日人所到之地（自然限於東北）有收買土地，永遠居住，經營土地之權。此不平等條約，我國民並未承認，以是日本在過去僅有此種計劃，而尚未實行。可是今日的日本對於開拓東北的積極，並操縱東北農業野心的顯見，却已昭示於吾人之前了。

（4）不動產銀行計劃 日本於上述大拓殖會社未成功之後，怏怏不快，自屬無可諱言：千方百計，謀所以有以替代之，亦係自然趨勢。於是乃改換方式，在一九三六年終付有不動產銀行的計劃。欲先將開拓東北的計劃，集中起來，以收協作之効。因過去開拓東北整個的東北事業的計劃及實施上頗多不便，實有專辦不動產銀行之必要。此銀行及東洋拓殖會社所經營，此於開拓整個的東北事業的計劃與實施上頗多不便，選經任東北的日人經濟團體陳情政府，要求創辦。

今年三月間在「東方會議」並「大連會議」上，亦曾有續密的討論，所以在不久的將來，是必要實現的。

以上爲日本開拓東北已見諸實行的遼寶協濟公司，和在進行中的二大計劃的敘述。此外更有遼寶協濟公司，遼

日本強佔下的東北農業

甯中和興行，滿蒙土地建物會社，北滿興業會社，哈爾濱土地建物會社等機關，資金總額約二千萬（日金）圓，均爲大規模經營土地的。爲省篇幅起見，茲不多贅。

C．韓民的移入 日本爲欲操縱東北農業，以解決國內的食糧問題，使其勢力及諸農村，以期永久侵佔東北計，除上述設立農業試驗場，並創辦拓殖機關外，更復大批移韓民於東東，使之經營農業。以此韓民的移入，爲日本開拓東北的先鋒隊。時至今日，於日本開拓東北上，已大著成效。蓋日本移民於東北：第一，可以完成其操縱東北的農業政策，第二，又可以減輕國內的食糧問題，第三，對於侵佔東北上亦能加強絕大的力量。所以日人無刻不在積極的移民於東北。但東北的風俗習慣及生活情形，多與日本迥異，若直接移日人至東北，既有諸多困難，且復不易發生多大功効：反之，日本統治下的韓人，就疆域說，與東北只一江之隔，就民族上說，又與東北無多大相異之點，且付爲中國領土的一部：至於移日人至朝鮮，則二者有歡十年相從屬的歷史，比較上要爲適宜。所以日人的移民政策，現在是注全力於移韓人至東北，而日人則進據朝鮮，爲進移東北的第二隊，這種策略，事實上早已昭示於

一七

吾人之前。試觀日本攫取我東北以來，至今已將到六年矣，但日人之居住於東北者，雖已有七十餘萬人，然其中除一部分任「偽滿」官吏外，則十分之七八，居住於旅大及滿鐵沿線之內與附近城邑；而其內容，又大多數服務於鑛體，或從事於工商業。真能去服役於田間經營農業者，則為數甚少。但據最近的統計，日本移殖於吉林一省已逾七十萬人，如在合遼寗黑龍江二省一併計算之，則當達百八十萬人。至其移殖情形，以東三省的東南部——即與朝鮮分界的一帶為最甚。約占在東北的全韓人之百分之八十五，延吉次之，汪清尤次之，占百分之九十，延吉次之，占百分之八十九。就以延邊的和龍延吉汪清及琿春四縣而論，韓人已占華人之八九。如和龍韓人最多，占百分之九十五，琿春為最少，然已占百分之七十以上。

和汪延琿四縣八二、八五〇方里、四四、〇二六人（一九三六年統計）中，韓人竟有三五六、〇四二六人（不但全國罕見，亦世界之奇聞。總括吉林全省的韓人，約七十三萬人。其在遼寗省者，除關東州無可靠統計外，約六十一萬三千人。其在黑龍江等地，據一九三六年的統計，達五十萬人。依此分佈狀態以觀

，可知日人對東北的韓民移住政策，係由東南而東北土地所西北。且此移住東北之韓人，固一部分為韓國志士，不能為日本趨使，但大多數均為日本式奴隸教育之青年，朝秦暮楚，並無見地，均假歸化「偽滿」國籍而取東北土地所有權，以奉日本。此也，韓人之來東北者，本來，率省窮困之民，甚至衣食不可維持，來東北之後，收買土地，經營農業等之資金，皆貸自日本在東北所設立的各拓殖機關——如東洋拓殖會社，遼寗勸業公司等。這樣，則不數年間韓人受利息的壓迫與日人的威脅，所持有的土地契文，收穫之俗米，開拓之水田等權利，便轉瞬間流入日人之手，所餘者僅掛名的土地所有權者而已。如此循環進展，今已達二百五十餘萬町步。至於華人耕地抵押於日人之由東南而西北，日人藉韓人名義而獲得之土地所有權，於六年的調查，在東洋拓殖會社者，為一千萬圓，一九三中，面積如何，雖一時無從可考，但以金額計算，一九三六年的調查，在東洋拓殖會社者，為一千萬圓，日本居留民會等各日本經濟團體聯合組織之金融救濟會，貸押之款十圓，則逾二千五百萬圓。如吉林延邊等地，每畝可值現金三十圓，但在該會則可押現金百圓，以故貧農佃戶，皆趨之若鶩；但年復一年，利復加利，現在不但無力抽贖，卽數，據一九三六年的統計，達五十萬人。依此分佈狀態以觀

年間息金亦足使破產了。

韓人既奉日人之驅使，入東北了，於是日本便開始實行移民政策的第二步，努力移住日本農民於東北。此項政策，已自拓殖省成立後，積極進行。設置種種獎勵方法，於大連設立大規模之大連農株式會社，專為扶助日本農民之移住東北了。於一九三二年春季曾由日本內地招募農民凡三百餘戶，每戶分讓土地由五十畝至二百畝，其代價初次係繳原購(?)地價八分之一，其餘分二十年無息繳清，但移居之農民，均須攜帶家眷。此種農民移住東北從事農業的開拓費，亦均由拓殖省補助之，現已達一千四百八十餘萬(日金)間，每戶平均可得七百圓——占開辦費的七分之二。其次移住東北的軍船旅費，亦特別優待。至於種子和件所，前者由滿鐵的農業試驗場無償供給，後者由大連農事株式會社，於農區的適中處，建築臨時住所，待自己住宅築成後，然後遷居……日本對東北的移民計劃與實施，真可謂煞費苦心，無微不至了。

總之，日本先是移韓民入東北，其次便移日人入朝鮮，並沿韓人深入東北之後，更移日人入東北，節節是以韓民為先鋒，日人為後隊，以期其永久佔據東北。現在不但

積極努力進展，且已獲到相當的效果了。

(二)取自東北：日本對於東北，幾依之為帝國生存的唯一資源，如煤鐵木材等，無日不在開探，無日不往國內運輸；現只就日本由東北輸入的農作物而言，假如一旦斷絕，無食糧之供給，便馬上要破產。據上文所述，一九三六年為六三，七三〇，〇〇〇人，發頒的消費額為七一，四三五，〇〇〇石，但日本總生產額，則僅五五，六〇三，〇〇〇石，對除的結果，日本每年須由國外輸入一五，八三二，〇〇〇石不可。現在朝鮮米每年輸入不過九百萬石，台灣米輸入二百六十萬石，自給自足之策，已山窮水盡，待仰之過剩人口，遂來至東北求解決。所以東北一九三一年有水田面積九萬九千町步，產量為百六十三萬石，百分之九九均輸入日本；一九三二年後面積與產額，均突然增加，而積每年增加八千町步至一萬町步，產量每年增加十七萬石，至一九三五年，而積為十四萬一千七百三十町步，收獲量為二百三十七萬七千八百石，約一百八十五萬石輸至日本。據日本的調查將來東北有一百萬町步之水田，一町步以一石二斗計，可收稻米一千二百萬石。日本需米之殷，壟斷東北米產之酷，與對東北水田的侵佔，據

日本強佔下的東北農業

上以觀，常可知其梗概矣。

至於日本肥料的輸入，據上文所述，一九三三年及一九三四年度，平均總消費額為五〇，五六〇，九三擔，但國內僅生產八，一〇八，七六一擔，輸出額為一〇一，一五三擔，所欠之額皆需輸自海外。豆餅的輸入額為二一，二四五，三二八擔，發占總消費額的百分之四十二。五五三，三〇七擔的二分之一；占總消費額的百分之四十二。換言之，即日本耕地全靠輸入的肥料來維持的，而東北的大豆，在日本肥料總消費額中占百分之四十二。所以肥料支配了日本的農業，而大豆餅又支配了肥料，農業，假如日本不由東北輸入大豆餅的話，日本的肥料便無着，農業便要破產了。

此外，則日本取自東北者，又有牛肉生牛並蛋白等食品，此省為東北農業的副產，每年輸入日本的數目，亦頗不小，而增加的數目，更為急速。茲列表於下，以見一般：

年度＼品類	生牛	牛肉罐頭	蛋白
一九三三年	六三、一五四頭	二九一、七四五擔	四〇五、〇〇〇盒	四二九、七五擔
一九三四年	七六、二八八	三四三、六二八	四八九、六五一	五三六、八四一
一九三五年	八八、三五二	三九六、八二三	五三四、八九九	六二六、六六二

據上表以觀，增加的速度實令人可驚。以貨幣計之，一九三三年為二八，四九七，五七七圓，一九三四年為三九，八四五，二三六圓：一九三五年為五一，二四八，九六一圓。日本開發東北農業的努力，與依東北農業以為命的關係，讀者當可得一輪廓的認識。

總觀以上「開發東北」與「取自東北」二方面的敍述，約占日本全國需要的百分之三七，二五。所以其地位之重要，要由各別的立場上觀之，是不亞於大豆餅之於肥料的。

四 我們應有的覺悟

以上已把東北的農業，與日本與東北農業的關係，作了一個概括的敘述。如此我們便有了下列的幾點覺悟。

（一）日本侵略東北政策的另一傾向，過去日本侵略東北的方式，雖因列強的一時反對，但如願以償的日本，確置之不顧；以是六年來日本在東北的暴行，除造成傀儡「滿洲國」外且積極的實行政治經濟並文化的三種力量統制東北。迨至今日，更復轉向農業一方面了。其用意一方面是謀國內食糧與人口問題的解決，以鞏固國基；另方面是見東北經濟的中心是農業，要把整個東北中心產業的農業取到手中，便更可加強力量來統制這東北的中心產業。我們知道「九一八」事變前，東北之所以能自給自足者，全是靠諸農業的。外國人工商業的勢力，雖已支配了在城市中國人民的生活。假如此日本的農業政策能節節勝利，抑亦我整個的東北存亡之所繫。外國人不能與之競爭：但農業却都在國人的手中，城市的資本勢力，僅可剝削農民耕種所獲的利益，故當時農民尚未至破產。如今日本確積極向農業方向進攻，此實爲我東北民衆生死之關頭，則我六萬四千萬里的肥美土地之東北，便要變爲朝鮮之第二，被滅亡於日本了。

（二）移民政策與東北領土 日本移民至東北，至今已非一日。但其初移住東北者，十分之八、九，皆蒐集於都市，並皆從事於工商業及教育，實際從事於農業者，爲數甚少。所以其勢力，亦率皆集中於都市，既不能易於獲得土地所有權，同時又是流動者，爲害於東北尚小。但現在日本移民，已側重農民，所以先移韓人爲前鋒，日人爲後隊由東南而西北 實行其永久侵佔主義，以鞏固其今後在東北的勢力了。此種陰謀，實較其他形式的力量，爲更進一步。因爲農業的移民，就其範圍說，非常之廣大，窮鄉僻村，都可以括其範圍之內，以至滿佈於東北全境，不似工商業勢力，僅集中於城市；就其勢力的基礎說，亦較工商業勢力爲穩固，因農業勢力，皆分散於農村之間，是比較上爲一種不動的職業，吾人對於農村上，是最不易消滅的：就其性質說，日本對於收復東北的移民政策，無異是對東北領土的侵佔，再加強力量而已。因爲韓人所取到的土地所有權，大部是皆轉讓給日人，既轉讓給日本人，則該土地便無異變爲日本的領土，如此循環進展不已則，我東北便將於無聲無色中而變爲日本領土，吾人即云不承認「僞滿」，但彼等勢力已深入農村，普及全壇。對於將來收復東北失地，更有許多困難也，然在此尚未完全失望之際，國人對此問題，當作如何感想也。

二一

圣教杂志

《圣教杂志》创刊于民国元年（1912）1月,,它是民国时期天主教最重要和最具影响力的中文报刊之一，经历了20世纪前半叶中国社会的新旧变革，也记录了天主教传教事业在中国的艰难历程。作为天主教的机关刊物，《圣教杂志》始终坚持文字传教，注重与读者之间的沟通，因此颇具影响力，能够执全国天主教刊物之牛耳。

《圣教杂志》作为一份宗教色彩强烈的天主教刊物，经历和参与了民国时期与天主教相关的一系列重大历史事件，刊载了大量具有较高研究价值的文章，它以理性精神和宽容的态度来讨论天主教教理和中国社会，力求化解两者之间的矛盾和僵局，因此可以作为我们认识上世纪初期天主教在华传教事业的一扇窗户。

该刊于民国27年（1938）8月终刊。

《圣教》杂志封面

日本經濟侵畧與華北資源

伍微之

日本自明治維新以後，積極從事工業之發展，經過中日、日俄兩次戰爭，日本工業，便向前飛進；歐洲大戰，更使日本變為輸出國家。……然其工業發展的前途，却也埋伏著一個很大危機，這個危機不是別的，就是資源貧乏攫取資源，在今日資本經濟發展的途程中，決不像十九世紀初期那般容易。……現代資本經濟國家，其壟斷世界資源的競爭，與獨佔投資機會的競爭，互相連結，其最普遍的方式，就是實施殖民地政策。但是世界殖民地，早已被歐美先進帝國主義者，分割殆盡。……甲午戰役，日本要求中國，割讓遼東半島，便遭俄德法三國的干涉；日俄戰後，依據樸次芽斯條約日本始從俄國手上，奪得南滿

的權利，歐戰時期，切強無暇顧及遠東政治，日本乘機掠取德國在山東的權利，及強迫中國承認二十一條約。可是在華府會議席上，此時日本在華已獲利益，幾一筆勾消。

日本於是要攫取資源，於是有「九一八」事件之發生，田中奏摺所說，以「鐵血開發滿蒙」，顯然是日本侵畧中國一個經濟的因素。在日本資本家與工業家的想像中，滿州視為供給工業原料的領域。但日本佔領滿州後，關於重工業需要，原料的供給未能滿足其原來之奢望，因此對於具有豐富資源的華北，又想侵畧佔據、

華北五省，——冀，魯，晋，察，綏，千餘年來，為中國政治經濟及文化的中心；五省的面積，依據內政部的統計有百萬方里，人口的總數有八千一百萬。五省面積大

於日本帝國面積之五倍，大於德國面積之六倍，大於意大利本都面積之八倍；土壤肥沃，物產豐富，實為農工業資源蘊藏的領域……所以自所謂塘沽中日停戰協定後，日本亟亟擴充其勢力於華北各省；其目標有兩點：一，政治目標，企圖實現大陸政策，征服滿洲後，要繼續侵略蒙古，為應付未來蘇日戰爭的準備。二，經濟目標，一方面開展華北市場，推銷其過剩商品，在另方面，則開發華北資源，供給其工業原料的需求。

現在從資源的觀點，分析華北與日本資本經濟的關係：

今日日本對華之經濟侵略，其活動的重心，跟着軍事的進展已由東北而移至華北……日本在華北的經濟熱望，集中於奪取那些在滿洲缺乏的資源，補救其重工業所需求之煤鐵原料。華北的礦產，首推煤與鐵。冀，魯，晉，察之煤鐵儲量，佔全國煤儲量之 45%，我國煤鑛的產量，依美國地質學家 N. F. Drake 的估計，有九九六百萬鑌頓。五省鐵鑛的儲量，則佔全國鐵鑛儲量總額之13%。日本在華北經濟的熱望，不獨攫取煤鐵鑛產，並且同時也奪取農業資源，如棉花，小麥，羊毛等。一九三四年冀，魯，晉三省種棉面積，達千五百萬畝，佔全國植棉總面積之 35%。

總之：九一八進兵滿洲後，日本經濟的問題，根本仍未能解決。目前日本在華北經濟的熱望，莫過開拓市塲，和開發資源；而資源之開發，特別重視煤鐵鑛之開採，與棉花，小麥，羊毛之獲得，這不外在工業上，和國防上，日本謀得到充足的原料，以供工業之需求，以增軍用品之生產。

（摘錄八月時事月報）

中外经济拔萃

《中外经济拔萃》的前身是中华民国26年（1937）1月创刊的《中外经济精萃月刊》，由中国国民经济研究所编辑、发行。编辑张一凡。社址位于上海霞飞路1960号，新业印书馆印刷。月刊，期间曾易名为《中外经济拔萃》。该刊出至第5卷第5期，即民国30年（1941）5月停刊。

《中外经济拔萃》杂志版权页

第一卷 第十二期

中華民國廿六年十二月三十一日出版

要目

我國戰時經濟（共十三篇）
- 戰時財政（兩篇） ... 一——四
- 戰時金融（兩篇） ... 六——七
- 戰時物價統制（兩篇） ... 九——一〇
- 戰時農村經濟（三篇） ... 一三——一六
- 戰時後方建設（兩篇） ... 一八——二一
- 中國戰時對外貿易 ... 二二——二四
- 戰時上海商業金融的恐慌 ... 二六

日本戰時經濟（共七篇）
- 日本作戰能力 ... 二九
- 日本侵華的費用如何籌措 ... 三〇
- 中日戰爭世界各國之貿易損失 ... 三二
- 抵制日貨之經濟學 ... 三三
- 戰時預算與稅制整理 ... 三五
- 事變與中小工商業 ... 三九

其他重要著作（共十二篇）
- 農村金融之重壓 ... 四五
- 今日的外匯 ... 五二
- 中蘇商約進行中之易議 ... 五六
- 倫敦市場之中國債券 ... 六〇
- 倫敦之金市 ... 六五
- 美國經濟展望 ... 六九
- 債權國與債務國 ... 七七

附錄：
- 國際貿易情報 ... 七九

中國國民經濟研究所

《中外經濟拔萃》雜誌封面

日本侵華的費用如何籌措？

(原文為日本著名社會科學家石濱知行氏所作，見「改造」十一月號)

森禹 譯

關於對華戰爭上戰費之決定額，合第一、第二、第三次對華事件費及事變勃發時第二預備金所支出者，共達二十五萬五千萬圓。此十二倍於甲午中日戰爭，一倍半於日俄戰爭之鉅額戰費，究將如何籌乎？

一 如何籌措鉅額戰費

日本此次籌措戰費方法，雖有若干乃求之於歲計之剩餘、一部份特別會計之移用以及節餘金等；但大部份尚必須由增稅及發行公債調度而來。

先從增稅方面觀之：第一、第二次對華事件費合計一萬二千萬圓中，本年度為六千七百萬圓；第三次對華事件費則全部由公債籌措。所以在二十五千萬圓戰費中，增稅部份祇佔百分之三〇。

至於公債方面：第一、第二次對華事件費中，公債約四萬六百萬圓；第三次對華事件費二十六萬二千萬圓，約佔全部戰費百分之九六。可見目前日本戰費，祇除百分之三外，其餘幾完全恃公債以支持。

就一九三七年度之全部預算而言：正預算中增稅（臨時租稅增徵法）二六六十八百萬圓，加對華事件特別稅六十七百萬圓，合計三萬三千五百萬圓。公債在正預算中之預定額為九萬六千萬圓（內一萬四千萬圓為特別會計），加對華事變預發之二十四萬二千萬圓，合計約三十三萬八千萬圓之鉅。

總計一九三七年正預算及對華事變追加預算全部約五十四萬萬圓，其中規定百分之六十一發行公債，百分之七增稅。

日本國債內外合計於一九三六年末約已達一百零八萬萬圓；如果一九三七年公債按預定額發行，則日本負債額將超過一百四十萬萬圓弱，本年（一九三七）八月末約達一百零八萬萬圓，此顯然為可怕的累積。

二 增加租稅之困難點

如上述龐大的戰費，以至預計最近將來更須增大之數目，對於負荷重擔之國民大衆，究將有如何影響乎？

本年春之臨時租稅增徵法，其增稅內容，即多分帶有大衆課稅之性質，如煙草加價、郵費提高等等。實使大衆受到不少威脅。且由增稅所引起之物價昂騰，可使生活費膨脹，而加重民衆生活之壓迫。再則由於限制輸入、微發與收買戰爭有關之物資以及通貨膨脹等，結果更加促成大衆生活之不安。華北事件特別稅上雖謂：『稅的內容簡明化，且避免對於一般大衆所負擔之消費稅之增徵』。但即使所謂消費稅以外租稅，在現時制度之下，直接間接，最後大部份終仍歸大衆負擔，故政府對此亦明言曰：『本年四月起施行之臨時租稅增徵法，相當增加，且超過一萬萬圓之國民的負擔。……『增加租稅，終必使國民感受或多或少之痛苦。』

華北事件特別稅，雖施行期間限定一年，屬於臨時稅性質；但此決非謂今後不再增稅。目前又有新增稅案之傳說，民間亦在憂慮增稅之外，毫無辦法。」以過去世界大戰為先例，則隨戰局之發展，公債之不能消化，完全依賴公債之不能消化；所以有人謂：「今後財政膨脹，除斷成行者也。

又所謂「限定一年」者，亦決非指一年以後，必然廢止；此實極有再度延長或用別種形式重新出現之可能。吾人終難記憶日俄戰爭時代所謂「暫行」之非常時特別稅法，此項增稅，在戰後即成永久化矣。且戰後為整理戰時所負下之國債，以及支撥年金等，繼續增稅及另設新稅，亦幾為財政之常跡。

三 公債之消化問題

近代國家之發展與國債之增大，實有不可分離之關係。日本歲入中租稅與公債所佔之比率，前者日益減低，而後者則日益增大；尤自昭和八年（一九三三）以來，每年八萬萬圓左右之連續發行，更助長上述之傾向。及此次戰事變發生，公債又行增發；至此公債在預算內所佔之比率，達百分之四五・五，幾與租稅相等。

此次對華戰費二十五萬五千萬圓中，百分之九十六（約二十萬萬圓）為公債；財政（尤其戰時財政）上公債之重要，實為日本經濟之支柱。

就日本之現實觀之：自所謂「準戰時體制」時代以來，早已高唱擴充生產力；及至此次對華事變而形成戰爭時代，生產力之擴充，益見加強，大藏省存款部、興業銀行以及其他金融機關，全部動員，資金調整法乃為限制非必要之投資，並防止軍需生產資金之涸竭。在此情形之下，「妨礙事業發展」之

增稅，非儘力避免不可。

日本公債之擔保制度，創始於高橋藏相，最近井存款方面及簡易保險之小額儲金，亦作為擔保矣。隨時局之發展，民間金融資本之被強制擔保，極可能。此種担保制度，可使公債費用化，且最易而最速。自所謂非常時期以來，日本政府正積極運用此種方法以籌措費用。

但公債乃一種債務，不能不償付本息，而償付本息之來源，實際仍在租稅；故有謂「公債乃預付的租稅」者。蓋租稅乃現實的增加大眾負擔，而公債之負債則延之於將來；是吾人現在負擔過去之公債，而吾人之子孫將負擔現在之公債也。

四 走向通貨膨脹之途

以上所述調度戰費之增稅與公債政策，尚儘就可以順利進行之場合而言；假令不能順利進行，則國民大眾所感受之威脅，實將更為嚴重；如遇貨膨脹之類，其中包藏之危險性，當然極多；但在此祇就其最切要之數點，加以檢討而已。

首為公債消化問題。政府當局現已實施金融機關之總動員，其唯一目的，為欲利於公債之消化；但另一方面，卻高唱擴充生產力之必要。在平時，增稅為收用現實資本，而公債則收用睡眠資本；但戰時因所需之公債額太大，公債之消化與生產力之擴充，是否能不發生磨擦，而順利獲得調整？實為極大疑問。政府當局雖已存款部、興業銀行等分布工業資金，同時並希望由軍事費之支出而促進生產力及生產力之旺盛，以之消化公債；但此種種方法，顯然有不少矛盾，能否順利進行？亦為極大疑問。目前政府在種種勢力之下，似可無不能消

化之虞;然究能消化至如何程度?則往何人不敢保證,況將來尚須增發更大之數額乎!民間對於消化公債,在目前即已發生憂慮矣。所以有「今後戰費應求之於增稅」之呼降。

其次為通貨膨脹問題。政府當已擴大保證準備十萬萬圓,準備實行通貨膨脹;此外又實行變更資金評價,頒佈戰費資金特別會計法及修正台灣、朝鮮兩銀行法規等。事實上法律上亦無非擴張保證準備。政府現在對充作戰費之二十五萬萬圓資金,是否能迅速流回而再作擴充生產之資金?恐亦未必有所把握。是以關於新資金之獲取,似將走向膨脹銀行券之途。戰爭初期,戰費之調度,雖或限於增稅及發行公債,但隨戰局之發展,戰費膨脹化,傾向於增發不兌現紙幣,乃為必然之趨勢也。

復次為國際收支問題。根據本年十月上旬貿易統計,一個月前入超達七萬三千三百萬圓,較去年同期增五萬四千萬圓;輸出方面,在金額上雖亦增加若干,但數量上仍屬減少。由於輸出商品之昂貴,戰時能使之缺乏,以及列強對日之惡感等等,輸出因受相當之限制;反之,輸入卻必須增大,故結果遂促進國際收支之惡化。政府當局亦曾謂:「觀現時我國(日本)貿易現狀,截至本年九月上旬止,入超額達七萬六千萬圓,較去年同期之一萬九千萬圓,增大五萬七千萬圓。今後既繼續為事變之演進,物資輸入愈將增加,入超之繼續,可以預測。貿易既繼續為事變之演進,國際收支均衡破壞,匯兌行市自必降低,固可認為振興輸出之方法;但在目前各國競相高築關稅壁壘及實施輸入比額制之際,欲期輸出顯著之增加,實不可能。今後號稱繼續之演變,兌行市自必降,實不可能。在此種情形之下,更因現時輸入品中關於國防及其他必需品極多,所以從匯兌低落以減少輸入,實有一定限度;却反無法避免輸入品輸入價格之騰貴,輸入。特別對華輸出,更必激劇減退。

從而招致國內物價之昂騰,而有加害國民生活安定之虞。」要之:國際收支惡化,將使匯兌水準無法維持,即有發展為通貨膨脹之危險。

國際收支問題,當然與現金問題相關聯。最近所實行之金政策──金準備評價法、金資金特別會計法等──雖可解決從來存在之矛盾(二個不同之法律的價格),而將金準備與現金輸送分離;但國際支付須輸送現金(七月前達三萬二千八百萬圓),今後金政策是否能有效運用?似有極多之動搖性。如引上述種種而引起通貨膨脹,則犧牲最大者為何人?不論在理論上及歷史之事實觀之,均極明顯者也。

新粤

《新粤》周刊，创刊于中华民国26年（1937）7月，由新粤周刊社编辑、发行。吴铁城题写刊名，社长向理润，总编辑梁朝威，曾易名《新粤周刊》，社址位于广州仓边路50号2楼，广州各大书店代售。该刊出版至民国27年（1938）10月停刊。

《新粤》杂志版权页

《新粤》杂志封面

日本侵華經濟恐慌的尖銳化

蔣益明

- 日本物質文明的缺限
- 市鄉經濟發展的不不衡
- 日本工業的畸形發展
- 日本軍費與公債之驚人的增加
- 廣大的從華戰費
- 日本在華產業的損失
- 日本在華經濟發展的困難
- 日本經濟將破產與帝國總崩潰

現代戰爭的特質，為兩國經濟能力的對比。在表面上看來，日本為新興資本主義國家，國民經濟能力的雄厚與軍備組織的現代，似乎要把我國征服，然而從實際方面研究並不如此。因為此次日本侵華的真正背景，是自家資源缺乏，經濟恐慌。他們只想照從前老法子，以小本賺大錢，以恫嚇來逼中國政府的屈服，如近衛首相在蘆溝橋事變後，聲言要中國「屈膝」；可是事實呢，中國人有膝卻不能屈，繼而日人乃不得不以速戰速決，來達到侵畧的目的，想不到我們真報之以「抗戰到底」！

日本物質文明的缺限

日本以蕞爾小國，資源完全不能自給；而且不能自給的程度許多都超過一半以上。工業與軍需工業的重心，如鐵，銅，重油，揮發油，鉛與鋅等，只能供給平時所需額之一半，而棉花，樹膠，燐礦，錫與羊毛等，到更不在話下了。譬如鐵，日本每年共消費一百六十萬公噸，而自己產額僅一百二十萬公噸，其不够之三十萬公噸來自中國，十萬公噸取于印度；又如鉛，消費六萬一千公噸中，自產僅四千公噸，所差五萬七千公噸全賴美與加拿大及墨澳等處供給；鋅，自產僅一萬公噸，而消費則達五萬公噸，不足之數，亦賴加拿大與澳洲供給；再如鉛，消費八千公噸中，幾全由歐美供給。然而這個數量，還是美國國家資源委員會根據一九三二年度所調查者，最近數年因軍備擴充，對外依從數量，當再飛躍地增加了。

在日本各種物質中最感缺乏者，要算是棉花；而棉花百分之九十幾乎都要從外國想辦法。而供給日本棉花最大的國家，算是美國與印度。從美輸入者佔日本棉花輸入總額百分之五十，幾達美國對日本貿易的一半，其餘是木材，機器，汽車，石油及鋼鐵等類。由印度輸入者棉花佔總輸入百分之四十。鐵佔總輸入三分之一。此外日本好照的機器及重工業的都靠美，英，德等國輸入。至與中國關係方面，不用說，我國出口的棉花百分之八十，煤百分之六十五，金鋁百分之七十八之六十五亦取自咉及，億屬索賜里蘭，南美及南洋群島等地。然而他們惟一紙償的方法，是將各種紡織品及工藝品求售于我國，及各工業落後地，甚至以廉價競售於英美各市場與殖民地。

由上面看起來，美國對日本貿易關係最為重大，試看去年（一九三七）十一月美國出口總數三一四，六六二，○○○美金元中對日輸出達一八，一三三，○○○金元，而對華輸出不過三，八九五，○○○金元。又觀去年自一月至十一月美國總出口三，○二六，八七二，○○○金元中，對華為四八，八三一，○○○金元，而對日竟達二七一，八四三，○○○金元。美國雖然也要輸入，但是對日輸入卻小於輸出，而對華輸入反而大於輸出。好比，去年十一月全部輸入二二三，二二六，○○○金元，自日輸入一七，一九○，○○○金元。美○○○金元，而自華輸入六，九二六，○○○金元。同樣，自一月至十一月全部輸入二，一九三，○○○金元，自日輸入一九二，四三，○○○金元，而自華輸入九，六二四，三六三，○○○，自華輸入九八，六二四，部出超一八一，六七○，○○○金元中，對日出超七九，四八○，○○○，而對華反而入超四九，七九三，○○○金元。誰都知道，出超是美國賺錢，入超是美國虧本。美國是富翁，作買賣為標準。當戰爭未爆發時，對日尙且賺錢；中日戰事爆發後，日本軍需原料需用廹切，其利市百倍。更不待言。這樣，他們為什麼要出頭制裁暴日呢？我國抗戰至今，美國態度之終于不可捉摸者，原來如此。然而，日本資源的貧乏，本身還是沒有辦法。

○　　○　　○

市鄉經濟發展的不平衡

幾十年來，日本資本主義經濟的發展，是畸形的，從東京及許多大都市表面看起來，是富庶繁華，而在農村方面，則日入貧窮苦困。他們因天下太平，人口增殖頗快，農村土地有限，一年收獲亦有限，大批失業的男男女女，不得不由窮鄉僻壤跑到大都市來，找工廠作工，往富家服役。若遇天災水患，一年者尤眾。上年許多從北海道災區中逃來東京的青年女子，大多數均被賣作公娼或私娼，以點綴大都市的繁榮。尤其是近幾年來日本跟著世界經濟的不景氣，農村經濟亦陷入恐慌，東京及各大都市的片面繁榮人民迷信，修建某些破廟，提倡市民朝拜名山聖地，以換取市民的金錢，然而農村貧困，並不因此減少；農村社會革命的醞釀，且日甚一日了。

乃挺而走險，發動有名的二・二六事變（一九三六）。所以二・二六事變的主要目標是打倒官僚及資本家。而八十三歲的日本財神高橋藏相（財政大臣）便在這次事變中壽終正寢了。日本資本家也想盡了法子去調和市鄉經濟的平衡，甚至利用產及各種手工藝品能換取市民的金錢，然而農村土地有限，農村家庭的破產

○　　○　　○

日本工業的畸形發展

日本農村貧困如此，而工業也不免在歧路上發展，本來國家工業的興盛，在於資本的雄厚。而資本主義之發達，在於資本的流通，即是貨品的交換。生產普通用品，不獨資本利潤容易收回，同時社會亦日增華富；若生產軍需品，則除打仗外，別無他項用處。而且軍需工業一發展，不獨資產階級本身發生矛

盾，即資產階級與地主農民及一般小有產者之間尤發生莫大的裂痕。你想，以巨量物質及人力所生產的子彈鎗械及戰艦，塞旣不能使人衣，飢亦無從使人食。世界若不打仗，所投資本勢必全部停滯。則一般農工平民生活，自然發生困難，逼使農工小有產者階級，與統治階級亦發生嚴重的鬥爭意義了。

日本近幾年來軍需工業的趨勢，完全偏重於畸形的軍需工業的發展，使得整個的生產部門，發生了嚴重的矛盾。又因為自己軍需工業原料的缺乏，勢不得不抑給於外國，例如，製造鎗炮的鋼鐵，飛機的機械，造毒氣的原料，製軍裝的棉料，以及燃料與糧秣等，無一不大量取給於國外。尤其是金屬之鐵，一年從外輸入達二百萬噸，（消耗五百萬噸）銅達三萬噸，鉛達二十萬噸，鋁，錫，鎳亦各達二萬噸之多。還是平時，若戰事爆發，需要當更多。還樣，日本不獨是海關發生大量入超的危機，在政府更不得不從事大量預算的增加。可是官出於民，預算一增加，國家稅項勢必一律增加，而民生轉苦困矣。根據軍需工業一發達，他項工業就會衰落的原則，在一九三六年時日本冶金方面平均指數為二六六%（定一九二八年時為一〇〇%），而紡織品反而落至一二二%，飲食品且落至九九%，同是因軍需工業需鐵多，川口及神戶兩地許多中小冶金工廠因而倒閉，以致許多工人失業。這種畸形的發展，是日本社會經濟恐慌重要原因之一。

○日本軍費與公債之驚人的增加

日本因注重軍需工業的生產，對軍事預算勢必逐年增加。在一九三三年度軍費為八億七千三百萬圓（佔全預算三八‧七%），次年度便增至九四一‧三百萬圓（佔全預算四二‧三%），又次年增至一〇二一‧三（佔四六‧一%），到一九三七年度竟增至十四億五八‧七（佔四五‧八%）再次年增至一，一百萬圓（按是年日本總預算為二十八億一千三百九十三萬七千圓，中國總預算為十億圓，而軍費不過四億圓）。超過總預算的半數。

日本政府並非真有錢，他們國家的總收入，每年不過十三億圓。自然，他們不得不藉公債的發行，以資補償，查日本國債在明治四十二年（一九〇九年）時，為二十五億圓，大正十四年（一九二五年）時，增到五十億圓，昭和六年（一九三一），民國二十年），增到六十億二百萬圓，日本著名財政大臣井上準之助曾嚴守國債不超過五十億的鐵則，謂者超過此數日本財政有立陷於危險之可能。活財神高橋是清在昭和十年十一月底預算會議席上，因堅持不增發公債，嚴守不超出二十二億圓的十一年預算，閣議相持至十五小時之久，通霄達旦，打破過去未有之配錄。可是九一八事件發生後至前年十月止，五年之間國債增加四十億以上，連同從前國債竟突過一百億圓（一〇，一二七，五〇〇，〇〇〇圓）。前年（十一年）預算不過二十三億千萬圓，去年達二十八億一千萬圓。這些不夠之數除增稅外自然又是發行公債。所以日本國債截至去年六月止便已達一五一十億之巨，侵華戰事發動後，又共增加三十一億圓，合共國債達一百四十億圓之巨，使每一個日本人擔負國債至一百五十餘圓之多，設井上藏相視之，當不知作何感想！

龐大的侵華戰費

日本平時軍費年既達十四億八百萬圓，若在戰時，當要特別增加。例如世界大戰經過四年半，各國戰費都是年復一年地增加。好比德國起初一個月不過是十七億馬克，到第二年每月增為二十億馬克，第三年一個月不過三十億馬克，到最後的五個月，每月竟達四十四億馬克（德國共戰費三千二百億馬克）此次日本原來沒有打算對中國作大規模的作戰，只想照過去慣例，以小本獲得大利。故最初經費不過是在第七十議會通過暫由第二預備全支出一千零二十萬圓第一次事變費九千六百萬圓，第二次事變費四億一千九百萬圓，合共也不過五億二千六百六十三萬圓。可是後來戰事擴大到全國，以小本賺大錢的方法，已不適用；乃不得不對陸軍增加軍費十四億二千二百萬圓，海軍增加三億四千九百萬圓，大藏省預備金二億二千五百萬圓，總共以前共達二十五億五千萬圓。據日政府宣稱，這是六個月的戰費（自去年八月至今年一月止）。這樣一個月日本必須戰費四億餘萬圓，一天也就達一千三四百萬圓的大數目，可是戰事從後更擴大，日軍部因感軍費不夠，去年將終時又追政府增加六億圓。目前日軍深入內地，戰線延長，兵力更須增加，其消耗亦愈大。大家知道，日本的金錢，全是老頭票程度，自亦意趨龐大。

日本國債，已到上述那樣的數量，而戰費的膨脹，自亦有相當限度。假使對華戰事不能早日結束，超過了最大限度時，日本財政只有跑到破產的一途ม！

誰都知道，中國為日貨的大銷場，然而自彼軍部輕舉妄動發動侵華的戰事以來，不獨對華正常貿易全部停頓，而且因作戰關係，如上

日本在華產業的損失

海青島各地的日本產業，亦全部化為焦土。即非戰區域的漢口及其他各地產業，亦不免被我沒收。計損失之巨，雖無法詳計，但估計在上海一地，總不下十億圓以上，而青島一地亦達三四億圓，其他各地及日本對華商業航行之全部停頓與損失，無法計算。去年十二月十五日日本紗廠商因在華損失過大，曾派代表一百二十五人由大阪赴東京大本營請願，要求停止對華戰事，竟被軍隊開鎗擊死七八人，傷十餘人，被捕二十餘人，其情形之慘，可以想見。

日本在華經濟發展的困難

然而，中華民族抗日圖存的火柱，已照耀全國，光輝世界。日本的飛機大砲在中國屠殺與轟炸的結果，只是使我國人一層層加深對日本人的仇視。這樣，也就使得日本對華經濟上的建設，即退一萬步謙，就令日本獲得了這龐大的華北及華東沿海各地，在一片焦土之上，試問你花多少經費以善其後，何況這最後的勝利，還將歸諸能「持久抗戰」者的方面呢。

日本經濟破產與帝國總崩潰

是的，日本無止境的侵畧，已矯正了中國抗日五分鐘的惡弊；日本的飛機大礮也啓示了中華民族對日本侵畧的永久抵抗。日本的資源很缺乏，全賴我國多方補助；日貨不能暢銷於歐美，也全賴我國來銷售。文化源於我國，今者，不獨不以為德，反而侵畧我國土，居殺我人民，破毀我文化，野心勃勃，意欲滅亡我而後快；這樣，我們只有抗戰到底，使他們也消耗到底。但是，他們的消耗有限，我們的抵抗無窮。他們政治已在畸形上發展，他們軍部已如一群狂犬；不齒於世界人類；他的國民已負担了一百四十萬的國債，商工百業所生產的結果，都給軍閥在華各地化成了礮灰。經濟是國家社會組織的命脈，到時候他們經濟一破產，這年少狂妄的日本帝國，不總崩潰還有什麼辦法？今後我們且更加努力吧！

中外經濟拔萃

第三卷 第九期

中國國民經濟研究所出版

歐戰與經濟專號（上）

雙方之實力及戰略
英國之金力德國之武力
歐戰與中國及日本
德國後方之後方

日本對內蒙古之陰謀

原題：Japan's Inner Mongolian Wedge by Norman D. Hanwell

Far Eastern Survey Vol. VIII, No.13 一九三九年六月廿一日出版

邊疆告急

近年日本勢力漸擴展至長城以北，與中國及蘇聯勢力相頡頏，日本之覬覦內蒙古，其目的在保障其亞洲中部之利益，同時並竭力開發該地經濟資源，以補助其財政上之窘短，中國政府於復興本部之時，賊未遑顧及邊陲諸地，然日本所定計劃之進行，亦未能如意料之簡易也。

內蒙（察哈爾，綏遠，及寧夏三省）在華北軍略上之地位，堪稱重要，其北及西北，為「滿洲國」及外蒙，前者由日人管轄，後者受蘇聯之控制，惟諸省份，小之別耳；其南與西，為中國本部之省份，遠西則新疆在焉——新疆省蘇聯之勢力極大，惟行政權仍操諸當地政府之手。在此種情形下，若謂內蒙為「蘇聯，日本及中國三大勢力之角逐地」，或開第二次遠東戰爭之戰場」，實無足驚異，故今日日本在其統治區內，盡力經營，以備將來奧蘇聯發生衝突。

蒙古邊陲一帶，經濟資源亦富，該地最著名之三大資源為新合秦區東部之煤

礦，及西部收畜地之羊毛，此二大資源在外長城之南，所得之物，大都供給日本，羊毛則運銷德國。

今日內蒙之政治組織，較諸昔時華人管轄之日，優良遠甚，彼時，中國政府分內蒙為若干行政區，劃定各區界線，以破壞蒙古各種族間之聯絡為目的，因此，在察哈爾、綏遠及寧夏三省中，華人曾逐漸由蒙人手中取得其土地，過去四十年中，蒙人計被北逐七十英里之多。

專實上，近數年來漢人之移殖內蒙，不能不歸功於當地省政府之熱心鼓勵，該數省政府與中央政府，迄無密切之聯繫，其統治者之措置土地分配情形，有如奧文拉帝馬（Owen Lattimore）氏所言者：「地方當局常以國家名義出虛價購取蒙人土地，舉後再以移殖專使之名義以取得之土地轉賣或轉租與移民」，而購買其土地之漢人，亦同樣受其欺詐。

內蒙人口，無正確統計，所可肯定者，其人口之大部皆為漢人，惟土地之大半，仍握於蒙人之手，此省歸咎於先前漢人移殖方策之失當，三區人口總計七、〇〇〇、〇〇〇人，其中僅三〇〇、〇〇〇為蒙人，且大牢集居蒙古合眾區內，故該區三、〇〇〇、〇〇〇人口中，其餘二，七〇〇、〇〇〇皆為漢人，不寧惟是，其日本發言人曾稱：「大牢蒙古牧人皆居山外平原，在近歲者，皆已與漢人同化，甚

會，第二區即由山西劃出之地，在內蒙南，包括長城以北之地，名為晉北（山西北部）自治區，大同為其省會，此二區皆在外長城之南，所佔地區極小，然其經濟地位，則不容忽視，二者一富鐵礦，一富煤礦。

第三區，佔地頗廣，其名為蒙古合眾區，歸綏為其省會，該區包括綏遠全省及察哈爾之大部份，足見先前劃定之界限已被放棄，如日人能進一步取得寧夏，則寧夏將歸入第三區無疑。

此外，日人又組織一行政機關——蒙疆（蒙古邊疆）合眾局，以靜劃三區之各項事宜與政策，總部設於萬全，惟日人欲取得寧夏——內蒙最西之一省，困難甚多，目前內蒙東部，仍時有小衝突發生，可見日本在內蒙之勢力獨不能稱為穩固

感已不知蒙古方言矣，漢人中大半集居平綏線及其南部，該區土地較他處肥沃，故極宜農業之發展。

內蒙新政府，由「當地元老負實一切事務」，然日本關東軍所控制，「所有一切政治及經濟事業皆自皆操諸由「滿洲國」交官及其他各處移來之官員手中，」雖人數不多，然其在行政機關中，皆有任意劃之特權也。

三區政府，儘蒙古合乘區備有軍隊，其他二區祇有警務隊而已，蒙古軍共計一〇，〇〇〇人，其中三分之二為漢人，三分之一蒙人。其性質有如美人所言：「蒙古人之畏恨軍隊，較其憎惡匪徒為尤甚」日本統制下之中國警務隊，成績亦欠佳，日本官員曾稱：中國警務隊，本用以維持治安，惟同時亦能用以反叛當地行政當局，故若干區域內，宜派遣可靠之小隊人員，以維持當地秩序，該地電報線今已有如T. S. P. 總市長之所謂：「表面上，漢人與日人共同合作；實際上，則漢人之仇

日精神不見消滅，人民將受苦不淺，」與日軍隊並入內蒙者，為大批日本移民，其人數之不斷增加，使吾人無從正確統計之。

一九三八年七月十五日南察政府宣布新土地法令後，一般人對省府軍閥之是否將繼續劃讓土地起疑問，此新法令承認日人在南察之土地皆所有權，理論上言，其他國家亦能享此權利，但實際上，另有若干方法以阻止者舉土地所有權利用此權利，規則之運用將擴展至其他區域，尚未敢斷言。

去年蒙疆合乘局對南北政府聯合會之邀請，拒絕參加，此或由於日本軍隊內部意見分歧之故，然無論如何，此組織之獨立性，已能為所共認，惟其如是，其與其他相織之關係遂如國通與國鐵之不相依賴，關於內蒙與華北間郵政之軍行統一，已在討論中，察哈爾所產穀類之互惠協定，為輸入華北者，足見該項關稅在財政上亦重要。

三區財政情形，無詳細報告可供披露，今根據等星之材料，略述其主要之歲收情形，一九三八年南察行政部之收入估計

為五、一二〇、〇〇〇華元，戰前為六、二七〇、〇〇〇華元，如加入特殊收入項，則一九三八年之收入總數達六、三〇〇、〇〇〇華元，同年份之支出為七、四〇〇、〇〇〇華元，計遂差一、一〇〇、〇〇〇華元，此乃大規模從事新公路及運輸之建築所致之，主要收入項為煙草、營業及鴉片等稅，所有虧短，則由內蒙銀行墊款補助之。

北晉之收入，總計僅二、〇〇〇、〇〇〇日元，戰前稅收估計約二、二〇〇、〇〇〇日元，因該區前屬山西省，極感困難，歲收之主要來源，當推大同之煤礦，今欲估計其以前之歲收，約一百萬噸，每噸煤收稅一五錢，結果僅收入一五〇、〇〇〇日元，預料以後煤之產額將大量增加，則此區之收入亦必大之增矣。

至於內蒙合乘區之收入，一九三八年估計為九、二二三、〇〇〇日元，今年之預算收入共計一三、八二三、〇〇〇日元，此增加之四、六〇〇、〇〇〇日元將用於發展牧畜與警務工作方面，此項增加，幾全部得自稅收之提高；鹽稅由五〇〇、〇〇〇日元提高至八五四、〇〇〇日元，鴉片稅由二、四〇〇、〇〇〇日元，去年統制稅為一、〇〇〇

日元、今年增埋税（與前者性質相同）爲一、四〇〇、〇〇〇日元，此外，今年土地稅爲一、三二〇、〇〇〇日元，以前數目無從考知。

對今年鴉片稅之激增，吾人實須加以解釋，內蒙邊陲雖產鴉片，然仍有巨額過境之鴉片，對此項過境鴉片，皆一律收稅，戰前西北各省之鴉片，爲避免中央政府統治下諸省份之抽稅起見，遂大量運出經過內蒙而至山西，由本年份鴉片稅收之增加，可知今年鴉片貿易未曾稍減於前。

各區之富於特種經濟產物，亦有以決定此次疆域之分割，今南察之龍煙鐵礦，已被日人從事開發，此礦藏鐵計有一萬萬噸之多，今委托中國發展公司着手開發之，據謂每日能產鐵六〇〇噸，惟運輸極感困難。

中國此次在事前盡量將淪陷區域內之車輛撤至後方，其成績之好爲衆人所贊計，今在湘桂路上，常見由華中及華北踏主要線——平綏、平漢、津浦、及滬寧——移來之車輛，據云：中國製造軍火所需鐵料，大都以外地移來之過剩車輛代之，因此華北車輛途感不足，而不得不向「滿洲國」或外國購取新車輛，此外，中國游擊隊之毀壞路軌，亦時有所聞，故現日本欲維持華北鐵路以運輸大量之煤鐵，殊感困難，添置車輛及增設新線（以便由內蒙運

出煤鐵）等費用之巨，已足延遲日本三年或五年計劃之實施，此外，日本如欲使生產獲利，煤鐵礦均須有新式之設備，此項費用，爲數亦巨。

北督區之中央，爲大同煤礦區，其蘊藏量約計一二兆噸，名義上由南滿鐵路公司管理，其煤區佔地之面積約計七三英里長及一〇·五英里寬，據云每日能產煤二、〇〇〇至三、〇〇〇噸，以前在華人管理下，每年僅產二六〇、〇〇〇噸，今務新監理 Mr. Sugino 預測一九三九至四〇會計年度中能產二、一五〇、〇〇〇噸，以後將繼續增加至三、六〇〇、〇〇〇及一三、五〇〇——後者爲一九四二至四三會計年度中之產量，蒙疆合衆局則希望其能繼續增加至每年三、〇〇〇、〇〇〇噸，此數字，幾二倍於一九三六年中國全國煤產總數，或謂：欲發展礦業，尚需巨額資金，礦務上需三四、〇〇〇、〇〇〇至一二〇、〇〇〇、〇〇〇日元，鐵路及港口設置上需二二〇、〇〇〇、〇〇〇日元。

對此問題，「日本年史」曾槪括言之如下：「欲增加煤產使足供給日本重工業之需要，其開礦法須從土法改爲新式電力開採，故須設立電力廠以供給電力，同時，通至海岸之公路或新鐵路亦須趕緊建造，由黃河流至內蒙貿易中心。

包頭位平綏鐵道之西端，爲中國羊毛

價格必不能與之競爭也……」

此外，中國游鮮隊在毀壞路軌及一切交通線以外，尙從事破壞各種企業，最近大同煤礦之淹水，卽其一例，關於大同煤產之質料，日本常局已作多種試驗，例如此項煤產不甚適用於高速度火車機器之燃燒，據云，在蒙古境內已發展較好之新煤礦，在境內何處，則未曾說明。

內蒙產羊毛亦多，以前中國出口羊毛中什九以上皆由內蒙運至天津出口，因此佔出口之四份之一，其餘乃產自中國西部三省之出產，但事實上內蒙所產羊毛料較佳者，爲甘肅青海之出產，其他一五%產自山西與陝西、甘肅、青海、及新疆爲產羊毛之主要省份，內蒙不在其內也，而西區所產羊毛之大半，今西區不在日人控制下，省產於西區一帶全境一半以上。

諸地所產羊毛，爲數極少，大半運住外地之用者，甘肅與青海之羊毛大半直運至蘇聯，新疆羊毛省省運至內蒙市集，甘肅羊毛昔時省運至青海羊毛大半爲超等新寗(Sining)種，常以騾牛皮包之成浮囊由新寗江瀉下至蘭州再

包頭位平綏鐵道之西端，爲中國羊毛

出口業之要地，根據某方估計，其貿易額達五〇〇百萬華元之上，自日人佔據包頭後，運輸貿易全部停頓，然至去年年底，此項貿易已恢復三分之一，此貨物之大半來自中國統治下之各省，日人申稱當此百業受劫之時，獨羊毛業能繼續維持者，其原因有二：一爲羊毛交換品——主要者爲糖、布疋、煙草、自來火、洋燭及磚茶——價格之合理化；二爲羊毛價格之高昂，然其最大原因，厥爲無其他市場可供交易。

該項產於中國統治區域內之羊毛，固能改變貿易路線，或增加本地消費量，有謂當局將在蘭州增設羊毛製煉所，而以之輸至天津運出，或運入內蒙，果爾，內蒙羊毛業之範圍將受限制，蓋可待諸戰後。一九三七年一月至十月中中國輸出之羊毛向西運出，就羊毛向西運出，或運入內蒙，果爾，內蒙羊毛業之範圍將受限制，蓋可待諸戰後。一九三七年一月至十月中中國輸出之羊毛共計一一、七三三、五二九公斤，一九三八年在同時期內輸至美國者由八、六八六、〇三二跌至二〇六、二七七公斤。上文已提及昔日輸至美國之華北羊毛，今有一部份改輸德國，駱駝毛亦然，據云當地數家德國商號曾貸款家口之內蒙政府，爲數約計一〇〇、〇〇〇磅，而政

府卽以羊毛作償款之抵押品。

日人爲圖使佔羊毛業之利益起見，組織蒙區羊毛商联合會，表面上體其組織此會之目的，在購買羊毛以供出口之需要，此會成立七個月中所購買之羊毛約值八、五〇〇、〇〇〇日元，一般人對此會獨霸內蒙羊毛，曾提出抗議，此會逐告解散，去年九月內蒙銀行（蒙疆銀行）又出資一〇〇〇、〇〇〇日元，設立一商號專利經營羊毛及其他蒙古特產，因此政府又數度改更政策，使此公司成爲普通商號。

故由表面上言之，目今內蒙羊毛業未被任何一國所壟斷，然事實上，因種種之關係，以前從事經營諸國，皆受莫大之打擊，去年十月中，內蒙以府公布若干規則，以統制通貨及限制羊毛，皮毛及皮革等之出口，自通貨規則實行後，黃金，白金及商業券之出口與超過一、〇〇〇華元之匯款皆受統制，另一限制羊毛等出口之規則，謂凡由內蒙輸出之綿羊、山羊、及駱駝毛等，皆須在事前致得特殊之許可，同時，規定一切交易須用日幣，幣匯價爲一先令二便士或·二九美元，所有一切外匯事宣概由內蒙銀行專辦，根據該行日本副理之發言，謂日人對於以往內蒙羊毛及其他生要物產之出口皆由外商經手，而諸外商所得之款，常存於外國銀行，對新行政上無絲毫之幫助或利益，日人

之完全不同，蒙人養羊之主要目的，在能食其肉，衣其皮，不苦商人之以其爲商品也，因此蒙人對羊毛之改良，並難有沙與枯毛及其他瑕疵，對此問題，某東方學報之日本記者曾發表意見如下：「蒙人之畜養羊法，因襲相傳，歷時數世紀，今欲全部改革之，決不可能，故吾人憎有設法利用該劣質之羊毛耳」——總之，蒙古羊毛將有一日與其他出產國相競爭，尤必與澳大利亞相競爭。

又有進者，日本曾擬定計劃以改良內蒙之羊及羊毛，據云內蒙政府已設立試驗所數處，凡欲研究改良種子，阻止畜疾，改良養畜法等者可前往學習，但吾人宜知內蒙居民養羊之目的，與外界商人之目的

拒絕及綿羊毛之禁止出口，使外商羊毛業一蹶而不振，至今年三月羊毛仍禁止出口，匯價固用以防阻外人之圖利，如內蒙通貨始終任日元集團內，由內蒙輸出之物產量大減，此新匯價實行後，足見其效能之一斑。

爲補救此種情形起見，不得不提出以上種種規則，然他方面，則謂日人加強此種控制，不啻造成日本自身之專利地。

外人商品——包括羊毛——運輸之被

日本垂涎中國之新疆

本文載最近出版之密勒氏評論報，原作者為 Amra L. Wang and Drins Rubens

日本軍閥，現正延展他們的戰線到蒙古的邊境。想包圍中國，斬絕向西伸入遠遠的公路，這是一個不可能的事業。用武力來堵塞中國對外的通道，似非日本力量所能辦得到。日本在外蒙邊界上惹起了許多衝突事件，其目的無非想威嚇蘇聯及外蒙，要他們自己把到新疆去的通道關閉並阻止他們和他們的鄰友商業交往。日本現已深入了內蒙，拿德王做他們的傀儡，向西發展。可惜中間梗著一個新疆。

新疆而積廣大，有大山作屏障，有大河作限溝，是中國擋住侵略的一個堡壘。現在它對整個中國，有極大的關係。它是中國走入西方世界的大門。它和蘇聯邊界相接，綿延至九百英里之長，它的北部，是阿爾泰山和外蒙。它的南部，接觸印度和新疆。

從很早的時候起，各個不同的民族，曾蹂躪過而入新疆。在平原和山區上，定住下來，相互融化。現在的新疆人口，顯出一個種族的大混合。在阿爾泰山的下邊，是蒙古游牧部落，蔚紹向西伸入遠，時大同小異，他們山谷以至平原，且陝西經甘肅而入候遷徙，漢人回教徒，且陝西經甘肅而入境。非常執著于他們的宗教和生活習慣。

對于數世紀來的變動和入侵，漠然無動于中的，是新疆的原住者——南亞來的回教徒。他們自稱日烏伊伽爾人，他們狀貌像高加索人，自傲而篤信宗教，數世紀來他們一點不放棄他們的宗教和生活習慣。他們還是採多妻制，依法一人可有四妻，夫妻結合，均由父母作主，結婚儀式，頗為繁瑣，由敦長阿洪主持，婚禮後，新婦即入其墻家，去時騎馬以行，後隨樂隊婦人，夫婦離婚，極為容易，妻出行時，得由其夫之允許，擋去夫家所用各物，此輩回敦婦人，多以黑紗蒙面，與世界到處的回敦婦人一樣。

在近蘇聯境上定住的，有哈薩克人，善騎而強悍，為哥薩克之一廟，此外則有韃靼人，有大吉克人，有月祖別人，均先後越境而入。漢人之入新疆者，過去多為遠戍的罪人。凡漢人經營新疆者，必繼他省漢人入住，新疆境內，定住營生。俄國內戰時，有多數白俄，移住新疆。又有印度人，自南面循舊路而外，經營商業，與新疆各民族交易，頗為獲利。

新疆境內約有四百萬人口，全人口約分四大別，新疆全疆，大小約有歐洲英法德三國面積之總和，其中天然資源，非常豐富，近年始以新式方法，從事開發，而使新疆在西北方面為抵擋侵略之大堡壘，而成為中國諸省分中之最豐富者。

黃金鐵紫銅鹽石油煤石膏等等在新疆都非常豐富，真不愧為中國最可寶的一個省分。在阿爾泰的礦床裏，有時可檢得天然金塊，重可有四十英兩，在七個金礦區中五萬餘人的土法採掘，每年可得黃金雨萬英兩。各河中金沙甚多只待新式方法前去採取。當地的烏伊伽爾人，有一流行習慣，有每家必存有二三百兩的黃金。

新疆的鐵礦，也非常值錢。塔城附近某山礦脈，有一百二十五英里之長。鐵礦可用土法採取，並用土法冶煉。

西北境有紫銅礦脈，亦甚綿長，在烏蘭烏仆河沿岸，南境疏附縣的礦脈，中含百分之四十的紫銅。

新疆當局現非常注意于石油的採取，他們認新省石油，足以供給當地工業之用。在喀什喀爾等處為發見油井，在烏蘇的油田，含柏非常之多，致鑿井之前，必須設法將油的衝流斷絕。

和真的玉，在中國是有名的，其性質及蘊藏均佳，當春秋二季，土人往往沒水入河採玉，有一山上。其頂峯完全為白玉構成。

新疆當局現非常注意于石油的採取，他們認新省石油，足以供給當地工業之用。

日本現在決不敢——也決不可能——把軍隊推入新疆。這里的交通線難以維持，而深入的軍隊必被殲滅。

明白了直接侵犯不可能，日本就用種種陰謀，要想煽動新疆的人民，日本在寧夏青海等處，都暗組有特務人員，想進而在新疆進行暗殺及擾亂。H本又賄買天津商人，秘攜巨款入新疆，進行種種不法事件。但陰謀卽被政府察覺，政府加緊種種防日準備。

因為新疆民族構成比較複什，日本乃想從中分化，以陰謀實效，它且想離間中國和蘇聯的友誼，但蘇聯對新疆的友誼，從事實上已證明于新疆人民有利，決非日本的陰謀所能動搖摧敗。

新疆目前情況的穩定和發達，由蘇聯的幫助甚大。這是人人不能忘記的。山礦疆的穩定，於蘇聯也有好處，因為如果中蘇邊境上有騷擾不甯，其餘波不免將及於蘇聯國境。說蘇聯勢力將制宰新疆，旅行者無從察覺而出。新疆現在始終為中華民國一行省，各校教科書，均教授國民黨的三民主義。

現在新疆行政當局，明白要境內和平

穩定。必須厲行建設及共同努力。種種社會改革，如不能解除人民的窮困和不滿，是不會有什麼效益的。政府為了人民的利益而工作，因此有所發洩，這人民，幾乎每三十年一次革命暴動發生的。

新疆督辦盛世方將軍，現非常注意於境內工業和社會的建設，而定下一個程序。正如蘇聯建設依外國建設的，盛將軍乃亦聘用蘇聯專門人才，幫助工業建設。最近他向蘇聯借得了五百萬金盧布，聯公民為多者，不但因為國境接近之故，也因為兩市建設情形相同，可利用蘇聯的建設經驗。蘇聯的幫助完全限於工業建設，絕不涉及政治及一般經濟之事。

在日本人的眼光看來，新疆有種種他所需要的東西，以救濟他崩潰的經濟。——黃金可以維持他的貨幣，鑛石油煤可以使他造製軍火及機械，新疆肥沃的平原，產生棉麥，可以給養日本的軍隊。日本是一心想取得新疆。最不利于日本的，是新疆一天向外開通，種種軍需繼續經過西伯利亞印度輸入中國內地，但

中国社会

《中国社会》创刊于中华民国23年（1934）7月，由中国社会问题研究会编辑，南京正中书局发行，社址位于南京公园路公园坊5号，季刊。民国27年（1938）4月起迁重庆出版，民国30年（1941）1月起由青年书店发行。

《中国社会》杂志版权页

《中国社会》杂志封面

日本對華的經濟征服

阿萊斯

中日戰事爆發已經一年有餘，三分之一的中國土地淪陷於日本之手，然而日本在華的經濟與金融的企圖，還沒有系統的進行。

在華的日本軍人等絕沒有等待必須來自東京的根本決定，他們正狂熱的紛忙着將中國的經濟與金融的組織和進行全部加以改變，日本所有重要的經濟或金融團體，其中有的有日軍中的有力團體作背景，或本身具有政治使命，有的或根本沒有什麼背景。不論他們的情形如何，他們都是在中國一齊活動以圖對這個「中國之餅」(Chinese Cake) 盡量分攤，假若另人對於他們這種劇烈爭奪的情形認識清楚，則更能激底明瞭，他們之爭奪并非找機會承担投資的危險，却是爲着拿權以圖攫取現存的中國之經濟與金融的賊物。

從日方看來，日本在華的經濟與金融活動還是雜亂無章關於日本在華權利競爭的辦法已完全決定。其實，從中國人的眼光看來，日人之所爲既無目的又無計劃。其中之近代化事業及其他許多牢業必須將其轉變爲日本財產，或者至少須置於日本完全管理之下。此時日本對於日軍已經控制之區域內的中國全部的工業，交通，半數的國外貿易，計多可用的原料，許多銀行事業，大部分的中國國內貿易差不多都完全操有堅固的支配權，小之如無數的零貨商店無論何處亦均爲日本小販所經營。

更有進者：日本想要在中國任何處所樹立其支配權時，跟着就有他們的競爭勢力出現，盡量排斥外人的權利，他們已經攫取了許多外人開設的工廠，外人的地產，油棧，以及各種作貨。他們又攫取了外國公債所處給的鐵路，外人註册的碼頭與船塢，他們更使中國與其他國家的國外貿易——無論輸出或輸入都轉而歸於大日本之手。他們又施行恐嚇與報復的辦法爲日本銀行自西方國家奪取了中國金融事業的營業，他們繼續不已的在中國各地排斥歐美人士，而日本商人與銀行家却正在那些地方經營其繁盛的商務

資本一項完全虛構——差不多天天有電訊自東方傳來宣稱組織什麼新中國公司，資本定爲幾十萬元，一時又宣稱是幾百萬元或幾千萬元。這樣，日本在國外造成一種印象，說中國現正大規模的趨於近代化，他們更要叫人相信，日本除支付巨額戰費外，還有能力欲投資開發中國。但是事實全屬了虛，其實東京傳來的消息，穩現正計劃組織的不及十分之一，或根本就沒有群公司與企業。其中確經組織的不及十分之一的資本亦屬完全虛密計劃在中國大量投資。甚至這個十分之一的資本亦屬完全虛構，向中日戰事爆發以來，日本實際在華的新投資迄不及一千萬元。不錯，日本在天津已經成立了一大規模的新發電廠，但是該廠的組織差不多於戰前即已完成，寶井鷄創。對於察哈爾的龍煙鐵礦與河北省的海倫煤礦不過於技術上有所改進使其出產有些增加而已。石青山(Shihchungshan)之小規模的龐煙鐵礦浴煉廠尚在建築中，重建青島被毁的日本紗廠亦僅開始着手

中國社會 第五卷 第三期 日本對華的經濟征服

四一

，至於日軍之修鐵路補橋樑，以及日海軍之在日碼頭前的黃浦江中挖泥開濬，也不過為的是軍事目的。

大商業團體與軍人安協——日本大商業團體因得軍人之協助，乃不得不與之安協，其安協之範圍如下：（一）重工業（開礦冶金）公用事業，（發電，瓦斯，自來水），交通事業（鐵路，公路，航行）與漁業交歸日本半官式的大規模公司經營之。這種大規模的公司將依照南滿鐵路公司的辦法組織之。造工業特別是中國全部的紡織工業，則依照有關係方面的辦法，由日本同類工業的管理，在中日經濟合作之原則下進行之。

日本議會對於這種安協辦法已經認可。

設立華北開拓公司與華中開拓公司，作為中國經濟的控制機關，這兩個公司將於一九三八年十月至十一月間成立，華北開拓公司的資本定為三億五千萬日圓，華中開拓公司的資本定為一億日圓，這些資本百分之五十由日本政府認股，百分之四十由日本大銀行認股，其餘百分之十由日本一般民眾承擔。這兩個大公司之下另設許多輔屬公司，此類公司的真實資本就是已佔據的資產，可於活動資本則正在計劃發行公債十四億四千萬日圓，僅用華北開拓公司名義發行之。依照定章，外人在華已投下的資本，既受剝奪，特別是中國鐵路的外債現亦大部分握於日本之手，此項資本亦等於被沒收，外人還敢有新投資嗎？

中國工業日本化——中國的輕工業現亦大部分握於日本銀學者之手，日軍將某一類的中國工廠，分派給某一類的日本公司。例如，上海一個日本紗紗廠都可以選擇一個或兩個一類的中國紗紗廠據為己有，其辦法如此：由日本公司向中國廠主提出條件。

大抵要求將工廠管理權無期限轉讓，或者無償的要求將大部分財產讓與，通常為百分之五十一，假若中國人加以拒絕的話，那末，他們就來一個軍事通牒強迫成立短期的「中日合作」，迨至期滿，遂將工廠擄歸已有。這可以舉出好些事實來證明：在上海方面大多數的中國紗廠與絲廠，五個麵粉廠，龍華與龍潭（Lunghwa and Lungtan）的水泥廠，的肥皂廠與酒精廠南京對岸在日人的掌握。在蘇州、無錫，杭州，的紗廠與絲廠嘉湖附近三山鎮製鐵廠，北平與天津的紗廠，麵粉廠，火柴廠、製紙廠。察哈爾的龍華鐵鑛等，亦莫非日人所佔據？此處所舉的事例，不過大概情形，絕非詳盡。

經濟侵略意見分歧——日本軍人與大商業團體對處理中國經濟財產一層雖有安協，但究沒有解決將來的問題日本大商業團體要把在華新獲得的權利完全變為自由經濟活動的地域，因為日本政府正在竭力以闡擴展其新經濟的控制之下，不得自由。而日本軍人要在中國建立一個與「滿洲」相同的經濟地位，其形式須為獨立的，其辦法與日本關東軍所支使的後盾，日本軍人已將內蒙古置其支配之下，正是要把它作為武力的附庸物。朝鮮軍部的權利背景集中於朝鮮銀行，所以他渴望朝鮮與對華中國沿海各省有密切的聯絡。日本海軍則保持其上海特殊地位，並在該區域內鼓動成立了特別政權，對於軍部在南京造成之維新政府之不願，各有私見，紛爭瓆豉，迄無寧日！

星樂摘譯自John十一月號anaesAhlers論文

时事类编

《时事类编》于中华民国22（1933）8月10日创刊。民国24年（1935）2月迁南京出版。南京中山文化教育馆发行。初为旬刊，后改为半月刊。内容全为译文，选译各国报刊对国际问题的重要论述，对中国社会各种问题的研究意见，以及世界各国的各种重要统计。民国26年（1937）9月改名为《时事类编特辑》，期数另起。共出5卷101期。

《时事类编》杂志版权页

《时事类编》杂志封面

日本在中國的武力侵略與經濟侵略

譯自英國現代評論（Contemporary Review）第八八四期

A Morgan Young 著　陳斯英 譯

中國的戰爭，幾乎是突然的變為金錢置於武力了。就某種意義而言，日本在天津的舉動可說是武力失敗的一種自供，但日本也許可以說這是證明武力的侵勝只是征服的第一步，為要完全征服中國，也必須取得經濟上的優勝。兩年的戰事，已使日本感到極端的失望。中國和日本在戰事中所成就的數字是懸殊得太大了，我們即使引用日本的表面數字，也是顯而易見的，日本消耗了極大的人力物力，除了更遠更遠地陷入刼掠滿地的敵國之外，還有得到一點什麼，惟有用經濟的支配來代替軍事的征服，她才能達成對於中國的勝利。因此，雖然在華的外國租界，比起全中國來，不過是彈九之地，而日本却認為是非常重要的問題，她覺得一再會置各國在華利益的諾言非常之礙手，於是不惜自食其言，或者在其他這種行動方法中表露出他的憤怒。日本意在中國體驗其破壞戰事，則她自身經濟的恢復也意連滯，同時補償地的戰爭代價的希望也愈微，於是她不得不極力把戰事縮短。

「通商口岸」（其中幾處有外國租界）存在的事實，表示着「條約國家」方面的一種諒解，他們都不願作妨礙他人利益的舉動，而凡那裏的租界已經合併，他們對於國際合作與急公好義的精神已給了良好的模範，但日本在上海却企圖單獨侵估，想把遏巴經公認應該是國際的租界變為一個國家私有。這種條約利益的制度，給予今日的世界，並不是新奇的。它的廣大、它的殘酷、它的罪惡的程度，都是歷

史告訴我們所認為不可能的：新奇之點，既不在蔚者對強者之打擊，也不在科學化軍隊的估計錯誤，誠然，戰爭技術確確是新奇、例如獵機，便是一種射程達千百哩的武器，不過它雖然能夠侵入二千哩外的地域，但它對這廣闊的地域却不能作有效的估價。

兩年已經過去了，日本仍不能送到她的目的，使軍人起了一種無從隱諱的憤怒。如果在戰爭剛開始的時候，他們有了一種合理的運由而正式宣戰，那末他們也許可以同時宣佈封鎖中國的全部海岸，不過宣佈封鎖也是一件棘手的事情。即使是「合法」的封鎖，也必須能使它發生「效力」，但是已有一種強烈的聲會在叫喊着這樣大規模的封鎖要發生效力是不可能的。那些和中國有貿易關係的國家倘既不願承認日本獨享其利，同時又不願立刻退出，那麼他們所受的待遇恐怕他也不會比中國好些吧。但日本如此無恥地袪露其貪慾的野心，也已喚起了全世界的抗議。貧窮一個一個評讀的世界，將是美國實施中立法的好榜樣，說中立法的停止供給大砲和軍火，不如斷絕供給那些足以製造戰事的主要原料；日本的逃避宣戰，無疑的，正是由於怕懼激起世界的憤慨而斷絕供給作戰的主要原料。

全世界普遍的情緒雖然是一致地同情中國而不信日本的抗辯，可是生意覺邊是生意，製造商人當其在歷待一種定貨契約的條候，是不會考慮到什麼道德問題的，寧實上，最明白的真理，就是由於對交戰國的貿易仍然開放，因之日

獲得的利益還較中國為多。日本為了中國繼續獲得軍火的供給而表示極端的憤慨,但她卻大量購買了一切她自己那設備完善的兵工廠所需要的原料。

在此種重大的世界事件中,純粹的利益是難於找到的。日本為了使她本身的利益而避開宣戰,同時她卻用盡心盡可能地去使外國商人為難,尤其特別注意那些外國人聚集的地點,在不公然決裂的範圍內盡可能地使他們感到不安,因得悍然決裂將立刻牽連了許多列強。

歐美對中國的貿易已遭受了有效的損害,西方的輿論也同時降低;不過當日本的參謀部在估計著他們足以安然前進而沒有妨礙時——有些更切近的事實向強所提出會的溫和,便她確定其估計之不錯——由於各抗議列強所提出意見的溫和,便她確定其估計之不錯。因為他們所進攻的這個國家已表現出了一種新的團結和新的能力。

日本的總參謀部沒有看透中國不但已經不是一八九四年的中國,而且也不是一九三二年的中國。蔣介石將軍在他的談話中有時雖然對日本的行勘表示憤慨,但他還是堅持著必須統一國內,然後方能解決日本問題的意見。他當時雖然未能作收復滿洲的反攻,和機續支持一九三二年淞滬的英勇抗戰,但在十年之內已經盡力把中國統一起來,而且整理了軍備,當他在西安蒙難時,曾聽取了共產黨領導者的意見,而表示諒解。他們都感到國家的境遇要此,必須共同為保衛中國的完整而爭。

日本方面最初的反應似乎是很滿不在乎。日本的經濟考察關為了謀求「經濟合作」而到華北,但結果是毫無成就而同。當時這事會被當作日本希望和中國親善的證據,然而中國人對此則觀為等於要求中國應該把資源交給日本——從日本要求其他口岸應和她「合作」建立東亞新秩序,她才發覺英國在天津和其他口岸的利益這件事看來,中國人的觀點完全是可憎的。日本的經濟考察團這件事看來,中國人的觀點完全是可憎的。華北的中國資本家向來是失敗的,「現實」的,他們對於政客或軍人都毫無信仰,只要有最好的安協條件,便能收買他們。可是還培他們卻有著一種新的威脅。他們都感覺到他們的生存受了日本的經濟合作野心的威脅,於是激起憤促政府抗侵略,拯救中國,使整個中國不至步著滿洲的後慶。日本至此再不等待了,終於在一九三七年七月七日在蘆溝橋動了手。

日本武人士兵對於他們的任務了解的程度是一樣的。他們看低了中國人的抵抗精神,但他們的武器卻戰勝了比他們更多的人數,還是說明在現代戰事中,器械比人更為重要。可是同時他們對於金錢還有著一種更單純的信仰。當寺內任首相時(一九二六——一八),他對待中國的溫和遠養於他前任大隈,但他卻企圖用信款來征服中國。在此次的戰事中,雖然中國的抵抗極為兇屑,日本要獲得一個立足點並不是絕對困難的,然而要想握住經濟力,那卻是另一回事。傀儡政府也許會被建立起來,但除了日本剌刀能夠強迫的範圍之外,是沒有人去服從那些傀儡的。像退樣,傀儡政府會有怎應漾的結局呢?在日本的軍人看來,控制經濟(姑且給它一個最好聽的名詞)的捷徑就是強迫使用他們自己發行的新紙幣,而用武力來支持它的價值。

於是新的紙幣發行了,膽兌比率也規定了,並宣佈中國的法幣為不合法,持有法幣者即是犯舉。但是淪陷階層內的中國人民卻以一種不勝厭惡的成見反對日本發行的紙幣。各通商口岸進出口的貿易和英美的餘欠，仍然是繼續信任中國的法幣，雖則它的價頓跌落。但終非日本發行的偽幣可比。一種在「滿洲國」已經成功的方法，一用到中國的其他部份便宜告失敗，這使日本感到氣憤。日本軍人常遇到一些比使用火藥較有建設性的事情中，終不能認識他們自己的不適宜，自然是要找他人來替他受過，於是歸咎於通商口岸和外國租界的存在，特別是英國的，只要英國的利益存在，便是日本獨佔利益的最大障礙。租界主要被責難的就是處爲反日的中心，而且是支持中國貨幣的一種助力，使日本強迫發行的紙幣喪失信用。

租界固曾給予中國一些精神上的援助，但沒有如我人所想像的那樣多，更遠不如日本現在所爭辯者。許多在中國的外國人所寄予中國的熱烈的同情，對於中國的鬥爭，無疑的是具有一種支持的力量，然事實上，大多數國家的政府卻避開表示意見，且曾公然地認爲日本的軍需品較多給中國的更多，退一種事實，只是加強中國人一向對西方人的性格所保持的感覺——這種感覺，一句話，就是說西方人只知要錢。即在中國所加於他們的損害尤甚。這些人本來祗傾向於希望中日戰事在有利於日本之下迅速解決，但是日本的拖延不決的行動，已經在經濟的需要面前不是政治，但是日本的好感了。

由於日本對外人在中國利益的侵害日甚一日，使有些人相信如果在一九三七年八月間，列強如於中國境內停留軍艦以保護她們的利益，並很堅決地告訴日本，不容許戰爭危及她們的利益，那麼戰爭或不至擴展到黃河以南。可惜此種臆測終於成爲空想。無疑的，當日本攻佔了南京時，她便在盼候着國民政府崩潰，但結果並不爲她所料，中國還是繼續戰下去。

這已經被指出來了，戰爭的時間愈延長，則日本和中國雙方死傷數量的差額愈小，而日本的進展也意遲緩。還是日本佔領「滿洲」以來一種巨大的變遷。在當時，日本曾從英國國際法著名的權威湯瑪斯、倍蒂（Thomas Baty）（他會在東京的外交部服務過一個很長的時期）的意見中獲得了精神上的援助：

「國家的性質的事實是依賴着一種明顯的客觀的嘗試。如果在事實上，一個政府擁有了統治它的領土的主權，而同時還領以前的統治者並沒有認眞從事使它歸服，那麼這就是決定了一個新的國家已經成立了。」

中國爲了內訌的不安和相信國聯將會救濟她的枉屈，所以未能認眞從事收復「滿洲」，雖然若干「滿洲」的義勇軍仍然守住着他們的要塞。但這並不能說是將介石將軍不去認眞從事驅逐侵略者。日本人爲稱他們已經建立了一個新的國家和許多陳腐政府，但這種僞的話是遠要欺騙他們自己也欺騙不了的。被他們收穫在「新秩序」的旗幟底下的中國人，是極少有相當巨量的，而且是日本民國十四年以前把中國弄得被加上無能與腐敗的別名的份子。

日本人用障礙他國的貿易的方法來加緊他們自己的貿易，並在佔領區內強行使用以刺刀替代金銀爲後盾的紙幣，企圖以經濟的壓力來穩固那他們恐怕依賴武力不能成功的統治。但中國人的消極抵抗，使這種計劃進行的遲緩和用武力征服的效力一樣，日本政府也受到了戰事將再延長的警告，日本軍人也感覺到對着這樣一個不生不死的敵手，只有使他們走上崩潰之路，那時他們的資源也將耗盡了。進行一種不宣而戰的戰爭是比從事一種不宣佈而封鎖較為容易的；但是封鎖中國全部海岸的任務日本已經負擔起來了。對付中國的航運當然是十分容易，而攻擊進出於通商口岸的國際船舶卻是不可能的，雖然飛機時時向城市投彈轟炸，軍隊時時登陸，以及發出許多多的恐嚇。廣州是那樓遭了殘暴的轟炸而引起國際的抗議，以及廣東人却不因此而停止他們的工作，直到一九三八年十月日軍實行登陸，廣州已受陸路方面的襲擊，和廣九鐵路已被截斷。

廣州的陷落使香港被隔離了，通往揚子江上游的輪船行駛，雖然中斷了。對於這些水道，日本都不許他國的輪船通過。不到幾天，漢口也繼廣州淪陷。於是日本隔離香港的極端大胆的行為，居然「降臨」了。廣州和漢口雖則失陷，但仍然看不到中國有屈服的跡象。真的，日本武力的進展已較以前遲緩了。這使日本軍閥很羞恥地承認中國的抵抗力已比人所願想的頑强，不但不容許他們輕易征服，而且是一件危險的事。當戰爭開始時，日本的宣傳家曾經粗淺這戰爭的特點，就是它並不是人們所願意的，而同時又被視為可恥的。現在對於戰爭的擾擺的情形看來，日本的宣傳者已是成為預言家了，戰場上的士兵對於他們的任務已感厭倦，國內的人也已疲憊於飢餓，只有利用戰爭以獲取利潤的人們才會真的高興。

日本的封鎖既要使其有效，而又想可能不使「事件」變為「戰爭」。於是只好從反英運動中去尋找新出路，外國對華的貿易是在支持着中國的經濟不至於絕境，所以如果英國方面的貿易能夠被攔阻，則其條的便容易對付了。日本的集中全力反英，也即為了要使英國貿易的競爭者保守緘默

——直至輪到她們自己。寧波、汕頭、福州等處的船舶之盡遭轟炸和困擾，對於被壞工作是有所幫助的，不過行動不夠迅速，廈門是日本獲得了台灣以後便想奪取的一有的一個口岸；但是那海島上的小小的外國租界——鼓浪嶼——是屬於國際的。因此，天津便被目為一個可以斷然行動的場所，一種狂妄而又是「實際」的假設，就是說無論什麼地方，日本軍隊旣估領附近的主權就為屬於日本的支配之下，所以關係國家必須接受那些被認為在英租界剌殺一個中國人——日本人所豢養的漢奸之一——的兇手。這種要求當然是被拒絕的，因為沒有理由可相信他們是真正的兇手。（遺憾的很，英國已無理拒絕給予了日本作更進一步行動的必要藉口。天津被封鎖的經過，如安置有關的鐵絲電網，在非法的障礙物之前的留難和侮辱，這是無須去反覆申述了。日本在開始時便宣佈着，要他們停止使英租界內生活的恥辱與難堪，唯一的條件就是英國必須與日本合作，建立中國的「新秩序」。英國應該欣幸，因為英租界交出一切使日本分贓的恥辱成為免了。如果英國當局充許交出一切的中國人和財產（包括一筆鉅額的現銀），服從日本一切的束縛和支配，無價值的日本紙幣，以及把他們的商業全部經由「橫濱正金銀行」之手，那麼英國在日本佔領區域以內的租界，將被容許繼續存在，直到傀儡政府宣佈廢除這一切不合時宜的租界。中國已把日本打得將近停頓不前了。英國如果放棄了其他的關係國家必不不受任何懲罰，和使她可說去完成征服中國，把中國威脅另外一個更大的「滿洲國」，或許許多多的「滿洲國」！真的，除非中國人不顧那些一九二二年在華盛頓保證維持中國完整的劉强（按即九國公約簽字國—譯者）把中國出賣，繼續表現他們那英勇而不願做奴隸的決心。

中国经济评论

  《中国经济评论》在中华民国28年（1939）11月创刊于上海，由中华经济学会编辑，中国经济评论社发行，刊物负责人是成宅西，初为月刊，后改为双月刊，专载有关金融、财政、经济理论与研讨实际经济问题的著译，有不少经济文献。民国33年（1944）8月终刊。

中國經濟評論

月刊
創刊號

八一三以來日本在華北之貿易統制　黃讓之

日方對於華北貿易統制步驟，係先從推廣聯銀劵暨管理外滙入手。因禁用法幣及流通聯銀劵之區域內，日本可藉以封鎖華北資源，管理外滙，使華北出口土產，無從運入中央勢力範圍之區域內，而被換成外滙，可以增加日方外滙頭寸。法幣之被禁用，在廿七年三月十日聯銀成立時，早經決定。至具體辦法之見諸實施者，為（一）念八年二月中旬北平「臨時政府」公佈之禁止以舊貨幣訂立契約辦法三條，（二）設立法幣收兌所，（三）管理外滙辦法，第（一）項之條文如左。

第一條　禁止再以貨幣（指法幣及其他地方銀行劵下同）為標準訂立契約。

第二條　凡以舊貨幣為標準訂立之現貨貸借契約及其存欠契約等均應立即為國幣（所謂國幣係指北平「聯鈔」下同）。

第三條　凡以舊貨幣為標準訂立之契約，在中華民國二十八年二月十九日以前不改為國幣者自同年二月二十日起，均一律認為已按六折改為國幣。

第二聯銀在華北各省日軍所能控制之區域內遍設法幣收兌所，謀收兌法幣，推廣聯鈔之流通圈。至第三管理外滙係於二十八年三月十一日開始，由天津海關發表佈告如次，為佈告事，茲奉臨時政府命令自二十八年三月十一日起，另表所列貨物之出口，及向華南華中轉出口，（以夾板船「卽戎克」運載者亦包括在內）均需呈驗中國聯合準備銀行確認之滙兌賣出證明書，或海關監督所發無滙兌出口轉口許可證，否則不予放行，詳細規定仰至海關監督公署詢問可也。合行佈告各商人等，體周知，此布。中華

民國二十八年三月二日監督溫世珍稅務司梅維亮

此外津海關併于同日以「注意書」發表布告之要旨及手續如次：

要綱　另表所列貨物之出口，及向華南華中轉出口，除由海關監督准予無滙兌出口轉口者外，均須按左列辦法，賣出滙兌，否則不予放行，聲請出口轉口時，應呈驗中國聯合準備銀行確認之滙兌賣出證明書，或海關監督所發之無滙兌出口轉口許可證。

一、向日本滿洲以外各地出口轉口時，該貨物之正當價格，全數用日本通貨蒙疆銀行券及中國聯合準備銀行券以外之通貨表示之滙兌，以中聯券為對價，按對英一先令二辦士之標準以上之行市，賣與在華北之銀行。

二、向日本滿洲出口時，該貨物之正當價格，全數用日本通貨或滿洲國通貨，（或中國聯合準備銀行券）表示之滙兌，以中聯券為對價等價，賣與華北之銀行。

三、前兩項賣出之滙兌在外國或華中華南之收款時期，除經海關監督之許可外，應在該貨物出口轉口後三個月以內，前項之海關監督許可者，應將證明文件附于滙兌賣出證明書後呈驗。

被統制之華北貨物名稱

號別	貨名
三	蛋及蛋製品
六七	核桃仁　核桃
九四	花生油
一〇五	花生
一〇六	杏仁
一〇八	棉子
一三二	菾葉
一四四	粉絲　通心粉
一五〇	煤
二一一	毛地毯（毛棉毯及地毯在內）
二五四	草帽緶及草帽內草帽緶
二七〇內	鹽

聯銀方面亦于同日發表一有關外滙管理之「公表文」如次：

一、為簡便賣滙銀行之滙兌賣出證明及本行之確認手續，俾貨物之出口轉口手續得以圓滑敏捷辦理起見，出口轉口商交易成立時務必從速對賣滙銀行辦理賣出滙兌之預約

二、本行辦理滙兌賣出證明之確認，如買進出口轉出口滙兌之銀行，將該出口轉口滙

（一）若為日滿出口滙兌，則日滿收款金額相當之日滿通貨滙兌兌于收款期前收交之。

（二）若屬其他地方出口轉口滙兌，則運往地點收款金額相當之英鎊或美金滙兌電滙款項，賣與（包含賣與期貨）本行後，本行隨即皆可行之。

（三）滙兌銀行向本行賣現美英滙兌，或期現對套時，本行于其出口滙兌金融及其他國內金融上，竭力予以便利。

（四）本行接到滙兌銀行因項補其賣與顧客之滙兌聲請，買進滙兌時，（1）賣與顧客之滙兌，係滙往其他地域者，將英鎊或美金滙兌于買進該行之滙兌中，（華北各銀行之總數）按貨幣分類之金額範圍內，原則上可允賣與之。

（五）對本行要求買進滙兌之滙兌銀行，應按另紙格式，將滙兌買進聲請書提交本行，再滙兌買進聲請書上，須具有顧客之簽字或蓋章。

（六）凡進口商轉進口商向會在本行辦理滙兌之滙兌銀行買進滙兌者，應作本行所要求必要之報告，並于貨物進口轉進口後，迅將海關進口轉進口證明書，提交本行，不得遲延。

（七）本行與滙兌銀行之滙兌買賣行市，英鎊滙兌期現均為一先令二辨士，美金滙兌按本行收電前一日之英美滙價收盤行市，與對英一先令二辨士所核定行市，期貨則隨英美滙價之期貨差價較現貨減低之，但本行買現賣期之轉期時，暫無差價。

（八）滙兌銀行買進之出口轉出口滙票，遇有償還商人，或商人向其買囘時，本行為應其必要，對該銀行滙兌上危險，可作適當之頂補。

（九）滙兌銀行對本行賣出滙兌時，無須逐出顧客買進滙兌之行個別辦理，例如天津青島等之主要行內彙總行之亦可。

自華北實行統制外滙後，上海市場所受影響相當重大，華北出口外滙之百分之六十，已為聯銀所攫去。其餘百分之四十，可以自由買賣。因此華北進口貨所需要之外滙，與華北自由市場上所能供給之外滙差額，即見增大。惟華北對于進口貨之統制，實際上亦非常嚴厲。在聯銀所發表之公告中，雖未規定商品之種類，但進口商人在請求撥給外滙時，須有提出報告之義務，故除日本貨品以外進口貨有大量之減少。

華北統制出口之貨物，據津海關之公佈，計十二種（此外尚有棉花羊毛皮革）。此項被統制之商品，依其目的，據一般人觀察，可分為兩大類。（一）當局欲禁止往歐美各國而加以統制者，此類商品如棉花，皮毛，鹽，煤，棉子等，多係日方所缺乏者，于已往貿易數字中，即可知此類商品，大半輸往日本，如二十七年棉花輸往日本總值為六〇·六六·七二三元，佔全年棉花輸出總值百分之七〇·五九，棉子輸日者佔百分之九八·九一，煤佔百分之八四.〇五,鹽則全數輸日。(二)當局欲獲得外滙而加以統制者,如蛋及蛋製品,核桃仁,核桃,花生油,花生,杏仁,粉絲,通心粉,毛地毯,菸葉,草帽纓等。此類商品每年輸往歐美各國而佔百分之九十以上,茲列表以觀之:

受統制之商品十二種對日及對其他各國輸出之重要性分析表(單位元)

1936年

統制商品名稱	輸出總值	對日輸出	佔總值之百分比	對其他各國輸出	佔總值之百分比
蛋及蛋製品	一三,五六三,四一〇	四,四八四六	.〇三	一三,五五八,九二四	九九.九六〇五
核桃仁核桃	一,七一〇,一五九	六三,五八九	二.五八	一,六四三,五七〇	九七.六五
花生油	一三,一〇一	—	—	一三,一〇一	一〇〇.〇〇
花生	五,五〇六,六五五	一六,三八四	.七一	五,五〇六,六五五	一〇〇.〇〇
杏仁	一,二八三,九九三	一,五二八,四八九	—	一,二六七,六〇九	九九.二八
棉子	六,四七四	—	—	六,四七四	一〇〇.〇〇
煙葉	一,六七七	—	—	一,六七七	一〇〇.〇〇
粉絲通心粉	五,八五,三〇四	四七九,五七〇	八.一九	一〇五,七三四	九一.八一
煤	四,二一七,四七五	一,〇四,七六五	二四.八	一〇,五二一	九五.〇六
毛地毯	一,四〇九,二七一	一,〇四,七六五	四.五二	一,三四五,五三三	九五.四八
草帽纓	四二二,五四〇	六三,七二八	—	—	—
鹽	一,六六,五七一	一,六六三,五七一	—	二四,六〇九,〇七三	九〇.一七
合計	二七,二九二,六四四	二,六八三,五七一	—		

△佔1936年輸出總值二七,二九二,六四二元之二.一六%

受統制之商品十二種對日本及其他各國輸出之重要性分析表(單位元)

1938年

中國經濟評論

統制商品名稱	輸出總值	對日輸出	佔總值之百分比	對其他各國輸出	佔總值之百分比
蛋及蛋製品	一·三九四·六四九	三·一·二六二	○·三	一·三九一·三八七	九九·九七
核桃仁核桃	一·○三二·○九三	四八四	—	一·○三一·六○九	九九·九八
花生油	五·一·四三九	—	—	五·一·四三九	一○○·○
花生	三·八九七·六五二	四·六七八	○·一二	三·八九六·四一二	九九·八八
杏仁	一·二六一·八四五	—	—	一·二六一·六五三	一○○·○
棉子	七六四	—	—	七六四	一○○·○
烟葉	一·四六八	八九七·一七八	九八·一二	一四·五六七	一·九
粉絲通心粉	一·○六七·四六一	八四○·五	六	一七·二八六	一·九五
煤	五·六二三·二五一	三三三·六二一	一二·五七	五·二六八·六三○	九三·七四
毛地毯	一·七二○·五六	四五·三五一	—	一·六七四·六五三	九七·四三
草帽纓	一·七八一·二三○	一·七八一·二三○	一○○·○○	—	—
鹽	—	—	—	—	—
合計	三○·八七六·一五一	五·○八四·三○二	一六·二一	二五·八七一·八四九	八三·七九

△佔一九三八年輸出總值一七六·○六○·九四七元之一七·五四%

此外關于棉花之統制，自華北淪陷後，日方卽力行所謂「棉花增產九年計劃」。在二十七年九月，復舉行所設「日華經濟協會」，第三四次「會議」中且制定增產目標，希望于民國三十五年可產棉花一千萬担。其增產目標如次（單位千担）：

	美種棉	土種棉	合計
民國廿七年	二·二四六	一·九五八	四·二○四
廿八年	一·二四九	二·一五四	四·六五三
廿九年	二·八○三	二·三六九	五·一七三
三十年	三·四七○	二·三五七	五·八二七
卅一年	四·一九九	二·三四三	六·五四二

但實際如二十七年種棉季節中，雨水既不調，居民以時受日軍騷擾，又難樂業；復以棉花產地，大都在游擊隊控制範圍以內。據聞各該地棉產，以供應當地需要數量為限。此外不得種植逾額棉花，並禁止私運。故結果，一九三七～三八年河北省棉產額，祇二百三十餘萬担，河北省北部僅四十萬担，山西省僅二十萬担，亦皆減少。

卅二年	五・〇七〇
卅三年	五・九七二
卅四年	六・八三七
卅五年	七・六六五

七・三九七
八・二二二
九・一九七
一〇・〇〇〇

華北所產棉花，為數有限，除供給日方外，各地採購亦多，市價遂趨騰漲。日方乃有「棉花輸出許可制度」之實施。于二十七年十一月九日起，禁止輸出棉花。同時又令當地之新棉與存棉，在日方所在價格下，一律售與日家莊之所設棉花同業組合，此項政策，繼即推及津浦線，並令天津青島兩海關張貼「佈告」，禁止棉花輸出。最後授意「臨時政府」于十一月底公佈「棉花輸出許可暫行條例」統制之施行，初時不過在通商口岸限制出口，內地各處中國商人當可自由販運。彼時華北游擊區棉產，雖經游擊隊封鎖嚴密，但商販之走私偷運，仍不可免。嗣日方在鐵路線一帶，加強統制，使走私之商販亦因無利可圖而絕跡，棉花來源至此中斷。日方不得已解除內地統制之辦法，恢復自由買賣。

皮毛統制，日方已發表有察綏之「羊毛增產計劃」，及日軍管理之「山西第七工廠」所發表之「畜產計劃」，以為將來統制之張本云。

綜觀上述，日方在華北之貿易統制，當然妨礙我國主權之獨立。苟日方欲于戰事了結之後而求真正之中日經濟合作，則此種貿易統制必在取銷之列。本篇所述，不過略陳事實，以供將來折衝樽俎者之參攷而已。

暴日對東北同胞的經濟剝削

汪宇平

一，前言

日本帝國主義者所以在八年前的「九一八」侵佔我們東北個土的原因，當然是複雜的，但，在經濟方面，最主要的不外下列三點，即，第一，我們的東北是一個遼闊而肥沃的地方，那裏有無限的煤鐵和豐富的農產，假設日本帝國主義者佔有了她，就可以予取予求，以緩和資源的缺乏。

第二，我們東北的土著產業是落後的，所以不能利用這麼豐富的原料去製造大量的商品，以供給土著八民的需要，所以，日本帝國主義者從多年來就以我們東北為輸出商品的市場，並日常想在東北市場上占有了重要地位的時候，她必要獨占她，以便進行更進一步的支配和掠奪。

第三，隨着日本帝國主義者與我們東北的經濟關係（即掠奪原料和推銷商品的經濟關係）同發展，她勢必以為若對我們東北輸出資本，在我們東北的原料，利用我們東北增內生產，更是有利可圖內。所以，她就積極對我們東北進行投資。到事變前為止，日本帝國主義者共給我們東北投資約十六億元，占她對全中國投資的六七％。其中，對于鐵路，工場和港灣事業的投資，更占絕對重要的部分。所以，我們的東北除了要對于日本帝國主義者供給無限的原料和推銷日本帝國主義者的大量商品之外，又變成日本帝國主義者輸出剩餘資本的市場。

但，我們知道，當任何一個帝國主義者在產業落後國的貿易尤其投資上占了重要地位的時候，她一定要運用最大的政治和軍事上的力量，去阻礙落後國產業的發展以便保障掠奪原料以及輸出商品和資本的市場。所以，日本帝國主義者在八年前的「九一八」之夜，也為着同樣的目的，開始了對于我們東北領土的更進一步的侵略。

從這大起，我們的東北領土變成日本帝國主義者踩躏下的人間地獄，我們東北同胞變成日本帝國主義者鞭策下的奴隸牛馬，同時，我們廣大的東北市場，也只有一任日本帝國主義者去獨占和掠奪。

但，獨占也能，掠奪也能，日本帝國主義者的經濟活動，若不以東北同胞為對手，當然是不可思議的事，所以，日本帝國主義者的所以要在我們東北擴充經濟的侵略以至侵佔我們東北的領土，年根本上也只是用大的暴力去剝削東北同胞而已。但，我們東北領土淪陷八年多了，在這麼長久的時期內，日本帝國主義者對于我們東北同胞曾進行了并且正進行着怎樣的剝削呢？剝削到什麼程度呢？現在我們分成租稅負擔，物價騰貴，商品統制和工資變動等項，加以觀察。

二、從租稅負擔上看

九一八事變後，僞「滿」常局爲着適應日本帝國主義者的政治和經濟上的需要起見，就極力變更事變前東北的租稅制度，其結果，就所謂「國稅」方面說來，對于所謂「國稅」和「地方稅」加以劃分，取消或減輕一些不利于日本經濟侵略的租稅，而新設其他許多名義的租稅；破壞原有的徵稅機構，而設置所謂「稅務監督署」「稅捐局」等以代之。後來，敵僞當局又對于所謂「稅制」加以更進一步的變更，對于所謂徵稅機構也加以加強。到僞「康德」四年（即民國二十六年）未爲止，敵僞當局的這種變更徵稅機構和加強東北同胞租稅負擔的毒計，業已大部分成爲事實。

所以，到「康德」四年末爲止，僞「滿」的所謂「國稅」的種類，僅所謂收益稅，消費稅和流通稅三項，就包含了二十四種之多。同時，敵僞當局還設的所謂所得稅，繼承稅和財產稅等等，以加強他們對于東北同胞的剝削。

這種情形下，東北同胞的所謂「國稅」的負擔，勢必大量的加重。譬如，「康德」三年度的僞滿「國稅」收入是九千六百多萬元，在「康德」四年度裏，由于敵僞當局的殘酷徵稅，

而增加到一億五千三百多萬元，但到「康德」五年度又增加到一億七千三百多萬元。這明顯地表示出來敵僞當局使我們東北同胞的所謂「國稅」負擔增加到什麼程度了。

至于所謂「地方稅」，更是敵僞當局所極端注意的。在事變後，敵僞當局使各僞市縣對于僞「滿」地方稅制度加以積極的變更，并且在「康德」二三年間，變更完了。從此，新設置一些徵稅機關，使所謂「地方稅」的負擔越發普遍而繁重。同時，採行所謂「國稅附加稅」制度，以加強「地方稅」的剝削力量。

其後，由「康德」五年一月一日實施所謂「地方稅法」，把所謂「國稅」和「地方稅」綜合起來，加以調整。即，把房捐轉移到所謂「國稅」而成爲所謂家屋稅。另設置所謂營業稅附加捐，自由職業稅附加捐和特別所得捐等等，以便對于那些沒有達到過三種所謂稅的課稅標準的營業和自由職業者，課以捐稅。在可課捐和不動產所得之外，還有所謂地方捐附加和雜捐；而決定雜捐事又分爲所謂車捐，船捐，漁業捐，不動產所得捐，屠宰捐，觀覽捐，牧畜捐等等。

在所謂「國稅」和「地方稅」之外，還有所謂「街村稅」。

所謂「街村稅」是由「康德」四年十二月一日在實施所謂「街村制」之後，而在「奉天省」，「錦州省」先實行到各僞縣「吉林省」，「間島省」首先實行的所謂「街村稅」。「街村稅」事所包含的項目，統好「皇軍獻納捐」，「警甲費」，「街役費」，「地稅」，「家屋費」，「築路費」，積穀捐以及其他名目翻新的苛捐雜稅等等。

暴日對東北同胞的經濟剝削

，就是說，這是可以按敵偽當局的需要而任意予取予求的。

此外，還有所謂關稅。關於關稅，當然有輸出稅和輸入稅的區別，但，因為日本帝國主義者掌握了東北關稅的支配權，所以，不論輸出稅也能，輸入稅也能，結根結底沒有不轉嫁到東北同胞身上的。

至于「街村稅」的課稅標準和課稅次數，并無一定限制，而敵偽當局又殘酷無情到什麼程度。

三、從物價騰貴上看

乍看起來，好像日本帝國主義者不能通過偽滿的物價而對于我們東北同胞加以剝削似的。但，實際上，日本帝國主義者却通過它而進行極其廣汎而深入的剝削。消主要的是因為日本帝國主義者是一個高度發達了的工業國，而我們的東北蒼落後的殖民地的緣故。所以，當日本帝國主義者在我們東北掌握了政治，經濟和軍事上的全部支配權的時候，牠當然要利用牠的非法權力，通過物價，而加強物價對于我們東北同胞的剝削。

譬如，日本帝國主義者使偽「滿」用極低的價格對日本較出慶產原料品，相反地，體要用較高的價格對偽「滿」輸出工業製品。所以，這一個農產原料的生產者和工業製品的製造者之間的交換，當然是不平等的，即，在這一個交換過程裏，隱着日本帝國主義者對于我們東北同胞的無情的剝削。這以要從日本和偽「滿」之間的物價變動，加以觀察，便可以充分明白。

關於日本和偽「滿」城內蒼賣物價指數的變動，若以一九三三年為一〇〇，那麼，在一九三七年六月，偽「新京」的蒼賣物價指數是一二四·〇％，但，在一九三八年六月，增高到一六一·七％，至于東京方面，在同期內，只是由一三二·八％增加到一四一·二％。以至一四九·七％而已。而這裏可以看到偽「滿」物價的騰貴比日本國內物價猛烈得多。

但，當偽「滿」物價這樣騰貴的時候，偽「滿」輸出的農產原料和輸入的工業製品，是不是同樣騰貴了起來呢？沒有！絕對沒有！

譬如，若以一九三六年平均為一〇〇，那麼，偽「新京」的輸出入品蒼賣物價指數，如次。

	輸出品	輸入品
一九三七年平均	一一二·二	一二四·九
一九三八年平均	一二三·三	一六四·二
一九三九年八月	一五五·三	一九一·四

根據這個表可以看到，在一九三七年，却在日本帝國主義

但，限制在某日之前繳納租稅。假若因為沒有現款或其他原因而不能如期納稅的話，那麼，敵偽當局就對他發送所謂「督促書」。并且徵收所謂手續費一角。假若十天之後，仍不繳納。那麼，敵偽當局便一定逮捕他，直到他繳清了稅款和罰金之後，才能釋放。所以，我們廣大的東北同胞每逢納稅的時候，就拿背折賣典當給敵偽當局洗盡最後一滴血，也不敢緩期納稅了。由這裏可以看到我們東北同胞的租稅負担是多麼繁重。

同胞納稅的時候，敵偽當局便提前十幾天向他們發送所謂「通知書」，東北同胞的租稅負担不但繁重而已，而且，每逢東北

蒼蠅勳侵華戰爭之年，偽「新京」輸出和輸入品的價格指數之間，是相差不多的。但，隨著日本帝國主義者的侵路戰爭的擴大和延長，而偽「滿」的輸出品和輸入品的價格，是距離得越獲遠了。但，我們知道，偽「滿」輸入品的百分之八十是仰賴于日本帝國主義者的供給的。而輸出品的絕對多數，也是被日本帝國主義者掠奪去了的。但，當日本帝國主義者要去掠奪偽「滿」境內那樣騰貴的時候，為什麼偽「滿」得那樣猛烈呢？這當然是因為日本帝國主義者用昂貴價格去對偽「滿」輸出工業製品的緣故。這樣，日本帝國主義者不但可以藉著這個不平等的交換過程去取得超額的利潤，而且可以用這超額的利潤去抵補物因為對世界市場的傾銷而生的損失。

至于由東北廣大的農民說來，他們所買進來的工業製品（當然，大部分是日本製的）的價格，若以一九三三年為一〇〇，那麼，在一九三七年十二月是一〇九・七%，但在次年同期增加到一五〇・八%，即，在一年間騰貴了三七・五%。相反地，他們所出賣的農產原料，在同期內由一六五・四%騰貴到一八三・八%，即在一年間不過騰貴了一一・一%而已。所以，在這一年間，東北同胞所買的東西比所賣的東西騰貴得多了。這種情形下，廣大的東北同胞們，不論買一件東西或者賣一件東西，都不得不受到日本帝國主義者的殘酷剝削。

隨著偽「滿」物價的騰貴，偽「滿」境內的生活費也一天比一天騰貴。若以一九三六年平均為一〇〇，那麼，一九三七年為一〇六・八%，次年平均是一「滿」全部的生活費指數平均是一二四・六%，到一九三九年一月增加到一三六・二%，但在同年六月卻一躍而增加到一五六・三%了。這當然是因為在日本帝國主義者的統制之下，尤其當日本帝國主義者深陷于侵略戰爭的泥沼的時候，地勢必要使偽「滿」輸入品及其他日用必需品的價格越發騰貴，以便把戰爭的損失，轉嫁到我們廣大的東北同胞的身上，所以，我們廣大的東北同胞，不得不沒有吃，沒有穿，而輾轉呻吟在死亡線上。

四，從商品統制上看

七七事變以來，日本帝國主義者由於侵略戰爭的龐大需要，由於軍需品生產部門的畸形發展，尤其由於一般產業部門所需原料的輸入困難，而陷于物資缺乏的苦境裏了。所以，牠為著綏和牠的物資進行了瘋狂的掠奪。但，我們東北物資進行了很多，但，我們東北所產的物資仍然不足以適合日本帝國主義者的無限制的需要。有的雖然生產了很多，但是偽「滿」本身的生產不足，而要仰賴日本帝國主義者的大量供給的，譬如，棉紗和棉布，便是一個明顯的例子。有的是最重要的例子。只根據這幾個例子，也足以看到當日本帝國主義者擴大牠的侵略戰爭的時候，偽「滿」市場上的需供關係，是失調到什麼程度了。偽「滿」境內物價的飛漲，對于日本帝國主義者是極其不利的。所以，偽「滿」當局對于偽「滿」重要商品的生產，配給和消費，加以積極的統制，以便從東北同胞手裏掠奪出來重多更廉的物資，以供給日本帝國主義者的侵略戰爭的需要。於是偽「滿」當局隨著日本在一九三六年五月頒佈所謂「重要產業統制案」，就在一九三七年四月頒佈了所謂「產業統制法」；隨著日本在一九三六年四月頒佈所謂「國家總動員法」，就在同年五月頒佈了所謂「國家總動員法」；並且為著日本在一九三七年八月頒佈所謂「暴利取締令」，而也在一九三八年四月頒佈了所謂「暴利取締条」，以使迅用暴力對於偽「滿」經濟加以統制。

但，關於這些所謂法案的本身，有一點是值得特別注意的。即，日本的經濟統制的主要目的，在於限制一般人民使用軍需品和原料和防止通貨膨脹的尖銳化。所以，是消極的，防制的；但，在偽「滿」方面，却是極力統制偽「滿」商品的生產、配給和消費，以使保證鑛產和農產資源的對日本的充分的供給。所以是積極的，掠奪的了。由這裏可以看到偽「滿」當局是怎樣把東北所有的人力、物力和一切一切，都供給日本帝國主義者去做孤注之一擲。

在上列那些所謂法案之後，偽滿當局又頒佈了許多所謂統制法，並且根據這些統制法，把鹽、火柴、煤油、酒精等商品規定為所謂專賣品，由偽滿當局設立機關，進行專賣；此外，另設置所謂「糧穀會社」去統制糧食和設立「製粉聯合會」去統制小麥和麵粉；設置所謂「特產專管會社」去統制大豆、豆油和豆餅（但，「豆餅目前並未統制」）；由所謂「畜產會社」去統制毛皮和皮革；由所謂「日滿商耶會社」去統制煤炭和鋼鐵；設置所謂「綿業聯合會」去統制棉紡製品。至于硫酸、蘇達、水泥、麻袋、猪毛、農具及其他一切軍需或日用必需品，也莫不有

暴日對東北同胞的經濟刦劫

特殊機關，去負責統制。

在這樣嚴格而強力的統制之下，廣大的東北市場被日本帝國主義者一手獨占了。任何一種商品，尤其農產及其他原料品，都被規定了一個比市價低得多的所謂「公定價格」，以使由日本帝國主義者獨占和收買，一般的生產者（尤其是大的農產品出資者），固然在所謂「公定價格」之下受到不可估計的損失，同時，由于偽「滿」當局設有許多所謂配給機關，去配給一般需要商品的結果，而東北一般商人失去了活動的餘地。所以他們的營業一落千丈，莫不叫苦連天。

所以，我們不得不以為偽「滿」的商品統制，實際上就是日本帝國主義者獨占東北市場，壟斷東北資源，統制東北同胞所需商品的生產，配給和消費，而且剝削我們東北同胞的最辣、最毒辣的方法。

五、從工資變動上看

日本帝國主義者所以大規模地對我們東北投資建立工場的原因，當然是我們東北有豐富的原料和廣大的市場，但，我們東北同胞的低廉的勞動力，更是日本帝國主義者所要積極利用的。

關於偽「滿」境內目前共有若干勞動者的問題，當然是很難清楚明瞭的，但，在一九三七年，偽「滿」全部共有勞動者二十一萬多人，其中，除日本和朝鮮勞動者外，華人勞動者共有十八萬三千三百多人。但，年來，日本帝國主義者積極往東北掠奪各種資源，所以，他所需要的勞動者，也勢必要增多

九

但，這些日本資本家儘備下的東北勞動者，每天得到多少工資呢？過着怎樣的生活呢？

關於勞動者的工資，一般地說，有名義工資和實質工資的區別。所謂名義工資，就是勞動者自己用一定的勞動時間所得到的貨幣的數量；至于實質工資，是表示勞動者工資的購買力的。

所以，隨着貨幣購買力的高下，而同一數量的名義工資，可以買到數量不同的消費品，而對于勞動者的生活，給以影響的。

現在，先從名義工資，加以觀察。

關于偽「滿」境內名義工資的指數，若以七七事變前的一九三六年十月為一〇〇，那麼，在一九三七年五月和十月為一〇五％；撫順境內勞動者的名義工資是由九二．八％增加到一〇二％；大連勞動者的名義工資沒有變動，仍然是一〇二．九％；營口方面稍見增高，即，由九二．〇增加到九四．七％；在瀋陽更由九四，低落到九七．五％。在安東却由一〇五．六猛跌到八五．五％。

另在名義工資的數量方面，在撫順，營口，大連，安東，瀋陽這些地方，每個勞動者的工資每天不過是六七角鏠而已。由這裏可以看出東北勞動者所得到的工資是怎樣低了？

再從實質工資的指數上看來，以一九三七年五月和十月之間，——撫順勞動者的實質工資的指數，是由九四．〇％增加到九八．七％；大連是由一〇二．七增加到一〇八．〇％；瀋陽是由九三．〇增加到九六．〇％；但，營口勞動者的實質工資指數，却由一〇二．五％低落到九六．二％；安東竟由九五．六％，猛跌到六二．六％。

由這裏可以看到在日本帝國主義者支配之下的東北勞動者的工資，不論名義的或實質的，都只有絕對或相對地趾落了。就是說，日本帝國主義者要藉着貶低我們東北苦同胞的工資的方法，去增加他們自己的非法的利益，去擴大他們的殘酷無情的剝削。

此外，當東北勞動者的工資這樣低落的時候，偽「滿」境內的零賣物價是怎樣變動了呢？假若是騰貴了，那麼，騰貴到什麼程度了呢？這是和東北勞動者的生活最有關係的問題。

偽「滿」零賣物價的變動，在平時，大體上是隨着侵略戰爭以後，即使藝賣物價因管統的結果，稍見低落，但也一直地貴着。譬如，在一九三八年四月，八月和十一月，偽「滿」藝賣物價都有低落的情形。但，零賣物價反而騰貴的例子。所以，若以一九三七年上半年平均為標準，那麼，在七七事變當時，偽「滿」藝賣物價指數騰貴到一〇一．九％，到一九三八年十月就一躍而騰貴到一三〇．六％。

另就各種零賣商品看來，掩儒期內（即由七七事變到一九三八年底）被服品騰貴了二一．二％，至于飲食品騰貴了三二．九％。

所以當我們把勞動者所得的工資和勞動者所必需的零賣品的價格，聯繫起來加以觀察的時候，便可以明瞭勞動者的工資是愈發貶落，而零賣商品的價格却不可過止的上漲着。

這個事實我們可以想到我們東北勞動者受到多麼殘酷的剝削，概而他們整無生活又是多麼痛苦和悲慘了。

六、結語

以上是從租稅負擔，物價變動，商品統制和工資變動上對于日本帝國主義者剝削我們東北同胞的方法，加以觀察。根據這種觀察，我們可以看到日本帝國主義者曾經怎樣提高偽「滿」租稅，以加重東北同胞的負擔；怎樣擴大工業製品和農產原料之間的價格差額，以適應日本帝國主義者軍事和工業上的需要；怎樣統制僞「滿」商品的生產，流通和消費，以便攫奪東北同胞的一切去供給日本帝國主義者的戰爭消耗；同時，又可以看到日本帝國主義者是怎樣貶低東北勞動者的工資，以增大日本資本獨占下的產業經營的利潤了。

這種情形下，我們廣大的東北同胞，不論當農民也罷，經營商業也能，或者是到工場裏去當工資勞動者也能，都不可免的要受到日本帝國主義者的殘酷剝削，都不得不失去維持生存所必需的方法。所以，廣大的東北同胞們，有的失去了土地，有的停止了經營，有的更不得不衣不蔽體，食不果腹，而飢寒交迫。因而，日本帝國主義者的剝削是東北同胞的威脅，日本帝國主義者的存在是中華民族的恥辱，所以我們一定要抗戰到底，驅除日本帝國主義者，把東北同胞從奴隸的桎梏中解放出來！

现代邮政

《现代邮政》为综合性刊物，创刊于中华民国36年（1947）8月20日。编辑兼发行者为现代邮政月刊社，社址位于南京邮政总局内。文汇印书馆印刷，各地中国文化服务社及各大书店经售。该刊不设栏目，创刊号扉页有铜版纸邮政照片数帧。刊内有霍锡祥、金炳章、谷春藩、蔡尚华、程本正等邮政界人士撰文。其中谷春藩时任上海邮政总局副局长，新中国成立前夕辞去所任职务。后任邮电部副部长、全国人大代表。该刊出至民国38年（1949）5月终刊。

《现代邮政》杂志版权页

《现代邮政》杂志封面

日本侵罥東北郵權始末

劉朝珠

我國郵權被侵之由來

我國郵政之制，雖起源甚早，僅自用以降，照代相沿，均僅傳遞軍公文書，而不及一般人民之私人通信；營私人通信者，僅有商營之民信局，相傳創於明代。

清乾嘉以後，西人來我貿易者日衆，以我國無郵政之設，遂勉於口岸營船之上或貿易監督駐在之所，懸一信箱，以為其僑民通信之用。迨道光二十二年五口通商條約成立，英人首於香港設立郵局，於是有國郵權被侵之始，商口岸之貿易擅設分支機構，於光緒二十二年正式創辦國家郵政之局面。刚後各國郵局，於光緒二十二年三月初三日開日擅自擴展，我國外務部遂於光緒二十九年三月初三日照會各國駐京大臣轉達各國政府，分飭外華郵局迅即撤回，並分電出使各國大臣向各國商，但亦無效果。

日本自甲午戰役以後，亦步武列強，於我國通商口岸設立郵局。光緒二十九年，我外務部照會各國撤市在華郵局之時，日本仍佔用南京城內租屋開設郵局，縱我抗議之出，亦置之不理。我國為抵制起見，乃於是年訂立我國郵政章程，規定各鐵路亦由我自辦郵局，民營各郵局取締發兌郵件。但日本郵政經轉運郵件，不聞我國郵政章程，民營各鐵路只允便官辦、官郵、民局兩種包裹，我交通部亦別無設法，觀乎由英國發其端，而日本則變本加厲，毫不隱藏，而終使中華郵會議決議撤消日本郵局所設之各種辦法，然將臨南滿鐵路沿線所設日本郵局予以保持之情形，片企圖永遠侵奪我郵柄之心，概不昭然若揭。

日本侵奪東北郵權概況

日本侵略東北郵權，始於光緒三十年（一九○四年）之日俄戰役。彼時日本開子東北之軍隊，設有野戰郵便部，設部於是年九月三十日（西曆）在金州城（即今遼寧省金縣）正式開始辦理郵件事務。十一月間，該部隨軍司令部移至青泥窪──即今之大連。該部之設立，實為我東北侵奪我東北郵權之濫觴。光緒三十一年，日俄戰爭結束，日軍所設之郵便部仍繼續存在，翌年

（一九○六年七月）復改組為關東都督府郵便電信局，以掌理關東州及市滿鐵路附屬地之郵政，電報，電話等通信事務，從此日本在東北所設之郵政機構遂轉變為平時之郵電組織。關於關東都督府改官制，郵便電信局於光緒三十四年（一九○八年十月）改稱遞信管理局，民國九年（一九二○年十月）改稱遞信局，以迄日本投降，均沿用斯名。

在光緒三十二年郵便部改關東郵便電信局時，所轄局所計有五十五處，以後逐漸擴展，被至九一八事變時，已達二百二十三處之多，實為日本侵略東北之根據地，業為日本侵略東北之根據地，實為日本侵略東北之根據地，亦即施行日本「大陸政策」之出發點，以是日本對於該鐵路附屬地之交通、通信、產業等項事業之建設與管理，無不本諸侵略之整個計劃而推行，以期達成其所欲達到之目的。追偽滿洲國成立，經濟、交通、通信等措施，亦莫不以該鐵路附屬地為活動之中心。因此，該滿鐵附屬地之日本郵局，業務蓬勃發達。據日本關東信官暫滑信局之統計，民國二十四年滿鐵附屬地之日本郵局全年處理郵件之數字相近，其業務之繁盛，可以想見，與當時偽滿全境郵局全年處理郵件之情形。

日本對我國撤銷客郵案之阻撓

民國八年，各國開和平會議於巴黎，我國以戰勝國資格，派代表列席，我代表向和平會議提出希望條件七款，其第三點即為撤撤外國在華郵局，及有線與無線電報機關。惟各國認為不在和平會議範圍以內，佛尤於抵制鍾不可行使職權以內，並注意及國際聯郵政會議讓在馬得里舉行，我國代表符識於此經籌美法等國時，欲以私人名義，表商民之需要，而設置之「中國客郵」，並非根據條約，乃由外國商務之請義法各國撤銷客郵；故我國於光緒初年，政國家郵政之時，即曾商請英法各國撤銷客郵；故無

客郵之起源，純由我國當時無現代郵政之設，並非有任何條件之根據，華府會議時，代表白經福即而「中國客郵」之語。故我國於光緒初年，政經國家郵政之時，即曾商請英法各國撤銷客郵；惟各國對於此項既得之權益，多不願放棄，故無何效果。

民國八年，各國開和平會議於巴黎，我國以戰勝國資格，派代表列席，我代表向和平會議提出希望條件七款，其第三點即為撤銷外國在華郵局，及有線與無線電報機關。惟各國認為不在和平會議範圍以內，佛尤於抵制，國際聯郵政會議讓在馬得里舉行，我國代表符識於此經籌美法等國時，欲以私人名義，表國家郵政當局陳說之。此撤銷外國在華郵局一事向各國當局陳說之。此裁撤外國在華郵局一事向各國當局陳說之，曾獲得美國代表來函贊助。劉符識

在會議期中，曾獲得美國代表來函贊助。

南滿鐵道附屬地日本郵局之移讓

九一八以後，日本侵略東北之整個計劃即推行。前已言之，日本侵略東北之郵政，係依侵略東北之計劃完全實現，僞滿政府在其卵翼下成立，其目的即作假偽國之名，以行併吞之實。此偽政府名為滿洲國者，純乎遮掩天下人之耳目，故當時在東北之日本郵局與偽滿國郵局之統治漸歸於一。在未東北併入其版圖也，民國二十年十一月五日川日本政府與偽滿國之締結〔關於在滿洲國之郵政及南滿鐵路附屬地行政權之條約與有關附屬業務之協定〕，將日本在東北所享有之治外法權（即警察、產業等各種行政權一併移讓與偽滿政府接管〕以撤除，並將南滿鐵道附屬地內所行使之通信行政權〔郵政〕一併移讓與偽滿政府接管。

根據此條約與協定移讓於偽滿之日本郵政局所計有：郵便局（普通郵局）三九處，郵便出張所（普通郵便局分室）一處，郵便所（普通郵便代辦所）二處，郵便取扱所（郵政代辦所）一七處，郵便設備等所（郵政設備等所）六四處，共計二二四處，此項局所之建築設備連同值金約當時之偽滿幣二百餘萬元，原名該局所服務之日本郵局員一般日本人，亦同時轉調給偽滿郵政，繼續服務。

一般日本人士談到此項行政特權之轉讓，常以為保存日本犧牲十萬生靈及二十億元之代價，共重視此項特權之情形，自可想見。今竟毅然撤消南滿鐵路附屬地及東北所有郵政權之行政特權移讓與偽滿政府，儲為我滿洲人保衛，這其實為由日本一手製造，而在對外關係上更可追逐美各國所加予中國之不平等條約，不再適用於東北境內，其強制收歸中東鐵路之俄方所行政權，亦已取消。其在東北之一切統治機權，亦即實際掌握東北之命運者仍為日人。日人用心之深可知矣。

此郵政機關隨前述之遞信局管轄，故不在大連旗線，至於大連之郵政，則日本早已屬於老本土，此為之列。

東北郵政之接收與吾人之責任

民國三十四年八月，日本無條件投降，整個東北歸還原主，原屬為滿之「新京」、「奉天」、「哈爾濱」、「錦州」、「牡丹江」等郵區，以及原由日本竊據之大連郵政，均經我國派員接收，日本侵據東北郵權之痛史，從此結束。此豈日人始料所及！我國接收東北郵政之情形，不如理想中之順利。惟東北郵政之絕將歸入我國整個郵政體系之內，僅為一時間問題。吾人鑒於日人對東北之野心，與東北郵政久被刼奪之史實，對於東北郵政，自應加倍愛護，並力促其發展。

歷史不至重演，吾人於東北郵政，實寄予無窮之希望。

參考資料：關東遞信三十年史，遞信雜誌，章勒者日本對華之交通侵略，交通史郵政編第四冊

特於閉會之日，發表宣言，繼請各國代表分向各該本國政府說明我國欲撤銷客郵之願望，俾能達到目的，同時並電駐美代表之來電一致歡迎客郵。會後，我國復於十年六月七日由外交部照會英美法日駐京公使要求撤銷客郵。各國對現在中國境內一切郵局立即撤廢。英美法日各國之僑居在中國者均表示不能立即撤廢，惟日本初則求各國先撤銷日本在中國之郵局，繼則提出應由中國對於在華盛頓會議召開太平洋會議，我國即將此案正式提出，各國為表贊同，惟日本政府則藉口在中國僑居日本人過多，如將郵局一律撤銷，即將本國僑民之生命財產置於不顧，表示不能立即撤廢。我國則表示「凡在不管轄之鐵路區域以內或為各國租借地及附屬地內設立郵局之權，按照樸資茅斯和約，日本已繼承俄國之鐵路區域及附屬地內之權」，並謂「日本不但在租借地上有管理權，且於路線兩旁的鐵路附屬地亦有管理權……華府會議通過撤銷各國在華客郵案後，英美法日均按限撤銷，日本與東北案。日本已繼承俄國，南滿鐵道沿線郵局之政權」，此種謬論即乃援引華府之通過各國於郵政客郵事宜，至遲不得逾一九二三年一月一日（民國十二年）撤廢之。

此日本之提議各國代表不下七人，以其心如何，實極明顯。因此華府會議提議各國僅用於客郵章則特別規定應予撤廢。於是日本在京公使不下二十八人，法人亦不下三十人。此項客郵局於一九二三年一月一日起撤銷。日本所不但在租借地上有管理權，且於路線兩旁鐵路附屬地亦有管理權此種種情形，英美法日四國意旨，蓋無條件之理，鐵路附屬地亦有管理權此與國際條約，無可根據。按照華府會議各國繼續維持在華東北路之郵局，而於十一月七日照會我外交部國商會議代為斡旋，但無奈我方照會日本各項權益意，惟俄革命後，俄政府為行政權。八月間經議員代表將鐵路區內之日本郵局提出抗議，必須設法除去，不便之處，不外乎交通部國務會議解決時，另組織解決八種方法，經審查提議提交通部國務會議決議作為懸案。八月間先兆俄日方簽訂議安之郵務協定四種，於民國十年十一月依然，實際即等於一一月十日日方先允諾。而於是年十二月九日方強蠻，反將我方代表訂議案，無力制南滿鐵路沿線郵局為第一項亦要者，終未曾拿出對於鐵路依樣郵局之撤銷。日本侵奪南滿鐵路沿線所表示之樓緊計為一九〇九年哈爾濱發布自行俟與俄國於一九〇九年乘俄國衰弱之際。其在西伯利亞的中東鐵路條約。精且為根據日俄約定要求我國在哈爾濱各項權益，惟俄國於俄國革命後，於是中俄雙方途於民國十三年五月於北京訂約所定條款之一條，規定中國對於鐵路用地內有完全主權，惟俄人在鐵路用地內有不得外讓。此權於俄約第二條，俄國承認中東鐵路用地行政權。一九二四年結絡中東鐵路用地行政權，以及鐵路用地之用地，與但鐵路用地之用地，不於鐵路，以明承認中國在鐵路用地內有完全主權。南滿鐵路沿線保存中東鐵路條例，中東鐵路事由中俄共同保有，中俄雙方共同保管，南滿鐵路用地之主權，我國保存完全主權，日本方面之曲解約章，自屬明顯，強索鐵路沿線所設日本郵局堅持不撤，自亦屬毫無根據，而其是憑藉強權，強我屈服耳。

"高粱叶子青又青,九月十八来了日本兵!先占火药库,后占北大营!杀人放火真是凶!中国的军队好几十万,'恭恭敬敬'让出了沈阳城!"每到"九一八",我总想起老辈人经常唱的这首歌。80多年过去了,今天在编写这套《老报刊里的日本侵华实录》,一篇篇的"血泪大控诉",让你对往事的再现有着深深的痛感!

我虽未亲历"九一八",但从这些真实的史料记载中,可以看到:1931年9月18日这天晚上,北大营那边响起了枪炮声,震得房子直掉土渣,老百姓都不敢睡觉,天一亮,街坊四邻传递着小日本打了军火库、占了北大营的消息,全城人心惶惶。接着又听说少帅在北京叫东北军不要抵抗的消息,人们都不知怎么办才好。又有人说日寇最恨青年学生,要进城抓学生。还有人说,火车站日本人守着,不让学生走,认为学生进关就要搞抗日。于是很多青年学生都剃了光头,扮作关内生意人的小伙计,夹在逃难的人群中逃出了沈阳……

收藏领域包罗万象,我独钟老报刊的收藏。而战时遗物,更值得珍视!透过书案上摊放着陈旧而脆黄的近现代老报刊,我怀揣着敬畏之心,在茫茫报(刊)海中浏览,一行行细小而没有标点的繁体字在眼前闪过,将我带入似醉似痴、如梦如醒的状态。从而为这些老报刊中所提到的那些人、那些事、那些物,感到那么伤感,又是多么的叫人怀想!正是这民国的装束,使我等人不得不去爱她、动情地想要去亲她!如你也是这等人,就请收藏她吧!"娶"她回家吧!

我仿佛看到了一幅幅存废之争的画面,一篇篇声讨入木的檄文;好像听到了那久违的"我的家在东北松花江上,那里有森林煤矿,还有那满山遍野的大豆高粱……""万里长城万里长,长城外面是故乡……"的歌声,"有亡国,有亡天下,亡国与亡天下奚辩?曰:易姓改号,谓之亡国;仁义充塞,而至于率兽食人,人将相食,谓之亡天下……保国者,其君其臣,肉食者谋之;保天下者,匹夫之贱,与有责焉耳矣!"的呼吁;似乎闻到了一发发炮火的气息,一首首良剂的芬芳。我感受到不屈不挠的战斗精神,力挽狂澜的英雄气概。

我向心仪的前辈们询问,曾最早使用"南京大屠杀"一词的《世界展望》杂志主编张正宇;作为了解中国的窗口,展现近现代中国社会的发展变迁、世界局势的动荡不安、中国军政学商各界之风云人物、社会风貌的《良友》主编梁得所;抗战胜利后最早发行的综合性刊物《周报》主编唐弢、柯灵,时过境迁,这些陈年过刊,已是明日黄花,究竟还有什么价值?

张正宇理理毡帽，唐弢微微颔首，柯灵捋捋胡须，梁得所缓缓启唇：此言差矣。老朽充实资料于此宝库，施洒肥料于此沃土，既映当世，又裨来兹，惜乎人多未识，视同弁髦。君若有志于此，不妨倡言开掘利用，吾等自可含笑于九泉。

黄粱枕失，南柯梦醒，四老之语，启我心扉。遂一一寻究，细细玩索。"既映当世，又裨来兹"之训，犹在耳畔，若有所得。

从老报刊里记录的"九一八"，再到北平听到"七七"事变的枪声，最后迎来抗日战争的胜利……我想，在历史的重要时刻，不论你是身居何处，是一种偶然；而在中华民族最危险的时候，作为普通的中国人，汇入全民抗战的大潮又是一种必然。

当下，出版资源的价值不仅仅体现在生产环节的当期，还体现在出版之后的再生产、再利用上，如何充分开发出版资源，延伸出版产业链，重新挖掘、组织并以合适的途径和载体再次送达给读者，不乏经营战略角度的考量。

新媒体、新技术、新平台的快速发展与普及，为传统出版和产业转型升级带来了前所未有的发展机遇。出版机构如何借助其参与出版资源的二次开发，怎样以资本力量撬动产业市场、以现代视野拓展产业规模、以多元运营提升产业效益，这样的大视野、大局观可谓重要。相较于过往稍显"粗放"、"单一"的经营理念，越来越多的出版同人更加看重出版资源的利用效率，甚至在业内形成一股出版资源二次开发的战略转变趋势。为此，老报刊价值的再利用，乃是一种必然的文化现象。

这些战时期间出版的老报刊其历史价值约有三端：一者，展示中日两国之间的交锋场面。它真实地记录了在三四十年代中国这个多事之秋，日本侵略我国的野蛮行径，奸淫掳掠、血腥冲天的场面，中国人民为驱赶倭寇所作出的不懈努力与抗争。二者，将这些惨暴真实地挖掘、梳理展示给中国人民和世界人民，让人们永远牢记这段历史，以史为鉴。其现实意义在于针对当前日本右翼势力的否认、淡化和歪曲其侵华历史的罪恶行径，将有力地遏制日本军国主义反动势力的猖獗。三者，诸多老报刊及时报道战情，开设专栏，发表专论，刊载专著，成为文化界与敌人斗争的主要阵地。无疑还具有重要的学术价值和教育意义，其学术价值在于可为今后进一步深化研究抗日战争史提供坚实的史料基础，并有利于振奋国人的爱国热忱和实现"中国梦"的决心。

综观中国老报刊发展史的研究现状，对近现代学术发展的研究实在是一个薄弱的环节。造成这一现象的原因是多方面的，其中一个基本原因是近现代老报刊文本难得。因此，要想了解战时期间的真实状况，进而全面研究近现代日本帝国主义侵略行径，以及它对当代的影响与启迪，唯有望洋兴叹而已。因此，收集整理出版近现代老报刊无疑有着重大的学术价值。

为使近现代老报刊研究进一步拓展与深化，充分发挥它们的应有作用，我做了多年的近现代老报刊研究，饱受筚路蓝缕之辛，备尝爬罗剔抉之劳。《老报刊里的日本侵华实录》只是我编纂近现代老报刊的一种。

全套书分为战争篇、经济篇、教育篇、政治篇等四卷（6册）本。针对入编的老报刊，做了每种纸媒办刊目的、办刊人物、办刊内容，判为综合期刊、学术期刊、普及期刊三种类型，枝不旁引，井然有序；继者从全国研讨、地域交流、海派形成三个方面，阐发对学术的促进，中规中矩，有理有据。

近现代老报刊是一座资源丰富的矿藏，是一片尚待开垦的荒芜地域。今当这套丛书交与哈尔滨工业大学出版社付梓之时，或可改变近现代老报刊一向束之高阁人未识的困境，而出现一个研究近现代老报刊学术的热点，以告慰近现代出版界诸老。

在我眼里，一位思想家不在于他的著作有多么繁富，学说有多么缜密，如果缺少了独具慧眼的发现，缺少了照亮心灵的光色，那只能是平庸的再造或翻版。我们这么断言，是明代著名思想家、史学家、语言学家顾炎武用他独具慧眼的发现，照亮了我愚暗的心扉，给了我新的启迪。不要说他笔下那浩瀚的论著，就一句"天下兴亡，匹夫有责"便具有晴天霹雳的震惊效应。我知道这不是他的原话，这话是梁启超为之合成的。他的原话是：时光逝去数百年了，我坐在书斋轻轻掀动《日知录》，当字行里跳出这段话时，眼睛竟亮得如电光闪射，神魂竟震撼得如惊雷炸响！我把顾炎武尊为补天者，他要补的天是仁爱的苍穹，道德的星空。诚如那个阴沉沉的午后，我走进尚书浦畔的顾家宅第，顿觉阴霾四散，华光迸射，心胸亮堂得少见。是的，仁爱是天，一旦失去仁爱，人和兽还有何种差别？若是世道真的沦为"率兽食人，人将相食"，那可是最为恐怖的灾难啊！这灾难不是天塌，其危害甚于天塌；不是地陷，其危害甚于地陷。要免除这人为的天塌地陷有何良策？顾炎武已明确指出："匹夫之贱，与有责焉耳！"是的，匹夫有责，匹夫履责，才会民风和洽，才会其乐融融，才会重现尧天舜日的美景。
顾炎武点起了一盏灯，一盏照亮人心的明灯！顾炎武就是一盏灯，一盏闪烁在中华大地的思想明灯！

《老报刊里的日本侵华实录》得以形成，这里由衷地感谢中国人民大学教授、中日战争研究史专家张同新欣然为本书作序；中国社会科学院研究员、教授李成勋为本书撰写了中肯的鉴评；军事科学院研究院岳思平，在审读全书后，给出了"深刻揭露了日本帝国主义自1868年明治维新后，积极进行大陆政策，以1931年至1937年间，中国东北为重点地区，在军事、政治、经济、思想和文化战线全面侵华的罪恶行径，使该书在一定程度上反映了中国军民抗战的历史。图文并茂、资料珍贵、内容丰富、具有重要的学术价值和现实意义。"人民日报社高级编辑王华兴为本书的编辑体例提出了宝贵的建议，还有中共黑龙江省委宣传部、黑龙江省新闻出版局联合组织众多专家对本书的审评后，最终给予了黑龙江省精品图书出版工程专项资金资助出版的支持，尤其感谢哈尔滨工业大学出版社的田新华编审在两年多的时间里，为本书的出版组织撰写材料报批、组织编审团队，并建议补充老报刊的历史出版信息，以便于读者按图索骥，付出了辛劳的汗水。

有了以上专家、学者及政府职能部门的肯定和支持，那么，让我在静夜里细细体味花开的声音，让一股生活的香甜顿涌心底。回忆不仅仅是为了铭记，更为了展望，我祝福我的祖国未来"春光尽十分"。当我们那燃烧的一代人的额头上皱纹愈来愈多的时候，我们的党和祖国却变得愈来愈年轻！

谢华
2015年1月25日 积字斋

内容简介

《老报刊里的日本侵华实录》旨在通过对1931~1945年期间我国出版的诸多报刊系统的梳理,全方位、多角度地再现那段悲壮历史,揭露日本侵略者所犯下的滔天罪行,向国人揭开一幕幕鲜为人知的血腥史实,讴歌中国各族人民抗击日本侵略者的不屈精神品质。

本书既为专家、学者研究抗日战争提供了可贵的史料,又为进行爱国主义教育提供了生动的教材。

图书在版编目(CIP)数据

老报刊里的日本侵华实录. 第4卷,侵华经济篇/全2册/谢华主编. —哈尔滨:哈尔滨工业大学出版社,2015.10
ISBN 978-7-5603-5359-3

Ⅰ.①老… Ⅱ.①谢… Ⅲ.①日本-侵华-史料②日本-侵华事件-经济扩张-史料 Ⅳ.①K265.306

中国版本图书馆CIP数据核字(2015)第083691号

策划编辑	田新华
责任编辑	唐余勇　田新华　丁桂焱
封面设计	恒润设计
出版发行	哈尔滨工业大学出版社
社　　址	哈尔滨市南岗区复华四道街10号　邮编150006
传　　真	0451-86414749
网　　址	http://hitpress.hit.edu.cn
印　　刷	哈尔滨博奇印刷有限公司
开　　本	787mm×1092mm　1/16　印张 43.75　字数 885千字
版　　次	2015年10月第1版　2015年10月第1次印刷
书　　号	ISBN 978-7-5603-5359-3
定　　价	398.00元(全2册)

(如因印装质量问题影响阅读,我社负责调换)